WBC 성경주석

민수기

솔로몬

민수기

■ 2006년 8월 10일 초판 1쇄 발행
■ 2014년 1월 25일 초판 4쇄 발행
■ 지은이: 필립 J. 붓드
■ 옮긴이: 박신배
■ 펴낸이: 박영호
■ 펴낸곳: 도서출판 솔로몬
■ 등록번호: 제16-24호
■ 등록일: 1990년 7월 31일
■ 주소: 서울시 동작구 사당로 155 신주빌딩 B1
■ 전화: 599-1482 팩스: 592-2104
■ 직영서점: 596-5225

ISBN 978-89-8255-348-6
ISBN 978-89-8255-267-0(세트)

WORD BIBLICAL COMMENTARY

Volume 5

Numbers

PHILIP J. BUDD

WORD BOOKS, PUBLISHER · WACO, TEXAS

목 차

편집자 서문

본 성경 주석 전집(WBC: Word Biblical Commentary)이 세상에 나오기까지는 수년 간의 기획 과정이 필요했다. 1977년에 본 전집의 편집위원회 위원들은 발행인들과 회합한 자리에서 몇 가지 뚜렷한 특징을 지닌 새로운 성경 주석의 발간 가능성을 면밀하게 검토했다. 그러한 특징이 무엇인지는 독자들이 이 주석서들을 진지한 자세로 읽어 내려가는 과정에서 금방 알게 될 것이다. 하지만 본 성경 주석이 당초에 목표로 삼은 것이 과연 얼마나 완벽하게 성취되었는지는 오로지 시간만이 말해 줄 수 있을 것이다.

우선, 우리는 우리와 뜻을 같이하면서 세계 도처의 대학교, 신학교 등에서 가르침의 사역에 종사하고 있는 학자들을 되도록 폭 넓게 선발하여 본 성경 주석의 기고자로 삼기 위해 많은 노력을 기울여 왔다. 매우 다양한 교단적 배경을 지닌 본서 기고자들의 폭 넓은 시야는 가히 "복음주의적" – 성경을 하나님의 계시로 받아들이고 기독교 복음의 진리와 능력을 자신의 생명처럼 여긴다는 적극적이고 역사적인 의미에서 – 이라 불려지는 것이 마땅하다.

다음으로, 본 전집에 포함된 주석서들은 처음부터 『WBC 성경주석』의 일환으로 쓰여진 책들이다. 오늘날 성경 주석 분야에서 상당한 호평을 받고 있는 몇몇 전집들이 영어 이외의 언어로 쓰여진 저작들을 영어로 번역한 것에 비하여, 본 성경 주석은 오로지 처음부터 영어로 쓰여진 책들만이 포함되어 있다. 또한 본 전집의 주석가들은 성경 원문을 각자 나름대로 영어로 번역한 다음, 그 번역된 성경 본문을 자신들의 주해와 주석의 바탕으로 삼는 것을 원칙으로 삼았다. 나아가서 본 전집의 대표적인 특징으로는, 그 내용이 어디까지나 성경적인 언어를 바탕으로 하면서도 각계각층의 독자들 – 공부하는 학생들, 현재 목회 사역에 종사하고 있는 교역자들 그리고 이 분야를 전공하는 학자들이나 교수들 – 이 성경에 대한 신학적 이해를 학문적이면서도 실제적으로 쌓아 나갈 수 있고, 또 그들에게 현실적인 도움이 될 수 있도록 구성되어 있다는 점을 들 수 있다.

마지막으로, 본 성경 주석의 구성 양식에 관하여 몇 마디 말을 덧붙이고자 한다. 우리는 여러 계층의 – 그리고 상이한 수준의 – 독자들을 의식하여, 확실하게 구분되는 몇 개의 단락으로 나누어 책의 내용을 구성했다. 예를 들어, 번역된 성경 본문의 바탕을 이루는 [히브리어와 헬라어] 원문에 관하여 좀더 깊이 있게 공부하려는 독자들은 본 성경 본문의 "원문주해"를 살펴보고, 현대 신학자들이 어떠한 해석을 내리고 있는지에 관심이 있다면 "참고문헌" 및 "양식/구조/배경"을 참조하면 될 것이다. 또한 어떤 성경 본문의 의미 및 그 본문에 포함된 성경적 계시를 좀더 폭 넓은 관점에서 이해하려면 "주석"과 "해설"을 보면 된다. 그러므로 본 성경 주석을 펼쳐 든 사람이라면 누구나 자신에게 유익한 자료들을 얻을 수 있으리라 믿어 의심치 않는다.

이상과 같은 우리의 목표가 상당히 만족스러운 수준까지 달성될 때, 우리 편집자들이 당초에 의도했던 것들이 구체적으로 실현됨과 아울러 본 전집의 기고자들이 흘린 땀방울도 충분한 보상을 받을 수 있게 될 것이다.

책임 편집자 : **데이비드 허바드**(David A. Hubbard)
글렌 바커(Glenn Barker)
구약 편집자 : **존 와츠**(John D. W. Watts)
신약 편집자 : **랠프 마틴**(Ralph P. Martin)

저자 서문

이 주석서는 오경의 기원, 주석 및 해석과 관련된 문제로부터 확장되어 만들어진 결실이다. 이 책은 1차적으로 출애굽기와 민수기에 나타난 제사장직과 또한 문제시되고 있는 주제에 대한 초창기 연구 내용에 기초하고 있다.

물론 이 주석서는 결코 결정적인 주석서는 못된다. 짜 맞추어져야 할 그림의 조각들이 많이 모자라고, 또한 너무나 많은 사항들이 안타깝게도 알려지지 않은 채로 남아 있는 상황 가운데서 결정적인 주석이 되기는 불가능하다고 본다. 또한 하나님의 말씀이 각 시대마다 재발견되어야 하는 상황에서는 그러한 결정적인 것은 바람직하지 못하다. 합리적으로 주장할 수 있는 점은 본서가 민수기에 알맞은 적절한 학문적 논의들 몇몇을 함께 모아놓고 있다는 사실과, 어떤 점에서 그것이 그 조각들을 정리하고, 책의 배경을 바라보며, 해석의 가능성들에 새로운 방식을 제공하고 있다는 것이다.

필자는 처음으로 나에게 구약을 소개해 주신 나의 부모님 해리(Harry)와 밀드레드(Mildred)에게 감사를 드리며, 수년 간 도움을 주시고 격려해 주신 교수님들과 학위 심사위원님들에게 감사를 드리는데, 그분들 가운데는 나의 첫 번째 시도를 해보도록 자극시켜 주셨던 더햄(Durham) 대학교의 더글라스 존즈 교수님이 계신다. 필자는 또한 왓츠 편집장님에게도 감사를 드리는데, 이 책을 인쇄하기까지 본 주석서에 계속 집중하도록 해주시고, 내 생각을 본서에 집어넣을 수 있도록 기회를 주신데 대해 감사를 드린다. 나의 아내 자네트(Janet)는 그러한 모든 계획들에서 친철하게 도움을 주고 공감해 주었다.

필립 J. 붓드
1983년 2월 옥스퍼드

약어표

AASOR	Annual of the American Schools of Oriental Research
ADAJ	Annual of the Department of Antiquities of Jordan
AfO	*Archiv für Orientforschung*
AJSL	*American Journal of Semitic Languages and Literature*
AJT	*American Journal of Theology*
AOAT	Alte Orient und Altes Testament
ASTI	*Annual of the Swedish Theological Institute*
ATANT	Abhandlungen zur Theologie des Alten und Neuen Testaments
ATD	Das Alte Testament Deutsch
AusBR	*Australian Biblical Review*
BA	*Biblical Archeologist*
BASOR	*Bulletin of the American Schools of Oriental Research*
BBB	Bonner Biblische Beiträge
BDB	F. Brown, S. R. Driver, and C. A. Briggs. *Hebrew and English Lexicon of the Old Testament.* Oxford: Clarendon Press, 1966.
BHS	*Biblia Hebraica Stuttgartensia.* ed. K. Elliger & W. Rudolph. Stuttgart: Deutsche Bibelstiftung, 1967/77.
Bib	*Biblica*
BIES	*Bulletin of the Israel Exploration Society*
BK	*Bibel und Kirche*
BKAT	Biblische Kommentar: Altes Testament
BR	*Biblical Research*
BTB	*Biblical Theology Bulletin*
BWANT	Beiträge zur Wissenschaft zum Alten und Neuen Testament
BZ	*Biblische Zeitschrift*
BZAW	Beihefte zur ZAW
CBC/NEB	Cambridge Bible Commentary on the New English Bible
CBQ	*Catholic Biblical Quarterly*
EvT	*Evangelische Theologie*
ExpTim	*Expository Times*

FRLANT	Forschungen zur Religion und Literatur des Alten und Neuen Testaments
GKC	*Gesenius' Hebrew Grammar*. ed. E. Kautzsch. Tr. A. E. Cowley. Oxford: Clarenden Press, 1910.
HAT	Handbuch zum Alten Testament
HKAT	Handcommentar zum Alten Testament
HUCA	*Hebrew Union College Annual*
ICC	International Critical Commentary
IDB	*Interpreter's Dictionary of the Bible*. ed. G. A. Buttrick. Nashville/New York: Abingdon Press, 1962.
IDBSup	Supplementary volume to *IDB*, 1976.
IEJ	*Israel Exploration Journal*
Int	*Interpretation*
JAOS	*Journal of the American Oriental Society*
JB	*Jerusalem Bible*
JBL	*Journal of Biblical Literature*
JNES	*Journal of Near Eastern Studies*
JPOS	*Journal of the Palestine Oriental Society*
JQR	*Jewish Quarterly Review*
JSOT	*Journal for the Study of the Old Testament*
JSS	*Journal of Semitic Studies*
JTS	*Journal of Theological Studies*
KAT	Kommentar zum Alten Testament
KB	L. Koehler & W. Baumgartner. *Lexicon in Veteris Testamenti Libros*. Leiden: E. J. Brill, 1958.
KJV	*King James Version*
NCB	*New Century Bible*
NEB	*New English Bible*
OTL	Old Testament Library
OTS	*Oudtestamentische Studiën*
PEFQS	*Palestine Exploration Fund Quarterly Statement*
PEQ	*Palestine Exploration Quarterly*
RB	*Revue Biblique*
RevQ	*Revue de Qumran*
RSV	Revised Standard Version
RV	Revised Version

SB	Sources Bibliques
SCM	Student Christian Movement
SEÅ	Svensk exegetisk årsbok
Sem	*Semitica*
SJT	*Scottish Journal of Theology*
SOTSMS	Society for Old Testament Study Monograph Series
SPCK	Society for the Propagation of Christian Knowledge
TB	*Tyndale Bulletin*
TBT	*The Bible Today*
TLZ	*Theologische Literaturzeitung*
TPQ	*Theologische-Praktische Quartalschrift*
TZ	*Theologische Zeitschrift*
UF	*Ugaritische Forschungen*
VT	*Vetus Testamentum*
VTSup	*Vetus Testamentum Supplements*
WMANT	Wissenschaftliche Monographien zum Alten und Neuen Testaments
ZAW	*Zeitschrift für die alttestamentliche Wissenschaft*
ZDPV	*Zeitschrift des Deutschen Palästina-Vereins*
ZTK	*Zeitschrift für Theologie und Kirche*

성경 번역본

Aq	Aquila
G	The Septuagint
MT	The Masoretic Text
Q	Qumran Literature
Syr	The Syriac (Peshitta)
Sam	The Samaritan Pentateuch
Sym	Symmachus
Tg	The Targums
	T^{O} Targum Onqelos
	T^{J} Targum Pseudo-Jonathan
	T^{N} Targum Neofiti I
Vet Lat	The Old Latin
Vg	The Vulgate

The version of the Septuagint used is *Septuaginta*. (ed. A. Rahlfs. Stuttgart: Württembergische Bibelanstalt Stuttgart, 1935).
여기서 사용된 70인경 역본은 *Septuaginta*. ed. A. Rahlfs. Stuttgart: Württembergische Bibelanstalt Stuttgart, 1935이다.

Biblical chapter and verse references relate to the MT, unless otherwise indicated.
다른 특별한 언급이 없다면 본서에 장과 절은 MT(마스라사본)를 참조한 것이다.

Alternate numbering given with the Scripture translation is that of the English versions.
성경 번역과 함께 나오는 숫자는 영역본의 해당되는 것이다.

주요 참고문헌

주석

Addis, W. E. *The Documents of the Hexateuch.* London: D. Nutt, 1892. **Bacon, B. W.** *The Triple Tradition of the Exodus.* Hartford: Student Publishing Co., 1894. **Baentsch, B.** *Exodus, Leviticus, Numeri.* HKAT 2. Göttingen: Vandenhoeck & Ruprecht, 1903. **Binns, L. E.** *The Book of Numbers.* London: Methuen, 1927. **Carpenter, J. E.** and **Harford-Battersby, G.** *The Hexateuch.* London: Longmans, Green, & Co., 1902. **Dillmann, A.** *Numeri, Deuteronomium, und Josua.* Leipzig: Hirzel, 1886. **Eissfeldt, O.** *Hexateuch-Synopse. Die Erzählung der fünf Bücher Mose und des Buches Josua mit dem Anfange des Richterbuches.* Darmstadt: Wissenschaftliche Buchgesellschaft, 1962. **Gray, G. B.** *A Critical and Exegetical Commentary on Numbers.* ICC. Edinburgh: T. & T. Clark, 1903. **Gressmann, H.** *Mose und seine Zeit. Kommentar zu den Mose-Sagen.* Göttingen: Vandenhoeck & Ruprecht, 1913. **Heinisch, P.** *Das Buch Numeri.* Bonn: Hanstein, 1936. **Holzinger, H.** *Numeri.* KHAT 4. Tübingen & Leipzig: Mohr, 1903. **Jones, K. E.** *The Book of Numbers.* Grand Rapids, Baker, 1972. **Kuenen, A.** *A Historico-Critical Enquiry into the Origin and Composition of the Hexateuch.* Tr. P. H. Wickstead. London: Macmillan, 1886. **McNeile, A. H.** *The Book of Numbers.* Cambridge: Cambridge University Press, 1911. **Morris, P. M. K.** and **Jones, E.** *A Critical Wordbook of Leviticus, Numbers, Deuteronomy.* The Computer Bible 8. Wooster, Ohio/Missoula, MT: Biblical Research Associates/Scholars Press, 1975. **Noth, M.** *Numbers. A Commentary.* OTL. Tr. J. D. Martin. London: SCM Press, 1968. **Paterson, J. A.** *The Book of Numbers.* Leipzig: Hinrichs'sche, 1900. **Rudolph, W.** "Zum Text des Buches Numeri." *ZAW* 52(1934) 113-20. ______. *Der "Elohist" von Exodus bis Josua.* BZAW 68. Berlin: A. Töpelmann, 1938. **Simpson, C. A.** *The Early Traditions of Israel.* Oxford: B. H. Blackwell, 1948. **Snaith, N. H.** *Leviticus and Numbers.* NCB. London: Nelson, 1967. **Sturdy, J.** *Numbers.* CBC/NEB. Cambridge: Cambridge University Press, 1972. **Vaulx, J. de.** *Les Nombres.* SB. Paris: J. Gabalda, 1972. **Wellhausen, J.** *Die Composition des Hexateuchs und der historischen Bücher des Alten Testaments.* Berlin: Reimer, 1889. **Wenham, G. J.** *Numbers.* London: Tyndale Press, 1982.

단행본 및 논문

Coats, G. W. *Rebellion in the Wilderness.* Nashville: Abingdon Press, 1968. **Cross, F. M.** *Canaanite Myth and Hebrew Epic.* Cambridge MT: Harvard University Press, 1973. **Eerdmans, B. D.** "The Composition of Numbers." *OTS* 6(1949) 101-216. **Eissfeldt, O.** *The Old Testament. An Introduction.* Tr. P. R. Ackroyd. Oxford: B. H. Blackwell, 1965. **Fohrer, G.** *Introduction to the Old Testament.* Tr. D. Green. London: SPCK, 1970. **Fritz, V.** *Israel in der Wüste. Traditionsgeschichtliche Untersuchung der Wüstenüberlieferung des Jahwisten.* Marburg: N. G. Elwert Verlag, 1970. **Gottwald, N. K.** *The Tribes of Yahweh. A Sociology of the Religion of Liberated Israel, 1250-1050 B.C.E.* London: SCM Press, 1980. **Hayes, J. H.** and **Miller, J. M.**(eds.) *Israelite and Judaean History.* OTL. London: SCM Press, 1977. **Hyatt, J. P.** *Exodus.* NCB. London: Oliphants, 1971. **Jenks, A. W.** *The Elohist and North Israelite Traditions.* Missoula, MT: Scholars Press, 1977. **Mowinckel, S.** *Tetrateuch- Pentateuch-Hexateuch. Die Berichte über die Landnahme in den drei altisraelitischen Geshichtswerken.* BZAW 90. Berlin: A. Töpelmann, 1964. **Noth, M.** *Exodus.* OTL. Tr. J. S. Bowden. London: SCM Press, 1962. ______. *A History of Pentateuchal Traditions.* Tr. B. W. Anderson. Englewood Cliffs, NJ: Prentice-Hall, 1972. **Sandys-Wunsch, J.** *The Purpose of the Book of Numbers in Relation to the Rest of the Pentateuch and Post-Exilic Judaism.* Oxford University: Dissertation, 1961. **Vaux, R. de.** *Ancient Israel. Its Life and Institutions.* Tr. J. McHugh. London: Darton, Longman, & Todd, 1961. **Vink, J. G.** "The Date and Origin of the Priestly Code in the Old Testament." *The Priestly Code and Seven Other Studies.* Ed. P. A. H. de Boer. Leiden: E. J. Brill, 1969.

서 론

내용

본서의 명칭은 70인경과 벌게이트역으로부터 나왔으며, 이 명칭은 아마도 인구 조사가 시작되고 있는 그 첫 번째 인구 조사를 가리키는 것 같다(1:20-46). 본서에는 다른 통계들도 나타나 있는데 – 3:15-31; 26:5-51에 있는 몇몇 다른 인구 조사, 7:10-83; 28-29장에 있는 제사의 목록, 31:32-52에 있는 전리품의 숫자 – 그래서 민수기가 어느 정도 적절한 명칭이다. 히브리 명칭은 "광야에서"인데 이것이 더 좋은 명칭인 것 같다. 본서의 구조를 수립하도록 도움을 주는 세 개의 중요한 지리적 명칭이 언급되고 있는데, 이스라엘 백성이 시내로부터 가나안 경계까지 옮겨가는 노중(路中)에 놓여 있다. 이 곳들은 시내 광야(1:1), 바란 광야(10:12) 그리고 모압 광야(22:1; 36:13)다. 본서가 땅을 점령하기 이전 광야 기간에 주어졌던 율법과 역사를 담고 있다는 사실은 저자/편집자에게 대단히 중요한 역할을 한다. 민수기 저자의 주된 관심 가운데 하나는 땅의 점령과 소유에 있어서 필수 요건인 마음가짐과 행위의 규범들을 설정하는 것이다. 민수기는 전체적으로 볼 때 잘 정리된 것으로, 세 개의 주요 단락으로 나누어진다.

A. 시내에서 공동체의 설립(1:1-9:14)
B. 여행 – 그 실패와 성공(9:15-25:18)
C. 정착을 위한 마지막 준비(26:1-35:34)

마지막 장(36:1-13)은 27:1-11의 정보에 추가된 부록으로 보인다.

A. 시내에서 공동체의 설립(1:1-9:14)

본 단락은 공동체 규모의 조사와 더불어 시작되며(1:1-46), 그 성격에 있어서 제사장 나라라는 사실을 묘사하는 방향으로 나아간다(2:1-34). 1:47-54에 이미 암시되어 있었던 바와 같이, 제사장 계급의 내부 구조는 3:1-4:49에 세부적으로 분석되어 있다. 그 공동체 내에서 아론의 아들들의 특권과 책임이 5:1-6:27에 어느 정도 진술되어 있다. 이스라엘 공동체의 신정국가로의 위임은 7:1-88에 명백하게 나타난다. 7:89-8:26에서 레위인은 그 공동체 내에서 새롭게 주어진 봉사 직분을 위해 성별되며, 이스라엘 공동체의 근본적 의식인 유월절 준수에 관한 다른 정보가 9:1-14에 뒤따라 나온다.

B. 여행-그 실패와 성공(9:15-25:18)

이 단락은 광야 여행 중의 수단이 되었던 구름과 나팔(9:15-10:10)에 대한 논의와 함께 시작되고 있으며, 진행의 순서와 시내로부터의 출발을 기술하고 있다(10:11-36). 이 부분은 모세의 지도력과 권위와 관련된 여러 문제들을 다루고 있는데(11:1-12:16), 여행 중에 당한 세 번의 실패 기사에 대한 예비 단계로서 기록되어 있다. 첫 번째 것은 이스라엘 공동체가 신실한 정탐꾼들의 말을 믿지 않은 죄다(13:1-14:45). 뒤따라 나오는 내용 가운데는 그 땅에 대한 새로운 헌신과 순종의 필요성에 대한 강조가 나타난다(15:1-41). 두 번째 실패는 레위인들의 죄와 그에 따른 지시다(18:1-19:22). 세 번째 실패는 모세와 아론의 죄다(20:1-13, 22-29). 이러한 실패들이 궁극적인 진행을 가로막지 못한다(20:14-21; 21:1-35). 외적인 대적(22:1-24:25)과 내적인 대적(25:1-5)들이 격파되고, 비느하스에게서 구현되는 제사장 지도력은 궁극적으로 정당함을 입증받는다(25:6-18).

C. 정착을 위한 마지막 준비(26:1-36:13)

이 단락은 이스라엘 공동체의 재편과 함께 그 공동체의 규모를 다시 파악하면서, 또한 그 땅을 분할하는 문제를 거론하면서 그들의 과거의 실패를 진술하고 있다(26:1-65). 그 땅을 물려받을 여인들의 권리가 논의되고(27:1-11) (그리고 부록[36:1-13]에서 다시 거론된다), 모세의 계승자인 여호수아의 선출과 함께 위임식이 이어진다(27:12-23). 그 땅에서 사용할 달력과 일상 생활의 준수 사항들이 진술되고(38:1-29: 40), 여성의 서원 문제가 논의되고 있다(30:1-16). 31:1-54에서 이스라엘 공동체는 전쟁의 전리품을 드림으로써 제사장 나라로의 새로운 헌신을 하고 있으며, 그 땅에 정착한 모든 사람들(요단 동편에 정착한 지파-역자주)의 헌신은 32:1-42에서 시험받고 있다. 이스라엘 역사상 이 결정적인 사항은 광야를 통과하여 나가는 여행을 재검토하면서 인증되고 있으며(33:1-49), 그 다음으로 그 땅이 어떻게 나누어져야 하는지와 그 땅의 경계들이 언급되고 있다(33:50-34:29). 마감하는 단락들은 그 땅에서 레위인의 소유 문제를 취급하고(35:1-8), 그 땅에서 살인했을 경우에 도피 문제를 취급하고 있다.

편집

어떤 의미에서 민수기가 보다 큰 문학적 단위 전체의 일부분이라는 사실은 의심할 여지가 없다. 본서는 창세기, 출애굽기, 레위기에서 이미 시작된 스토리를 계속해 나가고 있으며, 그 스토리는 최소한 신명기 34:1-12에서의 모세의 죽음과 여호수아서에서의 정착까지의 스토리의 완성을 필요로 한다. 현재의 형태로 갖추어진 이 여섯 권의 책은 주전 5세기나 6세기경에 만들어진 제사장 학파의 산물이라는 사실이 널리 받아들여지고 있다. 그 영향이 몇몇 책 가운데는(예를 들어, 신명기) 약간 들어 있다. 다른 책들 가운데는(예를 들어, 레위기) 그 영향이 많이 들어 있다. 그 영향이 인식되는 기준들은 스타일, 언어, 개념, 관념 등이며, 이러한 내용은 고전적 비평 작품인 S. R. Driver's *Introdutuion to the Literature of the Old Testament* (Edinburgh: Clark, 1913, 9th ed.) 그리고 *The Composition of the Hexateuch*(London: Longmans, Green, 1902) by J. E. Carpenter and G. Harford-Battersby 가운데 아주 잘 개진되어 있다. 이러한 초창기 분석가들의 주장은 보다 최근의 연구가들에게는 자주 받아들여지지 않았는데, 특히 세부 사항에 있어서는 그러했으나, 제사 문서(P)의 정체와 범위에 대해서는 매우 널리 받아들여지고 있다. 민수기에 들어 있는 다음과 같은 장들, 즉 1-9, 15, 17-19, 26-31, 33-36장은 그 전체가 제사장이 기록한 내용이라는 사실이 널리 받아들여지고 있고, 10, 13-14, 16, 20, 25, 32장에는 제사장의 실질적인 영향이 있다는 사실이 받아들여지고 있다. 그러한 영향이 결여되어 있는 유일한 장들은 11-12, 21-24장뿐인 것으로 생각된다.

P문서를 포로기나 혹은 포로 후기로 추적하는 이유들은 위에 인용된 고전적 비평 작품 가운데서 발견할 수 있다. 이러한 입장에 대한 가장 지속적인 공격이 후기 유대인 학자들로부터 나왔다 – 특히 Y. Kaufmann, *The Religion of Israel*(London: Allen & Unwin, 1961), M. Weinfeld, *Deuteronomy and the Deuteronomic School* (Oxford: Clarendon, 1972) 그리고 M. Haran, *Temples and Temple Service in Ancient Israel*(Oxfoed: Clarendon, 1978)을 보라. 이러한 학자들은 신명기(D)보다 P문서의 고대성을 주장하는 쪽으로 기울어지고 있는데, 이는 그것이 포로 전기에 기원되었기 때문이라는 것이다. 언어학적 근거에서 P문서의 초창기 견해를 지지하려는 시도가 있었다. 이에 대해서는 A. Hurvitz, "Evidence of Language in Dating the Priestly Code: a Linguistic Study in Technical Idioms and Terminology," *RB* 81(1974) 24-56를 보라. P문서를 후기 연대로 잡는 사람들이 그것 가운데 몇몇 포로 전기 행습들의

성문화 기미가 있음을 인정하므로, 또한 예를 들어 하란(Haran)은 P문서가 에스라 시대까지 유대인의 삶 가운데서 중요한 요소가 아니었다고 인정하므로 그러한 논증은 상상하는 것처럼 그렇게 대립되지는 않는다. 중요하고도 인정할 만한 P문서의 포로 전기의 기록을 받아들이는 것과 연결되어 있는 주된 문제점들은, 오경 법과 에스겔 40-48장(그것은 모든 점에서 초창기의 것으로 보인다)에 포함된 내용과의 관계, D문서가 P문서를 잘 알고 있었다는 합리적인 의혹을 실증하는 데 따른 어려움 그리고 P가 필요로 하는 포로 후기 이전의 아론 계열만의 제사장직을 발견하기가 어렵다는 사실과 관련되어 있다. 이 세 번째 점은 말라기와 같은 후대까지도(주전 5세기 초반) 많은 본문들이 있으므로 근거가 없는 빈약한 주장은 아닌데, 말라기에 보면 아론 자손 제사장직이 표준적 위치였다는 몇 가지 암시가 긍정적으로 되어 있다.

여기서 채택된 견해는 식별 가능한 실체들로서 제사장 전승의 수정은 본질적으로 포로기 동안에 바벨론에서 기원된 유대교에 있었던 영향력 있는 운동과 관계가 있으며, 그것이 제6세기 후반 이후부터 팔레스틴에 재정착하도록 영향을 주었다는 것이다. 그 수정들은 이 유대인 그룹에 대한 빌미를 제공해 주고, 또한 복구를 위한 몇몇 계획적인 제안을 제공해 준다. 에스겔 40-48장(그리고 아마도 그 책 가운데 있는 다른 요소들)과 레위기 17-26장(소위 성결 법전)은 포로 사실과 회복의 가능성에 대한 이 그룹의 가장 초창기의 반응 가운데 들어 있는 것들이며, 그래서 제사장 전승을 제5세기 후반부의 것으로 연대를 정하는 것이 더 좋을 것이다. 말라기는 그것들을 반영하고 있지 않은 것으로 보이며, 그래서 그것들은 에스라의 활동과 어느 정도 연결되어 있을 수 있다. 그것들은 여대기 기지기 신명기적 역사와 왕국 시대를 위해 해야 했던 이스라엘의 초창기 전승들을 위하여 "바벨론 유대주의"라고 부를 수도 있는 관심사와 입장을 반영하는 주된 수정본을 만들도록 제공한 것으로 보인다.

민수기는 이러한 수정의 과정 가운데서 하나의 단위로서 어떤 특성과 순정성을 가지고 있는가? 전형적인 입장은 아이스펠트(O. Eissfeldt, *The Old Testament. An Introduction*[Oxford: Blackwell, 1965] 156-57)가 제공한 것인데, 그는 비록 오경의 여러 책들 사이에 의미심장한 구별이 있기는 하지만 이러한 구별들은 본질적으로 전체 문서 단위를 취급하기가 편리하고 또 대체적으로 다섯 개의 균등한 분량으로 나누기를 원하여 생겨난 부차적인 것이라고 주장한다. 그러나 민수기가 반드시 인위적인 작품만은 아니라는 몇몇 표시들이 있다. 빈틈없이 연결된 접집류로서 하나의 단위로 되어 있기는 하지만, 최소한 그것이 하나의 단위로 작성되었을 가능성에 대해서는 자세히 검토해 볼 가치가 있는데, 그것이 관행이다. 그 가능성에 대한 제일차적(priori) 반대는 없으며, 취급과 처리 가능성의 문제들이 처음부터 있었다고 생각할 각각의 이유가 있다. 제사장의 수정본의 광범위한 시야가 그것을 믿을 만하게 만들어 준다. 전체가 어떻게 계획되었으며 실행되었는가를 결정하는 것은 불가능하다는 점이 분명하고, 마지막 재분류 가운데서 그 문제가 어느 정도 확실하게 해결될 수는 없지만, 신명기에 주의를 집중할 가치가 있는 독특한 특징과 강조점들이 있다.

내용을 취급하는 가운데서 드러나겠지만, 민수기는 간혹 주장하는 것처럼 그렇게 무질서하고 조리가 없는 책은 결코 아니다. 어디서 다양한 구성 요소들이 시작되고 마치는지에 관하여 불일치의 여지는 있을지라도, 시내로부터 그 땅의 변경까지의 과정을 취급하고, 또한 훈련받고 명령을 받는 방식에 있어서 그 절차를 취급하는 기본적인 3중 구조가 존재하고 있다. 세부 사항에 있어서 차이가 있는 단락들 사이의 관계가 전혀 설명될 수 없는 곳은 거의 없다("주석"을 보라). 이스라엘 공동체의 형성과 특징에 대한 기록(1:1-9:14) 그리고 여행을 하는 가운데 행해진 여러 범죄들에 대한 묘사(9:15-25:18), 이 모두가 어떤 패턴과 목적을 가지고 진행되어 간다. 통일성의 문제는 세 번째 주요 단락(26:1-35:34)에서 가장 선명하지만, "주석"에서 보여 주고 있는 바와 같이 거기서 취급된 대다수의 외관상으로 연결되지 않는 것으로 보이는 항목들은 민수기가 신명기의 가르침을 발전시키고 해석하기를 바라는 주제들을 구체적으로 나타내 주고 있다. 이것은 그 자체가 자료상 일관성이 있음을 어느 정도 암시해 준다. 모압 광야에서 그리고 신명기에 있는 고별 담화에 앞서서 그것이 이 점을 의도해야 한다는 사실은 아주 잘 어울린다.

민수기 내에 있는 두 개의 누느러신 종교직 기사는 레위 지파의 제도와 회막에 관한 것이다. 이 둘은 제사장의 수정본으로 되어 있는 앞선 두 권의 책 출애굽기와 레위기처럼 전혀 다른 스타일로 되어 있다. 분리되고 부차적인 레위 계층의 존속은 출애굽기 38:21-31에 암시되어 있지만, 이 단락은 어쩌면 부록일 것이다. 그것은 이다말을 레위 지파의 우두머리로 임명하는 것을 전제 조건으로 하고 있는데, 민수기 4:28, 33에 가서야 임명된다. 출애굽기의 다른 곳에서는 아론을 레위인으로 묘사하고 있으며, 레위인 전체를 제사장으로 생각하고 있다(출 4:14; 6:16-25; 32:25-29). 민수기에 의하여 이루어진 의미심장한 기여는 레위인을 별개의 계급으로 묘사하고 있는 점이고, 그들과 제사장들 즉 아론의 아들들과의 관계에 대한 검토다.

그 특징은 민수기의 첫 번째 주요 단락(1:47-54; 3:1-4:49) 가운데서 공식화되고, 두 번째 주요 단락(16:1-18:32) 가운데서 수행되고 있으며, 세 번째 단락 끝부분(35:1-8)에서 되돌아가고 있다. 전승을 대대적으로 재해석하는 가운데 저자/편집자는 에스겔 40-48장에 있는 내용과 같이 사독 계열과 지위가 강등된 레위인들 사이에 구별을 짓고 있으며, 아론의 아들들을 레위인의 우두머리로, 그리고 레위인들을 부차적인 지위를 가지고 있으면서도 동시에 고귀한 지위를 가진 것으로 여겨 성직 제도를 세우고 있다.

회막에 대해서는 민수기가 그것을 중앙화함으로써 중요한 기여를 하고 있다. 초창기 전승에서 지지된 바와 같이(출 33:7-11), 출애굽기에서 장막이 진 바깥에 위치한 사실이 받아들여진 것으로 보인다. 제사장 학파 가운데 있었던 초창기 본문 기록자들에게는 이 장막이 그 땅으로부터 멀리 떨어져 있었던 포로민들이 간직했던 신앙 방식의 진정성을 상징하는 특별한 매력을 가지고 있었을 수도 있다. 느헤미야와 에스라의 지도 아래 회복에 대한 확신을 가지고 있는 상황 속에서 작업을 하고 있던 민수기 저자/편집자에게 진 한가운데 있는 회막의 중앙화는 특유의 의미를 가져다 주었다.

민수기가 독특하고 또 어느 정도 독립된 작품이라는 사실을 암시해 줄 수 있는 상당수의 사소한 내용들도 있다. 단 덮개(4:11-15)에 대한 설명은 출애굽기 38:2에 주어진 설명과 다르며, 저자/편집자는 므리바에서 있었던 전통적인 물 이야기에 대해서 자기가 각색한 내용을 제공하고 있다(20:1-13; 참조. 출 17:1-17). 26:57-60에 기록된 레위 족속의 족보는 출애굽기 6:16-25에 있는 보다 세밀한 모습과 아주 다르지는 않지만, 어떤 필요성을 가지고 그것을 반복한 것은 그것이 어느 정도의 독립적인 것이라는 증거일 수도 있다. 속하기 위하여 돈을 사용한 것은 전체 제사장 전승 가운데서 또 다른 특징이다(3:44-51; 18:14-18; 참조. 출 13:13; 34:20).

물론 이러한 관찰들이 결정적인 것은 아니다. 제사 문서의 발전에 관한 다른 이론들도 있는데, 그것들은 문제가 되고 있는 현상들을 설명해 줄 수도 있을 것이다. 한편으로 그것들은 민수기가 어느 정도 독립성을 가지고 있고 하나의 단위로서 순정성을 가지고 있다는 견해와 조화된다. 비록 그 독립성이 제2차적인 것으로 판단될지라도 그것이 전적으로 하나의 단위로서 인위적인 것은 아니며, 그것 자체만을 연구하고 해석할 가치가 있다.

자료

민수기는 어느 범위까지 존재하는 자료를 가지고 편집된 것인가? 한 사람의 저자가 이 책의 어느 정도까지 새로운 내용을 기록했는가? 민수기가 처음부터 독립적이었다는 입장은 "저작권"이 어느 정도 타당한 생각이라는 가정을 수반하고 있다. 또한 저자가 기록 당시 자기 옆에 자기가 편입시키고 또한 실질적으로 변질되지 않고 남아 있는 믿을 만한 전승의 실체를 가졌었는지의 여부를 물어야 할 것이다.

제사 문서 자료

폰 라트(G. von Rad, *Die Priesterschrift im Hexateuch.* BWANT 4/13. Stuttgart: Kohlhammer Verlag, 1934)는 율법과 설화의 평행적 줄기들을 찾아내려고 노력했다. 그러한 접근의 기초가 훔버트(P. Humbert, "Die literarische Zweiheit des Priester-Codex in der Genesis," *ZAW* 58[1940/41] 30-57)를 통하여 효과 있게 비평을 받았는데, 이제까지는 일치된 기초 본문(PG) 편에서, 그리고 다양한 형태를 가진 보충적 요소들(PS) 편에서 P의 구조를 바라보는 것이 관례였다. 마틴 노트(M. Noth, *A History of Pentateuchal Traditions*[Englewood Cliffs: Prentice Hall, 1972] 8-19)는 PG에 대한 관점을 본질적인 설화라고 주장했고, 다른 사람들은 율법과 설화 사이의 연결고리를 분리할 수 없거나 혹은 너무나 밀접하므로 하나의 평가를 정당화할 수 없다고 생각한다(예를 들어, 참조. G. Fohrer, *Introduction to the Old Testament* [London: SPCK, 1970] 182-83). 노트는 또한 PG가 여호수아서에 잘 나타나 있다는 전통적 견해에 반대했다. 그가 볼 때 그것은 정착할 무렵의 것이 아니라 시내산에 있을 무렵에 쓰여진 것이었다. 보다 전통적인 견해를 주장하는 사람들 가운데는 모빙켈(S. Mowinckel, *Tetrateuch-Pentateuch-Hexateuch: Die Berichte über die Landnahme in den drei altisraelitischen Geschichtswerken*[BZAW 90; Berlin: Töpelmann, 1964])과 빙크(J. G. Vink, "The Date and Origin of the Priestly Code in the Old Testament," *The Priestly Code and Seven Other Studies*, ed. P. A. de Boer, Leiden: Brill, 1969)가 있다. 어떤 선택을 하든지 간에 일치된 PG설화를 확실하고도 정확하게 그 정체를 밝히기에는 너무나 어려운 점이 있다. 양식비평은 기끔 그 문서의 기원과 완성 과정에 관한 신빙성 있는 제안을 만들어 낼 수 있다(예를 들어, R. Rendtorff, *Die Gesetze in der Priesterschrift.* Göttingen: Vandenhoeck & Ruprecht, 1954; K. Koch, *Die Priesterschrift von Exodus 25 bis Leviticus 16, eine überlieferung-*

sgeschichtliche und literarkritische Untersuchung. FRLANT 71. Göttingen: Vandenhoeck & Ruprecht, 1959를 보라). 그러나 PG의 정체와 그 범위에 관한 믿을 만한 결론 방식에 있어서는 거의 아무것도 제공하지 못한다.

난점들은 물론 질문의 타당성과 적당성을 부정하는 것은 아니지만, 그것들은 다른 대안적 접근 방식 – P문서 전체의 성격의 경우 – 을 초래할 수도 있다. P가 어떤 의미에서 "미드라쉬적(해석적) 주석"이라는 견해는 주시할 가치가 있다. 예를 들어, R. H. Pfeiffer, *Introduction to the Old Testament*(London: Black, 1952) 207; F. M. Cross, "The Priestly Tebernacle," *Old Testament Issues*(ed. S. Sandmel. London: SCM, 1969) 39-67를 보라. 분명히 P가 초창기 전승을 해석하는 점들이 있지만, 만일 그것이 단순히 주석(commentary)이라면 그것은 자주 그러하듯이 일치성과 완전성의 등급을 나타낼 것 같지가 않다. 노트(M. Noth, *Pentateuchal Traditions*, 11-17)는 이 점으로부터 초창기 자료가 이미 완성되고 일치된 설화, 즉 PG를 더 풍부하게 하기 위하여 편집되고 사용되었다고 결론지었다. 노트의 견해가 가지고 있는 난점은 초창기 자료의 단편이라는 것이 연구를 위하여 선택된 전승의 단위들에 의존하고 있다는 사실이다. 예를 들어, 아브라함 전승들 가운데서 P가 PG의 문서 전체보다 훨씬 더 해석적인 첨가물일 것 같다. P를 보다 오래된 자료와 적절한 해석적 주석을 포함하고 있는 전승의 생생한 표현으로 평가하는 것이 가장 좋을 것 같다. P가 가장 간결하게 들어 있는 창세기 안에서까지도 이것의 표시가 있다. 역대기 사가의 작품이 적절한 유사점을 제공해 줄 수도 있다. 그는 분명히 사무엘서와 열왕기서로부터 나온 초창기 전승을 사용하고 있으며, 다른 문서들로부터도 자료를 이끌어 내고 있지만, 제안된 PG에 비교할 만한 하나의 기본 설화(CG?)를 단정할 필요는 없을 것 같다. PG를 거절하고 민수기를 총체적인 개정 프로그램 가운데 들어 있는 하나의 단위로 본다는 것이, 물론 출애굽기 38:21-31과 민수기 36:1-13에 있는 것과 같은 소량의 보충 가능성을 배제하는 것은 아니다.

야위스트 자료

비제사(nonpriestly) 자료는 민수기 11-12, 21-24장에서 발견되며, 부분적으로 민수기 10, 13-14, 16, 20, 25-32장에서 발견된다. 이것이 포로 전기의 모든 본질적인 내용들 가운데서 그 발자취를 찾아볼 수 있는 설화와 율법 전승이라는, 보다 광범위한 혼합물의 일부분이라는 사실은 널리 인정되고 있다. 그것은 자주 수요 복합체로 간주되는 전승들 가운데서 야웨적 그리고 엘로힘적 구획들을 나타내고 있는 JE로 지칭되기도 한다. 앞에서 인용한 전통적인 비평 작품들은 JE 전체를 오경에 있는 다른 주요 문서, 즉 D(신명기)와 P의 영향들로부터 구별될 수 있는 어떤 스타일의 표준들을 암시할 수 있다. 좀더 작은 범위에서 볼 때, 유사한 표준들이 J를 E로부터 구별하기 위하여 사용된다. 몇 구절이나 혹은 절반의 구절들을 여러 문서들로 세심하게 분류하는 것이 배제되었던 것은 사실이지만, 초창기 전승이 민수기 어디서 발견될 것인지에 대한 일반적인 수용은 여전히 존재하고 있다.

전체적인 초창기 전승의 범위, 특성 그리고 연대에 관해서는 아직도 논의가 되고 있으며, 어떤 점에서 현안 문제들은 이제까지보다 더 개방되어 있다. 최근에는 이 전승(민수기)이 신학적으로 전체적 일관성을 가지지 못하고, 조사 결과 통상적인 자료 계층들의 근거에서보다는 "더 큰 단위들"(예를 들어, 족장 이야기)의 근거에서 더 유익하게 진행되었을 것이라고 주장되어 왔다. 특히 R. Rendtorff, *Der überlieferungsgeschichtliche Problem des Pentateuch*(BZAW 147. Berlin: Töpelmann, 1977)을 보라. 이러한 접근 방식은 어쩌면 엘리스(P. Ellis, *The Yahwist. The Bible's First Theologian*. London: Chapman, 1969)와 볼프(H. W. Wolff, "The Kerygma of the Yahwist," *Int* 20[1966] 131-58)와 같은 사람들에 의하여 드러난 자료들 가운데 있는 내적으로 일치하는 맥락을 과소평가하고 있으며, 또한 초창기 비평가들이 격리시켜 놓았던 보다 중요한 문체의 현상을 무시하는 경향이 있다. 다른 한편, 그것이 가능하다고 생각하거나 혹은 방법론적으로 필요하다고 생각하고 모든 초창기 자료를 J나 혹은 E에게로 돌리는 것은 지혜롭지 못하다. 이 전승(민수기)이 다양한 근원으로부터 나온 자료들의 요약이라는 가능성에 더 큰 무게가 주어져야 한다. 분명히 이 자료는 이스라엘 정착 이전의 역사와 전통적 자료의 요약, 그리고 저자 자신의 기고로 이루어졌음에 틀림없다. 다만 그 다양한 배경 가운데 있는 지배적인 내용들을 가리키기만 한다면 이 저자/편집자를 야웨스트(Yahwist)로 규정하고, 또한 그의 작품을 JE로 규정하는 것이 합리적인 것으로 보인다.

이 작품은 다윗 제국의 승리 이야기 가운데서 절정에 달한 것으로 생각되어 왔다. 이러한 이론에 대한 최근의 논문을 보려면 H. Schulte, *Die Entstehung der Geschichtsschreibung im alten Israel*(BZAW 128. Berlin: Töpelmann, 1972) 203-24를 보라. 그러나 대부분의 분석가들은 현존하는 많은 자료를 육경(六經)을 넘어서 JE에 돌리기가 어렵다는 사실을 발견했다. 그 이야기가 정착에 대한 몇몇 기사 가운데서 그 목표를 이루고 있다는 생각은 합리적인 것으로 보인다. 전승들의 내적인 이동은 이스라엘을 가나안 땅으로 들어가게 하는 어느 정도의 절정(climax)을 필요로 하는 것으로 보이며, 이를 위해서는 여호수아서를 관찰해 보는 것이 가장 좋을 듯하다. 신명기를 통해 지금의 형태로 영향을 받았겠지만, 여호수아 24:1-28의 언약 체결은 아마도 사사기 1:1-36의 단편적 정착 전승보다 더 그럴듯한 절정일 것이다. 그것은 팔레스틴 중심부에서 견고한 발판을 가졌던 이스라엘을 보여 주고 있으며, 새로운 상황 가운데서 있었던 시내산 언약 갱신을 보여 주고 있다.

야위스트의 작품 내에 있는 보다 큰 단계들을 밝히려는 시도들은 잠정적인 것으로 제한되어 있다. 비교적 초창기부터 이야기의 어떤 주제들을 산문체로 축하하는 이야기들이 있었다고 생각하는 것이 합리적이다. 논란의 여지는 있을지라도, 별개의 야웨스트 전승이 존재하고 있는 것으로 생각할 만한 근거가 있다. J. F. Craghan, "The Elohist in Recent Literature," *BTB* 7(1977) 23-35 그리고 A. W. Jenks, *The Elohist and North Israelite Traditions*(Misoula, MT: Scholars Press, 1977)를 보라. 이것이 진정으로 야위스트에게 있어서 독립된 정보의 원천이었는지, 아니면 그것이 전승 내에서부터 나온 해석적인 과정을 나타내고 있는지의 여부는 판단하기 어려운 것으로 남아 있다. 어떤 사건 가운데서 E로의 민수기 본문의 기여는 불확실한 계획이다. "평민"(lay) 자료(L)(O. Eissfeldt, *The Old Testament. An Introduction*[Oxford: Blackwell, 1965] 189-204), "유목민" 자료(N)(G. Fohrer, *Introduction to the Old Testament*[London: SPCK, 1970] 146-65, 혹은 J1/J2 구별(예를 들어, C. A. Simpson, *The Early Traditions of Israel*[Oxford: Blackwell, 1948])에 대한 논증들은 지극히 추론적인 것에 불과하다. 아이스펠트와 포오러는 그것들을 통하여 분리된 자료가 설화의 일치하면서도 독립된 요소들을 구성하고 있고, 반면에 심프슨(Simpson)의 작품의 확고한 특징인 본문 분석은 가설일수록 그것이 더 잘 실행된다는 사실을 확신있게 입증하지 못했다.

이 초창기 전승의 연대와 출처는 결정하기가 어렵다. 작품의 주요 부분에 대하여 널리 제안된 가장 초기의 연대는 통일왕국 시대다. 고전적 분석은 J와 E 작품 모두 분리왕국 시대의 것으로 돌리는 쪽으로 더 기울어졌다. 포로기에 대부분의 내용이 그 전승에 가입되었다는 데 대해서는 최근에 적지 않은 사람들이 주장하게 되었다. 이 논쟁 가운데 인용된 대부분의 자료들은 증거 자료로서는 거의 호소력이 없으며, 포로기 이전 시대 내에 있던 여러 시대의 자료들이 전승 내에 보존되어 있다는 사실은 매우 개연성이 있는 것으로 보인다. 그러나 야위스트가 그 전승에 지금의 형태와 내용에 본질적인 어떤 것을 제공했다는 시점이 있었음에 틀림없다. 솔로몬 시대라고 하는 수많은 주장들은 결정적이지 못하며, 반면에 창세기 27:40에 있는 역사적 암시가 열왕기상 11:14의 사건보다는 열왕기하 8:20-22의 사건에 더 부합한다(주전 850년경). 다른 한편, 그 전승은 국가의 정체성과 통일성에 대한 강력한 의미로 가득 차 있는 것이 사실이고, 그래서 야위스트의 필수적인 편집 사역과 저작권은 유다 왕들, 특히 요시야(왕하 23:15-20, 29-30)가 북왕국 내에서 상당한 영향력을 행사했을 때인 북왕국의 멸망 이후의 시기까지 생각해 볼 수도 있다. 아마도 이스라엘 역사의 구성 요소들은 축하 예배 가운데서 가장 초창기에 구두 형태로 주어졌을 것이다. 보다 이른 시기의 기록들(proto-J?와 E)이 야위스트에 의해서 이용되었고, 현재의 역사 속으로 짜 맞추어졌다. 이것은 무엇보다도 그 땅의 소유에 있어서 이스라엘의 인과관계 연구이며, 요시야 시대의 상황과 쉽게 어울린다. 족장들의 설화를 정리하는 가운데 이스라엘의 땅 소유는 역사의 우연이 아니고 하나님의 약속의 열매라는 사실이 확증된다. 특히 요셉의 이야기는 북 이스라엘 지파의 조상인 에브라임과 므낫세가 이방 땅에서 역경에도 불구하고 성공에 이를 수 있었다는 내용을 인상 깊게 상기시켜 주는 것이다. 출애굽의 전승은 그 시대들의 표시였던 확신에 찬 독립 정신을 입증하며, 그래서 그것은 아직도 안정을 추구하기 위하여 애굽과 동맹을 추구하는 사람들에 대한 비판을 암시하고 있다. 무엇보다도 시내산과 세겜에서의 언약 체결 전승은 새로운 헌신의 필요성을 입증하고 있다(참조. 왕하 23:3). 오직 그러한 상태가 되어야만 야웨의 지도 아래서 그 땅의 정착과 소유가 가능할 수 있는 것이다. 민수기에서 야위스트의 주된 기여는 모세의 권위의 촉진인데(민 11-12장), 그것은 모세의 율법서에 대한 요시야의 개념, 남쪽과 동쪽으로부터 정착의 전승들을 함께 모음(민 13-14장) 그리고 발람의 확신에 찬 신탁을 편입시키는 것(민 22-24장)에 중요했다. 사마리아의 함락의 그림자가 배경을 이루었고, 그 원인들이 올바르게 이해되어야 했다(출 32:1-35; 민 25:1-5).

야위스트의 작업에 대한 그러한 관점은 이론적 공격에 방어만을 할 수 있을 뿐이고, 다만 심각하게 생각해 보아야 할 가치가 있다. 야위스트는 요시야의 통치 초창기를 구체화시킬 수 있었고(왕하 21:24; 22:1), 또한 그 통치 과정 전체에 영향을 미칠 수 있었던 왕궁의 당파 중 한 사람이었을 수도 있다. 야위스트가 모세의 지도력과 시내산 율법에 대한 모세의 중재의 원리들에 대해 강소한 것은 신명기 첫 번째 판의 기초요, 주전 621년의 종교개혁에 주된 자극을 주었던 모세의 권위 개념을 위하여 길을 준비해 주었다.

종교상의 기여

민수기는 여러 분야에서 중요한 기여를 하고 있다.

1. 본서는 행진해 나가는 공동체로서 하나님의 백성 이스라엘에 대한 이해를 나타내고 있다. 그 공동체는 아직 목적지에 도달하지 않았고, 그 여행은 시작되었다(10:11-36). 저자는 여기서 초창기 야위스트 전승 가운데 이미 나타난 주제의 중요한 신학적 발전을 제공하고 있다. 공동체 생활은 공동체 내에서와 공동체 사이에서 하나님의 임재를 증거해 주는 구심점인 회막의 주변에서 이루어진다(2:1-34). 그러므로 하나님은 공동체의 초점이요, 그 재원이 나오는 중심부다. 하나님의 백성은 하나님의 지속적인 지도를 받음에 있어서 모든 면에서 의존적인 존재이며(10:11-12, 35-36), 자기들의 미래의 생활 양식을 위하여 그분의 지시에 귀를 기울여야 한다(3:1-6:27; 18:1-19:22; 27:1-11; 28:1-30:16; 35:1-36:13). 이스라엘 공동체는 하나님의 지도 아래서 생활 스타일이 그 공동체의 목표임을 이해해야 할 뿐만 아니라, 또한 자신을 드림으로 전적으로 헌신해야 한다(7:1-88; 31:1-54). 오직 그렇게 할 때에만 그 유산은 소유할 수 있고 획득할 수 있는 것이다(32:1-34:29).

2. 본서는 또한 이스라엘 여행의 목적을 땅으로 밝히고 있다. 요점이 명백하다고 해서 그것을 소홀히 여겨서는 안 된다. 초창기 전승은 때로는 똑바르지 못한 그 땅으로 인도하는 과정을 자세히 추적하고 있으며(13:1-14:45; 21:1-25:5), 공동체가 그 목적지에 잘 도달할 수 있었음을 드러내 보여 주고 있다(32:1-42). 이러한 기사 역시 보다 넓은 본서의 내용과 구조에는 절대적으로 필요한 것으로 저자가 고안한 것이다. 정착에 대한 세부 사항들은 그의 목적에는 절대적으로 필요한 것이 아니었다. 성공적인 정착을 위한 선결 조건들이 필수적이었다. 그것이 보증하는 자원들로 나아가는 수단인 그 땅이 하나님의 의도의 기초가 되는 것으로 보인다. 공동체의 기본적인 죄는 그 땅에 대한 거절이며(14:1-38), 다양한 방식으로 하나님의 의도를 받아들이지 못하게 하는 여타의 행실들은 비록 가장 최고의 수준에 있다고 할지라도 그 땅과 자원들로부터 추방하도록 인도한다(16:1-17:26; 20:1-13; 21:4-9; 25:1-18).

3. 본서는 또한 여행하는 공동체 가운데서 권위의 성격에 대한 주요 내용을 제공한다. 민수기 11:1-14:45; 16:1-35에 들어 있는 초창기 전승은 그 지도권을 근본적인 우선권으로 단호하게 인정하면서 모세의 지도권을 검토하고 있다. 이것은 자연히 본서 전체 가운데서 모세의 권위에 대한 생각을 납득시키고 있으며, 바꾸어서

지도력과 권위라는 계급 제도 형태 가운데 주된 제사장 요소를 요구하고 있는 것으로 나타난다. 모세 자신의 후계자는 중요한 기능을 소유하고 있지만(27:12-23), 아론의 아들들과 그들을 돕는 자들인 레위인들을 통하여 제재를 받는 중요한 책임 분야가 있다. 권위의 다양한 성격은 그와 같이 분석되며, 또한 제사장의 권위라는 보다 고위 계급은 안정을 위한 공동체의 필요로 인하여 세워진 것이다.

4. 본서는 또한 공동체에서 권위에 대한 거부의 성격과 그 결과들을 나열하고 있다. 이 주제는 여행 중에 있었던 이스라엘의 불평 이야기에 들어 있는 초창기 전승 가운데 나타났다(11:1-12:16; 16:12-15; 21:4-9). 그 반역의 형태는 본질적으로 모세의 지도권에 대한 거절이며, 그 땅을 소유하기 위하여 모세가 추구했던 정책에 대한 거절이다. 백성들이 표현한 욕구는 애굽에서의 포로 경험으로 인한 것이다. 주제는 전체적으로 백성의 반역(민 14:1-48), 레위인들의 반역(민 16:1-35) 그리고 지도권에 대한 반역(민 20:1-13)에 관한 각각의 연구를 담고 있는 것으로서 본서 가운데서 저자에 의하여 확대되었다. 이 모든 세 개의 반역은 궁극적으로 그 땅을 상실하게 만드는 죽음이라는 방식으로 나타난다. 그 땅을 "악한" 것이라고 하는 경멸이 나타나 있다. 본서에는 또한 레위인들 편에서의 주제넘은 태도가 나타나 있다. 모세와 아론 편에서는 야웨의 거룩을 존중하지 않는 태도가 나타나 있다.

전 인류 편에서 볼 때, 본서는 인류 전체를 위한 하나님의 목적, 즉 그 땅으로 들어가서 그것을 누리는 것에 대한 통찰력을 제공해 준다. 이것은 아직은 이상적인 것으로 남아 있지만, 저자는 그러한 사실이 실현되기 위한 근본적인 선결 조건일 수도 있는 사상을 제공하고 있으며, 그것이 좌절될 수도 있는 인간 행위의 패턴을 거론하고 있다.

민수기와 역사

민수기가 복잡한 전승의 축적이며, 시내산으로부터 그 땅의 변경까지 이스라엘의 여행에 관한 단순한 사실의 기사가 아니라는 가정하에서 우리의 연구가 진행되어 왔다. 이러한 가정은 문학비평과 역사비평의 연구 결과에 근거하고 있으며, 문제의 매 단계마다 정당성을 입증하기 위하여 실명해 왔다. 민수기는 현대 역사가들이 요구하는 본질적인 자료들, 즉 묘사하고 있는 시대와 긴밀히 연결되어 있거나 혹은 그와 동시대 자료들의 사용에 대한 증거, 연대기와 역대기, 비문들 그리고 주전 2000년대 후반부에 대해 알려진 역사를 가지고 작업을 할 수 있는 견고하고 중요한 자료들의 형태로 되어 있는 자료들을 가지고 있지 못하다. 가령 본서가 주전 2세기의 역사가에게 얼마간의 가치가 있었다면 어떤 가치였는가에 대해서 반드시 물어보아야 한다. 본서는 주전 2세기 역사가가 필요로 하는 정보를 가지고 있지 못한 것으로 보인다.

이러한 관찰은 본서가 역사가에 대해 관심을 두지 않고 있다는 사실을 의미하는 것으로 생각해서는 안 될 것이다. 문제는 그보다도 역사를 위한 연구가 조심스럽게 취급되어야 하며, 모든 점에 나타나 있는 것으로 가정될 수 없고, 또한 결과들은 반드시 불확실하고 잠정적인 것이 되어야 한다는 것이다. 전승의 심장부에는 역사적 사실, 즉 가나안 땅에 이스라엘이 존재하고 있다는 사실이 있으며, 민수기가 그러한 사실에 대한 보다 큰 설명의 일부분이라는 사실은 분명하다. 현대 역사가에게 결정하기 어려운 문제는 그러한 "설명"(explanation)이 자신의 흥미를 끄는 인간의 사건들 가운데 나타난 원인과 결과라는 특별한 패턴을 이해하도록 그 역사가에게 얼마나 도움을 줄 수 있을까 하는 것이다.

역사가는 피할 수 없는 역사의 핵심 부분, 즉 가나안 땅에 이스라엘이 존재한다는 사실로부터 시작해야 하며, 그들의 존재는 주전 2000년대 후반부의 어느 시점에 시작된다는 사실로부터 시작해야 한다는 것이 적절해 보인다. 이스라엘의 기원에 관한 안정된 역사적 증거가 불충분한 상태에서 정착의 과정을 모델들의 입장에서 논의하고, 역사가가 구약의 안팎으로부터 이용 가능한 증거에 가장 적합하다고 믿는 정착 모델을 확인하는 것이 관례가 되어 왔다. 고트왈드(N. K. Gottwald, The Tribes of Yahweh, 191-233)는 그러한 세 가지 모델을 밝히고 있는데, 즉 정복, 이민, 폭동이 그것들이다. 맥스웰 밀러(J. Maxwell Miller, *Israelite and Judaean History*, 264-79)는 다섯 가지를 열거하고 있는데, 곧 범 이스라엘 족속의 출애굽과 침입, 독립된 각 지파별 이민과 정착, 목축지를 찾아가는 점차적인 침입, 강제적인 침입 그리고 내부로부터 일어난 폭동이다. 얼마나 많은 내용이 확인되든지, 그것들은 언제나 상호 배타적이지는 않다. 각기 강점과 약점을 가지고 있고, 이스라엘의 기원에 대한 하나의 세련된 기사는 모든 모델로부터 나온 요소를 참작했을 수도 있다. 그럴지라도 몇몇은 정교화하는 데 있어서 더 큰 발전 가능성을 가졌을 수도 있고, 하나가 다른 것들보다 더 근본적으로 정확한 것이 될 수도 있다.

여기서 그러한 하나의 평가를 시도하는 것은 불가능하고 또 적절하지 못하지만, 민수기가 논의에 어떤 기여를 할 수 있는지를 묻는 것은 적절할 것이다. 답변을 얻어내기 위하여 초창기 전승을 살펴보는 것이 자연스러울 것이다. 이것은 후기 제사

자료가 그 시기와 상관된 역사적 정보를 전할 수 있다는 가능성을 배제하는 것이 아니다. 문제는 현대 역사가가 볼 때 이 자료가 스며들기에는 엄청나게 어렵다는 것이다. 그것이 유지하고 있는 그대로 그러한 역사가 초창기 설화 전승을 통하여 그것에게로 전달된다는 사실은 의심스럽다. 우리는 역사가에게 큰 가치가 있는 것으로 보이는 제사장 본문으로부터 나온 독립된 증거를 전혀 발견하지 못했다. 제사 문서 이전의 자료로 돌아가서 우리의 연구 결과는 다음과 같이 분석될 수 있다.

1. 제사 의식(Liturgical) 자료

우리는 여기에 호밥과 법궤 이야기(10:29-36) 가운데 편입된 시가(psalm), 그리고 사막에서 먹었던 음식물로서의 만나와 메추라기에 관한 전승(11:7-9, 31-33)을 포함시킨다. 후자의 기사는 분명히 제의 축하 가운데서 하나의 주제가 되었던 것으로 보인다(시 78:23-28; 105:40). 전자 가운데서 그러한 본문에 대한 의식적(儀式的) 사용은 전쟁에서 법궤의 사용에 근거를 두고 있을 수 있다. 본문의 연대를 설정하는 것(정착 이전이냐, 아니면 정착 이후냐)은 결정하기가 어렵고, 내용의 어떤 것도 광야의 체험과 관련하여 나타나지 않는다.

음식물 전승은 분명히 남방에 이르는 사막 지역과 시내 반도에서의 생활의 친근한 상황을 반영하고 있으나, 역사적 기간에서 이것으로부터 추론되어야 할 내용은 불확실하다. 분명히 야웨의 사막 행진에 대한 의식상의 전승이 있으며(시 68:8; 신 33:2; 삿 5:4), 이것을 거룩한 산과 관련시킬 모든 이유가 있다. 이 전승이 야웨의 초창기 성소로의 순례여행 관습에 뿌리를 두고 있는 것으로 보이며, 사막에서 먹은 음식물 주제는 여기에 속하는 것으로 보인다. 그러나 전승은 역사가에게 침투하기가 어렵다. 사막의 행진 주제는 이스라엘의 광야 방랑에 관해서보다는 시내로부터 예루살렘까지 야웨 예배를 위한 이동에 관해서 좀너 말해 줄 수도 있다.

2. 성전(temple) 자료

우리는 여기에 불뱀에 대한 이야기를 포함시키는 바이다(21:4-9). 본문은 느후스단 제사 의식을 정당화하는 제사 문서의 인과관계적 설명이 그 배경인 것으로 보인다. 그러한 이야기들과 그것들의 각색의 근거에 대한 관념적인 관심들이 그것들로부터 고대 역사를 추출해 내려는 역사가들을 매우 어렵게 만든다.

3. 예언적 자료

우리는 여기에 예언적 배경을 가지고 있는 것으로 보이는, 야위스트가 편입시키고 각색한 수많은 이야기들을 포함시킨다. 이것은 장로들과 선지자들(11:16-17, 24-30) 그리고 미리암과 아론(12:1-15)에 관한 전승들에 해당한다. 불뱀에 관한 성전 전승에서처럼, 이 자료 가운데도 강력한 변증적 관심이 들어 있다. 모세와 광야시대에 호소함으로써 얻게 되는 특별한 견지와 입지에 대한 옹호가 그 핵심이다. 역사가가 그러한 호소를 위한 실제 역사상의 근거가 있었는지의 여부(이에 대한 다른 근거들도 있을 수 있다)를 안다는 것은 어려운 일이며, 지지해 주는 증거나 혹은 초창기 자료에 대해 호소할 만한 것이 없는 상태에서 역사가는 그러한 자료를 직접적으로 사용할 수 없다고 결론지어야 할 것이다.

원래 발람 신탁(23:7-10, 18-24; 24:3-9, 15-19)은 보다 장래성 있는 사실을 바라본다. 그것들은 고대적 특징을 가지고 있으며, 어쩌면 최소한 그 일부분은 다윗 이전에 작성된 것일 수 있다. 그것들은 그 땅에서의 이스라엘의 초창기로 우리를 이끌어 가는 확신에 찬 정신을 반영하고 있다. 불행스럽게도 그것들은 그러한 초창기 역사가 재구성되거나 설명될 수 있도록 정보를 제공해 주지 못하고 있다. 발람 자료는 그 자체로서 통일성을 가지고 있고, 요단 동편 자료의 나머지 부분과 매우 느슨하게 짜 맞추어져 있다. 그것이 요단 동편의 여행에 대한 보다 충만한 자료라는 생각은, 그러한 여행에 있어서 초창기 저자에게는 그것이 특별한 의미가 없었다는 사실을 의미한다.

바알브올에 관한 전승들(25:1-5) 역시 예언자 그룹 가운데 보관되어 왔을 수도 있으며, 비록 그것들이 초창기에 그러한 히니의 의식이 있었다는 증거임에 틀림없을지라도, 그러한 의식이 이스라엘의 가나안에서의 정착과 설립에 앞서 요단 동편의 여행 동안에 접촉했던 것이었다는 사실은 확인하기가 대단히 어렵다.

4. 불평 자료

정착하기 이전 이스라엘의 반역의 전승은 민수기에서뿐 아니라 출애굽기 가운데 있는 야위스트의 이야기 가운데 견고하게 뿌리를 내리고 있다(민 11:1-3, 4-6; 13:31; 14:23b-24, 40-45; 16:12-15; 21:5; 25:1-3). 여기서 또다시 변증적 관심을 가지고 작성한 것처럼 보이며, 얼마나 오래된 전승인지는 결정하기가 매우 어렵다. 사막의 메추라기를 하나님의 은혜로운 선물로 긍정적으로 바라보았던 제의적 전승이 분명히 있었던 것 같으며(시 105:40), 이것이 어떻게 언제나 불평과 징벌이 하나가 되는 전승으로 주장되어 왔을 수 있는지를 깨닫기가 어렵다. 다른 방향에서의 발전이 - 은혜로운 선물로부터 반역에 대한 징벌로 - 보다 신빙성이 있다. 불평 전승은 부분적으로 그 땅에서의 ⋯ 을 원하지 않는 어떤 사람들이 있었다는 회상을 통하여 자극받았을 ⋯ 2-15). 이것은 역사가가 정당하게 주장할 수 있었던 최대한의

5. 여행기

여기에 우리는 ⋯ 치들과 33:1-49에 언급된 보다 광범위한 편집물을 포함시 ⋯ 어디서 이러한 정보를 얻어냈는지를 물어야 하는데, 어느 정 ⋯ 것이 가장 그럴듯한 해결책이다. 모세가 편집한 목록이 보존 ⋯ 하기란 어렵고, 그 목록들은 상업이나 혹은 다른 목적을 위하 ⋯ 들을 위한 후기의 노선으로부터 취했을 가능성이 있다. 중요한 ⋯ 없다는 것이고, 실제 사실은 불확실하다는 것이다.

6. 고대 시 자료

여기에 우리는 이스라엘의 후기 의식 전승 혹은 예언 그룹과의 분명한 접촉이 없었던 고대 본문들을 포함시킨다 - 즉 특별히 야웨 전쟁기로부터의 인용(21:14-15), 우물의 노래(21:17-18) 그리고 헤스본 왕에 대한 조롱의 노래(21:27-30)가 그것이다. 이것들은 틀림없이 고대의 본문이지만, 그것들의 구체적인 기원과 배경에 관한 문제는 의문점으로 남아 있다.

야웨의 전쟁기로부터의 인용은 자료에 비추어 볼 때 전쟁의 한 결과로서 점령되고 다스려진 땅을 묘사하고 있는 것으로 보인다. 그것이 다윗 시대의 것인지, 아니면 그보다 이른 시기의 것인지 알기 어려운 문제가 남아 있다. 우물의 노래는 때때로 물 근원을 의존했던 공동체, 어떤 의미에서 이동하는 공동체의 경험을 반영하고 있다. "유목 생활"이라는 단어는 증거가 보여 주는 그 이상의 어떤 것을 의미할 수도 있다. 이것은 또한 야웨의 전쟁기로부터 인용한 것일 수도 있으며, 그 배경이 전쟁 중인 공동체의 배경일 수도 있다. 야웨의 전쟁기로부터 인용한 내용처럼 헤스본에 대한 조소의 노래는 그 궁극적인 기원은 알 수 없지만 요단 동편에서 전쟁이 있었다는 증거다. 또한 노래가 증거를 담고 있는 그 전쟁의 연대 역시 그러하다.

7. 요단 동편 정착

여기서 우리는 비록 조화가 안 되고 연결되지 않기는 하지만, 정착기의 역사가에게 가장 가치 있는 자료를 가지고 있다. 그것은 10:29-32에 있는 겐 족속 전승의 단편들과 13:30, 14:24에 있는 갈렙 족속 전승일 수도 있다. 21:1-3에는 전체적인 유다 전승도 있으며, 21:21-35; 32:34-38, 39, 41-42에는 요단 동편 지파들에 대한 전승도 있다. 겐 족속과 갈렙 족속 자료는 모두 보다 광범위한 유다 족속 전승 가운데 삽입되었음에 틀림없다. 그리고 야위스트가 이용할 수 있었던 자료가 이 광범위한 유다 족속 전승이다. 이 유다 전승이 땅의 점령에 관해서 주장했던 내용을 정확하게 알아내기는 어렵다. 그것은 간혹 21:1-3으로부터 상상해 낸 바와 같이 남쪽으로부터의 침입을 입증했을 수도 있지만, 이것은 거의 불확실하고, 무엇보다도 어찌하여 유다 전승이 덮어지게 되었는지를 설명하기가 어렵다. 전승주의자들이 본질적으로 범 이스라엘 활동의 상황 가운데서 남쪽과 동쪽으로부터의 침입을 주장할 수 있었던 다른 방법들도 있었다. 역사가가 전승들로부터 추론할 수 있는 대부분의 것은 갈렙 족속이 헤브론과 그 주변 영토를 점령했다는 것이며, 호르마 근처에서 성공적인 반 가나안 출정이 있었다는 것이다. 후자가 호르마("멸망에 바쳐진")라는 이름 위에 세워진 민중의 인과적 설명일 가능성도 고려에 넣어야 한다. 갈렙 족속에 관해서는 사사기 1:16에서 추론될 수 있는 내용을 제외하고는 배울 것이 거의 없다. 즉 그들이 후대에 갈렙 족속, 옷니엘 족속, 그니스 족속, 여라므엘 족속 그리고 어쩌면 시므온 족속들이 함께 유다 지파가 되었던 바 그 여러 그룹들 가운데 하나였다는 것이다.

20:14-21과 21:21-35에 있는 요단 동편 전승도 역시 우리의 목적에 많이 사용될 야위스트와 신명기 저자의 관심이 지배적이다. 그들이 우리가 관심을 두고 있는 시대와 직접적으로 연관되어 있다는 사실은 확인하기가 어렵다. 므낫세 족속인 마길과 야일과 노바에 대한 단편적인 언급들(민 32:39, 41-42)은 중요하다. 그것들은 길르앗에 있는 아모리 족속에 대한 성공적인 축출과 그 곳의 성읍 점령에 대해 말하고 있다. 다른 한편, 사사기 10:3-4의 증거는 우리가 사사 시대를 거슬러 올라가고 있다는 사실을 확인하기가 심히 어렵게 만든다. 갓과 르우벤에 대한 가장 오래된 정착 전승들(32:34-38)은 야셀의 땅에 대한 평화로운 점령을 암시하는 것으로 보인다. 거기에는 전쟁에 대한 언급은 없는데, 성읍의 건물과 양우리에 대해서만 언급되고 있다. 어떻든 이것이 모세의 활동과 직접적으로 관련되어 있는 사실을 수립하기는 어렵다.

이러한 개괄은 우리가 관심을 두고 있는 시기에 대한 분명한 그림을 그리는 데 있어서 난점이 있음을 드러내 준다. 우리가 주장한 바와 같이 전승들 가운데 어떤 것은 다윗 시대 이전의 것일 테지만, 이에 대해 보다 정확하게 말하기는 어렵다. 정착 과정은 왕국 시대까지 계속되어 온 것으로 생각되어야 할 것이며, 그들이 다윗 통치 아래서 안정을 얻은 것 같지만 단편적인 전승들을 일관성 있는 모습으로 바꾸는 문제가 여전히 남아 있다. 우리는 어떤 사람들 편에서 정착하기 위한 저항의 증거, 곧 요단 동편에서의 평화적 정착과 함께 전쟁의 증거, 그리고 유다에서의 축출과 점령의 증거를 주장해 왔다.

민수기에서 나온 증거는 기본적 정착 모델이 선택되어야 할 것이라는 데 대해 분명한 대답을 제공해 주지 않는다. 전쟁이 있었다는 사실은 아주 분명하다. 민중의 인과론적 설명까지도 여기서 주의할 필요가 있으며, 그들이 보관하고 있는 호전적 과거에 대한 회상만큼 그들이 기록한 역사에 대해서는 그렇게 주의할 필요가 없다. 주장하기 어려워 보이는 내용은 요단 동편 여행과 관련되어 있는 범 이스라엘 족속 침입 이론이다. 비록 이 전승이 현재의 성경 본문의 형태 가운데서 우위를 차지하고 있을지라도, 이러한 입장이 왕국 시대에 있었던 체계화의 산물이며, 국가의 단일성을 드러내고 이를 확보하려고 의도되었다고 생각할 충분한 이유가 있다. 고고학은 이러한 입장에 대한 일종의 무언의 증거를 제공하고 있다. 최근의 요단 동편 연구는 에돔과 모압 영토가 13세기에 점령되지 않았다는 것을 암시하는 것처럼 보인다. 성경 본문 가운데 인용된 고대 왕국들은 성경의 증거 자체가 말한 형태로 존재해 온 것 같지 않다는 것이다. 이 같은 사실이 아랏과 호르마로 생각된 지역에도 적용된다고 본다. 우리는 이 여행의 마지막 부분이 본질적으로 문학적인 구성이라는 사실을 주장해 왔다. 그것은 진실로 범 이스라엘 족속이 될 수 있는 요단강 도하를 제공하고 있고, 또한 요단 동편에서 이스라엘 족속의 정착을 옹호한다. 그것이 모세와 그의 애굽으로부터의 망명의 역사에 관하여 얼마나 많이 우리에게 말해 주고 있는지는 미지수로 남아 있다.

정착에 대한 재구성은 다윗이 마침내 강력한 국가를 구축할 수 있었던 밀착감과 공동의 시야를 한자하고 있다. 애굽으로부터 상당히 많은 도피자들의 유입이 있었다는 것(반드시 숫자가 아니고 영향의 견지에서)은 초기 모세의 지도력 아래서는 매우 개연성이 있다. 그들이 가나안에서 그룹들과 제휴하여 연합했을 것 같고, 그래서 그들은 가나안 도시 국가들이라는 독립된 새로운 공동체를 수립할 수 있었다. 야웨 신앙을 통하여 지지를 받은 이러한 독립은 가나안 정책, 종교, 문화에 대해 자연스런 대립을 하게 만들었으나, 가나안의 영향이 미미한 곳은 직업과 독립된 생활스타일이 비교적 평화로운 방식으로 지속될 수 있었다.

민수기가 다소 현대 역사 문헌에 대한 관심을 끌기가 어렵다는 것은 그것의 가치를 떨어뜨리거나 혹은 신앙의 문제를 반드시 일으키는 것은 아니다. 우리가 스스로 협소한 사료 편찬 문제 – 즉 2천 년 가운데 마지막 2세기에 있었던 정착의 과정 – 를 소개했다는 사실과, 또한 처음 1천 년대에 있었던 신앙의 공동체인 이스라엘의 발전하고 있는 의식에 관한 증거로서 본서의 사료 편찬에 대한 관심은 영속적인 것이면서도 피할 수 없는 것이라는 사실을 기억해야 할 것이다. 기원에 대한 연구는 역사의 본질도 아니고 종결도 아니다. 특히 유대-기독교 신앙은 현대 역사가들이 밝히고자 하는 원인과 결과에 대한 패턴으로 계속해서 인도하시고 역사하시는 하나님에게 관심을 두고 있다.

신학적 후기

다른 고대의 문서처럼 구약성경의 중요성은 수세기를 지나고 문화권을 지나 공동체의 지속적인 문제들과 목표를 깊은 차원에서 반영하고, 또한 그들에게 효과적으로 말하는 그 수용성에 있다. 출애굽기 다음에 나오는 일련의 책들 가운데 하나로서 민수기는 어떤 의미에서 무엇이 하나의 해방된 공동체인가를 다루고 있다. 그러나 그러한 공동체가 자유롭게 살아갈 것인가? 어떻게 그 공동체가 정치적, 경제적 안정을 얻고 그 종교적 자유를 유지할 수 있는가? 구약성경을 단일한 틀 속으로 강제로 밀어 넣음이 없이 이것들은 유독 민수기 자체 안에서 지속적이고도 보편적인 주제들이다.

우리가 지금까지 주장해 온 바와 같이 땅 소유는 여행의 목표이며 많은 관심이 집중되어 있는데, 특히 본서의 후반부는 그 땅에서 공동체의 삶을 통제해야 하는 어떤 원리들에 관심이 집중되어 있다. 그 땅으로의 접근 자체는 무엇보다도 그 땅이 제공해 주는 자원으로의 접근에 대해 말하고 있다. 전체의 계획은 행동, 신앙 그리고 용기를 요구한다. 순종은 단순히 추상적인 것이 아니라, 종교적 자유와 경제적, 종교적 안정을 주는 하나의 진로 가운데서 그 땅을 얻으려는 시각을 가지고 그 계획에 위탁하는 것이다. 토지를 소유한 이스라엘이라는 야위스트의 인과론적 설명을 취하면서 민수기 제사장 저자는 다른 상황에도 불구하고 이 기본적인 전망과 위탁을 갱신하고 있다.

자아 결정(self-determination)이 논의의 결정적인 면이다. 만일 땅 소유가 자원으로의 접근과 근본적으로 관계가 있다면, 자아 결정은 능력으로의 접근과 관계가 있다. 영향력 없는 백성은 노예 상태에 있는 것이다. 가나안 족속과 그들의 문화에 대한 거절, 율법의 배타주의, 고대의 약속의 성취와 야웨께 대한 온전한 충성에 대한 강조는 모두가 공동체의 자아 결정에 필수적인 정체성과 사회적 자아 의식을 수립하려는 결정의 일부다. 인구 조사, 성결법, 발람과 바알브올 전승 이 모두가 이러한 공동체의 정체감에 기여한다. 야웨의 불가견성은 이러한 독특성에 대한 감각에서 결정적인 요인이며, 그것은 또한 신앙-행위를 보다 중요한 순수한 신앙으로 만들어 준다. 경제적, 정치적 도움을 위하여 애굽으로 돌아가는 것이 유일한 해결책을 제공하는 것처럼 보이는 때가 있었으나, 어려움에도 불구하고 독립성과 자아 결정이라는 모세의 대안이 진정한 자유를 얻는 유일한 길로 나타나 있다. 동맹관계는 결코 궁극적 안정과 번영의 길이 될 수 없다.

논의의 세 번째 결정적인 국면은 공동체 자체의 의미다. 자원과 영향력으로의 접근은 중요하다. 즉 그것은 공동체로 하여금 공의롭고 단결력 있게 기능할 수 있도록 해주는 생활 스타일의 창출이기도 하다. 여기서 의식적, 종교적 준수는 그들 나름대로의 역할을 가지고 있는데, 특별히 모든 것을 하나님 앞에서 근본적으로 동등한 입장에 두고자 하는 그들의 역량에 있다. 성직 계급 제도 형태와 구조가 있을 수도 있으나, 이것들은 민수기에서 줄곧 방침으로 제시되어 있는 바 개인의 세력과 특권의 행사를 위해서가 아니라 공동체 섬김의 형식을 위하여 제시된 것이다. 이 점에서의 실패는 그 결과가 관계된 개인들에게 황폐시키는 것으로 나타난다. 민수기에 나타난 제사 의식은 공동체의 이러한 입장을 지지하도록 도와준다. 회막이 중심부에 있다는 섬과, 재산을 동등한 입장에서 주라는 점은 그것이 사실적인 것이라는 사실을 나타내는 두 가지 요소다.

재산, 능력 그리고 참된 공동체로의 접근은 모든 인간의 필요와 꿈에 기초가 되는 것들로서 구약성경의 증거에 안정에 대한 필수 조건으로 깊이 새겨져 있다. 민수기는 독특한 방식으로 그 모든 것을 증언하고 상세하게 설명하고 있다. 이상들은 언제나 도달할 수 있는 것은 아니고, 또한 짧은 기간이었던 포로 후기 상황에서는 실질적인 가능성들이 주어지지 않았지만, 그 비전을 버려서는 안 되며, 그것을 효과 있게 할 다른 방법이 지속적으로 추구되어야 할 것이다.

민수기

1. 첫 번째 인구 조사(1:1-47)

참고문헌

Albright, W. F. "The Administrative Divisions of Israel and Judah." *JPOS* 5(1925) 17-54. **Barnouin, M.** "Les Recensements du Livre des Nombres et l'Astronomie Babylonienne." *VT* 27(1977) 280-303. ______. "Tableaux numériques du Livre des Nombres." *RB* 76(1969) 351-64. **Lucas, A.** "The Number of Israelites at the Time of the Exodus." *PEQ* 76(1944) 164-68. **Mendenhall, G. E.** "The Census Lists of Numbers 1 and 26." *JBL* 77(1958) 52-66. **Noth, M.** *Die Israelitischen Personennamen im Rahmen der Gemeinsemitischen Namengebung.* BWANT 3/10 Stuttgart: Kohlhammer, 1928. ______. *Das System der zwölf Stämme Israels.* BWANT 4/1 Stuttgart: Kohlhammer, 1930. **Petrie, W. M. F.** *Researches in Sinai.* London: Murray, 1906. **Schedl, C.** "Biblische Zahlen unglaubwürdig?" *TPQ* 107(1959) 58-62. **Weinberg, J. P.** "Das *Beit 'Abot* im Jh. v.u.Z..." *VT* 23(1973) 400-14. **Weippert, H.** "Das geographische System der Stämme Israels." *VT* 23(1973) 76-89. **Wenham, J. W.** "Large Numbers in the Old Testament." *TB* 18(1967) 19-53.

본 문

1 이스라엘 자손이 애굽 땅에서 나온 후 제이년 이 월 일 일에 여호와께서 시내 광야 회막에서 모세에게 일러 가라사대

2 너희는 이스라엘 자손의 모든 회중 각 남자의 수를 그들의 가족과 종족을 따라 그 명수대로 계수할지니

3 이스라엘 중 이십 세 이상으로 싸움에 나갈 만한 모든 자를 너와 아론은 그 군대대로 계수하되

4 매 지파의 각기 종족의 두령 한 사람씩 너희와 함께 하라

5 너희와 함께 설 사람들의 이름은 이러하니 르우벤에게서는 스데울의 아들 엘리술이요

1 And Yahweh spoke to Moses in the wilderness of Sinai, in the Tent of Meeting, on the first day of the second month, in the second year after their departure from the land of Egypt, saying,

2 "Take a census[a] of all the congregation of the people of Israel, by clans and fathers' houses, name by name, every male, head by head.

3 You and Aaron shall number[a] those aged twenty and upwards, all eligible for military service in Israel, company by company.

4 And you shall have with you a man from each tribe, each one being head of his fathers' house.

5 And these are the names of the men who shall accompany you: From Reuben [a] —Elizur, son of Shedeur.

6 시므온에게서는 수리삿대의 아들 슬루미엘이요
7 유다에게서는 암미나답의 아들 나손이요
8 잇사갈에게서는 수리알의 아들 느다넬이요
9 스불론에게서는 헬론의 아들 엘리압이요
10 요셉 자손에게서는 에브라임에 암미훗의 아들
엘리사마와 므낫세에 브다술의 아들 가말리엘이
요
11 베냐민에게서는 기드오니의 아들 아비단이요
12 단에게서는 암미삿대의 아들 아히에셀이요
13 아셀에게서는 오그란의 아들 바기엘이요
14 갓에게서는 드우엘의 아들 엘리아삽이요
15 납달리에게서는 에난의 아들 아히라니라 하시니
16 그들은 회중에서 부름을 받은 자요 그 조상
지파의 족장으로서 이스라엘 천만 인의 두령이라
17 모세와 아론이 지명된 이 사람들을 데리고
18 이 월 일 일에 온 회중을 모으니 그들이 각기
가족과 종족을 따라 이십 세 이상으로 그 명수를
의지하여 자기 계통을 말하매
19 여호와께서 모세에게 명하신 대로 그가 시내
광야에서 그들을 계수하였더라
20 이스라엘의 장자 르우벤의 아들들에게서 난
자를 그들의 가족과 종족을 따라 이십 세 이상으
로 싸움에 나갈 만한 각 남자를 그 명수대로 다
계수하니
21 르우벤 지파의 계수함을 입은 자가 사만 육천
오백 명이었더라
22 시므온의 아들들에게서 난 자를 그들의 가족
과 종족을 따라 이십 세 이상으로 싸움에 나갈 만
한 각 남자를 그 명수대로 다 계수하니
23 시므온 지파의 계수함을 입은 자가 오만 구천
삼백 명이었더라
24 갓의 아들들에게서 난 자를 그들의 가족과 종족
을 따라 이십 세 이상으로 싸움에 나갈 만한 자를
그 명수대로 다 계수하니

6 From Simeon – Shelumiel, son of Zurishaddai.
7 From Judah – Nahshon, son of Amminadab.
8 From Issachar [a] – Nethanel, son of Zuar.
9 From Zebulun – Eliab, son of Helon.
10 From the sons of Joseph. From Ephraim –
Elishama, son of Ammihud. From Manasseh –
Gamaliel, son of Pedahzur.
11 From Benjamin – Abidan, son of Gideoni.
12 From Dan – Ahiezer, son of Ammishaddai.
13 From Asher – Pagiel, son of Ochran.
14 From Gad – Eliasaph, son of Deuel[a].
15 From Naphtali – Ahira, son of Enan."
16 These were those called[a] from the congrega-
tion, leaders of the tribes of their fathers, heads
of the families of Israel.
17 And Moses and Aaron took these men [a]who
have been named,[a]
18 And they assembled all the congregation on
the first day of the second month. And they
were registered by clans and fathers' houses,
name by name, from the age of twenty and
upwards, head by head.
19 [a]As Yahweh commanded Moses,[a] so he num-
bered them[b] in the wilderness of Sinai.
20 The sons of Reuben, the first born of Israel,
their tribal list, by clans and fathers' houses,
name by namc, head by head, every male from
the age of twenty and upwards, all eligible for
military service.
21 The number of the tribe of Reuben was
46,500.
22 To the sons of Simeon, their tribal list, by
clans and fathers' houses,[a] name by name, head
by head, every male from the age of twenty and
upwards, all eligible for military service.
23 The number of the tribe of Simeon was
59,300.
24 To the sons of Gad, their tribal list, by clans
and fathers' houses, name by name, from the age
of twenty and upwards, all eligible for military

service.

25 갓 지파의 계수함을 입은 자가 사만 오천육백 오십 명이었더라

25 The number of the tribe of Gad was 45,650.[a]

26 유다의 아들들에게서 난 자를 그들의 가족과 종족을 따라 이십 세 이상으로 싸움에 나갈 만한 자를 그 명수대로 다 계수하니

26 To the sons of Judah, their tribal list, by clans and fathers' houses, name by name, from the age of twenty and upwards, all eligible for military service.

27 유다 지파의 계수함을 입은 자가 칠만 사천육백 명이었더라

27 The number of the tribe of Judah was 74,600.

28 잇사갈의 아들들에게서 난 자를 그들의 가족과 종족을 따라 이십 세 이상으로 싸움에 나갈 만한 자를 그 명수대로 다 계수하니

28 To the sons of Issachar, their tribal list, by clans and fathers' houses, name by name, from the age of twenty and upwards, all eligible for military service.

29 잇사갈 지파의 계수함을 입은 자가 오만 사천사백 명이었더라

29 The number of the tribe of Issachar was 54,400.

30 스불론의 아들들에게서 난 자를 그들의 가족과 종족을 따라 이십 세 이상으로 싸움에 나갈 만한 자를 그 명수대로 다 계수하니

30 To the sons of Zebulun, their tribal list, by clans and fathers' houses, name by name, from the age of twenty and upwards, all eligible for military service.

31 스불론 지파의 계수함을 입은 자가 오만 칠천사백 명이었더라

31 The number of the tribe of Zebulun was 57,400.

32 요셉의 아들 에브라임의 아들들에게서 난 자를 그들의 가족과 종족을 따라 이십 세 이상으로 싸움에 나갈 만한 자를 그 명수대로 다 계수하니

32 To the sons of Joseph. To the sons of Ephraim, their tribal list, by clans and fathers' houses, name by name, from the age of twenty and upwards, all eligible for military service.

33 에브라임 지파의 계수함을 입은 자가 사만 오백 명이었더라

33 The number of the tribe of Ephraim was 40,500.

34 므낫세의 아들들에게서 난 자를 그들의 가족과 종족을 따라 이십 세 이상으로 싸움에 나갈 만한 자를 그 명수대로 다 계수하니

34 To the sons of Manasseh, their tribal list, by clans and fathers' houses, name by name, from the age of twenty and upwards, all eligible for military service.

35 므낫세 지파의 계수함을 입은 자가 삼만 이천이백 명이었더라

35 The number of the tribe of Manasseh was 32,200.

36 베냐민의 아들들에게서 난 자를 그들의 가족과 종족을 따라 이십 세 이상으로 싸움에 나갈 만한 자를 그 명수대로 다 계수하니

36 To the sons of Benjamin, their tribal list, by clans and fathers' houses, name by name, from the age of twenty and upwards, all eligible for military service.

37 베냐민 지파의 계수함을 입은 자가 삼만 오천사백 명이었더라

37 The number of the tribe of Benjamin was 35,400.

38 단의 아들들에게서 난 자를 그들의 가족과 종

38 To the sons of Dan, their tribal list, by clans

족을 따라 이십 세 이상으로 싸움에 나갈 만한 자를 그 명수대로 다 계수하니

and fathers' houses, name by name, from the age of twenty and upwards, all eligible for military service.

39 단 지파의 계수함을 입은 자가 육만 이천칠백 명이었더라

39 The number of the tribe of Dan was 62,700.

40 아셀의 아들들에게서 난 자를 그들의 가족과 종족을 따라 이십 세 이상으로 싸움에 나갈 만한 자를 그 명수대로 다 계수하니

40 To the sons of Asher, their tribal list, by clans and fathers' houses, name by name, from the age of twenty and upwards, all eligible for military service.

41 아셀 지파의 계수함을 입은 자가 사만 일천오백 명이었더라

41 The number of the tribe of Asher was 41,500.

42 납달리의 아들들에게서 난 자를 그들의 가족과 종족을 따라 이십 세 이상으로 싸움에 나갈 만한 자를 그 명수대로 다 계수하니

42 To[a] the sons of Naphtali, their tribal list, by clans and fathers' houses, name by name, from the age of twenty and upwards, all eligible for military service.

43 납달리 지파의 계수함을 입은 자가 오만 삼천 사백 명이었더라

43 The number of the tribe of Naphtali was 53,400.

44 이 계수함을 입은 자는 모세와 아론과 각기 이스라엘 종족을 대표한 족장 십이 인이 계수한 자라

44 These were those numbered, whom Moses counted, with Aaron and the twelve leaders of Israel ([a]each one represented his fathers' house[a]).

45 이같이 이스라엘 자손의 그 종족을 따라 이십 세 이상으로 싸움에 나갈 만한 자가 이스라엘 중에서 다 계수함을 입었으니

45 And so all those numbered of the people of Israel, by fathers' houses,[a] from the age of twenty and upwards, all eligible for military service in Israel,[b]

46 계수함을 입은 자의 총계가 육십만 삼천 오백 오십 명이었더라

46 all those numbered came to 603,550.

47 오직 레위인은 그 조상의 지파대로 그 계수에 들지 아니하였으니

47 But the Levites were not numbered along with them by their ancestral tribe.

원문주해

2.a. 복수형 세우(שְׂאוּ, "취하라")는 1절에서 모세 한 사람에게만 명령했다고는 생각되지 않는다. 아론이 포함되었음에 틀림없다(3절). S에 있는 단수는 아마도 이러한 난점에 대한 인정인 것 같다.

3.a. Sam과 S는 1절의 호칭에 대한 단수형에 맞추기 위하여 2인칭 단수형을 사용하고 있다.

5.a. 5-14절에 있는 라메드(ל)의 사용에 대해서는 F. Nötscher, "Zum Emphatischen Lamed," *VT* 3(1953), 378를 참조하라.

8.a. 이 단어의 형태는 *Qere perpetuum*의 한 예다(cf. GKC § 66).

14.a. *Deuel*형은 민 7:42, 47; 10:20에 다시 나타나고, 또한 민 2:14의 많은 MT 필사본에도 나타난다. *Deuel*형은 민 2:14의 몇몇 MT의 지지를 받고 있으며, G와 S 전체에 걸쳐서 선호되고 있다. G독법은 Ραγουηλ이다. *BHS*는 *Deuel*형을 권하고 있다.

16.a. 수동 분사의 통상적인 형태를 제공하고 있는 케레(Qere)가 바람직하다.

17.a-a. J. A. Paterson(*The Book of Numbers*[Leipzig: Hinrichs'sche, 1900] 41)은 본 절을 난외주로 생각하지만, 그러한 첨가를 하는 목적이 무엇인지 파악하기가 어렵다.

19.a-a. G에 있는 것처럼 이 문장은 18절과 관계가 있다. Paterson(*Numbers*, 41)은 19a절과 19b절의 위치를 바꾸기를 더 좋아하며, 그렇게 해서 본 단락을 통상적인 형태로 종결짓고 있다. 19b절을 인구 조사의 세부 사항들을 이끌고 있는 다음 단락의 시작 부분으로 취급하는 것은 가능할 것이다.

19.b. 동사는 아론과 지도자들을 포함시키기 위하여 복수 주어를 만들도록 모음부호가 다시 붙여질 수 있다(참조. *BHS*). 이것은 모세의 궁극적 책임이 1절에서 분명하게 명시되지 않았으므로 본질적인 것은 아니다.

22.a. 페쿠다이우(פְּקֻדָיו, "계수함을 받은 그들")는 몇몇 MT 필사본, G, S, Tg[J]에서처럼 삭제되어서는 안 될 텐데, 그 때문에 22절을 인구 조사 보고의 나머지와 일치하게 만들어 준다.

25.a. G는 갓에 대한 인구 조사 정보를 베냐민과 단 지파에 대한 보고 사이인 37절 뒤에 두고 있다. MT에서 갓 지파가 이례적으로 이렇게 위치가 앞서 있는 것은 그 지파가 2장에서 르우벤과 시므온 사이에 함께 진을 치게 되었기 때문일 수도 있다. 구약성경에 들어 있는 지파의 일반적인 목록에 대해서는 M. Noth, *Das System der zwolf Stamme Israels*; H. Weippert, "Das geographische System der Stamme Isarels"를 참조하라.

42.a. 단락 전체를 통하여 문구의 양식화된 방향 전환을 고려해서 몇몇 MT 필사본들, G, S, Vg, Sam에서처럼 전치사를 포함시키는 것이 좋을 것이다.

44.a. 이 절은 특이하며, 4절의 형식 다음에 재구성될 수 있었을 것이다(*BHS*). SP와 G 모두 마테(מַטֵּה, "지파")가 있음을 입증하고 있다. 만일 MT가 유지된다면, 족장들이 본질적으로 각 지파의 대표자들이므로 이 문구는 느슨해진다.

45.a. Sam과 G는 레치브오탐(לְצִבְאֹתָם, "군대대로")을 가지고 있다(참조. 52절). MT는 1-46절에 있는 일반적인 양식과 더 잘 일치한다.

45.b. 본 절 전체에 있는 와이헤유(וַיִּהְיוּ, "이같이, 그래서")에 술어가 결핍되어 있는 것은 특이한 일이지만, 반드시 편집자가 자업한 증거는 아니다. 45절에 있는 많은 인구 조사 전문용어를 포함시킴에 있어서 저자의 미숙함이 드러나며, 총 합세에 최종적이고 특별한 강조를 하고자 하는 그의 바람이 나타나 있다.

양식/구조/배경

이 단락이 P에 속해 있다는 사실은 문서 분석가들 사이에 일반적으로 견해가 일치되고 있지만, 전승 역사 과정에 대한 문제는 해결되지 않고 있다. 벨하우젠(J. Wellhausen, *Die Composition des Hexateuchs und der historischen Bücher des Alten Testaments*[Berlin: Reimer, 1889] 178-79은 17-47절을 지파들의 순서가 1-16절과 다르다는 근거에서 후대의 삽입으로 취급했다. 이러한 생각은 1-16절이 분명하게 지파들의 숫자 파악을 필요로 하고 있으며, 또한 거기에 있는 독특한 순서는 민수기 2장에 있는 진치는 형태를 예상하고 있는 것처럼 보이기 때문에 빈약한 생각이다(A. Dillmann, *Die Bücher Numeri, Deuteronomium und Josua*[Leipzig: Hirzel, 1886] 4를 더 읽어 보라).

그래이(G. B. Gray, *A Critical and Exegetical Commenatry on Numbers*[Edinburgh: Clark, 1912] 2-3)는 민수기 1:1-2:34에 있는 자료의 전체 순서가 산만한 것으로 생각한다. "레위인들은 계수하지 말라"는 명령(47절)은 그래이가 볼 때는 아주 특이한 일인데, 다른 지파들이 이미 계수되어 그 규모가 드러난 후에야 그 명령이 나오고 있기 때문이다. 그래이는 보충록(PS)이 PG의 개작을 포함했다고 믿고, 그래서 지금의 어색함이 성스러운 지파와 속된 지파를 완전히 분리하기 위한 PG의 관심으로부터 나타나고 있지 않은가 생각한다. 그는 PG에 있는 본래의 순서가 레위인의 분리와 기능, 인구 조사를 위한 조력자들의 임명, 세속 지파들의 계수 그리고 마지막으로 레위 족속의 계수를 수반했다고 말한다.

이러한 재구성은 PG/PS 분석의 타당성을 가정히고 있으며(서론을 보라), 이것은 완전히 추측에 불과하다. 성스러운 부분과 세속적인 부분을 따로 분리하려는 바람은 본래적인 것이라기보다는 2차적인 것이라고 생각할 본문상의 근거가 전혀 없다. 47절은 다른 지파들의 인내심 있고도 세심한 계수 다음에 더욱 강한 힘을 삽입하고 있는 감이 있다.

전혀 다른 PG/PS 분석이 켈러만에 의하여 제시되었다(D. Kellermann, *Die Priesterschrift von Numeri 1:1 bis 10:10: literarkritisch und traditionsgeschichtlich untersucht*[Berlin: Töpelmann, 1970] 4-17). 그는 1a, 2(단수), 3(단수 – "아론"이 빠진), 19b, 21b, 23b, 25b, 27b, 29b, 31b, 33b, 35b, 37b, 41b, 43b, 46절을 PG로 돌린다. 이것은 시내 광야에서 있었던 사건의 위치, 모세에게 군사들의 인구 조사를 하라는 명령, 각 지파의 꾸밈없는 숫자들 그리고 최종 합계에 이르게 된다. 켈러만에 따르

면, 그 다음 단계에 아론이 전승 가운데로 뛰어들어 온다(2-3절). 그 단락의 나머지 대부분은 세 번째 확장 단계에서 들어온다. 이것은 1절 하반절에 있는 날짜, 4-15절에 있는 모든 본질적인 요소들 가운데 포함되어 있는 조력자들의 목록, 20-43절과 45절에 있는 숫자들과 연결되고 양식화된 그리고 반복적인 문구들을 포함한다. 켈러만은 전승의 이러한 단층에서 세심한 복종에 대해 어느 정도 강조하고 있는 사실을 발견한다. 그 다음 단계에 16, 44절, 20-42절에 있는 "그 종족을 따라"라는 목록, 조력자들을 "족장들"(נְשִׂיאִם, 네시임)로 임명한 것, 그리고 몇몇 다른 수량의 추가가 뒤따라온다. 상당하게 축적된 내용들이 아론과 12족장들, 그리고 인구 조사 숫자와 관련된 판에 박힌 문구의 삽입이다.

이러한 주장들은 만일 그것들이 설득력이 있다면 P 전체에서 훨씬 더 광범위한 하나의 근거를 필요로 할 것이다. 아론은 초창기 전승에서 중요한 지도적 인물로서 견고한 입지를 점하고 있으며, 그래서 그가 모세의 오른팔로 나타나지 않는 PG의 양식을 상상하기란 어렵다. 2절의 초두에 나타나는 잘 입증된 복수형은, 그가 3절 끝부분에서 뒤늦게 이름 붙여진 것이 아님을 암시하고 있다. 그가 1절에 나타나지 않은 것은 계시 그 자체가 회막에서 모세 한 사람에게만 왔다는 저자의 확신을 통하여 설명된다. 궁극적으로 그것은 그의 책임이며, 그런 까닭에 19절에서 그렇게 말하고 있고, 44절에서는 어색한 단수형이 나타나고 있는 것이다. 족장 목록은 보충된 것이라기보다는 어쩌면 삽입된 어떤 내용일 것이다. 인구 조사 통계표와 연결된 문구의 반복적인 통계표는 숫자 그 자체와 긴요하게 연결된 공식적인 법적 용어일 것으로 보인다. 그것들은 대부분 2-3절에 있는 문체로 단순하게 취급되고 있다. 만일 그것들이 실제로 보충 내용이라면, 이에 관련된 서기관은 목적을 거의 이루지 못한 것이다. 어찌하여 그러한 개인적 필요 사항들이 이 시점에 있어야 하는지를 파악하기가 어렵다.

만일 부차적인 보충이라는 논증이 설득력이 없다면, 이 단락 가운데 들어 있는 어떤 요소들이 저자에 의하여 다른 자료로부터 빼내어져 삽입되었겠는가? 특별히 주시해야 할 두 개의 논제가 있는데, 곧 5-15절 가운데 있는 족장 목록의 배경과 20-46절에 있는 인구 조사 통계표가 그것이다.

족장 목록

보다 오래된 전형적인 견해는 그래이가 제안한 것이다(G. B. Gray, pp. 6-7). 그는 이 목록이 포로 후기의 것으로서 비교적 후기에 편집한 것이라고 주장했는데,

그 이름들은 고대와 최근의 명확한 설명을 하기 위하여 의도적으로 선택된 것이라고 했다.

노트(M. Noth, *Die Israelitischen Personennamen*)는 이 목록이 고대의 것이고 그 연대가 암픽티오니 시대로 거슬러 올라간다는 자기의 이론을 가지고 이러한 견해를 심각하게 도전했다. 그는 이것이 저자가 이 시점에서 초창기 자료를 도입했다는 암시라고 생각하면서, 그 목록이 4절과 거칠게 연결되어 있다고 지적한다. 그 이름 자체 가운데서 – 현저하게 "야웨"를 수반하는 편성의 결핍, 그리고 주전 제2세기 마리에 나타나 있는 이름들과의 관계를 암시하는 "술"(zur)과 "암미"라는 구성 요소들 – 그는 고대성의 강력한 암시를 발견한다. 노트에 의하면, 지파 목록 가운데서 독특한 순서는 16절에 있는 비정상적 문구인 "그 조상 지파의 족장으로서"와 함께 옛 전승의 표시가 되는 것으로 취급된다.

비록 그 자체 가운데서는 그것의 시대에 관해서 아무것도 말하고 있지 않을지라도, 4절에 있는 몇몇 문체의 어색함은 실질적으로 초창기 자료로부터 나오는 목록일 가능성을 암시한다. 이와 같이 목록의 순서는 갓 지파의 위치가 단순하게 민수기 2장에 있는 진영의 배열을 예상하게 하므로 결정적인 것은 아니며, 16절에 있는 비정상적인 문구, 즉 P의 다른 부분에서 쉽게 발견되는 성분들도 역시 그러하다.

노트 자신의 분석에 따르면, 그 이름들의 증거는 상반적인 것이다. 명사 문장 이름들은 보다 오래된 문서 가운데서 더욱 자주 나타나는 경향이 있지만, 24개의 전체 목록 가운데서 기껏해야 이것들 중 단 10개만 있다. 이 이름들은 엘리술("하나님은 반석이시다"), 스데울("샤다이는 빛이시다"), 슬루미엘("하나님은 번영이시다"), 수리삿대("샤다이는 반석이시다"), 엘리압("하나님은 아버지이시다"), 암미훗("친족은 영광스럽다"), 아히에셀("형제는 도움이다"), 암미삿대("샤다이는 친족이다")이다. 다른 두 명은 이 범주에 속할 수도 있지만, 꼭 그렇지만은 않다: 바기엘("하나님이 만나셨다"[?]), 그리고 아히라(아히다[?], "형제는 알고 있다"[?]).

동사 문장 이름들 역시 그것들이 반드시 배타적으로 그렇지는 않을지라도 초창기의 것일 수 있다. 그 목록 가운데 네 개는 명사/동사 순서를 가지고 있다: 암미나답("친족은 너그럽다"), 엘리사마("하나님께서 들으셨다"), 아비단("아버지께서 판단하셨다"), 엘리아삽("하나님께서 더하셨다"). 노트가 인정하고 있는 바와 같이 그러한 이름들 가운데서 동사/명사 순서는 후기 문서에서는 통상적인 일이며, 그러한 목록 가운데 두 개의 이름이 있다: 느다넬("하나님께서 주셨다"), 브다술("반석께서 구속하셨다").

켈러만(D. Kellermann, *Priesterschrift*, 155-59)은 노트의 결론을 납득하지 못하고 있다. 가족과 관련된 이름들, 즉 "아버지", "형제"에 관해서 말할 수 있는 것은 기껏해야 그것들이 초창기의 이름일 것이라는 사실뿐이다. "친족"으로 공식화된 이름들은 역대기와 같은 후대에 나타나며(예를 들어, 대상 2:10; 6:7; 15:10-11 참조), 반면에 혼합적 이름 "엘"은 연대를 결정하기가 불가능하다. 그것들은 비교적 후기의 본문에 나타나는 것임에 틀림없다(예를 들어, 렘 36:12, 20-21; 대상 2:41; 대하 17:8 참조). 가말리엘이란 이름은 "하나님은 보상이시다"는 뜻이고, 드우엘(혹은 르우엘, "하나님은 친구이시다")은 주전 제7세기의 것으로 입증된 동사/명사 형식을 가진 것으로 보인다. "샷대" 혹은 "술"(zur)을 사용하는 다섯 개의 이름들이 있다. 전자는 초창기 문맥 가운데 나타날 수 있지만 P에 친숙해 있고, 그래서 불확실한 것으로 분류되어야 한다(예를 들어, 창 17:1; 28:3; 35:11; 48:3; 출 6:3). "반석"이 하나님의 이름이 되는 브다술 가운데서 "술"은 오래된 이름으로 보이지만, 엘리술과 수리샷대에서 그것은 술어이며, 그래서 이 이름들이 고대의 이름들이라는 사실은 덜 분명하다.

나머지 여섯 개의 이름들은 그것들의 시대에 대한 단서를 제공해 주지 않고 있다: 나손("뱀"), 수알("작은 자"), 헬론("?"), 기드오니("?"). 오그란("?") 그리고 에난("?")이다. 켈러만의 견해에 따르면, 야웨의 이름이 빠진 것은 그 신명이 너무나 거룩하여 개인의 이름에 사용할 수 없는 것으로 생각되었던 시기를 잘 반영한다는 것인데, 다시 말해서 비교적 후대의 것이라는 것이다. 또한 그 이름들의 3분의 2가 이 목록 가운데만 나타난다는 사실을 유념해야 할 것이다. 다른 여덟 개의 이름들은 초창기의 본문보다는 후기에 나타나는 경향이 있다 – 엘리압(대상 15:18, 20; 16:5), 엘리사마(왕하 25:25; 렘 36:12, 20-21; 41:1; 대하 17:8), 나다나엘(스 10:22; 느 12:21, 36; 대상 24:6; 26:4; 대하 35:9), 암미훗(민 34:20, 28; 대상 9:4), 암미나답(룻 4:20; 대상 15:10-11), 아히에셀(대상 12:3), 나손(대상 2:10-11; 룻 4:20), 엘리아삽(민 3:24). 이 문맥 가운데서도 역시 시대의 문제가 반드시 발생하지만, 노트의 결론을 주의하는 것이 현명할 것이다.

켈러만은 구약성경에 나타나는 이름들이 일반적으로 사용되는 이름들 가운데서 하나의 실례에 지나지 않으며, 또한 이 점이 논의 가운데서 불확실성을 더욱 가중시키고 있다고 지적한다. 그는 P를 포로 후기의 것으로 가정하면서, 어찌하여 우리가 그 목록이 주전 587년의 어려운 시기를 통과하여 보존되었는지를 상상해 내야 하며, 어찌하여 노트가 원래의 목적을 잃어버렸다고 주장하는 그 목록이 완전히 보존되어

와야 했는지를 묻고 있다.

이름들에 근거한 논증은 대개 결정적이지 못하다는 사실이 인정되어야 한다. 당연히 이름들만으로는 그것들이 나타난 문학적 상황의 시대로 확실하게 인도해 가지 못한다. 고대적이든 그렇지 않든 그것들은 그 목록의 시대에 관하여 우리에게 거의 아무것도 말해 주지 못한다. 또한 학가다식 방법은 몇 가지 이유로 인하여 이것이 바람직한 것으로 생각되었던 이름을 지어낼 수 있었다는 사실이 인정되어야 한다. 탈굼은 가인의 아내를 찾아내지만, 희년서와 필로는 그녀의 이름을 발견해 낸다. 결국은 이 목록이 원저자의 창작이었을 것 같지 않아 보인다. 삽입을 암시하는 몇몇 스타일상의 불규칙이 있다. 포로민들에게 일어났던 정체성 위기는 옛날 지파의 숫자들 가운데 나오는 이름들에 대한 바벨론식 편집으로 이끌어 갔을 수도 있다. 이 작품의 상당 부분이 입증할 수 없는 기억에 근거해서 행해져야 했을 테지만, 이스라엘의 재건에 있어서 그 목적에 일조했을 것이다.

인구 조사 통계표

여기서 핵심적인 난점은 싸움에 나갈 만한 자가 믿을 수 없을 만큼 거대한 숫자로 기록되었다는 점이다. 있는 그대로의 이 숫자를 받아들임에 있어서 역사적 난점은 해결하기가 어려운 것이다(예를 들어, 구 주석들을 보라 – Dillmann, 5-8; Gray, 9-15; B. Baentsch, *Exodus-Leviticus-Numeri*[HKAT 1/2; Göttingen: Vandenhoeck & Ruprecht, 1903] 446). 루카스에 따르면(A. Lucas, "The Number of Israelites at the time of the Exodus," *PEQ* 76[1944] 164-68), 만일 창세기 46:27; 출애굽기 1:5; 12:40에 주어진 통계치가 받아들여진다면, 그것은 그 당시 이스라엘 족속의 전체 숫자가 대략 1만 명뿐이었다는 사실을 의미한다.

한 가지 가능성은 그 숫자가 단지 저자의 창작이요, 이스라엘의 지휘 아래 있는 힘있는 군대를 묘사하는 전승의 윤색일 뿐이라는 것이다. 여기서 저자는 자신이 기록한 전쟁들을 위하여 대량의 군사들을 배치하고 있는 역대기 저자와 비교될 수 있을 것이다(예를 들어, 대하 13:3; 14:8; 17:14-19; 26:13). 본문의 마멸의 가능성에 호소하는 것은 순전히 상상에 지나지 않으며, 이것은 P와 역대기자에게 상당히 독특한 문제라는 사실과 대치되지 않는다. 저자가 군대로 말미암아 감명을 받았다는 사실은 하나의 합리적인 추론이지만, 전체 창작 이론은 분명히 개연성이 있는 "개략적인" 숫자가 아닌 최종 숫자가 비교적 정확성을 기하고 있다는 사실을 설명해 주지 못한다.

몇몇 학자들은 게마트리아(gematriya, 숨겨진 의미로 된 글자들이 하나의 단어의 수치를 가진 형태로 되어 있는 암호 표기법 – 역자주) – 어떤 글자들의 수치의 조작을 수반하는 수단 – 가 가장 훌륭한 설명을 제공한다고 생각했다(예를 들어, H. Holzingerm, *Numeri*[KHAT 4; Tübingen: Mohr, 1903] 5-6; A. Bentzen, *Introduction to the Old Testament*[London: SPCK, 1970] 184를 보라). 이 이론은 "이스라엘 자손"(בְּנֵי יִשְׂרָאֵל – 베네 이스라엘)에 들어 있는 글자들의 수치에 근거하고 있다. 만일 이 글자들이 합해진다면(2+50+10+10+300+200+1+30) 603이 되는데, 이것은 전체 군대의 천 배의 합계다. 나머지 550은 다른 어떤 방식으로 다루어져야 한다.

홀징거(Holzinger)는 두 가지 가능성에 주의를 환기시켰다. "싸움에 나갈 만한 각 남자"(כָּל־זָכָר לְכָל־יֹצֵא צָבָא – 콜-자칼 르콜-요체 차바)란 문구의 글자들의 수치를 합침으로써 551이란 숫자가 된다. 나머지 1은 모세 자신일 수 있다. 다르게 계산하여, 563이란 숫자는 나머지 13을 구성하고 있는 모세와 열두 두령과 합하여 "군대대로"(לְצִבְאֹתָם – 레치브오탐)란 단어로부터 얻어질 수 있다. 하이니쉬(P. Heinisch, *Das Buch Numeri* 17)는 "매 두령"(כָּל־רֹאשׁ – 콜 로쉬)을 가지고, 묵음 알파벳을 제외하고 모음부호를 붙이면서 글자들을 함께 더하여 정확하게 550을 만들어 냈다. 만일 알렙(א)이 포함된다면, 그 숫자는 551이다. 그 경우에 최종적인 합계는 우수리를 잘라 버리고 603,550명이 될 것이다.

이러한 각각 다른 답변들이 모두 대략 550을 만들어 낼 수 있다는 것은 "이스라엘 자손"과 603이란 숫자 사이에 우연히 일치가 발생할 수도 있다는 사실을 암시한다. 켈러만(Kellermann, p. 161)은 게마트리아에 대한 첫 번째 확실한 성경의 실례로 계시록 13:8을 지적하고 있으며, 숫자를 표기하기 위하여 글자들을 사용한 것이 헬레니즘 시대보다 이른 시기는 아닐 수도 있다. 이러한 숫자들은 그 시대와 같은 늦은 시기의 것일 가능성이 크다. 그 어떤 비교할 만한 상상도 개별 지파에게 주어진 12수를 위하여 제공되지 않았다. 만약 그것들에 관한 무작위성이 있다면, 그 같은 일이 최종 숫자에 대해서도 행해진다는 사실은 어느 정도 있음직하다.

올브라이트(W. F. Albright, *JPOS* 5[1925] 17-54)는 그 문제가 그 숫자를 다윗 통치하에서 했던 인구 조사(삼하 24:1-9)의 차이로 간주함으로써 풀려질 수 있을 것이라고 주장했다. 이러한 설명은 사무엘하 24:9에 있는 숫자들이 어떻게 이해되어져야 하는지에 대한 문제를 피하게 한다. 많은 사람들이 볼 때 그 숫자들은 최소한 터무니없이 규모가 크다(R. de Vaux, *Ancicnt Israel. Its Life and Institutions*

[London: DLT, 1961] 65-67를 보라). 열왕기하 15:19-20에 있는 지불 가능한 공물은 주전 738년에 이스라엘 나라 안에 6만 지주들만이 살고 있었음을 시사한다. 어떤 경우이든 그 설명은 새로운 문제를 만들어 내는 것으로 보인다. 어찌하여 다윗의 인구 조사의 숫자가 그렇게도 많은가?

또 다른 설명은 "천"(אֶלֶף – 엘레프)에 대해 재해석을 하여 숫자를 축소시키고 있다. 이러한 접근 방식은 페트리(W. M. F. Petrie, *Researches in Sinai*)가 가장 먼저 주장했다. 논란의 여지가 있기는 하지만, "천"(אֶלֶף – 엘레프)이 한 지파 내에 있는 소단위를 가리키는 본문은 상당히 많다(민 1:16; 10:4, 36; 수 22:14, 21, 30; 삿 6:15; 삼상 10:19; 23:23; 미 5:1; 사 60:22). 페트리는 이 소단위들이 "장막 그룹"(tent groups)이었다고 주장했다. 그러므로 르우벤에게 해당한 숫자는 46장막 그룹과 500전사들로 이해되어야 할 것이다. 이것은 이스라엘이 총 합계 598장막 그룹이라는 것과, 5,500전사들이라는 보다 관리하기 쉬운 숫자임을 알려 준다.

멘덴홀(G. E. Mendenhall, *JBL* 77[1958] 52-66)은 이와 다른 방식을 제공한다. 페트리에 반대하여, 그리고 현재 성경 본문의 형태를 따라서 그는 이것을 군사 인구 조사로 간주한다. "천"(אֶלֶף – 엘레프)은 분명히 한 지파의 소단위이지만, 멘덴홀의 견해에 의하면 머지않아 그것이 그 자체의 두령의 지휘 아래 있는 병력의 분대에 적용되었다. 그래서 우리는 여기서 사사 시대로부터 비롯된 지파의 군대 목록, 즉 598분대의 합계와 5,500전사들의 합계를 보게 되는 것이다. 이것이 아마도 사사 시대의 숫자로는 너무나 적기 때문에 멘덴홀은 지파의 숫자들은 병역 의무가 있는 사람들의 완전한 계수라기보다는 할당수라고 주장한다. 이것은 숫자에 관한 "대략"의 등급을 나타냈을 것이다. 다윗 통치 아래서 "천"(אֶלֶף – 엘레프)은 이 이론에 의하면 대략 1천 명에 해당하는 군사 단위를 의미하게 되었으며, 그래서 오해가 있었고 부풀려진 숫자가 되었을 것이다. 노트(M. Noth, *Numbers*[OTL. London: SCM, 1968] 21-23)는 이러한 종류의 접근 방식에 어느 정도 동정을 표하고, 보다 일반적인 고대 근동의 관습에 근거해서 아홉 명 혹은 열 명으로 이루어진 남성들의 분대 혹은 단위들이 결코 난점이 되지 않는다고 지적한다.

만일 이러한 종류의 해결책이 채택된다면, 원래 숫자가 오해되었다는 점이 인정되어야 할 것이다. 웬함(J. W. Wenham, *TB* 18[1967], 19-53)은 이것을 피하기를 바라고 있지만, 그의 방식은 설득력이 없다. 엘레프(אֶלֶף)가 공평하게 모음부호를 다시 붙여서 알루프(אַלּוּף)로 고쳐질 수 있든 그렇지 않든, MT는 복수형인 알루핌(אַלּוּפִים)으로 읽는 것을 거절하고 있으며, 명백하게 "일천"을 의미하려는 의도를 가지고 있다. 최종 합계 603,550명을 기록하고 있는 46절은 다른 근거에 의하여 이해하기 어려운 것이다. 페트리, 멘덴홀 그리고 노트도 그러한 경우를 전혀 인정하고 있지 않다. 엘레프(אֶלֶף)가 일종의 지파 분대를 의미할 수 있다는 사실은 그것이 본질적으로 군사 단위라는 사실과는 거리가 멀다. 통계표가 군대 인구 조사를 목적으로 의도되었다는 사실을 멘덴홀이 인식한 것은 페트리가 국가 전체를 가리키는 것으로 생각한 것보다 더 낫다. 페트리 편에서 볼 때, 군사들의 숫자가 너무나 "대략적"이다. 다른 한편, 멘덴홀의 견해에 관해서는 시므온과 므낫세의 숫자에 있어서 남자들 각 단위의 숫자(약 5, 6명)가 너무나 작아서 믿을 수가 없다. 어찌하여 시므온 지파 단위가 다섯 사람으로 구성되어야 하고, 갓 지파는 14명으로 구성되어야 하는지 적절하게 설명되지 않는다.

하나의 기발한 접근 방식이 바누인(M. Barnouin[VT 27, 1977] 280-303)에 의하여 제공되었다. 그는 그 숫자들과 바벨론의 달력 사이에 상관관계가 있음을 발견한다. 이스라엘의 인구와 바벨론 달력의 숫자를 관련시키는 목적은 백성들에게 우주의 조화로운 질서 가운데서 자신들의 위치, 즉 고정되고 불가변적인 위치 감각을 주기 위해서일 것이다. 숫자에 있어서 이러한 의심스러운 천문학상의 자료가 게마트리아 가운데서 인식된 것들보다 더 명백한 것인지 그렇지 않은지를 물어야 할 것이다. 그것은 요점을 밝히는 데 있어서 모호한 방식으로 보이며, 오늘날의 얼마나 많은 독자들이 그것을 파악할 수 있을런지는 의문스럽다.

사실상 해결책은 보다 단순할 수도 있다. 60만 명의 이스라엘인들의 숫자 – 생각건대 단지 싸움에 나갈 만한 사람뿐만이 아니라 공동체 전체 – 를 제공해 주었던 야위스트 전승에서 저자에게 이용 가능했던 본문이 있었다(출 12:37; 민 11:21). 전승을 발전시켜 나가면서, 저자는 이 숫자가 사실상 싸움에 나갈 만한 20세 이상의 젊은 남자에게 적용되고 있다는 사실을 암시하고 있다. 정확한 숫자는 출애굽기 38:26에까지 거슬러 올라가야 할 것이다. 그 본문은 603,550명이 어떻게 계산되었느냐는 문제에 대한 단순한 답변을 제시해 주고 있다. 27-28절에 예견된 대로 성소의 받침들과 갈고리들은 은 100달란트와 1,775세겔을 필요로 한다. 301,775세겔이라는 전체적으로 요구되는 금액을 장만하면서, 3000세겔을 1달란트로 계산하였다. 분명한 것은, 모든 20세 이상의 남자들이 지불할 수 있는 성소 헌물은 매 사람당 반 세겔이었다는 것이다(26절, 참조. 출 30:13). 그러므로 자연히 그 세금을 내야 할 의무가 있는 사람은 603,500명의 남자들이었다고 생각된다. 간단히 말해서, 그 거대한 숫자는 잘못된 이해에서 나온 것이 아니라, 제사드리는 성소의 전승집의 예상으로부터 나온 것이며, 틀림없이 포로 후기 성소의 세금이었던 내용으로부터 나온 것이다. 출애굽기 38:21-31을 출애굽기의 보록(supplement, 서론을 보라)으로 볼 만한 충분한 이유가 있으며, 같은 사실이 출애굽기 30장에 적용된다는 사실이 널리 받아들여지고 있다. 이러한 보록은 민수기 저자 자신의 작품이었을 수도 있다. 그는 출애굽기 30:11-16에 있는 인구 조사를 위한 길을 준비해 주고 있으며, 출애굽기 38:26에 있는 공동체의 규모에 관한 그의 생각을 보여 주고 있다. 그러고 나서 납세 의무가 또한 군복무 의무이기도 하다는 사실을 암시하면서, 또한 각기 다른 지파들 사이에 존속하는 합계 숫자의 붕괴를 제공하면서 민수기 1장에서 그 인구 조사에 대해 말하고 있다. 이러한 숫자의 분석은 암시의 경향이 있는 숫자의 "완성"으로서 아마도 임시변통의 내용이었을 것이다.

주석

1 "시내 광야에서"(בְּמִדְבַּר סִינַי – 베미드바르 시나이). 시내산을 시내 반도의 남단 근처 예발 무사(Jebal Musa)와 동일시하는 전통은 주후 4세기 이후에야 생겨났다. 다른 사람들은 아라비아 북서쪽에 있는 미디안 지역을 그 곳으로 간주하거나 혹은 가데스바네아 근처로 간주한다. 이 문제에 관한 최근의 철저한 논의에 대해서는 G. I. Davies, *The Way of the Wilderness*(Cambridge: CUP, 1979)를 보라.

"회막"(אֹהֶל מוֹעֵד – 오헬 모에드). 이것은 P에서 광야의 성막에 대해 가장 즐겨 사용되고 있다(131회). 어근인 야아드(יָעַד)는 "임명하다"를 의미하며, 문제의 이 장막이 정규적으로 하나님과 교제하는 장소이므로 "회막"은 이스라엘을 향한 하나님의 뜻의 계시를 위하여 징해진 장소를 의미할 수도 있다. P에서 그것은 분명히 법궤가 안치된 곳이다(예를 들어, 민 7:89을 참조하라). 미슈칸(מִשְׁכָּן, 성소)이란 단어도 같은 성막에 대해서 사용될 수 있다(예를 들어, 출 25:9; 민 1:50을 참조하라). 이러한 표현들이 출애굽기 40:2, 6, 29에서 복합되어 나타나며, 전체적으로 미슈칸(מִשְׁכָּן)이 "회막"(אֹהֶל מוֹעֵד, 오헬 모에드)의 구체적인 부분이거나 혹은 이 두 용어가 일관되게 의미가 다른 상황 가운데서 사용되고 있다는 사실은 명확하지 않다. 그것들은 성소에 대한 P의 이해에 각기 다른 특성을 제공하는 것으로 이해되고 있다. "거주하다"란 동사로부터 파생된 "성소"(מִשְׁכָּן – 미슈칸)는 하나님의 임재에 초점을 두고, "회막"(אֹהֶל מוֹעֵד – 오헬 모에드)은 하나님과의 교제에 초점을 두고 있다. 민수기 2:1이 밝히고 있는 바와 같이, P의 "회막"은 진영의 중심부에 세워져 있다.

초창기 야위스트 전승에서 "오헬 모에드"(אֹהֶל מוֹעֵד)는 진영의 바깥에 세워져 있다(출 33:7-11; 민 11:16-30; 민 12:4-10). 거기서도 역시 그것이 하나님께서 나타나서 교제하시는 장소다. 민수기(P) 저자는 이 성전에서의 계시 전승을 하나님의 임재 전승과 연결시켰다. 장막은 그처럼 진영의 중심부에 자리잡고 있고, 그래서 성전의 상징, 특히 계시의 장소에 대한 상징이 된다. 이러한 과정에 대한 보다 충분한 논의에 대해서는 다음의 책들을 보라. B. S. Childs, *Exodus*(London: SCM, 1974) 530-37; R. E. Clements, *God and Temple*(Oxford: Blackwell, 1965); F. M. Cross, "The Priestly Tabernacle," *Old Testament Issues*, ed. S. Sandmel(London: SCM, 1969) 39-67; M. Gorg, *Das Zelt Begegnung Untersuchungen zur Gestalt der sakralen Zelttraditionen Altisraels*(BBB 27; 1967); M. Haran, "The Nature of the 'Ohel Mo'e-dh' in Pentateuchal Sources," *JSS* 5(1960) 50-65; M. Haran, *Temple and Temple Service in Ancient Israel*(Oxford:Clarendon, 1978) 260-75; R. Hartmann, "Zelt und Lade," *ZAW* 37(1917/18) 209-44; A. Kuschke, "Die Lagervorstellung der priesterschriftlichen Erzählung," *ZAW* 63(1951) 74-105; J. Morgenstern, "The Ark the Ephod anf the 'Tent and the Meeting'," *HUGA* 17(1942/43) 153-266; 18(1944) 1-52; G. von Rad, "The Tent and the Ark," *The Problem of the Hexateuch and other Essays*(Edinburgh: Oliver & Boyd, 1966) 103-24. 이러한 과정은 그 문서에 대한 제사장 계층에서 계속되었던 전승에 대한 전례적 재해석의 한 실례다.

2 윙가즈(J. Wijngaards, "הוצא and העלה, a twofold approach to the Exodus," *VT* 15 [1965] 91-102)는 야차(יצא)를 종들의 해방에 대한 전문 용어로 본다. 이러한 생각은 가끔 P에서 아주 모호하다(예를 들어, 출 6:6, 7; 레 26:13을 참조하라). 이 단어는 출애굽기에 대한 신명기 저자들이 선호하는 공식적인 문구다. 윙가즈는 그것이 가장 초창기 시내 전승에 그 기원을 두고 있다고 믿는다.

세우 에트-로쉬(שְׂאוּ אֶת־רֹאשׁ)는 직역하면 "머리를 취하다" 혹은 "들다"이다. 이것은 P에서 합계 계산에 대한 통상적인 전문 용어다. 예를 들어, 민수기 1:49; 4:2, 22; 26:2; 31:26, 49을 참조하라.

"이스라엘 자손의 모든 회중"(כָּל־עֲדַת בְּנֵי־יִשְׂרָאֵל - 콜 아다트 베네-이스라엘). 이스라엘을 "회중"(עֵדָה - 에다)으로 표현한 것은 P에서는 통상적인 일이다. 그것은 야아드(יָעַד)란 어근과 관련되어 있는 것으로 보이며(BDB), 하나님의 회중이라는 문맥 가운데 나타난다(시 82:1). 그것은 분명히 예배를 위하여 모인 이스라엘에 대한 적절한 묘사였으며(시 74:2; 111:1), P에서는 이스라엘 자손(בְּנֵי־יִשְׂרָאֵל – 베네 이스라엘)을 예배하는 공동체로 묘사하기 위하여 사용되고 있다. 루터(B. Luther, "'Kahal' und 'edah' als Hilfsmittel der Quellenscheidung im Priesterkodex und in der Chronik," *ZAW* 56[1938] 44-63)에 따르면, 에다(עֵדָה)란 단어는 P 내에서 보다 세밀한 분석을 하기 위한 타당한 수단을 제공한다. 이것이 사실이든 아니든 P 전체는 광야에서 있었던 이스라엘의 성격에 대한 새로운 이해를 제공하고 있음에 틀림없다.

"그들의 가족과 종족을 따라"(לְמִשְׁפְּחֹתָם לְבֵית אֲבֹתָם – 레미슈팍호탐 레베트 아보탐). 각 지파 가운데는 종족의 그룹들(מִשְׁפְּחֹתָם – 미슈팍호탐)이 있었고, 각 종족 가운데는 아비의 집(בֵּית אֲבֹת – 베트 아보트)들이 있었던 것으로 보인다. 와인베르크(J. P. Weinberg, "Das Beit Abot")는 아비의 집(בֵּית אֲבֹת – 베트 아보트)이 포로 후기 문서에서 얼마나 중요했는지를 보여 주고 있으며, 그것들이 포로 전기의 미슈파타(מִשְׁפָּחָה) 혹은 베트 아브(בֵּת אָב)와 연결되어 있고, 포로와 흩어짐을 통하여 사회적 혼란으로부터 일어난 새롭고도 의미심장한 포로 후기 사회의 그룹을 이루고 있다고 주장한다. "아비 집"의 범위는 다를 수도 있지만, 본질적으로 대가족을 나타내는 것으로 보인다. 일반적인 지파 구조에 관한 주제에 대해서는 R. de Vaux, *Ancient Israel. Its Life and Institutions*(London: DLT, 1973) 4-10를 보라.

"그 명수대로"(לְגֻלְגְּלֹתָם – 게굴글로탐). 이 단어는 "두개골"을 의미하며 사사기 9:53; 열왕기하 9:35; 역대상 10:10에서 그렇게 사용된다. 그것은 P에서 수많은 다른 경우에 머리의 계수에 사용되며, 역대기에서도 그렇게 사용된다(예를 들어, 출 16:16; 38:26; 민 3:47; 대상 23:3, 24).

3 "이십 세 이상으로 싸움에 나갈 만한 모든 자"(כָּל־יֹצֵא צָבָא – 콜-요체브 차바). 야차(יָצָא)란 어근은 사사기 2:15; 이사야 41:12에서 전쟁과 관련하여 나타난다. 또한 P. D. Miller, "The Divine Council and the Prophetic Call to War," *VT* 18(1968) 100-07를 보라. 야차(יָצָא)와 차바(צָבָא)의 관련성은 명백하게 군사적인 문맥으로 되어 있는 민수기 31:14, 36; 역대상 5:18; 7:11에서도 입증된다. 그 관련성은 분명히 포로 후기의 상투적인 용어이기도 하지만, 신명기 24:5; 31:27에서도 나타난다. 차바(צָבָא)의 복수형은 "만군의 하나님"이란 호칭 가운데 나타나는데, 창세기로부터 사사기에는 발견되지 않은 호칭이지만 몇몇 선지서 가운데서는 상당히 보편적으로 나타난다. 이 용어는 "야웨는 이스라엘의 용사들의 하나님이시다"라는 사실을 의미할 수도 있다. 군사들과 관련하여 그 어근이 사용된 초창기의 용례를

보려면 창세기 21:22; 사사기 4:2; 사무엘하 3:23; 열왕기상 1:25; 2:32; 열왕기하 5:1; 시편 68:12을 보라. 그것은 하늘의 천체들에 대해서도 사용될 수 있고(사 34:4) 특히 별 숭배에 대해서도 사용될 수 있다(신 17:3; 왕하 17:16; 21:3; 23:4-5; 렘 8:2).

"…와 아론"(וְאַהֲרֹן - 웨아하론). P에서 아론은 자주 모세의 옆에서 명목상의 역할이 주어져 있다. 아론과 관련된 역사와 전승에 대해서 연구하려면 A. Cody, *A History of Old Testament Priesthood*(Rome: PBI, 1969), 146-74; A. H. J. Gunneweg, *Leviten und Priester*(Göttingen: Vandenhoeck & Ruprecht, 1965), 81-98, 138-88를 보라.

4 "지파"(מַטֶּה - 마테). 이 단어는 P에서 통상적인 단어다. JE와 D에서는 "지팡이"(שֵׁבֶט - 세베트)가 더 선호되고 있다(그러나 민 4:18을 보라). "지파"(מַטֶּה - 마테)는 초창기 오경 전승에서 "지팡이" 혹은 "막대기"로 사용된다(창 38:18, 25; 출 4:2, 4, 17; 7:15, 17, 20; 9:23; 10:13; 14:16; 17:5). 제사장의 전승 단계에서 이러한 의미를 계속 전달했다(출 7:9-10, 12, 19; 8:1, 12-13; 민 20:8-9, 11). 아론의 지팡이에 대한 이야기에서 두 가지 의미가 함께 다루어지고 있다(P - 민 17:17-25).

"두령"(רֹאשׁ - 로쉬). 각 "아비의 집"은 "우두머리" 혹은 "우두머리들"을 가졌던 듯하다. 이 단어의 일반적인 사용에 대해서는 J. R. Bartlett, "The Use of the word רֹאשׁ as a title in the Old Testament," *VT* 19(1969) 1-10를 보라. 바틀렛(Bartlett)는 이 명칭이 본래 군사와 재판 문제를 책임지고 있던 족장에 속해 있었다고 결론짓는다. 그는 두령이 포로 후기에는 본질적으로 지파에 대한 책임을 가지지 않게 되었고, 이제는 두령(רֹאשׁ - 로쉬)의 위치가 가족, 즉 아비 집에 한정되었다고 주장한다. 그러나 족보상의 상황에서는 그들이 여전히 군사 지도자로 나타난다(M. D. Johnson, *The Purpose of the Biblical Genealogies*[Cambridge: CUP, 1969] 63-64를 보라).

16 "…의 족장"(נְשִׂיאֵי - 네시에). 이스라엘 가운데서 어떤 공식의 지위를 가지고 평민들을 지도하는 지위를 표시하기 위하여 이 단어가 사용되는 일이 P에서는 자주 있다(민수기에서만 63회, 전체에서는 83회나 사용됨). 나시(נָשִׂיא, "지도자")가 언약서에서 인용되었는데(출 22:27), 아마도 왕 자신과 같이 왕의 저주에 포함되어 있는 형벌 편에서 볼 때 어떤 종류의 사법적 인물이다(삼하 16:9; 왕상 21:10). 창세기에서 이 단어는 외국인 군주들에 대해서 사용되었고(17:20; 25:16; 34:2), 아브라함 자신에 대해서도 사용되었다(23:5-6). 34:2의 가능한 예외와 함께 이 글들은 제사 문서 본문들이다. 이 단어가 열왕기상 11:34에서 이스라엘의 왕에

대해서 사용되었고, 에스겔서에서 여러 번 왕에 대해 사용되었다(겔 12:10, 12; 21:30; 34:24; 37:25). 에스겔은 또한 이 단어를 이방인 통치자에 대해서도 사용했다(26:16; 27:21; 30:13; 32:29; 37:2-3; 39:1, 18). 에스겔서에는 평민 지도자를 의도했을 수도 있는 몇몇 구절들이 있지만(21:17; 22:6; 45:8-9), 여기서까지도 왕으로 해석하는 일이 불가능하지는 않다. 에스겔서 45:8-9을 볼 때, 공의의 적절한 시행이 나시(נָשִׂיא, "지도자")의 기능 가운데서 그 중심을 이루고 있음에 틀림없다. 노트(M. Noth, *zwölf Stämme*)에 따르면, 나시(נָשִׂיא)는 이스라엘 암픽티오니(부족 동맹체)의 지파 대표자였다. 암픽티오니 이론(이스라엘 나라가 야곱의 아들들의 후손들인 열두 지파로 이루어진 것이 아니라 단순히 제사를 위하여 부족들이 언약에 의하여 이룬 동맹체라는 이론 – 역자주)이 받아들여질지라도, 그보다는 사르(שַׂר)가 그러한 하나의 역할을 하는 후보자라는 사실이 지당하다(참조. 삿 5:15). 드 보(R. de Vaux, *Ancient Israel*, 8)는 일종의 지파의 지도자인 시이크(sheik, 아랍권의 수장)의 그것과 상응하는 기능을 가졌다고 주장한다. P에서 나시(נָשִׂיא)는 "회중"으로서 이스라엘과 관련하여 몇몇 기능을 행사하는 지파의 대표자다(참조. 16절; 출 16:22; 민 4:34; 16:2; 31:13; 32:2; 수 9:15, 18; 22:30). 더 자세한 논의를 위해서는 J. van der Ploeg, "Les Chefs du Peuple d'Israel et Leurs Titres," *RB* 57(1950) 40-61; E. A. Speiser, "Background and Fuction of the Biblical Nāśî'" *CBQ* 25(1963) 111-17를 보라.

17 "지명된"(נִקְּבוּ בְּשֵׁמוֹת – 니크부 베쉐모트)은 직역하면 "이름 불러 뽑힌"이다. 이러한 표현은 역대기 작가의 작품에 자주 나타난다(스 8:20; 대상 12:32; 16:41; 대하 28:15; 31:19).

18 "그리고 그들이 등록되었다"(וַיִּתְיַלְדוּ – 와이트얄두; 개역에는 "자기 계통을 말하매"로 되어 있음). 노트(M. Noth, *Numbers* 20)는 이 문구를 "그들이 출생의 명부에 들어갈 수 있도록"으로 번역한다. 얄라드(יָלַד – 출산하다, 낳다)의 히트파엘형은 단 한 번 나오는 단어다. 아마도 그것은 "누군가의 인정받은 후손을 얻다"를 의미할 것이다.

19 "야웨께서 모세에게 명하신 대로"(כַּאֲשֶׁר צִוָּה יהוה אֶת־מֹשֶׁה – 카아쉐르 치와 야웨 에트-모쉐). P에서는 통상적인 문구다(참조. 출 39:1, 5, 7; 레 8:9, 17, 21, 29).

20 "그들의 지파 목록"(תּוֹלְדֹתָם – 톨도탐)은 직역하면 "그들의 세대"이다(개역에는 "그들의…종족"으로 되어 있음 – 역자주). P에서 그 단어의 일반적인 사용에

대해서, 그리고 소위 톨도트 책에 관한 문제에 대해서는 G. von Rad, *Die Priesterschrift*를 보고, 간략한 요약본으로는 M. D. Johnson, *Biblical Genealogies*, 14-28를 보라. 이 단어는 얄라드(יָלַד, 출산하다, 낳다)란 어근에서 파생되었고, 그런 까닭에 "그들의 세대"를 의미한다. 이 문맥에서는 "그들의 지파 목록"이 타당하다(참조. NEB).

해설

현재 형태로서의 창세기, 출애굽기, 레위기, 민수기, 신명기 그리고 여호수아서는 대략 주전 5세기의 것으로 대대적인 전승 본문의 수정으로 이루어져 있다고 주장되어 왔다. 민수기의 내용은 시내 광야로부터 그 땅의 변경으로 옮겨가면서 신명기 율법이 주어지는 직접적인 무대를 준비해 주고 있다. 정착을 준비하는 공동체 이야기는 분명히 주전 6세기나 5세기의 상황에 적합하다. 본서는 변호적인 입장에서 신빙성을 위한 탐색을 하고 있다. 바벨론 유대교가 주창했던 제사장적 신정국가(priestly theocracy)는 정착 이전 시기에 그 뿌리를 내린 것으로 깨닫게 된다. 방침의 관점에서 볼 때, 본서는 포로 후기 공동체가 바벨론의 유대 공동체 가운데 자기들의 뿌리를 가지고 있는 확신들을 구체화하면서 추구해야 했던 생활, 신앙, 기구의 스타일을 제공해 주고 있다.

세 개의 주요 단락들 가운데 그 첫 번째 단락(1:1-9:14)의 관심은 광야에서 공동체의 조직과 성격을 분석하는 것이다. 그 발단부터 공동체의 규모에 어느 정도 특별한 관심을 발견하는 것은 자연스러운 일이다. 시내 광야는 출애굽기 저자가 출애굽기 19:1에서 이스라엘을 이끌었던 지점, 곧 그에게는 성막을 세움으로써 지극히 인상적인 흔적이 남겨져 있던 위치였다(출 35:1-40:38). 민수기 저자는 여기서부터 이야기를 시작해야 한다. 그는 성막을 세운 기간으로부터 한 달이 지나가도록 허용하고 있는데(출 40:1, 17), 그 기간은 레위기에 있는 사건들과 율법 수여를 위해서는 충분한 기간이다. 시간과 장소에 관한 제사장 저자들의 정밀성이 특징적이다. 사료 편찬 편에서 전승의 형성은 그들과 함께 시작되지 않지만, 그들이 과거에 관해서 믿었던 내용에 대해 이러한 상황으로의 새로운 관심과 전문적 지식을 도입하고 있음은 의심할 여지가 없다. 그들의 작품의 제사장적 성격은 그늘이 옹호했던 공동체에 보다 잘 어울리고 있고, 또한 어떤 면에서 학문적이고 또 어쩌면 율법학자의 것으로 보이는 그들 자신의 기원보다는 그들에게 영향력을 행사하고 있는 어떤 영향에 더 잘 어울릴 수 있다.

저자는 이런 식으로 군사 인구 조사와 함께 조력자로서의 역할을 했던 12지파의 두령들의 목록과 각 12지파의 정밀한 숫자를 결합시키면서 자기의 작품을 기록하기 시작하고 있다. 초창기 야웨 신앙이 인구 조사에 대해 미온적인 것이었다는 사실은 사무엘하 24:1-3을 볼 때 분명해진다. 거기서 다윗의 행동은 악한 결과가 나오게 되었던 원인, 즉 야웨를 진노하시게 한 것으로 기록되어 있다. 이러한 확신은 아마도 그 군주 제도의 설립보다 앞섰던 신정 국가의 개념으로부터 유래했을 것이다. 인구 조사를 하는 것은 최소한 몇몇 단체(circles)들 가운데서 하나님의 특권에 대한 침해로 간주될 수 있었을 것이다. 이러한 견해는 아마도 시들해졌고, 후기 즉 포로기와 포로 후기에 인구 조사를 하게 만드는 새롭고도 압박을 가하는 이유들이 있었다. 포로기와 분산이라는 사실이 일어난 다음에, 당시의 중요한 문제는 "누가 하나님의 백성이냐?"는 것이었다. 이방 세계에서 있었던 뒤얽힌 상황, 즉 종교와 혼인에 있어서의 얽힌 상황들이 대체로 그 포로민들을 위한 책임을 지고 있던 바벨론 유대인들 사이에 광범위하게 가지고 있었던 입장에서, 이름들의 목록과 가계, 보증할 수 있는 신빙성이 신임을 얻게 되었으리라는 것은 아주 분명하다(예를 들어, 스 2:1-70; 느 7:6-69을 참조하라). 바꾸어 말해서 그것은 인구 조사 시행의 타당성을 제공해 주었다. 옛 신앙의 반작용이 여전히 느껴졌을 수도 있고, 어쩌면 그 반작용이 출애굽기 30:11-16에 기록된 것과 같은 인두세 개념에 의하여 완화되었을 수도 있다. 실제로 인두세는 성전 유지를 위한 정규적인 헌금이 되어 왔던 것으로 보인다(대하 24:6, 9; 마 17:24-27). 역대기 저자(대상 21:1-6)는 그것이 다윗 자신의 성전을 위한 예비적인 물질을 공급해 주므로 사무엘하 24:1-3의 근본적인 시각을 개조할 수 없고, 또한 그것을 모른 체할 수도 없으며, 다만 그것을 사탄적인 것으로 기술할 수 있을 뿐이다. 다윗이 국세를 모아들이지 못했다는 요세푸스의 생각은 사실이 아니었던 것으로 보인다.

저자는 군사 인구 조사라는 사실에 어느 정도 강조를 두고 있다. 계산을 위한 표준이 과세의 근거를 제공했다는 것은 사실이며, 또한 노트(M. Noth, *Numbers*, 20)가 지적한 바와 같이 그 인구 조사가 본질적으로 백성들의 외적인 조직 가운데 한 요소인 것도 사실이다. 이것은 사실 대개 공동체의 규모를 파악하는 것이다. 다른 한편 저자는 미디안과의 심각한 전쟁(민 31:1-54)을 예상하고 있으며, 이 전쟁을 P의 것으로 돌리기를 거절하기 위하여 제시한 노트의 이유들은 전혀 신빙성이 없다. 어떤 의미에서 제사 문서 기록자들이 전쟁과 정착을 신학적으로 취급하고 있는 것은 사실이지만, 민수기 저자는 이스라엘을 강한 군대로 묘사하기를 원하고 있는 것으로 보인다.

인구 조사 목록표 가운데 있는 순서에 반대되어 지파의 두령 가운데서 지파들의 순서가 달라진 것은 약간 이른 자료로부터 그 이름의 목록들을 가져왔음을 시사한다. 이것은 아마도 12지파 체계라는 골격이 깨어지지 않게 하는 방식으로 기억과 회상이라는 근거에서 포로 초창기의 바벨론에서 이끌어온 초기 대표자 목록이었을 것이다. 그러한 체계는 초기 야위스트 전승과 신명기 가운데서 잘 입증되었다. 어쨌든 민수기에서 저자의 주 관심사 중 하나는 새로운 제사장 계급 내에서 레위 족속을 하나의 분리된 기능을 가진 그룹으로 세우는 것이었다. 그들은 세속 지파들로부터 완전히 분리된 지파이며, 그런 까닭에 계수에 포함되지 않았다(47절). 열두 지파 형태는 요셉 지파를 에브라임과 므낫세로 분리함으로써 유지된다.

전체 공동체의 거대한 규모는 명백한 역사라기보다는 신앙으로부터 이끌어온 것이다. 그러한 신앙이 이스라엘의 강성과 번영과 관련된 하나님의 의도가 암시되어 있는 창세기 17:1-8과 출애굽기 1:7과 같은 구절 가운데 표현되어 있다. 정확한 숫자는 출애굽기 38:25에 대한 반영과 성전세의 규모에 근거하여 나온 것으로 보인다.

이러한 종합적인 결론은 제사 자료가 역사와는 전혀 별개의 것이라는 사실을 의미하지는 않는다. 오히려 그 자체가 역사적 사건에 대해 타당한 확실성에 달려 있는 전승을 창조적으로 포용하는 것이다 – 민수기 10:29-36에 있는 본서의 첫 번째 야위스트 단락에 대한 논의를 보라.

민수기의 주된 기여는 하나님의 백성 이스라엘에 대한 신학이다. 이 첫 단락 가운데 세 개의 국면이 나타난다.

1. 시내 광야에서 이스라엘의 위치는 행진해 나가는 하나님의 백성을 이해하기 위한 상황을 설정하고 있다. 하나님의 지도 아래서 아직 얻지 못하고 있는 기업을 바라보고 움직여 나가고 있는 하나의 민족으로서 이스라엘에 대한 개념은 여기서 강한 인상을 주고 있다. 그 개념은 초창기 전승 – 야위스트와 신명기 그리고 출애굽기의 최종적인 형태 – 가운데 나타나 있지만, 민수기 저자가 할 수 있는 일이란 땅과 왕이 없는 백성에게 완전히 조직되고 믿을 만한 예배하는 "회중"으로서 보여 주는 것이다. 그러므로 성경신학에서 본질적인 이중 구조 중의 하나가 독특한 방식으로 떠오르고 있는데, 곧 "지금"과 "아직 아니" 사이의 긴장, "소유"와 "바라봄" 사이의 긴장이다.

2. 공동체의 질서가 잡힌 구조는 모세와 아론 그리고 12지파의 대표자들이라는 계급 제도 가운데서 떠오른다. 지배와 권력이라는 이러한 패턴은 성경 신학에서 또

다른 보급력 있는 이원론의 한 면, 즉 "제도적 구조"와 "카리스마적 구조" 사이의 긴장을 강화시켜 준다. 팔레스틴에서 거점을 위하여 투쟁 가운데 있었고, 또한 거짓 예언으로 이끌어 갔던 "자유"에 대한 의혹 가운데 있었던 포로 후기 유대주의는 인정받은 권위의 패턴에 강조를 두는 쪽으로 기울어졌다. 비록 언제나 제도와 카리스마 사이에 풍부한 상호 접촉을 필요로 할 수는 있을지라도, 신학은 시대의 요구에 따라 형체가 주어지는 하나의 관념이 있다. 여기서 전체의 강조가 권력과 지배의 형태에 있는 반면에, 12지파의 설계의 유지는 공동체 내에서 분배된 책임과 몇몇 차이점에 대한 개념을 인정할 태세를 암시하고 있다. 한 세속 지파의 주장이 다른 지파들에게 압력을 행사한다는 그 어떤 관념도 느껴지지 않았고, 스스로 하나님의 백성이라고 주장할 수 있었던 그 어떤 사람도 배제된다는 생각이 느껴지지 않았다.

3. 백성의 계수는 일반적으로 공동체의 규모를 암시하기 위하여 의도되었다. 그 정도까지 그것은 공동체 자각의 한 표현이다. 동시에 그것은 개인에게 어떤 의미를 부여해 준다. 인구 조사 대상에 들어가는 각 개인은 전체 공동체의 한 부분으로서 인정을 받는다. 최종 숫자의 규모는 하나님의 신앙 공동체가 건강하고도 생명력 있는 성장을 경험하고 있다는 확신에 대한 증거다.

2. 이스라엘 공동체 안에서 레위 지파의 구별(1:48-54)

참고문헌

Abba, R. "Priests and Levites in Ezekiel." *VT* 28(1978) 1-9. **Berry, G.** "Priests and Levites." *JBL* 42(1923) 227-38. **Cody, A.** *A History of Old Testament Priesthood.* Rome: PBI, 1969. **Emerton, J. A.** "Priests and Levites in Deuteronomy." *VT* 12 (1962) 129-38. **Gaster, T. H.** "The Name לֵוִי." *JTS* 38(1937) 250-51. **Gunneweg, A. H. J.** *Leviten und Priester.* Göttingen: Vandenhoeck & Ruprecht, 1965. **Halpern, B.** "Levitic Participation in the Reform Cult of Jeroboam I." *JBL* 95(1976) 31-42. **Meek, T. J.** "Moses and Levites." *AJSL* 56(1939) 113-20. **Möhlenbrink, K.** "Die levitischen Überlieferungen des Alten Testament." *ZAW* 52(1934) 184-231. **Nielsen, E.** "The Levites in Ancient Israel." *ASTI* 3(1964) 16-27. **Snijders, L. A.** "The Meaning of 'zar' in the Old Testament." *OTS* 10(1954) 1-154. **Waterman, L.** "Some Determining Factors in the Northward Progress of Levi." *JAOS* 57(1937) 375-80. **Wright, G. E.** "The Levites in Deuteronomy." *VT* 4(1954) 325-30.

본 문

48 이는 여호와께서 모세에게 일러 가라사대	**48** And Yahweh spoke to Moses, saying,
49 레위 지파만은 너는 계수치 말며 그들을 이스라엘 자손 계수 중에 넣지 말고	**49** "Only[a] the tribe of Levi you shall not number; you shall not count their heads among the people of Israel.
50 그들로 증거막과 그 모든 기구와 그 모든 부속품을 관리하게 하라 그들은 그 장막과 그 모든 기구를 운반하며 거기서 봉사하며 장막 사면에 진을 칠지며	**50** And you[a] shall appoint the Levites over the Tabernacle of the Testimony, over all its implements, and over everything which belongs to it.[b] They shall carry the Tabernacle, and all its implements, and they shall minister to it, and shall encamp around the Tabernacle.
51 장막을 운반할 때에는 레위인이 그것을 걷고 장막을 세울 때에는 레위인이 그것을 세울 것이요 외인이 가까이 오면 죽일지며	**51** And when the Tabernacle is to leave the Levites shall take it down. And when the Tabernacle is to be pitched the Levites shall raise it. And any unauthorized man who comes near shall be put to death.
52 이스라엘 자손은 막을 치되 그 군대대로 각각	**52** And the people of Israel shall encamp, each

그 진과 기 곁에 칠 것이나

with his own group, and each by his standard,[a] according to their companies.

53 레위인은 증거막 사면에 진을 쳐서 이스라엘 자손의 회중에게 진노가 임하지 않게 할 것이라 레위인은 증거막에 대한 책임을 지킬지니라 하셨음이라

53 But the Levites shall encamp around the Tabernacle of the Testimony, so that there shall not be wrath[a] against the congregation of the people of Israel. And the Levites shall be responsible for the Tabernacle of the Testimony."

54 이스라엘 자손이 그대로 행하되 여호와께서 모세에게 명하신 대로 행하였더라

54 And the people of Israel did everything which Yahweh commanded Moses.[a] This they did.

원문주해

49.a. G는 호라(*ὁρα*, "그것을 보라," "주의하라")로 번역하고 있다.

50.a. 강세가 있는 대명사는 A. Dillmann(*Numeri*, 11)이 주장한 바와 같이 반드시 아론이 배제되기 위하여 의도된 것이 아니다. 그 효과는 반명제, 즉 "계수"와 "임명" 사이를 강조하려는 것이다.

50.b. *BHS*는 보(בוֹ, "그 안에")로 읽을 것을 권하고 있다.

52.a. Sam은 야도(יָדוֹ, "그 대신에")를 보유하고 있다(참조. 민 2:17). 이 독법은 믿을 만한 지지를 받지 못하며, 그래서 사실 같지가 않다.

53.a. G에는 하마르테마(*ἁμαρτημα*, "실패", "오류", "죄")로 되어 있다. 이것은 MT를 해석하기 위한 시도인 것으로 보인다.

54.a. G는 여기서 "그리고 아론"을 보유하고 있다. MT에는 원본에 아론이 들어 있음을 암시하기 위한 그 어떤 복수 동사도 없다. G는 거절되어야 할 것 같다.

양식/구조/배경

이 단락이 제사 전승 단계에 속한다고 분석가들은 이구동성으로 말하지만, 그 단계 내에서 그것의 위치에 관해서는 전반적으로 동의하지 않는다. 벨하우젠(J. Wellhausen, *Hexateuch*, 178-79)에 따르면, 48-54절이 17-47절 앞에 와야 한다. 그가 볼 때, 레위인들을 계수하지 말라는 명령은 인구 조사 자체에 선행되어야 한다. 쿠에넨(A. Kuenen, *An Historico-Critical Inquiry into the Origin and Composition of the Hexteuch*[London: Macmillan, 1886] 94)은 엄격한 논리는 이러한 종류의 설화에서는 기대가 되지 않는다는 근거에서 이러한 의견에 동의하지 않는다. 그래이(G. B. Gray, *Numbers*, 2-3)는 PG에서 레위인의 분리와 그의 기능들에 대한 묘사는 아마도

인구 조사 앞에 왔을 것이라는 의견을 취한다. 노트(M. Noth, *Numbers*, 17)는 48-54절이 47절에 의존하고 있다고 생각하고 후기의 기록자, 즉 민수기 2:1-34에 있는 유진 구조에 관한 주제를 예상하며, 또한 레위인들의 특별한 위치에 대한 초창기의 언급을 확립하는 일을 염려한 기록자로부터 유래된 것이라고 생각한다. 켈러만(D. Kellermann, *Priesterschrift*, 17-32)은 민수기 1:48-2:34 전체를 하나의 단위로 취급하여 노트(M. Noth)처럼 48-54절을 민수기 2:1-34에 있는 자료에 대한 후기 첨가물이라고 생각한다. 그는 48, 50("그 모든 부속품"[וְעַל כָּל אֲשֶׁר־לוֹ – 웨알 콜 아쉐르-로]과 "장막"[הַמִּשְׁכָּן – 함미슈콘]을 제외한), 52, 54절 가운데 있는 이 첨가물의 초창기 요소라고 생각하는 방향으로 기울어진다. 레위인을 계수하지 말라는 본문들과 야웨의 명령 가운데 기초하고 있는 본문(47, 49절)은 후기의 것으로 판단되고, 반면에 51, 53절과 50절의 세부 설명은 그보다 더 후기의 것이다. 이러한 후자의 요소들은 특별히 레위 족속의 봉사에 관심을 가졌던 한 사람의 저자로부터 나온 것이라고 말한다. 드 볼크(J. de Vaulx, *Les Nombres* 57) 역시 47-54절을 편집된 것으로 보는 쪽으로 기울어진다.

48절을 새로운 단락의 시작 부분으로 보는 근거는 아주 분명하다. 와우 연속법은 RV와 RSV에서처럼 "이는"(for)으로 번역될 수 없다. 레위인을 계수하지 말라는 명령이 반드시 인구 조사에 선행한다는 사실은 덜 명백하다. 민수기 1:1-54에서 저자의 궁극적 관심은 레위인이 성별되었음을 확인하는 것이다. 그는 처음에 이러한 의도를 드러내는 대신 그것을 향하여 작업을 해 나가고 있는데, 이는 그 점을 훨씬 더 효과적으로 만드는 방법이다. 이 단락이 민수기 2:1-4:49에 있는 자료를 예상하고 있다는 사실은 그 자체가 제2차적 편집을 암시하는 것은 아니다. 레위인의 성별을 주장하려는 관심은 평민의 인구 조사와 관련하여 이 점에서 자료의 함유를 충분히 정당화한다. 민수기 2:1-4:49에 나오는 준비되어 있는 자료가 당연히 이 단락에 대한 해석적 확장으로 간주될 수 있다.

가장 긴급한 비평 문제는 인구 조사 금지 그 자체다(49절). 브라이트(J. Bright, "The Apodictic Prohibition: Some Observation," *JBL* 92[1973] 185-204)가 관찰한 바와 같이, 그러한 금지는 그것의 표면에 영속적 타당성을 가지고 있는 것처럼 보이며, 어떤 인구 조사에 레위인을 포함하지 말아야 할 근거가 되는 것으로 보인다. 그러나 민수기 4:1-43에서 레위인의 인구 조사가 시행된다. 만일 브라이트가 옳다면, 49절의 명령이 일시적이라는 가능성은 배제되어야 한다. 다른 한편, 민수기 저자는 그 문제를 이해하는 몇 가지 방법을 가졌음에 틀림없다. 그것은 그들이 성직자의 인구 조사에 있어서 그들 자신의 계산에 계산될 수 없다는 것을 의미하지 않는다.

만일 브라이트가 옳다면, 문제는 저자가 48-50절에 있는 몇몇 초창기 레위인의 전승을 결합시키거나 혹은 부분적으로 다시 기록했던 사실을 제안함으로써 해결될 수 있을 텐데, 그러한 제안은 켈러만의 분석적 결과들 몇몇을 사용하는 것이다. 이 것은 "레위 지파"(49절)가 모두 제사 책임을 시행했던 신명기적 전승 단계에까지 넓게 거슬러 올라가게 되었을 것이다. 사실상 48-50절은 전체 단락의 본질을 담고 있는데, 그것은 인구 조사 금지, 성막을 관장하고 나르는 책임, 그것 주변 진영에 대한 의무 등이다. 51-54절에서 저자는 스스로 레위인들의 책임과 관련되어 있는 사항들을 반복하고 또한 발전시켜 나가면서, 그리고 레위인들의 특별한 의무들을 강조하면서 이러한 주제들을 더욱 정교화하여 제시할 것이다. 이 점이 어찌하여 "회막"(1절)이 이제 "성막"(50절)으로 불려지고 있는지를 설명 가능하게 해준다. 후자는 레위 지파가 참가했던 초창기 성소 전승의 요소가 될 수 있다. 인구 조사에 대한 고대의 의혹(민 1:1-47에 있는 "해설"을 보라)은 신명기 전승의 단계(주전 7세기에서 5세기까지)에서 레위 지파를 계수하지 말라는 거절 쪽으로 전달되었다고 상상할 수 있다.

주석

49 활발히 논의되고 있는 레위 지파 역사에 관한 문제에 대해서는 참고문헌을 보라. 그 문제가 확실한 것과는 거리가 멀지만, 레위 족속은 당연히 그 기원을 가졌을 수 있다(창 49:5-7). 초창기 단계로부터 최소한 몇몇은 신탁의 의견(신 33:8)을 습득했던 것으로 보이며, 일반적으로 레위인들은 야웨 종교에 자기들의 헌신을 인정받았던 것으로 보인다(출 32:25-29; 삿 17:13). 신명기는 성직자들로서의 그들의 특별한 권리를 주장하고 있다(33:10; 18:5). "사독의 자손들"과 그들의 관계에 대한 문제는 에스겔 44:10-27에 반영되어 있는 문제를 일으켰다. 그러한 문제들은 궁극적으로 민수기 저자에 의하여 풀린다.

50 다른 의미에서 "임명하다"(פָּקַד – 파카드)의 사용이 두드러져 있다. 레위 전승 내에서 이 단어의 위치에 대해서는 M. Gertner, "The Masorah and the Levites," *VT* 10(1960) 241-72(특히 252쪽)를 보라.

"증거막"(מִשְׁכַּן הָעֵדָה – 미슈칸 하에다). "증거막"은 성소가 하나님이 거주하시는 장소라는 사실을 암시하고 있다(민 1:1의 "주석"을 보라). 이러한 상세한 문구는 이 단락과 출애굽기 38:21; 민수기 10:11에만 나타나는, P에서는 보기 드문 문구다. 그것은 그 안에 들어 있는 법궤와 율법의 돌판을 가리키고 있음을 암시한다. 참조. "증거판"(출 31:18; 32:15; 34:29), "증거궤"(출 25:22; 26:33-34; 30:6, 26; 31:7; 39:35; 40:3, 5, 20-21; 민 4:5; 7:89; 수 4:16), "증거 장막"(Tent of the Testimony, 민 9:15; 17:22-23; 18:2; 대하 24:6), "증거궤 장"(레 24:3). "증거"가 본래 이스라엘과 함께 거주하신다는 하나님의 약속에 대한 어떤 기록된 인침을 가리켰다는 사실은 가능하다. 그것이 율법을 기록한 판들과 관련시켜서 사용된 것은, 율법이 복종에 대한 성격과 내용에 대해 이스라엘에게 지속적으로 상기시켜 준다는 사실을 강조하고 있다.

"그들로…관리하게 하라"(יְשָׁרְתֻהוּ – 예샤투후). 이 단어의 어근은 낮은 사람이 상급자, 즉 관리에게(창 39:4; 40:4), 방백에게(삼하 13:17-18), 왕에게(왕상 10:5; 대하 17:19; 22:8; 잠 29:12; 에 1:10; 2:2; 6:3), 혹은 선지자(왕상 19:21; 왕하 4:43)에게 드린 "봉사"에 대해서 널리 사용된다. 여호수아가 모세를 섬겼던 봉사는 회막과 관련을 가졌을 수도 있다(출 24:13; 33:11; 민 11:28). P는 어근을 제사장 계급이 성소에서 섬겼던 봉사에 대해서 배타적으로 사용하고 있다(참조. 신 10:8; 17:12; 21:5; 삼상 2:11, 18; 렘 33:21-22; 욜 1:9; 2:17 그리고 시 103:21). 출애굽기 저자는 아론의 사역에 대해서 이 단어를 사용하고 있다(출 28:35, 43; 29:30; 30:20; 35:19; 39:1, 26, 41). 민수기 저자는 여기서처럼 레위인의 봉사에 대해서 이 단어를 사용하고 있다(민 3:6, 31; 4:9, 12, 14; 16:9; 18:2).

51 "외인"(וְהַזָּר – 웨하잘). 여기서 이 단어는 분명히 레위 지파에 속하지 않은 누군가를 의미한다. 본질적으로 이 단어는 동떨어진 어떤 것을 나타낸다(참조. 신 25:5; 호 5:7). P에서 이 단어는 사실상 "평민"(layman)을 의미한다. L. A. Snijders, *OTS* 10[1954] 1-154를 더 보라.

52 "기"(הדְּגָלוֹ – 떽로). 그래이(G. B. Gray, *Numbers*, 20)는 "집단"이란 번역을 선호한다(참조. J. de Vaulx, *Nombres*, 71; G; Syr; Tg.; Vg). KB는 지파들 중 일종의 분파로 생각한다. 이 어근은 다른 곳에서 시편 20:6; 아가 2:4; 5:10; 6:4에 나타나는데, 돋보이는 어떤 대상물을 의미하는 것으로 보인다. 여기서는 한 지파를 다른 지파로부터 따로 분리해 놓기 위하여 표시한 것으로서 눈에 보이면서도 두드러진 어떤 것을 의미하는 것으로 보이며, 따라서 "표준", "깃발"로 번역한 전통적인 번역이 옳은 것으로 보인다.

53 "진노"(קֶצֶף – 케체프). 성직자/평민을 구별하는 갈라진 틈은 즉시 하나님의

진노라는 불행스러운 일이 나타난다는 내용으로 이끌어 간다(참조. 민 8:19). 이것은 법궤에 관한 옛 신앙의 확대를 나타내고 있다(참조. 삼상 6:19; 삼하 6:6-8). 이 단어 자체는 포로기나 포로 후기 본문에만 나타난다.

"(그리고) 그들이 …책임을 지킬지니라"(וְשָׁמְרוּ…אֶת־מִשְׁמֶרֶת - 웨샤므루…에트-미슈메레트)는 직역하면 "그들이 …의 직무를 지킬 것이니라"이다. 이것은 특별한 성직자의 의무에 대한 P의 전형적인 표현이다. 이러한 용법은 에스겔서에까지 거슬러 올라간다(겔 40:45-46; 44:8, 14-15). 그래이(G. B. Gray, *Numbers*, 16)가 지적하고 있는 바와 같이, 이 문구는 초창기 기록 가운데 들어 있는 언급에 비해 보다 일반적인 구조를 가지고 있다(창 26:5; 신 11:1).

해설

평민 공동체의 규모를 설정하고 나서 저자는 자기의 주요 문제 중의 하나, 즉 공동체의 나머지 부분과 관련된 레위인의 독특성을 소개하고 있다. 그 독특성으로 인하여 레위인들은 다른 지파들과 함께 계수에 들지 말아야 하며, 또한 그들은 성막과 관련된 특별한 책임을 가진다. 오직 그들만이 그것을 세우고, 거두고, 옮길 수 있다. 진을 칠 때는 오직 그들만이 그 주위에 자기들의 장막을 칠 수가 있다. 저자가 고대 레위 전승으로부터 레위 지파의 숫자가 계수되지 말아야 하는 취지를 이끌어 냈을 수도 있다. 저자에게 이것은 그들이 평범한 지파라는 더 큰 대중들을 구성하는 데 있어서 단순히 하나의 지파로서의 기능을 하는 것처럼 계수가 되어서는 안 된다는 사실을 의미한다. 더 나아가서 어떤 평민이든 감히 스스로 그러한 사역을 하려는 사람은 죽임을 당해야 한다. 대체로 이스라엘 백성들은 자신들의 안정과 번영을 위해 절대적으로 레위인들의 사역이 필요하다는 것을 알고 있어야 한다.

이러한 관심은 제사장의 지도력 가운데 규정된 성직 계급의 형태를 보증하기 위한 보다 널리 계획된 고안물의 일부분이다. 신명기는 레위 지파가 제사장 직무를 가진 유일한 지파임을 이미 확립한 바 있다. 에스겔 40:1-48:35은 "사독의 자손들"이 신명기의 진정한 레위 제사장 계열임을 밝히고 있다(34:19; 34:15). 그들은 예루살렘에서 포로 전기의 제사장 계열로 세움을 받았는데, 그들의 사역은 사무엘상 2:27-36에서 인정받고 있다. 에스겔은 이 사독의 자손들과 제사장직으로부터 제외되어야 할 배교한 레위인, 또한 성소 안에서 확실히 제한된 기능만을 이행하는 레위인들을 대조하고 있다(44:10-14). 그들에게 이것은 굴욕적이다. 그것은 그들의 "수치"를 짊어지는 것을 수반한다. 이것이 바벨론 포로와 관련된 충격적 사건들에까지 거슬러 올라갈 수 있는 제사장직 내에서의 알력을 반영하고 있다는 사실은 의심할 여지가 없다. 이러한 알력들은 일단 귀환할 전망이 현실로 다가오자 보다 결정적인 문제가 되었다. 바벨론 유대주의의 대표자로서 에스겔은 아마도 주전 598-587년에 시드기야 통치하에서 예루살렘에서 제사장 구실을 했던 사람들에 대항하여 첫 번째로 추방당한 사람들(주전 598년) 편에 서 있다. 다르게 말해서 그는 그 땅에 머물러 있었던 제사장들에 비하여 일반적으로 포로가 된 제사장들 편에 서 있을 수도 있다. 어떤 사건에서 포로기와 포로 후기에 있었던 정통성을 가려내기 위한 연구는 중요했다. 출애굽기의 저자는 그들을 "아론의 자손들"로 밝힘으로써 포로 된 제사장들을 확인할 수 있었다. 그들의 제사장직은 정착 이전 시기에 뿌리를 내렸고, 그러므로 그 땅의 소유 여부에 달려 있지 않다. 민수기 저자는 이것을 받아들이고 있으나, 제사장 계급에 관한 불확실성과 알력에 의하여 영향을 받고 있다. 민수기 저자는 에스겔서에 설명된 바와 같이 제단에서 섬기는 제사장직과 보조 사역자들 사이에 근본적인 기능상의 분리를 받아들이고 있다. 저자가 발전의 전승에 크게 기여한 것은 "레위인"이란 단어에 중대한 기능적 의미를 덧붙인 것이며, 보조 사역이 본래 "수치스러운" 것이 아니고 하나님 자신이 광야에서 섭리적으로 제정하셨던 것이라는 사실에 대한 인정이다. 성막을 돌보는 것을 포함하는 고위 제사장의 사역은 오직 그들만이 실행할 수 있었던 일이었으며, 일반적인 의미에서 이스라엘 백성들의 안전에 아주 중대한 것이었다. 레위 전승의 타당성에 대한 이러한 인정 가운데는 화목케 하는 국면이 있을 수 있다. 저자는 그와 같이 처음부터 자기의 레위인의 신학을 구체화하고 있으며, 민수기 2:1-4:49에서 이 단락과 민수기 1:1-54 전체에 대한 통찰력 위에서 전개해 나가고 있다.

그러므로 시대의 위기에 대한 포로 후기 신앙의 한 반응은 지도력과 지배에 대한 고정되고 인정된 형태를 확보하는 것이었던 것으로 보인다. 재난의 가능성에 대한 깊은 의식이 있었고(53절), 비합법적인 지도력과 스스로 자격을 가졌다고 하는 주장들이 가장 큰 위험의 요인으로 생각되었다. 제사장이 하고자 한 계획들은 부분적으로 권위의 위기에 대한 해결이었다. 그러한 계획들은 권위와 지배 구조를 통하여 진성한 신앙을 확보하려는 목표를 가지고 있다. 하나의 지속적 반응으로서 진정한 신앙 안에 들어 있는 위험들은 카리스마에 대한 배척이며, 새로운 필요성에 느리게 적응하는 것이다. 더 나아가서 그것이 공헌했던 제사장 계급과 성막 구조는, 이스라엘에 새긴들 중에서도 가장 나쁜 것을 가져다 줄 수 있는 하나님에 대한 두려움을 강조하면서 평민들을 하나님으로부터 어느 정도 멀리 밀어내는 방향으로 기울어졌다. 그러한 분석은 왕과 거짓 선지자들 그리고 일반 백성들 편에서 누렸던 지나치게 많은 자유가 포로기 이전의 이스라엘을 멸망으로 이끌어갔다는 확신을 갖게 만들었다. 새로운 제도는 확실하면서도 하나님과 백성들 사이의 절제된 접촉을 가져다 주는 구조의 안정을 확보하기 위하여 의도되었다. 하나님과 백성들 사이에 일반적으로 구축된 거리로 인한 보상은 공동체 생활의 중심부 – 다음 단락에서 검토가 된 주제임 – 에 거주하시는 하나님에 대한 개념 가운데서 발견되었다.

3. 제사장적 신정국가로서 이스라엘 공동체(2:1-34)

참고문헌

Douglas, C. E. "The Twelve Houses of Israel." *JTS* 37(1936) 49-56. **Kuschke, A.** "Die Lagervorstellung der priesterschriftlichen Erzählung." *ZAW* 22(1951) 74-105. **Roach, C. C.** "The Camp in the Wilderness: A Sermon on Numbers 2:2." *Int* 13(1959) 49-54. **St. Clair, G.** "Israel in Camp: A Study." *JTS* 8(1907) 185-217.

본 문

1 여호와께서 모세와 아론에게 일러 가라사대

1 And Yahweh spoke to Moses and to Aaron, saying,

2 이스라엘 자손은 각각 그 기와 그 종족의 기호 곁에 진을 치되 회막을 사면으로 대하여 치라

2 "The people of Israel shall encamp, each by his standard, with the emblems of their fathers' houses. They shall encamp in sight of the Tent of Meeting, and round about it.

3 동방 해 돋는 편에 진 칠 자는 그 군대대로 유다의 진 기에 속한 자라 유다 자손의 족장은 암미나답의 아들 나손이요

3 And those who pitch on the east side,[a] toward the sunrise, shall belong to the standard of the camp of Judah, company by company. And the leader of the people of Judah shall be Nahshon, son of Amminadab.[b]

4 그 군대는 계수함을 입은 자 칠만 사천육백 명이며

4 And his company, as numbered,[a] came to 74,600.

5 그 곁에 진 칠 자는 잇사갈 지파라 잇사갈 자손의 족장은 수알의 아들 느다넬이요

5 And those who pitch next to him shall be the tribe of Issachar.[a] And the leader of the people of Issachar shall be Nethanel, son of Zuar.

6 그 군대는 계수함을 입은 자 오만 사천사백 명이며

6 And his company, as numbered,[a] came to 54,400.

7 또 스불론 지파라 스불론 자손의 족장은 헬론의 아들 엘리압이요

7 And[a] the tribe of Zebulun. And the leader of the people of Zebulun shall be Eliab, son of Helon.

8 그 군대는 계수함을 입은 자 오만 칠천사백 명이니

8 And his company, as numbered, came to 57,400.

9 유다 진에 속한 군대의 계수함을 입은 군대의 총계가 십팔만 육천사백 명이라 그들은 제일대로 진행할지니라

9 All those numbered of the camp of Judah came to 186,400, company by company. And they shall leave first on the march.

10 남편에는 르우벤 군대의 진 기가 있을 것이라 르우벤 자손의 족장은 스데울의 아들 엘리술이요

10 The standard of the camp of Reuben shall be to the south, company by company. And the leader of the people of Reuben shall be Elizur, son of Shedeur.

11 그 군대는 계수함을 입은 자 사만 육천오백 명이며

11 And his company, as numbered, came to 46,500.

12 그 곁에 진 칠 자는 시므온 지파라 시므온 자손의 족장은 수리삿대의 아들 슬루미엘이요

12 And those who pitch next to him shall be the tribe of Simeon. And the leader of the people of Simeon shall be Shelumiel, son of Zurishaddai.

13 그 군대는 계수함을 입은 자 오만 구천삼백 명이며

13 And his company, as numbered, came to 59,300.

14 또 갓 지파라 갓 자손의 족장은 르우엘의 아들 엘리아삽이요

14 And the tribe of Gad. And the leader of the people of Gad shall be Eliasaph, son of Reuel.[a]

15 그 군대는 계수함을 입은 자 사만 오천육백 오십 명이니

15 And his company, as numbered, came to 45,650.

16 르우벤 진에 속한 계수함을 입은 군대의 총계가 십오만 일천사백오십 명이라 그들은 제이대로 진행할지니라

16 All those numbered of the camp of Reuben came to 151,450, company by company. And they shall leave second on the march.

17 그 다음에 회막이 레위인의 진과 함께 모든 진의 중앙에 있어 진행하되 그들의 진 친 순서대로 각 사람은 그 위치에서 그 기를 따라 앞으로 행할지니라

17 And the Tent of Meeting shall leave next, with the camp of the Levites in the middle of the camps. As they encamp so shall they leave on the march, each in his place according to their standards.[a]

18 서편에는 에브라임의 군대의 진 기가 있을 것이라 에브라임 자손의 족장은 암미훗의 아들 엘리사마요

18 The standard of the camp of Ephraim company by company shall be to the west. And the leader of the people of Ephraim shall be Elishama, son of Ammihud.

19 그 군대는 계수함을 입은 자 사만 오백 명이며

19 And his company, as numbered, came to 40,500.

20 그 곁에는 므낫세 지파가 있을 것이라 므낫세 자손의 족장은 브다술의 아들 가말리엘이요

20 [a]And next to him the tribe of Manasseh. And the leader of the people of Manasseh shall be Gamaliel, son of Pedahzur.

21 그 군대는 계수함을 입은 자 삼만 이천이백 명이며

21 And his company, as numbered, came to 32,200.

22 또 베냐민 지파라 베냐민 자손의 족장은 기드오니의 아들 아비단이요

22 And the tribe of Benjamin. And the leader of the people of Benjamin was Abidan, son of Gideoni.

23 그 군대는 계수함을 입은 자 삼만 오천사백 명이니

23 And his company, as numbered, came to 35,400.

24 에브라임 진에 속한 계수함을 입은 군대의 총

24 All those numbered of the camp of Ephraim

계가 십만 팔천일백 명이라 그들은 제삼대로 진행할지니라

came to 108,100, company by company. And they shall leave third on the march.

25 북편에는 단 군대의 진 기가 있을 것이라 단 자손의 족장은 암미삿대의 아들 아히에셀이요

25 The standard of the camp of Dan shall be to the north, company by company. And the leader of the people of Dan shall be Ahiezer, son of Ammishaddai.

26 그 군대는 계수함을 입은 자 육만 이천칠백 명이며

26 And his company, as numbered, came to 62,700.

27 그 곁에 진 칠 자는 아셀 지파라 아셀 자손의 족장은 오그란의 아들 바기엘이요

27 And those who pitch next to him shall be the tribe of Asher. And the leader of the people of Asher shall be Pagiel, son of Ochran.

28 그 군대는 계수함을 입은 자 사만 일천오백 명이며

28 And his company, as numbered, came to 41,500.

29 또 납달리 지파라 납달리 자손의 족장은 에난의 아들 아히라요

29 And the tribe of Naphtali. And the leader of the people of Naphtali shall be Ahira, son of Enan.

30 그 군대는 계수함을 입은 자 오만 삼천사백 명이니

30 And his company, as numbered, came to 53,400.

31 단의 진에 속한 계수함을 입은 군대의 총계가 십오만 칠천육백 명이라 그들은 기를 따라 후대로 진행할지니라 하시니라

31 All those numbered of the camp of Dan came to 157,600.[a] They shall leave fourth on the march, standard by standard."

32 이상은 이스라엘 자손이 그 종족을 따라 계수함을 입은 자니 모든 진의 군대 곧 계수함을 입은 자의 총계가 육십만 삼천오백오십 명이었으며

32 These are those who were numbered of the people of Israel, by fathers' houses. All those numbered in the camps, company by company, came to 603,550.

33 레위인은 이스라엘 자손과 함께 계수되지 아니하였으니 여호와께서 모세에게 명하심과 같았느니라

33 But the Levites were not numbered[a] along with the people of Israel, as Yahweh commanded Moses.

34 이스라엘 자손이 여호와께서 모세에게 명하시대로 다 준행하여 각기 가족과 종족을 따르며 그 기를 따라 진 치기도 하며 진행하기도 하였더라

34 And the people of Israel did everything which Yahweh commanded Moses. So they pitched camp by their standards, and so they set out, each one by his clan and fathers' house.

원문주해

3.a. GB에는 카타 노톤(*κατα νοτον*, "남편에")으로 되어 있는데(참조. L), 이는 분명히 오류다. 다른 G 증거 본문에는 프로토이(*πρωτοι*, "첫 번째")로 되어 있다. 미즈락하(מִזְרָחָה, "해돋는 편")란 단어는 엄밀히 말하면 불필요한 것이지만, MT는 심각한 난점을 불러일으키지 않고 있으며, 그래서 그것을 삭제할 필요는 없다.

3.b. 이 곳과 본 장 전체에 나오는 명사적 문장에 대해서는 J. Hoftijzer, "The Nominal Clause Reconsidered," *VT* 23(1973) 500, 504를 보라.

4.a. J. Paterson(*Numbers*, 42)은 여기 나오는 중복어를 지나치게 강조하고 있다. 복수형인 우프쿠데헴(וּפְקֻדֵיהֶם)이 뒤따라오는 우츠바오(וּצְבָאוֹ)의 단수형 어미는 의심할 여지없이 어색한 것이지만, 한 단어나 혹은 다른 것을 생략해야 할 좋은 본문상의 근거가 없다. 어색함은 전문용어의 다양성에 대한 저자의 관심에서 일어난 것이다.

5.a. 민 1:8의 "원문주해"를 보라.

6.a. 단수형 어미가 8, 11절에 또다시 나타나며, S 전체에 나타난다. 복수형은 표준이고(본 장에서 9회 출현), 이것이 원본일 수도 있다. 단수형은 반드시 분리된 전승의 편집결과는 아니다(J. Paterson, Ibid, 42; G. B. Gray, *Numbers*, 30). 그것은 단연 우츠바오(וּצְבָאוֹ)에 있는 단수형 어미의 지속적 사용을 반영하고 있는 서기관의 손질일 수 있다.

7.a. 접속사는 아마도 14, 22, 29절처럼, 그리고 Sam, G, S에서 입증되는 바와 같이 가필되었을 것이다.

14.a. 민 1:14의 "원문주해"를 보라.

17.a. *BHS*는 17b절을 2절 끝으로 옮길 것을 추천하고 있다. 이것은 보다 잘 정돈된 본문을 낳지만 본문의 지지가 약하다("양식/구조/배경"을 더 읽어 보라).

20.a. 웨학호님(וְהַחֹנִם)이 여기서 탈락했을 수도 있다(참조. 5, 12, 27절).

31.a. 9, 16, 24절에 있는 평행구절에서 레치브오탐(לְצִבְאֹתָם)이 사용되고 있다. 그러한 일탈은 이와 같은 정상적인 문맥에서는 독특한 것이며, 서기관의 오류로 인한 것일 수도 있다.

양식/구조/배경

본 단락이 오경에서 제사장 계층에 속한다는 사실은 일반적으로 인정되고 있으며, PG/PS 이론들을 받아들이는 사람들에게는 PG가 현존하는 것이라는 사실이 널리 인정되고 있다. 벨하우젠(J. Welhausen, *Hexateuch*, 179)은 본 장 전체를 기초로 간주한다. 그래이(G. B. Gray, *Numbers*, 3)는 PG에 있는 본래 순서는 장막이 중심적 위치에 있다는 사실을 먼저 묘사하고, 그 다음으로 레위인들이 진 친 기사가 뒤따라오고(3장에서처럼), 마지막으로 평민 지파들이 진 친 내용(2장에서처럼)이 나온다고 주장한다. 켈러만에 따르면(D. Kellermann, *Priesterschrift*, 17-32), PG에서 나온 본래의 요소들은 1("아론"이 아님), 2(대부분), 3상, 5상, 7상, 10상, 12상, 14상, 18상, 20상, 22상, 25상, 27상, 29상, 34(대부분)절에서 발견될 것이다. "그리고 진 친 자들은"(וְהַחֹנִם – 웨학호님; 3, 5, 12, 27절)은 제외된다. 켈러만의 주장은 지파 두령들의 이름과 지파의 규모에 관한 통계치를 제거하고 있다. 그 다음의 편집자는 네 개의 각 그룹의 숫자 계산을 하고(9, 16, 24, 31절), 32-33절을 덧붙이면서 1장으로부터 이 모든 자료를 이끌어 냈을 것이다. 세 번째 단계에는 장막을 세우는 개념이 나오는데, 켈러만에 의하면 이것은 진영의 순서가 매 위치마다 취해졌다는 사실을 보여 주는 역할을 한다. 이 세 번째 저자는 일반적인 평가에 의하면 민수기 10:14-28의 입장에서 미리 생각하고 있다. "그리고 그 군대"(וּצְבָאוֹ – 우츠바오)란 단어(4, 6, 8, 11, 13, 15, 19, 21, 23, 26, 28, 30절)와 34절에 있는 요소들은 같은 전망을 반영하는 것으로 취급된다. 1절에 있는 아론의 편입을 포함하는 또 다른 소량의 손질은 후대의 단계에 있었던 것으로 가정된다.

PG를 연구하면서, 그래이와 켈러만은 훌륭한 순서와 간결함이라는 이상적인(ideal)형태를 찾는다. 이러한 과정에서 위험은 일관성이라는 주관적인 형태의 부과다. 때때로 나타나는 구문론상의 껄끄러움 자체가 편집자가 작업했다는 표시는 아니다. 어떤 전승에 의도적인 첨가의 표시는 바람직한 것이다. 만일 편집자가 1장으로부터 나온 자료에 대한 삽입의 근거를 보았다면, 저자 자신은 그 자료를 단순히 반복할 근거를 가졌을 수도 있다. 분명히 여행과 정규적인 유진에 대한 개념이 없는 원문을 가정할 만한 충분한 이유가 없다. 폴크(J. de Vaulx, *Les Nombres*, 57-58)가 예증한 편집자의 활동에 대한 보다 제한된 견해가 더 나은 편이다.

어드맨즈(B. D. Eerdmans, *OTS* 6[1949] 101-216)는 하나의 고대 자료가 현존하고 있는 본문 배후에 놓여 있다고 주장한다. 그는 2절이 성막 가까이에 일반 지파들이 붙어 있는 것(포로 전기의 입장)을 가리키는 것으로 이해하는데, 이것은 그것의 거룩성에 대한 어떤 두려움도 없음을 나타낸다. 전승이 역사적으로 불규칙하다는 그의 의혹에 대한 또 다른 근거는, 사실상 그러한 의도에 대한 어떤 명령도 주어져 있지 않기는 하지만, 34절이 행진의 시작을 바라보고 있다는 그의 신념이다. 이끌어 낸 결론에 대한 매우 강력한 근거는 없다. 2절에서 민네게드(מִנֶּגֶד)도, 또한 싸비브(סָבִיב)도 반드시 가까운 근접을 의미하지는 않는다. 민네게드(מִנֶּגֶד)는 "보이는 곳에"(KB) 혹은 "좀 떨어져서"(신 32:52; 왕하 2:15)를 의미하고, 싸비브(סָבִיב)는 단순히 "사면에"를 의미한다. 만일 제사장 저자가 2절을 가까운 근접을 의미하는 것으로 이해했다면, 그는 아마도 그것을 수정했을 것이다. 34절에 있는 진행에 대한 언급은 반드시 독특한 것은 아니다. 그것은 단순히 통상적인 진행을 가리킨다.

1-34절의 본질적 요소를 하나의 완전한 단위로 파악함에 있어서 유일하게 심각한 난점은 17절이다. 진영의 배치로부터 진행의 순서로 갑작스럽게 옮겨갔다는 생

각이 든다. 24절에 있는 에브라임 지파에 대한 언급과 그 지파가 갖는 대열상의 세 번째 위치는 17절을 고려에 넣지 않았을 수도 있다. 더구나 여기서 진행의 순서는 민수기 10:17-21에 있는 보다 세분화된 규정과 전적으로 일치하지 않는다.

어쨌든 여기서까지도 문제들을 지나치게 강압적으로 주장하지 말아야 한다. 진행의 의도가 9, 16, 24, 31절에 나타나 있으며, 이러한 언급을 2차적인 것으로 무시할 타당한 이유는 없는 것이다. 17절에 있는 바와 같이, 유진에서처럼 진행에 있어서도 성막이 그 중심적 위치를 차지하고 있다는 사실은 전적으로 바람직하다. 저자가 아직 레위인의 유진을 따로 구분하지 않았으므로, 에브라임 지파의 세 번째 위치(24절)를 강제로 하나의 문제로 내세워서는 안 된다. 민수기 10:17-21과의 긴장은 세부 사항 면에서, 그리고 저자의 참된 관심의 중심이라는 면에서 설명할 수도 있다. 여기서 저자는 일반 지파의 유진에 대한 세부 사항에 열중하고 있지만, 독자들로 하여금 이것들이 행진하는 군대임을 기억하기를 바라고 있다. 저자는 민수기 10장에서 진행의 세부 사항들에 열중하고 있으며, 그 곳에서 성막 구조와 그것 가운데 들어 있는 성물들 사이를 구별지음으로써 그 특별한 문제를(여기서는 그럴 필요가 없다) 집중적으로 다루고 있다. 그 성물들은 군대의 중심부에서 진행하고, 반면에 성막은 유다와 르우벤 지파 사이에 위치하고 있다. 문학적 기교는 당연히 의도적일 수도 있다(다음 "해설"을 보라). 현 시점에는 저자는 레위 지파가 잊혀져서는 안 된다는 사실에만 관심을 갖고 있다. 그 성막과 함께 행진에서 그들의 위치가 중심이 된다는 사실을 암시하고(17상), 그들 역시 그룹에 편성된다는 사실(17하)을 암시하는 것으로 충분하다. 그는 3-4장에서 후자에 대하여 좀더 말하고 있다.

주석

[2] "기"(בְּאֹתֹת - 베오토트). 이 단어는 여러 다른 종류의 표시들로 구약에서 널리 사용되고 있다. P에서 그것은 마음속에 의무들을 상기시켜 주고, 과거에 있었던 하나님의 활동이나 혹은 그분의 뜻이라는 근본적인 면들을 상기시켜 주는 기억의 도구로 사용될 수 있다(창 9:12; 17:1; 출 31:13, 17; 민 17:25). 그러한 표식들은 제지하는 도구가 될 수 있다(민 17:3). 여기서 그것을 일종의 표시로 사용한 것은 드문 일이다(참조. 시 74:4). 보다 세밀한 논의에 대해서는 B. O. Long, *The Problem of Etiological Narrative in the Old Testament*(BZAW 108; Berlin: Töpelmann, 1968) 65-78를 보라. 빈즈(L. E. Binns, *The Book of Numbers*)에 따르면, 증표(אוֹת - 오트)는 세 개의 지파들의 전체 그룹을 나타냈지만, 각 지파가 하나의 표식을 가지고

있었을 가능성도 있으며, 그 증표(אוֹת – 오트)가 각 아비 집의 표식이었을 수도 있다.

[3] "해돋는 편"(קֵדְמָה מִזְרָחָה – 케다마 미즈락하)은 엄격하게 말해서 동의어이지만("원문주해"를 보라), 이러한 종류의 스타일은 P에서는 드문 것이다(출 27:13; 38:13; 민 3:38; 34:15; 수 19:13).

[5] "그 곁에"(עָלָיו – 엘라이우). 우리는 아마도 7절에 있는 스불론을 술어의 일부로서 취급해야 할 것 같은데, 그럴 경우 유다가 동쪽 편에 있는 세 지파 가운데 중심 위치를 차지하게 된다. 그 같은 사실은 다른 삼 면에 있는 르우벤, 에브라임, 단 지파에게도 적용된다.

[10] "남편에는"(תֵּימָנָה – 테마나)은 직역하면 "오른편에는"이다. 전체적인 면에서 동편을 향하고 있고, 그래서 "남편"은 만족할 만한 번역으로 보인다(참조. 출 26:18, 35; 27:9; 36:23; 38:9; 민 3:29; 10:6). 이 문구가 에스겔서(21:2; 47:19; 48:28)에, 그리고 신명기 3:27에 나온다. 또한 그 어근이 남풍을 의미하고 있는 시편 78:26; 예레미야 39:26; 아가 4:16을 참조하라.

[17] "그 위치에 따라"(עַל־יָדוֹ – 알-야도)는 직역하면 "그의 손 위에"이다. 이 표현은 "그의 인정된 위치에서"를 의미함에 틀림없다(참조. 민 13:29; 신 23:12; 렘 6:3).

해설

이 단락은 진영 내에서 이스라엘의 구조에 대한 세부적인 정보를 내포하고 있다. 회막은 중심부에 있고, 열두 일반 지파들은 각 면에 세 지파씩 정방형으로 하여 사방에 배치되어 있다. 동편에는 잇사갈과 스불론을 포함하여 유다 지파가 있고, 남편으로 시므온과 갓을 포함하여 르우벤 그룹이 있으며, 서편에는 므낫세와 베냐민을 포함하여 에브라임 그룹이 있고, 북편으로는 아셀과 납달리를 포함하여 단 지파 그룹이 있다.

공동체의 규모를 설정하고, 또한 레위 지파를 성직자 그룹으로 구별지었음을 암시하면서(민 1:1-54), 저자는 그 공동체 전체를 제사장 나라로 이해하는 데 그 기초를 놓을 준비를 하고 있다. 오경이 유대교에서는 공중 낭독을 목적으로 널리 사용되었고, 그러한 관심이 그것들의 최종적인 구체화와 형성에서 한 요인이었다고 생각하는 것이 타당하다. 이러한 전망으로부터 문학적 구조의 기교가 식별될 수 있는데, 곧 편집의 복잡한 과정을 단정할 필요성을 배제한다. 기교는 다음 사항들을 포함한다.

1. 이미 주어진 자료에 대한 보다 세밀한 설명 – 민수기 1:52에 언급된 유진의 경우.

2. 기억을 돕는 것으로서 그리고 시행의 목적을 위한 것으로서 이미 주어진 자료의 반복 – 이 경우 지파 두령의 이름들, 인구 조사 숫자 그리고 레위 지파의 구별에 대한 강조(33절).

3. 새로운 개념의 출현, 그것들 중 많은 부분이 그 다음에 이어지는 단락 가운데서 주의가 집중되고 다듬어진다 – 이 경우 진행의 순서에 관한 정보.

본 단락의 근본적인 주제는 회막 주위에 모집된 공동체 개념이다. 이것이 민수기 3-4장 가운데 나오는 제사장 나라에 대해 보다 자세한 검토를 하는 데 중요한 기초가 된다. 이 공동체는 성소 주변에 모였는데, 그러므로 그것은 계속되는 삶의 실질적인 구심점이다. 회막은 초창기 전승으로서의 외적인 기구가 아니라(출 33:7-11; 민 11:24-30), 공동체 생활의 중심이다. 제사장 계열의 저자는 그러한 기구와 같은 어떤 제2의 성전을 세울까를 걱정했고, 그래서 그는 자기의 계획이 모세 시대에 깊이 뿌리를 박고 있음을 주장하고 있다.

그러한 견해에 대한 영감은 이미 에스겔 40:1-48:35에 나타나 있다. 일반 지파들은 에스겔 40:1-27에 있는 외전(外典)의 벽이나 혹은 에스겔 48:30-35에 있는 성벽의 기능 역할을 하고 있다. 동편의 우월성은 에스겔 47:1에서 입증되며, 반면에 그 중심부의 거룩의 개념은 에스겔 48:8-22에 나타나 있다. 노트가 지적한 바와 같이, 4면으로 둘러싸고 있는 지파들의 형태는 보다 깊은 근원을 갖고 있을 수도 있다(*Numbers*, 24). 그 증거가 결정적이지는 않을지라도, 사무엘상 4:4 8, 사사기 18:20 그리고 사무엘하 11:11과 같은 구절들이 법궤의 중심 위치에 대한 증거를 담고 있을 수 있다. 아무튼, 에스겔서에 나타난 모습이 민수기에 직접적인 영향을 준 것 같다.

지파들의 순서는 에스겔 48:30-35에 제출된 것과는 차이가 있지만, 그것이 미친 근거는 상상하기가 어렵지 않다. 저자는 민수기 1:5-15에 있는 자기의 지파 두령 목록으로부터 작업을 하고 있다. 이것은 그것의 순서와 관련된 내적인 논리를 가지고 있다. 레아 자손의 다섯 지파(레위가 빠진)는 전통적인 출생의 순서에 따라서 첫 번째 위치에 온다. 그러고 나서 라헬의 세 지파가 나오는데, 전승은 에브라임에게 정식으로 인정된 지위를 부여한다. 비록 그 순서에 있어서는 어떤 명백한 이유가 없을지라도 첩 소생인 네 개 지파가 뒤따라온다. 민수기 서자는 분명히 유다를 최고의 위치에 두기를 원하고 있다. 이것은 포로 후기 상황에 완전히 어울리며, 그 지파를 위한 인구 조사 숫자 가운데 잘 반영되어 있을 수도 있다. 창세기 49:2-27과 신명기 33:2-29에는 르우벤과 시므온과 관련된 타락에 대한 분명한 전승이 있으므로, 레위가 제외된 상태에서 유다가 상승된 사실은 전적으로 정당하다. 그래서 유다가 최고의 위치, 즉 동편에서 그 그룹의 선두에 있으며, 반면에 르우벤과 시므온은 남편으로 좌천되어 있다. 민수기 1:5-15의 본래 목록 가운데 유다에 뒤따라오는 두 개의 레아 지파는 동편에 있는 유다 지파와 함께 동반하여 나타나 있다. 라헬의 세 지파가 함께 한 개 조를 이룰 만한 충분한 이유가 있으며, 본래의 목록 가운데서 그들 전체의 위치가 소박하게 유지되면서 그들은 서편에 위치해 있다. 첩 지파들 중의 하나가 남편에 있는 르우벤과 시므온과 동반하기 위해서는 진급을 필요로 한다. 에스겔 48:32에서 단 지파는 이러한 차별적인 취급을 얻게 된 것으로 보인다. 여기서 갓 지파는 레아의 여종의 첫 번째 아들이었기 때문에 선발된 것처럼 보인다. 나머지 첩들의 자손 지파는 북쪽에 위치하고, 또한 목록의 순서가 뒤따라온다. 단은 전승에 따르면 장자이고, 그래서 중심적 위치를 차지한다.

진영에 있어서 이러한 이스라엘 구성의 모습은 하나님의 임재의 신학에 대한 저자의 이해의 표현이다. 거기에는 타락한 이스라엘과 거룩하신 하나님 사이를 나누는 장벽이 있다. 성막 구조 자체와 제사장이라는 고위 계급의 구성은 최소한 잠재적으로 인간과 하나님 사이의 차이와 거리를 강조하는 효과를 가지고 있다. 이것은 하나의 시각으로서 신학에 가치가 있으나, 가까이 계심과 임재하심에 대한 응답적 추구를 필요로 하고 있다. 제사장 저자는 하나님께서 자기 백성 가운데, 하나의 공동체로서의 그들의 삶의 중심부에 장막을 치고 계신 분으로 발견되어야 한다는 그의 주장을 통하여 이것을 증언하려 하고 있다.

4. 제사장 계급의 구조와 규모(3:1-51)

참고문헌

Aberbach, M. & Smolar, L. "Aaron, Jeroboam, and the Golden Calves." *JBL* 86 (1967) 129-40. **Auerbach, E.** "Die Herkunft der Sadokiten." *ZAW* 49(1931) 327-28. **Bartlett, J. R.** "Zadok and His Successors at Jerusalem." *JTS* 19(1968) 1-18. **Bentzen, A.** "Zur Geschichte der Sadokiten." *ZAW* 10(1933) 175-76. **Brin, G.** *The First- Born in Israel in the Biblical Period* Diss.: Tel-Aviv, 1971. **Gradwohl, R.** "Das 'fremde Feuer' von Nadab und Abihu." *ZAW* 75(1963) 288-96. **Greenberg, M.** "A New Approach to the History of the Isarelite Priesthood." *JAOS* 70(1950) 41-46. **Haran, M.** "The Uses of Incense in the Ancient Israelite Ritual." *VT* 10(1960) 113-29. **Hooke, S. H.** "Theory and Practice of Substitution." *VT* 2(1952) 2-17. **Judge, H. G.** "Aaron, Zadok and Abiathar." *JTS* 7(1956) 70-74. **Kennett, R. H.** "The Origin of the Aaronite Priesthood." *JTS* 6(1905) 161-86; *JTS* 7(1906) 620-24. **Laughlin, J. C. H.** "The Strange 'Fire of Nadab and Abihu." *JBL* 95(1976) 559-65. **Meek, T. J.** "Aaronites and Zadokites." *AJSL* 45(1929) 149-66. **Morgenstern, J.** "A Chapter in the History of the High Priesthood." *AJSL* 55(1938) 1-24, 360-77. **North, F.** "Aaron's Rise in Prestige." *ZAW* 66(1954) 191-99. **Robinson, G.** "The Prohibition of Strange Fire in Ancient Israel." *VT* 28(1978) 301-17. **Westphal, G.** "Aaron und die Aaroniden." *ZAW* 26(1906) 201-30. **Valentin, H.** *Aaron. Eine Studie zur vor- priesterschriftlichen Aaron Überlieferung.* Göttingen: Vandenhoeck & Ruprecht, 1978. On the Levites see Num 1:48-54(*Bibliography*).

본 문

1 여호와께서 시내 산에서 모세와 말씀하실 때에 아론과 모세의 낳은 자가 이러하니라

1 And this is the genealogical list of Aaron and Moses[a] on the day when Yahweh spoke[b] to Moses on Mount Sinai.

2 아론의 아들들의 이름은 장자는 나답이요 다음은 아비후와 엘르아살과 이다말이니

2 And these are the names of the sons of Aaron —Nadab, the first born, and Abihu, Eleazar and Ithamar.

3 이는 아론의 아들들의 이름이며 그들은 기름을 발리우고 거룩히 구별되어 제사장 직분을 위임받

3 These are the names of the sons of Aaron, the anointed priests, who were consecrated to the

은 제사장들이라
4 나답과 아비후는 시내 광야에서 다른 불을 여
호와 앞에 드리다가 여호와 앞에서 죽었고 무자
하였고 엘르아살과 이다말이 그 아비 아론 앞에
서 제사장의 직분을 행하였더라

5 여호와께서 또 모세에게 일러 가라사대
6 레위 지파로 나아와 제사장 아론 앞에 서서 그
에게 시종하게 하라

7 그들이 회막 앞에서 아론의 직무와 온 회중의
직무를 위하여 회막에서 시무하되

8 곧 회막의 모든 기구를 수직하며 이스라엘 자
손의 직무를 위하여 장막에서 시무할지니

9 너는 레위인을 아론과 그 아들들에게 주라 그
들은 이스라엘 자손 중에서 아론에게 온전히 돌
리운 자니라
10 너는 아론과 그 아들들을 세워 제사장 직분을
행하게 하라 외인이 가까이 하면 죽임을 당할 것
이니라

11 여호와께서 모세에게 일러 가라사대
12 보라 내가 이스라엘 자손 중에서 레위인을 택
하여 이스라엘 자손 중 모든 첫 태에 처음 난 자
를 대신케 하였은즉 레위인은 내 것이라

13 처음 난 자는 다 내 것임은 내가 애굽 땅에서
그 처음 난 자를 다 죽이던 날에 이스라엘의 처음
난 자는 사람이나 짐승을 다 거룩히 구별하였음
이니 그들은 내 것이 될 것임이니라 나는 여호와
니라
14 여호와께서 시내 광야에서 모세에게 일러 가
라사대
15 레위 자손을 그들의 종족과 가족을 따라 계수
하되 일 개월 이상의 남자를 다 계수하라

16 모세가 여호와의 말씀을 좇아 그 명하신 대로

priesthood.
4 And Nadab and Abihu died before Yahweh[a]
when offering strange fire before Yahweh in the
wilderness of Sinai. And they had no sons. And
Eleazar and Ithamar served as priests in the
presence of Aaron their father.
5 And Yahweh spoke to Moses, saying,
6 "Bring near the tribe of Levi, and make them
stand before Aaron the priest, and they shall
minister to him.
7 And they shall be in attendance on him and
on all the congregation before the Tent of
Meeting, performing the work of the Tabernacle.
8 And they shall keep all the implements of the
Tent of Meeting, and be in attendance on the
people of Israel, performing the work of the
Tabernacle.
9 And you shall give the Levites to Aaron and
to his sons. They shall be wholly given[a] to him[b]
from among[c] the people of Israel.
10 And you shall appoint Aaron and his sons[a]
and they shall keep their priestly office.[b] And
any unauthorized man who comes near shall be
put to death."
11 And Yahweh spoke to Moses, saying,
12 "Behold, I have taken the Levites from
among the people of Israel in place of all the
firstborn from among the people of Israel.[a] And
the Levites shall be mine.
13 For all the firstborn are mine. On the day
that I struck all the firstborn in the land of Egypt
I sanctified for myself all the firstborn in Israel,
both man and beast. They shall be mine. I am
Yahweh."
14 And Yahweh spoke to Moses in the
wilderness of Sinai, saying,
15 "Count the sons of Levi, by fathers' houses
and clans, every male. You shall count those
aged one month and over."
16 And Moses[a] counted them, in accordance

계수하니라

with Yahweh's word, as Yahweh had commanded him.[b]

17 레위의 아들들의 이름은 이러하니 게르손과 고핫과 므라리요

17 And these were the names of the sons of Levi —Gershon, and Kohath, and Merari.

18 게르손의 아들들의 이름은 그 가족대로 이러하니 립니와 시므이요

18 And these were the names of the sons of Gershon by their clans—Libni and Shimei.

19 고핫의 아들들은 그 가족대로 이러하니 아므람과 이스할과 헤브론과 웃시엘이요

19 And the sons of Kohath by their clans—Amram and Izhar, Hebron and Uzziel.

20 므라리의 아들들은 그 가족대로 말리와 무시니 이는 그 종족대로 된 레위인의 가족들이니라

20 And the sons of Merari by their clans—Mahli and Mushi. These are the clans of the Levites by their fathers' houses.

21 게르손에게서는 립니 가족과 시므이 가족이 났으니 이들이 곧 게르손의 가족들이라

21 To Gershon belonged the clan of the Libnites and the clan of the Shimeites. These were the Gershonite clans.

22 계수함을 입은 자의 수효 곧 일 개월 이상 남자의 수효 합계가 칠천오백 명이며

22 Their number, counting all the males from the age of one month and upwards, was 7,500.[a]

23 게르손 가족들은 장막 뒤 곧 서편에 진을 칠 것이요

23 The clans of the Gershonites shall encamp behind the Tabernacle, to the west.

24 라엘의 아들 엘리아삽은 게르손 사람의 종족의 족장이 될 것이며

24 And the leader of the fathers' house of the Gershonites shall be Eliasaph, son of Lael.

25 게르손 자손의 회막에 대하여 맡을 것은 성막과 장막과 그 덮개와 회막 문장과

25 And the ministry of the sons of Gershon in the Tent of Meeting shall concern the Tabernacle and the Tent, its covering, and the screen for the door of the Tent of Meeting,

26 뜰의 휘장과 및 성막과 단 사면에 있는 뜰의 문장과 그 모든 것에 쓰는 줄들이니라

26 and the hangings of the court, and the[a] screen for the door of the court which is round about the Tabernacle and the altar, and its cords, and all pertaining to it.

27 고핫에게서는 아므람 가족과 이스할 가족과 헤브론 가족과 웃시엘 가족이 났으니 이들이 곧 고핫 가족들이라

27 And to Kohath belonged the clan of the Amramites and the clan of the Izharites and the clan of the Hebronites and the clan of the Uzzielites. These were the Kohathite clans.

28 계수함을 입은 일 개월 이상 모든 남자의 수효가 팔천육백 명인데 성소를 맡을 것이며

28 Counting[a] all the males from the age of one month and upwards there were 8,600[b] engaged in the ministry of the sanctuary.[c]

29 고핫 자손의 가족들은 성막 남편에 진을 칠 것이요

29 The clans of the sons of Kohath shall encamp beside the Tabernacle to the south.

30 웃시엘의 아들 엘리사반은 고핫 사람의 가족과 종족의 족장이 될 것이며

30 And the leader of the fathers' house of the clans of the Kohathites shall be Elizaphan, son of Uzziel.

31 그들의 맡을 것은 증거궤와 상과 등대와 단들
과 성소에서 봉사하는 데 쓰는 기구들과 휘장과
그것에 쓰는 모든 것이며

32 제사장 아론의 아들 엘르아살은 레위인의 족
장들의 어른이 되고 또 성소를 맡을 자를 통할할
것이니라

33 므라리에게서는 말리 가족과 무시 가족이 났
으니 이들이 곧 므라리 가족들이라

34 그 계수함을 입은 자 곧 일 개월 이상 남자의
수효 총계가 육천이백 명이며
35 아비하일의 아들 수리엘이 므라리 가족과 종
족의 족장이 될 것이요 이 가족은 장막 북편에 진
을 칠 것이며
36 므라리 자손의 맡을 것은 성막의 널판과 그
띠와 그 기둥과 그 받침과 그 모든 기구와 그것에
쓰는 모든 것이며

37 뜰 사면 기둥과 그 받침과 그 말뚝과 그 줄들
이니라
38 장막 앞 동편 곧 회막 앞 해 돋는 편에는 모세
와 아론과 아론의 아들들이 진을 치고 이스라엘
자손의 직무를 대신하여 성소의 직무를 지킬 것
이며 외인이 가까이 하면 죽일지니라

39 모세와 아론이 여호와의 명을 좇아 레위인을
각 가족대로 계수한 즉 일 개월 이상 남자의 수효
가 이만 이천 명이었더라

40 여호와께서 또 모세에게 이르시되 이스라엘
자손이 처음 난 남자를 일 개월 이상으로 다 계수
하여 그 명수를 기록하라

41 나는 여호와라 이스라엘 자손 중 모든 처음
난 자의 대신에 레위인을 내게 돌리고 또 이스라
엘 자손의 가축 중 모든 처음 난 것의 대신에 레

31 And their ministry shall concern the ark and
the table and the candlestick and the altars,[a] and
the implements of the sanctuary which they use,
and the screen, and all pertaining to it.
32 And in charge of the leaders of the Levites[a]
shall be Eleazar son of Aaron the priest. He is
appointed over[b] those exercising the ministry of
the sanctuary.
33 And to Merari belonged the clan of the
Mahlites and the clan of the Mushites. These
were the clans of Merari.
34 And their number, counting all the males from
the age of one month and upwards, was 6,200.
35 And the leader of the fathers' house of the
clans of Merari was Zuriel, son of Abihail. They
shall encamp beside the Tabernacle to the north.
36 And the duties of ministry of the sons of
Merari shall concern the frames of the Tabernacle
and its bars, its pillars, and its bases, and all its
implements, and all pertaining to them,
37 and the pillars of the court round about, and
their bases, and their pegs, and their cords.
38 And those who encamp in front of the
Tabernacle to the east,[a] before the Tent of
Meeting, toward the sunrise, shall be Moses,
Aaron and his sons, exercising the ministry of
the sanctuary on behalf of the people of Israel.
And any unauthorized man who comes near shall
be put to death.
39 The total number of Levites which Moses
and Aaron[a] counted, in accordance with the
word of Yahweh, by clans, every male from the
age of one month and upwards, was 22,000.
40 And Yahweh said to Moses, "Count all the
firstborn of the people of Israel, from the age of
one month and upward, and calculate the
number of persons.
41 And you shalt take the Levites for me (I am
Yahweh) in place of all the firstborn of the
people of Israel, and the cattle of the Levites in

위인의 가축을 내게 돌리라

place of all the firstborn of the cattle of the people of Israel."

42 모세가 여호와께서 자기에게 명하신 대로 이스라엘 자손 중 모든 처음 난 자를 계수하니

42 And as Yahweh commanded him Moses counted all the firstborn of the people of Israel.

43 일 개월 이상으로 계수함을 입은 처음 난 남자의 명수의 총계가 이만 이천이백칠십삼 명이었더라

43 And all the firstborn, calculating the number of persons, from the age of one month and upwards, came to 22,273.

44 여호와께서 모세에게 일러 가라사대

44 And Yahweh spoke to Moses, saying,

45 이스라엘 자손 중 모든 처음 난 자의 대신에 레위인을 취하고 또 그들의 가축 대신에 레위인의 가축을 취하라 레위인은 내 것이라 나는 여호와니라

45 "Take the Levites in place of all the firstborn of the people of Israel, and the cattle of the Levites in place of their cattle. And the Levites shall be mine. I am Yahweh.

46 이스라엘 자손의 처음 난 자가 레위인보다 이백칠십삼 인이 더한즉 속하기 위하여

46 And for the[a] redemption of the 273 from the firstborn of the people of Israel who exceed the Levites,

47 매명에 오 세겔씩 취하되 성소의 세겔대로 취하라 한 세겔은 이십 게라니라

47 you shall take five shekels per person, reckoning by the sanctuary shekel. This shekel is equal to twenty gerahs.

48 그 더한 자의 속전을 아론과 그 아들들에게 줄 것이니라

48 And you shall give the money to Aaron and to his sons, for the redemption of the surplus."

49 모세가 레위인으로 대속한 이외의 사람에게서 속전을 받았으니

49 And Moses took the redemption[a] money paid for those in excess of the number redeemed by the Levites.

50 곧 이스라엘 자손의 처음 난 자에게서 받은 돈이 성소의 세겔대로 일천삼백육십 오 세겔이라

50 He took the money from the firstborn of the people of Israel—1,365 (shekels),[a] reckoned by the sanctuary shekel.

51 이 속전을 여호와의 말씀대로 아론과 그 아들들에게 주었으니 여호와께서 모세에게 명하심과 같았느니라

51 And Moses gave the redemption money to Aaron and to his sons, in accordance with the word of Yahweh, as Yahweh commanded Moses.

원문주해

1.a. *BHS*는 "모세"의 삭제를 지시하고 있다. 그의 계보가 나타나 있지 않다. 어떤 주석가들은 이것을 지지한다. "모세"는 모든 역본에 나타나고, 그래서 아마도 받아들여져야 할 것 같다. 저자는 아론의 계보에만 관심을 두고 있지만, 독자들로 하여금 모세와 아론의 깊은 관계를 상기시켜 주기를 원하고 있다.

1.b. GKC § 520은 피엘 완료형으로 취급됨.

4.a. "여호와 앞에서 죽었고"는 한 MT 필사본, Sam 그리고 Vg에는 빠져 있다. 패터슨(J. Paterson, *Numbers*, 42)은 에쉬 자라(אֵשׁ זָרָה, "다른 불") 다음에 같은 문구가 필사자

의 눈길을 매우 즉시 사로잡았다는 사실을 지적하고 있다; 그러나 레 10:2을 참조하라.

9.a. 반복구는 강조를 하기 위한 것이다; GKC § 123e를 보라.

9.b. 몇몇 MT 필사본, Sam 그리고 G는 "나에게"를 보유하고 있다(참조. 민 8:16). 레위 족속이 야웨께 속해 있다는 개념은 11-13절에 나타나며, 여기서는 배제되어 있다. 아래의 "해설"을 보라.

9.c. 정확한 독법은 12절과 민 8:16에 있는 바와 같이 미토크(מִתּוֹךְ; Sam, S)일 수도 있다.

10.a. G는 "회막에"를 덧붙이고 있는 것처럼 보인다.

10.b. G는 제단과 제사장의 사역에 관한 또 다른 자료를 보유하고 있다(참조. 민 18:7). 그것은 아마도 "제사장 직분을 지킴"에 대한 부차적 설명인 것 같다.

12.a. Sam과 G에는 페두예헴 이히우(פְּדוּיֵהֶם יִהְיוּ, "그리고 그들이 그들의 구속을 위하여 있어야 할 것이다")로 되어 있다. 이것은 아마도 44-51절의 주제에 근거한 삽입인 것 같다.

16.a. G에서 아론에 대한 언급은 아마도 부차적인 것 같다. – n.b. 단수 동사

16.b. *BHS*는 와이흐우(וַיִּהְיוּ, 17절 초두에 있음)가 야웨(יהוה)로 읽혀져야 한다는 사실을 암시하고 있으며, 그래서 16절에 삽입하고 추우(צֻוָּה)를 치와후(צִוָּהוּ)로 고쳐 "야웨께서 그에게 명하심과 같이"로 만들고 있다. 17절은 웨엘레(וְאֵלֶּה)로 시작했을 것이다. 통상적인 푸알형은 추웨티(צֻוֵּיתִי)이다(레 8:35; 10:13; 겔 12:7; 24:18; 37:7). *BHS*는 받아들일 만한 것으로 보인다.

22.a. 이 단어가 Syr와 Vg에는 빠져 있다. J. Paterson(*Numbers*, 42)은 이 문장이 너무나 짧아서 이런 식으로 반복될 수 없다, 즉 그의 견해에 의하면 필사상의 오류라고 주장한다(참조. G. B. Gray, *Numbers*, 27). *BHS*는 그것의 삭제를 암시하고 있다.

26.a. *BHS*는 여기서 에트(אֶת)의 삭제를 제안하고 있으며, 본 절의 후기의 삽입으로 제안하고 있으나, 그것의 출현에 대해서는 다음의 책을 보라. GKC § 117l; P. P. Saydon, "Meanings and Uses of the Particle את," *VT* 14(1964) 192-210; J. Macdonald, "The Particle את in Classical Hebrew," *VT*(1964) 263-75.

28.a. 한 MT 필사본, Syr 그리고 Vg에는 23, 24절에서처럼 페크데헴(פְּקֻדֵיהֶם)으로 되어 있다. 이것이 아마도 더 나은 것 같다(*BHS*; G. B. Gray, *Numbers*, 28를 보라).

28.b. G^L은 שׁלשׁ로 읽으면서 트리아코시오이(*τριακοσιοι*, "삼백")를 보유하고 있다. 이것은 널리 받아들여지고 있다. 그것은 한 개의 자음 제거를 필요로 하며, 그 숫자는 그렇게 하여 39절에 있는 합계와 조화되고 있다.

28.c. J. Paterson(*Numbers*, 42)은 "성소를 맡을 것이며"(히브리어 직역 – "성소의 사역에 종사한" – 역자주)란 전체 문장을 32절로부터 끌어낸 하나의 수식으로 본다. 이 문장은 분명히 평행적 단락 가운데서는 빠져 있지만(22, 34절), 고핫이 지성물을 맡을 책임을 가지고 있었고(민 4:19), 그래서 이것은 여기서 특별한 언급으로 정당할 수 있다.

31.a. S는 단수형인 "제단"을 보유하고 있다. 이것은 MT를 거절하는 데는 불충분한 이

유다. 저자는 출 30:1-10에 있는 향단에 대하여 알고 있다.

32.a. Sam, Syr, Tg.에는 할레위임(הַלְוִיִּם, 참조. 민 1:50)으로 되어 있다. 할레위(הַלֵּוִי)가 Sam의 지지를 받으면서 20절에 나타나며, 그래서 받아들여져야 할 것 같다(참조. 신 12:19; 삿 17:7).

32.b. 페쿠다트(פְּקֻדַּת, "통할")는 페쿠다(פְּקֻדָּה, "감독")의 연계형으로 취급될 수 있다(BDB). G에는 카데스타메노스(*καθεσταμενος*)로 되어 있는데 이것이 보다 부드럽다. 문장 구조가 어색하지만 가장 잘 받아들여진다; G. B. Gray, *Numbers*, 30를 보라.

38.a. G에는 "회막 앞 해 돋는 편"이 빠져 있다.

39.a. "아론"이 몇몇 MT 필사본, Sam 그리고 Syr에는 빠져 있다. 단수 동사는 그것의 삭제를 암시해 주고 있다. 그러나 J. Sturdy, *Numbers*, 32를 참조하라.

46.a. 여기에 있는 웨에트(וְאֵת)에 대해서는 GKC § 117m; J. Blau, "Zum Angeblichen Gebrauch von את von dem Nominative," *VT* 4(1954) 7-19; P. P. Saydon, "Meanings and Uses," 208를 보라.

49.a. *BHS*는 Sam과 케레 그리고 51절의 Sam에서처럼 하프두임(הַפְּדוּיִם)을 추천한다. 이것은 GKC § 85t의 지지를 받는다. 피드욤(פִּדְיוֹם)은 단 한 번 나오는 단어일 것이다. 수정은 두 글자만의 위치 변경을 필요로 하는데, 이는 바람직한 것으로 보인다.

50.a. G^{BFL}, Syr, Tg^{OJ}는 쉐켈(שֶׁקֶל, "세겔")을 덧붙인다.

양식/구조/배경

본 단락이 제사장 단계에 속한다는 사실은 분석가들 사이에서 일반적으로 인정되고 있지만, 그것의 문학적 역사에 관해서는 불확실한 점이 많다. 벨하우젠(J. Wellhausen, *Hexateuch*, 179-80)은 1-4절을 그것들이 단지 레위기 10:1-7로부터 나온 자료를 반복하고 있고 또한 그것들이 예를 들어 출애굽기 29:7과는 대조적으로 아론의 아들들이 아론 자신처럼 기름부음을 받는 것으로 가정하고 있다는 근거에서 보록으로 취급했다. 벨하우젠에 의하여 확인된 다른 지시들(pointers)은 두 제단에 대한 자각(31절 – 출 30:1-10의 향단은 제2차적인 것으로 널리 간주되고 있음)과, 민수기 1:47에 대조하여 레위 지파의 인구 조사에 관한 관심이다. 그래이(G. B. Gray, *Numbers*, 2-3)는 이러한 점들 대부분을 취했고, 26, 37절의 "줄들"에 주의를 환기시키고 있으나 – 출애굽기 25:1-29:46에서는 분명히 알려져 있지 않은 것 – 출애굽기 35:18; 39:40과 같은 보충적 본문들 가운데 나타나 있다. 그래이는 두 개의 레위인 인구 조사(참조. 민 4:34-39) 중의 하나를 PS에 돌리는 방향으로 기울어지지만, 어느 것인지를 말할 수 없었다. PG에 대한 그의 연구 결과, 일반 지파들의 계수에 이어 그 직후에 뒤따라오는 레위인의 계수와 함께 그가 보다 밀착되어 있는 원 형태의 것으로 판단하는 내용을 발견하게 된다. 진영에서 그들의 위치에 관한 정보는 성막의 중심적 위치에 관한 언급 다음에 뒤따라 나오겠지만, 다른 지파들의 배치에 관한 진술 앞에 나온다. 보다 무게를 가진 하나의 관찰(p. 26)은 5-10절에서 그들이 아론에 속했다는 내용과는 대조적으로 11-13절에서 레위인들이 야웨께 속했다는 것이다. 그래이에게 11-13절과 그와 관련된 본문(40, 41, 45절)은 후기 편집자의 손에서 나올 수 있었던 것이다.

보다 최근의 분석가들은 이러한 몇몇의 특색들이 불규칙의 증거라는 사실을 발견한다. 노트(M. Noth, *Numbers*, 30-31)는 새로운 도입 문구들(5, 11, 14절), 같은 자료의 다른 정리(18-20// 21, 27, 33절) 그리고 민수기 4:4-15에서 25-26, 31, 36-37절의 본질의 반복에 주의를 환기시켰다. 11-13절과 40-51절 사이의 접촉은 비록 다른 결론들이 그것 위에 기초되어 있을지라도 널리 인정되어 왔다. 노트에게 11-13절은 레위인들에게는 유리하게 배열되어 있는, 5-10절에 대한 하나의 교정이다(또한 J. Sturdy, *Numbers*, 26-27를 보라). 40-51절과 함께 그것들은 PG에 부가된 것이다. 그와 대조적으로 켈러만(D. Kellermann, *Preisterschrift*, 32-49)은 "야웨께 바쳐진"이란 주제(motif)가 초창기의 것임을 발견한다(또한 N. H. Snaith, *Numbers*, 190를 보라).

최근의 분석에서 중요한 문제는 14-39절에 있는 원 요소의 고립이었다. 노트는 레위 족속의 구분과 그들의 다양한 임무들에 관한 정보가 PG에 기인한 본질적 핵심이 아닌가 하고 생각한다(5-10절과 함께). 21, 27, 33절에 있는 체계적 정리는 18-20절에 있는 그것들보다 더 오래된 것으로 판단된다. 인구 조사, 유진 그리고 레위 지파의 두령들에 관한 자료는 모두가 첨가물로 취급된다. 켈러만은 임무들보다는 인구 조사가 이 단락과 본 상 선체의 핵심이라고 생각하는 방향으로 기울어진다. 그가 보기에 거기에 PG자료는 없다. 유진의 위치와 두령들의 이름은 그 다음에 나타나는 각 그룹의 임무들과 함께 – 이것은 켈러만에 따르면 민수기 4장에 있는 정보로부터 인용된 것임 – 첫 번째 첨가물을 이룬다. 레위의 아들들에 대한 다른 족보는 그 다음 단계(17-20절)에 나타나며, 그 후기에는 28, 32절에서 수량의 첨가물이 나타난다. 켈러만에 따르면 그 다음 단계는 14-39절을 위한 구조물의 산물, 즉 11-13절과 40-51절 대부분이다. 이 저자는 자기의 작업을 신학적으로 출애굽기 12장에 기초했고, 레위 족속들을 장자의 대리인으로 묘사하고 있다. 41절에 있는 자료와 45절에 있는 가축에 대한 언급은 소량의 첨가물이다. 켈러만의 견해에서 그 다음의 의미심장한 확장은 5-10, 38절의 첨가인데, 그것은 레위인을 아론에게 바쳐진 것으로 묘사하고 있고, 진영에서 모세와 아론을 위하여 유리한 지위를 제공해 준다. 켈러만은 레위인들이 아론을 섬긴다는 견해가 25-26, 31, 36절과 근본적으로 상충된다는 사실을 발견한다. 1-4절의 첨가는 하나의 길고도 복잡한 과정 가운데서 최종적인 단계다.

본 장의 복잡성에 대해서는 의심할 여지가 없고, 최종적인 저자/편집자의 관점으로부터 그것으로 접근하는 것은 모든 문제에 대해 손쉬운 해결책을 제공해 주지 못한다. 다른 한편에서 그것은 새로운 시각을 제공하고 있으며, 어쩌면 논의를 위하여 보다 확고한 근거를 제공해 준다고 할 수 있다. 폴크(J. de Vaulx, *Nombres*, 57-58)는 1-4장 전체 가운데 신원을 확인할 수 있는 편집상의 구조물이 있는 것으로 믿고, 이 곳 14-16, 42-43, 49-51절에서 그것의 증거를 발견한다. 이에 이르기까지 입법적인(5-10, 44-51절), 그리고 신학적인(11-13, 40-41절) 자료가 작성되어 왔다. 5-10절의 본질은 14-39절에서 발전되고, 11-13절은 40-51절에서 발전된다. 입법적/신학적 구별은 의문의 여지가 있지만, 여기서 채택된 관점은 분명히 몇몇 문학적 문제들을 완화시킬 수 있다.

그 다음은 본 단락을 하나의 단위로 보려는 시도다. 1-4절에서 저자는 레위기 10:1-7로부터 나온 자료 가운데 있는 것을 끌어내고 있다. 이것은 바람직한데, 그 이유는 그의 책이 아직 완전히 제사장직의 구성과 조직을 예시하지 않았기 때문이고, 또한 레위 직분에 대한 새로운 이해가 성직자의 권위에 대한 복종이 어디에 놓여 있는지에 대한 몇몇 예비적 암시가 요구되었기 때문이다. 나답과 아비후가 아들들을 가지지 않았다는 점은 이전에는 언급되지 않았었다. 모든 제사장들에 대한 기름부음(3절)이 H(레 21:10)에 반영된 초창기의 보다 제한된 관례 가운데 한 요소라는 사실은 지당한 것이다. 이러한 관점은 비록 엘리거(K. Elliger, *Leviticus*[HAT 4: Tübingen: Mohr, 1966] 131-34)가 반대 방향에서 변화를 주장하기는 할지라도 널리 주장되고 있다. 사실이 어떠하든 민수기의 저작권에 대한 우리의 시각은 달라지지 않는다. 출애굽기와 레위기 모두는 기름부음에 대한 제한되고도(출 29:7, 29; 레 8:12) 보다 광범위한(출 28:41; 29:21; 30:30; 40:15; 레 8:30; 10:6-7) 시각을 반영하고 있다. 31절에 있는 "단들"에 대한 언급은 단순히 출애굽기의 작성이 효과적으로 완료되었다는 하나의 표시다. 더 나아가서 레위 지파의 인구 조사는 민수기 1:47과 상반되지 않는다. 저자의 시각은 레위 지파의 구별이 전적으로 분리된 인구조사를 요구한다는 것이다. "줄들"에 대한 언급(26, 37절)은 사실상 출애굽기에 나타나는 내용의 보록일 수도 있다. 그것은 사실상 민수기 저자 자신에게 돌려질 수도 있었을 것이다. 다시 한 번 일관성 있고도 정연한 PG에 대한 조사가, 저자가 채택한 정연한 접근 방식을 얼마간 빠뜨리고 있을 수 있다.

보다 최근의 분석가들을 통하여 일어난 문제들 중에 다는 아닐지라도 몇 가지 문제점들이 더욱더 압박을 가하고 있다. 그러나 5, 11, 14절에 있는 새로운 도입구들에 대한 문제는 반드시 문학적 불규칙의 증거는 아니다. 본질적으로 낭독을 위하여 고안된 본문 가운데 들어 있는 규례들이 신적 기원을 갖고 있다는 사실이 반복적으로 확인된다는 것은 바람직한 것이다. 그러한 구절들 가운데서 그 핵심으로 간주되어야 하는 14-39절 가운데 들어 있는 단 하나의 주제에 대한 조사는 역시 불필요하다. 이것은 원 저자로 전해진 사람에게 순서의 형태를 짐지우게 하는 위험과 우리가 지기고 있는 본문 가운데 존재하는 형식을 관찰하지 못하는 위험을 수반한다. 저자는 세 개의 레위 지파의 그룹들을 분류하고 나서(14-20절), 각 가문을 그 반대로 취급하기를 원했을 수 있고(21-26, 27-32, 33-37절), 각 경우에 인구 조사 숫자, 유진의 위치, 지도자 그리고 각자의 구체적인 임무들을 암시해 주기를 원했을 수도 있다. 민수기 4장에 있는 이 몇 가지 자료의 반복은 문학적 불일치를 암시하는 것이 아니고, 낭독을 위하여 작성된 본문에 완전히 어울리는 편집의 기교를 암시하는 것이다. 성소를 봉사하는 레위 족속이라는 관념은(25-26, 31, 36절) 하나의 긴장관계라는 심각한 점이 아니다. 그것은 사실 그들이 아론에게 속해 있다는 관념과 한 단위를 이룬다.

이 단락 전체 가운데 있는 상호 연관성의 맥락은 다음과 같은 도표 형태 가운데서 그 자취를 알아볼 수 있다.

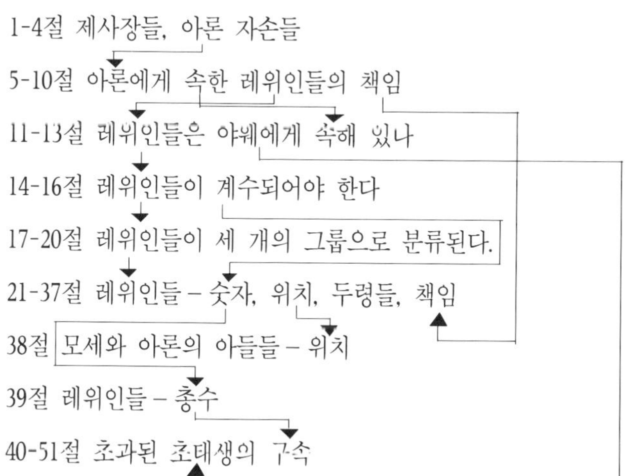

40-51절이 11-13절의 명확한 관념을 취급하고 있는 것은 사실이지만, 그것들이 14-39절과 완전히 동떨어진 것은 아니다. 레위인들의 숫자는 구속의 원리가 실행될 수 있기 전에 설정되어야 했다.

이 단락을 하나의 목적을 가진 단위로 바라보려는 시도는 전통적 자료에 대한 저자의 적용으로 돌릴 수 있는 긴장을 부정하지 않아야 한다. 21, 27, 33절에 있는 레위인의 족보에 대한 보다 오래된 체계화의 가능성은 전적으로 받아들일 만하며, 특별한 관심을 가질 만한 가치가 있는 세 개의 다른 주제들이 있다.

1. 야웨께 속한 자로서 레위인들(11-13절)

5-13절에 있는 "야웨께 속한"/"아론에게 속한"이란 긴장 상태는 보다 오래된 레위 자료가 11-13절에 병합되어 있다는 것을 의미할 수도 있다(참조. J. Sandys Wunsch, *The Book of Numbers*[Diss., Oxford, 1961] 20). 레위 지파가 초태생의 대체물로 특별하게 성별되었다고 주장하고 있는 레위 족속의 근본적인 구전(legend, 12절)은 근거가 확실한 것으로 편입되었다. 이것은 그것이 하나의 위치로서 레위인의 신분, 즉 천한 신분이 아니라 가장 위엄스러운 신분임을 인정함에 있어서 저자의 목적에 공헌했을 것이다. 그럼에도 불구하고 저자는 이러한 전통적인 레위인의 권리를 하나의 새로운 문맥 가운데 집어넣고 있다. 야웨께 "속함"(giveness)은 본질적으로 야웨의 제사장인 아론에게 "속함"으로 이해되어야 한다. 야웨께 드리는 선물은 아론이라는 통로를 통하여 드려진다. 전승의 타당성은 인정되지만, 그것은 할라카적인 형태로 재해석된다. 13절의 내용은 아마도 저자로부터 나온 것 같다. 사람들과 함께 짐승들에 대한 언급이 있는 것은, 그가 출애굽기 13:12-13을 염두에 두었음을 시사하고 있다. 그는 단순히 독자의 기억을 상기시켜 주고 있을 뿐이다. 이러한 접근 방식이, 11-13절이 5-10절의 적응이라는 노트의 시각에는 더 바람직하다. 사실상, 11-13절이 충분히 하나의 "수정"으로 간주될 수 있기 전에 민수기 전체에 대한 대대적인 개정이 있어야 했을 것이다. 그것들이 레위 지파의 봉사직의 존엄성에 대한 하나의 부차적인 유품(reminder)이 될 것 같지는 않은데, 왜냐하면 앞선 자료 가운데는 굴욕의 신분(참조. 민 1:53; 2:17; 3:7)을 말하고, 그리하여 그러한 유품을 필요로 했을 내용이 전혀 없기 때문이다.

2. 레위인의 인구 조사(14-39절)

민수기 1장에 있는 바와 같이, 인구 조사 숫자의 기원과 의미는 중요하고도 어려운 문제다. 바누인(M. Barnouin, "Nombres et l'Astronomie")은 또다시 달력과의 결합을 발견하기를 주장하지만, 이는 매우 모호하며 불확실한 판단이 될 것임에 틀림없다. 22,000명이라는 합계는 분명히 "소분단"과 "전사들"이라는 내용으로는 설명될 수 없는데, 아마도 민수기 1장에 있는 설명에 적합하지 않기 때문이다. 이 숫자는 특히 1개월과 20세 사이의 남자가 포함되는 숫자로서 민수기 1장에 있는 다른 지파들에 해당하는 숫자들에 비해서는 낮은 숫자다. 그것은 분명히 개략적인 숫자이고, 일반 백성들에 비하여 공인된 포로 후기 레위인들의 남은 수를 반영하려는 의도였을 수 있다. 세 개의 레위인 그룹 가운데 숫자의 명세는 각자의 다양한 의무를 이행하는 데 필요로 한 숫자의 부과에 근거한 것일 수도 있다.

이스라엘 초태생의 나머지(43절) 역시 문제다. 273이라는 숫자는 민수기 1:46에 있는 자료에 결부되기가 어렵다. 노트가 지적한 바와 같이(*Numbers*, 40), 그것을 만약 문자 그대로 취급한다면 이스라엘 각 가족이 대략 40명의 남자 어린이를 가졌다는 사실을 의미한다. 603,550명이라는 일반인의 총계 가운데서 나머지는 너무나 적은 수다. 이러한 숫자들을 제공함에 있어서 저자의 관심이 다른 곳에 놓여 있다는 점은 분명한 것 같다. 민수기 1장에 있는 일반 이스라엘 백성들의 숫자는 재정적 계산이라는 수단을 통하여 이르게 된 것으로 생각되었다. 50절의 속전이 출발점이 될 수도 있다. 이런저런 이유로 1,365세겔이라는 숫자는 저자에게 이러한 특별한 재원으로부터 들어오는 제사장의 수입으로서는 적절한 것처럼 보인다. 매 사람당 5세겔의 요금(47절)을 내야 하는 273명의 여분의 속전을 필요로 했다.

3. 레위인 두령들(24, 30, 35절)

17-30절에 있는 족보상의 세부 항목은 아마도 출애굽기 6:16-19에서 이끌어 낸 것으로 보이지만, 저자는 또한 세 명의 레위 두령들, 즉 엘리아삽, 엘리사반, 수리엘의 이름들을 전해 주어야 했다. 이들은 각기 순서대로 라엘, 웃시엘, 아비하일의 아들들이다. 여기에 나타난 이름들의 종류는 후기 본문에 나타나는 경향이 있다. 라엘이란 이름 가운데서처럼 전치사와 명사의 조화는 이례적이기는 하지만 잠언 31:1에 나타난다(엘리사반에 대해서는 대상 15:8; 대하 29:13을, 그리고 아비하일에 대해서는 스 2:15; 대상 5:14; 2:29; 대하 11:18을 참조하라). 민수기 1장에 있는 바와 같이, 이것으로부터 저자의 정보의 고대성에 관해서나 혹은 다른 것에 관해서 안전하게 추론할 수 있는 것은 거의 없다. 가장 그럴듯한 설명은 민수기 1장에 나타난 두령들의 목록을 암시해 주었다는 것이다. 그것의 근거는 아마도 옛 지파 인물들의

이름들에 대한 초창기 바벨론 포로기 시대의 편찬물일 것이다.

주석

[3] "거룩히 구별되어 제사장 직분을 위임받은 자"(אֲשֶׁר־מִלֵּא יָדָם – 아쉐르-밀레야담)는 직역하면 "그 손이 채워진 자들"이다. 이것은 분명히 제사장들의 임명과 관련된 전문 용어이며, 일반적으로 고대의 것으로 생각된다. 주석가들은 이 문구를 제사장들에게 돈을 드림(참조. 삿 17:5, 12; 18:4), 어떤 예언적인 대상 혹은 희생제사의 어떤 부분(참조. 대하 13:9)과 관련시켰다. 성별의 행위는 여러 시대에 있었던 이러한 것들 가운데 어떤 것이나 혹은 그 모든 것을 포함할 수 있었을 것이다. 벡크(H. F. Beck, "Consecrate," *IDB* a-d 677)는 집으로부터 성물을 가져다가 내어주는 것에 대해서 말하고 있는 신명기 26:13에 주의를 환기시키고 있다. 이것은 하나님의 것이며, 하나님에게로 나아갈 수 있는 유일한 사람이었던 제사장의 손으로 들어갔다. 이 문구는 단순히 직분 그 자체의 부여를 상징할 수 있다. 그래이(G. B. Gray, *Numbers*, 21)는 신들이 자기 나라를 왕의 손에 채우는 앗수르의 관습에 주의를 환기시킨다. 사사기 17-18장에 있는 증거는 어쩌면 구약성경에서 가장 오래된 증거자료일 것이다. 거기서 제사장의 손에 채운다는 것은 외관상으로는 그를 고용하는 것이다.

[4] "다른 불"(אֵשׁ זָרָה – 에쉬 자라). 그 죄의 성격이 명확하지 않다. 어떤 사람은 그러한 행위가 건방진 행위였다고 생각했다. 스나이드(N. H. Snaith, *Numbers*, 75-76)는 이 이야기를 역대하 26:16과 비교했다. 그래드올(R. Gradwohl, "Das 'fremde Feuer'")은 그들이 지성소로 들어갈 자격이 없었거나, 혹은 만일 그들이 그 자격을 가졌다면 레위기 16:12-13에 요구된 예방 조치를 취하지 않았을 수도 있다고 생각한다. 판결의 갖가지 등급과 함께 제공된 다른 가능성들은 그것 자체 안에서 분향하는 행위가 잘못되었다는 것(M. Noth, *Leviticus*.[OTL London: SCM, 1965] 84-85), 불을 잘못된 곳으로부터 가져왔다는 것(M. Haran, *VT* 10[1960] 113-129), 향과의 배합이 옳지 않았다는 것(A. T. Chapman & A. W. Streane, *The Book of Leviticus*[Cambridge: CUP, 1914] 54이 그렇게 생각함), 혹은 시간이 옳지 않았다는 것(Chapman and Streane이 선호함; 또한 L. A. Snijders, *OTS* 10[1954] 1-154' K. Elliger, Leviticus, 136-39를 참조하라)이다.

잘못된 점은 분명히 불이 다른 점에 있다. 만일 그 행위가 단순히 건방진 것이었디면, 요점은 사실상 그것이 민수기 16:8-11; 역대하 26:16-21에 있는 바와 같이 보다 분명해졌을 것이다. 전승은 이제 분향이 합법적인 단계에서 기능을 하고 있으며, 어떤 상황에서는 치명적인 기능을 한다(참조. 민 17:6-15). 만약 시간이 문제시된 것이라면, 그 순간에 무엇이 잘못되었는지, 어떤 시간이 옳았는지에 대한 몇몇 암시를 기대하는 것이 합리적이다. 레위기 10:16-20에서 엘르아살과 이다말의 절차상의 오류는 시간의 오류 못지 않게 심각한 것이지만 매우 자비롭게 다루어진다. 이 점은 또한 향이 부정확하게 혼합되었기 때문이라는 사상을 의문스럽게 만든다. 어떤 경우든 "향"보다는 "불"과 관련되어 있는 것으로 보인다. 여기서 예상한 것보다는 덜 분명할지라도, 불이 제단으로부터 취한 것이 아니라는 하란(Haran)의 생각이 좀더 강력한 가능성들 가운데 하나로 남는다. 어근 זר(민 1:51의 "주석"을 보라)는 이방인들에 대해(예를 들어, 출 29:33; 30:33; 사 61:5; 렘 5:19; 30:8; 51:15; 겔 7:21; 11:9; 28:7, 8, 10; 30:12; 31:12; 호 7:9; 8:7), 그리고 이방 신에 대해 광범위하게 사용된다(신 32:16; 사 17:10; 43:12; 렘 2:25; 3:13; 시 44:21; 81:10). "다른 불"은 저자에게는 이방적이고도 배교적인 것으로 생각된 절차들을 수반했을 것이라는 점은 상당히 가능성이 있는 생각이다. 이것이 그 단호한 징벌에 대해 잘 설명해 줄 수 있을 것이다(M. Aberbach and L. Smolar, *JBL* 86[1967] 129-140, J. C. H. Laughlin, *JBL* 95[1976] 559-65), G. Robinson, *VT* 28[1978] 301-17를 더 읽어 보라). 롤린(Laughlin)은 조로아스터교의 행습을 주장한다. 로빈손(Robinson)은 이 문제에 대한 몇몇 랍비들의 이론들을 언급하고 있다.

4 "…의 앞에서"(עַל־פְּנֵי – 알-프네). 이 문구가 비록 "…의 평생"을 나타내기는 하지만 통상적인 의미다(RSV; 참조. 창 11:28).

7 "그리고 그들이 참석하게 될 것이니라"(שָׁמְרוּ אֶת־מִשְׁמַרְתּוֹ – 샤므루 에트-미슈마르토)는 직역하면 "그리고 그들이 자기의 직무들을 지킬 것이니라"이다. 회중을 위한 의무들은 평민들이 드리는 희생제물들과 관련된 어떤 직능을 이행해야 했다(참조. 대하 29:34).

9 "온전히 돌리운"은 직역하면 "돌리운 돌리운"(given given)(נְתוּנִם נְתוּנִם – 네투님 네투님)이다. 반복은 본질적으로 강조를 위한 것이지만, 여기서는 또한 느디님으로 알려진 성전에서 봉사하는 낮은 계층의 종들을 암시할 수도 있다(스 2:36, 40-43; 느 10:28). 에스라 2:58은 그들이 비록 구별 가능하기는 하지만 솔로몬의 종들과 밀접하게 연관되어 있었음을 시사하고 있다(55절). 그들의 임무는 아마도 가장 천한 머슴들의 일을 하는 것이었던 것 같다. 그들은 본래 이방인의 혈통을 가진 사들이었을 수 있으며, 그래서 에스겔 44:6-7의 말씀에 해당하는 자들이었다(참

조. 민 31:30, 47; 수 9:27). 포로 후기 시대에 그들의 신분은 상승되었던 것처럼 보인다. 그들은 회중에 속했고(느 10:28), 세금 면제 특권을 부여받았다(스 7:24; 참조. 대상 6:48). 저자는 이 곳과 민수기 18:6에서 레위인들을 아론에게 바쳐진 느디님으로 생각하고 있었을 수도 있다.

10 "그들은 세울 것이니라"(תִּפְקֹד – 티프코드). 문맥은 "수를 세다"란 동사보다는 이 의미를 요구한다.

12 초태생 어린아이의 희생제사는 이스라엘 가운데서도 예외가 아닌 어떤 일이었다고 믿을 만한 근거가 없지만(R. de Vaux, *Ancient Israel*, 441-46를 보라), 사람과 짐승의 초태생을 특별히 성별시키는 일이 있었음에 분명하다. 이것이 초태생의 제사장직을 함의(含意)했다고 상상할 강력한 이유는 없다. 그 성별은 아마도 생활과 풍요를 위하여 인간이 하나님을 의존해야 한다는 사실을 인정한 데서 기원된 것 같다. 이러한 원리는 인간과 몇몇 짐승들을 위한 구속의 개념과 더불어 가장 오래된 구약 법들(출 13:11-13; 34:19-20) 가운데서 주장된 것이다. 돈을 수반한 구속은 P에서 첫 번째로 명시된 것이다(참조. 46-51절; 민 18:15-16). 이 단위 가운데서(11-13절) 레위 족속 자신들은 인간 초태생의 대속물로 간주되고 있다.

13 "나는 여호와라"(אֲנִי יהוה – 아니 야웨). P에서 때때로 나타나는 엄숙한 문구이지만(41절, 출 6:8; 12:12), 이것은 특별히 H에서 42회나 나타나는 H의 특별한 특징적 문구다.

15 계수는 민수기 1:3과는 대조적으로 1개월 이상 된 사람들을 포함해야 할 것이다. 이러한 차이는 아마도 성직자들이 군인들이 아니고 초태생의 대속물이라는 사실에 놓여 있는 것 같다.

17 노트(M. Noth, *Numbers*, 35-36)는 게르손이 모세의 아들이었고, 사사기 18:30에서 단 지파 제사장직과 관련되어 있는 게르솜(출 2:22)과 동일시되어야 한다는 의견을 선호한다. 노트는 게르손 자손이 단 지파 근처에 살고 있던 레위 지파 그룹이었다고 상상한다. 고핫과 므라리 족속과 비교될 만한 생각은 제시될 수 없고, 문제가 개방된 채로 남아 있어야 한다. 확신을 가지고 말할 수 있는 것은 이들이 포로 후기에 스스로 정비했던 세 개의 기본적 그룹들이었다는 사실이다. 그들에 관한 분명한 증거는 P, 에스라/느헤미야 그리고 역대기에서만 발견된다. 게르손 자손의 기능 가운데는 음악을 만드는 일(아삽 자손들은 그들에게 속했다 – 대상 6:39, 43), 그리고 성전 보물들의 관리(대상 23:7-9; 26:21)였다. 몇몇 고핫인들은 진설병에 대한 책임을 지고 있었다(대상 9:32). 므라리 족속들은 여행 중에 성진 관리들

이 되기 위하여 에스라와 동행한 것으로 묘사되어 있다(스 8:18-19).

18 역대상 23:7에서 립니는 라단이다. 노트(M. Noth, *Numbers*, 36)는 립니 족속과 요르단 서쪽 산악 지방에 있는 립나 마을과 관련되어 있는 것으로 생각하지만, 이것이 게르손 자손들을 위한 북쪽 기원이라는 자기의 이론을 주장하는 데 어려움을 인정하고 있다. 시므이는 노트의 견해에 의하면 원래 개인 이름이었다.

19 노트는 아므람, 이스할, 웃시엘이 본래 개인 이름이었다고 생각한다. 헤브론은 자연히 그 이름을 가지고 있는 남방 도시를 시사하고, 노트는 고핫 지파 그룹이 헤브론과 그 주변에 거주하고 있었을 가능성을 생각한다.

20 포로 이전의 무시 족속의 역사에 관한 세련된 이론에 대해서는 F. M. Cross, *Canaanite Myth*를 보라.

23 "뒤"(אַחֲרֵי – 악하레). 성막이 동편을 향하고 있는 것으로 생각되었으므로 이러한 표현은 게르손 족속이 서편에 장막을 쳤다는 것을 의미한다. "서편"이란 단어는 "바다, 즉 지중해를 향하여"란 개념을 함께 가지고 있다. 이것은 쉽게 "서쪽"에 대한 상투적인 단어가 되었을 수 있으며, 반드시 그 설화자가 팔레스틴에 있었음을 의미하지는 않는다(A. H. McNeile, *Numbers* 15에 반하여).

25 "성막"(הַמִּשְׁכָּן – 함미슈칸). 이 단어는 여기서 정확하게 출애굽기 26:1, 6에 기록되어 있는 회막으로 사용되었다.

"장막"(הָאֹהֶל – 하오헬). 여기서 이 단어는 출애굽기 26:7, 11, 13에 묘사되어 있는 "성막 덮개"에 대해 사용되어 있다.

"덮개"(מִכְסֵהוּ – 믹쎄후). 이것은 출애굽기 26:14에 묘사된 모든 덮개다.

26 "그리고 줄들"(וְאֵת מֵיתָרָיו – 웨에트 메타라이우). 이것들은 37절에서 므라리에게 맡겨진 것들이다. 게르손이 회막의 구조물 커튼에 대한 책임을 갖고 있고 므라리는 나무로 된 구조물에 대한 책임을 갖고 있는 것으로 보이므로, 저자는 커튼과 나무 구조물에 달린 줄들을 염두에 두었을 수도 있다. 만일 그렇지 않다면, 그의 편에서 어떤 과실이 있었음에 틀림없다.

31 이러한 항목들은 출애굽기 25:10-40; 27:1-8, 19; 30:1-10, 17-21에 묘사되어 있다. 문의 커튼 대부분은 게르손 족속에게 책임이 있었으므로(25절) "휘장"은 성소와 지성소를 분리하는 휘장임에 틀림없다(출 26:31-33).

37 "줄들"을 제외한 이 항목들은 출애굽기 26:15-30에 묘사되어 있다.

38 외인들의 접근에 대해서는 민수기 1:51의 "주석"을 보라.

41 "레위인의 기축"(בֶּהֱמַת הַלְוִיִּם – 베헤마트 할위임). 저자가 분명히 초태생 짐

승의 희생제물이 지속되어야 할 것이라는 사실을 의도하고 있으므로 이것은 놀랍다(민 18:17). 딜만(A. Dillmann, *Numeri*, 19-21)은 "가축"을 부정한 짐승에 제한시킨다. 노트(M. Noth, *Numbers*, 41)는 41절을 이 점에서 순전히 이론적인 것으로 기술하고, 스터디(J. Sturdy, *Numbers*, 33)는 그 사이에 모든 초태생 짐승의 희생제사가 시행될 수 없는 것으로 입증되었다고 생각한다. 이러한 언급은 저자가 이미 모든 생축의 초태생을 언급했던 13절에 대한 인위적인 반영일 수도 있다. 저자의 의도는 짐승의 초태생 희생제사를 폐지시키는 것이 아니라, 레위인들 곧 그들의 인격과 짐승의 소유 가운데서 하나님에게 드리는 이스라엘의 헌물의 상징적인 첫 열매를 바라보는 것이다. 논쟁 중인 요점은 레위 제사직의 존엄성이지 초태생 법의 시행이 아니다.

46 "그리고 속하기 위하여"(וְאֵת פְּדוּיֵי – 웨에트 페두예). 이 문구는 분명히 속전을 가리킨다(G. B. Gray, *Numbers* 31; J. Blau, "Zum Angeblichen Gebrauch von את"). 일반적으로 이 어근은 원 소유자가 잃은 어떤 것을 돈을 지불함으로써 회복될 수 있도록 하는 과정을 나타낸다. 다른 "구속"이란 어근(גאל)은 본질적으로 가족법에 대해 사용되지만, 넓게는 유사한 방식으로 사용된다. 훅크(S. H. Hooke, *VT* 2[1952] 11)는 초태생의 구속을 초자연적 위기를 돌리는 수단으로서 대체물의 옛 시행과, 초태생에 대한 야웨의 권한에 대한 인정 사이의 화해로 묘사하고 있다. 그는 민수기 3장의 이 부분을 초태생에 대한 야웨의 권한과 부양을 위한 제사장직의 요구를 함께 묶기 위해 의도된 법적 허구라고 묘사한다. 그러므로 대체물은 성전 세금으로 전환된다.

"더한즉"(הָעֹדְפִים – 하오드핌). 이 단어의 어근은 P에서만 발견된다(참조. 48절; 출 16:18, 23; 26:12-13; 레 25:27).

47 "성소의 세겔"(שֶׁקֶל הַקֹּדֶשׁ – 쉐켈 하코데쉬). 이것은 은으로 약 11.5그램의 무게다. 이것과 "게라"에 대해서는 R. B. Y. Scott, "Weights and Measures of the Bible," *BA* 22(1959) 22-29; A. Segré, "A Documentary Analysis of Ancient Palestinian Units of Measure," *JBL* 64(1945) 357-75를 보라.

해설

본 단락 전체는 독자로 하여금 제사장직이 아론의 아들들, 즉 엘르아살과 이다말(1-4절)에게 속해 있다는 사실을 상기시키고, 제사장들과 레위인들(5-10절) 그리고 레위인들과 야웨 사이의 특별한 관계를 조사하면서 제사장 계급을 밝히고 있다. 레위 지파의 세 개 그룹의 신원이 밝혀지고(14-20절), 그 수, 유진의 위치, 각 그룹의 특별한 책임이 적절하게 기록되어 있다(21-39절). 마지막 부분(40-51절), 즉 11-13절에서 발전하고 있는 개념은 레위인들이 초태생의 역할을 이행하고, 그 행위로서 구속의 원리를 예증하고 있다는 사실을 암시한다.

저자의 방식은 복잡한 것처럼 보이지만, 이 단락은 그 자체의 형식 및 일관성을 가지고 있고, 그 선(先) 역사가 무엇이든 하나의 단위로 이해될 수 있다. 그 방법은 앞에서처럼 많다.

1. 이미 주어진 자료에 대한 보다 자세한 설명이 나온다. 모세, 아론 그리고 레위인들은 민수기 1:3, 47에서 소개되어 왔다. 이제 그 신분과 책임에 있어서 그들 서로간의 관계가 1-10, 32, 38절에서 더 자세히 설명되고 있다. 민수기 1:48-54에서 개진된 레위인의 결정적이고도 독특한 역할은 11-13, 40-51절에서 그 신학적 근거가 주어져 있다(40-51절은 그것 자체가 11-13절의 보다 자세한 설명이다). 레위인 인구 조사를 분리하여 시행할 것이라고 암시된 대로(민 1:49) 여기서 그 인구 조사를 실시하고 있다(14-16, 22, 28, 34, 39절). 성막 주변의 유진의 의미(민 1:50, 53)가 여기에 설명되어 있으며(23, 29, 35, 38절), 첫 번째로 민수기 1:50, 53에서 이루어졌던 레위인의 사역의 의미가 어느 정도 자세하게 밝혀져 있다(25-25, 31, 36-37절).

2. 앞에서 주어졌던 정보에 대한 직접적인 반복은 없으나, 많은 주제들(Motifs)이 낯익은 것들이다 – 즉 레위인들, 씨속들(clans), 두령들, 유진, 인구 조사.

3. 여기에 주어진 본질적으로 새로운 정보는 레위 씨족들의 구분(17-20, 27, 33절)과, 레위인 두령들의 이름들(24, 30, 35절) 가운데서 발견될 것이다.

본 장이 여러 주제들을 취급하고 있으므로 각기 분별할 수 있는 단락을 차례로 생각하는 것이 좋을 것이다.

1-4절. 여기서 저자는 제사장 계급의 최고위급을 설명하고 있다. 제사장들은 기름부음을 받은 자들이다. 여기서 저자는 출애굽기 29:21과 레위기 8:30에 있는 자료를 상기시키고 있다. 같은 방식으로, 아론의 네 아들들의 이름은 이미 그에게 잘 알려져 있었고(출 6:23), 반면에 두 명의 나이든 아들들의 침사는 이미 레위기 10:1-2에 묘사된 바 있다. 이러한 표현 방식은 반복과 회상이라는 익히 잘 알고 있는 기법이다. 저자가 덧붙일 필요가 있는 유일한 점은 나답과 아비후가 아들들을 가지지 않아서, 아론 자신과 함께 제사장의 3인조를 이루기 위해 엘르아살과 이다말

을 위한 길을 열어놓고 있다는 것이다.

특별한 역사적 상황이 여기에 반영되어 있는지는 확실하지 않다. 분명한 것은 나답과 아비후가 초창기 전승으로부터 전해진 인물로서 아론과 이스라엘의 장로들과 함께 나란히 서 있는 자들이라는 것이다(출 24:1). 이 점에서 그들은 아론이나 혹은 제사장직과 분명한 관계를 가지고 있지 않다. 모세만이 "가까이 나아간다"(2절). 그래드올(R. Gradwohl, "Das 'fremde Feuer'")은 나답과 아비후의 갑작스러운 죽음은 여로보암의 아들들 – 나답과 아비야 – 의 운명의 기초가 되는데, 그들 모두가 일찍 죽었다(왕상 14:1, 20)고 본다. 이에 대해 아베르바흐와 스몰라(M. Aberbach & L. Smolar, "Aaron, Jeroboam")가 지지를 하고 있다. 제사장인 저자는 여기서 어떤 유사점을 알고 있었을 수 있으나, 사실상 나답 및 아비야와 향 및 다른 불과의 어떤 연관성은 없으며, 그들은 자신들의 죄가 아니라 여로보암의 죄로 인하여 죽었다(왕상 14:10). 몇몇 "선한 일"이 아비야에게서 발견되고(왕상 14:13), 그래서 그는 어려서 죽는다(왕상 14:17). 비록 나답 왕은 가혹하게 죽을지라도, 그리고 여로보암의 길을 따르기는 했지만 2년 간 이스라엘을 다스린 후에 그의 운명은 실질적으로 레위기 10:2에 있는 나답 제사장의 직접적인 사망과는 비교될 수가 없다.

그렇다면 제사장인 저자는 단순히 나답과 아비후를 아론의 아들들로서, 따라서 제사장으로 이해하면서 출애굽기 24:1의 전승을 재해석한 것으로 보인다. 그들의 조사(早死)에 대한 관념은 분명히 관심을 끄는 힘을 가지고 있다. 가장 간단히 말해서 이 이야기는 어찌하여 제사장들이 죄로 인하여 죽임을 당했는지를 보여 준다. 장자라는 우선권과 나무랄 데 없는 족보가 무자격성을 보호해 주는 안전장치가 아니다. 예루살렘에서 자기들의 신분을 안정시키고 확립시키고 있는 바벨론으로부터 돌아온 제사장들은 권력 찬탈자들이 아니고, 제사장직을 정당하게 공인받은 자들이다. 자기들의 태생 자체로 우선권을 가졌을 수 있었던 덕분에 팔레스틴 제사장이 되었던 그들은 배교로 인하여 그 권리를 몰수당했다. 그들은 에스겔 8:11의 배교적 분향을 인가했던 자들이다. 나답과 아비후는 포로기 동안 예루살렘에서 직무를 이행했던 제사장을 상징할 수도 있고, 아니면 주전 598년에 첫 번째 포로 시기로부터 활동했던 자들을 상징할 수도 있다. 바벨론의 사독 계열 제사장들은 분명히 자기들의 아론과의 관계를 엘르아살과 이다말 안에서 또 그들을 통하여 이해하고 있었다.

아론의 성직자직(priestliness)은 그들에게 또 다른 중요한 개념이었다. 그것은 그들에게 자기들의 제사장직이 그 땅과 성전보다 더 오래된 것이요, 그것의 존재나 진정성 그 어느 것에도 의존하지 않는다는 암시 가운데서 그들에게 정체성을 가져다 주었다. 그 관념은 또한 그들에게 모세 자신의 오른팔이라는 생각을 갖게 해주었다. 아론을 레위인으로 판단한 전승이 어떻든(출 4:14-16), 출애굽기 32장에 있는 아론의 실패 이야기가 자기들의 뿌리를 다른 곳으로부터 찾게 만들도록 하는 이유는 못되었다. 결국 자기들의 시각에서 남북방의 수많은 제사장들은 스스로 약하고도 무가치한 점을 보여 주었다.

5-10절. 저자는 이제 자기의 중요한 계획에 따른 제안들 가운데 하나를 보다 분명하게 소개할 준비가 되었다. 그는 이미 레위인들의 독특성과 존엄성을 암시한 바 있다(민 1:48-51; 2:17). 그는 이제 자기들과 아론의 아들들과의 관계를 규정해야 한다. 7-8절에서 그는 민수기 1:50에서 나온 자료를 상기시켜 주고 있다. 또한 6, 9절에서 새로운 개념을 도입하고 있다. 레위인들은 아론에게 주어진다. 노트(M. Noth, *Numbers*, 33)가 이것을 레위인들의 품위를 떨어뜨리는 것으로 말하고 있는 것은 아주 잘못된 것이다. 의도에서나 효과에 있어서 그러한 기미는 없다. 저자의 일차적 목적은 음조를 부드럽게 하는 것이며, 그럼에도 불구하고 인정된 레위인들의 복종이 존엄성을 가진 위치라는 사실을 인정함으로써 에스겔 40-48장에 있는 날카로운 구별을 어떤 의미에서 폐지시키는 것이다. 동시에 회막과 관련된 레위인의 "봉사"라는 개념은 모든 레위인이 제사장들이고, 혹은 최소한 충분한 사역의 권리를 가지고 있다는 신명기적 관점(신 18:1-5)을 올바로 평가하고 있다. 이러한 해결책은 저자의 수중에 있던 전승들에 대한 가장 최선의 해석을 제공한다.

11-13절. 제사장 제도에 질서와 조화를 이루게 하려는 그의 바람에 대한 또 다른 증거로서 저자는 보다 오래된 옛 전승(12절)을 삽입하고, 출애굽기 13:12에 기초한 자기 자신의 관점을 덧붙이고 있다(13절). 옛 전승은 제사장직에 대한 레위인의 권리를 주장했었다. 저자는 레위인들에 대한 관념을 초태생의 대속으로 유지할 수 있으나, "레위인은 내 것이라"는 문구는 그들이 야웨의 제사장들이라는 분명한 암시를 나타냈을 수도 있다.

이 프로그램이 출애굽기와 레위기에 존재하는 것과 같은 입장 너머로 우리를 한 발자국 데리고 간다는 것은 당연하다. 출애굽기 저자는 레위인의 옛 임직식 전승(출 32:25-29)을 받아들이고 있으나, 아론의 아들들을 사실상 특별히 제사장으로 섬기도록 기름부음을 받은 레위인들로 그리고 있다(출 29:1). 아론이 이미 레위인으로 인정되었으므로 이것은 어렵지 않다(출 4:14). 그러나 레위인의 아들들에 대한 성별은 출애굽기 32:29에서 무엇을 의미하고 있는가? 민수기 저자가 답변했던 것은 무엇보다도 이 문제였다.

14-20절. 레위인들과 아론의 아들들의 관계에 대한 문제를 다루고 나서, 저자는 그들의 숫자 문제를 다루고 있다. 그는 이것을 민수기 1:48-49에 상충되는 것으로 보지 않는다. 레위인의 숫자가 일반 지파들과는 완전히 별도로 계산되어야 하는 점은 옳다. 인구의 계산은 귀환이라는 상황 가운데서는 중요했으며(스 2:48=느 7:43), 또한 제사장들과 레위인들에 관한 한 진정한 혈통을 찾고자 하는 일의 일부였을 것이다(스 2:61-63=느 7:63-65). 그 계수는 주로 레위인들이 12절에 있는 초태생의 대속물로 간주되었기 때문에 1개월 이상 된 어린아이를 포함시키고 있다. 저자는 12절의 레위인의 관념을 받아들이는 것이 구속의 원리가 무효화되는 것을 의미하지 않는다는 사실을 나타내려고 고심하고 있다(40-51절). 이것이 사실상 이 특별한 레위인의 인구 조사를 보류하고 있는 주된 이유다. 숫자들이 주어지기 전에 그는 그들이 어떻게 분류되어야 하는지를 암시해 줄 필요가 있으며, 그는 이러한 목적으로 17-20절에서 출애굽기 6:16-19에 있는 계보의 자료를 상기시켜 주고 있다.

게르손, 고핫, 므라리는 아마도 지도급의 레위 제사장들이었던 것 같은데, 그들과 함께 바벨론의 사독 계열 제사장들이 귀환했을 것이다. 신명기는 그것을 요구했고, 반면에 하향길에 있는 레위인들에 대한 에스겔의 제의(提議)는 이 레위 그룹에 실용 가능하지 않거나 혹은 적용 가능하지 않을 수 있었는데, 그는 우상숭배의 부담을 저항했을 수도 있다. 저자는 이러한 문제들이 풀려진 방법을 개괄하고 있다.

21-39절. 저자는 이제 조직적 스타일로 인구 조사에 대한 세부 사항들을 기록하고 있다. 22,000명이라는 숫자는 개략수인 것 같은데, 여러 레위 그룹들의 숫자의 내역에 대해서도 그렇게 하고 있다("양식/구조/배경"에 있는 논의를 보라). 그는 각각의 경우에서 정보에 대한 세 개의 부가적인 부분들을 제공하기 위하여 선택했다 – 그룹의 유진 위치, 그 두령들 그리고 장막과 관련된 그들의 구체적인 임무들. 이러한 정보를 전반적인 문맥에 어울리지 않는 위치에 있는 것으로 간주하여 보록으로 간주해야 할 강력한 이유는 없다. 전체적인 모습들은 천천히 함께 보완되어 가는 과정 가운데 이루어진 완전한 부분이다. 민수기 2장에 있는 진영에 대한 묘사는 자연히 문제를 일으키는데, 곧 레위 그룹들의 진영이 어디냐는 것이다. 민수기 1:50, 53은 무엇을 의미하는가? 레위인들의 본질적인 분리를 강조하고자 하는 저자의 바람으로 인하여 이 문제에 대한 자신의 답변을 배제했었다. 여기서 그것들에 대해 답변하는 것이 적절하다. 레위 지파의 두령들에 관한 정보에도 마찬가지 도움이 된다. 민수기 1:5-15에 있는 일반 백성들의 목록은 레위 지도권에 관한 문제를 야기시킨다. 레위인들이 완전히 구별된 그룹이라는 저자의 전세 때문에, 그는 여기

서 그 문제에 답하려 하고 있다. 마찬가지로 민수기 1:50은 특별한 레위 지파의 의무들에 관한 답변되지 않은 수많은 문제들을 야기시킨다. 저자는 레위인들 사이의 기본적인 그룹 구별이 이루어진 지금, 이러한 것들에 대해 보다 쉽게 대답한다. 이것은 엄밀하게 말해서 저자의 정보를 취급하면서 우리가 선택한 질서와 일관성은 아닐 수도 있으나 – 회상과 반복 그리고 느린 진척에 근거한 – 일관성은 있으며 또한 구술 낭송에 근거한 가르침에 어울리는 일관성이 있다.

유진의 위치는 23, 29, 35, 38절에 나타난다. 특별히 동쪽 위치는 모세 자신과 아론과 그의 아들들이 차지하게 되어 있다. 저자는 제사장들과 레위인들 사이를 구별짓고, 제사장들의 우위성을 주장할 또 다른 방법을 발견했다. 레위인의 신분은 영예롭고 존귀한 것이지만, 아론의 아들들의 신분은 모세 자신의 신분과 밀접하게 연결되어 있다. 비록 게르손 다음 두 번째 위치에 열거되어 있을지라도, 고핫 족속들은 남방이라는 특별한 위치가 주어져 있다. 이것은 그들이 가장 규모가 큰 레위 족속이거나, 혹은 그렇지 않으면 31절에 인용된 항목들을 맡은 책임이 가장 중요한 것이기 때문일 수도 있다. 사실상, 어쩌면 출애굽기 저자가 아론과 그의 아들들이 고핫 족속이었다고 기록한 사실에서 기인한 것일 수도 있다(출 6:16-25). 게르손은 본래보다 중요한 그룹이었을 수도 있으나, 아무튼 게르손-고핫-므라리가 출애굽기 6:16의 순서이고, 저자는 21-39절에서 그것을 기본적 구조로 유지하고 있다. 게르손이 서쪽에 장막을 세워야 하고 므라리가 북쪽에 장막을 세워야 했다는 사실은 방금 논의된 표준에 비교할 때 아주 논리적이다.

저자는 아마도 회상에 근거한 초창기 포로기의 기록들 가운데서 나온 레위 지파 두령들의 이름들 가운데서(24, 30, 35절) 뽑아냈을 것이다. 각 그룹의 임무는 출애굽기 25-29장에 묘사된 바와 같은 성막의 논리적 구분에 근거한다. 어찌하여 이러한 직임들이 두 번째 성전에서 갖는 기능들과 매우 유사하게 일치할 수 있었는지, 그리고 어떻게 그러한 구분이 저자의 문장 가운데 상당히 많이 있을 수 있는지를 알아내기는 어렵다. 그 직임들은 머슴들이 하는 혹은 천한 일이 결코 아니다. 그것들은 돌봄과 보호를 의미하며, 아주 존귀한 직임임을 암시한다. 역대기 저자는 레위인의 기능들에 대한 이러한 관점에 대한 몇몇 세부 사항을 제공하고 있는데, 곧 음악 사역이라는 가장 중요한 부분이라는 것이다(참조. 대상 23:28-32). 문지기(참조. 대상 26:1)는 성직자 계급이 성막의 사방에 진을 친다는 민수기에 있는 관점에 대한 해석일 수도 있다. 역대기 저자는 또한 특별한 제사장의 의무들 가운데 그들에게 몇 가지 포함 사항을 변호하면서 레위인의 우월한 사역을 기술하고 있다(대하 29: 34).

민수기 저자는 자기편에서 레위인들의 존엄성과 함께 아론의 아들들의 우월성을 확보하기 위하여 힘쓰고 있다. 그는 이러한 목적을 위하여 엘르아살이 레위 지파의 두령의 임무를 맡은 것으로 주장하고 있다. 32절을 후기의 첨가물로 간주할 이유는 없다. 법궤와 그 도구들을 맡고 있는 고핫인들이 가장 위험한 일에 노출되어 있기 때문에 이 지점에 온다(참조. 민 4:17-20). 다른 곳에서처럼 이 곳에서도 저자는 아직 나타나지 않은 개념의 씨앗을 뿌릴 수가 있었다. 그가 또한 제사장적 신정국가의 개념을 설립하기 위하여 아론 자신과 모세가 가능한 한 밀접하게 연결되기를 바라고 있기 때문에, 매일 하는 제사장 사역의 실용성이 그 아들들에게 넘어가는 방향으로 기울어진다. 이다말은 레위인들에 대한 일반적인 감독권을 받고(출 38:21; 민 4:33), 엘르아살에게는 그들의 특별한 필요를 예상하여 고핫인들을 돌보는 구체적인 직무가 주어진다(참조. 민 4:17-20).

엘르아살과 이다말의 제사장직은 분명히 포로기의 제사장 자신들이 속했던 직위들이다. 이 이름들이 나답과 아비후처럼 초기 오경 전승으로부터 나온 표시는 아니다. 만약 엘르아살을 위한 엄숙한 전승이 이른 것이라면(수 24:33), 엘르아살계 제사장들과 기브아와 연결되어 있는 깊은 역사적 뿌리가 있는 것이다. 또한 법궤를 섬기도록 성별되었던 엘르아살이라고 불린 아비나답의 아들들에 대한 전승도 있었다(삼상 7:1). 노트(M. Noth, *Pentateuchal Traditions*, 185-86)는 사독 계열의 제사장들이 엘르아살 제사장들의 지위를 빼앗았지만, 만일 사무엘상 7:1과의 연결이 현실적인 것이라면 엘르아살/사독 연결고리는 아마도 솔로몬 성전이라는 매우 초창기부터 설립되었을 것이라고 주장한다. 이다말 그룹에 관한 그러한 기미는 없으나, 그들 역시 분명히 사독 계열의 제사장들이다.

40-51절. 저자는 이제 12절에 있는 레위 전승의 수납은 구속 원리에 대한 포기를 수반하지 않는다는 자기의 요점을 정리하려 하고 있다. 11-13절과 관계된 이 단락의 위치에 관해서는 별난 부분이 없고, 그래서 문서의 발전이라는 매우 복잡한 과정을 단정할 필요는 없다. 저자는 그가 레위 지파의 인구 조사를 실시했을 때까지 어떻게 구속의 원리가 지속되어야 했는지를 예증할 수 없는데, 그 이유는 구속이 일반인 초태생의 남은 수에 근거되어야 하기 때문이다. 그래서 초태생의 인구 조사가 적절한 연령(2개월)부터 시행되고(40-43절), 22,273이 되어, 결국 273명이 남는다는 사실이 드러난다.

저자는 사실상 초태생을 돈으로 속량하는 개념을 도입한 첫 번째 사람이며(출 13:13; 34:20과 대조적으로), 이것은 어쩌면 포로 후기 유다에서 발전하고 있던 형태였을 것이다(참조. 레 27:1-10, 여기서 돈 지불이 서원에 대한 대체 지불금이다. 그리고 겔 45:12에서도 그러하다). 레위인들과 초태생의 민수기 1:46에 있는 603,550명이라는 인구 숫자와 관계되어 있는 난점들이 너무 심각하게 취급되어서는 안 될 것이다. 저자의 일차적 관심은 포로 후기 제사장직이 지속되어야 하는 방식들을 보여 주려는 것이고, 또한 그가 여기서 말한 인구 숫자들은 단순히 한 가지 점을 예증하려는 하나의 설명이다. 1,365세겔이라는 숫자는 광야에 있던 이 제사장들의 자료로부터 나온 필요로 했던 숫자라는 데는 적절한 것으로 보였으며, 남은 숫자는 그에 따라서 작성된다.

신학적으로 이 단락 전체는 하나님의 거룩하심이라는 주제를 검토하고 있다. 한편에서 볼 때 제사장 계급은 하나님의 거룩으로부터 이스라엘을 보호하는 수단이다. 제사장들과 백성들 사이에 있는 또 다른 성별된 직위의 도입은 인간의 타락 가능성과 하나님의 완전 사이의 차이를 강조하고 있다. 제사장들까지도 만일 그들이 고의적으로 불순종한다면 멸망에 처하게 되어 있다. 하나님의 완전성으로 인하여 오류가 있는 인간에게는 하나님과의 직접적인 접촉이 치명적이다. 완전의 본질인 선하심이 존중되어야 한다. 다른 관점에서 그 제사장 계급은 하나님께서 자기 백성들에게 안정과 번영을 가져다 주시는 인정된 통로를 이룬다. 제사장 사역은 "이스라엘 자손의 직무를 위하여"(8절) 직무를 감당하는 것이다. 그러므로 그 직무가 제사장들과 레위인들 모두에 의하여 성실하게 시행되는 것은 필수적이며, 바꾸어서 그들은 백성들을 통하여 재정적인 뒷받침을 받게 된다. 하나님께서는 초태생을 자신의 것으로 주장하면서 자기 백성을 향한 자기의 선하신 뜻과 위탁(commitment)을 나타내신다. 하나님의 백성들 가운데서의 지도력 신학(theology of leadership)은 하나님의 뜻의 완전하심에 대한 지도자들의 인정을 포함하며, 지도력을 가진 사람들의 철저한 의식적 헌신을 포함한다. 인도를 받는 사람들의 의무는 지도력을 통하여 하나님에 대해서 배운 내용을 존중하고, 그럼으로 해서 인도하는 사람들의 사역에 합당한 인정을 해주고 경제적 도움을 주는 것이다.

5. 제사장 계급 내에서 레위인의 임무(4:1-49)

참고문헌

민수기 3:1-51의 참고문헌을 보라

본 문

1 여호와께서 또 모세와 아론에게 일러 가라사대	1 And Yahweh spoke to Moses and to Aaron,[a] saying,
2 레위 자손 중에서 고핫 자손을 그들의 가족과 종족을 따라 총계할지니	2 "Take a census[a] of the sons of Kohath from among the sons of Levi, by clans and fathers' houses,
3 곧 삼십 세 이상으로 오십 세까지 회막의 일을 하기 위하여 그 역사에 참가할 만한 모든 자를 계수하라	3 from the age of thirty years[a] up to fifty, all eligible for service, for the work of the Tent of Meeting.[b]
4 고핫 자손의 회막 안 지성물에 대하여 할 일은 이러하니라	4 This is the service of the sons of Kohath in the Tent of Meeting—responsibility for the holiest things.
5 행진할 때에 아론과 그 아들들이 들어가서 간막는 장을 걷어 증거궤를 덮고	5 When the camp sets out Aaron and his sons shall go and take down the veil of the screen, and cover the ark of the testimony with it.
6 그 위에 해달의 가죽으로 덮고 그 위에 순청색 보자기를 덮은 후에 그 채를 꿰고	6 And they shall put upon it a covering of skin,[a] and shall spread over it a cloth entirely of violet, and shall put in its poles.
7 또 진설병의 상에 청색 보자기를 펴고 대접들과 숟가락들과 주발들과 붓는 잔들을 그 위에 두고 또 항상 진설하는 떡을 그 위에 두고	7 And on the table of the presence they shall spread a violet cloth, and they shall put on it[a] the bowls and the dishes and the cups and the flagons with which to pour. And the regular bread shall also be on it.
8 홍색 보자기를 그 위에 펴고 그것을 해달의 가죽 덮개로 덮은 후에 그 채를 꿰고	8 And they shall spread upon them a cloth of scarlet, and they shall cover it with a covering of skin, and they shall put in its poles.
9 또 청색 보자기를 취하여 등대와 그 등잔들과 그 불집게들과 불똥 그릇들과 그 쓰는 바 모든 기름 그릇을 덮고	9 And they shall take a cloth of violet, and they shall cover the lampstand, its lamps, its tongs, its firepans, and all its vessels for oil with which they minister to it.

10 등대와 그 모든 기구를 해달의 가죽 덮개 안에 넣어 메는 틀 위에 두고

10 And they shall put it and all its vessels in a covering of skin, and shall put it upon the carrying frame.

11 또 금단 위에 청색 보자기를 펴고 해달의 가죽 덮개로 덮고 그 채를 꿰고

11 And on the gold altar they shall spread a violet cloth, and cover it with a covering of skin, and shall put in its poles.

12 또 성소에서 봉사하는 데 쓰는 모든 기명을 취하여 청색 보자기에 싸서 해달의 가죽 덮개로 덮어 메는 틀 위에 두고

12 And they shall take all the implements of ministry with which they minister in the sanctuary, and put them in a violet cloth, and cover them with a covering of skin, and shall put them on the carrying frame.

13 또 단의 재를 버리고 그 단 위에 자색 보자기를 펴고

13 And they shall take away the ashes from the altar,[a] and they shall spread on it a purple cloth.

14 봉사하는 데 쓰는 모든 기구 곧 불 옮기는 그릇들과 고기 갈고리들과 부삽들과 대야들과 단의 모든 기구를 두고 해달의 가죽 덮개를 그 위에 덮고 그 채를 꿸 것이며

14 And they shall put on it all its implements with which they minister around it, the firepans, the forks, the shovels and the basins – all the implements of the altar. And they shall spread on it a covering of skin, and shall put in its poles.[a]

15 행진할 때에 아론과 그 아들들이 성소와 성소의 모든 기구 덮기를 필하거든 고핫 자손이 와서 멜 것이니라 그러나 성물은 만지지 말지니 죽을까 하노라 회막 물건 중에서 이것들은 고핫 자손이 멜 것이며

15 And when Aaron and his sons have finished covering the sanctuary, and all the implements of the sanctuary, whenever the camp is ready to set out, then the sons of Kohath shall come forward to carry it. But they shall not touch the holy things, lest they die. These things are the burden of the sons of Kohath in the Tent of Meeting.

16 제사장 아론의 아들 엘르아살의 맡을 것은 등유와 분향할 향품과 항상 드리는 소제물과 관유며 또 장막의 전체와 그 중에 있는 모든 것과 성소와 그 모든 기구니라

16 "And the responsibility of Eleazar son of Aaron the priest shall be the oil for the light, and the sweet incense, the regular cereal offering, and the anointing oil, as well as the responsibility of all the Tabernacle and of everything in it, the sanctuary and its implements.[a]."

17 여호와께서 또 모세와 아론에게 일러 가라사대

17 And Yahweh spoke to Moses and to Aaron, saying,

18 너희는 고핫 족속의 지파를 레위인 중에서 끊어지게 말지니

18 "Do not expel the tribe of the clans of the Kohathites from among the Levites,

19 그들이 지성물에 접근할 때에 그 생명을 보존하고 죽지 않게 하기 위하여 너희는 이같이 하여 아론과 그 아들들이 들어가서 각 사람에게 그 할 일과 그 멜 것을 지휘할지니라

19 but do this for them, and they will live and not die when they approach the holiest things. Aaron and his sons shall go and appoint each man[a] to his service and to his burden.

20 그들은 잠시라도 들어가서 성소를 보지 말 것
은 죽을까 함이니라
21 여호와께서 또 모세에게 일러 가라사대
22 게르손 자손도 그 종족과 가족을 따라 총계하
되
23 삼십 세 이상으로 오십 세까지 회막 봉사에
입참하여 일할 만한 모든 자를 계수하라

24 게르손 가족의 할 일과 멜 것은 이러하니

25 곧 그들은 성막의 앙장들과 회막과 그 덮개와
그 위의 해달의 가죽 덮개와 회막 문장을 메이며

26 뜰의 휘장과 및 성막과 단 사면에 있는 뜰의
문장과 그 줄들과 그것에 사용하는 모든 기구를
메이며 이 모든 것을 어떻게 맡아 처리할 것이라

27 게르손 자손은 그 모든 일 곧 멜 것과 처리할
것에 아론과 그 아들들의 명대로 할 것이니 너희
는 그들의 멜 짐을 그들에게 맡길 것이니라

28 게르손 자손의 가족들이 회막에서 할 일이 이
러하며 그들의 직무는 제사장 아론의 아들 이다
말이 감독할지니라

29 너는 므라리 자손도 그 가족과 종족을 따라
계수하되
30 삼십 세 이상으로 오십 세까지 회막 봉사에
입참하여 일할 만한 모든 자를 계수하라

31 그들이 직무를 따라 회막에서 할 모든 일 곧
그 멜 것이 이러하니 곧 장막의 널판들과 그 띠들
과 그 기둥들과 그 받침들과
32 뜰 사면 기둥들과 그 받침들과 그 말뚝들과
그 줄들과 그 모든 기구들과 무릇 그것에 쓰는 것
이라 너희는 그들의 맡아 멜 모든 기구의 명목을

20 But they must not come to see the holy
things, not even for a moment, lest they die."
21 And Yahweh spoke to Moses, saying,
22 "Take a census of the sons of Gershon also,
by fathers' houses and clans.
23 From the age of thirty years up to fifty you
shall number them, all eligible to go to serve[a] in
the Tent of Meeting.
24 This is the service of the clans of the
Gershonites, to serve and to carry.
25 And they shall carry the curtains of the
Tabernacle, and the Tent of Meeting, its covering
and the covering of skin which is on it, and the
screen for the door of the Tent of Meeting,
26 and the hangings of the court, and the screen
for the door of the gate of the court,[a] which is
by the Tabernacle and by the altar round about,[b]
and its cords and all the implements for their
service. And they shall do all that must be done
with regard to these things.
27 All the service of the sons of the Gershonites
shall be at the command of Aaron and his sons,
all their burdens and all their service. And you
shall appoint to those in charge[a] all that they are
to carry.
28 This is the service of the clans[a] of the sons
of the Gershonites in the Tent of Meeting, and
their work is to be supervised by Ithamar son of
Aaron the priest.
29 "You shall count[a] the sons of Merari by their
clans and fathers' houses,
30 from the age of thirty years up to fifty you
shall number them, all eligible to serve in the
Tent of Meeting.
31 And this is what they are to carry, as their
service in the Tent of Meeting – the frames of the
Tabernacle, its bars, its pillars and its bases,[a]
32 and the pillars of the court round about, and
their bases,[a] their pegs and their cords, with all
their implements and accessories. And you shall

지정하라	assign by name the implements[b] they are to carry,
33 이는 제사장 아론의 아들 이다말의 수하에 있을 므라리 자손의 가족들이 그 모든 사무대로 회막에서 행할 일이니라	33 This is the service of the clans of the sons of Merari, for all their service in the Tent of Meeting, under the hand of Ithamar son of Aaron the priest."
34 모세와 아론과 회중의 족장들이 고핫 자손들을 그 가족과 종족대로 계수하니	34 And Moses and Aaron and the leaders of the congregation numbered the sons of the Kohathites by their clans and fathers' houses,
35 삼십 세 이상으로 오십 세까지 회막 봉사에 입참하여 일할 만한 모든 자	35 from the age of thirty years up to fifty, all eligible to engage in the service of the Tent of Meeting.
36 곧 그 가족대로 계수함을 입은 자가 이천칠백오십이니	36 And those numbered by clans were 2,750.[a]
37 이는 모세와 아론이 여호와께서 모세로 명하신 대로 회막에서 종사하는 고핫인의 모든 가족 중 계수한 자니라	37 These were those numbered of the clans of the Kohathites, all who served in the Tent of Meeting, whom Moses and Aaron numbered according to the commandment of Yahweh, by the hand of Moses.
38 게르손 자손의 그 가족과 종족을 따라 계수함을 입은 자는	38 And those numbered of the sons of Gershon, by clans and fathers' houses,
39 삼십 세 이상으로 오십 세까지 회막 봉사에 입참하여 일할 만한 모든 자라	39 from the age of thirty years up to fifty, all eligible to engage in the service of the Tent of Meeting,
40 그 가족과 종족을 따라 계수함을 입은 자가 이천 육백삼십 명이니	40 and those numbered by clans and fathers' houses were 2,630.
41 이는 모세와 아론이 여호와의 명대로 회막에서 종사하는 게르손 자손의 모든 가족 중 계수한 자니라	41 These were those numbered of the clans of the sons of Gershon, all who served in the Tent of Meeting, whom Moses and Aaron counted, according to the commandment of Yahweh.[a]
42 므라리 자손의 가족 중 그 가족과 종족을 따라 계수함을 입은 자는	42 And those numbered of the clans of the sons of Merari, by clans and fathers' houses,
43 삼십 세 이상으로 오십 세까지 회막 봉사에 입참하여 일할 만한 모든 자라	43 from the age of thirty years up to fifty, all eligible to engage in the service of the Tent of Meeting,
44 그 가족을 따라 계수함을 입은 자가 삼천이백 명이니	44 and those numbered by clans were 3,200.
45 이는 모세와 아론이 여호와께서 모세로 명하신 대로 므라리 자손들의 가족 중 계수한 자니라	45 These are those numbered of the clans of the sons of Merari, whom Moses and Aaron counted, according to the commandment of Yahweh, by

	the hand of Moses.
46 모세와 아론과 이스라엘 족장들이 레위인을 그 가족과 종족대로 다 계수하니	46 And all those numbered of the Levites, whom Moses and Aaron and the leaders of the congregation counted, by clans and fathers' houses,
47 삼십 세 이상으로 오십 세까지 회막 봉사와 메는 일에 입참하여 일할 만한 모든 자	47 from the age of thirty years up to fifty, all eligible to engage in service and burden bearing in the Tent of Meeting,
48 곧 그 계수함을 입은 자가 팔천오백팔십 명이라	48 and those numbered were 8,580.
49 그들이 그 할 일과 멜 일을 따라 모세에게 계수함을 입었으되 여호와께서 모세에게 명하신 대로 그들이 계수함을 입었더라	49 According to the commandment of Yahweh by the hand of Moses[a] they[b] counted them, each man according to his service and his burden. And they were appointed[c] just as Yahweh commanded Moses.

원문주해

1.a. 소수의 MT 필사본에는 "아론에게"가 빠져 있다. 34, 46절에 있는 פקד의 단수 동사는 여기 나타난 "아론"이 부차적인 것임을 시사한다.

2.a. 강조 명령형임(GKC 113bb). 동사는 명령의 의미를 가진 부정사 절대형이다.

3.a. G^{B}는 민 8:24에 있는 것과 같이 "25"를 보유하고 있고, 23, 30, 35, 39, 43, 47절에도 나타난다. GA는 대상 23:34에 있는 것처럼 "20"을 보유하고 있다. G는 이질적인 본문을 조화시키려 하고 있는 것 같다.

6.a. G(*ὑακινθινον*, 휘아킨띠논)는 테켈렛(תְּכֵלֶת, "보라빛")으로 읽은 것처럼 보인다. 8, 10, 14절에서도 그와 같이 되어 있다.

7.a. G는 "그리고 그들이 그것 위에 둘 것이니라"를 보유하고 있지 않다.

13.a. "그들이 단의 재를 버리고" 대신에 G는 "그리고 그가 그 덮개를 단 위에 둘 것이니라"로 되어 있다.

14.a. G와 Sam은 이 부분에서 중요한 단락을 가지고 있는데, 이것은 아마도 가필한 것 같다. 그것은 물두멍과 그 받침을 위한 자주색 덮개에 대해, 그리고 다른 가죽 덮개에 대해서 말하고 있다. 본 절과 13절의 G본문에 있는 미드라쉬적 경향에 대한 논의에 관해서는 D. W. Gooding, "On the Use of LXX for dating Midrashic Elements in the Targums," *JTS* 25(1974) 1-11를 보라.

16.a. G는 이 지점에서 "그리고 모든 그 봉사"를 보유하고 있다.

19.a. 두 개의 MT 필사본은 두 번째 "사람"(אִישׁ – 이쉬)을 생략하고 있다.

23.a. 다게쉬 레네는 리츠보(לִצְבֹא)에서 통상적이었을 것이다(GKC § 45g를 보라).

26.a. "뜰의 문장"이란 구절이 G에는 빠져 있다. 이것은 유사한 끝글자로 인하여 쉽게 오류가 일어날 수 있었다 – 즉 n.b. 헥하체드(הֶחָצֵר, 뜰)의 이중 출현.

27.a. *BHS*는 32절에서와 같이 베쉐모트(בְּשֵׁמוֹת, "이름으로")를 암시하고 있는데 G의 지지를 받는 독법이다.

28.a. "가족"(Clans)이 소수의 MT 필사본과 G에는 빠져 있다.

29.a. G는 여기서 복수형을 가지고 있는데, MT와는 대조적이다. 참조. 30절.

31.a. G는 여기서 덮개에 관한 자료를 덧붙이고 있다.

32.a. G는 여기서 휘장에 관한 자료를 덧붙이고 있다.

32.b. *BHS*는 에트-켈레(אֶת־כְּלֵי, "도구") 자리에 에트-콜(אֶת־כָּל, "모든")을 암시하고 있다. 이것은 한 MT 필사본, Sam, G, Tg^J에 의하여 충분한 지지를 받고 있는데, 이것이 옳은 것 같다.

36.a. 이 숫자에 대한 다양한 G 증거 본문이 있다. MT를 유지하는 것이 가장 좋을 것으로 보인다.

41.a. 소수의 MT 필사본, G 그리고 Tg^J는 여기서 "모세의 손으로"를 가지고 있다.

49.a. 만일 *BHS*의 주장이 받아들여진다면(49b절을 보라), 여기서 "모세의 손으로"라는 문장은 "야웨" 뒤에서 가장 잘 어울린다.

49.b. *BHS*는 복수형을 시사하고 있다. 파카드(פָּקַד)란 단수형의 주어가 무엇인지를 발견하기가 어렵다. 만일 그 주어가 모세라면 "모세의 손으로"라는 문장은 삭제되어야 할 것이다.

49.c. MT는 여기서 불가능하다. 어떤 사람은 위치가 잘못된 단편임을 밝히고 있다. 와야트파크두(וַיִּתְפָּקְדוּ, "그리고 그들이 임명되었다")로 읽는 것이 가장 좋을 것 같은데(참조. 민 1:47; 2:33), G, S, Tg. 그리고 Vg가 이를 지지한다. 만일 그렇다면 아쉐르(אֲשֶׁר)는 카아쉐르(כַּאֲשֶׁר)로 읽는 것이 가장 좋을 것 같다.

양식/구조/배경

이 단락은 제사장 계급에 대한 앞 단락의 조사를 계속해 나가고 있다. 그러므로 이것이 제사장 단계에 속한다는 사실은 의심의 여지가 없다. 구 주석가들은 본 장 가운데 많은 보충 작업의 손길이 있음을 발견하려는 경향이 있었다. 벨하우젠(J. Wellhausen, *Hexateuch*, 179-80)은 반복과 면밀한 마무리 부분을 지적하면서 통상적 보충이라는 결론을 이끌어낸다. 1-33절의 많은 부분이 레위인들이 성물에 접촉을 하고 있다는 사실에 대비하여 민수기 3:14-39에서는 그 예방책들이 반복되어 있다. 11절에는 금향단이 있고, 16절에는 향과 붓는 기름에 대한 언급이 있다. 이 두 지시는 출애굽기에 있는 보록에 의존하고 있는 것으로 생각된다(출 30:1-10, 22-33, 34-38). 쿠에넨(A. Kuenen, *Hexateuch*, 92)은 저자 자신이 레위 봉사직에 대한 자신의 관점을 확장했을 수 있다고 지적했다. 보록 이론에 대한 추가적 근거들은 그래이(G. B. Gray, *Numbers*, 3)가 제공하고 있다. 26, 32절에 있는 "줄들"은 출애굽기 35:18; 39:40 – 외관상으로는 출애굽기 25-29장에는 알려져 있지 않은 항목들 -에 있는 PS요소들을 반영하는 것으로 생각된다. P의 다른 부분들과의 작은 불일치가 발견된다.

노트(M. Noth, *Numbers*, 41-44)는 본 장을 유사한 방법으로 바라본다. 그는 중요한 문제 대부분이 이미 민수기 3:25-26, 31, 36-37에서 논의되었다는 사실을 지적하고, 표현상의 독특한 형태가 저자가 단순히 출애굽기에 있는 PS 저자와 동일시될 수 없다는 사실을 의미한다고 덧붙인다. 법궤와 관련하여 "그 채를 꿰고"(6절)란 문구는 채를 빼내지 말라고 한 출애굽기 25:15의 법칙과 상반된 것으로 생각된다. 28b절과 33b절에 있는 이다말에 대한 언급은 노트의 관점에서 볼 때는 부차적인 것으로 보이는데, 그 이유는 그것들이 28a와 33a절에 있는 결론적 형태에 뒤따라오기 때문이다.

켈러만(D. Kellermann, *Priesterschrift*, 49-62)은 본 장 가운데서 두 개의 독립된 주된 요소를 발견하는데, 하나는 레위인의 계수와 관련되어 있고, 다른 하나는 레위인의 봉사와 관련되어 있다. 그의 관점에서 볼 때 본 장은 본래 인구 조사로 이루어져 있었으나(1-3, 34-39절), 아론, 두령들 그리고 모세의 손에 대한 언급이 없다. 그는 이 자료가 어쩌면 PG에 속할 것이라고 생각하고 있는데, 그 이유는 그것이 민수기 1장에서 마음의 상태를 일반적으로 충분히 다루고, 3장에서는 덜 다루고 있기 때문이다. 레위인의 봉사에 대한 묘사는 용어의 다른 사용을 드러내고 있는 것으로 생각되며, 다른 저자로부터 나온 것으로 생각된다. 이것은 21-33절 대부분을 포함하고 있고, 4-15절에 있는 그와 일치하는 자료를 포함하고 있다. 제3의 저자는 5-15절에서 고핫 족속의 자료를 보다 많이 소개하고 있고, 반면에 같은 구절들을 가지고 작업하고 있는 제4의 저자는 여러 성물들의 덮개의 필요성을 강조하고 있다. 16절에 있는 엘르아살 자료가 덧붙여져 있고, 그러고 나서 17-19절은 고핫인들의 규정에 대해서 특별한 강조를 하고 있다. 소수의 보충이 있은 다음에 20절이 덧붙여져 있는데, 17-19절의 개념을 통하여 생겨난 것이다. "아론", "두령들" 그리고 "모세의 손"에 대한 첨가는 편집의 가장 늦은 시기에 붙여진 것이다.

민수기를 본질적으로 하나의 편집 단위로, 어떤 의미에서 한 저자의 작품으로 보려고 하는 우리의 시도는 출애굽기의 몇몇 부분에 의존한 증거를 통하여 전혀 위협을 받지 않는다. 민수기는 출애굽기와 긴밀하게 관련되어 있는 것으로, 한 전집물로서 한 권으로 만들어진 것이다. 내용의 반복은 회당에서 낭독되기 위하여 고안된 작품이라는 관념과 완전히 일치한다. 반복은 문학적 보록이라는 면에는 설명하기 어렵다는 사실은 당연하다. 어찌하여 보충자가 주된 자료가 이미 논의되었던 민수기 3장에 있는 분명한 지점에서 자기 자신의 자료를 삽입하지 않았을까? 그에게는 그렇게 하도록 할 충분한 여유가 있었던 것으로 보인다. 물론 반복이 문제의 전체를 차지하는 것은 아니다. 민수기 4장에 있는 주제는 여행을 위한 레위인들의 봉사다. 민수기 3장에서 강조는 돌봄과 보호에 대한 것이고, 4장에서는 옮김에 대한 것이다. 어투의 독특성에 대해서는 아래 "주석"에서 논의될 것이다. 그것들은 많은 양이 아니고, 또한 민수기 그 자체 내에서가 아니라 다른 제사 문서들 가운데서의 용법과 다른 것을 보여 주는 경향이 있다.

몇몇 사람에 의하여 제공된, 레위인의 숫자를 다루고 있는 단락들과 레위인의 봉사를 다루고 있는 단락들 사이에 날카로운 분리를 하는 것은 타당한 것처럼 보이지 않는다. 언어학적 혹은 문학적 근거에서 확신을 가지고 저자가 다르다고 가정할 충분한 증거는 없으며, 현재 그대로의 대부분의 자료에 관한 한 일종의 일관성이 있다. 민수기 3장에서 레위인의 봉사 문제를 다루고 나서 "돌봄"이 아닌 "옮김"에 대해 새로운 강조를 하고 있는 바와 같이, 여기서 그것을 추적한다는 것은 아주 잘 어울린다. 인구 조사가 봉사에 바람직한 레위인의 숫자를 정확하게 확인하기 위하여 고안되었으므로, 또 다른 인구 조사는 필수적인 부분이다. 본 장에는 합리적으로 분명한 구조가 있다. 각 레위 족속에 대한 인구 조사를 하라는 하나님의 명령(1-3, 21-23, 29-30절) 다음에 여행 시에 각 족속이 해야 할 일이 뒤따라온다(4-20, 24-28, 31-33절). 그러고 나서 각 족속이 계수되고(34-45절), 봉사할 수 있는 레위인의 총계가 계산되며(46-48절), 이스라엘의 복종에 관한 결론적 의견이 나타나 있다(49절).

세 개의 명령들이 언어학적으로 동일하지 못하다는 것은 사실이며, 이러한 종류의 자료에서는 아주 이례적이다. 각각의 명령의 구조에도 불구하고 사용된 개념의 순서를 포함하여 단락이 본질적으로 동일하다. 고핫 족속의 봉사에 대한 묘사는 게르손 족속과 므라리 족속과 비교해 볼 때 긴 것도 사실이다. 그러나 이것은 그들이 가장 거룩한 물품들을 나름으로써 위험에 가장 많이 노출되어 있다는 사실에서 볼 때 이해할 만하다. 이러한 특별한 단락 대부분이 고핫 족속들이 아닌 아론의 자손들이 여행할 준비를 해야 한다는 광범한 진술에 할애되어 있다. 고핫 족속들은 가장 거룩한 물품들을 날라야 하지만, 직접적으로 그것을 만지거나 혹은 보아서는 안 된다. 엘르아살 자료(16절)는 여기서 고핫 족속의 책임 소재 밖에 있는 몇몇 성소의 물품들을 가리키고 있다는 사실에서, 그리고 그것이 아론의 자손들이 시행한 궁극적인 관리를 재확인하고 있다는 사실에서 적절하다.

이러한 관찰은 물론 소량의 주석과 보충의 가능성을 배제하지 않는다. 34, 46절에 있는 단수 동사들은 이러한 주석이나 보충적 설명이 "아론"과 "회중의 두령들"이었다는 사실을 시사한다. 더 나아가서 전통적 요소들이 본 단락에 삽입되었을 가능성은 그래도 여전히 인정되어야 한다. 폴크(J. de Vaulx, *Nombres*, 53)는 설화 편집 골격을 1-3, 21-23, 29-30, 34-35, 49절에 두고, 이미 사용된 자료를 가지고 새로운 정보를 결합하고 있는 저자에 의한 회중의 진행을 말하고 있다. 그는 또한 본 단락 가운데서 현존하는 기록된 전승에 대한 가필과 개편을 인정하고 있다(85쪽). 전승의 요소들이 어느 곳이 되는지는 확인하기 어렵지만, 두 분야가 특별히 주시해 볼 가치가 있다.

1. 레위 전승

본 장에서 한 가지 독특한 특징은 레위 족속들이 본격적으로 봉사하는 시기가 30대와 40대 사이라는 진술이다. 그와 대조적으로 민수기 8:23-26에서 그 시기는 25세에서 50세이다. 역대상 23:24, 27; 역대하 31:17; 에스라 3:8에서 봉사를 20세 때 시작하고 상한 연령이 구체적으로 언급되어 있지 않다. 민수기 8:23-26에 있는 단락은 그 문제에 대한 하나님의 선언임을 명시하고 있고, 그것이 틀림없는 저자의 최종적인 관점을 나타내고 있다. 여기에 있는 정보는 지나가면서 언급되어 있다. 여기서 어느 정도 시간상의 타당성을 보이고 있는 30-50세라는 전승이 옛 레위기 법 형태를 나타내고 있다는 사실은 최소한 가능성이 있다. 샌디스-분쉬(J. Sandys-Wunsch, *Numbers*, 29)는 채를 꿰는 문제(6절)가 같은 범주에 들어올 수 있었다고 말한다. 그는 "삽입"(꾐)이라기보다는 "조절"을 의미할 수 있다는 그래이의 개념을 받아들이지 않고 있는데, 어떤 종류의 조절이 있을 수 있는지를 파악하기가 어렵다는 것이다. 여기서 움직이는 법궤를 매우 오래된 고대 전승으로 파악하는 그가 옳은지의 여부는 확실하지 않지만, 채를 꿰는 것이 그러한 전승에서는 좀더 타당할 것이라는 주장이다. 그는 고핫 족속의 단락이라는 보다 거대한 부분을, 고핫 족속의 집단에까지 거슬러올라갈 수 있는 옛 장막 전승을 구체적으로 나타내고 있는 것으로 파악하는 경향이 있다. 그러한 가정에 편들어 주는 가장 강한 암시는, 그들이 여기서 아론에게 지워진 직임을 행할 권리를 가졌다는 어떤 상반되는 주장을 내포하고 있는 것으로, 그들의 관여에 대한 15, 17-20절에 나오는 강력한 이의 제기다. 이것은 단지 하나의 이론에 불과하지만, 이 단락 전체는 구분의 명확한 선을 긋고자 하는 갈망을 나타내고 있으며, 이러한 종류의 분야에서 포로 후기의 긴장을 반영하고 있는 것이 확실하다. 이것들은 어쩌면 바벨론 유대교와 팔레스틴 유대교 사이의 긴장일 것이며, "덮개"는 아론 자손의 고유의 영역에 대해 고핫 족속의 침해를 미연에 방지하는 한 방법일 것이다.

기록된 전승이 4-15절에 삽입되었을 수도 있다는 하나의 단서는 17-20절의 특징이다. 드 폴크(*Nombres*, 85)는 올바르게 그것들을 하나의 짧은 할라카식 주석이라고 부른다. 그것들은 당연히 저자 자신으로부터 나온 것일 수 있으며, 고핫 족속들이 실제적으로 레위인의 봉사직으로부터 배제될 가능성이 있다는 구체적인 현안 문제에 대한 대처로 보인다. 하나님이 인정하신 것이라는 서론(17절), 4-15절에 제안된 내용이 모든 관련된 자들(19절)을 위해 선하고도 바르다는 부가적 주장, 그리고 5절의 "아론이 들어갈지니라"는 주장을 하고 있는 20절의 확고한 진술과 함께, 이 문제는 저자 자신의 판결을 제공하기에 적절하다고 보았던 직접적인 관심사 및 관련성을 가졌을 수도 있다. 그 곳에 들어가는 자는 오직 아론 한 사람뿐이어야 할 것이다. 고핫 족속들은 가장 거룩한 물품들을 보지도 말아야 한다.

16절이 한 구체적 엘르아살 제사장직으로부터 나온 매우 오래된 고대의 전승을 담고 있다는 사실을 가정할 만한 강력한 이유는 없다. 최소한 이러한 책임들 가운데 몇몇은 포로기 사독 계열의 제사장들에게 일반적으로 전승되었을 것임에 틀림없다. 비사독 계열 레위인들에게 성전의 권리를 물려줌에 있어서 그들은 그들 자신들을 위한 책임의 어떤 영역을 보존하기를 갈망했었다.

2. 인구 조사

여기에 제시되어 있는 숫자들은, 비록 이 연령층에 있는 남자들의 규모가 22,000명의 총계에 비하여 예상보다 더 높을지라도, 민수기 3:22, 28, 34에 있는 그들과 당연히 관계가 있다. 이 비교적 개략적인 숫자들이 실질적인 인구 조사의 결과(포로 후기나 혹은 그 밖의 기간)를 나타내고 있다는 사실은 있을 법하지 않다. 에스라 2:40-58=느 7:43-60에 제시된 정확한 숫자들은 비교적 거짓이 없는 것이다. 이 숫자들은 이미도 민수기 1-3장에 묘사된 것과 같은 공동체의 규모에 대한 일반적 조건에 근거한 저자 자신의 해석일 것이다. 그의 주요 관심은 레위인의 봉사를 위하여 자격을 갖춘 자들의 적절한 숫자가 필수적인 것임을 보여 주기 위한 것이다. 그 규모(고핫 – 2,750명, 게르손 – 2,630명, 므라리 – 3,200명)는 각 그룹이 그 직분을 적절히 이행하기에 필요한, 대략적으로 균형잡힌 평가에 기초했을 수 있다.

주석

[2] "총계할지니"(נָשֹׂא אֶת־רֹאשׁ – 나시 에트-로쉬)(참조. 22절). 민수기 1:2의 "주석"을 보라.

"가족"과 "종족"에 대해서는 민수기 1:2에 있는 "주석"을 보라.

[3] "그 역사에"(לַצָּבָא – 랏차바). 여기서 어근은 "전쟁" 혹은 "군대 무리"에 대해서 보다 자주 사용된다. 23, 30, 35, 39, 43 그리고 민수기 8:24-25에서 이것이 성막에서의 봉사에 대해 사용되기 위해 다시 나타난다. 이것은 출애굽기 38:8; 사무엘상 2:22에서 여인들의 성소에서의 봉사에 대해서 사용되고 있는데, 주석가들에 의하면 전자의 구절은 후기의 본문이고, 후자는 자주 하나의 해석으로 간주된다. 군사적 개념이 본래적 의미일 것 같다. 어근은 힘든 일과 고통에 대해서도 사용될 수 있다(사 40:2; 욥 7:1). 민수기 저자는 레위인의 봉사가 무기를 나르는 것으로서 이스라엘 군대의 행진에 절대 필요한 것이라는 사실을 보여 주기를 바라고 있다.

[4] "회막"에 대해서는 민수기 1:1의 "주석"을 보라.

"지성물"(קֹדֶשׁ הַקֳּדָשִׁים – 코데쉬 하카도쉼). 이러한 언급의 요점은 완전히 명쾌하지 않다. 스나이드(N. H. Snaith, *Numbers*, 194)는 이것이 "회막"에 대한 하나의 주석("지성소"를 의미하는)이라고 생각한다. 이 문구는 고핫 족속의 봉사의 특별한 존엄성에 대한 언급일 수 있다. 아마도 이것은 고핫 족속들이 책임을 지고 있는 특별히 거룩한 물건들을 가리킬 것이다(참조. 출 30:10, 29).

[5] "간 막는 장"(אֵת פָּרֹכֶת הַמָּסָךְ – 에트 파로켓 함마싸크). P는 모두 세 개의 휘장을 가지고 있다. 뜰 문에 하나(출 27:16), 장막 입구에 하나(출 26:36; 민 3:25) 그리고 장막 내부에 하나(참조. 출 30:10, 29)이다. 여기에 묘사되어 있는 것은 법궤를 가리킬 것이고, 그래서 가장 안쪽에 있는 것임에 분명하다.

"증거궤"에 대해서는 민수기 1:50, 53의 "주석"을 보라.

[6] "가죽"(תַּחַשׁ – 탁하쉬; 참조. 8, 10-12, 14, 25절). 여기서 이것이 무엇을 의미하는지에 대해서는 확실하지 않다. 제안된 의미들은 "오소리 가죽"(AV, "바다표범 가죽"(RV), "염소 가죽"(RSV), "돌고래 가죽"(NEB), "바다 코끼리 가죽"(NEB 각

주), “고급 가죽”(fine leather-JB) 등이다. 아랍어에서 탁하스(taḫas)는 “돌고래”(dolphin)이고, 그래서 바다의 몇몇 생물들 가운데서도 돌고래가 좀더 나은 편이다. 스터디(J. Sturdy, *Numbers*, 38)는 그러한 짐승들이 여기에 의도된 목적에 정당한지에 대해 의심한다. 그는 “염소 가죽”이 제외되어야 한다고 확신한다. “가죽”은 애굽어에서 빌려온 단어에서 파생되었다(참조. 겔 16:10). G는 휘아킨띠논(*ὑακινθινον*)이라는 색깔을 “히야신스 자주”로 이해하지만, 아마도 이 단어에 대해 혼란을 일으킨 것 같다. 어떤 종류의 가죽이 의도된 것으로 보이는데, 즉 에스겔 16:10에서 그 재료가 신발을 만드는 데 사용된 것으로 보인다. 므라리 족속의 짐이 그것을 필요로 하고 있지 않은 것으로 보이므로, 그 자료는 고핫 족속들과 게르손 족속들에 의하여 옮겨진 보다 거룩한 항목들을 보호하기에 필요로 했던 것으로 보인다.

“순청색”(תְּכֵלֶת – 테켈렛). 스나이드(*Numbers*, 194-95)에 따르면, 이 색깔은 푸르스름한 자주색일 것이다. G는 또다시 휘아킨띠논(*ὑακινθινον*)을 사용하고 있다.

7 “진설병의 상”(שֻׁלְחַן הַפָּנִים – 술칸 하파님). 이 문구는 특이하다. 의도된 이 상은 출애굽기 25:23-30에 묘사되어 있다.

“대접들”(הַקְּעָרֹת – 학카로트). Snaith, *Numbers*, 195를 보라.

“주발들”(הַכַּפֹּת – 하카포트). 어근은 “손”을 의미한다. 이 물품들은 아마도 향을 위한 것 같다(참조. G).

“잔들”(הַמְּנַקִּית – 함나키트). 주발로부터 술을 따르기 위한 것이다(참조. G).

“붓는 잔들”(קְשׂוֹת הַנָּסֶךְ – 퀘소트 한나쎄크). 붓는 헌주를 위한 것이다. 이러한 여러 기구들이 출애굽기 25:29에 처음으로 언급되어 있다.

“항상 진설하는 떡”(לֶחֶם הַתָּמִיד – 렉헴 핫타미드). 이러한 표현은 특이하다(참조. 출 25:30). 떡은 성소에 펼쳐 놓여져야 하는 12덩이이며, 매주마다 교체되었다(레 24:5 -9). 이 떡은 본래 하나님을 위한 음식으로 생각되어 왔으나, P에서는 그것이 매일의 공급을 위한 이스라엘의 하나님에 대한 의존의 표시일 것이다.

9 “등대”(מְנֹרַת הַמָּאוֹר – 메노라트 함마오르). 이러한 표현은 이 곳과 출애굽기 35:14에만 나타난다. 그것은 출애굽기 25:28; 레위기 24:4에 묘사된 일곱 가지를 가지고 있는 등잔을 가리킨다.

“불집게”(מַחְתֹּתֶיהָ – 막흐토테히). 이 단어는 분명히 불로부터 떨어지는 문질을 잡기 위한 도구를 나타낸다. 이 단어는 재를 옮기기 위한 도구(출 27:3), 향을 집기 위한 도구(레 10:1; 민 16:6)에 대해 사용될 수 있다.

10 “옮기는 받침”(הַמּוֹט – 함모트; RSV), NEB는 “채에 달린 밧줄”(slung from a

pole)을 가지고 있다. 이 단어는 12절에서 다시 나오고, 민수기 13:23(여기서는 일종의 채가 당연히 포함될 수 있다)과 나훔 1:13에 나오는데, 나훔서에서 "멍에"는 타당한 번역이다.

11 "금단"(מִזְבַּח הַזָּהָב – 미즈바흐 하자하브). 이것은 출애굽기 30:1-10에 처음으로 묘사된 향단이다. 그것은 제2성전보다 더 오래된 것은 아닌 것 같다.

13 "자색"(אַרְגָּמָן – 아르까만). 이것은 6절의 "순청색"(תְּכֵלֶת – 테켈렛)과 대조되는 붉은 색을 띤 빛깔을 가진 것일 것이다. 이 두 색깔은 베니게 해안에서 나는 조개로부터 얻어질 수 있었던 것이다.

14 "갈고리들"(הַמִּזְלָגֹת – 함미즐라고트). 사무엘상 2:13에 있는 갈고리는 세 갈래가 있는 것이고 희생제물 가운데 제사장의 몫을 끄집어내기 위하여 사용되었다. "대야들" 혹은 "던지는 주발들"[NEB](הַמִּזְרָקֹת – 함미즈라코트). 이것들은 여러 희생제사 법에서 요구하고 있는 바와 같이 제단에 뿌리는 피를 위하여 사용되었다.

16 엘르아살은 이 네 항목을 위한 특별한 책임을 받았다. 이것은 곧 고핫 족속이 아닌 그가 그것들을 옮기도록 요구되었다는 것을 의미한다. 그는 분명히 그것들에 대한 책임을 지고 있었음에 틀림없다: "등유"(שֶׁמֶן הַמָּאוֹר – 쉐멘 함마오르; 참조. 출 27:20). "향품"(קְטֹרֶת הַסַּמִּים – 퀘토레트 하싸밈; 참조. 출 25:6; 30:34-38), 항상 드리는 소제물"(מִנְחַת הַתָּמִיד – 민하트 하타미드). 이 문구는 느헤미야 10:33에 나타나지만 오경에서는 유일하다. 그것은 아마도 레위기 6:13-15에 인용된 제사인 것 같다. "관유"(שֶׁמֶן הַמִּשְׁחָה – 쉐멘 함미슉하; 참조. 출 30:22-33).

18 "지파"(שֵׁבֶט – 쉐베트). 열두 지파 중 하나의 분파를 위하여 이 단어를 사용한 것은 특이해 보인다. G. B. Gray, *Numbers*, 37에 있는 논의를 보라.

21, 28. 게르손 족속의 봉사와 관련된 여러 항목들에 대해서는 민수기 3:24-26에 있는 "주석"을 보라.

26 "이 모든 것을 어떻게 맡아 처리할 것"(וְאֵת כָּל־אֲשֶׁר יֵעָשֶׂה לָהֶם – 웨에트 콜-아쉐르 예아세 라헴). 이것은 갈고리와 고리를 풀고 나르는 일을 용이하게 하기 위하여 휘장들을 말아 올리는 일을 포함할 수도 있다.

29, 33. 므라리 족속의 봉사와 관련된 여러 항목들에 대해서는 민수기 3:36-37의 "주석"을 보라.

34 "족장들"(נְשִׂיאִים – 네시임)의 관여는 민수기 1:16에 있는 인구 조사에서 그들의 관여를 반영하고 있다. "회중의 족장들"이라는 이 특별한 문구는 민수기 16:2과 출애굽기 16:22에서 또다시 나타난다.

해설

이 단락은 또 다른 레위인의 인구 조사를 제공하고 있는데, 이 경우에는 30세에서 50세 사이의 모든 남자로서 장막의 봉사에 자격이 있는 사람들을 포함하고 있다. 이 명령은 계수되어야 할 각 레위 족속에게 주어지고(1-3, 21-23, 29-30절), 그 결과가 수집되어 있다(34-39절). 각 족속의 다른 기능들에 관한 보다 구체적인 세부 사항들 역시 주어져 있는데, 특히 그 세부 사항은 이스라엘이 행진해 나갈 때 성소의 여러 물건들을 나르는 일과 관련되어 있다. 본 장에는 고핫 족속(4-20절), 게르손 족속(24-28절), 므라리 족속(31-33절)에 관한 정보가 들어 있다.

또 다시 본 장의 구조 가운데는 복잡한 사실들이 들어 있지만, 그것이 본질적으로 하나의 단위로 이해되도록 해주는 통일된 형식도 있다. 새로운 자료가 이미 주어진 정보에 대한 해설과 또한 보다 자세한 설명 가운데 삽입되어 있는 일반적인 기교가 들어 있다. 인구 조사 자료와 봉사에 관한 자료가 각기 다른 기원을 가지고 있다고 상상할 필요는 없다. 봉사를 하기에 적절한 자들을 밝히고 있는 예견된 종류의 인구 조사는 그 봉사가 수반하고 있는 내용을 상기시켜 주도록 해주는데, 특히 여행을 위한 준비 문제에 이르게 될 때 이 분야에 대해 보다 많은 설명을 해야 할 것 같다.

1-3, 21-23, 29-30절. 여기서 저자는 두 번째 레위인 인구 조사를 하라는 야웨의 명령을 설명하고 있다. 같은 말을 반복하고 있지는 않으나 유사한 방식으로 반복하고 있는 것은 독자들로 하여금 낭독을 위한 본문임을 상기시켜 주면서 그 인구 조사가 가장 지고한 권위(하나님)에 의하여 시행되어야 한다는 사실을 상기시켜 주고 있다. 저자는 독특한 방식으로 자기가 이미 놓았던 기초 위에 레위인 계수에 대한 개념(민 3:15), 회막의 기구와 내용물과 관련된 레위인의 봉사에 대한 관념(민 1:50)을 건축해 나가고 있다. 봉사의 기간을 20년이라고 규정하면서(30-50세), 그는 옛 레위 전승을 당연히 삽입시켰을 수 있다. 봉사의 시기에 대한 하나님의 구체적인 판단은 최종적으로 민수기 8:24에 나타난다.

4-16절. 봉사하기에 적절한 고핫 족속들의 인구 조사가 있어야 할 것이므로, 고핫 족속들의 봉사는 정확하게 무엇이며, 특별히 어느 때에 이스라엘이 출발해 나갈 준비가 되는가? 여기서 저자는 민수기 3장에서 이미 발전시켰던 관념들을 상기시키고 또한 반복하고 있다 – 즉 고핫 족속의 봉사는 성막의 중심부에 있는 성물들에 대한 책임을 부과하고 있고, 엘르아살은 전반적인 관리를 해야 한다(민 3:31-33).

저자는 이제 이러한 정보에 대한 한층 더 자세한 설명을 제공할 준비가 되어 있다. 고핫 족속의 책임은 이러한 성물을 취급할 권리를 가지고 있지 않다. 이 고핫 족속들에 대한 확장된 단락 가운데서 저자가 말하고자 한 주안점은 바로 이것이다. 성막을 철거할 시기가 올 때, 아론과 그 아들들은 고핫 족속들이 그것들을 취급하지 않도록 그 성물들 위에 다방면으로 덮개를 씌우는 준비를 해야 한다.

아론과 그 아들들은 모두 합쳐서 여섯 개의 커다란 짐을 만든다. 이것들은 법궤(휘장으로 덮어진), 위에 도구와 떡들이 있는 상, 등잔과 그 기구들, 금향단, 특별히 어떤 가구에 속하지 않은 여러 기구들 그리고 번제단이다. 저자는 특별히 덮개에 관심을 두고 있는데, 그 이유는 이것들이 고핫 족속들로 하여금 직접적으로 성물을 만지지 못하도록 막아 주기 때문이다. 떡상이 떡과 그 기구들을 덮는 주홍색 덮개를 가지고 있기는 하지만, 처음 다섯 개의 성물들의 덮개는 보랏빛이다. 번제단의 덮개는 자줏빛이다. 모든 여섯 개의 짐꾸러미는 보호를 하기 위하여 또다시 가죽 덮개를 가지고 있다. 법궤만이 가죽 위에 색깔을 가진 덮개를 가지고 있는데, 아마도 확인하기 쉽도록 하기 위함인 것 같다. 이러한 정보 배후에 옛 레위인 전승이 놓여 있다는 사실은 가능하지만, 이것을 저자 자신의 원본으로부터 구별해 내기는 어렵다. 문제의 열쇠는 고핫 족속들의 보호다.

일단 짐꾸러미들이 아론과 그 아들들에 의하여 정리가 되면, 그것들은 고핫 족속들을 통하여 옮겨지게 된다(15절). 레위인들에게 법궤와 관련된 이러한 특권을 줌으로써, 저자는 전승에 정당하게 행하고 있는가에 신경을 쓰고 있다. 짐마차로 운반하는 것이 가장 오래된 운반 전승일 수도 있는데(삼상 6:8; 삼하 6:3), 이 두 언급이 예루살렘을 야웨의 성소로 비준하는 신명기 역사의 옛 부분에 나타나고 있다. 법궤를 취급할 수 있는 레위인의 권리가 인정되는 것으로 보이고(삼상 6:15), 또 이것이 계승 설화 가운데서 사무엘하 15:24 가운데 보존되어 있을지라도, 29절은 요점에 분명하지 않고 24절에 있는 주석의 가능성이 인정되어야 한다. 다른 전승은 법궤 취급을 제사장의 기능으로 간주했고(수 3:6, 8, 13-15, 17), 신명기 사가는 이 사람들을 레위 제사장들이라고 밝히기를 주저한다(수 3:3). 민수기 저자는 레위인의 운반의 원리를 부여함으로써 이러한 전승들을 함께 묶어 놓고 있지만("레위인"이라는 그의 한계를 정하는 용어 가운데서), 아론 자손의 운반을 위한 준비와 그들의 총 지휘의 원리를 주장하고 있다. 엘르아살을 위하여 정해진 항목들은 바벨론에 있는 사독 계열 제사장들에 대한 전승적 권리를 예시하고 있다. 저자는 이 점에서 어떤 조종이나 타협을 하려 하고 있지 않다.

17-20절. 저자는 여기서 자신이 방금 제시했던 자료에 대해 할라카식 관찰을 제공하고 있다. 이 모든 것은 고핫 족속들이 성물을 보지도 말아야 하는 것을 의미하는가? 그 대답은 "그렇다"는 것이다. 귀환한 포로들이 특별히 "고핫 족속의 문제"에 대해서 어색해 했었다는 사실은 아주 그럴듯해 보인다. 아마도 이것은 저자의 새로운 관념이 가장 큰 긴장감을 주는 것이었을 것이다. 문제는 다시 민수기 16-17장에 있는 고핫 족속인 고라와 관련하여 일어나고 있으며, 엘르아살이 담당하도록 되어 있는 항목들은 문제가 되어 있는 항목들 중의 하나였을 수 있다. 고핫 족속을 끊어지게 말라는 압력은 당연히 그들을 제거하자는 사람들이 있었다는 것을 암시한다(18절). 저자는 이것을 피하려고 고심하고 있지만, 귀환한 제사장들의 기본적인 위치를 주장하려는 의도가 있다. 고핫 족속들은 그 규정들이 그들의 지위를 떨어뜨리거나 혹은 그들에게서 특권을 강탈하기 위해 의도된 것이 아니라, 그들을 위험으로부터 보호하기 위한 것이라는 사실에 대해 설득을 받았음에 틀림없다.

24-28, 31-33절. 고핫 족속의 문제가 명백하게 밝혀짐과 동시에 이제는 게르손 족속과 므라리 족속의 봉사를 진술함으로써 그림을 완성하는 일이 남아 있다. 실제적으로 이것은 "봉사"가 문제시된 항목들을 운반하는 일을 포함하여 보다 자세한 설명을 가지고 있는, 반복된 자료라는 익히 잘 알고 있는 방식(민 3:25-26, 36-37으로부터)을 의미했다. 출애굽기 38:21에서는 이다말이 레위인들을 관장하는 책임을 지고 있다. 고핫 족속들이 엘르아살의 특별한 관장을 필요로 하고 있다는 관념을 취급하고 나서, 저자는 게르손 족속들과 므라리 족속들을 이다말의 관장 아래 두고 있다(28, 33절).

민수기 3-4장에 진술된 바와 같이, 제사장들과 레위인들 사이의 관계 정립은 포로 후기에는 중요한 일이었다. 근본적인 구별은 광야 시기로 돌아가고 있고, 모세를 통한 하나님의 명령의 궁극적 권위가 주어진다. 이러한 구별의 원리들은 제2성전에 적용하는 일은 쉽고, 역대기 저자는 이것을 어느 정도 노래하고 문을 지키고 희생제사를 돕는 일을 다윗 시대의 레위인의 임무들로 돌리면서 이 일을 하고 있다. 거기에는 성전의 기구, 가구 그리고 도구들과 관련하여 돌보고 보호하는 일에 대한 레위인의 영예로운 사역이 있고, 또한 아론에 대한 도움이 있으나, 규정되어야 할 구비 자격과 해명이 들어 있다. 이러한 사역은 그러한 모든 항목들에까지 확대되지는 않고(16절), 지성소의 물품들을 책임지고 있는 고핫 족속들은 꼼꼼히 관장을 받아야 하고, 어떻게 해서든 다루어야 할 물품을 직접 보거나 손으로 만져서는 안 되는 것이다.

34-49절. 저자는 이제 인구 조사의 결과들을 설명할 준비가 되었다. 이 숫자들은 아마도 각 그룹이 자기들의 직분을 이행하기에 필요로 했던 내용의 부과에 근거하여 저자 자신이 작성한 것으로 보인다("양식/구조/배경"을 보라). 포로 후기 유대교에서 이방인이었던 사람을 확인하여 배제시키기 위한 투쟁을 하고, 또한 진짜 유대인임에 대한 신원 확인을 위하여 투쟁하는 가운데 있었던 상황에서 인구 조사는 분명히 중요한 역할을 했다. 저자에게 그 숫자는 또한 독자들과 청중들로 하여금 레위인의 사역의 중요성을 더 강조하는 기능을 한다.

신학적으로 본 단락은 계속하여 하나님의 거룩하심이라는 주제를 살펴 나가고 있다. 제사장들과 고핫 족속들 사이의 구별의 해명은 계급적 형태를 더욱 날카롭게 하도록 만든다. 민수기 3장의 논의 가운데서 제시한 바와 같이, 이러한 형태는 하나님의 거룩하심으로부터 보호하기 위하여 고안되었고, 또한 거룩하신 하나님께서 자신을 드러내시어 이스라엘을 만나주실 수 있는 확실한 구조이기도 하다.

이 단락은 또한 성막과 그 안에 있는 법궤의 기동성을 밝혀 주기도 한다. 행진하는 이스라엘이라는 묘사는 공동체의 구조를 진술하려는 의도를 가진 이 서론적 주요 단락 가운데서도 계속되고 있다. 민수기의 하나님은 시간이나 장소에 묶여 계시지 않는다. 거기에는 해야 할 철거, 여행, 짐을 나르는 일이 있다.

성직 계급의 독특성을 밝히기 위한 꼼꼼한 관심은 신약성경에 비추어 고대적이고 율법적인 것으로 보일 수도 있다. 그럼에도 불구하고 그것은 포로 후기 "유대인의 혁명" 가운데 필요 불가결한 부분이었다. 그 운동은 이방인의 종교와 문화를 배제하고 유대인의 정체성을 회복하려는 목적을 가졌던 에스라와 느헤미야가 주도적인 부분을 감당했다. 그것은 상황의 실체에 영향을 주고 맞추는 일이 포함되있다. 이러한 진정한 정체성 확인과 신분 확인의 의미에 대한 추구는 역사 전체를 통하여 하나님 백성의 적절하고도 필수적인 문제로 남아 있다.

6. 제사장들과 공동체의 청결(5:1-4)

참고문헌

Douglas, M. *Purity and Danger. An Analysis of Concepts of Pollution and Taboo.* London: Routledge and Kegan Paul, 1966. **Milgrom, J.** "Two Kinds of *hatta't.*" *VT* 26(1976) 333-37. **Neusner, J.** *The Idea of Purity in Ancient Judaism.* Leiden: Brill, 1973. **Tucker, G. M.** "Covenant Forms and Contract Forms." *VT* 15(1965) 487-503.

본 문

1 여호와께서 모세에게 일러 가라사대
2 이스라엘 자손에게 명하여 모든 문둥병 환자와 유출병이 있는 자와 주검으로 부정케 된 자를 다 진 밖으로 내어보내되

3 무론 남녀하고 다 진 밖으로 내어보내어 그들로 진을 더럽히게 말라 내가 그 진 가운데 거하느니라 하시매
4 이스라엘 자손이 그같이 행하여 그들을 진 밖으로 내어보내었으니 곧 여호와께서 모세에게 이르신 대로 이스라엘 자손이 행하였더라

1 And Yahweh spoke to Moses, saying,
2 "Command the people of Israel that they expel from the camp every person who has a skin disease or a bodily discharge, or who is unclean through contact with a corpse.
3 You shall expel both male and female. You shall expel them from[a] the camp, so that they do not defile the camp within which I dwell."
4 And the people of Israel did so, and expelled them from the camp. The people of Israel did as Yahweh ordered Moses.

원문주해

3.a. GKC § 119e에 따르면 여기서 전치사의 결합은 각기 그것의 충분한 의미 – "~의 면전에서"(out in front of) – 를 가지고 있다. 영어에서 "~으로부터"(from)는 "축출"이란 단어와 결합될 때 충분한 것으로 보인다.

양식/구조/배경

본 단락은 P설화의 보다 기본적인 형태에 대한 보록이라는 사실이 널리 받아들여져 왔다(참조. J. Wellhausen, *Hexateuch*, 176; A. Kuenen, *Hexateuch*, 92-93; M. Noth, *Numbers*, 44-45). 유출이 있는 자와 죽음과 접촉하는 자는 축출의 근거가 된다는 규례는 레위기 13-15장에 있는 입장 너머로 우리를 이끌고 가는 것처럼 보이

는데, 그 곳에서 형벌은 피부병에만 적용되었다. 그래이(G. B. Gray, *Numbers*, 39)는 민수기 6:22-27과 함께 이러한 구절들이 민수기 1-4장에 있는 PG설화에 대한 적절한 결론을 이룰 수 있다는 사실을 생각하면서 덜 확신을 가진다.

켈러만(D. Kellermann, *Priesterschrift*, 63-65)은 본 단락을 비교적 후대의 것이라고 판단한다. 그는 그것을 레위기 13-15장에 근거한 법으로 보고, 광야라는 이상화된 입장을 가진 법으로 본다. 3절 상반절에 있는 여인과 4절 상반절에 있는 소수의 첨가 부분은 켈러만이 율법 자체의 보록으로 취급하고 있는 요소일 뿐이다.

레위기 13-15과의 관계는 우리가 채택한 편집과 저작권에 대한 견해에 난점을 제공하지 않는다는 사실이 분명하다. 이 단락 전체는 레위기 13:46에 있는 모든 형태의 확실한 부정에 이르기까지 축출의 원리를 확장하고 있는, 민수기 저자가 삽입하고 작성했을 수 있는 할라카식 해석이다. 2인칭으로 되어 있는 것과 같이 구성된 3절은 민수기 12장(3절 상반절)에 있는 미리암의 축출을 위한 길을 준비하고 있을 수도 있고, 그러한 결정(3절 하반절)에 대한 견고한 신학적 근거를 준비하고 있을 수도 있다.

주석

[2] "문둥병"(צָרוּעַ – 차루아). 이 단어는 분명히 다양한 피부병, 특히 드러난 염증을 가지고 있는 피부병들을 망라하고 있다. 그러므로 전통적 번역인 "문둥병"은 오해를 불러일으킬 수 있다.

"유출병"(זָב – 자브). 특히 그러한 사람들은 레위기 15장에 있는 것과 같은 성생활과 관련되었다. 종교적 불결의 개념에 대한 궁극적 기원은 불확실하다. 이에 대한 논의와 의견들을 보려면 M. Douglas, *Purity and Danger*를 보라.

밀그롬(J. Milgrom *VT* 26[1976] 333-37)은 "진 밖"이 더러운 장소가 아니라 의식적으로 중립적인 것을 가리킨다고 주장한다. 성소와 진영에 닥칠 위험이 진정한 문제점이다.

해설

이 단락은 모든 부정한 사람들을 진 밖으로 축출하라고 요구하고 있다. 염두에 두고 있는 부정의 종류는 여러 종류의 피부병, 몇몇 종류의 유출병, 시체와의 접촉을 포함하여 의식적이고 실질적인 부정이다.

어떤 주석가들은 이 법과 민수기 5-6장에 있는 "다양한" 다른 법들을 상기시켜 준다. 노트(M. Noth, *Numbers*, 44-45)는 "어떤 특별한 계획이 없이 함께 연결된 첨가물"에 대해서 말한다. 이것은 저자의 작품에 보다 덜 공평하다. 제사장 계급이라는 내적 구조를 검토하고 나서(3-4장), 그는 이제 공동체 구조에 대한 자신의 전반적인 논의 가운데 하나의 새로운 분야에 들어가려 하고 있다. 그가 강조하기를 바라는 것 한 가지는 진영의 청결인데, 폴크(J. de Vaulx, *Nombers*, 89-90)와 스터디(J. Sturdy, *Numbers*, 41)는 이것을 민수기 5-6장 전체 가운데 있는 내적 일관성의 가닥(thread)이라고 정확하게 밝히고 있다. 민수기 1-4장에서 진영의 구조에 대한 세밀한 논의 후에 그 문제가 여기서 다루어져야 한다는 사실은 아주 적절한 것으로 보인다. 그 점은 분명히 행진이 시작되기 이전에 밝혀져야 한다.

저자는 이제 제사장과 백성들 사이의 관계의 영역 속으로 들어가고 있는 것처럼 보인다. 제사장과 레위인의 그 관계는 민수기 3-4장에서 광범위하게 검토되었다. 이제 관계들에 대한 이해를 고려할 때이다. 비록 여기에 제사장들에 대한 구체적인 언급은 없을지라도 – 그것은 4절에서 순종하는 "이스라엘 백성들"이다 – 제사장들의 진단에 큰 강조를 하고 있는 레위기 13-15장에 비추어 의심이 있을 수 없는데, 그 제사장들이 여기서 이러한 사건들 가운데 그 중심 위치를 차지하고 있다. 이 분야에서 원리가 세워지는 것이 귀환하는 포로민들이라는 제사장의 신정국가에게는 분명히 중대한 문제였다. 시민의 힘은 궁극적으로 페르시아인의 손에 있었고, 제사장직이 공동체 내에서 그 역할을 설계해야 한다는 사실은 피할 수 없는 일이었다. 1-4절의 내용은 아마도 이것의 한 면이었을 것이다. 공동체의 의식적 청결을 위한 책임을 떠맡는다는 것은 제사장직이 자유로 시행해야 했던 제1차적 기능이었다. 그것이 수년 동안 바벨론에서 시행되어 왔을 수도 있다. 청결에 대한 이러한 원리들 가운데 몇몇은 팔레스틴에서 당연히 무시되어 왔을 수도 있고, 그래서 그들의 재확인은 유대인임에 대한 재발견에 필수 불가결한 것이었다. 진영의 청결에 대한 지속적인 강조는 포로 후기 시대의 "그 땅의 백성"에게 어느 정도의 대립을 반영하고 있다.

청결에 대한 저자의 접근은 이미 신명기에 잘 개진된 바 있다. 보다 오래된 본문들은 의식적 청결의 문제에 있어서 어떤 행동들이 특별한 주의를 요했다는 사실을 암시했다. 전쟁은 분명히 이것들 가운데 하나였을 텐데(삼하 11:11-13과 어쩌면 삼상 21:6도), 아마도 그것이 자주 거룩한 행동으로 이해되었기 때문일 것이다. 적극적인 독립에 대한 새로운 정신을 추구하면서 신명기는 이러한 옛 원리들 가운데 많은 것들을 부활시키고 있으며, 그것들에서 생생한 일관성을 찾고 있다(참조. 신 23:9-14). 민수기 저자는 전 공동체에게 청결의 원리들을 확장시켜 나가면서, 또 전통적으로 더럽히는 그러한 현상들을 구체화하면서 이 일반적인 전승을 수행하고 있다. 특히 피부병은 비교적 초창기 전승에서 축출을 수반했었다(민 12:15; 왕하 7:3; 15:5). 오염시키는 것에 대한 인식은 분명히 깊이 뿌리박힌 혐오스러운 것들을 반영하고 있는데, 그러한 사람들의 원인이나 기원은 발견하기가 어렵다. 더글라스(M. Douglas, *Purity and Danger*)는 얼마나 많은 이러한 혐오스러운 것들이 "질서"와 "조화"에 대한 감각을 침해하는지를 보여 주고 있다.

여기에 확인된 원리들은 공동체 중심부에 거하시는 하나님에 대한 저자의 신학적 이해에 대한 논리적 결과다(3b절). 하나님과 대면하는 이 모든 것들은 의식적(儀式的)으로 정결케 되어야 한다. 오염된 모든 것은 그분의 거룩을 침해하며, 그래서 엄격하게 축출되어야 한다. 신약성경은 "오염"에 대한 순전히 의식적인 이해를 약화시키고 있으며(참조. 막 7:19), 그로 말미암아 도덕적 거룩에의 위탁을 강조하고 있다(참조. 벧전 1:15).

7. 제사장들과 죄값(5:5-10)

참고문헌

Kellermann, D. "'*Asham* in Ugarit?" *ZAW* 76(1964) 319-22. **Latley, C.** "Vicarious Solidarity in the Old Testament." *VT* 1(1951) 267-74. **Saydon, P. P.** "Sin-Offering and Trespass-Offering." *CBQ* 8(1946) 393-98. **Thomson, H. C.** "The Significance of the Term '*Asham* in the Old Testament." *TGUOS* 14(1953) 20-26.

본 문

5 여호와께서 또 모세에게 일러 가라사대

6 이스라엘 자손에게 이르라 남자나 여자나 사람들이 범하는 죄를 범하여 여호와께 패역하여 그 몸에 죄를 얻거든

7 그 지은 죄를 자복하고 그 죄 값을 온전히 갚되 오분지 일을 더하여 그가 죄를 얻었던 그 본주에게 돌려줄 것이요

8 만일 죄 값을 받을 만한 친족이 없거든 그 죄 값을 여호와께 드려 제사장에게로 돌릴 것이니 이는 그를 위하여 속죄할 속죄의 숫양 외에 돌릴 것이니라

9 이스라엘 자손의 거제로 제사장에게 가져오는 모든 성물은 그의 것이 될 것이라

10 각 사람의 구별한 물건은 그의 것이 되나니 누구든지 제사장에게 주는 것은 그의 것이 되느니라

5 And Yahweh spoke to Moses, saying,

6 "Speak to the people of Israel, when a man or woman does any of the sins which men commit, thereby breaking faith with Yahweh, and that person be found guilty,

7 then they shall confess the sin they have done, and make restitution for the guilt in full, with the addition of one fifth, and shall give it to the one to whom restitution is due.

8 But if the man has no next of kin to whom restitution can be paid, the restitution shall be[a] to the priest – in addition to the ram of atonement with which he, the priest, makes atonement for him.

9 And every contribution of all the holy things of the people of Israel which they offer to the priest[a] shall be his.

10 He shall have[a] each man's holy gifts;[b] whatever a man gives the priest shall be his."

원문주해

8.a. G에는 라야웨(לַיהוָה, "야웨에게") 대신 이흐예(יִהְיֶה, "있을 것이다")로 되어 있는데, 이것이 아마도 더 나은 것 같다(*BHS*도 그렇게 되어 있나).

9.a. G도 역시 이 지점에서 한 MT 필사본과 함께 "야웨에게"를 보유하고 있다. 그것은 아마도 제사가 궁극적으로 드려진 자에 대하여 청중들에게 상기시켜 주면서 가필된 것 같다.

10.a. 몇몇 MT 필사본, SP, S, Tg는 여기서 단수 동사로 되어 있다.

10.b. 두 개의 MT 필사본은 여기서 부정어인 로(לא, "아니")로 되어 있지만, 대부분의 독법을 보다 쉽게 통하도록 만들어 주는 것으로 보인다.

양식/구조/배경

이 단락은 자주 보록으로 취급된다(참조. J. Wellhausen, *Hexateuch*, 176; A. Kuenen, *Hexateuch*, 93, 309; M. Noth, *Numbers*, 44-45). 이 경우, 그래이(G. B. Gray, *Numbers*, xxxvi, 39) 역시 앞의 자료와 뒤의 자료 사이의 연결관계를 거의 발견할 수 없었다. 5분의 1의 더함과 희생제물의 드림과 함께 배상의 원리는 레위기 5장의 원리와 일치하는데, 그것 자체가 2차적인 것으로 생각된다. 5-10절에 있는 법은 만일 법적인 소유자가 발견되지 않는다면 받을 권리를 제사장에게 줌으로써 논의를 한 단계 더 진행시켜 나가고 있다. 그러므로 5-10절은 레위기 5장에 의존한 것으로 보이며, 그래서 그것들 자체가 후기 첨가물임에 틀림없다. 하나의 의미심장한 발전은 그 희생제사가 "속죄제"가 아니라 "속죄의 숫양"(8절)으로 불린다는 사실이다. 전자의 용어는 배상 지불을 위하여 따로 비축된다(7절). 이것은 자주 더 후대의 것임을 암시하는 것으로 취급되며, P 내에서 복잡한 성장 과정을 가지고 있었던 것으로 취급된다. 노트는 지적하기를(*Numbers*, 46), 6절의 이례적인 설명은 이것이 레위기 5:20-26(개역은 6:1-7임)이라는 구체적 본문에 대한 주석이라는 가정에서 가장 잘 설명될 수 있다고 하였다. "사람들이 범하는 죄를 범하여"란 표현은 노트로 하여금 레위기 5:22(개역. 6:3)의 처방에 대한 의도적인 축약처럼 보이게 만들었다. 그것이 8-10절에서 "제사장"이요 "아론"이나 "아론의 자손"이 아니라는 사실은 노트에게는 더욱 레위기 4:25-26(개역. 6:1-7)의 반영으로 보이게 했다.

켈러만(D. Kellermann, *Priestschrift*, 66-69)도 같은 의견 쪽으로 기울어진다. 그는 9절에 있는 규정이 대충 제사와 관련되어 있는 매우 일반적인 것이며, 또한 단지 5-8절과 느슨하게 연결되어 있다고 지적한다. 켈러만에게 그것은 9절과는 상이한 전승일 것으로 생각되는 10절과 함께 하나의 보록이다.

민수기 5:5-10이 레위기 5장에 대한 일종의 할라카적 해석이라는 사실은 아주 분명한 것으로 보인다. 저자는 분명히 지불이 가능하지 않을 때 배상에 관한 문제를 해결하려고 힘쓰고 있는 것 같다. 레위기 5장과의 관계는 그가 그 본문을 사용하고 있다는 사실을 드러내 주고 있으며, 반면에 차이점은 그의 독립성 곧 이것들 가운데 가장 중요한 요소가 되는 속죄제와 관련되는 의미의 변동을 드러내 주고 있다. 8절에 있는 제사장의 생계 유지에 대한 관념은 그로 하여금 9절에 있는 주제에 대한 일반적 관찰을 하도록 자극하고 있으며, 반면에 10절은 반드시 차이는 나지 않고 그 점을 보강하는 역할을 한다. 본문에 소수의 주석과 편집의 자취가 있을 수도 있으나(J. de Vaulx, *Nombres*, 91), 5-10절은 본질적으로 하나의 명료한 단위다.

주석

[6] "사람들이 범하는 죄를 범하여"(מִכָּל־חַטֹּאת הָאָדָם – 미콜-하토트 하아담)는 직역하면 "사람들의 어떤 죄들"이다. 소유격은 제안된 바와 같이 주격으로 취급될 수 있거나(참조. G, RV) 혹은 목적격으로 취급하여 "사람들에 대하여 어떤 죄를 범하여"로 취급될 수 있다(NEB). 레위기 4:22의 유추에 의하여 주격으로 취급하는 해석이 더 나을 것 같다. 이러한 종류의 사회적 범죄들은 또한 야웨께도 짓는 것이다.

"패역하여"(breaking faith, לִמְעֹל מַעַל – 리므올 마알)는 직역하면 "배신하여 배신하는 행실을 하다"이다. 염두에 두고 있는 죄는 레위기 5:21-22(개역. 6:2-3)에 묘사된 죄다.

[7] "그들이 자복하고"(וְהִתְוַדּוּ – 웨힛트와뚜). 일종의 죄에 대한 구술 인정으로 불리는 다른 제사장 법들은 레위기 5:5(속죄제)과 레위기 16:21(대속죄일)이다.

"그 죄 값을 갚되"(וְהֵשִׁיב אֶת־אֲשָׁמוֹ – 웨헤쉬브 에트-아솨모)는 직역하면 "그의 죄를 회복시키다"이다.

"온전히"(בְּרֹאשׁוֹ – 베로쇼)는 직역하면 "그것의 머리로"이다.

"오분지 일을 더하여"(וַחֲמִישִׁתוֹ יֹסֵף עָלָיו – 와하미쉬토 요세프 알라이우). 이것은 레위기에서는 그러한 목적을 위하여 통상적인 숫자다(참조. 22:14; 27:11-13, 31; 또한 참조. 레 5:24).

[8] "친족"(גֹּאֵל – 고엘). 이 어근은 구속과 관련하여 광범위하게 사용된다. 여기서 그것은 분명히 전문적인 법적 용어다. 친족의 첫 번째 경우는 형제이고, 그 다음에는 부친 편에서 삼촌이나 사촌이고, 그 다음에는 다른 가까운 친척이다. 친족의 임무는 일시적으로 잃은 재산을 가족에게 되돌려 사 주는 것이며(레 25:25), 가난하여 종이 된 친척을 되돌려 사서 돌려주는 것이다(레 25:47-52). 친족은 또한 민수기 35:9-34에서 피의 보수자이기도 하다.

"속죄의 숫양"(אֵיל הַכִּפֻּרִים – 엘 하키푸림). 이러한 표현은 여기에만 나타난다. 이것은 레위기 5:25에서 요구된 속죄제인 것으로 보인다. "속죄"에 관한 개념에 대해서는 민수기 17:6-15의 "주석"을 보라.

9 "모든 성물"(וְכָל־תְּרוּמָה – 웨콜-테루마). 이 단어의 어근은 "들어올리다"를 의미하고, 따라서 성스러운 목적을 위하여 들어올려진 혹은 구별되어진 것을 나타낸다. 이 단어는 땅의 소산에 대해서 사용될 수 있고(민 15:19-21) 혹은 전쟁에서 취한 전리품에 대해서 사용될 수 있다(민 31:29, 41, 52). 이것은 십일조에 대해서(민 18:24, 26-29) 혹은 성막을 위한 재료에 대해서(출 35:5, 21, 24) 그리고 반 세겔에 대해서도(출 30:13-16) 사용될 수 있다. 희생제사에서 이것은 희생제물의 어깨에 적용된다(출 29:27; 레 7:34; 민 6:20). 이러한 다양한 항목들은 모두가 어떤 의미에서 야웨께 드려졌다. 테루마를 전통적인 번역인 "드려지는 제물"(heave offering, RV)에서처럼 구체적인 제사로 취급할 정당한 명분은 없다. 밀그롬(J. Milgrom, *IDB Sup* 391)은 테루마가 결코 야웨 앞에(before) 드려진 적이 없고, 다만 언제나 야웨께(to) 드려졌다고 말한다. 그는 확신을 가지고 결론짓기를, 그것이 언어의 선포(삿 17:3) 혹은 육체적 행위(레 27:32)를 통하여 결과가 나타나는, 성소 밖에서 의식 없이 드리는 헌납이었다고 결론짓는다. 그것은 테누파와 대조되었다.

일반적으로 9-10절은 각 성물이 그것이 드려진 제사장의 사유 재산이 된다는 사실을 강조하기를 바라고 있으며, 따라서 전체 제사장 공동체에게 속한 것이 아니다.

해설

많은 주석가들이 5-10절과 1-4절의 관계를 감지하지 못하고 있기는 할지라도, 거기에는 일관성이라는 연결선이 있다. 폴크(J. de Vaulx, *Nombres*, 90, 92-93)와 스터디(J. Sturdy, *Numbers*, 41-42)는 의식적 청결에 대한 관심으로부터 윤리적 청결에 대한 관심으로의 전환을 구별해 내고 있다. 5-10절 전체 문맥은 본질적으로 의식적 청결로 진행되어 가고 있으며, 따라서 너무 강하게 구별을 강조하는 것은 지혜롭지 못할 수도 있다. 하지만 1-4절의 부정케 된 자는 하나님과의 접촉을 방해하며, 5-10절의 부정케 된 자는 그로 말미암아 자신들에게 있는 도덕적으로 부정적인 요소를 드러냄으로써 사람과 사람을 나눈다는(참조. 레 5:21-22) 사실은 대체적으로 사실이다.

이 단락은 공동체 내에서 비행에 대해 바로잡는 일을 요구하고 있는데, 손상과 손해가 지속되어 온 그러한 종류의 비행이다. 죄책이 있는 편에 속죄의 숫양 이외에 자복, 충분한 배상 그리고 20퍼센트의 부가적 지불이 더 요구되었다. 만약 사람이 죽어서 지불을 해야 할 돈을 받을 친족이 없으면 그 돈은 숫양과 또 다른 제물들과 함께 제사장에게 돌아간다.

1-4절에서처럼, 이 단락 가운데서 일반적으로 공동체에 관한 제사장의 권리를 구별짓고 있다. 배상의 원리는 고대 법전 가운데 잘 제정되어 있었다(참조. 출 21:32, 34-36; 22:2-6, 11, 13, 15-16). 거기서 어떤 경우에는 희생당한 자가 부상을 결정했고(출 21:22), 혹은 다른 경우에는 두 배로 갚기도 했다(출 22:3, 6, 8-9). 20퍼센트가 더해진 배상이 포로 이전의 법칙에 널리 유행했었는지는 분명하게 암시되어 있지 않다. 그것은 분명히 바벨론의 유대인 사이에 있었던 전승이었을 것이고, 그들이 팔레스틴으로 가져온 제도였을 것이다.

이 구절들 가운데서 저자는 또한 제사장을 위한 권리를 말하고 있을 수 있다. 친족이 없는 배상물을 받을 대상은 논쟁거리가 될 수도 있거나 혹은 그 문제에서 팔레스틴의 해이한 정신은 그러한 경우에 아무런 배상을 하지 않는 방향으로 이끌어 갔을 수도 있다. 여기서도 역시 제사장들이 요구를 할 권리가 있다. 이것이 전적으로 이기적인 것이었다고 가정할 필요는 없다. 에스라서와 느헤미야서는 제사장의 생계 유지에 대한 많은 무관심이 제사장직의 시행과 의욕의 효과를 망쳐 버리고 있었다는 사실을 기록하고 있다. 켈러만은 포로 후기 상황 가운데서 그 법이 적합성이 있다고 생각한다. 유대인 사회의 상류 계층이 포로지로 떠남으로써 팔레스틴은 진공 상태로 남아 있었고, 많은 소유와 재산들은 그 곳에 남아 있던 사람들이 차지했음에 틀림없다. 이러한 규례는 귀환한 포로민들에게 소유를 회수받고 배상받을 권리를 보장해 주었다. 배상을 강요할 수 있는 표준 범위는 5분의 일(20퍼센트)까지였는데, 추상적이지만 그 원리가 중시되었다.

저자의 방식은 레위기 5장에서 이미 이용할 수 있었던 본문들에 대해 할라카식 해석을 제공하는 것이다. 그런 까닭에 관리들을 "제사장"으로 표시하고 있는 것이다. 샌디스와 분쉬(J. Sandys-Wunsch, *Numbers* 58)는 9-10절에서 제사장들 개인의 권리들을 보호하고 귀환한 사독 계열 제사장들 사이에서의 편파주의를 막기 위한 것이라고 생각한다. 이것이 사실이든 그렇지 않든 저자는 희생제사와 제사 체계가 있기는 할지라도 공동체에 의한 제사장의 적절한 생계 유지의 원리를 확정하기 위하여 배상 문제를 사용하고 있다. 그는 이후에 이 문제에 대하여 더 말해야 한다. 우선은 그 원리로 충분하다.

본 단락은 제사장 신학이 도덕적 진지성이 결여되었다는 의혹을 제거하고 있다.

제사 준수 과정들은 공동체 내에서 사람과 사람 사이의 관계에 대한 적절한 재건을 위한 대용물이 아니다. 죄책을 가진 자에게 이것은 값을 지불하도록 규정되어 있다. 더 나아가서 효과적인 지도력을 가진 자들은 정당하게 공급을 받아야 하며, 제사 신학자들의 눈에는 이러한 책임이 대체로 공동체에 주어져 있었다.

8. 제사장들과 의심의 소제(5:11-31)

참고문헌

Blank, S. H. "The Curse, the Blasphemy, the Spell, and the Oath." *HUCA* 23/1 (1950/1) 73-95. **Brichto, H. C.** "The Case of the *Sota* and a Reconsideration of Biblical Law." *HUCA* 46(1975) 55-70. **Driver, G. R.** and **Miles, J. C.** "Ordeal by Oath at Nuzi." *Iraq* 7(1940) 132. **Driver, G. R.** "Two Problems in the Old Testament Examined in the Light of Assyriology." *Syria* 33(1956) 70-78. **Fensham, F. C.** "Malediction and Benediction in ANE Vassal Treaties and the Old Testament." *ZAW* 74(1962) 1-9. **Fishbane, M.** "Accusations of Adultery: A Study of Law and Scribal Practice in Numbers 5:11-31." *HUCA* 45(1974) 25-46. **Hempel, J.** *Die Israelitischen Anschauungen von Segen und Fluch im Lichte altorientalischer Parallelen.* BZAW 81 Berlin: Töpelmann, 1961, 30-113. **Lehmann, M. R.** "Biblical Oaths." *ZAW* 81(1969) 74-92. **Morgenstern, J.** "Trial by Ordeal among the Semites in Ancient Israel." *HUCA Jub. Vol.*(1925) 113-43. **Press, R.** "Das Ordal im ahen Israel." *ZAW* 51(1933) 121-40, 227-55. **Rinaldi G.** "La dònna che 'ha deviatio'. Considerazioni su Nu. 5, 11-31." *Euntes Docete*(Roma) 26(1973) 535-50. **Sasson, J. M.** "Nu. 5 and the Waters of Judgment." *BZ* 16(1972) 249-51. **Scharbert, J.** "Fluchen und Segnen im Ahen Testament." *Bib* 39(1958) 1-26. **Stade, B.** "Die Eiferopferthora." *ZAW* 15(1895) 166- 78. **Schotroff, S.** *Der altisraelitische Fluchspruch.* WMANT 30 Neukirchen: Kreis Moers, 1969.

본 문

11 여호와께서 모세에게 일러 가라사대
12 이스라엘 자손에게 고하여 그들에게 이르라 만일 어떤 사람의 아내가 실행하여 남편에게 범죄하여
13 타인과 정교를 하였으나 그 남편의 눈에 숨겨 드러나지 아니하였고 그 여자의 더러워진 일에 증인도 없고 그가 잡히지 아니하였어도

11 And Yahweh spoke to Moses, saying,
12 "Speak to the people of Israel, and say to them, If any man's wife goes astray, and acts unfaithfully to him,
13 and a man lies with her[a] carnally, and it is hidden from the eyes of her husband, and she is both undetected and defiled, and there is no witness against her, and she was not taken in the act,

14 그 더러워짐을 인하여 남편이 의심이 생겨서 그 아내를 의심하든지 또는 아내가 더럽히지 아니하였어도 그 남편이 의심이 생겨서 그 아내를 의심하거든

14 and a spirit of suspicion comes upon him, and he is suspicious of his wife, and she is defiled, or if a spirit of suspicion comes upon him, and he is suspicious of his wife, and she is not defiled,

15 그 아내를 데리고 제사장에게로 가서 그를 위하여 보리 가루 에바 십분지 일을 예물로 드리되 그것에 기름도 붓지 말고 유향도 두지 말라 이는 의심의 소제요 생각하게 하는 소제니 곧 죄악을 생각하게 하는 것이니라

15 then the man shall bring his wife to the priest, and shall bring the offering required to her – a tenth of an ephah of barley meal. He shall pour no oil upon it, and put no frankincense on it, for it is a cereal offering of suspicion, a cereal offering of memorial, bringing iniquity to light.

16 제사장은 그 여인으로 가까이 오게 하여 여호와 앞에 세우고

16 "And the priest shall bring her near, and shall set her before Yahweh.

17 토기에 거룩한 물을 담고 성막 바닥의 티끌을 취하여 물에 넣고

17 And the priest shall take holy water[a] in an earthen vessel, and of the dust which is on the floor of the Tabernacle[b] the priest shall take, and shall put it into the water.

18 여인을 여호와 앞에 세우고 그 머리를 풀게 하고 생각하게 하는 소제물 곧 의심의 소제물을 그 두 손에 두고 제사장은 저주가 되게 할 쓴 물을 자기 손에 들고

18 And the priest shall set the woman before Yahweh, and shall loosen the hair of the woman's head, and put the cereal offering of memorial in her hands, the cereal offering of suspicion. And the priest shall have in his hand the water of testing[a] which brings the curse.

19 여인에게 맹세시켜 그에게 이르기를 네가 네 남편을 두고 실행하여 사람과 동침하여 더럽힌 일이 없으면 저주가 되게 하는 이 쓴 물의 해독을 면하리라

19 And the priest shall make her swear, and shall say to the woman, 'If no man has lain with you, and if you have not gone astray to uncleanness, while under your husband's authority, be free[a] from this water of testing which brings the curse.

20 그러나 네가 네 남편을 두고 실행하여 더럽혀서 네 남편 아닌 사람과 동침하였으면

20 But if you have gone astray, while under your husband's authority, and if you are defiled, and some man other than your husband has lain with you,'[a]

21 (제사장이 그 여인으로 저주의 맹세를 하게 하고 그 여인에게 말할지니라) 여호와께서 네 넓적다리로 떨어지고 네 배로 부어서 너로 네 백성 중에 저줏거리, 맹셋거리가 되게 하실지라

21 (then the priest shall make the woman swear with the oath of the curse, and the priest shall say to the woman) 'Yahweh make you a curse and an oath among your people, if Yahweh makes your thigh fall away and your body swell.[a]

22 이 저주가 되게 하는 이 물이 네 창자에 들어가서 네 배로 붓게 하고 네 넓적다리로 떨어지게 하리라 할 것이요 여인은 아멘 아멘 할지니라

22 And this water that brings the curse shall pass into your belly, and make your body swell[a] and your thigh fall away.'[b] And the woman shall say 'Amen, Amen.'

23 제사장이 저주의 말을 두루마리에 써서 그 글자를 그 쓴 물에 빨아 넣고

23 "And the priest shall write these curses in a book, and shall wash them into the water of testing,

24 여인으로 그 저주가 되게 하는 쓴 물을 마시게 할지니 그 저주가 되게 하는 물이 그의 속에 들어가서 쓰리라

24 and he shall make the woman drink the water of testing which brings the curse. And the water which brings the curse shall enter her for the testing.

25 제사장이 먼저 그 여인의 손에서 의심의 소제물을 취하여 그 소제물을 여호와 앞에 흔들고 가지고 단으로 가서

25 And the priest shall take from the hand of the woman the cereal offering of suspicion, and shall present the cereal offering as a special contribution before Yahweh, and shall bring it to the altar.

26 그 소제물 중에서 기념으로 한 움큼을 취하여 단 위에 소화하고 그 후에 여인에게 그 물을 마시울지라

26 And the priest shall take[a] a handful of the cereal offering as a token, and shall burn it on the altar, and afterwards shall make the woman drink the water.

27 그 물을 마시운 후에 만일 여인이 몸을 더럽혀서 그 남편에게 범죄하였으면 그 저주가 되게 하는 물이 그의 속에 들어가서 쓰게 되어 그 배가 부으며 그 넓적다리가 떨어지리니 그 여인이 그 백성 중에서 저줏거리가 될 것이니라

27 And he shall make her drink the water,[a] and it shall be,[b] if she is defiled, and has acted unfaithfully toward her husband, that the water which brings the curse shall enter into her for the testing, and her body shall swell, and her thigh shall fall away. And the woman shall be a curse among her people.

28 그러나 여인이 더럽힌 일이 없고 정결하면 해를 받지 않고 잉태하리라

28 But if the woman is not defiled, and she is clean, then she shall be free, and shall conceive children.

29 이는 의심의 법이니 아내가 그 남편을 두고 실행하여 더럽힌 때나

29 "This is the law of suspicion, when a wife, being under the authority of her husband, goes astray and is defiled,

30 또는 그 남편이 의심이 생겨서 그 아내를 의심할 때에 그 여인을 여호와 앞에 두고 제사장이 이 법대로 행할 것이라

30 or when a spirit of suspicion comes upon a man, and he is suspicious of his wife. Then he shall set the woman before Yahweh, and the priest shall deal with her according to all this law.

31 남편은 무죄할 것이요 여인은 죄가 있으면 당하리라

31 And the man shall be free from iniquity, and the woman shall bear her iniquity."

원문주해

13.a. 오타흐(אֹתָהּ)는 아마도 이타흐(אִתָּהּ, "그녀와 함께")로 모음부호가 붙여져야 할 것이다(참조. 19절).

17.a. Sam은 קטישים(케티쉼, "성별된")을 보유하고 있다. G는 카다론 존(*καθαρον ζων*, "순수한 흘러나오는 물")을 보유하고 있다. Tg.는 이것을 대야로부터 떠온 물로 이해하고 있는데(출 38:8), 그 물은 그 어디에도 거룩하다고 묘사되어 있지 않고, 그 물을 성별하기 위한 어떤 의식도 없다. 민 19:9에 있는 정결한 물은 전혀 다른 물인 것으로 판단된다. 패터슨(Paterson)은 G를 선호한다. 아마도 하나의 거룩한 샘으로 이해되어야 할 것이다. 딜만(A. Dillmann, *Numeri*, 28)은 카도쉬(קָדוֹשׁ, "거룩")에 대한 독특한 형용사적 사용이라는 근거에서 유사하게 주장한다. 만일 저자가 진실로 고대 관습에 의존하고 있다면("양식/구조/배경"을 보라), G와 비교될 수 있는 어떤 것은 본문 배후에 있는 본래 의도를 잘 평가할 수도 있다.

17.b. G는 "회막"을 보유하고 있고, S는 "제단"을 보유하고 있다. MT를 거절할 강력한 이유가 없다.

18.a. RV와 RSV는 어근을 מרר로 취급하고 있다(참조. Tg.와 Tg). 이것은 주로 "쓰게 되다"를 의미하는 것으로 이해되고, 그런 까닭에 "씀"(bitterness)을 의미한다. G에는 투엘레그무(*τουέλεγμου*, "입증")로 되어 있고, 그런 까닭에 "다툼"(NEB)과 "시험"을 의미한다. 둘 다 가능한 것으로 보이지만, 후자가 물의 기능이라는 보다 정확한 암시를 나타내주고 있으며 24, 27절을 번역하는 데는 더 쉬운 것으로 보인다(또한 참조. 19, 23절). 스나이드(N. H. Snaith, *Numbers*, 202)는 아랍어 단어들에 의존하고, "낙태의 원인이 되다"는 사상이 의도될 수도 있다고 주장한다.

19.a. 하나의 명령형은 확실하게 예상되는 결과를 표현하고 있다(GKC § 110f[b]).

20.a. 하나의 문장이 의미를 완성하기 위하여 문맥으로부터 보급되어야 하는 돈절법(頓絶法)의 한 예이다(GKC § 167/1). 21b절 혹은 22절의 내용이 필수적이다.

21.a. 어근은 사 29:7 가운데 나타난다. Sam에 있는 차바(צבא)를 수정으로 보는 것이 가장 좋을 것 같다.

22.a. 발음에 대해서는 GKC § 53q를 보라.

22.b. 발음에 대해서는 GKC § 53q, 66f를 보라.

26.a. 이것은 드문 동사이지만 P의 다른 곳에서 발견되며(레 2:2; 5:12), Sam과 Syr가 더 바람직하다.

27.a. 첫 문장 전체가 G와 S에는 빠져 있는데, 아마도 유사한 끝(homoeoteleuton)으로 인한 것 같다. 함마임(הַמַּיִם)의 반복을 유의하라. 이러한 관점 역시 세 번째 마심에 의하여 제기된 난점을 제거시킨다("양식/구조/배경"을 보라).

27.b. 웨하예타(וְהָיְתָה)는 오류일 수도 있다. 웨하야(וְהָיָה)가 정상이다(Sam, Tg.[J]; 참조. GKC § 112 y, gg; J. Paterson, *Numbers*, 44).

양식/구조/배경

본 단락은 일반적으로 분석가들에 의하여 제사 문서로 인정되어 왔고, 많은 사람들은 그것이 보록 단계의 것이라고 가정한다(참조. J. Wellhausen, *Hexateuch*, 177; A. Kuenen, *Hexateuch*, 92, 93; G. B. Gray, *Numbers*, 39; M. Noth, *Numbers*, 44-45). 그러한 관점을 갖게 된 근거는 레위기 2장(이 자체가 2차적인 본문이다)의 소제를 전제로 하고 있다는 사실이며, 또한 본 단락이 앞뒤의 자료들과 연결점을 갖고 있지 않다는 사실이다. 레위기 2장에 의존하고 있다는 사실은 우리가 제안한 전승에 대한 관념과 전혀 모순되지 않으며, 이 부분이 단락의 전후 문맥과 연결되는 일관성이 전혀 없지는 않다는 것이다("해설"을 보라).

율법 자체 안에 들어 있는 문제들은 오랫동안 인정되어 왔는데, 스테이드(B. Stade, "Die Eiferopferthora")는 다른 것들 가운데서도 한 여인이 야웨 앞에 두 번 끌려오고(16, 18절), 두 번 맹세를 하고(19, 21절), 두 번 물을 마신다(24, 26, 27절)는 사실을 환기시켜 주고 있다. 스테이드는 두 개의 신성 재판(육체적인 위해를 가해서 그것을 이기는 사람에게 무죄를 선언하는 법 – 역자주)의 혼합이 있었다고 결론짓는다.

1. 11-13, 15-20, 22상, 23-26상, 31절로 이루어진 기억의 소제.
2. 14, 21, 22하, 25, 27-29, 30 상반절의 부요 부분에 내재해 있는 질투의 소제.

홀징거(H. Holzinger, *Numeri*), 프레쓰(P. Press, "Das Ordal"), 렌토르프(R. Rendtorff, *Die Gesetze in der Priesterschrift*. Göttingen: Vandehoeck & Ruprecht 1954)가 선호한 다른 분석은 성수를 마시는 일과 소제와 저수를 수반하는 또 다른 의식 사이를 구별짓고 있다. 폴크(J. de Vaulx, *Nombres*, 93)는 광범위하게 유사한 방향에서 해결책들을 바라보고 있다. 그는 신성 재판이 두 가지 목적을 가지고 있다고 결론짓는데, 하나는 간음이라는 구체적 소송인 경우 법정에서 합리적으로 결정하려는 것이고(12-13, 29, 31절), 남편의 질투심으로 일어난 의심을 누그러뜨리기 위한 것이라는 것이다. 그는 첫 번째 목적을 이루기 위한 쓴 물 신성 재판을 가정한다(15a,[a] 16-17, 19-20, 22a, 23-24절). 훨씬 덜 분명한 소송인 두 번째 목적은 제사를 포함하고 있다(14a,[b] 18a, 21, 22b, 25-26절). 그는 이 방향에서 함무라비 법전(131-132)에 있는 두 개의 독특한 소송 절차를 통하여 인도를 받고 있는데, 하나는 합리적 확신을 가진 소송이고, 다른 하나는 그 문제가 훨씬 덜 분명한 소송이다. 함무라비의 법규에 대한 이러한 해석이 옳은지 그렇지 않은지는 또 다른 문제다. 여인이 들키지 않았다는 점이 두 의식에서 공통되는 점이다. 차이는 남편이 고소를 하고 있는가(그런 경우에 맹세를 하게 되어 있다), 아니면 누군가 타인이 지적하는가(그런 사건의 경우 신성 재판이 시행되었다)이다. 또한 11-31절의 어느 편이 반드시 합리적인 확신을 가진 소송을 상상하고 있음은 분명하다. 이것을 보이기 위하여 고안된 본문의 선택은 다소 임의적이다. 유죄 판결이 13-14절 상반절에서 관심의 중심인 것은 사실이지만, 이것은 14절 하반절을 통하여 어느 정도 균형을 이룬다. 전체 본문 가운데서 소송은 분명히 공개적인 것이다. 같은 방식으로 28절은 29절과 균형을 이루고 있다.

켈러만(D. Kellermann, *Priestschrift*, 70-83)은 문제가 합병보다는 확장으로 말미암아 일어난다고 주장한다. 근본 원리는 14a, 15a,[a] 17, 18a,[b] 21a, 22-24절의 대부분에서 발견된다. 남편이 자기 아내를 제사장에게로 데려오면, 제사장은 물을 취하여 티끌을 넣고 여인의 머리를 풀게 한다. 여인은 맹세의 저주를 하게 되고, 이번에는 제사장이 22절 상반절의 저주를 선언한다. 그 여인은 아멘으로 화답하고(22하), 제사장은 저주의 말을 두루마리에 써서 그것을 물에 빨아 넣고 여인에게 마시게 한다. 켈러만에 따르면, 이 단락의 대부분은 2차적인 확장에 속하는 것이다. 그것은 그러한 신성 재판이 사용되어야 하는 경우를 강조하고, 본질적으로 마술적인 의식을 야웨와 그분의 능력의 후원 아래로 갖다놓고 있으며, 유죄이냐 무죄이냐의 문제를 강조하고 있다. 켈러만에 따르면, 세 번째와 네 번째 확장은 제사를 도입하고 있는데, 그리하여 신성 재판을 레위기의 의식들과 연결짓고 있으며, 그 의식을 성전으로 가져오고 있다.

노트(M. Noth, *Numbers*, 49)는 가장 초기 문서 전승을 꿰뚫어보고 있으며, 세 개의 각각 다른 신성 재판이 있었을 가능성을 상상해 낸다. 그가 추측하고 있는 것들은 너무나 밀접하게 융합되어 있으므로, 그것들은 문학적 단위로 확실하게 분리될 수 없다. 그는 "제사장"이라는 단순한 호칭 가운데서 초창기 전승의 흔적을 발견해 내고, 본문 가운데 있는 가장 초창기 요소들이 우리를 상당히 오래된 관습으로 이끌어 간다고 생각한다. 신성 재판의 형식들은 다음과 같다.

1. 성소의 티끌이 섞인 "거룩한" 물의 강한 효과(17절). 이것은 몸을 떨어져 나가게 하고 출산을 방지한다(27, 28절).

2. 저주의 형태로 하는 맹세. 이것 역시 그 효과에 있어서 자연 발생적이었을 것이다(19, 21절).

3. 책 가운데 말씀들의 기록(23절). 노트는 이 말씀들의 섭취가 저주의 효과를 가졌을 것이라고 상상한다. 본문의 현재 형태 가운데서 복잡성을 낳는 것은 이 다양한 행실들의 융합이다.

이러한 종류의 논의 가운데서 어떤 확실한 단계의 결론에 이르기는 어렵지만, 신성 재판이 고대의 풍습이었다는 사실만은 의심할 여지가 없다(참조. de Vaulx, *Nombres*, 89). 비록 쓴 물이라는 신성 재판이 고대 근동에서 직접적으로 평행되는 내용은 발견되지 않을지라도, 특히 메소보다미아에는 다른 많은 재판 절차가 있었다(참조. S. N. Kramer, "Ur-Namu Code," *Or* 23[1954] 48; G. R. Driver & J. C. Miles, *The Assyrian Laws*[Oxford: Blackwell, 1935] 86; *The Babylonian Laws* [Oxford: Blackwell, 1956, vol.2] 53). 하나의 널리 입증된 메소보다미아인의 행습은 고발을 당한 사람을 강에 던지는 것이다. 드보(R. de Vaux, *Ancient Israel*, 158)는 적당한 강이 없었으므로 이스라엘에서 그러한 관습을 가로막았을 수 있었다고 추측한다. 어떤 사건에서는 신성 재판 원리가 틀림없이 고대의 것이며, 본문의 난점들의 몇몇에 대한 설명으로서 각기 다른 의식들의 조화는 합리적이다. 물을 마시는 것과 저주에 대한 기록은 가능하다면 비교적 초창기 단계로 연결되어 왔다. 그러한 법이 17, 18(가장), 21a[b]b, 23-24절에 생생하게 보존되어 있다. 맹세 문제를 제외하고, 이것들 대부분이 켈러만의 근본 원리와 일치한다. 그러나 야웨께서 처음부터 이 일에 연루되어 있는 것처럼 보인다. 이 점이 재판 절차를 받아들이도록 만드는 점이다. 본문 가운데 있는 모든 고르지 못한 점이 설명되고 있는, 본 단락의 나머지 부분이 민수기 저자로부터 나온 것이라는 사실은 확실히 가능하다. 의식이 다소 보다 광범위한 시험을 위하여 사용되어 왔을 수도 있고, 11-14, 16, 29-31절에서 저자가 사용될 수 있는 정확한 상황을 한정지으려고 노력하고 있는 것 같다. 그는 또한 그 의식들 가운데 소제(15, 18[일부], 25-26절), 맹세(19-21a,a 22절) 그리고 결과를 강조하는 몇 가지 다른 언급(27-28절)을 짜 넣고 있다. 맹세의 서론은 신성 재판을 출애굽기 22:7-8, 10의 율법 전승과 조화되도록 도와주었을 것이다.

주석

12 스나이드(N. H. Snaith, *Numbers*, 200-01)가 제안했던 인상과는 반대로, "실

행하여"(שָׂטָה – 사타)는 다른 곳에서 잠언 4:15; 7:25에만 나타나는 드문 단어다. 잠언 7:25의 본문은 유혹에 대해서 말하고 있다.

13 특히 간음한 여인이 사형을 당해야 할 경우(신 22:22-27; 레 20:10)에는 두 증인을 필요로 한다(신 17:6; 19:15; 민 35:30).

14 "심"[마음](רוּחַ – 루아흐). 이 단어는 많은 용법을 가지고 있다. 이것은 인간의 숨을 나타낼 수 있고(왕상 10:5), 헛됨(nothingness, 잠 11:29), 바람(창 3:8) 그리고 어떤 의미에서 인간의 영혼(창 6:3)을 나타낼 수도 있다. 이것은 매우 자주 하나님의 영(삿 3:10)으로 사용된다. 이것은 또한 인간의 마음, 기질 혹은 감정을 나타낼 수도 있다. 이것은 가끔 매력적인 것, 즉 용기(수 2:11)를 나타낼 수 있으나, 동시에 배교에 대해서도 사용될 수 있다(호 4:12). "기질" 혹은 "감정"이라는 이러한 관념은 본문에서 말한 의미와 가장 가까운 의미임에 틀림없다.

15 "에바 십분지 일"(עֲשִׂירִת הָאֵיפָה – 아시리트 하에파). 이것은 곡물의 분량이며, 비교적 작은 분량이다(7½ 파인트 혹은 3-4리터).

"보리 가루"(קֶמַח שְׂעֹרִים – 퀘마흐 세오림). 이것은 다른 곳에서 필요로 했던 쏠레트(סֹלֶת – 민 6:15; 겔 46:14)와는 달리 거친 가루다. 퀘마흐(קֶמַח)에 대한 초창기 언급에 대해서는 사사기 6:19; 사무엘상 1:24; 열왕기상 5:2을 참조하고, 세오림(שְׂעֹרִים)에 대해서는 사사기 7:13; 열왕기상 5:8; 룻기 2:17을 참조하라.

기름과 유향은 통상적인 소제물에 사용된다(레 2:1). 다른 곡물 소제는 가난한 남자의 속죄제사다(레 5:11). 이러한 신성 재판 제사를 말린 것으로 드리는 것은 아마도 죄와 관련되었을 가능성이 있다.

대부분의 "기념"(memorials)과는 달리(참조. 레 23:24), 이것은 죄를 드러내는 하나의 암울한 경우다.

16 "야웨 앞에"(לִפְנֵי יהוה – 리프네 야웨). 아마도 제단 앞을 가리킨 것 같다(참조. 왕상 8:31).

17 본래 성수(holy water)는 거룩한 샘으로부터 떠왔던 것 같다. 민수기 저자는 그것이 출애굽기 38:8에 언급된 물대야로부터 떠온 것임을 나타내려 한 것 같다("원문주해"를 보라).

"토기"(כְּלִי־חָרֶשׂ – 켈리-하레시). 레위기 14:5, 50에 있는 바와 같다.

티끌은 성막 가운데 있었던 관계로 성스러운 것으로 간주되었음에 틀림없다.

18 문둥병자가 푸는 머리(레 13:45)는 부정의 표시였다(참조. 레 21:10). 그것은 또한 슬픔의 표시였다(레 10:6). 어떤 사람은 여기서 머리를 풂으로써 수치에

대한 복종으로 본다.

"쓴(시험의) 물"(מֵי הַמָּרִים – 메 함마림). 이것이 최선의 번역일 테지만("원문주해"를 보라), 어근 마라르(מָרַר – "쓰게 되다")가 이 단어의 기초가 된다. 쓴맛이 나는 물을 사용하는 것은 아마도 초창기 신성 재판의 통상적인 특징이었을 것이다.

21 "하나의 저주와 맹세"가 된다는 것은 그러한 표현 형식을 백성들이 인용하게 된다는 것을 의미한다(참조. 렘 29:22).

"네 넓적다리로 떨어지고 네 배로 부어서"(אֶת־יְרֵכֵךְ נֹפֶלֶת וְאֶת־בִּטְנֵךְ צָבָה – 에트-예레케크 노펠레트 웨에트-비트네크 차바). 이러한 사상이 22, 27절에는 역순으로 표현되어 있다. 어근 차바(צָבָה)는 자주 "붓다"로 이해되지만, NEB 각주는 "녹아 없어지다"를 나타낸다. 그러한 상태가 의도된 것 같지는 않다. 대부분의 주석가들은 이 표현을 과오 그리고/혹은 사산을 위한 완곡어법으로 취급한다. 불법적 결합으로부터 나타나는 열매가 있어서는 안 될 것이다(참조. 28절). 유대인 전승, 그리고 어쩌면 저자 자신은 이것을 문제의 죄에 대한 가장 적절한 형벌로 생각했을 것이다.

22 "네 배"(בִּטְנֵךְ – 비트네크). 이 단어는 배와 연결된 내장 대부분을 포함하는 것으로 보인다.

23 "두루마리(책)"(בַּסֵּפֶר – 바쎄페르). 양피지 조각을 의도한 것 같다.

25 "흔들고"(וְהֵנִיף – 웨헤니프). 이 어근은 "특별한 기부금을 드리다"를 의미한다. G. R. Driver, "Three Technical Terms in the Pentateuch," *JSS* 1(1956) 97-105를 보라.

26 "움큼"(אֶת־אַזְכָּרָתָהּ – 에트-아즈카라타흐). 이것은 다른 곳에서 레위기 2:3, 9, 16; 5:12; 6:8; 24:7에만 나오는 전문 용어다. 이것은 제단에서 태워진 제물의 일부분인 것처럼 보인다. 그 나머지는 제사장의 몫이다(레 2:2). 그 의미는 분명치 않다. G. R. Driver, *JSS* 1[1956] 97-105; L. Kopf, "Arabischc Etymologien und Parallelen zum Bibelwörterbuch," *VT* 59(1959) 247-87를 더 보라. 드라이버는 "증거"(token)라고 생각한다.

28 "받지 않고"는 "쓴 물"과 결부되어 있다(참조. 19절). 의식적인 일과 마찬가지로 도덕적인 일은 의식적 불결의 문제에 영향을 미친다.

29 "이는 …의 법이니"(זֹאת תּוֹרַת – 조트 토라트). 이 표현은 그 성격상 제사법에 속한 것이다(참조. 레 6:2, 7, 28; 7:1, 11; 11:46; 12:7; 13:59; 14:32, 57; 15:32; 민 6:13, 21).

31 이 구절은 사람이 비록 자기의 잘못이 입증되었다고 할지라도 죄책으로부터

자유를 얻는다는 사실을 의미하는 것으로 보인다. 만일 그들이 옳았다면 물론 그 여인은 자기의 죄책의 결과를 받을 것임에 틀림없다.

해설

이 단락은 신성 재판을 통한 재판으로 이루어져 있는데, 그로써 간음했다는 의심을 받은 여인이 성소에 불려와서 어떤 의식을 치르고, 확실한 것으로 결정되거나 아니면 의심스럽다고 결정되는 결과가 나타난다. 그 의식의 핵심은 물과 티끌이 혼합된 것을 마시는 것이다. 여인이 맹세하는 일을 한다. 재판 진행의 결과는 그 여인을 죄 있다고 선고하거나 혹은 깨끗하다고 선고한다.

민수기 5:1-10처럼 수많은 주석가들은 이 단락이 전후 단락과들과 연결되는 구조와 일관성의 형식을 인식하지 못했다. 폴크(J. de Vaulx, *Nombres*, 90)와 스터디(J. Sturdy, *Numbers*, 41)는 민수기 5장 전체를 공동체의 정화에 관한 것이라고 올바르게 관찰했다. 이러한 과정 중에서 1-10절에서 시작되는 결정적인 부분은 숨겨진 죄를 폭로하고 부당하게 정죄 받은 사람들을 옹호하는 것이다. 이것이 11-31절에 나오는 옛 신성 재판의 과정이 여기에 삽입되어 있는 이유다.

이 단락이 귀환한 공동체 안에서 제사장의 역할을 두드러지게 하기 위한 또 다른 과정이라는 사실을 덧붙이는 것이 공정할 것이다. "어려운 소송"은 어떤 맹세의 형식을 가지고 있는 언약서 안에 입법화되었다(출 22:9-10; 또한 참조. 출 22:7-8). 신성 재판이 그러한 법들 가운데는 나타나 있지 않을지라도, 그것은 아마도 초창기 시대에 특히 주변 국가 지역에서 널리 시행되었을 것이다. 맹세와 신성 재판의 운영은 제사장의 중요한 책임이었을 것이다. 여호수아 7:16-18; 사무엘상 14:38-42의 제비뽑기 역시 지도적 인물들의 감독 아래서 시행되었으나 그 진행은 제사장들이 했다. 군주제의 설립으로 어려운 소송에 대한 책임이 왕에게로 이양되었다(참조. 삼하 15:1-6; 왕상 3:16-22). 그러한 일들이 있었다는 증거는 재판이 증거를 묻고 듣는 일을 통하여 보다 합리적인 근거에서 이루어졌음을 시사한다. 이것은 제사장들과 재판관들의 중추적 관료 제도를 창설하고, 비록 기술적인 기교들이 필요 조건으로 될 가능성을 전혀 배제할 수는 없을지라도 그것들이 없이 "조사"에 대한 강조를 하고 있는 신명기로부터 지지를 받고 있다(신 17:8-9; 19:17-18). 민수기 저자는 자연적으로 그러한 배열을 받아들이고 있으며, 역대기 저자는 여호사밧 통치 기간 동안 그러한 방향에서 있었던 하나의 의미심장한 운동을 추적해 가면서 그것을 확증하고 있다(대하 19:8-11). 그럼에도 불구하고 민수기 저자는 전통적 방법 안에서, 특히 공동체 생활의 또 다른 국면에서 제사장의 역할을 확고하게 하는 하나의 수단을 바라보면서 그 전통적 방법을 인정할 준비가 되어 있다.

또 다른 독특한 가능성은 중추적인 관료 제도의 붕괴와 함께 바벨론 포로는 팔레스틴에서 신성 재판이라는 전통적인 방법의 부흥으로 이끌어갔다는 사실이다. 민수기 저자는 그것에 길들여질까 봐 걱정이지만, 동시에 중요한 적응들을 소개하고 있다. 우리는 17-18, 21a[b]b, 23-24절에 옛 의식이 들어 있다는 사실과, 이것이 팔레스타인 사람들 가운데 사용되었을 수도 있다는 사실을 주장해 왔다. 저자의 목표들 가운데 하나가 이 특별한 종류의 소송이라는 신성 재판을 한정짓는 것이다－그런 까닭에 12-14절의 결의론적인 명확한 설명 가운데서 상황들에 대한 정밀하고도 세심한 묘사. 그러한 소송은 아주 어렵고도 심각한 것이었는데, 특별히 그 개인과 공동체의 거룩을 위한 암시에 있어서 그러했다. 그와 같이 특히 신성 재판의 절차에 이 소송을 제기하려는 저자의 입장에서 변호가 있었다. 저자가 기록한 소제의 서론(15, 18, 25-26절)은 그러한 의식을 포로 후기 희생제사 체계의 주류 속으로 들여왔고, 그것이 예루살렘의 제사장들에 의해서만 운용된다는 사실을 보증하는 데 도움을 주었다. 19-21a,[a] 22절에 있는 저자의 첨가물들은 물보다는 맹세를 그 의식의 중대한 요소로 강조하고 있다. 그것들은 12-14절에서 설명된 바와 같은 소송의 상황을 반복하고 있으며, 여인은 자신의 구두 발언을 통하여 의식의 절차에 적극적으로 참여하는 것으로 묘사하고 있다. 의식의 결과들에 대한 그의 요약(27-28절)은 이러한 근본적인 관심들과 조화되고 있다. 이러한 각색은 폴크(de Vaulx, *Nombres*, 97)가 제안한 미신에 대항한 전쟁이 전혀 아닐 수도 있다. 저자의 주 목적은 출애굽기 22장에 있는 맹세하는 전통을 신성 재판과 연결시키려는 것일 수도 있다. 비록 그 맹세와 여인의 적극적인 참여가 그 신성 재판을 보다 덜 미신적인 것으로 만들고 있을지라도 그것은 지당한 것이다.

신학적으로 본 단락은 제사 문서에서 도덕적 진지성에 대한 또 다른 증거를 담고 있다. 결혼에서의 불성실은 진실성이 드러나야 하는 심각한 문제다. 그것은 공동체 전체의 신성함을 해치는 것이며, 공동체 생활의 근간을 파괴하는 것이다. 현대인의 생각에는 신성 재판이 재판 방식으로서 적합하지 않고 부당하게 보인다. 그럼에도 불구하고 그것은 공평에 있어서 객관성을 위한 이 특유의 사건에, 그리고 구약에서 단 한 번만 인용된 이 특별한 경우에 증인이 되며, 재판 절차는 죄책의 증거를 필요로 했고 피고인 측에 은혜를 베풀었다. 출애굽기 32:20의 물 마심은 신성 재판이 아니고 하나의 징벌이다. 거기서 죄는 이미 알려졌다. 민수기 5장에서 유산은 물과 티끌을 마시고 나타난 순전히 물리적인 결과에서 나타난 것 같지는 않다. 이 특별한 의식 가운데 있었던 맹세와 엄숙성으로 인하여 생겨난 죄책을 가진 양심만이 하나의 결과가 나타나게 만든다. 여하튼 재판 절차 가운데서 죄 없는 사람에게는 위험이 거의 없는 것으로 보인다. 그것의 이점은 고대인들에게는 그것이 육체적 관계에 대한 의혹과 그 관계 안에 있는 두려움이라는 파괴적인 결과를 치워 버리기에 충분했다는 사실이다. 신성 재판에 대한 현대의 관행은 분명히 변명의 여지가 없는 것이지만, 건전한 관계를 목표로 하고 있는 현대의 도덕적 진지성은 의심의 파괴적 결과를 인정해야 하며, 그것을 완화시키고 제거할 수단을 발견해야 한다.

9. 제사장들과 나실인(6:1-21)

참고문헌

Eichrodt, W. *Theology of the Old Testament.* Vol. 1. London: SCM, 1959, 303-06. **Gray, G. B.** "The Nazirite." *JTS* 1(1899-1900) 201-11. **Milgrom, J.** "Sin Offering or Purification Offering?" *VT* 21(1971) 237-39. **Peritz, I. J.** "Woman in the Ancient Hebrew Cult." *JBL* 17(1898) 111-48. **Smith, W. Robertson.** *The Religion of the Semites.* London: Black, 1907, 323-35, 479-85. **Weisman, Z.** "The Biblical Nazirite, Its Types and Roots." *Tarbiz* 36(1967) 207-20.

본 문

1 여호와께서 모세에게 일러 가라사대
2 이스라엘 자손에게 고하여 그들에게 이르라 남자나 여자가 특별한 서원 곧 나실인의 서원을 하고 자기 몸을 구별하여 여호와께 드리거든

3 포도주와 독주를 멀리하며 포도주의 초나 독주의 초를 마시지 말며 포도즙도 마시지 말며 생포도나 건포도도 먹지 말지니

4 자기 몸을 구별하는 모든 날 동안에는 포도나무 소산은 씨나 껍질이라도 먹지 말지며

5 그 서원을 하고 구별하는 모든 날 동안은 삭도를 도무지 그 머리에 대지 말 것이라 자기 몸을 구별하여 여호와께 드리는 날이 차기까지 그는 거룩한즉 그 머리털을 길게 자라게 할 것이며

6 자기 몸을 구별하여 여호와께 드리는 모든 날 동안은 시체를 가까이 하지 말 것이요
7 그 부모 형제 자매가 죽은 때에라도 그로 인하여 몸을 더럽히지 말 것이니 이는 자기 몸을 구별하여 하나님께 드리는 표가 그 머리에 있음이라

1 And Yahweh spoke to Moses, saying,
2 "Speak to the people of Israel, and say to them, If a man or a woman makes a special[a] vow, the vow of a Nazirite, to dedicate himself to Yahweh,

3 he shall abstain from wine and strong drink. He shall drink no vinegar of wine, or vinegar of strong drink, nor shall he drink any juice of grapes, or eat fresh grapes or dried.

4 All the days of his dedication he shall eat nothing that is made from the grape vine, from the seeds to the skins.

5 "All the days of his vow[a] of dedication a razor shall not touch his head. Until the days are complete during which he is dedicated to Yahweh, he shall be holy. He shall let the locks of the hair of his head grow long.

6 "All the days of his dedication to Yahweh he shall not come near to a dead body.
7 Even for his father, his mother, his brother, or his sister[a] he shall not make himself unclean when they die, because his dedication to his God is upon his head.

8 자기 몸을 구별하는 모든 날 동안 그는 여호와께 거룩한 자니라

9 누가 홀연히 그 곁에서 죽어서 스스로 구별한 자의 머리를 더럽히거든 그 몸을 정결케 하는 날에 머리를 밀 것이니 곧 제칠일에 밀 것이며

10 제팔일에 산비둘기 두 마리나 집비둘기 새끼 두 마리를 가지고 회막 문에 와서 제사장에게 줄 것이요

11 제사장은 그 하나를 속죄 제물로, 하나를 번제물로 드려서 그의 시체로 인하여 얻은 죄를 속하고 또 그는 당일에 그의 머리를 성결케 할 것이며

12 자기 몸을 구별하여 여호와께 드릴 날을 새로 정하고 일년 된 숫양을 가져다가 속건제로 드릴 지니라 자기 몸을 구별한 때에 그 몸을 더렵혔은 즉 지나간 날은 무효니라

13 나실인의 법은 이러하니라 자기 몸을 구별한 날이 차면 그 사람을 회막 문으로 데리고 갈 것이요

14 그는 여호와께 예물을 드리되 번제물로 일년 된 흠 없는 숫양 하나와 속죄 제물로 일년 된 흠 없는 어린 암양 하나와 화목 제물로 흠 없는 숫양 하나와

15 무교병 한 광주리와 고운 가루에 기름 섞은 과자들과 기름 바른 무교전병들과 그 소제물과 전제물을 드릴 것이요

16 제사장은 그것들을 여호와 앞에 가져다가 속죄제와 번제를 드리고

17 화목 제물로 숫양에 무교병 한 광주리를 아울러 여호와께 드리고 그 소제와 전제를 드릴 것이요

18 자기 몸을 구별한 나실인은 회막 문에서 그

8 All the days of his dedication he is holy to Yahweh.

9 "And if a man beside him dies suddenly, and he defiles his dedicated head, then he shall shave his head on the day of his cleansing. On the seventh day shall he shave it.

10 And on the eighth day he shall bring two turtledoves or two young pigeons to the priest, to the door of the Tent of Meeting.

11 And the priest shall offer one for a purification offering, and the other for a whole offering, and shall make atonement for him, because he sinned on account of the dead, and he shall sanctify his head on that day.

12 And he shall dedicate to Yahweh the days of his dedication, [a]and he shall bring a male lamb of the first year for a reparation offering.[a] And the preceding days shall not be reckoned, because his dedication was defiled.

13 "And this is the law for the Nazirite when the days of his dedication are completed. He shall be brought[a] to the door of the Tent of Meeting.

14 And he shall make his offering to Yahweh, one[a] male lamb of the first year without blemish for a whole offering, and one female lamb of the first year without blemish for a purification offering, and one ram without blemish for a shared offering,

15 and a basket of unleavened bread, cakes of fine flour mixed with oil, and unleavened wafers covered with oil, along with the proper cereal and drink offerings.

16 And the priest shall present them before Yahweh, and shall offer his purification offering and his whole offering.

17 And he shall offer the ram for a shared offering sacrifice to Yahweh, with the basket of unleavened bread. The priest shall also offer the proper cereal offering and drink offering.

18 And the Nazirite shall shave his dedicated

머리털을 밀고 그것을 화목 제물 밑에 있는 불에 둘지며

head at the door of the Tent of Meeting, and shall take the hair of his dedicated head, and put it on the fire which is under the shared offering sacrifice.

19 자기 몸을 구별한 나실인이 그 머리털을 민 후에 제사장이 삶은 숫양의 어깨와 광주리 가운데 무교병 하나와 무교전병 하나를 취하여 나실인의 두 손에 두고

19 And the priest shall take the boiled shoulder of the ram, and one unleavened cake out of the basket, and one unleavened wafer, and shall put them into the hands of the Nazirite, after he has shaved his dedicated head.

20 여호와 앞에 요제로 흔들 것이며 그것과 흔든 가슴과 든 넓적다리는 성물이라 다 제사장에게 돌릴 것이니라 그 후에는 나실인이 포도주를 마실 수 있느니라

20 And the priest shall present them as a special gift before Yahweh. This is a holy portion for the priest, together with the breast of the special gift, and the thigh of the special contribution. And afterwards the Nazirite may drink wine.

21 이는 곧 서원한 나실인이 자기 몸을 구별한 일로 인하여 여호와께 예물을 드림과 행할 법이며 이 외에도 힘이 미치는 대로 하려니와 그 서원한 대로 자기 몸을 구별하는 법을 따라 할 것이니라

21 "This is the law of the Nazirite who makes a vow, his offering to Yahweh for his dedication, apart from anything else that he can give. According to his vow[a] which he makes so must he do, in accordance with the law of his dedication."

원문주해

2.a. 이 단어의 어근의 또 다른 히필형은 레 27:2을 보라. 레 22:21; 민 15:3, 8에 있는 피엘형과는 대조적이다. *BHS*는 레 27:2의 모음부호가 채택된다는 사실을 시사하고 있다.

5.a. 게데르(גֶּדֶר)는 중복오사일 수도 있고 삭제될 수도 있었는데, 소수의 MT 필사본들과 G에 있는 것과 같다(참조. 8절).

7.a. 모음부호 삽입에 대해서는 GKC § 96을 보라.

12.a. *BHS*는 전체 문장이 첨가물이라는 가능성을 불러일으킨다; 아래의 "주석"을 보라.

13.a. *BHS*는 야보(יָבוֹא) 혹은 야비우(יָבִיאוּ)임을 시사한다. 어찌하여 누구에 의하여 나실인을 회막으로 데려와야 했는지를 발견하기가 어렵다. 패터슨(J. Paterson, *Numbers*, 45)은 오토(אֹתוֹ)가 14절에서 좋은 의미를 만들어 내기 위하여 에트-콰르바노(אֶת־קָרְבָּנוֹ)와 위치가 바뀌었을 수 있음을 주장한다. 또 다른 주장들에 대해서는 G. B. Gray, *Numbers*, 70를 보라.

14.a. "하나"란 숫자는 희귀한 위치에 있다(그러나 삼상 6:7을 참조하라). *BHS*는 케베시(כֶּבֶשׂ) 다음에 위치하도록 이동 가능성을 시사하고 있다(또한 참조. J. Paterson, *Numbers*, 45; G. B. Gray, *Numbers*, 70).

21.a. 몇몇 MT 필사본들은 여기서 니즈로(נִזְרו)로 되어 있으나, 니즈로(נִזְרו)는 심각한 난점을 가지고 있지 않은데, 아마도 이를 받아들여야 할 것 같다.

양식/구조/배경

분석가들은 이 단락 가운데 제사장 기록자들의 작품이 들어 있음을 인정해 왔으며, 여기서 2차적인 단계를 발견하려는 일반적인 경향도 있어 왔다(참조. J. Wellhausen, *Hexateuch*, 177; A. Kuenen, *Hexateuch*, 91-93; G. B. Gray, *Numbers*, 39; M. Noth, *Numbers*, 53-55). 이 논의 가운데서 일어난 점들은 9-11절이 레위기 14:9; 15:14-15, 30에 의존하고, 15절이 출애굽기 29:2-3에 의존하며, 의식들 전반에 걸쳐 레위기 1-7장에 의존하고 있다는 것이다. 그래이는 제사 설화와의 어떤 구조적 연관성을 발견할 수 없어서 PG를 제외시킨다. 그는 본 단락을 P^X – 그의 율법 자료가 다양한 손을 거쳐서 나온 것 – 에게로 돌린다. 어떤 분석가들은 성결 법전의 문체와 밀접하게 가까운 점을 발견했으나(레 17-26장), 그래이는 이것이 믿어지지 않았고, 숫양의 사용(14절), 속죄제 그리고 수량에 관한 명확성을 포함하는, 비교적 후기 연대를 암시하는 현재의 율법 형태 가운데 들어 있는 세밀한 사항으로 시선을 돌린다. 노트는 "아론"보다는 "제사장"으로 특징지어진 기본적인 율법 형태의 증거를 발견한다. 그것이 P설화 전체에 적응되어 왔지만 매우 오래된 것은 아닐 텐데, 그 이유는 그것이 레위기 1-7장의 의식을 생각나게 하기 때문이다. 이 율법은 노트가 보기에는 사사기 13:4-5; 아모스 2:12에 있는 보다 오래된 나실인 원리들로부터 멀리 떨어진 것이다. 나실인의 서원은 이제 공동체 전체에는 거의 의미가 없는 개개인에게 가치가 있는 일이다. 노트(Noth)는 13-20절을 첨가물로 보고 있는데, 그는 그 이유를 하나의 서론으로서 13절 상반절이 원래 하나의 종결 형태였음에 틀림없기 때문이라고 본다(참조. 21a절).

켈러만(D. Kellermann, *Priestschrift*, 83-95)은 본 단락에서 두 개의 기본적 합성 단위를 발견하고 있는데, 그것은 곧 율법과 확장이다. 율법은 2b절(대부분), 3-8, 9절(대부분), 12절(대부분)에서 발견된다. 확장은 9-11절에 있는 제7일에 대한 언급, 12절에 있는 숫양에 대한 언급 그리고 1-2a절에 있는 서론과 함께 13-21절에 있는 종결 의식을 포함한다. 켈러만에 의하여 밝혀진 다른 첨가물들은 비교적 소량이다. 사사기 13:5; 사무엘상 1:11에 근거하여, 그는 2-8절에 있는 기본법의 초창기 형태를 추론한다. 이것은 포도 열매의 금지(Iv $3a^b$b절), 면도의 사용 금지($5a^b$절)

그리고 시체를 멀리함(6b절)을 포함한다. 그는 가장 오래된 요소를 5a[b]절인 것으로 판단한다. 레갑 족속의 영향으로 금기 사항(3a[a]절)을 포함시켰을 것이며, 반면에 시체에 대한 명령은 그것이 비록 오래된 것일지라도 나실인의 생활 법규 가운데 포함된 가장 후기의 요소임에 틀림없다.

폴크(J. de Vaulx, *Nombres*, 89-90, 99-102)도 역시 후기의 관습과 본문들의 적용의 표시들을 발견한다. 그는 2-3절이 8절과는 달리 일시적 서원을 예상하고 있지 않다고 주장한다. 9-12절에서는 레위인의 청결이 진영으로부터의 축출(민 5:1-3)이나 씻음(민 19:11-13)의 가능성을 묵살한다. 레위기 12-15장을 절대적으로 의존하고 있다. 그는 또한 11절과 12절에서 두 개의 유사한 의식을 발견하고 있는데, 그것은 다른 어휘를 사용하고, 하타아트(חַטָּאת)와 아샴(אָשָׁם), 쿼데쉬(קִדֵּשׁ)와 히지르(הִזִּיר)와 같은 단어들을 통하여 이루어지는 평행구를 사용하고 있다. 그는 전체를 다양한 본문들의 합성으로 보지만, 편집자적 관점에서 모든 평민들로 하여금 특별한 서약에 종사하도록 공식적인 초청을 함으로써 고대의 카리스마적 나실인의 후계자가 되는 것을 전체의 목적이라고 생각한다.

민수기가 출애굽기와 레위기에 의존했다는 사실은 우리가 제안한 민수기에 대한 입장과 완전히 일치한다. 확장된 율법에 대한 켈러만의 이론은 근본적으로 받아들일 만하고, 그 확장은 당연히 민수기 저자 자신의 작품일 수도 있다. 서원에 대한 세 개의 합성 부분들의 역사에 관한 켈러만의 이론에 대해서는 가능성이 있기는 하지만 증거가 희박하다. 사사기 13:4-5과 아모스 2:12은 분명히 나실인의 헌신에 있어서 포도주 금지와 머리털을 깎지 않는 일이 비교적 초창기 단계에서는 기본이 되는 요소라는 사실을 시사한다(역시 삿 13:4에 있는 부정한 음식에 대한 언급을 유념하라). 드보(R. de Vaux, *Israel*, 467)에 따르면, 머리를 푸는 행위로서의 헌신은 가장 초창기의 것으로 보인다. 포도주 금지는 레갑 족속의 영향까지 거슬러 올라갈 수도 있을 듯하다(렘 35:6). 사사기 13장에 있는 본문이 삼손 이야기 가운데서 가장 이른 시기의 것은 아닌 것 같고, 도살하면서도 나실인으로서의 일을 하고 있다고 생각하는 점이 그 이야기에서는 가능하다는 사실은, 사체로부터 멀리하는 일이 그 전승 가운데서 비교적 후기의 첨가물이라는 사실을 확고히 해준다.

비록 4절이 해석상의 어떤 특징을 가지고 있기는 할지라도, 저자가 사용한 율법은 3-5절 가운데 본래 포함되어 있을 수도 있다. 요점이 분명하지는 않지만, 이 단계에서 이러한 율법들이 전생애에 걸친 헌신을 예상하고 있을 수도 있다. 사체에의 접근이 포함된 것은 H(레 21:10-15)에서 제사장과 관련된 개념에 근거한 저자 자신의 공헌이었을 수 있다. 무의식 중의 부정을 다루는 의식의 삽입은 자연스럽게 뒤따라왔을 것이다(9-12절). 폴크가 지적한 바와 같이, 저자는 여기서 레위기 12-14장에 의존하고 있다. 11-12절에 있는 차이점을 다양한 전승으로 인한 것이라고 강제로 밀어붙이는 일은 불필요한 것으로 보인다. 저자는 레위기 12-14장에 예상된 절차를 상당히 면밀하게 따르고 있으며, 레위기 14:12에 언급된 세 개의 제사는 사실상 레위기 14장에서 성별된 사람에게 요구된 것이다. 숫양의 사용은 레위기 5:6과 대조되지만, 레위기 14:12과 대조되는 것은 아니다. 이 의식의 세 번째 부분(13-20절)이 자연스럽게 뒤따라오고 있으며, 앞 단락의 보록이 되지는 않는다. 그것은 레위기 1-7장의 절차를 따르고 있지만, 반면에 민수기 6장의 특별한 상황과 일치하여 머리를 미는 일을 포함하는 의식을 덧붙이고 있다. 노트의 주장은 전혀 요점이 없다. 분명히 8절이 제한된 기간 동안의 서원을 예상하고 있으므로, 그것이 끝났음을 표시하기 위한 의식들을 포함시키고 있는 것은 전적으로 타당한 것으로 보인다. 10-11, 16-17, 19-20절에서 "제사장"이란 호칭의 사용은 저자가 레위 족속의 의식(儀式)들 가운데서 사용되는 용어들을 가지고 기록하고 있다는 사실에 비추어 볼 때 놀랄 일이 아니다.

주석

2 "특별한"(יַפְלִא – 야플리). 이것의 어근은 "놀랍게 되다" 혹은 "경탄할 만하게 되다"를 의미하는 것으로 보인다. 이와 유사한 사상이 레위기 22:21; 27:2; 민수기 15:3, 8에 나타난다. 분명히 서원이 이례적인 일이라는 점을 지적하기 위하여 사용되고 있다.

"나실인"(נָזִיר – 나지르). G는 "청결" 혹은 "순결"에 대한 사상을 전달해 주고 있지만, 이러한 사상들은 분명하게 나타나 있지 않다. 본질적으로, 이 어근은 야웨께 서원을 한 한 남자나 여자의 헌신에 대해서 말하고 있다. 삼손의 어머니는 비록 그녀나 그녀의 남편이 "나실인"으로 부름을 받지 않았을지라도 이러한 종류의 규칙(삿 13:4, 7)에 묶인다.

3 "독주"(שֵׁכָר – 쉐카르). 이것은 취하게 하는 모든 종류의 술을 망라하는 총체적인 단어다.

"초"(חֹמֶץ – 호메츠). 이것은 아마도 음식물이 시어지게 만드는 제품이다.

"포도즙"(מִשְׁרָה – 미슈라). 이것은 성경에 단 한 번만 나오는 단어다. 이것은 아마도 솨라(שָׁרָה – "물을 대다", "축축하게 되다")라는 어근으로부터 파생되었을 수 있고, 그런 까닭에 포도 쥬스, 즉 포도즙을 의미할 것이다.

4 "소산"(חַרְצָן – 하르찬). 이것도 단 한 번만 나오는 단어다. RSV는 "소산들"로 번역하고 있다. NEB에는 "싹"(shoot)이라는 단어로 되어 있다. 딜만(A. Dillman, *Numeri*, 33)은 "익지 않은 포도"라고 주장한다.

"껍질"(זָג – 자그). 이것 역시 단 한 번만 나오는 단어다. RSV는 "껍질들"로 번역한다. NEB에는 "말린 씨"(berry)로 되어 있다. 딜만(Dillman, *Numeri*, 33)은 포도나무의 "덩굴"로 생각한다. 자가그(זָגַג, "깨끗하게 되다")와 관련되었다는 주장이 있고, 그래서 의도된 포도의 깨끗한 껍질을 가리킬 수도 있다. 이 문제는 아마도 확정짓지 않고 놓아 두어야 할 것 같다.

5 "길게 자라게"(גַּדֵּל – 깟델, 참조. 삿 5:2). 같은 어근이 민수기 5:18에서 여인의 머리털에 사용되었다. 많은 종교들이 머리털에 특별한 의미를 부여하고 있다. 삼손의 힘이 머리털에 있다는 사상(삿 16:17)을 유념하라.

7 이러한 규정은 일반 제사장들에게 적용되는 것보다 더 엄격하다(레 21:1-2). 그것은 대제사장들이 준수해야 하는 법규다(레 21:11).

"하나님께 드리는"(נֵזֶר אֱלֹהָיו – 네제르 엘로하이우). 이 단어의 어근은 레위기 25:5, 11에서 손질하지 않은 포도나무에 대해 사용된다.

9 머리털이 더럽혀졌고, 그래서 밀어 버려야 한다. 미쉬나에 따르면, 그것은 땅에 묻어야 했다.

10 규정된 새들은 값나가지 않는 제물이다(레 5:7; 12:8; 14:30-31; 15:14-15, 29-30; 눅 2:24). 저자는 가난한 자가 그러한 서원에서 배제되지 않았음을 확실히 하기 위하여 고심했을 수도 있다. 21절에서 만일 한 사람이 자기의 서원 기간이 끝났을 때 힘이 미치는 대로 할 수 있다면 그 외의 제물들도 인정된다는 사실을 명화하게 규정하고 있다.

11-12 제물들은 또다시 민수기 28-29장에서 논의된다. "성결 제사"("속죄제"보다는 더 나은 말이다. J. Milgrom, *VT* 21[1971] 237-39를 보라)는 이 경우에 몇몇 금기 사항이 무심코 깨어졌을 때 그 사람을 의식적인 성결 상태로 회복시켜 준다. "온전한 제사"(whole offering)(가끔은 "번제"로 번역되기도 한다)는 희생 짐승의 전체를 불살라 드리는 것이며, 이것은 예배자의 하나님에 대한 전적인 헌신의 표시다. "배상 제사"(가끔은 "속죄제"로 번역된다)는 본질적으로 서원 파기에 대한 배상 제시다. 그 특징들에 대해서는 N. H. Snaith, "The Sin Offering and the Guilt

Offering," *VT* 15(1965) 73-80; R. de Vaux, *Israel*, 418-21를 더 읽어 보라. 후기 제사장 단계의 편집자들이 전적으로 이 여러 희생제사들의 원래 의미를 이해하지 못했을 것이라고 자주 생각되었고, 그래서 이 점이 전체에 대한 정확한 설명에서 혼란을 일으키며 그 설명이 결핍된 이유를 설명해 주고 있다고 한다. "속죄"의 개념에 대해서는 아래의 민수기 17:6-15 "주석"을 보라.

14 숫양의 사용은 초창기 관습에 상반되는 것으로 보인다(삼상 6:14). 숫양은 레위기 1:3, 10; 14:12; 22:18-19에서도 사용된다. 청결 제사를 위하여 암양을 사용하는 일은 레위기 4:32; 5:6과 조화되며, 배상 제사를 위한 숫양은 레위기 3:1-6과 조화된다.

"번제"와 "속죄제"에 대해서는 11-12절에 있는 "주석"을 보라. "분배 제사"(shared offering)(자주 화목제로 번역된다)는 희생 짐승의 일부분만 태워지고 그 나머지는 제사장과 헌제자가 먹는다는 사실에서 "번제"와 다르다. 희생제사는 분배된 식사로 표현되었고, 따라서 "화해"와 "교제"의 사상을 가지고 있는 것으로 하나님과 헌제자 사이의 조화 상태를 나타낸다. 가끔은 이 희생제사와 연관이 된다. 샬롬(שָׁלוֹם, "평화")은 쉘렘(שָׁלֵם, "원상회복하다" 혹은 "해당하는 값을 지불하다")이란 단어와 관련되었다고 주장되어 왔으나, 행실에 있어서 희생제사를 구별하는 것에 집중하는 것이 가장 좋을 듯한데, 따라서 "분배 제사"다.

15 율법은 여기서 레위기 7:12의 원리와 조화된다. 그 의도는 짐승 희생제사에 통상적으로 동반되는 것들이 여기에서도 있어져야 한다는 사실을 암시하고자 한 것이다. 이것들은 전병, 기름 섞은 과자, 기름이 고유의 소제와 전제와 함께 드려진다. 전제는 하나님께 드리는 제사로서 땅에 포도주가 부어졌을 것이다.

18 어떤 주석가들은 머리를 미는 것을 하나의 제사로 본다(예를 들어, A. H. McNeile, *Numbers*, 35; G. B. Gray, *Numbers*, 68). 노트(M. Noth, *Numbers*, 57)는 일단 그것이 그 기능을 다하면 성별된 것이 무효화된다고 간파하면서 이것을 거절한다. 머리털을 제거하는 일은 그것이 더럽혀지거나 혹은 미신적으로 사용될 위험성을 제거했다(참조. R. de Vaux, *Israel*, 436).

19-20 이 구절들은 제사장에게 속하는 소제와 화목제의 각 부분을 취급하고 있다. 그것은 자주 이러한 항목들이 제단을 향하여 제공되었고(그래서 "흔드는 것"임), 그렇지만 제사장이 보유했는데, 그러한 행동(흔듦)은 그것들이 헌제자에 의하여 하나님께 드려졌고, 그 다음에는 하나님께서 그것을 제사장에게 주셨다는 사상을 상징하는 것이다(참조. 출 29:27; 민 5:10). 어떤 사람은 이 단어들이 "특별한

선물"과 "특별한 바침"을 상징한다고 생각한다(참조. NEB). 민수기 5:10의 "주석"을 보라. 레위기 7:34이 "넓적다리"(שׁוֹק – 쇼크)와 "가슴"(חָזֶה – 하제)이 화목제에서는 언제나 제사장의 몫이라고 명시하고 있는 것처럼 20절에서 그것들을 특별히 언급하고 있다.

21 주어진 규례들은 극소량의 요구 사항뿐이다. 이 나실인은 자기가 할 수만 있다면 더 드리도록 격려를 하고 있다.

해설

이 단락은 나실인의 서원을 규정하면서 시작되고 있다. 세 개의 근본적인 헌신은 포도주와 관련된 모든 것을 자제하는 것, 머리 자르는 일을 금하는 것 그리고 모든 사체에 접근하는 것을 금지하는 것이다(1-8절). 이러한 세 개의 헌신에 대해 생각지 못한 위반을 했을 때 의식 행위가 요구된다(9-12절). 그러나 이러한 헌신들은 일시적인 성격을 가지고 있고, 의식 절차와 함께 서원이 끝나고 나실인으로 하여금 정상적인 생활로 돌아가도록 하는 규정이 주어졌다(13-21절).

이 단락과 민수기 5장의 관계는 어떤 주석가들이 생각하는 것처럼 파악하는 데 그렇게 어렵지 않다. 스터디(J. Sturdy, *Numbers*, 49)가 관찰한 바와 같이, 본 단락은 백성들이 스스로 특별한 방식으로 하나님께 자신을 성별시킬 수 있었던 제도를 다루고 있는데, 그렇게 함으로써 그것을 민수기 5장 전체를 통하여 명백한 거룩의 주제와 연결시키고 있다. 폴크(J. de Vaulx, *Nombres*, 89)는 민수기 5:11-31에서처럼 여기서도 마술적이고도 미신적인 신앙을 거절하는 것과 같은 방식으로 고대의 관습을 개정하고 있는 것으로 본다.

민수기 5장에 있는 그것들이 하는 것처럼 본 단락도 역시 공동체에 관련되어 있는 제사장들을 드러내고 있다는 사실을 덧붙이는 것이 적절할 것이다. 어떻게 하여 민수기 1-4장에서 설정된 제사장직이라는 관료 계급 형태가 다른 거룩한 사람들에게 영향을 미치며, 특별히 나실인의 서원에 영향을 미치는가? 저자가 당연히 나실인의 서원을 통제하고, 그들이 제사장직 그 자체에 도전하지 않는다는 사실을 확실히 하려고 고심하고 있을 수도 있다. 그는 10, 16-16, 19-20절에서 그것을 명백히 하고 있는데, 곧 서원이 제사장직의 사법권 아래서 시행된다는 것과, 그 어느 것보다도 가장 중요한 것은 그것을 통상적으로 제한된 기간을 가지고 있는 헌신으로 전환시킨다는 것이다. 물론 서원이 상당 기간 동안 침묵할 수 있었으리라는 것은 사실이지만, 그것이 끝났음을 표시하는 의식의 수립(13-21절)은 그 서원이 일반적으로 취급될 새로운 구조를 만들어 내고, 그리하여 장차 한정된 종류의 서원 쪽으로 기울게 한다. 이 마치는 의식 가운데서 저자는 자기의 제사장들이 생계 유지를 할 부가적인 수단을 발견할 수 있다.

저자가 나실인의 헌신을 평가절하하고 있다는 것이 이것이 의미하고 있는 뜻이라고 보는 것은 옳지 않을 것이다. 그는 사실상 나실인의 역할을 평민에게 열어 놓았고, 그러한 서원들에 대해 낙심시키기를 원하지 않는다. 그의 관심은 당시 환경에 적합시키고 조절하는 것이다. 전승에서 나실인들은 날 때부터 하나님에게 바쳐진 사람들이며(삿 13:5; 참조. 삼상 1:11), 그 헌신은 전생애 동안 지속된다. 삼손에게는 나실인의 활동을 하기 위한 강력한 카리스마적 성격이 있으며, 반면에 아모스 2:11-12에서는 나실인들이 하나님께서 부여하시고 영감을 주신 개인들이 모인 그룹으로서 선지자들의 무리에 함께 속해 있다. 민수기 저자가 이룬 각색은 나실인들이 제사장들과 심각하게 대립되어 있는 존재들이 아니라는 사실을 확증할 뿐만 아니라, 그와 동시에 가난한 자들까지도 배제되지 않는다는 사실을 확고히 해주면서, 은사적 요소를 버리고 나실인들의 진지한 헌신을 평민에게도 할 수 있도록 하는 가능성을 확대해 준다. 그 진행 과정에서 그는 사체와의 접촉을 머리털을 자르지 않는 것과 알코올을 멀리하는 전통적인 헌신과 함께 그 서원 가운데 제3의 요소로 포함시키고 있다. 그는 대제사장들에게 영향을 미치는 같은 원리들을 적용하면서, 매우 엄격한 서원과 관련된 법규를 만들고 있다. 그는 그 문제에 있어서 어느 정도 모호한 상황에 부딪쳤을 수 있다. 그는 분명히 나실인이 그 서원을 깨뜨리는 것이 공동체 전체의 순결과 번영에 심각한 위협을 주는 것으로 생각했을 것이다. 남은 최선의 방법은 부지중에 더럽혀진 나실인들이 자기 자신들과 공동체를 보호하도록 하기 위하여(9-12절), 그리고 그 서원들의 기간이 제한되어 있음을 암시해 주고 또한 그것들을 끝마치는 절차를 제공함으로써(13-20절) 그러한 서원들을 취급하는 책임성 있고 실질적인 태도에 용기를 주도록 하기 위하여 적절한 조치를 취하는 것이었다. 이러한 적응을 하는 데 있어서 그의 방법은 가능한 한 레위기의 의식상의 원리들을 이 구체적인 문제에 적용하는 것이다.

신학적으로 이 단락은 제사장 기록자가 용기를 북돋아 주었던 종교적 진지성과 규율에 대해 또 다른 증거를 제공한다. 아이히롯트가 주장하는 바와 같이, 여기서 초창기 단계에 이스라엘 신앙의 독특성이 입증될 수도 있고, 모든 것에서 가나안 족속과 분리되어 있다는 사실이 입증될 수도 있다. 제사장 기록자에게 이 진지성과 규율은 하나님의 거룩에 대한 그의 이해에서 나온 것임에 틀림없다. 하나님을 향한 이러한 거룩에의 서원은 가장 진지하게 취급되어야 한다. 그러한 헌신의 훈련이 없이는 일반 공동체의 생활은 위험했다. 비록 이에 비할 만한 헌신이 신약성경 본문 가운데서 입증되고(참조. 눅 1:15; 행 21:23-24), 헌신의 내용이 전체 성경 본문에 비추어 볼 때 분명히 부분적이고 제한적이기는 할지라도, 문제의 이 서원은 단순히 외적인 것으로 보일 수도 있다. 기독교인의 훈련은 다른 방식과 다른 목적을 가진 것으로서 주로 다른 종류의 헌신에 초점을 맞추고 있다. 예수님이 제시하신 제자도의 형태도 역시 헌신이고 하나의 훈련이며, 구약성경의 서원의 진지성 가운데 미리 예시된 의미가 들어 있다.

10. 제사장들과 공동체에 대한 축복(6:22-27)

참고문헌

Begrich, J. "Das priesterliche Heilsorakel." *ZAW* 52(1934) 81-92. **Kuchler, F.** *Das priesterliche Orakel in Israel und Juda.* BZAW 33. Giessen: Töpelmann, 1918, 285- 301. **Liebreich, L. J.** "The Songs of Ascents and the Priestly Blessing." *JBL* 74(1955) 33-36. **Miller, P. D.** "The Blessing of God. An Interpretation of Numbers 6:22-27." *Int*; 29(1975) 240-51. **Murtonen, A.** "The Use and Meaning of the Words L^{E}*Bareḵ* and B^{E}*raka*^{H} in the Old Testament." *VT* 9(1959) 158-77.

본 문

22 여호와께서 모세에게 일러 가라사대	22 And Yahweh spoke to Moses, saying,
23 아론과 그 아들들에게 고하여 이르기를 너희는 이스라엘 자손을 위하여 이렇게 축복하여 이르되	23 "Speak to Aaron and to his sons, saying, This is the way you shall bless the people of Israel, saying[a] to them,
24 여호와는 네게 복을 주시고 너를 지키시기를 원하며	24 May Yahweh bless you and keep you.
25 여호와는 그 얼굴로 네게 비취사 은혜 베푸시기를 원하며	25 May Yahweh make his face shine on you, and be gracious to you.
26 여호와는 그 얼굴을 네게로 향하여 드사 평강 주시기를 원하노라 할지니라 하라	26 May Yahweh look favorably upon you, and give you well being.[a]
27 그들은 이같이 내 이름으로 이스라엘 자손에게 축복할지니 내가 그들에게 복을 주리라	27 [a]"So shall they put my name upon the people of Israel, and I[b] will bless them."

원문주해

23.a. 이 자체가 아마르(אָמֹר)라는 부정사 절대형의 유일한 본보기다. 패터슨(J. Paterson, *Numbers*, 45)은 중자탈락이 라메드(ל)가 탈락되도록 만들었다고 주장한다. 앞 단어의 끝에 이 글자가 출현하고 있는 점을 유념하라. 그래이(G. B. Gray, *Numbers*, 74)는 이것이 아마르+레(אָמֹר+לְ)를 수반하는 그리고 하나의 대명사 접미어를 수반하는 매우 이상한 문장을 낳게 했을 것이라고 주장한다. 또 다른 가능성은 이므루(אִמְרוּ)로 고치는 것이다. MT는 독특하지만 부당하지는 않다.

26.a. 여기서 지시형(jussive)의 사용에 대해서는 GKC § 109b를 보라.

27.a. G에서는 이 구절이 23절에 뒤따라 나온다.

27.b. G는 여기서 "야웨"를 보유하고 있는데, 이는 아마도 추가된 것 같다.

양식/구조/배경

아론과 그 자손들이 연루되어 있다는 사실은 본 단락이 제사장 단계에 속해 있음을 보여 준다. 본 단락이 제사장들의 축복이 언급되어 있는 레위기 9:23에 기초하고 있다는 사실에 초점이 맞추어져 있다(J. Wellhausen, *Hexateuch*, 177). 이 구절은 그러한 축복의 말씀들을 제공해 주고 있다. 이 구절은 첨가물이라는 사실이 널리 받아들여져 왔다(참조. A. Kuenen, *Hexateuch*, 90-93; M. Noth, *Numbers*, 44-45). 그래이(G. B. Gray, *Numbers*, 39)는 그렇게 확신하지 않고, 민수기 5:1-4과 함께 이 구절이 진영의 순서에 대한 PG의 묘사의 결론이었을 가능성을 생각했다. 켈러만(D. Kellermann, *Priesterschrift*, 95-98)은 22-26절을 한 단위로, 그리고 27절을 제사장의 역할을 발전시키는 첨가물로 본다.

분명히 레위기 9:23에 의존했다는 사실이 우리가 채택한 저작권이라는 관점에서 받아들여진다. 22-23절에 있는 서론적 자료는 저자 자신으로부터 나온 것이며, 27절을 그의 작품으로 돌리는 것을 부정할 이유가 없다. 27절은 제사장의 축복의 중요성에 대한 할라카적인 주석이다. 24-26절에 있는 그 축복 자체는 초창기 것이요 전통적인 것으로 널리 인정되어 왔다. 그것의 언어적 특징은 그것을 시편과 연결지어 주며, 시편 67편과 또한 시편 4:7에 영향을 주었을 수도 있다(아래의 "주석"을 더 읽어 보라). 그것은 운율적이며, 세 개의 행으로 되어 있고(각기 세 개의 단어, 다섯 개의 단어, 일곱 개의 단어로 이루어져 있다), 전달의 형태가 2인칭 단수형을 사용하고 있는데, 이것은 P의 전형적인 형태가 아니다. 이 일에 있어서 제사장의 책임은 신명기 10:8; 21:5에 입증되어 있고, 이러한 축복의 형식은 실질적으로 포로 전기 성전에서 사용되었으며, 이것이 포로가 된 사독 계열의 제사장들 사이에 보존된 본문이었다고 믿을 만한 충분한 이유가 있는 것으로 보인다.

주석

23 대제사장의 사역과 축복에 있어서 그 절정에 관한 훌륭한 묘사에 대해서는 시락서 50:21-22을 보라.

25 노트(M. Noth, *Numbers*, 59)는 비치는 얼굴을 "자비와 호의를 위한 발언의

형태"(figure of speech for benevolence and favour)로 부른다. 그것은 제의 본문 가운데서 널리 사용된 사상이며(시 4:7; 31:17; 44:4; 67:2; 80:4, 8, 20; 89:16; 119:35; 참조. 단 9:17), 아마도 포로 전 성전에 나타난 신현에 근거했을 것이다.

26 "얼굴을 네게로 향하여 드사"(יִשָּׂא…פָּנָיו אֵלֶיךָ – 이사…파나이우 엘레카)는 직역하면 "그의 얼굴을 너에게로 들어올린다"이다(참조. 신 31:18; 시 30:8; 44:25; 104:29은 얼굴을 감추는 것을 하나님의 혐오 혹은 지원 중단에 대한 모습으로 표현하고 있다). 이 정확한 문구가 다른 곳에서는 하나님에 대하여 사용되지 않았다. 가장 근접한 평행절이 시편 4:7; 33:18; 34:16에 나타난다.

"평강"(שָׁלוֹם – 샬롬). 이것은 자주 "평화"로 번역되는 어근이다. 이것은 노트(M. Noth, *Numbers*, 59)가 "온전한 상태"라고 부르는 내용을 나타내며, 삶의 모든 면을 가리킨다. 이 어근의 유사한 용법에 대해서는 레위기 26:6; 욥기 21:9을 참조하라.

27 "그들은…내 이름으로…할지니라"(וְשָׂמוּ אֶת־שְׁמִי עַל – 웨사무 에트-쉐미 알). 이스라엘에게 신명의 발언은 축복의 효과적인 수단으로 생각되었다. 그것은 백성들이 야웨께 속해 있다는 것과 그분이 그들에게 번영을 가져다 주신다는 것을 가리킨다.

해설

이 간단한 단락은 이스라엘의 제의적 축복이 아론과 그 자손들에 의하여 이루어진다는 사실과, 또한 사용될 단어의 형식을 제공하고 있다는 사실을 암시해 준다. 이 단락은 앞의 단락으로부터 자연스럽게 뒤따라 나온다. 스터디(J. Sturdy, *Numbers*, 54)는 그것이 나실인 서원에 나타난 자원하는 헌신에 따른 하나님의 은혜로우신 반응을 보여 주고 있다고 생각한다. 폴크(J. de Vaulx, *Nombres*, 90, 103)는 제사장의 축복을 민수기 5:1-6:21에 나오는 공동체의 성별을 취급하고 있는 자료의 명백한 결론으로 본다. 그는 또한 이것이 부분적으로 나실인들에 대한 자료 다음에 여기서 편집자가 축복을 포함시키고 있는 것을 설명해 준다고 생각하면서, 역시 구별된 사람에 대해 축복의 말을 하고 있는 창세기 49:26과 신명기 33:16에 주의를 집중시키고 있다. 이러한 모든 관찰은 이 장들 가운데서 매우 일관성 있는 혼합 자료들이 없다고 생각하는 사람들에 대하여 타당한 점들을 만들어 주는 것처럼 보인다.

저자의 특별한 관심은 포로 전기에 사독 계열 제사장들이 준수했던 제사장의 축복의 본문을 표준화하는 것이고, 이 책임이 아론의 자손들에게 한정되어 있다는 사실을 확증해 주는 것이다. 전승 가운데 왕의 기능으로서 축복에 대한 증거가 있으나(삼하 6:18; 왕상 8:14, 55), 신명기 자체는 축복을 신명기 법 편에서 일반적으로 레위 지파의 일원인 제사장들과 견고하게 연결지어 주고 있다(10:8; 21:5). 민수기 저자가 주장한 새로운 계급 형태를 개진하고 나서, 제사장의 축복이 아론의 자손들만의 책임이었음을 구체화할 필요가 있었다. 고유의 본문에 관한 시기가 어느 정도 불확실하다는 것은 있음직한 일이다. 저자는 이러한 범위 가운데서 답변들을 제공하고 있다.

민수기 5-6장을 전체적으로 바라보면서 저자는 분명히 그들을 자기들의 다양한 특권과 책임을 통하여 백성들의 성결을 보호하고 그들에게 임할 하나님의 축복과 번영을 가져다 줄 사람들이라고 묘사하면서, 공동체에서 제사장들의 역할을 갈라놓는 데 성공했다. 저자의 방식은 본질적으로 특별히 레위기 안에 있는 원리들을 발전해 가고 있는 팔레스틴이라는 무대 안에 있던 현안 문제에 대해 해석학적 적용을 하는 데 기초하고 있다.

신학적으로 축복은 헌신과 청결의 훈련이 이해되어야 할 상황을 제공한다. 세 개의 각 구절들은 다른 방식으로 이스라엘을 향한 하나님의 헌신(자신을 주심)을 표현하고 있는데, 곧 지상의 안전, 번성 그리고 일반적인 번영을 약속해 주고 있는 헌신이다. 그 헌신이 축복의 선언 안에서 그리고 그 선언을 통하여 신명의 부과로써 입증되고 있다. 선지자의 종말론은 하나님의 의지와 헌신이 우주적 차원에서 활동하고 있다는 사실을 분명히 밝히고 있다(참조. 사 2:2-4; 미 4:1-5). 기독교 복음이 증거하고 있는 것은 그리스도의 주재권 아래서 이 후자의 헌신에 대한 시행이다.

11. 제사장 계급에 대한 공동체의 위임(7:1-88)

참고문헌

Levine, B. A. "The Descriptive Tabernacle Texts of the Pentateuch." *JAOS* 85(1965) 312-13. **Rainey, A. F.** "The Order of Sacrifices in Old Testament Ritual Texts." *Bib* 51(1970) 485-98.

본 문

1 모세가 장막 세우기를 필하고 그것에 기름을 발라 거룩히 구별하고 또 그 모든 기구와 단과 그 모든 기구에 기름을 발라 거룩히 구별한 날에

1 On the day when Moses had finished setting up the Tabernacle, and had anointed it, and dedicated it, and all its implements, and the altar and all its implements, and had anointed them, and consecrated them,

2 이스라엘 족장들 곧 그들의 종족의 두령들이요 그 지파의 족장으로서 그 계수함을 입은 자의 감독 된 자들이 예물을 드렸으니

2 the leaders of Israel, the heads of their fathers' houses, made an offering.[a] They were the leaders of the tribes. They were the ones who supervised the numbering.

3 그들의 여호와께 드린 예물은 덮개 있는 수레 여섯과 소 열둘이니 족장 둘에 수레가 하나씩이요 하나에 소가 하나씩이라 그것들을 장막 앞에 드린지라

3 And they brought their oblation before Yahweh, six covered wagons and twelve oxen – a wagon for every two of the leaders and a bullock for every one. And they offered them before the Tabernacle.

4 여호와께서 모세에게 일러 가라사대

4 And Yahweh spoke to Moses, saying,

5 그것을 그들에게서 받아 레위인에게 주어 각기 직임대로 회막 봉사에 쓰게 할지니라

5 "Take it from them, and the offering shall be for the service of the Tent of Meeting. And you shall give it to the Levites, to each man according to his service."

6 모세가 수레와 소를 받아 레위인에게 주었으니

6 And Moses took the wagons and the oxen and gave them to the Levites.

7 곧 게르손 자손들에게는 그 직임대로 수레 둘과 소 넷을 주었고

7 He gave two wagons and four oxen to the sons of Gershon, according to their service.

8 므라리 자손들에게는 그 직임대로 수레 넷과 소 여덟을 주고 제사장 아론의 아들 이다말로 감독케 하였으나

8 And he gave four wagons and eight oxen to the sons of Merari, according to their service – under the hand of Ithamar the son of Aaron the priest.

9 고핫 자손에게는 주지 아니하였으니 그들의 성
소의 직임은 그 어깨로 메는 일을 하는 까닭이었
더라
10 단에 기름을 바르던 날에 족장들이 단의 봉헌
을 위하여 예물을 가져다가 그 예물을 단 앞에 드
리니라
11 여호와께서 모세에게 이르시기를 족장들은 하
루 한 사람씩 단의 봉헌 예물을 드릴지니라 하셨
더라
12 제일일에 예물을 드린 자는 유다 지파 암미나
답의 아들 나손이라

13 그 예물은 성소의 세겔대로 일백삼십 세겔중
은반 하나와 칠십 세겔중 은바리 하나라 이 두 그
릇에는 소제물로 기름 섞은 고운 가루를 채웠고

14 또 십 세겔중 금숟가락 하나라 그것에는 향을
채웠고
15 또 번제물로 수송아지 하나와 숫양 하나와 일
년 된 어린 숫양 하나이며
16 속죄 제물로 숫염소 하나이며
17 화목 제물로 소 둘과 숫양 다섯과 숫염소 다
섯과 일년 된 어린 숫양 다섯이라 이는 암미나답
의 아들 나손의 예물이었더라

18 제이일에는 잇사갈의 족장 수알의 아들 느다
넬이 드렸으니
19 그 드린 예물도 성소의 세겔대로 일백삼십 세
겔중 은반 하나와 칠십 세겔중 은바리 하나라 이
두 그릇에는 소제물로 기름 섞은 고운 가루를 채
웠고

20 또 십 세겔중 금숟가락 하나라 그것에는 향을
채웠고
21 또 번제물로 수송아지 하나와 숫양 하나와 일
년 된 어린 숫양 하나이며
22 속죄 제물로 숫염소 하나이며
23 화목 제물로 소 둘과 숫양 다섯과 숫염소 다
섯과 일년 된 어린 숫양 다섯이라 이는 수알의

9 But he did not give to the sons of Kohath,
because theirs was the service of the sanctuary.
They carried it on their shoulders.
10 And the leaders offered for the dedication of
the altar, on the day when it was anointed. And
the leaders offered their oblation before the altar.
11 And Yahweh said to Moses, "They shall offer
their oblation, each leader on his day, for the
dedication of the altar."[a]
12 And he who offered his oblation on the first
day was Nahshon, son of Amminadab, [a]of the
tribe of Judah.
13 And[a] his oblation was one silver bowl,
weighing 130 shekels, one silver tossing bowl,
weighing 70 shekels, according to the sanctuary
shekel. Both of them were full of fine flour
mixed with oil for a cereal offering.
14 One gold dish, weighing 10 shekels, full of
incense.
15 One young bullock, one ram, one male lamb
a year old, for a whole offering.
16 One male goat for a purification offering.
17 And for the sacrifice of shared offerings, two
oxen,[a] five rams, five male goats, five male lambs
a year old. This was the oblation of Nahshon son
of Amminadab.
18 On the second day Nethanel son of Zuar,
leader[a] of Issachar, offered.
19 He offered for his oblation one silver bowl,
weighing 130 shekels, one silver tossing bowl,
weighing 70 shekels, according to the sanctuary
shekel. Both of them were full of fine flour
mixed with oil for a cereal offering.
20 One gold dish, weighing 10 shekels, full of
incense.
21 One young bullock, one ram, one male lamb
a year old, for a whole offering.
22 One male goat for a purification offering.
23 And for the sacrifice of shared offerings, two
oxen, five rams, five male goats, five male lambs

아들 느다넬의 예물이었더라

24 제삼일 에는 스불론 자손의 족장 헬론의 아들 엘리압이 드렸으니
25 그 예물도 성소의 세겔대로 일백삼십 세겔중 은반 하나와 칠십 세겔중 은바리 하나라 이 두 그릇에는 소제물로 기름 섞은 고운 가루를 채웠고
26 또 십 세겔중 금숟가락 하나라 이것에는 향을 채웠고
27 또 번제물로 수송아지 하나와 숫양 하나와 일년 된 어린 숫양 하나이며
28 속죄 제물로 숫염소 하나이며
29 화목 제물로 소 둘과 숫양 다섯과 숫염소 다섯과 일년 된 어린 숫양 다섯이라 이는 헬론의 아들 엘리압의 예물이었더라

30 제사일에는 르우벤 자손의 족장 스데울의 아들 엘리술이 드렸으니
31 그 예물도 성소의 세겔대로 일백삼십 세겔중 은반 하나와 칠십 세겔중 은바리 하나라 이 두 그릇에는 소제물로 기름 섞은 고운 가루를 채웠고
32 또 십 세겔중 금숟가락 하나라 이것에는 향을 채웠고
33 또 번제물로 수송아지 하나와 숫양 하나와 일년 된 어린 숫양 하나이며
34 속죄 제물로 숫염소 하나이며
35 화목 제물로 소 둘과 숫양 다섯과 숫염소 다섯과 일년 된 어린 숫양 다섯이라 이는 스데울의 아들 엘리술의 예물이었더라

36 제오일에는 시므온 자손의 족장 수리삿대의 아들 슬루미엘이 드렸으니
37 그 예물도 성소의 세겔대로 일백삼십 세겔중 은반 하나와 칠십 세겔중 은바리 하나라 이 두 그릇에는 소제물로 기름 섞은 고운 가루를 채웠고

a year old. This was the oblation of Nethanel son of Zuar.

24 On the third day Eliab son of Helon, leader of the sons of Zebulun:
25 his oblation was one silver bowl, weighing 130 shekels, one silver tossing bowl, weighing 70 shekels, according to the sanctuary shekel. Both of them were full of fine flour mixed with oil for a cereal offering.
26 One gold dish, weighing 10 shekels, full of incense.
27 One young bullock, one ram, one male lamb a year old, for a whole offering.
28 One male goat for a purification offering.
29 And for the sacrifice of shared offerings, two oxen, five rams, five male goats, five male lambs a year old. This was the oblation of Eliab son of Helon.

30 On the fourth day Elizur son of Shedeur, leader of the sons of Reuben:
31 his oblation was one silver bowl, weighing 130 shekels, one silver tossing bowl, weighing 70 shekels, according to the sanctuary shekel. Both of them were full of fine flour mixed with oil for a cereal offering.
32 One gold dish, weighing 10 shekels, full of incense.
33 One young bullock, one ram, one male lamb a year old, for a whole offering.
34 One male goat for a purification offering.
35 And for the sacrifice of shared offerings, two oxen, five rams, five male goats, five male lambs a year old. This was the oblation of Elizur son of Shedeur.

36 On the fifth day Shelumiel son of Zurishaddai, leader of the sons of Simeon:
37 his oblation was one silver bowl, weighing 130 shekels, one silver tossing bowl, weighing 70 shekels, according to the sanctuary shekel. Both of them were full of fine flour mixed with oil for

a cereal offering.

38 또 십 세겔중 금숟가락 하나라 이것에는 향을 채웠고

38 One gold dish, weighing 10 shekels, full of incense.

39 또 번제물로 수송아지 하나와 숫양 하나와 일년 된 어린 숫양 하나이며

39 One young bullock, one ram, one male lamb a year old, for a whole offering.

40 속죄제물로 숫염소 하나이며

40 One male goat for a purification offering.

41 화목 제물로 소 둘과 숫양 다섯과 숫염소 다섯과 일년 된 어린 숫양 다섯이라 이는 수리삿대의 아들 슬루미엘의 예물이었더라

41 And for the sacrifice of shared offerings, two oxen, five rams, five male goats, five male lambs a year old. This was the oblation of Shelumiel son of Zurishaddai.

42 제육일에는 갓 자손의 족장 드우엘의 아들 엘리아삽이 드렸으니

42 On the sixth day Eliasaph son of Deuel,[a] leader of the sons of Gad:

43 그 예물도 성소의 세겔대로 일백삼십 세겔중 은반 하나와 칠십 세겔중 은바리 하나라 이 두 그릇에는 소제물로 기름 섞은 고운 가루를 채웠고

43 his oblation was one silver bowl, weighing 130 shekels, one silver tossing bowl, weighing 70 shekels, according to the sanctuary shekel. Both of them were full of fine flour mixed with oil for a cereal offering.

44 또 십 세겔중 금숟가락 하나라 이것에는 향을 채웠고

44 One gold dish, weighing 10 shekels, full of incense.

45 또 번제물로 수송아지 하나와 숫양 하나와 일년 된 어린 숫양 하나이며

45 One young bullock, one ram, one male lamb a year old, for a whole offering.

46 속죄 제물로 숫염소 하나이며

46 One male goat for a purification offering.

47 화목 제물로 소 둘과 숫양 다섯과 숫염소 다섯과 일년 된 어린 숫양 다섯이라 이는 드우엘의 아들 엘리아삽의 예물이었더라

47 And for the sacrifice of shared offerings, two oxen, five rams, five male goats, five male lambs a year old. This was the oblation of Eliasaph son of Deuel.

48 제칠일에는 에브라임 자손의 족장 암미훗의 아들 엘리사마가 드렸으니

48 On the seventh day Elishama son of Ammihud, leader of the sons of Ephraim:

49 그 예물도 성소의 세겔대로 일백삼십 세겔중 은반 하나와 칠십 세겔중 은바리 하나라 이 두 그릇에는 소제물로 기름 섞은 고운 가루를 채웠고

49 his oblation was one silver bowl, weighing 130 shekels, one silver tossing bowl, weighing 70 shekels, according to the sanctuary shekel. Both of them were full of fine flour mixed with oil for a cereal offering.

50 또 십 세겔중 금숟가락 하나라 이것에는 향을 채웠고

50 One gold dish, weighing 10 shekels, full of incense.

51 또 번제물로 수송아지 하나와 숫양 하나와 일년 된 어린 숫양 하나이며

51 One young bullock, one ram, one male lamb a year old, for a whole offering.

52 속죄 제물로 숫염소 하나이며

52 One male goat for a purification offering.

53 화목 제물로 소 둘과 숫양 다섯과 숫염소 다섯과 일년 된 어린 숫양 다섯이라 이는 암미훗의

53 And for the sacrifice of shared offerings, two oxen, five rams, five male goats, five male lambs

아들 엘리사마의 예물이었더라

54 제팔일에는 므낫세 자손의 족장 브다술의 아
들 가말리엘이 드렸으니
55 그 예물도 성소의 세겔대로 일백삼십 세겔중
은반 하나와 칠십 세겔중 은바리 하나라 이 두 그
릇에는 소제물로 기름 섞은 고운 가루를 채웠고

56 또 십 세겔중 금숟가락 하나라 이것에는 향을
채웠고
57 또 번제물로 수송아지 하나와 숫양 하나와 일
년 된 어린 숫양 하나이며
58 속죄 제물로 숫염소 하나이며
59 화목제물로 소 둘과 숫양 다섯과 숫염소 다섯
과 일년 된 어린 숫양 다섯이라 이는 브다술의 아
들 가말리엘의 예물이었더라

60 제구일에는 베냐민 자손의 족장 기드오니의
아들 아비단이 드렸으니
61 그 예물도 성소의 세겔대로 일백삼십 세겔중
은반 하나와 칠십 세겔중 은바리 하나라 이 두 그
릇에는 소제물로 기름 섞은 고운 가루를 채웠고

62 또 십 세겔중 금숟가락 하나라 이것에는 향을
채웠고
63 또 번제물로 수송아지 하나와 숫양 하나와 일
년 된 어린 숫양 하나이며
64 속죄 제물로 숫염소 하나이며
65 화목제물로 소 둘과 숫양 다섯과 숫염소 다섯
과 일년 된 어린 숫양 다섯이라 이는 기드오니의
아들 아비단의 예물이었더라

66 제십일에는 단 자손의 족장 암미삿대의 아들
아히에셀이 드렸으니
67 그 예물도 성소의 세겔대로 일백삼십 세겔중
은반 하나와 칠십 세겔중 은바리 하나라 이 두 그
릇에는 소제물로 기름 섞은 고운 가루를 채웠고

a year old. This was the oblation of Elishama
son of Ammihud.
54 On the eighth day Gamaliel son of Pedahzur,
leader of the sons of Manasseh:
55 his oblation was one silver bowl, weighing
130 shekels, one silver tossing bowl, weighing 70
shekels, according to the sanctuary shekel. Both
of them were full of fine flour mixed with oil for
a cereal offering.
56 One gold dish, weighing 10 shekels, full of
incense.
57 One young bullock, one ram, one male lamb
a year old, for a whole offering.
58 One male goat for a purification offering.
59 And for the sacrifice of shared offerings, two
oxen, five rams, five male goats, five male lambs
a year old. This was the oblation of Gamaliel son
of Pedahzur.
60 On the ninth day Abidan son of Gideoni,
leader of the sons of Benjamin:
61 his oblation was one silver bowl, weighing
130 shekels, one silver tossing bowl, weighing 70
shekels, according to the sanctuary shekel. Both
of them were full of fine flour mixed with oil for
a cereal offering.
62 One gold dish, weighing 10 shekels, full of
incense.
63 One young bullock, one ram, one male lamb
a year old, for a whole offering.
64 One male goat for a purification offering.
65 And for the sacrifice of shared offerings, two
oxen, five rams, five male goats, five male lambs
a year old. This was the oblation of Abidan son
of Gideoni.
66 On the tenth day Ahiezer son of Ammishad-
dai, leader of the sons of Dan:
67 his oblation was one silver bowl, weighing
130 shekels, one silver tossing bowl, weighing 70
shekels, according to the sanctuary shekel. Both
of them were full of fine flour mixed with oil for

68 또 십 세겔중 금숟가락 하나라 이것에는 향을 채웠고
69 또 번제물로 수송아지 하나와 숫양 하나와 일년 된 어린 숫양 하나이며
70 속죄 제물로 숫염소 하나이며
71 화목 제물로 소 둘과 숫양 다섯과 숫염소 다섯과 일년 된 어린 숫양 다섯이라 이는 암미삿대의 아들 아히에셀의 예물이었더라

72 제십일일에는 아셀 자손의 족장 오그란의 아들 바기엘이 드렸으니
73 그 예물도 성소의 세겔대로 일백삼십 세겔중 은반 하나와 칠십 세겔중 은바리 하나라 이 두 그릇에는 소제물로 기름 섞은 고운 가루를 채웠고
74 또 십 세겔중 금숟가락 하나라 이것에는 향을 채웠고
75 또 번제물로 수송아지 하나와 숫양 하나와 일년 된 어린 숫양 하나이며
76 속죄 제물로 숫염소 하나이며
77 다섯과 숫염소 다섯과 일년 된 어린 숫양 다섯이라 이는 오그란의 아들 바기엘의 예물이었더라

78 제십이일에는 납달리 자손의 족장 에난의 아들 아히라가 드렸으니
79 그 예물도 성소의 세겔대로 일백삼십 세겔중 은반 하나와 칠십 세겔중 은바리 하나라 이 두 그릇에는 소제물로 기름 섞은 고운 가루를 채웠고
80 또 십 세겔중 금숟가락 하나라 이것에는 향을 채웠고
81 또 번제물로 수송아지 하나와 숫양 하나와 일년 된 어린 숫양 하나이며
82 속죄 제물로 숫염소 하나이며
83 화목 제물로 소 둘과 숫양 다섯과 숫염소 다섯과 일년 된 어린 숫양 다섯이라 이는 에난의

a cereal offering.
68 One gold dish, weighing 10 shekels, full of incense,
69 One young bullock, one ram, one male lamb a year old, for a whole offering.
70 One male goat for a purification offering.
71 And for the sacrifice of shared offerings, two oxen, five rams, five male goats, five male lambs a year old. This was the oblation of Ahiezer son of Ammishaddai.[a]

72 On the eleventh day Pagiet son of Ochran, leader of the sons of Asher:
73 his oblation was one silver bowl, weighing 130 shekels, one silver tossing bowl, weighing 70 shekels, according to the sanctuary shekel. Both of them were full of fine flour mixed with oil for a cereal offering.
74 One gold dish, weighing 10 shekels, full of incense.
75 One young bullock, one ram, one male lamb a year old, for a whole offering.
76 One male goat for a purification offering.
77 And for the sacrifice of shared offerings, two oxen, five rams, five male goats, five male lambs a year old. This was the oblation of Pagiel son of Ochran.

78 On the twelfth day Ahira son of Enan, leader of the sons of Naphthali:
79 his oblation was one silver bowl, weighing 130 shekels, one silver tossing bowl, weighing 70 shekels, according to the sanctuary shekel. Both of them were full of fine flour mixed with oil for a cereal offering.
80 One gold dish, weighing 10 shekels, full of incense.
81 One young bullock, one ram, one male lamb a year old, for a whole offering.
82 One male goat for a purification offering.
83 And for the sacrifice of shared offerings, two oxen, five rams, five male goats, five male lambs

아들 아히라의 예물이었더라

a year old. This was the oblation of Ahira son of Enan.

84 이는 곧 단에 기름 바르던 날에 이스라엘 족장들이 드린 바 단의 봉헌 예물이라 은반이 열둘이요 은바리가 열둘이요 금숟가락이 열둘이니

84 This was the dedication offering for the altar by the leaders of Israel, on the day when it was anointed: twelve silver bowls, twelve silver tossing bowls, twelve gold dishes,

85 은반은 각각 일백삼십 세겔중이요 은바리는 각각 칠십 세겔중이라 성소의 세겔대로 모든 기명의 은이 도합이 이천사백 세겔이요

85 each silver bowl weighing 130 shekels, and each tossing bowl 70 – all the silver of the implements amounting to 2,400 shekels, according to the sanctuary shekel,

86 또 향을 채운 금숟가락이 열둘이니 성소의 세겔대로 각각 십 세겔중이라 그 숟가락의 금이 도합이 일백이십 세겔이요

86 the twelve gold dishes, full of incense, weighing ten shekels each, according to the sanctuary shekel – all the gold of the dishes was 120 shekels.

87 또 번제물로 수송아지가 열둘이요 숫양이 열둘이요 일년 된 어린 숫양이 열둘이요 그 소제물이며 속죄 제물로 숫염소가 열둘이며

87 The cattle for the whole offering were twelve bullocks, the rams twelve, the male lambs a year old twelve, and their cereal offering,[a] and the male goats for a purification offering twelve.

88 화목 제물로 수소가 이십사요 숫양이 육십이요 숫염소가 육십이요 일년 된 어린 숫양이 육십이라 이는 단에 기름 바른 후에 드린 바 단의 봉헌 예물이었더라

88 And the cattle for the sacrifice of shared offerings were twenty-four bullocks, the rams sixty, the male goats sixty, the male lambs a year old sixty. This was the offering for the dedication of the altar,[a] after it had been anointed.

원문주해

2.a. 본문과 10절에서 칸형으로 되어져야 할 것 같다(참조. Sam과 *BHS*).

11.a. 배분적 의미에서 이 단어들의 반복에 관한 논의에 대해서는 GKC § 123d를 보라.

12.a. G와 S는 여기서 나시(נָשִׂיא, "지도자")로 되어 있다. 이것이 본 단락 전체를 통하여 상응하는 구절들 가운데 나타나므로 MT에서 빠진 것은 아마도 우연인 것 같다.

13.a. G는 "그리고 그가 …을 위하여 드렸다"란 문구를 보유하고 있다(참조. 19절). MT는 전체 단락에 표준을 보유하고 있고, 그래서 받아들여야 할 것 같다.

17.a. G에는 이 곳과 본 단락 전체에 걸쳐서 "두 송아지"로 되어 있다.

18.a. G와 S는 12절에서처럼 여기서도 마테(מַטֶּה, 지파)를 보유하고 있다.

42.a. 이 곳과 47절에 있는 이름의 형태에 대해서는 민 1:14에 있는 "원문주해"를 보라.

87.a. G에는 웨니쓰케헴(וְנִסְכֵּיהֶם, "그리고 그들의 전제들")으로 되어 있다(참조. 민 6:15). 이것은 아마도 잘못된 첨가물인 것 같다. G. B. Gray, *Numbers*, 77를 보라.

88.a. G는 익하레 밀레 야다이우(אַחֲרֵי מִלֵּא יָדָיו)로 파악한 것으로 보이는데, 이를 직

역하면 "그 손들의 채움 후에"이다(참조. 겔 43:26). Gray(*Numbers*, 77)는 번역자들이 번역 당시에 그러한 식의 문구를 가지고 있었음에 틀림없다고 생각하고 있으나, MT가 잘못되었다고 생각할 충분한 이유가 없다.

양식/구조/배경

본문 분석가들은 이 단락이 제사 자료에 속한다고 만장일치로 동의하고 있으며, 그것이 보록이며 비교적 후기의 것이라는 사실이 광범위하게 받아들여져 왔다. 딜만(A. Dillmann, *Numeri*, 39)은 본 단락의 사건들의 연대가 모세가 성막을 세우고 성별되게 했을 당시(1절)이므로 이 단락은 출애굽기 40장 직후에 와야 하는 사건이라고 주장한 첫 번째 인물이다. 그는 또한 민수기 1-2장에 나타난 두령들의 이름이 전제되어 있다는 사실을 관찰했고, 또한 제사의 순서가 민수기 2장에 나오는 진영의 순서에 근거하고 있다고 파악했다. 이 단락은 이전의 장들 가운데 없던 마차들을 가진 게르손과 므라리를 소개하고 있는 민수기 3-4장의 확장으로 볼 수 있다. 벨하우젠(J. Wellhausen, *Hexateuch*, 181)과 쿠에넨(A. Kuenen, *Hexateuch*, 94)은 이것을 지지했고, 후자는 민수기 7장의 새로운 저자가 제사 문서 단계 전체 가운데서 새로운 단조로움의 차원에 도달했다고 주장한다. 그래이(G. B. Gray, *Numbers*, 74)는 이러한 대부분의 사실들을 받아들인다. 그에 따르면, 비록 PG가 두령들의 제물에 대한 어떤 기사를 가지고 있었을지라도 그 기사는 분명히 민수기 1-4장에 비추어 위치가 바뀌고 개작되었다.

노트(M. Noth, *Numbers*, 63-64)는 본 단락을 매우 늦은 시기에 P설화에 첨가된 것들 중 하나인 것으로 취급한다. 성막의 건립, 기름 바름, 성별케 함 그리고 단에 기름을 바름(10, 84절)에 대한 언급들은 출애굽기 40장에 있는 자료를 의존한 것으로 취급되며, 반면에 두령들의 이름들과 배열은 민수기 1-4장에 의존하고 있다. 노트는 또한 레위기 9장을 언급하고 있는데, 그 장은 성막의 건립 후에 드려진 첫 번째 희생제사에 대해서 말하고 있는 것으로 알려져 있다. 어느 모로 보나 단을 성별케 하기에 충분하다. 그래서 민수기 7:1-88은 출애굽기 40장과 마찬가지로 레위기 9장에도 관계되어 어색하게 위치해 있다. 스나이드(N. H. Snaith, *Numbers*, 208)는 이 단락의 후대성에 대해서 유사한 입장을 취한다. 볼크(J. de Vaulx, *Nombres*, 109-11) 역시 그것을 늦은 시기의 것으로 보면서 본서의 결정적인 편집 직전에 작성된 것으로 보고 있다. 그는 어휘가 P에서는 이례적인 "은사" 혹은 "제사"를 표현하기 위하여 코르반(קָרְבָּן)이란 단어를 사용하여 이 섬을 확증하고 있다고 주장한다. 고도의 이상주의가 본 단락 전체 가운데서 인식된다.

켈러만(D. Kellermann, *Priesterschrift*, 98-111)은 전체 단락을 한 저자에 의하여 작성된 것으로 보지만, 그 저자가 자기에게 사용 가능했던 수레를 드렸다는 자료를 가졌었다고 생각한다. 이것은 2a, 3a(대부분), 4-9절에서 발견된다. 켈러만이 보기에, 이 자료는 여행의 어려움에 대해서 말하고 있는 민수기 10:11-28의 영향을 받았다. 켈러만이 볼 때 민수기 3-4장에 있는 자료가 레위인들이 모든 성물을 옮겨야 했다는 것을 암시하고 있으므로, 그는 이 단락 전체가 분명히 매우 늦은 시기라고 결론지은 것이다. 출애굽기 40장과 민수기 1-4장에 의존하고 있을 뿐 아니라, 또한 레위기에 있는 제사 의식에 의존하고 있다.

출애굽기와 레위기 혹은 그 책들의 어떤 부분에 의존하고 있다는 증거는 이전에 제출된 민수기 저자/편집자의 사상과 전적으로 일치한다. 이 저자는 출애굽기 40장에 묘사된 것과 같은 성별의 날에 관해서, 그리고 레위기 8-9장에 개진된 것과 같은 그 이후의 날들에 관해서 더 말하기를 원했다. 그는 물론 자기의 자료를 출애굽기의 부록으로 포함시키거나 혹은 레위기 9장 다음에 그것을 삽입할 자유를 가지고 있었지만, 그것을 여기에 포함시킬 충분한 이유가 있었던 것이다. 그는 민수기 1장의 두령들을 거론하기를 원했고, 민수기 3-4장에 비추어 제사라는 주제를 발전시키기를 원했다. 그 이야기 가운데서 앞부분에 그 자료를 삽입하기 위해서는 앞의 책들 가운데 하나에 있는 장들의 내용 중 많은 부분을 포함할 필요가 있었을 것이다. 특별히 이것은 제사장 계급에 대한 자기의 사상을 수반했을 것이며, 그러한 과정은 자기의 독특하고 주된 공헌들 가운데 하나, 즉 제사장들과 레위인들의 성별을 앞질러 말했을 것이다. 여기에 그 자료를 포함시킨 또 다른 건전한 이유는 수레가 완전히 구성된 진영의 움직임을 암시하고 있다는 사실이며, 이것이 민수기의 또 다른 중심적이고 결정적인 주제다. 그 여행은 민수기 10:11에서 곧 시작되며, 여기서 그것을 준비한다는 것은 적절한 것이다.

민수기 1-4장에 대한 문학적 의존에 관한 개념은 단순하게 가정될 수는 없다. 분명한 것은 지파의 두령들과 배열이 후기 자료로부터 나온 것으로 민수기 1-2장의 편집자로부터 나왔을 수도 있다는 것이다. 민수기 3-4장이 레위인들이 모든 성물들을 옮기는 것을 암시하는 것으로 보인다는 사실은 심각한 난점이 아니다. 게르손과 므라리는 분명히 성물을 다루는 사람들로 생각되는데, 그 이유는 성막이 세워지고 해체되고 수레에 짐을 싣고 소로 끌어야 하기 때문이다. 저자의 방식은 어쩌면 민수기 1-4장에 암시된 것과 함께 하나의 조가을 가지고 만드는 것이었을 텐데, 곧 천천히 조금씩 하나의 그림을 완성해 가는 교훈적인 기술이다. 이 단락은 또 다른 조각에 단순하게 맞추는 것이 아니다. 저자는 분명히 거대한 효과와 강조를 목표로 하고 있다. 현대인의 마음이 이것을 성공적으로 발견하느냐 그렇지 못하느냐는 분석의 만족할 만한 표준이 아니다. "이스라엘의 두령들" 자체의 문구를 포함하여(2, 84절; 참조. 민 1:44; 4:46) 이 단락과 민수기 1-4장 사이에는 어떤 접촉점이 있다. 10-11절에 있는 표현의 어색함은 실질적인 것이 아니지만, 이것은 반드시 그래이(Gray, *Numbers*, 76)가 성별된 날에 드리는 제사가 강요인지 그렇지 않은지 의아해할 충분한 이유는 못된다. 하나의 광범위한 진술을 하는 기술(10절)과, 그러고 나서 그것을 다듬거나 분명하게 하는 것(11절)은 이해할 수 있는 것이며, 그것 자체가 저작권의 다양성을 의미하는 것은 아니다.

켈러만이 저자가 취급한 수레에 관한 본문을 확인함에 있어서 옳은지의 여부는 불확실한 것으로 남겨놓아야 할 것이다. 분명히 그러한 본문을 사실로 가정할 필요성은 없다. 저자 자신이 하나의 수송의 형태로서의 수레 위에 있는 한 부분을 조립하는 것에 대해 가질 수 있었던 하나의 근거는 어디엔가 자기 작품에 있던 분명한 목적으로서, 보다 광범위한 전승을 공정하게 다루는 것이었다. 외관상 합법적으로 법궤가 수레에 옮겨졌을 수 있었던 사실을 경험하고(삼상 6:8, 11; 삼하 6:3), 그것이 제사장들에 의하여 옮겨졌다는 사실(수 3:8)을 경험하고 나서, 제사장과 레위인의 기능 사이에 저자 자신의 차별을 제공하고 난 다음에, 본래 수레가 레위 지파가 해야 할 몇 가지 일들을 위하여 사용되었지만, 법궤 자체는 우선 첫째로 손으로 옮겨야 한다는 사실이 저자에게 생각났다.

주석

[1] "그것에 기름을 발라"(וַיִּמְשַׁח אֹתוֹ – 와임샤흐 오토)는 출애굽기 40:9-10; 레위기 8:10-11을 참조하라.

[2] "그들이…드렸으니"(וַיַּקְרִיבוּ – 와야크리부). 그 대상은 3절에 있는 "그들의 예물"임에 틀림없다.

[3] "덮개 있는 수레"(עֶגְלֹת צָב – 에글롯트 차브). 이것은 전통적인 번역이며, 많은 고대 역본들 가운데서 입증된다. 그것은 타당한 가정이지만, 확실한 번역은 아니다. 차브(צָב)란 단어는 이사야 66:20에서 사용된 것으로 보이지만, 그 의미는 거기서도 역시 모호하다. 몇몇 Tg 증거 본문들은 "준비된"(made ready)을 암시하고 있

으며, Syr은 군용으로 쓰이는 수레를 암시하고 있다. 예글롯트(עֶגְלֹת) 다음에 나오는 단수형은 확실히 이상하고, 그래서 그래이(Gray, *Numbers*, 76)는 차브(צָב)가 하나의 주석일 수 있다고 생각한다. 그것은 아카드어 쑴부(*ṣumbu*, "손수레")와 어떤 연관을 가졌을 수도 있다.

9 법궤를 옮기기 위하여 손수레를 이용하는 일은 사무엘상 6:8, 11; 사무엘하 6:3에서 입증된다. 스터디(J. Sturdy, *Numbers*, 57)는 그것을 사람들의 어깨에 매고 옮기는 것(삼하 6:13; 15:24)은 예루살렘 자체 안에서 수레를 사용하기 어려워서 생긴 것이라고 생각한다.

10 "봉헌"(חֲנֻכָּה – 하누카)은 아마도 드리는 선물을 의미할 것이다. 동사의 어근은 고대의 것이고 "훈련하다"를 의미하지만, 여기서와 같은 명사형은 P, 역대기자 그리고 시편의 후기 편집자(시 30:1)에 의해서만 사용된다.

13 "은반"(קַעֲרַת־כֶּסֶף – 콰아라트-케쎄프, 참조. 민 4:7; 출 25:29; 37:16). 그 중량은 약 1,500그램이었다(참조. R. de Vaux, *Israel*, 203-06).

"바리"(מִזְרָק – 미즈라크; tossing bowl-NEB), 즉 짐승의 피를 제단에 뿌리기 위하여 사용되는 주발. 그 중량은 약 800그램이다.

"소제"에 관한 해석에 대해서는 민수기 6:11에 있는 "주석"을 보고, 보다 일반적인 논의에 대해서는 민수기 28-29장을 보라.

14 "숫가락"(참조. 민 4:7, 영문으로는 "dish"임). 그 중량은 약 115그램이다.

15 "번제"에 대한 해석은 민수기 6:11에 있는 "주석"을 보고, 보다 일반적인 논의에 대해서는 민수기 28-29장을 보라.

16 "속죄제"에 관한 해석에 대해서는 민수기 6:11에 있는 "주석"을 보고, 보다 일반적인 논의에 대해서는 아래 민수기 28-29장을 보라.

17 "화목제"에 관한 해석에 대해서는 민수기 6:14에 있는 "주석"을 보고, 보다 일반적인 논의에 대해서는 민수기 28-29장을 보라.

해설

이 단락 가운데서 열두 지파의 두령들은 성막을 위한 예물을 가져온다. 첫 번째 그룹의 예물들은 레위인들이 사용하기 위한 수송 수단으로 이루어져 있는데(1-9절), 모두 열두 소와 여섯 개의 수레다. 그러나 고핫인들은 그것들을 사용하도록 허락되지 않았으므로, 그들의 책임은 가장 거룩한 것이 되는 것이다. 두 번째 예물의 그릅(10-83절)은 예배에 사용되는 것인데, 각 두령들이 소제와 향 제사, 그리고 번제, 속죄제, 화목제에 필요한 동일한 제물을 드리고 있다. 이러한 예물들은 계속되는 날에 드려졌다. 이 단락은 예물의 총계의 숫자와 함께 끝난다(84-88절).

민수기 5-6장에서 새로운 제사장직이 공동체 삶에 수반되어야 할 여러 방식을 말하고 나서, 저자는 이제 새로운 제사장 나라를 향한 공동체의 헌신을 논의할 준비를 하고 있다. 팔레스틴에 성공적으로 귀환한 공동체는 흩어진 유대인들로부터 너그러운 생활 유지 수단을 요구하고 있다. 수레의 소개를 통하여 이 헌신의 논의를 위한 장면이 전개된다. 바꾸어서 이것은 아마도 본서의 주요 주제가 될 민수기 10:11-12에 있는 그 땅으로의 여행의 출발을 위한 길을 준비하고 있다. 스터디(J. Sturdy, *Numbers*, 56)가 생각하는 바와 같이, 사상들의 결합이 저자로 하여금 이 자료를 여기에 포함시키도록 만들었을 수 있다. 나실인 서원의 희생제사와 제사들은 여행 출발 전에 드려진 제사들에 대한 사상으로 이끌어 간다. 에스라 8:33에 묘사된 바와 같은 성전 기물들의 귀환 시에 주요 수송 형태로 수레가 사용되었을 텐데, 특히 먼 거리였기 때문에 그러했을 것이다. 수레에 관한 옛 전승들과 의식을 행하는 절차 가운데서 그것들을 사용하던 전승도 있었고(삼상 6:8, 11; 삼하 6:3), 그래서 이 예물들은 그 전승을 전용하고 발전시키는 하나의 방식임이 판명되었다. 그 수레들이 평민들의 헌물이라는 사실은 귀환과 회복의 과정에서 대중들의 지지를 얻어내기 위하여, 그리고 그들을 수반하기 위하여 의도된 것이다.

예물들의 그릇들과 기구들의 공급(10-83절)은 유사한 이유로 평민들의 책임으로 묘사되어 있다. 광야 어디에서 값진 금속들을 포함한 그러한 부유한 예물들을 구입할 수 있었는가에 관한 역사상의 문제에는 관심을 두지 않고 있다. 유일한 목적은 포로 후기 평민들 사이에 있었던 후히 드리는 마음과 헌신된 마음에 대한 격려였다. 민수기 2장의 진영 순서에 따라 매일 각 부족이 드린 예물들에 대한 묘사는 전 공동체가 함께 참여했다는 사실을 강조하는 역할을 한다. 만일 제2성전 주변에 조직된 이 새로운 공동체가 번창하려 한다면 그들은 광야에서 그러했던 것처럼 훈련과 후히 드림이 있어야 한다. 공동체의 번영이 기초하고 있는 것은 이 집단의 헌신이다. 대대적이고도 세심한 반복적인 기록들은 기억에 효과를 주고 기억을 돕기 위하여 고안되었다. 이것은 본질적으로 구술 낭독을 위하여 의도된 본문에는 매우 적절하다.

원칙적으로 이 단락이 저자 자신의 문장이라는 사실과, 그 내용은 자기의 주요 관심들 가운데 하나를 구현하고 있다는 사실을 의심할 만한 강력한 이유는 없다.

그것에 대해서는 민수기 31장에서 또다시 나올 것이다.

본 단락의 신학적 요소들은 앞 단락에서 이미 말했던 주제들을 발전시켜 나가고 있다. 공동체의 중심부에 거하시는 하나님의 임재에 대한 가견적 증거가 되는 성소의 거룩이 어느 정도 추정되어 있다. 그 외에도 이 단락에는 성물에 기름을 바르는 일이 강조되어 있다(1, 10, 84, 88절). 이것은 고귀함(royalty)과 하나님의 성령을 성소 그 자체와 연결시키는 효력을 가지고 있는데, 그럼으로써 그것이 이러한 믿음이라는 주제들을 위하여 새로운 초점이 되고 있다. 12일까지 봉헌 의식이 계속된 점은 그 사건의 중대성을 한층 강화시켜 주고 있다. 무엇보다도 이 단락은 인간과 하나님의 관계의 성격에 빛을 던져 주고 있다. 그것은 인간이 후히 드리는 정신을 가지고 제물들을 전심으로 헌신해야 한다는 사실을 기대하고 있다. 이것은 단순한 기구의 영속화를 촉진하고자 의도되지 않고, 비록 그러한 경향들의 위험은 언제나 존재하지만 다만 하나님께서 자신을 드러내시고 자기 백성을 만나시는 장소에 대한 인간의 헌신의 상징이다. 원칙적으로 그것은 계시 자체에 대한 헌신이다.

12. 이스라엘 공동체 내에서 하나님의 계시(7:89-8:4)

참고문헌

Cross, F. M. "The Tabernacle." *BA* 10(1947) 1-68. **Fretheim, T. E.** "The Priestly Document: Anti-Temple?" *VT* 18(1968) 313-29. **Gorg, M.** *Das Zelt der Begegnung. Untersuchung der Gestalt der Zelt traditionen alt Israels.* BBB 27. Bonn: Hanstein, 1967. **Haran, M.** "The Nature of the "ohel moʿedh' in Pentateuchal Sources." *JSS* 5(1960) 50-65. ______. "The Priestly Image of the Tabernacle." *HUCA* 36(1965) 191-226. **Meyers, C. L.** *The Tabernacle Menorah. A Synthetic Study of a Symbol from the Biblical Cult.* AASOR 2 Missoula: Scholars Press, 1976.

본 문

89 모세가 회막에 들어가서 여호와께 말씀하려 할 때에 증거궤 위 속죄소 위의 두 그룹 사이에서 자기에게 말씀하시는 목소리를 들었으니 여호와께서 그에게 말씀하심이었더라	**89** And when Moses entered the Tent of Meeting to speak with him (Yahweh), he heard the Voice[a] speaking[b] to him from above the cover which was on the ark of the covenant, from between the two cherubim. And he spoke to him.
8:1 여호와께서 또 모세에게 일러 가라사대	**8:1** And Yahweh spoke to Moses, saying,
2 아론에게 고하여 이르라 등을 켤 때에는 일곱 등잔을 등대 앞으로 비취게 할지니라 하시매	**2** "Speak to Aaron, and say to him, When you set up the lamps, see that the seven lamps shed their light in front of the lampstand."
3 아론이 그리하여 등불을 등대 앞으로 비취도록 켰으니 여호와께서 모세에게 명하심과 같았더라	**3** And Aaron did so. He set up the lamps so as to shed light in front of the lampstand, as Yahweh had commanded Moses.
4 이 등대의 제도는 이러하니 곧 금을 쳐서 만든 것인데 밑판에서 그 꽃까지 쳐서 만든 것이라 모세가 여호와께서 자기에게 보이신 식양을 따라 이 등대를 만들었더라	**4** And this was the workmanship of the lampstand – beaten work in gold – its[a] stem and its petals were of beaten work. In accordance with the pattern which Yahweh had showed to Moses, so he made the lampstand.

원문주해

89.a. G는 "야웨의 음성"을 보유하고 있다. 분명히 하나님의 이름이 첨가되었다.

89.b. 모음부호는 아마도 메다베르(מְדַבֵּר)가 되어야 할 것이다. 히트파엘 분사는 겔 2:2; 43:6(참조. 삼하 14:13)에 나타나지만, 동사의 피엘형은 이 구절 다른 곳에 나타나며, 여기서는 피엘형이 더 낫다. 그래이(G. B. Gray, *Numbers*, 77)는 MT에 있는 모음부호를 전통적 해석으로부터 나온 것으로 생각한다.

4.a. Sam은 여기서 복수형 어미들을 보유하고 있는데, 본문이 그것을 요구하는 것으로 보인다(또한 참조. G와 Tg).

양식/구조/배경

본문 분석가들은 본 단락이 P에 속해 있다는 데 동의하고, 대부분이 그것을 비교적 후기의 것으로 본다. 7:89이 7:1-88이나 8:1-4에 속하지 않는 고립된 구절이라는 사실이 널리 받아들여지고 있다. 그래이(G. B. Gray, *Numbers*, 77)는 그것이 사실상 출애굽기 25:22에 주어진 약속의 성취라고 지적한다. 이 구절의 동떨어진 성격에 대한 논증은 맥닐(A. H. McNeile, *Numbers*, 43)에 의하여 제공되었는데, 그는 "그와 함께"라는 단어가 야웨께서 이미 언급되었고 그래서 동사들이 관례적으로 일어난 일을 나타내는 반복 동사가 아니라, 지금은 사라진 내용인 한 사건과 관계가 있다는 사실을 암시하고 있다고 생각한다. 이와 대조적으로 노트(M. Noth, *Numbers*, 65)는 무엇인가 89절 다음에 빠져 있다는 추측은 "순전히 방해하려는 수단"이라고 주장했다. 본 절의 비정상적 어휘, 특히 하나님을 "목소리"로 묘사하고 있는 점은 노트에게는 본 절의 본질적인 독립성을 시사하고 있다. 어쨌든 그것은 드려진 예물을 기쁘게 받으시는 야웨에 대해서 표현하고 있는 7:1-88에 대한 첨가물로 이해될 수 있으며, 이것이 노트가 바라는 해결책이다. 켈러만(D. Kellermann, *Priesterschrift*, 109-11) 역시 89절을 후기 첨가물이요 동시에 출애굽기 25:22의 확장으로 보면서 7:1-88에 연결짓는 방향으로 기울어진다.

분석가들은 8:1-4을 출애굽기 27:20-21과 레위기 24:1-4에 있는 율법의 확대로 보는 방향으로 기울어진다. 딜만(A. Dillmann, *Numberi*, 41-42)은 1-3절이 위치가 바뀌었고, 또한 4절이 첨가물이라는 견해를 취했으나, 벨하우젠(J. Wellhausen, *Hexateuch*, 189-81)과 쿠에넨(A. Kuenen, *Hexateuch*, 92)은 1-4절을 비교적 후기의 단위로 취급했다. 그래이(G. B. Gray, *Numbers*, 77)는 초창기 자료들에 의존하고 있는 세밀한 증거를 제시한다. 그러므로 1-2a절은 전형적인 문구이고, 2b절은 출애굽기 25:37을 되풀이하고 있으며, 3절은 2b절에 있는 명령의 시행에 대해서 말하고 있다(출 37:17-24에는 빠져 있음). 또 4a절은 출애굽기 25:37에 아무것도 덧붙인 것이 없고, 4b절은 출애굽기 25:9, 40에 아주 가깝다. 아론이 등잔을 간검(看儉)한다는 사실은 출애굽기 27:21; 레위기 24:1-4에 이미 명시되어 있다. 그래이는 1-4절 전체를 PS로 돌린다. 노트 역시 이 구절들을 출애굽기 25:31-40에 대한 일반적 부록으로 보고, 특히 의미심장한 정보는 없지만 37b절의 확장으로 본다. 켈러만(D. Kellermann, *Priestschrift*, 111-15)은 1-3절이 전체적으로 출애굽기 25:31-40에 의존하고 있는 후기의 것이라는 입장을 취한다. 어쨌든 그는 또한 출애굽기 25:37b이 민수기 8:1-3에 의존하고 있다고 믿는데, 이 주장은 입증하기가 어렵다. 4절에 대해서는 켈러만의 입장에 따르면 후기의 첨가물이다.

출애굽기와 레위기의 본문에 의존하고 있다는 사실이, 앞에서 제시한 저작권의 입장과 전적으로 일치하고 있다는 것은 분명하다. 본질적으로, 이 구절은 출애굽기 25:22, 31-40; 27:20-21; 37:17-24; 레위기 24:1-4에 의존하고 있다. 저자는 이러한 본문들을 익히 잘 알고 있지만, 어떤 현실적인 방식으로 그것들을 발전시키지는 않고 있다. 그는 출애굽기 25:22의 약속이 실제로 효력을 발휘하고 있다는 사실을 보여 주려고 노력한다. 그는 또한 민수기 9:8; 15:34; 27:5에 뒤따라와야 할 하나님의 특별한 협의를 위한 길을 준비하고 있을 수도 있다. 그의 다른 관심은 등잔에 관한 중요한 자료를 생각해 내는 것(단순한 반복의 기술)이며, 아론이 실제로 명령에 순종했던 출애굽기 37:17-24에서 분명하게 명시하지 않은 점을 암시하는 것이다. 그는 분명히 아론이 등잔의 빛이 바른 방향에서 비쳐지는 사실을 확인해야 한다는 것을 의도하고 있고, 2b절에서 출애굽기 25:37에 나오는 내용과 다른 문체를 사용하고 있으나, 그가 출애굽기 본문에 대한 중대한 재해석을 제공하고 있다는 사실을 깨닫기는 어렵다. 그는 거기서처럼 여기서 다만 그 등잔이 성막의 북편에 있는 상을 밝혀 주어야 한다는 사실을 의미할 수 있을 뿐이다(참조. 출 40:22-25). 1-4절의 정보가 초창기 본문으로부터 나왔다는 사실을 고려한다면, 이 단락을 하나의 단위로 다루지 않을 이유가 전혀 없다.

7:89이 문맥과 갖는 관계의 난점은 실질적이며, 7:1-88에 대한 후기의 첨가의 가능성이나 혹은 단편 설화의 가능성은 배제될 수 없다. 다른 한편 "목소리"가 7:1-88의 예물을 받는다는 노트의 이론은 본문 가운데 분명한 근거가 없고, 어찌하여 설화의 중요한 취지가 누군가가 제안한 방식에서 잃어실 수 있었는지 깨닫기가 어렵다.

첫 번째 동사는 반복을 나타내는 것일 수 있고, 그래서 다른 동사들을 위한 통상적인 종류의 문맥을 산출하고 있을 수도 있다. 비록 반복을 나타내는 의미가 배제된다고 할지라도 저자가 출애굽기 25:22이 실현되는 구체적인 사건을 묘사하고 있는 것을 상상하는 것은 아주 그럴듯하다. "그에게"란 단어는 "목소리"와 아주 긴밀하게 연결되어 있고, 반드시 자료를 잃어버린 것을 의미하지 않는다. "목소리"란 언급은 신명기 4:12로부터 영향을 받은 것으로 보이며, 전체가 그러한 협의의 비밀을 증거하기 위하여 의도되었다. 마지막 문장의 주어가 모세일 가능성이 함께 계산되어져야 한다. 그 사건에서 그 구절은 그 자체로서의 완전성을 가지고 있다. 모세가 들어가서 하나님과 말을 했으나, 그가 그렇게 하기 이전에 출애굽기 25:22의 약속에 따라서 하나님께서 그에게 말씀하신다. 그 때에야 모세에게는 자기 마음속에 말하는 것이 적절하고 가능하다.

7:89과 8:1-3의 관계가 비록 느슨하기는 하지만, 이 모든 다섯 개의 구절을 한 단락으로 간주해야 할 어떤 정당성이 있다. 모든 것을 고려해 보면 이것은 89절과 7:1-88의 관계를 생각하는 것이 더 나을 것 같다. 7:89-8:4에 있는 장면은 전반적으로 같은데, 곧 회막의 내부에서 있은 것이고, 저자는 전반적으로 출애굽기로부터 나온 자료에 의존하고 있다. 빛의 위치(8:1-4)는 분명히 하나님과 모세가 대화를 하는 위치를 향하여 빛이 비추어지도록 의도되었다(7:89).

주석

89 "두 그룹 사이에서"(מִבֵּין שְׁנֵי הַכְּרֻבִים – 미베인 쉐게 하크루빔). 이들은 법궤의 위를 덮고 있었던 것으로 "속죄소"(הַכַּפֹּרֶת – 하카포레트)와 붙어 있는 존재들이었는데(참조. 출 25:18-22; 37:7-9), 이들은 솔로몬의 성전에 있는 형상들과는 대조된다(왕상 6:23-28; 8:6-7). 그 전체가 보이지 않는 하나님의 보좌 혹은 발등상으로 생각되었다. 드 보(R. de Vaux, *Israel*, 299-301)는 그 "속죄소"가 어떻게 법궤와 분리되어 있는지와 그것에 대한 장황한 묘사(출 25:17-22; 37:6-9), 그리고 의식에서 그것들의 중요성(레 16:14-15)을 설명하고 있으며, 그것이 포로 후기의 대체물이었다고 결론짓는다. "속죄소의 방"(개역에는 "속죄소의 식양"으로 되어 있다. 직역하면 "속죄소를 위한 집"이다 – 역자주)이 "지성소"를 의미하고 있는 역대상 28:11에 비추어 볼 때, 이러한 생각은 옳을 수도 있다.

2 "앞으로"(אֶל־מוּל – 엘-물). 본 절의 의도는 촛대가 어떻게 그 빛을 비추어야

하는가에 대한 지침을 제공하는 것이다. 그것은 상의 맞은편에 위치하여 그것을 비추어야 했던 것으로 보인다(참조. 출 25:37; 40:22-25).

[4] "금을 쳐서 만든 것"(מִקְשָׁה זָהָב – 믹솨 자하브). 이것은 평평한 금판을 두들겨서 만들었을 것이다.

"밑판에서 그 꽃까지"(עַד־יְרֵכָהּ עַד־פִּרְחָהּ – 아드-예레카흐 아드-피르하흐). 저자는 촛대가 이 부분까지도 펴서 만들어졌다는 사실을 강조하기를 원한다. 어근 야라크(ירך)는 "옆"(side)을 의미하며, 그런 까닭에 "밑판"보다는 "가지"(참조. G)가 더 나을 수도 있다.

해설

이 단락은 하나님께서 회막 안 법궤 위에서 어떻게 모세와 교제하셨는지, 그리고 이어서 아론에게 등잔 빛을 비추는 일에 관해서 어떤 교훈을 주고 있는지를 말하고 있다. 빛은 바로 앞에서 비춰져야 한다. 이 단락은 등대 제조에 관한 정보를 제공하면서 마치고 있다.

저자는 공동체가 제사장 중심의 신정 국가에 위탁되어 있음을 강조했고(민 7:1-88), 이제는 레위인들이 자기들의 새로운 부속된 기능들을 하기 위하여 성별된 그 의식을 묘사할 채비를 하고 있다(민 8:5-26). 그러나 이 일을 하기 전에 그는 공동체의 권위의 근원을 강조해야 할 필요성을 깨달았다(민 7:89). 하나님의 계시는 더 이상 그 진영 밖에서 주어지지 않고(출 33:7-11), 그 중심부인 회막 내부에서 주어진다. 야웨의 목소리는 실제로 성전 주변으로부터 온다. 제사장적 관점이 바벨론에서 형성되었고, 그것이 그 땅 밖에서의 확증을 다른 것들 사이에서 찾으려 함으로써 그것은 특별히 광야 시대에 관심을 두고 있다고 판단될 때, P가 반-성전적(anti-temple)이라고 말한 프레다임(T. E. Fretheim, "The Priestly Document")의 주장은 무익한 것이다. 사찰은 장막에 한정되어 있었다. 하나님의 목소리를 성막 주변으로 추적해 나가면서, 저자는 선지자의 영감의 "자유"를 제사장의 통제권에 부속시키고 있다. 제5세기 중간기 이후로부터 예언이 공동체의 삶에서 다르고도 덜 결정적인 역할을 갖게 된 것은 놀랄 일이 아니다. 저자는 또한 출애굽기 25:22의 약속의 실현에 대해 말하는 데 관심을 가지고 있는데, 그렇게 하면서 그는 그 이야기를 시내산 출발 지점으로부터 한 단계 더 가까이 이끌어 가고 있다. 앞으로 말해야 할 법들이 더 있으므로 89절은 그 법들의 필수적인 확증을 제공하고 있다.

이 지점에서 등대에 관한 자료를 포함하는 것(민 8:1-4)은 불가해한 것이 아니다. 회막에서의 교제에 대한 사상은 성소의 조명과, 특별히 하나님께서 말씀하시는 방향에 대한 사상을 자극했다. 마이어즈(C. L. Meyers, *The Tabernacle Menorah*)는 등대가 "생명"과 "풍요"와 관련된 나무 혹은 식물을 닮았다고 설명하고 있다. 그것이 공동체를 유지시켜 주고, 따라서 그것이 하나님의 음성과 아주 적절히 연결되어 있다는 것이다. 폴크(J. de Vaulx, *Nombres*, 117)는 성소 빛의 상징적 의미에 대해서 설명하고 있으며, 이것이 전적으로 후기의 해석이라고 생각할 이유가 없다고 한다. 이 단락은 또한 아론이 출애굽기 25:37에 명령된 것과 같은 등대의 위치를 실제로 정했다고 설명하고 있는데, 그 정보가 출애굽기 37:17-24에는 없는 것이라고 한다. 아론은 이에 대해서 순종하는 가운데 자기와 자기의 자손들에게 조화된 차원 높은 영예를 얻을 가치가 있다는 사실을 깨닫게 된다. 빛과 관련된 제사장들의 책임은 귀환한 제사장들과 팔레스틴의 레위 제사장들 사이에 문제가 되고 있는 점이었다(참조. 민 4:16). 실로(Shilo) 전승은 성소의 빛이 밤에 꺼지도록 허락했으나(삼상 3:3), 처음부터는 아닐지라도 점차로 예루살렘에서 등잔을 밤에만 켜도록 되었던 것으로 보인다(출 30:8; 레 24:1-4). 요세푸스는 언제나 빛이 비춰도록 간수되었던 후기의 관습을 증거해 주고 있다(*Antiq.* 3:8:3). 솔로몬의 성전은 촛대를 분리했던 것으로 보인다(왕상 7:49). 등대에 대한 제사장의 간검 관습은 제2성전의 관습에 기초한 것으로 보인다.

신학적으로 이 단락은 종교적 감독에 대한 저자의 관심을 증대시켜 주고 있다. 이것들이 궁극적으로 하나님의 말씀을 억제해 버린다는 사실은 깨닫기가 쉽다. 적절한 감독이 있어야 한다는 사실 역시 깨닫아야 할 점이다. 귀환한 포로민들의 눈에는 그것이 두 왕국을 파멸시켰던 종교적 "자유", 즉 무정부 상태와 동일한 자유였다. 그들의 관점에서 볼 때, 이러한 무정부 상태는 포로기와 포로 후기 팔레스틴에서 지속되었다. 그들의 업적에 관한 가치를 판단하기는 어려울 것이다. 그들이 증거하고 있는 지속되는 문제는 하나님의 말씀을 시험해 볼 필요성이며, 그것들의 진정성이 평가될 수 있는 표준을 세우는 것이다. 말씀하시고, 생명을 연장시켜 주시고, 빛을 주시는 하나님께서 참으로 들으시고 만나 주신다고 할지라도, 인간이 지속적으로 가지고 있는 오류성은 안전장치를 필요로 한다.

13. 레위 지파의 성별(8:5-26)

참고문헌

See Num 3:1-51(*Bibliography*). **Péter, R.** "L'Imposition des Mains dans l'Ancien Testament." *VT* 27(1977) 48-55.

본 문

5 여호와께서 모세에게 일러 가라사대
6 이스라엘 자손 중에서 레위인을 취하여 정결케 하라
7 너는 이같이 하여 그들을 정결케 하되 곧 속죄의 물로 그들에게 뿌리고 그들로 그 전신을 삭도로 밀게 하고 그 의복을 빨게 하여 몸을 정결케 하고
8 또 그들로 수송아지 하나를 번제물로,기름 섞은 고운 가루를 그 소제물로 취하게 하고 그 외에 너는 또 수송아지 하나를 속죄 제물로 취하고
9 레위인을 회막 앞에 나오게 하고 이스라엘 자손의 온 회중을 모으고
10 레위인을 여호와 앞에 나오게 하고 이스라엘 자손으로 그들에게 안수케 한 후에
11 아론이 이스라엘 자손을 위하여 레위인을 요제로 여호와 앞에 드릴지니 이는 그들로 여호와를 봉사케 하기 위함이라
12 레위인으로 수송아지들의 머리에 안수케 하고 네가 그 하나는 속죄 제물로 하나는 번제물로 여호와께 드려 레위인을 속죄하고
13 레위인을 아론과 그 아들들 앞에 세워 여호와께 요제로 드릴지니라
14 너는 이같이 이스라엘 자손 중에서 레위인을

5 And Yahweh spoke to Moses, saying,
6 "Take the Levites from among the people of Israel, and cleanse them.
7 This is what you shall do to cleanse them. Sprinkle the water of purification upon them, and let them shave all their flesh, and let them wash their clothes and cleanse themselves.
8 And let them take a young bull,[a] and its cereal offering, fine flour mixed with oil, and let them take a second young bull for a purification offering.
9 And you shall present the Levites before the Tent of Meeting. And you shall gather the whole congregation of the people of Israel.
10 And you shall present the Levites before Yahweh, and the people of Israel shall lay their hands upon the Levites.
11 And Aaron shall offer the Levites as a special contribution before Yahweh from the people of Israel. And they shall do the work of Yahweh.
12 And the Levites shall lay their hands on the heads of the young bulls, and you[a] shall offer one for a purification offering to Yahweh, to give protection for the Levites.
13 And you shall make the Levites stand[a] before Aaron, and before his sons, and offer them as a special contribution to Yahweh.
14 "And you shall separate the Levites from

구별하라 그리하면 그들이 내게 속할 것이라

15 네가 그들을 정결케 하여 요제로 드린 후에
그들이 회막에 들어가서 봉사할 것이니라

16 그들은 이스라엘 자손 중에서 내게 온전히 드
린 바 된 자라 이스라엘 자손 중 일절 초태생 곧
모든 처음 난 자의 대신으로 내가 그들을 취하였
나니
17 이스라엘 자손 중에 처음 난 것은 사람이든지
짐승이든지 다 내게 속하였음은 내가 애굽 땅에
서 그 모든 처음 난 자를 치던 날에 내가 그들을
내게 구별하였음이라
18 이러므로 내가 이스라엘 자손 중 모든 처음
난 자의 대신으로 레위인을 취하였느니라
19 내가 이스라엘 자손 중에서 레위인을 취하여
그들을 아론과 그 아들들에게 선물로 주어서 그
들로 회막에서 이스라엘 자손을 대신하여 봉사하
게 하며 또 이스라엘 자손을 위하여 속죄하게 하
였나니 이는 이스라엘 자손이 성소에 가까이 할
때에 그들 중에 재앙이 없게 하려 하였음이니라

20 모세와 아론과 이스라엘 자손의 온 회중이 여
호와께서 레위인에게 대하여 모세에게 명하신 것
을 다 좇아 레위인에게 행하였으되 곧 이스라엘
자손이 그와같이 그들에게 행하였더라

21 레위인이 이에 죄에서 스스로 깨끗케 하고 그
옷을 빨매 아론이 그들을 여호와 앞에 요제로 드
리고 그가 또 그들을 위하여 속죄하여 정결케 한

22 후에 레위인이 회막에 들어가서 아론과 그 아
들들의 앞에서 봉사하니라 여호와께서 레위인의
일에 대하여 모세에게 명하신 것을 좇아 그와 같
이 그들에게 행하였더라
23 여호와께서 또 모세에게 일러 가라사대
24 레위인은 이같이 할지니 곧 이십오 세 이상으
로는 회막에 들어와서 봉사하여 일할 것이요

among the people of Israel, and the Levites shall
be mine.
15 And after this the Levites shall go in to do
the work of the Tent of Meeting, and you shall
cleanse them, and offer them as a special
contribution.[a]
16 For they are wholly given to me from among
the people of Israel in the place of[a] all the first
born from the womb of all[a] the people of Israel.
I have taken them for myself.
17 For all the firstborn among the people of
Israel are mine, both man and beast. On the day
that I struck all the firstborn in the land of Egypt
I consecrated them for myself.
18 And I have taken the Levites in the place of
all the firstborn among the people of Israel.
19 And I have given the Levites as a gift to
Aaron and to his sons from among the people of
Israel, to do work for the people of Israel in the
Tent of Meeting, and to give protection for the
people of Israel. And there will not be any
plague among the people of Israel when the
people of Israel come near to the sanctuary."
20 And Moses, Aaron and all the congregation
of the people of Israel did so to the Levites.
According to all that Yahweh commanded Moses
concerning the Levites so the people of Israel did
to them.
21 And the Levites purified themselves and
washed their clothes, and Aaron offered them as
a special contribution before Yahweh. And Aaron
made atonement for them to cleanse them.
22 And after this the Levites went to do the
work in the Tent of Meeting before Aaron and
before his sons. As Yahweh commanded Moses
concerning the Levites so they did to them.
23 And Yahweh spoke to Moses, saying,
24 "This[a] concerns the Levites. From the age of
twenty-five years old and upward they shall go
in to engage in service in the work of the Tent

of Meeting.

25 오십 세부터는 그 일을 쉬어 봉사하지 아니할 것이나

25 But from the age of fifty they shall cease from the service of the work. And they shall work no more.

26 그 형제와 함께 회막에서 모시는 직무를 지킬 것이요 일하지 아니할 것이라 너는 레위인의 직무에 대하여 이같이 할지니라

26 They may minister with their brothers in the Tent of Meeting who engage in the service, but they shall do no work. So you shall arrange for the Levites in their service."

원문주해

8.a. G는 그것이 1년이 되어야 한다고 규정하고 있다.

12.a. G에는 웨아사(וְעָשָׂה, "그리고 그가[즉 아론이] 드릴 것이니라")로 되어 있다. *BHS*는 부정사 절대형인 웨아세(וְעָשֵׂה)로 될 수도 있음을 시사하고 있다.

13.a. G는 이 지점에 "야웨 앞에 그리고 아론 앞에"를 보유하고 있다.

15.a. G는 이 지점에 "야웨 앞에"를 보유하고 있다. 패터슨(J. Paterson, *Numbers*, 46)은 15b절 전체를 주석으로 생각한다(13b절로부터의 반복된 요소들을 유념하라).

16.a. Sam은 전체 문장을 콜 베코르 페테르 레헴(כָּל בְּכוֹר פֶּטֶר רֶחֶם)으로 읽고 있다. 이것은 보다 나은 문법적 의미를 만들어 낸다. *BHS*는 콜(כָּל)이 베코르(בְּכוֹר) 앞에서 읽혀지도록 암시해 주고 있다. 이것은 합리적인 문장을 만들어 주며, MT에서 거의 혼란을 일으키지 않게 한다.

24.a. Syr에서는 이 지점에 있는 "그 율법"이라는 독법이 널리 지지를 받지 않으며, 이는 아마도 삽입인 것 같다.

양식/구조/배경

이 단락이 P의 연속이라는 사실은 분석가들 사이에서 전반적으로 받아들여지고 있다. 여기에는 분명히 민수기 3:5-13과 어느 정도의 긴밀한 관계가 있다. 딜만(A. Dillmann, *Numeri*, 42-45)은 레위인들의 성결과 공식적인 헌신 부분(6b-13절)을 PG에 속한 것으로 취급했지만, 가장 초창기의 분석가들은 이 기본적인 본문을 PS에 속한 것으로 취급했다(참조. J. Wellhausen, *Hexateuch*, 180-181; A. Kuenen, *Hexateuch*, 92, 93; G. B. Gray, *Numbers*, 78). 확장에 있어서 상당히 복잡한 형태들이 자주 예상된다. 쿠에넨은 민수기 저자가 레위인들을 이미 자기들의 임무를 이행하기에 적합한 상태에 있다고 믿었고, 그래서 그 어떤 의식도 필요로 하지 않았다는 의견을 취했다. 그러므로 본문은 하나의 첨가물임에 틀림없다. 5-22절에서 유일하

게 실제적으로 새로운 자료는 6b-13절에 내포되어 있다. 그 나머지는 고정된 형식, 민수기 3:5-13에 있는 자료의 재진술 그리고 6b-13절의 부분들에 대한 몇몇 이문들로 이루어져 있다. 레위인들의 성결에 대한 두 개의 명령(6, 15절), 레위인들의 세 개의 제사(11, 13, 15절)는 먼저는 아론에 의하여, 그 다음 두 번은 모세에 의한 시행이 들어 있는 것으로 보인다. 그래이는 기본적인 PS본문을 레위기 8장에 있는 레위인들의 성결과 평행으로 조직되어 있다고 판단하고, 그러고 나서 부분적으로 아론을 강조하고 부분적으로는 본문을 민수기 3:5-13에 흡수시키기 위하여 확장된 것으로 판단한다. 그는 본문 가운데 있는 몇몇 불균형을 11절을 하나의 삽입으로 취급함으로써 설명될 수 있다고 믿었다. 딜만은 13b-14절을 본래 11절의 위치에 있었다고 생각했다. 15절의 또 다른 성결과 헌신은 그의 관점에서 하나의 확장임에 틀림없다.

레위인의 봉사의 연령에 관한 새로운 정보와 함께 23-26절에 있는 간략한 구절은 일반적으로 또 다른 확장으로 이해되었다. 시무에 들어가는 연령은 민수기 4:3(30세가 아닌 25세)에 제시된 것과는 다르며, 그래이는 여기서 어떤 문체상의 특징을 발견했다고 주장한다. 이 구절들은 민수기 4장과는 다른 용어로 시무에 들어감(יָבוֹא – 야보)과 은퇴함(יָשׁוּב – 야수브)에 대해 말하고 있으며, 단어들의 여러 특별한 배합이 들어 있다. 이것들은 그래이에게는 후대의 가필의 가능성을 시사하는 것이다.

노트(M. Noth, *Numbers*, 67-70)는 5-26절의 위치를 그가 볼 때는 그것이 일반적으로 그 세부적인 관계 형태가 보다 복잡하기는 할지라도 민수기 3-4장의 부록임을 암시하는 것으로 취급했다. 그는 그 구절의 기부적인 형태가 특히 민수기 3:11-13과 긴밀하게 연결되어 있고, 그가 비록 민수기 8:5-22의 문학적 연대의 실마리를 제공해 주지 않는다고 인정하고 있을지라도, 그 본문보다 더 단순하고 오래된 것이라고 믿는다. 본문의 문학적 구조에 대한 노트의 관점은 그래이의 관점과 대체적으로 유사하다. 23-26절에 대해서도 같이 생각하는데, 노트에 따르면 레위인의 특별한 능력의 필요성으로 설명된 후기의 수정임에 틀림없다.

폰 라트(G. von Rad, *Priesterschrift*, 95-97)는 5-9a, 12-16a, 21절 가운데서 본질적으로 기본적인 본문을 발견한다. 그가 볼 때 이것은 몸을 밀고, 의복을 빨고, 성결의 물을 뿌리는 일을 수반하는 성결 의식이었다. 이러한 과정들은 제사 행위로 마무리된다. 켈러만은 이것이 레위인들에 대한 포로 후기의 위임식을 반영하는 것일 수도 있다고 생가한다. 제2의 저자가 9b 11, 20, 22절(대부분)을 소개했고, 21절에서는 주어가 모세에서 아론으로 변했다. 아론에 대한 소개와 온 회중의 참석은 이 저자의 주된 기여다. 16b-19절에 있는 또 다른 추가는 레위인들을 모든 초태생의 대속물로 묘사하고 있다. 켈러만은 저자가 민수기 3:5-10과 3:11-13 모두를 익숙히 알고 있었고, 그래서 그는 결국 양 구절로부터 약간 떨어져서 서 있다고 가정하는 것이 더 낫다고 결론짓는다. 켈러만 역시 언어적 근거에서 23-26절이 매우 늦은 시기의 첨가물이라고 결론짓는다.

폴크(J. de Vaulx, *Nombres*, 117, 119-120)도 역시 본 구절이 지극히 복잡하다고 설명하고 있다. 6, 9-10, 13-14절에서 주어인 모세를 2인칭 단수형으로 나타내고, 7b-8절에서는 주어인 레위인들을 3인칭 복수형으로 나타내고 있다. 두 개의 서론 형식(6-7절), 두 개의 결론(12, 14절)이 있는 것처럼 보인다. 폴크가 볼 때 구절의 통합(fusion)과 가필이 너무나 많아서 기본적인 본문과 편집의 과정을 재구성하기 불가능하게 만들고 있다. 그는 제사장들의 성별과 연합된 고대의 용법이 본문에 보존되어 있다고 생각한다.

본문이 심각한 난점을 가지고 있지만, 민수기 3-4장과 관련하여 논의했던 바와 같은 저자의 목적에 비추어 그 배경에 관한 타당한 제안을 하기는 불가능하다. 저자는 제사장들과 레위인들의 관계에 대한 자기의 새로운 관점에 따라 보다 오래된 레위 전승을 가져다 주고 있는 것처럼 보인다. 여기서 레위인들의 격하에 대해서 말하는 것은 지나친 것이다. "속죄의 물"(7절)에도 불구하고, 레위인들이 궁극적으로 차지한 위치는 품위 있는 지위다(16절). 이것이 레위인들이 아론에게 주어졌다고 한 본문들 가운데 아주 분명하게 계속하여 진술되어 있다. 이 레위인들은 이스라엘의 보호에 없어서는 안 될 존재들이다(19절). 저자는 레위 전승을 전해야 한다. 그는 그것의 타당성을 인정하고(그는 그렇게 할 필요가 없었다), 그것을 정당하게 다루려고 고심하고 있지만, 그는 동시에 제사장들과 레위인들 사이의 관계에 대한 자기의 이해와 그것을 조화시켜야 했다.

저자의 목적들에 대한 이러한 이해를 제시하고 나서, 이제는 7-8절에 있는 레위인에 대한 자료를 정하는 것이 타당할 것이다. 이것은 팔레스틴 제사장들의 전승들을 잘 나타낼 수도 있다. 그들의 성별은 여기에 묘사된 절차를 수반했었다. 출애굽기 29장과 레위기 8장에 제사장들의 성별을 위한 의식들과 비교된 바와 같은 여러 독특한 특징들이 있는데, 그것은 아마도 바벨론 전승을 나타내고 있는 것으로 보인다. 거기에는 속죄의 물이 있는데, 이 용어는 그 사람의 그 씻음에 대한 관념을 확언해 줄 수 있는 용어이며, 또한 레위기 8장에 있는 것과 같은 씻음이 아닌 본문의 뿌림도 역시 확언해 줄 수 있는 용어다. 레위기 8:13에 있는 새 옷을 입히는 것 대신에 출애굽기 19:14; 레위기 14:8에 있는 평민들처럼, 본문에서는 레위인들이 자기들의 옷을 빨고 있다. 이 의식에서는 한 마리의 수송아지와 또 다른 짐승들이 아닌 두 마리의 수송아지가 사용되고 있다. 3인칭 복수와 2인칭 단수 사이의 대조는 7-8절에 대한 이러한 사상의 또 다른 확증일 수도 있다. 그러므로 저자는 이 전승을 자신의 레위인들을 위한 합법적인 의식으로 받아들이고 있으나, 그것을 "성별"보다는 "씻음"으로 부르고 있다.

저자는 레위인들에 관한 이러한 명령을 광야에서 주어진 것으로 말하고 있으며, 회막에서의 온 회중의 모임, 레위인의 입참, 온 공동체의 안수를 삽입하고 있다. 저자가 11-13절에 나오는 의식의 지속에 대한 책임을 지고 있었을 가능성이 있다. 그는 당연히 두 개의 제물을 예상했을 수 있다. 11절에 나오는 첫 번째 것은 아론에 의하여 시행된다. 레위인들이 장자 대신에 이스라엘에 의하여 야웨께 드려진다는 사실은 민수기 3:11-13의 레위 전승을 올바로 평가하는 것이다. 그러고 나서 희생제물들이 드려졌을 때(12절) 모세가 또 다른 제사를 드리는데(13절), 그것은 아론에게 주어진 레위인들이라는 면에서 전승에 대한 저자의 재해석을 올바로 평가하는 것이다.

14-19절은 성결 의식에 대한 저자의 또 다른 해석으로 보는 것이 간단하다. 그의 전형적인 교훈적 스타일로 그는 그 의식이 어떤 것이라는 사실을 반복하고 있으며(15b절), 레위인들의 성별(14a절), 그들의 기능(15a절) 그리고 그들의 보호 사역(19b절)에 관한 이전의 자기의 가르침을 상기시켜 주고 있다. 특히 그는 민수기 3:5-13에 있는 자기의 헌신을 재확인하려고 힘쓰고 있다. 거기에는 레위인들이 야웨께 주어진 자들로 바라보고 있는 레위 전승의 그러한 국면에 관한 타당성이 있다(14b, 16-18절, 참조. 민 3:11-13, 40-51). 그러나 그러한 바쳐짐은 아론에 대한 복종이라는 새로운 상황 가운데서 이해되어야 한다. 그러므로 레위인들은 아론에게 주어진 선물로 간주될 수 있다(19a절). 20-22절에서 저자는 단순하게 모든 것이 하나님이 명하신 대로 되었다고 주장하고 있다.

마지막 단락(23-26절)에서 레위인의 봉사에 관한 적절한 연령에 대한 구체적인 견해가 주어져 있다. 비록 이것이 본서에 후기에 가입되었을 가능성이 있을지라도, 민수기 4:3을 갱신하는 일이 배제될 수는 없으며, 당연히 그것은 저자의 작품이다. 그는 레위 자료로부터 나왔을 전통적 연령을 특별히 인구 조사보다는 봉사에 더 연결지으면서 일시적으로 지지하고 있다. 여기서 그는 틀림없이 자기 시대의 필요를 계산에 넣는 일에 대해 최종적 진술을 하고 있다. 언어의 특징들은 그 저자 당시보다 더 늦은 시기의 영향을 받았다고 지적할 수도 있으나, 그것으로 작업했다는 증거는 거의 없다. "봉사"와 "전쟁" 사이의 연결고리가 민수기 4:3과 공통으로 유지되고 있으며, 이 시점에서 저자 자신이 기록에 관여했음에 거의 틀림없다.

본문과 그것의 역사에 대한 전반적인 관점은 물론 본문에 대한 소량의 주석과 가필의 가능성을 불가능하게 하지는 않는다.

주석

[7] "속죄의 물"(מֵי חַטָּאת – 메 하타트). 이 문구는 독특한 용어다. 어근은 "속죄제"에 대해 사용되었던 것과 같은 단어이며(참조. 민 6:11에 있는 "주석"을 보라), 아마도 그와 같은 방식으로 이해되어야 할 것 같다(참조. 민 19:9에 있는 "깨끗케 하는 물"). 이 물이 특별히 어떤 방식으로 준비되었는지는 결정하기가 어렵다.

[10] "그리고 그들이 자기들의 손을 얹을 것이니라"(וְסָמְכוּ…אֶת־יְדֵיהֶם – 웨쌈쿠…에트-예데헴). 저자가 비록 그 행동의 실용성을 생각하지 않았을 수 있을지라도, 이러한 행동에 종사하는 지도자들이 백성들을 대표하는 사람들임을 예상했을 수도 있다. 이러한 의식은 이스라엘 백성들이 장자들을 대신하여 야웨께 레위인들을 드렸다고 하는 16절에 나오는 사상을 표현하고 있다. 피터(R. Péter, "L'Imposition")는 이 본문에 있는 안수의 의미에 관해서 확신을 가지고 있지 못하다. 그는 그것이 성별보다는 대체 혹은 동일시의 행동이라고 생각하는 방향으로 기울어진다.

[11] "요제"(תְּנוּפָה – 테누파). 민수기 5:25에 있는 "주석"을 보라. 스나이드(N. H. Snaith, *Numbers*, 216)는 이것이 모든 제사장들에게 할당되었다고 생각한 점에서 지나치게 정확했다고 할 수도 있다.

[12] "속죄제"와 "번제"에 대해서는 민수기 6:11의 "주석"을 보라.

"속죄하고"(לְכַפֵּר – 레카페르, 참조. 19절). 이 문맥에서의 의미는 "보호해 주다"인 것으로 보인다. 이 단어의 기본적 의미는 "덮다"라고 일반적으로 믿고 있다. 여기서 이 단어는 하나님의 진노로부터의 보호를 말하고 있다. 민수기 17:6-15의 "주석"을 보라.

[19] "선물"(נְתֻנִים – 네투님). 민수기 3:9의 "주석"을 보라.

[26] 일반적인 의미는 레위인이 50세가 넘어서는 계속하여 도움을 줄 수 있지만, 그는 순번제로 정규적인 책임을 이행하지는 못한다는 것으로 보인다.

해설

민수기 7:89-8:4에서 신정 국가의 권위라는 핵심되는 점을 강조하고 나서 – 성소에서 말씀하시는 하나님의 말씀 – 저자는 레위인들이 정결케 되고 자기들의 새로운 형태의 봉사를 시작할 수 있도록 할 의식을 준비하면서, 이제 자신에게 친숙한 레위인이라는 주제로 눈을 돌리고 있다. 이 시점에서 그가 자신의 자료를 포함시킨 데는 이유와 목적이 있다. 그것이 물론 민수기 4장의 끝부분에 올 수 있었지만 여기에 위치해 있는 데는 하나의 논리가 들어 있다. 공동체의 생활이 통제되어야 할 원리는 민수기 2:1-8:4에서 개진되었다. 이제는 이러한 원리 위에서 행동해야 할 때가 되었고, 특히 레위인들이 자기들의 새로운 사역을 시작할 때가 되었다. 만일 의식의 과정을 통하여 임직을 받는 것이 제사장들에게 적절한 것이었다면(레 8-9장), 레위인의 사역도 같은 스타일로 이루어져야 온당한 것이다.

이러한 의식을 설명하는 저자의 방식은 7-8절에 있는 보다 오래된 레위 전승 가운데 몇몇 요소들을 삽입하는 것이다("양식/구조/배경"을 보라). 레위인들이 부름받은 위치는 위엄과 명예의 위치다(19절). 저자가 의식, 즉 속죄의 물, 뿌림, 새로운 것을 사용하기보다는 오래된 옷을 씻음, 그리고 하나가 아닌 두 마리의 송아지의 사용이라는 독특한 특징 가운데 레위인들의 하위성을 강조하고 있다고 생각할 강력한 이유는 없다. 이러한 의식 절차들은 팔레스틴 제사장 레위인들 사이에 세워진 관습을 반영할 수 있다. 저자가 하고 있는 것은 레위인들의 "성별"이나 혹은 "임직"이 아니라 "씻음" 의식으로 불러야 한다. 이러한 묘사는 사실상 제사장들과 레위인들 사이의 구별을 강행하고 있으며, 저자의 입장에서 볼 때 레위인들이 제사의 불규칙들 가운데 연루되어 있었기 때문에 필수적이었을 수도 있다. 민수기 3장에서처럼 하나님에게 바쳐진 레위인들에 대한 보다 오래된 레위인들의 사상이 아론에게 주어진 선물이라는 말로 재해석되어 있다.

마지막으로 레위인들의 봉사 연령은 25세부터 50세로 고정되어 있다(23-26절). 봉사를 시작해야 할 연령을 말하고 있는 보다 오래된 레위 전승(민 4:3)은 그 당시의 필요에 비추어 확장되어 있는 것이다. 포로 후기에 있었던 가문의 최고 지도자 문제와 더불어, 정당한 사람으로 인정받은 레위인들이 상급자였을 수도 있다. 초창기 전승은 민수기 4장에 있는 레위인의 인구 조사와 너무나 밀접하게 연결되어 있었으므로 이 시점에서 직접적으로 봉사의 문제에 접근하는 것이 불가능하며, 그것이 봉사를 시작하기에 적절했던 다르면서도 최종적인 연령이었다. 레위인들의 성결 의식이 기록된 다음에 이러한 언급을 덧붙이는 것은 아주 적절했다.

신학적으로 본 단락은 특히 하나님의 거룩성에 비추어 사역의 중요성에 관한 주제를 계속 다루고 있다. 거룩한 사역에 종사하기로 되어 있는 사람들은 적절하게 준비가 되고 하나의 의미심장하고도 구체적인 방식으로 자기들의 책임을 이행하기 위하여 구별되어야 한다. 레위인들은 이러한 의식들을 통하여 공동체 전체로부터 구별되어 있으며, 공동체 전체의 번영을 위한 그러한 사역의 중요성이 알맞게 강조되어 있다. 이것은 민수기 3-4장에 있는 주요 신학적 주제들의 연속이다. 이 단락의 특별한 강조점은 레위인들이 그러한 구별됨에도 불구하고 온 공동체로부터 멀리 떨어져 있지 않다는 것이다. 그들은 안수를 통하여 어떤 의미에서 그 공동체를 대표하는 것이며, 백성들로부터 드리는 제사를 합법화한다. 제사장들과는 달리 그들은 기름부음이나 혹은 특별한 의복을 받지 않는다. 그들은 평민들처럼 특별한 의식을 위하여 자기들의 옷을 빤다. 그들은 아마도 제사장들과 백성들 사이의 다리 역할을 했을 것이다. 사역에서의 독특성은 하나님의 백성들 사이에 있었던 봉사와 사역이라는 보다 충분한 모습을 이루기 위하여 사역했던 사람들과 의미심장한 연대 의식을 결속했다.

14. 유월절 준수(9:1-14)

참고문헌

Auerbach, E. "Die Feste im alten Israel." *VT* 8(1958) 1-18. **Haran, M.** "The Passover Sacrifice," *Studies in the Religion of Ancient Israel.* VTS 23 Leiden: Brill, 1972. ______. *Temples and Temple Service in Ancient Israel.* Oxford: Clarendon, 1978, 317-48. **Kraus, H. J.** "Zur Geschichte des Passah-Massot-Festes im AT." *EvT* 18 (1958) 47-67. **Kutsch, E.** "Erwägungen zur Geschichte der Passafeier und des Massotfestes." *ZTK* 55(1958) 1-35. **May, H. G.** "The Relation of the Passover to the Feast of Unleavened Cakes." *JBL* 55(1936) 65-82. **Morgenstern, J.** "Two Ancient Israelite Agricultural Festivals." *JQR* 8(1917-18) 39-50. **Segal, J. B.** *The Hebrew Passover.* London: SPCK, 1963. **Talmon, S.** "Divergencies in Calendar Reckoning in Ephraim and Judah." *VT* 8(1958) 48-74. **Vaux, R. de.** *Ancient Israel. Its Life and Institutions.* London: DLT, 1961, 484-93. **Wellhausen, J.** *Prolegomena to the History of Israel.* Cleveland & New York: World Publishing Co., 1957(1885), 83-120.

본 문

1 애굽 땅에서 나온 다음 해 정월에 여호와께서 시내 광야에서 모세에게 일러 가라사대	1 And Yahweh spoke to Moses in the wilderness of Sinai in the first month of the second year after they came out from the land of Egypt, saying,
2 이스라엘 자손으로 유월절을 그 정기에 지키게 하라	2 "[a]The people of Israel shall keep the Passover at its appointed time.[b]
3 그 정기 곧 이달 십사 일 해질 때에 너희는 그 것을 지키되 그 모든 율례와 그 모든 규례대로 지킬지니라	3 On the fourteenth day of this month[a] you shall keep it at its appointed time in the evening. In accordance with all its statutes and judgments you shall keep it.[b]"
4 모세가 이스라엘 자손에게 명하여 유월절을 지키라 하매	4 And Moses spoke to all the people of Israel that they should keep the Passover.
5 그들이 정월 십사 일 해질 때에 시내 광야에서 유월절을 지켰으되 이스라엘 자손이 여호와께서 모세에게 명하신 것을 다 좇아 행하였더라	5 [a]And they kept the Passover[a] in the first (month), on the fourteenth day of the month [b]in the evening,[b] in the wilderness of Sinai. In accordance with all that Yahweh commanded

6 때에 사람의 시체로 인하여 부정케 되어서 유월절을 지킬 수 없는 사람들이 있었는데 그들이 당일에 모세와 아론 앞에 이르러

7 그에게 이르되 우리가 사람의 시체로 인하여 부정케 되었거니와 우리를 금지하여 이스라엘 자손과 함께 정기에 여호와께 예물을 드리지 못하게 하심은 어찜이니이까

8 모세가 그들에게 이르되 기다리라 여호와께서 너희에게 대하여 어떻게 명하시는지 내가 들으리라

9 여호와께서 모세에게 일러 가라사대

10 이스라엘 자손에게 일러 고하여 이르라 너희나 너희 후손 중에 시체로 인하여 부정케 되든지 먼 여행 중에 있든지 할지라도 다 여호와 앞에 마땅히 유월절을 지키되

11 이 월 십사 일 해질 때에 그것을 지켜서 어린 양에 무교병과 쓴 나물을 아울러 먹을 것이요

12 아침까지 그것을 조금도 남겨 두지 말며 그 뼈를 하나도 꺾지 말아서 유월절 모든 율례대로 지킬 것이니라

13 그러나 사람이 정결도 하고 여행 중에도 있지 아니하면서 유월절을 지키지 아니하는 자는 그 백성 중에서 끊쳐지리니 이런 사람은 그 정기에 여호와께 예물을 드리지 아니하였은즉 그 죄를 당할지며

14 만일 타국인이 너희 중에 우거하여 여호와 앞에 유월절을 지키고자 하면 유월절 율례대로 그 규례를 따라서 행할지니 우거한 자에게나 본토인에게나 그 율례는 동일할 것이니라

Moses so the people of Israel did.

6 And there were men who were unclean through contact with a corpse, and they could not keep the Passover on that day. And they approached Moses and Aaron[a] on that day.

7 And those men said to him, "We are unclean through contact with a corpse. Why are we debarred from offering Yahweh's oblation at its appointed time along with the people of Israel?"

8 And Moses said to them, "Wait, and I will see what Yahweh will command for you."

9 And Yahweh spoke to Moses, saying,

10 "Speak to the people of Israel, saying, If any man among you is unclean through contact with a corpse, or is away on a long journey, one of you or your descendents, he shall keep a Passover to Yahweh.

11 In the second month on the fourteenth day at evening he shall keep it. They shall eat it with unleavened bread and bitter herbs.

12 They shall not leave any of it until morning, and they shall not break a bone of it. In accordance with all the statutes of the Passover they shall keep it.

13 But the man who is clean and who is not on a journey,[a] and who fails to keep the Passover, that person shall be cut off from his people, because he did not offer the oblation of Yahweh at its appointed time. That man shall bear his sin.

14 And if an alien settles with you and will keep the Passover to Yahweh, then in accordance with the statute of the Passover and its judgment,[a] so shall he do. There shall be one statute for you, both for the alien and for the person born in the land."

원문주해

2.a. 본문은 웨아수(וַיַּעֲשׂוּ) 앞에 에모르(אֱמֹר)를 필요로 하고 있는 것처럼 보인다(G.

BHS). 딜만(A. Dillmann, *Numeri*, 46)은 시제가 본래 역사적 현재형으로 와야아수(וַיַּעֲשׂוּ) 였다고 주장했다.

2.b. Sam은 이 곳과 3, 7, 13절에서 "시간들"로 되어 있다(참조. 3절의 G).

3.a. G에는 "첫 번째 달의"로 되어 있다. MT는 받아들일 만한 것처럼 보인다.

3.b. Sam, Syr에서는 본 절을 역사적 현재형으로 취급하여 야아수(יַעֲשׂוּ)로 되어 있다. G의 가장 강력한 증거 본문은 2인칭 단수형을 선호한다.

5.a.-a. 이 기록은 G에는 없다. MT는 받아들일 만하다.

5.b.-b. 이 문장은 G에는 없다. MT는 받아들일 만하다.

6.a. 7절에 있는 3인칭 단수형 "그에게"는 "아론"이 여기에 첨가되었음을 암시한다.

13.a. G는 그것이 하나의 "긴" 여행이었다고 한다.

14.a. Sam, Syr, V는 3절에서처럼 여기서 복수형을 선호한다. 그래이(G. B. Gray, *Numbers*, 85)는 이것을 지지한다.

양식/구조/배경

본문 분석가들은 이 단락이 제사 문서라는 사실에 동의하고 있으며, 대부분 후대의 가필임을 인정하고 있다(예를 들어, J. Wellhausen, *Hexateuch*, 177; A. Kuenen, *Hexateuch*, 92-93; G. B. Gray, *Numbers*, 82-83). 딜만(A. Dillmann, *Numeri*, 45-47)은 비슷한 견해를 취하지만, 원래 P설화 문서가 유월절 준수에 대한 단순한 역사적 기사라는 형태로 현재 본문의 기초가 된다고 생각했다. 후대 첨가물이라고 하는 주장의 주요 논증들은 1절에 있는 연대인데, 그 연대는 우리를 제2년 1월로 이끌어 가고 있으며(민 1:1은 그 해 제2월에 이미 도착했다고 기록하고 있다), 문맥과 유기적 연관성이 결여되어 있다. 그래이는 본 구절 – 유월절 부록 – 의 주요 관심사가 두 번째 달과 관련되어 있다고 인정하고 있으며, 그는 이것을 이 지점에 본문을 삽입시킨 이유라고 본다. 그는 만약 이 단락이 본래 P에 속하는 것이었다면, 그 주요 관심사가 먼저 언급되고, 과거완료 시제의 단락으로 진술된 역사적 문장으로 연대가 두 번째 달로 기록되었을 것이라고 믿는다.

보다 최근의 분석가들은 본 단락에 대한 같은 식의 견해 쪽으로 기울어진다(예를 들어, M. Noth, *Numbers*, 71; N. H. Snaith, *Numbers*, 218). 켈러만(D. Kellermann, *Priesterschrift*, 124-33)은 10b-12절에서 성장의 과정의 출발, 분명히 출애굽기 12장을 전제로 하고 있는 구절을 발견한다. 켈러만에 따르면, 이 율법의 본문(10b-12절)이 여행하는 사람들로 하여금 두 번째 달에 유월절을 준수하도록 허락하고 있는 포로기에 속할 것이다. 이 단락의 나머지 대부분은 비교적 후대의 첨가물로 취급된다(6, 9-10a절에 있는 아론을 제외한 1-8절). 이 첨가물은 10b-12절의 율법 본문을 광야 시기와 연결시키고, 사체와의 접촉을 후대에 준수할 또 다른 근거로 삽입하고 있다. 켈러만은 나머지 요소(13-14절, 6절에 있는 "아론")를 또 다른 첨가물로 취급한다.

2-5, 11-12절은 출애굽기 12장을 참고로 하고 있음에 분명하다. 저자가 이런 식으로 작업해야 한다는 사실은 완전히 다른 곳에서 한 그의 방식과 관심과 일치한다. 또한 이 단락을 본질적으로 저자의 손으로 기록한 하나의 단위로 취급함에 있어서 어떤 심각한 어려움이 없다. 그가 유월절 준수에 대해서 말하기를 원했다는 사실은 전적으로 믿을 만하다. 유일한 난점은 이 단락을 본서의 시작 부분에다가 이에 알맞는 것으로 보이는 이 단락을 포함시키지 못한 점이거나, 혹은 다르게 생각해서 어찌하여 그가 그 인구 조사를 두 번째 달로 연대를 정하고 있는가에 대한 것이다. 비록 그래이가 순환논법의 위험에 빠지는 결론일지라도, 그 이유는 위에 언급된 그래이의 관찰 가운데 놓여 있을 수도 있다. 만일 이유가 특별한 지점에 본문을 삽입한 것으로 발견된다면, 같은 이유가 원저자의 마음속에 작용했을 가능성이 있다. 또다시 본문이 첫 번째 경우에 역사 문헌적 연구를 위해서가 아니라 구술적 낭독을 목적으로 의도되었다는 사실을 지적할 가치가 있을 수도 있다. 그래이가 살핀 대로, 주 관심은 두 번째 달에 준수되어야 할 추가적 유월절이다. 그러므로 특히 6일 후에 이스라엘을 움직이려는 의도를 하고 있는 저자 편에서(민 10:11), 이것은 적절한 정보를 위한 위치로서는 타당하다. 어떤 사건에서 1-8절의 완료형을 과거완료로 읽는 것은 확실히 가능하고, 하나님의 응답을 두 번째 달에 나타난 것으로(9-14절) 보는 것도 가능하다. 규례들은 긴밀하게 혹은 유기적으로 8:23-26 혹은 9:15-23과 연결되어 있다는 것도 사실이지만, 이 곳에 자료를 삽입한 것이 제멋대로라는 것은 사실이 아니다. 저자가 시내로부터 출발하기 직전에 행한 유월절 준수를 언급하기를 바랐을 것이라는 사실은 상당히 개연성이 있다. 이러한 준수는 애굽으로부터 출발하기 직전에 행했던 첫 번째 유월절 준수와 잘 평행을 이루고 있다(제2성전의 봉헌식에 뒤이어 행한 의미 있는 유월절 행사에 대해서는 스 6:16-22을 참조하라).

본문의 기록 발전에 관한 켈러만의 논증은 특히 신빙성이 없다. 여행에 대한 언급은 포로 그 자체의 상황보다는 비교적 안정된 포로 후기 상황을 반영하고 있는 것으로 보인다. 저자는 아마도 사체와의 접촉과 관련된 관습이 되었던 내용을 체계적으로 말하고 있다. 이 관습에 하나님의 인증이 주어졌고, 그 외에 예외적인 경우는 저자에 의하여 상인 여행자의 관습으로 포함되었다. 탈몬(S. Talmon, "Divergencies")은 두 번째 달로 되어 있는 날짜는 북쪽의 전승을 나타내고 있다고 주장한다(참조. 대하 30:1-3). 만일 그렇다면, 저자가 이 예외적인 경우라는 상황 가운데 이러한 전승을 삽입하는 하나의 수단을 발견했을 것이라고 생각된다. 13절은 전체의 필수적인 부분으로서 파악하기가 쉬울 것이다. 저자는 그 예외들이 하나의 규칙 혹은 부정확성에 대한 하나의 격려가 되지 않는다는 사실을 확증하느라 고심하고 있다. 평상적인 상황 가운데서 모든 이스라엘 족속들은 적절한 시기에 유월절을 준수하도록 강요 받는다. 14절은 단락의 나머지 부분과 덜 긴밀하게 연결되어 있으나, 만일 그 정보가 전부 포함되어야 한다면 이것이 어떤 것보다도 적절한 위치라는 사실은 지당하다. 저자가 유월절 가운데 소외된 사람들의 권리와 책임에 관심이 있었을 것이라는 사실을 의심할 이유는 없다. 폴크(J. de Vaulx, *Nombres*, 125)가 제시한 바와 같이, 엘레판틴 본문과 2월에 지키는 유월절 준수(1월 14일부터 지키는 유월절을 지키지 못한 사람은 2월 14일부터 유월절을 지킨다)에 대한 이 문제와 비교할 때, 저자의 작품을 주전 5세기 말경의 것으로 연대를 정하는 것은 약간의 근거가 있다고 본다.

주석

[2] 본래 유월절은 악한 영으로부터 지키기 위한 의식 혹은 유목민 공동체 무리 가운데서 풍요를 얻기 위한 의식을 행하는 봄의 제전이었다고 널리 알려져 있다. 이러한 결론은 출애굽기의 기사 가운데 있는 그들 당시의 배경에서 나온 가장 독특한 특징(출 12:1-13, 21-27, 43-50에 기록되어 있는 바와 같이)을 분리함으로써, 그리고 그것들을 분리하여 생각함으로써 얻어진다. 벨하우젠에 따르면(Welhausen, *Prolegomena*), 그 의식들은 가장 먼저 요시야 아래서 있었던 원래 가나안의 무교병 의식과 연결되었고(신 16:1-8), 또한 그의 견해에 따르면 이러한 발전이 유월절의 역사성에 의미심장한 압력을 제공했다. 많은 것이 출애굽기 12:21-27에 있는 야위스트 자료에 대한 연대 결정에 의존했을 것이다. 크라우스(Kraus, "Passah-Massot-Festes")는 그것들을 역사화하려는 경향과 함께 길갈에서 두 개의 의식이라는 훨씬 더 초창기의 융합을 발견한다. 이것은 여호수아 4:19-23; 5:10-12과 같은 본문들 가운데 있는 그들의 고대 전승에 의존하고 있고, 암픽티오니 가설의 수용성에 어느 정도 의존하고 있다. 하란(Haran, *Temples*, 317-48)은 출애굽기 23:18; 34:25의 가

장 오래된 명령들 가운데 유월절과 무교병이 이미 결합되어 있고, 순례 절기로 여겨졌었다고 주장한다.

3 이것은 포로 후기에 있었던 봄의 새해가 이른 다음에 첫 번째 달이 되었던 니산월의 14일째 날이었다.

"해질 때"(בֵּין הָעַרְבַּיִם – 벤 하아르바임)는 직역하면 "두 밤들 사이"다(참조. 출 16:12; 29:39, 41; 레 13:5; 민 28:4, 8). 유대인의 전통은 이러한 의미에 관해서는 애매하다(참조. N. H. Snaith, *Numbers*, 152). 출애굽기 16:12에서는 짧은 기간을 의도했던 것 같고, 그 곳에서는 그 기간이 "새벽" 혹은 "새빛"에 대한 보충어이며, 그래서 아마도 "황혼과 어두움 사이"를 의미한 것으로 생각된다.

"율례"와 "규례"에 대해서는 R. Hentschke, *Satzung und Setzender*(Stuttgart: Kohlhammer, 1963); G. Leidke, *Gestalt und Bezeichnung alttestamentlicher Rechtsätze* (WMANT 39; Neukirchen: Neukirchener, 1971); P. Victor, "A Note on 'hoq' in the Old Testament," *VT*(1966) 358-61를 보라.

6 부정은 절기 잔치에 참여하는 것을 가로막았다(참조. 레 7:20).

7 "우리를 금지하여…못하게 하심은 어찌이니이까?"(לָמָּה נִגָּרַע – 람마 닉가라). 다른 곳에서 이 어근의 사용에 대해서는 출애굽기 5:8; 레위기 27:18; 민수기 27:4; 36:3; 신명기 4:2을 보라. 이것은 일반적으로 "취소"의 개념과 어울린다.

8 이러한 종류의 또 다른 특별한 자문은 레위기 24:12; 민수기 15:34; 27:5에 나타난다.

11 "무교병과 쓴나물"(מַצּוֹת וּמְרֹרִים – 마초트 우메로림). 이것은 유월절 잔치와 무교절기 간의 연결을 반영하고 있다(위의 2절을 보라). 이 곳과 12절의 규례들은 유월절의 세 가지 중요한 특징들을 규정하고 있다(참조. 출 12:8, 10, 46). 이것들은 분명히 다음의 사항들을 나타낸다: 즉 출애굽기 12장의 요구 사항들의 나머지 것들은 승낙된 것으로 취급된다(참조. 12b절).

13 "끊쳐지리니"(נִכְרְתָה – 니클타). 어떤 주석가들은 이것을 사형을 언급하는 것으로 취급한다(예를 들어, G. B. Gray, *Numbers*, 84-85). 다른 사람들은 이것을 인간의 손이 아닌 하나님에 의한 죽음의 경고로 생각한다(예를 들어, A. H. McNeile, *Numbers*, 48). 또 다른 사람들은 이 문구를 추방을 의미하는 것으로 취급한다(예를 들어, J. de Vaulx, *Nombres*, 125; B. Lindars, "Ezekiel and Individual Responsivility," *VT* 15[1965] 452-67). 세 번째 생각이 가장 그럴듯하다.

14 "우거한 자"(גֵּר – 게르). 이런 사람은 날 때부터 이스라엘 족속이 아니고, 상

당 기간 이스라엘 공동체에 정착해 왔던 사람이며, 여러 면에서 그 공동체의 일원이었다. 그는 유월절을 지키지 않았던 사람으로 호칭된 일시적 방문자와는 구별되었다(출 12:45). 외국인은 아마도 할례를 받았고, 그 공동체의 돌봄과 보호를 받았을 것으로 보인다. D에서 이스라엘의 신분은 애굽에서 외국인이었고, 이것이 그러한 등급의 사람들에 대한 존중의 동기로 사용되었다(참조. 신 10:19).

해설

이 단락은 유월절 준수에 대해서 말하고 있다(1-5절). 이 단락의 묘사는 유월절 준수에 관한 특별한 경우, 즉 유월절 시기에 있었던 사체와의 접촉을 통하여 부정케 된 사람들의 상황에 대한 논의의 출발점으로서의 역할을 하고 있다. 하나님에게 특별한 자문을 구했을 때 모세가 받은 대답은, 그러한 사람은 한 달 후인 두 번째 달에 유월절을 준수해야 한다는 것이었다(9-12절). 그 대답 역시 또 다른 특별한 경우를 지시하고 있는데, 곧 이방 땅에서 여행 중에 있는 사람들의 경우인 것이다. 이러한 준수 명령은 이 부가적 예식이 완전히 예외적인 것이라는 사실과(13절), 외국인들이 유월절에 참석할 완전한 권리를 부여받는다는 사실을 분명히 해주고 있다(14절).

저자는 이제 공동체 구성에 대한 그의 논의의 목적에 접근하고 있다. 그는 그 규모에 대해서 논의했고(1:1-46), 제사장 나라로서의 그 성격을 언급했다(2:1-34). 그는 제사장들의 권리와 책임에 대해서 논의했고(5:1-6:27), 새로운 질서에 대한 공동체의 헌신을 논의했다(7:1-88). 특히 그는 영광스럽고도 책임성 있는 레위인들의 신분과 함께 제사장 계급에 대한 새로운 구조를 밝히면서, 아론 자손과의 종속 관계에 대해서도 논했다(1:47-54; 3:1-4:49; 7:89-8:26). 이러한 과정에서 단락을 마치면서, 그는 유월절 준수, 공동체의 근본적인 의식을 기술하고 있다. 이 내용은 시내로부터 그 땅으로 가는 여행에 대한 직접적인 서막으로서 가장 적절한 위치에 나타나 있다. 출애굽기 12장에 있는 유월절 준수는 애굽으로부터의 여행에 직접적 서막이었다.

공동체의 근본적인 의식 준수에 대한 이러한 묘사는 저자에게 포로 후기에 일어났던 특별한 문제에 관하여 입법할 기회를 제공하고 있다. 유월절이 얼마나 중요한가? 만약 그렇다면 어떤 상황하에서는 적절한 시기에 준수되지 않을 수도 있는가? 부정한 사람은 반드시 절기 축제로부터 제외되었고, 저자는 이것을 하나님의 권위 있는 말씀과 함께 확언하고 있다. 그러나 그가 볼 때 유월절이 그 공동체의 존재와 정체성에 너무나 중요했으므로 두 번째 달 14일에 두 번째 준수가 허락되었던 것이다. 이러한 법규는 또한 첫 번째 달 14일에 외국을 여행하고 있던 사람들까지 포함했었다. 이러한 법규는 디아스포라로 인하여 만들어진 특별한 상황을 의식하고 있었다는 사실과, 혹은 상인들의 상업상의 문제들까지 유념하고 있었다는 사실을 반영하고 있다. 그러나 이러한 예외들이 일반적인 유월절 준수에 대한 무관심을 허용하고 있지는 않다. 적절한 시기에 유월절을 준수하지 못하면 혹독한 징벌 곧 축출이 내려지는데, 공동체 내에서 자기의 정체성의 가치를 너무도 가볍게 여기는 사람에게 적절한 운명인 것이다. 이방인들이 유월절에 참여할 권리가 보호를 받고 있다. 이 사람들은 유대인으로 태어나지는 않았으나 유대인의 신앙과 행실에 헌신한 사람들이다. 이렇게 중요한 절기 준수에 대한 너무나 철저한 성격들이 진술되고 있는데, 곧 무엇보다도 다른 사람들이 공동체를 특징지어 주고 자아 의식을 지탱시켜 주는 준수다.

두 번째 달이라는 날짜가 북왕국의 배경을 가지고 있다고("양식/구조/배경"을 보라) 생각되어 왔는데, 만일 그렇다면 저자는 예외적인 경우에 이것을 삽입하는 방법을 발견한 것이다. 역대하 30:1-3에서 히스기야는 늦은 유월절 잔치를 거행했는데, 그때 그는 자기 나라의 유월절 잔치에 북왕국의 거민들도 포함시켰다. 날짜 기입은 민수기 저자에게는 팔레스틴 전승으로 이용할 수도 있었는데, 그러한 경우 그는 그 문제를 자기의 독특한 타협들 가운데 하나로 해결하고 있다.

이 단락의 두드러진 관심은 이 기본적인 절기를 지켜야 하는 가장 중요한 의무다. 예외 사항들은 그것의 중요성을 약화시키기보다는 요점을 강화시키는 것이다. 아무도 그 절기를 지키지 못할 경우는 없다. 이러한 법규는 커다란 특권의 인정을 수반한다. 하나님의 백성은 역사적 신앙의 뿌리를 지속적으로 재현하고 마음속에 상기시켜 주는 그 의식들 가운데서 자기들의 정체성을 발견한다. 이 정체성은 전세계 가운데서 자기들의 존재의 의미와 목적과 더불어 하나의 그룹으로서 자기 자신들의 독특성과 관계가 있다. 타국인을 그 잔치에 포함시키는 것은 이방인의 초청을 미리 예시하는 것이다(J. de Vaulx, *Nombres*, 126-27).

15. 여행 중에서 인도의 수단 - 구름(9:15-23)

참고문헌

See under Num 7:89-8:4(*Bibliography*). **Dus, J.** "Herabfahrung Jahwes auf die Lade und Entziehung der Feuerwolke." *VT* 19(1969) 290-311. **Harrelson, W.** "Guidance in the Wilderness." *Int* 13(1959) 24-36. **Sabourin, L.** "The Biblical Cloud. Terminology and Traditions." *BTB* 4(1974) 290-311. **Schmidt, W.** "מִשְׁכָּן als Ausdruck Jerusalemer Kultsprache." *ZAW* 75(1963) 91-92.

본 문

15 성막을 세운 날에 구름이 성막 곧 증거막을 덮었고 저녁이 되면 성막 위에 불 모양 같은 것이 나타나서 아침까지 이르렀으되	**15** And on the day when the Tabernacle was set up[a] the cloud covered the Tabernacle, [b]the Tent of the Testimony.[b] And in the evening it was[c] over the Tabernacle like the appearance of fire until morning.
16 항상 그러하여 낮에는 구름이 그것을 덮었고 밤이면 불 모양이 있었는데	**16** So it was continually. The cloud covered it (by day),[a] and there was the appearance of fire at night.
17 구름이 성막에서 떠오르는 때에는 이스라엘 자손이 곧 진행하였고 구름이 머무는 곳에 이스라엘 자손이 진을 쳤으니	**17** And whenever the cloud was taken up from over the Tent, then the people of Israel set out, and in the place where the cloud settled, there the people of Israel encamped.
18 이스라엘 자손이 여호와의 명을 좇아 진행하였고 여호와의 명을 좇아 진을 쳤으며 구름이 성막 위에 머무는 동안에는 그들이 유진하였고	**18** At the commandment of Yahweh the people of Israel set out, and at the commandment of Yahweh they encamped. All the days that the cloud settled upon the Tabernacle they remained encamped.
19 구름이 장막 위에 머무는 날이 오랠 때에는 이스라엘 자손이 여호와의 명을 지켜 진행치 아니하였으며	**19** And when the cloud stayed long over the Tabernacle, for many days, then the people of Israel engaged in the service of Yahweh, and did not set out.
20 혹시 구름이 장막 위에 머무는 날이 적을 때에도 그들이 다만 여호와의 명을 좇아 유진하고 여호와의 명을 좇아 진행하였으며	**20** It was the same when the cloud was on the Tabernacle for a few days.[a] At the commandment of Yahweh they encamped, and at the commandment of Yahweh they set out.

21 혹시 구름이 저녁부터 아침까지 있다가 아침에 그 구름이 떠오를 때에는 그들이 진행하였고 구름이 밤낮 있다가 떠오르면 곧 진행하였으며

21 And there were some times when the cloud remained only from evening to morning, and when the cloud was taken up in the morning they set out. Whether it was by day[a] or by night, [b]when the cloud was taken up they set out.[b]

22 이틀이든지 한 달이든지 일년이든지 구름이 성막 위에 머물러 있을 동안에는 이스라엘 자손이 유진하고 진행치 아니하다가 떠오르면 진행하였으니

22 Whether it was for two days, a month, or for longer, that the cloud waited [a]over the Tabernacle,[a] settling thereon, the people of Israel encamped and did not set out. [b]And when it was taken up they set out.[b]

23 곧 그들이 여호와의 명을 좇아 진을 치며 여호와의 명을 좇아 진행하고 또 모세로 전하신 여호와의 명을 따라 여호와의 직임을 지켰더라

23 At the commandment of Yahweh they encamped, and at the commandment of Yahweh they set out. They engaged in the service of Yahweh[a] according to Yahweh's commandment by the hand of Moses.

원문주해

15.a. Sam은 이 단어를 후콤(הוּקַם), 3인칭 단수 완료 호팔형으로 읽고 있다.

15.b-b. 아마도 주석인 것 같다(참조. J. Paterson, *Numbers*, 47).

15.c. 여기서는 완료형을 필요로 한다(*BHS*; Paterson. *Numbers*, 47).

16.a. G에는 이 지점에서 요맘(יוֹמָם)으로 되어 있다. 느낌이 그것을 요구하는 것처럼 보인다(참조. Syr, Tg., Vg; 또한 참조. Paterson, *Numbers*, 47; N. H. Snaith, *Numbers*, 220).

20.a. *BHS*는 여기서 예메(יְמֵי)를 선호한다(참조. G. B. Gray, *Numbers*, 87; L. E. Binns, *Numbers*, 56). 또한 GKC § 131e를 보라.

21.a. 단수형이 더 나아 보인다(*BHS*를 보라).

21.b-b. 이 문장은 G에는 빠져 있다. 그래이(Gray, *Numbers*, 87)는 MT에 나타나 있는 것이 중자 탈락이라고 주장한다.

22.a-a. 이 문장은 G에는 빠져 있다. 그래이(Gray, *Numbers*, 87)는 이것이 알라이우(עָלָיו)에 대한 주석일 수도 있다고 생각한다. 이것이 S에서는 알라이우(עָלָיו)로 대치되어 있다.

22.b-b. 이 문장은 G에는 빠져 있다. 이것이 아마도 주석인 것 같다.

23.a. G에는 약간의 차이가 있지만, MT는 받아들일 만하다.

양식/구조/배경

이 구절의 출애굽기 40:36-38과의 관련성은 이것 역시 제사장 자료임을 명백하게 해준다. 분석가들 가운데서는 그것이 원문에 속해 있었는지를 의심하고 혹은 최소한 P의 역사 가운데서 초창기 단계에 속하는 것으로 생각한다(참조. J. Wellhausen, *Hexateuch*, 181; A. Kuenen, *Hexateuch*, 92). 그래이(G. B. Gray, *Numbers*, 85)는 15절에 있는 날짜가 이 단락을 직접적으로 출애굽기 40:2, 17과 연결시켜 준다고 지적하고, 그것이 성막 건립 이야기의 결론부에 있어야 가장 자연스러울 것이라고 주장한다. 그러나 지금의 형태는 그것이 PS에 가장 잘 연결되어 있다고 판단한다. 그는 이에 대한 지지 구절을 G에는 없는 여러 구절들 가운데서 찾으려 하고, PG에 속하는 본문 가운데 다른 곳에서는 소량의 표현들에서도 발견되지 않는다.

노트(M. Noth, *Numbers*, 75)는 출애굽기 40장에 있는 주된 요소들을 P의 첨가물로 취급했고, 광야 방랑에 대한 이러한 예상이 후기 저자로부터 나온 것이라고는 의심하지 않았다. 다른 사람들 역시 이 단락을 출애굽기 40장에 있는 자료의 "확장"으로 말한다(예를 들어, A. H. McNeile, *Numbers*, 49; N. H. Snaith, *Numbers*, 220). 켈러만(D. Kellermann, *Priesterschrift*, 133-40)은 스타일과 언어에 근거하여 본 단락이 후대의 것이라고 결론짓는다. 그는 15-19절에서 원 자료를 발견한다. 그의 견해에 따르면, 진영의 다양한 기간에 관한 언급들(20-23a절)은 또 다른 저자에게서 나온 것이고, 23b절은 또 다른 후대의 주석이다. 증거의 장막에 대한 언급(15절)은 켈러만에 따르면 그것이 위치해 있을 수 없는 또 다른 주석이다.

출애굽기 40장과의 관련성은 우리가 제안한 저작권 이론에 비추어 볼 때 쉽게 알아낼 수 있다. 저자는 본 징으로부터 하나님의 임재에 관한 시상을 취급하려 하고 있으며, 광야에서 하나님의 인도하심이라는 이론을 발전시키기 위하여 그것들을 사용하려 힘쓰고 있다. G에 있는 각 이문(異文)들은 그 자체의 유리한 점에서 생각되어야 하고("원문주해"를 보라), P에서는 보록이라는 이론들을 지지할 그 어떤 분명한 증거도 나타나지 않는다. 그래이가 밝혀낸 소수의 특별한 표현들은 민수기 저자의 독특성에 증거가 될 수도 있다. 본 단락 가운데는 수많은 섬세한 반복이 들어 있다. 그 목적은 교훈적일 수 있는데, 이를테면 요점들을 강조하고 강화시키기 위한 것이다. 이것이 인식될 때, 하나의 기본적인 본문에 상당한 첨가물들(소수의 주석의 가능성을 배제하지 않음)이 있다고 가정할 이유가 없다. 19절로부터 20절로의 자연스러운 움직임이 있는 것처럼 보인다. 첫 번째 부분(15-19절)은 유진이 여러 날동안 있을 수 있다는 점을 암시하는 결론 구절(19절)과 함께 인도의 과정, 움직임과 유진을 설명하고 있다. 두 번째 부분(20-23절)은 이 기간이라는 주제를 계속 살펴보고 있으며, 비록 이 유진의 기간이 크게 달랐을지라도 이스라엘이 언제나 순종했다는 사실을 설명하고 있다. 그러므로 본 단락의 실질적인 단위를 문제시할 강력한 이유가 없고, 이 단락 전체를 저자에게 돌리는 것을 거부할 강력한 이유도 없다.

주석

21 "구름이 밤낮 있다가"(אוֹ יוֹמָם וָלַיְלָה – 오 요맘 왈라일라; NEB). 의미가 전혀 명확하지 않다. RSV는 그것을 낮과 밤에 대한 언급, 즉 24시간의 기간으로 취급한다.

22 "이틀이든지"(יָמִים – 요마임)는 직역하면 "날들"이다. RV는 이것을 "일년"으로 이해한다(참조. 레 25:29; 삼상 27:7). 스나이드(N. H. Snaith, *Numbers*, 221)와 빈스(L. E. Binns, *Numbers*, 56)는 이를 받아들이지만, 그래이(Gray, *Numbers*, 87)는 그것을 거절한다. 그것은 단순히 한 달 이상의 긴 부정확한 기간을 의미할 수 있으며, 그래서 "오랫동안"일 것이다. 노트(F. S. North, "Four Month Seasons of the Hebrew Bible," *VT* 11[1961] 446-48)는 이 단어가 여기서 4개월에 대한 전문적 용어로 사용되고 있다고 주장한다.

해설

이 단락은 행진의 시작에 앞서 행한 두 개의 준비 가운데 그 첫 번째 사항이다. 민수기 1:1-9:14에서 공동체의 구성을 논의한 다음에, 저자는 이제 시내로부터 가나안으로의 여행에 대해서 말하고 있는 본서의 두 번째 주요 부분을 시작할 준비가 되어 있다. 이 준비 단락은 이스라엘이 어떻게 그 여행 길에 인도를 받아 왔는지를 설명하고 있다. 회막 가운데 하나님의 임재를 가리켰던 출애굽기 40:36-38의 구름은 안내자이기도 했다. 그것이 회막으로부터 떠오르면 백성들은 따라갔다. 그것이 멈추면 백성들은 진을 쳤다. 이것은 변하지 않는 법규였다.

여기서 저자의 주요 업적은 인도와 지도력 주제들에 관심을 두고 있는 출애굽기 40장의 하나님의 임재의 신학을 그가 채용하고 있는 점이다. 그는 오경의 초창기 설화 전승 가운데 있는 여러 요소들을 함께 묶었다. 출애굽기 13:21 22(J?)에서 구름은 기둥 모양을 했었는데, 그것이 밤에는 불기둥이 되었다. 그것의 기능은 인도자로서 백성들 앞서 나아가는 것이었다. 출애굽기 33:7-11(E)에서(또한 참조. 민 11:25; 12:5, 10; 신 31:15) 또다시 이 본문들 가운데서 때때로 하나님께서 인간과 교제하기 위하여 나타나시는 외적인 회막과 긴밀하게 연결되었던 것 역시 기둥이었다. 이 곳 민수기 9:15-23에서 구름은 기둥이 아니고, 밤에 그것이 불 모양을 하고 있었다(참조. 출 13:21). 제사 전승에서 그것은 처음으로 시내산에서 나타났고(출 24:15-18), 출애굽기 33:7-11에서처럼 진영의 중앙에 있었던 기구인 회막과 연결되었었다. 구름의 인도는 외관상 행진하는 기둥의 중심부로부터 이루어졌다. 저자의 그림은 가능한 한 초창기 설화 전승 가운데 있는 다양한 요소, 즉 출애굽기 13:21-22의 구름을 통한 인도의 개념, 출애굽기 33:7-11의 장막과의 연결의 개념을, 중앙화된 장막이라는 상황인 새로운 상황 가운데 넣으면서 함께 묶고 있다.

인도와 지도의 형태에 대한 이러한 묘사는 본서의 첫 번째 주요 부분에 있는 중요한 요점들 가운데 몇몇을 강화하도록 돕고 있다(민 1:1-9:14). 구름이 성막을 덮는 것(15, 18-22절)은 민수기 2:1-34의 신정 국가 이론을 강조하고 있다. 구름이 출발할 시기를 가리키는 때까지도 저자는 "떠오름"이라는 용어로만 그 움직임을 규정하고 있다(17, 21-22절). 그는 광야를 통하여 지도력의 문제가 문제시될 때도 하나님의 임재의 중심성이라는 이론을 상실하려하지 않고 있다. 저자가 어떻게 움직인 구름에 의한 인도를 정확하게 믿었을까 하고 묻는 것은 무의미하다. 그에게는 그것이 그랬다는 것으로 충분했다. 그는 물론 구름 기둥과 불 기둥으로 온 무리의 앞에서 인도했다는 출애굽기 13:21-22에 나오는 이론에 대해 논쟁하기를 원치 않고 있다. 그의 관심은 다른 장소에서, 하나님의 임재의 중심성을 보존하면서 이스라엘이 행진해 나가는 때에라도 강조하고자 하고 있다.

본서의 두 번째 주요 부분에 대해 이 서론적 단락에서 강조된 또 다른 주제는 하나님의 인도에 대한 이스라엘의 신실한 그리고 복종적인 반응이다. 복종과 불복종이라는 또 다른 형식은 본서의 중심부에서 하나의 중요한 특징이다. 최소한 일시적으로 이스라엘은 구름이 유진하는 기간이 길든 아니면 짧든 신실하게 반응한 것으로 묘사되어 있다.

제사장 신학자들에게 구름은 언제나 보이지 않고 초월된 하나님께서 자기 백성들에게 분명하게 가까이 하시는 수단이었다. 이전에는 그것이 하나님의 임재에 대한 제사장 신학에 증거를 가져다 주었다. 여기서 그것은 위험과 불확실성 가운데서 하나님의 인도와 보호를 가리키고 있다. 그러한 유익을 경험하는 일은 하나님의 차원의 실제에 대한 온전한 인정에 의존한다. 구름으로 상징된 하나님의 움직임, 그리고 하나님의 때는 언제나 이성적인 설명으로는 불가능할 수도 있다. 인간이 할 일은 믿음으로 따르는 것이다.

16. 여행의 신호－은나팔(10:1-10)

참고문헌

Finesinger, S. B. "Musical Instruments in the Old Testament." *HUCA* 3(1926) 21-76. ______. "The Shofar." *HUCA* 8-9(1931-32) 193-228. **Werner, E.** "Musical Instruments." *IDB* r-z 469-76.

본 문

1 여호와께서 모세에게 일러 가라사대 **2** 은나팔 둘을 만들되 쳐서 만들어서 그것으로 회중을 소집하며 진을 진행케 할 것이라	**1** And Yahweh spoke to Moses, saying, **2** "Make for yourself two silver trumpets. You shall make them of beaten work. And they shall be for you to call the congregation, and for the setting out of the camps,
3 두 나팔을 불 때에는 온 회중이 회막 문 앞에 모여서 네게로 나아올 것이요	**3** And they[a] shall blow with them, and all the congregation shall gather themselves to you at the door of the Tent of Meeting.
4 하나만 불 때에는 이스라엘 천부장 된 족장들이 모여서 네게로 나아올 것이며	**4** And if they blow with one (trumpet), the leaders, the heads of the thousands of Israel, shall gather themselves to you.
5 너희가 그것을 울려 불 때에는 동편 진들이 진행할 것이고 **6** 제 이 차로 울려 불 때에는 남편 진들이 진행할 것이라 무릇 진행하려 할 때에는 나팔 소리를 울려 불 것이며 **7** 또 회중을 모을 때에도 나팔을 불 것이나 소리를 울려 불지 말 것이며 **8** 그 나팔은 아론의 자손인 제사장들이 불지니 이는 너희 대대에 영원한 율례니라	**5** And when you blow an alarm the camps on the east side shall set out. **6** And when you blow a second alarm the camps on the south side shall set out.[a] They shall blow an alarm for their setting out.[b] **7** And when the assembly is to be gathered you shall blow, but not an alarm. **8** And the sons of Aaron, the priests, shall blow with the trumpets. And they shall be to you for a statute throughout your generations.
9 또 너희 땅에서 너희가 자기를 압박하는 대적을 치러 나갈 때에는 나팔을 울려 불지니 그리하면 너희 하나님 여호와가 너희를 기억하고 너희를 너희 대적에게서 구원하리라	**9** And if you go to war[a] in your land against the oppressor who oppresses you, then you shall sound an alarm with the trumpets. And you will be remembered before Yahweh your God, and you will be saved from your enemies.
10 또 너희 희락의 날과 너희 정한 절기와 월삭	**10** And on the day of your gladness, and on

에는 번제물의 위에와 화목 제물의 위에 나팔을 불라 그로 말미암아 너희 하나님이 너희를 기억하리라 나는 너희 하나님 여호와니라

your feast days, and at the beginning of your months you shall blow with the trumpets over your whole offerings and over the sacrifices of your shared offerings. And they shall be to you for a remembrance before your God. I am Yahweh your God."

원문주해

3.a. G는 여기서 2인칭 단수로 되어 있다.

6.a. SP는 여기서 צפונה를 보유하고 있는데, 이는 아마도 잘못된 것 같다(참조. G. B. Gray, *Numbers*, 89).

6.b. MT에는 군대의 3차와 4차 분대에 대한 모든 언급이 빠져 있다(참조. 민 2:1-34). G는 모든 기록을 다 보유하고 있는데, 이것은 저자가 세밀한 기록을 좋아한다는 면에서 볼 때 받아들일 만한 것으로 보인다(참조. J. Paterson, *Numbers*, 47).

9.a. 키-타보우 밀카마(כִּי־תָבֹאוּ מִלְחָמָה)란 표현은 독특하다(J. Paterson, *Numbers*, 47에 있는 논의를 참조하라). *BHS*는 레밀카마(לְמִלְחָמָה)를 암시하고 있다.

양식/구조/배경

분석가들은 본 단락이 제사 문서라는 데 동의한다. 벨하우젠(J. Wellhausen, *Hexateuch*, 181)은 이것이 P의 중심부에 속한 것이라는 견해를 취했다. 그러나 본문의 불규칙성은 오랫동안 인정되어 왔고, 복잡한 문학적 역사가 있었다는 결론이 나왔다. 5-6a, 7, 9-10절에는 2인칭 복수 동사가 나타나 있지만, 3-4, 6b, 8절에는 3인칭 복수 동사가 사용되었다. 딜만(A. Dillmann, *Numeri*, 48-50)은 2인칭 자료를 편집된 것으로 취급했다. 9-10절에서는 다른 종류의 나팔이 언급되어 있고, 이것 역시 5-6a절에 있는 진영에 관한 불완전한 자료와 함께 첨가물로 간주되었다.

켈러만(D. Kellermann, *Priestschrift*, 140-47)은 대체로 유사한 행들을 따른 현대의 분석을 제공한다. 그는 3-4절에서 단락의 중심부를 발견하는데, 곧 공동체와 지도자들의 회집을 위한 규정이다. 5-6a절이 민수기 2장을 전제로 하고 있으므로 이 구절들은 3-4절에 대한 첨가물로 취급된다. 켈러만에 따르면 1-8절의 주 저자는 이 자료를 1-2, 7-8절 내에 삽입하고 있다. 그는 다른 곳에서 이 나팔들은 제2차 제사문서 단계 가운데서만 일어난다고 설명하고, 이 단락이 PG에 속할 수 없다고 결론짓는다. 9-10절에서 그는 두 개의 분리된 1-8절에 대한 첨가물을 발견한다.

이러한 종류의 분석의 가치는 불확실하며, 이 단락을 보다 전체론적인 용어로 바라보는 가능성은 주시할 가치가 있다. 3-4절이 두드러져 있다. 그것들은 3인칭 복수형으로 형성되어 있고, 누가 나팔을 부느냐에 대해서는 명확하지 않다. 전 공동체를 위한 두 나팔 소리와 족장들을 위한 한 나팔 소리라는 전승은 저자가 삽입한 보다 오래된 절기 자료일 수도 있다. 그것은 바벨론 전승이라기보다는 팔레스틴 전승일 수 있으며, 그러한 자료에 대한 적절한 통합을 그가 기꺼이 수행하고자 하는 또 다른 증거일 수 있다. 만일 이것이 옳다면 저자가 분명히 "회중"과 "회막"과 "족장들"에 대해 말하면서 자신의 스타일로 그 전승을 자세히 기록했을 것이다.

이 단락의 나머지 부분은 당연히 저자의 작품일 수 있다. 그는 자기 계획대로 나팔 제조와 그것의 두 가지 기능을 자세히 기록하고 있으며, 또한 5-6절에 있는 두 번째 기능을 예증하는 자료를 포함시키고 있다. 이 제2의 기능을 소개하면서 저자는 초창기 본문 가운데 있는 전쟁 전승을 정당하게 다루기를 원하고 있다(예를 들어, 수 6:1-20을 참조하라). 3인칭 복수형은 심각한 난점은 아니고, 첫 번째 기능이 3-4절에 표현되어 있는 형식과 보조를 같이하고 있는 형식이다. 7절에서 저자는 두 기능을 구별지을 두 종류의 나팔 소리가 있음을 명시하고 있다. 8절에서 그는 전형적인 스타일로 어떤 팔레스틴 전승의 수용이 모두 바벨론의 억제 아래서 활동하고 있다는 사실을 아주 분명하게 암시하면서, 이것이 아론 자손 제사장들의 책임이라는 사실을 강조한 바 있다. 9-10절에서 저자는 나팔의 두 기능이 정착 후에 무엇을 의미하는지를 보여 주고, 그것들을 전체에 필수적인 일부분으로 봄에 있어서 문제될 것이 없다는 사실을 보여 주고 있다. 저자가 분명히 포로 후기 정착 문제에 관심을 갖고 있었으므로, 이 구절들이 본 단락의 절정을 이루고 있다는 것은 자연스런 것이다.

주석

[2] "나팔들"(חֲצֹצְרֹת – 하초츠롯). 이 단어는 포로 전기의 본문에서 드물게 사용된다(참조. 호 5:8; 왕하 11:14). 이것은 역대기 저자의 작품 가운데서 제의적 상황과 군대 상황에서 가장 자주 나타난다(참조. 시 98:6). 초창기 설화 전승은 "숫양뿔"에 강조를 두는 경향이 있다(참조. 출 19:13; 수 6:5).

[3] 스나이드(N. H. Snaith, *Numbers*, 221)는 공동체의 소집을 위해서는 길게 분다고 주장하고, 5절에서 세 번 급히 연속으로 부는 소리는 "경보"(תְּרוּעָה – 테루아)

를 위한 것이라고 주장한다. 이것은 상상일 뿐이다.

6 "진행할 것이라"(לְמַסְעֵיהֶם – 레마쓰에헴). 이것은 각각의 분리된 나팔이 네 그룹으로 이루어진 각 지파들을 위하여 불려졌다는 사실을 의미하는 것으로 보인다.

7 "회중"(הַקָּהָל – 하콰할, the assembly). 공동체를 의미하는 이 단어는 P에서는 "회중"(congregation)으로 대치된다. 그것은 "함께 부름 받은" 존재에 대한 개념을 나타내며, 그 공동체가 회막에서 모이는 상황에서 자주 사용되었다. 루터(B. Luther, "'Kahal' und 'edah' als Hilfsmittel der Quellenscheidung im Priesterkodex und in der Chronik," *ZAW* 56[1938] 44-63)가 제안한 것과 같은 assembly(집회)/congregation(회중) 구분에 근거한 문학적 보충 이론보다는 그 용례에 대해서는 이 설명이 더 낫다.

9 전쟁에서 나팔의 사용에 관한 좋은 실례에 대해서는 역대하 13:12-16을 보라.

10 "또 너희 희락의 날"(וּבְיוֹם שִׂמְחַתְכֶם – 우브욤 시므하트켐). 이 문구는 민수기 28장에 진술되어 있다.

해설

이 단락은 그 땅으로의 여행을 위한 두 번째 안내 수단에 관한 정보를 담고 있는데, 첫 번째 수단은 민수기 9:15-23에 있는 구름이다. 두 개의 은나팔은 이스라엘을 모으는 수단이며, 행진의 시작의 표시이기도 하다. 이 두 나팔을 사용하면 전 공동체가 모인다(3절). 하나를 사용하면 족장들을 소환한다. 행진의 신호는 다른 소리인데 하나의 "경보"(5-7절)다. 제사장들은 그 나팔들을 불어야 할 책임을 가지고 있다(8절). 이 이중적 사용은 정착 이후에도 지속되는데, 경보는 전쟁을 위한 것이고(9절), 다른 소리는 축제 소집을 위한 것이다(10절).

민수기 9:15-23에 있는 구름이 지도력에 있어서 하나님의 주도권을 나타내고 있는 반면에, 나팔들은 각기 장막에서 회중을 모을 때, 그리고 각 지파 그룹들로 하여금 진행하는 순간을 알리는 표시로서 인간 지도력의 반응을 이루고 있다. 저자는 3-4절에서 팔레스타인인들의 전승, 곧 절기 때 족장들과 백성들을 소환하는 다양한 방식과 혼합된 전승을 채용하고 있을 수도 있다. 이것을 삽입하면서 저자는 사용될 나팔의 종류를 기술하고(2절), 다른 기능 즉 이스라엘로 하여금 움직이도록 하는 나팔 소리(5-7절)를 소개하고 있다. 이것을 아론 자손의 역할로 강조함으로써 저자는 제사장의 신분과 권위를 한층 역설하고 있다(8절). 여기에 묘사된 나팔의 두 기능은 대 사사들의 활동을 연상케 해준다(참조. 삿 3:27; 4:10; 6:34; 7:20; 8:1). 그러므로 저자는 제사장들에게 사사들의 몇몇 전통적인 기능들을 각인시켜 주고 있다. 이스라엘이 그 땅에 도착했을 때, 전쟁을 위하여(9절) 그리고 대 축제를 위하여 제사장들이 나팔을 불어야 한다. 전쟁을 치르기에 앞서서 제사장들이 해야 할 역할은 신명기 20:2-4에 이미 규정되었다. 이것은 아마도 제사장들이 전쟁 시에 법궤를 옮겼다는 사실에 근거했던 것 같다(삼상 4:1-11).

신학적으로 이 단락은 하나님의 주도권에 대한 인간의 반응의 필요성에 대해 증거하고 있다. 구름으로 상징된 하나님의 인도하심은 이스라엘과 이스라엘 지도자들의 반응을 요구한다. 나팔 소리는 믿음의 복종을 하라고 자극하는 들을 수 있는 표시다. 인간의 헌신의 한 면은 위험과 장애가 있음에도 불구하고 자원하여 믿음으로 따르고자 하는 것이다.

나팔 소리가 또한 하나님에게는 이스라엘을 위하여 하나의 기억나게 하는 수단으로 묘사되어 있다(9-10절). 이러한 사상은 하나님이 주도권을 쥐고 계시며, 그래서 전적으로 의지해야한다고 생각되는 믿음이라는 상황 가운데서 이상하게 보일 수도 있다. 어떤 의미에서 그분께서 기억하실 필요가 있다는 말인가? 이것은 인간의 하나님에 대한 완전한 의존을 표현하는 방식일 수도 있다. 믿음이라는 전망에서 볼 때, 하나님은 결코 인정이나 이용의 대상으로 취급될 수 없다.

17. **여행의 시작**(10:11-28)

참고문헌

민수기 2:1-34에 있는 참고문헌 부분을 보라.

본 문

11 제이년 이 월 이십 일에 구름이 증거막에서 떠오르매	**11** [a]And it was in the second year, in the second month, on the twentieth day of the month, that the cloud was taken up from over the tabernacle of the testimony.
12 이스라엘 자손이 시내 광야에서 출발하여 자기 길을 행하더니 바란 광야에 구름이 머무니라	**12** And the people of Israel set out on their journey from the wilderness of Sinai. And the cloud rested in the wilderness of Paran.
13 이와 같이 그들이 여호와께서 모세로 명하신 것을 좇아 진행하기를 시작하였는데	**13** And they set out according to the commandment of Yahweh by the hand of Moses.
14 수두로 유다 자손 진 기에 속한 자들이 그 군대대로 진행하였으니 유다 군대는 암미나답의 아들 나손이 영솔하였고	**14** And the standard of the camp of the sons of Judah set out[a] first, company by company. And Nahshon son of Amminadab was over this company.
15 잇사갈 자손 지파의 군대는 수알의 아들 느다넬이 영솔하였고	**15** And Nethanel son of Zuar was over the company of the tribe of the sons of Issachar.
16 스불론 자손 지파의 군대는 헬론의 아들 엘리압이 영솔하였더라	**16** And Eliab son of Helon was over the company of the tribe of the sons of Zebulun.
17 이에 성막을 걷으매 게르손 자손과 므라리 자손이 성막을 메고 발행하였으며	**17** And the tabernacle was taken down.[a] And the sons of Gershon and the sons of Merari who carried the tabernacle set out.
18 다음으로 르우벤 진 기에 속한 자들이 그 군대대로 발행하였으니 르우벤의 군대는 스데울의 아들 엘리술이 영솔하였고	**18** And the standard of the camp of Reuben set out, company by company. And Elizur son of Shedeur was over this company.
19 시므온 자손 지파의 군대는 수리삿대의 아들 슬루미엘이 영솔하였고	**19** And Shelumiel son of Zurishaddai was over the company of the tribe of the sons of Simeon.
20 갓 자손 지파의 군대는 드우엘의 아들 엘리아삽이 영솔하였더라	**20** And Eliasaph son of Deuel[a] was over the company of the sons of Gad.

21 고핫인은 성물을 메고 진행하였고 그들이 이르기 전에 성막을 세웠으며

21 And the Kohathites set out, carrying the holiest things. And they set up the tabernacle before they came.

22 다음으로 에브라임 자손 진 기에 속한 자들이 그 군대대로 진행하였으니 에브라임 군대는 암미훗의 아들 엘리사마가 영솔하였고

22 And the standard of the camp of the sons of Ephraim set out, company by company. And Elishama son of Ammihud was over this host.

23 므낫세 자손 지파의 군대는 브다술의 아들 가말리엘이 영솔하였고

23 And Gamaliel son of Pedahzur was over the company of the tribe of the sons of Manasseh.

24 베냐민 자손 지파의 군대는 기드오니의 아들 아비단이 영솔하였더라

24 And Abidan son of Gideoni was over the company of the tribe of the sons of Benjamin.

25 다음으로 단 자손 진 기에 속한 자들이 그 군대대로 진행하였으니 이 군대는 모든 진의 후진이었더라 단 군대는 암미삿대의 아들 아히에셀이 영솔하였고

25 And the standard of the camp of the sons of Dan, which was the last of all the camps, set out, company by company. And Ahiezer son of Ammishaddai was over this host.

26 아셀 자손 지파의 군대는 오그란의 아들 바기엘이 영솔하였고

26 And Pagiel son of Ochran was over the company of the tribe of the sons of Asher.

27 납달리 자손 지파의 군대는 에난의 아들 아히라가 영솔하였더라

27 And Ahira son of Enan was over the company of the sons of Naphtali.

28 이스라엘 자손이 진행할 때에 이와 같이 그 군대를 따라 나아갔더라

28 Thus the people of Israel set out, company by company. And they went forward.

원문주해

11.a. Sam은 이 지점에서 신 1:6b-8의 요지를 포함하여 본문에 대한 분명한 하나의 확대 본문을 보유하고 있다.

14.a. 웨나싸(וְנָסַע) 혹은 웨이파(וְיִפַּע)가 여기에 요구되는 것처럼 보인다(*BHS*를 보라; 참조. 17절).

17.a. G와 Syr는 여기서 웨호리두(וְהוֹרִידוּ)로 되어 있다(참조. 민 1:51; 4:5).

20.a. 민 1:14의 "원문주해"를 보라.

양식/구조/배경

본 단락은 분명히 제사 문서이며, 벨하우젠의 견해에 의하면(*Hexateuch*, 181) 제사 전승의 핵심 부분에 속한 것이다. 11절에 있는 날짜, 구름에 대한 개념 그리고 여행을 위한 지파들의 정비 등 모두가 이미 살펴본 제사 전승을 가진 단락과 연결짓는 역할을 하고 있다. 그래이(G. B. Gray, *Numbers*, 90)는 11-12절과 28절을 PG의 것으로 돌리는 방향으로 기울이졌고, 그 나머지는 후대의 삽입으로 취급했다. 17-21

절과 민수기 2:17 사이의 불일치는 그래이의 의견에 따르면 지파의 자료를 PS에게로 귀속시키는 것을 정당화하고 있는 점이다(또한 A. Dillmann, *Numeri*, 50-51를 참조하라). 보다 최근의 분석가들은 P 내에서의 그러한 구분을 함에 있어서 덜 믿는 방향으로 기울어지지만, 노트(M. Noth, *Numbers*, 76-77)는 17, 21절의 현상을 관찰하고 13-28절이 P의 기본적 형식에 속하지 않을 것이라고 결론짓는다.

그러나 본 단락 전체를 바라봄에서 그리고 본서 전체를 저자의 것으로 판단함에 있어서 매우 심각한 난점은 없다. 그는 여기서 연대 결정과 본서의 초창기 부분들로부터 나온 구름 전승, 민수기 2장의 필수적인 각 지파의 배치에 충실하다. 17, 21절에 있는 정보는 민수기 3-4장에서 발전되어 온 것과 같은 모습에 비추어 볼 때, 그것의 정교화라기보다는 민수기 2:17과의 불일치인 편이다. 이것은 우리가 저자의 일반적인 방법 가운데서 암시했던 내용과 일치한다 – 즉 전체 그림은 느리지만 점진적인 구성이다. 민수기 3-4장에서 떠오르고 있는 한층 더한 발전은 성소와 그 내용물들이 운반되고 안치되는 구조에 대해 생각할 것을 요구한다. 그것이 이 시점에서 적절하게 나타나고 있는데, 그 이유는 이스라엘이 이제 행진해 나가려 하고 있기 때문이다. 우리는 이제 공동체 기구에 대해서는 관심을 덜 갖게 되고 여행에 더 관심을 갖게 된다. 만일 게르손과 므라리 자손이 고핫 족속보다 더 앞에 진행해 나간다면, 그 구조물은 법궤가 도착하기 전에 법궤의 안치를 위하여 미리 세워졌을 것이다.

주석

11 이 날짜는 민수기 1:1에서 있었던 인구 조사 후 19일째이며, 시내산에 도착한 후 10월 19일째이다(출 19:1; 40:17).

12 바란 광야의 위치는 정확하게 밝혀질 수 없다. 이 곳은 아마도 시내 반도의 북쪽, 가데스바네아와 네게브 남쪽에 위치한 것으로 보이며, 동편으로는 대략 사해로부터 아카바 만에 이르는 곳일 것이다(그 곳이 신 33:2; 합 3:3에서 에돔과 연결되었다는 사실을 참조하고, 창 21:21; 왕상 11:18에 있는 다른 언급들을 참조하라). 노트(M. Noth, *Numbers*, 76)는 이 곳이 반도의 산악 지역의 남쪽 부분에 있는 와디 페란(wādi fērān)과 동일시될 수도 있다고 주장했으나, 이 견해는 널리 받아들여지지 않았다.

17 동사들이 와우를 가진 완료형이며, 아마도 이것은 반복을 나타내는 것을 의미

하는 것 같다(참조. A. H. McNeile, *Numbers*, 53; G. B. Gray, *Numbers*, 91). 이 동사들은 습관적인 내용을 가리킨다.

[21] 성스러운 구조물이 게르손 족속과 므라리 족속들에 의하여 이미 옮겨졌으므로 하미크다쉬(הַמִּקְדָּשׁ)는 고핫 족속들이 옮기는 "지성물들"을 의미해야 한다.

해설

이 단락은 여행의 출발에 대해서 말하고 있다. 구름이 떠오르고 여러 지파의 그룹들이 민수기 2장에 정해진 순서에 따라 움직인다. 여기에 담겨진 정보에 유일하게 중요한 첨가 내용은 17절에 암시되어 있는데, 곧 게르손과 므라리가 정중앙에서가 아닌 유다와 르우벤 지파 사이에서 성막을 옮겨가고 있다. 이러한 후자의 위치 가운데 고핫 족속들이 옮기는 지성물들이 있다(21절). 이러한 구별들은 민수기 2:17에 나타난다. 여행의 제1단계는 이스라엘 족속을 바란 광야로 이끌어 가고 있다. 저자에게 이 여행은 저자 자신의 경험에 대한 지나간 일의 반향일 수도 있고, 다른 사람에게는 귀환하라고 하는 격려일 수도 있다.

결국 본 단락은 민수기 2:1-34에 진술된 것과 같은 진영의 배열을 동원하고 있다. 오른쪽 방향으로 도는 움직임의 순서 – 동쪽에서 북쪽으로 – 는 우선권의 순서일 수도 있다. 움직임의 구조가 이제 관심의 중심부에 있고, 저자는 민수기 2:17에 대한 보다 정교한 내용을 제공하고 있다. 진을 칠 곳에 도착하자마자 그 곳에 법궤를 안치할 장소가 마련되어야 하고, 그래서 게르손 족속과 므라리 족속은 유다와 르우벤 지파 사이에서 앞서 보냄을 받고 있는 것이다(17절). 고핫 족속이 책임을 맡고 있는 법궤 자체와 다른 물건들은 행진의 순서 가운데서 여전히 중심부에 위치해 있다. 사실상 저자는 법궤를 들먹이며 언급하고 있지는 않은데, 아마도 야위스트 전승으로 인하여 그가 33절에 포함시키려고 의도한 것 같다. 그는 독특한 스타일로 이전에 준비된 자료에 의존하고, 같은 교훈적 목적에서 이미 알려진 세부 사항들을 다시 반복하고 있다 – 이 경우에는 지파의 두령들의 이름들임(참조. 민1:5- 15; 2:1-34).

민수기 9:15-10:28 전체 단락 가운데서 제사장인 저자는 자기가 간략하게 삽입해야 할 야위스트 자료에 대한 대대적인 학가다식 해석을 제공하고 있다(민 10:29-36). 꾸밈없는 정보가 길을 인도하는 법궤에 관해서 주어져 있고, 그 움직임과 함께 동반된 예식상의 구절들이 구름과 나팔들과 함께 대체적으로 세심하게 다듬어져 있으며, 성소와 함께 각 지파 그룹들의 질서정연한 진행이 나타나고 있다.

본 단락의 전체적인 중요성은 그것이 본서의 두 번째로 중요한 국면의 출발을 표시하고 있다는 사실, 즉 그 땅의 변경까지의 여행에 놓여 있다. 이 단락은 질서정연한 순종에 대한 강조가 두드러진 모티프다. 변형된 순종/불순종의 패턴은 본서의 이 부분 가운데 가장 두드러진 특징이다.

18. 호밥과 법궤(10:29-36)

참고문헌

Albright, W. F. "Jethro, Hobab and Reuel in Early Hebrew Tradition." *CBQ* 25 (1963) 1-11. **Binns, L. Elliott.** "Midianite Elements in Hebrew Religion." *JTS* 31 (1930) 337-54. **Coats, G. W.** "Moses in Midian." *JBL* 92(1973) 3-10. **Dus, J.** "Herabfahrung Jahwes auf die Lade und Entziehung der Feuerwolke." *VT* 19(1969) 290-311. ______. "Noch zum Brauch der Ladewanderung." *VT* 13(1963) 126-32.(cf. Erratum - *VT* 13(1963) 475). **Fritz, V.** *Israel in der Wüste.* Marburg: Elwert, 1970. **Leiman, S. Z.** "The Inverted *Nuns* at Numbers 10:35-36 and the Book of Eldad and Medad." *JBL* 93(1974) 348-55. **Levine, B. A.** "More on the Inverted *Nuns* of Num 10:35-36." *JBL* 95(1976) 122-24. **Mitchell, T. C.** "The Meaning of the Noun *HTN* in the Old Testament." *VT* 19(1969) 93-112. **Mazar, B.** "The Sanctuary of Arad and the Family of Hobab the Kenite." *JNES* 24(1965) 297-303. **Seebass, H.** "Zu Num X 35f." *VT* 14(1964) 111-13.

본 문

29 모세가 그 장인 미디안 사람 르우엘의 아들
호밥에게 이르되 여호와께서 주마 하신 곳으로
우리가 진행하나니 우리와 동행하자 그리하면 선
대하리라 여호와께서 이스라엘에게 복을 내리리
라 하셨느니라

30 호밥이 그에게 이르되 나는 가지 아니하고 내
고향 내 친족에게로 가리라
31 모세가 가로되 청컨대 우리를 떠나지 마소서
당신은 우리가 광야에서 어떻게 진 칠 것을 아나
니 우리의 눈이 되리이다
32 우리와 동행하면 여호와께서 우리에게 복을
내리시는 대로 우리도 당신에게 행하리이다

33 그들이 여호와의 산에서 떠나 삼 일 길을 행
할 때에 여호와의 언약궤가 그 삼 일 길에 앞서
행하며 그들의 쉴 곳을 찾았고

29 And Moses said to Hobab, son of Reuel the
Midianite, the father-in-law[a] of Moses, "We are
travelling to the place of which Yahweh said, 'I
will give it to you.' Come with us, and we will
do good to you. For Yahweh has promised good
to Israel."
30 And he said to him, "I will not go. I will
depart to my own land, and to my relatives."
31 And he said, "Do not leave us, I pray,
because you know how we are to encamp in the
wilderness, and you will be our eyes.[a]
32 And if you go with us it shall be that
whatever good Yahweh does for us we will do
the same for you."
33 And they set out from the mount of Yahweh
and went three days' journey. And the ark of the
covenant of Yahweh went before them [a](three

	days' journey)[a] to seek out a place for them to rest.
34 그들이 행진할 때에 낮에는 여호와의 구름이 그 위에 덮였었더라	**34** [a]And the cloud of Yahweh was over them by day, when they set out from the camp.[a]
35 궤가 떠날 때에는 모세가 가로되 여호와여 일어나사 주의 대적들을 흩으시고 주를 미워하는 자로 주의 앞에서 도망하게 하소서 하였고	**35** And whenever the ark set out Moses said, "Rise up, O Yahweh, and let your enemies be scattered; and let those who hate you flee from before you."
36 궤가 쉴 때에는 가로되 여호와여 이스라엘 천만인에게로 돌아오소서 하였더라	**36** And when it rested he said, "Return,[a] O Yahweh, to the countless[b] thousands of Israel."

원문주해

29.a. 하탄(חֹתֵן)으로 모음부호를 붙인 것은 바람직하다(*BHS*, N. H. Snaith, *Numbers*, 224를 보라).

31.a. G는 프레스뷔테스(*πρεσβύτης*, "장로 정치가"[elder statesman])를 보유하고 있다.

33.a.-a. 본 문장을 삭제하고 있는 데 대해서는 어떤 근거가 있다(참조. *BHS*). 이것은 우연적인 반복일 수 있다(N. H. Snaith, *Numbers*, 225; J. Paterson, *Numbers*, 47). S는 "하루의 여행"을 보유하고 있다.

34.a.-a. G에는 전체 구절이 36절 다음에 온다. MT가 더 바람직한 것 같다.

36.a. 아마도 35절에 있는 쿠마(קוּמָה)와 상응하는 쉐바(שְׁבָה)로 읽어야 할 것이다.

36.b. *BHS*는 어근 바라크(ברך, "축복하다")를 포함하여 다양한 제안을 만들어 내고 있다. MT는 이례적이지만 이해할 수 없는 것은 아니고, 가장 잘 받아들여지는 것이다.

양식/구조/배경

저자가 초창기 야웨스트 설화 전승으로부터 가져온 몇몇 실질적인 자료를 처음으로 삽입했다는 사실이 일반적으로 받아들여지고 있다(참조. J. Wellhausen, *Hexateuch*, 100-101; A. Kuenen, *Hexateuch*, 242; A. Dillmann, *Numeri*, 51-54; G. B. Gray, *Numbers*, 92-93). 이러한 견해의 통상적인 근거는 본 단락이 11-28절과 평행된다는 것이고, 그것과 엄격하게 일관되지 않는다는 것이다. 본 단락은 민수기 9:15-23과 10:11-28과는 약간 다른 용어로 여행이 이루어진 방법을 기술하고 있다. 비록 저자가 아마도 난해성으로 인하여 그것을 정확하게 언급하는 일을 자제하고 있는 것 같기는 하지만, 10:21에서 법궤가 기둥의 한가운데 있었다는 사실이 매우 분명하다 – 민수기 4:15에서는 그것이 분명히 고핫인들에 의하여 운반되는 성물들 가운데 하나다. 33절에서는 대조적으로 법궤가 길을 인도한다. 12절에서는 이스라엘 족속이 시내에서 바란 광야로 옮겨갔다. 33절에서 그들은 여전히 "야웨의 산"에 있다. 3일 여행(33절)은 야위스트의 전형적인 표현 방식이다(참조. 창 30:36; 출 3:18; 5:3; 8:27; 15:22).

어떤 분석가들은 이 단락 가운데서 J와 E를 구별해 낼 근거를 찾는다. 이것이 실질적으로 J문서라는 사실에 대해서는 일반적으로 의심하고 있다. E에서 모세의 장인은 이드로이고(출 3:1; 4:18; 18:1), 반면에 여기서는 호밥이다(참조. 출 2:18). 그래이(*Numbers*, 93)는 약간 더 훌륭하면서도 그에 상응하여 언어학상으로 더 약한 특징적인 장점들을 지적한다. E요소들은 주로 33절에서 딜만과 쿠에넨이 파악해 냈다. 구름에 대한 제사장의 견해는 34절에서 널리 인정되어 왔고(참조. G. B. Gray, *Numbers*, 93; A. H. McNeile, *Numbers*, 56), 그래서 34절을 하나의 삽입으로 하고 있는 것이다. 35-36절에 있는 고대 시 단편들은 일반적으로 모두가 초창기 설화 전승의 일부(JE)였던 것으로 판단된다.

보다 최근의 분석가들은, 비록 여기에 보다 오래된 자료가 있다는 것이 널리 인정되기는 할지라도, 훌륭한 문서의 특성들의 효과와 가치에 대해서는 덜 인정한다. 문서의 특성에 관심을 덜 집중하는 경향이 있고, 전승의 역사에는 더 집중하는 경향이 있다. 통상적인 출발점은 모세의 장인의 문제다. 이것이 호텐(חֹתֵן)에 대한 정확한 번역이라고 가정한다면 장인으로 불린 세 사람이 있다. 사사기 4:11에 따르면 그는 호밥이며, 출애굽기 2:16에서는 르우엘이고, 반면에 출애굽기 3:1; 18:2에서는 이드로이다. 민수기 10:29인 여기서는 그가 호밥이나 혹은 르우엘인데, 본문은 모호하다. 일을 복잡하게 하는 것은 그가 이 곳과 출애굽기 2:16, 18에서 미디안 사람으로 묘사되어 있지만, 사사기 4:11과 사사기 1:16에서는 겐 족속으로 묘사되어 있다는 점이다(G를 보라). 노트(M. Noth, *Numbers*, 77)는 이 단락 가운데서 미디안 족속/르우엘 전승과의 관계 속으로 들어오게 되었던 겐 족속/호밥 전승을 가지고 작업하는 중에 조화시키는 효과를 파악해 내고 있다. 노트는 이 조화시키는 과정이 J 자체보다 더 늦은 시기일 것이라고 추정했다. 노트는 또한 본래 이 이야기가 두 번째 방문 중에 호밥의 영접에 대해서 명확하게 말해야 했다는 널리 받아들여진 견해를 따르고 있다. 이야기의 현재 형태 가운데서 법궤가 길을 인도하고 있으므로 (33절) 이야기에서 이 요소를 빠뜨리는 것은 쉽고도 자연스러웠다. 노트는 35-36절에서 법궤에 대한 하나의 다른 견해를 발견하고, 그런 까닭에 전승의 또 다른 특정 단위를 발견하게 된다. 그의 입장에서 볼 때, 여기서의 문제는 지도력이 아니라 대적들과의 전쟁이다.

체바스(H. Seebass, "Zu Num X 35f") 역시 호밥을 법궤로 대치하기를 주장하지만, 슈미트(H. Schmid, *Mose. Überlieferung und Geschichte*[Berlin: Töpelmann, 1968] 75-76)는 이를 믿지 않는다. 그는 사사기 4:11에서 호밥의 아들을 가리켜 말하고, 반면에 사사기 1:16에서는 그들이 모세의 그룹이 했던 것처럼 동편이 아닌 남방으로부터 그 땅으로 들어갔음을 밝히고 있다고 지적한다. 슈미트는 호밥이 모세의 처남이라고 생각하고(참조. RV본문), 아이쓰펠트(O. Eissfeldt, *Hexateuch-Synopse*)와 포러(G. Forher, *Introduction to the Old Testament*)가 선호한 초창기 전승에 대한 분석에 따라 그는 이드로를 J로 돌리고 르우엘을 겐 족속과 미디안 족속 전승을 반영하고 있는 L/N으로 돌린다. 프릿츠(V. Fritz, *Israel*, 63-68)는 전승적-역사적 연구를 지휘하여 29-32절이 본래 왕정 시대 이전의 것인 호밥 족속 중 한 작은 미디안 족속의 거주지에 관한 인과관계적 설화였다고 결론짓는다. 그의 견해에 따르면, 모세는 문서 이전 단계에 있던 전승으로 들어간다.

이러한 종류의 논의 가운데는 수많은 불확실한 요소들이 있지만, 합리적으로 확실한 출발점은 민수기 저자가 야위스트 전승으로부터 끌어온 자료를 여기에 삽입했다는 것이다. 장인에 대한 문제에 관해서는 확실하게 말할 수 없다. 어쩌면 수정이 문제를 완화시킬 수 있다고 생각하여 여러 가정들이 제공되어 왔는데, 예를 들어 르우엘이 한 지파의 이름이었다든가, 호밥이 처남일 수도 있다든가(삿 4:11의 RV 본문에서처럼), 혹은 호텐(חֹתֵן)이란 단어가 보다 느슨하게 "결혼으로 이루어진 관계"로 번역되어야 한다든가 하는 것 등이다. 그럼에도 불구하고 그 난점들이 다양한 전승들의 편집으로 인하여 일어난 것으로 가정하는 것이 가장 좋을 수도 있다. 아마도 야위스트 저자가 그 문제를 스스로 밝히 알고 설명했을 것이다. 그래서 저자는 "미디안 제사장"(출 2:16)이 이드로임을 밝힌 것이다(출 3:1; 18:1). 르우엘은 이미 출애굽기 2:18에 나타나 있었는데, 그 경우에 그는 르우엘과 이드로가 한 사람이요 같은 사람이라고 가정했음에 틀림없지만, 이드로 전승이 우위를 차지하게 되기를 더 좋아했었다. 출애굽기 2:18에 있는 르우엘이 후대의 첨가물이라고 할지라도 - 그리고 이렇게 가정할 만한 강력한 이유가 없다 - 그것이 매우 늦은 시기의 주석이라고 믿을 만한 증거는 없는 것이다. 야위스트에게 민수기 10:29-32에 있는 호밥은 단지 "겐 족속"이었을 수도 있다. 그가 사사기 4:11에 있는 이 사람이며, 그래서 야위스트는 당연히 고대의 증거 본문 가운데서 겐 족속을 정착 당시의 이스라엘과 연결짓기를 원했을 수도 있다. 실질적인 문제는 민수기의 제사장 저자와 부딪히게 된다. 그는 출애굽기와 사사기에 있는 광범위한 문학적 전승에 익숙해 있었고, 특별히 호밥이 나중에 모세와 결혼을 통하여 가지게 된 관계를 잘 알고 있었다. 그러므로 그는 민수기 10:29에서 연결을 만들고 있다. 호밥은 그래서 모세에게 호텐(חֹתֵן)인데, 이 단어는 아마도 "결혼으로 이루어진 관계"를 의미할 것이다. 비록 민수기 10:29에는 모호하게 나타나 있을지라도, 르우엘이 아닌 호밥이 이 구절에서 호텐(חֹתֵן)임에 틀림없는 것 같다. 저자는 호밥을 출애굽기 3:1의 이드로가 아닌 출애굽기 2:18의 르우엘의 아들로 만듦으로써 관계를 명확하게 밝히고 있다. 이것은 이드로가 사실상 이스라엘 족속과 동행하지 않았기 때문일 수도 있다(출 18:27).

야위스트 저자는 두 번째 방문에 대한 호밥의 응답을 주지 않고 있으나, 33절을 볼 때 그가 백성들과 동행했다고 생각된다. 31절과 33절 사이의 매우 심각한 대립은 없다. 전자는 야위스트 저자에게 사용 가능한 전승(J 혹은 E)을 담고 있고, 반면에 후자는 이것이 하나님의 인도하심이요 인간의 인도가 아니라는 사실을 강조하기 위한 자신의 관심을 암시하고 있다. 35-36절에서 그는 제의의 과정에서 법궤와 관련된 전통적인 예식 자료를 계속 포함시키고 있다. 이것은 바꾸어 야웨의 전쟁의 전승들 가운데 있는 보다 깊은 뿌리를 가지고 있을 수도 있다. 여기서 그 자료를 삽입하면서 야위스트는 예식 자료에 광야 시기에 있었던 보다 깊은 뿌리를 제공하고 있다.

주석

29 "호밥"과 "르우엘"에 대해서는 "양식/구조/배경"에 있는 논의를 보라.

"여호와께서 주마 하신 곳." 이 문장은 이 단락을 출애굽기 33:1에 있는 야위스트 작품과 연결시키고 있다. 폴그(J. de Vaulx, *Nombres*, 145)에 의하면 모세와 호밥 사이의 대화는 아마도 불가침 계약과 관계가 있다.

30 시내의 위치에 관한 논의에 대해서는 민수기 1:1의 "주석"을 보라. 호밥의 말을 근거로 맥닐(A. H. McNeile, *Numbers*, 55)이 한 바와 같이 전통적 위치가 잘못되어 있다는 사실을 가정하는 것은 옳지 못하다. 호밥은 자기의 목적지(미디안)가 다른 방향에 있다고 말하지는 않고 다만 그가 이스라엘이 정착한 곳에 정착하기를 원하지 않는다고 말하고 있다.

31 "우리의 눈"(לְעֵינָיִם – 레에나임; 참조. 욥 29:15). 이것은 분명히 사막의 현 상황에 대해서 호밥이 훨씬 더 익숙히 알고 있었다는 사실을 가리킨 것이다.

33 "야웨의 산"(הַר יהוה – 하르 야웨)은 오경에서 거룩한 산에 대한 별난 명칭

이지만, 제의적 본문들 가운데서는 주로 시온으로 사용된다. 오경에서는 "시내"(J/P)와 "호렙"(E/D)이 보다 통상적인 용어다.

"그리고 야웨의 언약궤"(וַאֲרוֹן בְּרִית־יהוה – 와아론 베리트-야웨). 법궤에 대한 이러한 묘사는 일반적으로 신명기 문서로 인정된다(참조. 신 10:8; 31:9, 25; 수 4:7, 18; 6:8; 참조. 민 14:44). 이러한 종류의 묘사는 만약 야위스트 저자가 진실로 7세기에 속하지 않는다면 놀랄 일이 아니다(서론을 보라).

35 예식적 문구들은 시편 68:1에 있는 것들이다(고대의 전쟁과의 연결에 대해서는 시 132:8과 삿 5:31 참조; "양식/구조/배경"을 보라). 병사의 함성으로서의 "일어남"에 대해서는 신명기 19:11; 시편 27:3을 참조하라. 전쟁에서 법궤의 사용에 대해서는 사무엘상 4:1-10; 사무엘하 11:11을 참조하라.

36 시는 초창기 전쟁의 노래에 근거를 둔 제의적 시인 것 같다. 이런 경우에 이와 비교할 만한 형태의 문구를 가진 현존하는 제의 본문들이 없다. 법궤가 "쉰다"나 혹은 "돌아온다"는 것이 무엇인지는 분명치가 않다. 변동할 수 있는 모음부호는 둘 중 하나의 의미를 제공했을 것이다.

해설

이 단락은 결혼을 통하여 모세와 친척 관계가 된 호밥이 어떻게 모세의 초청을 받아들여서 가나안 땅에 정착할 때 이스라엘에 합세했는지를 말하고 있다. 이 단락은 계속하여 법궤가 어떻게 길을 인도했으며, 이스라엘이 유진할 곳을 결정했는지를 말해 주고 있다. 이 단락은 법궤의 움직임과 관련된 몇몇 의식적인 자료와 함께 끝마친다.

민수기 저자는 처음으로 초창기 야위스트 전승으로부터 나온 요소를 삽입했다. 이 특별한 단락은 J가 민수기 9:15-10:28에서 너무나 광범위하게 잘 작성했던 전승의 핵심이다. 야위스트 저자의 가장 큰 관심들 가운데 하나는 그 땅의 소유에 대한 주제이며(창 12:1; 출 33:1), 그것이 여기 29절에서 나타나고 있다. 그의 작품은 어쩌면 포로 전기 7세기 후반의 작품일 텐데(서론을 보라), 아마도 요시야 시대의 것으로, 일반적으로 땅을 소유한 이스라엘의 커다란 인과 관계 연구를 제공하고 있는 것으로 보인다. 앞선 현존하는 단락은 언약 갱신에 대한 묘사를 담고 있는 출애굽기 34:1-28이다. 아마도 호밥과 첫 번째 접촉을 묘사하고 있는, 그리고 법궤의 기원을 묘사하고 있는 일종의 중재 자료가 있었음에 틀림없다. 겐 족속 호밥에 대한 야위스트 저자의 관심은 부분적으로 땅에 대한 관심과 정착의 사실로부터 유래한 것이다. 그가 제공하고 있는 이야기(29-33절)는 이스라엘과 겐 족속과의 긴밀한 관계를 설명하고 있다(참조. 삿 1:16; 4:11; 삼상 15:6). 야위스트 저자가 이해하기로는 호밥이 처음에 모세의 요청을 거절한 다음에 모세와 이스라엘과 함께 그 여행길에 오른다. 거기에는 일종의 계약이나 혹은 동맹이 있었던 것으로 보인다. 사막에서의 호밥의 특별한 경험은 인정받고 다른 사람들에게 인식되었지만, 야위스트 저자는 이스라엘을 인도하신 자가 인간만이 아닌 법궤가 상징하고 있었던 하나님 자신이었음을 지적하려고 노력하고 있다(33절). 그는 성전으로부터 나온 예식 자료를 포함시키고 있는데, 그것은 아마도 전쟁의 노래 가운데서 그 기원을 가지고 있었을 테지만, 시간이 지남에 따라 법궤를 포함하여 절기의 진행 과정과 결합되었을 것이다(35-36절).

민수기의 제사장 저자는 이 자료를 보존할 가치를 지닌 것으로 쉽게 받아들이고 있다. 그것은 결국 민수기 9:15-10:28에서 정교하게 다듬기 위하여 선택한 본문이다. 예식적 자료는 제자리에 위치한 법궤와 각 지파에 대한 개념과 함께, 예식 절차로서의 가나안으로의 여행에 대한 그의 개념과 특별히 잘 어우러져 있다. 본문은 또한 사사기 4:11이 그러했던 것처럼 그로 하여금 호밥이 실제로 결혼을 통하여 모세와 친척 관계였다는 사실을 암시해 줄 기회를 제공하고 있다. 이러한 관계들이 가나안 정착 이전에 이루어졌으므로, 그들은 그 땅의 백성들과 변절적인 제휴로 판단될 수 없다. 제사장 저자는 또한 33절에 있는 법궤를 통한 지도의 전승을 정렬시키기를 원하고 있는데, 곧 그는 자기가 민수기 9:15-23에서 설명한 제사장적 개념과 논쟁하기를 원하지 않고, 그래서 그는 34절에서 결론을 맺고 있다.

결국 제사장 저자는 그들이 여행을 시작할 때 정해진 하나님 백성의 순종을 지적하고 있다. 그 여행은 앞을 향하여 나아가는 진행 과정으로서 그것에 관한 예식적 축하에 대한 어떤 것, 35-36절에 있는 야위스트 자료의 포함을 통하여 승격된 인상을 보유하고 있다. 믿음의 순종과 예배 생활 사이의 구분선은 제사장 저자에게는 거의 인식되지 못한다. 예배와 실제적인 순종은 믿음의 한 행동으로 떠오른다.

19. **다베라에서의 원망**(11:1-3)

참고문헌

Blank, S. H. "Men against God – The Promethean Element in Biblical Prayer." *JBL* 72(1953) 1-14. ______. "Some Observations concerning Biblical Prayer." *HUCA* 32 (1961) 75-90. **Brueggemann, W.** "From Hurt to Joy, from Death to Life." *Int* 28 (1974) 3-19. **Buis, P.** "Les Conflits entre Moise et Israël dans Exode et Nombres." *VT* 28(1978) 257-70. **Childs, B. S.** "The Etiological Tale Re-examined." *VT* 24 (1974) 387-97. **Coats, G. W.** *Rebellion in the Wilderness.* Nashville: Abingdon, 1968. **Culley, R. C.** *Studies in the Structure of Hebrew Narrative.* Philadelphia: Fortress, 1976. **DeVries, S. J.** "The Origin of the Murmuring Tradition." *JBL* 87(1968) 51-58. **Engnell, I.** "The Wilderness Wandering." *Critical Essays on the Old Testament.* London: SPCK, 1970, 207-14. **Fichtner, J.** "Die etymologische Ätiologie in den Namengebungen der geschichtlichen Bücher des Alten Testament." *VT* 6(1956) 372- 96. **Fritz, V.** *Israel in der Wüste.* Marburg: Elwert, 1970. **Golka, F. W.** "The Aetiologies in the Old Testament." *VT* 26(1976) 410-28; *VT* 27(1977) 36-47. **Long, B. O.** *The Problem of Etiological Narrative in the Old Testament.* BZAW 108. Berlin: Töpelmann, 1968. **Seebass, H.** "Num. XI, XII und die Hypothese des Jahwisten." *VT* 28(1978) 214-23. **Thomas, D. R.** "Some Notes on the Old Testament Attitude to Prayer." *SJT* 9(1956) 422-29. **Tunyogi, A. C.** "The Rebellions of Israel." *JBL* 81 (1962) 385-90.

본 문

1 백성이 여호와의 들으시기에 악한 말로 원망하매 여호와께서 들으시고 진노하사 여호와의 불로 그들 중에 붙어서 진 끝을 사르게 하시매	**1** And the people complained in the hearing of[a] Yahweh. And Yahweh heard it, and his anger was kindled. And the fire of Yahweh burned among them, and consumed some at the extremities of the camp.
2 백성이 모세에게 부르짖으므로 모세가 여호와께 기도하니 불이 꺼졌더라	**2** And the people cried to Moses and Moses prayed to Yahweh. And the fire abated.
3 그 곳 이름을 다베라라 칭하였으니 이는 여호와의 불이 그들 중에 붙은 연고였더라	**3** And the name of that place was Taberah, for there the fire of Yahweh burned among them.

원문주해

1.a. 여러 필사본에는 베에네(בְּעֵינֵי, "…의 눈에"; 참조. 10절)로 되어 있으나, MT가 더 나은 것으로 보인다(참조. 18절).

양식/구조/배경

분석가들은 일반적으로 본 단락이 JE에 속한다는 사실에 동의한다. 이스라엘이 P에서처럼 에다트(עֵדָה, "회중")와 콰할(קָהָל, "회중")이 아닌 암(עַם)으로 묘사되어 있다. 그것을 J에게로 돌리는 분석가들은 E의 독립적 존재를 의심하는 사람이 되든지, 아니면 E의 존재에 대한 매우 강력한 암시를 요구하는 사람이 되는 방향으로 기울어진다(예를 들어, H. Holzinger, *Numeri*[HKAT 4; Tübingen: Mohr, 1900] 42-43; B. Baentsch, *Exodus-Leviticus-Numeri*[HKAT 1/2; Göttingen: Vandenhoeck & Ruprecht, 1904] 504; H. Gressmann, *Mose und seine Zeit*[Göttingen: Vandenhoeck & Ruprecht, 1913] 124; W. Rudolph, *Der 'Elohist' von Exodus bis Josua*[BZAW 68; Berlin: Töpelmann, 1938] 63; M. Noth, *Numbers*, 83-84; G. W. Coats, *Rebellion*, 124-25; V. Fritz, *Israel*, 16-17). 대부분의 다른 분석가들은 특별히 어근 팔랄(פלל, "기도하다", "중재 간구하다")에 구두점을 찍고 있는 E를 선호한다. 이것은 대개 오경에서는 드문 일이지만, 쉽게 E문서로 확인할 수 있는 창세기 본문 가운데서 두 번 나타난다(창 20:7, 17; 참조. 민 21:7; 신 9:20, 26). 이것은 아브라함의 역할처럼 모세의 역할도 역시 예언적인 것임을 시사하고 있는데, 이 점은 이 자료가 평민적이거나 혹은 유목민적이라는 아이쓰펠트(O. Eissfeldt, *Hexateuch*, 161)와 포러(G. Fohrer, *Introduction*, 159-65)의 의견에 상충된다. 젱스(A. W. Jenks, *The Elohist and North Israelite Traditions*[Missoula: Scholars, 1977])는 엘로히스트 계층에 대한 현대의 논문을 제공하고 있으며, 이 단락이 그것의 일부분이라고 믿는다. 그는 자기가 "E문서"로 지칭하고 있는 몇몇 자료들의 독특하고도 통상적인 기원에 대한 타당한 진상을 만들었으나, 문제시되는 설화가 첨가물이 아닌 하나의 독립된 평행 전승의 일부분이라는 사실과는 분명히 아직 거리가 멀고, 그것들이 나온 환경에 관한 큰 확실성은 있을 수 없다.

이 이야기와 이스라엘이 불평을 하고 있는 출애굽기의 이야기 사이에 나타나 있는 가장 현저한 차이점들은(참조. 출 14:11-12; 15:24; 16:2-3; 17:2-3) 구조와 그 내용과 관계가 있다. 하나님의 개입이 이 이야기의 발전보다 훨씬 더 일찍 다기오며, 공급보다는 징벌을 가져다 준다. 따라서 모세의 역할이 변하고 있다. 그는 궁핍과 위기 상황 가운데서 도움을 호소하는 지도자가 되기보다는 대 중보자가 되어 하나님의 진노를 거두어 달라고 하고 있으며, 어떤 외적인 위기로부터가 아닌 백성들 자체로부터 이스라엘을 구해 달라고 하고 있다. 이러한 불평 전승의 채용은 야위스트 저자 자신에게까지 거슬러 올라갈 수 있다고 생각하는 것이 타당하다. 원인이 되는 요소는 이것에 대한 하나의 암시다. 광야 전승을 여정 속으로 고정시키려는 관심은 초창기의 것이 아닌 후대의 것인 전승-역사 관점으로부터 나왔을 것이다. 출애굽기 17:1-7에 있는 맛사/므리바 인과관계들은 3-6절에 있는 바위로부터 나온 물 전승과 상당히 느슨하게 연결되어 있으며, 야위스트에게로 거슬러 올라갈 수 있을 것이다. 민수기 11:3에 있는 인과관계의 문학적 형식은 출애굽기 17:7에 있는 것과 유사하다.

이야기 전체의 인과관계의 성격은 현대 주석가들에게 광범위하게 인정되고 있다(예를 들어, M. Noth, *Numbers*, 83-84; G. W. Coats, *Rebellion*, 124-27; V. Fritz, *Israel*, 68-70; B. O. Long, *Etiological Narrative*, 42-43). 그러나 그 전승에 대한 의미심장한 포로 전기 역사를 발견하는 일은 어렵다. 이 이야기는 사실상 야위스트 편에서 문학적 구성일 수 있다. 카젤스(H. Cazelles, "Review of V. Fritz, Israel in der Wüste," *VT* 21[1971] 506-14)는 하나님의 불이라는 주제가 "*ʾwn*" 의식(儀式)과 어느 정도 관계를 가지고 있다고 주장한다(삼상 15:23; 호 10:8). 열왕기하 1:10, 12, 14에 있는 이야기는 그것이 북왕국의 선지자 그룹 가운데서 존재해 왔을 수도 있다는 사실을 시사한다. 노트(M. Noth, *Pentateuchal Traditions*, 123)는 아랍어 어근 바아라(*baʿr[a]*, "짐승 똥")에 관심을 기울이지만 이 이야기에 대한 이것의 관련성은 거리가 멀다. 이러한 여러 견해들은 기껏해야 영향들의 가능성을 말하고 있을 뿐이다. 이 이야기의 본질적 기원이 문서 이외의 것으로부터 생겨난 것이라고 생각하기는 어렵다. 볼크(J. de Vaulx, *Nombres*, 148-55)는 1-3절이 이 이야기의 원시적 부분이라고 주장하면서, 이 이야기를 민수기 11:4-35(그리고 특별히 4a, 5, 18, 20,33b절과)에 있는 전승과 보다 긴밀하게 연결시키려고 시도한다. 1-3절의 도식적 특성은 고대의 것이 아니라 오히려 그 반대의 것이라는 표시인 것 같다. "야웨의 귀"는 분명히 원시의 신인동형론은 아니다(그것이 나타나는 후대의 본문에 대해서는 민 14:28; 대하 6:40; 느 1:6, 11; 단 9:18을 참조하라). 하나님의 진노의 군대와 유사한 성격은 초창기 전승에서처럼 후기 제사 본문에서도 분명하게 나타난다(예를 들어, 민 17:11). 비록 제사장 저자가 민수기 33:16에서 다베라를 빼면서 그것들을 하나로 취급할 수도 있었지만, 대체로 1-3절과 4-35절을 분리된 전승으로 취급하는 것이 가장 좋을 듯하다.

이스라엘의 불평의 주제가 이해되어야 한다는 데 대한 배경은 광범위하게 논의되어 왔으나, 어떤 일반적인 일치를 보지 못하고 있다. 뉴먼(M. L. Newman, *The People of the Covenant*[London: Carey Kingsgate, 1965] 72-101)은 라헬 지파들과 (유다를 포함한) 겐 족속 야위스트들 사이에 가데스에서 충돌이 있었다고 주장한다. 슈미트(H. Schmid, *Mose*, 39-48) 역시 정착 이전에 이스라엘 족속들 안에서 다른 지파 간의 갈등을 주장한다. 이러한 주장들은 세부 사항에 있어서 유지하기 힘들지만, 자원에로의 접근과 정착의 생활력이 초창기 지파들의 경험에서 결정적인 요인이었다는 것은 있을 수 있는 일이다. 이러한 사실들이 오경에서 불평의 주제에 많은 영향을 주었는지는 더욱 의심스럽다. 코츠(G. W. Coats, *Rebellion*, 221-24, 251)는 불평 모티프가 예루살렘 제의 내에서 대(anti) 북방 논박으로서 떠올랐다고 결론지은 반면에, 프리츠(V. Fritz, *Israel*, 122)는 그것을 야웨에 대한 반역이 그 단일성과 독립을 위협했던 다윗과 솔로몬 아래서 새로 형성된 국가에 대한 하나의 경고로서 본다. 투뇨가이(A. C. Tunyogi, "Rebellions")는 그 불평이 엘리야 이후 그 땅에서 이스라엘의 배교에 대해 북방의 야위스트가 제출한 설명이라고 주장한다. 이스라엘은 초창기부터 배교를 해 왔었다. 이러한 주장들과 다른 주장들에 관한 전반적인 논의에 대해서는 P. J. Budd, *Tales of Disaffection-a Pentateuchal Motif Examined and Assessed*(Diss. Bristol University, 1977) 342-77를 보라. 불평 주제가 경제적, 정치적 안정의 수단과 기원에 초점을 맞추는 방향으로 기울어지고 있으므로, 불평이 이방인과의 동맹을 통하여 안정을 찾고자 하는 사람들의 태도를 니티내고 있다는 사실은 가능하다. 이 문제들이 히스기야 당시에는 결정적인 정책 문제가 되어 왔고(예를 들어, 사 28:15; 30:1-5; 31:1-3 참조), 야위스트 저자가 활동했을 요아스의 통치 초기에 표면에 다시 떠올랐다.

주석

1 "악한 말로 원망했다"(כְּמִתְאֹנְנִים רַע – 케미트온님 라아). 아난(אנן)이란 어근은 드문 단어이고, 이 곳과 예레미야애가 3:39에만 나오는 단어인데, 그 곳에서도 이 단어의 의미가 모호하다. 같은 어원을 가진 수많은 단어들 가운데 유사한 단어들이 있으며, 아카디아어 운니누(*unninu*, "한탄하다")가 가장 관계가 깊은 단어일 것

이다. BDB는 이 어근을 "불평하다" 혹은 "투덜거리다"로 번역했고, KB는 "불평 가운데 빠지다"로 번역했다. G는 분명히 이 단어를 공귀존(*γογγύζων*)이란 단어를 사용하면서 일반적인 용어로 이해했는데, 그 단어는 룬(לוּן, "투덜거리다")이란 단어를 번역하기 위하여 일관되게 사용된 단어다. 스나이드(N. H. Snaith, *Numbers*, 226)는 이 동사가 참으로 "구실을 찾다"(אנה, 참조. 왕하 5:7)인지 아닌지를 의아해하고 있으나, 이 사상은 1-3절과 4-35절이 처음부터 긴밀하게 연관되어 있었고, 백성들이 이미 고기를 먹고 있었으며(그들이 끌고 다니던 양떼와 가축들), 그러므로 필요에 의해서가 아니라 모세와 야웨를 대항하려는 뜻에서 그러한 요구가 일어났다는 가정에 근거하고 있다고 의아해한다. 이러한 가정들은 의문스럽고, "불평"의 어떤 형태로 생각하는 것이 가장 좋다. 이 단어는 지금은 잃어버린 공동체의 슬픔과 연결된 어떤 특수한 의미를 가질 수도 있다. 라아(רַע, "악한")의 어근은 스나이드(*Numbers*, 226)에 의하여 라아브(רָעֵב, "배고픔")로 수정되어 왔는데, 그리하여 그것을 하나의 궁핍 이야기로 만들어 놓고 있으나 본문의 뒷받침이 없다. 라아(רַע)는 "재난"으로 번역될 수도 있다(RSV; 이것의 반대말인 토브[טוֹב]는 행운을 의미할 수 있다; 참조. 왕상 22:8; 욥 2:10).

"야웨의 불"(אֵשׁ יהוה – 에시 야웨). 일반적으로 이 단어는 하나님의 임재를 나타낸다(참조. 출 3:2; 19:18; 레 10:2; 민 16:35; 왕상 18:38; 왕하 1:10, 12; 사 33:14; 말 3:2; 욥 1:16). "사른다"(אָכַל – 아칼)는 불의 개념은 P에 의하여 출애굽기 24:17에서 채용된다.

2 "그리고 그가 기도했다"(וַיִּתְפַּלֵּל – 와이트팔렐). 이 단어는 특히 하나님의 진노가 돌려져야 할 때 사용된다(참조. 창 20:7, 17; 신 9:20, 26).

3 다베라의 위치는 알려져 있지 않다.

해설

이 이야기는 다베라에서 일어났던 사건을 말해 주고 있는데, 그 곳에서 백성들은 불평을 함으로써 야웨의 분노를 일으켰다. 하나님의 불이 진영의 끝을 태우고, 모세의 중재 산구만이 큰 재앙을 돌리게 된다.

이 이야기는 시내에서 가나안 땅까지 이스라엘의 여행에 대한 야위스트의 계속된 기록이다. 다베라의 위치는 알려져 있지 않지만 그 이름은 "불사름"인데, 아마도 분명히 저자에세는 그 곳이 불평의 이야기를 생각나게 한 장소였을 것이다. 이 이야기의 단순한 대략적인 구조, 그리고 광야 시대를 다루고 있는 제의 본문의 실종은 그것이 저자 자신이 직접 쓴 문서임을 암시해 준다. 광야에서의 야웨의 능하신 행위를 노래로 축하한 사실이 이미 "바위로부터 나온 물"(출 17:3-6)과 같은 이야기들 가운데 실증된 것과 같은 산문 전승의 성장을 가져왔다. 이스라엘의 두려움과 의심이라는 표현은 이방인과의 동맹 가운데서 안정을 추구했던 사람들의 태도를 반영할 수도 있다. 어떤 사건에서든 그것은 하나님의 자비의 크심을 강조하는 데 도움을 준다.

야위스트는 두려움과 의심이라는 주제를 취급하고, 불평이라는 주제 가운데서 의미심장한 발전을 만들어 낸다. 그는 므리바와 맛사에서 있었을 바위로부터 나온 물에 대한 인과관계적 설명을 제공하고, 그것을 통하여 불평의 성격의 새로운 면을 제공하고 있다. 그는 또한 불평 그 자체를 문제로 만들고 있다. 출애굽기 14-17장에 있는 여러 불평의 이야기 가운데서 문제들은 진정한 사망의 위험을 포함하여 실질적이고도 외적인 것들이었다. 그러나 여기서는 문제가 내적인 불신앙이다. 하나님께서 시내에서 새로운 방식으로 이미 자신을 계시하셨으므로 두려움과 의심 같은 것들은 더 이상 정당화되지 못하는 것일 수도 있다. 야위스트는 이미 금송아지에 관한 사건에서 배교의 심각한 하나의 실례를 제공했다(출 32:1-6). 출애굽기 34장에서 언약의 갱신이 있었음에도 불구하고 위험은 계속되고 있다. 이러한 새로운 상황에서 모세의 역할은 그 어느 때보다도 더 결정적인 요인이 되고 있다. 출애굽기 32장에서처럼 모세가 이스라엘과 멸망 사이에 서 있는 사람임을 보여 주고 있다. 여기서도 역시 그의 중재 간구가 하나님의 진노를 가라앉히는 결정적인 요인이 된다.

포로 전기 유대인들은 유대인의 왕에게서 모세의 역할과 권위가 계속되고 있음을 바라보는 방향으로 기울어졌을 것이다(참조. J. R. Porter, *Moses and Monarchy. A Study in the Biblical Tradition of Moses*. Oxford: OUP, 1963). 모세의 결정적인 위치 그리고 그의 독립적 정책에 대한 흔들리지 않는 신실성이, 야위스트가 볼 때 다윗 계열의 왕 요시야가 독립된 방향에서 그 나라를 이끌어야 한다는 임무와 그 나라의 번영을 이룩해야 한다는 임무 가운데 나타난 신앙으로 표현된다. 이 이야기는 어떤 구체적인 불평을 언급하고 있지 않으며, 그래서 우리는 백성들이 사막에서 생활해 나가는 데 있어서의 일반적인 어려움에 관해서 불평한 것으로 가정해야 할 것이다. 독립 정책은 난관으로 인도해 가는 것처럼 보일 수도 있으나, 불평은 불신앙의 표현이요 하나님의 심판을 받게 만든다.

20. 기브롯-핫다아에서 메추라기를 주심(11:4-35)

참고문헌

Bodenheimer, F. W. "The Manna of Sinai." *BA* 10(1947) 1-6. **Haran, M.** "From Early to Classical Prophecy: Continuity and Change." *VT* 27(1977) 385-97. **Leiman, S. Z.** "The Inverted *Nuns* at Numbers 10:35-36 and the Book of Eldad and Medad." *JBL* 93(1974) 348-55. **Malina, B. J.** *The Palestinian Manna Tradition.* Leiden: Brill, 1968. **Parker, S. B.** "Possession, Trance and Prophecy in Pre-Exilic Israel." *VT* 28(1978) 271-85. **Rabe, V. W.** "The Origins of Prophecy." *BASOR* 221(1976) 125- 28. **Ruppert, L.** "Das Motiv der Versuchung durch Gott in vordeuteronomischer Tradition." *VT* 22(1972) 55-63. **Seebass, H.** "Num. XI, XII und die Hypothese des Jahwisten." *VT* 28(1978) 214-23. **Walters, S. D.** "Prophecy in Mari and Israel." *JBL* 89(1970) 78-81. **Wilson, R. R.** "Early Israelite Prophecy." *Int* 32(1978) 3-16. On disaffection in the wilderness see Num 11:1-3(*Bibliography*). On the Tent of Meeting see Num 7:89-8:4(*Bibliography*).

본 문

4 이스라엘 중에 섞여 사는 무리가 탐욕을 품으매 이스라엘 자손도 다시 울며 가로되 누가 우리에게 고기를 주어 먹게 할꼬
5 우리가 애굽에 있을 때에는 값 없이 생선과 외와 수박과 부추와 파와 마늘들을 먹은 것이 생각나거늘
6 이제는 우리 정력이 쇠약하되 이 만나 외에는 보이는 것이 아무것도 없도다 하니
7 만나는 깟씨와 같고 모양은 진주와 같은 것이라
8 백성이 두루 다니며 그것을 거두어 맷돌에 갈기도 하며 절구에 찧기도 하고 가마에 삶기도 하여 과자를 만들었으니 그 맛이 기름 섞은 과자맛 같았더라
9 밤에 이슬이 진에 내릴 때에 만나도 같이 내렸더라

4 And the rabble among them had an inordinate craving. And the people of Israel sat down,[a] and said, "Who shall give us flesh to eat?."
5 We remember the fish we ate in Egypt for nothing, cucumbers, and watermelons, leeks and onions and garlic.
6 But now our appetite is taken away, and there is nothing at all but this manna to look at.
7 The manna looked like coriander seed, and had the appearance of bdellium.
8 The people went about collecting it, and ground it in mills or beat it in mortars, and boiled it in pots, and made cakes from it. Its taste was like that of cakes baked with oil.
9 When the dew fell upon the camp in the night, the manna fell with it.
10 Moses heard the people weeping, all of them

10 백성의 온 가족들이 각기 장막 문에서 우는 것을 모세가 들으니라 이러므로 여호와의 진노가 심히 크고 모세도 기뻐하지 아니하여
11 여호와께 여짜오되 주께서 어찌하여 종을 괴롭게 하시나이까 어찌하여 나로 주의 목전에 은혜를 입게 아니하시고 이 모든 백성을 내게 맡기사 나로 그 짐을 지게 하시나이까
12 이 모든 백성을 내가 잉태하였나이까 내가 어찌 그들을 생산하였기에 주께서 나더러 양육하는 아비가 젖 먹는 아이를 품듯 그들을 품에 품고 주께서 그들의 열조에게 맹세하신 땅으로 가라 하시나이까
13 이 모든 백성에게 줄 고기를 내가 어디서 얻으리이까 그들이 나를 향하여 울며 가로되 우리에게 고기를 주어 먹게 하라 하온즉
14 책임이 심히 중하여 나 혼자는 이 모든 백성을 질 수 없나이다
15 주께서 내게 이같이 행하실진대 구하옵나니 내게 은혜를 베푸사 즉시 나를 죽여 나로 나의 곤고함을 보지 않게 하옵소서
16 여호와께서 모세에게 이르시되 이스라엘 노인 중 백성의 장로와 유사 되는 줄을 네가 아는 자 칠십 인을 모아 데리고 회막 내 앞에 이르러 거기서 너와 함께 서게 하라

17 내가 강림하여 거기서 너와 말하고 네게 임한 신을 그들에게도 임하게 하리니 그들이 너와 함께 백성의 짐을 담당하고 너 혼자 지지 아니하리라

18 또 백성에게 이르기를 너희 몸을 거룩히 하여 내일 고기 먹기를 기다리라 너희가 울며 이르기를 누가 우리에게 고기를 주어 먹게 할꼬 애굽에 있을 때가 우리에게 재미있었다 하는 말이 여호와께 들렸으므로 여호와께서 너희에게 고기를 주어 먹게 하실 것이라
19 하루나 이틀이나 닷새나 열흘이나 이십 일만 먹을 뿐 아니라
20 코에서 넘쳐서 싫어하기까지 일 개월 간을 먹게 하시리니 이는 너희가 너희 중에 거하시는 여

in their families, each man at the door of his tent. And the anger of Yahweh blazed hotly, and Moses was troubled.
11 And Moses said to Yahweh, "Why have you done ill to your servant? And why have I not found[a] favor in your sight, that you lay on me the burden of all this people?
12 Did I conceive all this people? Have I brought them into the world, so that you should say to me 'Carry them in your bosom like a nurse with her baby to[a] the land you promised on oath to their fathers?'
13 Where am I to get meat to give to all this people? For they weep before me and say, 'Give us meat that we may eat.'
14 I am not able to carry all this people alone. The burden is too heavy for me.
15 If this is what you want me to do[a] then kill me at once if I find favor in your sight, that I may not see my wretchedness."
16 And Yahweh said to Moses, "Assemble seventy men for me from the elders of Israel, men known to you as elders and officers over them, and bring them to the Tent of Meeting, and there let them take their stand with you.
17 And I will come down and talk with you there. And I will share[a] some of the spirit which is upon you with them. And they shall bear the burden of the people with you, that you may not bear it yourself alone.
18 And say to the people, "Sanctify yourselves for tomorrow, and you shall eat meat, for you have wept in the hearing of Yahweh, saying, 'Who will give us meat to eat? For it was well with us in Egypt.' Therefore Yahweh will give you meat, and you shall eat.
19 You shall not eat one day, or two days, or five days, or ten days, or twenty days,
20 but for a whole month, until it comes out at your nostrils [a]and becomes loathsome to you,[a]

호와를 멸시하고 그 앞에서 울며 이르기를 우리
가 어찌하여 애굽에서 나왔던고 함이라 하라

21 모세가 가로되 나와 함께 있는 이 백성의 보
행자가 육십만 명이온데 주의 말씀이 일 개월 간
고기를 주어 먹게 하겠다 하시오니

22 그들을 위하여 양떼와 소떼를 잡은들 족하오
며 바다의 모든 고기를 모은들 족하오리이까

23 여호와께서 모세에게 이르시되 여호와의 손이
짧아졌느냐 네가 이제 내 말이 네게 응하는 여부
를 보리라
24 모세가 나가서 여호와의 말씀을 백성에게 고
하고 백성의 장로 칠십 인을 모아 장막에 둘러 세
우매

25 여호와께서 구름 가운데 강림하사 모세에게
말씀하시고 그에게 임한 신을 칠십 장로에게도
임하게 하시니 신이 임하신 때에 그들이 예언을
하다가 다시는 아니하였더라

26 그 녹명된 자 중 엘닷이라 하는 자와 메닷이
라 하는 자 두 사람이 진에 머물고 회막에 나아가
지 아니하였으나 그들에게도 신이 임하였으므로
진에서 예언한지라

27 한 소년이 달려와서 모세에게 고하여 가로되
엘닷과 메닷이 진 중에서 예언하더이다 하매
28 택한 자 중 한 사람 곧 모세를 섬기는 눈의 아
들 여호수아가 말하여 가로되 내 주 모세여 금하
소서
29 모세가 그에게 이르되 네가 나를 위하여 시기
하느냐 여호와께서 그 신을 그 모든 백성에게 주
사 다 선지자 되게 하시기를 원하노라

30 모세와 이스라엘 장로들이 진중으로 돌아왔더
라
31 바람이 여호와에게로서 나와 바다에서부터 메
추라기를 몰아 진곁 이편 저편 곧 진 사방으로 각

because you have rejected Yahweh who is among
you, and have wept before him, saying, 'Why
did we come forth out of Egypt?'"
21 But Moses said, "The people among whom I
am number six hundred thousand on foot, and
you have said, 'I will give them meat that they
may eat a whole month.'
22 Are there sufficient flocks and herds to be
slaughtered for them? Are there enough fish in
the sea to be caught for them?"
23 And Yahweh said to Moses, "Is Yahweh's
hand shortened? Now[a] you shall see whether my
word will come true for you or not."
24 And Moses went out[a] and told the people the
words of Yahweh. And he gathered seventy men
from the elders of the people, and placed them
round about the Tent.
25 And Yahweh came down in the cloud and
spoke to him, and shared[a] the spirit that was
upon him with the seventy elders. And when the
spirit rested upon them they prophesied. But they
did so no more.[b]
26 And two men remained in the camp, one
named Eldad, and the other Medad,[a] and the
spirit rested upon them. They were among those
registered, but they had not gone out to the
Tent, and so they prophesied in the camp.
27 And a young man ran and told Moses,
"Eldad and Medad are prophesying in the camp."
28 And Joshua the son of Nun, the minister of
Moses, one of his chosen men,[a] said, "My lord
Moses, forbid them."
29 But Moses said to him, "Are you jealous for
my sake? Would that all Yahweh's people were
prophets, and that Yahweh would put his spirit
upon them."
30 And Moses and the elders of Israel returned
to the camp.
31 And a wind from Yahweh sprang up, and it
brought[a] quail from the sea, and let them fall

기 하룻길 되는 지면 위 두 규빗쯤에 내리게 한지라

beside the camp, about a day's journey on both sides, round about the camp, and about two cubits above the face of the earth.

32 백성이 일어나 종일 종야와 그 이튿날 종일토록 메추라기를 모으니 적게 모은 자도 십 호멜이라 그들이 자기를 위하여 진 사면에 펴 두었더라

32 And the people rose all that day, and all night, and all the next day, and gathered the quail. He who gathered least gathered ten homers. And they spread them out[a] for themselves all around the camp.

33 고기가 아직 잇사이에 있어 씹히기 전에 여호와께서 백성에게 대하여 진노하사 심히 큰 재앙으로 치셨으므로

33 While the meat was yet between their teeth, before it was bitten,[a] the anger of Yahweh was kindled against the people. And Yahweh smote the people with a great plague.

34 그곳 이름을 기브롯 핫다아와라 칭하였으니 탐욕을 낸 백성을 거기 장사함이었더라

34 Therefore the name of that place was called Kibroth-hattaavah, because there they buried the people who had the inordinate craving.

35 백성이 기브롯 핫다아와에서 진행하여 하세롯에 이르러 거기 거하니라

35 From Kibroth-hattaavah the people travelled to Hazeroth, and they remained at Hazeroth.

원문주해

4.a. 이것은 MT에서처럼 와야수부(וַיָּשֻׁבוּ)보다는 G와 Vg에서처럼 와예스부(וַיֵּשְׁבוּ)로 읽어야 한다. 만일 MT가 선택된다면(참조. J. Paterson, *Numbers*, 48) "다시 운다"는 사상이 포함되어야 한다. G는 베언(P. Beirne, "A. Note on Numbers 11:4," *Bib* 44[1963] 201-03)이 선호한다. 삿 20:23, 26에는 공동체의 통곡이 나타나 있는데, 삿 20:26; 21:2에서 MT가 "앉았다"로 되어 있는 것은 흥미로운 일이다. 맥닐(A. H. McNeile, *Numbers*, 59)이 G와 Vg가 "난관을 벗어나다"로 되어 있다고 주장하는 것이 반드시 옳은 것은 아니다.

11.a. Sam은 묵음(默音) 알렙(א)을 포함하고 있다.

12.a. 엘(אֶל, "…에게로")이 더 낫다(Sam, G, Syr, Tg.[J]).

15.a. 이 모음부호는 비정상이다(참조. GKC § 32g. 타아세[תַּעֲשֶׂה]나 혹은 아타 타아세[אַתָּ תַּעֲשֶׂה; *BHS*]로 본문을 고치는 것이 더 낫다).

17.a. 아찰(אָצַל)은 "나누다"를 의미한다(25절; 창 27:36; 겔 42:6; 전 2:10). G는 그 본문을 "~으로부터 취하다"(RSV)를 의미하는 것으로 이해하고 있는데, 아마도 Sam의 웨히찰티(וְהִצַּלְתִּי)의 독법을 따른 것 같다(참조. 창 31:9, 16; 호 2:11). 그래이(G. B. Gray, *Numbers*, 112)는 히칠(הִצִּיל)을 그 상황에 너무나 부자연스러운 것으로 생각한다.

20.a-a. 패터슨(J. Paterson, *Numbers*, 48)은 특히 아람어 형태인 레자라(לְזָרָא)를 주시하면서 본 문장을 하나의 주석으로 취급한다(참조. GKC § 113r). 그래이(Gray, *Numbers*,

113)는 זרה에 대한 필기자의 오류의 가능성을 주장한다.

23.a. Sam은 여기서 인칭대명사 아타(אתה)를 보유하고 있다.

24.a. *BHS*는 여기서 와야보(וַיָּבֹא)를 제안하고 있으나, 이는 강하게 지지를 받지 못한다.

25.a. 히필형보다는 칼 미완료형일 것 같다(참조. GKC § 68f).

25.b. 어떤 행동의 비(非) 반복을 나타내기 위하여 부정어와 함께 יסף를 사용한 사실에 대해서는 GKC § 120d.[2]를 보라.

26.a. "Modad"형이 원문일 수도 있다(Sam, G).

28.a. 단 한 번만 나오는 단어. Syr과 Tg.은 "그의 어려서부터"로 이해한다(참조. RV mg.). Sam과 G는 그것을 בחר로부터 나온 것으로 취급하고, 그것을 "그의 택한 자 가운데 하나"로 수정한다.

31.a. 히필형 와야게즈(וַיָּגָז)가 여기에서 필요한 것으로 보인다.

32.a. 몇몇 G 필사본들에는 샤타흐(שָׁטַח) 대신에 샤하트(שָׁחַט, "살육하다")로 되어 있는데, 이는 잘못된 것 같다.

33.a. G. Vg. Tg[o]는 이것을 "부족하다"를 의미하는 것으로 이해하고 있는데, 이는 그래이(*Numbers*, 118)가 선호한 번역이다.

양식/구조/배경

이 단락 가운데는 식별 가능한 세 개의 사건들이 나타나 있는데, 곧 이스라엘의 불평에 응답하여 메추라기를 보내심, 지도자의 책임을 이행함에 있어서 모세를 도울 70명의 장로들을 임명함. 그리고 엘닷과 메닷의 비공식적 예언 사역이다.

분석가들은 여기에 제사 문서 자료가 없다는 데 동의하고 있으며, 그래서 전체가 야위스트에게로 돌려질 수 있다. 이스라엘이 통상적으로 "백성"으로 묘사되어 있고, "회막"(16, 24-25, 30절)은 분명히 진 밖에 있다(출 33:7-11에서처럼). 구 분석가들은 담화에 주의를 집중하는 방향으로 기울어졌는데, 그것은 언어적 자료에는 결정적이지 않다. 결정하기 더 어려운 것은 이야기 가운데 들어 있는 여러 요소들 사이의 관계다. 엘닷과 메닷 사건이 70장로들의 이야기와 상당히 긴밀하게 연결되어 있고, 또한 메추라기 전승이 본질적으로 자체로서 완비된 것이므로 우선 4-10, 13, 18-23, 31-35절(메추라기)과 11-12, 14-17, 24-30절(장로들과 예언자들) 사이에 구별을 짓는 것이 당연한 것으로 보인다.

메추라기

이 이야기는 출애굽기에 있는 두 개의 야위스트 저자의 이야기 – 마라에서 있었던 쓴 물에 대한 전승(출 15:22-26), 그리고 맛사/므리바에서 바위를 친 사건(출 17:1-7) – 와 아주 분명한 유사성을 가지고 있다. 이 모든 세 개의 이야기 가운데는 육신적인 필요로 인한 불평, 야웨께 대한 모세의 기도 그리고 하나님의 응답이 있다. 이 이야기의 본질적인 내용은 4b-6, 10, 13, 31, 33절에서 발견된다. 분석가들은 이 자료가 J에게 돌려져야 한다고 일반적으로 동의하고 있다. 4-9절에서 E를 발견하려는 카젤스(H. Cazelles, "Review of V. Fritz, Isarel in der Wüste." *VT* 21[1971] 506-14)의 시도는 4a, 7-9절을 J에게로 돌리기를 부정하는 자신의 의견에 근거하고 있다. 사실상 그는 E 편에서 주장할 적극적인 의사가 없고, 이 이야기의 결정적 구절들이 어쨌든 4b-6절이라는 것이다.

출애굽기 17:1, 7에서처럼, 인과적 설명(4a, 34절)이 이 본질적인 이야기와 매우 느슨하게 연결되어 있다. 범죄자들이 "이스라엘 백성"이 아닌 "섞여 사는 무리"다(4절). 그들의 범죄는 그들이 "울었다"는 것이 아니라 "무분별한 욕구"를 가졌다는 것이다. 인과적 설명은 분명히 이 이야기에 의존하고 있는데, 그 이유는 탐욕을 품은 사람들이 어떻게 죽어 묻히게 되었는가를 설명함으로써 33절에서 재앙에 대한 의견에 의지하고 있기 때문이다. 이 이야기의 이러한 위치 추정은 야위스트에 돌릴 만하며, 35절의 여정도 그러하다.

18-23절의 대화는 이 상실의 이야기 가운데서 이례적인 일이며, 그래서 당연히 또 다른 첨가적 요소일 수도 있다. 19-20절에 있는 위협적인 징벌은 33절에 시행된 것과는 정확하게 일치하지 않는다. 다음날 "거룩히 하라"는 지시가, 그 곳에서는 그러한 명령에 대한 응답의 암시가 자연히 예상되었어야 하는 31절의 설화 가운데서는 취급되지 않고 있다. "거룩히 하라"는 언급은 야위스트에게 돌려질 수 있는 몇몇 다른 본문을 생각나게 한다(출 19:10; 수 3:5; 7:13). "거절"을 표현하기 위하여 מאס란 단어를 사용한 것은 다른 곳에서는 P에만 나타나는 것으로(레 26:15, 43-44) 오경에서는 드문 일이고, 하나님의 말씀에 대한 약간의 특별한 관심이 나타나 있다(23절, 참조. 사 50:2; 59:1). 이 단락 가운데 압도적인 신명기적 요소의 암시나 혹은 제사장의 영향은 없고, 그래서 그것을 야위스트에게 돌리는 것이 가장 좋을 듯하다.

만나에 대한 삽입적 묘사(7-9절)는 결정하기가 어렵다. 카젤스(H. Cazelles, "Review")와 아이쓰펠트(O. Eissfeldt, *Hexateuch*, 161-64)는 E를 선호하고, 외스털리와 로빈손(W. O. E. Oesterley and T. H. Robinson, *An Introduction to the Books of the Old Testament* [London: SPCK, 1961] 38)은 P를 선호하지만, 이것들은 지극히 소수의 의견이다. 이 묘사는 민수기 저자가 기록한 것일 수도 있겠지만, 당연히 야위스트 기사로부터 가져온 것일 수도 있다.

만일 이 분석이 대체적으로 옳다면, 야위스트가 메추라기 공급에 관한 이야기를 취하여 그것을 정교하게 다듬었을 것이다. 징벌로서의 메추라기에 대한 부정적 견해가 이미 이 이야기에 필수적인 일부였는지, 그렇지 않으면 야위스트 자신이 인과적 설명에 있는 욕구의 파멸과 연결짓기 위한 의견을 가지고서 이 특별한 방식으로 그 이야기를 발전시켰는지의 여부는 결정하기 어려운 상태로 남아 있다. 어쨌든 원래 메추라기 주제가 예배 의식 가운데서 긍정적으로 축하되었다고 보는 것이 타당해 보인다(시 78:26-28; 105:40). 이 점은 바르트(C. Barth, "Zur Bedeutung der Wüstentradition,"[VTS 15:1966] 14-23)와 차일즈(B. S. Childs, *Exodus*[London: SCM, 1974] 254-64)가 주장한 입장과는 반대된다. 시편에 있는 이러한 긍정적인 주장이, 만일 메추라기에 대한 부정적 입장이 전승 역사상 원래의 것이었다면 언제라도 만들어질 수 있었으리라는 점은 거의 믿기가 어렵다. 일반적으로 광야에 대한 긍정적인 입장은 호세아 2:13; 예레미야 2:2-3에 보존되어 있고, 특별히 메추라기에 대한 긍정적인 입장은 본질적으로 출애굽기 16장에 있는 메추라기와 만나에 대한 제사 문서 기사에 보존되어 있다. 만나처럼 메추라기도 광야 생활과의 친밀성을 반영하고 있고("주석"을 보라), 어쩌면 "시내로부터의 행진"이라는 옛 제의 주제에 속한다(참조. 삿 5:4-5; 시 68:8-10; 신 33:2). 이스라엘의 육경 역사가 꾸며졌던 과정은 분명하지 않고, 그것의 궁극적 뿌리들이 아마도 예배 공동체의 축하 가운데 놓여 있었던 것 같다.

노트(M. Noth, *Pentateuchal Traditions*, 122-45)는 광야에서 불평이라는 모티프는 그 뿌리가 이 이야기에 있다는 입장을 취했고, 특별히 기브롯핫다와 인과적 설명 가운데 뿌리를 두고 있다고 했으며, 그것이 여기서부터 전승 전체로 퍼져 나갔다는 입장을 취했다. 그의 방법은 그 모티프가 필할 수 없이 창조적인 핵심 부분이었고, 그래서 없어서는 안 되는 이야기 또는 이야기들을 찾는 것이었다. 그의 편에서 볼 때, 오직 이 이야기만이 그 요구를 충족시킬 수 있다. 이러한 입장의 난점은 코츠(G. W. Coats, *Rebellion*, 100-15)가 철저하게 설명했다. 우리의 주장은 인과적 설명이 어떤 경우이든 이 이야기에는 느슨한 첨가물이라는 사실을 시사하고 있다. 코츠(G.

W. Coats, *Rebellion*, 163-68)는 민수기 16장에 있는 다단과 아비람 이야기가 출발 시점에 불평을 확산시킬 수 있었던 여러 성격들을 가지고 있다고 생각하며, 반면에 드프리스(S. J. DeVries, *JBL* 87[1968] 51-58)는 민수기 13-14장의 전승이라고 생각한다. 그에게 불평은 남으로부터의 정복 전승과 동으로부터의 정복 전승을 조화시키려는 필요에 따라 일어난 "신학적 반작용"이다. 차일즈가 지적한 바와 같이(*Exodus*, 257), 이것은 출애굽기에서 반복하여 강조하고 있는 불평의 내용에 대한 합당한 설명이 아니다. 이러한 대화 가운데서 일어나게 되는 문제는 하나의 전승에서 전체로의 확장이라는 이론이 정당화되는가의 여부다. 불평의 견지에서 전승의 급진적 발전은 다른 동기에 의하여 충동받은 문학적 현상이라는 것이 더 그럴듯해 보인다.

장로들과 예언자들

이 자료는 분명히 메추라기를 내려 주신 기본적인 이야기에 대한 첨가물이다. 그 내용은 엘로히스트 문서로 널리 인정되어 왔다(A. Kuenen, *Hexateuch*, 158; B. Baentsch, *Numeri*, 276-77, 504; H. Holzinger *Numeri*, 42; O. Eissfeldt, *Hexateuch*, 39, 57; G. Beer, *Numeri*, 156-57; G. Fohrer, *Introduction*, 167; A. W. Jenks, *The Elohist*, 54-55). 주 논증은 예언에 대한 관심(참조. 창 20:7)과 계시에 대한 J의 관점에 대조하여 독특한 E의 입장이 있다는 확신에 초점을 맞추고 있는데, 이 곳과 출애굽기 33:7-11에서 발견될 수 있는 것이다. 이러한 논쟁들은 E의 성격과 목적에 대한 선입관에 달려 있다고 생각하는 것이 정당해 보인다. 예언에 대한 집중은 23절(메추라기 사건의 일부)이 또한 하나님의 말씀에 대한 강조를 드러내기도 할 때는 거의 결정적이 될 수 없다.

수많은 분석가들은 이 자료가 J와 E의 독립된 자료이거나 혹은 JE 편집자의 작품이라는 사실을 의심한다(예를 들면, J. Wellhausen, *Hexateuch*, 101-03; G. B. Gray, *Numbers*, 98-99; H. Gressman, *Mose*, 240 n.3; M. Noth, *Numbers*, 83; V. Fritz, *Israel*, 17; J. Sturdy, *Numbers*, 83-84; W. Rudolph, *Der "Elohist"*, 55). 출애굽기 18장에 있는 이야기의 엘로히스트적 특징은 어느 정도 유사한 이야기가 같은 배경으로부터 나온다는 사실을 있을 것 같지 않게 만든다. 우리가 그를 생각한 바와 같이, 이것과 출애굽기 33:7-11에 있는 자료를 야위스트와 관련지어 생각하는 것이 가장 좋을 것으로 여겨진다. 이 자료가 그에게는 어떤 독특한 특징을 가지고 다가왔을 수도 있지만, 그것을 J와 E에 평행이 되는 원자료로 동일시하는 것은 어려울 것으로 보인다. 어쨌든 이 이야기는 분명히 메추라기 전승에서 불평에 대한 개념에 의존하고 있고, 그 결과로 초창기보다는 후대의 것임에 틀림없다. 야위스트는 이러한 불신앙적인 애곡에 대한 사상 가운데서 그 공동체에서의 권위의 주제를 탐구해 볼 수 있는 기회를 발견한다. 11-12, 14-15절에서 우리는 장로들과 예언자들에 관한 자료를 13절로 끼워 넣는 용접 부분을 가지고 있는데, 그것은 어쨌든 메추라기에 관한 야위스트 작품으로부터 나온 조각이다.

노트(M. Noth, *Numbers*, 90)는 이야기들의 배후에는 인정을 받기 위하여 투쟁하고 있는, 그리고 장로 자신들에게 영적 권위를 부여하기 위하여 자신들의 이야기를 사용하고 있는 선지자들 혹은 선지자 그룹들이 있다고 주장한다. 엘닷과 메닷은 아마도 가공 인물일 것이며 일반적으로 영 예언(spirit prophecy)이라는 요구들을 조장시킨다. 폴크(J. de Vaulx, *Nombres*, 155)는 이 두 사람이 권위에 대해 보다 구조적 형태에 대항하여 예언의 독립성을 보호한다고 주장한다. 그들의 권위는 여호수아에게 도전을 받지만, 모세를 통하여 승인을 받는다. 두 구성 요소, 즉 장로들의 능력 받음과 엘닷과 메닷의 활동, 제사장이 대표로 하는 전문적인 기구 그리고 하나님께서 자기의 말씀을 선포하기 위하여 자유롭게 일으키신 인간들의 카리스마 가운데는 분명히 성령 받음이 있어야 하는 중대사가 들어 있다("해설"을 더 보라).

주석

4 "섞여 사는 무리"(הָאסַפְסֻף – 하싸프쑤프). 이 단어는 오직 여기에만 나오며 아싸프(אסף, "수집하다")에서 파생된 것으로, 직역하면 "백성들의 한 모임"이다. 어떤 주석가들은 이 그룹을 출애굽기 12:38의 "중다한 잡족"과 연결시킨다(예를 들어, A. Dillmann, *Numeri*, 56; G. B. Gray, *Numbers*, 102). 그러나 그 어근은 다르며, 그러한 가정을 할 만한 분명한 근거가 없다. 이 단어 가운데는 경멸적 의미가 들어 있을 수도 있고 – 그런 까닭에 "하층민" 혹은 "어중이 떠중이"임 – 판별력과 통찰력에 의하여 다스림을 받지 않고, 육적인 욕망에 의하여 다스림을 받는 사람들이다.

"탐욕을 품으매"(הִתְאַוּוּ תַּאֲוָה – 히트아우 타아와). 어근 אוה는 "바라다"를 의미한다. 피엘형 어간은 일반적으로 완전히 합법적일 수도 있는 통상적인 바람을 나타낸다(참조. 예를 들어, 수 23:13; 시 132:13-14). 히트파엘형은 보다 강력해 보이지만, 반드시 죄악된 것은 아니다(참조. 신 18:6). 그러한 곳에서 그 개념은 여기서 그러한 것처럼 판단력에 의해서만 통제된 분별력이 없는 욕심을 가리키는 것으로 보인다.

그들이 양떼와 가축을 소유했었다는 사실(출 12:32, 38; 17:3; 19:13; 34:3)은 이 이야기들이 독립되어 발전되었다는 사실을 암시하고 있으며, 그것들이 이스라엘 역사에 편입된 것은 문서 역사상 후기 단계에 속한다는 사실을 암시하고 있다. "누가 우리에게 고기를 주어 먹게 할꼬?"라는 미심쩍은 표현의 사용에 대해서는 GKC § 476; B. Jongeling, "L' expression *my ytn* dans l'ancien Testament," *VT* 24(1974) 32-40를 보라.

[5] 여기 언급된 과일, 생선, 야채는 애굽 음식으로 잘 알려져 있었다는 것을 반영한다. "부추"(חָצִיר – 하치르)는 일반적으로 푸른 채소를 의미할 수도 있으나, 이것은 G와 Vg의 지지를 받고 있는 것으로 보인다.

[6] "(그리고) 이제는"(וְעַתָּה – 에아타). 이러한 표현에 대해서는 H. Brongers, "Bemerkungen zum Gebrauch des adverbialen *we'attah* im Alten Testament," *VT* 15 (1965) 289-99를 보라.

"우리 정력"(נַפְשֵׁנוּ – 나프쉐누)은 직역하면 "우리 생명"이다. "쇠약했다"(יְבֵשָׁה – 예베솨)는 직역하면 "말랐다"를 의미하고, 노트(M. Noth, *Numbers*, 86)는 네페쉬(נֶפֶשׁ)를 "목구멍"으로 읽는다. 전체 표현은 "정력이 떠나가다"를 의미하는 것으로 취급하는 것이 가장 좋을 것 같다(참조. A. Dillmann, *Numeri*, 57; N. H. Snaith, *Numbers*, 227). 이론상으로 이것은 저자가 이러한 의견에 동의하지는 않을지라도, 만나가 자기네들의 필요를 충족시켜 주지 못한다는 불평일 수 있다. 저자에게 이것은 단조로운 음식으로 생각하는 마음에서 나온 죄악된 불만이다.

[7]-[9] "만나"에 대해서는 F. W. Bodenheimer, "The Manna of Sinai"를 보라. 그것은 아랍어로 만(Mann)이라고 하는데, 타르파(tarfa) 나무에서 나온 진액이며, 특별히 시나이 반도 동편에서 발견되는 것이다. 고수(coriander, 본문에는 "깟"으로 되어 있다 – 역자주)나무는 하나의 식물로서, 그것의 작은 씨는 향을 내는 데 사용된다. 브델리엄(진주)은 고무 송진이다. 만나에 대한 광범위한 묘사와 그 이용 방식은 출애굽기 16:13-14, 31에 기록된 내용과 유사하지만 그 맛은 약간 다르게 나타난다. 출애굽기 16:31에서 그것은 "맛은 꿀 섞은 과자 같았더라"고 되어 있다. 여기서 그것은 "그 맛이 기름 섞은 과자맛 같았더라"고 되어 있다.

[8] "맷돌(들)"(בָּרֵחַיִם – 바레하임). 이것은 곡식을 갈기 위하여 두 개의 빻는 돌로 되어 있는 맷돌로서 기재도구다(참조. 렘 25:10).

[10] 마지막 문장은 지도하는 중에 모세가 당면한 문제를 연구하기 위한 출발점을 제공하고 있다.

[11] 이 구절에 들어 있는 표현의 모델은 오경 가운데 나타나는 전형적인 초창기 설화 전승이다. G. B. Gray, *Numbers*, 107-08를 보고, 창 6:8; 18:3, 5; 19:9; 43:6; 출 33:1-3, 12, 13, 16를 보라.

[12] 야웨의 아들로서 이스라엘에 관한 개념에 대해서는 출애굽기 4:22; 호세아 11:1을 보라. 양육하는 부모에 관한 개념에 대해서는 열왕기하 10:1, 5; 이사야 49:23을 보라. 비록 "젖 먹이는 아이"(הַיֹּנֵק – 하요네크)가 여성 모친을 암시하고 있을지라도, 양육"(הָאֹמֵן – 하오멘)이란 단어는 사실상 남성형이다. 노트(M. Noth, *Numbers*, 86-87)는 여기서 어머니로서의 야웨에 대한 암시적 언급을 바라보면서 그 은유를 지나치게 멀리까지 나가도록 밀어붙인다.

[16] "노인 중"(מִזִּקְנֵי – 미지크네). 이 사람들은 야위스트 작품에 자주 등장하지만, 가끔은 P에도 등장한다(참조. 레 4:15; 9:1). 그들은 분명히 여러 지파의 지도급의 사람들이며, 대개 P의 "두령들"과 동의어다. J. de Vaulx, *Nombres*, 153-54를 더 읽어 보라.

"유사들"(וְשֹׁטְרָיו – 웨소트라이우). 이 단어는 어떤 행정적 직능을 가리킬 수도 있다. G는 이 단어를 "서기관들"로 번역한다. 일반적 계급이나 영향력 있는 사람들에 대해서는 R. de Vaux, *Israel*, 69-70를 보라.

[17] 야웨의 강림은 출애굽기 33:9, 11에 약속된 것과 같다.

"신"(הָרוּחַ – 하루아흐). 이것은 분명히 하나님 백성의 지도를 위한 모든 필수적 자원을 공급하시는 하나님의 유산(endowment)이다(참조. 민 24:2; 삿 3:10; 11:29; 삼상 10:6; 19:20; 사 11:2; 61:1; 겔 11:5). 모세가 받은 유산은 양적인 것으로 생각되며(참조. 왕하 2:9-10), 70명에게 나누어지도록 되어 있었다. 그래이(G. B. Gray, *Numbers*, 111)는 인간의 도움을 제공하고 있는 17b절이 14절에서 모세가 하나님의 도우심을 구한 데 대한 진정한 응답이 될 수 없다고 주장함에 있어서 불필요한 문자주의에 빠져 있다. 그의 불평의 요점은 야웨께서 몇몇 짐들을 져 주셔야 한다는 것이 아니고, 자기 자신이 책임을 지도록 선택되었다는 사실이다(11, 14-15절). 12절이 이해되어야 하는 것은 바로 이 문맥 가운데서다.

[18] "너희 몸을 거룩히 하여"(הִתְקַדְּשׁוּ – 히트카드수). 이것은 성별된 식사와 의식적 정결일 것이다(참조. 창 35:2; 출 19:10). 히트파엘형이 거룩한 외모를 위한 엄숙한 준비를 상징하기 위하여 여호수아 3:5; 7:13에서 다시 사용되고 있다. 그러나

그 사상은 양면성을 가지고 있을 수 있다. 예레미야 12:3에 예견된 계통을 따라 도살의 날일 것으로 생각된다(참조. 사 34:6; 렘 46:10; 겔 39:17, 19; 습 1:7-8).

"내일"(לְמָחָר – 레막하르). 출애굽기 8:6, 19, 25; 9:5, 18; 10:4; 민수기 14:25을 참조하라.

20 "싫어하기까지"(לְזָרָא – 레자라)란 단어는 이 곳과 시락서 39:27에만 나온다. G는 이것을 실질적인 아픔으로 번역하고, 그래이(G. B. Gray, *Numbers*, 112)는 극심한 구토라고 생각한다. 그러나 이것은 단순한 구역질, 즉 지나치게 먹은 안 좋은 결과일 수도 있다.

21 "육십만"(שֵׁשׁ־מֵאוֹת אֶלֶף – 쉐슈-메오트 엘레프). 이것은 출애굽기 12:37에 기록된 숫자다. 그것이 어떻게 계산되었는지는 결정하기가 불가능하다.

25 본문은 황홀경적 예언임을 암시하고 있는데, 이러한 종류의 예언은 사람들이 하나님의 성령에 붙잡히거나 압도되어 하는 것이다(참조. 삼상 10:10-13; 19:20-24). 저자는 그들의 직임을 위임받는 일과 관계된 단번의 경험이다.

26 "녹명된 자 중"(בַּכְּתֻבִים – 빠크투빔). 이것이 엘닷과 메닷이 70인 중에 속하는 두 사람이었다는 사실을 의미하는지는 분명하지 않다. 그러할 가능성은 희박하다. 그 이야기에 앞서서 70인이 등록되었다는 암시가 없으며, 24-25절은 모든 70명이 밖으로 나가서 신을 부음 받았다고 말하고 있는 것으로 보인다. "녹명"은 지도권이나 혹은 유사로서의 직분을 가리킬 수도 있고, 따라서 엘닷과 메닷은 선택받지 않았지만 그러한 장로들 가운데 속한 사람들이었을 수 있다. 그래이(G. B. Gray, *Numbers*, 114)를 더 읽어 보라.

28 여호수아에 대한 언급은 이 이야기가 출애굽기 33:7-11의 전승과 연결되어 있는 또 다른 증거다. 여기서 이 이스라엘의 미래 지도자는 회막에서 모세 자신의 친밀한 조수로 묘사되어 있다. 전승 가운데서 여호수아에 대해서는 M. Noth, *Pentateuchal Traditions*, 175-78를 보라.

29 "시기"(הַמְקַנֵּא – 함카게). 이 단어의 어근은 옳고 정당한 질투를 나타낼 수 있다(참조. 민 25:11). 이럴 경우 여호수아의 시기는 위치가 잘못된 것이다.

31 "메추라기"(שַׂלְוִים – 살윔). 이 새들은 봄과 가을에 시내 반도의 곳곳을 가로질러간다. J. Gray, "The Desert Sojourn of the Hebrews and the Sinai Horeb Tradition," *VT* 4(1954) 148-54를 보라. 반도의 남반부보다는 가데스 근처가 이러한 현상을 경험하는 데는 더 적절한 위치인 것으로 보인다. 이 새들은 멀리 날지 못하고, 그래서 상당히 쉽게 잡을 수 있다.

"두 규빗"(וּכְאַמָּתַיִם – 우크 암마타임)은 대략 3피트(약 90센티미터)다. 이 의미는 새들이 이러한 높이로 날아다녔다는 것을 의미할 수도 있다.

32 "십 호멜"(עֲשָׂרָה חֳמָרִים – 아사라 하마림)은 대략 2,000리터 가량의 많은 분량이다.

33 "씹히기 전에"(טֶרֶם יִכָּרֵת – 테렘 익카레트)는 직역하면 "그것이 잘리기도 전에"이다. 본문상의 증거에 관한 논의에 대해서는 "원문주해"를 보라.

34 기브롯-핫다와의 위치는 현재 확인할 수 없다.

35 하세롯의 위치는 현재 확인할 수 없다. 이 두 장소에 대해서는 G. I. Davies, *The Way of the Wilderness*(Cambridge: CUP, 1979)를 더 읽어 보라.

해설

일반적인 의미에서 불평을 민수기 11:1-3에 있는 이야기에서 다루고 나서, 야위스트는 여기서 구체적인 종류의 불평 이야기를 다루고 있다. 그는 기적적인 메추라기 공급 전승을 취급하고 있으며, 그것을 새롭게 짜 만들고 있다. 본래 메추라기 주제는 만나와 물의 공급을 그 은혜로운 선물로서 축하했음에 거의 틀림없다("양식/구조/배경"을 보라). 야위스트에게 메추라기는 사실상 요청에 대한 응답이었지만, 불신앙이 그 요구의 요지였고, 선물 그 자체는 징벌의 수단이었다.

불평의 구체적인 형태와 내용(4-6절)은 히스기야 당시의 상황을 반영할 수도 있는데, 그 당시에는 정치적, 경제적 안정의 원천에 대한 문제가 가장 주요 사항으로 되어 있었다(서론을 보라). 요시야 당시에 이를 기록하면서 야위스트는 유사한 문제에 봉착했고, 애굽을 갈망하고 있는 가운데서 친 애굽적 정책을 유다의 병폐에 대한 답변으로 선전했던 사람들의 불신앙을 바라보았다. 자신이 출애굽기 17:2, 7에서 기록했던 것처럼, 그는 이제 그 사건을 여행 중 특별한 지점에 두도록 하는 인과적 설명(4a, 34절)을 제공해 주고 있다. 야웨에게 호소하는 모세 전승(13절에서처럼)은 저자가 이용할 수 있었던 이야기의 한 특징이고(참조. 출 15:25; 17:4), 그래서 모세가 져야 했던 무거운 짐이 지도자의 무거운 직분임을 상기시켜 주었던 것이다. 이러한 모든 짐들이 야위스트의 마음의 가장 중요한 위치에 자리잡고 있었던 것처럼 출애굽기 33장에서도 그랬다. 그러한 이유로 인하여 그는 메추라기 이야기를 갑자기 중단하고, 16-17절에서 야웨의 응답과 함께 11-12, 14-15절에서 모세의 불평을 소개하고 있는 것이다. 모세의 영을 함께 받은 70명의 장로들은 유대 법정에서 활동하는 체계를 합법화하는 데 도움을 줄 수도 있다. 출애굽기 18장에 있는 엘로힘 자료는 유사한 관심사를 나타내고 있다. 거기서 왕은 모세의 인격 가운데서 송사를 재판하기 위해 자기의 책임을 나누어 주도록 격려를 받는다. 여기서는 지도자의 책임 그 자체가 나누어져야 한다. 이것은 아마도 모든 정책 문제에 대해 충성스러운 상담역을 가져야 한다는 원리를 합법화하고 있다. 그들이 왕의 심령을 나누어 가진다는 사실은 이러한 발전의 타당성에 대한 보증이다.

이 부록을 시작하고 나서 야위스트에게는 그것을 끝까지 이행하는 것이 적절한 것처럼 보였고, 그래서 이 지점에서 24-30절의 내용을 포함시키고 있는 것이다. 이 점이 본 장 전체에 외관상으로 단편적 성격을 부여해 주고 있는데, 어떤 사람에게는 보록이라는 복잡한 이론을 가정하도록 유도했다. 단편이라는 사실이 실제보다 더 분명해 보인다. 복잡하다는 인상은 야위스트의 결정에 의하여 야웨에 대한 모세의 호소에 대해 확장하도록 조장되었다. 일단 이러한 결정이 이루어지고 인정되면, 본 장의 나머지를 발전하게 만드는 방법에 관한 타당한 논리가 있게 된다. 전체 이야기는 23절과 24절 사이에서 적절히 둘로 나누어지는데, 이 분석은 "말씀"으로부터 "행동"으로의 이동을 암시해 주고 있다. 야위스트가 18절에서 그 주제로 되돌아오는 것은 메추라기에 대한 주제에서 그가 "말씀"을 좀더 많이 했기 때문이다. 출애굽기 14-17장에 있는 이와 유사한 이야기들과 비교할 때, 18-23절의 효과는 메추라기라는 선물을 보다 엄숙하고도 중대한 기회로 만드는 것이다. 의식적 청결을 요구하는 것은 성스러운 사건이며(18절), 모세 자신까지도 야웨께서 자신의 약속을 어떻게 성취하실 수 있는지에 대해서 당황해 하고 있다. 모세와 야웨 사이에 있는 그 이후의 대화는 야위스트로 하여금 자기의 예언자적 관심 중의 하나, 즉 하나님의 말씀의 성취(23절)를 소개할 기회를 제공한다. 왕들을 타락하게 했던 것은 야웨의 선지자들을 통하여 들려준 하나님의 말씀을 듣지 않은 것이다.

그 장면을 묘사한 다음에 저자는 이제 "말씀"으로부터 "행동"으로 넘어간다. 그는 24-30절에서 먼저 70장로들에게로 돌이킨다. 그들이 받은 성령은 그들로 하여금 예언하도록 한다. 그들은 자격을 갖춘 선지자들은 아니었고, 그래서 단 한 번의 경험이지만 지도자의 영과 선지자의 영이 긴밀하게 연결된다. 야위스트에게 영적 통찰력을 가지지 않은 지도자는 잘못될 운명에 처해 있다. 그러므로 야위스트의 작품은 다윗의 이스라엘이라는 인과론(etiology)으로 묘사될 수도 있다. 그는 그 땅을 어떻게 소유하게 되었느냐에 대해서뿐 아니라, 그 공동체가 어떻게 인도를 받느냐에 대해서도 관심을 가지고 있다. 25-29절에서 요점이 매우 조심스럽게 밝혀지고 있는

데, 곧 "등록되지 않은" 대리자를 통해서도 야웨의 음성을 들을 민감함이 있어야 한다는 것이다. 이야기 가운데서 여호수아는 일종의 성소의 성직 계급을 나타내고 있다. 지도자는 여기서 비전문적 선지자들을 나타내는 엘닷과 메닷의 경우와 같은 진짜 예언의 음성을 들을 준비가 되어 있어야 한다. 29절에서 모세의 온유함은 능력의 상징이고, 왕들은 그의 모범을 따라야 할 것이다. 본 구절은 본질적으로 예언의 특별한 중요성을 강조하고 있다.

회막을 진 바깥에 둠에 있어서, 야위스트는 아마도 야웨의 임재에 대한 중심 문제에 관하여 그가 이용할 수 있는, 즉 하나는 법궤에 관한 전승이고 다른 하나는 장막에 관한 전승인 두 개의 구별된 전승 중 하나를 조절하고 있는 것으로 보인다. 법궤가 장막 안에 두어져 있었다는 것이 그의 관점일 것이다. 장막은 남쪽 방향, 특히 유다 쪽에 있었음에 틀림없다. 사무엘하 6:17에서 법궤가 북방으로부터 옮겨져 와서, 그것을 두기 위하여 이미 세워진 장막 가운데 두어졌다.

어찌하여 야위스트가 보다 적절한 것으로 생각되었을 수도 있는 출애굽기 18장 다음에 장로들의 이야기를 두지 않고 이 지점에다 두었는지에 대해서는 논란의 여지가 있다. 야위스트는 그 지도자라는 책임에 충분한 효과를 주기 위하여 보다 많은 시간이 필요했다고 생각했고, 그래서 문제들을 전면에 부각시키기 위해서는 메추라기에 관련된 것과 같은 이야기가 반드시 필요했을 수도 있다.

31-34절에서 야위스트는 한 바퀴 돌아서 메추라기와 관련되어 있는 "행동"에 대해서 말하고 있다. 메추라기 선물은 불평한 데 대해 염병과 사망을 포함하는 무서운 심판의 수단으로 바뀌었는데, 그들의 과도한 욕망은 그들의 사망을 통해서 더욱더 비참하게 심판을 받게 된다. 저자가 가장 관심을 두고 있는 것은 안정을 얻으려는 거짓된 사람들의 소경됨과 불신이다. 단순한 육신적 욕망 혹은 보다 교활한 애굽을 의지하려는 갈망은 모두가 불신앙의 증거다.

신학적으로 민수기 11장은 공동체에서 목적에 이르는 수단의 문제와 지도자 문제를 야기시키고 있다. 주전 7세기부터 4세기까지 이스라엘이 처음으로 땅을 소유하게 되었던 이야기 그리고 소유를 가로막거나 저지하는 요인들이 끊임없이 관련된 문제였다. 현재의 형태로 되어 있는 오경의 많은 부분이 나온 것은 바로 이 시기다. 정치적 정체성, 독립 그리고 경제적 생존력의 문제가 당연히 크게 나타나게 되었다. 이 야위스트 이야기 중 많은 부분이 관련되어 있는 것은 정치적 안정과 경제적 안정에 대한 추구와 함께 전쟁과 기아로부터의 자유라는 배타적인 목표들이다. 야위스트에게 하나님께서 의도하시는 내용의 실현을 가장 위협하는 것은 의심과 불신앙 그리고 이방인 통치를 더 선호하는 것이다. "애굽"은 다소 구약성경의 "적그리스도"로서의 기능을 한다. 부버(M. Buber, *Moses*[Oxford: OUP, 1946] 88)는 불평을 일반적으로 "성공에 대한 영속적인 열정"의 증상, 하나님을 성공과 동일시하려는 시도의 증상으로 해석한다. 만약 "성공"이 하나의 수단으로 이해된다면 이것은 사실이다. 저자는 분명히 그 땅을 소유할 것을 믿고 있으며, 그와 함께 적절하게 이루어져 나가야 할 정치적, 경제적 안정을 믿고 있다. 그가 인정하고 있는 것은 이러한 목표들이 그 땅에 대한 헌신 그리고 그것을 선물로 주신 야웨에 대한 헌신을 필요로 한다는 것이다. 어쨌든 믿음은 맹목적인 낙천주의가 아니며, 야위스트는 지도력의 적절한 형태를 확실하게 해주려고 힘쓰고 있다. 나누어 받은 지도력과 책임의 형태에 대한 그의 관념 가운데는 커다란 보호 수단이 있다. 또한 동시에 그것을 어디서 들을 수 있든지 그리고 그것을 누가 말하든지 간에 살아 계신 하나님의 음성에 대한 민감성이 있어야 한다.

21. 미리암과 아론이 모세에게 대항하다(12:1-16)

참고문헌

Kselman, J. S. "A note on Numbers 12:6-8." *VT* 26(1976) 500-04. On the Tent of Meeting and Prophecy see Num 11:4-35(*Bibliography*).

본 문

1 모세가 구스 여자를 취하였더니 그 구스 여자를 취하였으므로 미리암과 아론이 모세를 비방하니라
2 그들이 이르되 여호와께서 모세와만 말씀하셨느냐 우리와도 말씀하지 아니하셨느냐 하매 여호와께서 이 말을 들으셨더라
3 이 사람 모세는 온유함이 지면의 모든 사람보다 승하더라
4 여호와께서 갑자기 모세와 아론과 미리암에게 이르시되 너희 삼 인은 회막으로 나아오라 하시니 그 삼 인이 나아가매
5 여호와께서 구름 기둥 가운데로서 강림하사 장막 문에 서시고 아론과 미리암을 부르시는지라 그 두 사람이 나아가매
6 이르시되 내 말을 들으라 너희 중에 선지자가 있으면 나 여호와가 이상으로 나를 그에게 알리기도 하고 꿈으로 그와 말하기도 하거니와
7 내 종 모세와는 그렇지 아니하니 그는 나의 온 집에 충성됨이라
8 그와는 내가 대면하여 명백히 말하고 은밀한 말로 아니하며 그는 또 여호와의 형상을 보겠거늘 너희가 어찌하여 내 종 모세 비방하기를 두려워 아니하느냐
9 여호와께서 그들을 향하여 진노하시고 떠나시매

1 Miriam and Aaron spoke against Moses because of the Cushite[a] woman whom he had married, for he had married a Cushite woman.
2 And they said, "Has Yahweh spoken only through Moses? Has he not also spoken through us?" And Yahweh heard it.
3 Now Moses was in fact very humble, more so than all men who were on the face of the earth.
4 And suddenly Yahweh said to Moses, to Aaron, and to Miriam, "Come out, you three, to the Tent of Meeting." And the three of them came out.
5 And Yahweh came down in a pillar of cloud, and stood at the door of the Tent, and called Aaron and Miriam. And they both came forward.[a]
6 And he said, "Hear my words: If there is a prophet among you[a] I Yahweh make myself known to him in a vision. I speak with him in a dream.
7 It is not so with my servant Moses. He is entrusted with all my house.
8 I speak with him face to face, openly[a] and not in riddles. And he sees the very form[b] of Yahweh. Why then were you not afraid to speak against my servant Moses?"
9 And the anger of Yahweh was roused against them, and he departed.

10 구름이 장막 위에서 떠나갔고 미리암은 문둥병이 들려 눈과 같더라 아론이 미리암을 본즉 문둥병이 들었는지라

10 And when the cloud moved from over the Tent, behold, Miriam was leprous, as white as snow. And Aaron turned towards Miriam, and behold, she was leprous.

11 아론이 이에 모세에게 이르되 슬프다 내 주여 우리가 우매한 일을 하여 죄를 얻었으나 청컨대 그 허물을 우리에게 돌리지 마소서

11 And Aaron said to Moses, "O my lord, do not punish us because we have been foolish and have sinned.

12 그로 살이 반이나 썩고 죽어서 모태에서 나온 자같이 되게 마옵소서

12 Do not let her be as the dead,[a] as one whose flesh is half consumed when he comes out of his mother's womb."

13 모세가 여호와께 부르짖어 가로되 하나님이여 원컨대 그를 고쳐 주옵소서

13 And Moses cried to Yahweh, "O God,[a] please heal her, I pray."

14 여호와께서 모세에게 이르시되 그의 아비가 그의 얼굴에 침을 뱉었을지라도 그가 칠 일 간 부끄러워하지 않겠느냐 그런즉 그를 진 밖에 칠 일을 가두고 그 후에 들어오게 할지니라 하시니

14 But Yahweh said to Moses, "Suppose her father had spat in her face, would she not have to remain in disgrace for seven days? Let her be shut up outside the camp for seven days, and after that she may be brought in again."

15 이에 미리암이 진 밖에 칠 일 동안 갇혔고 백성은 그를 다시 들어오게 하기까지 진행치 아니하다가

15 So Miriam was shut up outside the camp for seven days. And the people did not set out on the march till Miriam was brought in again.[a]

16 그 후에 백성이 하세롯에서 진행하여 바란 광야에 진을 치니라

16 And afterwards the people set out from Hazeroth, and encamped in the wilderness of Paran.

원문주해

1.a. G는 여기서 "에디오피아인"으로 되어 있다. Tg[O]에는 "아름나운"으로 뇌어 있다. "구스인"에 관한 논의에 대해서는 "주석"을 보라.

5.a. 와야보우(וַיָּבֹאוּ, "그리고 그들이 왔다" 혹은 "그리도 그들이 앞으로 나왔다"; *BHS*)는 민 11:24에서 어느 정도 지지를 받는다. 어쨌든 이것이 요구된 의미인 것으로 보인다.

6.a. 네비아켐(נְבִיאֲכֶם)을 네비 바켐(נָבִיא בָּכֶם, "너희 가운데 한 선지자")으로 수정하려는 관례가 있다. MT는 이해할 수 없고, 수정은 하나의 자음만 도입하면 된다. 보다 자세한 논의와 또 다른 가능성들에 대해서는 J. Paterson, *Numbers*, 48; G. B. Gray, *Numbers*, 126; GKC § 128d를 보라.

8.a. MT는 받아들일 만하며, 본문을 수정하려는 것은 엄밀히 말해서 불필요하다; J. Paterson, *Numbers*, 48; G. B. Gray, *Numbers*, 126-27를 보라.

8.b. G에는 여기서 카보드(כָּבוֹד, "영광")로 되어 있으나, 거의 분명한 것은 광야 전승

이라는 제사 문서 부분 가운데 있는 주요 부분에 따라 해석하고 있다는 점이다.

12.a. G는 호세이 엑트로마(*ὡσεὶ ἔκτρωμα*, "낙태처럼")를 보유하고 있는데, 이는 강조적인 주석 같다.

13.a. 대부분의 주석가들은 알-나(אַל־נָא, "아니, 나는 기도한다")라고 모음부호를 붙이는 것을 선호하는데, 이것이 때때로 제안되는 엘로헤누(אֱלֹהֵנוּ, "우리 하나님")로 수정하는 것보다 더 낫다.

15.a. G는 에카따리스떼(*ἐκαθαρίσθη*, "그녀가 깨끗케 되었다")를 덧붙이고 있는데, 이는 아마도 피부병에 관한 법규들(레 14:9)이 관찰되었다는 것을 분명하게 하기 위한 것 같다.

양식/구조/배경

분석가들은 이 단락이 초창기 설화(J/E)의 오경 수준에 속한다는 데 동의한다. 16절에 있는 여정은 하암(הָעָם, "백성")을 사용하고 있고, 따라서 P에 속한 것 같다. 장막은 출애굽기 33:7-11과 민수기 11:26에서처럼 진 바깥에 있으며(4절) P와 대립된다. 아론이 두드러져 있지만, P에서는 그렇지 않다. 출애굽기 32장에서처럼 그는 모세와 대립된 위치에 있다. 구름 기둥(5절)은 출애굽기 33:7-11과의 접촉점을 제공하고, 민수기 11:25과도 그렇다.

이 단락은 간단한 문학적 단위가 아니라고 자주 생각되어 왔다. 모세에게 대항하는 두 개의 특별한 근거에 관심이 집중되어 왔는데, 곧 그의 결혼(1절)과 그가 유일한 인물이라는 주장이다(2절). 와트다뻬르(וַתְּדַבֵּר, "그리고 그녀가 말했다")의 여성형 단수의 출현은 이 이야기의 이 곳과 다른 곳에서 아론이 가담자였다는 암시로 취급되어 왔다. 아론이 똑같이 유죄인데 미리암에게만 형벌이 제한된 점은 이러한 견해를 지지하는 것처럼 보인다. 4절과 5절에 이중적인 소집이 있을 수도 있고, 9b절과 10a절에서 이중적인 떠남이 있을 수도 있다. 이러한 현상에 의하여 인상을 받은 대부분의 분석가들은 보록의 정확한 범위에 대해 다른 의견들이 있을지라도, "아론" 자료를 가진 보충된 기본 설화가 있었다는 견해 쪽으로 기울어진다. 벳취(B. Baetsch, *Numeri*, 510-14)와 노트(M. Noth, *Numbers*, 92-96)는 2-8절에 제한시킨다. 코츠(G. W. Coats, *Rebellion*, 261-64)는 그것을 2-9절에서 발견하고, 프리츠(V, Fritz, *Israel*, 18-19)는 2-9b, 10b-12절에서 발견한다. 루돌프(W. Rudolph, *Elohist*, 69-74)는 2-8, 10a, 11절에서 첨가물을 발견하는데, 이는 본질적으로 폴크(J. de Vaulx, *Nombres*, 158-59)의 입장이다. 평행이 되는 자료들을 밝히려는 시도는 이례적이다. 아이쓰펠트(O. Eissfeldt, *Hexateuch*, 164-66)는 E(대부분의 사람들이 부록으로 간주한 것)를 L, 즉 그의 평민(lay) 자료(대부분이 기본 설화로 간주한 것)와 구별짓는다. 이러한 접근 방식은 신빙성이 없고, 광범위한 지지를 받지도 못한다.

문학적 불일치의 증거가 사실상 매우 강력한 것인지 아닌지를 묻는 것이 타당하다. 그 현상의 대부분은 야위스트가 전승으로부터 나온 두 개의 "어려운" 사실, 즉 모세가 구스 여인과 결혼했고, 미리암이 문둥병에 걸렸다는 사실에 근거하여 이 이야기를 창조해 냈다는 입장에서 설명할 수 있다. 이러한 기본적 자료가 주어진다면, 모세의 독특성을 주장할 수단을 제공해 준, 모세에게 대항하는 사건을 묘사하기 위한 자료로 사용하면서 존재하고 있었던 이야기를 구성하기는 어렵지 않았을 것이다. 모세에게 대항한 근거는 모순된 것이 아니고, 반면에 실제로 복수가 들어 있는 1절에서 단수를 사용한 것은 특이한 것이 아니다. GKC § 146g를 보라. 그러므로 미리암에게만 징계를 내린 것은 받은 전승을 반영하고 있는 것이다. 야위스트는 출애굽기 32장에서 그러한 것처럼, 모세의 최고 통치권과 독특성을 강조하기 위하여 아론을 연루시키려고 선택했다. 4-5절에서 첫 번째 소환은 모든 연루된 세 명의 사람들에게 주어져도, 두 번째는 범죄자에게만 따로 말한다. 9-10절에는 반드시 2중적인 떠남이 있는 것이 아니다. 10절에서 그 관심은 떠남이라는 결과가 일어나게 만든 계시된 내용에 있다.

많은 분석가들은 기본적 설화를 E에게, 혹은 그 단락의 예언에 대한 "진보적" 반영에 비추어 ES에게로 돌렸다. 이 이야기의 엘로힘적 성격에 관한 최근의 변호에 대해서는 A. W. Jenks, *The Elohist*, 54-55를 보라. 5절의 장막은 분명히 진 밖에 위치해 있으며(세 사람은 진에서 밖으로 나오고 있다), 따라서 이 구절은 쉽게 출애굽기 33:7-11과 민수기 11:16-17, 24-30과 같은 전승과 연결될 수 있다. 이러한 종류의 자료를 E와 동일시하는 근거는 전혀 없다. 대개 논증은 선지자적 관심(주장한 바에 의하면 E의 특징을 가짐), 여호수아가 출애굽기 24:13에서처럼 33:7-11에서도 모세를 섬기는 자라는 사실에 따라 결정되는데, 출애굽기 24:13의 본문은 다른 근거에서 E로 판단된다(예를 들어, "하나님의 산"이란 문구의 사용). E의 자그마한 언어상의 표시들은 떱베르 뻬(דִּבֵּר בְּ; 1절, 참조. 민 21:5, 7, 여기서 "엘로힘"이 사용되었다)와 알-오도트(אַל־אֹודֹות, 1절, 참조. 창 21:11, 25; 출 18:8; 민 13:24)에 나타나 있다. 보다 최근의 분석가들인 다른 사람들은 J호칭을 선호한다(W. Rudolph, *Elohist*, 70-74; M. Noth, *Numbers*, 92-96; G. W. Coats, *Rebellion*, 261-64; V, Fritz,

Israel, 18-19; J. de Vaulx, *Nombres*, 158-59). 노트(M. Noth, *Pentateuchal Trdition*, 32 n. 120)는 미리암이 가데스 인물이었으므로(민 20:1), 따라서 남방 출신이므로 이 이야기가 J문서일 가능성이 더 있다고 주장했다. 이러한 종류의 논의를 해결하기는 어렵지만, 이 이야기를 모두가 초창기 전승의 야위스트 저자에게로 돌림에 있어서 어려움은 없다. 우리가 이미 출애굽기 33:7-11과 민수기 11:16-17, 24-30과 같은 구절들을 야위스트에게로 돌렸으므로, 여기서도 그렇게 하는 것이 충분히 자연스러울 것이다. 다양한 단어들과 문구들이 다른 곳에 있는, 예를 들어 "지면"(3절, 참조. 창 2:6; 4:14; 6:1, 7; 7:4, 23; 8:8, 13b; 33:16), "벌하다"(תָּשֵׁת, 타쉐트; 11절, 참조. 창 3:15; 4:25; 30:40; 41:33; 46:4; 48:14, 17; 출 7:23; 10:1; 33:4; 민 24:1)와 같은 야위스트의 스타일과 유사성을 가지고 있다. 3절에서 모세의 성품에 대한 반영은 주석일 수도 있지만, 그것이 분명히 문맥에 잘 어울린다. "이 사람 모세"는 다른 곳에서 야위스트의 작품 가운데 발견할 수 있다(출 11:13).

야위스트가 개별적으로 내려온 간략한 전승 자료로부터 하나의 이야기를 구성했다는 주장은 다른 근거에서도 유지될 수 있다. 구스 여인과 모세의 결혼은 그러한 하나의 자료이며, 첫눈에는 국제 결혼이 논쟁의 주제가 되는 것처럼 보인다. 결국, 그 분야에서 그 어떤 답변이나 혹은 일반적인 원리까지도 나타나고 있지 않다. 이 이야기가 답변하고 있는 문제는 구스 여인과 결혼해야 할 것인지의 여부가 아니라, 모세의 권위의 독특성에 도전해야 할 것인지의 여부인 것이다.

크로스(F. M. Cross, *Canaanite Myth and Hebrew Epic*[Havard: HUP, 1973] 203-4)는 이 이야기 배후에 제사장의 논쟁이 놓여 있다는 것과, 또한 그 기능이 혼혈아임에도 불구하고 모세로 대표가 되는 무스인(Mushite)의 제사장직의 합법성을 확인하고자 한 것임을 제안했다. 크로스의 견해 가운데서 두 번째 단계는 하나님의 명령의 중재자로서 아론의 집보다 무스인들의 우월성을 밀어붙인다. 이러한 이론은 의심스럽다. 그 설화 가운데서 그 어떤 "제사장 계열"들의 흔적도 남아 있지 않고 - 선지자적인 문제가 보다 전면에 나타나 있는 것처럼 보인다 - 또한 전승은 분명하게 혼혈된 피의 문제로 다시 돌아오지 않는다. 문제의 주안점은 제사장직의 투쟁보다 더 광범위한 것으로 보인다. 몇몇 제사장들이 자기네의 신분을 위하여 "모세의 권위"를 얻으려고 했다는 사실은 가능하지만, 이러한 특별한 이야기가 그들에 의하여 사용되었거나 혹은 사실상 그러한 관심이 그들에게 국한되었었다는 것은 확인할 수 없다. 모세의 계시와 그것의 다른 계시와의 관계 문제는 널리 퍼지게 되었고, 주전 7세기의 근본적인 관심이 되었다.

그레쓰만(H. Gressmann, *Mose und seine Zeit*, 264-75)은 "문둥병"(מְצֹרַעַת - 메초라아트: 10절)에 근거하여 이 이야기 가운데 있는 하세롯에 대한 인과적 설명(16절)을 발견하려고 시도했으나, 이러한 이론은 억지이고 사실 같지가 않다. 16절에 있는 여행기는 주요 이야기와 가장 느슨하게 연결되어 있고, 이 이야기의 창작에 어떤 역할을 한 것 같지가 않다. 그래쓰만은 또한 이러한 종류의 이야기 가운데서 아론, 미리암, 나답, 아비후 그리고 고라로 대표되는 엘 종교와, 모세와 레위인들로 대표되는 야웨 종교 사이의 독특한 투쟁과 관계가 있다고 주장하기도 했다. 이 주장은 출애굽기 32장에 비추어 어느 정도 타당성을 가지고 있지만, 투쟁 전체에 대한 설명과 같이 그것은 다른 이야기들, 특히 이것을 거짓된 형태로 강압적으로 몰고 갈 위험성이 있다. 본질적으로 미리암은 모세의 권위에 대항하여 말하는 사람들을 대표하고 있다. 이것만이 이 이야기의 주안점이다.

만일 이러한 의견이 옳다면, 미리암을 대적자로 선택한 것은 약간의 설명을 필요로 한다. 폴크(J. de Vaulx, *Nombres*, 161)는 전승의 근저에 자연스러운 "가족 질투심"이 있음을 발견하지만, 모세의 누이로서 미리암에 대한 개념이 본래적이거나 혹은 초창기의 것이라는 점은 확실한 사실과는 거리가 멀다(참조. M. Noth, *Numbers*, 96; G. W. Coats, *Rebellion*, 262-64). 미가 6:4에서 그녀는 아론과 모세와 함께 지도적 인물로 묘사되어 있고, 그녀를 "여선지자"로 묘사하고 있는 점은 그녀가 "남방의 드보라" - 가데스에서 그녀가 죽은 사실로 말미암아 남방이라는 것임 - 였다는 것을 의미할 수도 있다(민 20:1). 앞에서 논증한 바와 같이, 그녀가 문둥병에 걸렸었다는 옛 전승이 존재해 오고 있었을 수도 있지만(참조. V. Fritz, *Israel*, 75-79), 그녀가 모세에게 대항했다는 이야기의 본질적 저술은 야위스트에게까지 거슬러 올라가야 할 것이다. 대적자로서의 미리암의 적절성은 그녀가 과거부터 지도자적 인물이라는 사실에 놓여 있다. 그녀가 "선지자직"을 가지고 있었다는 사실은 중요한데, 그 이유는 그러한 사실이 그러한 영감을 받은 사람들까지도 모세를 대항할 권리가 없다는 사실을 보여 주기 때문이다. 모든 사람이 인식하고 인정해야 할 모세의 유일성과 우위성이 여기에 있다. 야위스트 편에서 이러한 강조는 신명기 사가들이 제안한 것과 같은 모세의 권위와 포로 후기 모세 율법의 궁극적이고도 절대적인 성격을 위한 길을 열어 주었다. 선지자의 계시까지도 모세 종교에 종속되어 있다.

6-8절의 하나님의 반응에서 야위스트는 옛 시가 자료를 채택했다는 약간의 표시가 있다. 규칙적인 3-3으로 되어 있는 시적 운율이 드러나고, 바알에 관한 우가릿 시가들과 유사한 몇몇 구절들이 발견된다(W. F. Albright, *Yahweh and the Gods of*

Canaan, 37를 보라). 그러한 자료의 기원과 출처에 관해서는 상상만 할 수 있을 뿐이다. 그것은 어쩌면 모세의 작품이 주전 7세기 이전과 연결되었다고 신봉하고 주장한 사람들에게 속했을 것이다. 레위인들은 아마도 이러한 역할을 위하여 투쟁한 사람들이었을 것이다. 그들을 가데스 근처에 있는 맛사와 므리바와 결합시키는 고대 본문들이 있으며(신 33:8), 모세의 야웨 종교에 대한 그들의 헌신을 암시하는 전승도 있다(출 32:25-29). 사사기 18:30에는 단 지파의 족보가 레위인 미가의 이야기와 관련되어 있는데, 그 본문은 모세 기원을 주장하고, 만일 방해로 인해서만 그것이 후기 서기관들에게 원인을 주었다면 주시할 가치가 있다. "므낫세"를 "모세"로 읽고 있는 점을 주시하라.

주석

1 "비방하니라"(דִּבֵּר בְּ – 띠뻬르 뻬). 이것은 민수기 21:5, 7에서 악한 말에 대해서도 사용된다(참조. 욥 19:18; 시 50:20; 78:19). 야위스트가 이용할 수 있는 물 이야기에서 "불평하다"(לוּן – 룬)와 거의 유사한 기능을 하고 있는 것으로 보인다(출 15:22-26; 17:3-6). 야위스트는 어떤 정당화할 만한 외적인 징조가 없다는 사실 가운데서 그것을 비난할 만한 죄로 판단했을 수도 있다. 세부적인 설명에 대해서는 G. B. Gray, *Numbers*, 122-23를 보라. 2절에서 같은 표현이 하나님께서 선지자에게 말씀하신 사실에 대해 사용되고 있다(참조. 6, 8절; 삼하 23:2; 왕상 22: 18; 호 1:2; 합 2:1).

"구스 여자"(הָאִשָּׁה הַכֻּשִׁית – 하이솨 하쿠쉬트). 미리암의 대적의 성격은 분명치 않다. 이 여인을 십보라와 동일시하려는 시도는 없고(출 2:21), 그래서 그러한 관계는 간단하게 가정될 수 없다. 구스는 성경 전승 가운데서는 주로 이디오피아다(참조. 왕하 19:9; 사 20:3, 5; 37:9; 43:3; 45:14; 겔 30:4-5; 38:5; 나 3:5). G는 이 동일시를 하고 있다. 또 다른 가능성은 바벨론 동편에 있는 카시인들(Casites)의 지역이다(참조. 창 10:18). 노트(M. Noth, *Numbers*, 94)는 미디안과 가까운 하박국 3:7의 구산을 지적하면서, 그 곳이 모세가 일했던 지역과 가장 근접하다는 근거에서 이 곳을 선호한다(또한 W. F. Albright, *Archaeology and the Religion of Israel* 205 n. 49을 보라). 에디오피아/애굽과 관련시키는 것은 가능성이 있는 일이다. "모세"라는 이름은 애굽어에 기원을 두고 있는 것으로 보이며(A. Cody, *A Hstory of Old Testament Priesthood*[Rome: PBI, 1969] 39-41를 보라), 그가 거기에 있었고, 결혼했다는 사실을 믿는 것이 타당하다. 전승은 자연히 후기의 신앙에는 어색하고, 어떤 종류의 옹호적 목적을 위하여 창작된 것으로 보이지 않는다.

[2] 여기서 두 개의 질문은 불평의 말에서 자주 그러하듯 해명을 구하는 것이 아니고 웅변적 단언이다. 첫 번째 질문은 하나님의 말씀의 전달자로서의 모세의 유일성을 묻고 있다. "…와만"이라는 두 단어는(רַק와 אַךְ) 그 문제가 유일한 것임을 강조하고 있다. 두 번째 웅변적 질문 가운데서 아론과 미리암이 스스로 모세의 신분을 가지고 있다고 주장하고 있다.

[3] "온유함"(עָנָו – 아나). 이 단어는 자주 신앙적인 태도를 가리킨다(예를 들어, 시 25:9; 37:11). 여기서 요점은 모세가 자기 확신성이 강한 사람이 아니라는 사실을 가리키는 것으로 보인다. 그의 유일성은 하나님이 부여하신 어떤 것이었다.

[5] 구름 기둥 가운데서 강림하심에 대해서는 민수기 11:25을 보고, 회막 문에 "서서"라는 문구에 대해서는 출애굽기 33:9-10; 민수기 11:16-17, 25을 보라.

[6] "이상으로…꿈으로"(בַּמַּרְאָה…בַּחֲלוֹם – 빰마라아…빠할롬). 이러한 계시의 형태는 초창기 설화 전승, 주로 분석가들에 의하여 E로 분석되는 본문 가운데서 자주 언급된다(참조. 창 15:1; 20:3; 28:11-12; 31:11, 24; 37:5-7; 40:5-7; 41:1-3; 46 :2; 민 22:8, 20). 다른 본문 가운데서 꿈을 통한 계시와 선지자를 통한 계시는 분명하게 구별된다(삼상 28:6, 15; 신 13:1; 27:9). 가끔은 꿈을 통한 계시가 무시를 당하기도 한다(참조. 렘 23:25-27).

[7] "내 종 모세"(עַבְדִּי מֹשֶׁה – 압디 모쉐). 이 "종"이라는 묘사는 이스라엘 역사에서 독특한 인물들을 위하여 보존된 것이지만(참조. 창 26:24; 출 14:31; 민 14:24; 신 34:5; 욥 1:8) 다윗에 대해서 가장 자주 사용되었다.

"그는 나의 온 집을 위임받았다"(בְּכָל־בֵּיתִי נֶאֱמָן הוּא – 베콜-베티 네에만 후). 다른 독법은 "그는 나의 온 집에 충성됨이라"이다.

[8] "대면하여"(פֶּה אֶל־פֶּה, 페 엘-페). 노트(M. Noth, *Numbers*, 95-96)에 따르면 이것은 계급의 동일성을 나타낸다고 하지만, 그러한 개념은 이 문맥 가운데 들어있지 않은 것 같다. 모세에게 주어진 계시의 독특한 즉각성과 직접성이 요점인 것 같다. "친구 관계"도 관계상 받아들일 만한 표상으로 보인다(참조. 출 33:11; 신 34:10).

"은밀한 말로"(בְּחִידֹת – 뻬히도트). 참조. 겔 17:2; 합 2:6; 잠 1:6.

"야웨의 형상"(תְּמֻנַת יהוה – 테무나트 야웨). 이것은 모세의 유일성을 표현하는 또 다른 방식이다. 장로들은 하나님께서 하나의 특별한 경우에 나타나셨고(출 24:

10), 백성들은 전혀 보지 못했다는 말씀을 듣는다(참조. 신 4:12, 15). 모세가 직접 하나님과 대면하여 보았다는 사실은 정규적이고도 친밀한 관계임을 말하고 있다. 이것을 궁극적인 선지자적 경험이라고 부르는 것은 오해하게 만드는 것이다(H. W. Robinson, *Inspiration and Revelation in the Old Testament*[Oxford: Clarendon, 1946] 186). 이것은 그 종류가 다른 것, 즉 모세의 경험에는 특별한 어떤 것으로 보인다. 노트(M. Noth, *Numbers*, 95-96)에 따르면, 이 문장은 전체와 매우 잘 어울린다.

10 "문둥병이 들려 눈과 같더라"(מְצֹרַעַת כַּשָּׁלֶג – 메초 라아트 카솰렉). "문둥병"이란 단어는 야위스트가 레위기에 있는 제사 문서가 하는 것과 같은 방식으로 이것을 명백하게 진술하고 있지는 않지만 민수기 5:2에 있는 것과 같은 광범위한 피부병을 망라할 것이다. "문둥병"은 이러한 문맥에서처럼 편의적인 번역으로 보인다. 눈과 비교하고 있는 것은 그 질병에 대한 부드러운 암시일 수 있다(참조. 출 4:6). 크로스(F. M. Cross, *Canaanite Myth*, 204)는 만일 "구스인"(1절)이란 호칭 가운데 검다는 개념이 있다면, 이 단어가 아주 적절한 징벌이었을 것이라고 사변적인 설명을 한다. 스나이드(N. H. Snaith, *Numbers*, 236)는 그러한 비교는 "눈"의 흰 색깔과의 비교가 아니라 그 질병의 습성(濕性)과의 비교일 것이라는 보다 타당한 제안을 하고 있다. 그러므로 그것은 밖으로 드러난 상처와 궤양을 가리킨다. 이 문구는 특별한 종류의 피부병을 가리키는 전문 용어다.

11 "내 주여"(בִּי אֲדֹנִי – 비 아도니). 깊은 경외심에 대한 표현. 이러한 표현은 하나님을 향하여 말해질 수 있다(참조. 출 4:10, 13; 수 7:8; 삿 6:13, 15; 13:8).

12 이 질병은 사산아의 출생과 비교된다.

14 "그녀 얼굴에 침을 뱉었다"(יָרֹק יָרַק בְּפָנֶיהָ – 야로크 야라크 베파네하). 야라크(יָרַק)의 반복은 강조를 위한 것이나. 그것은 미리암으로 하여금 7일 간 숨거나 혹은 격리되도록 하게 하는 원인이 되었던 바 멸시하는 관례를 가리키는데, 그녀가 그것을 당했다는 것이다(참조. 신 25:9; 사 50:6; 욥 30:10). 그녀의 죄는 그러한 행동을 유발시켰을 사람들과 비교가 되고, 그런 까닭에 그녀는 그 기간 동안 진 바깥에 축출되어야 한다. 이것은 그녀가 모세의 기도가 응답되어 즉시 고쳐졌고, 이 경우에 의식적인 불결만이 남아 있다는 것을 의미한다. 치유와 그 후속적 검사가 없는 것은 이것이 그렇다는 것을 암시한다. 모세의 기도는 보통 즉시 효과를 나타내는 힘이 있다. 저자가 필요로 하는 모든 지침을 제시하지 않으므로 그 문제에서 하나의 원리나 선례를 세우려 하지 않고 있다. 야위스트의 신싸 관심은 모세에 대한

대항과 그것을 받으시는 하나님의 응답에 있다.

16 하세롯의 위치는 확실하게 밝혀질 수 없다.

해설

이 이야기 가운데서 야위스트는 모세에 대한 미리암과 아론의 대항, 특히 모세와 하나님의 독특한 관계에 대한 도전을 말하고 있고, 따라서 결국 그의 말씀의 우위성에 대한 도전을 말하고 있다. 미리암은 문둥병으로 징계를 받았고, 그녀를 위한 모세의 중재 기도 후에 여행이 진행되기 전 7일 간을 진 밖에 축출되어야 했다.

야위스트는 대략 두 가지 전승, 즉 구스 여인과 모세의 결혼과 미리암이 문둥병에 걸린 일로 스토리를 구성하고 있는 것으로 보인다. 저자의 진정한 목적은 모세를 대항하는 일의 오류성을 강조하는 것이다. 이방인과 결혼의 원리에 대항한 사람들이 있었을 가능성이 있으나, 저자가 스스로 직접 이러한 주제를 소개하기를 원하고 있다는 분명한 암시는 없다. 그는 그것을 모세의 권위에 대한 논의의 출발점으로 사용하는 것으로 만족하고 있다. 우리는 민수기 11장에서 모세가 야위스트에게는 "다윗"과 같은 인물로서의 기능을 하고 있을 수도 있다는 사실을 보았다. 장로와 선지자들은 함께 그 곳에서 의미심장하고도 충실한 역할을 하는 사람들이지만, 결국 왕이 특별한 의미에서 야웨의 사람이며, 그래서 그에게 대항해서는 안 된다. 대적자로 미리암이 선택된 것은 사실상 그녀가 제사장과 관련된 전승에서 잘 입증된 지도급의 인물이라는 사실에 있다(출 15:20). 야위스트는 그러한 무모한 행위의 결과를 말하고 있고, 그래서 이것이 분명히 그의 관심의 핵심이다. 결론적인 사항들(14-15절)은 16절에서 시작되는 여행의 이야기 전승에만 연결되어 있을 뿐이다. 이야기 가운데서 일찍 나오는 징벌, 문제가 되는 불평 그 자체 그리고 상황이 회복되는 수단으로서 모세의 중재 기도를 갖고 있는 그 구조는 야위스트가 다베라에서 민수기 11:1-3의 이야기를 작성했다는 사실을 정확하게 보여 준다.

민수기 11-12장 전체를 통하여 "모세의 타당성"에 대한 야위스트의 관심을 인지하기는 가능하다. 그에게 이것은 아마도 다윗 계열의 왕의 역할에 영향을 미칠 것이다. 그를 통하여 재난이 물러가는, 중재자로서의 모세에 대한 관심은 이러한 이야기들 가운데서 매우 강하게 떠오르기 시작한다. 이것은 아마도 주전 7세기 동안 모세라는 인물됨과 그 직능에 대한 크게 증가된 관심을 반영하고 있는 것 같다. 그는 자기의 껄끄러운 추종자들과 분쟁을 처리함에 있어서 좋은 지도자는 아니지만(출애굽기의 야위스트 전승에서처럼) 그 나라의 영웅적인 구세주다. 이것은 신명기 방향에서는 중요한 운동이다(참조. 특히 신 3:26; 9:18, 26). 이러한 결정적인 중재 기도에 대한 관념은 유일한 모세의 계시에 대한 사상과 그것의 궁극적인 발전을 위해서는 유용한 문맥을 제공해 준다. 즉 "모세 종교"로 묘사될 수 있는 신앙이다. 이러한 과정의 첫 번째 의미심장한 암시가 요시야까지 거슬러 올라가야 한다는 사실은 일반적으로 인정되고 있다. 모세를 대신했던 사람들에게 대항하는 일은 옳지 못하다는 확신과 함께 이 전승은 그 당시에 아주 적절했을 것이다. 모세의 계시는 유일하고도 우월한 권위를 가지고 있으며, 그래서 포로 후기 "모세의 율법"을 위하여 길이 준비된다. 미리암과 아론은 함께 선지자적 영감에 대한 주장을 대표하는 것으로 보인다. 2절에서 그들의 도전은 이것을 암시하고 있으며, 6-8절에서의 응답은 그것을 확고히 하는 경향이 있다. 선지자적 영감까지도 모세 종교에 종속된다. 야위스트에게는 아론이 제사장적 관심을 나타내고 있다는 분명한 표시가 아니다. 출애굽기 32장에서까지도 아론의 활동은 특별히 혹은 반드시 제사장적인 것은 아니다(A. Cody, *Priesthood*, 147-50를 보라). 만약 있다 하더라도 접촉점은 아론과 여로보암 1세 사이에 가장 가깝다. 이것을 저자의 마음 가운데 있는 그 인물이라고 압박하지 않는 것이 가장 좋을 수도 있다. 야위스트에게 아론은 어느 정도 의심스러운 사람일지라도 본질적으로 존경받는 인물인데, 모세의 가까운 동조자로서 자신의 정체성과 함께 전승으로부터 나온 지도자적 인물이다. 어떻든 모든 형태의 지도자와 계시는 모세 종교라는 궁극적 권위에 복종하라고 제시되어 있다.

신학적으로 본 단락은 종교에 있어서 권위 문제에 관심을 집중하고 있다. 그 권위의 성격과 형태에 대한 분명한 이해의 필요성이 근본적인 요소다. 이러한 주제들을 무시하는 것은 본질적으로 위험하다.

어찌하여 민수기 저자가 야위스트로부터 나온 이러한 특별한 자료에 주의를 기울이고 있느냐는 문제가 남아 있다. 그는 분명히 자기 자신을 보충을 통한 전승의 해설자로 보고 있으며, 그가 자기가 해석한 그러한 사실의 요소들을 보존해야 할 것이라는 사실은 분명히 적절하다. 이 특별한 경우에 그가 관심을 두고 있는 내용은 아마도 민수기 11-12장 가운데 두드러져 있는 이스라엘의 불평이라는 주제일 것이다. 그러므로 전승 자료는 광야의 불평에 대한 자신의 취급을 위한 출발점을 제공하고 있다. 그는 이 주제 가운데서 세 개의 특별한 관심을 가지고 있고(서론을 보라), 이 중 첫 번째 것이 민수기 13-14장에서 길게 논의될 것이다. 더 나아가서 모세 권위의 우위성의 원리는 그의 작품의 필요 불가결한 것(*sine quo non*)이므로 그가 그것이 얼마나 절대적으로 필요한 것인지를 드러내기 위하여 전승적 자료를 사용해야 할 것이라는 사실은 자연스럽다.

22. 그 땅의 탐지(13:1-33)

참고문헌

Beltz, W. *Die Kaleb-Traditionen im Alten Testament.* BWANT 98, Stuttgart: Kohlhammer, 1964. **Lohfink, N.** "Die Ursünden in der priesterlichen Geschichtserzählung." *Die Zeit Jesu*(H. Schlier Festscrift: ed. G. Bornkamm & K. Rahner). Freiburg: Herder, 1970. 38-57. **McEvenue, S. E.** *The Narrative Style of the Priestly Writer.* Rome: PBI, 1971. **van Seters, J.** "The terms 'Amorite' and 'Hittite.'" *VT* 22(1972) 64-81. **Wagner, S.** "Die Kundschaftergeschichten im Allen Testament." *ZAW* 76(1964) 255-61. On the tribal leader list see Num 1:1-47(*Bibliography*). On disaffection see Num 11:1-3(*Bibliography*).

본 문

1 여호와께서 모세에게 일러 가라사대
2 사람을 보내어 내가 이스라엘 자손에게 주는 가나안 땅을 탐지하게 하되 그 종족의 각 지파 중에서 족장 된 자 한 사람씩 보내라
3 모세가 여호와의 명을 좇아 바란 광야에서 그들을 보내었으니 그들은 다 이스라엘 자손의 두령 된 사람이라
4 그들의 이름은 이러하니라 르우벤 지파에서는 삭굴의 아들 삼무아요
5 시므온 지파에서는 호리의 아들 사밧이요
6 유다 지파에서는 여분네의 아들 갈렙이요
7 잇사갈 지파에서는 요셉의 아들 이갈이요
8 에브라임 지파에서는 눈의 아들 호세아요
9 베냐민 지파에서는 라부의 아들 발디요
10 스불론 지파에서는 소디의 아들 갓디엘이요

1 [a]And Yahweh spoke to Moses saying,
2 "Send men to spy out the land of Canaan, which I give to the people of Israel. You[a] shall send a man from each tribe of their fathers, every one a leader among them."
3 And Moses sent them from the wilderness of Paran, in accordance with the commandment of Yahweh. All of them were heads over the people of Israel.
4 And these were their names. From the tribe of Reuben – Shammua, the son of Zaccur.
5 From the tribe of Simeon – Shaphat, the son of Hori.
6 From the tribe of Judah – Caleb, the son of Jephunneh.
7 From the tribe of Issachar – Igal, the son of Joseph.[a]
8 From the tribe of Ephraim – Hoshea, the son of Nun.
9 From the tribe of Benjamin – Palti, the son of Raphu.
10 From the tribe of Zebulun – Gaddiel, the son

of Sodi.

11 요셉 지파 곧 므낫세 지파에서는 수시의 아들 갓디요

11 From the tribe of Joseph(that is from the tribe of Manasseh) – Gaddi, the son of Susi.

12 단 지파에서는 그말리의 아들 암미엘이요

12 From the tribe of Dan – Ammiel, the son of Gemalli.

13 아셀지파에서는 미가엘의 아들 스둘이요

13 From the tribe of Asher – Sethur, the son of Michael.

14 납달리 지파에서는 웝시의 아들 나비요

14 From the tribe of Naphtali – Nahbi, the son of Vophsi.

15 갓 지파에서는 마기의 아들 그우엘이니

15 From the tribe of Gad – Geuel, the son of Machi.

16 이는 모세가 땅을 탐지하러 보낸 자들의 이름이라 모세가 눈의 아들 호세아를 여호수아라 칭하였더라

16 These were the names of the men whom Moses sent to spy out the land. And Moses called Hoshea the son of Nun Joshua.

17 모세가 가나안 땅을 탐지하러 그들을 보내며 이르되 너희는 남방 길로 행하여 산지로 올라가서

17 Moses sent them to spy out the land of Canaan, and said to them, "Go up into the Negeb, and go up into the hill country,

18 그 땅의 어떠함을 탐지하라 곧 그 땅 거민의 강약과 다소와

18 and see what the land is like, whether the people who live in it are strong or weak, whether they are few or many,

19 그들의 거하는 땅의 호불호와 거하는 성읍이 진영인지 산성인지와

19 and whether the land that they live in is good or bad, and what the cities they live in are like, [a]whether they are camps or strongholds,[a]

20 토지의 후박과 수목의 유무니라 담대하라 또 그 땅 실과를 가져오라 하니 그 때는 포도가 처음 익을 즈음이었더라

20 and whether the land is rich or poor, and whether there is wood there or not. Be courageous, and bring some of the fruit of the land." Now the time was the season of the first ripe grapes.

21 이에 그들이 올라가서 땅을 탐지하되 신 광야에서부터 하맛 어귀 르홉에 이르렀고

21 And they went up[a] and spied out the land from the wilderness of Zin to Rehob by Lebo-hamath.

22 또 남방으로 올라가서 헤브론에 이르렀으니 헤브론은 애굽 소안보다 칠 년 전에 세운 곳이라 그 곳에 아낙 자손 아히만과 세새와 달매가 있었더라

22 And they went up into the Negeb, and they[a] came to Hebron. And Ahiman, Sheshai, and Talmai, the descendants of Anak, were there. Hebron was built seven years before Zoan in Egypt.

23 또 에스골 골짜기에 이르러 거기서 포도 한 송이 달린 가지를 베어 둘이 막대기에 꿰어 메고 또 석류와 무화과를 취하니라

23 And they came to the valley of Eshcol, and cut down from there a branch with a single cluster of grapes, and they carried it on a pole between two of them. They brought also some

pomegranates and figs.

24 이스라엘 자손이 거기서 포도송이를 벤 고로 그 곳을 에스골 골짜기라 칭하였더라

24 That place was called[a] the valley of Eshcol, because of the cluster which the people of Israel cut down from there.

25 사십 일 동안에 땅을 탐지하기를 마치고 돌아와

25 At the end of forty days they returned from spying out the land.

26 바란 광야 가데스에 이르러 모세와 아론과 이스라엘 자손의 온 회중에게 나아와 그들에게 회보하고 그 땅 실과를 보이고

26 And they came to Moses and Aaron and to all the congregation of the people of Israel in the wilderness of Paran, at Kadesh. They reported to them and to all the congregation, and showed them the fruit of the land.

27 모세에게 보고하여 가로되 당신이 우리를 보낸 땅에 간즉 과연 젖과 꿀이 그 땅에 흐르고 이것은 그 땅의 실과니이다

27 And they told him, "We came to the land to which you sent us. It flows with milk and honey, and this is its fruit.

28 그러나 그 땅 거민은 강하고 성읍은 견고하고 심히 클 뿐 아니라 거기서 아낙 자손을 보았으며

28 But the people who dwell in the land are strong, and the cities are fortified and very large. And we also saw the descendants of Anak there.

29 아말렉인은 남방 땅에 거하고 헷인과 여부스인과 아모리인은 산지에 거하고 가나안인은 해변과 요단 가에 거하더이다

29 The Amalekites live in the land of the Negeb. The Hivites,[a] the Jebusites, and the Amorites live in the hill country. And the Canaanites live by the sea, and along the Jordan."

30 갈렙이 모세 앞에서 백성을 안돈시켜 가로되 우리가 곧 올라가서 그 땅을 취하자 능히 이기리라 하나

30 But Caleb silenced the people before Moses, and said, "Let us go up at once, and occupy it, for we are well able to conquer it."

31 그와 함께 올라갔던 사람들은 가로되 우리는 능히 올라가서 그 백성을 치지 못하리라 그들은 우리보다 강하니라 하고

31 But the men who had gone up with him said, "We are not able to go up against the people, for they are stronger than we."

32 이스라엘 자손 앞에서 그 탐지한 땅을 악평하여 가로되 우리가 두루 다니며 탐지한 땅은 그 거민을 삼키는 땅이요 거기서 본 모든 백성은 신장이 장대한 자들이며

32 So they brought an evil report of the land which they had spied out, saying, "The land through which we have travelled, to spy it out, is a land that devours its inhabitants, and all the people that we saw in it are giants.

33 거기서 또 네피림 후손 아낙 자손 대장부들을 보았나니 우리는 스스로 보기에도 메뚜기 같으니 그들의 보기에도 그와 같았을 것이니라

33 And we saw there the Nephilim, [a]the sons of Anak who come from the Nephilim.[a] We felt like grasshoppers beside them, and so we seemed to them.[b]

원문주해

1.a. Sam과 몇몇 G 증거 본문 가운데서는 이 지점에 부가적 자료가 나타나 있다. 그것

은 본문에 첨가된 하나의 첨가물임에 틀림없고, 신 1:20-23a에서 끌어온 것 같다.

2.a. Sam, G, 그리고 Syr은 모두 1절과 2절이 요구하는 것처럼 단수로 되어 있다.

7.a. 패터슨(J. Paterson, *Numbers*, 49)은 "요셉"이 8절에 속해 있다고 생각하고, 이갈의 아버지의 이름이 그 본문에서 탈락되었다고 생각한다. 이러한 사실에 비추어 그가 11절에 있는 "요셉"을 하나의 주석으로 취급하고 있는 것은 놀라운 일이다.

19.a-a. 패터슨(J. Paterson, *Numbers*, 49)은 이 문장을 하나의 주석으로 생각하지만, 앞의 문장은 어느 정도 더 해명할 가치가 있으며, 반대할 본문상의 증거가 없다. MT가 더 낫다.

21.a. Sam은 와옐쿠 와야보우(וַיֵּלְכוּ וַיָּבֹאוּ)를 보유하고 있는데, 이는 직역하면 "그리고 그들이 갔다 그리고 그들이 왔다"이다(참조. 26절). Sam은 아마도 잘못된 것 같다.

22.a. 이 곳의 복수형에 대해서는 광범위한 지지 본문이 있다.

24.a. 복수형이 Sam, G, Syr, Tg[J]에 나타나지만, MT가 더 낫다.

29.a. "헷인"(MT)보다는 "히위인"이라는 독법이 Sam과 G의 지지를 받고 있으며, 이것이 더 나은 것 같다("주석"을 보라).

33.a-a. 이 문장은 G에는 빠져 있고, 28절에 비추어 볼 때 어떤 편집상의 첨가가 있을 수도 있다.

33.b. Sam은 1절에서처럼 이 지점에 신명기로부터 끌어온 첨가 자료를 가지고 있는 것으로 보이는데, 이 경우에는 신 1:27-33이다.

양식/구조/배경

이 단락 가운데는 분석상의 세부 사항에 수많은 문제들이 있으나, 분석가들은 일반적으로 야웨 문서와 제사 문서가 들어 있다는 데 동의한다. 제사 문서 자료는 일반적으로 밝혀내기가 가장 쉽다. 그것은 분명히 1-17a, 21, 25절 가운데서 발견된다. 그것은 온 땅의 탐지를 예상하고 있다. 3절 가운데는 민수기 10:12에 있는 제사 본문과 하나의 분명한 지리적 연관이 들어 있다. 지파 이름들의 목록은 전형적인 기록인 반면에(참조. 민 1:5-15), 16절에서 이름을 바꾼 데 대한 관심은 P의 다른 곳에서 쉽게 입증된다(참조. 창 17:5, 15; 35:10). 마테(מַטֶּה, "지파")와 나시(נָשִׂיא, "두령")란 단어는 P에서 가장 널리 알려져 있는 명칭들이다. 21절과 25절은 2, 17a절의 명령을 이행하고 있으므로, 그들 역시 제사 문서임에 틀림없다. 이 자료를 모두 민수기 저자에게로 돌리는 것이 타당해 보인다.

그러나 제사장의 작품이 옛 전승에 대한 해석이고, 그 전승이 야위스트로부터 나온 것으로 각 단락의 부분들 가운데 남아 있다는 모든 징후들이 있다. 17b-20,

22-24절에는 남방의 산악 지방만을 관통하는 그 땅에 대한 개괄이 나타나 있다. 그것은 외관상으로 헤브론까지 이른다. "호"(טוֹב, 토브)와 "불호"(רָע, 라아)의 결합(19절)은 야위스트 전승의 특징이다(참조. 창 2:9, 12; 3:5, 22; 24:50; 31:24, 29; 44:4; 50:20; 민 24:13). 어떤 분석가들은 여기서 J와 E를 어느 정도의 확신을 가지고 분리해 낼 수 있다고 주장했다(A. Dillmann, *Numeri*, 71-79; H. Holzinger, *Numeri*, 43-44; B. Baentsch, *Numeri*, 514-32; B. W. Bacon, *The Triple Tradition of the Exodus*[Hartford: Student Publishing Co., 1894] 177-89; J. E. Carpenter & G. Harford, *Hexateuch*, 519; H. Gressmann, *Mose*, 291 n. 1; O. Eissfeldt, *Hexateuch*, 166-72; G. B. Gray, *Numbers*, 130-65; C. A. Simpson, *The Early Traditions of Israel* [Oxford: Clarendon, 1948] 230-36). 특히 보다 최근의 학자들 가운데 다른 분석가들은 이것의 적절성이나 혹은 가능성에 대해서 의심한다(W. Rudolph, *Elohist*, 74-80; M. Noth, *Numbers*, 101-12; G. W. Coats, *Rebellion*, 137-56; V. Fritz, *Israel*, 19-24; J. de Vaulx, *Nombres*, 164-69, 171-75). E문서가 있다는 논증은 비교적 약하다. 알 오도트(עַל אֹדוֹת, "고로"; 24절, 참조. 창 21:11, 25; 출 18:8; 민 12:1)는 지지하는 증거물을 필요로 하며, 어떤 경우에는 창세기 26:32에 나타나는데, 그것은 대부분이 J와 동일시하는 것이다. 더 나아가서 만일 E가 참으로 북쪽 지파 사람의 자료라면 에스골이란 인과적 설명에 관심을 둔다는 것은 타당해 보이지 않다. 야위스트가 초창기 본문의 어떤 보록에 종사했다는 것만이 가능하다. 만약 그가 그랬다면, 그 관측 범위가 "산"으로 직역(字譯)되는 산악 지방과 정확하게 동일시되는 17b절의 하반부에 언급된 "산지"는 그것의 일부였을 수도 있다. 18절이 원래 이야기 가운데서 완전한 임무이고, 19-20절은 그것에 대한 약간 마무리된 내용을 제공할 수 있다. 19-20절에는 평행적 자료라는 이론을 정당화하는 분명한 중복이 없다. 22b절에 있는 "전문적인" 첨가물은 초창기 이야기에 대한 야위스트의 첨가일 수도 있다. 에스골에 도착했다는 기사(23-24절)는 아마도 야위스트의 것일 것이다. 그것은 산지로 올라가라는 명령(17b절)과 어울리는 것처럼 보이며, 인과적 설명의 관심(24a절)은 특성상 그의 것이다. 이러한 종류의 암시는 불확실할 수 있다는 것이 분명하다. 전체 자료가 야위스트의 것이라는 사실은 아주 분명하다.

지금까지 논의되지 않은 자료의 나머지 부분 가운데는 야위스트와 민수기 저자의 표시들이 있다. 26절에는 J와 P라는 암시가 들어 있다. 가데스와 실과에 대한 언급(23절)은 야위스트의 것임에 틀림없고, 반면에 모세와 아론, "회중"이 내포되어 있으며 바란이 언급된 것(3절)은 민수기 저자의 것이라는 암시다. 본질적으로 현재의 형태로 되어 있는 이 구절은 민수기 저자의 것임에 틀림없다. 그는 단순히 야위스트의 기사로부터 나온 그 자료의 약간을 삽입했을 뿐이다.

27-31절에는 다시 상당한 야위스트의 자료가 존재한다. 23, 26b절의 모아진 실과는 27절에서 제시되고 있으며, 싸파르(ספר, "말하다")란 어근은 야위스트 작품에서는 통상적이다(예를 들어, 창 24:66; 29:13; 37:9-10; 40:8-9; 41:8, 12; 출 9:16; 10:2; 18:8; 24:3). 27-28절에 있는 보고는 19-20절에 있는 임무와 상응하는 것처럼 보이고, 그러므로 야위스트의 것이다. 29절에 있는 전문적인 설명도 야위스트의 것일 수 있다. 30절에서 갈렙이 백성을 안돈시키는 내용은 파악하기가 쉽지 않다. 임시적인 제안은 그것이 원래 이야기에서 민수기 14:1의 "울음"과 통한다는 것이며, 그것이 야위스트에 의하여 편집되는 중에 교체되었다는 것이다. 다른 정탐꾼들의 반대 논증 역시 야위스트의 것이다.

많은 분석가들은 P의 보고는 그 곳이 황량한 땅이었다는 것이고(32ab절),[a] 반면에 야위스트의 것은 인간 대적자들의 강함과 적대성에 초점을 맞추었다고 짐작했다(32b,[b] 33절). 이러한 가정을 할 만한 설득력 있는 언어상의 근거는 없다. 그러므로 민수기 저자가 그 황량한 땅과 더불어 그 두려운 대적자들을 저자 자신의 방식대로 보고했다는 사실은 의심스럽다. 간단히 말해서 32-33절을 P에게로 돌리는 사람들에게 동의함에 있어서 어려움은 없다(M. Noth, *Numbers*, 106-07; G. W. Coats, *Rebellion*, 138; V. Fritz, *Israel*, 20).

만약 이 분석이 대체로 정확하다면 민수기 저자는 이 이야기의 요점을 삽입하면서, 그리고 그것들을 정교화하고 확대하면서 그 땅의 탐지에 대한 야위스트의 이야기에 학가다적 확장을 가한 것이다. 또한 4-15절에 있는 지파 이름의 목록은 어떤 종류의 전승적 자료를 이루고 있을 가능성도 있다. 노트(M. Noth, *Numbers*, 103-4)는 이에 대해 의심한다. 그는 각 지파로부터 각기 한 정탐꾼의 선발은 그들 각자가 한 사람의 두령이 되어야 한다는 논평과 어울리지 않는다고 주장한다(2b절). 민수기 1:5에서 "두령"의 위치는 때때로 임시적 형태로 취급될 수 없는 직임이다. 노트에게 2b[b]절의 어투는 그 선발되는 각 지파에서 두령들의 공급을 암시한다. 그가 보기에, 그 목록은 자유롭게 구성되었다는 인상을 준다. 대부분 지파들의 목록은 민수기 1:5-15의 형식을 따르고 있다. 므낫세/에브라임 그리고 납달리/갓은 그 순서가 바뀌어 있다. 갈렙이 유다 지파를 대표하여 나타나고, 여호수아가 에브라임을 대표하여 나타나는 사실은 그 목록이 여호수아와 갈렙이 신실한 정탐꾼들이었다는 민수기 저자의 가정하에서 구성되었다는 사실을 보여 준다(민 14:6). "야웨"와 합성된 이름이 없는 점에 대해서 노트는 출애굽기 6:2-3에서 신명의 계시가 있기 전에 태어난 사람들이 그러한 이름을 가질 수 없었다는 사실을 의식적으로 반영하고 있다고 설명한다. 그런 까닭에 이 시점에서 모세가 호세아에게 여호수아라는 이름을 부여해 주고 있다. 그 이름들 가운데서 오직 암미엘(12절)만이 노트가 옛 형태라고 말하는 이름을 가지고 있다. 이름들 가운데 몇몇 – 발디(삼상 25:44), 암미엘(삼하 9:4), 사밧(왕상 19:16), 사무아(삼하 5:14) 그리고 이갈(삼하 23:36) – 은 초창기 본문 가운데서 발견되지만, 그것들 가운데 몇몇의 정확한 본문 형태는 확실하지 않고(특히 14-15절에서), 이러한 종류의 증거에 기초한 논증은 결정적이지 못하다. 이름들에 대한 보다 자세한 논의에 대해서는 G. B. Gray, *Numbers*, 135-6를 보라. 모든 것을 고려하면 노트의 가정을 받아들이는 것이 가장 좋을 듯하며, 민수기 저자가 그 목록을 자기 자신의 기사에 편집했다고 가정하는 것이 가장 좋을 듯하다. 저자는 여호수아를 갈렙과 더불어 신실한 정탐꾼으로 묘사하려고 힘썼으며, 다른 열 명의 이름은 호감이 가는 이름으로 보였다. 민수기 1:5-15에 제시된 바와 같이, 다른 이름들은 기억된 먼 조상들의 이름에 근거하여 포로기의 자료로부터 모아졌을 수도 있다.

야위스트는 또한 전승 자료(가장 오래된 J)를 채택했을 수도 있고, 이것 중 어떤 요소들은 현존하고 있다고 생각된다. 이것 가운데 다른 요소들은 민수기 21:1-3에 남아 있을 수도 있다. 아마도 그것은 유다 그룹의 일부가 남편에서 정착한 사실을 가리키는 것 같다. 만약 이것이 그러하다면, 에돔 주변으로의 우회와 동편으로부터의 정착 전승은 야위스트의 주요한 전승 채용이다. 옛 유다 전승은 특별히 갈렙 족속의 전승, 즉 헤브론과 그 근처에 갈렙 족속이 정착한 사실을 취급하고 있는 전승이었을 수도 있다. 갈렙 족속의 역사와 전승에 관한 보다 자세한 논의에 대해서는 H. Gressmann, *Mose*, 291-300; M. Noth, *Pentateuchal Traditions*, 130-36; H. Seebass, *Der Erzvater Israel und die Einführung der jahweverehrung in Kanaan* (BZAW 98; Berlin: Töpelmann, 1966) 63; V. Fritz, *Israel*, 79-84; W. Beltz, *Die Kaleb-Traditionen*, 30-37를 보라. 에스골의 비옥한 골짜기를 비롯한 유리한 땅을 갈렙이 점령한 사실은 아마도 그 곳으로 들어가기를 지체했던 다른 그룹들에 비하여 그가 특별히 용감했다는 데서 설명될 수 있을 것이다. 이것은 민수기 13:30에 표현된 것과 같은 갈렙의 용기를 설명하고 있다. 여호수아 15:13-14과 사사기 1:20에는 초창기 전승 단계가 포함했을 내용에 대한 보다 자세한 암시가 들어 있다. 갈렙은 에돔 족속의 혈통(창 36:11, 42)인 겐 족속이었던 같다(민 32:12; 수 14:6, 14; 15:

17; 삿 1:3; 3:9, 11). 초창기에 이 그룹은 유다와 친밀한 관계에 있었음에 틀림없고(나발은 갈렙 족속이었다, 삼상 25:3), 가계의 목적에서는 유다와 함께 계수되지만, 그들은 오랫동안 별개의 존재로 인식되어 왔었다(대상 2:4-5, 9, 18-19, 24-26, 42-43). 갈렙과 아브라함 사이의 관계에 대해서는 R. E. Clements, *Abraham and David*(London: SCM, 1967) 37-39를 보라. 정착 전승은 가장 오래된 J문서에서 정착 직전에 그 땅의 끝 부분에서 갈렙만이 적극적으로 반응했던 정탐 이야기를 포함하면서 하나의 이야기로 전환되었다. 와그너(S. Wagner, "Die Kundschaftergeschichten")는 그 정탐 이야기가 일종의 전승 형태로 고정되었다는 사실을 제시하려고 시도했다. 맥이브뉴(S. E. McEvenue, *Priestly Writer*, 96 n. 13)가 주장하는 바와 같이, 비록 우리가 가장 오래된 J로 제안했던 이 이야기가 사실상 와그너가 제안한 패턴에 어울릴지라도, 이 이야기들 가운데 너무나 가변성이 많아서 하나의 대단히 확고한 주장을 옳다고 변호하기는 어려울 것으로 보인다.

주석

17 "남방으로"(בַּנֶּגֶב – 빤네게브). 이것은 팔레스틴 남방의 반(半) 사막 지역이다.

20 "담대하라"(וְהִתְחַזַּקְתֶּם – 웨힛트하자크템)는 혹은 "단호하게 되라"는 것이다(참조. 삼하 10:12; 왕상 20:22; 대상 19:13).

"포도가 처음 익을"(בִּכּוּרֵי עֲנָבִים – 비쿠레 아나빔). 이것은 이 이야기가 7월 말경의 사건이었음을 시사한다.

21 민수기 저자에게는 신 광야가 가나안의 남단을 나타낸다. 스나이드(N. H. Snaith, *Numbers*, 238)는 그 곳을 사해 남단의 서쪽 지역과 에돔 영토의 북서쪽 지역이라고 밝히고 있다.

르홉은 아마도 사무엘하 10:6의 벧르홉으로, 헤브론 서쪽에 있는 한 성읍일 것이다.

르보-하맛은 오른테스의 수원지에 가까운 한 성읍이었다. 그 곳은 북단에 있었고, 여기서 그 곳이 언급된 것은 민수기 저자에게 그 정탐이 전국을 망라하고 있다는 사실을 강조하고자 한 것이다.

22 헤브론은 예루살렘 남쪽 20마일 지점에 위치해 있는 현대의 엘-칼릴(el-Khalil)이다. 그 이름은 "동맹"을 의미한다. 전승에는 그 곳이 아브라함, 이삭, 야곱이 사라, 리브가 그리고 레아와 더불어 묻힌 장소였다고 되어 있다. 다윗이 유다 한

지파의 왕이 되었을 때는 그 곳이 수도였다. 그 곳은 기럇-아르바(창 23:2; 수 14:15), 곧 "네 개의 성읍"으로 알려져 왔었다.

아히만, 세새, 달매, 이 세 이름들은 아마도 헤브론 근처에 존재해 온 것으로 알려진 세 부족을 말할 것이다(참조. 수 15:14; 삿 1:20).

"아낙 자손"(יְלִדֵי הָעֲנָק – 옐리데 하아낙). 노트(M. Noth, *Numbers*, 105-06)는 "목걸이를 한 자손들"이라고 생각한다(참조. 삿 8:26; 잠 1:9). "아낙"은 아마도 그들이 이례적으로 큰 자들이라고 믿어졌던 사실을 상징할 것이다. 또한 사무엘하 21:18-22을 보라.

소안은 타니스의 성읍이었다. 그 곳은 아바리스로 불렸는데, 주전 2세기 초반에 힉소스 바로의 수도였다. 현대의 위치는 산 엘-하갈(Ṣân el-Ḥagar)이다.

23 에스골은 "송이"를 의미한다. 에스골 골짜기는 헤브론의 북서쪽 수 마일 지점에 있는 현대의 베이트 이스카힐(Beit Ishkahil)일 것이다. G. W. Coats, *Rebellion*, 144-45를 더 읽어 보라.

26 "성소"를 의미하는 가데스는 현대의 아인 콰디스('Ain Qadeis)이다. 이 곳은 브엘세바 남쪽 약 50마일 지점에 있다. 이 곳이 민수기 27:14에서는 므리바 가데스로 불리고, 민수기 32:8에서는 가데스-바네아로 불리고 있다.

27 "젖과 꿀이 흐르고"(זָבַת חָלָב־וּדְבַשׁ – 자바트 할라브 우드바쉬). 이것은 가나안 땅의 풍요로움을 나타내는 통상적인 묘사다. 젖과 꿀이 본래 신들의 음식이었다는 생각을 지지하는 강력한 증거는 없다. 이에 관한 특별한 연구 문서들에 대해서는 B. Stade, "Ein Land wo Milch und Honig fliesst," *ZAW* 22(1902) 321-24; I. Guidi, "Une terre coulant du lait avec du miel," *RB* 12(1903) 241-44; F. C. Fensham, "An Ancient Tradition of the Fertility of Palestine," *PEQ* 98(1966) 166-67를 보라.

29 아말렉은 네게브의 남방에 있는 사막에 거주하던 유목민 그룹이었다. 이 민족은 언제나 이스라엘에게 적대감을 가졌던 것으로 보이는데, 사울의 전쟁 기사를 읽어 보라(삼상 15:1-9). 히위 족속들은 팔레스틴에 있었던 이스라엘 이전의 원주민이었다. 만일 히타이트란 독법(MT)이 받아들여질 수 있다면, 그것은 소아시아 남방에 근거지를 두었던 대제국을 가리킴에 틀림없다. 이 민족의 세력은 주전 1400-1200년 사이에 절정에 도달했다. 여호수아 1:4; 에스겔 16:3에 그 거대힘의 흔적이 나타나 있다. 여부스 족속은 예루살렘과 동일시되는 여부스 성읍의 거민들이었다(삿 1:21). 아모리 족속은 여기서 가나안 족속들과 구별되어 있다. 그들은 팔레스틴 산악 지역의 거주민으로 보이며, 반면에 가나안 족속들은 저지대에 속했던 것으로

보인다. 바벨론인들은 그 땅 전체를 아무루(Amurru)라고 불렀던 것으로 보인다. 이러한 여러 민족들에 대한 보다 자세한 설명을 보려면 D. J. Wiseman(ed.), *Peoples of Old Testament Times*(Oxford: Clarendon, 1973)를 보라.

32 "악평"(דִּבַּת – 딥바트). 로핑크(N. Lohfink, "Die Ursünden")는 이것이 하나님의 구원하시는 은혜, 즉 *Heilsgabe*에 대한 비방을 이루고 있다고 설득력 있게 주장한다.

"그 거민을 삼키는 땅이요"(אֶרֶץ אֹכֶלֶת יוֹשְׁבֶיהָ – 에레츠 오켈레트 요슈베하). 이것은 불모지를 가리킬 수도 있다(A. H. McNeile, *Numbers*, 71; B. Baentsch, *Numeri*, 522-23; G. B. Gray, *Numbers*, 151; S. E. McEvenue, *Priestly Writer*, 135-36는 이 견해를 따르는 경향이 있다). 이 은유법은 가나안 족속들을 식인종으로 나타내고 있다고 주장되기도 했고(L. E. Binns, *Numbers*, 30), 그것이 "호전적인 충돌"로 가득한 땅을 나타내거나(M. Noth, *Numbers*, 107-참조. 레 26:38; 겔 36:13-14), 혹은 "전쟁을 위해 준비된" 땅을 암시한다고 주장되기도 했다(G. W. Coats, *Rebellion*, 140-41). 이 문구는 일반적으로 "멸망"을 나타내기 위한 의미일 수도 있다. 그 땅은 비옥하지도 안전하지도 못했다. 맥이브뉴는 이 은유법이 야웨의 땅이 괴물을 삼키는 스올과 같다고 말하는 방식이라고 주장한다.

33 네피림은 반(半) 신적 존재인 전설적 인종이었는데, 그들의 기원은 창세기 6:1-4에 설명되어 있다. 어원적 설명은 모호하다. 이 단어는 "떨어지다"(נָפַל, 나팔)와 어느 정도의 연관성을 가지고 있을 수도 있다. 네필라(*Nĕphîlā'*)는 하늘의 거인인 오리온의 아람어다.

"…도"(כֵּן, 켄)는 "모기들"로 읽을 수 있을 것이다(참조. 출 8:13; 사 51:6).

해설

이 단락은 이스라엘이 그 땅에 정착하기 전에 어떻게 그 땅을 살펴보았는지를 말해 주고 있다. 모세는 그 땅의 강하고 약함을 탐지하기 위하여 각 지파로부터 한 사람의 정탐꾼을 선발하여 보냈다. 그 땅이 풍요롭다는 사실에 대한 보고는 긍정적이었지만, 이스라엘이 그 땅을 점령할 것이라는 데 대해서는 전반적으로 비관적이었다. 오직 갈렙만이 그 땅을 소유할 수 있을 것이라고 믿었다.

민수기 저자에게 이 이야기는 그 땅으로의 여행이 백성들의 죄로 말미암아 좌절되고 지체된 주요 단락(민 13-14장)의 발단을 진술하고 있다. 저자가 이 사건 가운데서 어떤 포로의 그림자를 보았고, 그래서 그것은 포로기의 경험을 반영하고 있다고 할 수 있다. 그는 또한 이 실패 가운데서 포로 후기에 있던 그 땅으로의 귀환과 재정착에 장애가 있을 가능성을 바라보고 있을 수 있다. 그가 취급하고 있는 야위스트 전승은 또한 이스라엘 백성에 대해서 비판적이지만, 제사장적 비전은 그의 특별한 관심, 즉 그 땅을 잃는 것을 드러내 주는 광범위한 보충을 제공하고 있다. 이 기사 안에는 분명히 하나의 경고가 들어 있지만, 그와 동시에 격려에 대한 언급도 있다. 그 땅을 주시려는 하나님의 계획은, 그 계획을 거절한 사람들이 그 결과를 당할 것을 예상해야 할 테지만 궁극적으로 좌절되지는 않을 것이다.

그가 제공하고 있는 첫 번째로 정교한 구성 요소는 그 땅의 정탐이 하나님의 명령이었다는 주장이다. 1-17a절에 묘사된 것과 같은 준비가 질서정연하고 또 조직적이다. 신명기 1:22-25에서는 백성들이 정탐을 보내도록 요청하고 있는데, 분명한 것은 이것이 야위스트의 작품에서의 방식이었다는 점이다. 하나님이 주도권을 가지고 역사하신 사실은 전체의 활동 가운데 있는 하나님의 다스리심과 목적을 강조한다. 정탐꾼들을 열거하고 있는 저자의 목록은 어쩌면 그의 편집인 것 같지만("양식/구조/배경"을 보라), 그가 당연히 바벨론에 있는 관련된 지파의 자료로부터 그 이름들을 수집했을 수도 있다. 여호수아가 그 정탐꾼들 가운데 한 사람이었다는 사실이 저자에게는 중요했는데, 그 이유는 민수기 14장이 밝히고 있는 바와 같이 여호수아 세대의 신실한 정탐꾼만이 그 땅에 도달하기까지 살아 있었기 때문이다.

민수기에 대한 제사장 저자가 행한 두 번째로 중요한 기여는 땅 전체를 탐지하는 정탐에 대한 사상이다. 이러한 발전은 하나님의 목적의 범위를 밝히고 있는 하나의 중요한 상징적 특징이다. 선물이 그 땅 전체이므로, 그 전체가 관찰되고 평가되는 것이 예술적으로 적절하다. 본서의 세 번째 주요 부분(서론을 보라)은 그 땅에서의 삶에 대한 주요 관심사를 드러내고 있으며, 또한 이러한 이유로 인하여 그 땅을 모두 살피는 것이 적절하다.

세 번째 기여는 정탐꾼들의 불신앙에 대한 제사장 저자의 확대다. 그들은 그 땅에 대한 부정적인 평가를 가지고 왔다(32절). 이것은 야위스트의 묘사와 약간 대조를 이루고 있는데(27-28절), 그 곳에서 그 거주민들은 강하지만 그 땅 자체만은 좋았다. 이런 식으로 그 죄가 강조되고, 민수기 14장의 심각한 결과가 정당화되었다.

제사장 저자처럼 야위스트도 그 땅에 관심을 가졌고 그 땅을 점령하는 데 있어서의 상황에도 관심을 가지고 있었다. 그는 부분적으로는 그러한 전승들을 요단강 건너 동편으로부터 정착에 대해 말한 사람들과 함께 정렬시키는 일에 관심을 가지고,

정착에 대한 초창기 갈렙 족속과 유다 족속의 전승을 개작하고 있다. 이스라엘을 우회하도록 만들었던 것은 그들의 죄였고, 민수기 14장에 있는 보다 자세한 자료는 그 점을 강조하고 있다. 한편, 헤브론 정탐에 대한 유다 족속의 전승은 있는 그대로 남아 있을 수 있다. 그 땅의 중요성과 또한 그 땅을 점령하는 일과 관련된 상황은 나중에 포로 전기 유다에서는 중요한 문제였다. 야위스트에게 이 특별한 이야기의 의미에 대한 보다 자세한 논의는 민수기 14장과 관련하여 나타난다("해설"). 민수기 13장에서 그의 주 강조점은 그 땅의 탁월성에 있으며(27-28절), 백성의 동요를 가라앉히려고 했던 한 사람 갈렙의 역할에 있다.

신학적으로 이 단락은 하나님의 공급하심의 선하심과 은혜로우심을 강조하고 있다. 상황을 조종하시는 하나님의 섭리는 크고, 그의 공급은 풍성하며, 인간의 필수적 응답은 단순한 믿음이어야 한다. 정탐꾼 대다수의 잘못은 이스라엘이 가는 길에 어려움과 장애물이 있다는 것을 인정한 점이 아니다. 믿음은 여기서 유치한 혹은 맹목적인 낙천주의로 묘사되고 있지 않다. 실패는 무엇보다도 그들이 참된 시각에서 이러한 난점들을 바라보지 못한 점에 있다. 갈렙의 관점(30절)은 그들의 어려움이 가상적이라는 것이 아니라 이스라엘이 그것들을 잘 극복할 수 있다는 것이다. 믿음은 하나님의 시각으로부터 실존적 상황을 바라보려고 추구하는 것이다.

23. 그 땅에 대한 거절과 호르마에서의 패배(14:1-45)

참고문헌

Bartlett, J. R. "The Use of the Word ראשׁ as a Title in the Old Testament." *VT* 19(1969) 1-10. **Sakenfeld, K. D.** "The Problem of Divine Forgiveness in Num 14." *CBQ* 37(1975) 317-30. See also Num 13:1-33(*Bibliography*). On disaffection, see Num 11:1-3(*Bibliography*).

본 문

1 온 회중이 소리를 높여 부르짖으며 밤새도록
백성이 곡하였더라

1 And all the congregation raised a loud cry,
and the people wept[a] that night.

2 이스라엘 자손이 다 모세와 아론을 원망하며
온 회중이 그들에게 이르되 우리가 애굽 땅에서
죽었거나 이 광야에서 죽었더면 좋았을 것을

2 And all the people of Israel murmured against
Moses and Aaron. And the whole congregation
said to them, "O that we had died[a] in the land
of Egypt! Or that we had died in the wilderness!

3 어찌하여 여호와가 우리를 그 땅으로 인도하여
칼에 망하게 하려 하는고 우리 처자가 사로잡히
리니 애굽으로 돌아가는 것이 낫지 아니하랴

3 Why does Yahweh bring us into this land, to
fall by the sword? Our wives and our little ones
will become a prey. Would it not be better for
us to go back to Egypt?"

4 이에 서로 말하되 우리가 한 장관을 세우고 애
굽으로 돌아가자 하매

4 And they said to one another, "Let us choose
a captain, and go back to Egypt."

5 모세와 아론이 이스라엘 자손의 온 회중 앞에
서 엎드린지라

5 And Moses and Aaron fell on their faces
before all the assembly[a] of the congregation of
the people of Israel.

6 그 땅을 탐지한 자 중 눈의 아들 여호수아와 여
분네의 아들 갈렙이 그 옷을 찢고

6 And Joshua, the son of Nun, and Caleb, the
son of Jephunneh, who were among those who
spied out the land, tore their clothes,

7 이스라엘 자손의 온 회중에 일러 가로되 우리
가 두루 다니며 탐지한 땅은 심히 아름다운 땅이
라

7 and they said to all the congregation of the
people of Israel, "The land through which we
passed to spy it out is an exceptionally good
land.

8 여호와께서 우리를 기뻐하시면 우리를 그 땅으
로 인도하여 들이시고 그 땅을 우리에게 주시리
라 이는 과연 젖과 꿀이 흐르는 땅이니라

8 If Yahweh delights in us, he will bring us into
this land and give it to us, a land which flows
with milk and honey.

9 오식 여호와를 거역하지 말라 또 그 땅 백성을

9 But do not rebel against Yahweh, and do not

두려워하지 말라 그들은 우리 밥이라 그들의 보호자는 그들에게서 떠났고 여호와는 우리와 함께 하시느니라 그들을 두려워 말라 하나

fear the people of the land, for they are our bread. Their protection[a] is removed from them, and Yahweh is with us. Do not fear them."

10 온 회중이 그들을 돌로 치려 하는 동시에 여호와의 영광이 회막에서 이스라엘 모든 자손에게 나타나시니라

10 But all the congregation said[a] to stone them with stones. And the glory of Yahweh appeared at the Tent[b] of Meeting to all the people of Israel.

11 여호와께서 모세에게 이르시되 이 백성이 어느 때까지 나를 멸시하겠느냐 내가 그들 중에 모든 이적을 행한 것도 생각하지 아니하고 어느 때까지 나를 믿지 않겠느냐

11 And Yahweh said to Moses, "How long will this people despise me? And how long will they not believe in me in spite of all the signs I have shown among them?

12 내가 전염병으로 그들을 쳐서 멸하고 너로 그들보다 크고 강한 나라를 이루게 하리라

12 I will strike them with the pestilence and disinherit them. And I will make of you[a] a nation greater and mightier than they."

13 모세가 여호와께 여짜오되 애굽인 중에서 주의 능력으로 이 백성을 인도하여 내셨거늘 그리하시면 그들이 듣고

13 But Moses said to Yahweh, "If the Egyptians hear of it,[a] for you did bring up this people in your might from among them,

14 이 땅 거민에게 고하리이다 주 여호와께서 이 백성 중에 계심을 그들도 들었으니 곧 주 여호와께서 대면하여 보이시며 주의 구름이 그들 위에 섰으며 주께서 낮에는 구름 기둥 가운데서 밤에는 불 기둥 가운데서 그들 앞에서 행하시는 것이니이다

14 then they will tell the inhabitants of this land.[a] They have heard that you, Yahweh, are in the midst of this people. For you, Yahweh, are seen[b] face to face, and your cloud stands over them, and you go before them in a pillar of cloud by day and in a pillar of fire by night.

15 이제 주께서 이 백성을 한 사람 같이 죽이시면 주의 명성을 들은 열국이 말하여 이르기를

15 Now if you kill this people as one man, then the nations who have heard of your fame[a] will say,

16 여호와가 이 백성에게 주기로 맹세한 땅에 인도할 능이 없는고로 광야에서 죽였다 하리이다

16 'Because Yahweh was unable to bring this people into the land which he swore to give to them, therefore he has killed[a] them in the wilderness.'

17 이제 구하옵나니 이미 말씀하신 대로 주의 큰 권능을 나타내옵소서 이르시기를

17 And now, I pray, let the power of Yahweh be great, as you have promised, saying,

18 여호와는 노하기를 더디하고 인자가 많아 죄악과 과실을 사하나 형벌 받을 자는 결단코 사하지 아니하고 아비의 죄악을 자식에게 갚아 삼사대까지 이르게 하리라 하셨나이다

18 'Yahweh is slow to anger, and totally faithful,[a] forgiving iniquity and transgression,[b] but by no means clearing the guilty,[c] visiting the iniquity of fathers upon children, upon the third and fourth generation.

19 구하옵나니 주의 인자의 광대하심을 따라 이 백성의 죄악을 사하시되 애굽에서부터 지금까지 이 백성을 사하신 것같이 사하옵소서

19 Pardon the iniquity of this people, I pray, in accordance with the greatness of your faithfulness, and because you have forgiven this people, from Egypt even until now."

20 여호와께서 가라사대 내가 네 말대로 사하노라

21 그러나 진실로 나의 사는 것과 여호와의 영광이 온 세계에 충만할 것으로 맹세하노니

22 나의 영광과 애굽과 광야에서 행한 나의 이적을 보고도 이같이 열 번이나 나를 시험하고 내 목소리를 청종치 아니한 그 사람들은

23 내가 그 조상들에게 맹세한 땅을 결단코 보지 못할 것이요 또 나를 멸시하는 사람은 하나라도 그것을 보지 못하리라

24 오직 내 종 갈렙은 그 마음이 그들과 달라서 나를 온전히 좇았은즉 그의 갔던 땅으로 내가 그를 인도하여 들이리니 그 자손이 그 땅을 차지하리라

25 아말렉인과 가나안인이 골짜기에 거하나니 너희는 내일 돌이켜 홍해 길로 하여 광야로 들어갈지니라

26 여호와께서 모세와 아론에게 일러 가라사대

27 나를 원망하는 이 악한 회중을 내가 어느 때까지 참으랴 이스라엘 자손이 나를 향하여 원망하는 바 그 원망하는 말을 내가 들었노라

28 그들에게 이르기를 여호와의 말씀에 나의 삶을 가리켜 맹세하노라 너희 말이 내 귀에 들린 대로 내가 너희에게 행하리니

29 너희 시체가 이 광야에 엎드러질 것이라 너희 이십 세 이상으로 계수함을 받은 자 곧 나를 원망한 자의 전부가

30 여분네의 아들 갈렙과 눈의 아들 여호수아 외에는 내가 맹세하여 너희로 거하게 하리라 한 땅에 결단코 들어가지 못하리라

31 너희가 사로 잡히겠다고 말하던 너희의 유아들은 내가 인도하여 들이리니 그들은 너희가 싫어하던 땅을 보려니와

32 너희 시체는 이 광야에 엎드러질 것이요

20 Then Yahweh said, "I have pardoned according to your word.

21 But truly, as I live, and as all the earth shall be filled with the glory of Yahweh,

22 none of the men who have seen my glory and my signs which I performed in Egypt and the wilderness, and who yet have put me to the test these ten times and have not listened to my voice,

23 none shall see the land which I swore to give to their fathers.[a] And none of those who despised me shall see it.

24 But my servant Caleb, because he has a different spirit and has followed me wholeheartedly, I will bring into the land which he entered, and his descendants shall possess it.

25 [And the Amalekites and the Canaanites live in the valley.][a] Turn tomorrow, and set out for the wilderness, by the way to the Sea of Reeds."

26 And Yahweh spoke to Moses and to Aaron,

27 "How long must I bear[a] this evil congregation which murmurs against me? I have heard the murmurings of the people of Israel which they murmur against me.

28 Say to them, 'As I live,' says Yahweh, 'what you have said in my hearing I will do to you.

29 Your carcasses shall fall in this wilderness. And of all your number, of those counted from twenty years old and over, who have murmured against me,

30 not one shall come into the land where I swore that I would make you live, except Caleb, the son of Jephunneh, and Joshua, the son of Nun.

31 But your little ones, whom you said would become a prey,[a] I will bring in, and they shall know[b] the land which you have despised.

32 But as for you, your carcasses shall fall in this wilderness.

33 너희 자녀들은 너희의 패역한 죄를 지고 너희의 시체가 광야에서 소멸되기까지 사십 년을 광야에서 유리하는 자가 되리라

34 너희가 그 땅을 탐지한 날수 사십 일의 하루를 일년으로 환산하여 그 사십 년 간 너희가 너희의 죄악을 질지니 너희가 나의 싫어 버림을 알리라 하셨다 하라

35 나 여호와가 말하였거니와 모여 나를 거역하는 이 악한 온 회중에게 내가 단정코 이같이 행하리니 그들이 이 광야에서 소멸되어 거기서 죽으리라

36 모세의 보냄을 받고 땅을 탐지하고 돌아와서 그 땅을 악평하여 온 회중으로 모세를 원망케 한 사람

37 곧 그 땅에 대하여 악평한 자들은 여호와 앞에서 재앙으로 죽었고

38 그 땅을 탐지하러 갔던 사람들 중에 오직 눈의 아들 여호수아와 여분네의 아들 갈렙은 생존하니라

39 모세가 이 말로 이스라엘 모든 자손에게 고하매 백성이 크게 슬퍼하여

40 아침에 일찌기 일어나 산꼭대기로 올라가며 가로되 보소서 우리가 여기 있나이다 우리가 여호와의 허락하신 곳으로 올라가리니 우리가 범죄하였음이니이다

41 모세가 가로되 너희가 어찌하여 이제 여호와의 명령을 범하느냐 이 일이 형통치 못하리라

42 여호와께서 너희 중에 계시지 아니하니 올라가지 말라 너희 대적 앞에서 패할까 하노라

43 아말렉인과 가나안인이 너희 앞에 있으니 너희가 그 칼에 망하리라 너희가 여호와를 배반하였으니 여호와께서 너희와 함께하지 아니하시리라 하나

44 그들이 그래도 산꼭대기로 올라갔고 여호와의 언약궤와 모세는 진을 떠나지 아니하였더라

33 And your children shall be shepherds[a] in the wilderness for forty years, and you shall suffer for your faithlessness, until the last of your carcasses lies in the wilderness.

34 In accordance with the number of days in which you spied out the land, forty days, for every day a year,[a] you shall bear your iniquity, forty years, and you shall know me as an enemy'.[b]

35 I Yahweh have spoken. Surely I will do this to all this evil congregation which is gathered together against me. In this wilderness they shall come to a full end, and there they shall die."

36 And the men whom Moses sent to spy out the land, and who returned and made all the congregation murmur against him, by bringing up an evil report against the land,

37 the men who brought up an evil report of the land, died by plague before Yahweh.

38 But Joshua, the son of Nun, and Caleb, the son of Jephunneh, remained alive, of those men who went to spy out the land.

39 And Moses told these words to all the people of Israel, and the people mourned greatly.

40 And they rose in the morning, and went up to the heights of the hill country, saying, "Behold, we are on our way up to the place which Yahweh has promised, for we have sinned."[a]

41 But Moses said, "Why now are you transgressing the command of Yahweh, for that will not succeed?

42 Do not go up lest you be struck down before your enemies, for Yahweh is not among you.

43 For there the Amalekites[a] and the Canaanites are before you, and you shall fall by the sword. Because you have turned back from following Yahweh, Yahweh will not be with you."

44 But they presumed to go up to the heights of the hill country, although neither the ark of the

covenant of Yahweh, nor Moses, departed out of the camp.

45 아말렉인과 산지에 거하는 가나안인이 내려와 쳐서 파하고 호르마까지 이르렀더라

45 And the Amalekites and the Canaanites who lived in that hill country came down,[a] and defeated them and pursued them, as far as Hormah.[b]

원문주해

1.a. Sam, G, Syr, Vg는 여기서 단수형을 보유하고 있다.

2.a. 이러한 완료형의 사용에 대해서는 GKC § 106p를 보라.

5.a. 퀘할(קָהָל, "회중")은 G. Tg[J]에는 빠져 있다. MT에 있는 완전한 표현은 이례적이지만(참조. 출 12:6에서만) 제거해서는 안 될 것이다.

9.a. G는 호 카이로스(ὁ καιρὸς, "그 시간")를 보유하고 있다. MT는 받아들일 만하다(더 자세한 논의에 대해서는 "주석"을 보라).

10.a. *BHS*는 마안(מאן, "거절하다", "물리치다")을 제안하고 있으나, MT는 난해한 것은 아니고 받아들이는 것이 가장 좋다("주석"을 보라).

10.b. G는 엔 네펠레 에피 테스 오케네스(*ἐν νεφέλῃ ἐπί τῆς ὀκηνῆς*, "장막 위 구름 가운데서")를 보유하고 있지만, MT가 받아들일 만하다. G는 해석적인 본문인 것 같다.

12.a. Sam과 G에는 이 부분이 웨에트-베트 아비카(וְאֶת־בֵּית אָבִיךָ, "그리고 네 아비의 집")로 되어 있다. G와 Sam이 본 장에서 자주 그렇게 하는 것처럼 설명적인 본문인 것 같다.

13.a. 이 구절은 조건절로 취급하는 것이 가장 좋다; S. R. Driver, *Hebrew Tenes*(Oxford: Clarendon, 1881) 185-87; J. Paterson, *Numbers*, 49.

14.a. G는 이 부분을 해석하기가 더 쉽다(J. Paterson, *Numbers*, 49를 보라). MT는 변형된 것 같다.

14.b. 이것은 니르에트(נִרְאֵת), 즉 니팔 분사형으로 읽어야 할 것 같다.

15.a. G에는 이것이 쉼카(שִׁמְךָ, "네 이름")로 되어 있다.

16.a. G에는 어근 솨타흐(שָׁטַח, "뿌리다")로 되어 있다. 같은 변형이 민 11:32에서도 발견된다. 패터슨(J. Paterson, *Numbers*, 49-50)은 이 단어에 대한 보다 자세한 논의를 제공하고 있다.

18.a. Sam과 G는 웨에메트(וֶאֱמֶת, "그리고 진리")를 보유하고 있는데, 이는 아마노 첨가물인 것 같다.

18.b. Sam과 G는 웨하타아(וְהַטָּאָה, "그리고 죄")를 보유하고 있는데, 이는 아마도 첨가물인 것 같다.

18.c. G는 여기서 "죄악"을 보유하고 있는데(RSV가 따르고 있음), 이 또한 첨가물인 것 같다.

23.a. G는 여기에 자료를 보유하고 있는데, 이는 신 1:39에 근거한 것 같고 31절을 예상하고 있는 것처럼 보인다. 이것은 첨가물인 것이 틀림없다.

25.a. 이 괄호로 되어 있는 문장은 하나의 주석인 것 같다; J. Paterson, *Numbers*, 50를 보고, "주석"에 있는 더 자세한 논의를 읽어 보라.

27.a. 리(לִי)가 여기서 탈락한 것 같다(*BHS*); 참조. 렘 2:18.

31.a. S는 여기서 신 1:39에 근거한 몇 개의 자료를 보유하고 있다. 위의 23절을 보라.

31.b. G는 웨야르수(וְיָרְשׁוּ)로 읽으면서, 클레로노메수신(*κληρονομήσουσιν*, "그리고 그들이 소유할 것이다")으로 기록하고 있다(참조. 신 1:39). *BHS*는 어근 라아(רָעָה, 참조. 33절)를 제안하고 있지만 MT가 더 낫다.

33.a. 로임(רֹעִים, "목자들"). 다른 제안들은 각각 나임(נָעִים)과 토임(תֹּעִים)으로 파악하고 있는 "방황할 것이다"(J. Paterson, *Numbers*, 50; 참조. 민 32:13), "그릇 갈 것이다"(Tg[J], Vg)이다. "목자들이 되라"는 몇몇 사람들에게는 불충분한 처벌인 것으로 보인다. 다른 한편 MT는 명료하고, 젖과 꿀이 흐르는 땅에 대한 약속이라는 상황 가운데서 충분한 심판이 된다. 그래서 MT가 더 나은 편이다.

34.a. 이 표현에 대해서는 GKC § 123d를 보라.

34.b. G는 톤 뒤몬 테스 오르게스 무(*τὸν θυμὸν τῆς ὀργῆς μου*, "나의 진노의 분노")를 보유하고, Vg는 "나의 복수"를 보유하고 있다. 이는 분명히 의역인 것 같다. 이 구절 가운데 있는 난점들에 대해서는 "주석"을 보라.

40.a. 신 1:42의 내용이 Sam의 이 부분에 덧붙여져 있다.

43.a. 패터슨(J. Paterson, *Numbers*, 50)은 여기서 "아말렉인"보다는 "아모리인"을 더 선호한다. 이것은 아모리인과 가나안 족속이 각각 팔레스틴에서 산지와 평지에 살고 있던 사람들이라는 근거에서 나온 생각이며 신 1:19-20, 44에 기초한 것이다. 그러나 본문상으로 지지하는 구절이 없고, 그래서 "아말렉 족속들"이 전적으로 가능하다(민 13:29; 14:25의 "주석"을 보라).

45.a. Sam은 여기서 신 1:44에 근거한 첨가 자료를 보유하고 있다.

45.b. Sam과 G는 신 1:45에 근거한 첨가 자료를 보유하고 있다.

양식/구조/배경

민수기 13장에 있는 제사 자료와 야위스트 자료의 조화가 이 단락 가운데 지속되고 있다. 1절에는 이 두 가지의 특징이 나타나지만, 특히 야위스트 자료가 두드러져 있다. "회중이(הָעָם – 하암) 소리를 높여(וַתִּשָּׂא…קוֹלָם – 와티싸…콜람)…울며(וַיִּבְכּוּ –

와입쿠)"란 모습은 야위트스적이다(참조. 창 21:16; 27:38; 29:11; 33: 4; 37:5; 42:24; 43:30; 45:14-15; 46:29; 50:1, 3, 17; 출 2:6; 민 11:4, 10). 음성과 관련하여 나탄(נָתַן, "주었다")이란 단어가 사용된 것도 역시 야위스트 작품에 발견된다(창 45:2). 1절에 있는 그의 모든 본문 역시 부드럽지 못하다 – 나사(נָשָׂא)와 나탄(נָתַן)의 사용을 유념하고, 몇몇 어색한 점이 야위스트가 원문의 위치를 바꾸고 편집함으로써 생겨날 수도 있었다는 사실을 유념하라(민 13:1-33의 "양식/구조/배경"을 보라). 제사장 저자의 영향이 나타나 있다는 분명한 표시가 "온 회중이" (כָּל־הָעֵדָה – 콜-하에다)란 문구다. 이스라엘은 "회중"(הָעֵדָה – 하에다)이다. 아론이 모세와 긴밀하게 연결되어 있는데, 그들이 자기들의 얼굴을 땅에 대고 엎드리고(5절; 참조. 창 17:3, 17; 레 9:24; 민 16:4, 22; 17:10; 20:6), 제사장적 용어인 "영광"(כָּבוֹד – 카보드)이 나타난다(10절). 여호수아가 믿음 있는 정탐꾼으로서 갈렙과 함께 나타난다(참조. 민 13:6).

어떤 분석가들은 3절에서 야위스트의 손길을 발견한다(B. W. Bacon, *Triple Tradition*, 185-86; H. Holzinger, *Numeri*, 50-59; H. Gressmann, *Mose*, 291 n. 1; O. Eissfeldt, *Hexateuch*, 166-72; W. Rudolph, *Der Elohist*, 74-80; C. A. Simpson, *Early Traditions*, 230-36. S. E. McEvenue, *Priestly Writer*, 90-92는 불명확하면서도 그것을 P에게 돌리는 것을 부정하지는 않는다). 다른 한편, 3절은 실질적으로 2절의 복사가 아니다. 2절에서 이스라엘은 자기들의 운명에 대해 슬퍼하고, 반면에 3절에서는 그 사건의 과정에 대해서 묻는다. 슬퍼함으로부터 묻는 데로의 전환은 아주 논리적이고, 일반적으로 P에게로 돌려지는 자료의 다른 곳에서도 나타난다(참조. 민 20:3b-4). 언어적 특징들은 P에서 충분히 입증된다 – "어찌하여"(וְלָמָּה – 웰람마; 창 27:46; 민 9:7; 20:4; 32:7), "우리 처자"(נָשֵׁינוּ וְטַפֵּנוּ – 나쉐누 웨타페누; 창 34:29; 민 31:9, 17-18). 맥이브뉴(S. E. McEvevue, *Priestly Writer*, n. 200)는 3절이 2절 다음에 하나의 두려운 결말로 다가왔을 것이라는 근거에서 3절을 P에게 돌리는 것을 거절한다. 그들의 이러한 말은 좌절시키는 논평이다. 그들이 보고 있는 바와 같이, 이스라엘 백성들은 아무런 목적도 없이 기나긴 여행을 해 왔다. 그래서 그들은 자기들이 이제까지 죽지 않았다는 사실을 슬퍼하고 있는 것이다. 그들은 지금 자기들이 결정해야 할 행동은 애굽으로 돌아가는 것이라고 확신했다. 이러한 논리는 완전히 조리가 맞는 것이다. 야위스트 기원을 가졌다는 보다 강력한 증거는 4절에 나타날 수 있다. 일관성의 관점에서 볼 때, 이것 역시 P일 수 있다. 여기에 정확한 복사는 없다. 3b절의 세안은 4절에 있는 긍정적 해결책으로 돌아가고 있다. 다른 한편, "장관"(רֹאשׁ – 로쉬)은 제사장 저자가 여기서 야위스트의 불평의 말로부터 한 요소를 취했다는 사실을 시사하고 있다. 이 단어는 P에 나타나지만(참조. 출 6:14; 민 1:4; 13:3), 여기서처럼 온 백성의 지도자로서가 아니라 한 가족의 가장으로 그리고 어떤 직분의 두령으로서 나타난다 – 이러한 사실은 모세가 생각한 것과는 분명히 비교가 되는 입장이다. "우리가 한 장관을 세우고"(נִתְּנָה רֹאשׁ – 니트나 로쉬)란 표현은 출애굽기 18:25에 있는 – 비록 여기서 두 개의 단어가 사법적 직분과 관련되어 있는 것처럼 보이기는 하지만 – 야위스트의 본문과 일치한다(참조. 민 25:4). 아마도 여기에 나타나 있는 용법과 가장 긴밀한 평행구절이 사사기 10:18; 11:8-9, 11에 나타나 있는 것 같다. 궁극적으로 볼 때, 어떤 방향으로 결정하든 결정적인 것은 못된다. 분석가들(본 장의 다른 구절들 가운데서 야위스트의 자료를 거의 발견하지 못하고 있는 M. Noth, *Numbers*, 101-02를 포함하여) 대부분이 이 구절을 JE에게로 돌리고 있으며, 이것을 잠정적으로 받아들이는 것이 가장 좋을 듯하다.

8-9절에 있는 자료 역시 문제를 드러내고 있다. 이것들이 야위스트의 것임을 가리키는 몇 가지 특징들이 있으며, 몇몇 분석가들은 그것들을 그러한 특징에 따라 J의 것으로 분석하고 있다(V. Fritz, *Israel*, 19-24; J. de Vaulx, *Nombres*, 171; 그리고 대부분의 구 분석가들). 이러한 분석을 지지하는 두려워 말라는 명령(참조. 창 15:1; 21:17; 26:24; 35:17; 43:23; 46:3; 50:19, 21; 출 14:13; 20:20), 그리고 "우리와 함께 하시는" 분으로서의 야웨 개념(참조. 창 21:22; 26:3, 28; 28:15, 20; 31:3, 5; 35:3; 48:21; 출 3:12; 10:10; 18:19; 민 14:43; 23:21)이 나타나 있다. 만약 이러한 견해가 옳다면 우리는 7절에 반응하고 있는 민수기 저자가 갈렙의 연설 가운데 나타난 요소를 야위스트 작품에 나타난 것으로 취급했다고 가정해야 한다. 거기에는 사실상 그 구절에 그 자체가 가지고 있는 특성을 부여해 주는 수많은 예외적인 단어들과 표현들이 나타나 있다. 마라드(מָרַד)가 하나님에 대한 반역으로 사용되고 있는 오경 가운데서 유일한 장소가 이 곳이다. 이것이 다른 곳에서는 비교적 후대의 본문 가운데 나타난다(참조. 수 22:16, 18, 29; 겔 2:3; 20:38; 단 9:5, 9). 창세기 14:9에서는 이것이 인간 왕에 대한 반역에 대해 사용되었다. "그들은 우리 밥이라"와 "그들의 보호자(직역하면 "그늘")는 그들에게서 떠났다"는 표현들은 모두 주된 오경의 자료에서는 이례적인 표현이다(참조. 신 7:16; 삿 9:15; 시 14:4; 17:8; 사 32:2; 렘 10:25). 이 구절들 모두가 P의 가장 훌륭한 특징이 되는 표현들을 가지고 있지는 못할지라도, 그것들을 민수기 저자가 자유롭게 만들어 낸 표현으로 간주하는 것이 가장 좋을 듯하다.

11-25절에 보충적인 자료가 있다는 데 대해서는 일반적으로 동의하지만, 그것의 정확한 내용에 대해서는 불확실하게 생각하고 있으며, 그것이 속해 있는 전승의 단계에 대해서도 그러하다. 분석가들 대부분은 그것이 어떤 점에서 편집자이든 그렇지 않으면 보충자이든 야위스트에게 속한다고 주장한다(참조. J. Wellhausen, *Hexateuch*, 103-04; B. Baentsch, *Numeri*, 515-16; H. Gressmann, *Mose*, 291 n. 1; L. E. Binns, *Numbers*, xxx-xxxi; H. Holzinger, *Numeri*, 50-59; V. Fritz, *Israel*, 19-24). 여기에 신명기 자료가 있는 것은 오래 전부터 인정되어 온 사실이며(예를 들어, B. W. Bacon, *Triple Tradition*, 186-88), 몇몇 사람은 이것을 포괄적인 것이라고 본다(예를 들어, M. Noth, *Numbers*, 108-10; G. W. Coats, *Rebellion*, 138-39).

24-25절에는 분명한 야위스트 요소들이 있다. 갈렙을 뽑아낸 점(24절), 돌이켜 가라는 명령(25절)은 이제까지의 야위스트의 패턴을 잘 따르는 표현이다. "야웨에 대한 멸시"(11a, 23b절) 역시 야위스트의 특징이다(민 16:30). 11b-23a절에는 여러 신명기적 단어들과 문구들이 들어 있다. "이적"(אֹתוֹת – 오토트; 11b, 22절)은 아마도 D의 가장 전형적인 단어일 것이다(참조. 신 4:34; 6:22; 7:19; 11:3; 13:1-2; 26:8; 28:46; 29:2; 34:11). 12b절에는 신명기 9:13과 출애굽기 32:10(RD?)과 언어적, 개념적 관련성이 있다. 13-16절의 본질적 사상은 출애굽기 32:7-14(RD?)과 신명기 9장에서 발견된다. D는 분명히 불 기둥과 구름 기둥에 대해서 익히 알고 있으며(신 1:38), 15-16절의 사상은 신명기 9:28과 특별히 가깝다. 18b절의 어투가 신명기 5:9에 나타나며, 사죄의 개념(19절)은 신명기 29:19; 왕상 8:30, 34, 36, 39, 50에 나타난다. "야웨에 대한 시험"(22절)은 D와 친숙하고(참조. 신 6:16; 출 17:2, 7), 야웨의 음성을 "청종"하는 것 역시 그러하다(22절; 참조. 신 4:30; 8:20; 9:23; 13:4, 18; 15:5; 26:14, 17; 28:1-2, 15, 45, 62; 30:2, 8, 10, 20). 23a절에 대해서는 신명기 1:35에서 축약된 구절로 나타나고, 반면에 22절은 신명기 5:24과 약간의 유사성을 가지고 있다. 여기에 상당히 독특해 보이는 다른 단어들과 문구들이 있는데, 14절에는 "대면하여 본다"는 표현과 이스라엘 위에 서 있는 구름에 대한 개념이 있다. 앞의 표현은 다른 곳에서 이사야 52:8에만 나타나고, 반면에 후자는 P와 같다(참조. 출 40:34-38). 사죄의 호소(16-19절)는 야위스트에게 속해 있는 출애굽기 34:6-7과 어느 정도 유사점을 가지고 있다. "사죄"와 "허물"의 개념이 모두 그의 작품 가운데 나타나 있다. 궁극적으로 이 말씀들은 제의적 배경을 가지고 있다(시 86:15; 103:8; 145:8). 열 번의 시험 개념(22절)은 독특하며, 21b절은 예언자의 종말론과 유사성을 가지고 있고(참조. 합 2:14), 반면에 20b절은 야위스트와 밀접한 접

촉점을 가지고 있다, 그러므로 본 단락은 야위스트적이면서도 신명기적이고, 또한 다른 영향들도 받은 것으로 드러난다. 그러므로 11b-23a절은 출애굽기 32:7-14과 함께 포로 후기 야위스트의 본문의 확장인 것으로 취급하는 것이 가장 바람직하다. 두드러진 신명기적 요소들의 관점에서 그것을 신명기적 주석이라고 부르는 것은 적절하지 못한 것 같지만, 이것이 다른 것으로부터 영향을 받지 않았을 것이라고 취급되어서는 안 될 것이다. 신명기에는 이러한 이야기와 금송아지에 관해 특별한 관심을 보여 주고 있으며, 따라서 이 점이 신명기적인 묘사임을 확증해 주고 있다. 동시에 이 단락은 분명히 야위스트의 작품에 의지하고 있고, 특히 다베라의 이야기(민 11:1-3)와 미리암의 이야기(민 12:1-16) 가운데 개진되어 있는 바와 같이 모세의 중보 기도의 중대성이라는 주제를 의존하고 있다.

26-28절에는 주로 제사장 저자를 통하여 다듬어진 전승이 들어 있다. 그것은 11-23절과 광범위한 평행을 이루고 있다. 이스라엘은 "회중"이며, "불평"(לוּן – 리운)의 개념은 P로부터 가져온 2절의 불평을 27, 29, 36절에서 사용하고 있다. 여호수아는 분명히 믿음을 가진 정탐꾼 가운데 한 사람이고(38절), 29절에는 본서의 앞부분에 있는 인구 조사에 대한 언급이 들어 있다. 그러나 몇몇 분석가들은 30-34절 전체나 혹은 그 일부분을 P로 돌리는 것을 거절한다(B. W. Bacon, *Triple Tradition*, 188; H. Holzinger, *Numeri*, 50-59; H. Gressmann, *Mose*, 291 n. 1; G. B. Gray, *Numbers*, 161-64; L. E. Binns, *Numbers*, xxx-xxxi; O. Eissfeldt, *Hexateuch*, 166-72; J. de Vaulx, *Nombres*, 171-75. S. E. McEvenue[*Priestly Writer*, 90-92]는 30-34절을 하나의 주석으로 간주한다). 논증이 매우 설득력이 있지는 않다. 30절에는 29절에 있는 P자료의 훌륭한 확장이 나타나 있고, 반면에 여호수아에 대해 언급하고 있는 30b절은 어떻든 간에 P에 속한 것임에 틀림없다. 31절은 분명히 3절과 같은 단계에 속한다. 우리가 주장한 바와 같이 3절의 묘사는 불필요하고, 사실상 31절은 30b절과 훌륭한 문맥을 이루고 있다. "멸시" 혹은 "거절"(מאס – 마아쓰) 개념은 야웨에 대한 불평에 대해서 나타나지만(민 11:20), 후대의 본문 가운데서는 통상적인 것이다(레 26:15; 겔 5:6; 20:13, 16, 24; 21:5). 32-33절에는 29-31절의 주제들의 반전이 드러나는 것으로 보이지만, 만일 이것이 실질적인 난점이라면 평행적 자료라기보다는 하나의 강조적인 주석으로 설명되는 것이 가장 좋을 것이다. 말의 내용 가운데서 32절은 본질적으로 29a절이다. 그들의 여행 동안 "목자"(개역은 "유리하는 자" – 역자주)가 되어야 하는 이스라엘 개념(33절)은 이례적이지만, 제사장 자료에서는 부적당한 것이 아니다(참조. 다른 의미에서 그 개념이 사용된 것에 대해

서는 민 27:17을 보라). "패역한"과 "죄를 짊어지고"(33절)에 대한 사상은 에스겔 23:35과 강한 유사성을 가지며, 그래서 후대의 것일 것이다. 34절의 내용은 P와 강하게 결속되어 있다. 34절에는 그 땅 전체의 정탐이 나타나 있고, "죄를 짊어진다"는 개념이 여기에 나타나 있다(참조. 출 28:38, 43; 레 5:1, 17; 7:18; 10:17; 17:16; 19:8; 20:17, 19; 22:16; 민 5:31; 18:1, 23; 30:15 모두가 P이다). 종합해서 말하면, 이 구절들 가운데는 소량의 P에의 첨가물이 있을 수도 있으나, 본문의 어떤 부분이 야위스트에게 속해 있다고 가정할 만한 이유는 없다. 민수기 13-14장에 두 개의 제사장적 관점이 들어 있다는 폴크(J. de Vaulx, *Nombres*, 174-75)의 주장은 근거가 희박하다.

야위스트가 이 이야기 가운데서 초창기 전승을 채택했었다는 사실은 민수기 13:1-33("양식/구조/배경")에서 임시적으로 주장되었던 바다. 갈렙의 격려(민 13:30)는 원래 민수기 14:1에서 백성들이 운 것에 대한 반응이었을 수도 있다. 그러므로 야위스트가 볼 때, 당시의 백성들이 민수기 14:4에 있는 위험스런 불만을 품고 있다고 생각되었을 텐데, 그 불평은 민수기 14:25의 무서운 심판을 불러들인다. 신명기 1: 19-46에서 D는 아마도 사건들에 대한 야위스트의 패턴을 아주 가까이 따르고 있다. 초창기 포로 전기 야위스트 전승의 형성은 상상만 될 수 있지만, 그 전승이 신실한 반응에 대해, 호르마에 있는 가나안 족속들에 대한 승리(민 21:2-3에 기초하여)에 대해 그리고 남으로부터 그 땅으로의 성공적인 침입에 대해 말했다는 점은 가능하다. 민수기 21:1에는 "정탐꾼의 길"에 대한 암시가 나타나고, 여호수아 15:13-19에 있는 전승 역시 남방으로부터 침입에 대한 기억을 반영하고 있을 수도 있다(참조. 삿 1:11-20).

39-45절이 야위스트에게 속한 것이라는 점은 일반적으로 동의하고 있는 일이다. 이스라엘은 "그 백성"(הָעָם – 하암)이고, P의 명확한 표시가 없다. 몇몇 분석가들은 J와 E가 긴밀하게 짜 맞추어져 있다고 믿고 있으며(예를 들어, A. Dillmann, *Numeri*, 80-81; B. Baentsch, *Numeri*, 532), 다른 사람들은 두 자료가 밀접하게 연결되어 있다고 믿는다(예를 들어, J. E. Carpenter & G. Harford, *Hexateuch*, 519). 몇몇 사람에게는 그 이야기가 소량의 주석을 제외하고는 J에게로 돌려져야 하거나(예를 들어, W. Rudolph, *Der Elohist*, 78-79; O. Eissfeldt, *Hexateuch*, 172 73; C. A. Simpson, *Early Tradition*, 230-36; M. Noth, *Numbers*, 101-03; G. W. Coats, *Rebellion*, 139; V. Fritz, *Israel*, 19-24) 그렇지 않으면 E에게로 돌려져야 하는(A. Kuenen, *Hexateuch*, 153 n. 14; B. W. Bacon, *Triple Tradition*, 189; H. Gressmann, *Mose*, 291 n.1[J

의 작은 흔적들이 있다고 함]) 필수적인 단위다. E에 속한다는 논증은 대개 민수기 21:1-3이 평행적 전승이고 J에게로 돌려야 한다는 가정에 근거되어야 할 것이다. 신빙성 있는 언어학적 논증은 결핍되어 있고, 반면에 "아모리 족속"이 아닌 "가나안 족속"이라는 언급은 E에 반대되는 방향으로 기울어진다. 많은 분석가들은 그 문제에 얽매이지 않고, 단순하게 이 구절을 JE 편집자에게 연결시킨다. 만일 짜 맞추기 이론이 옳다면 복사했다는 분명한 표시가 있어야 할 것이다. 사실상 이 이야기는 주제에서 주제로 꾸준히 일관성 있게 움직여 나가고 있다. 보고(39a절) 다음에 우는 장면이 나타나고(39b), 올라가고(40a절), 앞으로 나아가 고백하기로 결심하고(40b절), 책망하는 질문(41절), 명령(42a절), 이유(42a, 42b, 43절), 불순종(44절), 패함(45절)이 뒤이어 나온다. 긴장감이 있는 유일한 지점은 40a절에서 이스라엘이 꼭대기에 도달했다는 주장이고, 44절에서 이스라엘이 그 곳으로 나아가려고 생각했다는 것이다. 그럴지라도, 그것이 짜 맞추어진 자료의 복사에 대한 암시일 필요성은 없다. 44절이 40a절의 행동을 가정으로 **해석하고** 있다는 점은 가능하다. 그러므로 40절(마지막 문장은 빼고)이 민수기 13:30에 있는 갈렙의 격려(이스라엘이 신실하게 응답하고 있음)와 민수기 21:3에 있는 호르마에서의 승리 사이의 포로 전기 야위스트의 연결을 담고 있다는 것은 가능한 일이다. 이 이야기의 나머지 부분(민 14:41-45)은 그 전승에 대한 야위스트의 개조물이다. 이스라엘의 불신앙이 기나긴 방랑을 정당화하고 있으며, 야위스트로 하여금 동편으로부터 시작된 정착을 말하게 해주고 있다. 그가 볼 때 후기의 성공이 호르마에서 얻은 것이 무엇이든(민 21:1-3), 그것은 그 사건의 과정에 크게 영향을 미치게 하지 않았다. 어쨌든 야위스트에게는 그 곳에서 첫 번째 대대적인 패배가 있었고, 이스라엘의 오만의 결과, 그리고 민수기 14:25의 심판에 대한 보다 자세한 입증이 있었다. 야위스트의 보록은 39절의 우는 것, 그리고 40절에 있는 죄의 고백을 포함했을 것이다(참조. 민 12:11).

노트(M. Noth, *Pentateuchal Traditions*, 133-36)는 호르마가 원래 헤브론과 관련된 갈렙의 정착 전승 가운데서 중요한 역할을 했을 수도 있다고 본다. 만약 그렇다면, 그것은 아마도 유다 지파의 정복 전승으로 취급되었을 것이다. 사사기 1:16-17에 겐 족속과 연합한 유다 족속의 호르마 정복 성공에 대한 묘사가 있다. 본문은 불확실하지만, 아랏에 대한 공격이 함축되어 있는 것 같다(참조. 민 21:1-3). 이 이야기에 따르면 유다가 그 성읍을 호르마라고 개명하고 있다. 현재 있는 그대로의 이야기 가운데는 헤렘 전쟁, 즉 모든 전리품을 멸하는 전쟁을 설명하는 인과적 설명의 동기가 있을 수도 있다. 민수기 14:39-40, 44이 어떤 가나안 산지에서의 의식을 암시하고 있다는 폴크(J. de Vaulx, *Nombres*, 177-78)의 제안은 그럴듯해 보이지 않는다. 만일 어떤 그러한 주제가 그 전승의 핵심 부분에 존재해 왔었다면, 그 명확한 암시가 생존했을 것이고, 더 발전했을 것이라고 생각하는 것은 당연하다. 정탐꾼들의 이야기들 가운데서처럼, 어떤 고대의 정착 전승이 남방으로부터의 침입이라는 유다의 이야기 속으로 들어오게 되었다고 생각하는 것이 가장 좋다. 남방으로부터의 침입에 관한 보다 자세한 논의에 대해서는 H. H. Rowley, *From Joseph to Joshua*(London: OUP, 1950) 101-04를 보라.

민수기 13-14장에 있는 전승의 역사는 다음과 같이 요약할 수 있다.

1. 갈렙 족속의 정착 전승은 헤브론, 어쩌면 호르마와 결합되었을 것이다.

2. 이 전승들은 헤브론까지 침투하는 정탐꾼들에 대해 말했던 유다의 역사로 합병되었고, 남쪽으로부터의 성공적인 침입을 처음에 주저한 후에 갈렙의 선견지명과 격려를 통하여 영감을 받았다. 호르마에서 승리가 있다.

3. 야위스트의 채용은 하나님의 심판을 자초하는 불신앙의 한 실례를 만들어 냈던 이스라엘의 망설임에 의존하고 있는데, 그 우회의 결과로 궁극적으로 동편으로부터 그 땅으로 접근하게 되었다. 호르마와의 첫 번째 접촉은 재앙이다.

4. 포로기의 본문의 확대는 두 번째 기회를 가능하게 하고 있는 모세의 중대한 중재 기도에 초점을 맞추고 있다.

5. 그 땅 전체를 정탐하게 하는 민수기 저자에 의한 제사 문서의 확장은 여호수아를 신실한 정탐꾼 가운데 한 사람으로 만들어 놓고 있으며, 그러한 확장은 그 땅에 대한 거절로서 이스라엘의 불평의 주제와 그에 따른 하나님의 심판에 의존하고 있다.

주석

[1] "그리고 그들이 곡하였더라"(וַיִּבְכּוּ – 와입쿠). 이 동사는 모든 종류의 울음, 즉 기쁨(창 43:30), 슬픔(삼상 1:10), 애도(애 1:2), 회개(왕하 22:19), 간구(왕하 20:3)를 망라한다. 여기서의 상황은 민수기 11:4에서처럼 자기들의 곤경으로 인한 괴로움을 시사하고 있다. 정착과 관련되어 있는 가나안 족속에 대한 두려움과 일반적인 절망감이 결정적인 요인이다. 가장 근접한 평행 구절은 사사기 20:23, 26에 있다. 이 두 상황은 어려운 군사적 상황과 관련되어 있다.

[2]-[3] 불평의 말은 그러한 불평들에 대해 통상적인 틀에 박힌 요소들을 담고

있다. 즉 슬픔(2절), 질문조의 도전(3절) 그리고 정당화 시도(3절). "애굽으로 돌아감"이란 주제는 구약성경에서 배교와 야웨로부터의 소외라는 심각한 상황의 상징이다(신 17:16; 호 7:11; 사 30:1-7; 31:1-3; 렘 2:18, 36; 겔 17:15). 그것은 또한 야웨의 이스라엘에 대한 거절을 나타내기도 한다(호 8:13; 9:3; 11:5). 또한 애굽으로 이민간 자들을 향한 예레미야의 태도를 주시하라(렘 42:7-22).

3 "그리고 우리의 어린 것들"(וְטַפֵּנוּ – 웨타페누). 이 단어의 어근은 빠르거나 혹은 종종 걸음을 걷는 것을 의미한다; N. H. Snaith, *Numbers*, 242를 보라(참조. 민 31:17-18; 신 2:34).

4 "장관"(רֹאשׁ – 로쉬). 바틀렛(J. R. Bartlett, "The Use of the Word רֹאשׁ")은 이 호칭이 본래 군사 문제와 사법적 문제들을 판단하는 자격을 갖춘 지파의 두령들을 가리켰다고 주장한다. 이것은 그러한 책임들을 맡은 사람들, 가족들과 부족들 가운데 연장자들에 대해 계속하여 사용되며, 또한 하나의 특별한 계층에 대해 새롭게 사용되도록 쉽게 발전할 수 있었다.

5 모세(그리고 아론)의 부복 행위는 민수기에 있는 P의 전형적인 행위다(민 16:4, 22; 17:10; 20:6). 아모스 3:5에서 이 단어의 어근이 덫 안에 새가 떨어지는 것에 대해서 사용되었고, 열왕기하 19:14에서는 편지에 대한 히스기야의 반응에 대해서 사용되었다(또한 참조. 창 17:17; 24:64; 레 9:24; 수 7:10; 삼상 25:23; 삼하 9:6; 왕상 18:7; 겔 1:28; 3:23; 11:13; 43:3; 44:4; 단 8:17). 여기에 중재기도의 모습이 나타나는 것으로 보는 것이 타당해 보인다. 그러한 행위는 최소한 자기보다 계급이 높은 사람 앞에서 자기 낮춤이나 혹은 복종의 태도를 나타낸다(참조. 레 9:24; 수 7:6; 삼상 25:3; 삼하 9:6; 룻 2:10). 이것은 그 부복이 백성들 앞에서의 부복이 아님을 말해 준다. 그 경우에 리프네(לִפְנֵי)는 "…의 앞에"를 의미함에 틀림없다(BDB, 816-18를 보라). 폴크(J. de Vaulx, *Nombres*, 175)가 모세의 생명의 위협에 대한 사상과 관련되어 있는 것으로 보고자 한 것은 설득력이 없다. 그러한 위험이 있는 곳에는(10절에서처럼) 부복이란 없다. 그러므로 모세와 아론이 자기들의 생명을 구하기 위하여 백성 앞에 엎드려 구하고 있다고 생각할 이유는 없다. 그러나 야웨 앞에서의 부복은 단순한 복종의 행위가 아니다. 와인펠트(M. Weinfeld, *Deuteronomy and the Deuteronomic School*[Oxford: Clarendon, 1972] 205)가 그 부복이 P에서 신현 앞에서의 통상적인 반응이라고 주장한 것은 정확하게 들어맞는 주장이 아니다. 전체적인 면에서 볼 때, 하나님의 영광의 현현은 이 이야기 가운데서 나중에 나오는 경향이 있다(10절에서처럼). 또한 코츠(G. W. Coats, *Re-*

bellion, 173)가 그 부복이 기꺼이 자신이 옆으로 물러나고 야웨로 하여금 자신이 원하시는 방향을 따라 반응하시라는 것을 상징한다고 말하는 것도 정확하게 옳은 것이 아니다. 만일 그것이 사실이라면, 그것은 이야기의 방향이 약간 다르게 되어 갔을 것이다. 민수기 17:6-15에서 그 부복은 분명히 하나님의 진노를 거두시도록 하는 중재 기도 행위였고, 이것이 아마도 그 행위의 정상적인 의미인 것 같다. 여기서 그것은 즉각적인 진노를 돌이키고, 사건의 흐름을 잠시 차단시키며, 그로 말미암아 여호수아와 갈렙에게 6-7절에서 자기의 주장을 논증할 기회를 제공해 준다.

8 "과연 젖과 꿀이 흐르는 땅"에 대해서는 민수기 13:27의 "주석"을 보라.

9 "그들은 우리의 밥이라"(לַחְמֵנוּ הֵם – 락흐메누 헴). 이스라엘은 그 정복이 밥을 먹는 것처럼 쉬울 것이라는 주장을 듣는다(참조. 민 13:32; 24:8; 신 7:16; 렘 10:25; 시 14:4).

"그들의 보호자" 혹은 "그들의 그늘"(צִלָּם – 칠람). 이것은 그들의 신들에게 받은 보호에 대한 암시일 수도 있다(M. Noth, *Numbers*, 108; L. E. Binns, *Numbers*, 92; J. Sturdy, *Numbers*, 100. 쑤르 메알[סוּר מֵעַל]이 사사기 16:20; 사무엘상 28:15에서 하나님의 임재에 대해서 사용된다는 사실을 유념하라). 어떤 사람은 그것을 단순히 뜨거운 나라에게 어울리는 연설의 문체로 생각한다(G. B. Gray, *Numbers*, 153; N. H. Snaith, *Numbers*, 243). 참조. 삿 9:15; 사 25:4; 32:2; 시 17:8.

10 돌로 침은 이와 같은 폭동적인 상황에서 일어나는 전형적인 반응이다(참조. 삼상 30:6; 왕상 12:18).

"그리고 야웨의 영광이"(וּכְבוֹד יהוה – 우크보드 야웨). 어근은 "무게" 혹은 "무거움"을 나타내며, 이 명사는 광휘와 부요함의 외적인 나타남에 대해 광범위하게 사용된다. 이 단어는 부에 대해(창 31:1; 사 10:3; 학 2:7; 시 49:17), 성공에 대해(창 45:13; 왕상 3:13) 그리고 아름다움에 대해(사 35:2) 사용될 수도 있다. P에서 "영광"은 그분께서 이스라엘에게 자신을 드러내기 위하여 가까이 오실 때 야웨를 동반하고 있는 빛나는 가시적 광채(splendor)로 묘사된다(출 14:4, 17-18; 16:10; 민 17:7). 이러한 몇몇 본문들 가운데서 이스라엘의 대적들의 눈에 보이는 그 "영광"은 야웨께서 바라시는 것이다. P에서 "영광"은 야웨의 임재가 보이게 감지될 수 있을 뿐만 아니라, 본질적으로 그것이 그분의 위엄을 알리는 유일한 형태다. 그 사상은 P에서 기원된 것이 아니다. 그것은 에스겔에 의하여 널리 그리고 대담하게 사용되고 있으며(von Rad, *Studies in Deuteronomy*[London: SCM, 1953] 39-42), 아마도 포로 전 성전에까지 거슬러 올라가야 할 것이다(M. Weinfeld, *Deuteronomy*, 201-

06; R. E. Clements, *God and Temple*[Oxford: Blackwell, 1965] 104). P에서 "영광"은 자콥(E. Jacob, *Theology of the Old Testament*[London: Hodder, 1974] 79-82)에 의하여 "하나님의 임재의 참된 theologoumenon"으로 묘사되고 있으며, 또한 와인펠트(M. Weinfeld, *Deuteronomy*, 201-06)에 의해서는 "마음의 명상적인 경향을 가진 학식 있는 제사장들에게 알맞은 체계화되고 미화된 번역"으로 묘사되고 있다. 예언 그리고 신명기 문서는 그 개념에 하나의 종말론적 특성을 부여하고 있다. "제사장의 발전"과 "예언자의 발전" 사이의 차이는 아이히롯트(W. Eichrodt, *Theology of the Old Testament*. 2[London: SCM, 1967] 29-35)에 의하여 예리하게 묘사되었다. 구름과는 대조적으로 P에서 영광은 간헐적으로 나타나는데, 일반적으로 어떤 하나님의 말씀이나 행위를 필요로 하는 광야 이야기 가운데서 위기의 시점에 나타난다. 그것은 P의 불평에 대한 이야기에서 흔히 나타나고, 또한 출애굽기 24:16-17; 40:35; 레위기 9:23에도 나타난다. 이곳 민수기 14:10에서 그 영광은 장막 "안에" 나타나고, 민수기 16:19; 20:6에서는 장막의 문이라고 구체화되어 있다. 10절에서의 출현은 온 이스라엘에 의하여 증거되었으므로, 우리는 이 영광의 출현이 문에서 일어났다고 가정해야 한다.

"어느 때까지"(עַד־אָנָה – 아드-아나). 이 표현은 강력한 예언적 맥락을 가지고 있다(예를 들어, 호 8:5; 렘 23:26; 47:6).

"나를 멸시하겠느냐?"(יְנַאֲצֻנִי, 예나아추니; 참조. 민 16:30). 이 단어의 어근은 "비난하다", "냉대하다"(BDB) 혹은 "경멸하다", "존경심이 없이 대하다"(KB)를 의미한다. 피엘형으로 나타나는 부분에 대해서는 신명기 31:20; 사무엘하 12:14; 이사야 1:4; 5:24; 60:14; 예레미야 23:17; 시편 10:3, 13; 74:10, 18을 보라. 코츠(G. W.Coats, *Rebellion*, 146-47)가 지적한 바와 같이 어떤 본문들 가운데서는 그것이 실질적인 "거절" 혹은 "부인"(예를 들어, 사 1:4; 5:24)을 가리키는 것처럼 보이며, 따라서 이것이 여기서 갖는 바로 그 의미일 것으로 보이는데, 그 이유는 이스라엘(갈렙을 제외하고)이 하나님에게 거절당할 것이기 때문이다. 이것은 혐오("냉대") 혹은 비웃음("경멸")의 의미를 배제하지 않는다. 민수기 11:20에서 야위스트가 "거절"의 사상을 표현하기 위하여 마아쓰(מָאַס)를 사용하고 있는 점을 유념하라.

"이적(들)"(הָאֹתוֹת – 하오토트). 이것들은 하나님의 능력과 그분의 임재의 증거에 대한 표이다. 이스라엘이 그것들을 증거했으나, 신실하게 행동하는 데는 실패했다(참조. 창 9:12; 17:11; 출 31:13, 17). 사건들과 백성들(특히 그의 이름들) 역시 "표적"으로서의 기능을 할 수 있다(참조. 삼상 2:34; 10:7, 9; 14:10; 사 7:11, 14;

8:13; 20:3). B. O. Long, *Etiological Narrative*, 65-78를 더 읽어 보라.

"그들이 믿지 않겠느냐?"(לֹא־יַאֲמִינוּ – 로-야아미누). 이스라엘의 실패가 자주 신명기 본문 가운데서 이러한 용어로 표현되었다(예를 들어, 신 1:32; 9:23; 참조. 시 78:22). 이 단어는 본질적으로 "의지하다"와 "진실성"과 관련되어 있고, 이것은 불평을 잘못된 내적 기질로 바라보는 D의 경향과 일치한다. 하나님의 말씀에 모든 것을 걸 수 있겠는가?(참조. 창 15:6; 45:26; 출 4:1, 5, 8-9, 31; 14:31; 19:9; 민 20:12; 왕상 10:7; 왕하 17:14). 폰 라트(G. von Rad, *Old Testament Theology*. 1 [London: SCM, 1975] 171)는 "믿는다"는 것은 "야웨 안에 자신을 공고히 하는 것"을 의미한다고 본다.

12 "전염병으로"(בַדֶּבֶר – 빠떼베르; 참조. 삼하 24:13, 15; 렘 14:12; 21:9). G는 이것을 단순히 죽음이라고 묘사하고 있다.

14 "대면하여"(עַיִן בְּעַיִן – 아인 뻬아인)는 직역하면 "눈 대 눈으로"이다. 이 문구는 다른 곳에서 이사야 52:8에만 나타나며, 가장 가까운 접촉을 나타내기 위하여 의도된 것이다.

"(그리고) 주의 구름이 그들 위에 섰으며"(וַעֲנָנְךָ עֹמֵד עֲלֵהֶם – 와아난카 오메드 알레헴). 이 개념은 그 다음 문장에 있는 개념(야웨의 모습)과 다르다. 이 문구는 민수기 저자로부터 나온 조화가 되는 영향일 수도 있다(참조. 민 10:34).

18 "노하기를 더디하고"(אֶרֶךְ אַפַּיִם – 에레크 아파임). 이 문맥 가운데 나타난 것과 같은 하나님의 오래 참으심에 관한 보다 자세한 묘사에 대해서는 시편 78:38-39; 느헤미야 9:19을 보라.

"(그리고) 인자가 많아"(וְרַב־חֶסֶד – 웨라브-헤쎄드). 이 개념은 자주 "불변의 사랑"으로 번역된다. 구약성경의 여러 문맥 가운데서 "충실"과 "믿을 만한 위탁"이라는 개념이 이 단어에 들어 있다. 보다 자세한 논의와 언급에 대해서는 N. H. Snaith, *Numbers*, 244-45를 보라.

"죄를 사하시고"(נֹשֵׂא עָוֹן – 노세 아온). 이것은 아마도 죄에 해당하는 징벌을 가져가 버리는 것을 의미할 것이다. 어근 나사(נָשָׂא)는 "들어올리다"를 의미하며, 그래서 죄를 가져가 버린다는 개념이 들어 있는 것 같다.

"그리고 과실"(וָפָשַׁע – 와파솨). 스나이느(Snaith, *Numbers*, 245)는 "반역"을 선호하고 있는데, 그 이유는 이 단어가 법규의 위반보다는 한 인격에 대한 대적을 나타내기 때문이다. "과실"은 보다 통상적인 번역이고, "순종치 아니함"을 의미하는 것으로 취급될 수 있다.

G를 따르고 있는 RSV는 여기서 죄책을 덧붙이고 있다. 다른 곳에서 어근 나콰(נָקָה)의 사용에 대해서는 이사야 3:26; 스가랴 5:3을 보라. NEB는 이 문구를 법정적 용어가 아닌 "그것들을 깨끗하게 제거하시려는" 야웨의 적대심으로 생각한다. 이것은 가능성이 있기는 하지만, G에 있는 고대의 이해 방식은 존중할 만한 가치가 있다.

"갚아"(פֹּקֵד – 포퀘드). P에서 이 어근은 "지적하다" 혹은 "세다"라는 의미와는 상당히 다르게 사용된다(참조. 민 1:3, 50).

19 "주께서(당신이) 사하셨다"(נָשָׂאתָה – 나사아마). 나사(נָשָׂא)가 "가져가다"를 의미할 수도 있다는 사실에 비추어 스나이드(N. H. Snaith, *Numbers*, 245-46)는 여기서 이중 의미를 주장한다(참조. 출 19:4; 신 32:11).

21 "내가 사는 것"(חַי־אָנִי – 하이-아니). 통상적인 맹세의 형식. 그러나 오경에서 이 단어는 이 곳과 28절에만 나타난다.

22 "그들이 나를 시험하였다"(וַיְנַסּוּ אֹתִי – 와이나쑤 오티; 참조. 신 6:16; 출 17:2, 7). 로핑크(N. Lohfink, *Das Hauptgebot. Eine Untersuhung literarischer Einleitungsfragen zu Dtn.* 5-11[Rome: PBI, 1963] 80)에 따르면, "시험" 모티프는 제의에 속한다. 이 야웨에 대한 "시험"은 이스라엘에 대한 야웨의 시험에 관해 D에서 말한 본래 사상(신 8:2; 29:2)에 대한 반전인 것으로 보인다. 야웨에 대한 "시험"은 당연히 초창기 배경을 가지고 있을 수도 있다(참조. 사 7:12). D에서 그것은 단순한 의존에 대해 불만을 가진 마음의 태도를 가리킨다. 므리바에서 있었던 죄(출 17:7)는 믿음의 결핍을 포함하고 있었다. 야웨의 임재가 의문시되었고, 그래서 그 장소가 맛사라고 불린 바 있다(V. Fritz, *Israel*, 53 n. 23).

"열 번이나"(עֶשֶׂר פְּעָמִים – 에세르 페아밈). "열"(ten)은 대부분의 주석가들에 의하여 개략적 숫자로 이해된다. 빈네트(F. V. Winnett, *The Mosaic Tradition* [Totonto: TUP, 1949] 121-54)는 그것을 문자 그대로 취급하여 그러한 가정에 근거한 광범위한 이론을 세우고 있다. 이 주제에 관한 전반적인 논의에 대해서는 H. A. Brongers, "Die Zehnzahl in der Bibel und ihrer Umwelt," *Studia Biblica et Semitica* (Ed. W. C. van Unnik & A. S. van der Woude; Wageningen: Veeman & Zonen, 1966) 30-45를 보라. "열"에 대한 과장된 사용은 잘 입증된다(참조. 창 31:7, 41; 욥 19:3).

24 "그들과 달라서"(רוּחַ אַחֶרֶת – 루아흐 아헤레트). 루아흐(רוּחַ)의 심리학적 사용에 대한 또 다른 예를 보려면 민수기 11:17을 참조하라.

"나를 온전히 좇았은즉"(וַיְמַלֵּא אַחֲרָי – 와이말레 아하라). 신명기 1:36; 여호수아 14:8을 참조하라.

25 아말렉 족속과 가나안 족속에 대한 해석은 민수기 13:29의 "주석"을 보라.

"홍해 길"(דֶּרֶךְ יַם־סוּף – 떼레크 얌-쑾). 이것은 아마도 그들이 가야 할 어떤 구체적인 통로를 가리킬 테지만, 그것은 또한 바다에서 얻었던 위대한 승리(출 14:1-15:21)를 무효로 하려는 위협일 수도 있다. 그 바다의 정확한 위치는 불분명하다.

29 "너희 시체가"(פִּגְרֵיכֶם – 피그레켐). 이 어근은 사람들의 시체에 대해서(암 8:3) 혹은 짐승의 시체에 대해서(창 15:11) 사용될 수 있다. 여기에 나온 경멸적인 사용은 레위기 26:30; 에스겔 6:5에도 나타난다.

30 "내가 맹세하여"(נָשָׂאתִי אֶת־יָדִי – 나사아티 에트-야디)는 직역하면 "내가 내 손을 들었다"이다. 하늘로 손을 든다는 것은 아마도 맹세를 하면서 하는 행위일 것이다(참조. 출 6:8; 신 32:40; 단 12:7).

33 "유리하는 자(목자)"(רֹעִים – 로임). 다음 세대는 40년 간 그 땅을 소유하는 것을 박탈당하게 될 것이며, 그 기간만큼 유리하는 목자가 될 것이다.

"너희는 너희의 패역한 죄를 지고"(וְנָשְׂאוּ אֶת־זְנוּתֵיכֶם – 웨나스우 에트-제누테켐)는 직역하면 "너희가 너희의 우상들을 가져갈 것이다"이다(참조. RV).

"되기까지"(עַד־תֹּם – 아드-톰). 어근 탐맘(תָּמַם)은 "완성하다"라는 일반적인 의미를 가지고 있다(참조. 신 31:24, 30). 이 곳과 35절(또한 민 32:13 참조)에 나타난 사상은 "너희 모든 죽음이 완료될 때까지"인 것으로 보인다. 동사의 이러한 생략적 용법에 대해서는 창세기 47:15; 신명기 2:15을 참조하라.

34 "그리고 너희가 나의 싫어 버림을 알리라"(וִידַעְתֶּם אֶת־תְּנוּאָתִי – 위다아템 에트-테누아티). 이 문구는 실질적인 반대와 적대감을 나타낸다. 명사는 다른 곳에서는 욥기 33:10에만 나타나며, 거기서 본문은 불확실하나. 테누아티(תְּנוּאָתִי)로부터 나온 동사는 "인정치 않다" 혹은 "좌절시키다"란 의미와 함께 민수기 30:6; 32:7에 나타난다. 로위(R. Loewe, "Divine Frustration Exegetically Frustrated," *Words and Meanings*[Ed. P. R. Ackroyd & B. Lindars. Cambridge: CUP, 1968] 137-58)는 이 단어를 세심하게 분석하여 "나를 방해하도록 의도하는 것"이 가장 좋은 번역이라고 결론짓는다. 이 단어에는 "유기"라는 어떤 의미가 있을 수도 있다(참조. 민 32:15).

36 "악평"에 대해서는 13:32의 "주석"을 보라.

37 "재앙으로"(בַּמַּגֵּפָה – 빰막게파)는 주로 염병으로 이해되지만 직역하면 "침으로써"이다(참조. 출 9:14; 겔 24:16; 슥 14:12, 그리고 출 7:27; 12:13; 30:12; 수

22:17에서 사용되는 "염병"의 어근이 나가프[נָגַף]임을 참조하라).

39 "그리고 그들이 슬퍼하였다"(וַיִּתְאַבְּלוּ – 와이트압블루). 이 단어는 육경에서 드물게 나타난다(참조. 창 37:34; 출 33:4). 이것은 자주 죽은 자에 대한 애도에 사용되지만(창 37:34; 삼상 6:19; 삼하 13:37; 14:2; 19:2; 대상 7:22; 대하 35:24), 여기서처럼 나쁜 소식에 대해서도 자주 사용된다(출 33:4; 삼상 15:35; 16:1; 사 66:10; 겔 7:12, 27; 단 10:2; 느 1:4, 8-9).

40 "우리가 범죄하였음이니이다"(חָטָאנוּ – 하타아누). 광야에서의 불평과 관련되어 그 어근이 나타나는 것을 보려면 민수기 21:7; 32:3; 신명기 1:41; 9:16, 21; 시편 78:17, 32을 참조하라. 이 단어의 어근은 일반적으로 "과녁을 빗나가다"를 의미하는데(KBl E. Jacob, *Theology*, 281를 보라), 받은 바 그리고 알고 있는 구체적인 계명들의 위반을 의미한다.

44 "그러나 그들이 뻔뻔스럽게 행하였다"(וַיַּעְפִּלוּ – 와야아필루; 개역에는 이 단어가 생략되었음 – 역자주). 스나이드(N. H. Snaith, *Numbers*, 248)는 아랍어 아팔라(ʿ*afala*), 즉 "부풀다"(?)와 가팔라(*gafala*), 즉 "무모한", "완고한"을 주시한다. 오펠(עֹפֶל)이란 단어는 "오만" 혹은 "둥근 언덕"을 의미한다. "부풀다"란 개념은 출발점일 수 있고, 그래서 거만한 "뻔뻔스러움"이 된다. 그 의미는 아마도 이스라엘이 무모하고도 근심이 없는 상태였다는 것이다.

다른 오래된 전승의 관점에서 법궤의 주요 기능은 이스라엘을 전쟁 가운데서 인도하는 일이었다(참조. 삼상 4:1-22). 여기서 그 법궤는 그 원정대와 함께 하지 않는다는 증거로 진 가운데 머물러 있다.

45 "그리고 그들이 그들을 쫓아갔다"(וַיַּכְּתוּם – 와야크툼). 이 단어의 어근은 "쳐서 부서 뜨리는"을 나타내고, 그래서 "미세하게 갈아진"을 의미한다(N. H. Snaith, *Numbers*, 249). G는 그것을 "분쇄하다"를 의미하는 것으로 이해하고 있다.

호르마는 "완전한 멸망"을 뜻한다. 그 장소는 아마도 브엘세바 동편으로 멀지 않은 지점에 있는 현대의 텔 엘-미샤쉬(Tell el-Mishash)일 것이다. 또한 민수기 21:1-3; 사사기 1:17에 있는 이야기들을 보라.

해설

이 단락은 민수기 13장에 있는 그 땅의 정탐에 이어지는 이야기다. 온 이스라엘은 정탐꾼들의 보고에 불신앙적인 방식으로 응답하고 있고, 하나님의 심판은 그 땅 점령이 지체되도록 하는 결과로 나타났으며, 그 다음 세대가 그 땅으로 들어갈 준비가 되기까지 오랫동안 방황하게 되었다. 이러한 심판에 반항하려는 시도는 호르마에서 대패하는 결과를 가져왔다.

또다시 민수기의 제사장 저자는 그 전승에 중요한 기여를 하고 있다. 1-4절에서 그는 불평에 대한 야위스트의 연설을 다듬어서 통상적인 스타일을 가진 연설 형태로 만들고 있다(참조. 출 16:3). 백성들은 울고, 도전과 불신앙적 질문들을 하고, 또한 자기들의 태도를 정당화하려고 시도한다. 야위스트 이야기의 몇몇 요소들이 1, 4절에 잔존해 있다. 5-10절에서 제사장 저자는 한편으로는 모세와 아론 그리고 신실한 정탐꾼, 다른 한편으로는 백성의 그 나머지 사람들 사이에 있었던 최고조의 대결을 묘사하고 있다. 이 이야기는 여호수아를 갈렙과 함께 신실한 정탐꾼으로 발전시켜 나가고 있고, 민수기 13:30에 있는 야위스트의 격려 연설의 상세한 내용을 제공하고 있다. 그 대결은 하나님의 영광의 개입에서 절정에 도달한다. 그러한 결정적 시점에서 하나님의 개입의 상징으로서 신현에 대한 개념은 제사장 학파의 저자에게는 중요했다. 출애굽기 저자는 그것을 유사한 상황 가운데 있는 출애굽기 16:10에서 채용하고 있는데, 그때 백성들은 음식으로 인하여 불평하고, 야웨께서 만나와 메추라기를 주기 위하여 개입하신다. 민수기 저자에게 그 개입은 변함없이 징벌의 전조다. 신현이 저자에게는 이중적 기능을 이루기 위하여 나타난다. 그것은 백성의 분노로부터 모세와 아론에게 필요한 보호를 제공해 주고, 계속하여 11-25절에 있는 하나님의 말씀에 대해 저자가 필요로 하는 서론을 이루고 있다.

제사장 저자는 11b-23절에 있는 야위스트의 작품에 대한 이 확장된 신명기적 주석을 간직해야 한다. 그것은 상황의 심각성을 강조하는 데 도움을 주며, 그것이 민수기 저자가 26-38절에서 한층 더 발전시키기를 원하는 바로 그 주제다. 광야 세대의 거역에 대한 야위스트의 사상은 26-35절에 광범위하게 진술되어 있다. 그 땅을 악한 땅으로 평가하면서 행한 이스라엘의 거역은 어쩌면 포로 후기에 백성들이 귀환하기를 주저한 사실을 예시하고 있는 것 같다. 그 땅으로부터 40년 간의 축출(33절)은 바벨론 포로의 경험을 반영해 주고 있다. 미래는 자녀들, 새 세대에게 놓여 있고, 그것 역시 포로 후기에 있을 하나님의 목적을 예시하고 있다. 이스라엘의 부족의 심각성을 강조하고, 또한 그에 대한 중요한 책임을 지고 있었던 사람들의 잘못의 중대성을 강조하기 위하여, 저자는 여호수아와 갈렙만이 생존한다는 점을 강조하면서 불신앙적인 정탐꾼들이 당한 죽음의 방식을 구체적으로 표현하고 있다(36-38절).

전체가 P의 패턴으로 되어 있음을 바라보면서, 이 전승은 분명히 떠오르기 시작한 광야에서의 불평의 주제에 특별한 관심을 표하고 있다. 출애굽기 제사장 저자는 사실상 출애굽기 16장에 있는 불평 이야기를 발전시키고 있지만, 거기서 결과는 은혜로운 하나님의 응답이다. 여기서는 광야 시기에 대한 저자의 관점에서는 처음으로 그 국가의 불평이 하나님의 심판을 가져다 준다. 이 사건이 시내산에서의 계시 다음에 일어난다는 사실이 어쩌면 하나의 요인이지만, 죄의 성격 그리고 그 땅에 대한 거절은 이 반역의 특별히 위태로운 면을 부여해 준다. 출애굽기 16:2-3에서처럼 백성이 불평하지만, 이번에 상황은 여호수아와 갈렙에게 돌을 던지려는 매우 추한 모습이 된다. 2-4절에 있는 연설은 무엇보다도 이스라엘을 그 땅의 변경으로 취해 갔던 정책에 대한 거역이다. 그것이 거절되고 비난을 당한다. 회중은 악하고 그 배교는 불신앙("우상 숭배")인데, 이 단어는 바벨론 포로를 해석하고 있는 단어와 같은 것이다. 그것은 자주 다른 신에게 제사드리는 데 적용되고(호 2:7; 9:1), 혹은 이방과의 동맹(겔 16:26; 23:1-5)에 적용된다. 이스라엘은 야웨에게 대항하는 자가 되었는데, 이 단어는 여기서 악한 개념을 가지고 있음에 틀림없다(참조. 민 16:11; 27:3). 이스라엘은 야웨의 주재권을 자의적으로 거절하면서 거역했는데(9절), 이 단어가 자주 광야에서 있었던 거역에 대한 총괄적인 묘사를 하는 데 사용되는 단어다(민 17:25; 20:10, 24; 신 1:26, 43; 9:7, 23-24; 32:51; 겔 20:8, 13, 24; 시 78:8, 17; 106:7, 33, 43; 느 9:17, 26). 26-38절의 전체 단락은 그 땅의 정탐과 관련된 불평에 대한 길다란 제사장 저자의 해석이다. 자주 살펴보아 온 바와 같이, 거기에는 행동을 신학으로 대치하려는 P에 있는 경향으로 표현되어 있고, 이 주석이 하나의 탁월한 표본이다. 저자가 가장 흥미를 가지고 있는 것은 그 땅으로부터 축출로 인도할 수 있는 종류의 죄다. 이 전승은 그 주제의 탐구를 위한 이상적 기초를 제공하고 있으며, 저자에게 그것은 아마도 광야에서의 불평이라는 모티프가 제공해 주는 가장 중요한 것일 것이다.

이것 가운데 상당 부분이 주전 5세기의 상황에 직접적으로 적용된다. 거기에는 바벨론 포로로 이끌어 갔던 내용에 대한 설명이 들어 있고, 분산의 일부였던 사람들에게 주는 격려가 있으며, 그 땅에 있는 사람들에게 그 분산에 대한 자기들의 태도를 곰곰이 생각하라는 격려가 있다. 그 땅을 탐지함에 있어서 온 이스라엘이 연루되어 있다는 사실은 신실한 정탐꾼이 유다와 에브라임 출신이었다는 사실에 주의를 기울이도록 하고 있다. 그들의 후손들은 새로운 미래를 위한 소망을 가지라는, 그리고 두 번째 정착에 종사하라는 격려를 받고 있다. 정탐꾼들처럼 유대인들은 그 땅을 비방하는 위기가 언제나 있었다. 당연히 귀환에 종사하기를 거절하는 사람들의 맹목적인 비판도 있을 수 있다. 포로 세대의 입장의 불확실성에 대해서는 어느 정도의 인정이 있다(P. R. Ackroyd, *Exile and Restoration*[London: SCM, 1968] 101; 또한 참조. K. Elliger, "Sinn und Ursprung der priesterlichen Geschichtserzählung," *ZThK* 49[1952] 121-43). 새로운 세대의 이스라엘이 옛 시대의 이스라엘보다 더 신빙성 있게 신앙의 도전을 할 것인가? 거기에는 또한 해명의 기능도 있을 수 있다. 그 전승은 비록 한 세대가 축출당할 수 있다고 할지라도, 조상들의 "우상 숭배"로 더렵혀지지 않은(32-33절) 그 다음 세대는 그 땅을 소유할 수 있을 것(31절)이라는 사실을 보여 주고 있다. 두 번째 세대가 그 결과들을 당할지라도 궁극적으로 첫 세대의 죄악들에 대한 책임을 질 수 없다. 바벨론 포로들이 그 땅을 언제까지나 소유할 권리를 박탈당했다는 평가는 잘못된 것이다.

신명기적 사고를 통하여 많은 영향을 받은 포로기의 한 편집자가 11b-23절에서 야위스트 전승을 다듬은 내용을 제공했다. 현재의 상태로 포로기에 완성된 신명기는 특히 이 전승에 관심을 가졌는데, 그 이유는 유산 상실의 주제를 다루고 있기 때문이다. 신명기 1:39에서는 아주 어린아이들만 그 땅으로 들어갈 것이라고 되어 있다. 이들은 도덕적 죄책을 가지고 있지 않은 것으로 판단될 수 있는 사람들이다. 이 곳 23절에서는 유산 상실의 행위가 죄악된 세대는 족장들에게 했던 약속을 받지 못할 것이라는 야웨의 엄숙한 맹세의 형태를 취하고 있다(참조. 민 32:15; 시 106:26-27). 12절에서 유산 박탈은 쫓겨감을 의미한다. 그것은 무엇보다도 이스라엘의 포로 경험이었다.

D에서 그러하듯이, 이 이야기는 금송아지 이야기와 더불어 원형적인 것이다. 그것은 그 땅의 박탈을 설명하고 있다. 예루살렘 함락(주전 587년)의 여파로 그 땅 소유가 순종에 달려 있었다는 사실을 지적하고, 일어난 일을 설명하며, 또한 미래를 위한 경향을 진술하는 것이 중요했다. 초창기 요시야의 운동은 부분적으로 정치적 독립을 위한 운동이었고, 싸워야 할 점령의 새로운 전쟁이 있다는 사상으로 고취되었다. 성전의 정신은 재흥되어야 했고, 이 이야기 가운데 들어 있는 소심증은 피해야 했다.

야위스트는 그가 사용할 수 있는 전승에 대해 가장 급진적 재편성을 제공하고 있다. 그가 땅에 대한 탐지와 호르마에서 있었던 사건을 채용하고 있는 것은 요단 동편 거주민의 여행과 동편으로부터의 정착을 위한 기초를 제공하려는 사료 편찬적 목적을 가지고 있다. 신학적 관계 역시 중요했고, 그래서 야위스트의 작품은 그 전승이 D와 P에서 갖는 결정적인 역할을 위한 길을 준비하고 있다. 이스라엘에게 남방으로부터 들어가지 말고 돌아가라는 명령(25절)은 의미심장한 거절의 행위다. 그러나 야위스트의 최종 시각은 암울한 것과는 거리가 멀다. 하나님의 섭리 가운데서 한 세대의 비극적 실패는 그 다음 세대의 경험 가운데서 만회될 수 있다. 하나님의 목적은 궁극적으로 좌절될 수 없다. 유다의 반전에도 불구하고 야위스트에 의한 전승은 이야기 가운데 이 단계에서 불평에 새롭고도 심각한 요소를 덧붙이고 있다. 그는 시내에서 요단까지 불평의 이야기들에 대한 그의 배열 가운데 교차적 형식을 사용하고 있다.

배교 – 금송아지(출 32:1-35)
　불만 – 다베라/메추라기(민 11:1-35)
　　불복종 – 개인(민 12:1-16)
　　　불복종 – 이스라엘(민 13:1-14:45)
　　불복종 – 개인(민 16:1-35)
　불만 – 뱀(민 21:4-9)
배교 – 바알브올(민 25:1-5)

그러므로 민수기 13-14장에 있는 전승은 야위스트의 이야기 가운데 이 국면에서 중심적 위치를 차지하고, 그것은 또한 광야 여행기에서 주요 전환점을 표시하고 있다. 야위스트는 처음으로 내적인 성향과 태도와 관련하여 다양한 불평의 말을 사용하고 있으며, 이것은 그에게도 그 전승이 의미심장하고 심각한 것이라는 낌새를 보강시켜 주고 있다. 종교적인 배교 면에서(출 32:1-35) 수전 721년의 사건들을 이해한 야위스트는 유다 자신이 므낫세 통치하에서 멸망에 가까이 접근하고 있음에 틀림없다는 결론을 피할 수가 없었다. 이것이 야위스트 안에 야웨를 향한 이스라엘의 충성심에 관한 새로운 "비관주의"를 불러일으켰다. 다른 한편, 북왕국의 붕괴로 이끌고 간 그 실패들이 남왕국에서 하나님의 목적의 지속을 무효화시키지는 못한다. 그 이야기 가운데 있는 낙관주의는 불신앙과 심판에도 불구하고 줄거리는 다시 모아질 수 있다는 사실을 암시하고 있다. 이것은 요시야 통치 초창기에 있었던 새로운 분위기와 새로운 정책을 반영할 것이다.

궁극적 권위자로서 모세라는 인물 역시 야위스트에게 중요하다. 그가 채용한 중심적인 특징이 모세에 대한 거절이다. 백성들은 자기들을 애굽으로 인도해 줄 다른 "장관"(4절)을 구한다. 44절에서 그들은 그의 경고를 무시하고, 그의 지도와 인도

없이 앞으로 나아간다. 이스라엘이 권위 있는 지도자를 발견해야 했던 것도 모세라는 인물 안에 예시된 다윗 왕 안에서였다. 만일 그 땅이 얻어져야 할 것이라면, 그리고 만일 그 땅에 실질적인 정치적 미래가 있어야 할 것이라면 백성들이 요시야의 정책을 따라야 한다. 반역적인 이스라엘 백성들 가운데 예시된 바 외방과 동맹을 갈망하는 것을 나타내는, 애굽을 향한 갈망을 가지고 있는 몇몇 사람들에게 이것은 국가적 자살 행위였을 수도 있다. 야위스트의 주 관심사는 교활함과 불평의 위험에 대한 유다의 자각이 깊어지게 하는 것이며, 그가 참된 모세의 신앙으로 믿었던 내용의 주제를 촉진시키는 것이고, 또한 요시야 아래서 추구했던 것과 같은 정치적 독립의 원리를 옹호하는 것이다. 이 시기에 북왕국의 광범위한 부분에까지 유다의 관할 범위의 확장은 정착과 소유에 대한 야위스트의 관심을 매우 적절한 주제로 만들어 주었다. 북왕국에서 요시야의 제의적 활동(왕하 23:15-20), 므깃도에서 그의 죽음(왕하 23:29) 그리고 북왕국으로부터 예루살렘으로의 순례 여행이 이루어지고 지속되었다는 사실(렘 41:5)은 모두가 그의 관할과 영향력의 암시였다.

야위스트가 가지고 작업했던 유다 전승은 그것이 구별될 수 있는 한 본질적으로 낙관적이다("양식/구조/배경"을 보라). 백성들이 운 다음에 갈렙은 호르마에서 승리로 요약된(민 21:1-3) 남방으로부터의 성공적인 침입을 하도록 그들을 격려한다. 이것 역시 그 땅의 소유가 독립 정책을 통해서만 얻어질 수 있다는 사실을 주장하고 있으며, 강하고도 독특한 야웨 신앙을 옹호하고 있다. 그 최종적인 형태는 히스기야 시대에 형성되었을 수도 있으나, 그 뿌리는 아마도 유다의 역사 가운데 훨씬 더 깊이 박혀 있는 것 같고, 궁극적으로는 헤브론과 관련된 갈렙의 정착 전승에까지 거슬러 올라갈 수도 있다. "곡하는 것"(1절)에 대한 암시는 갈렙과 연합되어 있었던 사람들 가운데 일부가 정착하려 하지 않았던 일을 좀 떨어져서 반영하고 있을 수도 있으나, 그것은 또한 충분히 발전된 유다 전승에도 중요하다. 유다는 야웨를 의지해야 했고, 불신앙적으로 자기의 궁지를 슬퍼해서는 안 되었다. 유다의 미래는 열국들과의 비동맹 가운데 놓였고, 야웨에 대한 전적인 의탁에 놓여 있다. 이러한 메시지는 이사야 자신의 메시지와도 비교된다(참조. 사 28:14-16; 30:1-5; 31:1-3).

이 단락은 가장 광범위한 신학적 용어로 땅에 대한 신학에 그 자체를 전해 주고 있다. 그 땅으로, 그리고 그 자원으로의 접근은 그 땅으로, 그리고 그것을 주신 야웨에게로의 전심을 다한 위탁에 달려 있다. 구약성경 내에서 이 주제의 특성은 부르그만이 개진했다(W. Brueggemann, *The Land*, Philadelphia: Fortress, 1977). 땅에 대해 구약신학이 관여하고 있는 것은 안전, 정치적 · 경제적 안정, 전쟁과 배고픔으로부터의 자유라는 획득하기 어려운 목표에 대한 추구에 있다. 광야 전승은 전 세계에 중요한 기여를 하고 있다.

24. 소제와 전제(15:1-16)

참고문헌

Abba, R. "The Origin and Significance of Hebrew Sacrifice." *BTB* 7(1977) 123-38. **Gray, G. B.** *Sacrifice in the Old Testament.* Oxford: Clarendon, 1925. **Levine, B. A.** *In the Presence of the Lord - A Study of Cult and Some Cultic Terms.* Leiden: Brill, 1974. **McCarthy, D. J.** "The Symbolism of Blood and Sacrifice." *JBL* 88(1969) 166-76. ______. "Further Notes on the Symbolism of Blood and Sacrifice." *JBL* 92(1973) 205-10. **Milgrom, J.** "Sin Offering or Purification Offering." *VT* 21(1971) 237-39. **Snaith, N. H.** "Sacrifices in the Old Testament." *VT* 7(1957) 308-17. ______. "The Sin Offering and the Guilt Offering." *VT* 15(1965) 73-80. **Stevenson, W. R.** "Hebrew *Olah* and *Zebach* Sacrifices."(Ed. W. Baumgartner, O. Eissfeldt, K. Elliger, L. Rost) *Festschrift für A. Bertholet.* Tübingen: Mohr, 1950. **Thompson, R. J.** *Penitence and Sacrifice in Early Israel.* Leiden: Brill, 1960. **de Vaux, R.** *Studies in Old Testament Sacrifice.* Cardiff: Univ. of Wales, 1964.

본 문

1 여호와께서 모세에게 일러 가라사대	1 And Yahweh spoke to Moses, saying,
2 이스라엘 자손에게 고하여 그들에게 이르라 너희가 내가 주어 거하게 할 땅에 들어가서	2 "Speak to the people of Israel, and say to them, When you come into the land where you are to live, which I am giving to you,
3 여호와께 화제나 번제나 서원을 갚는 제나 낙헌제나 정한 절기제에 소나 양으로 여호와께 향기롭게 드릴 때에는	3 and when you offer to Yahweh from the herd or from the flock an offering by fire or a whole offering, or any sacrifice, to fulfill a vow, or as a freewill offering or at your appointed feasts, to make a soothing odor to Yahweh,
4 그 예물을 드리는 자는 고운 가루 에바 십분지 일에 기름 한 힌의 사분지 일을 섞어 여호와께 소제로 드릴 것이며	4 then he who brings his offering shall offer to Yahweh a cereal offering of a tenth of an ephah[a] of fine flour, mixed with a quarter of a hin of oil.
5 번제나 다른 제사로 드리는 제물이 어린 양이면 전제로 포도주 한 힌의 사분 일을 예비할 것이요	5 And wine for the drink offering, a quarter of a hin, you shall prepare with the whole offering, or for the sacrifice, for each lamb.[a]

6 숫양이면 소제로 고운 가루 한 에바 십분지 이에 기름 한 힌의 삼분지 일을 섞어 예비하고

6 Or for a ram,[a] you shall prepare for a cereal offering two tenths of an ephah of fine flour mixed with a third of a hin of oil.

7 전제로 포도주 한 힌의 삼분지 일을 드려 여호와 앞에 향기롭게 할 것이요

7 And for the drink offering you shall offer a third of a hin of wine, a soothing odor to Yahweh.

8 번제로나 서원을 갚는 제로나 화목제로 수송아지를 예비하여 여호와께 드릴 때에는

8 And when you prepare a bull for a whole offering, or any sacrifice, to fulfil a vow, or for shared offerings to Yahweh,

9 소제로 고운 가루 한 에바 십분지 삼에 기름 반 힌을 섞어 그 수송아지와 함께 드리고

9 then you[a] shall offer with the bull a cereal offering of three tenths of an ephah of fine flour, mixed with half a hin of oil.

10 전제로 포도주 반 힌을 드려 여호와 앞에 향기로운 화제를 삼을지니라

10 And you shall offer for the drink offering half a hin of wine, as an offering by fire, a soothing odor to Yahweh.

11 수송아지나 숫양이나 어린 숫양이나 어린 염소에는 그 마리 수마다 이 위와 같이 행하되

11 "So it shall be done for each bull or ram, or for each of the male lambs or the kids.

12 너희 예비하는 수효를 따라 각기 수효에 맞게 하라

12 According to the number that you prepare, so shall you do with every one according to their number.

13 무릇 본토 소생이 여호와께 향기로운 화제를 드릴 때에는 이 법대로 할 것이요

13 Every native Israelite shall do these things in this way, in offering an offering by fire, a soothing odor to Yahweh.

14 너희 중에 우거하는 타국인이나 너희 중에 대대로 있는 자가 누구든지 여호와께 향기로운 화제를 드릴 때에는 너희 하는 대로 그도 그리할 것이라

14 And if a resident alien, or someone permanently settled among you, wishes to offer an offering by fire, a soothing odor to Yahweh, he shall do as you do

15 회중 곧 너희나 우거하는 타국인이나 한 율례니 너희의 대대로 영원한 율례라 너희의 어떠한 대로 타국인도 여호와 앞에 그러하리라

15 For the assembly[a] there shall be one statute for you, and for the resident alien,[b] a permanent statute throughout your generations. As you are, so shall the resident alien be before Yahweh.

16 너희나 너희 중에 우거하는 타국인이나 한 법도,한 규례니라

16 There shall be one law and one ordinance for you, and for the resident alien with you."

원문주해

4.a. G는 여기서 투 오이피(*τοῦ οἰφι*, "한 에바의")로 되어 있다(RV, RSV, NEB). 이 의미가 의도되어 있음에 틀림없다.

5.a. G는 여기서 "야웨께 향기로운 냄새"를 보유하고 있다(참조, 7, 10절). 그것은 첨가

물인 것 같다.

6.a. G는 "네가 전제를 위하여 혹은 희생제사를 위하여 그것을 준비할 때"를 보유하고 있다(참조. 8절). 이것은 또 다른 첨가물인 것 같다.

9.a. *BHS*는 여기서 2인칭 단수형을 제시하고 있다. 이 단락 가운데서 인칭의 교차 사용은 상당히 빈번하고, 이것은 본문 비평의 문제가 아니라 양식 비평의 문제일 수도 있다("양식/구조/배경"을 보라).

15.a. 하콰할(הַקָּהָל, "회중")이 S와 Vg에는 빠져 있다. 패터슨(J. Paterson, *Numbers*, 50)은 그것이 MT에 나타나는 것을 하나의 주석이라고 생각한다. Sam과 G에서 본 구절은 14절과 긴밀하게 연결되어 있다.

15.b. 이러한 표현의 언어학적 특성에 대해서는 GKC § 161c를 보라. *BHS*는 이트켐(אִתְּכֶם, "너희와 함께")의 삽입을 제안하고 있다.

양식/구조/배경

본 단락이 제사장 편집자의 작품이라는 사실에 대해 분석가들 모두가 동의하고 있으며, 또한 그것이 비교적 후기에 P에 첨가되었다는 사실에도 광범위하게 동의하고 있다. 벨하우젠(J. Wellhausen, *Hexateuch*, 177-78)은 민수기 15장 전체가 H(레 17-26장)의 편집자(저자가 아님)로부터 나온 것이라는 의견을 취했다. 그는 민수기 15:2, 18과 레위기 19:23; 23:10; 25:2 사이의 유사성, 그리고 민수기 15:3과 레위기 22:21 사이의 유사성에 주의를 집중했다. 쿠에넨(A. Kuenen, *Hexateuch*, 96)은 1-16절을 "희생 제사자의 자유의지의 사용을 위하여 남겨졌던 것을 규정하려고 의도된 레위기 2장에 대한 중편 소설"로 묘사했다. 그 규범들을 타국인들에게까지 확대하는 것(14-16절)은 H에 있는 평행 구절에도 나타난다(레 17:8, 10, 13; 24:22). 그래이(G. B. Gray, *Numbers*, 168-69)는 본 장에 있는 율법이 다른 법들과는 거의 관계가 없고, 민수기 13-14장에 있는 정탐꾼 이야기와는 전혀 관계가 없거나 혹은 민수기 16-17장에 있는 고라의 폭동과도 관계가 없다고 주장한다. 그래이는 방랑의 기간인 이 시점에 이 특별한 율법들을 언급하도록 편집자를 자극했던 이유가 무엇인가에 대해서 말하는 것을 난처해한다. 노트(M. Noth, *Pentateuchal Traditions*, 9)는 "뚜렷한 동기가 없이" 그것을 삽입했다고 생각한다. P설화가 시내산에 그 기원을 두고 있고, 땅 점령에 기원을 두고 있지 않다는 그의 확신 때문에 2절에 있는 도입 형태가 매우 늦은 시기에 오경과 연관되었다고 생각한다(또한 M. Noth, *Numbers*, 114를 보라). 스터디(J. Sturdy, *Numbers*, 108)는 마지막 편집자가 그 설화들이 율법들과는 엇갈리게 해야 할 것이라고 단순히 느낀 것뿐이라고 추정한다. 스터디에게 율법은 어쩌면 P보다도 늦은 시기의 것이요, 그것에 대한 보충으로 의도된 것이다.

에스겔 46:5-7, 11, 14의 율법과 비교하는 것이 적절할 것이다. 같은 의도로 사용된 이와 유사한 분량이 그 곳에서도 발견되지만, 에스겔서에 있는 그 구절들은 수량이 더 크면서도 짐승의 규모에 대해서는 그렇게 직접적으로 밝히지 않고 있으며 포도주 제사가 없다. 에스겔의 기록은 첫 번째 포로 귀환 직전, 포로 기간의 말기에 바벨론에 있던 제사장들의 전승을 나타내는 것일 수도 있다. 그래이(G. B. Gray, *Numbers*, 170)가 지적한 바와 같이, 민수기 15:1-16이 이에 대한 후기의 첨가물이라고 생각할 만한 몇 가지 이유가 있다. 1-16절을 레위기 2장과 연결시키고자 하는 쿠에넨의 시도의 약점은 1-16절이 레위기 2장에서와 같이 독립된 소제와 관련되어 있지 않고, 짐승 제사와 동반하여 드리도록 요구된 소제와 관련되어 있다는 점이다. 만일 1-16절이 에스겔 46장과 관련되어 있다면, 우리는 그것들 가운데서 방백의 공적인 제사로부터 백성의 사적인 제사에 이르기까지 제사 규모에 대한 하나의 중요한 확대를 보게 된다. 선택의 요소의 확대는 에스겔서에 나타나 있고, 짐승의 규모에 따라 비율을 조직적으로 그 등급을 매기고 있는 점은 1-16절이 후기의 발전된 내용이라는 일반적인 인상을 주고 있다.

이러한 채용들은 귀환하고 있는 포로민들 편에서의 조정을 나타내 줄 수도 있다. 주요 동기는 희생제사 절차에서 평민을 보다 충분히 포함시키려는 것일 수도 있다. 제사장의 상번제와 동반되는 소제와 전제(출 29:38-42)는 또한 평민 제사의 일부가 되어야 한다. 이러한 원리가 레위기 7장에 분명하게 나타나지만, 11-14절에서는 그러한 사적인 제사에서 드려야 하는 분량이 구체화되어 있지 않고, 그래서 민수기 저자는 그 문제를 밝혔던 것이다.

이 단락 전체를 통하여 여러 번의 인칭의 전환(G. B. Gray, *Numbers*, 176를 보라)은 저자가 보다 오래된 기록된 자료를 융합시켰다는 사실을 암시한다. 1-3, 12-16절에 있는 2인칭 복수형은 저자 자신의 자료임에 틀림없다. 양떼와 가축에 소제물과 기름을 포함하고 있는 4-9절에 나오는 3인칭 단수 자료는 가장 오래된 법규들을 담고 있다. 에스겔 46장에는 포도주 제사가 없다. 어린양과 숫양 사이를 구별하고 있고, 포도주 제사에 대한 규례도 소개하고 있는 여기에는 2인칭 단수 첨가물이 덧붙여졌다(5-8, 10-11절). 적절한 서론을 기록하면서(1-3절), 그리고 그 법을 타국인에게까지 확대하면서(12-16질) 제사장 저사가 취급한 것이 이 확대된 본문이다

(4-11절). 그렐로(P. Grelot, "La Dernière Étape de la Rédaction Sacerdotale," *VT* 6[1956] 174-89)는 조사 결과 이 법을 타국인에까지의 확대하고 있는 것은 제사장 저자가 주전 5세기 후반에 작업하고 있었다는 사실을 암시한다고 말한다. 전반적으로 2인칭 복수형을 사용하고 있는 G와 Sam의 경향은 저자의 편집 작업의 결과로 나타난 본문의 껄끄러운 부분을 매끄럽게 하는 것일 수 있다.

가장 초창기 형태로 되어 있는 본문이 포로 후반기보다 더 이른 시기는 아닐 수 있을지라도, 곡물, 기름 그리고 포도주 제사는 당연히 포로 전의 관습에서 규정되었을 것으로 보인다. 기름과 포도주 제사(삿 9:9, 13), 곡물과 포도주(삼상 1:24; 10:3) 그리고 포도주(호 9:4)와 기름(미 6:7)에 대한 선지자들의 암시에 대한 이야기가 있다. 규정된 양에 대한 규례는 포로 전 성전의 관습에서 그 배경을 찾아볼 수 있지만, 그 문제에 있어서 확실한 증거는 없다.

어찌하여 이 자료가 제사장 저자에 의해서 이 곳에 포함되었느냐는 문제는 주석가들이 생각하는 것처럼 그렇게 어려운 문제는 아니다. 2절에 있는 주장은 민수기 13-14장의 비극적 사건들과 연결점을 제공하고 있다-"너희가 내가 주어 거하게 할 땅에 들어가서." 만일 민수기 14장에 있는 이스라엘의 죄악의 성격이 그 땅의 거절로 생각된다면, 민수기 15:2에 있는 이 진술은 하나님의 목적을 믿으라는 광범위한 재주장이 되는 것이다. 이스라엘은 진실로 상속을 받을 것이고, 그 땅에서의 준수 사항의 세목들로의 갑작스러운 전환은 실질적이고도 현실적인 신앙에 대한 놀랄 만한 주장이다.

주석

[3] "화제"(אִשֶּׁה - 이쉐)는 제단 위에서 태워진 모든 희생제물을 망라하는 총괄적인 용어다.

"희생"(זֶבַח - 제바흐). 그 희생이 "화목제"를 가리킨다는 맥닐(McNeile, *Numbers*, 80)의 견해를 받아들일 이유는 없을 것 같다(민 6:14의 "주석"을 보라). 그것은 일반적인 제사를 언급하는 것으로 이해하는 것이 가장 좋다.

"향기로운 냄새"(NEB), "부드러운 맛"(RV), "기쁨을 주는 냄새"(RSV)(רֵיחַ נִיחֹחַ - 레아흐 니호악흐). 이것은 하나님께서 희생제사 가운데서 신인동형론적 방식으로 냄새를 맡으시고 기뻐하신다는 사상을 반영하고 있는 한 일반적으로 고대의 용어라고 믿어진다(보다 초창기의 전승 가운데서 그것이 사용된 용례에 대해서는 창 8:21

을 참조하라). 스터디(J. Sturdy, *Numbers*, 109)에 따르면, P에서 이 문구가 받아들일 만한 예배에 대한 생생한 은유가 되었다는 것이다.

4 이러한 용량들에 해당하는 현대의 용량은 얼마나 되느냐에 대해서는 확인할 수 없다. 그것은 밀가루 7½ 파인트(4.5리터), 기름과 포도주 3파인트(1.8리터)일 수도 있다. 이러한 분량들은 출애굽기 29:40과 민수기 28-29장의 법에서도 사용된다.

7 "전제로"(לְנֶסֶךְ – 란네쎄크). 집회서 50:15에 따르면 이것은 제단 밑에 부어졌을 것이다(참조. Josephus, *Anti. Iud.* 3:9:4). 그러한 관습은 라스 샤므라에서 발굴된 가나안 족속의 본문에서 나온 증거가 보여 주는 바와 같이 고대의 것이다. J. de Vaulx, *Nombres*, 179-80를 보라.

14 "타국인"에 대해서는 민수기 9:14의 "주석"을 보라. 이 구절은 그 땅에 거주하고 있지만 본국 출신의 신분과 타국인의 신분을 잃어버린 또 다른 계층의 사람들을 인용하고 있는 것으로 보인다(A. H. McNiele, *Numbers*, 81). NEB는 이 두 문장이 타국인들을 언급하는 것으로 취급하는데, 그 타국인이 일시적인 거주자인지 혹은 영구적인 정착민인지의 차이를 언급하고 있다.

해설

이 단락은 다양한 제사에 필요한 가루, 기름, 포도주의 분량에 대해 말하고 있다. 이 분량들은 소제와 전제로 묘사되어 있다. 이것들은, 비록 번제와 서원제 및 자원제에 관련되어 있는 것들이 구체화되어 있기는 하지만, 어떤 제사에 동반되어야 하는 것으로 보인다. 그 분량들은 드려진 짐승을 고려하여 정해져 있다. 매 어린양에는 가루의 에바 10분의 1과 기름의 힌 4분의 1 그리고 포도주의 힌 4분의 1이다. 매 숫양에는 가루의 에바 10분의 2, 기름의 힌 3분의 1, 포도주의 힌 3분의 1이다. 매 황소에는 가루의 에바 10분의 3, 기름의 힌 절반, 포도주의 힌 절반이다.

이스라엘 백성이 그 땅을 거절한 사실을 기록하고 나서, 또한 그것을 취하려는 자만스러운 태도를 기록하고 나서(민 14장), 민수기 저자는 그 땅에 대한 하나님의 위탁과 하나님께서 그것을 이스라엘에게 주시려는 의도가 있음을 재확인하고 있다. 민수기 13-14장에서 실패한 자는 이스라엘 백성 전체이지만, 그럼에도 불구하고 거기에는 미래가 있고, 그 후손들이 실제로 그 땅에 들어갔을 때 그들이 준수해야 할 법규들이 있다. 이 단락에 대한 저자의 특별한 관심은 그 땅을 기꺼이 주시려는 하나님의 의도에 대한 지속적인 신앙이다. 곡물, 포도주 그리고 기름은 무엇보다도 그 땅의 소산이며, 이것은 아마도 저자로 하여금 이러한 물품의 분량들이 희생제사에 사용되도록 논의하게 만든 충분한 이유일 것이다.

요점은, 저자가 에스겔서에 있는(이 경우는 겔 46:5-7, 11, 14에 있음) 세부적인 자료를 제공하고 있다는 것이다. 제물의 비율은 짐승의 크기에 따라 주의 깊게 등급이 매겨져 있고, 그 절차도 일반 백성의 개인 제사에까지 확대되어 있다. 레위기 7:11-14에는 이에 대해 언급되어 있다. 여기서 저자는 그것들의 분량이 어떻게 되어야 할지를 정확하게 구체화할 수가 있다. 저자가 4-11절에 있는 복잡한 본문을 취급하고, 1-3절과 12-16절을 덧붙인 것으로 보인다("양식/구조/배경"을 보라). 저자가 주로 기여한 것은 이러한 원리들이 이스라엘 본토인과 마찬가지로 타국인에게도 적용된다는 주장이다. 이스라엘은 그 땅을 기업으로 얻을 것이며, 이스라엘 족속들은 거주하고 있는 타국인들과 함께 그 열매와 포도주, 기름을 야웨께 드릴 자유를 가지게 될 것이다.

25. 첫 열매 제사(15:17-21)

본 문

17 여호와께서 모세에게 일러 가라사대
18 이스라엘 자손에게 고하여 이르라 너희가 나의 인도하는 땅에 들어가거든
19 그 땅의 양식을 먹을 때에 여호와께 거제를 드리되
20 너희의 처음 익은 곡식 가루 떡을 거제로 타작 마당의 거제같이 들어 드리라
21 너희의 처음 익은 곡식 가루 떡을 대대에 여호와께 거제로 드릴지니라

17 Yahweh said to Moses,
18 "Say to the people of Israel, When you come into the land to which I bring you,
19 and when you eat of the food of the land, you shall present a contribution to Yahweh.
20 Of the first of your dough[a] you shall present a cake as a contribution. As a contribution from the threshing floor, so you shall present it.
21 Of the first of your dough you shall give to Yahweh, a contribution throughout your generations."

원문주해

20.a. 아리쏘테켐(עֲרִסֹתֵכֶם, "너의 가루"). 이 단어의 정상 형태는 21절에서 발견되고, 여기서 해석되어야 할 것이다.

양식/구조/배경

분석가들은 이 자료가 제사장 자료라는 점에 동의하고 있으며, 그것을 민수기 15장 전체에 따라 비교적 후대의 첨가물로 취급한다. 쿠에넨(A. Kuenen, *Hexateuch*, 96)은 18절이 2절과 아주 유사하고, 그래서 공동의 기원을 가지고 있음을 암시하고 있다고 주장해 왔다. 그래이(G. B. Gray, *Numbers*, 177)는 18b절과 성결 법전(레 17-26장) 사이에 소량의 언어상의 연결고리가 있음을 지적한다. 18절과 2절의 관계적인 면에서 볼 때, 이 단락을 민수기의 제사장 저자에게로 돌리는 것이 우리에게는 타당해 보인다. 1-22절 전체 가운데 들어 있는 H와의 유사성은 저자가 레위기를 알고 있다는 사실만을 드러내 줄 뿐이며, 우리가 채용했던 P에 대한 견해를 결코 위협하지 않는다. 내용상 그 규례는 에스겔 44:30에 있는 것과 같은 것이다. 이 특별한 제사 가운데 들어 있는 유일한 언급은 느헤미야 10:38에 있고, 그 관습이 얼마나 오래되었는지를 판단하는 것은 불가능하다. 제사장 저자는 2절에서처럼 하나님의

목적의 은혜성에다 자신을 위탁하고 있다. 민수기 14장에서 불신앙으로 말미암아 그 땅을 거절했음에도 불구하고, 하나님께서는 자신이 이스라엘을 이끌고 그 땅으로 들어가실 그 때를 바라보고 계신다. 인간의 죄로 말미암아 혼돈과 멸망이 닥쳤음에도 불구하고, 지시되고 열거된 그 땅에서의 종교 생활의 가능성은 여전히 신앙의 눈으로 감지될 수 있다.

주석

[19] "거제"(תְּרוּמָה – 테루마). 민수기 5:9의 "주석"을 보라(민 5:9에서는 "성물"로 되어 있다 – 역자주). 이 문맥에 관한 보다 자세한 논의에 대해서는 M. Noth, *Numbers*, 115-16를 보라.

[20] "너희의 처음 익은 곡식 가루"(רֵאשִׁית עֲרִסֹתֵכֶם – 레쉬트 아리쏘테켐). 의미가 불분명하다. 이러한 표현은 다른 곳에서 에스겔 44:30; 느헤미야 10:37에 나타난다. 아라쓰(ערס)에 대한 탈무드의 용법은 가루 반죽을 암시한다. 스나이드(N. H. Snaith, *Numbers*, 251)는 "반죽통"을 선호하는데 – "한 가루 통으로부터 꺼낸 한 무더기의 빵 덩어리들" – 즉 너의 빵의 첫 번째 덩어리다.

해설

이 단락은 한 자그마한 제물, 즉 그 땅의 첫 번째 열매를 가루로 해서 빵의 형태로 만들어야 할 것을 규정하고 있다. 이것이 테루마 제사다.

1-16절에 있는 바와 같이, 민수기 14장의 죄악에도 불구하고 여기에 그 땅에 대한 하나님의 위탁과 그분의 약속에 대한 증거가 나타나고 있다. 18절에는 2절에서처럼 이스라엘이 궁극적으로 그 땅을 소유할 것이라는 확신이 나타나 있다. 그러한 제사 규정 가운데는 이스라엘이 실제로 그 땅을 자유롭게 경작할 것이고 그 산물을 얻을 것이라는 믿음이 암시되어 있다. 이스라엘은 그 하사품의 첫 번째 것으로 야웨께 제사를 드려야 한다. 앞에서처럼 여기서도 제사장 저자는 모세 법의 한계 내에서 에스겔서로부터(이 경우에 44:30) 규례를 이끌어 내는 데 관심을 보이고 있다. 이스라엘의 불신앙에도 불구하고 그 땅에서 규정된 종교 생활이 있을 텐데, 그것이 하나님의 궁극적인 목적이다.

26. 부지중의 범죄(15:22-31)

참고문헌

Kellermann, D. "Bemerkungen zum Sündopfergesetz in Num. 14:22ff." ed; H. Gese. *Festschrift für K. Elliger.* Neukirchen: Keuelaer, 1973, 107-14. **Toeg, A.** "הלכה: במדבר טו כב-לא-מדרש. An Halakhic Midrash in Num 15:22-31." *Tarbiz* 43(1973) 1-20.

본 문

22 너희가 그릇 범죄하여 여호와가 모세에게 말한 이 모든 명령을 지키지 못하되

22 "But if you err, and do not observe all these commandments which Yahweh has spoken to Moses,

23 곧 여호와가 모세로 너희에게 명한 모든 것을 여호와가 명한 날부터 이후 너희의 대대에 지키지 못하여

23 all that Yahweh has commanded you by the hand of Moses, from the day that Yahweh commanded, and onward throughout your generations,

24 회중이 부지중에 그릇 범죄하였거든 온 회중은 수송아지 하나를 여호와께 향기로운 화제로 드리고 규례대로 그 소제와 전제를 드리고 숫염소 하나를 속죄제로 드릴 것이라

24 then if it was done inadvertently[a] without the knowledge of the congregation, all the congregation shall offer one young bull for a whole offering, a soothing odor to Yahweh, with its cereal offering and its drink offering, according to the ordinance, and one male goat for a purification offering.

25 제사장이 이스라엘 자손의 온 회중을 위하여 속죄하면 그들이 사함을 얻으리니 이는 그릇 범죄함이며 또 그 그릇 범죄함을 인하여 예물 곧 화제와 속죄제를 여호와께 드렸음이라

25 And the priest shall make atonement for all the congregation of the people of Israel. And they shall be forgiven because it was an error, and they have brought their offering, an offering by fire to Yahweh, and their purification offering before Yahweh, for their error.

26 이스라엘 자손의 온 회중과 그들 중에 우거하는 타국인도 사함을 얻을 것은 온 백성이 그릇 범죄하였음이니라

26 And all the congregation of the people of Israel shall be forgiven, and the resident alien with them, because the whole population was involved in the error.

27 만일 한 사람이 그릇 범죄하거든 일년 된 암염소로 속죄제를 드릴 것이요

27 "If one person sins inadvertently, he shall offer a female goat a year old for a purification offering.

28 제사장은 그 그릇 범죄한 사람이 그릇하여 여호와 앞에 얻은 죄를 위하여 속죄하여 그 죄를 속할지니 그리하면 사함을 얻으리라

28 And the priest shall make atonement before Yahweh for the person who commits an error, when he sins inadvertently, to make atonement for him. And he shall be forgiven.

29 이스라엘 자손 중 본토 소생이든지 그들 중에 우거하는 타국인이든지 무릇 그릇 범죄한 자에게 대한 법이 동일하거니와

29 You shall have one law for him who does anything inadvertently, for him who is native among the people of Israel, and for the resident alien with them.

30 본토 소생이든지 타국인이든지 무릇 짐짓 무엇을 행하면 여호와를 훼방하는 자니 그 백성 중에서 끊쳐질 것이라

30 But the person who does anything with deliberate defiance, whether he is native or an alien, reviles Yahweh,[a] and that person shall be cut off from among his people.[b]

31 그런 사람은 여호와의 말씀을 멸시하고 그 명령을 파괴하였은즉 그 죄악이 자기에게로 돌아가서 온전히 끊쳐지리라

31 Because he has despised the word of Yahweh, and has broken his commandment,[a] that person shall be utterly cut off. His guilt shall be on him."

원문주해

24.a. 리슈가가(לִשְׁגָגָה, "그릇"). 이 형태는 주로 27, 29; 레 4:22에서처럼 뻬슈가가(בִּשְׁגָגָה)이다.

30.a. G에는 여기서 "하나님"으로 되어 있다.

30.b. Sam은 복수 명사로 되어 있다(참조. 창 17:14; 출 31:14; 레 7:20-21; 민 9:13).

31.a. Sam, G, Syr 그리고 Tg에서처럼 그러한 문맥에서는 복수형이 보다 통상적이다.

양식/구조/배경

자료가 제사장적이라는 사실은 분석가들 사이에 일반적으로 인정되고 있는 점이다. 이 내용이 민수기 15장의 현 위치에 있으므로 그것이 비교적 후대에 속한다고 믿어지기는 할지라도, 법 자체의 본질은 자주 P에서 초창기 단계에 속한 것으로 간주된다(A. Dillmann, *Numeri*, 83-84를 보라). 그러한 논증은 본질적으로 외관상 같은 주제를 다루고 있는 레위기 4장에 있는 다른 법과의 비교에 근거하고 있다. 레위기 4장에 있는 법들은 보다 정교한 것으로 보이고, 그러므로 후대에 속하는 것 같다. 그것들은 죄인의 두 범주를 예상하고 있는데, 곧 대제사장과 지도자다. 더 나아가 레위기 4장에는 회중 전체를 위한 제사가 없고, 한 어린 송아지(여기서처럼 숫염소가 아님)가 속죄제를 위하여 요구된다. 개인의 경우 속죄제는 비록 그 연령이 구체

적으로 밝혀져 있지는 않지만, (여기서처럼) 암염소가 요구된다(레 4:32).

가끔 레위기 4장이 위임 행위를 언급하고, 민수기 15장은 퇴임 행위를 언급하는 것이라고 주장되어 왔다. 그래이(G. B. Gray, *Numbers*, 179)는 24, 29절의 용어와 30절에 있는 대조가, 저자가 마음속에 율법을 범하는 적극적인 행위를 가지고 있다는 사실을 보여 주고 있다는 근거에서 이 견해를 거절한다. 그래이 자신은 민수기 15장을 보다 오래된 법규로 그리고 레위기 4장을 후대의 법규로 바라보는 단순한 의견에 구속 받지 않는다. 그의 의견에 의하면, 민수기 15:22-31의 지금의 형태는 민수기 15:1-16을 예상하고 있는데, 왜냐하면 그가 24b절을 8-10절을 가리키기 위하여 취급하고 있기 때문이다. 어쨌든 이것을 그는 편찬자의 영향을 받은 것으로 취급하고 있으며, 사실상 그는 민수기 15:22-31(그리고 레 5:1-6)을 레위기 4장보다 더 오래된 것으로 받아들이는 방향으로 기울어진다.

만약 이 견해가 받아들여진다면, 민수기의 제사장 저자가 지금의 형태로 되어 있는 레위기를 익히 알고 있었다는 사실이 우리의 견해를 위협하는 것으로 보인다. 그래이의 결론은 사실상 불필요하다. 노트(M. Noth, *Numbers*, 116)는 이 단락(22-31절)의 목적이 특히 드려져야 할 희생제사와 관련하여 레위기 4장을 확대하기 위한 것이라고 주장한다. 그러므로 24절은 회중이 속죄제 이상의 것을 드려야 한다는 사실을 규정함에 있어서 레위기 4장을 넘어간다. 어린 수송아지는 번제가 되고, 숫염소는 속죄제의 기능을 한다. 민수기 저자 역시 레위기 4장의 요구 사항에 소제와 전제를 덧붙이고 있다. 개인의 경우, 레위기 4장에서 염소와 어린양 사이에 주어진 선택이 반드시 민수기 15장에 알려져 있지 않은 것은 아니다. 저자는 염소의 연령을 규정하는 데 관심을 두고 있는 것이다. 이런 방식으로 바라본 22-31절의 편집자는 레위기 4장에 구체화된 두 범주의 사람을 위한 부가적 법규를 제공하고 있다. 그는 또한 이 원리를 본국 이스라엘 족속들에게뿐 아니라 타국인에게까지 적용된다는 사실을 확고히 하려고 힘쓰고 있으며, 고의적인 범죄자에게는 그 어떤 희생제사도 없다는 사실을 주장하려고 힘쓰고 있다. 스터디(J. Sturdy, *Numbers*, 111 -12)는 또한 이 단락을 드려질 희생제사의 세부 사항들을 확대하는 것으로 바라본다. 스나이드(N. H. Snaith, *Numbers*, 252)는 레위기 4장이 일반적인 의미에서 속죄제를 취급하고 있는 반면에, 민수기 15장은 17-21절에 언급된 구체적인 제사와 관련되는 부주의에 관심을 두고 있다고 말한다. 22-31절에는 그것이 좁게 취급되어야 한다는 암시가 없고, 노트와 스터디의 접근 방식이 더 낫다.

현재의 본문의 시대보다 앞서 있었던 부주의한 행동에 관한 기미를 자신 있게 밝히기는 어렵다. 포로 전 성전의 제사 절차상의 어떤 규정들이 있었지만, 그것들이 어떤 것들을 내포하고 있었는지 말하기는 어렵다. 어찌하여 민수기 저자가 이 특별한 지점에다가 이 레위기 4장의 확대 내용을 두었는지 알아내는 것이 더 쉬울 것이다. 1-21절에서 그는 민수기 14장의 비극적 재난 다음에 하나님의 은혜로운 목적에 대한 신앙을 재주장했다. 확대된 법규들을 소개한 다음에 그는 의도적이고도 반항적인 죄(14장에 있는 그것과 같은)에 대해서는 희생제사가 없다는 점을 지적할 수 있다. 그 장에서 하나님의 심판은 옳았고, 희생제사로 좌절시킬 수 없었다.

주석

24 "그릇"(לִשְׁגָגָה – 리슈가가). 그러한 죄가 어찌하여 그 공동체 내에서 일어날 수 있었는지에 대한 아무런 암시가 없으며, 또한 그러한 종류의 범죄에 대한 어떤 세부 사항들도 염두에 두지 않고 있다.

25 "그가 속죄하면"(וְכִפֶּר – 웨킵페르). 민수기 17:6-15의 "주석"을 보라.

30 "짐짓"(בְּיָד רָמָה – 베야드 라마)은 직역하면 "높은 손으로"이다(참조. 출 14:8; 민 33:3).

맥닐(A. H. McNeile, *Numbers*, 83)이 지적한 바와 같이, "야웨"(혹은 "하나님", "원문주해"를 보라)란 단어가 강조적 위치에 있는 것은 그 범죄의 심각성을 강조하고 있다.

31 "온전히 끊쳐지리라"(הִכָּרֵת תִּכָּרֵת – 히카레트 티카레트). 민수기 9:13의 "주석"을 보라.

해설

이 단락은 그릇 범죄가 나타날 경우 드려야 할 제사를 취급하고 있다. 회중 전체가 범죄했을 경우(22-26절)와 개인이 범죄했을 경우(27-29절)에 분리된 요구 사항이 나타난다. 회중은 번제(어린 수송아지)를 드리고, 그와 함께 소제와 전제를 드리며, 또한 속죄제(숫염소)를 드리도록 요구하고 있다. 개인은 속죄제(암염소)를 드리도록 요구하고 있다. 요점은 이 제사들이 그릇 범한 죄에 대해서만 유용하다고 되어 있다. 고의적 범죄에 대해서는 희생제사가 없다.

여기서 저자의 목적은 레위기 4장에 있는 자료의 확대를 제공하는 것이다. 회중은 속죄제 이상의 제사를 드려야 한다. 번제로 어린 수송아지가 드려져야 하고, 반면에 속죄제를 위해서는 숫염소가 사용되어야 한다. 제사장 저자는 또한 1-16절의 소제와 전제를 이끌어 와서 사용하고 있다. 그의 특별한 관심은 레위기 4장에 언급된 사람의 두 범주, 즉 전체 회중과 개인과 관련하여 추가적인 법규들을 제공하는 것이다. 12-16절에서처럼 또다시 이러한 원리들을 본족에게와 마찬가지로 타국인에게도 적용하도록 관심을 보이고 있다. 이것은 주전 5세기 당시의 문제였음에 틀림없다. 저자는 이것을 이미 존재했던 여러 법에 적용했고, 그리하여 논쟁의 요점을 해결하고, 불화의 원인을 해결하고 있다.

이 점에서 그릇 범한 죄를 논의하고 있는 저자의 목적을 발견하기는 어렵지 않다. 이스라엘과 그 땅을 향한 하나님의 궁극적 목적에 대한 믿음이 그 하나이고(1-21절), 그럼에도 이스라엘이 어떤 어려운 실체들을 계산에 넣어야 한다는 것이다. 거기에는 그릇 범한 죄를 위한 희생제사가 들어 있지만, 짐짓 범한 죄 즉 반항적이고도 고의적인 죄에 대해서는 희생제사가 없다. 그 땅의 거절과 호르마에서 패배를 하게 만들었던 교만(민 14장)은 둘 다 이러한 범주의 죄에 속한다. 반항적이고도 고의적인 죄에 이어 또 다른 실례들이 민수기 16-17장에 나타나 있다. 만일 이러한 어려운 실체들을 이스라엘이 인식하지 못한다면 하나님의 심판은 적절하고도 피할 수 없는 것이다.

27. 안식일에 나무 한 자(15:32-36)

참고문헌

Bamberger, B. J. "Revelations of Torah after Sinai." *HUCA* 16(1941) 97-113. **Phillips, A.** "The Case of the Woodgatherer Reconsidered." *VT* 19(1969) 125-28. **Weingreen, J.** "The Case of the Woodgatherer(Numbers XV 32-36): *VT* 16(1966) 361-64.

본 문

32 이스라엘 자손이 광야에 거할 때에 안식일에 어떤 사람이 나무하는 것을 발견한지라	**32** While the people of Israel were in the wilderness, they found a man gathering sticks on the sabbath day.
33 그 나무하는 자를 발견한 자들이 그를 모세와 아론과 온 회중의 앞으로 끌어 왔으나	**33** And those who found him gathering sticks brought him to Moses and Aaron, and to all the congregation,
34 어떻게 처치할는지 지시하심을 받지 못한 고로 가두었더니	**34** They put him in custody, because it had not been made clear what should be done to him.
35 여호와께서 모세에게 이르시되 그 사람을 반드시 죽일지니 온 회중이 진 밖에서 돌로 그를 칠지니라	**35** And Yahweh said to Moses, "The man shall be put to death. All the congregation shall stone him with stones outside the camp."
36 온 회중이 곧 그를 진 밖으로 끌어내고 돌로 그를 쳐죽여서 여호와께서 모세에게 명하신 대로 하니라	**36** And all the congregation brought him outside the camp, and stoned him to death with stones, as Yahweh commanded Moses.

양식/구소/배경

분석가들 사이에서는 이 이야기가 P에 속한 비교적 후대의 것이라는 사실이 널리 받아들여지고 있다. H(레 24:10-14, 23)에 있는 이야기와의 유사성은 불가피한 것이고, 그 이야기의 미드라쉬적 특성이 널리 인정되고 있다(G. B. Gray, *Numbers*, 182). 아이쓰펠트(O. Eissfeldt, *Introduction*, 31-32)는 그것들을 이슬람의 하디쓰(Hadiths)에 비유하고 있으며, 꾸며진 것들로 생각한다. 스나이드(N. H. Snaith, *Numbers*, 249)는 이 이야기가 H로부터 나온 것일 수도 있다고 생각하지만, 레위기 24장에 있는 그와 상응하는 이야기가 레위기 24:15-22에 있는 H법의 모음집에 첨가

되었을 가능성을 무시한다. 32-36절은 민수기 제사장 저자에게로 돌리는 것이 타당한 것으로 보인다.

저자는 분명히 고유의 안식일 준수를 확고히 하는 데 관심을 두고 있으며, 특별히 안식일에 나무를 줍는 일과 관련되어 있는 문제가 일시적인 관심사임에 틀림없다. 그는 그것을 여기서 소개하고 있는데, 그 이유는 그것이 고의적인 죄를 예증하고 있기 때문이다(31절; 참조. J. de Vaulx, *Nombres*, 187).

주석

32 이 소송은 특별한 계시를 필요로 한다(34절). 안식일을 범한 것은 이미 사형에 해당하는 중죄로 인정된 바 있다(출 31:14-15; 35:2). 확립될 필요가 있는 내용은 나무를 모으는 일이 안식일을 범한 것이냐는 것이다(참조. M. Noth, *Numbers*, 117). 와인그린(J. Weingreen, "The Case of the Woodgatherer")은 토라를 둘러싸고 있는 배경의 랍비적 원리 가운데 어떤 것이 여기에 나타나 있다고 주장한다. 다시 말해서, 자기 자신에게는 해롭지 않을지라도 근본적인 원리 자체를 범하도록 이끌 수 있는 행실들에 대한 규정이 들어 있다. 나무를 모으는 일은 불을 피우는 일의 전조이고, 그래서 악한 의도를 드러낸다. 모세의 딜렘마는 이 결론을 이끌어 내는 데 있다. 필립스(A. Phillips, "The Case of the Woodgatherer Reconsidered")는 이 이야기를 안식 원리를 교리적 활동의 모든 형태에 이르기까지 확장의 한 예증으로 본다. 그는 주장하기를, 초창기 안식법은 가정사라기보다는 직업을 언급했다고 한다. 이 분야에서 확실한 결론을 이끌어 내기는 어렵다. 분명한 것은 일의 중지와 같은 대 원리의 적용은 무엇이 그 일에 해당되느냐, 엄밀하게 무엇이 "일"이 되느냐에 대해서 문제를 일으키는 경향이 있다는 것이다. 이 이야기는 그에 대한 답변들이 발견되는 과정의 일부이며, 그것은 특별한 활동의 형태에 대한 선을 긋는 역할을 한다.

36 돌로 치는 일은 피흘림을 피하고, 그 결과로 피흘리는 죄책을 피하는 것이다(N. H. Snaith, *Numbers*, 135). 그 일이 진 밖에서 일어났음에 틀림없고, 그래서 거룩한 장소(진영)가 죽음으로 말미암아 오염되지 않도록 지켜지는 것이다(참조. 왕상 21:13).

해설

이 이야기는 "고의적인" 죄 가운데서 개인의 범죄를 다루고 있다(31절). 이 이야기는 본질적으로 합법적이고, 안식일에 나무를 하는 일이 사형 죄에 해당하는 실질적인 안식법 위반이라고 규정하고 있다.

이 특별한 문제는 주전 5세기 후반부 당시에 지극히 타당성을 가진 것이었다. 나무를 하는 것이 안식일을 범하는 것이냐, 그렇다면 그것을 어떻게 처리할 것이냐? 그 문제가 권위 있는 판례와 함께 미드라쉬적 이야기를 통하여 처리된다. 이 이야기는 한층 하나님의 선하신 목적에 대한 믿음이 그분의 계명을 무시하는 근거가 되지 못한다는 사실을 상기시켜 준다(또한 22-31절을 보라). 그러나 본질적으로 이 이야기는 율법의 영역에 속해 있으며, 특별히 그 원리들을 구체적인 상황에 적용하는 일에 속해 있다. 이 행동이 일인가? 그것이 마음이 반항적이고도 고의적이라는 사실을 보여 주는 증거인가?

28. 옷단 귀의 술(15:37-41)

참고문헌

Bertman, S. "Tasseled Garments in the Ancient East Mediterranean." *BA* 24(1961) 119-28. **Stephens, F. J.** "The Ancient Significance of Sisith." *JBL* 50(1931) 59-71.

본 문

37 여호와께서 모세에게 일러 가라사대	**37** Yahweh spoke to Moses, saying,
38 이스라엘 자손에게 명하여 그들의 대대로 그 옷단 귀에 술을 만들고 청색 끈을 그 귀의 술에 더하라	**38** "Speak to the people of Israel, and tell them to make tassels for themselves for the corners of their garments throughout their generations, and to put upon the tassel of each corner a violet thread,
39 이 술은 너희로 보고 여호와의 모든 계명을 기억하여 준행하고 너희로 방종케 하는 자기의 마음과 눈의 욕심을 좇지 않게 하기 위함이라	**39** And it shall be[a] to you a tassel to look upon and remember all the commandments of Yahweh, to do them, and not to follow after your own heart and your own eyes, which you are inclined to go after wantonly.
40 그리하면 너희가 나의 모든 계명을 기억하고 준행하여 너희의 하나님 앞에 거룩하리라	**40** So you shall remember and do all my commandments, and be holy to your God.
41 나는 너희의 하나님이 되려 하여 너희를 애굽 땅에서 인도하여 낸 여호와 너희 하나님이니라 나는 여호와 너희 하나님이니라	**41** I am Yahweh your God, who brought you out of the land of Egypt, to be your God. I am Yahweh your God."

원문주해

39.a. Sam은 이 문장 가운데 복수 동사와 명사를 보유하고 있다.

양식/구조/배경

이 법에 대한 서론(37-38절)이 밝히고 있는 바와 같이, 이것이 P에 속한다는 사실은 의심의 여지가 없다. 몇몇 사람은 이 단락 가운데서 H의 단편을 발견한다(예를 들어, N. H. Snaith, *Numbers*, 253; W. E. Addis, *Hexateuch*, 405). "거룩"과 관련하여 하나님의 "나"(40-41절)가 이를 증거하고 있는 가장 강력한 증거다. 쿠에넨(A. Kuenen, *Hexateuch*, 54)은 신명기와의 유사점(6:8-9; 11:18-20; 22:12)에 대해 언급하고 있지만, 40-41절에 H와의 유사점이 있을 뿐만 아니라 38절은 독특한 제사장적 성격이 있음을 말하고 있다. 그래이(G. B. Gray, *Numbers*, 183)는 이 법이 H로부터 유래되었거나, 아니면 의도적으로 H의 태도를 드러내고 있다고 결론짓는다(참조. 레 17:7; 19:29, 36; 20:5-6; 22:33; 26:13). 그래이가 지적한 바와 같이, "규례"(חֻקּוֹת – 후코트)나 "법도"(מִשְׁפָּטִים – 미슈파팀)라는 말보다 "계명"(מִצְוֹת – 미초트)을 사용한 것은 H의 특징이 아니다.

이 다양한 문학적 현상은 이 단락이 본질적으로 민수기 제사장 저자로부터 나온 것이라는 견해와 어울린다. D 혹은 H와의 언어적 연관성은 저자가 D와 H 전승과 친숙했다는 것을 의미할 뿐이다. 38절에서 3인칭 복수형의 사용은 아마도 저자가 사용할 수 있었고 자신의 2인칭 복수형 가운데 삽입할 수 있었던 보다 오래된 성문법이 현존해 있었음을 암시할 수도 있다. 비록 다른 단어가 사용되기는 했지만, 술을 다는 관습은 신명기 22:12에서 입증된다. 그러한 술의 본래 의미가 어떤 것이었는지는 알아내기가 어렵다. 노트(M. Noth, *Numbers*, 117)는 어떤 악마를 쫓는 기능이라고 제안한다. 어찌하여 저자가 이 시점에서 이러한 종류의 어떤 가시적 유품을 삽입하기를 원해야 했는지를 파악하기가 더 쉽다. 술은 32-36절에 논의된 바와 같이 하나님의 안식법을 준수해야 한다는 사실을 생각나게 하는 유품이다. 보다 넓은 문맥에서 그것들은 이스라엘의 죄, 특히 민수기 14장에 있는 땅에 대한 거절을 취급하는 단락, 그러나 좀더 일반적으로는 민수기 14장에 있는 불평 단락 전체에 어울리는 결론으로서의 기능을 하고 있다.

주석

[38] "술"(צִיצִת – 치치트). 어떤 사람은 "장식"으로 읽기를 더 좋아한다. G는 "단"(*κρασπηδα* – 크라스페다)을 보유하고 있다.

"청색(보라빛) 끈"(פְּתִיל תְּכֵלֶת – 페틸 테켈렛)에 대해서는 출애굽기 28:37을 참조하라.

[39] "좇지 않게 하기 위함이라"(וְלֹא־תָתֻרוּ – 웰로-타투루). 이 단어의 어근은 정탐꾼들이 행했던 정탐에 대하여 민수기 13:21에서 사용되었던 것과 같다. 이것은 저자가 이 단락을 작성할 때 민수기 14장의 죄를 고려했다는 사상을 입증할 수 있다

(“양식/구조/배경”을 보라).

“너희로 방종케 하는”(זֹנִים אַחֲרֵיהֶם – 조님 아하레헴; RSV). 맥닐(A. H. McNeile, *Numbers*, 84)은 이것을 술과 관련된 초창기의 미신을 가리키는 것으로 생각한다. 아마도 저자는 민수기 14:33을 더욱 염두에 두고 있다.

해설

이 단락은 옷에 술을 다는 것을 규정하고 있다. 이 술들은 이스라엘 족속으로 하여금 하나님의 계명에 순종하도록 하는 유품으로서의 기능을 하고 있다.

저자는 본 장 전체에 대해 적절한 결론을 내리고 있다. 술은 이스라엘로 하여금 하나님의 법에 신실하도록 도움을 줄 것이다. 저자는 아마도 보다 오래된 법을 참조한 것 같다(38절). 그의 목적은 32-36절의 안식일 법이 준수되어야 하고, 땅에 대한 거절과 교만(민 14장)은 멀리해야 하며, 일반적인 불평(민 11-12장)은 위험하고도 무가치하다는 사실을 강조하는 것이다. 그러므로 술은 이스라엘 전체의 죄와 그 결과를 다루고 있는 하나의 큰 단락을 결론짓고 있다. 그러한 죄는 하나님의 선하신 궁극적 목적을 무효화시키지 못하지만, 그럼에도 불구하고 이스라엘은 매우 조심하여 순종해야 한다. 주전 5세기의 저자의 상황이 여기에 반영되어 있는 것 같다. 재정착과 분산의 문제에 대한 저자의 태도는 미묘하다. 그는 올바른 권위(민 11-12장), 바벨론의 유대인들이 보존하고 시행했던 모세의 권위의 원리를 확고히 하고 있다. 그 밖에 그는 흩어진 유대인들로 하여금 신앙의 위기로 이끌고 갈 “애굽”의 안전과 평안을 좋아하여 땅을 거절하는 방향으로 인도하는 두려움과 불신앙적 태도를 거절하고 있다(민 14:1-38). 그럼에도 불구하고 그 땅으로 들어가려고 하는 사람들 사이에는 오만한 태도가 있을 수 있다. 하나님의 때와 하나님의 방법이 중요하다(민 14:39-45). 믿음의 궁극적 시험은 하나님과 그분의 계명에 대한 순종이다(민 15:37-41).

이러한 상황 가운데서 민수기 15장의 광범위한 신학적 목적은 하나님의 선하신 목적이 궁극적으로는 좌절될 수 없다는 것을 암시한다. 그러나 자기에게 충실하신 하나님께서는 어떤 주어진 시간에 인간의 지각 너머에 서 계실 수 있다. 그러한 목적에 대한 거절과 그 결과 일어날 가능성은 언제나 있다. 그러므로 인간의 의무와 책임은 믿음을 가진 순종이다.

29. 고라, 다단, 아비람의 반역(16:1-35)

참고문헌

Gillischewski, E. "Die Geschichte von der 'Rotte Korah' Num 16." *Archiv für Orientforschung* 3(1926) 114-18. **Hanson, H. E.** "Num. XVI 30 and the meaning of *bārā'*." *VT* 22(1972) 353-59. **Holt, G.** "The Death of Qorah." *ABR* 7(1959) 2-26. **Lehming, S.** "Versuch zu Num. 16." *ZAW* 74(1962) 291-321. **Liver, J.** "Korah, Dathan and Abiram." *Studies in the Bible*(ed: C. Rabin) *Scripta Hierosolymitana 8.* Jerusalem: Magnes, 1961, 189-217. **Meek, T. J.** "Some Emendations in the Old Testament." *JBL* 48(1929) 167-68. **Nyberg, H. S.** "Korah's Uppror(Num. 16f.)." *SEÅ* 11(1946) 214-36. **Richter, G.** "Die Einheitlichkeit der Geschichte von der Rotte Korah." *ZAW* 39(1921) 123-37. **Wanke, G.** *Die Zionstheologie der Korachiten.* BZAW 97 Berlin: Töpelmann, 1966.

본 문

1 레위의 증손 고핫의 손자 이스할의 아들 고라와 르우벤 자손 엘리압의 아들 다단과 아비람과 벨렛의 아들 온이 당을 짓고	**1** Now Korah the son of Izhar, son of Kohath, son of Levi, and Dathan and Abiram the sons of Eliab, (and On the son of Peleth),[a] sons of Reuben[b] were insolent.[c]
2 이스라엘 자손 총회에 택함을 받은 자 곧 회중에 유명한 어떤 족장 이백오십 인과 함께 일어나서 모세를 거스리니라	**2** And they rose up against Moses with men from the people of Israel, two hundred and fifty leaders of the congregation, chosen from the assembly, well-known men.
3 그들이 모여서 모세와 아론을 거스려 그들에게 이르되 너희가 분수에 지나도다 회중이 다 각각 거룩하고 여호와께서도 그들 중에 계시거늘 너희가 어찌하여 여호와의 총회 위에 스스로 높이느뇨	**3** And they assembled themselves together against Moses and against Aaron, and said to them, "You have gone too far![a] For all the congregation are holy, every one of them, and Yahweh is among them. Why then do you exalt yourselves, above the assembly of Yahweh?"
4 모세가 듣고 엎드렸다가	**4** When Moses heard it his face fell,[a]
5 고라와 그 모든 무리에게 말하여 가로되 아침에 여호와께서 자기에게 속한 자가 누구인지 거룩한 자가 누구인지 보이시고 그 자를 자기에게 가까이 나아오게 하시되 곧 그가 택하신 자를 자	**5** and he spoke to Korah and to all his congregation, saying, "[a]In the morning Yahweh will show[a] who is his, and who is holy, and will make him come near to him. The one whom he

기에게 가까이 나아오게 하시리니
6 이렇게 하라 너 고라와 너의 모든 무리는 향로를 취하고
7 내일 여호와 앞에서 그 향로에 불을 담고 그 위에 향을 두라 그 때에 여호와의 택하신 자는 거룩하게 되리라 레위 자손들아 너희가 너무 분수에 지나치느니라
8 모세가 또 고라에게 이르되 너희 레위 자손들아 들으라
9 이스라엘의 하나님이 이스라엘 회중에서 너희를 구별하여 자기에게 가까이 하게 하사 여호와의 성막에서 봉사하게 하시며 회중 앞에 서서 그들을 대신하여 섬기게 하심이 너희에게 작은 일이겠느냐
10 하나님이 너와 네 모든 형제 레위 자손으로 너와 함께 가까이 오게 하신 것이 작은 일이 아니어늘 너희가 오히려 제사장의 직분을 구하느냐
11 이를 위하여 너와 너의 무리가 다 모여서 여호와를 거스리는도다 아론은 어떠한 사람이관대 너희가 그를 원망하느냐
12 모세가 엘리압의 아들 다단과 아비람을 부르러 보내었더니 그들이 가로되 우리는 올라가지 않겠노라
13 네가 우리를 젖과 꿀이 흐르는 땅에서 이끌어 내어 광야에서 죽이려 함이 어찌 작은 일이기에 오히려 스스로 우리 위에 왕이 되려 하느냐
14 이뿐 아니라 네가 우리를 젖과 꿀이 흐르는 땅으로 인도하여 들이지도 아니하고 밭도 포도원도 우리에게 기업으로 주지 아니하니 네가 이 사람들의 눈을 빼려느냐 우리는 올라가지 아니하겠노라
15 모세가 심히 노하여 여호와께 여짜오되 주는 그들의 예물을 돌아보지 마옵소서 나는 그들의 한 나귀도 취하지 아니하였고 그들의 한 사람도 해하지 아니하였나이다 하고
16 이에 고라에게 이르되 너와 너의 온 무리는 아론과 함께 내일 여호와 앞으로 나아오되
17 너희는 각기 향로를 잡고 그 위에 향을 두고

will choose he will make to come near to him.
6 Do this, Korah and all his congregation, take censers for yourselves.
7 Put fire in them, and put incense upon them before Yahweh tomorrow. And the man whom Yahweh chooses shall be the holy one. You have gone too far, you sons of Levi!"
8 And Moses said to Korah, "Hear now,[a] you sons of Levi.
9 Is it too small a thing for you that the God of Israel has separated you from the congregation of Israel, to bring you near to himself to do service in the tabernacle of Yahweh, and to stand before the congregation to minister to them,
10 and that he has brought you near him, and all your brothers the sons of Levi with you? And would you also seek the priesthood?
11 Therefore it is against Yahweh that you and all your congregation have gathered together. What is Aaron that you murmur[a] against him?"
12 And Moses sent to call Dathan and Abiram the sons of Eliab. And they said, "We will not go up.
13 Is it a small thing that you have brought us up out of a land flowing with milk and honey, to kill us in the wilderness, that you must also make yourself a prince over us?
14 Moreover you have not brought us into a land flowing with milk and honey, nor given us an inheritance of fields and vineyards. Will you continue to mislead these men ? We will not go up."
15 And Moses was very angry, and said to Yahweh, "Do not respect their offering.[a] I have not taken one ass[b] from them, and I have not harmed one of them."
16 And Moses said to Korah, "Be present, [a]you and all[a] your congregation, before Yahweh tomorrow, you and they and Aaron.
17 And let every one of you take his censer, and

각 사람이 그 향로를 여호와 앞으로 가져오라 향
로는 모두 이백오십이라 너와 아론도 각각 향로
를 가지고 올지니라

put incense upon it, and every one of you bring before Yahweh his censer, two hundred and fifty censers, you as well as Aaron, each man with his censer."

18 그들이 각기 향로를 취하여 불을 담고 향을
그 위에 두고 모세와 아론으로 더불어 회막 문에
서니라

18 So every man took his censer, and they put fire in them and laid incense upon them, and they stood at the entrance of the Tent of Meeting with Moses and Aaron.

19 고라가 온 회중을 회막 문에 모아 놓고 그 두
사람을 대적하려 하매 여호와의 영광이 온 회중
에게 나타나시니라

19 Then Korah assembled all the congregation against them at the entrance of the Tent of Meeting. And the glory of Yahweh appeared to all the congregation.

20 여호와께서 모세와 아론에게 일러 가라사대
21 너희는 이 회중에게서 떠나라 내가 순식간에
그들을 멸하려 하노라

20 And Yahweh said to Moses and to Aaron,
21 "Separate yourselves from among this congregation, that I may consume them in a moment."

22 그 두 사람이 엎드려 가로되 하나님이여 모든
육체의 생명의 하나님이여 한 사람이 범죄하였거
늘 온 회중에게 진노하시나이까
23 여호와께서 모세에게 일러 가라사대
24 회중에게 명하여 이르기를 너희는 고라와 다
단과 아비람의 장막 사면에서 떠나라 하라
25 모세가 일어나 다단과 아비람에게로 가니 이
스라엘 장로들이 좇았더라
26 모세가 회중에게 일러 가로되 이 악인들의 장
막에서 떠나고 그들의 물건은 아무것도 만지지
말라 그들의 모든 죄 중에서 너희도 멸망할까 두
려워 하노라 하매
27 무리가 고라와 다단과 아비람의 장막 사면을
떠나고 다단과 아비람은 그 처자와 유아들과 함
께 나와서 자기 장막 문에 선지라

22 And they fell on their faces, and said, "O God, the God of the spirits of all flesh, shall one man sin, and will you be angry with all the congregation?"
23 And Yahweh said to Moses,
24 "Say to the congregation, Get away from around the tabernacle[a] of Korah, Dathan, and Abiram."
25 Then Moses rose and went to Dathan and Abiram. And the elders of Israel followed him.
26 And he said to the congregation, "Depart, I urge you, from the tents of these wicked men, and touch nothing of theirs, lest you be swept away[a] with all their sins."
27 So they got away from around the tabernacle of Korah, Dathan, and Abiram. And Dathan and Abiram came out, and stood at the door of their tents, together with their wives, their sons, and their little ones.

28 모세가 가로되 여호와께서 나를 보내사 이 모
든 일을 행케 하신 것이요 나의 임의로 함이 아닌
줄을 이 일로 인하여 알리라
29 곧 이 사람들의 죽음이 모든 사람과 일반이요
그들의 당하는 벌이 모든 사람의 당하는 벌과 일
반이면 여호와께서 나를 보내심이 아니어니와
30 만일 여호와께서 새 일을 행하사 땅으로 입을

28 And Moses said, "By this you shall know that Yahweh has sent me to do all these works, and that it has not been of my own accord.
29 If these men die the common death of all men, or if they are visited by the fate of all men, then Yahweh has not sent me.
30 But if Yahweh creates something new,[a] and

열어 이 사람들과 그들의 모든 소속을 삼켜 산 채로 음부에 빠지게 하시면 이 사람들이 과연 여호와를 멸시한 것인 줄을 너희가 알리라

the ground opens its mouth and swallows them up,[b] with all that belongs to them, and they go down alive into Sheol, then you shall know that these men have despised Yahweh."

31 이 모든 말을 마치는 동시에 그들의 밑의 땅이 갈라지니라

31 And when he had finished speaking all these words, the ground under them split,

32 땅이 그 입을 열어 그들과 그 가족과 고라에게 속한 모든 사람과 그 물건을 삼키매

32 and the earth opened its mouth[a] and swallowed them up, with their households and all the men that belonged to Korah and all their possessions,

33 그들과 그 모든 소속이 산 채로 음부에 빠지며 땅이 그 위에 합하니 그들이 총회 중에서 망하니라

33 So they and all that belonged to them went down alive into Sheol. And the earth closed over them, and they perished from the midst of the assembly,

34 그 주위에 있는 온 이스라엘이 그들의 부르짖음을 듣고 도망하며 가로되 땅이 우리도 삼킬까 두렵다 하였고

34 And all Israel round about fled at their cry, for they said, "Lest the earth swallow us up!"

35 여호와께로서 불이 나와서 분향하는 이백오십인을 소멸하였더라

35 And fire came out from Yahweh, and devoured the two hundred and fifty men offering the incense.

원문주해

1.a. "온"은 일종의 중복오사로서 떨어져 나가야 될 것이라고 생각된다. 이 이야기의 나머지 부분에서 그가 나타나지 않은 점이 이 견해를 지지한다. 어떤 사람은 13-14a절에서 지금은 다단과 아비람에 관한 전승 속으로 흡수된 온의 본래 역할을 발견하려고 했지만, 이를 위한 증거는 없다. "벨렛"은 "발루"가 되어야 할 것이다(참조. 민 26:8-9; 참조. 또한 창 46:9; 출 6:14; 대상 5:3).

1.b. Sam과 G에는 단수인 "아들"로 되어 있다(참조. 신 11:6). 이것은 1a절의 것과 상응하는 1b절의 족보를 만드는 데 도움을 준다. 모든 세 사람은 족장들의 증손자들이다.

1.c. 와이콰흐(וַיִּקַּח, "그가 취했다")가 직접목적격을 가지고 있으므로 많은 주석가들은 와야캄(וַיָּקָם, "그가 일어났다")으로 읽기를 더 좋아한다(예를 들어, A. Dillmann, *Numeri*, 89-90; J. Paterson, *Numbers*, 51). 보다 좋은 해결법은 "용감하게 되다" 혹은 "무례한"을 의미하는 어근 יקח(같은 자음임)로 읽는 것이다(참조. 욥 15:12; M. Noth, *Numbers*, 122-23; N. H. Snaith, *Numbers*, 155-56를 보라). G는 엘랄레센(ἐλάλησεν, "그리고 그가 말했다")을 보유하고 있는데, 이는 외관상으로 난점들을 다루기 위한 시도로 보인다. 원래의 목적이 "제사"였다는 주장(B. W. Bacon, *Triple Tradition*, 194; L. E. Binns, *Numbers*, 109)은 타당성이 없다. 그 주제에 대해서는 T. J. Meek, "Some Emendations in the Old

Testament," *JBL* 48(1929) 167-68를 보라.

3.a. 패터슨(J. Paterson, *Numbers*, 51)은 7절로부터 이끌어 온 "너희 레위의 자손들"을 삽입하기를 원한다. 고라당이 레위인들 이외의 사람들도 포함하고 있었으므로 여기서는 적절하지 않다. 이 견해를 지지할 만한 본문상의 증거가 되는 제사가 없다. 이에 관한 보다 자세한 논의에 대해서는 "양식/구조/배경"을 보라.

4.a. *BHS*는 와이폴 알(וַיִּפֹּל עַל)을 와이플루(וַיִּפְּלוּ)로 읽도록 제안하고 있으며, 그렇다면 전체 표현은 "그리고 그의 얼굴을 떨어뜨렸다(엎드렸다 – 역자주)"(참조. 창 4:5)로 취급될 수도 있다. 이것은 구체적인 본문상의 지지를 받지 못하지만, 그 이야기 후반 즉 중보 기도의 행동이 아주 적절한 시점에서 엎드림이 있으므로(22절) 이 수정은 받아들일 만하다.

5.a-a. G는 빠콰르 와예다(בִּקֵּר וַיֵּדַע, "시험하시고 아셨다")로 읽었던 것으로 보이며, "야웨"보다는 "하나님"을 사용하고 있다.

8.a. G는 쉐마우니(שְׁמָעוּנִי, "내말 들어라")로 읽었다.

11.a. 우리는 궤레(Qere)처럼 탈리누(תַּלִּינוּ)로 읽어야 할 것이다.

15.a. *BHS*가 제시한 수정의 어느 쪽이든, 즉 토카흐탐(תֹּכַחְתָּם, "신음하는")과 안하탐(אַנְחָתָם, "탄식하다")은 불필요하다. 모세는 하나님 앞에서 다단과 아비람의 신분이 가인의 그것과 같이 되라고 기도한다.

15.b. G는 하무드(חָמוּד) – 에피뛰에마(*ἐπιθύημα*, "바라는 것들")로 읽었다. 이것은 히브리어 본문과 거의 차이가 없지만, 자기의 순결을 주장하는 수단으로서 나귀에 대한 언급은 다른 곳에서 입증되며(삼상 12:3; 참조. 삼상 8:16), MT가 받아들일 만하다.

16.a-a. G에는 하기아손(*ἁγίασον*, "성별하다)으로 되어 있다.

24.a. "성막"이 언제나 야웨의 거처로 사용되므로 *BHS*는 본래 그 본문이 "고라"가 아닌 "야웨"로 되어 있다고 제안한다. 그러나 고라가 사실상 대립적인 미슈칸(מִשְׁכָּן)을 세웠을 수도 있다. 고라의 "성막"이란 용어는 헐뜯는 것일 수도 있다. 대부분의 사람들은 본 전체 문장에서 편집자의 영향이 있음을 본다("양식/구조/배경"을 보라). 같은 문제가 27절에서도 나타난다. 이 두 곳에서 G는 "…의 성막" 대신에 "…의 회중"으로 되어 있지만, 이것은 난점들을 해결하려는 시도인 것 같다.

26.a. 이것은 어근 싸파(סָפָה)로 되어 있다. G는 쑤프(סוּף, "끝나다")로 읽은 것으로 보인다.

30.a. G는 이러한 난점을 발견했던 것으로 보이며, 빠로이 야르에(בָּרֻאֵי יֵרָאֶה, "만일 야웨께서 조짐으로 보이신다면")로 읽은 것으로 보이지만, 출 34:10; 사 48:6; 렘 31:22을 참조하라.

30.b. G는 이 지점에 32절로부터 가져온 몇 단어를 가지고 있는데, 이는 오해한 것 같다.

32.a. G에는 "그 입"이 빠져 있다.

양식/구조/배경

이 단락에는 매우 복잡한 전승의 결합이 있는 것으로 보인다. 본 장 가운데 중요한 제사장적 요소가 있으나 또한 잘 보존된 야위스트 전승도 있다는 사실이 일반적으로 받아들여지고 있다. 통상적으로 고라 자료를 P와 연결시키고, 다단/아비람 본문을 JE에 연결시키는 관례가 있다. 리히테르(G. Richter, "Die Einheitlichkeit der Geschichte von der Rotte Kora")는 단 하나의 설화를 주장하고 있지만, 그의 관점은 최종 편집자가 어떻게 이해했고, 어떻게 여러 전승들을 함께 모아 작업했는지만을 보여 준다. 리히터는 본 장에 남아 있는 문학적 긴장을 거의 설명하지 않는다. 고라는 P에 속하고 다단과 아비람은 야위스트에 속한다는 근거에서 진행하면서, 앞으로 나아가 이 단락에서 문학적 단계를 구별짓는 것은 타당하다.

1-2절. 이 구절들이 모든 반역자들을 소개하고 있으므로, 그들은 민수기 제사장 저자의 작품임을 반영하는 어느 정도 편집자의 것이 있다. "유명한 사람들"이란 문구는 제사장의 문구이고(창 6:3), "회중"과 "총회"의 지도자들이라는 호칭은 본서의 앞부분에 있는 그의 작품의 특징이다. 그는 본 장 전체의 결합을 제공하기 위하여 야위스트의 반역자 이름들을(1b절, 온의 삭제에 대해서는 "원문주해"를 보라) 열거했다. 2a절 역시 야위스트 전승으로부터 나온 것일 수도 있다. "일어나서"(קוּם – 쿰)란 단어는 P에 있는 불평의 단어로서는 다른 곳에서 나타나지 않고, 2a절 전체는 3a절과 훌륭한 평행을 이루고 있는데, 이것은 분명히 제사 문서다. 레밍(S. Lehming, "Versuch zu Num 16")은 250명의 이스라엘 사람들을 그 전승의 가장 초창기 전승에서 모세의 대적자였던 것으로 본다(참조. J. de Vaulx, *Nombres*, 189-96). 이것은 야위스트와는 독립된 것으로 제사장 저자가 취급한 또 다른 전승일 수도 있지만, 그 시대를 결정하는 방도는 없다.

3-11절. 이 단락이 P에 속한다는 사실에는 일반적으로 동의한다. "총회"와 "회중"이 인용되어 있고, "총회에 대항하여"(3, 11절; 개역에는 "총회 위에 스스로 높임"으로 되어 있음 – 역자주)란 사상은 민수기 20:2(P)에 나타난다. 이 단락에 대한 편견은 전형적인 것인데, 곧 "분향하다", "향로" 그리고 "가까이 나아오게 하다"(קרב)란 어근으로 표현된 제사장의 임무의 문제다. 하나님의 임재에 대해서 뻬토크(בְּתוֹךְ)란 단어가 사용된 것 역시 전형적인 것이다(참조. 출 25:8; 29:45-46; 레

15:31; 16:16; 민 5:3; 18:20; 35:34; 수 22:31). 야위스트는 이러한 사상을 표현하는 데 בקרב를 선호하는 경향이 있다.

그럼에도 불구하고 본 단락의 단일성에 관하여 의심들을 하고 있다. 4-7절에서 분향 시험이 제안되고 있으며, 이것이 그러한 활동에 종사할 권리를 검토하기 위하여 의도되었다고 상상하는 것이 타당하다. 그 사건에서 2절에 언급된 250명의 평민 지도자들이 권리를 요구했을 수도 있다. 8-11절에서 문제는 달라진 것으로 보인다. 이 곳과 또한 7절의 마지막 문장에서 반역자들은 분명히 아론의 유일한 제사장직에 대해 반기를 든 레위인들임에 틀림없다. 제사장들과 레위인들 사이에 날카로운 구별을 하는 일은 물론 민수기 제사장 저자의 급선무이며, 8-11절은 그의 독특한 기여임에 틀림없다. 전 공동체가 거룩하다는 3절의 주장은 그 전승에서 각 단계에 속할 수 있다. 문체론적으로 3-11절이 일정하다는 것은 분명하다. 그러므로 분향 전승은 다단/아비람 전승에 대한 제사장 저자의 각색일 수도 있다. 민수기 저자는 그것 위에 고라 전승을 세웠다.

12-15절. 이것은 분명히 야위스트에게서 나온 주요 요소다. 12절이 2a절과 쉽게 연결되지 않는다는 것은 사실이지만, 단편으로 이루어진 야위스트 전승이 비정상적인 것은 아니다. 하라 레(חָרָה לְ, "…에게 진노", 15절)라는 수단을 통한 진노의 표현은 전형적인 야위스트의 것이다(참조. 창 4:5-6; 18:30, 32; 31:36; 34:7). 출애굽에 대해 알라(עָלָה, "이끌어 내어", 13절)라는 단어를 사용한 것도 역시 마찬가지다(참조. 창 46:4; 50:24; 출 3:8, 17; 17:3; 20:5; 32:1, 4, 23; 33:1, 12, 15. P에서 그것은 레 11:45에만 나타난다). 핑크(J. G. Vink, "The Date and Origin of the Priestly Code in the Old Testament," *The Priestly Code and Seven Other Studies* [Leiden: Brill, 1969] 119-20)는 다단/아비람 전승을 P에게로 돌리려는 믿을 수 없는 시도를 한다. 야위스트에게 돌리는 것에 반대되는 증거를 위해 야위스트의 작품 안에서 발견되지 않는 단어를 인용하는 것 자체가 빈약한 논증이다. 민하(מִנְחָה, 15절)의 사용은 난점이 아니다(참조. 창 4:4). 신명기 11:6과 시편 106:17에(고라가 아닌) 다단과 아비람이 나타나는 것은 이 사람들이 P 가운데 있지 않고 야위스트의 작품 가운데 있었던 사람들이라는 강력한 암시이며, 핑크는 이 구절들을 설명하지 못한다. 2a절과 12절 사이에 빠져 있는 자료의 내용은 12-15절의 본질로부터 나온 것으로 상상될 수 있을 뿐이다.

몇몇 분석가들은 12-15절에서 J와 E를 찾아내려고 노력했다(참조. A. Dillmann, *Numeri*, 92-95; B. W. Bacon, *Triple Traditon*, 194-95; J. E. Carpenter & G. Harford,

Hexateuch, 519; H. Gressmann, *Mose*, 251 n.3; B. Baentsch, *Numeri*, 539-53). 다른 사람은 약간의 마무리를 한 어떤 단일 자료를 밝히기를 더 좋아한다(A. Kuenen, *Hexateuch*: 154 n. 14; O. Eissfeldt, *Hexateuch*, 173-75; W. Rudolph, *Elohist*, 81-84; C. A. Simpson, *Early Trditions*, 238; M. Noth, *Numbers*, 121; G. W. Coats, *Rebellion*, 156; V. Fritz, *Israel*, 24-26; J. de *Nombres*, 189-96). 다른 사람들은 그 자료를 JE로 돌리는 것으로 만족한다. 전승의 평행적 요소에 대한 조사는 희박한 근거에 기초한 것이다. 온과 다른 사람들이 희생제사를 거행하기를 원했고(13-14a, 15절), 반면에 다단과 아비람은 모세의 지도권을 거절하고 있다고 주장되어 왔다. 이 이야기 가운데서 온의 신분과는 별도로("원문주해"를 보라) 13-14a절은 모세의 지도권에 관한 논쟁과 잘 어울리는데, 그것은 15a절만이 희생제사에 관한 논쟁을 가능한 것으로 남겨놓고 있다. 사실상 그러한 해석은 거의 불필요하다("주석"을 보라). 단번에 보아도 12-15절을 야위스트에게서 나온 단일한 전승 단위로 간주하는 것이 가장 바람직할 듯하다. 다단과 아비람은 순종하기를 거절한다(12절). 그들은 자기들의 논지를 진술한다(13-14절; 14절은 비유적으로 읽는다면 잘 어울린다). 모세는 화가 났고 야웨께서 그들로부터 은총을 가져가 버리실 것을 구한다(15절; 참조. 창 4:4-5). 언어의 특징이 이 이야기가 야위스트의 것이라는 견해를 지지한다. "밭과 포도원"(14절)이란 표현은 요단 동편을 통과하여 나가는 여행과 관련된 다른 야위스트 본문 가운데도 나타난다(민 20:17; 21:22). "올라가지 않겠노라"(12절)는 거절은 초창기 전승(가장 앞선 J)으로부터 끌어온 것인데, 그 곳에서 몇몇 사람들이 남방으로부터 침입하여 정착에 합세할 것을 거절한다(민 13-14장의 "양식/구조/배경"을 보라). 정착에 대한 저항은 이 이야기에 대한 야위스트의 형식에서 여전히 하나의 현안 문제가 되지만, 그 강조는 모세의 신분에 있고, 그의 지도권을 받아들임과 그렇지 않음에 있다.

16-17절. 이것은 분명히 P에게 속하며, 그래서 민수기 저자에게로 돌려야 할 것이다. 5-7절을 복사한 것으로 보이는데, 이는 이 구절들에 대한 초창기 전승이 있었다는 또 다른 암시로 보인다. 어찌하여 저자가 12-15절에 있는 야위스트 자료를 포함시킨 다음에 시험을 위한 준비의 교훈을 반복하기를 원했는지를 파악하기는 쉽다. 이 구절들은 저자가 강조하기를 원하는 상황에 대한 관점으로서, 그 싸움이 한편으로는 고라와 다른 한편으로는 아론 사이의 싸움임을 명백하게 밝히고 있다.

18-19절. 이것 역시 제사장 저자의 것이다. 분향에 관한 초창기 전승의 요소들은 18절에 나타나 있다. 여기서 5-7절의 교훈이 계속된다. 19절에서 온 회중이 연루되

고, 고라라는 이름이 인용되고 있다. 이것은 민수기 저자의 작품인 것 같다.

20-24절. 계속된 P의 요소가 분명하게 나타난다. 이스라엘이 "회중"으로 되어 있는데, 이 단어는 모세와 마찬가지로 아론도 역시 붙이고 있는 단어이며(20절), 엎드림이 나타나 있다(20절). 또한 "그가 일러 가라사대"(20, 23절)란 공식적 표현도 있다. 분명한 것은 민수기 저자가 이야기를 계속하고 있다는 증거다. 본문은 19절로부터 신현과 함께 계속되면서, 어쩌면 레위인의 것이라고 생각되는 경쟁이 되는 회막에 대한 실랄한 언급을 담고 있다. 이 시점에서 다단과 아비람에 대한 언급이 전반적인 결합의 관심이 되어 있다.

25-26절. 여기에 야위스트의 이야기의 중요한 요소를 간파할 근거가 있다. 25절에는 다단과 아비람이 인용되어 있고, 장로들이 아론이 아닌 모세의 동료로 나타난다(참조. 창 50:7; 출 3:16, 18; 4:29; 12:21; 17:5-6; 18:12; 19:7; 24:1, 9, 14; 민 11:16, 24-25, 30). 26절의 기원을 결정할 강력한 언어학적 근거는 없다. "회중"이란 단어가 그의 영향력을 분명하게 암시하고 있으므로 이것은 제사장 저자의 글일 수도 있다.

27-29절. 27a절은 분명히 제사장 저자에게 속하고(참조. 24절), 27b절은 야위스트에게 속한다. 문제는 28-29절에서 덜 명확하다. 언어학적 증거는 양 방향에서 강력하게 지적하지 못한다. 문제가 되는 점은 모세가 "모든 일"을 해야 할 사명을 가졌는지 아닌지이다. 이것을 12-15절의 야위스트의 전승에, 출애굽을 언급하고 있는 "모든 일"과 모세가 주었던 전반적인 지도권과 함께 결부시키는 것은 가능하다. 하나님께서 모세를 보내셨는가(29절), 그렇지 않은가? 양자 택일은 "모든 일"이 성막의 건립과 총회 위에 군림할 권세에 대한 모세 자신의 주장과 어떤 관계가 있다고 가정하는 것이다. 전체적으로 이 구절들은 야위스트에게로 돌리는 것이 가장 좋을 듯하다.

30-35절. 분석가들은 자주 두 종류의 죽음을 각기 다른 것으로 생각하여 30-34절을 JE에게 그리고 35절을 P에게 돌리기를 좋아한다. 결국 35절은 제사장 저자의 것이지만, 30-34절을 나눌 만한 몇 가지 근거가 있다. 긴장이 오랫동안 주시되어 왔으나, 일반적으로 야위스트의 단계에 속한 것으로 생각되어 왔다(A. Dillmann, *Numeri*, 93-95; J. Wellhausen, *Hexateuch*, 105-106, 339-41; B. W. Bacon, *Triple Tradition*, 199-200를 보라). 30절에 있는 야위스트의 표시는 아주 분명하다, 즉 스올에 대한 암시(참조. 창 37:35; 42:38; 44:29, 31), 그리고 야웨에 대한 멸시(참조. 민 14:11, 23). 이 표시들은 31, 33a절에서 계속된다. 이 전승 가운데서 "땅"이 "갈라

지고"(31절) 반역자들은 산 채로 스올로 내려간다(33a절). 32a, 33b[a], 34절에서는 "벌어지고" 반역자들을 삼키며(32절) 다시 합쳐지는(33b절) 땅에 대해서 말하고 있는 평행적 전승이 있었던 것으로 보인다. 이 사건이 이스라엘로 하여금 도망가게 만든다(34절). 이 전승이 다른 것과 언어적 접촉점을 가지고 있는 것은 "삼켰다"(בלע)는 단어의 사용이다. "그 입"(32절)이란 단어에 대해서는 "원문주해"를 보라. 여기에 P에 대한 분명한 암시가 없으므로, 이 자료는 아마도 야위스트 작품에 대한 부록일 것이다. 제사장 저자는 고라가 다단과 아비람과 함께 죽임을 당했다(32b절)는 것을 지적하고 총회에 대한 언급을 덧붙이면서(33b절), 그리고 아마도 초창기 분향 전승으로부터 유래했을 독특한 죽음인 250인의 최후를 지적해 주면서 자신의 작품을 마무리했다.

제안된 본 단락의 문학적 역사는 다음과 같이 요약할 수도 있다.

1. 포로 전기 야위스트 전승이 두 르우벤 족속 사람들인 다단과 아비람이 남방으로부터 성공적인 정착을 해 나가는 일을 거절한 사실을 말해 주고 있다.

2. 야위스트는 이 이야기를 요단 동편 여행에 대한 자신의 전승 속으로 집어넣는데, 그 거절을 모세를 존경하지 않는 것으로 해석하면서, 그리고 그 전체를 모세의 지도권에 대한 공개적인 도전으로 바라보면서 이 일을 하고 있다. 그들과 또 그들에게 속한 모든 사람들이 땅에 삼킨 바 되고 스올로 들어간다(1b, 21, 12-15, 25, 27b-31, 33a절).

3. 그 재난에 대한 어느 정도의 정교화 작업이 이루어진다(32a, 33b[a], 34절).

4. 초창기 제사장의 첨가물은 자기들도 분향할 권리가 있다고 주장하는 250명의 평민들이 시험에 의하여 논박을 당한다는 사실을 소개하고 있다. 이 이야기의 요지가 2b, 4-7, 18, 35절에 남아 있다.

5. 민수기 저자는 고라를 레위인이라고 밝히면서 반역자라고 소개하고, 아론의 자손인 제사장들과 레위인들 사이를 구별짓는 데 관심을 기울이면서 현존하는 전승을 정교화하고 있으며, 전자(제사장들)의 우위성을 확고히 하고 있다. 그의 작품은 1a, 3, 8-11, 16-17, 19-24, 26-27a, 32b, 33b[b]절에 드러나 있다.

이러한 다양하고도 본질적인 문학적 전승의 신빙성 있는 선 역사를 수립하기 위하여 다양한 시도가 있어 왔다. 폴크(J. de Vaulx, *Nombres*, 190-93)와 레밍(S. Lehming, "Versuch zu Num 16")은 전승의 제사장적 부분들이 성장했을 수 있는 다양한 포로 전기의 상황들을 인용하고 있다. 이러한 시도의 약점은 본 장의 언어적 증거와, 특별히 모든 고라 자료가 틀림없이 제사장 자료라는 사실을 무시하려는 경향이다. P의 연대와 기원에 관한 전적으로 새롭고도 철저하게 검증된 이론이 없는 가운데서, 이러한 접근 방식은 매우 보잘것없는 것이다.

반역자들 가운데 한 사람으로서 고라에 대한 소개가 제사장 저자에게는 중요했다. 나답과 아비후라는 이름들과는 달리(민 3:1-4의 "주석"을 보라), 고라는 초창기에 기록된 전승으로부터 나온 것으로 보인다. 그 이름은 아마도 저자 당시에 있었던 한 중요한 레위 가문의 조상이었을 것이다(특히 A. Cody, A. *History of Old Testament Priesthood*[Rome: PBI, 1969] 172-73 그리고 A. H. J. Gunneweg, *Leviten und Priester*[FRLANT 89; Göttingen: Vandenhoeck & Ruprecht, 1965] 171-84의 논의를 보라). 고라의 레위 지파와의 연관성은 역대기에서 널리 입증되고, 시편에 있는 수많은 표제들 가운데 추정되고 있다. 레위 지파와의 관련성이 부차적이라는 사실을 보이기 위하여 행한 다양한 시도들은 전혀 설득력이 없다. 그래이(G. B. Gray, *Numbers*, 193-94)는 역대상 2:43을 주시했는데, 그는 유다의 자손이고 헤브론의 아들이다. 그는 또한 레위 지파의 고라가 헤브론의 조카였다는 사실을 주목한다(출 6:18, 21). 그는 유다의 고라가 후대의 족보 기록자에 의하여 레위인 고라로 바뀌었다고 생각한다. 다른 한편, 역대상 2:43에 있는 헤브론은 출애굽기 6:18에 있는 기록과는 다른 가계를 가지고 있다. 그 논증은 부분적으로는 PG에 있는 모세와 아론이 평민들에게 반대를 받는 레위인들이라는 그래이의 근거 없는 믿음에 의하여 결정된다. 그래쓰만(H. Gressmann, *Mose*, 259-63)도 이러한 오해를 하고 있다. 민수기 16:3이 열왕기상 12:31의 획기적인 사건과 여로보암의 반 레위적 태도를 반영하고 있다는 볼크(J. de Vaulx, *Nombres*, 189-96)의 주장은 신빙성이 없다. 그의 분석은 본 장의 문서의 단계를 혼란스럽게 하며, 그 확대된 내용이 그의 결론을 의심스럽게 하는 경향이 있다. P가 이것과 같은 초창기의 충돌을 반영하고 있다는 주장은 보다 철저하게 논증될 필요가 있다. 리버(J. Liver, "Korah, Dathan, and Abiram")는 고라가 처음부터 레위인이었다는 사실을 받아들이고, 이 이야기를 레위인들에 대항하여 자기들의 위치를 방어하려 하고 있는 예루살렘의 제사장들로부터 나온 것으로 본다. 그가 그 긴장을 왕국 시대 초창기까지 더듬어 가려고 하는 것은 그가 대개 P를 포로 전기의 것으로 받아들이는 데서 유래한다. 이에 반대하는 주장들이 있는데(서론을 보라), 대체로 그것은 주전 5세기 상황에서 고라 전승을 소개하는 가운데 저자의 목적을 찾아보는 것이 가장 좋을 것으로 보인다("해설"을 보라).

야위스트가 사용한 전승의 뿌리를 들추어내려는 여러 시도가 있어 왔으나, 거기에는 많은 난점들이 있다. 어떤 학자들은 어떤 지구 물리학상의 현상 편에서 인과적 설명을 하려 했다(참조. H. Gressmann, *Mose*, 255; A. H. McNeile, *Numbers*, 90). 다른 사람은 어떤 자연 재난에 대한 역사적 회상을 가정한다(참조. G. Hort, "The Death of Qorah"; G. W. Coats, *Rebellion*, 163-68). 이 두 제안은 있을 법하지 않다. 이 이야기는 그 사건이 선례가 없는 사건이라고 매우 강력하게 말하고 있다(30절). 그것은 지진이 아니라, 완전히 유일무이한 사건이다. 다단과 아비람이 아무런 흔적도 없이 사라졌음이 분명하다. 땅이 그들을 덮었고, 이 이야기가 설명을 할 수 있도록 어떤 새로운 현상도 남겨 놓지 않고 있다. 다른 학자들은 이 이야기 배후에 제의적 충돌이 있었음을 발견했다. 나이버그(H. S. Nyberg, "Korah's Uppror [Num. 16f.]")는 이 이야기가 핵심이 되는 모세의 제의와 암픽티오니가 점진적으로 쇠퇴해 가고 있던 선천적인 지방분권 사이에 있었던 고대의 대립을 반영하고 있다고 주장했다. 올라가기를 거절한 것은 암픽티오니 제의에 종사하라는 데 대한 거절이다. 군네벡(A. H. J. Gunneweg, "Leviten und Priester, 171-72)은 특별히 15절에 있는 민하(מִנְחָה)에 대한 제의적 해석의 근거 위에서 이에 대한 지지를 표했다(그러나 이에 관한 거부에 대해서는 "주석"을 보라). 이제 암픽티오니 개념의 가치에 대해 상당한 의심이 생겨나고 있으며(참조. G. Fohrer, *History of Isarelite Religion*[London: SPCK, 1973] 89-94; A. D. H. Mayes, *Israel in the Period of the Judges*[London: SCM, 1974]), 그에 따라 이러한 접근의 가치가 영향을 받는다. 다른 사람들은 다단과 아비람이 르우벤 족속이라는 사실에 초점을 맞춘다. 이 이야기는 창세기 49:3과 신명기 33:6에서 입증된 바와 같이, 르우벤의 잃어버린 존엄성과 영향력을 설명하는 것이라고 생각한다. 다른 한편, 이 이야기는 그것이 르우벤 전체의 최후를 설명하려고 한다는 힌트를 주고 있지 않다. 이 이야기의 근원은 르우벤 족속이 남방으로부터 성공적인 정착을 하기 위하여 유다 지파와 합세하기를 거절하고 있다고 가정하는 것이 가장 좋을 것 같다.

주석

2 "함께 일어나서 모세를 거스리니라"(וַיָּקֻמוּ לִפְנֵי מֹשֶׁה – 와야쿠무 리프네 모쉐; 직역하면 "그리고 그들이 모세의 얼굴 앞에서 일어섰다"는 뜻이다 – 역자주). 이러한 사상은 3절에 있는 "총회 위에 높인다"(assemble against, קָהַל עַל – 콰할 알)라는 어근과 아주 유사한 기능을 발휘한다. 그것은 법정에서 적대자의 태도를 나타내는 법적 배경을 가졌을 수 있다(신 19:15-16; 시 27:12). 글자 그대로 모세 앞에

나타났다는 의미가 함축되어 있지는 않다. 실제로는 모세에게 반역하여 맞섰다는 것이다. 그들의 대항은 12-14절의 연설 가운데 포함되어 있다.

"총회에 택함을 받은 자"(קְרִאֵי מוֹעֵד – 퀘리에 모에드). 이것은 그들이 일종의 모사들이었다는 사실을 의미할 수도 있다(L. E. Binns, *Numbers*, 110; G. B. Gray, *Numbers*, 9, 196).

"유명한(사람들)"(אַנְשֵׁי־שֵׁם – 안쉐-쉠)은 직역하면 "이름의 사람들"이다(참조. 창 6:4; 잠 22:1; 욥 30:8; 대상 5:24; 12:30).

3 "너희가 분수에 지나도다"(רַב־לָכֶם – 라브-라켐). 이것은 "너희 야망의 충분함"을 의미할 수 있지만(G. B. Gray, *Numbers*, 197), "너희는 너희 자신보다 도가 지나치다"가 더 좋을 것 같다(M. Noth, *Numbers*, 123 n.). 모세와 아론이 주장했던 최고 통수권은 전체 회중이 거룩하다는 사실에 비추어 볼 때 부당했다. 코츠(G. W. Coats, *Rebellion*, 168-71)는 그 문제가 전혀 제사장직에 관한 문제가 아니라고 주장한다. 이것은 고라가 자신이 제사장의 신분을 가진 유일한 사람이라고 선언하지 않는 한 사실이지만, 사실 고라는 제사장 사역 분야에서 어떤 특별한 책임을 인정하지 않는 단순한 반 성직자(anti-clerical)는 아닌 것 같다. 그가 반대한 것은 모세가 도입한 체제의 배타성이다. 그는 온 회중의 거룩성을 모세와 아론이 대표로 하고 있는 유일한 체제를 도전하는 수단으로 지지한다.

4 "그리고 그가 엎드렸다"(וַיִּפֹּל עַל־פָּנָיו – 와이폴 알-파나이우). 그 정확한 의미는 그의 안색이 떨어졌다는 것이다("원문주해"를 보라). 엎드림에 대해서는 민수기 14:5의 "주석"을 보라. 모세만이 홀로 "엎드렸다"는 사실은 – 모세와 아론이 함께 엎드리는 일이 보통이었다 – 수정의 표시일 수도 있다. 그래이(G. B. Gray, *Numbers*, 198)는 아론이 빠져 있는 것을 JE의 3b절과 같이 자료의 혼합으로 설명하지만, 이것은 불필요하고 그릴 것 같지가 않나.

5 "그 모든 무리"(עֲדָתוֹ – 아다토; 참조. 6, 11, 16; 17:5). 이것은 이스라엘 전체가 아닌 하나의 당파에 대해서 사용하는 P에는 이례적인 단어이지만, 이 상황에서는 신빙성이 있다. 고라는 적대적인 "이스라엘"을 조직했고, 또한 저자 편에서 볼 때 모조품을 만들어 냈다. 분향은 고라의 주장의 타당성이나 혹은 부당성을 결정할 것이다. 본 설의 문장은 어색하다. 그래이(Gray, *Numbers*, 198)는 이 구절의 가장 좋은 문장 구성론의 구성(조직)은 다음과 같을 것이라고 생각한다: "야웨께서 그분이 하나님이신 것을 그에게 알게 하실 것이다. 그리고 그분께서는 거룩한 자를 자신에게 가까이 오게 하실 것이다."

"그 자를 자기에게 가까이 나아오게 하실 것이다"(וְהִקְרִיב אֵלָיו – 웨히크리브 엘라이우; 참조. 레 16:1; 21:17; 민 17:5; 겔 40:46; 시 65:5; 145:18; 148:14). 이 단어는 이전에 레위인이 속해 있다거나 또는 제사장에게 가까이 오게 한 방식에 대해 저자에 의하여 사용되었다(민 3:16; 참조. 민 18:2).

"그가 택하실 것이다"(יִבְחַר – 입할). 이 단어는 P에서 제사장직에만 사용된다. P 본문 가운데서 다른 자들에 대한 선택을 말할 경우에는 הבדל을 사용하는 경향이 있다(참조. 레 20:26[H]; 민 8:4; 16:9).

제사 수단을 통해서 논쟁을 해결한다는 사상은 P보다 이른 시기의 것이다(참조. 왕상 18:20-40).

[6] "향로(들)"(מַחְתּוֹת – 마흐토트). 민수기 4:9, 14의 "주석"을 보라.

[8]-[11] 제사장 저자의 진정한 관심이 이제 나타난다. 고라는 단순히 분향하기를 원하는 250명의 편에 서 있는 사람이 아니다. 그는 "레위 자손"의 권리를 가진 사람 가운데 하나이며, 아론 자손에게 주어진 특별한 권리를 요구하는 사람이다. 그는 제사장 계열 밖에서가 아니라 그 계열 내에서 모세와 아론에게 도전하고 있다.

[12] "우리는 올라가지 않겠노라"(לֹא נַעֲלֶה – 로 나알레). 이 단어는 윗사람에게 올라가는 것에 대해서 사용될 수 있고(참조. 창 46:31; 신 25:7), 이것이 야위스트가 그것을 해석하는 방식이다. 초창기 전승 가운데서 그것이 정착하기를 거절한 사실을 가리켰던 입장을 지지하는 어떤 점이 있다("양식/구조/배경"과 G. W. Coats, *Rebellion*, 164를 보라). 어근은 13절에서 출애굽에 대해서 사용되었다.

[13] "젖과 꿀"(חָלָב וּדְבַשׁ – 할라브 우도바쉬). 민수기 13:27의 "주석"을 보라. 이러한 용어로 말하는 것은 놀랍지만, 그것이 다단과 아비람의 사고방식에 잘 어울리며, 뒤이어 나오는 잔혹한 결말들을 정당화해 준다.

[14] "밭과 포도원"(שָׂדֶה וָכָרֶם – 사데 와카렘). 이 문구는 "젖과 꿀"처럼 관례적인 표현이다. 그것은 재산을 나타낸다(출 22:4; 민 20:17; 21:22; 삼상 22:7).

"네가 이 사람들의 눈을 빼려느냐?"(הַעֵינֵי הָאֲנָשִׁים הָהֵם תְּנַקֵּר – 하에네 하아나쉼 하헴 테나퀘르; 영역은 "이 사람들을 계속하여 잘못 인도하려고 하느냐?"). 어근은 직역하면 "눈들을 빼려느냐?"이다(참조. 삼상 11:2; 잠 30:17). 그 의미는 은유인 것으로 보인다(이 단어의 문자 그대로의 사용에 대해서는 16:21을 참조하라). 신명기 16:19에서 뇌물을 받는 것이 눈을 멀게 하는 것이라고 했는데, 여기서도 그와 유사한 의미가 의도된 것 같다(A. Dillmann, *Numeri*, 92; B. Baentsch, *Numeri*, 546; G. B. Gray, *Numbers*, 201; A. H. McNeile, *Numbers*, 87; L. E. Binns, *Numbers*, 112;

M. Noth, *Numbers*, 125-26; N. H. Snaith, *Numbers*, 257; J. Sturdy, *Numbers*, 117). 모세는 거짓된 약속을 가지고 백성들을 현혹하는 사기꾼이라는 것이다. 그래이(G. B. Gray, *Numbers*, 201)는 현대적 표현인 "눈에 흙을 던지다"에 주의를 기울인다.

15 "그들의 예물을 돌아보지 마옵소서"(אַל־תֵּפֶן אֶל־מִנְחָתָם – 알-테펜 엘-민하탐). 다단과 아비람에 대항하는 기도다. 이 표현은 야웨께서 다단과 아비람의 말에 귀를 기울이지 말아 달라거나, 혹은 그들이 하나님 앞에 나왔을 때 어떤 호의도 베풀지 말아 달라고 말하는 한 방식일 것이다. 민하(מִנְחָה)의 출현은 그들 편에서 행한 제사장 활동을 나타낸다고 생각할 필요가 없다. 이 표현은 하나님의 존전 앞에 나아가도록 받아들이거나 혹은 받아들이지 않음에 관해서 말하는 통상적인 방식이다(참조. 창 4:4-5).

15 "나는 그들의 한 나귀도 취하지 아니하였고"(לֹא חֲמוֹר אֶחָד מֵהֶם נָשָׂאתִי – 로 하모르 에하드 메헴 나사아티). 이것은 순수성 변호다. 이것은 또한 통상적인 말투인 것으로 보인다(참조. 삼상 8:16; 12:3).

19 "야웨의 영광"(כְּבוֹד־יהוה – 케보드-야웨). 민수기 14:10의 "주석"을 보라.

21 이것은 아마도 고라의 "회중"일 것이다; G. W. Coats, *Rebellion*, 171-72를 보라.

22 본 절은 이 이야기 중에서 엎드림의 행위는 본질적으로 중재 기도를 가리킨다는 견해를 지지한다. 기도 중에서 표현의 형식이 후대의 것으로 널리 받아들여지고 있다. "모든 육체의 생명의 하나님이여"란 문구는 분명히 구약성경 시대 후기의 문서에 잘 나타나 있다(참조. 유빌리 10:3; 마카비2서 3:24; 14:46). 이것은 민수기 27:16에서 또다시 나타난다.

28 "(그리고) 나의 임의로 함이 아닌 줄"(כִּי־לֹא מִלִּבִּי – 키-로 밀립비)은 직역하면 "내 마음으로부터"이다. 히브리 사상에서 "마음"은 모든 사상, 감정, 행동의 원천이다.

29 사람들이 경험한 통상적인 사망은 숨과 하나님의 영(spirit)을 거두어 가시는 것이다(참조. 욥 12:10; 시 104:28). 이것은 여기에 예고된 하나님 편에서의 비상한 개입을 통하여 확연하게 구별된다.

30 "(만일 그분께서) 새 일을 행하사"(וְאִם בְּרִיאָה יִבְרָא – 웨임 베리아 이브라)는 직역하면 "한 창조를 창조하다"이다(참조. 출 34:10; 사 48:6; 렘 31:22).

"스올"(שְׁאֹלָה – 쉐올라; 참조. 창 37:35; 삼상 28:11-13; 사 14:9-11; 욥 3:17-19; 21:23-26; 시 6:5). 그들이 산 채로 내려갔으므로, 그들이 거기서 상실감을 느

끼고, 죽은 자가 당하는 것과는 다른 고통을 당한다는 사실을 의미한다(H. W. Robinson, *Inspiration and Revelation in the Old Testament*[Oxford: Clarendon, 1946] 97를 보라).

35 P에서 범죄자를 멸하기 위하여 불을 사용한 예에 대해서는 레위기 10:2을 참조하라. 이러한 개념은 분명히 P보다는 오래된 것이다(참조. 민 11:1; 왕하 1:10). 하나님의 불의 출현이 승인의 표시인 경우가 있다(참조. 레 9:24; 삿 6:21; 왕상 8:38).

해설

이 단락은 고라와 다단과 아비람 그리고 250명의 지도자들이 모세와 아론을 반역한 사실을 말하고 있다. 시험이 이루어지고 모세는 모든 공모자들의 극적인 죽음을 통하여 정당성을 입증받는다. 고라, 다단, 아비람은 자기의 모든 소유와 함께 땅 속으로 삼킴을 당하고, 반면에 250명은 회막에서 하나님의 불로 소멸당한다.

여행 중에 이스라엘의 죄에 대해 살펴보고 나서, 저자는 두 번째 큰 죄로 돌이킨다. 첫 번째 죄가 땅을 거절한 사실과 관련되었고, 두 번째는 민수기 3-4장에 이미 진술된 바와 같이 새로운 제사장 계급에 대한 거절과 관련되었다. 첫 번째 것은 이스라엘 전체가 포함된 반면에, 두 번째는 지도권, 평민과 성직 계급이 포함된다. 민수기 13-14장이 민수기 1-2장과 구조적 균형을 이루고 있다는 것은 지당하다. 민수기 1-2장에는 공동체 구조가 논의되어 있다. 민수기 13-14장에는 하나님의 공동체가 되는 이스라엘의 실패가 드러나 있다. 이와 같은 방식으로 민수기 3-4장은 제사장 계급의 구조를 논의하고 있고, 민수기 16-17장은 그것을 받아들이지 못한 사실, 간단히 말해서 그 제도를 깨뜨리려는 시도를 드러내고 있다. 저자는 이미 기록되어 있는 다단과 아비람에 관한 그리고 그들의 모세에 대한 대항에 관한 야위스트 전승을 가지고서, 그에 따라 그것을 정교하게 다듬어 내고 있다.

저자의 방법은 다단과 아비람 이야기에다가 고핫 족속의 고라의 반역을 삽입해 넣는 것이다. 그는 고라를 그의 레위인 족보와 함께 소개하고 있으며(1절), 모세와 아론이 주장한 유일한 권위에 도전하는 반역을 일으킨다(3절). 그 당시 그 도전은 상당히 일반적인 용어로 표현되어 있으며(3절), 실질적으로 12-15절에 있는 야위스트의 다단과 아비람이 제공했던 것과는 내용상 거리감이 있지 않다. 저자는 이 이야기 속으로 이미 삽입된 향로 시험이라는 수단으로 고라 논쟁을 매듭지으려고 결심했다. 이에 대한 준비가 4-7절에 남아 있고, 그 나머지는 2b, 18, 35절에서 발견된다. 5-6절에서 고라를 250명에 포함시키는 일은 별도로 하고, 또 7절 끝에서 8-11절로의 전환을 제공하려는 시도 이외에, 민수기 저자가 향 전승을 수정했거나 개조했다는 암시는 거의 없다. 그가 자기의 특별한 관심을 발전시켜 나가는 것은 8-11절이다. 그에게 실질적인 문제는 저자가 강력하게 주장하고 있는 것, 곧 아론 자손의 특권과 책임을 공유하려는 고라가 주도한 레위 지파 그룹의 권리다. 12-15절에 있는 야위스트 자료 다음에 저자는 시험을 위한 준비를 반복하고 있다(16-17절). 초창기 제사장의 개작은 이미 회막에 대해 반역하는 자들의 거처로부터 관심의 중심을 옮겨갔고, 그로 인하여 이 이야기 내에서 의미심장한 긴장을 조장하고 있다. 이 이야기의 뒷부분에서 저자는 고라를 평민보다는 다단과 아비람에게 더 밀접하게 연결시킴으로써 이것을 살짝 완화시키고 있다(24, 27, 32절).

넓게 말해서 P전승은 포로 후기 유대교 내에서 있었던 어떤 세력 다툼을 반영하고 있을 것이다. 에스라와 느헤미야와 같은 사람들을 통하여 바벨론으로부터 가져온 권위는 당연히 불평을 샀을 수 있고, 모세와 아론이 자기 자신들을 지도자로 만들고 있다는 비난과, 그로 말미암아 스스로 총회 위에 자기들을 높인다는 비난(3절)은 이러한 상황에서 쉽게 이해할 수 있는 것이다. 느헤미야의 활동은 여러 기득권 집단에 심각한 위협을 가했고, 심각한 불평이 되었음에 틀림없다. 사마리아인들의 반대를 별도로 하고(느 4:2), 선지자들 사이에 적대감이 있었고(느 6:14), 또한 틀림없이 영향력 있는 제사장 그룹에서도 그랬을 것이다(느 13:4-9, 28). 혼합 결혼에 대한 그의 정책은 환영을 받지 못했을 것임에 틀림없다. 에스라의 세력은 세금 징수, 율법의 시행 그리고 효과적인 통솔에 이르는 광범위한 것이었다(스 7:12-26). 그가 이러한 세력을 페르시아 정부로부터 실질적으로 받았든 그렇지 않든, 그는 그것들을 시행하려고 했음에 틀림없고, 그러한 세력을 가지고 새로 온 사람은 당연히 불평을 샀을 것이다.

민수기 저자는 이 광범위한 상황 가운데서 구체적인 문제를 소개하고 있으며, 고라가 바벨론으로부터 온 정착자들을 통하여 제안된 제사장 계급에 반대하는 레위인의 대표자가 되었을 것이다. 레위인의 역사는 일반적으로 모호하지만, 본래 그들이 우림과 둠밈을 가지고 묻는 일에 익숙한 사람들이었다는 것은 지당하다(신 33:8-11). 모세 제사장직이 레위 지파의 것이었다는 D에 있는 주장은 그들의 신분을 강화시켜 주었으나, 사독 계열 제사장들의 위치는 강력했고, 하나의 계급으로서 사독 계열의 압력은 당연히 바벨론에서 시작되었다. 고라 족속 레위인들에 대해서는, 성직 그룹 내에서 거룩의 변질은 성질이 달랐다. 고라는 상담자로서, 관리인으로서 그리고 교사로서의 신분을 가졌을 테지만(신 33:8-11), 거룩이나 특권의 계급을 인정하지 않는다. 귀환자의 목록에 고라 자손이 없는 것은(스 2:40-58) 그들이 포로기 동안 팔레스틴에서 사역했던 뛰어난 레위인 그룹이었을 가능성이 있음을 시사해 준다. 그러므로 저자는 반역으로 말미암아 죽임을 당한 자 가운데서 고라의 아들들을 조심스럽게 제외시키고 있다(민 26:11). 고라 자손들은 궁극적으로 민수기 자체가 밝히고 있는 바와 같이 바벨론으로부터의 압력에 복종했음에 틀림없다. 역대기 사가 당시에 그들은 종속적인 레위 지파의 기능들을 시행하고 있었던 것으로 생각될 수 있다(대상 9:19; 26:19; 대하 20:19). 그들은 자신들에 대한 평판 있는 신학적 견지를 발전시켰을 수도 있다(G. Wanke, *Die Zionstheologie der Korachiten*).

이 같은 압력이 민수기 4:17-20에 있는 자료의 기초가 되는 것같이 보이는데, 그곳에는 고핫 자손들(고라가 속해 있음)이 레위인으로서의 기능을 끊어서는 안 될 것이라는 지시가 있다. 이것은 어떤 점에서 그렇게 해야 할 근거가 있었다는 사실을 의미할 수도 있다. 고핫 자손들은 이제부터 아론 자신의 엄격한 지도 아래서 그렇게 행하도록 준비된 레위인으로서 일을 할 수도 있다. 이러한 입장에서 볼 때, 민수기 4:17-20은 민수기 16장에 나오는 고라의 거절과 역대기 사가의 글에 나오는 명망 있는 레위 그룹으로의 승격 사이에 있는 틈을 연결하는 하나의 회유적인 전승이었을 것이다. 고핫 족속의 기원을 아론에게 귀속시키는 것(출 6:14-27)은 바벨론 유대교의 제사장직과 이 고대의 레위 그룹을 연결시키고자 하는 관심에서 유래했을 수도 있다. 역대기 사가가 에스라와 느헤미야서에서 이 특별한 압력 사항을 언급하지 못한 것은 놀랄 일이 아닌데, 그에게 고라 자손들은 성전에서 귀중하고 존경받는 자들이었다.

그러므로 이 단락에서 저자의 주 관심은 제사장 계급에 대한 그의 비전을 구체화하는 것이다. 포로 전기에 그러한 계급의 흔적이 나타나지 않는다는 사실은 오랫동안 인정되어 왔으며, 말라기(주전 5세기 전반)까지도 그것이 당연히 예상되었을 수 있는 상황에서 그 기미를 제시해 주고 있지 않다(참조. 말 2:1-9). 민수기 3-4장과 관련하여 앞에서 논증한 바와 같이 계급의 최종적인 형성은 아마도 바벨론에 있는 사독 계열의 이권과 팔레스틴에 있는 레위인의 이권 사이의 타협일 것이다. 바벨론 제사장직의 우위성은 확보되고, 한 새로운 레위 지파의 직분이 독특한 기능으로 채택되도록 윤곽이 정해진다. 성전의 종의 역할은 더 이상 강등되지 않고(예를 들어, 수 9:23; 겔 44:10-14에서처럼), 민수기의 명예롭고 존경받는 사역이 되며, 그들의 기능의 범위와 책임은 역대기 사가의 글에 있는 바와 같이 시간이 지남에 따라 증가해 간다.

자기들의 향을 가지고 있던 250명의 평민들에 대해 암시된 전승은 그 기능과 상황의 관점에서 주시해 볼 만한 가치가 있다. 웃시야에 대한 역대기의 이야기(대하 26:16-21)는 이 당시까지도 그 문제가 어느 정도 관심의 대상이었다는 사실을 보여준다. 포로 전기에는 향의 사용에 관한 증거가 거의 없다고 자주 주장되어 왔다. 금제단(왕상 6:20, 22; 7:48)은 향을 피우기 위한 제단으로 구체적으로 설명되어 있지 않고, 열왕기상 7:48-50에 있는 "향로"(개역에는 "그릇"으로 되어 있음)는 실제로는 불을 옮기기 위한 도구였을 수도 있다. 콰탈(קטר)의 피엘형은 "연기나게 하다"를 의미하며(삼상 2:15-16; 렘 19:13; 44:21, 23; 호 4:13; 11:2; 합 1:16) 아마도 특별한 의미에서 분향이라기보다는 일반적인 의미에서 희생제사와 관련되어 있다. 분향은 에스겔서와 친숙하며(겔 8:11) 주전 7세기로부터 4세기의 연대로 보이는 향단이 발견되었으므로 분향은 포로 전기 말에 처음으로 도입되었을 것 같다. 포로 후기에는 말라기 1:11이 그것의 수용성을 입증하고, 반면에 P와 역대기 사가는 아론 자손만이 그것을 드리도록 허락되었다고 주장한다. 만일 평민이 향을 피우도록 허용하고 있는 보다 오래된 관습이 여전히 팔레스틴에서 행해졌다면, 이 분야에서 제사장들만이 할 수 있는 권리라는 주장은 회복된 공동체의 제사장 지도자들 편에서 자기들의 위치를 확보하기 위하여 노력했던 또 다른 운동일 가능성이 있다. 그러한 주장에 대한 옹호는 에스겔 8:11이 증거하고 있는 위험 상태가 되게 한다. 그것이 또한 민수기 17:6-15에서 매우 효과적으로 주장되고 있는데, 그 곳에서 아론과 그의 분향이 이스라엘의 구원자로 떠오른다.

그러므로 우리는 민수기 저자가 포로 후기 성직 계급을 수립하는 일에 관심을 가지고 광야에서 있었던 불평의 주제를 어떻게 사용하고 있는지를 바라보게 된다. 일어난 문제는 어쩌면 불화를 일으키는 일이다. 정착 이전 하나님의 의도에서 해결책을 발견하는 것이 그것들을 해결하는 수단이다. 회복된 공동체의 주장이 증언되고, 유대교의 미래 구조가 형성된다.

야위스트의 관심이 또한 검토되어야 한다. 그는 틀림없이 여기서 어떤 르우벤 족속들, 다단과 아비람이 남방으로부터의 성공적인 침입을 하기를 거절하는 유다 정착 전승을 사용했다. 다른 근원을 밝혀 내려는 여러 시도들, 즉 지구 물리학적 현상의 원인들로, 어떤 자연 재난에 대한 회상으로, 혹은 제의적 대립으로 설명하려는 여러 시도들이 있어 왔으나, 이러한 설명들은 각기 다양한 약점들을 가지고 있다

("양식/구조/배경"을 보라). 사막이나 혹은 사막의 가장자리에서의 생활을 더 좋아했던 사람들이 있었다는 사실은 본질적으로 그럴듯하고, 민수기 16장에 있는 야위스트 전승의 배경에 대한 이러한 시각은 민수기 13-14장에 있는 야위스트 자료를 위해 제시된 것과 정확하게 일치한다. 야위스트는 이러한 선호 사항들과 그 이후의 분할들을 모세 자신에게 대한 반항이라는 현안 문제로 만드는 하나의 이야기를 창작해 냈다.

주전 7세기까지, 그리고 야위스트 당시까지 이 이야기는 모세의 지도력을 거절하려는 마음을 가진 자들과 자기 당대에 모세의 신앙을 편들었던 다윗 계열의 왕 요시야의 정책에 가담하기를 거절하려는 마음을 가진 자들에게 경고하고 있다. 그 땅에서의 전승에 대한 관심과 소유라는 주제 역시 야위스트에게 중요했다. 북왕국이 최근에 땅을 잃어버렸고, 요시야 통치 아래서 남왕국이 그것을 되찾은 상황 가운데서 땅에 대한 관심, 그리고 그것을 확보하는 데 없어서는 안 될 상황들은 가장 중요한 사항이었다.

30. 고라, 다단, 아비람 – 그 여파(17:1-28[개역. 16:36-17:13])

참고문헌

민수기 16:1-35의 참고문헌을 보라.

본 문

36 여호와께서 모세에게 일러 가라사대

1(36) And Yahweh spoke to Moses, saying,

37 너는 제사장 아론의 아들 엘르아살을 명하여 붙는 불 가운데서 향로를 취하여다가 그 불을 타처에 쏟으라 그 향로는 거룩함이니라

2(37) "Tell Eleazar, son of Aaron the priest, to take up the censers out of the blaze, and to scatter[a] the fire from them far and wide, for they are holy.[b]

38 사람들은 범죄하여 그 생명을 스스로 해하였거니와 그들이 향로를 여호와 앞에 드렸으므로 그 향로가 거룩하게 되었나니 그 향로를 쳐서 제단을 싸는 편철을 만들라 이스라엘 자손에게 표가 되리라 하신지라

3(38) And the censers of these men who have sinned at the cost of their lives you shall make into beaten plates as a covering for the altar. Because they offered them before Yahweh they are therefore holy. So they shall be a sign to the people of Israel."

39 제사장 엘르아살이 불탄 자들의 드렸던 놋 향로를 취하여 쳐서 제단을 싸서

4(39) And Eleazar[a] the priest took the bronze censers, which those who were burned had offered. And they were beaten out as covering for the altar,

40 이스라엘 자손의 기념물이 되게 하였으니 이는 아론 자손이 아닌 외인은 여호와 앞에 분향하러 가까이 오지 못하게 함이며 또 고라와 그 무리 같이 되지 않게 하기 위함이라 여호와께서 모세로 그에게 명하신 대로 하였더라

5(40) to be a reminder to the people of Israel, to the end that no unauthorized man, who is not a descendant of Aaron, should come near to burn incense before Yahweh, lest he be like Korah and his congregation – as Yahweh had said to Eleazar by the hand of Moses.

41 이튿날 이스라엘 자손의 온 회중이 모세와 아론을 원망하여 가로되 너희가 여호와의 백성을 죽였도다 하고

6(41) But on the morrow all the congregation[a] of the people of Israel murmured against Moses and against Aaron, saying, "You have killed the people of Yahweh."

42 회중이 모여 모세와 아론을 칠 때에 회막을 바라본즉 구름이 회막을 덮었고 여호와의 영광이 나타났더라

7(42) And as the congregation assembled against Moses and against Aaron, they turned towards the Tent of Meeting. And behold, the cloud covered it, and the glory of Yahweh appeared,

43 모세와 아론이 회막 앞에 이르매

8(43) And Moses and Aaron came to the front of the Tent of Meeting.

44 여호와께서 모세에게 일러 가라사대

9(44) And Yahweh spoke to Moses,[a] saying,

45 너희는 이 회중에게서 떠나라 내가 순식간에 그들을 멸하려 하노라 하시매 그 두 사람이 엎드리니라

10(45) "Get away from the midst of this congregation, that I may consume them in an instant." And they fell on their faces.

46 이에 모세가 아론에게 이르되 너는 향로를 취하고 단의 불을 그것에 담고 그 위에 향을 두어 가지고 급히 회중에게로 가서 그들을 위하여 속죄하라 여호와께서 진노하셨으므로 염병이 시작되었음이니라

11(46) And Moses said to Aaron, "Take your censer, and put fire in it from the altar. Put incense on it, and carry it quickly to the congregation, and make atonement for them. For wrath has gone out from Yahweh. The plague has begun."

47 아론이 모세의 명을 좇아 향로를 가지고 회중에게로 달려간즉 백성 중에 염병이 시작되었는지라 이에 백성을 위하여 속죄하고

12(47) So Aaron took it as Moses had said, and ran into the middle of the assembly. And behold, the plague had already begun among the people. And he put on the incense, and made atonement for the people.

48 죽은 자와 산 자 사이에 섰을 때에 염병이 그치니라

13(48) So he stood between the dead and the living, and the plague was stopped.

49 고라의 일로 죽은 자 외에 염병에 죽은 자가 일만 사천칠백 명이었더라

14(49) Now those who died by the plague were 14,700, in addition to those who had died in the affair of Korah.

50 염병이 그치매 아론이 회막 문 모세에게로 돌아오니라

15(50) And Aaron returned to Moses at the entrance of the Tent of Meeting. And the plague was stopped.

1 여호와께서 모세에게 일러 가라사대

16(1) And Yahweh spoke to Moses, saying,

2 너는 이스라엘 자손에게 고하여 그들 중에서 각 종족을 따라 지팡이 하나씩 취하되 곧 그들의 종족대로 그 모든 족장에게서 지팡이 열둘을 취하고 그 사람들의 이름을 각각 그 지팡이에 쓰되

17(2) "Speak to the people of Israel, and take from them rods, one for each fathers' house, from all their leaders according to their fathers' houses, twelve rods.[a] Write each man's[b] name upon his rod.

3 레위의 지팡이에는 아론의 이름을 쓰라 이는 그들의 종족의 각 두령이 지팡이 하나씩 있어야 할 것임이니라

18(3) And write Aaron's name upon the rod of Levi. For there shall be one rod for the head of each fathers' house.

4 그 지팡이를 회막 안에서 내가 너희와 만나는 곳인 증거궤 앞에 두라

19(4) And you shall deposit them in the Tent of Meeting, before the Testimony, where I meet with you.[a]

5 내가 택한 자의 지팡이에는 싹이 나리니 이것으로 이스라엘 자손이 너희를 대하여 원망하는 말을 내 앞에서 그치게 하리라

20(5) And the rod of the man whom I choose shall sprout. So I will rid myself of the murmurings of the people of Israel, who keep on murmuring against you."

6 모세가 이스라엘 자손에게 고하매 그 족장들이 각기 종족대로 지팡이 하나씩 그에게 주었으니 그 지팡이 합이 열둘이라 그 중에 아론의 지팡이가 있었더라

21(6) And Moses spoke to the people of Israel, and all their leaders gave him rods, one for each leader, according to their fathers' houses, twelve rods. And the rod of Aaron was among their rods.[a]

7 모세가 그 지팡이들을 증거의 장막 안 여호와 앞에 두었더라

22(7) And Moses deposited the rods before Yahweh in the Tent of the Testimony.

8 이튿날 모세가 증거의 장막에 들어가 본즉 레위집을 위하여 낸 아론의 지팡이에 움이 돋고 순이 나고 꽃이 피어서 살구 열매가 열렸더라

23(8) And on the morrow Moses[a] went into the Tent of the Testimony, and behold, the rod of Aaron for the house of Levi had sprouted and put forth buds, and produced blossoms. And it bore ripe almonds.

9 모세가 그 지팡이 전부를 여호와 앞에서 이스라엘 모든 자손에게로 취하여 내매 그들이 보고 각각 자기 지팡이를 취하였더라

24(9) And Moses brought out all the rods from before Yahweh to all the people of Israel. And they saw for themselves, and each man took his rod.

10 여호와께서 또 모세에게 이르시되 아론의 지팡이는 증거궤 앞으로 도로 가져다가 거기 간직하여 패역한 자에 대한 표징이 되게 하여 그들로 내게 대한 원망을 그치고 죽지 않게 할지니라

25(10) And Yahweh said to Moses, "Put back the rod of Aaron before the Testimony, to be kept as a sign for the rebels, that you may rid[a] me of their murmurings against me, so that they do not die."

11 모세가 곧 그같이 하되 여호와께서 자기에게 명하신 대로 하였더라

26(11) Moses did so. As Yahweh had commanded him, so did he.

12 이스라엘 자손이 모세에게 말하여 가로되 보소서 우리는 죽게 되었나이다 망하게 되었나이다 다 망하게 되었나이다

27(12) And the people of Israel spoke to Moses, saying, "Behold, we shall perish,[a] we are undone,[a] we are all undone.[a]

13 가까이 나아가는 자 곧 여호와의 성막에 가까이 나아가는 자마다 다 죽사오니 우리가 다 망하여야 하리이까

28(13) Anyone who comes near,[a] who comes near to the Tabernacle of Yahweh shall die.[b] Are we all to perish?"[c]

원문주해

2.a. 웨야렘(וירם)과 평행이 되도록 위즈레(יזרה)로 읽는 것이 더 좋을 수도 있다. W. Rudolph, *ZAW* 52(1934) 114를 보라.

2.b. 본 문장을 3절에 있는 첫 문장, 즉 "이 패역한 자들이 자기들의 생명을 희생하고 자기들의 향로들을 거룩하게 만들었기 때문이다"(참조. G, Syr, Vg)와 연결짓는 것은 가능할 것이다. J. Paterson, 51-52를 더 읽어 보라.

4.a. Sam과 G는 "아론의 아들"을 보유하고 있다(참조. 2절).

6.a. G에는 "회중"이란 언급이 없다.

9.a. G는 여기서 "그리고 아론"을 덧붙이고 있다. 23, 26절에서도 그러하다.

17.a. *BHS*는 18절의 마지막 문장을 이 위치로 옮길 것을 제안한다.

17.b. "각 사람"으로서의 이쉬(אִישׁ)에 대해서는 GKC, § 139b, c를 보라.

19.a. Sam, G, Vg 그리고 네 개의 MT 필사본에는 단수로 되어 있다(참조. 출 25:22; 30:6, 36). 복수형은 출 29:42에 나타난다.

21.a. Vg는 아론의 지팡이가 열두 지파 가운데 하나가 아니라는 사실을 밝히고 있다.

23.a. G는 "그리고 아론"을 덧붙인다.

25.a. 웨테켈(וְתֵכֶל) 칼형이 더 낫다. *BHS*와 W. Rudolph, *ZAW* 52(1934) 114를 보라.

27.a. 예언적 완료형에 대한 하나의 좋은 본보기임. 이 사건이 너무나 확실하여 이미 실현된 것으로 생각된다. GKC, § 106n을 보라.

28.a. 하콰레브(הקרב, "가까이 오다")가 G, Syr, 그리고 Vg에는 빠져 있다. J. Paterson, 52는 그것이 MT에 잘못 삽입된 것이라고 결론짓는다(또한 *BHS* 참조).

28.b. Sam에는 호팔형, 즉 "죽임을 당할 것이다"로 되어 있다.

28.c. 하임(האם)의 사용에 대해서는 GKC, § 150g를 보라.

양식/구조/배경

1-26절에는 서로 연관되어 있지만 구별될 수 있는 세 개의 전승이 있다(히브리 본문은 16:36부터 17:1이 시작되고 있다 – 역자주). 함께 취급된다면, 그것들은 모두가 아론이 누리고 있었던 특별한 제사장 신분을 뒷받침하고 있다. 제단의 덮개(1-5절)는 아론의 제사장직에 대한 영구적 증거이며, 그 지팡이 역시 그러하다(16-26절). 중심 단락(6-15절)은 속죄하는 향을 가진 아론의 사역의 중대성을 예증한다. 어떤 사람은 27-28절을 민수기 18장에 대한 서론으로 취급한다(G. B. Gray, 218; N. H. Snaith, 264). 다른 많은 사람들은 그것들을 250인의 죽음에 대한 반응으로 본다. 이러한 두 가지 가능성 가운데 하나를 선택할 필요는 없다. 이 구절은 민수기 16:1- 17:26과 민수기 18장 사이의 가교로서 간주될 수 있다. 그들의 기능의 일부가 결국 백성들이 민수기 16-17장의 교훈을 이해했다는 사실을 지적하는 것이므로, 그것들을 이 문맥 가운데서 생각하는 것이 적절하다.

분석가들 사이에서는 이 자료 전체가 제사장 수준에 속해 있는 것이라는 데 모두가 동의한다. 이러한 방향을 지적하고 있는 수많은 단어들과 문구가 있으며, 그 주제들은 제사장의 임무와 밀접하다. 그 전체는 분명히 민수기 16장에 있는 제사장 요소의 확대다. 12절에서 "백성"(העם – 하암)이란 단어를 사용하고 있는 것은 제사장 본문에서 가장 이례적인 사실임이 인정되어야 한다. 반역자들을 "야웨의 백성"으로 묘사하고 있는 6절에 있는 불평의 말을 통하여 자극받았을 수도 있다. 이 단어는 P에 친숙한 단어다(참조. 출 6:7).

대부분의 주석가들은 1-5절(개역은 16:36-40)을 P에 있는 보충적 요소로 취급하며(예를 들어, H. Holzinger, 66-67; B. Baentsch, 549-50; W. Rudolph, *Der "Elohist"*, 81-84), 많은 사람들이 지금은 이 단락을 민수기 16장의 완성된 P전승에 대한 첨가물로 본다. 그것은 분명히 250인의 분향자들의 이야기를 이어가고 있으며, 그래서 아마도 민수기의 제사장 저자에게로 돌려야 할 것 같다. 제단에 관한 한 "아론의 자손"(5절, 개역은 16:40) 이외에는 모두가 외인들이고, 따라서 가까이 나아오도록 허락되지 않았다. 아론 자손만이 분향 사역을 이행할 수 있다. 이 전승의 뿌리 깊은 선 역사에 대한 흔적은 없다. 친숙한 놋제단 덮개의 기원에 대한 설명은 저자 자신의 것이다. 그 설명이 출애굽기 27:2과 대립되어 있다는 점에서 볼 때, 우리는 그것이 민수기가 각각 분리되어 개정되었다는 암시임을 알게 된다.

6-15절(개역은 16:41-50임; 하나님의 진노로 염병이 시작되었을 때 아론이 향로를 가지고 백성들에게 가서 속죄한 사건임 – 역자주) 단락은 아론만이 분향 사역을 할 수 있다는 점을 역설하고 있다. 이것 역시 본서의 제사장 저자의 것으로 돌려야 할 것이다. 이 단락 일부나 혹은 전체를 원래의 P설화(PG)와 결합시키려는 몇몇 시도가 있어 왔다(예를 들어, H. Holzinger, 66-67; B. Baentsch, 550-51; W. Rudolph, *Der "Elohist"*, 81-84). 그래쓰만(H. Gressmann, 275-83)은 6, 12b, 13절에 인과관계적 고대 제의 민담(saga)의 흔적들 – 그 핵심이 16-28절에 있는 지팡이 전승임 – 이 있음을 주장했다. 그는 이것을 레위 족속인 모세나 혹은 일반적인 레위인들이 제사장직을 어떻게 부여받았는지에 대한 설명으로 취급했다. 이 민담의 핵심은 제사장으로서 레위인에 대한 문제가 거론되고 있었던 솔로몬 시대까지 거슬러 올라가는 것으로 생각되었다. 아론 계열의 요소는 이 전승에 붙여진 첨가물이다.

6-15절과 관련하여, 이것의 타당성은 의심스럽다. 본 단락에 있는 형식적인 요소는 광야에서 있었던 불평의 이야기를 위한 통상적인 패턴을 따르고 있으며, 옛 구성요소를 찾아서 그것들을 분리해 내는 것이 옳지 않을 수도 있다. 딜레마는 이스라엘의 불평을 통하여 제기되었다(6절, 개역. 16:41); 곤경은 그대로 두고(7-10절, 개역. 16:42-25), 신현이 일어나고, 떠나라는 명령과 부복함이 일어난다. 그리고 마지막으로 아론의 속죄 행위를 통하여 해결된다(11-13절). 포함된 숫자의 계수(14절, 개역. 16:49), 그리고 15b절에 있는 13b절의 반복은 주석일 수도 있지만, 전체 이야

기는 잘 구성되어 있고, 의미심장한 선 역사에 대한 연구는 틀림없이 사변적인 것이 될 것이다. 1-15절 전체 가운데서 제사장 저자는 스스로 제사장 대 레위인 문제(비록 그것이 분명히 나타나 있을지라도)에 덜 전념하고 있으며, 분향 사역 문제에 더 전념하고 있다. 이것이 비교적 후대에 계속되는 당면 문제가 되었다는 사실은 역대하 26장에서 명백히 나타난다.

16-26절(개역. 17:1-11)에서 아론의 우위성이 또다시 확인된다. 이 경우에 그는 레위 가문과 직접적인 관계에 들어가게 되며, 그 가문의 최고 대표자로 묘사된다(18절). 여기서도 역시 여러 주석가들은 첨가자가 첨부한 변동 가능한 주해를 가지고 있는 PG로부터 나온 기본 설화를 발견해 냈다(예를 들어, H. Holzinger, 66-67; B. Baentsch, 551-53). 요점은, 이 단락이 민수기 제사장 저자의 작품인 것 같다는 것이다. 그는 바벨론의 유대교 제사장들인 아론 자손이 레위 가문의 실질적인 중추적 대표자들이라고 하는 자기의 근본적인 주장을 밝힐 수 있다는 것이다.

6-26절에 레위 전승의 수정이 있다는 앞에서 인용한 그레쓰만의 주장은, 비록 그러한 전승의 시대에 관해서는 확신 있게 말할 수 있는 것이 거의 없지만, 여기서 주시해 볼 만한 가치가 있다. 제사장 저자는 분명히 레위 지파를 분리되고 열두 지파와 확연히 구별되는 지파로 생각하기를 좋아하지만(민 1:1-2:34), 여기서는 열두 지팡이만 나타나고, 레위 지파의 것은 그것들 가운데 하나임에 틀림없다. 레위 지파의 지팡이가 어떻게 꽃을 피웠는가를 말하고 있는 레위에 관한 이야기는 제사장 저자에 의하여 취급되어 왔던 것으로 보인다. 민수기 1-4장에서 했던 우리의 연구에서 초창기 레위 전승의 삽입과 수정에 대한 다른 실례들을 제시했다. 원래 그 이야기는 레위 지파의 제사장직을 확인하려고 의도되었다. 저자는 아론의 이름이 이 레위 지파의 지팡이에 기록되었다는 사실을 암시함으로써 그것을 수정하고 있다(18절). 이 이야기 전체는 하나의 훌륭한 문체를 가진, 그리고 형식을 갖춘 단위를 만들어 주고 있으며, 저자가 그 레위 전승에 보충을 가했다기보다는 다시 기록했다는 암시가 있다. 20, 25절에서 6절의 불평에 대한 암시를 하고 있는 점은 이 단락을 본장 전체와 묶어 주는 역할을 한다. 저자는 이 사건을 제사장 계급 논쟁을 마감하는 하나의 방식으로 간주하고 있는데, 그 사건이 최소한 아론의 신분에 대한 문제를 포함하고 있는 한 그리고 그가 그것 외에 다른 언급을 하고 있지 않는 한 그러하다.

주석

2 "불"(השרפה – 하스레파). 이것이 야웨의 불인지(민 16:35), 아니면 반역자들이 피웠던 불인지(민 16:18)는 분명하지 않다. 대략적으로 보아서 전자인 것 같다.

3 "편철"(רקעי פחים – 리쿠에 파힘). 이것은 이 곳과 출애굽기 39:3에만 나타나는 드문 단어다. 덮개가 매우 얇은 것이었음에 틀림없다. 출애굽기 38:22에서 G는 제단의 덮개에 관한 다른 전승의 조화를 제공하고 있다.

"표"(לאות – 레오트; 참조. 민 14:11). 이 단어는 광범위하게 사용되며(또한 참조. 25절), 어떤 특별한 의미가 붙어 있는 물리적 대상이라고 설명할 수 있다(참조. 창 9:12; 17:11; 출 31:13, 17). 사건들과 백성들(특히 그들의 이름) 역시 "증표"로서의 역할을 할 수 있다(참조. 삼상 2:34; 10:7, 9; 14:10; 사 7:11, 14; 8:13; 20:3). 보다 자세한 논의에 대해서는 B. O. Long, *The Problem of Etiological Narrative in the Old Testament*(Berlin: Töpelmann, 1968) 65-78를 보라.

4 여기 묘사된 역할을 위하여 아론이 아닌 엘르아살이 선택된 것은 대제사장이 어떤 종류의 시체와도 접촉을 해서는 안 된다는 사실 때문인 것으로 설명할 수 있을 것이다(레 21:10-15).

5 "기념물"(זכרון – 지카론). 이 단어는 일반적으로 성직과 관련된 문맥에서만 나타나며, 그 대상물의 의미에 영속적 특성을 부여해 준다(참조. 출 13:9; 수 4:7). 보다 자세한 논의에 대해서는 B. O. Long, *Etiological Narrative*, 74를 보라. "기념물"은 아론 자손에게 속하지 않은 사람들에게 자기들의 권리가 아닌 것을 자기 것인 양 가장하는 데 대해서 경고하고 있다.

6 "원망하여 가로되"(וילנו – 와일루). 민수기 14:2의 "주석"을 보라. 불평은 모세와 아론이 자신들의 입장을 옹호하기 위하여 야웨의 멸망시키시는 능력을 간구했기 때문에 일어났다.

7 "영광"(כבוד – 케보드). 민수기 14:10의 "주석"을 보라(참조. 민 16:19; 20:6). 그 영광의 현시가 회막문에 나타났음에 틀림없는데, 그 이유는 그것을 본 자들이 회막으로 향하라는 말을 들었기 때문이다.

"모여"(בהקהל – 베히콰헬). 민수기 16:3의 "주석"을 보라(참조. 민 16:19; 20:2).

10 "내가 멸하려 하노라"(ואכלה – 와아칼레); 참조. 민 16:21.

"그리고 그들이 엎드리니라"(ויפלו על־פניהם – 아이플루 알-프네헴). 민수기 14:5의 "주석"을 보라(참조. 민 16:4, 22; 20:6).

11 "너희 향로"(המחתה – 함마흐타). 이 단어의 어근은 "잡아채다"를 의미한다(참조. 시 52:7). 이사야 30:14에서는 그것이 "난로에서 숯을 취하다"를 의미한다. 명사는 뜨거운 것을 옮기기 위하여 만들어진 어떤 도구에 대해 사용된다(참조. 출 25:38; 27:3). 향로에 대한 보다 정확한 단어는 미크테레트(מקטרת)이다(참조. 겔 8:11; 대하 26:19).

"연기가 나다"란 어근으로부터 파생된 "향"(קטרת – 퀘토레트). 이 명사는 신명기 33:10; 사무엘상 2:28에 나타난다. 이 주제에 대한 철저한 연구는 M. Haran, "The Uses of Incense in the Ancient Israelite Ritual." *VT* 10(1960) 113-29를 보라.

"그리고 그들을 위하여 속죄하라"(וכפר עליהם – 웨카페르 알레헴; 참조. 민 8:12). 아론의 행동은 분명히 하나님의 진노를 가라앉히게 되며, 이 사상이 최소한 이 문맥 가운데서 그 어근의 의미의 핵심이 됨에 틀림없다. 민수기 8:12에서 본질적인 사상은 "속죄"였다는 사실이 나타난다. 향은 가리는 어떤 방식으로 생각되며, 그래서 죄를 덮는 것을 의미한다. 밴취(B. Baentsch, 550)는 진노를 *mechanische Kraft*(기계적인 힘)로 묘사한다. 아마도 향을 본다거나 혹은 냄새를 맡음으로써 진노가 가라앉는 것으로 보인다. 이 단어의 어근의 일차적 의미에 관해서는 명확하지 않다. 하나님을 향하여 올려지는 것이라는 해석, 다시 말해서 "속죄"로 인하여 하나님께서 그 진노를 가라앉히시고 화해하신다는 해석이 옳을 수도 있다. 이것이 이 곳과 창세기 8:21; 출애굽기 29:25; 사무엘상 26:19의 의미다. 그러나 하나님 자신이 동사의 주체가 되시는 경우가 있다(예를 들어, 신 21:8; 겔 16:63; 시 78:38). 제1차적 의미는 죄의 결과와 관계가 있다고 주장될 수 있다. 그것들이 덮어지고 지워지고 또한 일반적으로 순수한 것이 된다(참조. 사 6:7; 시 65:3; 느 4:5; 욥 31:33). 제1차적 의미를 찾는 일이 매우 중요한 일이 되지 않을 수도 있다. 이 단어의 어근이 여러 방식으로 사용될 수 있기 때문에 그것이 나타날 때마다 가능한 한 그 진가에 따라서 판단되어야 한다. 위험을 모면하고 화해하는 것이 일반적으로 그 최종 결과다.

여러 제사법 가운데서 속죄를 얻기 위해서는 정기적으로 피흘림이 요구된다(그러나 출 30:15을 참조하라). 여기서 향의 사용은 죄인들을 통하여 사용되기 때문에 적절한 것으로 보인다. 레위기 16:13에서 향의 구름이 죄인을 거룩하신 하나님으로부터 갈라놓는 역할을 한다. 이러한 이유로 그것이 여기서도 같은 역할을 하고 있다. 속죄 행위에 대한 또 다른 이야기, 즉 이번에는 죽음으로 속죄하는 이야기가 민수기 25:7-10, 13에 뒤따라 나온다.

"진노"(הקצף – 하퀘체프). 이 단어의 어근이 동사로 사용된 예를 보려면 레위기 10:6을 참조하라. 이 동사는 여기서 비인칭적이지만, 주어가 야웨임에 틀림없다.

"염병"(הנגף – 한나게프)은 직역하면 "치다"이다. 민수기 14:37; 25:8-9을 참조하라.

14 14,700이란 숫자는 민수기 1장에서 계산된 온 회중의 40분의 1에 해당한다.

17 (개역. 17:2). "지팡이"(מטה – 마테). 같은 단어가 "지파"를 의미할 수 있으며, 그런 까닭에 여기서는 이 의미가 적절하다. 그래이(G. B. Gray, 215)는 "지팡이"가 원문이었다고 생각했다. 이 이야기는 이 이중적 의미로부터 발전한 것으로 보인다. 죽은 "지팡이" 혹은 "막대기"가 싹이 나오고, 하나님이 선택하신 지파를 나타낸다(참조. N. H. Snaith, 263). 이 지팡이들은 권위에 대한 특별한 상징이며, 법궤 앞에 두어진다. 그것들이 나무에서 갓 잘려진 싱싱한 막대기였다는 견해는 신빙성이 없다(참조. 창 38:18, 25; 삼상 14:43).

"종족(조상의 집)"(לבית אב – 레베트 아브). 민수기 1:2의 "주석"을 보라. 이 문구는 여기서 하나의 지파 전체를 가리킴에 틀림없다. 스나이드(N. H. Snaith, 263)는 여기에 이례적인 용법이 나타나는 것은 마테(מטה), 즉 "지파" 혹은 "지팡이"란 단어의 어희(語戱)로부터 생겨날 수 있는 어떤 혼란을 피하기 위한 것이라고 주장한다.

19 "증거(궤) 앞에"(לפני העדות – 리프네 하에두트; 참조. 22-23, 25절; 출 16:34). 이 사상은 민수기 1:50에 나타나는데, 거기서 이 단어가 이 곳의 의미와 같은 의미로 제시되었다. 레위 지파의 전승이 나타나고 있다. 제사장 저자에게는 이 단어가 분명히 "법궤 앞"을 의미한다(또한 참조. 출 27:21; 30:6, 36; 레 16:13; 24:3). 몇몇 본문들은 이 단어를 돌판에게만 적용하고 있으며(출 25:16, 21; 40:20), 이것은 초창기의 이해 방식일 수도 있다.

20 "싹이 나리니"(יפרח – 이프라흐). 이것은 완전한 성장 과정이 예상된다는 사실을 의미한다(G. B. Gray, 216-17). 그것은 또한 제 위치에 두어졌을 때(25절) 성장이 멈추지 않는다는 사실을 의미할 수도 있다(M. Noth, 131).

"내 앞에서 그치게 하리라"(והשׁכתי מעלי – 와하쉬코티 메알라이; 참조. 창 8:1). 하나님은 그 문제에 대해 결정적인 말씀을 주실 것이다.

23 "살구 열매"(שׁקדים – 쉐퀘딤; 참조. 렘 1:11). 이는 아마도 설명적 해석인 것 같다.

25 "패역한 자"(לבני־מרי – 리브네-메리)는 직역하면 "반역의 아들들"이다. 이러한 종류의 관용어는 히브리 성경에서 통상적인 것이다(참조. 삼하 3:34; 7:10; 12:6; 잠 31:5). "반역의 아들들"이란 문구는 특이하지만, 이사야 30:9을 참조하고 또한 에스겔서에 "반역의 집"이란 문구가 자주 나온 사실을 참조하라(겔 2:5; 3:9; 12:2; 17:12; 24:3).

해설

저자는 여기서 민수기 16장의 본질적인 메시지에 대한 3중적 보강을 하고 있는데, 곧 아론 자손이 진정한 하나님의 제사장이라는 것이다. 레위인들에 대한 명확한 언급은 없으나, 요지는 제사장직에 관해서는 아론의 자손을 제외하고는 모두가 외인이라는 사실이 강조되어 있다.

첫 번째 이야기 가운데서(1-5절, 개역. 16:36-40), 저자는 민수기 16:35의 간접적인 결과를 취급하고 있다. 250명의 반역자들을 살랐던 불이 멀리 그리고 널리 퍼져나갈 것이다. 이것은 불이 꺼지는 것을 의미하며, 따라서 그것은 거룩하거나 그렇지 않거나 어떤 목적에 사용될 수 없다. 향들은 정규적으로 사용되어 왔으나, 그들이 거룩한 업무에 종사하고 있었으므로 그것들은 다른 어떤 거룩한 목적에 사용될 수 있다. 그러므로 저자는 제단에 씌워져 있는 놋 가운데서 반역자들의 향(香)의 흔적을 보게 될 것이다. 그렇게 함으로써 그는 출애굽기에 기록된 그 제단의 기원에 대해서 또 다른 설명을 제공했다. 이러한 활동의 목적은 이러한 비극적 사건을 경험한 이스라엘에게 영구적인 물리적 기념물, 즉 아론 자손만이 제단에서 분향 사역을 할 자격을 부여받았다는 경고의 표시를 제공할 것이다. 저자는 자신을 직접적으로 분향할 자격을 갖춘 사람에 대한 실질적인 문제를 소개하고 있을 수도 있다(참조. 대하 26:16-23).

두 번째 이야기(6-15절, 개역. 16:41-50)는 백성들이 민수기 16장에 있는 이야기의 결과인 사망 사건을 바라보면서 불평하는 자들로 묘사되어 있다. 모세와 아론은 생명의 실질적인 손실에 책임을 지고 있다. 이스라엘은 교훈을 배우는 데 느리다. 그들의 반역의 결과는 보다 많은 죽음으로 나타났는데, 이번에는 염병을 통하여 희생자가 온 회중의 40분의 1이나 된다. 모세, 그리고 무엇보다도 아론이 취한 행동은 아론 자손만이 분향 사역에 종사하도록 자격을 부여받았다는 사실을 잘 입증해 준다. 이 이야기는 아론이 시행한 속죄 분향 사역의 능력을 극적인 형태로 보여 주고 있으며, 그리하여 염병으로 인한 보다 많은 사망이 그치게 된다. 이 사건 가운데서도 분향 사역에 종사하도록 자격을 부여받은 사람에 대한 문제가 가장 전면에 부각되어 있다. 그러므로 저자는 자신의 새로운 제사장 계급 형태에 있어서 근본적인 특권과 책임 중의 하나를 아주 분명하게 밝히고 있다. 분향 사역은 제사장들에게 한정되어 있으며, 그러한 원리에 대해서는 그 어떤 예외도 용납되지 않는다.

세 번째 이야기(16-26절, 개역. 17:1-11)에서 아론 자손의 제사장 계열은 단번에 영원히 확인된다. 저자는 레위 지파의 지팡이의 싹에 관한 레위인의 성직 임명 전승, 곧 레위 지파의 제사장직의 권한을 수립하고 있는 전승을 인계받는다. 이 권리는 분명히 아론 자손의 유일한 제사장 특권과 동일시되어야 한다. 그러므로 레위 지파의 지팡이는 아론의 지팡이임에 틀림없다. 하나님의 제사장으로서 아론 자손의 독특성과 우위성은 그렇게 확인되었고, 백성들은 결국 보다 나은 마음의 틀을 갖게 된다(27-28절). 그들의 두려움에 대한 조치는 민수기 18장에 나타나고 있다. 1-5절에서처럼, 여기서 물건에 대한 하나님의 지시에 관해서 백성들에게 영구적인 유형적 기념물이 주어진다. 싹이 난 지팡이는 법궤에 두어지고 하나님의 뜻에 대한 증거품으로서 영원히 계속된다.

민수기 16-17장의 신학적 요소는 민수기 3-4장만큼 많다. 특히 앞 장들 가운데 포함된 원리들을 무시하는 일에 관해서 경고가 주어져 있고, 그러한 무시의 결과들도 주어져 있다. 교만과 무질서의 위험이 두드러진 관심사가 되고 있다. 질서의 신학이 가장 중요하다. 바벨론 유대교의 제사장들은 새로운 팔레스틴 상황 가운데서 이에 대한 필요성을 느꼈다. 만일 회복된 공동체가 그 정체성과 의미를 발견해야 한다면, 그리고 깊고도 지속적인 근거를 취하려고 한다면 질서는 필요불가결한 것으로 생각되었다.

31. 제사장과 레위인의 응식(18:1-32)

참고문헌

Cazelles, H. "La Dîme Israélite et les Textes de Ras Shamra." *VT* 1(1951) 131-34. **Snaith, N. H.** "A Note on Numbers 18:9." *VT* 23(1973) 373-75. **Speiser, E.** "Unrecognised Dedication." *IEJ* 13(1963) 69-73. **Urie, D.** "Officials of the Cult at Ugarit." *PEQ* 80(1948) 42-47. See also Num 1:48-54(*Bibliography*) for literature on the Levites.

본 문

1 여호와께서 아론에게 이르시되 너와 네 아들들과 네 종족은 성소에 대한 죄를 함께 담당할 것이요 너와 네 아들들은 너희가 그 제사장 직분에 대한 죄를 함께 담당할 것이니라

1 And Yahweh said to Aaron, "You and your sons and your fathers' house with you shall bear iniquity in connection with the sanctuary. And you and your sons with you shall bear iniquity in connection with your priesthood.

2 너는 네 형제 레위 지파 곧 네 조상의 지파를 데려다가 너와 합동시켜 너를 섬기게 하고 너와 네 아들들은 증거의 장막 앞에 있을 것이니라

2 And bring near your brothers also, the tribe of Levi, the tribe of your father, that they may be joined to you, and minister to you, while you and your sons with you are before the Tent of the Testimony.

3 레위인은 네 직무와 장막의 모든 직무를 지키려니와 성소의 기구와 단에는 가까이 못하리니 두렵건대 그들과 너희가 죽을까 하노라

3 They shall be in attendance on you, and be responsible for all the duties of the Tent, but they shall not come near to the vessels of the sanctuary or to the altar, lest they and you die.

4 레위인은 너와 합동하여 장막의 모든 일과 회막의 직무를 지킬 것이요 외인은 너희에게 가까이 못할 것이니라

4 And they shall be joined to you, and be responsible for the Tent of Meeting, for all the service of the Tent. But no unauthorized person shall come near you.

5 이와 같이 너희는 성소의 직무와 단의 직무를 지키라 그리하면 여호와의 진노가 다시는 이스라엘 자손에게 미치지 아니하리라

5 And you shall be responsible for the sanctuary and the altar so that wrath may fall on the Israelites no more.

6 보라 내가 이스라엘 자손 중에서 너희 형제 레위인을 취하여 내게 돌리고 너희에게 선물로 주어 회막의 일을 하게 하였나니

6 And behold I myself have taken your brothers the Levites from among the people of Israel. They are a gift to you,[a] given to Yahweh, to do the service of the Tent of Meeting.

7 너와 네 아들들은 단과 장 안의 모든 일에 대하

7 And you and your sons with you shall engage

여 제사장의 직분을 지켜 섬기라 내가 제사장의
직분을 너희에게 선물로 주었은즉 거기 가까이
하는 외인은 죽이울지니라

in your priesthood, in the duties that concern the altar or what lies within the Veil. And you shall serve,[a] I give your priesthood as a gift,[b] and any unauthorized person who comes near shall be put to death."

8 여호와께서 또 아론에게 이르시되 보라 내가
내 거제물 곧 이스라엘 자손의 거룩하게 한 모든
예물을 너로 주관하게 하고 네가 기름부음을 받
았음을 인하여 그것을 너와 네 아들들에게 영영
한 응식으로 주노라
9 지성물 중에 불사르지 않은 것은 네 것이라 그
들이 내게 드리는 모든 예물의 모든 소제와 속죄
제와 속건 제물은 다 지극히 거룩한즉 너와 네 아
들들에게 돌리리니

8 And Yahweh spoke to Aaron, "Behold I myself
have given you responsibility for the contribu-
tions made to me, namely all the holy things of
the people of Israel. I have given them to you as
a portion, and to your sons as a perpetual due.
9 Out of the most holy things kept back from
the altar fire[a] this part shall belong to you: every
offering of theirs, every, cereal offering and every
purification offering and every reparation
offering, which they render[b] to me shall be most
holy to you and to your sons.

10 지극히 거룩하게 여김으로 먹으라 이는 네게
성물인즉 남자들이 다 먹을지니라
11 내게 돌릴 것이 이것이니 곧 이스라엘 자손의
드리는 거제물과 모든 요제물이라 내가 그것을
너와 네 자녀에게 영영한 응식으로 주었은즉 네
집의 정결한 자마다 먹을 것이니라

10 You[a] shall eat it in a most holy place. Every
male may eat of it. It is holy to you.
11 This also is yours:[a] the contribution from all
their gifts which are presented as special contri-
butions by the people of Israel. I have given
them to you, and to your sons and daughters
with you, as a perpetual due. Every one of your
house who is clean may eat of it.

12 그들이 여호와께 드리는 첫 소산 곧 제일 좋
은 기름과 제일 좋은 포도주와 곡식을 네게 주었
은즉
13 그들이 여호와께 드리는 그 땅 처음 익은 모
든 열매는 네 것이니 네 집에 정결한 자마다 먹을
것이라

12 All the best of the oil, and all the best of the
wine and of the grain, of the firstfruits of what
they give to Yahweh, I give to you.
13 The first ripe fruits of all that is in their land,
which they bring to Yahweh shall be yours.
Every one in your house who is clean may eat
of it.

14 이스라엘 중에서 특별히 드린 모든 것은 네
것이 되리라
15 여호와께 드리는 모든 생물의 처음 나는 것은
사람이나 짐승이나 다 네 것이로되 사람의 처음
난 것은 반드시 대속할 것이요 부정한 짐승의 처
음 난 것도 대속할 것이며
16 그 사람을 속할 때에는 난 지 일 개월 이후에
네가 정한 대로 성소의 세겔을 따라 은 다섯 세겔
로 속하라 한 세겔은 이십 게라니라

14 Every devoted thing in Israel shall be yours.

15 All the firstborn of man or beast which are
brought to Yahweh shall be yours. Nevertheless
the firstborn of man you shall redeem, and the
firstling of unclean beasts you shall redeem.
16 And their redemption price (at a month old
you shall redeem them) you shall fix at five
shekels in silver, according to the sanctuary

shekel which is five gerahs.

17 오직 소의 처음 난 것이나 양의 처음 난 것이나 염소의 처음 난 것은 속하지 말지니 그것들은 거룩한즉 그 피는 단에 뿌리고 그 기름은 불살라 여호와께 향기로운 화제로 드릴 것이며

17 But the firstling of a cow or the firstling of a sheep, or the firstling of a goat, you shall not redeem. They are holy. You shall throw their blood against the altar and burn their fat as an offering by fire, a soothing odor to Yahweh.

18 그 고기는 네게 돌릴지니 흔든 가슴과 우편 넓적다리 같이 네게 돌릴 것이니라

18 But their flesh shall be yours, as are the breast of the special contribution and the right thigh.

19 이스라엘 자손이 여호와께 거제로 드리는 모든 성물은 내가 영영한 응식으로 너와 네 자녀에게 주노니 이는 여호와 앞에 너와 네 후손에게 변하지 않는 소금 언약이니라

19 All the contributions from holy things which the people of Israel present to Yahweh I give to you, and to your sons and daughters with you, as a perpetual due. This is a perpetual covenant of salt before Yahweh with you and with your descendants with you."

20 여호와께서 또 아론에게 이르시되 너는 이스라엘 자손의 땅의 기업도 없겠고 그들 중에 아무 분깃도 없을 것이나 나는 이스라엘 자손 중에 네 분깃이요 네 기업이니라

21 내가 이스라엘의 십일조를 레위 자손에게 기업으로 다 주어서 그들의 하는 일 곧 회막에서 하는 일을 갚나니

22 이후로는 이스라엘 자손이 회막에 가까이 말 것이라 죄를 당하여 죽을까 하노라

20 And Yahweh said to Aaron, "You shall have no inheritance in their land, neither shall you have any portion among them. I am your portion and your inheritance among the people of Israel.

21 "To the Levites I have given every tithe in Israel for an inheritance, in return for the service they render, their service in the Tent of Meeting.

22 And henceforth the people of Israel shall not come near the Tent of Meeting, lest they incur sin, and die.

23 오직 레위인은 회막에서 봉사하며 자기들의 죄를 담당할 것이요 이스라엘 자손 중에는 기업이 없을 것이니 이는 너희의 대대에 영원한 율례라

23 But Levi[a] shall do the service of the Tent of Meeting, and they shall bear their iniquity. It shall be a perpetual statute throughout your generations, and among the people of Israel they shall have no inheritance.

24 이스라엘 자손이 여호와께 거제로 드리는 십일조를 레위인에게 기업으로 준고로 내가 그들에 대하여 말하기를 이스라엘 자손 중에 기업이 없을 것이라 하였노라

24 For the tithe of the people of Israel, which they present as a contribution to Yahweh, I have given to the Levites for an inheritance. Therefore I have said of them that they shall have no inheritance among the people of Israel."

25 여호와께서 모세에게 일러 가라사대

26 너는 레위인에게 고하여 그에게 이르라 내가 이스라엘 자손에게 취하여 너희에게 기업으로 준 십일조를 너희가 그들에게서 취할 때에 그 십일조의 십일조를 거제로 여호와께 드릴 것이라

25 And Yahweh spoke to Moses, and said,

26 "Moreover you shall say to the Levites, 'When you take from the people of Israel the tithe which I have given you from them for your inheritance, then you shall present a contribution

from it to Yahweh, a tithe of the tithe.

27 내가 너희의 거제물을 타작 마당에서 받드는 곡물과 포도즙 틀에서 받드는 즙같이 여기리니

27 And your contribution shall count for you as if it were grain from the threshing floor, and as the fullness of the winepress.

28 너희는 이스라엘 자손에게서 받는 모든 것의 십일조 중에서 여호와께 거제로 드리고 여호와께 드린 그 거제물은 제사장 아론에게로 돌리되

28 So you too shall present a contribution to Yahweh, one from all your tithes which you receive from the people of Israel. And from it you shall give Yahweh's contribution to Aaron the priest.

29 너희의 받은 모든 예물 중에서 너희는 그 아름다운 것 곧 거룩하게 한 부분을 취하여 여호와께 거제로 드릴지니라

29 Out of all the gifts to you, you shall present a[a] contribution to Yahweh. And the gift which you hallow[b] must be taken from the best of them.'

30 이러므로 너는 그들에게 이르라 너희가 그 중에서 아름다운 것을 취하여 드리고 남은 것은 너희 레위인에게는 타작 마당의 소출과 포도즙 틀의 소출같이 되리니

30 Therefore you shall say to them, 'When you have set aside the best part of your contribution, the remainder shall count for the Levites as the produce of the threshing floor, and as the produce of the winepress,

31 너희와 너희 권속이 어디서든지 이것을 먹을 수 있음은 이는 회막에서 일한 너희의 보수임이니라

31 And you may eat it anywhere, you and your households. It is your payment in return for your service in the Tent of Meeting.

32 너희가 그 중 아름다운 것을 받들어 드린즉 이로 인하여 죄를 지지 아니할 것이라 너희는 이스라엘 자손의 성물을 더럽히지 말라 그리하면 죽지 아니하리라

32 And you shall bear no sin in respect of it, when you have set aside the best of it. And you shall not profane the holy things of the people of Israel, lest you die.'"

원문주해

6.a. "너희에게"가 G, S, Vg에는 빠져 있지만, 이것은 본문을 명백히 하기 위하여 빠진 것 같다 – "그 선물은 야웨에게 향한 것이다"는 것이다. 그러므로 MT가 더 낫다.

7.a. 본문은 어색하고 *BHS*는 중복오사로 인하여 이것을 삭제하도록 제안하고 있다. 또한 W. Rudolph, *ZAW* 52(1934) 116를 보라.

7.b. MT에서 직역하면 "한 선물의 봉사"다. G는 그 봉사를 "너의 제사장직의 선물"로 이해한다.

9.a. G에는 톤 카르포마톤(*τῶν καρπωμάτων*, "그 열매", "그 산물")으로 되어 있고, *BHS*는 하아쉐(האשה, "화제")를 선호한다. MT는 명확하고 받아들일 만하다.

9.b. Sam에는 어근 아삼(אשם, "범하다")으로 되어 있는데, 속건제에 대한 언급과 묶어 주고 있다.

10.a. 이 대명사가 MT에서는 단수형이지만, G에서는 복수형이다.

11.a. 이 대명사가 MT에서는 단수형이지만, G에서는 복수형이다.

23.a. MT에는 단수형 "레위"로 되어 있다. 이것은 본문과 다른 제사장 문맥 가운데서는 이례적이고, "레위인들"은 Syr, Tg, VG에서 발견된다. 단수형을 그대로 유지하는 것이 가장 좋을 것 같다("양식/구조/배경"을 보라).

29.a. "모든"은 삭제되어야 할 것 같다(J. Paterson, 52를 보라).

29.b. MT는 "성소"를 보유하고 있는데, 이것은 이해하기 어렵게 한다. "너희는…드릴지니라"는 번역에 대해서는 J. Paterson, 52를 보라.

양식/구조/배경

이 단락은 대체로 민수기에 수립된 성직 계급이 유지되어야 할 수단을 다루고 있으며, 분석가들은 그것을 P로 돌리는 데 동의한다. 초창기 주석가들은 본 장에 있는 이것을 P의 초창기 것, 그리고 나아가서는 원래(original) 구성 요소로 바라보는 경향이 있다. 홀징거(H. Holzinger, 71-72)는 그러한 성분들을 1, 3a, 5, 20-21, 23b, 24a 그리고 2a, 8-19절 일부 가운데 두었다. 밴취(B. Baentsch, 555-60)는 16, 20, 22절을 거의 P의 기본적 형태로 돌렸다. 문제점은 이미 딜만(A. Dillmann, 99-103)과 벨하우젠(J. Wellhausen, 182-83)에 의하여 일어났다. 21-24절에서는 신명기에서처럼 레위인들이 이스라엘 가운데서 땅을 상속받지 못한다고 주장되고 있다. 이 점은 민수기 35장(P)에서 그들에게 주어진 성읍과 대조가 된다. 몇 가지 접촉점이 이 단락과 에스겔 44:6-14 사이에서 "죄를 담당하는" 개념의 일례로 발견되며(겔 44:10; 민 18:23), 그 본문은 유사한 자료와 동시대의 것으로 그리고 그 자료로부터 나온 것임을 시사하고 있다.

그래이(G. B. Gray, 218-19)는 이 모든 입장을 주장했다. 겉보기에 20절과 민수기 35:1-8 사이의 조화될 수 없는 모순 이외에, 그는 5, 17절에 있는 단수형으로 된 "제단"에 주의를 집중하는데, 그것은 그에게 출애굽기 30장의 두 번째 제사장 제단에 대한 무지를 암시해 주었다. 그래이와 많은 다른 초창기 분석가들에 의하여 지적된 다른 특이성은 율법이 여기서 아론에게만 소개되어 있다는 사실이다(1, 8, 20절, 다른 곳에 유일하게 출현하는 곳은 레 10:8, 12임). 더 나아가서 통상적 제사 문서의 공식인 "말씀하여 가라사대"가 여기서는 사용되지 않고 있다.

보다 최근의 분석가들은 상당한 부분들을 PG로 돌리는 방향으로 덜 기울어진다. 노트(M. Noth, 133-34)는 민수기 16-17장과의 약간 헐거운 연결을 발견하며, 원래 본 장이 현재의 문맥을 위하여 의도되지 않았다고 믿는다. 그는 특이성들과 일반적인 내용을 후대성의 증거로 판단했고, 본 장의 구성이 어색하고도 조리에 닿지 않는 것이라고 주장했다. P설화와의 빈약한 관계는 2차적인 첨가로 취급된다. 스나이드(N. H. Snaith, 267)는 전문적 용어의 이례적 사용은 P에서 다른 단계에 속한 것임을 시사한다고 생각하고, 스터디(J. Sturdy, 126)는 본 단락의 일반적인 후대성을 받아들인다.

폴크(J. de Vaulx, 204-07)는 문학 전승의 역사에 대한 철저한 연구를 한다. 1-7절에서 그는 제사장 계급의 성격의 재진술을 이전에 수립된 것으로 본다(민 1:47-54; 민 3-4장). 나머지 자료에서 그는 특별한 공헌을 취급하고 있는 본문(8-19절)과 십일조를 취급하고 있는 본문(20-32절)들 사이에 주된 분석을 가하고 있다. 8-19절에서 그는 제사장들에게 모든 성물들(8b, 10b, 11b, 12, 13b, 19절), 가장 좋은 기름, 포도주, 곡식을 응식으로 주고 있는 가장 초창기 자료들을 발견한다. 제사장 가족 가운데 남자이면서도 정결한 사람은 그것을 먹을 수 있다. 신명기 18:4과 레위기 22:1-9(H)의 접촉점은 이것을 초창기 전승으로 설정하는 데 도움을 준다. 문서 성장의 과정에서 두 번째 단계는 제물의 목록과 또 다른 강조점들이다(9c, 10c, 15a, 18a, 13a, 14, 18b절). 이것들은 다양한 기원을 가지고 있고, 폴크(J. de Vaulx)에 따르면 일반적으로 포로 후기에 속한다. 그는 9, 11절에서 제사장 편집자의 손길을 보고 있으며, 반면에 15b-17절에 있는 구속 자료는 더 자세한 해석으로 이해된다. 십일조를 다루고 있는 자료는 일반적으로 보다 통합된 것으로 이해된다. 십일조를 받을 레위인의 권리는 21-24절에 진술되어 있고, 제사장들이 레위인들로부터 십일조를 받을 권리는 25-32절에 진술되어 있다.

일상적인 말로, 우리가 제안한 전반적인 접근 방식 내에서 기능을 발휘하고 있는 본 장을 파악하기는 어렵지 않다. 다양한 소단위들은 새로운 도입어를 통하여 쉽게 구분되며, 우선 첫째로 그것들은 단위들로 취급되는 것이 가장 좋다.

1-7절. 본질적으로 이것은 제사장 저자가 작성한 것이다. 민수기 16-17장과의 연결은 노트가 말하는 바와 같이 그렇게 느슨하지 않다. 지성소에 나아갈 수 있는 권리의 문제는 앞 단락의 세부 사항 가운데서 야기되었고, 민수기 17:28(개역. 17:13)의 끝 부분에서 하나의 구체적인 질문이 나왔는데 곧 "우리가 다 망하여야 하리이까?"이다. 이 질문은 저자에게 자신이 본서의 앞부분에서 수립했던 성직의 원리들을 반복할 훌륭한 기회를 제공했으며, 이것이 불가피하게 의무와 봉사라는 문제를 일으켰으므로, 그것은 그러한 섬김이 어떻게 보상을 받으며 그 제사장 사역이 어떻게

유지되어야 하느냐에 관한 저자의 계약 조항에 적절한 도입을 제공하고 있다. 사실상 이스라엘을 대신하여 가까이 나아갈 사람들이 있다. 레위인들이 회막에서 전반적인 사역을 시행할 것이고, 반면에 특권을 가진 제단 사역은 아론 자손에게 속한다. 민수기 3:19; 8:19에서처럼 6절에서 저자는 새로운 상황에서 야웨에게 바쳐진 자들로서 더 오래된 레위 지파 전승을 채용한다. 레위인들은 아론에게 바쳐졌고, 그래서 오직 아론을 통해서만 그들은 야웨께 하나의 선물이 된다.

8-20절. 저자의 온 관심은 성직자의 생계를 위한 수단을 수립하고, 현존하는 전승을 조절하는 것이다.

(1) 그는 에스겔 44:29과 레위기 6:11, 22(**히**.); 7:6에 대해서 잘 알고 있었는데, 그 곳에서 소제, 속죄제, 속건제가 제사장에게 속한다고 말하고 있다. 그는 이것을 재확인하고, 그것을 테루마 헌물(민 5:9의 "주석"을 보라; 그 의미는 거제물을 의미하지만 '성물'로 번역되는 경우도 있다 – 역자주) 역시 제사장 몫이라는 민수기 5:9에서 한 자신의 확언과 연결시키고 있다.

(2) 그는 또한 제사장들만을 위한 헌물(8-10절)과 제사장 가족 전체의 생계를 위한 것(11-13절) 사이를 구별지으려고 애쓰고 있다. 소제, 속죄제, 속건제의 가외 수당과 더불어 순수한 테루마 헌물은 "지극히 거룩한 것"이며, 제사장에게만 돌아가거나 혹은 모든 성인 남자에게 돌아가는 것으로 보인다. 테누파(요제물) 특별 헌물(민 5:9의 "주석"을 보라)인 테루마 헌물은 "지극히 거룩"하지 않다. 그것들은 밭과 포도원의 첫 열매와 더불어 모든 제사장 가족 전체가 먹는 것이다. 레위기 6:11, 22(**히**.); 7:6의 법은 소제, 속죄제, 속건제가 남자들만을 위한 것이라고 이미 규정했다. 출애굽기 29:28과 레위기 7:34은 거제와 화목제에서 테누파 가슴과 테루마 넓적다리가 역시 제사장의 것이라고 명령했다. 이것들이 남자들만을 위한 것이냐, 아니면 가족 전체를 위한 것이냐에 대해서는 아무런 암시가 주어지지 않았다. 민수기 전체 법규의 전반적인 의도는 제사장의 권리를 확대하는 것이며(더 많은 것은 테루마로 규정되어 있고 그 모든 것은 제사장의 것이다), 지금의 경우처럼 문제를 밝히는 것이다.

(3) 14-18절에서 저자는 민수기 3:11-13의 구속 원리를 또다시 확고히 할 기회를 가진다. 그러나 여기서 그는 레위인 자신들이 백성들의 장자 대신에 바쳐진 존재라는 레위 전승을 채택하지 않고 있다. 그 대신 그는 이 기본적인 사상 가운데서 모든 초태생이 야웨에게 속해 있고 구속의 원리를 수립하기 위한 근거로서 그분에게 드려져야 한다(참조. 민 3:40-51)는 사실을 발견한다. 이런 방식으로 그는 성직

자의 생계 수단을 한층 더 확고히 하고 있다. 구속이 정결한 짐승의 희생제사를 통해서만 가능하다는 출애굽기 13:13; 34:20과는 대조적으로, 고정된 돈의 금액이 여기에 규정되어 있다. 그러므로 정결한 짐승의 초태생은 구속되지 않아야 한다(17절). 그것들은 레위기에 수립된 법에 따라 야웨께 드려져야 한다. 제사장들은 테누파 가슴과 오른쪽 넓적다리 이외에 고기를 취할 권리가 있다. 이런 방식으로 레위기 7:28-34에 있는 화목제에 적용 가능한 원리가 정결한 짐승의 초태생의 헌물에게까지 확대된다.

그러고 나서 본 단락의 주요 주제가 요약되고(19절), 아론 자손이 야웨와 특별한 관계를 가짐으로써 그 땅으로 나가지 않고, 그럼으로 해서 그들 자신의 생계 수단을 가지지 않는다는 확신 가운데 신학적 기초가 제공된다(20절). 야웨 자신이 그 생계 수단이시다. 이것은 신명기 10:9; 18:1-5에서 레위인들과 관련하여, 그리고 에스겔 44:28에서는 사독 자손과 관련하여 이미 수립된 바 있는 전통적 견해다.

노트가 본 단락의 여러 부분이 언어학적으로 어색하다고 지적한 것은 확실히 옳고, 현존해 있는 본문 내에서 문서의 역사를 더듬어 보려는 드 폴크의 시도는 당연히 정당화될 수도 있다. 아마도 십중팔구는 가장 오래된 전승들이 12-15a절에 포함되어 있는 것 같다. 이 구절들은 땅의 첫 열매 – 그것들 가운데 가장 좋은 것 – 라는 상당히 애매한 분량을 제사장의 몫으로 정하고 있고, 계속하여 모든 정결한 제사장 가족이 그것들을 함께 먹을 수 있다는 사실을 규정하고 있다. 그것들은 또한 바쳐진 것으로 규정된 모든 항목들은 바쳐지되 멸하지 않고 제사장에게 주라는 것을 주장하면서, 헤렘 원리에 대한 제사장적 수정을 포함하고 있다(14절의 "주석"을 보라). 이것은 또한 남자와 짐승의 초태생에게까지 적용된다. 여기에는 어쩌면 민수기 제사장 저자가 취했던 전승 자료가 있는 것 같다. 초태생 원리에 대한 레위인의 해석이 분명하지 않으므로(민 3:11-13을 보라) 그것은 사독 계열의 제사장 그룹으로부터 나온 것일 수도 있다. 그것은 에스겔 44:30과 일반적으로 일치된다.

제사장의 부양과 관련되어 있는 보다 이른 시기의 전승은 사무엘상 2:12-17(실로)과 신명기 18:4에서 발견되는데, 그 곳에서는 어깨, 볼, 내장 그리고 첫 열매를 제사장에게 주었다. 부양권을 보증해 주셨던 야웨와의 특별한 관계에 대한 개념은 틀림없이 모든 종류의 제사장 그룹들 가운데서 전통적으로 내려온 것이었다. 여기서 저자는 그것을 자기의 제사장, 그 특성과 책임에 대한 전반적인 견해와 접목시키고 있다.

21-24절. 여기서 저자는 자기의 기본적인 믿음을 재확인하고 있다(21-22절). 레

위 지파는 회막에서 중대한 중보 사역을 실행하고 있다. 그는 제사장들과 같이 레위인들이 땅을 부여받지 못했다는 사실을 계속 주장하고 있으며, 그래서 백성 전체가 물질을 줌으로써 생계가 유지되어야 한다고 주장한다. 헌물의 십일조(24절)는 십분의 일이었을 것이다.

저자가 스스로 레위인의 전승에 또다시 동의한 것으로 보인다. 21절에 있는 "레위"란 단어의 이례적인 출현은 이에 대한 문학적 표지일 수도 있다. 십일조 헌납은 틀림없이 제의 준수에 대한 고대의 특징 중 하나였다(참조. 암 4:4; 신 12:6, 11, 17; 14:23). 카젤스(H. Cazelles, *VT* 1[1951] 131-34)는 레위인의 십일조에 대해 왕실의 배경이 들어 있음을 제안한다(참조. 암 7:1; 삼상 8:15). 레위인들은 제의 전문가였으므로 그들이 언제나 자기들의 기술에 대한 보상을 요구했다는 사실은 그럴듯해 보인다. 신명기는 이러한 레위인의 권리를 철저하게 증언하고, 땅이 없고 성직록을 받지 않는 레위인들에 대해서는 공동체가 돌보라고 명령하고 있다. 민수기 저자는 이 권리를 반드시 인식시키고 그것을 레위인들에 대한 자기의 새로운 시각으로 해결지으려고 마음먹고 있었다. 그에게 십일조는 짐승에도 또 그와 함께 산물에도 적용되며(레 27:30-33), 그것을 돈으로 바꿀 수 있었다는 것도 분명하다(신 14:24-27). 재정적 지원이 규범이 된 사실이 느헤미야 12:44; 13:5, 12에 암시되어 있다.

25-32절. 저자는 또한 레위인들이 스스로 자기들이 받은 것의 십일조를 제사장들에게 지불해야 한다는 사실을 규정하고 있다. 이것은 아론 자손의 우위성을 강요하고 있으며, 민수기 16-17장에서 확정된 바와 같이 십일조에 대한 레위인의 권리를 제거하지 않고 제사장에 대한 그들의 유일한 권리를 강요하고 있다. 그것은 또한 희생 제물에 딸린 응식과 함께 재원을 제공해 주면서 제사장들의 생계 유지에 대한 또 다른 수단을 확보해 주었다.

요약해서 말하면, 본 장의 어휘와 구문은 자주 어색하고, 여기저기에 본문을 해석하는 내용이 있다는 것이 사실이지만, 그럼에도 불구하고 그 구조가 비논리적인 것이라거나 혹은 그것을 근본적인 하나의 단위가 아닌 어떤 것으로 간주할 만한 타당한 근거는 없다. 이 단락은 민수기 16-17장 다음에 가장 적절하게 뒤따라 오고, 그것은 성직자 계급에 관한 저자의 근본적인 확신 가운데 하나를 강조하고 있으며, 성직자 계층이 어떻게 생계 유지가 되어야 하는가에 대한 중요한 문제를 검토하고 있다. 남아 있는 것은 두 개의 난제뿐이다.

첫 번째 것은 이 단락과 레위인들이 들어가서 거주하고 자기들의 가축을 먹일 목초지를 부여받았다고 말하는 민수기 35:1-8 사이의 긴장이다. 문제는 그러한 구절들의 세부 사항들 가운데 내재해 있다고 생각된다. 소유권이 민수기 35:1-8에서는 주장되지 않고 있으며, 거기에 나타난 상황은 포로 후기 지방의 레위인들의 상황이 아니라는 것이고(대하 17:9), 기기서 이루어진 식량에 대한 궁극적 기원이 중앙화에 대한 요시야의 계획에 수반된 레위 전승의 개작이라는 것이다. 여기서 민수기 저자는 더 오래된 레위 전승을 삽입하고 있다(신 10:9; 18:1-5). 그는 그것을 부인할 수도 없고 부인하고 싶지도 않으며, 그래서 그것이 자기의 새로운 레위 계층의 생계 수단을 제공하도록 사용될 수 있다.

두 번째 것은 아론이 모세의 언급 없이 1-24절에서 직접 말씀을 받고 있다는 사실이다. 이 점은 확실히 이례적인 일이지만, 그것이 반드시 아주 늦은 시기의 것이든지 아니면 아주 이른 시기의 제사 자료의 표시는 아니다. 레위기 10:8, 12에는 아론에게 직접 주어진 말씀이 또 있으며, 이것이 또한 제사장의 권리와 관련된 재앙 직후에 나타난다는 것도 의미심장하다. 아마도 이러한 상황은 직접적인 접근, 아론의 신분이 증대되도록 한 결과 그리고 그의 유일한 제사장으로서의 권위를 강조하는 것을 보증해 주었을 것이다. 25절에서 모세에게만 말하고 있는 반전은 전적으로 이해할 만한 것이다. 레위인들은 자기들의 재원에 대한 이러한 부과를 모세를 통하여 주신 물질에 대한 하나님의 지시의 일부이지, 아론 자손 편에서의 과욕이나 혹은 착취가 아님을 알아야 한다(26-32절). 본 장에 있는 다른 이례적인 전문적 용어와 용법은 다른 책들 중에서도 제사장 편에 대항하여 그 자체의 어떤 고유성을 가진 것으로 이 민수기를 본다면 문제가 감소될 것이다.

주석

1 "너희는 죄를 담당할 것이요"(תשאו את־עון – 티스우 에트-아온; RSV), "너희는 충분히 책임을 져야 할 것이다"(NEB). 이것은 그들이 모든 의식상의 오류에 대한 형벌을 지불해야 한다는 사실을 의미한다. 그래이(G. B. Gray, 219)와 스나이드(N. H. Snaith, 265)는 그것을 민수기 17:27-28(히.)에 있는 너무나 가까이 접근한 데 대한 죄와 연결시킨다. 하나님께 가까이 나아가도록 선택받은 사람들인 제사장과 레위인은 모든 위험을 무릅쓸 것이고, 또한 가까이 나아감으로 말미암아 부딪치는 어떤 형벌이든지 받을 것이다. 이것이 이스라엘 전체와 관련된 그들의 보호 역할이다. 이 문구는 우상 숭배를 하고 있는 레위인들의 타락한 사역에 대해서 사용되고 있는 에스겔 44:10-13에서 이끌어 온 것이다(이 단어가 불신앙적 회중과 관련

하여 사용된 실례에 대해서는 민 14:34을 참조하라). 여기서 이 단어가 그 반대적인 의미로 사용되고 있지는 않다. 이 단어의 요점은 제사장들이 성소에 대해서, 그리고 제사장 사역의 모든 면에서 완전한 책임을 지고 있다는 사실을 강조하는 것이다.

[2] "합동시켜"(וילוו עליך – 웨일라우 알레카; 원래는 "그들이 너와 연합되도록"이다 – 역자주). RSV는 수동형을 무시하거나 혹은 동사를 재귀적으로 이해한다. "레위"란 이름 자체의 어근이 라와(לוה)로서 "연합하다"를 의미하며(참조. 창 29:34), 따라서 저자는 자기의 성직 계급을 위한 어원론적 근거를 발견한다. 레위인들은 조력자로서 아론 자손에게 연합된다.

[5] 이것이 아론 자손에게만 주어진 말인지, 아니면 제사장과 레위인을 함께 포함하는지는 분명치 않다. 그러므로 성소에 대한 책임 소재를 정확하게 결정할 수가 없다.

[6] 바쳐진 자로서 레위인에 대해서는 민수기 3:9의 "주석"을 보라.

[7] "장안의…일"(ולמבית לפרכת – 울르미베트 라파로케트). 이 곳은 대제사장만이 일년에 한 번 들어갈 수 있는 지성소다(레 16:2, 17).

[8] "주관"(משמרת – 미슈메레트). 몇몇 주석가들은 내 헌물의 "간수되는 것"으로 번역한다(G. B. Gray, 221-22; A. H. McNeile, 97; N. H. Snaith, 266). 그러나 이 단어는 자주 일반적인 책임에 대해서 사용되며, 그래서 NEB의 "주관"이란 해석이 더 나은 것으로 보인다.

"내 거제물(내게 드려진 헌물)"(תרומתי – 테루모타이). 민수기 5:9의 "주석"을 보라.

"거룩하게 한 모든 예물"(לכל־קדשי – 레콜-콰드쉐). 성소를 섬겼던 코르바님(קרבנים)과는 대조적으로, 성전의 전 직원에게 드려진 선물들에 대한 일반적인 표현이다.

"응식으로"(למשחה – 레마슈하). 보기 드문 어근이다. RV는 그것을 마쉬아흐(משח – "기름붓다")란 어근과 연결시킨다(참조. 레 7:35). "영속적인 보수"와 같은 의미를 가진 평행어로 의도된 것 같다. 통례적으로 규정된 분량에 대해 이 후자의 표현이 사용된다(참조. 창 47:22; 출 29:28; 레 6:11(히.); 7:34; 10:5).

[9] "불사르지 않은 것"(מן־האש – 민-하에쉬)은 직역하면 "불로부터"이다. 만약 이것이 올바른 해석이라면("원문주해"를 보라), 그것은 불사르지 않은 제물의 일부를 가리킨다.

[11] "드리는 거제물과 모든 요제물이라"(תרומת מתנם לכל־תנופת – 테루마트 마타

남 레콜-테누포트). 이것은 레위기 7:34의 가슴과 넓적다리를 가리킨다. 민수기 5:25의 "주석"을 보라. 모든 테루마 헌물은 제사장들을 위한 것이고, 이것들 가운데 가슴과 넓적다리는 특별한 면에서 테누파(야웨 앞에서 흔든 것?)로 취급된다.

12 "첫 소산"(ראשיתם – 레쉬탐). 민수기 저자는 이것을 "처음 익은 열매"(בכורים – 비쿠림; 13절)의 동의어로 사용한 것으로 보인다.

13 "처음 익은 열매"(בכורים – 비쿠림). 레위기 2:14에서 이 단어는 곡식에 대해서만 사용된다. 딜만(A. Dillmann, 101-2)은 2:14에서 비쿠림(בכורים)이 상당히 정확한 것으로 나타나지만 13절을 12절의 보편화된 반복으로 취급했다. 그래이(G. B. Gray, 225)는 12절의 레쉬트(לאשית)를 어떤 의식 절차 없이 곧장 제사장에게로 가져가는 것으로 생각하고, 반면에 13절의 비쿠림(בכורים)은 제사장이 사용하기에 앞서서 성전에서 어떤 의식을 거쳐야 할 것을 요구하고 있다. 이에 대한 증거는 느헤미야 10:35-37에 제공되고 있다. 다른 한편 민수기 저자는 분명히 그러한 구별에 관심을 두지 않고 있으며, 그 단어들을 동의어적으로 사용한다. 초태생처럼 첫 소산도 하나님에게 속하며, 그러므로 그에게 드려져야 한다.

14 "드린 모든 것"(כל־חרם – 콜-헤렘). 이 단어는 어떤 사람이나 물건이 철저하게 멸하라고 요구되었던 바와 같이 절대적 방식으로 야웨께 바쳐진 것으로 간주되었던 고대의 멸절령(ban)에 대해서 사용되었다(참조. 민 21:1-3; 신 7:1-2; 수 6:17, 21; 삼상 15:3). 제사장 저자는 테루마 헌물에 대한 하나의 대안적 언급으로서 이 단어를 채용하고 있다. 옛 개념에 비추어 본다고 할지라도 바쳐진 장소의 재산이 성별된 국고 안에 보관될 수 있었으므로, 이것은 적절하다(수 6:19).

15 "너는 대속할 것이며"(תפדה – 티프데). 스나이드(N. H. Snaith, 268)는 파다(פדה)가 본래 당신의 것이 아니었던 것을 지불함으로써 얻는 것을 의미하고, 반면에 가알(גאל)은 당신 자신의 소유를 되돌려 받는 것이라고 본다. 그 용법에 관한 다른 분석에 대해서는 민수기 3:46; 5:8의 "주석"을 보라.

16 "그리고 그들의 구속 가격"(ופדויו – 우프두야우; 개역성경에는 번역되어 있지 않음 – 역자주). 주어진 숫자는 사람의 장자의 가격이다(참조. 레 27:6; 민 3:47). 부정한 짐승의 초태생에 대해서는 다양하다(참조. 레 27:11-12, 27).

17 "너는 뿌릴지니라"(תזרק – 티즈로크). "뿌리다"(RSV)란 번역은 너무 약한 것으로 보이며, "뿌리다"에 적절한 단어인 하자(הזה)와 혼동을 일으키게 할 수 있다.

19 "소금 언약"(ברית מלח – 베리트 멜라흐). 소금은 제사에 정규적으로 사용되었고(참조. 겔 43:24), 특히 소제에 사용되었다(레 2:13). 고대 세계에서 방부세로

서 소금의 중요성이 여기에 반영되어 있다. 인간들 사이의 동의가 자주 희생제사로 입증되었으며(참조. 창 31:51-54), "소금 언약"이란 문구(참조. 대하 13:5)는 결속하고 취소할 수 없는 동의를 입증한다. 성경에서 일반적인 소금의 사용에 대해서는 J. F. Ross, "Salt," *IDB Y-Z* 167를 보라.

20 이것과 레위인들이 48성읍을 가져야 한다는 개념의 관계에 대해서는 민수기 25:1-8의 "양식/구조/배경"을 보라.

27 "풍부함"(וכמלאה – 웨캄레아; 이 단어는 개역성경에는 번역되어 있지 않음 – 역자주). 출애굽기 22:28을 참조하라. 그 곳에서 이 단어는 "충분한 추수"를 의미한다(참조. 암 2:13).

29 "거룩하게 한 부분"(את־מקדשו – 에트-미크드쇼)은 십일조의 십일조를 묘사하는 하나의 방식이다. MT의 이러한 재모음부호 삽입("그의 거룩한 것")은 보다 나은 어감을 준다.

30 이 구절의 문체의 구조는 어색하다. NEB는 그것을 인정하고 있으며, 레위인들에 대한 언급을 문장의 앞에다 두고 있다. 스터디(J. Sturdy, 132-33)는 바하림켐(בהרימכם, "구별하다")이 "요구된"으로 번역된다고 주장한다. 그렇다면 이 구절은 제사장들이 어떻게 레위인들의 제물을 취급할 것인지를 말하고 있는, 제사장들에게 말한 내용일 것이다.

31 십일조는 제사장들의 용도를 위하여 드려지는 제물과는 달리 그것이 거룩하지 않으므로 어디에서나 먹을 수 있다.

32 십일조가 거룩한 것이 아닌 것이 분명하므로, 본래 제사장에게 속하는 것들을 먹는 일은 레위인들이 피해야 할 그 더럽힘이 되는 것이다.

해설

이 단락은 또다시 일반적인 어투로 레위인들의 의무와, 그들과 아론 자손 제사장들의 관계의 성격을 요약하고 있다(1-7절). 그러고 나서 저자는 제사장에게 지불해야 할 응식으로 눈길을 돌리고 있다(8-20절). 제사장들은 개인적인 생계 유지 수단을 가질 수 없으므로, 그들은 온 공동체로부터 테루마 헌물(거룩한 물질)을 받아야 한다. 이것들은 그 땅 소산의 십일조와 짐승과 사람의 모든 초태생과 더불어 소제, 속죄제, 속건제의 적절한 부분을 포함한다. 자원은 재정적 구속 체계에 의하여 초태생으로부터 나온다. 레위인들은 또한 십분의 일이라는 전통적 강제 징수인 십일조를 받지만, 그들은 이 수납한 것들 가운데서 제사장에게 자신들의 헌물을 드려야 한다(25-32절).

저자는 이 시점에서 레위인의 역할과 제사장의 역할 간의 관계에 대한 자신의 견해를 재확인하기를 원하고 있다. 민수기 16-17장의 반역은 본질적으로 저자의 입장에 대한 극적인 거역이다. 그 결과들은 진정한 하나님의 명령을 옹호하고 있으며, 따라서 그는 이러한 명령의 주요한 개요를 반복하고 있다. 이것으로부터 제사장의 몫으로 눈길을 돌리는 것이 또한 자연스럽다. 레위인의 생계 유지를 묘사하고 있는 내용과 더불어 이 자료는 민수기 15장에 있는 여러 단락들의 자료와 유사한 기능을 하고 있다. 가나안으로의 여행 중에 있었던 두 번째 큰 죄(민 16-17장)는 제사장 계급 내에서 일어나고, 그 결과가 재난일지라도 그것이 하나님의 목적의 최종 목적이라는 사실을 표현하고 있지는 않다. 성직자의 생계 유지를 위한 이러한 체계를 수립하면서, 하나님께서는 제사장 제도의 유지에 자기 자신의 뜻을 새로이 표명하시는 것으로 보인다. 이러한 은혜로우신 모습이 백성의 십일조를 받음에 있어서 자기들의 전통적인 권리를 부여받고 있는 레위인들을 위한 공급 가운데 가장 분명하게 나타난다. 고라와 그의 동조자들의 죄에도 불구하고 하나님의 목적 가운데는 레위인들을 위한 미래가 있다. 다른 한편, 그들은 제사장들의 생계 유지를 위하여 스스로 헌물을 드림으로써 자기들이 그들에게 종속되어 있다는 사실을 인정해야 한다. 고라에 의하여 저질러진 그러한 종류의 다른 더럽힘은 없어야 한다. 저자의 방법은 현존하고 있던 전승, 특히 에스겔서와 보다 이른 시기의 본문들을 가지고 작업하는 것이며("양식/구조/배경"을 보라), 그것을 참 제사장 계급에 대한 자신의 이해 속에 집어넣어 작업하는 것이다.

이것이 주전 5세기 후반에 가졌을 수도 있는 어떤 가치관을 나타낸다는 것은 가능한 일이다. 그러한 상황에서 저자의 주 목적은 아론 자손에게 탁월성을 부여하고 있는 성직자 계급의 입장에서 성직의 재정비다. 이들은 바벨론으로부터 돌아온 사독 계열의 제사장들을 나타낸다. 레위인들 가운데서 몇몇 포로민들과 그 땅에 머물러 있었던 다른 사람들은 하위의 신분이 주어지지만 그들의 조력자들로서 존귀한 신분도 주어진다. 이것이 민수기 1:47-54과 민수기 3-4장에 있는 많은 자료의 근저에 놓여 있는 목적이다. 제사장의 응식에 관한 규정들은 이 분야에서 행했던 느헤미야의 개혁의 결과다(느 10:36-40; 13:10-14). 이 기사는 아마도 민수기에 주어진 레위인들에 대한 시야에 비추어 기록되었을 것이지만, 느헤미야가 실제로 십일조 제도라는 중대한 개혁에 종사했다고 믿을 만한 충분한 이유가 있다.

32. 부정한 자의 결례(19:1-22)

참고문헌

Bowman, J. "Did the Qumran Sect Burn the Red Heifer?" *RevQ* 1(1958) 73-84. **Gowan, D. E.** "The Use of *yaʿan* in Biblical Hebrew." *VT* 21(1971) 168-85. **Milgrom, J.** "The Paradox of the Red Cow(Num 19)." *VT* 31(1981) 62-72. **Reif, S. C.** "A Note on a Neglected Connotation of *NTN*." *VT* 20(1970) 114-16.

본 문

1 여호와께서 모세와 아론에게 일러 가라사대	**1** And Yahweh spoke to Moses,[a] saying,
2 여호와의 명하는 법의 율례를 이제 이르노니 이스라엘 자손에게 일러서 온전하여 흠이 없고 아직 멍에 메지 아니한 붉은 암송아지를 네게로 끌어 오게 하고	**2** "This is the statute of the law[a] which Yahweh has commanded, saying, Tell the people of Israel to bring you a red heifer without defect, in which there is no blemish, and which has never borne the yoke.
3 너는 그것을 제사장 엘르아살에게 줄 것이요 그는 그것을 진 밖으로 끌어 내어서 자기 목전에서 잡게 할 것이며	**3** And you[a] shall give her to Eleazar the priest, and he shall take her outside the camp, and she shall be slaughtered before him.[b]
4 제사장 엘르아살은 손가락에 그 피를 찍고 그 피를 회막 앞을 향하여 일곱 번 뿌리고	**4** And Eleazar the priest shall take some of the blood with his finger, and shall sprinkle some of her blood toward the front of the Tent of Meeting seven timcs.
5 그 암소를 자기 목전에서 불사르게 하되 그 가죽과 고기와 피와 똥을 불사르게 하고	**5** And the heifer shall be burned[a] in his sight. Her skin, her flesh, and her blood, with the intestines, he shall burn.
6 동시에 제사장은 백향목과 우슬초와 홍색실을 취하여 암송아지를 사르는 불 가운데 던질 것이며	**6** And the priest shall take cedar wood, marjoram, and scarlet thread, and throw them into the middle of the burning heifer.
7 제사장은 그 옷을 빨고 물로 몸을 씻은 후에 진에 들어갈 것이라 그는 저녁까지 부정하리라	**7** Then the priest shall wash his clothes, and bathe his body in water. After that he shall come into the camp. And the priest shall be unclean until evening.
8 송아지를 불사른 자도 그 옷을 물로 빨고 물로 그 몸을 씻을 것이라 그도 저녁까지 부정하리라	**8** He who burns the heifer shall wash his clothes in water,[a] and shall be unclean until evening.
9 이에 정한 자가 암송아지의 재를 거두어 진 밖	**9** And a man who is clean shall gather up the

정한 곳에 둘지니 이것은 이스라엘 자손 회중을 위하여 간직하였다가 부정을 깨끗케 하는 물을 만드는데 쓸 것이니 곧 속죄제니라

10 암송아지의 재를 거둔 자도 그 옷을 빨 것이며 저녁까지 부정하리라 이는 이스라엘 자손과 그 중에 우거하는 외인에게 영원한 율례니라

11 사람의 시체를 만진 자는 칠 일을 부정하리니

12 그는 제삼일과 제칠일에 이 잿물로 스스로 정결케 할 것이라 그리하면 정하려니와 제삼일과 제칠일에 스스로 정결케 아니하면 그냥 부정하니

13 누구든지 죽은 사람의 시체를 만지고 스스로 정결케 아니하는 자는 여호와의 성막을 더럽힘이라 그가 이스라엘에서 끊쳐질 것은 정결케 하는 물을 그에게 뿌리지 아니하므로 깨끗케 되지 못하고 그 부정함이 있음이니라

14 장막에서 사람이 죽을 때의 법은 이러하니 무릇 그 장막에 들어가는 자와 무릇 그 장막에 있는 자가 칠 일 동안 부정할 것이며

15 무릇 뚜껑을 열어 놓고 덮지 아니한 그릇도 부정하니라

16 누구든지 들에서 칼에 죽이운 자나 시체나 사람의 뼈나 무덤을 만졌으면 칠 일 동안 부정하리니

17 그 부정한 자를 위하여 죄를 깨끗하게 하려고 불사른 재를 취하여 흐르는 물과 함께 그릇에 담고

18 정한 자가 우슬초를 취하여 그 물을 찍어서 장막과 그 모든 기구와 거기 있는 사람들에게 뿌리고 또 뼈나 죽임을 당한 자나 시체나 무덤을 만진 자에게 뿌리되

ashes of the heifer, and deposit them outside the camp in a clean place. And they shall be kept for the congregation of the people of Israel as the water for purification. It is a purification offering.

10 And he who gathers the ashes of the heifer shall wash his clothes, and shall be unclean until evening. And this shall be a perpetual statute for the people of Israel and for the resident alien.

11 "He who touches the corpse of any person shall be unclean for seven days.

12 He shall cleanse himself with the water on the third day and on the seventh day, and so be clean.[a] But if he does not cleanse himself on the third day and on the seventh day, he will not become clean.

13 Whoever touches a corpse, the body of any man who has died, and does not cleanse himself defiles the Tabernacle of Yahweh. And that person shall be cut off from Israel. Because the water for purification was not thrown upon him he shall be unclean. His uncleanness is still on him.

14 "This is the law when a man dies in a tent.[a] Everyone who comes into the tent, and everyone who is in the tent, shall be unclean for seven days.

15 And every open vessel, which has no cover fastened upon it, is unclean.

16 Whoever in the open field touches one who has been killed with a sword, or any corpse, or a bone of a man, or a grave, shall be unclean for seven days.

17 For the unclean they shall take some ashes of the burnt purification offering, and they shall pour[a] running water into a vessel.

18 Then a clean person shall take marjoram, and dip it in the water, and sprinkle it upon the tent,[a] and upon all the furnishings,[b] and upon the people who were there, and upon the one who touched the bone, or the slain, or the dead

or the grave.

19 그 정한 자가 제삼일과 제칠일에 그 부정한 자에게 뿌려서 제칠일에 그를 정결케 할 것이며 그는 자기 옷을 빨고 물로 몸을 씻을 것이라 저녁이면 정하리라

19 And the clean person shall sprinkle the unclean on the third and seventh days. So on the seventh day he shall cleanse him, and he shall wash his clothes and bathe himself in water. And at evening he shall be clean.[a]

20 사람이 부정하고도 스스로 정결케 아니하면 여호와의 성소를 더럽힘이니 그러므로 총회 중에서 끊쳐질 것이니라 그는 정결케 하는 물로 뿌리움을 받지 아니하였은즉 부정하니라

20 "But the man who is unclean and who does not cleanse himself that person shall be cut off from the midst of the assembly, since he has defiled the sanctuary of Yahweh. Because the water for purification has not been thrown upon him he is unclean.

21 이는 그들의 영영한 율례니라 정결케 하는 물을 뿌린 자는 그 옷을 빨 것이며 정결케 하는 물을 만지는 자는 저녁까지 부정할 것이며

21 And it shall be a perpetual statute for you.[a] He who sprinkles the water for purification shall wash his clothes. And he who touches the water for purification shall be unclean until evening.

22 부정한 자가 만진 것은 무엇이든지 부정할 것이며 그것을 만지는 자도 저녁까지 부정하리라

22 And whatever the unclean person touches shall be unclean. And anyone who touches it shall be unclean until evening."

원문주해

1.a. "그리고 아론"은 몇몇 필사본에는 빠져 있고, 그래서 거절되어야 할 것이다. 단수형인 엘레카(אליך, "너"; 2절)는 모세 혼자 말씀을 들었다는 것을 암시한다.

2.a. *BHS*는 하파라(הפרה, "어린 암송아지")로의 수정을 고려한다. "법의 율례"란 문구는 보기 드문 것이지만 민 27:11; 31:21; 35:29을 보라. 그러한 구절들이 출현하는 것으로 보아 이 문구를 받아들이는 것이 가장 바람직하다.

3.a. G와 Vg에는 단수형으로 되어 있는데, 이것은 1절에 있는 "아론"이 원문 가운데 들어 있지 않았을 것이라는 견해를 입증해 준다. 아론은 주로 율법을 받는 데는 포함되지 않는다(참조. 민 5:1, 11; 6:1; 15:1, 17).

3.b. NEB는 이 문장을 암송아지가 진의 "동편에서" 살육당해야 한다는 사실을 의미하는 것으로 취급한다. 이것은 확실하지 않고, 본문은 널리 인정되고 있듯이 어렵다. 엘르아살이 어떻게 진 밖으로 그 암송아지를 이끌고 갈 수 있으며, 그리고 어떻게 자기 앞에서 그것을 살육할 수 있을 것인가? 동사를 비인칭으로 혹은 수동태로 채택하는 것이 가장 좋을 듯하다. G와 Vg에는 "그들이 그것을 그(엘르아살) 앞에서 불사를지니라"로 되어 있지만, 이것은 본문상의 난점을 해결하려는 시도처럼 보인다. 폴크(J. de Vaulx, 214)는 "야웨 앞에서"가 언젠가 일어났던 전승사적 설명을 상상한다.

5.a. 3절에서처럼 수동형이 가장 좋을 것으로 보인다. G와 Vg는 "그들이 불사를지니라"를 보유하고 있다.

8.a. 어떤 역본에는 빠져 있다; 참조. 7절.

12.a. Sam, G, Syr, Vg에는 웨타헤르(וְטָהֵר)로 되어 있다.

14.a. G는 "그 집에서"를 보유하고 있다.

17.a. Sam, G, Syr, Vg에는 복수형으로 되어 있다.

18.a. G는 "그 집에서"를 보유하고 있다. 참조. 14절.

18.b. 이러한 "기구"에 대한 언급은 몇몇 MT 필사본에는 빠져 있다.

19.a. G와 Vg에는 웨타헬 바아레브(וטהר בערב, "그리고 그는 저녁까지 부정할 것이다")로 되어 있다(7-8, 10, 21-22절에서처럼). 이것은 표준화로 보이며, MT가 받아들일 만하다.

21.a. Sam, G, Syr, Vg 그리고 몇몇 MT 필사본에는 2인칭 복수로 되어 있다.

양식/구조/배경

분석가들은 이 단락을 P에게로 돌림에 있어서, 비록 많은 사람들이 그것을 독립된 것으로 인정하고, 그래서 첨가물로 인정하고 있을지라도, P에게 속한 것이 아니면 어느 정도 완성된 오경의 형태에 속한 것으로 동의한다. 많은 사람들은 14-22절을 1-13절의 부록으로 보았다(J. Wellhausen, 178; A. Kuenen, 96; H. Holzinger, 78-79; B. Baentsch, 160-64). 그들의 목적은 부정한 자의 회복이 속건제를 필요로 한다는 레위기 5:2-3의 본래 요구를 수정하는 것이다. 딜만(A. Dillmann, 106-10)은 14-22절의 2차적 상태에 관해서는 덜 분명하지만, P의 다른 곳에서 쉽게 평행을 이루지 않는 수많은 특별한 단어나 문구를 지적했는데, 그것들 가운데는 "법의 율례"(2절), 동사 "스스로 죄를 정결케 하다"(התחטא – 히트하타; 12, 20절; 참조. 민 8:21; 31:19, 23), 그리고 "총회 중에서 끊쳐질 것이니라"(20절)가 있다. 그래이(G. B. Gray, 241-43)도 그러한 특징들을 언급하고, 그 주변의 자료로부터 이 단락이 독립되어 있는 점을 간파하고 있으며, 또한 그것은 결코 PG의 일부를 형성하지 않았을 수 있다고 주장한다. 그의 경향은 14-22절과 1-13절을 본래 완성을 위하여 편집자가 자료를 편집한 입법의 독특한 단편들로 본다는 점이다(p. 254). 맥닐(A. H. McNeile, 101)은 14-22절에서 11-13절의 확장과 더 엄격한 형태를 본다(또한 참조. L. E. Binns, 125). 이 단락의 문서상의 시대가 어떤 것이든, 구 분석가들은 일반적으로 그 법이 고대의 행습과 신앙, 특히 죽은 자와의 접촉이 오염의 원인이 된다는 자기들의 관념에 대한 신앙을 구체화하고 있다는 데 동의했다(참조. G. B. Gray, 243-44).

보다 최근의 분석가들은 본 장이 후대의 것이며, 또한 여기에 제시된 신앙과 행습은 고대의 것이라는 사실에 동의하는 방향으로 기울어지고 있으나, 본 장의 문서 역사를 분석하는 데 있어서는 보다 숙달되고 있다. 노트(M. Noth, 139-40)는 본문의 주어가 어떻게 모세(그리고 아론?)로부터 엘르아살에게(3-4절), 그리고 제사장에게(6-7절)로 옮겨가고 있는지를 말하고 있다. 노트는 여기에는 본래 제사장만이 인용했던 독립된 율법과, 또한 모세와 엘르아살의 도입을 통한 현재 상황에 알맞게 수정한 독립된 율법이 들어 있다는 사실을 확실하게 믿는다. 그는 1-10a절에는 본 장의 핵심인 정결케 하는 물에 들어가는 내용물에 대한 준비가, 그리고 14-22절에는 그 용도에 대한 지침인 시체를 접촉함으로 야기된 부정 제거가 있다고 본다. 그는 10b-13절을 첨가물로 본다. 그들의 정결에 대한 필요성에 관한 노출은 13b절에 있는 부수적인 문장을 통하여 그 상황과 애매하게 연결되어 있을 뿐이다(p. 141).

폴크(J. de Vaulx, 213-15)도 역시 세 개의 주된 구성 요소들을 구별하고 있다(1-10, 11-13, 14-22절). 노트가 인용한 제사장 주제에 있어서 뿐 아니라, 이스라엘 족속에 대해서 2인칭과 3인칭 복수형을 사용한 것이나(2b/3a절), 또한 8a, 9-10절에 불명확한 개인이 인용된 점에 있어서 1-10절의 복잡한 역사는 분명하다. 그는 가장 고대의 의식 요소가 3b, 5a, 6, 9절에 잔존해 있다고 생각한다. 이러한 의식을 행사할 책임은 차차로 제사장들에게로 넘어갔고, 결국에는 엘르아살이 대표로 있는 아론 자손에게로 넘어갔다. 신명기 21:3의 의식들을 상기시켜 주는 몇 가지 요소가 폴크(J. de Vaulx)에 의하여 발견되었다. 거기서 미궁에 빠진 변사체가 발견된 장소에서 가장 가까운 성읍의 거민들은 스스로 성결케 해야 한다. 여기서는 보다 의식적인 세부 사항들이 나타난다. 원래 의식 가운데서 다른 발전은 그 의식에 참여한 자들의 결례 의식이며(7-8, 10절), 4절과 어쩌면 5절에 있는 레위기 4:3-12의 법에 대한 어느 정도의 수정이다.

11-13절에서 폴크는 다른 문학적 장르를 발견한다. 그것은 시체와 접촉한 자에게 정결의 필요성을 강조하고 있는 법정적 스타일이며, 그것은 붉은 암송아지에 대해서는 언급하지 않는다. 그는 계속해서 14-22절에서 보다 자세한 양식비평적 구분을 하는 데로 나아간다. 그는 14-16절에서 사람이나 물건을 정결케 하라는 명령을 하고 있는 일종의 토라를 발견하고, 반면에 17-19절은 원래 1-10절의 의식에 속할 수도 있는 의식들이다. 20절은 그 스타일이나 내용상 11-13절을 상기시켜 주며, 반면에 21-22절은 7-8, 10절의 본질적 내용을 재확언하고 있다. 이것들은 모두가 일종의 혹

은 또 다른 종류의 첨가물이며, 씻는 일뿐 아니라 붉은 암송아지도 언급하고 있다.

이러한 접근 방식이 모든 세부적인 점에서 정확한 것이든 그렇지 않든, 그것은 민수기 저자가 전승 사료를 취하여 수정을 가했을 수도 있다는 방식을 연상시킨다. 본 장에 대한 좀더 단순한 문서 역사가 다음의 경향에 따라 제안될 수도 있다.

1. 붉은 암송아지를 포함하는 고대 의식. 그 목적은 분명치 않지만, 그것이 마술과 관계를 가졌을 수도 있다. 제사장은 성소에서 떨어져서 일어나는 본질적으로 평민의 기능 가운데서 제한된 역할을 가졌다. 이것은 1-10절에서 어투가 어색하다는 사실로 설명할 수도 있다(3b, 5-6, 9a절).

2. 민수기 저자는 이 전승을 취하여 암송아지의 재가 정결케 하는 물의 내용물이라는 사실을 밝히고 있으며, 그 일에 참여하는 사람들에게 씻을 것을 요구하고 있다(7a, 8, 9b, 10a절). 그는 또한 그것을 광야에서 이스라엘의 여행 역사에 삽입하는 일을 하고(1-3a, 7b, 9 – "진"에 대한 언급), 피에 대한 엘르아살의 취급을 덧붙이고 있다(4절). 그로 말미암아 그 의식을 오경에 있는 다른 희생제사 의식들과 보다 밀접하게 정렬시키고 있으며, 그것을 희생제사로 만들어 놓고, 결국은 그것이 모든 사람에게 구속력이 있음을 강조하고 있다(10b절). 이러한 과정에 엘르아살이 연루되어 있는 것은 아마도 레위기 21:12에 비추어서 설명되어야 할 텐데, 그 곳에서 대제사장 아론 자신이 성소 밖으로 나가서는 안 된다고 주장하고 있다.

3. 민수기 저자는 계속하여 이 정결케 하는 물이 제1차로 사용되어야 하는 상황, 즉 시체와의 접촉을 개괄해 보는 방향으로 나아간다(11-13절). 부정케 되었을 경우의 시간과 결과들이 구체화되어 있다.

4. 11-13절이 붉은 암송아지 의식(1-10절)과 시체와 접촉하여 야기된 부정을 제거하기 위한 다른 의식들 사이를 연결짓고 있다는 점은 확실히 가능하다. 이 두 번째 과정은 14-19절에 보존되어 있으며, 붉은 암송아지처럼 민수기 저자가 전승으로부터 취해 온 것이다. 밀그롬(J. Milgrom, *VT* 32[1981] 62-72)은 1-10절과 14-19절 사이의 고대 연결고리를 파악하기를 더 좋아하는데, 그가 보기에 시체에 접촉한 사람에게 암송아지의 재가 섞인 물을 뿌리는 것은 그 전승이 매우 오래되었다는 흔적이다. 아무튼 14-15절은 사람을 부정하게 만드는 상황들을 규정하고 있는 바, 시체와의 접촉 문제를 취급하고 있다. 만약 14-19절이 실제로 본래 독립된 것으로 취급될 수 있다면, 그리고 이 구절들이 그릇 속에서 흐르는 물과 섞여진다면(17절), 통례적인 속죄 제물의 재일 수도 있다는 사실을 가리키는 것이다. 어떤 정한 사람이 정결 의식을 시행할 수도 있다(18-19절).

5. 그러고 나서 민수기 저자는 20절에서 자신이 13절에서 했던 경고를 되풀이하고 있으며, 그 외의 의식상의 요구 사항들(21절)과 상황(22절)을 덧붙이고 있다.

만일 이 모든 견해가 대체로 옳다면, 민수기 저자는 본래 어떤 다른 목적으로 이용되었던 붉은 암송아지를 취하여 그것을 재가 정결케 하는 물을 만들도록 취해질 수도 있는 속죄제로 변조시킨 것이다. 본 단락이 내적으로 헐겁고 연결되지 않는 그 한계는 크게 팽창될 수 있다. 이 점은 보다 큰 문맥이 되는 본 장 전체에서도 그러하다. 그것이 현재 위치에 헐겁게 위치해 있는 감이 있고, 설사 이것이 후대의 첨가물이라고 생각할 만한 이유로 판단될지라도, "왜 저기에 있지 않고 여기에 있느냐?"는 문제는 여전히 타당한 질문이다. 그것이 여기에 위치한 것이 우연이거나 뚜렷한 목적이 없다는 추측은 가능성이 있지만, 질문해 보거나 검증해 보아야 할 가치는 있다. 민수기 18장에 있는 레위 자료가 민수기 16-17장의 레위인의 실패 후에 위치한 것은 적절하고, 민수기 19장도 역시 그러한 결정적인 사건들의 여파의 일부로 이해될 수 있다. 그 기초가 되는 주제는 사체와의 접촉이며, 그러한 접촉의 결과들을 제거시키는 정결케 하는 물에 들어가는 내용물로서 붉은 암송아지 의식이 개작되어 있다. 고라의 반역에서 죽은 사람이 최소한 250명이 있고, 그 후에 일어난 재앙에서는 죽은 사람이 14,700명이다(민 16:35; 17:14[**히**.]). 그러한 재앙 이후에 재구성 과정의 일부로서 저자가 사체와의 접촉의 결과, 그리고 그것들이 어떻게 제거되었는지에 관한 자신의 계약 조항을 여기에 삽입해야 했다는 것은 전적으로 적절한 것으로 보인다. 그의 견해로는 대규모의 접촉이 일어났으며, 공동체가 야웨의 정결한 백성으로서 스스로 원상태로 돌리는 방법을 알고 있어야 했다는 사실은 절대적으로 필요하다. 그가 이에 대한 설화 기사를 가지고 있지 않은 것은 사실이다. 엘르아살은 물을 준비하고 미래의 사용을 위하여 그것을 간직해 두라는 말씀을 듣는다. 다른 한편, 율법과 설화 사이의 구분이 제사 자료에서는 결코 날카롭게 드러나 있지 않다. 중요한 점은 원리를 세우는 것이며, 민수기 16-17장에 있는 사건들에 비추어 볼 때 이 곳이 그것을 언급하기에 가장 적절한 위치다.

주석

2 "붉은 암송아지"(**פרה ארמה** – 파라 아둠마). 많은 현대 해석가들은 "암소"(cow)를 선호한다. 이 단어는 주로 완전히 자란 짐승에 대해서 사용되며(참조. 창 41:2-4; 삼상 6:7), "암송아지"(heifer)는 G의 영향을 받은 잘못된 번역으로 보인다.

다른 한편 어린 짐승들은 희생제사 법에서 매우 광범위하게 규정되어 있는데, 어떤 연령의 암소가 받아들여질 만한 것이었다는 사실은 옳은 것 같지 않다.

밀그롬(J. Milgrom, *VT* 31[1981] 62-72)은 황소가 선택될 수 없는데, 그 이유는 그것이 대제사장(레 4:1-12; 16:11)과 공동체(레 4:13-21)의 속죄제이기 때문이라고 본다. 암컷은 개인에 대해 사용된다(레 4:22-35; 민 15:27-29).

"붉은"이란 형용사는 분명히 이사야 1:18에 있는 "붉은"을 의미하지만, 아가 5:10은 태양에 노출되어 그슬린 것을 가리킨다. 스터디(J. Sturdy, 134)는 죽은 자가 묻힌 땅과 같은 적갈색이라고 생각한다. "홍색실" 같은 "붉은"은 피 색깔을 나타내는데, 그것은 속죄 의식에서 언제나 중요한 역할을 했다(J. Milgrom, *VT* 31[1981] 62-72, 그리고 참고문헌을 보라).

암소는 그것이 흠이 없을 경우에만 희생제사에 적합했을 것이며, 다른 형태의 제사에는 결코 제공되지 않았다. 이러한 사실은 암송아지가 의도되었다는 견해를 지지한다.

[3] 이 의식에서 엘르아살의 임무는 레위기 21:10-12을 통하여 설명될 수 있겠는데, 거기서 아론이 성소에서만 활동하게 되어 있었다.

[4] "일곱 번"(שבע פעמים – 쉐바 페아밈). "일곱"은 성스러운 수이며, 성결 의식이 효과적인지 아닌지가 자주 요구된다. 다른 문맥 가운데 들어 있는 "일곱"의 의미에 대해서는 창세기 17:12; 29:27; 50:10을 보라. 스터디(J. Sturdy, 135)는 이 의식이 여기서 레위기 4:3-12에 응용된 것으로 본다.

[5] 이것은 성스러운 구역 밖에서, 곧 진영 밖에 인접한 곳에서 일어날 수 있는 유일한 희생 의식이다.

[6] "백향목과 우슬초와 홍색실"(עץ ארז ואזוב ושני תולעת – 에츠 에레즈 웨에조브 우슈니 톨라아트; 참조. 레 14:4). 스나이드(N. H. Snaith, 272)는 바벨론의 의식에서 의식들의 효능은 백향목이나 다른 향나무를 통하여 강화되었다고 지적한다. 레위기 14장에서는 백향목과 박하식물(marjoram)이 실로 묶여져서 문둥병자와 그의 집에 피를 뿌리기 위한 도구로 만들어졌던 것으로 보인다. 이러한 의식 가운데서 그것들을 태우는 이유는 알 수 없고, 제사장 저자까지도 몰랐을 수도 있다. 에조브(אזוב)로 밝혀져 있는 우슬초(marjoram)는 확실히 알 수 없다. RSV와 구 역본에 있는 우슬초(hyssop)를 참조하라.

[7] 저자는 아마도 이 곳과 8, 10절에 있는 세부 사항들을 레위기 11:25; 15:8; 16:28로부터 이끌어 내고 있을 것이다. 스터디(J. Sturdy, 135)는 암소 자체가 부정

을 제거하기 위하여 실질적으로 사용되기 전에 부정하게 되었기 때문에 이 사람들이 부정하게 되었다고 생각한다.

"그는 씻을 것이요"(וכבס – 웨키베쓰; 참조. 8, 10, 19, 21절). 이 단어는 죄씻음에 대해서도 사용될 수 있다(렘 2:2; 4:14; 시 51:4, 9).

[9] "재(들)"(אפר – 에페르). 스나이드(N. H. Snaith, 272)에 의하면, 이것은 가벼운 재-먼지였을 것이다. 희생제사의 재는 다른 단어가 사용된다.

"깨끗케 하는 물"(למי נדה – 레메 닛다)은 직역하면 "부정을 위한 물"이다. 닛다(נדה)라는 단어는 "혐오스러운"으로 번역될 수 있고, 여러 가지 형태의 의식상의 부정에 대해 사용된다. 스나이드(Snaith, 273)가 지적한 바와 같이, 이 단어는 여기서 "부정을 제거시키는"의 의미로 사용되며, 그런 까닭에 "깨끗케 하는"이 적절하다. 비록 의식이 몇 가지 면에서 레위기 4장에 규정되어 있는 것과는 다르지만, 저자는 그것을 "속죄제"로 묘사할 수 있으리라고 느끼고 있다. 이것이 적절한데, 그 이유는 밀그롬(J. Milgrom, *VT* 31[1981] 62-72)이 지적한 바와 같이 이 제사가 정결케 함을 받는 자로부터 정결케 하는 자에게로 그 부정이 유전되기 때문이라고 지적한다.

[13] "뿌리지 않은"(לא־זרק – 로-조라크)은 제단에 던져지는 액체에 사용되는 동사다. 히자(הזה; 4, 18절)는 "뿌림"을 나타낸다.

[16] 이 법의 반영에 대해서는 마태복음 23:27과 사도행전 23:3을 참조하라.

[17] 여기에 있는 나탄(נתן – "주다, 붓다")의 용법에 대해서는 S. C. Rief, *VT* 20 (1920) 114-16를 보라.

[21] "저녁까지"(דע־הערב – 아드 하아레브)는 의식상의 부정이 지속되는 가장 짧은 기간이다.

해설

이 단락은 사체와의 접촉으로 말미암아 야기된 부정을 제거하는 의식을 제공하고 있다. 엘르아살은 진 밖에서 붉은 암송아지를 불태우는 것을 감독하라는 것과 그 의식 가운데서 백향목, 우슬초, 홍색실을 취하여 불에 던지라는 말씀을 듣는다. 재를 취하여 정결케 하는 물에 넣어야 한다. 사체와의 접촉이 되는 몇 가지 상황들이 기록되어 있다. 정결케 하는 물을 제조하는 방식이 규정되어 있고(17절), 그 과정이 개략적으로 진술되어 있다.

이 구절의 후대성과 현재의 문맥에서 헐거운 사실을 강조하는 사람이 있음에도 불구하고, 어찌하여 민수기 저자가 이 시점에서 사체와의 접촉 문제를 논의하려고 선택했는지 그 이유를 제시하기는 어렵지 않다. 민수기 16-17장의 결과로서 그는 레위인들의 위치(민 18장)뿐만 아니라, 야웨에게 의식(儀式)상으로 받아들여질 만한 공동체의 위치를 재수립할 필요가 있다. 민수기 17장에 기록된 수천 명의 시체로 인하여 모두가 사체와 접촉을 한 의식적 결과를 낳았다는 사실을 철저하게 이해해야 했고, 그들을 처리하는 과정을 정당하게 인식해야 했다. 이 단락은 제1차적으로 광야 세대 사람들보다는 이미 정착된 공동체의 필요, 다시 말하면 설화라기보다는 하나의 율법의 견지에서 기록되었다. 그러나 전적으로 객관적인 견지에서 이것은 놀랄 일이 아니고, 심각한 문제도 아니다. 저자는 먼저 광야에서 수립된 어떤 것이라는 견지에서 문제를 다루기 위하여 선택하고 있다. 이것은 제사장 학파의 주 관심사 중의 하나 – 공동체의 신앙과 삶을 이루고 있는 법칙들이 모세 시대의 것이라는 점을 보여 주는 것 – 와 일치하며, 그러므로 정착 이전의 것이다. 비록 그 모든 법들이 포로기에나 혹은 추방기 동안에 완전히 준수될 수는 없을지라도, 그럼에도 불구하고 그것은 땅을 박탈당하고 회복하려고 애쓰고 있는 신앙 공동체를 위하여 규제를 하고 또한 명령적인 기능을 행사할 수 있다.

저자가 통합하고 있을 수도 있으며, 그로 말미암아 붉은 암송아지와 관련하여 고대 시대의 의식을 조종하고 있다. 그 사이에 그것들은 변화를 겪었을 것으로 보이지만, 포로기 동안 유대에서 이러한 몇몇 결합 요소들을 보존하거나 혹은 복원했을 수 있었을 것으로 보인다. 저자는 팔레스틴 유대교와의 어느 정도의 관계를 수립하고, 그럼으로 해서 대중 가운데 유행했을 의식들을 보존하기를 원하고 있다. 그러나 그것들은 엄격하게 규제되고, 또한 깨끗하게 하는 물이 준비되는 수단이 되었다. 이것은 사체와 접촉했을 경우에 사용될 물이다. 14-16절에 규정된 상황들과 17-19절에 있는 절차들은 바벨론에 있는 유대인들의 전승과는 대조가 되었다.

저자의 동기가 부분적으로 붉은 암송아지의 의식을 합병하고 변형되어야 했었다는 사실은, 레위기가 이미 죽은 짐승과의 무의식적 접촉(레 5:2, 5-13), 부정한 짐승과의 접촉(레 11:24-28) 그리고 사체와의 접촉으로 말미암아 오염을 입게 된 제사장(레 22:4-6)을 취급하는 과정을 제공해 주었나는 사실에 의하여 암시되고 있다. 저자는 이미 나실인이 더럽힘을 당했을 경우를 취급한 바 있고(민 6:6-10), 그것들을 일반적으로 백성들이 사체와 접촉함으로 말미암아 일어날 만일의 경우에다가 적용함으로써(14-16절) 붉은 암송아지 의식을 사용할 수 있게 된 것이다.

신학적으로 이 단락은 민수기 5:1-4; 6:6-12과 많은 공통점을 가지고 있다. 이스라엘 공동체는 의식적 순결성을 보존하고 유지하도록 명령을 받고 있다. 하나님의 거룩성에 대한 의식과 내적인 성향은 외적인 행실을 통하여 확고히 되고 강화된다는 의식이 이러한 관심을 더욱 고취시키고 있다. 그러한 준수는 텅빈 껍데기가 될 수 있다는 의식이 히브리서 9:13-14에 드러나 있다. 그러나 종교 생활에서 이미지, 상징 그리고 의식의 위치가 무시되어서는 안 되며, 민수기의 신학은 유대-기독교 신앙에서 이러한 현상의 위치에 대해 상고하도록 자극제로서의 역할을 하고 있다.

33. 모세와 아론에 대한 배척(20:1-13)

참고문헌

Arden, E. "How Moses Failed God." *JBL* 76(1957) 50-52. **Buis, P.** "Qadesh, un Lieu Maudit?" *VT* 24(1974) 268-85. **Gray, J.** "The Desert Sojourn of the Hebrews and the Sinai Horeb Tradition." *VT* 4(1954) 148-54. **Kapelrud, A. S.** "How Tradition Failed Moses." *JBL* 76(1957) 242. **Kohata, F.** "A Tradition History of Num 20:1-13." *Seishogaku-Ronshu* 12(1977) 31-62(Japanese). **Lehming, S.** "Massa und Meriba." *ZAW* 73(1961) 71-77. **Mann, T. W.** "Theological Reflections on the Denial of Moses." *JBL* 98(1979) 481-94. **Margaliot, M.** "The Transgression of (Moses and) Aaron at Mey Merivah." *Beth Mikra* 19, 3 58(1974) 375-400, 456. **Meshel, Z.** and **Meyers, C.** "The Name of God in the Wilderness of Zin." *BA* 39(1976) 6-10, 148-51. **Porter, J. R.** "The role of Kadesh-Barnea in the Narrative of the Exodus." *JTS* 44(1943) 139-43. On disaffection in the wilderness see Num 11:1-3(*Bibliography*).

본 문

1 정월에 이스라엘 자손 곧 온 회중이 신 광야에 이르러서 백성이 가데스에 거하더니 미리암이 거기서 죽으매 거기 장사하니라	1 And the people of Israel, the whole congregation, came into the wilderness of Zin in the first month, and the people stayed at Kadesh. And Miriam died there and was buried there.
2 회중이 물이 없으므로 모여서 모세와 아론을 공박하니라	2 And there was no water for the congregation. And they assembled themselves together against Moses and against Aaron.
3 백성이 모세와 다투어 말하여 가로되 우리 형제들이 여호와 앞에서 죽을 때에 우리도 죽었더면 좋을 뻔하였도다	3 And the people contended with Moses,[a] and they spoke, saying, "Oh that we had died when our brothers died before Yahweh!
4 너희가 어찌하여 여호와의 총회를 이 광야로 인도하여 올려서 우리와 우리 짐승으로 다 여기서 죽게 하느냐	4 Why have you brought the assembly of Yahweh into this wilderness, that we should die[a] here, we and our cattle?
5 너희가 어찌하여 우리를 애굽에서 나오게 하여 이 악한 곳으로 인도하였느냐 이 곳에는 파종할 곳이 없고 무화과도 없고 포도도 없고 석류도 없고 마실 물도 없도다	5 And why have you made us come up out of Egypt, to bring us to this evil place? It is not a place of seed, or figs, or vines, or pomegranates, and there is no water to drink."

6 모세와 아론이 총회 앞을 떠나 회막 문에 이르러 엎드리매 여호와의 영광이 그들에게 나타나며	**6** And Moses and Aaron went from before the assembly to the door of the Tent of Meeting, and fell on their faces. And the glory of Yahweh appeared to them.
7 여호와께서 모세에게 일러 가라사대	**7** And Yahweh spoke to Moses, saying,
8 지팡이를 가지고 네 형 아론과 함께 회중을 모으고 그들의 목전에서 너희는 반석에게 명하여 물을 내라 하라 네가 그 반석으로 물을 내게 하여 회중과 그들의 짐승에게 마시울지니라	**8** "Take the rod, and assemble the congregation, you and Aaron your brother, and you shall speak to the rock before their eyes, and it shall give of its water. So you[a] shall bring water for them from the rock, and give drink[b] to the congregation and their cattle."
9 모세가 그 명대로 여호와의 앞에서 지팡이를 취하니라	**9** And Moses took the rod before Yahweh, as he had commanded him.
10 모세와 아론이 총회를 그 반석 앞에 모으고 모세가 그들에게 이르되 패역한 너희여 들으라 우리가 너희를 위하여 이 반석에서 물을 내랴 하고	**10** And Moses and Aaron gathered the assembly together before the rock, and he said to them, "Hear now, you rebels. Shall we bring forth water for you out of this rock?"
11 그 손을 들어 그 지팡이로 반석을 두 번 치매 물이 많이 솟아나오므로 회중과 그들의 짐승이 마시니라	**11** And Moses lifted up his hand, and struck the rock with his rod twice, and water came out abundantly. And the congregation drank, and their cattle.
12 여호와께서 모세와 아론에게 이르시되 너희가 나를 믿지 아니하고 이스라엘 자손의 목전에 나의 거룩함을 나타내지 아니한고로 너희는 이 총회를 내가 그들에게 준 땅으로 인도하여 들이지 못하리라 하시니라	**12** And Yahweh said to Moses and Aaron, "Because you did not believe in me,[a] to sanctify me in the eyes of the people of Israel, therefore you shall not bring this assembly into the land which I have given them."
13 이스라엘 자손이 여호와와 다투었으므로 이를 므리바 물이라 하니라 여호와께서 그들 중에서 그 거룩함을 나타내셨더라	**13** These are the waters of Meribah, where the people of Israel contended with Yahweh, and he showed himself holy among them.[a]

원문주해

3.a. "그리고 아론과 함께"는 한 필사본과 Syr에 의하여 입증된다. 다른 지지 근거는 없고, 그래서 이것은 첨가물인 것 같다.

4.a. G는 "우리를 죽이려고"를 보유하고 있어서 모세와 백성들 사이의 긴장 관계를 강조하고 있다.

8.a. MT에서는 단수이고, G에서는 복수이다.

8.b. G는 또다시 보다 직접적으로 아론을 삽입하면서 복수형을 취하고 있다.

12.a. G와 Vg에는 "나를"이 빠져 있다.

13.a. 신 3:24-25, 26b-28에서 나온 자료를 덧붙인 자료에 대한 Sam의 경향이 여기에 드러나 있다.

양식/구조/배경

이 단락 가운데 의미심장한 제사 요소가 있다는 사실이 분석가들에게는 아주 분명하게 드러난다. 3절에는 민수기 16-17장의 고라 전승에 대한 언급이 드러나 있고, "성별됨"(13절)에 대한 사상 역시 P의 특징이다(참조. 출 29:43; 레 10:3; 22:32). "야웨 앞"(7절)에 있는 지팡이는 민수기 17:25을 가리키는 것으로 보인다. 6절에는 전형적인 P신현과 엎드림이 나타나 있다. 이스라엘은 통상적으로 "총회" 혹은 "회중"으로 기록되어 있으며, 아론이 포함되어 있는 것이 특징이다. 5절만을 제외하고 모든 내용 가운데 P에 대한 결정적인 증거들이 있다.

많은 학자들은 이 장 가운데서 JE의 흔적을 발견했다. 이러한 경향은 구 학자들의 경향이며, 그 정확한 문서 이름과 내용에 관해서는 거의 일치를 보지 못하고 있다(참조. A. Dillmann, 110-14; A. Kuenen, 100-01; J. Wellhausen, 109-10; B. W. Bacon, 202-04; H. Holzinger, 82-84; B. Baentsch, 565-70). 많은 사람들이 이 단편들을 E와 동일시하려고 했고, 1b, 5, 8-9, 11절의 부분 가운데서 그것들을 식별해 내려는 밴취(Baentsch)의 방식은 전형적인 것이다. E를 선호하는 주된 이유는 다른 곳에서 그 자료에 등장하는 미리암이 1절에 나타나 있다는 것이고, 이 이야기 일부에서 지팡이가 모세의 것이라는 점이다(참조. E 재앙 이야기). 홀징거(Holzinger, 84), 그래이(Gray, 258), 맥닐(McNeile, 105)과 같은 사람들은 미리암에 관한 기사를 E에 한정시키고, 분석의 나머지에 관해서는 덜 정확하다.

보다 최근의 연구자들은 여기서 초창기 전승의 상당한 부분을 가지고 있다는 데 대해 훨씬 덜 확신하고 있으며, P의 두드러진 영향에 무게를 더 둔다(참조. M. Noth, 144-47; W. Rudolph, *Der "Elohist"* 84-87; G. W. Coats, *Rebellion*, 71-73; N. H. Snaith, 274; V. Fritz, *Israel*, 27-28). 폴크(J. de Vaulx, 221-24)는 구 설화에 대한 제사 첨가물의 연속을 주장한다. 사실상 유일하게 그럴듯한 초창기 설화 전승의 표시들은 1b절과 3a절에서 이스라엘을 "백성"으로 언급하고 있다는 것이며, 1b절에서 미리암의 죽음에 대한 기사를 언급하고 있다는 것이다(참조. 출 15:20-21; 민 12:1). 가데스에서의 체류와 미리암의 죽음은 아마도 그것들이 반드시 E로 지칭될 필요는 없을지라도, 야위스트의 이야기에서 어떤 위치를 차지했던 것 같다. 백성이 모세를 공격하고 다투었던 사실에 대한 언급(3절)은 출애굽기 17:2에서 직접 끌어온 것이었을 수 있다. 이것은 민수기 제사장 저자의 작품이었을 텐데, 그는 분명히 모세와 아론에 대한 심판을 설명하고 있는, 새로운 목적을 가지고 반석으로부터 물을 마신 이야기를 재진술하기를 원하고 있다. 출애굽과 관련하여 "나오게 하다"(올라가다)란 어근 올라(עלה)를 사용하는 것(5a절)은 초창기 전승의 전형적인 스타일이며(참조. 창 46:4; 50:24; 출 3:8, 17; 17:3; 20:5; 32:1, 4, 23; 33:1, 12, 15; 민 16:13), 이것은 학자들로 하여금 본문 가운데서 규모가 더 큰 비제사장적 요소를 발견하도록 용기를 주는 보조 요인들 가운데 하나다(주요 부분을 L에게로 돌리는 아이쓰펠트[O. Eissfeldt, *Hexateuch*, 177]의 견해를 참조하라). 다른 한편 올라(עלה)가 P에서 알려지지 않은 것이 아니었고(참조. 레 11:45), 3절에 있는 "백성"에 대한 언급에 대해서는 출애굽기 17:1-7에 있는 야위스트 이야기의 단순한 반복일 수도 있다. 그러므로 초창기 설화 전승 가운데 두 번째 물 이야기가 있었다고 가정할 필요는 없다. 야위스트는 자신의 기사 중 이 지점에서 가데스에서의 체류와 미리암의 죽음에 대해서만 말했다.

제사 전승 가운데 심각한 불균형이 있는지의 여부는 결정하기가 어렵다. "이스라엘 백성", "총회", "회중"이란 용어의 사용은 분명한 패턴으로 맞아 떨어지지 않는다. 긴장의 유일한 가능성이 있는 점은 그 죄가 10절의 연설에 있는지, 아니면 11절에서 반석을 두 번 치는 행동에 있는지다. 만일 그러한 긴장이 있다면, 8a, 9, 11a절에 있는 지팡이 자료가 11절에 있는 반석을 두 번 치는 일에서 절정에 이르는 첨가물일 수도 있다. 다른 한편, 지팡이 자료가 실제로 모세와 아론의 죄를 설명하기 위하여 의도되었다는 것은 명확하지 않다. 설명적 해석은 주로 분명한 방식으로 요점을 제시하고 있으며, 그럼에도 불구하고 모세와 아론의 죄가 논쟁상 어려운 문제로 남아 있다("주석"을 보라).

그러므로 제사장 저자가 출애굽기 17:1-7의 이야기를 다시 기록했고, 그것을 모세와 아론이 그 땅으로 들어가지 못하게 되었다는 사실을 설명하려는 근거로 사용했다고 생각하는 것이 타당해 보인다. 여기에 소량의 제사장의 편집 부분이 있을 수도 있지만, 본질적으로 이 이야기는 제사장 저자의 작품이다. 그는 이것을 기록하고자 하는 의욕이 일어났는데, 왜냐하면 야위스트가 므리바에 있는 반석으로부터 나온 물 이야기를 정리해 두었기 때문이다(출 17:1-7). 제사장 저자에게 므리바와 가데스는 한 곳이요 같은 장소였고(참조. 겔 47:19; 48:28), 그러므로 가데스에서의 체류와 관련하여 야위스트가 기록한 바와 같이(1b절), 반석으로부터 나온 물이라는 제사장 저자 자신의 이야기를 말한다는 것은 아주 적절한 것으로 보인다. 저자의 의도는 12절의 해석과 모세와 아론의 죄에 근거해서 생각할 때 가장 잘 이해된다("주석"과 "해설"을 보라).

주석

[1] 몇 해인지가 언급되어 있지 않다. P에게는 그것이 40년째이다. 그 때에 가서야 이스라엘은 가데스에 도착했다. 야위스트의 계산상 시간의 척도는 판단하기가 어렵지만, 보다 일찍 도착한 것 같은 인상을 준다.

[2] "그리고 그들이 모여서 함께 대적했다"(ויקהלו על – 와이카할루 알). 고라 전승에서 제사장 저자가 사용했던 불평의 개념이다(민 16:3, 19; 17:7[히]). 이 동사는 반드시 적대감을 나타내지는 않지만(G. B. Gray, 198를 보라), 여기서 문맥은 적대감이 아닌 실망감에서 나온 어느 정도의 공격적인 의도를 가졌음을 암시하고 있다.

[3] "그리고 다투었다"(וירב – 와야레브). 이 단어는 "분쟁" 혹은 "싸움"이라는 면에서 광범위한 의미를 지닌 단어다(BDB). KB는 그것을 법적 소송 과정과 관련하여 보다 좁게 번역하는 방향으로 기울어진다. 보다 광범위한 상황 가운데서 어근 '*rib*'에 관한 논의에 대해서는 J. Limburg, "The Root 'rib' and the Prophetic Lawsuit Speeches." *JBL* 88(1969) 291-304를 보라. 현 문맥 가운데서 언쟁이 의도되었음이 분명하다(참조. 창 26:20; 31:36; 삿 6:32). 몸싸움과 관련되는 단어의 사용에 대해서는 이사야 3:13; 57:16을 보라. 백성의 논쟁 혹은 싸움은 율법 행위만큼 심각한 일임에 분명하다. 그 개념은 분명히 반석으로부터 나온 물 이야기에 대한 야위스트의 인과관계적 개작으로부터 제사장 저자가 취했음이 분명하다(출 17:2).

여기에 인용된 죽음은 고라 전승을 암시하고 있는 것 같다(민 16:35; 17:14[**히**.]).

[6] 엎드림과 신현은 제사장 저자의 불평 이야기에서 대표적인 내용이다. 민수기 14:5, 10의 "주석"을 보고 민수기 16:4, 19, 22을 참조하라.

[8] "지팡이"(המטה – 함마테)는 민수기 17:25-26[**히**.]에서 "증거궤 앞에" 주어졌던 것이다. 출애굽기 6:28-11:10에서 재앙 전승에 대한 제사장의 기고 작품은 그 지팡이를 아론의 손에 두고 있지만(참조. 출 7:9, 12, 19-20; 8:1, 12), 모세 역시 다른 제사 분서에서 지팡이를 가지고 있다(출 14:16). 출애굽기에서 아론의 지팡이

는 민수기 17장의 사건을 잘 알고 있는 비교적 후대의 개작일 수도 있다. 여하튼 저자에게 모세가 아론의 지팡이를 성소에 두었다가(민 17:25-26[히.]) 그것을 다시 취했으리라는 것은 당연한 일이다.

10 "패역한 너희여 들으라"(שִׁמְעוּ־נָא הַמֹּרִים – 쉬므우-나 하모림)는 분명히 모세가 백성들에게 말하는 것이다. 그들의 다툼은 반역과 동등한 것이다.

11 모세는 반석에게 말하라는 말씀을 들었다(8절). 그러나 그는 여기서 그것을 두 번 친다.

12 모세와 아론이 범한 죄의 성격은 많은 논쟁을 야기시켰다. 그것은 하나의 불신앙으로(M. Noth, 145-47), 마음내키지 않음(N. H. Snaith, 275가 하나의 가능성으로 말함), 성급함 혹은 나쁜 기질(G. W. Coats, *Rebellion*, 80-81; E. Arden, *JBL* 76 [1967] 50-52) 그리고 불순종 등으로 정의되어 왔다. 불순종은 자주 8절의 명령(말하라)과 비교해서 11절의 행동(때림)이라는 차원에서 이해된다(H. Gressmann, 151; V. Fritz, *Israel*, 27 n. 3; P. Buis, *VT* 24[1974] 268-85; S. Lehming, *ZAW* 73 [1961] 71-77). 모세가 기도해야 했을 것이라고 제안되어 왔지만(J. de Vaulx, 225 -26), 기도나 혹은 기도의 결핍이 문제의 실질적인 요점이 아니라는 사실은 분명하다. 이 이야기의 원래 형태가 금지되어 내려왔다는 하나의 이론이 있다(참조. G. B. Gray, 263; A. H. McNeile, 107; L. E. Binns, 132). 이 접근은 일반적으로 모세가 먼저 야웨의 명령에 순종하기를 거절했고, 10b절의 단어가 본래 모세와 아론에게 주신 야웨의 말씀이라는 것이다. 이것은 독창적이지만, 본문을 터무니없이 그리고 불필요하게 흐트러뜨리고 있다. 캐펄루드(A. S. Kaperlrud, *JBL* 76[1957] 242)는 이 이야기가 의도적으로 죄에 관해서 애매하게 표현하고 있고, 그래서 이 이야기는 어찌하여 모세와 아론이 참을 수 없는 방법으로 그들을 심하게 비난하지 않고 침입을 지도해 나가지 않았는지를 설명할 수 있게 해준다고 생각한다.

이러한 주장들 가운데서 만일 그 지팡이 자료가 삽입이라면 이러한 종류의 불순종은 원죄가 될 수 없지만, 8절의 명령과 11절의 행동 사이의 긴장은 가장 있을 법하다. 더구나 만일 지팡이 자료가 원래의 것이라면, 그리고 만일 치는 것이 죄라면 어찌하여 모세가 8절에서 처음으로 지팡이를 취하라는 명령을 받았는지 명확하지가 않다. 12절에 집중하는 것이 가장 좋을 것으로 보이는데, 그 곳에서 모세가 야웨를 "믿지"(האמנתם – 헤에만템) 않았다고 되어 있고, 그들이 이스라엘 목전에 그분의 "거룩함을 나타내지 않았다"(להקדישני – 레하크띠쉐니)는 말씀을 듣게 된다. 전반적인 요지는 그들이 백성에게 분명하게 드러나지 못하도록 야웨의 충만한 힘과 능력을 가로막았고, 그래서 그분에게 돌려야 할 경외심을 그분으로부터 강탈해 갔다고 생각하는 것이다. 이것이 10절에 있는 백성에 대한 연설은 하나님께서 하라고 하시지 않았다는 사실과, 또한 그 연설이 그들이 물을 공급해 주는 능력을 가졌다는 사실을 어느 정도 선언하는 행위였다는 견해와 아주 잘 부합한다. 민수기 20:24; 27:14에서 저자는 아론과 모세를 "반역"(מרה – 마라)이라고 비난하고 있는데, 이 어근은 오경에서 언제나 하나님에 대한 도전으로 사용되었다. 특히 이것은 캐펄루드의 입장에 반대가 된다. 시편 106:32-33에서는 모세가 거친 말을 했다고 되어 있으며, 이것은 10b절의 연설이 문제의 근본 뿌리라는 입장을 지지한다. 이 시편 가운데 있는 비느하스 전승의 형태가 그것이 매우 늦은 시기의 본문이 아님을 시사하고 있으며(민 25:6-18에 비하여), 저자가 그것을 알고 있었고, 그래서 여기서 거친 말에 대해 구체화하고 있다는 사실이 그럴듯해 보인다. 그 연설은 하라고 요구된 바가 없으며, 그것은 하나님이 아닌 그들이 물을 공급해 줄 것이라는 선언을 함축하고 있다. 그러한 오만함 가운데 한 그 말이 야웨에 대한 참된 신앙과 경외심을 촉진시켜 주지 못하게 되는 것이다.

13 "그 거룩함을 나타내셨더라"(ויקדש – 와이콰데쉬)는 본질적으로 가데스라는 지명에 대한 인과관계 역할을 하고 있다. 지도자의 죄로 인하여 그리고 거룩한 능력이 물의 공급 가운데 드러났음으로 인하여 그것이 적절해 보였던 것이다.

해설

이 단락 가운데서 제사장 저자는 반석으로부터 기적적으로 물을 공급해 주셨던 이야기를 재진술하고 있다(참조. 출 17:1-7). 그 특별한 목적은 그 전승을 이용하여 모세와 아론이 왜 그 땅에 들어가지 못했는지를 설명하려는 것이다. 이스라엘의 죄는 어떤 면에서 이해할 수 있는 것이지만, 모세와 아론의 죄는 간과할 수 없는 것이다. 이에 대한 있음직한 여러 요인들이 제시되었다. 제사장 저자는 기록 당시에 옆에 가데스에서의 체류에 관한 제사장 전승, 특히 그가 적절하게 기록하고 있는 미리암의 죽음 기사를 가지고 있었으나, 그의 관심을 끈 것은 가데스라는 이름이었다. 다른 이름들과 관련하여 야위스트 자신의 작품의 특징이었던 바, 그 이름에 대한 인과관계적 영향이 저자로 하여금 "성별"에 대해 생각하게 만들었고, 야웨께 대한 거룩을 확인할 필요성을 갖게 했다. 이 사건 가운데서 그는 모세와 아론의 실패를 바라본다. 저자는 또한 반석으로부터 물을 낸 야위스트의 이야기를 익히 알고 있었고, 모세와 아론의 죄를 유발시킨 것이 불평이었다는 사실이 옳은 것으로 보였다(민 11장에 있는 분노를 참조하라). 저자가 이 이야기를 선택한 것은 제멋대로 한 것이 아니다. 다른 전승은 므리바(야위스트 이야기의 위치)와 가데스(겔 47:19; 48:28)를 동일시했다. 므리바와 "다툼"을 관련짓고 있는 야위스트의 인과관계적 전승도 역시 보존되어 있다(3a절).

그러나 저자가 말하고 있는 이야기는 본질적으로 모두 그 자신의 작품이며, 그것은 초창기 전승에 대한 대대적 개작이다. 그것은 또한 본서 전체의 구조 가운데서 중요한 부분으로서의 역할을 하고 있는데, 곧 본서의 중심되는 단락 가운데서 세 번째 큰 죄악으로서의 역할을 하고 있다(서론을 보라). 백성의 실패(13-14장), 레위인들의 실패(민 16-17장) 그리고 이제 지도자 자신의 실패에 대한 기사가 뒤따라 나오고 있다. 그 땅에 들어가지 못하고 모세와 아론이 죽은 사실은 전승 가운데서 부정할 수 없는 사실이며, 그 땅을 소유함으로써 하나님의 약속의 성취를 경험했던 사람들을 통해서 그들의 죽음에 대한 설명이 필요했던 것이다. 포로기 동안 신명기에 제공된 설명은 모세가 대신하여 그 일을 당했다는 것이지만(신 3:26; 4:21), 제사장 저자는 상당히 다른 설명을 하고 있다. 그 땅에서 제외되는 일은 가장 위대하고 가장 훌륭한 사람도 당할 수 있지만, 하나님의 약속을 물려받지 못한 그 실패자의 구체적인 죄는 더듬어 보아야 하는 것이다. 저자는 물론 모세와 아론, 그리고 그들에게 주어진 율법이 하나님의 계시와 신앙의 원천이라는 근본적인 제사장의 입장을 받아들이고 있다. 다른 한편, 그들 두 사람은 그 땅을 소유하지 못했다. 그들 두 인물은 바벨론 유대교의 첫 번째 지도자들과 유사하다. 포로 후기의 제사장 학파의 해석은 포로민들에게 죄얼을 입게 했던 그 죄를 약화시키거나 부정하려고 하지 않았지만, 포로 공동체의 신빙성을 확고히 하려고 노력했다.

그러므로 저자가 모세의 실패를 해석하면서 그 죄를 물려받는 것에 관심을 가진 감이 있다. 이것은 대담하고도 효과적이다. 율법 수여자로서 모세의 위치는 팔레스틴에서와 바벨론에서 확실했다. 그러므로 그의 죽음은, 그 땅을 소유하지 못한 것이 믿음이 없다는 표시가 아니라는 긍정적인 것으로 입증된다. 그러한 원리를 수립하는 것이 미래 시대를 위해서 그리고 바벨론 유대주의에 대한 지속적인 영향에도 사활적으로 중요했다. 이것은 또한 그 이야기의 몇 가지 모호성을 설명해 주는 데도 도움이 된다. 12절에 있는 보편화된 죄에 대한 묘사는 그 전승에 대한 자세한 해명이라기보다는 포로민의 해설에 더 가깝다. 본문에 있는 모호성은 모세를 지나치게 정죄하는 일을 피하려는 시도가 아니다. 그의 징벌은 아주 명백하게 증언되어 있으며, 본서 후반부에서 그의 죄가 "반역"으로 묘사될 수 있는 그러한 것이다. 모호성은 포로기 상황에 대한 저자의 시각으로부터 생겨난 것이다.

저자가 모세와 아론을 위하여 할 수 있는 일은, 불평 전승을 사용하면서 그 죄가 타인의 충동에 의한 것임을 보여 주는 것이다. 그들의 반역과 다툼에서 드러난 바와 같이 백성들의 계속된 불성실은 모세의 인내심의 한계를 시험하는 것이다. 이것이 그의 무죄성을 입증해 주지는 않지만, 그의 죄를 특별한 상황 가운데다 두고 있다. 지도자들은 계속하여 백성들의 압력을 받고 있다. 모세가 가나안 땅에 정착하기 이전에 죽었다는 전승은 전혀 저자를 당황스럽게 하지 않는다. 그 반대로 그것은 저자에게 믿음이라는 것이 반드시 그 땅을 실제로 소유하는 사람들에게만 존재하는 것이 아니라는 사실을 보여 줄 기회를 제공해 주고 있다. 모세를 유대 종교의 근원으로 수립하는 데 있어서 보다 직접적인 필요성을 가지고 있는 신명기 전승은 그의 죄라는 견지에서는 생각하기가 덜 가능하다. 대신 희생을 당한 자라는 점에서 그가 포로 공동체의 인증이 된다는 것이 그 답변이다. 신명기의 주제에 관한 더 자세한 논의에 대해서는 T. W. Mann(*JBL* 98[1979] 481-94)와 그의 참고서적을 보라.

이 이야기는 또한 민수기 제사장 저자에게 자기의 주요 신학적 관심들 가운데 하나를 강조할 기회를 제공하고 있다. 모세와 아론은 자신들이 반석으로부터 물을 내게 할 수 있는 것처럼 선언함으로써 야웨를 믿는 일에 실패했다. 그렇게 함으로써 그들은 이스라엘 목전에서 그분을 거룩하게 하는 일에 실패하고, 그래서 주께서 마땅히 받으셔야 할 영광을 그분으로부터 박탈해 갔다.

34. 에돔을 지나감(20:14-21)

참고문헌

Albright, W. F. "From the Patriarchs to Moses: 2. Moses out of Egypt." *BA* 36 (1973) 57-58, 63-64. **Bartlett, J. R.** "The Land of Seir and the Brotherhood of Edom." *JTS* 20(1969) 1-20. ______. "The Rise and Fall of the Kingdom of Edom." *PEQ* 104(1972) 26-37. ______. "The Brotherhood of Edom." *JSOT* 4(1977) 2-27. **Glueck, N.** "The Boundaries of Edom." *HUCA* 11(1936) 141-57. ______. "The Civilisation of the Edomites." *BA* 10(1947) 77-84. **Mittmann, S.** "Num 20:14-21 - eine redaktionelle Kompilation." *Wort und Geschichte*, ed. H. Gese and H. P. Rüger. NeukirchenVluyn: Neukirchener Verlag, 1973. **Sumner, W. A.** "Israel's Encounters with Edom, Moab, Ammon, Sihon and Og according to the Deuteronomist." *VT* 18(1968) 216-28.

본 문

14 모세가 가데스에서 에돔 왕에게 사자를 보내며 이르되 당신의 형제 이스라엘의 말에 우리의 당한 모든 고난을 당신도 아시거니와	**14** [a]And Moses sent messengers from Kadesh to the king of Edom,[b] "Thus says your brother Israel: you know all the adversity that has happened to us,
15 우리 열조가 애굽으로 내려갔으므로 우리가 애굽에 오래 거하였더니 애굽인이 우리 열조와 우리를 학대하였으므로	**15** how our fathers went down to Egypt, and we lived in Egypt for many days. And the Egyptians dealt harshly with us and our fathers,[a]
16 우리가 여호와께 부르짖었더니 우리 소리를 들으시고 천사를 보내사 우리를 애굽에서 인도하여 내셨나이다 이제 우리가 당신의 변방 모퉁이 한 성읍 가데스에 있사오니	**16** And when we cried to Yahweh, he heard our voice, and sent an angel and brought us out of Egypt. And behold, we are here in Kadesh, a city on the border of your territory.
17 청컨대 우리로 당신의 땅을 통과하게 하소서 우리가 밭으로나 포도원으로나 통과하지 아니하고 우물물도 공히 마시지 아니하고 우리가 왕의 대로로만 통과하고 당신의 지경에서 나가기까지 좌편으로나 우편으로나 치우치지 아니하리이다 한다 하라 하였더니	**17** Now let us pass through your land.[a] We will not pass through field or vineyard, nor will we drink water from a well. We will go along the King's Highway. We will not turn aside[b] to the right hand or to the left, until we have passed through your territory."
18 에돔 왕이 대답하되 너는 우리 가운데로 통과하지 못하리라 내가 나가서 칼로 너를 맞을까 염려하라	**18** But Edom said to him, "You shall not pass through, lest[a] I come out with the sword against you."

19 이스라엘 자손이 이르되 우리가 대로로 통과하겠고 우리나 우리 짐승이 당신의 물을 마시면 그 값을 줄 것이라 우리가 도보로 통과할 뿐인즉 아무 일도 없으리이다 하나

19 And the people of Israel said to him, "We will go up by the Highway, and if we drink of your water, I and my cattle, then I will pay for it. Let me only pass through on foot,[a] nothing more."

20 그는 가로되 너는 지나가지 못하리라 하고 에돔 왕이 많은 백성을 거느리고 나와서 강한 손으로 막으니

20 But he said, "You shall not pass through." And Edom came out against him with many men, and with a strong hand.

21 에돔 왕이 이같이 이스라엘의 그 경내로 통과함을 용납지 아니하므로 이스라엘이 그들에게서 돌이키니라

21 So Edom refused to give Israel passage[a] through his territory, and so Israel turned away from him.

원문주해

14.a. Sam은 이 지점에서 신 2:2-6로부터 이끌어 온 첨가 자료를 가지고 있다.

14.a. "이르되"는 떨어져 나갈 수도 있다; 참조. S, Vg, 민 21:21. "왕"은 18, 20-21절에 빠져 있고, 그래서 몇몇 사람들은 첨가물로 생각하지만 "양식/구조/배경"을 보라.

15.a. *BHS*는 "열조"가 첨가물임을 시사하고 있다.

17.a. Sam에는 권고를 나타내는 동사형들이 나타나 있지 않으며, 의사 전달의 요구를 덜 드러내고, 의사의 진술을 더 드러내고 있다.

17.b. Sam은 신 2:27의 영향을 받은 다른 동사(נסור, "우리가 돌아갈 것이다")를 보유하고 있다.

18.a. 펜(פן, "염려하라[…하지 않도록 하라]")의 사용에 대해서는 GKC, § 152w를 보라.

19.a. G는 이 지점에 "산 옆으로"를 보유하고 있다.

21.a. 아마도 라아보르(לעבר)로 읽혀져야 할 것 같다; 참조. 민 21:23, *BHS*, J. Paterson, 54. Tg[J]에서는 그것이 에돔에 대한 보복의 시기가 아직 이르지 않았다고 설명되어 있다.

양식/구조/배경

분석가들 사이에서는 이스라엘로 하여금 통과하지 못하게 가로막은 에돔의 방해 기사가 요단 동편의 여행에 대한 JE기사의 예비적 단계라는 데 의견이 일치되고 있다. P문서라는 분명한 표시들이 나타나 있지 않으며, 그것이 만일 실제로 제사 문서였다면 이러한 길이의 구절 가운데는 두드러지게 나타났을 것이다. 14, 16절에서 구

절은 이스라엘이 지금 가데스에 와 있다는 민수기 20:1의 초창기 설화 전승과 잘 연결되어 있다. 백성들을 "이스라엘"(14, 21절)로 말하고 있는 이러한 묘사는 요단 동편 여행 기사의 공통된 특징이며(민 21:1-3, 17, 21, 23-25, 31; 22:2; 23:10, 21, 23; 24:5, 17-18; 25:1, 3, 5; 32:13-14), 제사 문서에는 결코 나타나지 않는다. 벨하우젠(J. Wellhausen, 110)은 여기서 출애굽기 14:30-31을 인용하면서 J문서의 표시를 발견했으나, 많은 구 분석가들은 E를 선호했다(참조. A. Dillmann, 114-15; A. Kuenen, 151; B. W. Bacon, 195-97; B. Baentsch, 571). 20절에 있는 마무리 발언에 대해서는 의문점이 있었으나, 천사에 대한 언급(16절; 참조. 출 14:19; 23:20)과 "우리의 당한 모든 고난"(14절; 참조. 출 18:8)은 이것이 E문서라는 한 좋은 표시로 생각된다. 그래이(G. B. Gray, 264-65)는 21절에 있는 "용납"(נתן, 네톤)의 사용이 창세기 20:6; 22:13; 31:7; 민수기 21:23에도 나타난다는 사실을 지적하면서 지지했는데, 그 모든 구절들은 다른 근거에서 E로 판단되는 것들이다. 다른 사람들은 19-20절이 17절을 반복하는 것으로 보인다고 지적했다. 이 점이 빈스(L. E. Binns, xxxiii)로 하여금 19-20절을 J에게로 돌리도록 만들었으며, 그래쓰만(H. Gressmann, 300-04)도 이 입장을 취했다. 14-18절을 J에게로 돌리고 있는 아이쓰펠트(O. Eissfeldt, *Hexateuch*, 178-79)는 19-20절을 E와 연결시키고 21절을 L과 연결시킨다. 불확실한 점들을 인정하고 있는 루돌프(W. Rudolph, *Der 'Elohist'*, 87-88)는 E에게로 돌리는 것을 반대하면서, 17, 21절에 몇몇 불규칙한 점이 있음을 인정하면서도 본 단락 전체를 J에게로 돌리고 있다.

보다 최근의 분석가들은 경우에 따라서 E의 표시들을 받아들이는 방향으로 기울어졌다(참조. M. Noth, 149-150; N. H. Snaith, 276; J. de Vaulx, 227-30). 노트는 J와 E의 요소들이 서로 긴밀하게 짜여져 있다고 주장하고는 있으나, 약간의 불일치가 부주의한 표현을 낳게 했을 수 있다고 인정하고 세밀한 분석을 가하지 않는다. 그는 17-18절과 19-20절 사이에 차이가 나타나 있을지라도 "명백한 복사"임을 발견했다. 후자는 협상이 재개되어 마시는 물에 대해 지불을 하기로 약속했다는 어떤 암시를 주고 있지 않다(17절과는 반대로). 폴크는 이 구절의 기초가 된다고 생각하는 고대 문서에 더욱 큰 관심을 가졌다. 이것은 에돔 왕의 영역을 통과하여 가는 히브리 유목민을 위하여, 정착한 이스라엘로부터 엘랏으로 가는 상인들을 위하여 통행로를 확보하기 위한 시도였을 수 있거나, 혹은 근린의 이웃과의 좋은 관계를 확보하기 위한 단순한 시도였을 수 있다. 이러한 주장들이 매력적이기는 하지만 그 편지의 어투가 고대의 것이라는 표시가 분명히 드러나지 않았다는 사실도 인정해야 할 것이다. 표현의 방향 전환은 출애굽기에 관한 이스라엘의 신앙의 상당히 정통적인 진술을 이루고 있으며, 그러한 신조와 같은 낭독 본문이 초창기의 것이라는 사실은 신빙성이 없다(J. Sturdy, 142를 보라). 숨네르(W. A. Sumner, *VT* 18 [1968] 216-28)도 역시 이 단락이 E라는 사실을 받아들이고 있으며(민 21:21-31과 함께), 이것들이 신명기 2:1-3:11과의 평행적 기사라고 주장한다. 그는 E와 D가 약간 다른 방식으로 초창기 설화 전승을 취급하고 있다고 생각하는데, 그것들이 본질적으로 평행적 기사들이라는 것이다.

보다 최근의 분석 경향은 본 단락을 그 기원에 있어서 신명기적 그리고 편집적인 것으로 본다(V. Fritz, *Israel*, 28-29; S. Mittmann, "Num 20: 14-21" in *Wort und Geschichte*; 참조. J. van Seters, "The Conquest of Sihon's Kingdom; a Literary Examination." *JBL* 91[1972] 182-97를 보라). 미트만은 14abα, 17, 21절에서 기본적인 설화를 발견하지만, 그는 이것이 민수기 21:21-23(E이야기)의 한 부분일 뿐이라고 생각한다. 그는 14bβ절에서 신명기 26:5-9의 신조의 축약본을 보고, 18-20절에서는 민수기 21:23에 기초한 하나의 편집 단편을 보는데, 그것은 행진해 나가는 에돔 족속을 묘사하려 하고 있다. 그러므로 이 단락(14-21절)은 강한 신명기의 영향을 가지고 있는 전적으로 편집된 부분이다. 그것은 전승에 대한 보다 자세한 확장이 신명기 2:4-6, 8a 그리고 사사기 11:17에서 일어나는 기초다. 바틀렛(J. R. Bartlett, *JSOT* 4[1977] 2-27)은 미트만의 분석에 동조한다. 반 세터스의 접근 방식에서 주요 차이점(보다 자세한 연구는 민 21:21-35의 "양식/구조/배경"을 보라)은 E의 영향을 완전히 배제하는 것이며, 전체를 신명기와 사사기에 있는 본문에 대한 후기의 편집자들의 작업 결과로 바라보는 것이다. 이 모든 접근 방식은 맥스웰 밀러의 지지를 받고 있다(J. Maxwell Miller, "The Israelite Occupation of Cannan," *Israelite and Judaean History*, ed. J. H. Hayes and J. Maxwell Miller[London: SCM, 1977] 225).

본 단락은 모두 하나의 단위로 되어 있다고 생각하는 것이 가장 좋을 것 같다. 노트가 가정한 17-18절과 19-20절 사이의 차이점은 그가 생각하고 있는 바와 같이 그렇게 선명하지는 않다. 어찌하여 그 협상이 18절 이후에 다시 재개되지 않았는지에 대한 이유는 나타나 있지 않고, 물을 마시는 문제에 있어서 그렇게 심각한 긴장감은 없다. 스터디(J. Sturdy, 142)가 주장하는 바와 같이, 반복은 요점을 보다 선명하게 하기 위한 것이다. 이스라엘 백성들은 여하튼 간에 양보를 한다. 돈을 지불함으로써 에돔은 통행을 승낙한 데 대한 보상을 받게 된다. 가장 최근의 분석의 기여를 충분히 감안할 때, 이 단락을 야위스트와 연결시킬 만한 충분한 이유가 있다. 우리는 반 세터스가 민수기의 특정한 본문이 신명기를 의존했다고 주장하지 않았다고 생각하는 바틀렛의 편에 설 수도 있다. 사실상 의심할 여지없이 추방당한 이스라엘에게 굴욕이 되는 모든 요소들과 함께 신명기 2장에 있는 에돔 전승의 형성은 더 후기다. 민수기 21:21-23에 나오는 시혼의 이야기와 긴밀한 관계를 볼 때, 민수기 20:14-21을 편집한 것으로 볼 수는 없다. 그것들은 같은 저자의 것임을 지적해 주고 있다. 신명기적 특징을 지적한다는 것은 야위스트의 작품이 주전 7세기의 것이라는 사실만을 의미할 수 있으며, 또한 어떤 면에서 호세아서와 같이 그것이 "원-신명기"(proto-deuteronomic)라는 사실을 의미할 수도 있다.

그 전승의 선 역사를 들추어 내려는 어떠한 시도도 야위스트와 그의 자료들에 관한 선입견에 따라 방향이 달라질 것이다. 우리는 야위스트가 사용할 수 있었던 주요 정착 전승이 남방으로부터의 정착을 말하고 있는 유다 족속의 것이었다는 사실을 주장해 왔다. 요단강을 건너서 침입하는 동편으로부터의 정착을 확언하고 있는 통일된 전승을 제공하기 위하여 요단 동편의 여행은 필수적이었다. 노트(M. Noth, *Pentateuchal Traditions*, 206)가 지적한 바와 같이, 이 이야기는 초창기 전승에 대한 어떤 그럴듯한 흔적을 결여하고 있다. 그러므로 그것은 야위스트 자신의 작품일 수도 있다. E에 있는 요단 동편을 통과한 여행이 있었다는 믿음은 E가 대략 하나의 독립된 평행적 전승이라는 가정에 의존하고 있다. 우리가 앞에서 주장한 바와 같이, 이것은 전혀 확실하지 않다. 16절의 천사는 출애굽기 14:19이 아닌 출애굽기 23:20에 의존하고 있으며(참조. N. H. Snaith, 277), 이것이 언약서에 대한 야위스트의 결론적 충고로 보여지는 구절의 일부다. 야위스트는 분명히 E의 "하나님의 사자" 전승을 확언해 왔으나, 이것은 민수기 20:14-21의 본문이 엘로힘 문서라고 정당하게 묘사된다는 사실을 의미하지 않는다. 출애굽기 18:8과의 언어의 유사성은 의심할 여지없이 강력하며, 출애굽기 18장의 기본 설화는 논란의 여지없이 E이다. 그럼에도 불구하고 최소한 이 구절들 가운데서 "야웨"의 일관성 있는 사용으로 인하여 8-11절이 첨가물이라고 생각할 만한 강력한 이유는 있다. 그 사건에서 출애굽기 18:8과 민수기 20:14은 야위스트의 것으로 보인다. 밭과 포도원에 대한 언급(17절)은 민수기 16:14에 있는 야위스트 자료와 연결되어 있음을 시사해 준다.

야위스트가 폴크가 제안한 노선을 따라 몇몇 에돔인의 서신을 알고 있었는지의 여부는 생각의 문제다. 언뜻 보기에는 그러한 가정을 필요로 하는 것이 없다. 저자는 또 다른 불평의 이야기(민 21:4-9)를 하기 위한 근거를 제공하기 위하여 가데스로부터의 기나긴 여행을 기록하기를 바라고 있다. 에돔의 거절은 그러한 기초를 제공해 준다. 어떤 특별한 대적이 그 이야기의 기초가 되고 있는 것 같지는 않아 보인다. 야위스트는 야곱-에서 이야기를 삽입할 책임을 가지고 있으며, 야곱이 교활하게도 가장 좋은 것을 차지하게 했음에도 불구하고 그 이야기는 평화적으로 끝을 맺는다(창 33:16-17). 에돔이 여기서 채용하고 있는 태도에 적절한 근거를 제공해 주면서, 신탁들 가운데서는 에돔 족속이 독립된 사실이 인정되고 있다(창 27:40). 포로기와 포로 후기의 적대감은 아직 떠오르지 않았다. 신명기 2:1-8에서 신명기 저자는 야위스트 기사의 굴욕적인 면을 제거하려고 최선을 다한다. 야웨께서 모든 계획을 지도하시고, 에돔은 이스라엘을 두려워한다. 이스라엘 족속은 스스로 자극적인 행동을 자제할 것이고 여행 중에 에돔인과 상업 거래를 할 수도 있을 것이다. 이것은 야위스트 전승의 개작일 가능성이 있다.

이 곳과 다음에 뒤따라오는 요단 동편의 이야기 가운데서 백성들을 "이스라엘"로 묘사한 것은 이미 살펴보았던 특징이다. 그 이스라엘이라는 호칭은 그것이 깊이 새겨져 있는 발람 신탁으로부터 유래한 것일 수도 있으며, 이것들이 발람의 이야기와 함께 야위스트의 요단 동편 여행이라는 훨씬 더 큰 부분을 이루고 있다. 이것은 출애굽기 14:31과 출애굽기 17:8이 시사하고 있는 바와 같이, 이스라엘이 다른 나라들과 직접적으로 접촉할 때 야위스트가 선호했던 호칭이기도 했다.

주석

14 바틀렛(J. R. Bartlett, *PEQ* 104[1972] 26-37)은 초기 에돔 족속의 정착민들이 어떤 족속이든 주전 9세기 중반 이전에 에돔 국가 내에 어떤 국가적 통일체가 존재했을 것 같지는 않다고 주장한다. 그는 또 때때로 그 나라가 짧은 기간 동안 번영했다가 주전 7세기부터 쇠퇴하기 시작했다고 믿는다. 이러한 관찰은 이 이야기의 시기에 관한 우리의 결론을 뒷받침해 준다("양식/구조/배경"을 보라).

"당신의 형제 이스라엘"(אחיך ישׂראל – 아히카 이스라엘). 족장 설화에서 에서와 야곱은 각기 에돔과 이스라엘의 쌍둥이 조상들이다(창 25:19-36:43). 이 전승들은 야곱이 자기를 위하여 가장 좋은 것을 빼앗은 속임수로 인하여 생겼다가 결국은 화해하게 된 깊이 뿌리박힌 적대감을 증거해 주고 있다(에돔과의 근친 관계에 대해 보다 자세히 알아보려면 신 2:4; 23:8을 참조하라). 아모스 선지자는 주전 8세기에 있었던 에돔의 거친 행위에 대해서 말한 바 있다(암 1:11). 에돔은 포로기 동안 유다의 몇몇 지역을 차지했던 것으로 보이며, 오바댜서에는 이스라엘의 번성을 가장 강하게 싫어한 것으로 보인다.

"모든 고난"(כל־התלאה – 콜-하틀라아). 어근 라아(לאה)는 "지치다"를 의미한다.

16 "한 천사"(מלאך – 말라크). 외면상으로 인간의 형태로 나타난 하나님의 사자는 하나님의 재보증과 지침을 가져다 주는 존재다.

17 "왕의 대로"(דרך המלך – 데레크 함멜렉)(참조. 민 21:22; 신 2:27). 이는 다메섹으로부터 아카바 만으로 이어지는 통행로다. 이 곳은 어느 정도 요새화되어 있었고 중요한 상업로였다. 오뎃(B. Oded)은 그 명칭이 앗수르 왕의 행정구역에 대한 용어로부터 유래했다고 주장한다("Observations on Methods of Assyyrian Rule in Transjordania after the Palestinian Campaign of Tiglath-Pileser Ⅲ." *JNES* 29[1970] 177-86. 바틀렛(J. R. Bartlett, *PEQ* 104[1972] 26-37) 역시 그 이름이 앗수르 시대에 속한다는 의견을 지지하는데, 이는 이 이야기가 비교적 후대에 속한 것임을 가리킨다.

20 전쟁은 불필요한 것으로 생각된다. 에돔은 이스라엘에 대해서 위협을 가하고, 그래서 이스라엘은 뒤로 물러난다.

해설

야위스트는 여기서 어찌하여 에돔 족속이 자기들의 영토를 통과하여 나가는 것을 거절했는지를 말하고 있다. 사용한 자원에 대해서 값을 지불하는 새로운 제안을 했음에도 불구하고, 이스라엘은 그 나라를 돌아서 오랜 우회를 해 나가도록 거절을 당하게 된다. 저자의 수요 관심은 민수기 21:4-9에 나타나는 또 다른 불평의 이야기를 위한 기초를 제공하고 있다. 이스라엘 족속은 또다시 기나긴 여행의 어려움으로 인하여 불평을 하게 될 것이며, 에돔 족속이 이에 대한 배경을 제공하는 데 일조를 하도록 거절하고 있다. 신명기 2:1-8에는 야웨께서 이스라엘의 행동을 친히 지도하시고 에돔이 이스라엘을 두려워했다는 기록을 함으로써 그 전승의 굴욕적인 면을 제거하고 있다. 그러나 야위스트에게 굴욕적 특성은 저자의 전체 계획에 잘 들어맞는다. 이스라엘은 아직 호르마에서 패퇴당한 일(민 14:39-45)과, 낙담시키고 무익한 다단과 아비람의 반역(민 16:12-15)으로부터 회복되지 않았다. 에돔의 오만함이 그들의 꿈에 또다시 일격을 가하는 일이 되었다.

이 이야기는 또한 남방으로부터가 아닌 동편으로부터 이스라엘이 그 땅으로 입성한 사실을 기록하고자 하는 야위스트의 목적을 돕고 있다. 요시야 당시의 발흥기 동안 이스라엘과 에돔의 관계에 대해서는 알려진 바가 거의 없다. 유다처럼 에돔도 역시 주전 7세기 초반에 앗수르의 봉신 국가가 되었던 것으로 보인다. 이 이야기가 앗수르 붕괴 이후의 상황에서 유다가 약화되어 에돔을 침략할 수 없는 어떤 면을 드러내고 있는지의 여부는 불확실하다. 족장 전승은 야위스트에게는 이삭과 에돔의 관계가 각기 서로간의 세력 범위를 위한 상호 존중의 관계이며, 이 점이 여기에 나오는 이야기의 기초가 되고 있다. 그러나 야위스트에게 그것은 본질적으로 이전의 이스라엘의 만용과 실패 다음에 뒤따라오는 이스라엘의 허약성의 실례다. 제사장 저자는 같은 이유로 이 이야기를 보유하고 있다. 그가 받은 것은 여행 전승의 일부이고, 그는 그것을 수정하고 대치시킬 이유를 발견하지 못한다.

35. **아론의 죽음**(20:22-29)

참고문헌

Cody, A. *A History of Old Testament Priesthood.* Rome: Pontifical Biblical Institute, 1969. **Elhorst, H. J.** "Das Ephod." *JBL* 30(1910) 154-76. **Foote, T. C.** "The Ephod." *JBL* 21(1902) 1-47. **Gunneweg, A. H. J.** *Leviten und Priester.* Göttingen: Vandenhoeck and Ruprecht, 1965. **Morgenstern, J.** *The Ark, the Ephod, and the "Tent of Meeting."* Cincinnati: Hebrew Union College, 1945. **Sellin, E.** "Zu Efod und Terafim." *ZAW* 55(1937) 296-98. **Thiersch, H.** "Ependytes und Ephod." *ZAW* 53(1935) 180- 85. See also Num 3:1-51(*Bibliography*).

본 문

22 이스라엘 자손 곧 온 회중이 가데스에서 진행하여 호르 산에 이르렀더니

22 And they set out from Kadesh, and the people of Israel, the whole congregation, came to Mount Hor.

23 여호와께서 에돔 땅 변경 호르 산에서 모세와 아론에게 말씀하시니라 가라사대

23 And Yahweh spoke to Moses and Aaron at Mount Hor, on the border of the land of Edom, saying,

24 아론은 그 열조에게로 돌아가고 내가 이스라엘 자손에게 준 땅에는 들어가지 못하리니 이는 너희가 므리바 물에서 내 말을 거역한 연고니라

24 "Aaron shall be gathered to his people,[a] for he shall not[b] enter the land which I have given to the people of Israel, because you rebelled against my word at the waters of Meribah.

25 너는 아론과 그 아들 엘르아살을 데리고 호르 산에 올라

25 Take Aaron, and Eleazar his son, and bring them up to Mount Hor.[a]

26 아론의 옷을 벗겨 그 아들 엘르아살에게 입히라 아론은 거기서 죽어 그 열조에게로 돌아가리라

26 And you shall strip Aaron of his garments, and put them on Eleazar his son. And Aaron shall be gathered (to his people), and shall die there."

27 모세가 여호와의 명을 좇아 그들과 함께 회중의 목전에서 호르 산에 오르니라

27 And Moses did as Yahweh had commanded. And they went up[a] Mount Hor in the sight of all the congregation.

28 모세가 아론의 옷을 벗겨 그 아들 엘르아살에게 입히매 아론이 그 산꼭대기에서 죽으니라 모세와 엘르아살이 산에서 내려오니

28 And Moses stripped Aaron of his garments, and put them on Eleazar his son. And Aaron died there on the top of the mountain. And

Moses and Eleazar came down from the mountain.

29 온 회중 곧 이스라엘 온 족속이 아론의 죽은 것을 보고 위하여 삼십 일을 애곡하였더라

29 And all the congregation saw that Aaron was dead, and all the house of Israel wept for Aaron for thirty days.

원문주해

24.a. Sam, G, Syr, Tg에는 עִמּוֹ로 되어 있다.

24.b. G는 2인칭 복수형을 보유하고 있다.

25.a. G는 "모든 회중의 목전에"를 덧붙이고 있다; 참조. 27절.

27.a. Sam과 G에는 사역적 의미를 주고 있는 히필형으로 되어 있다.

양식/구조/배경

엘르아살의 임명과 아론의 죽음이라는 이 기사는 분명히 제사장의 것이다. 이스라엘은 "회중"으로 되어 있고(22, 27, 29절), 아론과 그의 아들은 제사장이며, 24절은 13절에 있는 반석으로부터 나온 물에 대한 P본문과 직접적인 연관을 맺어 주고 있다. 초기의 여러 분석가들은 그것을 원 P설화의 일부분으로 보았다(A. Dillmann, 115-17; A, Kuenen, 97; J. Wellhausen, 110; H. Holzinger, 88; B. Baentsch, 572-73; G. B. Gray, 269의 논의를 보라). 가데스에 대한 언급을 하고 있는 22a절만이 JE와 관련되어 있다. P는 신 광야에 대해 언급했을 것이다. 아론의 죽음에 대해 말하고 있는 P의 위치(호르 산)는 신명기 10:6(모세라)에 인용된 곳과 다르다는 사실이 주목을 받은 바 있다. 몇몇 분석가들은 P에서 이스라엘이 전혀 우회함이 없이 에돔 북단을 가로질러 갔다는 사실을 이상하게 생각했다. 기본적인 PG/PS 특징을 가지고 작업한 사람들에게 – 전자는 큰 설화 내용을 가졌고, 후자는 원래 율법이었다 – 이 단락을 PG와 연관시키는 것은 자연스러웠다(또한 W. Rudolph, *Der "Elohist"*, 89를 보라).

몇몇 현대 분석가들은 본 단락에 대한 이 일반적인 입장에 전적으로 동의한다. 그러나 노트(M. Noth, 152-53)는 23-24절에서 첨가 자료를 발견한다. 그는 모세와 아론이 함께 25절 이전에 말씀을 받을 수 없었을 것이라 생각하고, 23b절에 있는 호르 산이 만일 원문이라면 22b절에 있어야 할 것이라고 믿는다. 24절에서 그는 아론의 죽음이 부적절하게 예상되어 있다고 생각한다. 23-24절에 있는 첨가물의 주 목적은 아론의 죽음을 1-13절의 반역과 연결짓기 위한 것이었을 것이다. 노트는 또

한 이 이야기가 신명기 34장에 있는 모세의 죽음을 상술하고 있는 것에 맞추어서 만들어져 있지만, 왜 호르 산이 아론 전승을 담게 되었는지 그리고 그것이 보존되었는지에 대해서는 불확실하다. 여기에 묻혔다는 언급은 없고, 그 위치는 어느 경우이든 이스라엘의 국경 훨씬 너머에 있을 것임에 틀림없다. 그는 더 나아가서 장사에 대해서 언급하고 있는 신명기 10:6의 전승이 여기서 조화되거나 설명되지 않았다는 사실을 세밀히 관찰하고 있다.

이 구절 가운데 분명히 문제점은 있으나, 그것들을 지나치게 밀어붙이기가 쉽다. 여기서 민수기 저자의 순수한 작품을 파악하는 데는 심각한 어려움이 없다. 그의 중요한 주제들 가운데 하나는 땅을 소유함에 있어서 지도자들의 실패다(민 20:1-13의 "주석"을 보라). 모세의 사망 기사는 이미 공식화되어 있었고(신 34:1-12), 저자는 이제 아론 제사장의 죽음에 대해서 말하는 일이 남아 있다. 이것이 대충 비슷한 스타일로 상술되어 있다. 또다시 30일 간의 애도 기간이 있고, 아론의 후계자로서 그의 아들 엘르아살이 임명된다. 23-24절에 있는 사건들의 예상은 심각한 난점이 못된다. 야웨께서 일어날 일을 아시고 그것을 주관하신다는 사실은 P문서 전체의 전형적인 스타일이며, 따라서 문학적 불균형의 표시는 전혀 없다. 22a절에 있는 가데스에 대한 언급은 아마도 저자가 초기 야웨 전승으로부터 이끌어 온 것일 것이다. 에돔 주변으로의 우회를 예상하지 않았다는 P전승이 있었다는 가정은 확실한 근거가 없다. 사실상 그 위치는 알지 못하고("주석"을 보라), 폴크(J. de Vaulx, 231)는 그것이 가데스에서 멀지 않다고 상상할 몇 가지 증거를 제공한다. 제사장 저자는 분명히 한 산의 정상이 모세와 마찬가지로 아론과 같은 대 지도자가 장사되기에는 적절하다고 생각했을 것이며, 이 점이 반드시 신명기 10:6과 조화될 수 없는 것으로 볼 필요는 없을 것이다. 아론의 죽음과 장사가 모세라임을 밝혔으므로, 이제 제사장 저자는 단지 자기가 알고 있는 가장 가까운 정상에서 그가 죽었다고 지적하고 있다. 달리 말해서 호르(הר)는 단순히 산을 의미할 수도 있고, 그 사건에서 그 근처에 있는 정상에 대해 개인적으로 알지 못하고 있는 저자가 단순히 아론이 죽은 자리에 대해서 높은 곳이라는 모호한 암시를 했을 수도 있다.

주석

22 "호르 산"(הר ההר - 호르 하하르). 전통적인 위치는 페트라 근처인데, 요세푸스와 같은 고대의 견해다(*Ant*: 4:4;7). 이것은 에돔 지역에 속하며, 동편으로는 너무나 거리가 먼 것으로 보인다. 다른 곳은 에돔 변경의 북서쪽에 있는 예벨 마두

라인데, 가데스에서 멀지 않은 곳이다. 또한 J. de Vaulx, 231를 보라. 신명기 10:6에 따르면 아론은 모세라에서 죽어서 묻혔다. 그래쓰만(H. Gressmann, 338-44)은 벧브올이 비스가 산기슭에 위치한 것처럼 모세라가 호르 산 기슭에 위치했을 수 있다고 주장했다.

26 이것들은 레위기 8:7-9에 묘사된 의복들이다. 제사장의 의복 전반에 걸친 논의에 대해서는 참고문헌을 보라.

29 애도의 통상적인 기간은 7일이다. 30일이라는 기간은 아론과 모세 같은 비교적 중요한 인물과 관련되어 있다. 참조. 신 34:8.

해설

이 단락은 호르 산에서의 아론의 죽음에 대해서 말하고 있다. 모세는 아론과 그의 아들 엘르아살을 데리고 산에 오르라는 명령을 받고 있으며, 거기서 아론이 죽고 엘르아살이 아론의 죽음 직후에 대제사장의 의복을 입게 된다. 30일 간의 애도 기간(참조. 신 34:8)은 아론의 지위와 신분을 드러내고 있다. 신명기 10:6에 따르면, 아론은 모세라에서 죽었으나, 아마도 호르 산과 같은 곳이었던 것으로 보인다. 제사장 저자는 아론의 죽음이 산꼭대기에서 일어났다고 기록하고 있으며, 그리하여 모세의 죽음과 긴밀한 관계를 이루고 있음을 나타내려 하고 있다(신 34:1-12; "양식/구조/배경"을 보라).

이 단락은 부분적으로 제사장 저자의 세 번째로 큰 죄의 결과다(민 20:1-13). 앞의 두 개의 죄(민 15장; 민 18장)를 이어 나오고 있는 자료 가운데서, 저자는 땅과 레위 지파의 계급에 주신 하나님의 위탁을 거듭 주장하는 데 관심을 두었었다. 이 경우에 모세에 대한 심판은 불가피하게 연기되고 있다. 그의 죽음에 대한 기사는 이미 신명기의 끝부분에 위치해 있고, 모세의 율법 중 많은 부분이 앞으로 공포되어야 할 입장에 있다. 그러나 아론의 죽음은 거의 즉시로 일어날 수 있으며, 따라서 민수기 20:12의 심판이 상기되고 또한 부분적으로 실현된다. 어쨌든 이전의 경우에서와 같이 제사장 저자는 죄로 말미암아 위협받은 원리 – 이 경우는 아론의 아들들의 제사장으로서의 지도력임 – 에 대한 하나님의 위임을 거듭 주장하려 힘쓰고 있다. 그래서 아론이 죽기 전에 그의 아들 엘르아살이 아론의 옷을 입고 아론의 임무와 역할을 물려받게 된다. 제사장적 신정국가를 설립하고자 하시는 하나님의 목적은 인간의 죄에도 불구하고 실패하지 않을 것이다.

36. 호르마에서 멸한 가나안 족속들(21:1-3)

참고문헌

Aharoni, Y. and **Amiran, R.** "Arad: Its Inscriptions and Temple." *BA* 31(1968) 1- 32. **Aharoni, Y.** "The Solomonic Temple, the Tabernacle and the Arad Sanctuary." *AOAT* 22(1973) 1-8. ______. "Arad." *Encyclopedia of Archaeological Excavations in the Holy Land*, ed. M. Avi-Yonah. London: Oxford University Press, 1975(with bibliography). **Coats, G. W.** "Conquest Traditions in the Wilderness Theme." *JBL* 95(1976) 177-90. **Fritz, V.** "Arad in der biblischen Überlieferung und in der Liste Schoschenk I." *ZDPV* 82(1966) 331-42. ______. "Erwägungen zur Siedlungsgeschichte des Negeb in der Eisen 1 - Zeit(1200 1000 v. Chr.) im Lichte der Ausgrabungen auf der Ḥirbet el-Mšāš." *ZDPV* 91(1975) 30-45. **Gunn, D. M.** "The 'Battle Report': Oral or Scribal Convention." *JBL* 93(1974) 513-18. **Mazar, B.** "The Sanctuary of Arad and the Family of Hobab the Kenite." *JNES* 24(1965) 297-303. **Noth, M.** "Num 21 als Glied der 'Hexateuch' Erzählung." *ZAW* 58(1940/1) 161-89.

본 문

1 남방에 거하는 가나안 사람 곧 아랏의 왕이 이스라엘이 아다림 길로 온다 함을 듣고 이스라엘을 쳐서 그 중 몇 사람을 사로잡은지라

2 이스라엘이 여호와께 서원하여 가로되 주께서 만일 이 백성을 내 손에 붙이시면 내가 그들의 성읍을 다 멸하리이다

3 여호와께서 이스라엘의 소리를 들으시고 가나안 사람을 붙이시매 그들과 그 성읍을 다 멸하니라 그러므로 그 곳 이름을 호르마라 하였더라

1 And the Canaanite [a]king of Arad,[a] who lived in the Negeb, heard that Israel was coming by way of Atharim.[b] And he fought against Israel, and took some of them captive.

2 And Israel vowed a vow to Yahweh, and said, "If you will indeed give this people into my hand, then I will totally destroy their cities."

3 And Yahweh listened to the voice of Israel, and he gave over[a] the Canaanites. And they totally destroyed them and their cities. And the name of the place was called Hormah.

원문주해

1.a-a. 이것은 주석일 것이다(J. Paterson, 54; G. B. Gray, 273; J. de Vaulx, 234). 1-3

절에 예상되어 있는 바와 같이, 아랏과 호르마를 같은 지역으로 동일시하기는 어렵다. 집합명사 하크나아니(הכנעני, "가나안 족속")가 "아랏 왕"과 동격으로 거북스럽게 위치해 있다. Syr에는 "고달 왕"으로 되어 있다.

1.b. Tg, Syr, Aq, Sym에 나타나 있는 독법은 התרים("탐험가의 길로")이다. 고유 이름이 의도되어 있는 것 같다.

3.a. 베야두(בידו, "그의 손 안으로")는 MT로부터 이탈되었을 수도 있다. 참조. Sam, G.

양식/구조/배경

구 분석가들 사이에서는 이 간략한 단락이 JE에 속한다고 일반적으로 동의한다(참조. A. Dillmann, 117-18; J. Wellhausen, 111; A. Kuenen, 334; H. Holzinger, 88-89; G. B. Gray, 272). 많은 사람은 확신을 가지고 이 구절을 J에게로 돌렸다(참조. B. Baentsch, 573; W. Rudolph, *Der "Elohist"*, 89). 민수기 14:39-45에 주어진 내용은 호르마란 이름에 대한 다른 설명을 제공하고 있는데, 이 구절은 다른 근거에서 E에게로 돌려진 것이다. "가나안 사람"(1, 3절)이란 용어의 사용은 J의 표시로 취급되었다(E에서는 "아모리인"; 참조. 창 12:6; 24:3, 37; 34:30; 38:2). 맥닐(A. H. McNeile, 110)은 반대 입장을 주장했는데, 그는 이 구절의 외적인 JE설화와의 명백한 관계의 결핍에 관심을 두었으며, 특히 민수기 14:25에 묘사된 남동쪽으로의 이동과 비교하여 이스라엘 족속의 북쪽으로의 공격에 관심을 두었다. 맥닐은 이미 민수기 14:39-45을 J에게로 돌린 바 있고, 그래서 일시적으로 이 구절을 E로 돌리기를 원했다. 아이쓰펠트(O. Eissfeldt, *Hexateuch*, 180)는 민수기 21:1-3을 그의 세 개의 초창기 자료들 중 하나인 L과 연결시킴으로써 난점을 해결했다.

이 특별한 문제점은 일반적으로 인정되어 온 것이고, 노트(M. Noth, 154)는 이 구절의 현재의 위치를 비교적 후대의 삽입으로 본다. 그는 그것이 한때 J설화에서 어떤 위치를 차지했을 수 있다고 생각했다. 다른 최근의 주석가들은 그것을 단순히 JE에게로 돌리는 것으로 만족해했다(예를 들어, N. H. Snaith, 279).

최선의 해결책은 야위스트가 취급한 다른 유대인의 단편이 여기에 존속해 있다고 생각하는 것이다(대체적으로 같은 입장에 대해서는 J. Sturdy, 144-46; J. de Vaulx, 233-34를 보라). 이 전승들은 남쪽에서의 투쟁에 대해서 말했고, 남방으로부터의 침입에 대해서 말했다. 이러한 입장에 대해 어느 정도 입증해 주는 사건이 사사기 1:17에 있는 호르마에서의 승리라는 유사한 전승 사실로부터 나타나는데, 그 곳에서 승리자들은 유다와 시므온이다. 이 이야기는 호르마의 이름을 설명하는 민간의 설명일 수도 있지만, 그것이 전쟁과 승리의 형태를 취하고 있는 사실은 아마도 역사적 사건들을 반영하고 있으며 재수집이기 때문일 것이다. 야위스트는 민수기 14:45이 호르마에 관한 마무리 발언이 아니라는 것을 보여 주기 위하여 이 전승을 삽입하려 힘쓰고 있다. 그는 자기가 취해 온 전승을 삽입한 결과로 일어난 모든 불균형을 매끄럽게 다듬으려 하지 않았고, 그래서 아다림 길로 왔다는 사실이 보존되어 있는 것이다. 이 이야기 가운데서 이 사건은 이스라엘의 운명에서 전환점을 나타내고 있다. 이 시점으로부터 여행은 승리의 행진이 될 것이다.

주석

[1] "아랏"은 헤브론 남방 8마일 지점에 있는 현대의 텔 아랏이며, 왕국 시대의 것인 이스라엘 족속의 성전으로 유명하다(세부 사항에 대해서는 Y. Aharoni, *BA* 31 [1968] 1-32를 보라). 그 위치가 철저하게 파헤쳐졌으나 중기/후기 청동기 시대를 결여하고 있는 것으로 보이며, 그러므로 가나안 족속 정착지인 것으로 보인다. 아랏은 한 지역으로 생각되며, 호르마(3절)가 그 곳의 수도였음에 틀림없다. 이와 달리, 또 다른 위치가 가나안 아랏으로 생각되기도 한다. 아하로니(Y. Aharoni, *BA* 31 [1968] 1-32)는 텔-아랏의 남서쪽 7마일 지점의 텔 엘-밀(Tell el-Milh)을 생각하는데, 이 곳은 훌륭한 중기 청동기 시대의 요새를 가진 바 있다. 가장 좋은 해결책은 그 언급을 후기에 텔-아랏에 정착한 사람들의 자각에 의하여 영향을 받은 후대의 주석으로 취급하는 것이다("원문주해"를 보라).

"아다림"은 아마도 사해 남방 수 마일 지점에 위치한 "타마르"(Tamar)인 것으로 보인다(고대 역본들 가운데 들어 있는 "Tarim"을 참조하라). 그 길은 추적하기 어렵지만, 남쪽의 사막 지역으로부터 유대 산지까지 연결되어 있었음에 틀림없다. 아하로니(Y. Aharoni, "Forerunners of the Limes: Iron Age Fortresses in the Negev," *IEJ* 17[1967] 1-17)는 가데스 바네아로부터 네게브를 통과하여 호르마에 이르기까지의 길을 추적하고 있다.

[2] "내가…다 멸하리이다"(והחרמתי - 웨하하람티)는 저주(ban) 아래 두는 것이다(참조. 수 6:24). 다음 구절 가운데 들어 있는 "호르마"란 단어에 대한 어희가 여기에 들어 있다. 저주(ban)에 관한 논의에 대해서는 N. K. Gottwald, *The Tribes of Yahweh*를 보라.

해설

이 간략한 단락은 이스라엘 족속에 대한 가나안 족속의 공격을 말하고 있다. 몇몇 이스라엘 사람이 사로잡혔고, 백성들은 만일 성공을 보상해 주시기만 한다면 적군의 멸망을 야웨께 드리는 제사로서 완전히 멸할 것으로 약속하면서 그 일을 야웨께 아뢴다.

이 단락은 야위스트가 취해 온 유대인 호르마 전승을 담고 있는 것으로 보인다. 호르마에 대한 그 자신의 기사는 민수기 14:39-45에서 발견된다. 유대인 자료는 호르마 근처에서 가나안 정착민들에 대항하여 남방에서의 성공적인 싸움을 말하고(참조. 삿 1:17), 또한 남방으로부터의 침입과 정착을 말한 것으로 보인다. 야위스트는 그 지역에서 있었던 사건들에 대한 자기의 기사(민 14:39-45)가 그 문제에 대한 마무리 발언이 아니라는 사실을 보여 주기 위하여 이 이야기를 사용하고 있다. 야웨 전쟁에서 온전하고 성실하게 참여하기 위해 자발성을 보인 야웨께 대한 참된 헌신은 진실로 성공하게 될 것이다. 그러므로 이 이야기는 이스라엘 군대의 운명에 있어서 하나의 전환점을 이룬다. 아직도 당면해야 할 위험과 도피하려는 유혹이 남아 있지만, 이 시점 이후로 이스라엘은 군대로서 행진할 수 없게 된다.

37. 불뱀(21:4-9)

참고문헌

Jaroš, K. *Die Stellung des Elohisten zur kanaanaischen Religion.* Dissertation, Freiberg, 1973. **Joines, K. R.** "Winged Serpents in Isaiah's Inaugural Vision." *JBL* 86 (1967) 410-15. ______. "The Bronze Serpent in the Israelite Cult." *JBL* 87(1968) 245-56. ______. *Serpent Symbolism in the Old Testament. A Linguistic, Archaeological and Literary Study.* New Jersey: Haddonfield House, 1974. **Noth, M.** "Num 21 als Glied der 'Hexateuch' Erzählung." *ZAW* 58(1940/1) 161-89. **Rowley, H. H.** "Zadok and Nehushtan." *JBL* 58(1939) 113-41. **Wiseman, D. J.** "Flying Serpents." *TB* 23(1972) 108-10. **Zimmerli, W.** "Das Bilderverbot in der Geschichte des alten Israel. Goldenes Kalb, eherne Schlange, Mazzeba und Lade." *Alttestament liche Traditionsgeschichte und Theologie.* München: Kaiser, 1974.

본 문

4 백성이 호르 산에서 진행하여 홍해 길로 좇아 에돔 땅을 둘러 행하려 하였다가 길로 인하여 백성의 마음이 상하니라	**4** And they set out from Mount Hor by the way to the Sea of Reeds, to go around the land of Edom. But the people became impatient on the way.
5 백성이 하나님과 모세를 향하여 원망하되 어찌하여 우리를 애굽에서 인도하여 올려서 이 광야에서 죽게 하는고 이 곳에는 식물도 없고 물도 없도다 우리 마음이 이 박한 식물을 싫어하노라 하매	**5** And the people spoke against God[a] and against Moses, "Why have you brought us up[b] out of Egypt to die[c] in the wilderness? For there is no bread and no water, and we detest this worthless food."
6 여호와께서 불뱀들을 백성 중에 보내어 백성을 물게 하시므로 이스라엘 백성 중에 죽은 자가 많은지라	**6** And Yahweh sent fiery[a] snakes among the people. And they bit the people, and many of the people of Israel died.
7 백성이 모세에게 이르러 가로되 우리가 여호와와 당신을 향하여 원망하므로 범죄하였사오니 여호와께 기도하여 이 뱀들을 우리에게서 떠나게 하소서 모세가 백성을 위하여 기도하매	**7** And the people came to Moses and said, "We have sinned, because we have spoken against Yahweh and against you. Pray to Yahweh, that he take the snakes away from us." So Moses prayed for the people.
8 여호와께서 모세에게 이르시되 불뱀을 만들어	**8** And Yahweh said to Moses, "Make a fiery

장대 위에 달라 물린 자마다 그것을 보면 살리라

snake,[a] and set it on a pole. And everyone who is bitten, when he sees it, shall live."

9 모세가 놋뱀을 만들어 장대 위에 다니 뱀에게 물린 자마다 놋뱀을 쳐다본즉 살더라

9 And Moses made a bronze snake, and set it on a pole. And when a snake had bitten a man[a] he would look at the bronze snake and live.

원문주해

5.a. G는 "하나님에게"를 보유하고 있으며, 만일 그것이 옳다면 MT에 따라오는 2인칭 복수형은 민 20:5로부터 유래된 것일 수도 있는데, 그 곳에서 모세와 아론이 함께 말씀을 받고 있다. 이례적인 대명사 어미에 대해서는 GKC § 59a를 보라.

5.b. Sam은 여기서 어근 야차(יצא)를 사용하고 있다.

5.c. G는 민 20:4에서처럼 다시 히필형을 사용하고 있다.

6.a. G는 "치명적인"으로 이해하고, Syr은 "잔인한"으로 이해한다.

8.a. 여기서는 "뱀"으로 이해되어야 한다(참조. Sam, G). MT는 단순히 사라프(שרף)를 보유하고 있는데, 어근은 6절에서 "불 같은"으로 사용되었다.

9.a. 여기서 에트(את)의 사용에 대해서는 GKC § 117d를 보라.

양식/구조/배경

이 구절은 JE에 속한 것이라는 입장이 일반적으로 받아들여지고 있다(참조. A. Dillmann, 118-20; J. Wellhausen, 110-11; A. Kuenen, 334). P에게 친숙한 특징이 없고, 이스라엘은 계속하여 "백성"으로 묘사되고 있다. 출애굽과 관련하여 알라(עלה, "인도하여 올려")라는 동사의 히필형의 사용과 중재 간구를 위한 팔랄(פלל, "기도")의 히트파엘형의 사용은 모두가 JE의 표시다.

구 분석가들 가운데 많은 사람들은 이 단락 전체를 E에게로 돌리거나 혹은 그렇지 않더라도 매우 강력한 E요소가 있음을 간파했다(H. Holzinger, 89; B. Baentsch, 575-76; G. B. Gray, 274; O. Eissfeldt, *Hexateuch*, 180-81를 보라). 그것을 가리키는 단어들은 "하나님"(5절), "향하여 원망하되"(5절; 참조. 민 12:1) 그리고 "기도"(פלל, 팔랄; 7절)다(참조. 창 20:7, 17; 민 11:2). 노트(M. Noth, 155-58)는 지금은 비교적 후내의 선승인 E원문이라고 추측했나. 나른 최근의 분석가들은 이것이 E문서라는 사실에 대해 훨씬 덜 믿는 편이다. 엘로히스트(Elohist)의 것이라고 굳게 믿고 있는 젱스(A. W. Jenks, *The Elohist*, 68)는 이 이야기를 E의 일부분으로 포함시키고 있지 않으며, 코츠(G. W. Coats, *Rebellion*, 115-117)는 그것을 후대의 삽입이

라고 말한다. 폴크(J. de Vaulx, 235-37)는 마지막 단계의 완성 작품을 다양한 전승이 합쳐진 복잡한 편집물이라고 본다. 이 단락을 J로 분류하려는 사람들 가운데는 루돌프(W. Rudolph, *Der "Elohist"*, 89-90)와 프리츠(V. Fritz, *Israel*, 29-30)가 있다. 4a절에 있는 도입 요소들이 P기사와 연결되어 있다는 사실은 대부분의 사람들에게 인정되어 왔다.

이 이야기의 형식과 구조는 민수기 11:1-3에 있는 다베라 전승과 유사하다. 그러므로 그것은 야위스트에게로 돌려질 수도 있다. 그의 주 목적은 이스라엘의 지루한 우회(迂廻)의 이야기를 마무리하려는 것으로 보인다. 4a절에 있는 호르 산에 대한 언급은 분명히 민수기 20:22-29에 있는 아론의 죽음에 대한 P기사의 반영이다. 민수기 20:1에서 야위스트는 미리암의 죽음을 말했고, 그는 또한 아론의 죽음을 언급했을 수도 있는데, 만약 그랬다면 그의 기사가 더 이상 남아 있지 않다. 그 설화 가운데 대단히 심각한 문제는 없고, 구조적으로 그것은 전체를 응집력 있게 만든다. 그레쓰만(H. Gresssmann, 284 n.1)이 발견한 많은 불균형(예를 들어, 5a와 5b절 사이 혹은 6b절 내에서)은 신빙성 있는 것이 아니다. 불평하는 사람들은 만일 그들이 자기들이 가지고 있는 음식을 싫어하거나 혹은 부적합한 것으로 생각한다면 당연히 죽음의 위협을 느끼고 불평할 수도 있다. 뱀을 "불"(שׂרפים – 세라핌, 6, 8절)로 묘사하고 있는 것과 "놋"(נהשׁת – 네호쉐트, 9절)으로 만들어진 대상물은 사막의 위험 전승(신 8:15)을 친숙한 성전의 대상물과 연결지으려는 야위스트의 관심에서 나온 것이다.

이 이야기는 야위스트의 작품이 비교적 후대의 것이라는 입장을 어느 정도 지지하고 있다. 뱀이라는 상징물의 배경은 가나안인의 배경을 가지고 있음에 거의 틀림없다(K. R. Joines, *JBL* 87[1968] 245-56를 보라). 그리고 로울리(H. H. Rowley, *JBL* 58[1939] 113-41)는 열왕기하 18:4에 기록되어 있는 히스기야가 쳐부순 예루살렘의 뱀 느후스단이 원래 사독과 연결되어 있었던 여부스인의 주물(呪物)이었다고 주장했다. 느후스단이 여부스인에게서 기원되었다는 사실은 사독의 기원이 모호한 상태로 남아 있기는 하지만 널리 받아들여져 왔다. 야위스트가 받은 전승은 그래쓰만(H. Gressmann, 284-90)이 주장하는 바와 같이 놋이라는 단어를 통하여 느후스단을 설명하고, 또한 모세와 연결되어 있다는 사실을 수립하고 있는 인과적 제의 민담(saga)이었을 것이다. 야위스트는 이것을 논쟁하려 하지 않고, 그래서 문제에 직면한다. 무엇보다도 모세의 신앙과 전승을 나타내려고 주장한 요시야 시대의 개혁자 야위스트가 어떻게 오랫동안 지탱되어 온 모세의 구조에 대항하고 있는 히스기야의 급진적 행동을 지지할 수가 있었을까? 야위스트의 해결책은 자기 입장에서 실제로 광야에서 일어났던 일을 말하는 것이다. 그는 출애굽기 32:1-35에 있는 금송아지 이야기를 조작하면서 이와 유사한 기교를 발휘하고 있다. 그의 방식은 그러한 제도의 고대성을 부정하지 않고, 실제로 일어난 일을 말하는 것이다. 모세는 분향을 포함하여 뱀 제사 제도를 만들지 않았지만(왕하 18:4), 구체적인 위기 상황이라는 필요에 맞추어 제의의 대상을 준비했던 것이다. 느후스단은 경배를 받아야 할 것이 아니었고, 다만 병든 사람들이 바라보아야 할 대상이었다.

야위스트는 이러한 시각에서 예루살렘 성전으로부터 나온 제사장의 인과관계적 설명을 받아들여 개조했다. 이 인과관계적 설명의 정확한 원래 형태는 확실하게 규명하기가 어렵다. 사막의 뱀들을 막으시는 야웨의 보호하시는 능력이 예배 중에 축하되었을 것은 가능하다(참조. 신 8:15). 고대 셈족 신화에서 사막은 지금까지도 원시 혼돈의 상태로 널리 간주되었다(참조. 사 30:6에 있는 뱀과 사막의 위협을 참조하라). 어떤 시대에는 모세가 가나안 족속 계통에 있었던 뱀 숭배의 대표자였다는 사상이 주장될 수도 있었다. 야위스트가 논박하기를 원한 것은 바로 이러한 사상이다. 그러므로 뱀들은 사막의 자연적 위협이 아닌 죄에 대한 징벌이다.

이러한 접근 방식은 그 이야기가 E와 연결되어야 할 가능성을 배제한다. 문서의 표시들은 우리가 야위스트와 연결짓는 방향으로 기울어졌던 문맥 가운데 나타난다. 하나님에게 대항하여 원망한다는 개념은 제의 본문에 근거를 두고 있고(시 78:19), 이것이 그 이야기의 뿌리가 제의적 원인론(etiology) 가운데 놓여 있다는 느낌을 확증해 주고 있다. 부논이라는 이름(민 33:44)과 관련된 하나의 장소 원인론을 발견하려는 그래쓰만의 시도는 신빙성 있는 본문과 너무나 크게 상충되는 점을 포함하고 있다.

주석

[4] "홍해 길"(דרך ים סוף – 데레크 얌-쑵). 민수기 14:25의 "주석"을 보라. "마음이 상하니라"(ותקצר – 와티크차르)는 직역하면 "오래 참다"와 반대되는 개념으로서 "모자라다"이다(참조. 잠 14:29).

[5] "우리 마음이 이 박한 식물을 싫어하노라"(ונפשנו קצה בלחם הקלקל – 웨나프쉐누 콰차 발레켐 하클로켈). 형용사의 어근은 "가볍게 되다"와 "무가치하다"를 의미하는 것 같고 혹은 "불만족하는"이 훌륭한 반역으로 보인다(참조. 삼하 19:44; 사

8:23; 23:9; 겔 22:7, 여기서 콸랄[קלל]의 히필형은 "경멸감을 가지고 대하다"를 의미한다). 스나이드(N. H. Snaith, 280)는 거의 어떤 명예를 손상시키는 단어가 가져다 줄 사실을 주장한다.

6 "불뱀"(הנחשים השׂרפים – 하느하쉼 하세라핌). 뱀들의 독 있는 이로 문 상처와 그것이 불타는 것과 같은 아픔을 낳는다는 사실에 대한 언급이 나타나 있는 것으로 자주 생각되어 왔다(참조. G. B. Gray, 277-78; A. H. McNeile, 112; L. E. Binns, 138; N. H. Snaith, 280-81; J. Sturdy, 148). "불"(שׂרפים – 세라핌)은 그것들의 문 상처가 아닌 그 생물 자체에 대한 정확한 번역이라는 것이 옳다(G. W. Coats, *Rebellion*, 117 n.51). 야위스트에게 사라프(שׂרף, 스랍)는 분명히 성전에 있는 생물이다(참조. 사 6:2; 14:29; 30:6).

7 이러한 형태의 반응에 대해서는 민수기 11:2; 12:10을 참조하라.

9 "놋"(נחשׁת – 네호쉐트; 참조. 욥 28:2, 이 곳에서 이 단어는 광석으로부터 직접 녹여져 나온 금속인 "구리"를 의미하고 있다. 놋은 구리와 주석의 합금이며, 고대 시대에 많이 사용된 것이다.

해설

이 이야기는 에돔을 지나가는 오랜 여행에서 일어난 낙심에 대한 이야기다. 이것은 불평이라는 전형적인 말로 표현되어 있고, 불뱀을 보내시는 야웨 편에서의 즉각적인 반응이 나타나 있다. 많은 사람이 뱀에게 물려 죽고, 백성이 모세에게 자기들을 위하여 중재 기도를 해 달라고 요청한 다음에 모세는 놋뱀을 만들어 높이 매달라는 말씀을 듣는다. 그 뱀을 바라보는 사람은 고침을 받았다.

지금의 이 이야기 형태는 본질적으로 야위스트에게 속한 것이다. 형식에 있어서나 구조에 있어서 이것은 민수기 11:1-3과 일치하며, 특히 여행 단계에서 불평 이야기를 말하고 있는 야위스트의 방식과 일치한다. 본문 가운데서 엘로히스트 기초 설화를 의심할 만한 강력한 이유는 없다. 불평은 하나님을 향한 것이라는 주장(5절)은 이 연설의 제사 형태 가운데서 그 배경을 가지고 있다(참조. 시 78:19). 이야기는 사실상 제의적 적응을 가지고 있고, 느후스단이라는 제의적, 인과적 설명에 기초하고 있을 수도 있다. 야위스트의 손에서 이 이야기는 특별히 제의에 대항하는 방향으로 기울어졌는데, 그것이 히스기야에 의하여 공격을 받았다(왕하 18:4). 이 제의(cult)는 야웨의 보호하시는 능력을 축하했을 수 있으며, 그것은 또한 가나안 치유

의식과 관련된 것이었을 것이며, 궁극적으로 가나안 족속의 원천으로부터 유래된 것이었을 것이다. 초기 단계에 그것이 모세와 연결되었고, 이러한 계열을 따라 제사장의 인과 관계가 발전되었다. 단과 벧엘에 있는 송아지 숭배와 어떤 유사한 관계를 갖게 되었던 것으로 보인다(참조. 출 32:1-35).

이 경우 야위스트의 방법은 모세와의 결합을 부인하는 것이 아니라, 그것들의 참 내용을 부여해 주는 것이다. 이럴 경우 모세는 분향을 포함한 뱀 숭배 의식을 세운 것이 아니고(왕하 18:4), 다만 특별한 위기의 순간에 필요를 충족시켜 줄 하나의 대상을 만든 것이다. 느후스단 제의에 대한 반발의 가능성은 야위스트의 시대에는 당면한 현안 문제였을 수도 있으며, 그가 그것을 이해한 바와 같이 그 배경에 관한 진리가 명백하게 납득되어야 했을 것이다. 그 전승을 광야 여행에 관한 자신의 기사와 연결시키기는 쉬웠을 것이며, 그것은 에돔을 둘러서 가는 긴 여행에 대한 매우 적절하고도 보다 충분한 자료를 제공했을 것이다.

38. 요단 동편으로의 여행(21:10-20)

참고문헌

Bennett, C. "Umm el-Biyara-Pétra." *RB* 71(1964) 250-53; *RB* 73(1966) 372-403. ______. "Tawilân(Jordanie)." *RB* 76(1969) 386-90; *RB* 77(1970) 371-74. ______. "Excavations at Buseirah, Southern Jordan." *Levant* 5(1973) 1-11; *Levant* 6(1974) 1-24. **Christensen, D. L.** "Num 21:14-15 and the Book of the Wars of Yahweh." *CBQ* 36(1974) 359-60. **Coats, G. W.** "The Wilderness Itinerary." *CBQ* 34(1972) 135-52. **Davies, G. I.** "The Wilderness Itineraries." *TB* 25(1974) 46-81. ______. *The Way of the Wilderness.* Cambridge: University Press, 1979. **Dever, W. G.** "The EB IV - MB I Horizon in Transjordan and Southern Palestine." *BASOR* 210(1973) 37-63. **Mendenhall, G. E.** "The Hebrew Conquest of Palestine." *BA* 25(1962) 66-87. ______. "Change and Decay in All Around I See: Conquest, Covenant and the Tenth Generation." *BA* 39(1976) 152-57. **Noth, M.** "Num 21 als Glied der 'Hexateuch' Erzǎhlung." *ZAW* 58(1940/1) 161-89. **Simons, J.** "Two Connected Problems Relating to the Israelite Settlement in Transjordan." *PEQ* 79(1947) 27-39, 87-101. **Tur-Sinai, N. H.** "Was There an Ancient Book of the Wars of the Lord?"(Heb.) *BIES* 24 (1959/60) 146-48. **Vaux, R. de** "Notes d'histoire et de topographie transjordaniennes." *RB* 50(1941) 16-47. **Walsh, J. T.** "From Egypt to Moab: a Source Critical Analysis of the Wilderness Itinerary." *CBQ* 39(1977) 20-33. **Wüst, M.** *Untersuchungen zu den siedlungsgeographischen Texten des Alten Testaments. 1. Ostjordanland.* Wiesbaden: Reichert Verlag, 1975.

본 문

10 이스라엘 자손이 진행하여 오봇에 진쳤고	**10** And the people of Israel set out, and encamped in Oboth.
11 오봇에서 진행하여 모압 앞 해 돋는 편 광야 이예아바림에 진쳤고	**11** And they set out from Oboth, and encamped at Iye-abarim,[a] in the wilderness which is opposite Moab, toward the sunrise.
12 거기서 진행하여 세렛 골짜기에 진쳤고	**12** From there they set out and encamped in the valley of Zered.[a]
13 거기서 진행하여 아모리인의 지경에서 흘러	**13** From there they set out and encamped on the

나와서 광야에 이른 아르논 건너편에 진쳤으니 아르논은 모압과 아모리 사이에서 모압의 경계가 된 것이라
14 이러므로 여호와의 전쟁기에 일렀으되 수바의 와헙과 아르논 골짜기와
15 모든 골짜기의 비탈은 아르 고을을 향하여 기울어지고 모압의 경계에 닿았도다 하였더라
16 거기서 브엘에 이르니 브엘은 여호와께서 모세에게 명하시기를 백성을 모으라 내가 그들에게 물을 주리라 하시던 우물이라
17 그 때에 이스라엘이 노래하여 가로되 우물물아 솟아나라 너희는 그것을 노래하라
18 우물은 족장들이 팠고 백성의 귀인들이 홀과 지팡이로 판 것이로다 하였더라 광야에서 맛다나에 이르렀고
19 맛다나에서 나할리엘에 이르렀고 나할리엘에서 바못에 이르렀고
20 바못에서 모압 들에 있는 골짜기에 이르러 광야가 내려다 보이는 비스가산 꼭대기에 이르렀더라

other side of the Arnon, which is in the wilderness which extends from the boundary of the Amorites.
14 That is why it is said in the Book of the Wars of Yahweh, "[a]Waheb in Suphah,[a] and the valleys of the Arnon,
15 [a]and the slope of the valleys[a] that extends to the dwelling at Ar, and leans to the border of Moab."
16 And from there they went to Beer. That is the well of which Yahweh said to Moses, "Gather the people together, and I will give them water."
17 Then Israel sang this song, "[a]Spring up,[a] O well! Sing to it!
18 The well which the princes dug, which the leaders of the people[a] laid open, with the scepter and with their staves."[b] [c]And from the wilderness they went on to Mattanah,[c]
19 And from Mattanah to Nahaliel, and from Nahaliel to Bamoth,
20 and from Bamoth to the valley lying in the region of Moab, by the top of Pisgah, which overlooks[a] the desert.

원문주해

11.a. G와 다른 역본들은 여기서 많은 차이를 보이고 있다.

12.a. Sam은 여기서 신 2:17-19의 자료를 삽입한 것으로 보인다.

14.a a. Sam은 "홍해의 와헙"을 보유하고 있다. G는 와헙(והב)을 사합(זהב)으로 읽고 어근 싸파프(ספף)로부터 쑤파(סופה)를 취하여 "그가 아르논의 불과 급류에 숩(Zoob)을 세웠다"로 되어 있다. Vg는 와헙(והב)을 어근 야합(יהב)으로 읽으며, 베얌 쑵(בים סוף)과 동일하게 읽고 있다(참조. Sam). 그런 까닭에 AV는 "그가 홍해에서 행하신 일"로 번역했다. 여기에 모압인의 두 개의 이름이 있다는 가정이 가장 좋은 생각인 것 같다. 참조. RSV, NEB.

15.a-a. MT는 직역하면 "아르논의 경사"를 보유하고 있는데, 아마도 골짜기 경사이거나(참조. 신 3:17) 아니면 분기점을 가리키는 듯하다.

고대의 증거 본문들은 이 시적 단편 가운데서 많은 본문상의 차이를 드러내고 있

으며, 그런 까닭에 아주 어려운 문제들을 야기시킨다. 전체적인 면에서 MT가 나은 것 같다. 그것은 문제의 지역에 대한 단순화된 지리적 묘사를 제공하고 있다. Sam은 하나님께서 이 지역을 히브리인들에게 주셨다는 개념을 소개하는 것으로 보이는데, 이는 본문을 신학적으로 이해하려는 것이다. G와 Syr은 그 본문을 서사시적 승리 기사로 만들고 있는 것으로 보이며, 반면에 Tg와 Vg은 홍해를 염두에 두고 있는 것처럼 보인다.

17.a. 프리드먼(D. N. Freedman, "Archaic Forms in Early Hebrew Poetry." *ZAW* 72[1960] 101-07)은 피엘형 알루(עלו, "찬양" 혹은 "축하")로 읽어서 "노래하다"와 평행구임을 제안했다. MT가 명쾌하며 더 나은 것 같다.

18.a. G는 복수형을 보유하고 있다.

18.b. 프리드먼(op.cit)은 "홀(scepter)로 – 지팡이로"가 되도록 다시 모음부호를 붙인다.

18. c-c. 이것은 MT에 있는 노래의 일부이며, "광야로부터 주어진 선물"로 번역될 수도 있었다(NEB 참조. 시 126:4). 이것은 매력을 가지고 있으나, "맛다나"가 "브엘"로 고쳐져야 하는 19절에서 난점들을 일으킨다.

20.a. 민 23:28에 있는 바와 같이 하니슈카프(הנשקף)로 읽음(참조. Sam, G, Syr, Tg, Vg).

양식/구조/배경

구 분석가들 사이에서는 이 자료의 대부분이 JE에서 나온 것이라는 사실을 일반적으로 인정하고 있다(참조. A. Dillmann, 120-35; J. Wellhausen, 111; A. Kuenen, 334; H. Holzinger, 89-90; B. Baentsch, 576-81; G. B. Gray, 280-81; O. Eissfeldt, *Hexateuch*, 181). 기본적인 판단 이외에 의견의 차이가 있었다. 쿠에넨, 홀징거 그리고 밴취는 아이쓰펠트가 그랬던 것처럼 E문서로부터 주된 요소를 구별해 냈다. 21-30절이 엘로히스트 문서였다고 일반적으로 인정했는데, 그 이유는 스타일과 구조상 민수기 20:14-21과 유사한 증거가 있기 때문이며, 또한 12-20절이 시혼의 영토를 침략할 길을 준비하고 있으므로 그것들을 E와 연결시킬 이유로 보여지기 때문이다. 이와 유사한 종류의 방식으로 옛 시를 인용하는 관습은 12-20절과 21-30절 사이의 또 다른 공통적 특징이다. 딜만은 12-18a절만을 엘로히스트에게 돌리고, 18b-20절에 있는 보다 공식적 여행기를 J에게로 돌린다. 그 정착지가 아르논의 북쪽, 즉 실제로는 시혼의 영토 내에 위치해 있고, 반면에 21-22절에 따르면 이 영토는 아직 들어가지 않은 상태이므로 이에 대한 특별한 이유가 있다. 14-15, 17-18a절에 있는 옛 시를 따로 구별지은 그래이는 11b-13절을 E에게로 돌리고, 16, 18b-20절을 잠정적으로 J에게로 돌린다. 그래이는 E이야기가 민수기 20:14-18의 E와 유사성을 가지고 있고 또한 일관성 있는 이야기를 말하고 있는 민수기 21:21-24a, 31과 연결되어 있다고 생각했다. 이 이야기는 아모리인들이 아르논과 얍복 사이에 위치하고 있다는 면에서 사사기 11:12-18과 신명기 2:24-37과 일치한다. 12-13절에 있는 행진 형태는 신명기 10:6-7과 일치하는 것으로 나타난다. 그래이는 이 시적 단편들이 그 설화에 도입되어 있다는 점에 관해서 확신을 가지지 못했다. 본문에 E가 들어 있다는 사실을 부인한 루돌프(W. Rudolph, *Der "Elohist"*, 90-93)는 그 단락 내에서 다양한 전승의 모음집만을 보았다. 초창기 분석가들이 주로 P로 돌렸던 유일한 자료는 10-11a절인데, 거기서 그 여행기는 P의 다른 곳에서 발견된 것과 형태상으로 일치한다(참조. 민 1:4).

노트(M. Noth, 159)는 특별히 본문의 불규칙성과 모호성에 인상을 받았고, 우리가 그것을 오경의 어떤 자료로 돌릴 수 없거나 또는 그것을 여러 자료들의 편집으로 설명할 수 없다고 결론지었다. 그는 또한 그것이 민수기 33:43b-44; 사사기 11:18; 신명기 2:13; 민수기 22:41; 23:14, 28; 신명기 3:29; 34:6에 의존하고 있다고 믿었다. 그러므로 그 구절은 사막의 끝 지점에서 있었던 이야기와 뒤따라오는 정복의 기사 사이에 있는 연결의 결핍을 메꾸어 보려는 후기 편집자의 시도임에 틀림없다. 스나이드(N. H. Snaith, 281)는 전통적인 접근 방식에서 어떤 난점을 발견하지 못하고, 13-20절에 상당한 E요소가 들어 있다고 받아들였다. 스터디(J. Sturdy, 150)는 J가 유진(留陣)과 함께 여행 설화를 가졌었다고 인정하는 한편, 현재의 본문이 제2차적인 자료를 다른 구절로부터 차용했을 가능성을 가지고 있다는 점에서 노트를 따르고 있다. 폴크(J. de Vaulx, 239-44)는 하나는 제사장의 여행기이고(10-11a절) 다른 것은 특별히 구체화되지 않은 자료로부터 가져온 것이라는 두 개의 여행기를 인정하는 점에서 상당히 정통적이다. 그는 또한 첨가물로서 시적인 단편들이 있다는 방향으로 기울어진다.

이 단락이 거의 전적으로 다른 구절들을 의존하고 있다는 입장의 난점은 그것이 매우 후기에 요단 농편의 여행 전승을 만드는 방향으로 기울어지고 있다는 섬이다. 만일 이것이 갈라진 틈을 메꾸려는 후대의 편집자의 시도라면, 거기에는 오랜 시간이 걸렸을 것임에 틀림없다. 유일한 다른 대안적 설명은 여행에 관한 야위스트의 기사를 거절할 만한 충분한 이유가 있었다는 것이며, 그러한 이유는 생각해 내기가 어렵다. 야위스트는 분명히 여행기를 가지고 있었고(민 11:35; 12:16), 우리는 그가 또한 요단 동편의 여행기를 가졌을 것이라고 상상할 만한 충분한 이유를 가지고 있다. P를 암시하는 요소가 없어서(10-11절은 별도로), 여기에 야위스트의 기사(11b-20절에 있는)의 일부가 있다고 가정하는 것이 타당하다. 그러므로 10-11a절은 자기의 여행기로부터 깨달은 하나의 작은 갈라진 틈을 매꾸려는 민수기 저자의 작품으로 돌릴 수 있을 텐데, 그는 나중에 민수기 33장에서 충분히 진술한다. 야위스트가 이용할 수 있는 자료는 하나의 여행기와(11b-13, 16, 18b-20절) 두 개의 고대의 노래다(14-15, 17-18a절). 18b-20절과 21-22절을 연결시키는 데 실질적인 난점은 없다. 자기가 이용할 수 있는 여행기를 기록하기 시작하고 나서, 야위스트는 시혼과의 사이에 일어났던 난항을 말하기에 앞서서 비스가에 이르기까지의 기록으로부터 계속하여 복사해 나가고 있다.

그는 또한 두 개의 싯구(詩句)에 약간의 색깔과 다양성을 부여해 주고 있다. 야웨의 전쟁기(14절)는 아마도 승리의 노래 모음집이었던 것 같다. 여기서 그것을 포함한 것은 여행기(13절)와 노래(14절) 가운데 나타나는 아르논에 대한 언급 때문이다. 본서와 본서가 담고 있는 노래의 출처를 결정하기는 어렵다. 이것은 그것에 대한 언급일 뿐이다. 승리의 노래는 왕국 시대보다 더 이른 시기일 필요가 없다. 두 번째 노래가 포함된 것은 여행기 가운데 있는 브엘("한 우물")에 대한 언급(16절) 때문이며, 노래 자체가 고대의 우물 노래라는 사실(17-18절) 때문이다. 아이쓰펠트(O. Eissfeldt, *Introduction*, 88)는 그것을 우물을 팔 때 불렀던 작업 노래로 분류하고 있으나, 성공적인 우물 작업을 축하하여 노래한 것으로 보는 것이 더 나을 수도 있다(참조. J. Sturdy, 151-52). 말과 노래가 작업에 도움을 주었을 뿐만 아니라 그들 자신에게 힘을 실어 주었고, 따라서 그 노래가 성공을 가져다 주었다고 믿게 되었던 그러한 노래였을 수 있다.

이 단락은 야위스트가 요단 동편의 여행기를 기록할 많은 전승 자료를 가지고 있지 않다는 일반적인 인상을 주고 있다. 그는 왕의 대로를 따라 길의 구간들을 표시해 주고 있는 여행과 상업 자료에서 나온 여행기를 가지고 있었던 것으로 보인다. 그는 이것을 완성하기 위하여 고대의 노래들만을 가지고 있었다. 이 점에서 요단 동편의 여행 기사가 그 자신이 직접 작성한 것이라는 인상을 확인시켜 주는 방향으로 기울어진다.

주석

10 오봇의 위치는 알려져 있지 않다. 사해의 남단으로부터 약 15마일 떨어진 아인 엘-웨이바('Ain el-Weiba)가 제시되어 왔다(이 곳과 다른 지형학적 문제에 관한 논의에 대해서는 J. Simons, *The Geographical and Topographical Texts of the Old Testament*, Leiden: Brill, 1959를 보라).

11 이예아바림은 모압의 남동쪽 구석에 위치한 현대의 마하이(Mahay)일 수도 있으나, 이는 아주 불확실하다.

12 세렛(혹은 자라드)은 사해의 남쪽 지류다.

13 아르논은 현대의 와디 엘-무집이다. 아르논과 얍복 사이의 땅(북으로 50마일)은 성경 시대 동안 논쟁의 대상이었다(참조. 사 11:13). 후기에는 암몬이 그 곳을 점령했었다(렘 49:1-2). 야위스트는 아르논의 남쪽에 이르는 땅을 천연적 아모리인의 영토로 생각한 것으로 보인다. 북쪽 방향의 땅은 시혼이 점령하고 있을지라도 모압 땅이었다.

14 야웨의 전쟁기는 아마도 군대의 승리를 축하하는 고대의 노래 모음집이었을 것이다(참조. 야살의 책; 수 10:13; 삼하 1:18). 크리스텐센(D. L. Christensen, *CBQ* 36[1974] 359-60)은 야웨를 여러 구절의 주어로 하고 있는 본문의 한 훌륭한 재구성 본문을 제공하고 있다. 신적 전사이신 야웨는 폭풍 가운데서 자기의 군사들과 함께 아르논의 근원으로 찾아오시는 것으로 묘사되어 있다.

와헙과 수바는 위치를 확인할 수 없다. "원문주해"를 보라.

15 "비탈"(אשד – 에쉐드; 참조. 신 3:17, "비스가 산록")에 대해 어떤 사람은 이 단어를 "갈림길"을 의미한다고 생각한다. 참조. NEB.

아르의 위치는 알려져 있지 않지만 그 곳은 분명히 중요한 모압 성읍이었는데, 아마도 수도였을 것이다.

이 단편의 노래는 많은 면에서 모호하지만, 그것이 포함된 것은 아르논이 사실상 모압 경계임을 입증하기 위한 것이다(13-14절).

16 브엘은 확인된 바가 없다. 이사야 15:8에는 모압인의 브엘림이 있다. 사이먼즈(J. Simons, *Texts*, 262)는 와디 에떼메드를 생각하는데, 그 곳은 물이 표면에 근접해 있다.

18 족장(שׂרים – 사림; princes, 방백)과 귀인(נדיבים – 네디빔; leaders, 두령)이 작업 노래에 포함된 것은 의문스럽다. 아마도 그들이 신탁을 묻는 과정에서 홀과

막대기의 도움으로 어디서부터 파고 들어가야 할 것인지를 지시한 데서 이 이름이 붙여진 것으로 보인다. 맥닐(A. H. McNeile, 116)은 우물은 가볍게 덮여져 있었다가 귀인들과 그들의 직분의 도구들을 포함하는 축하와 함께 상징적으로 다시 열렸을 수도 있다는 주장을 인용하고 있다. 귀인(נדיבים – 네디빔)에 관한 논의에 대해서는 N. K. Gottwald, *The Tribes of Yahweh*, 539-40를 보라.

맛다나는 알려진 바가 없다. 그러나 J. Simons, *Texts*, 262를 보라. 이 문장에 관한 다른 이해 방식에 대해서는 "원문주해"를 보라.

19 나할리엘은 알려진 바가 없고, 바못에 대해서도 그러하다(참조. 민 22:41). 이 두 장소는 모압의 중앙 평야에 위치해 있었던 것 같다. 바못에 대해서는 P. H. Vaughan, *The Meaning of 'bāmâ' in the Old Testament*(Cambridge: University Press, 1974) 62 n. 50, 71 n. 42.

20 사이먼즈(J. Simons, *Texts*, 262-63)는 "골짜기"가 와디 아준 무사('ajūn Mūsā)라고 생각한다. 비스가(참조. 민 23:14; 신 3:27; 34:1)는 분명히 아바림 산에 있는 고지다. 그 곳은 약속의 땅을 잘 바라볼 수 있는 곳이며, 사해 북서쪽 사막까지도 바라볼 수 있는 곳이다. "사막"은 한 장소, 즉 "여시몬"일 수도 있다.

해설

이 단락은 이스라엘 백성들이 언젠가 에돔이 횡단한 바 있는 사해의 동쪽으로 여행한 것을 말해 주고 있다. 위치의 이름들 가운데 많은 곳이 확실하게 밝혀질 수 없는 곳들이다. 이 단락은 합리적으로 야위스트에게로 돌릴 수 있다. 그는 분명히 이스라엘이 요단 동편을 여행하는 동안 방문했던 지역으로 나타낼 수 있는 장소의 목록을 가지고 있었다. 그 목록은 여행자들이나 혹은 장사꾼들에게서 유래되었을 수도 있다. 그것은 분명히 남쪽으로는 우물 지점에서 시작하여(10-11절은 P로부터 온 것으로 보인다 – "양식/구조/배경"을 보라), 여리고 근처의 요단이 내려다보이는 비스가에서 끝난다. 야위스트는 그 노정에서 일어난 사건에 대해서 말하기 이전에 그 목록을 다 기록하고 있다(21-31절).

야위스트는 고대의 시 자료와 함께 장소들의 목록을 보충했다. 그의 자료 선택은 전적으로 목록 가운데 들어 있는 이름들과 시 가운데 들어 있는 장소 이름들과 동일한 장소를 통하여 결정된다. 그 목록 가운데서 아르논에 대한 언급(13절)은 야웨의 전쟁기에서 인용한 승리의 노래의 일부를 포함시키도록 만든다(14b-15절). 목록 가운데 있는 브엘에 대한 언급(16절)은 고대 우물 노래를 포함하도록 만든다(17-18절).

이 단락 전체는 약속의 땅을 향한 단호하고도 과단성 있는 행진이라는 인상을 창출해 내고 있다.

39. 시혼과 옥 정복(21:21-35)

참고문헌

Bartlett, J. R. "The Historical Reference of Numbers 21:27-30." *PEQ* 101(1969) 94-100. ______. "Sihon and Og, Kings of the Amorites." *VT* 20(1970) 257-77. ______. "The Moabites and Edomites." *Peoples of Old Testament Times*, ed. D. J. Wiseman. Oxford: Clarendon Press, 1973. ______. "The Conquest of Sihon's Kingdom: a Literary Re-examination." *JBL* 97(1978) 347-51. **Dever, W. G.** "The EB IV - MB I Horizon in Transjordan and Southern Palestine." *BASOR* 210(1973) 37-63. **Freedman, D. N.** "Archaic Forms in Early Hebrew Poetry." *ZAW* 72(1960) 101-7. **Horn, S. H.** "The Excavations at Tell Hesban, 1973." *ADAJ* 18(1973) 87-88. ______. "Heshbon." *Encyclopedia of Archaeological Excavations in the Holy Land*, ed. M. Avi-Yonah. London: Oxford University Press, 1976. **Mendenhall, G. E.** "The Hebrew Conquest of Palestine." *BA* 25(1962) 66-87. ______. "Change and Decay in All Around I See: Conquest, Covenant and the Tenth Generation." *BA* 39(1976) 152-57. **Mittmann, S.** *Deuteronomium 1:1-6:3. Literarkritisch und Traditions-geschichtliche Untersucht.* BZAW 139 Berlin: Topelmann, 1975. **Netzer, N.** "We ploughed the Amalekites…(Num 21:30)." *Beth Mikra* 56(1973) 101, 114. **Noth, M.** "Num 21 also Glied der 'Hexateuch' Erzählung." *ZAW* 58(1940/1) 161-89. ______. "Israelitische Stämme zwischen Ammon und Moab." *ZAW* 60(1944) 11-57. **Rendtorff, R.** "Zur Lage yon Jaser." *ZDPV* 76(1960) 124-35. **Sumner, W. A.** "Israel's Encounters with Edom, Moab, Ammon, Sihon and Og according to the Deuteronomist." *VT* 18(1968) 216-28. **Thompson, H. O.** "The Ammonite Remains at Khirbet al-Hajjar." *BASOR* 227(1977) 27-34. **Tushingham, A. D.** "The Excavations at Dibon(Dhiban) in Moab, the Third Campaign 1952-53." *AASOR* 40(1972) 93. **van Seters, J.** "The Conquest of Sihon's Kingdom. A Literary Examination." *JBL* 91(1972) 182-97. ______. "Once Again - the Conquest of Sihon's Kingdom." *JBL* 99(1980) 117-19. **Vaux, R. de** "Notes d'histoire et de topographie transjordaniennes." *RB* 50(1941) 16-47. **Wright, G. R. H.** "The Bronze Age Temple at Amman." *ZAW* 78(1966) 350- 56. **Wüst, M.** *Untersuchung zu den siedlungsgeographischen Texten des Alten Testaments. 1. Ostjordanland.* Wiesbaden: Reichert Verlag, 1975.

본 문

21 이스라엘이 아모리 왕 시혼에게 사자를 보내어 가로되
22 우리로 당신의 땅을 통과하게 하소서 우리가 밭에든지 포도원에든지 들어가지 아니하며 우물 물도 공히 마시지 아니하고 우리가 당신의 지경에서 다 나가기까지 왕의 대로로만 통행하리이다 하나
23 시혼이 자기 지경으로 이스라엘의 통과함을 용납하지 아니하고 그 백성을 다 모아 이스라엘을 치러 광야로 나와서 야하스에 이르러 이스라엘을 치므로
24 이스라엘이 칼날로 그들을 쳐서 파하고 그 땅을 아르논부터 얍복까지 점령하여 암몬 자손에게까지 미치니 암몬 자손의 경계는 견고하더라
25 이스라엘이 이같이 그 모든 성읍을 취하고 그 아모리인의 모든 성읍 헤스본과 그 모든 촌락에 거하였으니
26 헤스본은 아모리인의 왕 시혼의 도성이라 시혼이 모압 전왕을 치고 그 모든 땅을 아르논까지 그 손에서 탈취하였었더라
27 그러므로 시인이 읊어 가로되 너희는 헤스본으로 올지어다 시혼의 성을 세워 견고히 할지어다
28 헤스본에서 불이 나오며 시혼의 성에서 화염이 나와서 모압의 아르를 삼키며 아르논 높은 곳의 주인을 멸하였도다
29 모압아 네가 화를 당하였도다 그모스의 백성아 네가 멸망하였도다 그가 그 아들들로 도망케 하였고 그 딸들로 아모리인의 왕 시혼의 포로가 되게 하였도다
30 우리가 그들을 쏘아서 헤스본을 디본까지 멸하였고 메드바에 가까운 노바까지 황폐케 하였도다 하였더라
31 이스라엘이 아모리인의 땅에 거하였더니
32 모세가 또 보내어 야셀을 정탐케 하고 그 촌락들을 취하고 그 곳에 있던 아모리인을 몰아내

21 And Israel[a] sent messengers to Sihon king of the Arnorites,[b] saying,
22 "Let me pass through your land.[a] We[b] will not turn aside into field or vineyard.[c] We will not drink water from a well. We will go by the King's Highway, until we have passed through your territory."
23 But Sihon would not let Israel pass through his territory.[a] He gathered all his men together, and went out against Israel to the wilderness and came to Jahaz, and fought against Israel.
24 And Israel put him to the sword, and took possession of his land from the Arnon to the Jabbok, as far as the Ammonite border. For Jazer was at the Ammonite border,[a]
25 And Israel took all these cities, and Israel settled in all the cities of the Amorites, in Heshbon and in all its villages.
26 For Heshbon was the city of Sihon the king of the Amorites, who had fought against the former[a] king of Moab and taken all his land out of his hand, as far as the Arnon.[b]
27 Therefore the ballad singers say, "Come[a] to Heshbon. Let it be built. Let the city of Sihon be established,[b]
28 For fire went out from Heshbon, and flames from Sihon's city. It devoured Ar[a] of Moab. It consumed[b] the high place[c] of Arnon.
29 Woe to you, Moab. You are undone, you people of Chemosh! He has made his sons fugitives, and his daughters the prisoners[a] of Sihon the Amorite king.[a]
30 And so their posterity[a] perished[b] from Heshbon to Dibon, And we laid waste[c] until fire[d] spread[e] to Medeba."[f]
31 And Israel lived in the land[a] of the Amorites.
32 And Moses sent to spy out Jazer. And they took[a] its villages, and dispossessed[b] the Amorites

었더라

33 돌이켜 바산 길로 올라가매 바산 왕 옥이 그 백성을 다 거느리고 나와서 그들을 맞아 에드레이에서 싸우려 하는지라

34 여호와께서 모세에게 이르시되 그를 두려워 말라 내가 그와 그 백성과 그 땅을 네 손에 붙였나니 너는 헤스본에 거하던 아모리인의 왕 시혼에게 행한 것같이 그에게도 행할지니라

35 이에 그와 그 아들들과 그 백성을 다 쳐서 한 사람도 남기지 아니하고 그 땅을 점령하였더라

who were there.

33 And they turned and went up by the way to Bashan. And Og the king of Bashan came out against them to battle at Edrei, he and all his people.

34 But Yahweh said to Moses, "Do not fear him, for I have given him into your hand, and all his people, and his land. And you shall do to him as you did to Sihon king of the Amorites, who lived at Heshbon."

35 So they killed him, [a]and his sons,[a] and all his people, until there was no survivor left. And they possessed his land.

원문주해

21.a. G는 "모세"를 보유하고 있다(참조. 민 20:14).

21.b. Sam과 G에는 신 2:26에서 유래했을 디브레 샬롬(דברי שׁלום, "평화의 말")으로 되어 있다.

22.a. Sam은 민 20:17로부터 인용한 "우리가 왕의 대로로 갈 것이다"를 덧붙이고 있다(참조. 신 2:27). G는 신명기 2:27의 영향을 받고 있는 것으로 보인다.

22.b. Sam에는 단수형 아타(אטה, "나는 돌이킨다")로 되어 있다.

22.c. Sam은 다시 D의 영향을 받고 있다; 참조. 신 2:28-29a.

23.a. Sam은 이 지점에서 신명기 2:31을 덧붙인다.

24.a. 32절을 고려할 때 타당해 보이는 G를 따르고 있다. MT는 "암몬 백성의 국경은 견고했다"로 되어 있다.

26.a. 이것을 "첫째"로 읽는 것이 가능했을 것이다(J. de Vaulx, 246를 보라).

26.b. G에는 "아로엘"(Aroer)로 되어 있다.

27.a. Sam에는 단수로 되어 있다. 그러므로 "오라, 오 헤스본이여"가 가능하다.

27.b. 프리드먼(D. N. Freedman, *ZAW* 72[1960] 101-7)은 약간의 변화를 제안한다.

28.a. Sam과 G에는 아드(עד, "하는 한", "까지")로 되어 있다. *BHS*는 아리(ערי, "의 도시")를 제안한다.

28.b. בלעה(참조. G)로 읽고 있으며, 훌륭한 평행 관계를 이룬다.

28.c. 아마도 고유명사 "바못 아르논"인 것 같다. J. de Vaulx, 246를 보라. 그러나 "주석"도 보라.

29.a-a. 이 문장은 주석일 수도 있다; J. Paterson, 55; J. de Vaulx, 246를 보라(참조.

렘 48:46). 그것은 운문을 파괴한다.

30.a. G를 따름. MT는 "우리가 그들에게 쏘았다"를 보유하고 있는데, 이것은 이해하기가 어렵다. S에는 ונירם("그들의 나라")로 되어 있는데, 이것은 아마도 해석적인 시도인 것으로 보인다(GKC § 76f). G가 더 낫다.

30.b. MT는 남성 단수형을 보유하고 있으며, Sam은 여성 단수를 보유하고 있다.

30.c. G에는 와나쉼(ונשׁים)으로 읽는 "그리고 그 여인들"로 되어 있으며, "그들의 자손"과 평행을 이루도록 하고 있다. MT는 명확하고 그래서 더 낫다.

30.d. 이 독법은 아쉐르(אשׁר, "것" – 대명사)가 에쉬(אשׁ, "불")가 되어야 한다는 사실을 가정하고 있다(참조. Sam, G). 폴크(J. de Vaulx, 248)는 H. Cazelles가 추측하고 있는 독법인 이쉼(אשׁים, "남자들")을 인용하고 있으며, 그리하여 본 절 전체의 희생자들의 목록을 완성하고 있다, 즉 어린아이, 여인들, 남자들.

30.e. 아마도 장소 이름, 즉 노바(Nophah)인 것 같다(J. de. Vaulx, 248). 불과의 연결은 동사 자파흐(זפח, "숨쉬다," "불다"), 즉 불의 퍼짐으로부터 유래한 것이다.

30.f. G에는 "모압"으로 되어 있고, S에는 "사막"으로 되어 있다. 30절의 본문은 지극히 어렵고, 원본이 복원되기가 어려울 것 같다. 유일하게 확실한 요소는 "헤스본"과 "디본"이다. 전체 문맥은 여기에 멸망시킨 사실에 대한 축하가 들어 있음을 암시해 주고 있다.

31.a. Sam에는 "성읍"(town)으로 되어 있다(참조. 25절).

32.a. G는 야셀 그 자체도 역시 함락되었다고 기록하고 있다.

32.b. ויורישׁ로 되어 있다(Sam, G, Tg).

35.a. Sam에는 빠져 있다(참조. 신 3:3).

양식/구조/배경

이 단락이 JE에 속한다는 입장이 널리 받아들여져 왔다(참조. A. Dillmann, 120-35; J. Wellhausen, 110-11; A. Kuenen, 334; H. Holzinger, 90-91; B. Baentsch, 581-89; G. B. Gray, 294). 벨하우젠은 기본 설화가 J인 것으로 믿었으며(민 20:14-21에서처럼), 당연히 루돌프(W. Rudolph, *Der "Elohist"*, 93-97)가 지지했다. 많은 구분석가들은 요단 동편 여행에 관한 기본 설화가 엘로힘 문서라는 사실을 발견했고, 그래이와 밴취의 결론은 전형적인 것이다. 그들은 21-24a절에서 E를 발견했는데, 본질적으로 이미 E로 돌린 바 있는 민수기 20:14-21과의 관계 때문이며, 또한 이른바 J의 "가나안 족속"에 해당하는 "아모리인들"을 언급하고 있는 31절과의 관계 때문이다. 그것들이 또 다른 정착 전승을 제공하는 것처럼 보이며, 또한 분명하게 동일하지 않았다는 점 이외에 24b-26, 32절에 관해서 몇 가지 불확실성이 있었다. 아이쓰펠트(O. Eissfeldt, *Hexateuch*, 181-83)는 전적으로 자기 자신의 것이었던 J/E/L의 매우 복잡한 혼합을 제안했다.

33-35절이 야기시킨 특별한 문제는 본문이 신명기 3:1-3로부터 이끌어 온 가필이라고 하는 딜만의 생각과 함께 오랫동안 인정되어 왔다. 그래이는 다른 많은 분석가들과 함께 21-24a절에서 신명기 2:24-31로부터 온 몇 가지 영향을 추적하면서 동의했다. 33-35절에는 앞의 구절들과는 문법적 구조상의 차이가 있고, 반면에 여기에 상술된 옥의 패망은 민수기 22:2에서 고려되어서는 안 되는 것으로 보인다. 신명기로부터 나온 자료를 편입시키려는 사마리아 오경의 경향("원문주해"를 보라)은 대부분의 방식에서 MT에 영향을 주었던 것으로 보인다. 옛 노래의 원래 독립성은 널리 인정되었다.

노트(M. Noth, 161-62)는 시혼의 패망 이야기(21-31절)를 본질적으로 하나의 단위로 바라봄에 있어서 꽤 전통적이며, 그는 25-26절이 어떤 면에서 21-24절의 복사라는 입장과는 의견을 달리했다. 그것들은 전환적인 구절들이고, 그 노래에 대한 설명적 서론을 제공하는 것이다. 노트가 보기에 31절의 "아모리인들"은 E문서의 증거표시다. 그는 또한 33-35절이 직접 신명기 3:1-3에서 왔다는 입장을 받아들였고, 32절을 민수기 32:1에 관해서 편집자가 만든, 적합하지 않은 신명기적 첨가물로 보았다. 폴크(J. de Vaulx, 244-51)는 21-25절(E 혹은 JE)에서 기본 설화를 발견하면서, 그리고 14-15절과 17-18절에서 발견된 것들과 비교될 수 있는 26-30절에 있는 약간의 첨가물을 발견하면서 대체로 유사한 입장을 제공한다. 그 노래의 고대성은 인정되며, 야셀 전승(32절)의 독립성도 인정되는데, 신명기 2:24-27과 사사기 11: 19-22에 그것이 있다는 어떤 특별한 표시가 없다. 스터디(J. Sturdy, 153-55)는 시혼 자료를 J와 결합시키는 쪽으로 기울어지지만, 옥 전승은 신명기 3:1-3로부터 유래되었다는 데 동의한다.

민수기 20:14-21에서처럼 이 단락이 거의 전적으로 신명기적이라는 취지로 최근에 수많은 제안이 있어 왔다(V. Fritz, *Israel*, 28-29; J. van Seters, *JBL* 91[1972] 182-97; *JBL* 99[1980] 117-19; S. Mittmann, *Deuteronomium 1:1-6:3*; M. Wüst, *Untersuchungen*, 9-59). 반 세터스가 진술한 논증은 본 단락의 저자가 직접 신명기 2:26-37; 3:1-7; 사사기 11:19-26에 근거해서 기록하고 있고, 32절은 민수기 32장에 있는 정착에 대한 인위적 예상이고, 예레미야 48:45-46과 아주 긴밀히 결합되어 있는 그 노래 역시 후대의 편집자의 삽입이라는 것이다. 뷔스트(Wüst) 역시 요단 동편 여행의 많은 부분이 P에 대한 편집자의 첨가물이라는 사실을 주장하면서 편집 활동을 강조한다. 뷔스트가 볼 때 24절에는 야셀에 관한 믿을 만한 기본 전승이 있고, 27-30절에는 가장 초기의 시혼 전승이 있다. 그러나 옥에 대한 가장 초창기 자료는 여호수아 12:2-4에서 발견되는데, 그 곳에서 옥이 이미 시혼과 연결되어 있다. 모든 최근의 분석가가 이러한 접근 방식을 받아들이지는 않는다는 사실이 주시되어야 할 것이다. 바틀렛(J. R. Bartlett, *JBL* 97[1978] 347-51)은 반 스터스의 논증의 방향이 전혀 입증되지도 않았고 불필요한 것이며, 또한 신명기가 민수기에 있는 불일치점을 제거하고 모호한 점을 명확하게 하려는 방향으로 기울어지고 있다고 주장한다. 시혼과 옥 전승에 대한 자신의 검토(*VT* 20[1970] 257-77)에서 그는 전자는 갓 족속이었고, 반면에 길르앗의 옥 전승은 다윗 시대의 유다가 도용했다고 주장했다. 예배 의식에 대한 관심이 두 개의 전승을 함께 이끌어 냈을 수도 있으며, 바틀렛에게는 길르앗이 이 일이 일어났을 장소로 보였다.

신명기에 있는 전승이 21-31절에 포함된 내용의 발전이라고 추측하는 바틀렛을 따르는 것은 부당한 것이 아니다. 두 본문이 공통 전승의 평행적 형태를 제공하고 있다는 숨너(W. A. Sumner, *VT* 18[1968] 216-28)의 입장 역시 주시해 볼 가치가 있다. 이러한 접근 방식의 어느 쪽에서든 21-31절을 야위스트와 결합시키는 데는 어려움이 없다. 민수기 20:14-21과의 긴밀한 관계가 있고, 고대 시 자료의 결합(27-30절)은 10-20절과 함께 한 단락으로 만든다. 백성들이 계속 "이스라엘"로 묘사되어 있다(21, 23, 24, 25절). 21-24절과 25-26절 사이에 복제가 없다는 것과 25-26절이 본질적으로 변천된 것이라는 노트의 입장을 받아들이는 것도 타당해 보인다. 헤스본에 집중하는 것이 중요한데, 그 이유는 그것이 삽입되어야 할 노래와 연결지어 주는 단어를 제공하고 있기 때문이다. 31절은 야위스트의 이전의 자료에 대한 요약적 결론으로 취급하는 것이 타당해 보인다. 32절에 있는 야셀에 대한 언급은 다루기가 어렵다. 그것은 신명기 2:24-27이나 사사기 11:19-22에서 어떤 역할을 하고 있지 않으며, 이 점에서 야위스트의 이야기의 본래 부분이 아니었을 수도 있다. 그에게 야셀은 르우벤과 갓의 구체적인 정착 전승의 한 특색이다(민 32:1). 이 지역에서의 아모리인의 축출에 대한 편집자의 언급은 아마도 24b절에 있는 장소에 대한 야위스트의 암시를 통하여 자극된 것이다. 33-35절에 대해서는 이것들이 신명기적 가필이라는, 통상적으로 생각하는 입장을 받아들이는 것이 가장 좋을 듯하다. 제의적 본문(시 135:1; 136:19-20) 가운데서 시혼과 옥이 연결되어 있는 것은 아마도 후기 신명기의 표현일 것이다. 시편 자체 가운데는 초기 연대를 암시하는 것이 거의 없다. 신명기가 옥에 관하여 보아진 전설 자료를 가지고 있는 첫 번째 문서임에 틀림없고(신 3:11), 승리한 이스라엘 족속이 그의 멸망에 일조했음에 틀림없다고 당연히 가정된다. 요단 동편의 승리의 여행에 대한 야위스트의 기사에 의해 이미 영향을 받은 제의적 전승은 쉽게 구원 이야기의 일부로서 그의 멸망을 삽입했다.

21-26절에 있는 시혼 전승의 기원과 27-30절에 있는 노래의 기원에 대한 문제가 남는다. 시혼이 헤스본의 실질적인 왕이었다는 전승(26절; 신 2:26)이 아마도 원본이겠지만, 이것이 얼마나 오래되었는지를 말하기는 어렵다. 텔 헤스반(Tell Hesban)에서의 발굴 결과 후기 청동기 시대의 유물은 아무것도 드러나지 않았고 다만 소량의 철기 시대 1기(주전 1200-700년)의 것만 나타났다. 텔 헤스반이 대규모의 도시로 유명해진 것은 다만 철기 시대 2기(주전 제8세기 후반 이후부터)부터이다. 어떤 사람은 텔 얄룰(Tell Jalul)이 성경의 헤스본의 위치라고 생각하지만, 이것은 추측에 지나지 않는다. 우리는 시혼에 대한 승리 전승을 매우 늦은 시기로 보아야 할 텐데, 아마도 야위스트 자신이 작성한 그 시기일 것이다. 그것의 창작은 27-30절에 있는 노래를 통하여 자극되었을 텐데, 이 구절(27-30절)은 요단 동편의 여행에 대한 보다 충분한 자료의 또 다른 일부일 것이다. 시혼은 이 노래 가운데서 주도적인 인물이다. 여기서 엘로히스트의 기본 설화를 구분해 낼 필요는 없다. "아모리 족속"이란 단어의 사용은 요단 동편의 왕국과 그 백성들에 대한 야위스트의 묘사의 의미를 지니고 있다.

그 노래의 기원은 상당한 논쟁 거리다. 어떤 사람은 그것이 궁극적으로 아모리 족속의 기원을 가지고 있다고 주장했다. 30절에 있는 공격의 방향은 북으로부터 남으로의 공격으로 해석할 수 있고, 그러므로 비이스라엘 족속의 노래이고, 반면에 시의 나머지 부분은 아모리 왕 시혼이 모압 왕을 멸한 데 대한 축하로 이해될 수 있다. 이러한 이론에 관한 최근의 주장은 보다 이른 시기의 상황에 대한 세부적인 사항들과 함께 고트왈드(N. K. Gottwald, *The Tribes of Yahweh*, 215, 738)에 의해 이루어졌다. 다만 말할 수 있는 것은 그 이론이 가능성이 있는 것이라는 것이다. 야위스트의 이야기는 이스라엘이 그 영토를 모압인들로부터 빼앗은 것이 아니라 아모리인들로부터 빼앗았음을 가정하고 있다는 점이 사실인 것 같고, 그들이 그 땅과 함께 노래도 가져왔을 가능성이 있다. 30절의 모호성은 불가피하게 그것에 근거한 이론을 임시적인 것으로 만든다. 다른 사람들은 그 기원이 이스라엘 족속의 것으로 본다. 바틀렛(J. R. Bartlett, *PEQ* 101[1969] 94-100)은 이것들 중 많은 내용을 요약하고, 이 노래가 다윗 시대에 속한다는 자신의 입장을 진술한다(참조. 삼하 8:2, 12). 만일 그것이 조롱하는 노래라면, 화사는 헤스본을 재선하려는 모압을 비웃는 이스라엘인이었을 것이다.

그것이 주전 9세기 이스라엘의 모압에 대한 승리, 오므리의 승리(주전 880년경), 혹은 갓 족속의 아모리인 헤스본에 대한 승리를 축하하는 것이라는 다른 주장이 있어 왔다. 스터디(J. Sturdy, 153-54) 역시 이 노래가 이스라엘의 것이며, 그것이 자신들이 헤스본을 점령하거나 혹은 재점령했을 때 출현한 것으로 생각한다. 이 본문과 예레미야 48:45-46의 관계는 분명히 중요하며, 다른 사람들 가운데서도 스터디는 그 노래가 그 자료로부터 빌려온 것이라고 생각한다. 반 세터스(J. van Seters, *JBL* 91[1972] 182-97)는 이 노래가 사실상 그 기원이 포로 후기의 후반이었을 수 있다고 주장한다. 이것은 정확한 것 같지는 않다. 본 장 전체에 나타난 분위기는 야위스트가 자신의 목적을 위하여 보다 오래된 본문을 사용했다는 것이다. 그럼에도 불구하고 이 노래의 원 형태가 모압에 대한 시혼의 승리와는 전혀 관계가 없다고 주장하는 것은 분명히 가능하다. 시혼이 예레미야 48:45-46에 언급되어 있으며, 민수기 21:29b에 있는 인용은 하나의 주석인 것 같다("원문주해"를 보라). 이제 27-28절에 있는 "시혼의 성읍"이란 언급만을 남겨 놓고 있으며, 이 언급은 시혼의 세력과 활동에 대한 암시가 아닌 단순한 묘사다. 이 노래와 예레미야 48:45-46 사이의 영향의 방향을 결정할 만한 표준은 없다. 두 본문 배후에 있는 공통된 전승을 가정하는 것이 가장 안전할 수도 있다.

결론은 야위스트가 비록 확실하지는 않지만 이스라엘의 기원을 가지고 있었던 모압에 대한 옛 비웃음의 노래를 취했다는 것이다. 그가 이용할 수 있었던 자료는 헤스본을 시혼의 성읍으로 언급했다. 그는 이 시혼을 아모리 왕으로 취급했고, 이전에 보다 초기에 모압인들을 축출했었다는 사실을 가정했다. 그의 입장에서 이것이 이스라엘 영토였으므로, 그는 이스라엘 족속에 의하여 시혼이 멸망한 이야기를 작성하고 있다. 야위스트의 온 이스라엘이 요단 동편으로 여행한 것이 문학적으로 작성된 문서라는 입장은 그 지역에 있는 소수 민족 거주지를 암시해 주고 있는 사사기 증거의 지지를 받고 있다(삿 3:12-30; 8:4-17; 10:17-12:6).

주석

[22] "왕의 대로"에 대해서는 민수기 20:17의 "주석"을 보라.

[23] 야하스는 디본의 북쪽 약 5마일 지점에 있는 현대의 키르벳 움 엘-이드함(Khirbet Umm el-Idhâm)일 것이다(참조. 신 2:32; 사 15:4; 렘 48:34). 여호수아

13:18; 21:36; 사사기 11:20; 예레미야 48:21; 역대상 6:78에 있는 야자(Jahzah)를 참조하라.

24 야셀은 얍복의 남쪽 약 12마일 지점에 있는 키르벳 야찌르(Kirbet Jazzir)일 것이다(수 21:39; 사 16:8, 9; 렘 48:32). MT는 아모리인들이 너무나 강했기 때문에 이스라엘 백성들이 얍복의 북쪽으로 나아가지 못했다고 말하고 있는 것으로 보인다("원문주해"를 보라). 아드(עד, "…하는 한")를 아레츠(ארץ, "땅")로 수정하는 것을 포함하여 24b절에 대한 다른 입장에 대해서는 J. Simons, "Two Connected Problems Relating to the Israelite Settlement in Transjordan," *PEQ* 89(1947) 87-101를 보라.

25 헤스본은 사해 북단의 동쪽 약 20마일 지점에 있는 현대의 헤스반(Hesbân)이다. 철기 시대 2기 이전에 거기에 정착했던 사람들을 발견해 내기는 어려웠다("양식/구조/배경"을 보라; 참조. 수 21:39; 사 15:4; 렘 48:2; 아 7:4).

27 "시인"(המשלים – 함모슐림). 어근 마샬(משל)은 명사일 때 자주 "잠언"으로 번역된다. 그것은 "…와 유사하다"를 의미하며, 그래서 아마도 히브리 시의 평행적 성격을 가리킬 것이다. 현재의 시는 약간 발라드의 형태, 즉 비웃는 노래일 것이다. 그것은 헤스본의 재건을 도우라는 요청으로 시작된다.

28 모압인들에 대한 모종의 성공적인 공격이 예상되어 있다.

"아르논 높은 곳"(במות ארנן – 빠모트 아르논)은 지리적 특성을 가리키기보다는 인간이 만든 제단 혹은 제사 의식의 단을 가리킬 수도 있다. 그것은 고유명사 바모트 아르논일 수도 있다("원문주해"를 보라).

29 이 노래는 모압인들을 조롱하는 데로 나아간다. 그모스는 그들을 그들의 내적의 손에 넘겨주었다. 그모스를 유명한 모압인의 돌 위에 있는 모압으로 다루는 언급이 있다.

30 이 구절은 너무나 어렵다("원문주해"를 보라). 본문 가운데서 유일하게 확실한 요소는 헤스본과 디본의 지명인 것으로 보인다. 본문이 이 반란과/혹은 군사적 행동과 관련된 멸망의 범위를 말했다고 상상하는 것은 타당하다. 세부적인 논의에 대해서는 J. R. Bartlett, *PEQ* 101(1969) 94-100를 보라.

디본은 현대의 디반(Dhibân)일 것이며, 그럴 경우 그 곳은 아르논의 먼 북쪽이 아닌 남쪽에 자리잡고 있다. 그 곳에 관한 세부적인 조사에 대해서는 A. D. Tushingham, "Dibon," *Encyclopedia of Archaeological Excavations in the Holy Land*. ed. M. Avi-Yonah(London: Oxford University Press, 1975)를 보라. 가장 초기의 점유는 주

전 9세기 중반이다.

메드바는 헤스본과 디본 사이에 위치한 것으로 보인다 – 헤스본의 남쪽 현대의 마데바(Mâdebâ)를 유념하라. 하나의 LB 무덤이 그 곳에서 발견되었으나, 그 당시에 상당한 크기의 인구가 존재했다는 증거가 없다. 보다 자세한 사항들에 대해서는 M. Avi-Yonah, "Medeba," *Encyclopedia of Archaeological Excavations in the Holy Land.* ed. M. Avi-Yonah(London: Oxford University Press, 1975)를 보라.

33 "바산 길로"(דרך הבשן – 떼레크 하바산)는 북동쪽으로의 공격을 암시한다. 에드레이는 갈릴리 바다의 동쪽 약 30마일 지점에 있다(신 3:1, 10). 바산은 그 풍부한 목초지와 살찐 가축으로 유명하다(참조. 암 4:1). 옥에 관한 전설 자료에 대해서는 신명기 3:11을 보라.

35 저주(ban) – 완전한 멸절 – 는 그 날의 명령이었다.

해설

이 단락은 두 요단 동편 왕국, 즉 아모리 왕 시혼과 바산 왕 옥의 결정적인 궤멸을 말하고 있다. 시혼 궤멸의 이야기(21-24절)는 민수기 20:14-21에서 발견된 것과 유사한 형태로 구성되어 있다. 에돔에 대해서처럼 사자들이 그 곳으로 보냄을 받아 그 땅을 통과하도록 허락해 달라고 요청한다. 그 허락은 다시 한 번 거절당하고, 시혼은 이스라엘을 위협한다. 이번에는 전쟁을 벌이게 되고, 이스라엘은 압도적으로 승리한다. 시혼은 이전의 모압인의 영토를 점령해 왔던 것으로 생각되었으며, 이제는 이 곳이 이스라엘의 손에 들어온다. 헤스본의 멸망은 27-30절의 옛 비웃음의 노래로 축하된다. 언어학상의 증거는 33-35절이 신명기 3:1-3에서 도입된 내용임을 시사하고 있는데, 민수기의 사마리아 오경의 특성이 여기서 MT에 영향을 주고 있다. 야셀의 점령 기사(32절)는 24b절의 영향을 받았을 수도 있다. 그것 역시 도입한 내용일 텐데, 그 이유는 그것이 민수기 32:1에 있는 야위스트의 기사와 화합하기가 어렵기 때문이다.

이 단락의 주요 부분(21-31절)은 요단 동편 여행에 대한 야위스트의 연속 기록으로 보인다. 20절에 있는 유진의 장소 목록은 우리를 시혼의 영토 안으로 이끌어 갔고, 또한 야위스트는 이제 야하스에서 일어난 결정적인 사건으로 되돌아간다. 시혼 궤멸 기사는 본질적으로 야위스트 자신의 글이다. 그것은 민수기 20:14-21에서 채용된 형태와 비교될 수 있는 스타일 형태로 구성되어 있다. 그는 자신이 제안하려고 하는 옛 반(反) 모압인 비웃음의 노래(27-30절)를 통하여 그 전승을 창작하도록 충동을 받는다. 이것은 헤스본을 시혼의 성읍으로 언급했고, 그로 하여금 이스라엘이 북방으로 행하는 승리의 행진 도상에서 시혼을 멸해야 한다고 생각하도록 유도했다.

앞의 단락에서 시작된, 백성들의 단호하고도 과단성 있는 과정은 요단 동편의 왕국들을 쳐부수는 승리와 더불어 더욱 탄력을 받는다.

40. 발람 이야기(22:1-24:25)

참고문헌

Albright, W. F. "The Home of Balaam." *JAOS* 35(1915) 386-90. ______. "The Oracles of Balaam." *JBL* 63(1944) 207-53. ______. "From Patriarchs to Moses: 2. Moses out of Egypt." *BA* 36(1973) 48-76. ______. "The Meaning of the Phrase šet̄ūm hāʿayin in Num 24:3, 15." *VT* 3(1953) 78-79. **Bewer, J. A.** "The Literary Problems of the Balaam Story in Numbers, Chapters 22-24." *AJT* 9(1905) 238-62. **Brichto, H. C.** *The Problem of "Curse" in the Hebrew Bible.* Philadelphia: Society of Biblical Literature and Exegesis, 1963. **Burrows, E.** *The Oracles of Jacob and Balaam.* London: Burns, Oates and Washbourne, 1938. **Canney, M. A.** "Numbers 22:21-31." *ExpTim* 27(1917) 568. **Cheyne, T. K.** "Some Critical Difficulties in the Chapters on Balaam." *ExpTim* 10(1898/9) 399-402. **Christensen, D. L.** *Transformations of the War Oracle in Old Testament Prophecy.* Missoula, MT: Scholars Press, 1975. **Cipriani, S.** "Il senso messianico degli oracoli di Balaam(Num 23-24)." *Attidella 18 settimana biblica: Il Messianismo.* Brescia, 1966. **Coats, G. W.** "Balaam: Sinner or Saint?" *BR* 18(1973) 21-29. **Coppens, J.** "Les Oracles de Bileam: Leur Origine Littéraire et leur Portée Prophétique." *Melanges Eugene Tisserant Vol. 1.* Cittá del Vaticano: Bibliotheca Apostolica Vaticana, 1964. **Craigie, P. C.** "The Conquest and Early Hebrew Poetry." *TB* 20(1969) 76-94. **Eising, H.** "Balaams Eselin." *BK* 13(1958) 45-47. **Eissfeldt, O.** "Die Komposition der Bileam- Erzählung." *ZAW* 57(1939) 212-41. ______. "Sinai Erzählung und Bileamsprüche." *HUCA* 32(1961) 179-90. **Freedman, D. N.** "Archaic Forms in Early Hebrew Poetry." *ZAW* 72(1960) 101 7. ______. "Pottery, Poetry, and Prophecy: An Essay on Biblical Poetry." *JBL* 96(1977) 5-26. **Franken, H. J.** "Texts from the Persian Period from Tell Deir ʿAlla." *VT* 17(1967) 480-81. **Gemser, B.** "Der Stern aus Jacob(Num 24:17)." *ZAW* 2(1925) 301-2. **Gross, W.** "'Ein Zepter wird sich erheben aus Isreal'(Num 24:17). Die messianische Hoffnung im Alten Testament." *BK* 17(1962) 34-37. ______. Bileam. Literar- und formkritishce Untersuchung der Prosa in Num 22-24. Munich: Kösel Verlag, 1974. **Guillaume, A.** "A Note on Num 23:10." *VT* 12(1962) 335-37. **Guyot, G. H.** "The Prophecy of Balaam." *CBQ* 2(1940) 330-40. ______. "Balaam." *CBQ* 3(1941) 235-42. **Hertz, J. H.** "Numbers

23:9b, 10." *ExpTim* 45(1933/4) 524. **Hoftijzer, J.** "The Prophet Balaam in a 6th Century Aramaic Inscription." *BA* 39(1976) 11-17. **Johnson, A. R.** *The Cultic Prophet in Ancient Israel.* Cardiff: University of Wales, 1962. **Kosmala, H.** "Form and Structure in Ancient Hebrew Poetry." *VT* 14(1964) 423-45. **LaVerdiere, E. A.** "Balaam Son of Peor." *TBT* 89(1977) 1157-65. **Lipiński, E.** "באחרית הימים dans les textes preexiliques." *VT* 20(1970) 445-50. **Liver, J.** "The Figure of Balaam in Biblical Tradition." *Eretz-Israel* 3(1954) 97-100. **Lock, W.** "Balaam." *JTS* 2(1901) 161-73. **Loewe, H.** "Numbers 22:6." *ExpTim* 26(1914/15) 378. **Löhr, M.** "Bileam, Num 22:2-24, 25." *AfO* 4(1927) 85-89. **Loretz, O.** "Die Herausführungsformel in Num 23:22 und 24:8." *UF* 7(1975) 571-72. **Mackensen, R. S.** "The Present Literary Form of the Balaam Stories." *The Macdonald Presentation Volume.* Princeton: Books for Libraries Press, 1933. **Mauchline, J.** "The Balaam- Balak Songs and Saga." *Studia Semitica et Orientalia Vol. 2. Presentation Volume to William Barron Stevenson,* ed. C. J. Mullo-Weir. Glasgow: Glasgow University Oriental Society, 1945. **Mowinckel, S.** "Der Ursprung der Bileamsage." *ZAW* 48(1930) 233-71. **Nestle, E.** "Num 23:19." *ZAW* 28(1908) 228-29. **Noth, M.** "Israelitische Stämme zwischen Ammon und Moab." *ZAW* 60(1944) 11-57. **Orlinsky, H. M.** "Rā*bás* for Šākáb in Num 24:9." *JQR* 35(1944/45) 173-77. **Pakozdy, L. M. von** "Theologische Redaktionsarbeit in der Bileam Perikope." *Von Ugarit nach Qumran.* ed. J. Hempel and L. Rost. BZAW 77 Berlin: Töpelmann, 1958. **Parker, I.** "The Way of God and the Way of Balaam." *ExpTim* 17(1905) 45. **Perles, F.** "*Zu Numeri 24: 23.*" *ZAW* 29(1909) 73. **Powell, T.,** *The Oracles of Balaam.* Diss. Pasadena, Fuller Theological Seminary, 1981. **Rad, G. von** "Die Geschichte von Bileam." *Gottes Wirken in Israel.* Neukirchen: Steck, 1974. **Rost, L.** "Fragen um Bileam." *Beiträge zur Alttestamentliche Theologie.* ed. H. Donner. Göttingen: Vandenhoeck and Ruprecht, 1977. **Sayce, A. H.** "Who was Balaam?" *ExpTim* 15(1903/4) 405-6. **Schmidt, L.** "Die alttestamentliche Bileamüberlieferung." *BZ* 23(1979) 234-61. **Seybold, K.** "Das Herrscherbild des Bileamorakels Num 24:15-19." *TZ* 29(1973) 1-19. **Smick, E. B.** "A Study of the Structure of the Third Balaam Oracle(Num 24:5-9)." *The Law and the Prophets.* ed. J. H. Skilton. Nutley NJ.: Presbyterian and Reformed Publishing Co., 1974. **Stanley, D. M.** "Balaam's Ass or a Problem in New Testament Hermeneutics." *CBQ* 20(1958) 50-56. **Sutcliffe, E. F.** "De Unitate Litteraria Num 22." *Bib* 7(1926) 3-39. ______. "A Note on Num 22." *Bib* 18(1937) 439-42. **Thom, A.** "Balaam's Prayer." *ExpTim* 16(1905) 334. **Thomas, D. W.** "The word

רַבַּע in Numbers 23:10." *ExpTim* 46(1934/35) 285. ______. "Some Further Remarks on Unusual Ways of Expressing the Superlative in Hebrew." *VT* 18(1968) 120-24. **Tosato, A.** "The Literary Structure of the First Two Poems of Balaam(Num 23:7-10, 18-24)." *VT* 29(1979) 98-106. **Vermes, G.** *Scripture and Tradition in Judaism.* Leiden: Brill, 1961. **Vetter, D.** *Seherspruch und Segensschilderung. Ausdruckabsichten und sprachliche Verwirklichungen in den Bileam-Sprüchen yon Numeri 23 und 24.* Stuttgart: Calwer Verlag, 1975. **Vosté, J-M.** "Les Oracles de Balaam D'Après Mar Išoʿdad de Merw(c. 850)." *Bib* 29(1948) 169-94. **Wagner, S.** "Offenbarungsphünomenologische Elemente in der Bileam-Geschichte von Num 22-24." *Theologische Versuche* 5(1975) 11-31. **Wharton, J. A.** "The Command to Bless: An Exposition of Numbers 22:41-23:25." *Int* 13(1959) 37-48. **Yahuda, A. S.** "The Name of Balaam's Homeland." *JBL* 64(1945) 547-51.

본 문

1 이스라엘 자손이 또 진행하여 모압 평지에 진 쳤으니 요단 건너편 곧 여리고 맞은편이더라	1 And the people of Israel set out, and encamped in the plains of Moab on the other side of the Jordan from Jericho.
2 십볼의 아들 발락이 이스라엘이 아모리인에게 행한 모든 일을 보았으므로	2 And Balak the son of Zippor saw all that Israel had done to the Amorites.
3 모압이 심히 두려워하였으니 이스라엘 백성의 많음을 인함이라 모압이 이스라엘 자손의 연고로 번민하여	3 And Moab was terrified of the people, because they were many. Moab was overcome with fear of the people of Israel.
4 미디안 장로들에게 이르되 이제 이 무리가 소가 밭의 풀을 뜯어먹음같이 우리 사면에 있는 것을 다 뜯어먹으리로다 하니 때에 십볼의 아들 발락이 모압 왕이었더라	4 And Moab said to the elders of Midian, "This[a] assembly will now lick up everything round us, as a bull licks up the grass of the field." And Balak the son of Zippor was king of Moab at that time.
5 그가 사자를 브올의 아들 발람의 본향 강변 브돌에 보내어 발람을 부르게 하여 가로되 보라 한 민족이 애굽에서 나왔는데 그들이 지면에 덮여서 우리 맞은편에 거하였고	5 And he sent messengers to Balaam the son of Beor at Pethor, which is near the River[a] in the land of the Amavites,[b] to call him, saying, "Behold, a people has come out of Egypt. Behold, they cover the face of the earth, and they have settled opposite me.
6 우리보다 강하니 청컨대 와서 나를 위하여 이 백성을 저주하라 내가 혹 쳐서 이기어 이 땅에서 몰아내리라 그대가 복을 비는 자는 복을 받고 저	6 Come now, curse this people for me,[a] since they are too strong for me.[b] Then perhaps I shall be able to defeat them, and drive them from the

주하는 자는 저주를 받을 줄을 내가 앎이니라

land. For I know that he whom you bless is blessed, and he whom you curse is cursed."

7 모압 장로들과 미디안 장로들이 손에 복술의
예물을 가지고 떠나 발람에게 이르러 발락의 말
로 그에게 고하매

7 And the elders of Moab and the elders of
Midian went with the fees for divination in their
hands, and they came to Balaam, and reported to
him Balak's words,

8 발람이 그들에게 이르되 이 밤에 여기서 유숙
하라 여호와께서 내게 이르시는 대로 너희에게
대답하리라 모압 귀족들이 발람에게서 유하니라

8 And he said to them, "Lodge here tonight, and
I will bring back word to you, as Yahweh speaks
to me." And the leaders of Moab stayed with
Balaam.

9 하나님이 발람에게 임하여 가라사대 너와 함께
한 이 사람들이 누구냐
10 발람이 하나님께 고하되 모압 왕 십볼의 아들
발락이 내게 보낸 자라 이르기를
11 보라 애굽에서 나온 민족이 있어 지면에 덮였
으니 이제 와서 나를 위하여 그들을 저주하라 내
가 혹 그들을 쳐서 몰아낼 수 있으리라 하나이다

9 And God came to Balaam and said, "Who are
these men with you?"
10 And Balaam said to God, "Balak the son of
Zippor, king of Moab, has sent to me, saying,[a]
11 'Behold, [a]a people has come out[a] of Egypt,
and it covers the face of the earth. Come now,
curse them for me. Perhaps then I shall be able
to fight against them, and drive them out.'"

12 하나님이 발람에게 이르시되 너는 그들과 함
께 가지도 말고 그 백성을 저주하지도 말라 그들
은 복을 받은 자니라
13 발람이 아침에 일어나서 발락의 귀족들에게
이르되 너희는 너희의 땅으로 돌아가라 내가 너
희와 함께 가기를 여호와께서 허락지 아니하시느
니라
14 모압 귀족들이 일어나 발락에게로 가서 고하
되 발람이 우리와 함께 오기를 거절하더이다

12 And God said to Balaam, "You shall not go
with them. You shall not curse the people, for
they are blessed."
13 And Balaam arose in the morning, and said
to the leaders of Balak, "Go to your own land,[a]
for Yahweh[b] has refused to let me go with you."
14 And the leaders of Moab arose and went to
Balak, and said, "Balaam refuses to come with
us."

15 발락이 다시 그들보다 더 높은 귀족들을 더
많이 보내매
16 그들이 발람에게로 나아가서 그에게 이르되
십볼의 아들 발락의 말씀에 청컨대 아무것에도
거리끼지 말고 내게로 오라
17 내가 그대를 높여 크게 존귀케 하고 그대가 내
게 말하는 것은 무엇이든지 시행하리니 청컨대 와
서 나를 위하여 이 백성을 저주하라 하시더이다
18 발람이 발락의 신하들에게 대답하여 가로되
발락이 그 집에 은금을 가득히 채워서 내게 줄지
라도 내가 능히 여호와 내 하나님의 말씀을 어기
어 덜하거나 더하지 못하겠노라

15 And Balak yet again sent leaders, more of
them and of higher rank than these.
16 And they came to Balaam and said to him,
"Thus says Balak the son of Zippor, 'Let nothing
hinder you from coming to me.
17 For I will confer great honor upon you, and
all that you say to me I will do. And come I
pray, curse this people for me.'"
18 But Balaam answered and said to the ser-
vants[a] of Balak, "Even if Balak were to give me
his house full of silver and gold I could not go
beyond the commandment of Yahweh my God

in anything, small or great.[b]

19 그런즉 이제 너희도 이 밤에 여기서 유하라 여호와께서 내게 무슨 말씀을 더 하실는지 알아보리라

19 But now, you also stay the night, that I may know what more[a] Yahweh may say to me."

20 밤에 하나님이 발람에게 임하여 이르시되 그 사람들이 너를 부르러 왔거든 일어나 함께 가라 그러나 내가 네게 이르는 말만 준행할지니라

20 And God[a] came to Balaam in the night and said to him, "If the men have come to call you, then rise, go with them, but do only what I tell you."

21 발람이 아침에 일어나서 자기 나귀에 안장을 지우고 모압 귀족들과 함께 행하니

21 And Balaam rose in the morning, and saddled his ass, and went with the leaders of Moab.

22 그가 행함을 인하여 하나님이 진노하심으로 여호와의 사자가 그를 막으려고 길에 서니라 발람은 자기 나귀를 타고 그 두 종은 그와 함께 있더니

22 But Yahweh's[a] anger was stirred because he went. And the angel of Yahweh stood in his way as his adversary. And he was riding on the ass, and there were two servants with him.

23 나귀가 여호와의 사자가 칼을 빼어 손에 들고 길에 선 것을 보고 길에서 떠나 밭으로 들어간지라 발람이 나귀를 길로 돌이키려고 채찍질하니

23 And the ass saw the angel of Yahweh standing in the road, with a drawn sword in his hand. And the ass turned off the road and went into the field. And Balaam struck the ass to make her return to the road.

24 여호와의 사자는 포도원 사이 좁은 길에 섰고 좌우에는 담이 있더라

24 And the angel of Yahweh stood in a narrow place between the vineyards, with a wall on either side.

25 나귀가 여호와의 사자를 보고 몸을 담에 대고 발람의 발을 그 담에 비비어 상하게 하매 발람이 다시 채찍질하니

25 And the ass saw the angel of Yahweh, and as she pushed against the wall she pressed Balaam's foot against the wall. And again he struck her.

26 여호와의 사자가 더 나아가서 좌우로 피할 데 없는 좁은 곳에 선지라

26 And the angel of Yahweh went ahead, and again he stood in a narrow place, where there was no way to turn, either to right or left.

27 나귀가 여호와의 사자를 보고 발람의 밑에 엎드리니 발람이 노하여 자기 지팡이로 나귀를 때리는지라

27 And the ass saw the angel of Yahweh, and she lay down under Balaam. And Balaam's anger was stirred, and he struck the ass with his stick.

28 여호와께서 나귀 입을 여시니 발람에게 이르되 내가 네게 무엇을 하였기에 나를 이같이 세 번을 때리느뇨

28 And Yahweh opened the mouth of the ass, and she said to Balaam, "What have I done to you, that you have struck me these three times?"

29 발람이 나귀에게 말하되 네가 나를 거역하는 연고니 내 손에 칼이 있었더면 곧 너를 죽였으리라

29 And Balaam said to the ass, "Because you have made a fool of me. I wish I had a sword in my hand, for then I would kill you."

30 나귀가 발람에게 이르되 나는 네가 오늘까지 네 일생에 타는 나귀가 아니냐 내가 언제든지 네게 이같이 하는 행습이 있더냐 가로되 없었느니라

30 And the ass said to Balaam, "Am I not yours, the one you have ridden all your life long to this day? Have I ever done this to you before?" And

he said, "No."

31 때에 여호와께서 발람의 눈을 밝히시매 여호와의 사자가 손에 칼을 빼어 들고 길에 선 것을 보고 머리를 숙이고 엎드리니

31 And Yahweh opened Balaam's eyes, and he saw the angel of Yahweh standing in the way, with his drawn sword in his hand. And he bowed his head, and fell on his face.

32 여호와의 사자가 그에게 이르되 너는 어찌하여 네 나귀를 이같이 세 번 때렸느냐 보라 네 길이 내 앞에 패역하므로 내가 너를 막으려고 나왔더니

32 And the angel of Yahweh said to him, "Why have you struck your ass these three times? Behold, I have come out to oppose you,[a] because your way is perverse[b] before me.

33 나귀가 나를 보고 이같이 세 번을 돌이켜 내 앞에서 피하였느니라 나귀가 만일 돌이켜 나를 피하지 아니하였더면 내가 벌써 너를 죽이고 나귀는 살렸으리라

33 And the ass saw me and turned aside before me these three times. If she had not turned aside from me, surely just now I would have killed you and let her live."

34 발람이 여호와의 사자에게 말씀하되 내가 범죄하였나이다 당신이 나를 막으려고 길에 서신 줄을 내가 알지 못하였나이다 당신이 이를 기뻐하지 아니하시면 나는 돌아가겠나이다

34 And Balaam said to the angel of Yahweh, "I have sinned, for I did not know that you stood in the road against me. Now therefore if it is evil in your sight, I will go back again."

35 여호와의 사자가 발람에게 이르되 그 사람들과 함께 가라 내가 네게 이르는 말만 말할지니라 발람이 발락의 귀족들과 함께 가니라

35 And the angel of Yahweh said to Balaam, "Go with the men, but only the word which I speak to you shall you speak." And Balaam went on with Balak's leaders.

36 발락이 발람의 온다 함을 듣고 모압 변경의 끝 아르논 가에 있는 성읍까지 가서 그를 영접하고

36 And Balak heard that Balaam was coming. And he went out to meet him at Ar[a] of Moab by the Arnon on his frontier.

37 발락이 발람에게 이르되 내가 특별히 보내어 그대를 부르지 아니하였느냐 그대가 어찌 내게 오지 아니하였느냐 어찌 그대를 높여 존귀케 하지 못하겠느냐

37 And Balak said to Balaam, "Did I not send time and again to call you? Why did you not come to me? Am I not able to honor you?"

38 발람이 발락에게 이르되 내가 오기는 하였으나 무엇을 임의로 말할 수 있으리이까 하나님이 내 입에 주시는 말씀 그것을 말할 뿐이니이다

38 And Balaam said to Balak, "Behold, I have come to you. But now what power have I of myself to say anything? The word that God puts in my mouth, that I will speak."

39 발람이 발락과 동행하여 기럇후솟에 이르러서는

39 And Balaam went with Balak, and they came[a] to Kiriath-huzoth.

40 발락이 우양을 잡아 발람과 그와 함께 한 귀족을 대접하였더라

40 And Balak sacrificed cattle and sheep, and sent to Balaam and to the leaders who were with him.

41 아침에 발락이 발람과 함께 하고 그를 인도하여 바알의 산당에 오르매 발람이 거기서 이스라엘 백성의 진 끝까지 보니라

41 And next morning Balak took Balaam, and brought him up to Bamoth-baal. And he saw from there the nearest of the people.

23:1 발람이 발락에게 이르되 나를 위하여 여기 일

23:1 And Balaam said to Balak, "Build for me

곱 단을 쌓고 거기 수송아지 일곱과 숫양 일곱을 준비하소서 하매

here seven altars, and prepare for me here seven bulls and seven rams."

2 발락이 발람의 말대로 준비한 후에 발락과 발람이 매 단에 수송아지 하나와 숫양 하나를 드리니라

2 And Balak did as Balaam had said. And he[a] offered on each altar a bull and a ram.

3 발람이 발락에게 이르되 당신의 번제물 곁에 서소서 나는 저리로 갈지라 여호와께서 혹시 오셔서 나를 만나시리니 그가 내게 지시하시는 것은 다 당신에게 고하리이다 하고 사태난 산에 이른즉

3 And Balaam said to Balak, "Stand beside your whole offering,[a] and I will go. Perhaps God[b] will come to meet me. And whatever he shows me I will tell you." And he went to a bare height,[c]

4 하나님이 발람에게 임하시는지라 발람이 고하되 내가 일곱 단을 베풀고 매단에 수송아지 하나와 숫양 하나를 드렸나이다

4 And God[a] met[b] Balaam. And Balaam said to him, "I have prepared the seven altars, and I have offered on each altar a bull and a ram."

5 여호와께서 발람의 입에 말씀을 주어 가라사대 발락에게 돌아가서 이렇게 말할지니라

5 And Yahweh[a] put a word in Balaam's mouth, and said, "Return to Balak, and thus shall you speak."

6 그가 발락에게 돌아간즉 발락과 모압 모든 귀족이 번제물 곁에 함께 섰더라

6 And he returned to him, and behold, he and all the Moabite leaders were standing beside his whole offering.[a]

7 발람이 노래를 지어 가로되 발락이 나를 아람에서, 모압 왕이 동편 산에서 데려다가 이르기를 와서 나를 위하여 야곱을 저주하라 와서 이스라엘을 꾸짖으라 하도다

7 And he (Balaam) uttered his oracle, "From Aram[a] Balak has brought me, (4+4) The king of Moab from the eastern mountains: 'Come curse Jacob for me, And come, denounce Israel!' (3+3)

8 하나님이 저주치 않으신 자를 내 어찌 저주하며 여호와께서 꾸짖지 않으신 자를 내 어찌 꾸짖을꼬

8 How can I curse one[a] whom God has not cursed? (2+3) How can I denounce one whom Yahweh has not denounced? (2+3)

9 내가 바위 위에서 그들을 보며 작은 산에서 그들을 바라보니 이 백성은 홀로 처할 것이라 그를 열방중의 하나로 여기지 않으리로다

9 For from the top of the mountain I see him, And from the hills I watch him. (3+2) Behold, a people living alone, And that has not reckoned itself among the nations! (3+3)

10 야곱의 티끌을 뉘 능히 계산하며 이스라엘 사분지 일을 뉘 능히 계수할꼬 나는 의인의 죽음같이 죽기를 원하며 나의 종말이 그와 같기를 바라도다 하매

10 Who can count the dust of Jacob, Or number the fourth part[a] of Israel? (4+3) Let me die the death of the righteous,[b] And let my end[c] be like his!" (4+3)

11 발락이 발람에게 이르되 그대가 어찌 내게 이같이 행하느냐 나의 원수를 저주하라고 그대를 데려왔거늘 그대가 온전히 축복하였도다

11 And Balak said to Balaam, "What have you done to me? I sent for you to curse my enemies, and behold, you have done nothing but bless them."

12 대답하여 가로되 여호와께서 내 입에 주신 말

12 And he answered, and said, "Must I not keep

씀을 내가 어찌 말하지 아니할 수 있으리이까
13 발락이 가로되 나와 함께 그들을 달리 볼 곳
으로 가자 거기서는 그들을 다 보지 못하고 그 끝
만 보리니 거기서 나를 위하여 그들을 저주하라
하고

14 소빔 들로 인도하여 비스가 꼭대기에 이르러
일곱 단을 쌓고 매 단에 수송아지 하나와 숫양 하
나를 드리니
15 발람이 발락에게 이르되 내가 저기서 여호와
를 만날 동안에 여기 당신의 번제물 곁에 서소서
하니라
16 여호와께서 발람에게 임하사 그 입에 말씀을
주어 가라사대 발락에게로 돌아가서 이렇게 말할
지니라
17 발람이 와서 본즉 발락이 번제물 곁에 섰고
모압 귀족들이 함께 있더라 발락이 발람에게 이
르되 여호와께서 무슨 말씀을 하시더냐

18 발람이 노래를 지어 가로되 발락이여 일어나
들을지어다 십볼의 아들이여 나를 자세히 들으라

19 하나님은 인생이 아니시니 식언치 않으시고
인자가 아니시니 후회가 없으시도다 어찌 그 말
씀하신 바를 행치 않으시며 하신 말씀을 실행치
않으시랴
20 내가 축복의 명을 받았으니 그가 하신 축복을
내가 돌이킬 수 없도다
21 여호와는 야곱의 허물을 보지 아니하시며 이
스라엘의 패역을 보지 아니하시는도다 여호와 그
의 하나님이 그와 함께 계시니 왕을 부르는 소리
가 그 중에 있도다
22 하나님이 그들을 애굽에서 인도하여 내셨으니
그 힘이 들소와 같도다
23 야곱을 해할 사술이 없고 이스라엘을 해할 복
술이 없도다 이 때에 야곱과 이스라엘에 대하여
논할진대 하나님의 행하신 일이 어찌 그리 크뇨
하리로다
24 이 백성이 암사자같이 일어나고 수사자같이
일어나서 움킨 것을 먹으며 죽인 피를 마시기 전

to the words that Yahweh[a] puts into my mouth?"
13 And Balak said to him, "Come with me to
another place from which you may see them.
From there you shall see the nearest of them, but
shall not see them all. Then curse them for me
from there."
14 And he took him to the field of Zophim, to
the top of Pisgah, and built seven altars, and
offered a bull and a ram on each altar.
15 And Balaam[a] said to Balak, "Stand here
beside your whole offering,[b] and I will meet God[c]
over there."
16 And God[a] met Balaam, and put a word in his
mouth, and said, "Return to Balak, and thus
shall you speak."
17 And he came[a] to him, and behold, he was
standing beside his whole offering,[b] and the
Moabite leaders with him. And Balak said to
him, "What has Yahweh spoken?"
18 And Balaam uttered his oracle, "Rise, Balak,
and hear, Listen to me[a] you son[b] of Zippor.
(3+4)
19 God is not a man that he should lie,[a] Nor a
son of man that he should change his mind.
(4+3) Has he spoken, and will he not do it? Or
has he declared, and will he not fulfill it? (4+3)
20 Behold, I received a command[a] to bless,[b] He
has blessed,[c] and I cannot revoke it. (3+3)
21 He has not discovered[a] iniquity in Jacob, Nor
has he seen mischief in Israel. (3+3) Yahweh
his God is with him, Acclaimed in him as king.
(3+3)
22 God[a] brings them out of Egypt, He has as it
were the horns of a wild ox.[bc] (3+3)
23 For there is no enchantment against[a] Jacob,
And no divination against[a] Israel. (3+2) Now is
the time for it to be said of Jacob, And of Israel,
'What has God wrought!' (3+3)
24 Behold, a people rearing up like a lioness,
And rampant like a lion. (3+2) He will not lie

에는 눕지 아니하리로다 하매

25 발락이 발람에게 이르되 그들을 저주하지도 말고 축복하지도 말라
26 발람이 발락에게 대답하여 가로되 내가 당신에게 고하여 이르기를 여호와께서 말씀하신 것은 내가 그대로 하지 않을 수 없다고 하지 아니하더이까
27 발락이 발람에게 또 이르되 오라 내가 너를 다른 곳으로 인도하리니 네가 거기서 나를 위하여 그들을 저주하기를 하나님이 혹시 기뻐하시리라 하고
28 발락이 발람을 인도하여 광야가 내려다 보이는 브올 산 꼭대기에 이르니
29 발람이 발락에게 이르되 나를 위하여 여기 일곱 단을 쌓고 거기 수송아지 일곱과 숫양 일곱을 준비하소서
30 발락이 발람의 말대로 행하여 매 단에 수송아지 하나와 숫양 하나를 드리니라
24:1 발람이 자기가 이스라엘을 축복하는 것을 여호와께서 선히 여기심을 보고 전과 같이 사술을 쓰지 아니하고 그 낯을 광야로 향하여

2 눈을 들어 이스라엘이 그 지파대로 거하는 것을 보는 동시에 하나님의 신이 그 위에 임하신지라
3 그가 노래를 지어 가로되 브올의 아들 발람이 말하며 눈을 감았던 자가 말하며

4 하나님의 말씀을 듣는 자, 전능자의 이상을 보는 자, 엎드려서 눈을 뜬 자가 말하기를

5 야곱이여 네 장막이, 이스라엘이여 네 거처가 어찌 그리 아름다운고
6 그 벌어짐이 골짜기 같고 강가의 동산 같으며 여호와의 심으신 침향목들 같고 물가의 백향목들 같도다

7 그 통에서는 물이 넘치겠고 그 종자는 많은 물

down till he devours the prey, And drinks the blood of the slain."(4+3)
25 And Balak said to Balaam, "Do not curse them at all, nor bless them at all."
26 But Balaam answered, and said to Balak, "Did I not tell you, 'All that God[a] says, that I must do'?"

27 And Balak said to Balaam, "Come now, I will take you to another place. Perhaps it will be good in God s eyes for you to curse them for me from there."
28 And Balak took Balaam to the top of Peor, overlooking the desert.
29 And Balaam said to Balak, "Build for me here seven altars, and prepare for me here seven bulls and seven rams."
30 And Balak did as Balaam had said, and offered a bull and a ram on each altar.
24:1 And Balaam saw that it was good in Yahweh's eyes to bless Israel, and he did not go, as at the other times, to resort to enchantments, but set his face towards the wilderness.
2 And Balaam lifted up his eyes, and saw Israel encamped, tribe by tribe. And the spirit of God came upon him.
3 And he uttered his oracle, "The word of Balaam the son of Beor, And the word of the man whose sight is clear.[a] (4+4)
4 The word of him who hears the words of God,[a] And who sees the vision of the Almighty, Falling down,[b] but having his eyes uncovered. (3+3)
5 How[a] fair are your tents, O Jacob, Your encampments, O Israel! (3+2)
6 Like rows of palms[a] that stretch afar, Like gardens by a river; (2+3) Like aloes[b] that Yahweh has planted, Like cedars[b] beside the waters. (3+2)
7 [a]Water shall flow from his buckets, And his

가에 있으리로다 그 왕이 아각보다 높으니 그 나라가 진흥하리로다

seed shall be in many waters.[a] (3+3) His king shall be taller than Agag,[b] And his kingdom shall be lifted high. (3+2)

8 하나님이 그를 애굽에서 인도하여 내셨으니 그 힘이 들소와 같도다 그 적국을 삼키고 그들의 뼈를 꺾으며 화살을 쏘아 꿰뚫으리로다

8 God guides[a] him out of Egypt, He has as it were the horns of a wild ox.[b] (3+3) He shall eat up the nations his adversaries, And shall break their bones in pieces, And pierce them with his arrows. (3+2+2)

9 꿇어 앉고 누움이 수사자와 같고 암사자와도 같으니 일으킬 자 누구이랴 너를 축복하는 자마다 복을 받을 것이요 너를 저주하는 자마다 저주를 받을지로다

9 He couched, he lay down like a lion, And like a lioness. Who will rouse him up? (3+3) Blessed be they that bless you, And they that curse you be accursed!" (2+2)

10 발락이 발람에게 노하여 손뼉을 치며 발람에게 말하되 내가 그대를 부른 것은 내 원수를 저주하라 함이어늘 그대가 이같이 세 번 그들을 축복하였도다

10 And Balak's anger was stirred against Balaam, and he struck his hands together. And Balak said to Balaam, "I called you to curse my enemies, and behold, you have persisted in blessing them these three times,

11 그러므로 그대는 이제 그대의 곳으로 달려가라 내가 그대를 높여 심히 존귀케 하기로 뜻하였더니 여호와가 그대를 막아 존귀치 못하게 하셨도다

11 Therefore now flee to your place. I said, 'I will certainly honor you,' but behold, Yahweh has kept you back from honor."

12 발람이 발락에게 이르되 당신이 내게 보낸 사자들에게 내가 고하여 이르지 아니하였나이까

12 And Balaam said to Balak, "Did I not tell your messengers whom you sent to me, saying,

13 가령 발락이 그 집에 은금을 가득히 채워서 내게 줄지라도 나는 여호와의 말씀을 어기고 선악간 임의로 행하지 못하고 여호와께서 말씀하신 대로 말하리라 하지 아니하였나이까

13 'If Balak gives to me his house full of silver and gold, I would not be able to go beyond the word of Yahweh, to do either good or bad of my own will. What Yahweh[a] speaks, that I speak'?

14 이제 나는 내 백성에게로 돌아가거니와 들으소서 내가 이 백성이 후일에 당신의 백성에게 어떻게 할 것을 당신에게 고하리이다 하고

14 And now, behold, I am going to my people,[a] Come, I will let you know what this people will do to your people in the days to come."

15 노래를 지어 가로되 브올의 아들 발람이 말하며 눈을 감았던 자가 말하며

15 And he uttered his oracle, "The word of Balaam the son of Beor, And the word of the man whose sight is clear. (4+4)

16 하나님의 말씀을 듣는 자가 말하며 지극히 높으신 자의 지식을 아는 자, 전능자의 이상을 보는 자, 엎드려서 눈을 뜬 자가 말하기를

16 The word of him who hears the words of God, And knows the knowledge of the Most High. The vision of the Almighty he sees, Falling down, but having his eyes uncovered (3+3) (3+3)

17 내가 그를 보아도 이 때의 일이 아니며 내가 그를 바라보아도 가까운 일이 아니로다 한 별이

17 I see him,[a] but not now. I behold him,[b] but not near. (3+3) A star[c] shall come forth[d] out

야곱에게서 나오며 한 홀이 이스라엘에게서 일어나서 모압을 이편에서 저편까지 쳐서 파하고 또 소동하는 자식들을 다 멸하리로다

of Jacob, And a scepter[e] shall rise out of Israel. (3+3) It shall crush the heads[f] of Moab, And the skulls[g] of all the sons of strife.[h] (3+3)

18 그 원수 에돔은 그들의 신업이 되며 그 원수 세일도 그들의 산업이 되고 그 동시에 이스라엘은 용감히 행동하리로다

18 [a]And Edom shall be his by conquest, And Seir,[b] his enemies, shall be his, While Israel does valiant deeds. (3+4+3)

19 주권자가 야곱에게서 나서 남은 자들을 그 성읍에서 멸절하리로다 하고

19 By Jacob shall dominion be exercised,[a] And he shall destroy the survivors of Ar.[b]" (2+3)

20 또 아말렉을 바라보며 노래를 지어 가로되 아말렉은 열국 중 으뜸이나 종말은 멸망에 이르리로다 하고

20 And he looked on Amalek, and uttered his oracle, "Amalek was the first of the nations, But his end[a] shall be utter destruction." (3+3)

21 또 가인 족속을 바라보며 노래를 지어 가로되 너의 거처가 견고하니 네 보금자리는 바위에 있도다

21 And he looked on the Kenite, and uttered his oracle, "Your dwelling place is secure,[a] And your nest is set in the rock. (2+3)

22 그러나 가인이 쇠미하리니 나중에는 앗수르의 포로가 되리로다 하고

22 Nevertheless Cain shall be devastated,[a] How long[b] shall Asshur[c] take you away captive?" (4+3)

23 또 노래를 지어 가로되 슬프다 하나님이 이 일을 행하시리니 그 때에 살 자가 누구이랴

23 And he uttered his oracle,[a] "[b]Alas, who shall live when God does this?[b]

24 깃딤 해변에서 배들이 와서 앗수르를 학대하며 에벨을 괴롭게 하리라마는 그도 멸망하리로다 하고

24 And ships[a] shall come from the coast of Kittim,[b] And shall afflict Assbur,[c] and shall afflict Eber.[d] And he also shall come to utter destruction." (3+3+3)

25 발람이 일어나 자기 곳으로 돌아갔고 발락도 자기 길로 갔더라

25 And Balaam rose, and went, and returned to his place. And Balak also went his way.

원문주해

22:4.a. Sam, G, Syr, Vg에는 지시형이 나타난다.

5.a. G와 Vg에는 "그 땅의 강 근처"로 되어 있다.

5.b. MT는 직역하면 "그의 백성의 자손의 땅"이다. Sam, Syr, Vg에는 "암몬"으로 되어 있는데, 아마도 난해한 본문을 해석하기 위한 시도로 보인다. A. S. Yahuda(*JBL* 64[1945] 547-51)는 그가 북 메소보다미아에 자리잡고 있던 "*ʿĀmu*의 자손들의 땅"을 생각한다. 알라카로부터 나온 주전 15세기 비문은 아마우(Amau)를 알레포와 갈그미스 사이의 영토로 언급하고 있으며, 그런 까닭에 "아마우 족속"(Amavites; NEB)이다.

6.a. 명령형의 비정상적인 형태에 대해서는 GKC § 670를 보라. 또한 민 22:1, 17; 23:7을 참조하라.

6.b. G는 복수형 "우리"를 보유하고 있다.

10.a. 이 단어는 MT와 Sam에는 빠져 있으나 G, S, Vg에는 나타나고, 그래서 필요한 것으로 보인다.

11.a. 5절에서처럼 암 야차(עם יצא)로 되어 있다(Sam, G, Tg이 지지함).

13.a. G는 아도니켐(אדניכם, "너희 주인에게")으로 번역한다.

13.b. "야웨"는 MT, Sam, S, Vg의 지지를 받는다. G는 "하나님"을 보유하고 있는데, 이것은 12절의 용법에 따라 본문을 유지하려는 시도일 수도 있다.

18.a. G는 아르쿠신(ἄρχουσιν, "두령들")을 보유하고 있다(참조. 14절). 13절에서처럼 G는 보다 매끈한 본문을 제공하는 것으로 보인다.

18.b. G는 발람 자신의 의도에 대한 언급을 덧붙이고 있다. 참조. 민 24:13.

19.a. 여기에 나타난 지시형의 사용에 대해서는 GKC § 109f.를 보라.

20.a. Sam은 "하나님의 사자"를 보유하고 있다.

22.a. MT에는 "하나님"으로 되어 있으나, Sam과 몇몇 G 증거 본문들 가운데는 "야웨"에 대한 강력한 지지가 들어 있다. "야웨"는 22-35절 전체에 걸쳐 나타나는 용법과 부합하며, 이것이 더 나은 것 같다.

32.a. Sam과 역본들은 레사탄(לשׂטן, "대적자로")에 "너에게 대항하여"를 덧붙이고 있다.

32.b. 어근 야라트(ירט)가 이 곳과 욥 16:11에만 나타나며, "재촉하다"(타동사)를 의미하는 것으로 보인다. G는 욱 아스테이야(οὐκ ἀστεία, "어울리지 않는")를 보유하고 있다.

36.a. 직역하면 "모압의 성읍"이다(민 21:28에 대한 "주석"을 보라).

39.a. Sam, S, Tg에는 히필형 "그리고 그가 그를 인도했다"로 되어 있다.

23:2.a. 동사가 단수형이며, 그래서 발람과 발락(G에는 빠져 있음)에 대한 언급은 하나의 주석일 수 있다. 패터슨(J. A. Paterson, 56)은 그것이 4절에 있는 발람의 진술에 그러한 첨가가 필요하다고 생각한 서기관이 첨가한 것이라고 생각한다.

3.a. Sam과 Syr에는 1절과 조화를 이루도록 하기 위해 복수형으로 되어 있다.

3.b. MT는 "야웨"를 보유하고 있으나, Sam과 G는 "하나님"을 지지한다.

3.c. 난해한 단어다. "벗겨짐"(=산 사태)이란 의미는 욥 33:21을 통하여 암시되어 있다. 그런 까닭에 "벗겨진 고지"다. 그래이(G. B. Gray, 344)가 지적한 바와 같이, 역본들이 MT가 아닌 그것들 이전의 다른 것을 가졌었다는 것은 분명하지 않다. 할라크(הלך, "가다")가 아닌 올라(עלה, "올라가다")가 예상되는 동사였을 테지만, 렘 3:2, 21; 4:11; 7:29; 12:12; 14:6; 사 41:18; 49:9에 있는 "벗겨진 고지들(자산들)"이라는 복수형의 출현은 다른 암시에 비하여 더 나은 전통적인 번역을 제공하고 있다.

4.a. G는 "하나님의 사자"를 보유하고 있다.

4.b. Sam은 마차(מצא, "발견하다")를 보유하고 있다.

5.a. G에는 "하나님"으로 되어 있고, Sam에는 "하나님의 사자"로 되어 있다.

6.a. Sam, G, S에는 복수형으로 되어 있다(참조. 23:3a). G는 하나님의 신이 그에게 내려왔다는 결과에 대해 하나의 해석을 덧붙이고 있다(참조. 24:2).

7.a. "에돔"으로의 수정 가능성(본문 비평에서 흔한 "오류")이 생각되어 왔으나(*BHS*), 여기서는 본문상의 지지가 없다.

8.a. 보기 드문 접미사에 대해서는 GKC § 58g를 보라.

10.a. G는 라브 암(רב עם, "백성의 무리")을 데무스(*δήμους*, "백성들")로 번역하고 있다. 로바(רבע)를 로브바트(רבבת, "무수")로 읽는 것도 가능하며, 폴크(J. de Vaulx, 276)는 "구름"을 선호한다. NEB는 "티끌"과 "네 번째 부분"을 각각 "다수"와 "무리"로 번역한다. 또한 D. W. Thomas, *ExpTim* 46(1934-35) 285를 보라.

10.b. 복수형은 카모후(כמהו, "그와 같이")가 단수 선행사를 요구하고 있으므로 증명하기가 어렵다. W. F. Albright(*JBL* 63[1944] 207-53)와 D. N. Freedman(*ZAW* 72[1960] 101-7)을 보라. 역본들에는 케헴(כהם, "그들처럼")으로 되어 있고, W. Rudolph(*ZAW* 52[1934] 113-20)는 이것을 선호한다.

10.c. G는 이것을 "후손"을 의미하는 것으로 이해한다.

12.a. G에는 "하나님"으로 되어 있다.

15.a. Sam과 G를 따름.

15.b. Sam과 Syr은 복수형을 보유하고 있다(참조. 3, 6절).

15.c. "하나님"이 전제된 것처럼 보인다. G에는 "하나님에게 묻다"로 되어 있다.

16.a. G를 따름. MT는 "야웨"를 보유하고 있다.

17.a. G와 Vg에는 "돌아온"으로 되어 있다.

17.b. Sam과 Syr은 복수형을 보유하고 있다(참조. 3, 6, 15절).

18.a. עלי 혹은 אלי로 되어 있음.

18.b. 베노(בנו)의 어형에 대해서는 GKC § 90, 96를 보라(참조. 24:3, 15).

19.a. 지시형인 것 같다(GKC § 109i를 보라).

20.a. G, S, Vg는 루카흐티(לְקַחְתִּי, "내가 취했다")로 모음부호를 붙이고 있다.

20.b. Sam, G, S, Vg를 따름.

20.c. Sam, G에서는 "내가 축복했다"이다.

21.a. 주어가 하나님인 것 같지만, Syr과 Tg는 그것을 발람으로 가정한다.

22.a. 본 절에 있는 본문상의 문제에 관한 논의에 대해서는 W. F. Albright(*JBL* 63[1944] 215)를 보라.

22.b. 하나님이 아닌 이스라엘이 들소와 같다고 생각함에 있어서 MT보다는 올브라이트를 따르고 있음. 역본들은 대담하게도 해석적인 것으로 보인다.

22.c. 패터슨(J. A. Paterson, 58)은 본 절의 위치가 잘못된 것으로 생각한다.

23.a. 이것은 "야곱/이스라엘에"(Tg)보다 더 나은 것으로 보인다.

26.a. MT는 "야웨"를 보유하고 있으나, "하나님"이 Sam, G, Vg의 지지를 받고 있다.

24:3.a. G는 "참으로 보는 자"를 보유하고 있다. 역본들은 일반적으로 해석적인 것으로 보인다. 알레그로(J. M. Allegro, *VT* 3[1953] 78-79)는 이 문구를 발람이 축복해 주어야 하는 것에 대해 화가 나 있었다는 근본적인 생각과 연결시킨다.

4.a. 첫 번째 문장은 MT와 몇몇 증거 본문에 나타나 있지만 Sam에는 없다. 그것을 보유하는 것이 가장 좋을 듯하다. 패터슨(J. A. Paterson, 58)은 평행절이 요구하고, 또한 보는 자에 대한 첫 번째 묘사가 두 번째 것처럼 충분해야 한다는 근거에서 지극히 높으신 분의 지식에 관한 16절로부터 나온 문장을 삽입하기를 원한다. 사실상 "하나님의 말씀"과 "전능자의 이상" 사이에 평행적 사상이 나타나는데, 따라서 본 절의 세 번째 문장에는 불규칙이 나타나 있다. 그렇다면 이 세 번째 문장은 발람이 이상을 받는 방법을 묘사하고 있는 하나의 주석일 수도 있다.

4.b. G는 "잠자는 중에"로 해석한다.

5.a. 감탄과 놀람을 표현하는 마(מה)의 사용에 대해서는 GKC § 148a를 보라.

6.a. 직역하면 "급류"이며, 그런 까닭에 "골짜기"이다(RSV). 평행구는 한 나무의 이름을 암시하고, "야자"가 그럴듯하다(NEB). J. de Vaulx, 284.

6.b. 백향목은 물가에 있는 나무가 아니므로 이 대구에 들어 있는 "침향목"과 "백향목"의 순서가 바뀌었다는 견해가 제안되어 왔다(G. B. Gray, 363; W. F. Albright, *JBL* 63 [1944] 207-53; J. de Vaulx, 284).

7.a.a. G는 그 후손 가운데서 나타날 사람과 많은 백성을 다스리는 사람을 언급하면서 이 대구에 메시아적 해석을 가하고 있다.

7.b. Sam, G, VL, Aq, Sym에는 "곡"으로 되어 있다(참조. 겔 38:2-3, 14, 16, 21; 39:1, 11). Vg와 Tg^J는 삼상 15:10-23에 비추어 해석한다.

8.a. Sam과 G에는 어근 나하(נחה, "지도하다")로 되어 있다. 올브라이트(W. F. Albright, *JBL* 63[1944] 207-53)는 *lectio difficilior*라는 본문 비평의 원리, 곧 일반적으로 보다 어려운 독법이 보다 옳다는 원리에서 이것을 받아들인다. 그러므로 야차(יצא, "이끌어 내다"=MT)가 규칙적으로 출애굽과 연결하여 나타나고 나하(נחה)는 그렇지 않다.

8.b. 23:22.b를 보라.

13.a. G는 "하나님"을 보유하고 있다.

14.a. G는 "내 장소로"를 보유하고 있고, Syr은 "내 나라로"를 보유하고 있다.

17.a. G는 이것을 히필형 "내가 그에게 보여 줄 것이다"로 읽는다.

17.b. G에는 "나는 그에게 축복한다" 혹은 "나는 그가 복을 받았다고 선언한다"로 되어 있다.

17.c. Tg^O는 여기에 정확한 특히 중요한 해석을 제공하고 있다.

17.d. G는 자라흐(זרח)로 읽는다. 다라크(דרך)가 "행진해 나가다"를 의미한다는 것은

가능하다.

17.e. G에는 "한 남자"로 되어 있고, Syr에는 "한 방백"으로 되어 있으며, Tg^{O}에는 "기름 부음 받은 자"로 되어 있다. 이 모두가 해석적인 번역이다.

17.f. 직역하면 "모퉁이"이며, 아마도 머리의 모퉁이가 의도된 것 같다. G, Tg^{O}, Vg는 모압의 지도급의 남자들이라는 식으로 해석한다.

17.g. Sam을 따르고 있으며, 웨콰르콰르(וקרקר, MT; GKC § 55f를 보라) 대신에 웨콰드콰드(וקדקד; 렘 48:45)로 읽고 있다. MT는 "전멸시키다" 혹은 "황폐화시키다"를 의미한다. 수정이 훌륭한 평행절을 만들어 준다.

17.h. 이것은 애굽의 저주 본문들 – 수투(Sutu)의 아들들 – 가운데서 인용한 초 모압 족속 지파에 대한 언급일 수도 있다(참조. 렘 48:45).

18.a. 올브라이트(W. F. Albright, *JBL* 63[1944] 207-53)는 본문 내에서의 혼란이 있었다고 생각하고 다음과 같이 재정리한다: 19b, 18a, 18b, 19a, 18c절(19b절이 어떻게 17절의 끝부분과 쉽게 연결되어 있는지를 유념하라). 1QM 11:1은 18절 앞에 19절을 가지고 있고, 보다 자세한 본문의 개악(改惡) 상태를 입증하고 있다.

18.b. 1QM 11:7은 정복을 통하여 그의 소유가 되는 "원수"에 대해서만 말을 하고 있으며, "에돔"과 "세일"에 대한 언급은 빠져 있다.

19.a. 올브라이트(W. F. Albright, *JBL* 63[1944] 207-53)는 이 문장을 보다 적절한 길이로 만들기 위하여 "그의 대적들"을 삽입한다.

19.b. 22:36을 보라. 역본들은 "도시" 혹은 "성읍"으로 해석한다.

20.a. 이것은 "후세"로 읽을 수 있다(참조. 23:10).

21.a. 올브라이트(W. F. Albright, *JBL* 63[1944] 207-53)는 이 문장 가운데 "가인"을 삽입한다.

22.a. G는 קן ערמה로 읽으면서 "그가 브올에게 술책의 보금자리가 될 것이다"로 되어 있다.

22.b. 올브라이트(W. F. Albright, *JBL* 63[1944] 207-53)는 "그"(he)를 삭제하고 "동안"(while) 혹은 "…하는 한"으로 번역한다.

22.c. NEB는 그 어근을 야샤브(ישׁב, "거주하다")로 취급하고, 반면에 올브라이트(W. F. Albright, *JBL* 63[1944] 207-53)는 소드(שׁוד, "바라보다")로 읽으면서 "내가 포로들을 보는 동안"으로 번역한다.

23.a. MT, Sam, Vg은 이 신탁이 누구에게 주어졌는지에 대해서 아무런 암시를 주고 있지 않다. G에는 "옥"으로 되어 있다(참조. 민 21:33-35). 올브라이트(W. F. Albright, *JBL* 63[1944] 207-53)는 "곡"을 아마르나 토판의 가가야로 생각한다.

23.b.b. 이것의 평행구는 없고, 하나의 문장이 빠져 있을 수도 있다. 올브라이트(W. F. Albright, *JBL* 63[1944] 207-53)를 따라서 그 본문을 אים יחי משמאל("섬들이 북으로부터

/으로 모일 것이다")로 읽는 것은 가능하다(참조. J. de Vaulx, 296과 NEB). 이것은 24절의 첫 번째 문장과 훌륭한 평행을 이룬다. 모두가 동의하는 바와 같이, 히브리어 본문은 아주 모호하다. 우리는 가능한 한 MT에 충실한 방향을 택했다.

24.a. Sam과 G는 이것을 동사 야차(יצא, "나가다")와 연결시킨다. GKC § 93y는 이것을 선호한다. "깃딤"(구브로)에 대한 언급은 "배"를 어느 정도 가능성 있게 해준다.

24.b. 올브라이트(W. F. Albright, *JBL* 63[1944] 207-53)는 מירכת ים("가장 먼 바다로부터")로 수정한다. 폴크(J. de Vaulx, 296)는 "깃딤"을 후대의 해석으로 생각한다. Vg은 "이탈리야"를 말하고 Tg^{o}는 "로마"를 말한다.

24.c. 올브라이트(W. F. Albright, *JBL* 63[1944] 207-53)는 본래 "앗슈르"(Asshur)란 언급을 모두 제거하는 수정을 제안했으나, 나중에 MT에 더 가까운 독법으로 돌아섰다(Albright, *Yahweh and the Gods of Canaan*[London: Athlone Press, 1968] 16n. 40).

24.d. G. Syr, Vg은 "히브리인들"로 번역한다.

양식/구조/배경

초기 분석가들은 발람의 이야기가 그 궁극적 기원이 무엇이든 JE에서 전체 가운데 그 일부를 차지했고, 또한 그것들 가운데 있는 요소들이 각기 J와 E에게 돌려질 수 있을 것이라는 데 동의했다(참조. A. Dillmann, 135-67; H. Holzinger, 104-11; B. Baentsch, 589-92; H. Gressmann, 318 n.4; G. B. Gray, 309-13; A. H. McNeile, 123-24; O. Eissfeldt, *Hexateuch*, 183-89). J와 E 사이를 구분하는 위치에 관한 의견은 다양했으나, 그 두 문서가 존재하고 있다는 사실에 대해서는 광범위하게 일치했다. 그것을 P여행기와 결합시키는 문체상의 특징을 가지고 있는 22:1 이외에, 본 장들은 P의 흔적을 드러내고 있지 않다.

그 전승 가운데 있는 불균형의 증거는 발견하기가 어렵지 않다. 22:22-35에 있는 말하는 당나귀의 에피소드는 22:1-21에 있는 이전의 이야기와 긴장 관계에 있다. 22-35절에서 발람은 모압인 두령들이 아닌 두 사환들과 동행하고 있으며(22절), 보다 중요한 것은 사자가 발람의 여행을 방해하려 하고 있고(32절), 그럼에도 불구하고 하나님의 승낙이 그 이전에 있었다는 것이다(20절). 자기의 잘못을 고백한 다음에(34절) 발람은 계속 여행해 나가도록 허락을 받지만(35절), 이것은 20절에 비추어 장황하다. 하나님의 이름이 이 단락 가운데 있는 난해한 본문상의 문제들을 잘 처리하는 기준이 된다. 그러나 일반적으로 엘로힘이 2-21절에서 표준이 되는 것으로 보이고(즉, 엘로히스트의 표시), 22-35절에서는 야웨가 표준이 된다(야위스트의 표시). 36절이 20절의 자연스러운 속편을 이루고 있다는 사실은 36-41절에서 계속되는 E와 함께 분석의 정확성을 확정짓도록 공헌했다. 그 전승들을 조화시키려는 섯클리프(E. F. Sutcliffe, *Bib* 18[1937] 439-42)의 시도는 광범위하게 확신을 심어주지 못했다. 더 자세한 자료 표시들이 널리 받아들여졌다. 22:22-35과 관련하여 인간이 아닌 존재가 말하는 다른 유일한 실례가 창세기 3장에 있는 뱀의 경우인데, 이것은 많은 이들이 J에게로 돌렸던 또 다른 본문이다. 다른 한편, 밤의 계시는 E의 특성이다(8-9, 19절). 어떤 사람(예를 들어, Gray, 309-13)은 뒤얽힌 여러 관계 – 3a절과 3b절에서의 중복, 4b절에 있는 부적합(2절 다음에 발락을 왕으로 언급한 점) 그리고 발람의 가정에 관한 5절에 있는 불일치 – 를 발견했다. 그래이는 5절에 있는 암몬에 대한 언급이 J이고, 강에 대한 언급은 E라고 결론지었다. 그렇다면 J에서 발람은 암몬 사람이고, E에서는 아람인(Aramaen)이며, E는 사자들을 "두령들" 혹은 "사람들"로 부르는 경향이 있다. 그러므로 그래이는 2-21절에서 상당한 J요소들을 발견했다, 즉 5절("강변 브돌"은 빠짐), 6-7, 11, 17-18, 37절이다.

23:1-30에서 E는 기본적인 요소라고 보는 것이 통상적이었다. 모압의 귀족들이 22:2-21의 E부분 가운데서 했던 것처럼 여기서도 계속 활동하고 있다. 신명과 관련되어 있는 본문 비평 문제는 물론 인정되었으나, 신탁(21절)에서는 "야웨"만을 사용하면서 설화 가운데서는 "하나님"으로 묘사한 본문을 채용하는 것이 쉬웠다. 23:20과 22:12(E) 사이의 연결고리는 그 관계를 확증했다. 하나님의 이름이라는 표준(하나님의 이름에 의하여 문서를 결정하는 문서설주의자의 방식 – 역자주)이 특히 어렵게 된 것이 이 부분에서이며, 그 이론을 적응하기 위하여 본문을 채택하는 위험은 심각한 것이 된다. 사실상 민수기 23장에 있는 MT설화는 "야웨"를 여섯 번이나 사용하고 있으며(3, 5, 12, 16, 17, 26절), "엘로힘"은 단 한 번만 사용되고(4절), 한 번 막연한 언급을 하고 있다(15절). 일반적으로 "엘로힘"을 선호하는 G까지도 17절에 "야웨"를 보유하고 있다.

24:1-19에서 J설화의 연속을 보는 것이 관습이었다. 여기에 내포된 신탁은 유다에 대한 특별한 언급을 하고 있고(4[참조. 창 49:9], 17-19절), 그래서 자연히 J에게로 돌려진다. 하나님의 이름이라는 표준은 2절에 있는 "하나님"이라는 언급이 "성신"으로 번역되어야 한다는 가능성과 함께 J(1, 11, 13[2번]설) 편이다. 24:13과 22:18 사이의 연결은 J가 22:2-21에 있었다는 그래이의 결론을 확정지어 주었다. 또한 24:1-2에서 발람이 처음으로 이스라엘을 축복하는 것이 야웨의 목적이었다는 사실을 깨닫는다는 사실이 주장된 바 있는데, 그 사건에서 그것은 민수기 23장의

속편이 될 수 없다. 24:8, 9에서 23:23의 반복은 두 장이 같은 자료에서 나오지 않았다는 또 다른 암시로 취급될 수 있을 것이다. 그래이는 민수기 24장에 J에 대한 더 많은 증거가 없다고 인정했고, 25절이 창세기 18:33b(J)보다는 창세기 32:1-2(E)에 더 가깝다고 시인했다.

마지막 세 개의 신탁(24:20-24)은 주전 7세기 후반보다 이르지 않다는 사실을 암시하는 자료인 앗수르(Assyria=Asshur)에 대한 언급과 함께 삽입이라고 일반적으로 인정되었다.

엘로히스트의 것이 있다는 사실을 받아들이지 않은 학자들(예를 들어, W. Rudolph, *Der "Elohist"*, 97-128)은 22:22-34과 그 나머지 부분 사이의 긴장을 인정하지만, 본 장 전체를 여기서 두 개의 분리된 발람 이야기를 함께 묶어 놓고 있는 야위스트에게로 돌리는 방향으로 기울어졌다.

네 개의 발람 신탁이 각기 독립되어 있었다는 사실이 널리 인정되었으며, 그것들의 시대에 대한 문제는 통례적으로 생각되었다. 그래이의 결론은 전형적인 부류의 입장을 나타내고 있다. 그는 비록 처음 두 개의 이야기만이 나타난 이야기와 밀접한 구조적 관계가 있다고 지적하기는 했지만, 그 신탁들이 분명히 발람의 이야기에 맞도록 구성되었다고 생각했다(23:7-8, 18, 20; 24:3, 15). 그는 그것들이 나타내고 있는, 그리고 그가 야곱(창 49장)과 모세(신 33장)의 축복과 가장 밀접하게 관련되었다고 믿었던 국가적인 확신의 정신을 지적하면서 후기 연대를 주장했던 사람들에 대해 비판적이었다. 그는 24:7에 있는 아각에 대한 언급이 사울 시대에 기원되었다는 믿을 만한 증거 표시는 아니며, 24:18-19이 다윗 시대에 가장 잘 들어맞기는 하지만 그것들이 원본이 아닐 수도 있다고 생각했다. 그는 여기 나타난 시들이 이스라엘을 유다 이상의 어떤 것으로 그리고 있으며, 사마리아 멸망 연대인 주전 721년보다 이른 시기일 것이고, 왕국의 분리 이전의 것일 가능성이 있다고 주장했다. 24:7, 17에 들어 있는 암시는 왕정 시대를 조건으로 하는 것으로 보이며, 그래서 다윗 시대보다 더 이른 시기의 연대는 아닌 것으로 보인다.

많은 현대 분석가들은 이 단락 가운데 있는 E에서 J를 식별해 내려는 여러 시도 가운데 인위성이 들어 있음을 감지했다. 그것은 초창기 설화 전승의 내용과 구조에 대한 부자연스러운 접근 방식으로부터 기인하고 있으며, 그 전승에 돌릴 수 있는 어떤 것이 당연히 J나 혹은 E 그리고 편집자에게로 돌릴 수 있는 것임에 틀림없다는 가정에서 기인한다. 이러한 지각은 전혀 새로운 것이 아니라(Gray, 310에 있는 Kalisch에 대한 언급을 보라), 이 곳에 독립된 설화 전승이 들어 있다는 입장은 최근에 근거를 얻게 된 것이다. 루돌프(W. Rudolph, *Der "Elohist"*, 127-28)는 그것을 왕정 시대 이전의 것으로 밝혀 냈으며(22:3-21, 36-41; 23:1-26; 24:25), 이것이 동등하게 오래된 것이지만 잔존하는 유일한 일부분으로서 분리된 전승(22:22-34)과 합쳐지게 되었다고 주장했다. 루돌프는 분리된 시들은 사울(24:3b-9)과 다윗(24:15b-29) 시대부터 첨가되어 왔다고 주장했다. 야위스트는 자기 입장에서 통일 왕국 시대 동안에 작업을 하면서, 23:27-28, 24:1-3a, 10-15a절에 들어 있는 연결고리들을 제공해 주면서 이 자료를 함께 편집했다. 이와 약간 유사한 입장을 리핀스키(E. Lipiński, *VT* 20[1970] 445-50)가 주장했다.

노트(M. Noth, 171-75)는 22:21-35; 23:28-24:19을 J에게, 그리고 22:41-23:26을 E에게로 돌리면서 이 단락에 대한 상당히 전통적인 문학 비평적 입장을 채택했다. 23:27, 29-30에 있는 제2차적 편집 자료는 두 내용(two version)을 함께 연결시키고 있으며, 반면에 24:20-24은 분명한 첨가물을 담고 있다. 노트에게 실질적인 난점은 22:2-21에 있었다. 닮은 내용들과 상이한 내용들은 J와 E가 공존한다는 것을 암시하지만, 그것들의 정체에 대해서는 언급할 것이 없다. 노트에게 흥미 있는 것 가운데 하나는 그 이야기의 근원이다. 그 배경은 분명히 사해 북단의 동쪽에 있는 지역이며, 이스라엘과 모압은 분명히 가까운 인접 국가로 살아가고 있다. 노트는 발람과 발락이 역사적 인물일 것이라고 믿었고, 그 이야기의 핵심은 하나님의 사람이 비록 이스라엘은 아닐지라도 야웨께서 인정하신, 그리고 이스라엘에게 축복의 말씀을 선언했던 발람에게 먼 곳으로부터 오라고 불렀을 때인 초창기까지 거슬러 올라간다. J/E 구별에 관한 의심들은 올브라이트(W. F. Albright, *JBL* 63[1944] 207-53)가 자극시켰는데, 그는 이 단락에 있는 하나님이라는 표준 척도의 실용성을 의문시했다. 스터디(J. Sturdy, 157-58)는 처음 두 신탁을 다음의 두 신탁으로부터 분리하는 것은 발람 예언이 꾸준히 점증하는 확고성을 잃어버리는 것이라고 주장했다. 그는 그것들의 위치를 바꾸는 것, 즉 민수기 24장의 예언을 23장의 예언들 앞에 두는 것은 불가능하다고 주장했다. 그러므로 그 이야기는 본질적으로 계속 이어지는 하나의 전체 이야기임에 틀림없으며, 22:22-35에 있는 당나귀 자료만 유일한 예외라고 했다. 스터디는 이 독립된 민간설화가 원래 다른 누군가에 관해서 말해졌으며, 그것이 발람에게로 전환되었고, 추가된 지연과 긴장을 제공하도록 여기에 삽입되었다고 생각한다. 그것의 사용으로 그 이야기 가운데 드러난 하나님의 행동에 대한 의식이 고조된다는 것이다.

젱스(A. W. Jenks, *The Elohist*, 55-57)는 하나님의 이름이 너무나 일관성이 없이

사용되었으므로 그 자료들을 구별해 내는 데 아무 쓸모가 없다는 올브라이트의 입장을 받아들인다. 그러나 그는 E가 존재하고 있음을 확신하는데, 일어난 꿈이나 환상을 통한 예언적 계시라는 주제는 이러한 신념을 지탱하기에 충분하다는 것이다. 젱스는 E전승이 22:2-21, 36-40; 22:41-23:26에 들어 있음을 발견하고, 나머지는 첨가된 것이라고 한다. 22:2-21, 36-40에 들어 있는 불일치는 E문서 단위 내에서 전승의 발전으로 돌릴 수 있다. 젱스는 최소한 이 자료가 본질적으로 하나의 전승 단위라고 생각할 만한 설득력 있는 언어학적 이유들을 제공해 주었다.

대체로 말해서 이것은 폰 파코즈디(L. M. von Pakozdy, *Von Ugarit nach Qumran*)의 입장이지만, 그로스(W. Gross, *Bileam*)는 관례적으로 오경의 자료와 어떤 특별한 상관관계를 가지지 않는 수많은 구별된 원단위들을 만들어 내는, 근본적으로 다른 종류의 분석을 제공하고 있다. 그로스가 밝혀 낸 주요 본질적 내용은 다음과 같다.

1. 예언자의 복종이라는 주제에 관한 이야기(본질적으로 22:4-21, 36-41; 23:1-7, 11-18, 25; 24:11, 25에 포함됨).

2. 야위스트 계열의 선지자가 어떻게 이방 왕에게 저항하고 하나님의 대변자로서 행동하고 있는가에 대한 기사(본질적으로 23:26-30; 24:1-3, 10, 12-15에 포함됨).

3. 본래 눈먼 선견자의 경험 기사였던 당나귀에 대한 이야기(22:22-35).

전승의 다른 단위는 22:2-4에서 인식되지만, 그 나머지는 편집물 혹은 다른 첨가물로 보일 수 있다.

신탁 문제에 있어서 보다 최근에는 초기 연대를 선호하는 경향이 있어 왔다. 모빙켈(S. Mowinckel, *ZAW* 48[1930] 233-71)은 24:3-9, 15-17을 주전 9세기와 연결시키고, 23:7-10, 18-24을 7세기 후반과 연결시키면서(그는 그 이야기 자체가 9세기 중반이라고 연대를 매겼다) 상당히 전통적인 비평적 입장을 채택했다. 신탁을 초기 연대로 잡는 경향은 가장 먼저 올브라이트(*JBL* 63[1944] 207-53)로부터 시작되었는데, 그는 주전 12세기 연대를 주장했으며, 발람을 역사적 인물이요 그 이야기를 만들어 낸 자라고 주장했다. 페테르(D. Vetter, *Seherspruch und Segensschilderung*)는 신탁에 대해 새로운 분석을 제공했고, 언어적 연구를 통하여 양식 범주, 즉 "선견자의 언설"(seer saying)을 단정하게 되었는데, 이 언설 가운데 있는 그룹에 대한 축복이 중요한 특징이라는 것이다. 족장 전승 가운데 들어 있는 축복 요소와 비교한 결과 페테르는 사회에 기초를 둔 하나의 가정으로부터 지파의 가정으로의 변천이 선견자가 출현하도록 만들었다고 결론짓게 되었나. 그(선견사)는 축복을 주는 자로서, 한 가정의 가장으로서의 위치에서 행동하는 사람이다. 페테르는 원래 삶의 자리(*Sitz-im-Leben*)는 팔레스틴에 정착하기 이전 지파들간의 전쟁 준비라고 생각했다.

폴크(J. de Vaulx, 256-65)는 다음과 같은 계통을 따라 발람 전승의 전체 역사를 제안했다.

1. 이스라엘 이전의 전설(legend). 그는 본문 가운데 있는 많은 의식 절차가 메소보다미아 바루 혹은 아랍 카힌의 방식을 반영하고 있다고 생각한다(또한 J. Liver, *Eretz Israel* 3[1954] 97-100를 보라). 그러므로 발람은 벧 브올 성전 출신인 이스라엘 전기의 인물로 알려져 있으며(또한 S. Mowinckel, *ZAW* 48[1930] 233-71), 폴크는 가장 초기 전승이 자기 신에게 진실하고 신실한 사람으로 묘사했을 것이라고 생각한다. 오랫동안 그 지역과 연결되어 내려왔던 갓 지파가 이스라엘에 전승을 전달했을 수도 있다.

2. 예언 신탁 – 야웨 문서(24:3-9, 15-19)와 엘로힘 문서(23:7-10, 18-24). 폴크의 견해에 의하면, 이 본문들의 구조는 비록 신탁의 주술적 특징이 이스라엘에 전달되는 동안 수정되고, 또한 지파의 시의 흔적(창 49; 신 33; 삿 5장)이 그것들 가운데 남아 있기는 할지라도, 수메르-아카디아 점술 본문의 그것과 비교될 수 있다. 그는 야위스트 신탁이 발락 이야기와 어떤 친근 관계를 전제로 하지 않고, 그것들이 분명히 창세기 49:9-12에 있는 야곱의 축복과 공통점을 가지고 있다고 생각한다. 그것들이 반영하고 있는 번성과 평화는 통일왕국 시대의 것이다. 대조에 의하여 엘로히스트 신탁은 발락 이야기를 전제로 하고 있다는 점이 발견되며, 폴크의 견해에 따르면 8세기 여로보암 2세까지 거슬러 올라간다. 그는 특히 신명기 33장에 있는 축복과 부합하는 점들을 발견한다(참조. 민 23:9//신 33:15; 23:22//신 33: 17; 23:24//신 33:20; 23:9//신 33:28; 23:21-22//신 33:1-5). 폴크의 견해에 의하면 이러한 신탁들은 다른 백성들의 주술적 행위와 구별시키는 엘로히스트 신학의 공정한 표현을 제공하고 있다. 이 일반적 접근 방식에 있어서 폴크는 모빙켈(*ZAW* 48[1930] 233-71)과 아이쓰펠트(*HUGA* 32[1961] 179-90)에 가깝다.

3. 야위스트 전승. 이것들은 특히 당나귀 이야기를 포함하고 있지만(22:22-34), 남방의 사람들 가운데 발람을 국한시키는 경향이 있으며, 사람들을 "귀족"(E)보다는 "사자"로 묘사하는 경향이 있다. 발람은 이 전승 가운데서 일종의 바루로 나타나고 있다.

4. 엘로히스트 이야기(22:2-21, 35-41; 23:1-30). 신탁에서처럼 폴크는 이것을 야위스트 이야기의 한 해석과 적응으로 본다. 그는 저주를 부과하는 마법사라기보

다는 신의 뜻을 해석하는 자이다(22:8; 23:3). 그러므로 그는 훨씬 더 야웨의 선지자인 편이고(22:38; 23:5, 12, 16-17, 26; 24:13), 야웨를 자기 하나님으로 생각한다(22:18; 참조. 22:8, 13, 19; 23:3). 폴크는 연대에 관해서는 언질을 하지 않고, 그것을 요시야 시대의 것으로 만들려는 모빙켈(*ZAW* 48[1930] 233-71)의 생각에 관해서는 애매한 입장을 취한다.

5. 편집. 이것은 엘로히스트의 수정이 고대 전승에 부여했던 주된 개괄과 충격을 유지하고 있으나, 폴크는 최종적인 형태가 특히 당나귀 에피소드를 사용하는 거짓 예언에 대항하는 어떤 논박을 가지고 있다고 생각한다.

J/E 구별의 타당성에 관한 불확실성과, 본문을 예상된 이론을 잘 맞추기 위하여 채택하는 일에 관한 적절한 조심성은 신명의 변화에 대한 새로운 감각을 만들기 위한 여러 시도를 하게 했다. 하이니쉬(P. Heinisch, 88)는 저자가 발람으로 하여금 야웨 이름을 사용하도록 허용했고, 발락과의 첫 번째 만남에서만(22:38) 엘로힘을 사용하도록 하고 있다고 주장했다. 반대로 발락은 엘로힘을 사용하고 있는데, 그가 발람으로부터 그 이름을 들은 후에야 야웨란 이름을 사용하고 있다는 것이다(23:17; 24:11). 하이니쉬는 또한 저자가 꿈이라는 상황(22:9-10, 12, 20)과 계시의 순간(23:4; 24:2)에는 엘로힘을 선호했다고 주장했다. 이러한 접근 방식은 본문의 문제를 심각하게 취급하지 않고 있다. 루돌프(W. Rudolph, *Der "Elohist"*, 127-28)는 엘로힘이 설화자에 의하여 사용되고 야웨는 발람과 발락의 대화에서만 사용된다는 형식을 수립하려고 했다. 하이니쉬의 접근 방식에서처럼, 이것도 고전적 J/E 분석들과 같이 제멋대로 될 수 있다. 파코즈디(L. M. von Pakozdy, *Theologische Redaktionsarbeit*)와 젱스(A. W. Jenks, *The Elohist*, 55 57)는 본문상의 혼란을 편집의 복잡한 과정과 그 전승이 나타낸 여러 신학적 관심으로 돌리려는 경향이 있다. 무수한 서기관들과 이야기꾼들은 야웨의 선지자이기도 한 이 이방인 선견자 이야기에 대해 어리둥절했음에 틀림없다. 그러한 선지자가 야웨의 본명을 사용했을까? 본문의 현 상태 가운데는 애매성과 모호성이 나타난다. 폴크(J. de Vaulx, 256-65)는 엘로힘의 사용에서 그 전승의 초이스라엘적 기원의 그럴듯한 표시를 본다.

결론

첫 번째 단계로서, 신명을 둘러싸고 있는 본문상의 문제에 대한 태도를 수립하는 것이 중요하다. 이것들은 그것 자체의 진가에 따라 풀려져야 하며, 문서 분석 혹은 저자의 의도에 대한 *priori* 이론들에 의하여 조종을 받지 않아야 한다. 난점들은 지나치게 과장될 필요가 없다. 시와 산문에는 신명이 모두 45회나 출현한다. 이것들은 24:4에 있는 불확실한 문장("원문주해"를 보라)을 포함하고 있으며, 23:15에서는 빼고 있는데, 그 곳에서 MT와 사마리아 오경에 있는 신명이 빠진 것으로 보인다("원문주해"를 보라). 이것들 가운데 29개의 구절에서 맛소라 사본, 70인경, 사마리아 오경이 본문이 일치하여 확실해 보인다. 23:8의 70인경에서는 문장이 단순히 역으로 되어 있는데, 우리는 이에 대해 관심을 둘 필요가 없다. 13번의 경우에 70인경 증거 본문들은 엘로힘으로 묘사하고 있는데 사마리아 오경과 맛소라 사본은 야웨로 되어 있고, 이것들 가운데 10번은 당나귀 이야기 가운데서 발견된다. 이러한 특성은 원본은 아니지만 70인경에서 엘로히스트의 경향으로 간주하는 것이 가장 좋을 듯하다. 후기 유대교에서 하나님의 본명(야웨)을 사용하는 것의 금지가 맛소라 전승이 이전에 엘로히스트 전승이었던 것을 바꾸도록 했을 것 같지는 않다. 이러한 입장은 MT에 있는 엘로힘과 대조되어 70인경에서 야웨로 하는 경우가 없다는 사실에 의하여 뒷받침된다. 그러므로 70인경이 엘로힘에 대한 두드러진 선호를 나타내고 있다. 만일 "엘로힘을 성호하는 경향"에 대해서 말한다면 자연히 어찌하여 70인경이 그 꼼꼼한 스타일로 그 일을 완성하지 못했는가에 대한 문제가 일어난다. 야웨는 열두 곳에서 나타난다. 70인경이 본문 전승에 나타났던 발락과 발람의 연설 가운데서 "야웨"를 그대로 유지하도록 선택했을 수 있다. 이것은 22:8, 13, 18, 19; 23: 17; 24:11, 13에서 70인경이 야웨를 사용하고 있는 사실을 설명해 준다. 만일 같은 사실이 신탁에 효력이 있다면, 23:8, 21; 24:6도 역시 설명될 것이다. 70인경이 순수한 설화 가운데서 "야웨"를 보유하고 있는 두 곳(22:34; 24:1)만이 남아 있다. 그 둘이 실수일 수도 있다면, 특히 첫 번째 구절과 일반적인 구절 가운데서 70인경이 엘로힘을 선호하는 경향을 생각해 볼 만한 충분한 근거인 것으로 보인다. **본문은** 바로 이 점을 반영하고 있다.

다른 한편, 70인경이 MT에 반대하여 사마리아 오경에 대한 강력한 지지를 하고 있는 곳에서는 그것이 매우 심각하게 취급되어야 할 가치가 있다. 이것은 세 곳에 나타나고(22:22; 23:3, 6), 따라서 70인경과 사마리아 오경의 결합된 증거는 **본문**에 나타나 있다.

이러한 본문 연구는 확정적인 것으로 판단될 수 없지만, 그것들은 본문에 대한 이치에 맞고도 모순되지 않은 태도를 만들어 주며, 그것이 적절한 문학적 분석을 위해 필수적인 것이다.

그 전승 전체와 관련하여, 야위스트의 전승을 통하여 그리고 어쩌면 야위스트 자신이 확장하고 정교화한 견고하고도 응집력 있는 엘로히스트 기본 설화를 주장하는 것이 타당해 보인다. 이 엘로히스트 이야기는 22:2-7, 9-12, 20, 36, 38-39; 23:1-4, 7-11, 18-30; 24:2-10, 15-19, 25에 있는 모든 중심적 요소 가운데 보존되어 있다. 그 이야기의 중요한 구성 요소는 다음과 같다.

1. 모압 왕 발락이 이스라엘 백성을 저주할 목적으로 미디안 족속에게 발람에게로 대표단을 보내도록 요청한다(22:2-7).

2. 하나님께서 발람에게 응답하시고 그에게 가지 말라고 하신다(22:9-12).

3. 하나님께서 밤에 발람에게 주어진 말씀만을 말하라는 조건과 함께 가라고 허락하신다(22:20).

4. 발람이 발락을 만나고, 자기에게 주어진 말씀만을 대언할 것이라고 상기시켜 준다. 그들이 가랴후솟으로 간다(22:36, 38-39).

5. 발람과 발락이 희생제사를 드리고, 하나님께서 발람을 만나신다(23:1-4).

6. 발람이 첫 번째 신탁을 진술하고, 발락은 당황해 한다(23:7-11).

7. 발람이 발락에게 자기가 하나님의 말씀만을 말해야 한다는 사실을 상기시켜 주면서 두 번째 신탁을 진술한다(23:18-26).

8. 발락은 또 다른 장소로 옮길 것을 제안하고 다시 희생제사를 드린다(23:27-30).

9. 하나님의 성령의 감동을 받은 발람이 발락의 분노를 자극하는 세 번째 신탁을 진술한다(23:27-30).

10. 발람이 충동을 받아 네 번째 신탁을 전한다(24:15-19).

11. 그러고 나서 발람과 발락이 각기 헤어진다(24:25).

비록 편집의 결과로 전적으로 부드럽게 읽혀지지는 않는다고 할지라도, 이 내용은 본질적으로 서로 결속되어 있고 또한 만족할 만한 이야기다. 그것을 전체적으로 취급하는 것은 스터디(157-58)가 관찰한 바와 같이 네 개의 신탁 가운데 들어 있는 발전을 정당화하는 것이 아니다. 발락의 신탁에 대한 태도에서 발전이 있는데, 놀람으로부터 시작하여(23:11), 흥분하고(23:25), 분노를 발한다(24:10). 이 이야기를 엘로힘 문서("엘로힘"을 사용함에 있어서)로 묘사함에 있어서, 그것을 E자료와 연결시킬 만한 특별한 이유는 없다. 엘로힘의 사용은 민수기 21:4-9에서처럼 이 이야기 가운데 비이스라엘계 혹은 초이스라엘의 뿌리가 들어 있고, 그것이 예언자 그룹 가운데 보존되어 왔음을 암시할 수도 있다(참조. 삿 3:12-30에 있는 모압인의 지료). 그것이 어느 때나 지속적인 E설화의 일부분이었다는 사실을 상상할 현실적인 이유는 없다. 발전의 이 단계에서 전승의 시대는 판단하기 어렵지만, 분리왕국 시대로 돌릴 수는 있을 것이다. 비록 이것이 옳다고 할지라도, 발람과 발락에 대한 보다 이른 시기의 전승이 있었다는 사실은 인정해야 할 것이다(참조. 미 6:5). 폴크가 주장하는 바와 같이, 발람은 어쩌면 요단 동편의 전승 가운데서 널리 알려진 인물이었을 것이며 – 신탁은 그가 수리아인이었음을 시사한다 – 엘로히스트 이야기는 그를 메소보다미아 선견자로 만들어 준 것같이 보인다. 그 전승의 초엘로힘 문서 형태가 3, 4ab[a]절에 아직도 남아 있는 것 같다. 여기서 모압이 주체이고, 반(反)이스라엘 동맹이 미디안과 함께 계획된다. 모압과 미디안 귀족들이 도움을 구하려고 발람에게 접근하지만(7ab[a]절), 하나님께서 그것을 허락하지 않으신다(12절). 미디안이 후대의 삽입이라고 주장한 밴취(592-95)와 다른 사람들의 주장은 타당치 않다. 만일 사실이 그러하다면 이 이야기의 나머지 부분 가운데서 미디안이 보다 확실하게 연루되었을 것이다. 엘로히스트 이야기는 발락을 도입하고 있으며, 그로 말미암아 발락의 사자가 되는 귀족들을 실추시키지 않지만 제외시키지도 않는다. 이 점이 엘로힘 문서 저자에게 네 개의 이스라엘을 향한 신탁을 삽입시키는 길을 준비시켜 주고 있으며, 그것들은 또한 그 전승 가운데서 발람 전승과 연결되었다.

신탁의 기원과 출처는 모호하지만 오래된 것일 것이다. 올브라이트(*JBL* 63[1944] 207-53)가 인정한 바와 같이, 정자체(正字体)의 증거는 그것들이 12세기나 혹은 13세기의 것이라는 사실을 요구하고 있지는 않지만, 그것들이 10세기 혹은 9세기 초반보다 늦은 시기의 것으로 이끌어 내리지는 않는다. 민수기 24장에 있는 신탁이 통일왕국 시대에 속한다는 폴크의 입장은 옳은 것 같으며, 모빙켈의 의견을 따라 민수기 23장에 있는 것들은 어떤 면에서 그것들에게 의존하고 있다고 하는 폴크의 의견도 비록 그가 그것을 지나치게 후대의 신탁으로 연대를 잡기는 하지만 옳은 것으로 보인다. 그것들은 창세기 49장과 신명기 33장에 있는 지파별 축복과 같은 장르에 속한다. 또한 창세기 27:27b-29을 참조하라(민 23:9//신 33:28; 23:22//신 33:17; 24:9//창 27:19의 긴밀한 대조를 위하여). 처음으로 그 신탁을 그것들을 둘러싸고 있는 보다 큰 이야기를 구성하면서 모압과 미디안의 귀족들에 대한 전승과 연결시킨 사람은 엘로히스트 서사였을 수도 있다.

야위스트 요소들은 엘로히스트 이야기에게 대한 첨가물로 보인다. 그것들은 엘로히스트/야위스트 계열을 따른 분석을 정당화하기에 충분한 공통적 특성들을 가지고 있으며, 근본적으로 새로운 분석을 시도하는 학자들은 엘로히스트 기본 설화의 본질적 일관성을 파괴하는 쪽으로 기울어진다. 야위스트 자료는 다음과 같다: 22:8, 13-19, 21-35, 37, 40-41; 23:5-6, 12-17; 24:1, 11-14, 20-24. 이 자료는 제1차적으로 "야웨"라는 신명의 사용으로, 또한 사자들을 "귀족들"로 묘사한 사실로 구별된다. 우리가 초기 설화 전승을 관찰하면서 선택한 입장에서 볼 때, 이것은 당연히 그 이야기에 대한 야위스트 자신의 수정본일 수도 있다. 그의 관심은 다음과 같다.

1. 사건들을 주관하시는 분이 야웨시라는 사실, 발람이 이것을 깨닫고 하나님의 말씀에 민감했다는 사실을 강조하려는 것(22:8, 13, 19; 23:5-6, 12, 16).

2. 귀족들을 포함하여 두 번째 사절단을 발람에게 보냄으로써 그 사건의 중요성을 강조하려는 것(22:14-16).

3. 발람의 가치성을 강조하려는 것. 그가 야웨의 말씀에 민감할 뿐만 아니라, 야웨를 자기 하나님으로 인정하고 있고(22:18), 또한 부와 영화를 주겠다는 약속을 받고 부정한 방향으로 유혹 받기를 거절한다(22:16-18, 37; 24:11-14). 24:1에서 그는 처음 두 신탁에 대해서 적절하게 반응한다.

4. 발단부터 야웨께서는 악한 의도를 가진 인간들에게 대항하시고 그들을 성공하게 하지 않으신다는 사실을 강조하려는 것. 이 점은 나귀에 관한 통속적 이야기를 포함시킴으로써 이루어졌다. 이것이 전통적으로 발람과 연결되어 있었는지, 아니면 야위스트 자신이 그렇게 연결시켰는지에 대해서는 지금 결정할 수 없다. 이 이야기는 또한 야위스트의 태도에 근본적인 지속성이 있다는 사실을 보여 주기도 한다. 12절과 비교되는 것으로서 20절(이 두 구절은 엘로히스트 이야기다)은 그의 편에서 마음의 변화가 일어난 것으로 보일 수 있다. 야위스트는 "그렇지 않다"고 말한다. 가장 깊은 차원에서 그는 전체의 계획에 대항하고 있으며, 35절에 반복된 가리는 허락은 그러한 입장에서 이해되어야 한다. 당나귀 이야기는 발람을 심각하게 불리한 입장에서 묘사하지 않는다는 사실을 덧붙이는 것이 공정하다. 통속적 이야기는 소위 선지자라는 사람이 안목이 가려진 상태에 있는 동안 나귀가 어떻게 사자를 감지하게 되었는지에 대한 기사와 함께 고도로 풍자적이었을 것이다. 짐승일지라도 발람보다 더 감지력을 가지고 있다! 어쨌든 야위스트의 글을 통하여 그는 하나님의 계시를 받고 있고, 참된 참회자의 역할을 하고 있으며(31-34절), 참된 사명을 받는 사람으로 비쳐진다(35절).

5. 저주를 내리기 위하여(22:40), 그리고 이것들을 거짓된 바알 숭배와 결합시키기 위해(22:41) 의도된 의식 절차를 증가시키려는 것. 그 의식 절차들은 다른 장소에서 보다 나은 성공을 얻어내려는 발락의 시도를 통하여 강소된다(23:13-15). 엘

로히스트 설화는 두 번째와 세 번째 신탁 사이에서 이 일을 하지만(23:27-28), 야위스트는 첫 번째와 두 번째 신탁 사이에서 또 다른 조치를 도입한다.

6. 발람의 예언적 사역이 야위스트 당시에 관련된 다른 주제들을 망라했다는 사실을 강조하고, 그로 말미암아 발람을 참 선지자로 드러내려는 것(24:20-24). 폴크(295-97)는 본래 이러한 신탁들이 남 팔레스틴에 정착한 사람들, 즉 창세기 25:3, 18; 여호수아 13:2; 사무엘하 2:9; 시편 83:9의 아말렉 족속, 앗수르 족속과 사무엘상 14:21의 바다 민족(블레셋 족속), 겐 족속, 히브리인들의 것이었다고 설득력 있게 논증하고 있다. 그는 또한 시간이 경과하면서 신탁들은 새로운 상황에 새로운 의미를 부여하기 위하여 재해석되고 수정되었다고 생각한다. 이것이 곧 어찌하여 학자들(예를 들어, M. Noth, 194)이 그 신탁들의 일부를 헬라 시기까지 거슬러올라갈 수 있는 매우 늦은 시기의 것으로 믿게 되었는지의 이유를 잘 설명해 준다. 야위스트는 이 과정 가운데서 손을 댔고, 바로 그가 그것들을 처음으로 발람의 사역과 연관시킨 것으로 보인다. 주전 7세기에 일하고 있었던 저자로서 그는 앗슈르(Asshur)에 대한 언급을 앗수르에게 적용시킬 수 있을 것으로 이해할 수 있었다. 이 신탁에 관한 보다 자세한 논의에 대해서는 "주석"을 보라.

그러므로 야위스트 자료의 경향은 엘로히스트 기본 설화 가운데 본래부터 있는 요소들을 강화하고 강조하려는 것이다. 이것은 야위스트 자료가 첨가물이고 엘로히스트가 첨가물이 아니라는 입장을 지지한다. 야위스트가 여기서 나타내는 바는 자기의 요단 동편 여행에 요지를 제공하는 보다 많은 자료다. 그가 출애굽, 발람, 싯딤으로부터 길갈까지의 여행을 나란히 열거하고 있는 미가 6:5을 통하여 격려를 받았을 수도 있다. 본 절이 필연적으로 현재의 형태로 되어 있는 민수기 21-24장을 전제로 하고 있다고 생각할 이유는 없지만, 그러한 열거는 요단 동편 여행이라는 사상을 촉진했을 수 있다. 야위스트는 특히 궁극적으로 요단 동편 지파들의 전승들로부터 이끌어 온 엘로히스트 자료에서 뽑아냈다.

요르단에 있는 텔 데이르-'알라(Tell Deir-'Alla)에서 발견된 아람어 비문의 중요성은 평가하기가 쉽지 않다(J. Hoftijzer, *BA* 39[1976] 11-17를 보라). 그것들은 선지자 발람에 대해서 그가 "신들의 선견자"이고 밤에 그들로부터 불경건한 자들에 대해 회개하라고 촉구하는 메시지를 받는 사람으로 말하고 있다. 거기에는 일련의 저주가 있는데, 아마도 그의 것으로 돌려질 수 있을 것 같다. 본문은 주전 6세기 작품이다. 그 비문은 발람 전승의 근원이 요단 동편이라는 것과, 그가 2천 년대가 아닌 1천 년대의 한 인물일 것이라는 느낌을 지지해 준다.

전체 단락 가운데서 유일하게 제사장적인 요소는 22:1에 있는 여행기다.

주석

22[1] "모압 평지에"(בערבות מואב – 베아르보트 모아브), 즉 요단 동편쪽으로 비옥한 지역과 사해 바로 북편.

여리고는 현대의 텔 에스-술탄(Tell es-Sultan)이다. 그 곳의 발굴에 관한 정보에 대해서는 G. Foerster and G. Bacchi, "Jericho," *Encyclopedia of Archaeological Excavations in the Holy Land*. ed. M. Avi-Yonah(London: Oxford University Press, 1976)을 보라.

[3] 구 주석가들은 반복 구절을 문서의 복사라고 생각하는 방향으로 기울어진다. 스터디(J. Sturdy, 160)가 주장하는 바와 같이, 반복은 대부분의 히브리 시에서처럼 강조적인 것이다.

[4] "미디안의 장로들"은 이 곳과 7절에만 언급되어 있다. 그들은 전승의 초창기 단계에서는 보다 뛰어난 인물들이었던 것 같다("양식/구조/배경"을 보라).

[5] 창세기 36:32에는 브올의 아들 벨라라는 이름을 가진 에돔 왕이 나오며, 이 점이 발람 이야기의 에돔인 기원설에 어느 정도 호감을 갖게 한다(예를 들어, S. Mowinckel, *ZAW* 48[1930] 233-71; A. H. Sayce, *ExpTim* 15[1903/4] 405-6). 벨라가 발람과 동일한 사람이라고 생각하는 근거는 그리 강하지 않고, 그 이론은 본문에서 별다른 지지를 얻지 못하고 있다.

브돌은 갈그미스 북방 약 12마일 지점의 유프라테스 서쪽 강뚝에 있는 비트루(Bitru)와 동일 시역일 수 있나. 그 곳은 앗수르 사료 가운데서도 언급된다(또한 참조. 신 23:5). "강"은 유프라테스를 언급한 것이다.

"본향"(히브리어로는 "암마윗 족속의 땅")에 대해서는 "원문주해"를 보라. 그리고 특히 A. S. Yahuda, *JBL* 64(1945) 547-51를 보라. 하나의 짧은 여행은 반드시 이 이야기의 어떤 부분이 함축되어 있지 않으며, 그래서 "암몬"(이는 H. Holzinger, 104-5; G. B. Gray, 326 그리고 다른 사람들이 선호한다)이란 독법이 불필요하다.

[6] 계획은 선견자와 선지자의 입에 있는 들려진 말씀의 자동적 능력에 대한 신앙을 함축한다.

[7] "복술의 예물"(קסמים – 퀘싸밈)은 그러한 복술 행위에 대해서 표준적으로 정해진 대가를 말한다(예를 들어, 삼상 9:7-8을 참조하라).

15 발락은 발람의 지지를 돈, 즉 더 큰 명예와 재정적 보상으로 살 줄로 믿고 있다.

20 밤에 본 다른 환상들에 대해서는 욥기 4:12-16; 스가랴 1:8을 보라.

22 "야웨의 사자"(מלאך יהוה – 말라크 야웨). 스나이드(N. H. Snaith, 288-89)에 따르면, 사자는 인간에게 직접적으로 말씀하시는 하나님이라는 생각을 받아들일 수 없었을 때 하나님의 초월성 이론에 대한 발전에서 하나의 단계가 된다. 다른 한편, 스나이드 자신이 관찰한 바와 같이 "야웨"와 "야웨의 사자"가 상호 교차적으로 나타나는 여러 설화들이 있다(창 16:7-12; 삿 6:11-24; 슥 3:1-5). 그렇다면 어찌하여 "야웨"가 그러한 설화 가운데서 모두 존속하고 있는가에 대해서 물어볼 수 있을 것이다. 신에 대해서 그림으로 나타내는 데 대한 이스라엘의 거부감이 야웨의 출현을 사자를 통하여 인간의 형태로만 나타날 수 있도록 했다는 것은 그럴듯해 보인다. 이 이야기 가운데 있는 지속적인 상호 교환적 출현(야웨와 야웨의 사자)은 바람직하고도 설득력 있는 의도라고 생각된다. "하나님을 보는" 특권은 극소수의 사람에게만 주어졌으며, 비상 사태에서만 주어졌다(출 24:9; 겔 1:26).

"그를 막으려고"(לשטן לו – 레사탄 로). 후대의 본문 가운데서 이것은 신실성을 시험하시는 하나님의 대리자로 사용된 인격체의 이름이 되고 있는데(욥 1:6-12; 2:1-7), 그는 박해자로 행동하며(슥 3:1), 또한 궁극적으로 이스라엘의 대적자가 된다(대상 21:1). 이것으로부터 묵시문학에 잘 나오는 우주적인 악의 세력인 사탄으로 발전한다.

22 두 사환은 팔레스틴 탈굼에서 얀네와 얌브레와 동일시된다(참조. 딤후 3:8). 발락의 사자들에 대한 언급이 없는 것은 나귀 이야기가 독립된 이야기라는 증거다.

24 "좁은 길"(משעול – 미슈올). 이 어근의 의미는 "깊어지다"를 의미하며, 두 벽 사이에 있는 좁은 곳을 암시하는 것 같다. 70인경은 나귀가 깊은 고랑 가운데 있는 하나의 밭인 것으로 가정하고 있다.

28 구약성경에서 피조물이 말을 하는 다른 유일한 경우는 창세기 3:1에 나오는 뱀이다. 그것은 민간 전승의 통상적인 특징이다.

32 "패역함으로"(ירט – 야라트). 그러나 이 히브리어 단어가 "재촉하다"를 의미할 수도 있다. 발람이 하고 있는 계획은 무모한 것이다. 이 하나님의 관찰과 발람의 뉘우침(34절)을 포함하고 있는 원래 발람의 회심에 대한 민간 이야기는 상상일 가능성이 있다.

36 "모압 변경의 끝 이르논"에 대해서는 민수기 21:15의 "주석"을 보라(참조. 민

21:28). 아르논은 여기서 모압의 북쪽 변방으로 묘사되어 있다.

39 기럇후솟은 "거리의 마을"을 의미한다. 그 곳의 위치는 알려져 있지 않다.

40 발락이 다가올 희생제사를 위한 준비를 하면서 짐승들을 살육하고 있었음을 의미할 수도 있다.

41 바못바알(바알의 산당)은 직역하면 "바알의 높은 곳"인데, 아마도 민수기 21:19의 바못일 것이다(민 21:19의 "주석"을 보라).

"끝"(קצה – 퀘체, nearest)은 직역하면 "끝"이다. "가장 가까운"이란 번역은 이스라엘 진영의 끝 혹은 날개를 상징하는 것으로 이해한 것이다(RSV). 이 단어는 완전한 극단을 의미할 수도 있으며, 그런 까닭에 NEB가 "충분한 범위"(the full extent)로 번역했다(23:13을 보라).

23 1 "일곱" 단을 쌓은 것은 설명되어 있지 않다. 이 숫자는 종교적 상황과 문화라는 광범위한 여러 분야에서 성스러운 의미를 가지고 있다.

3 "사태난"(שׁפי – 쉐피). "원문주해"를 보라. 발람이 은둔한 것은 하나님께서 자기를 만나실 것이라는 희망에 기초하고 있다. 이 일은 4절에서 일어나지만, 24:1이 어떤 종류의 예언에 대한 암시가 있기는 해도, 그 만남이 어떻게 일어나는지 혹은 그것이 무엇으로 구성되어 있는지에 대한 암시는 주어져 있지 않다. 야위스트는 발람이 하나의 선지자라는 사실과, 야웨께서 그의 입 속에 말씀을 넣어 주신다는 사실에만 관심을 두고 있다.

7 "노래를 지어 가로되"(자기의 신탁을 구술했다 – NEB)(וישׂא משׁלו – 웨이사 메샬로). 구 번역 "비유"(RV) 혹은 "담화"(RSV)는 마샬(משׁל)이 지혜와 긴밀한 관계를 가지고 있다는 사실을 인정한 것이다. 21:27에 있는 "주석"을 보라. 이러한 결합은 그 단어가 평행적 시행 가운데서 작성된 함축성 있는 말씀에 대해 쉽게 사용될 수 있다는 사실에서 유래하며, 일종의 비유를 포함한다. 발람의 예언과 관련된 단어의 사용은 그것이 지혜에 한정될 필요가 없다는 것을 시사하며, 예술적으로 작성된 광범위하게 다양한 시들이 그렇게 불려질 수도 있었다는 사실을 시사한다. 이 문맥 가운데서는 "신탁"이 적절한 것 같다.

아람("원문주해"를 보라)은 수리아이며, 동쪽 산들은 수리아 사막의 구역이다(참조. 렘 49:28; 겔 25:4, 10). 그 위치는 확실치 않다. 발람의 거주지를 브돌에 한정시켜 놓은 사람은 엘로히스트 저자다(22:5). 야후다(A. S. Yahuda, *JBL* 64[1945] 547-51)는 "퀘뎀 땅의 산맥"이라고 번역하기를 더 좋아한다. 그는 퀘뎀의 자녀들이 자주 미디안과 아말렉과 동맹한 자들로 언급되었다고 지적하고(삿 6:3, 33; 7:12;

8:10), 예레미야 49:28; 에스겔 25:4, 10; 욥기 1:3에서 그들이 베두인이라고 생각한다.

9 시 가운데 들어 있는 이 부분은 신명기 33:28에 있는 모세의 축복을 생각나게 한다. 이스라엘이 홀로 처한다는 사실(혹은 "안전한" 존속; 참조. 렘 49:31; 시 4:9[히.]에서 바다드[בדד]의 사용)은 그 나라의 야웨께 대한 독특한 헌신의 결과다. 마지막 문장은 이스라엘이 열국에 대항하여 음모를 꾸미지 않는다는 것을 의미하는 것으로 취급될 수 있으며, 그러므로 저주를 요청하는 위협을 취하지 않는다(참조. J. H. Hertz, *ExpTim* 45[1933/4] 524). 그럼에도 불구하고 23:9b은 23:10a과 날카롭게 대조하기 위하여 의도되었을 수도 있다. 이스라엘의 미약한 시작은 궁극적인 하나님의 목적과는 매우 다르다.

10 "티끌"(עפר – 아파르)은 분명히 이스라엘의 거대한 숫자에 대한 비유적 표현이다. 게버츠(S. Gevirtz, *Patterns in the Early Poetry of Isarel*[Chicago: Chicago University Press, 1963] 64)에 따르면, 저주받거나 혹은 마법에 걸린 희생자의 발로부터 떨어진 티끌을 모으는 것은 아카디아 저주 의식의 일부였다. 이스라엘의 이야기 저작자들(storytellers)이 그 비유를 이스라엘의 수적 힘으로 이해했다는 사실은 그럴듯해 보인다(참조. 창 13:16; 28:14).

마지막 대구에서 발람이 이스라엘의 소유가 될 축복을 갈망하는 것으로 나타나 있다(참조. A. Guillaume, *VT* 12[1962] 335-37). 올브라이트(W. F. Albright, *JBL* 63[1944] 207-53)는 여기에 오해가 된 맹세가 있는 것으로 생각한다.

13 발락은 유리한 신탁을 얻을 때까지 계속하려는 의도를 가지고 있다. 그 의미는 분명하지 않다(22:41의 "주석"을 보라). 발락이 온 이스라엘을 내려다볼 수 있는 곳이 유리하지 못한 신탁을 가져다 줄 것을 두려워했을 수도 있다.

14 "소빔 들" 혹은 "파수꾼들의 밭"(NEB)(שׂדה צפים – 세데 쵸핌). 이 곳의 위치는 알려져 있지 않다. 비스가에 대해서는 민수기 21:20의 "주석"을 보라.

18 "일어나"(קום – 쿰)라는 단어를 직역하면 "주의를 집중하다"를 의미한다. 페테르(D. Vetter, *Seherspruch*, 19)는 이 구절 가운데서 지혜적 요소를 본다(또한 23:7의 "주석"을 보라).

19 "인자"(בן־אדם – 벤-아담). 즉 단순한 죽을 인생(참조. 시 8:5). 하나님께서 자신의 마음을 바꾸지 않으신다는 사상에 대해서는 사무엘상 15:29을 보라. 하나님의 의도가 변한다고 주장된 여러 이야기가 있다. 이것은 강력한 신인동형론적 본문 가운데 나타나거나(창 6:6) 혹은 선지자의 중재 간구에 반응하여(출 32:14; 암

7:3, 6) 나타나는 경향이 있다. 일반적으로 구약성경에서 하나님의 목적은 변하지도 않았고 변하고 있지도 않다.

20 "내가 명령을 받았다"(לקחתי – 라카흐티)는 직역하면 "내가 취했다"이다. 올브라이트(W. F. Albright, *JBL* 63[1944]207-53)는 "내가 이끌려 왔다"는 독법을 주장하지만("원문주해"를 보라), 이것은 불필요하다.

21 첫 번째 문장의 주어는 비인칭일 수 있다 – 즉 "누구도 발견하지 않았다…."

"허물"/"패역"(און/עמל – 아웬/아말). 이 번역들은 광야에서 있었던 불평 전승과 상충되며 "재난"/"불행"으로 번역하는 것도 가능하다. 다른 한편, 이스라엘의 패역(불성실)에 대한 언급은 발람의 신탁의 아주 믿을 만한 정신에 잘 어울릴 것이다. 신탁의 출처("양식/구조/배경"을 보라)는 불평 전승과의 긴장은 난해한 것이 아니라는 사실을 의미한다. 모빙켈(S. Mowinckel, *ZAW* 48[1930] 233-71)은 이 단어를 "마법"/"주술"로 번역하기를 더 좋아했으나, 이러한 사상들이 23:23에 나타나며, 그것들이 여기서 의도되었는지는 확실하지 않다.

"왕을 부르는"(ותרועת מלך בו – 우테루아트 멜렉 보). 테루아(תרועה)는 나팔소리나 혹은 전쟁의 외침에 대해 사용되고, 또한 왕에 대한 환호에 대해 사용된다. 야웨만이 이스라엘의 왕이시라는 확신에 대한 강력한 표현이 여기에 나타나 있다.

22 "들소의 뿔"(תועפת ראם – 토아포트 레엠). 지금은 사라진 가축의 조상들에 대한 암시(참조. 신 33:17). 이 비유의 요점은 "힘의 강함"(참조. G) 혹은 "높음"(참조. Tg)일 수도 있으나, "뿔"은 왕에 대한 상징이기도 하며(시 89:17), 따라서 "위엄"을 염두에 두었을 수도 있다.

23 "사술"/"복술"(נחשׁ/קסם – 퀘셈/나하쉬). 이 단어들은 분명히 하나님께 문의하는 두 개의 기술을 가리킨다. 스나이드(N. H. Snaith, 295-96)에 따르면, 나하쉬(נחשׁ)는 일반적으로 새의 날음이나 혹은 징조들을 관찰하는 것과 관계가 있고, 반면에 퀘셈(קסם)은 제비를 던지는 것과 관계가 있다(예를 들어, 화살을 통하여; 겔 21:26).

주어진 상황을 볼 때 "이스라엘 안에"보다는 "이스라엘에 대항하여"가 더 나아 보인다("원문주해"를 보라). 그러한 기술들은 신명기 18:11에 따르면 이스라엘 안에서 불법적인 것으로 간주되었다. "…에 대항하여"가 가장 좋을 것 같기는 하지만, 그러한 기술에 대한 어느 정도의 멸시일 수도 있다.

24 이러한 표상에 대해서는 미가 5:8을 참조하라.

27 발락은 또 다른 위치가 자기가 바라는 결과를 얻어낼 수 있을까 하여 끝까지

고집한다.

28 "광야가 내려다보이는 브올 산 꼭대기"(ראש הפעור – 로쉬 하프오르). 아마도 브올의 바알 성소와 가까운 위치인 것 같다(민 25:3, 5). "광야"(혹은 여시몬)는 아마도 낮은 요단 골짜기에 대한 일반적인 언급일 것이다. 이 단어는 사무엘상 23:19에서 다른 광야 지역에 대해 사용되었다(참조. 민 21:20).

29-30 같은 절차가 발람에 의하여 채택된다(참조. 23:1-2).

24 1 야위스트는 발람이 사실상 주술을 사용했다고 가정하고 있는데, 엘로힘 이야기 가운데 이러한 암시가 없음에도 불구하고 말이다. 이러한 가정은 23:23에 근거한 것 같다.

광야에 대한 언급의 의미는 분명치 않다. 야웨께 대한 예배가 광야에 그 근거를 두고 있으므로, 발람은 이제 영감의 진정한 원천을 향하여 바라보고 있다고 말할 수 있다.

2 "하나님의 신"(רוח אלהים – 루아흐 엘로힘). 하나님의 신의 부으심이 이 이야기 앞부분에서는 언급되지 않았다. 하나님의 신은 사사(삿 14:6), 왕(삼상 11:6) 또한 선지자(민 11:17; 삼상 10:10)를 감동하신다. 가장 초창기 구약성경 본문에서 그것은 일반적으로 특별한 임무를 위한 일시적인 부으심이었다. 엘로힘 이야기에서 그것은 실질적인 자원과 예언적 연설 형태에 대한 통찰력을 갖도록 해준다.

3 "…의 말씀"(נאם – 네움)은 모두 여섯 번 일어나는 중에 세 번째와 네 번째 신탁에 대한 전형적인 표현이다(참조. 삼하 23:1; 사 1:24; 시 110:1). 선지자의 신탁에서는 "야웨께서 가라사대"란 문구로 매우 자주 나타난다.

"눈을 감았던 자"(שתם העין – 쉐툼 하아인; "통찰력이 명백한 자" – "원문주해"를 보라). 이 문구는 난해하다. 스나이드(N. H. Snaith, 297)에 따르면, 어근이 포도주 항아리의 봉함에 구멍을 뚫는 것에 대해서 사용된다. 하나의 내공이 그 곳에 삽입되고 그 곳을 통하여 포도주가 흘러나온다. 하나님과 방해받지 않는 접촉의 의미로서 "명백하다"(NEB)란 사상은 그 어떤 것 못지 않게 적절하다.

4 "전능자"(שדי – 샤다이). 고대 하나님의 이름으로(참조. 창 49:25), 후기에 P에 의하여 수정되었다(창 17:1). 이것의 실질적인 의미는 알려져 있지 않다. 어떤 사람은 이 단어를 아카드어 사두(*šādū*, "산")와 연결시키는데, 그럴 경우 샤다이는 본래 일반적으로 특별한 봉우리 혹은 산들의 정상의 신으로 생각되었을 수 있다. 다른 사람들은 이 이름을 "퍼붓다"라는 어근과 관련시켜서, 비를 주는 분과 연결시킨다. 워커(N. Walker, "A New Interpretation of the Divine Name 'Shaddai'" *ZAW*

72[1960] 64-66)는 이 이름을 마르둑의 이름 가운데 하나인 샤주(SHAZU)와 연결시키고, 그것이 "전지하신"을 의미한다고 생각한다. 이 단어는 욥기에 가장 공통적으로 나타난다. 요셉의 축복에 그것이 나타나는 것은(창 49:25) 그것이 요셉 족속에 의하여 이스라엘에 소개되었을 수도 있다는 사실을 시사한다.

"엎드려"(נפל – 나팔). 70인경은 이것을 "잠이 들다"를 의미하는 것으로, 그리하여 선지자의 눈이 "열리는" 황홀경 속으로 빠져드는 것을 의미하는 것으로 해석한다. 그 의미는 자연적인 잠보다는 황홀경을 가리키는 것으로 보인다. NEB는 "응시하는 눈으로 황홀경 가운데서 보는 자"로 번역한다.

6 "골짜기"(נחלים – 네할림; "종려의 가로수"). 후자의 번역이 다음 문장의 "동산"과 보다 나은 평행을 이루는 것처럼 보인다. 또한 "원문주해"를 보라.

"침향"(אהלים – 아할림; "원문주해"를 보라). 스나이드(N. H. Snaith, 298)는 이것을 인도와 말레이시아 지역의 원산인 수리나무(eaglewood)로 이해한다. 다음 문장의 "백향목"처럼 이것은 상쾌한 향기를 내는 나무다. 팔레스틴의 산물을 암시하기 위하여 수정하는 것을 반대하는 스나이드가 옳은데, 그 이유는 저자가 의도적으로 이국풍의 비유를 하려 하고 있기 때문이다. 백향목은 사실상 물가에서 자라지 않는데, 이 또한 그 비유가 이국풍의 것이요 시적이라는 사실을 가리킨다("침향"에 대한 다른 언급들을 보려면 시 45:8; 잠 7:17을 참조하라).

7 처음 두 행은 난해하다("원문주해"를 보라). 관개 물통과 물이 잘 대인 땅에 대한 언급이 나타나 있다. 이스라엘이 번성하고 열매 맺는다는 일반적인 의미가 분명히 나타나 보인다. 이 풍성한 소출은 이스라엘의 작물, 그 양떼, 가축 그리고 인구를 내포하고 있다.

"아각"(אגג – 아각; "원문주해"를 보라). 아각은 사무엘상 15:32-33에서 사울에게 죽임을 당한 아말렉 왕으로 언급되어 있다. 여기에 언급된 왕이 그 왕인 것으로 보인다. 그와 그의 나라는 힘의 상징이었다.

8 23:22의 "주석"을 보라.

9 사자에 대한 표상에 대해서는 두 번째 신탁에 있는 23:24을 참조하라. 신탁의 결론에 대해서는 창세기 27:39을 참조하라.

10 "손뼉을 치며"(ויספק את־כפיו – 와이쓰포크 에트-카파이우)는 모욕 혹은 조소의 표시임에 틀림없다(참조. 애 2:15; 욥 27:23).

14 "후일에"(באחרית הימים – 베아하리트 하야밈). 이 문구를 포로 전에 사용한 일에 관한 연구에 대해서는 E. Lipiński(*VT* 20[1970] 445-50)를 보라.

15-16 네 번째 신탁의 도입은 세 번째 신탁의 도입과 유사하지만, "지극히 높으신 자"(עליון – 엘욘)을 가리키는 부가절이 있다. 이 신명은 분명히 예루살렘과 연결되었으며(창 14:18-22), 포로 전 성소에서 예배를 받은 엘(El)의 표명이었을 수도 있다(참조. 신 32:8; 시 18:14; 78:17, 35, 56; 83:19).

17 처음 두 문장에 대해서는 "원문주해"를 보라. 그 의미는 이것이 미래에 대한 예언인 것처럼 보인다. 발람은 이스라엘이 지금 그렇다는 것이 아니라 미래에 그렇게 되리라는 것을 말하고 있다.

"별"(כוכב – 코카브). 이것이 왕에 대한 비유임을 말하고 있는 이사야 14:12을 참조하라. 여기서도 그렇게 이해해야 할 것이다.

"홀"(שׁבט – 쉐베트). NEB는 "혜성"으로 번역하고 있으며, 그래서 영어에서 "별"과 천문학적 평행을 유지하고 있다. 마지막 대구에 대해서는 "원문주해"를 보라. 여기에 다윗의 요단 동편 원정에 대한 언급이 나타나 있다고 보는 것이 관례로 되어 있다. 최근의 주석가들 가운데 시볼드(K. Seybold, *TZ* 29[1973] 1-19)는 이 네 번째 신탁의 구체적인 목적은 다윗을 애굽의 바로와 같은 성공적인 정복자로 나타내려는 것이라고 주장한다. 이것이 제1차적인 목적이든 그렇지 않든 다윗에 대한 언급이 의도되어 있는 것으로 보인다. 모압과 에돔은 분명히 다윗 제국의 일부였다.

18 세일("원문주해"를 보라)은 스나이드(300)의 의견에 따르면 고대 에돔의 수도이지만(삿 5:4), 여기에 나타난 암시는 에돔과의 단순한 동의어로 의도되었을 수도 있다. 보다 구체적으로 세일은 에돔에 있는 중요한 산맥을 나타낸다(참조. 신 33:2).

19 "원문주해"를 보라. 모압에 있는 아르는 민수기 21:28에 처음으로 언급되어 있다(그 곳의 "주석"을 보라).

20 아말렉 족속들은 스터디(180)에 의하면 팔레스틴 남동쪽 광야에서 활동하는 유목민 부족들의 연맹으로 묘사된다. 오경 전승에 따르면 그들은 출애굽 후에 여행해 나가던 초기에 이스라엘과 싸웠고(출 17:8-16), 그들은 다윗 시대에 이르기까지 증오의 대상이었던 원수로 남아 있었다(참조. 삼상 15:1-3). 그들은 그 후에도 가끔 언급되고, 이 점은 이 신탁이 비교적 초창기의 것이라는 사실을 시사한다.

"열국 중 으뜸"(ראשׁית גוים – 로쉬트 고임). 어떤 의미에서 아말렉이 "으뜸"인지는 불분명하다. 그 족속의 힘에 대한 암시이거나, 혹은 보다 개연성 있는 것으로는 그 족속이 가장 고대의 족속들 가운데 하나라는 추측일 수 있다.

21 겐 족속(개역성경에는 "가인" 족속으로 되어 있으나 "겐 족속"이 옳다 – 역자

주)은 유다의 산지 남동쪽 부분을 점령했으며 이스라엘 족속과 긴밀히 연결되어 있었다(참조. 삿 4:11, 그리고 민 10:29-32에 대한 논의). 사무엘상 15:6에는 사울로 하여금 선대하라는 명령이 나타나 있고, 사무엘상 30:29에는 다윗이 그들과 좋은 관계를 유지하고 있었음이 언급되어 있다. 올브라이트(W. F. Albright, *Yahweh and the Gods of Canaan*[London: Atglone Press, 1968] 41)는 그들이 금속 공예가였다는 생각에 대한 증거를 입증하고 있다.

"네 보금자리"(קנך – 퀴네카). "겐 족속"이란 이름과의 어희가 된다. 이것은 아마도 그들이 미디안의 산지 혹은 시나이 반도의 기원을 가지고 있음을 언급한 것일 수 있다.

22 가인(참조. 창 4:1-17)은 겐 족속의 조상으로 가정된다.

"쇠미하리니"(לבער – 레바에르). 올브라이트(*JBL* 63[1944] 207-53)는 "불태움을 위하여"로 번역했고, 이러한 암시를 "금속 공예가" 혹은 "대장장이"란 의미를 가진 겐 족속이란 단어와의 어희 관계로 이해했다.

두 번째 문장에 대해서는 "원문주해"를 보고, 폴크의 주장은 "양식/구조/배경"을 보라. 창세기 25:3의 지역의 부족에 관한 원래의 언급에 대해서는 주전 제8세기의 강대 세력이었던 앗수르로 재해석될 수도 있다.

23 본문은 지극히 난해하다("원문주해"를 보라).

24 깃딤은 본래 구브로에 있는 한 마을인 깃디온(Kition)을 가리키며, 구브로 그 자체로 사용될 수 있거나 혹은 팔레스틴 서쪽의 바다 민족에 대해서 사용될 수 있다(참조. 렘 2:10; 겔 27:6). 후기의 본문(예를 들어, 단 11:30)과 중간기 문서에서 이 단어가 로마에 대해서 사용된다.

앗슈르(Asshur)는 어쩌면 앗수르를 가리킬 것이지만(참조. 24:22), 그 신탁이 암시될 수 있는 알려진 사건은 없다.

에벨은 창세기 10:21-25에 인용된 히브리인의 조상일 수도 있다.

따라서 폴크는 주전 13세기와 12세기 바다 민족의 침입 편에서 이 신탁의 원 상황을 파악하는 것이 가장 좋을 것이라고 본다. 시간의 흐름과 정치적 운명의 성쇠가 새로운 의미를 낳게 했는데, 그것 가운데 몇몇이 본문의 현 상태에 영향을 미쳤다.

해설

이 길다란 단락은 모압 왕 발락 편에서 이스라엘의 승리의 행진을 좌절시키기 위해 취한 단호한 조치에 대해서 말하고 있다. 그는 그 침입자들에 대한 저주를 얻어낼까 바라면서 메소보다미아 예언자 발람의 도움을 얻으려 했다. 발람은 처음부터 야웨의 참 선지자로 묘사되어 있는데, 그는 하나님의 참되신 말씀만을 선포하도록 제재를 받는다. 그는 사자의 개입과 그 사자를 인식한 나귀를 통하여 그러한 행위가 하나님이 근본적으로 미워하시는 것임을 상기하게 된다. 결국 발락은 좌절을 당한다. 발람은 네 번이나 예언을 하고, 그 때마다 하나님의 말씀은 이스라엘을 축복하는 말씀이었다. 간단히 말해서 이스라엘은 티끌처럼 무수히 많게 될 것이며, 사자처럼 찢을 것이며, 번성할 것이며, 모압과 에돔의 세력을 멸하게 될 것이다. 이 이야기 전체를 통하여 나귀의 지각력이나 자기의 머리로 되돌아온 모압 왕의 전략 방법에는 풍부한 아이러니가 나타나 있다. 이야기는 다른 민족들과 관련되어 있는 소량의 간략한 신탁, 이스라엘이 나아가는 길목에서 함께 대항했던 발락과 발람의 헤어짐과 함께 끝난다.

이 이야기는 분명히 제사장 전승은 아니다. 민수기 저자는 자기의 여행기 속에 이 이야기를 삽입하면서 그 사건을 모압 평지에 위치하도록 만들고 있지만(22:1), 그렇지 않았다면 이 이야기는 독특한 제사장적 특성을 완전히 잃게 된다. 이 이야기가 JE전승의 일부를 형성했다는 사실이 통상적으로 가정되어 왔다. 이것이 당연한 일로 생각되지 않아야 할지라도 말이다. 제사장 저자 자신은 다른 정치적・종교적 세력들이라는 외관상의 세력을 깊이 의식하고 있었던 포로민들에게 용기를 주기 위하여 이 이야기를 독립된 자료의 형태로 그릴 수 있었다. 다른 한편, 이 이야기는 우리가 야위스트 편집물이라고 불렀던 내용의 일부를 이루고 있었다고 생각할 만한 이유가 있다. 우리는 야위스트가 자기의 요단 동편의 여행 자료에 대한 보다 충분한 자료를 필요로 했고, 이 이야기가 그의 목적에 잘 어울린다는 사실을 주장해 왔다. 민수기 21:1-3에 미리 암시되었고, 민수기 21:10-35에 계속되었던 승리의 행진의 정신이 이 곳에서 계속되고 있다. 이야기는 본질적으로 이스라엘을 가로막고 있는 대적들의 무력화에 대한 축하이며, 요시야 시대의 확신 정신과 잘 어울린다. 또한 이 신탁들과 창세기 12:1-3에 나타나 있는 것과 같은 야위스트 설화의 뼈대를 연결시켜 주는 몇몇 주제의 연결고리들이 있다.

아브라함에게 하신 약속은 땅, 큰 민족, 축복, 이름을 창대케 함, 아브라함을 축복하는 자에게 복을 주고 아브라함을 저주하는 자에게 저주하시리라는 것 그리고 아브라함의 복 가운데서 모든 열국이 복을 받을 것을 포함한다. 이것과 또한 아브라함에게 하신 약속이 그 신탁에 대한 어느 성도의 주석이라고 생각하게 만드는 발람의 신탁 사이에는 충분한 조화가 있다. 정확한 일치를 주장하는 것은 해석적 주석의 성격을 오해한 것이다. 요시야 통치 기간 동안 앗수르 세력의 소멸은 그 왕이 이용할 수 있었던 진공 상태를 가져다 주었고, 그것이 야웨 신앙을 번성하도록 되살아나게 했고 적극적이 되게 했다. 야위스트 자신은 이 운동의 일익을 감당하고 있고, 그래서 발람 자료를 통일된 이스라엘 전승 속으로 삽입시키는 것이 지극히 자연스러운 것이다. 그의 주된 관심은 사건들을 주관하시는 분이 곧 야웨시라는 것과 발람이 야웨의 참 선지자라는 것을 강조하는 것이다. 그 전승에 대한 그의 중요한 본문상의 기여는 분명히 나귀 이야기다. 이것은 아마도 본래 발람과 연결된 것이 아닐 수도 있는 통속적인 이야기일 테지만, 현재의 그 형식과 문맥은 야위스트의 목적에 잘 공헌을 하고 있다("양식/구조/배경"을 보라).

전승의 대부분은 본래는 독립적이었다가 야위스트에 의하여 합쳐진 엘로힘 문서였던 것으로 보인다. 이 엘로히스트 이야기가 E로 지칭되는 광야 여행의 일부였다고 생각할 강력한 이유는 없다. 모든 징후들은 야위스트 기사 가운데 들어 있는 요단 동편 여행이 다양한 형태와 기원을 가진 보다 충만한 자료로 이루어져 있다. 엘로히스트 이야기는 선지자 그룹들, 즉 사사기 전달자들 편에, 또한 엘리야와 엘리사 그리고 다른 하나님의 사람들 편에 자료를 제공해 주어야 했던 그룹들 가운데서 기원되었을 수도 있다. 여기서 발람은 메소보다미아 선견자로 묘사되어 있다. 그는 궁극적으로 하나님에게 자신의 사자로서 가라는 허락을 받고 결국은 이스라엘에 저주가 아닌 축복을 전한다. 이 이야기는 왕들에 대항하는 선지자 정신의 독립성과, 또한 하나님의 통치 아래 이스라엘이 숨겨져 있다는 사실에 대한 극적인 옹호다. 이 이야기의 뿌리는 에훗과 모압인의 압제라는 전승의 이야기와 긴밀한 관계를 갖고 있을 수도 있다(삿 3:12-30). 아람에 대한 모호한 언급(23:7)을 훨씬 더 명확한 어떤 것으로 만드는 이유는 브돌(22:5)이 전적으로 명확하지 않기 때문이다. 다른 메소보다미아 일부처럼 그 성읍도 주술 행위에 있어서 명성이 높았을 수도 있는데, 그 사건에서 그 명성으로 인하여 발락은 가장 좋은 도움을 얻어낼 수 있는 자를 그곳에서 구하고 있다.

엘로힘 저자가 모압의 자극을 받은 모압과 미디안의 장로들이 이스라엘을 대적하기 위하여 발람의 도움을 구하는 전승의 보다 이른 전승을 가지고 작업을 했을 가능성이 있다. 발람의 신은 그러한 일을 떠맡는 일을 대항하고 그 일을 금지한다(22:3-4ab,[a] 7ab,[a] 12). 발람을 모압 왕으로 이름짓고, 아람의 발람이라는 네 개의 신탁을 작성하도록 하기 위하여 그 이야기를 발전시키고 있는 사람은 엘로히스트 저자일 것이다. 미디안과 신탁들 자체를 포함한 초창기 전승은 통일왕국 시대까지 거슬러 올라갈 수 있을 것이다.

시간이 흐름에 따라 발람 전승은 다른 수많은 두드러진 발전을 경험한다. 야웨 이야기에서 가장 강력한 것으로 떠오르고 있는 발람에 대한 묘사 가운데 우호적인 요소는 사라지기 시작하고, 모든 반 이스라엘적인 것에 대한 적대감은 각광을 받는다. 신명기에서 이 전승은 모압 족속이 야위스트 공동체에 들어올 수 없다는 근거로 사용된다(신 23:3-6). 발람 자신은 이스라엘에 대한 대적자로 떠오르고, 야웨께서는 그의 말을 듣기를 거절하신다(신 23:5; 수 24:10). 민수기의 제사장 저자는 민수기 25:1-18의 미혹과 배교에 발람을 연루시키면서 이 과정을 민수기 31:16에서 확장해 나간다. 이스라엘의 원수들 가운데 한 사람으로서 그는 죽임을 당한다(민 31:8; 수 13:22). 이러한 근거에서 탈굼에서 탈무드에 이르기까지 후기 유대인의 주석에서는 발람의 죄를 확대시키도록 문을 열어 주었다. 그는 탐욕과 허영에 따라 움직인 사람, 다른 어느 누구보다도 역사상에서 악인이 된다. 초대 기독교의 해석은 발람 속에서 기독교 공동체들 가운데 증가된 영향력을 가진 것으로 보이는 자유 사상가 혹은 니골라당의 조상을 보면서 유사한 패턴을 따른다(벧후 2:15-16; 유 11; 계 2:14). 후대에 오리겐(Hom 13:7)은 발람 속에서 예수의 탄생을 알려 주었던 별을 본 동방 박사의 조상을 발견할 수 있었다(민 24:17; 마 2:2). 반드시 단 하나의 방법으로만 해석하도록 강요해서는 안 된다. 전승에 대한 문서 이전의 역사 연구는 어떤 점에서 자주 사변적인 것이지만, 발람 전승의 그 이후의 역사는 그 계획과 그 과정의 많은 부분이 정당하다는 사실을 암시해 준다.

요약해서 말하자면, 이 이야기는 이스라엘의 성공의 확실성에 대한 감동을 주는 찬양이다. 약속의 땅으로의 이스라엘의 행진은 대적들의 모략에 의하여 정지되거나 가로막히지 않는다. 야웨의 다스리심은 가장 나쁜 것이라도 이스라엘 편에 유익한 것으로 돌아설 수 있는 그러한 것이다. 하나님의 선하신 목적의 성공에 대한 강력한 확신은 기독교 신학 가운데서도 계속된다. 하나님이 만드신 세상에 대한 그분의 다스리심의 도래는 인간의 음모와 계략에 의하여 가로막히거나 돌이켜질 수 없다.

41. 싯딤에서의 배교(25:1-18)

참고문헌

Henke, O. "Zur Lage von Beth Peor." *ZDPV* 75(1959) 155-63. **Jaroš, K.** *Die Stellung des Elohisten zur kanaanäischen Religion.* Freiburg: Vandenhoeck and Ruprecht, 1974. **Mendenhall, G. E.** "The Incident at Beth Baal Peor(Nu. 25)." *The Tenth Generation*(Baltimore: Johns Hopkins University Press, 1973) 105-121. **Reif, S. C.** "What enraged Phinehas? A Study of Numbers 25:8." *JBL* 90(1971) 100-6.

본 문

1 이스라엘이 싯딤에 머물러 있더니 그 백성이 모압 여자들과 음행하기를 시작하니라	**1** And Israel stayed at Shittim, and the people began to have sexual relations[a] with the Moabite women.
2 그 여자들이 그 신들에게 제사할 때에 백성을 청하매 백성이 먹고 그들의 신들에게 절하므로	**2** And these invited the people to the sacrifices of their gods. And the people ate, and bowed down to their gods.
3 이스라엘이 바알브올에게 부속된지라 여호와께서 이스라엘에게 진노하시니라	**3** And Israel yoked himself to Baal of Peor. And the anger of Yahweh was kindled against Israel.
4 여호와께서 모세에게 이르시되 백성의 두령들을 잡아 태양을 향하여 여호와 앞에 목매어 달라 그리하면 여호와의 진노가 이스라엘을 떠나리라	**4** And Yahweh said to Moses, "Take all the leaders[a] of the people, and hang them in the sun before Yahweh,[b] that the fierce anger of Yahweh may turn away from Israel."
5 모세가 이스라엘 사사들에게 이르되 너희는 각기 관할하는 자 중에 바알브올에게 부속한 사람들을 죽이라 하니라	**5** And Moses said to the judges[a] of Israel, "Put to death, each of you, those of his men who have yoked themselves to Baal of Peor."
6 이스라엘 자손의 온 회중이 회막 문에서 울 때에 이스라엘 자손 한 사람이 모세와 온 회중의 목전에 미디안의 한 여인을 데리고 그 형제에게로 온지라	**6** And behold, one of the people of Israel came and [a]brought a Midianite woman to his family,[a] in the sight of Moses and the whole congregation of the people of Israel, while they were weeping at the door of the Tent of Meeting.
7 제사장 아론의 손자 엘르아살의 아들 비느하스가 보고 회중의 가운데서 일어나 손에 창을 들고	**7** And Phinehas son of Eleazar son of Aaron the priest saw it, and he rose up from the middle of the congregation and took a spear in his hand.
8 그 이스라엘 남자를 따라 그의 막에 들어가서 이스라엘 남자와 그 여인의 배를 꿰뚫어서 두 사	**8** And he went after the man of Israel into the shrine, and pierced both of them through, the

람을 죽이니 염병이 이스라엘 자손에게서 그쳤더라
9 그 염병으로 죽은 자가 이만사천 명이었더라

10 여호와께서 모세에게 일러 가라사대
11 제사장 아론의 손자 엘르아살의 아들 비느하스가 나의 질투심으로 질투하여 이스라엘 자손 중에서 나의 노를 돌이켜서 나의 질투심으로 그들을 진멸하지 않게 하였도다

12 그러므로 말하라 내가 그에게 나의 평화의 언약을 주리니
13 그와 그 후손에게 영원한 제사장 직분의 언약이라 그가 그 하나님을 위하여 질투하여 이스라엘 자손을 속죄하였음이니라

14 죽임을 당한 이스라엘 남자 곧 미디안 여인과 함께 죽임을 당한 자의 이름은 시므리니 살루의 아들이요 시므온인의 종족 중 한 족장이며

15 죽임을 당한 미디안 여인의 이름은 고스비니 수르의 딸이라 수르는 미디안 백성 한 종족의 두령이었더라

16 여호와께서 모세에게 일러 가라사대
17 미디안인들을 박해하며 그들을 치라
18 이는 그들이 궤계로 너희를 박해하되 브올의 일과 미디안 족장의 딸 곧 브올의 일로 염병이 일어난 날에 죽임을 당한 그들의 자매 고스비의 사건으로 너희를 유혹하였음이니라

man of Israel and the woman, in her shrine.[a] So the plague was stopped from the people of Israel.
9 And those that died by the plague were twenty-four thousand.[a]

10 And Yahweh spoke to Moses, saying,
11 "Phinehas son of Eleazar son of Aaron the priest has turned my wrath away from the people of Israel. He was zealous with my zeal among them, so that I did not consume the people of Israel in my zeal.

12 Therefore say, 'Behold, I give to him my covenant of peace.[a]
13 And it shall be to him, and to his descendants after him, the covenant of a perpetual priesthood, because he was zealous for his God, and made atonement[a] for the people of Israel.'"

14 And the name of the dead man of Israel, who was killed with the Midianite woman, was Zimri son of Salu, a leader of a fathers' house of the Simeonites.

15 And the name of the Midianite woman who was killed was Cozbi daughter of Zur, who was the head of a clan (that is, of a fathers' house)[a] in Midian.

16 And Yahweh spoke to Moses, saying,
17 "Harass the Midianites, and smite them,
18 for they have harassed you with their wiles, with which they beguiled you in the affair of Peor, and in the affair of Cozbi, the daughter of the Midianite leader, their sister, who was killed at the time of the plague which took place on account of Peor."

원문주해

1.a. G에는 웨야헬(ויחל, "자신들을 더럽혔다"; 참조. 레 19:29; 21:9)로 되어 있다.

4.a. *BHS*는 로쉬(ראשׁ, "머리")보다는 어근 라솨(רשׁע, "악한")가 의도되어 있다고 상상한다.

4.b. Sam은 그것이 스스로 브올의 바알에게 부속되었던 사람들이었다는 사실을 암시하

는 하나의 주석을 가지고 있는 것으로 보인다.

5.a. 쇼브티(שֹׁבְטֵי, "지파들")가 Sam과 G에서 입증된다.

6.a-a. G는 이것을 사람이 자기 형제를 미디안 여인에게 이끌어 갔다는 사실을 의미하는 것으로 이해한다.

8.a. *BHS*는 여기서 초창기에 본 절에 있는 콰바타(קֳבָתָהּ)에 쿠바(קֻבָּה)의 잘못된 반복을 하는 본문 개악(改惡)을 시사하고 있다. 이 구절 가운데 들어 있는 난점들에 대한 다른 설명을 위해서는 "주석"을 보라.

9.a. 고전 10:8에 따르면 이 숫자는 23,000명이었다. 이것은 바울 편에서의 오류일 수도 있다.

12.a. *BHS*는 여기서 쉴룸(שִׁלּוּם, "보복", "보응")으로 읽어야 할지 의아해 한다(참조. 미 7:3).

13.a. 미래형으로 만들기 위해 본문을 수정할 필요는 없다("주석"을 보라).

15.a. 하나의 설명적 주석이다(J. A. Paterson, 60를 보라).

양식/구조/배경

1-5절이 JE에 속한다는 사실은 널리 인정되고 있다. 이스라엘이 "그 백성"(העם – 하암; 1, 2, 4절)으로 나타나고, 출애굽기 32장에서처럼 구체적인 이방인의 제의에 대한 관심이 있으며, 공의와 관계되어 있는 "사사들"(שפטים – 쇼페팀)의 역할이 예를 들어 출애굽기 18:21-27에 입증되어 있다. 야웨의 진노가 일어났다고 말하고 있는 설명(3절)은 JE전승으로 돌릴 수 있는 본문들 가운데 광범위하게 나타난다(창 30:2, 39:19; 44:18; 출 4:14; 22:24; 32:19, 22; 민 11:1, 10, 33; 12:9; 22:22, 27; 24:10). 그에 반해서 6 18절이 P에 속한다는 것은 일반적으로 받아들여지고 있다. 이스라엘이 "회중"(העדה – 하에다; 6, 7절)이고, "이스라엘 자손"(בני ישׂראל – 베네 이스라엘)이란 호칭은 제사장 본문에서 공통적이다. 제사장들로서 아론 자손과 염병의 그침에 대한 관심이 분명하게 나타나 있다(참조. 민 17:13, 15[히.]). 속죄(כפר – 코페르)의 개념과 "족장"(נשׂיא – 나시; 14절)이란 명칭은 P에 대한 또 다른 표시다. 자료에 대한 이러한 분석을 수립하기가 상당히 쉽지만, 본문에 대한 보다 자세한 분석은 많은 문제를 야기시킨다.

1. 야위스트 전승(1-5절)

많은 분석가들은 이 자료가 획일적이지 않다고 인정하고, 1-5절이 평행이 되는 설화 줄거리를 담고 있다는 입장에 대해 타당한 증거가 있었다고 인정한다(참조. A. Dillmann, 167-69; B. W. Bacon, 237-38; H. Holzinger, 126-31; B. Baentsch, 622-24; H. Gressmann, 334 n.2; O. Eissfeldt, *Hexateuch*, 190-91; C. A. Simpson, 270; G. B. Gray, 380-83). 폴크(J. de Vaulx, 299) 역시 이러한 종류의 접근 방식에 대한 좋은 증거를 제공한다. 그러한 분석들 가운데 가장 통속적인 것 중 하나가 1a, 3a, 5절을 1b, 2, 3b, 4절과 대조시키는 것이다.

모든 다섯 구절을 본질적으로 하나의 단위로 보기를 좋아하는 몇몇 사람들이 있으나(예를 들어, W. Rudolph, *Der "Elohist"*, 128-31), 어느 정도 가치를 지니고 있는 대안적 입장은 1b-2절과 3-5절 사이의 실질적인 이분법을 파악하는 것이다. 전자는 모압 여인이 포함된 배교에 대해서 말하고 있으며, 후자는 브올의 바알에게 부속된 일(배교)에 대해서 말하고 있다. 2절의 마지막 문장은 그 구절에 있는 불평의 표현을 자연적 결론으로 이끌어 가고 있으며, 반면에 3절에 나오는 바알브올과의 언약의 갑작스러운 출현은 어색하다. 모압 족속의 신들과의 배교 전승(1b-2절)은 이스라엘을 "그 백성"(העם - 하암)으로 묘사하고 있고, 반면에 "바알브올에게 부속"(3, 5절)은 "이스라엘"(ישׂראל - 이스라엘)로 나타내고 있다. 4절과 이 전승들과의 관계가 전혀 명확하지 않다는 사실이 인정되어야 한다. 그것은 "그 백성"에 대해서 말하고 있고, 자주 5절의 그것에 대한 대안적 징벌을 제공하는 것으로 생각되어 왔다. 다른 한편 야웨의 진노에 대해 말하면서 4b절은 3절을 언급하고 있는 것으로 보이며, 반면에 4절과 5절 사이의 긴장은 반드시 당연한 일로 생각할 필요는 없다. 모세는 즉시 하나님의 진노를 돌리기 위하여 모든 두령들을 죽이고, 그러고 나서 이방의 의식에 참여한 다른 개개인들을 죽이라는 판결을 내린다. 3-5절을 바알브올 전승으로 취급하는 것은 타당해 보인다.

수많은 분석가들은 바알브올 자료를 E에게로 돌리는데, 특히 1-5절을 관통하여 평행적 설화 요소를 추적하는 사람들 사이에서 그러하다. 5절의 "사사들"(참조. 출 18:21[E])은 1a, 3a, 5절을 E와 연결시키는 이유가 되었으며, 2절과 34:15(J?) 사이의 연결고리는 1b, 2, 3b, 4절을 J와 연결시키는 근거가 되었다(예를 들어 G. B. Gray, 380-83; J. de Vaulx, 299를 보라). 1-5절을 하나의 단위로 보려는 경향을 가진 분석가들 사이에서는 E를 선호해 왔나(예를 들어, K. Jaroš, *Die Stellung des Elohisten*). 이 이야기와 출애굽기 32장에 있는 금송아지 전승(자주 E로 간주되었음)의 유사성은 여기서 본질이 되는 점이다. 다른 한편, 민수기에 E가 있다고 전적으로 생각하고 있는 젱스(A. W. Jenks, *The Elohist*, 58-59)는 그것이 여기에 있다고 단정하기에 충분한 근거를 발견하지 못한다.

엘로히스트 문서가 존재하고 있다는 논증은 사실상 매우 설득력이 있는 것은 아니다. "사사들"에 대한 언급은 매우 무가치하며, 출애굽기 32장이 E의 일부가 아니라고 믿을 만한 근거다. 바알브올 전승은 당연히 야위스트의 것일 수 있는데, 곧 그가 싯딤에 위치하도록 선택한 이야기다(1a절; 참조. 수 2:1; 3:1). 이 이야기는 자기의 요단 동편 여행을 위하여 보다 충분한 자료를 사용하고 있다는 또 다른 예증이다. 만일 바알브올 자료에 대한 이러한 입장이 옳다면, 1b-2절에 있는 모압 족속 자료는 당연히 하나의 주석일 수가 있다. 출애굽기 34:15-16을 신명기 편집자와 연결시킬 만한 충분한 이유가 있으며(M. Noth, Exodus, 261-63; J. P. Hyatt, Exodus, 323-26를 보라), 2절에 있는 관계에 비추어 여기서 같은 결론을 얻어낼 수 도 있다. 그러한 분석은 불확실하며, 전체가 야위스트의 단위일 가능성은 남아 있다. 그 사건에서 야위스트는 처음으로 모압 족속의 배교(1b-2절)라는 일반적인 말로 말하게 되었을 것이며, 그러고 나서 보다 구체적으로 구체적인 하나님의 심판으로 이끌어 갔던 특별한 행위(3-5절)에 대해 말하게 되었을 것이다.

야위스트가 취한 전승의 배경과 기원은 모호하다. 노트는 본래 그것이 점령 이야기가 아니었다고 주장한다(M. Noth, *Pentateuchal Traditions*, 74-75). 그의 입장에서 볼 때, 팔레스틴의 중심 지파들이 바알브올 성소를 방문했다. 이 이야기가 "부속된"(צמד – 차마드; 3, 5절)에 근거한 인과관계였고, 싯딤 근처에 있는 한 장소를 가리킨다는 그의 생각은 신빙성이 없다(참조. H. Gressmann, 334-38). 인과관계 이론은 유지되기가 어렵다. 그 장소가 어디였고, 그 이름이 무엇이었는가? 다른 한편, 북방에서 통속적인 바알브올 의식이 있었거나 있어 왔다는 입장은 호세아 9:10의 지지를 받는다. 그 선지자에게 바알브올 사건은 과거에 있었던 것으로 보인다. 그는 그것을 광야에서 이스라엘과의 만남과 긴밀하게 연결시키고 있다. 제사 의식은 이스라엘이 문제의 지역을 통할하고 있었을 통일왕국의 시대에 가장 유행하고 있었을 수도 있다. 프릿츠(V. Fritz, *Israel*, 130-31)는 이 이야기가 갓 지파 안에서 전달되었을 것이라고 생각하지만, 현재의 형태로 되어 있는 이야기의 세부 사항들의 오랜 전달 과정을 생각할 만한 충분한 이유는 없다. 갓 족속에 대한 전승 혹은 추억이 바알브올에 대한 호세아의 주의를 이끌어 냈을 수도 있다. 호세아 9:10에 대한 단순한 면식은, 야위스트에게는 그 곳에서 있었던 이스라엘의 배교에 대한 자신의 이야기를 말할 충분한 근거다.

멘덴홀(G. E. Mendenhall, *The Tenth Gencration*, 105-21)은 그 전승의 역사적 뿌

리가 유행병의 발발이라고 주장한다. 이것이 지파들로 하여금 남방으로부터 요단 동편으로 이주하도록 했을 수도 있다. 유행병을 제거하기 위하여 제정된 의식들, 신에게 드리는 희생제사 그리고 외국인들과의 제의적 성관계가 이스라엘에게 언약의 균열을 이루었다. 그러한 재구성은 평가하기가 어렵다. 몇몇 그러한 사건은 전승의 기초가 될 수도 있지만, 존재하고 있는 이야기 가운데서는 그러한 재구성을 필요로 하지 않는다.

2. 제사장 전승(6-18)

1-5절에 있는 야위스트 이야기는 상당한 제사장 자료로 보충되어 있는 것 같다. 살육하라는 명령만 내려졌고, 1-5절에는 그 결과가 나타나지 않았다는 사실은 야위스트 이야기가 간결해졌고, 또한 제사장 저자(아마도 민수기 저자)가 자기에게 더 큰 관심이 되는 결론을 형성하고 있는 보다 많은 자료를 덧붙였다는 것을 시사한다(M. Noth, 195-99를 보라). 1-5절에는 "우는 것"이나 "유행병"에 대한 언급이 없고, 이것들은 저자가 가정한 것이다(6-9절). 이 두 가지가 광야 전승 가운데 들어 있는 다른 곳에서 일어난 사실은(참조. 민 11:10; 17:11[**히**.]) 이러한 가정을 정당화했을 수도 있다. 민수기 17:11에서 "진노"와 "염병"은 사실상 동의어이며, 민수기 25:3의 "진노"는 염병이란 말로 자연히 이해되었을 수도 있다.

제사장 저자의 영감의 한 가지 원천은 시편 106:28-31인 것으로 보인다. 이 시편이 포로기나 혹은 포로 후 초기에 속한다고 상상할 타당한 이유가 있는데(W. Beyerlin, "Der *nervus rerum* in Psalm 106" *ZAW* 86[1974] 50-64), 그 경우 이 본문이 아마도 제사장 저자에게 친숙한 본문이었을 것이다. 시편은 직접적으로 바알브올과 염병을 말하고 있으며, 이것이 또한 민수기 25장에 있는 제사장 저자의 가정에 기여하고 있는 것 같다. 더 나아가서 시편 기자에게 비느하스의 역할은 염병을 그치게 하도록 만들었는데, 그 염병은 미디안 여인에 의하여 유발되지 않고(민 25:6-18에서처럼) 바알브올 사건 그 자체로 말미암아 유발되었다. 그래서 시편 106:28-31은 민수기 25:1-5과 민수기 25:6-18 사이에 자연적 가교인 것으로 보인다. 그것은 바알브올에서 있었던 염병에 대해서 말하고 있을 뿐만 아니라, 비느하스의 개입에 대해서도 말하고 있다.

이 사건들이 야위스트의 이야기라는 완전한 형태로 생겨났는데, 지금 제사장 저자에 의하여 축약되었는지의 여부는 확실하게 결정할 수 없다. 만일 그것들이 그렇지 않았다면 시편 저자가 비느하스를 대표로 한 사람들에 대한 관심에서 그 전승 중 상당 부분에 마무리 작업을 제공했을 것이다. 사실상 이것은 시편의 다른 곳에 있었던 시편 기자의 방식으로 보이지는 않는다. 그 전승 전체에 대한 그의 손질은 억제된 것으로 보인다. 만일 비느하스가 실제로 야위스트 전승 가운데 나타났었다면 심판을 시행하면서(시 106:31), 단호하게 행동했던 그가 그렇게 함으로써 스스로 의인이라는 영원한 평판을 얻었을 것으로 보인다(시 106:31).

전승에 대한 대부분의 수정은 제사장 저자가 했다고 볼 수 있다. 그에게 시편의 비느하스요 야위스트 전승의 비느하스는 아론 자손이다. 야위스트에게 비느하스는 레위인이었고, 그런 까닭에 그 이야기의 원 결론을 버릴 필요가 있었을 것이다. 그가 볼 때, 비느하스의 행동의 가장 중요한 부분은 이스라엘 사람 시므리와 미디안 여인 고스비를 살육하는 것이었는데, 그들의 난잡한 행위가 염병이 닥치게 한 실질적인 원인이었다. 그렇게 함으로써 비느하스가 스스로 얻어낸 영구적인 명성(시 106:30)은 자신과 자신의 후손들에게 제사장직 안에서 영구적이고도 영예로운 위치를 부여해 주는 평화의 언약으로 재해석된다. 저자는 부분적으로는 미디안 족속이 발람 이야기 가운데서 모압에 포함되었기 때문에(민 22:4, 7), 그리고 그러한 사실이 저자로 하여금 민수기 후반부에서 소개하고자 하는 미디안 전쟁에 좋은 근거를 제공하고 있기 때문에 미디안 족속의 요소를 이 이야기 가운데로 도입하는 데 관심을 가졌다. 미디안 전쟁의 근거는 16-18절에 나타나 있는데, 그 곳에서는 비록 야위스트가 아무런 주장을 하고 있지는 않을지라도, 바알브올 배교 가운데 미디안의 영향이 있다는 사실이 드러난다.

제사장 저자가 이 이야기를 수정하게 된 동기를 이해하고 설명하려는 다양한 시도가 있어 왔다. 어찌하여 특히 비느하스의 제사장직을 옹호할 필요가 있었으며, 또 어찌하여 이 특별한 방법이 선택되었는가? 폴크(300)는 사독 제사장 계열 내에서 어떤 고대의 대립 관계가 있었다고 인식하며, 노트(195-99)는 이 이야기에서 대제사장직 가운데서 가진 비느하스의 자손들의 지위에 대한 단순한 합법화를 보았다. 크로스(F. M. Cross, *Canaanite Myth*, 201-3)는 이 이야기의 배후에서 실로의 엘리의 대제사장직에 대한 거부를 발견했고, 반면에 그래이(385-86)는 이 이야기에서 사도 계열의 전승 가운데 깊이 박혀 있는 고대로부터 내려오는 뿌리가 있음을 생각해 냈다. 증거의 결핍으로 인하여 오랜 전승에 관해 고찰하려는 경향이 있다. 여호수아 24:33에는 엘르아살이 묻힌 장소가 "비느하스의 기브아"(개역성경에는 단순히 "비느하스가 에브라임 산지에서 받은 산"이라고 되어 있으나, 마소라 본문에는 "비느하스의 기브아"로 되어 있음 – 역자주)라는 진술이 있지만, 본 절은 그렇게 오랜 기간이 걸리지는 않은 제사장의 주석일 가능성이 크다. 어떤 경우든 포로 후기의 비느하스 제사장 가문이 실질적으로 북쪽에 기원을 가지고 있었던 것 같지는 않다. 사사기 20:27-28에 나타난 암시의 삽입구적 성격은 합리적으로 감지하기가 쉬우며, 그 주석이 그 반대로 생각할 수도 있기는 하지만 고대 전승을 보존하고 있다고 상상할 만한 강력한 이유는 없다. 엘리의 한 아들이 그 이름(비느하스)을 가지고 있었다는 사실(삼상 4:17)은 아무런 관련성이 없다. 그의 가문의 종말에 대해 지적했던 전승과 그와 민수기 25장의 비느하스 사이의 관계를 수립하기 위한 시도는 추리에 지나지 않는다. 포로 후기의 제사장 계급이 그러한 관계를 가지고 있는 하나의 그룹을 받아들였다는 것은 있을 수 없는 일이다. 그렇다면 민수기 25장의 비느하스는 에스라와 함께 본국으로 돌아온 사람들 가운데 몇 사람이 그 이름을 가졌던 바, 그 포로 후기의 그룹과 우선적으로 연결되어야 한다(스 8:2; 에스드라1서 5:5; 8:29). 저자 당시에 제사장으로서 그들의 자격이 의심받고 있었던 것으로 보인다. 족보가 이미 그들을 아론 자손으로 세워 주었다(출 6:25). 이 이야기는 그러한 관점을 정당화한다. 여기에 제사장직에 대한 어떤 배타적 권리가 주장되고 있다거나 혹은 대제사장직이 문제가 되어 있다는 암시는 없다. 문제는 본질적으로 제사장으로서 비느하스의 자격이다.

전승의 뚜렷한 성장과 형성 문제를 해결했을 한 가지 가능성은 비느하스가 제사장직에 진급되었던 레위 그룹의 일원이었다는 가정이고, 이러한 진급이 그 자격에 대한 의심을 불러일으켰다는 것이다. 앞에서 이미 제시한 바와 같이, 비느하스는 야위스트 전승에서 일반적으로 출애굽기 32:25-29에서 레위 족속이 보여 준 것과 비교할 만한 배교자를 살육함으로써 야웨께 대한 열심을 드러내 보여 주는 레위인이었다. 그들의 진급의 근거는 부분적으로 그들의 비벨론인과의 관계에 있었고, 부분적으로는 혼합 결혼을 한 사람들을 축출함에 있어서 성전 문에서 특출한 열심을 나타낸 데 있었다. 이것이 결국 사실 그대로 이 이야기 가운데서 비느하스의 기능의 결정적인 부분이다. 비느하스의 가문이 레위인 문지기들을 관장했다는 역대기 기자의 진술(대상 9:20)은 물론 그러한 사실에 근거를 두었거나, 혹은 다르게는 민수기 25장 자체 안에 있는 이야기에 근거를 두었을 수 있다. 아무튼 비느하스는 성전 문에서 빈틈없는 열심을 가진 인간의 화신이다.

주석

1 싯딤은 "아카시아 나무"를 의미하며, 그 위치는 현대의 텔 케프린(Tell Kefrein)일 것이다. 이 곳은 요단의 정동쪽 방향이며, 여리고 동쪽 약 10마일 지점이다(참조. 수 2:1; 3:1).

3 "부속된지라"(ויצמד – 와이차메드)는 이 곳과 시편 106:28에만 나타나는 표현으로서 같은 사건을 이야기하는 것이다. 70인경은 신비로의 가입을 시사하는 단어를 사용하고 있다(N. H. Snaith, 302를 더 읽어 보라). 호세아 9:10에는 죄가 나자르(נזר)란 어근을 사용하면서 "부끄러움에게 드림"으로 묘사되어 있다. 스터디(184)는 "부속된다"는 개념이 성관계 의식을 암시할 수도 있다고 생각한다. 다른 한편, 이 단어는 노예의 멍에로 생각되는 신들에 대한 섬김을 가지는 비유적인 것일 수 있다. 이 문구가 드물게 나타나는 것은 이제는 그 의미를 잃어버린 어떤 전문적인 제사 의식 용어임을 암시할 수도 있다. 분명히 브올에 자리를 잡았던 바알에 대한 이스라엘 백성들의 공식적 인정이 암시되어 있다. 바알은 가나안에서 비옥의 신으로 널리 인식되었다. 그의 죽음과 부활과 관련된 신화, 비옥과의 연결, 그의 예배와 관련된 많은 의식들은 특히 선지자 전승의 영향을 받은 야위스트 전체에 의해 거절되었다.

4 "두령들" 혹은 "우두머리"(ראשׁי – 로쉬). 민수기 14:4의 "주석"을 보라.

"그리고 태양을 향하여 여호와 앞에 목매어 달라"(והוקע אותם ליהוה נגד השׁמשׁ – 웨호콰 오탐 레야웨 네게드 하쉐메쉬). 이것은 의미가 모호하다. 이러한 징벌은 아마도 사무엘하 21:6, 9에 묘사된 것과 유사한 것일 텐데, 그 곳에서 야콰(יקע)의 히필형이 다시 채용되었다. 이것이 의미하는 다양한 생각들이 제시되어 왔다. 70인경은 "전시"로 이해한다(A. Dillmann, 169-70이 선호함). 아퀼라역은 그 희생자들이 "고정된" 것으로 믿었다. 벌겟역과 탈굼역에서는 교수대나 십자가에 매달리는 형태로 생각했다. 로벗슨 스미드(W. Robertson Smith, *The Religion of the Semites*[London: A. and C. Black, 1907] 419 n.2)는 그 희생자들이 절벽으로부터 던져졌다고 생각했다. 스나이드(302)가 이를 지지하며, NEB가 그렇게 추측한다. 노트(197)는 창세기 32:26에서 이 단어의 칼형이 "관절이 빠지게 되다"란 의미로 사용된 것을 말하고, 관절이 빠져서 그 희생자들이 뜨거운 태양 앞에 전시되는 지극히 잔인한 형태의 징벌을 제안하고 있다. "태양을 향하여"는 단순히 공개적으로 혹은 온종일을 의미할 수도 있다(참조. 삼하 12:12; 렘 8:2).

5 "관할하는 자(그의 사람들)"(אנשיו – 아나쇠이우). 각 사사는 이 지파나 혹은 자기 지파의 한 분파에 대한 구체적인 책임을 가지고 있는 사람으로 생각된다(참조. 출 18:25-26).

6 폴크(J. de Vaulx, 299-302, 또한 참조. F. M. Cross, *Canaanite Myth*, 201-3)는 죄가 "사찰"(8절)과 관계가 있고, 특히 제사 의식과 관계가 있다고 생각했다. 그러나 그보다는 6절에는 죄가 나타나고, 이스라엘 백성이 한 미디안 여인과 결혼했다는 것이 더 옳은 것 같은데, 이는 밴취(B. Baentsch, 624-25), 빈스(L. E. Binns, 178), 핑크(J. G. Vink, Priestly Code, 123)가 지지하는 입장이다. 만일 그 죄가 이와 다른 어떤 것이었다면, 특히 비느하스가 7절에서 그것에 대해 반응하고 있는 것처럼 6절에서 그것이 언급되는 것이 당연하다고 생각된다. 결혼은 물론 8절이 암시하는 바와 같이 제의적 죄로 이끈다.

7 비느하스라는 이름은 애굽의 기원을 가지고 있는 것으로 보이며, "검둥이"를 의미하는 것으로 보인다.

8 "사찰"(장막)(קבה – 쿠바). 참조. "대형 천막"(RV)과 "내실"(RSV, NEB). 이 단어는 오직 여기에만 나온다. 아랍어에는 천막 성소에 대해서 사용하는 유사한 단어가 있고, 그래서 아마도 어떤 제사 의식을 거행하는 방이 의도된 것 같다. 스터디(184-85)가 주장하는 바와 같이 성막의 일부일 것 같지는 않다. P의 다른 곳에서 장막에 대한 세부적인 묘사가 없는 것은 가장 주목할 만한 일이다. 리프(S. C. Rief, *JBL* 90[1971] 100-6)는 쿠바(קבה)가 분리된 장막 사찰일 수도 있다고 주장했는데, 이것이 가장 나은 해석으로 보인다. 저자에게 사찰은 이방인의 것이다. 배교로 인도하는 다른 종교 간의 결혼/이방인과의 성관계라는 잘 알려진 형태(1-2절)는 6절과 8절에서 반복된다.

"그녀의 사찰 안에"(אל־קבתה – 엘-콰바타흐)는 식역하면 "그녀의 배를 관통하여"이다. 리프(S. C. Rief, *JBL* 90[1971] 100-6)는 쿠바(קבה)와 콰바타흐(קבתה) 간의 유사성을 진술하고 있으며, "그녀의 사찰 안에"라는 그의 제안이 쿠바(קבה)의 의미에 관한 그의 증거에 비추어 사리에 잘 맞는다. 다른 한편, 그 비행이 염병과 관련된 예언이나 혹은 신탁을 얻기 위한 제의적 목적으로 쿠바(קבה) 안에 여인을 상주시키는 것이라고 상상할 이유는 없다. 주제는 이방의 제사 의식 준수로 이끄는 이방인과의 관계에 대한 것이다.

"(그래서) 염병이…그쳤더라"(ותעצר המגפה – 와테아차르 함마게파). 민수기 17:13[**히.**]의 "주석"을 보라.

11 "나의 질투심으로 질투하여"(בְּקַנְאוֹ אֶת־קִנְאָתִי – 베콴노 에트-퀸나티)(참조. 민 11:29; 시락서 45:23). 의로운 분노의 질투가 의도된 것이다. 이스라엘의 신앙은 하나님과 자기 백성의 관계에 기초하고 있으므로, 야웨께서 이스라엘의 충성에 대한 절대적인 주장권을 가지고 계신다.

12 "나의 평화의 언약"(בְּרִיתִי שָׁלוֹם – 베리티 샬롬). 참조. 13절; 말 2:5. NEB는 이것을 "보유의 안전"이라는 용어로 해석하고 있으며, 그렇게 하는 것이 옳을 것 같다. 만일 "평화"가 쉴룸(שִׁלֻּם)으로 발음이 된다면, 그 의미는 "한 보상으로서 나의 언약"이 될 것이다. 그로 말미암아 이다말의 아들들이나 혹은 엘르아살의 다른 아들들이 배제되었다고 생각할 이유는 없다("양식/구조/배경"을 보라).

13 "속죄하였음이니라"(וַיְכַפֵּר – 와예카페르). 민수기 17:11[히.]의 "주석"을 보라.

14 범죄자의 이름들이 하나의 보충 자료로서 나중에 덧붙여졌을 수도 있는데, 왜냐하면 그들이 매우 늦은 시대에 이 이야기 가운데 처음으로 나타나기 때문이다. 스터디(185)는 살루의 아들 시므리의 자손이라고 주장한 당시에 있었던 사람들에 대한 교활한 공격이 들어 있는지에 대해 의아해 한다.

15 수르는 민수기 31:8에 인용된 미디안의 다섯 왕들 가운데 하나다.

16-18 이 결론적 구절들은 민수기 31장에 나올 미디안 전쟁을 미리 암시해 주고 있다.

해설

이 이야기는 그 땅의 국경에서 있었던 이스라엘의 실패를 말하고 있다. 그들은 싯딤에서 모압 여인들과 관계를 맺었고, 불가피하게 모압인의 제사 의식, 특히 바알브올과 연관된 사람들과 관계를 맺었다. 모세는 범죄자들을 살육하라는 지시를 받지만, 이 이야기의 초점은 한 이스라엘 사람과 미디안 여인의 구체적인 범죄에 맞추어진다. 결혼이 성사되었던 것으로 보이지만, 제사장인 엘르아살의 아들 비느하스가 주도권을 잡고 그 여인의 사찰에서 그 두 사람을 죽인다. 이것이 전 세대 동안 제사장 직분에 있어서 비느하스와 그의 자손들의 위치를 견고하게 해준다. 미디안 족속들이 브올 사건에 포함되어 있으며, 사건 전체는 민수기 31장에 나오는 미디안 전쟁의 구실이 된다.

이 이야기의 문서상의 기초는 1-5절에 짧게 요약된 야위스트 전승으로 보인다. 이 전승의 뿌리는 하나의 회상일 수도 있으며, 또한 호세아 9:10에 분명히 나타나 있기도 한 통일왕국 시대에 있었던 통속적인 제사 의식에 대한 회상일 수도 있다. 야위스트 자신은 작업을 하기 위하여 호세아 9:10과 같은 간단한 내용을 가졌을 수도 있다. 그의 이야기가 짧아졌다는 사실은 실질적인 살육에 대한 실행에 대한 언급이 없다는 사실에 의하여 암시되어 있다. 시편 106:28-31에서 시편 기자에 의하여 보존된 전승에 비추어, 비느하스가 "사사"로서 결정적으로 행동했던 사람들 가운데 한 사람이었고, 그로 말미암아 그는 의로운 사람으로서 영구적인 명성을 얻게 되었던 것으로 보인다. 그의 행동은 금송아지 배교 사건과 관련되어 있는 출애굽기 32:25-29에 나오는 야위스트가 묘사한 레위 족속의 행동과 비교될 수 있는 행동이었다. 그의 그 후의 제사장직과 관련된 면에서 볼 때, 야위스트 자신은 비느하스를 레위인으로 인정했던 것으로 보인다.

그러므로 야위스트는 성공적인 요단 동편의 여행을 이스라엘의 불평 이야기로 결론짓고 있으며, 애굽으로부터 약속의 땅까지 이스라엘의 여행 이야기를 종합함에 있어서 그의 업적과, 특히 불평에 대한 그의 작업에 대한 개관을 하는 것이 이 시점에서 유익했을 것이다. 시내산에서 야웨의 강림에 앞서서 그는 불평과 관련된 네 개의 이야기, 즉 홍해에서의 구원(출 14:11-12), 마라에서의 쓴 물(출 15:24), 만나의 선물(출 16:4), 므리바에서 반석으로부터 나온 물(출 17:2-3)에 대해 말하고 있다. 이 이야기들에서는 이스라엘의 생존이 문제가 되어 있었고, 그들의 의심과 두려움은 오히려 은혜로운 응답으로 되돌아온다. 시내산 이후의 불평은 다른 순서를 가지고 있으며 계속해서 징벌을 받게 된다. 민수기 25:1-5에 있는 이 사건들은 고정된 패턴을 따라 야위스트가 조직했을 수 있는 일련의 사건들의 절정이다. 시내산으로부터 그 땅의 변경에 이르기까지 이스라엘의 여행의 두 번째 국면은 그 자체가 두 부분으로 나뉜다: 시내산으로부터 가데스까지, 그리고 가데스에서 요단까지. 이 패턴은 다음과 같이 배열될 수 있다.

배교(금송아지 – 출 32장)
  불평(다베라/메추라기 – 민 11장)
    불순종 – 개인(미리암과 아론 – 민 12장)
      불순종 – 이스라엘(가데스와 호르마 – 민 14장)
    불순종 – 개인(다단과 아비람 – 민 16장)
  불평(뱀 – 민 21장)
배교(싯딤 – 민 25장)

이스라엘의 죄는 이 각각의 이야기들 가운데서 지배적 요인이며, 또한 므낫세의 통치의 다원주의와 아첨에 대해 잘 알고 있는 야위스트는 시내산 여행 전승의 색깔을 더 어둡게 해주고 있다. 이 특별한 이야기에 관해서는, 그것이 남방에 호세아의 신탁이 있음으로 말미암아 야위스트가 익히 알게 되었으며, 이스라엘 역사에 대한 설명 가운데 있는 전승에 주의가 필요한 것으로 보였다. 요단 동편으로의 여행에 대한 보다 충분한 자료로서 그것은 이 시점에서 쉽게 삽입될 수 있었다. 그것은 당연히 여전히 주전 721년 사마리아의 함락에 영향을 주었던, 그리고 점차 종교적 배교의 견지에서 그 사건을 해석하기 시작했던 한 세대에게는 적절한 전승이었다. 요시야 시대에 있었던 독립된 종교적, 국가적 자각을 위한 새로운 추구는 스스로 바알에게 부속된 사람들에게는 설 자리가 없었다.

민수기의 제사장 저자는 이 전승을 취하여 그가 늘 하던 대로 자신의 목적을 위하여 그것을 수정한다. 시편 106편의 비느하스와 야위스트 전승의 비느하스는 이스라엘 사람 시므리가 가나안 여인인 고스비와 결혼하여 그들이 함께 이방 사찰에서 제사 의식을 준행했을 때 그들을 살육했던 자로서 아론의 아들이 된다. 여기서 역사에 대한 저자의 기사에서 공동체(민 14장), 레위인들(민 16장), 모세와 아론(민 20장)의 죄에 뒤이어 네 번째 중요한 죄를 발견하는 것은 가능할 것이다. 이 이야기들은 각각 포로 후기 유대교의 우선 사항들에 대한 훌륭한 통찰력을 제공한다. 공동체의 안정과 안전을 위협하는 것으로 생각되었던 태도는 그 땅에 대한 멸시(민 14장), 제사장직에 대한 거짓된 열망(민 16장) 그리고 하나님에게 돌려 드려야 할 영광을 돌려 드리지 않는 오만한 발언(민 20장)이다. 이것들에 이방 혼인과 배교가 덧붙여질 수 있을 것이다(민 25장). 다른 한편, 이 이야기 가운데서 저자의 주 관심은 시므리와 고스비의 죄가 아닌 것으로 보이는데, 그 죄악의 정확한 성격은 결정하기가 쉽지는 않지만("양식/구조/배경"과 "주석"을 보라), 자신의 제사장직에 대한 비느하스의 변호와 바알브올 에피소드에 대한 미디안 족속의 중요성이다. 이 후자는 나중에 민수기 31장에 묘사될 미디안 전쟁을 위한 특별한 출발점을 제공한다. 비느하스가 제사장직으로 진급되었던 레위 그룹을 대표했었다는 사실은 가능한 것으로 보인다. 그들은 바벨론 유대교와 연결되어 있었으며("양식/구조/배경"을 보라), 또한 특별히 혼합 결혼에 대항하는 열심을 가졌고, 성전 문에서 이방인들을 축출시키는 열심을 가졌을 수도 있다. 그 경우 이 이야기는 레위인들의 지위 촉진을 옹호한다. 그러므로 이 이야기는 그들의 자격에 관한 의심을 풀게 되고, 또한/혹은 레위인 성전 문지기들을 관장하는 근거를 제공하게 될 수도 있다(대상 9:20).

제사장 저자의 계획 가운데서 그 설화에 대한 또 다른 목적을 제시하는 것도 가능할 것이다. 레위기 10장에서 나답과 아비후의 죽음 이후로 제사장의 기사는 그 우두머리로서 아론, 그의 아들들이요 조력자들인 엘르아살과 이다말이 제사장 3인방으로서 함께 움직여 나간다. 민수기 1-4장에 있는 자료가 보여 주는 바와 같이, 거기에는 언제나 아들들을 위한 직능이 있었다. 아론의 죽음(민 20장)과 엘르아살의 승진이 틈새를 만들어 냈고, 비느하스가 그 틈을 쉽게 채우고 있으며, 그것을 이야기가 정당화시키고 있다. 이러한 사실에 비추어 볼 때, 이 이야기는 민수기 20장에 있는 엘르아살의 임명과 함께 제사장 지도력에 대한 하나님의 지속적인 위임의 증거로 보일 수 있으며, 그럼에도 불구하고 그 직분의 실패로 보일 수 있다. 커다란 범죄 후에 하나님 편에서 지속적인 위임이라는 이러한 형식은 민수기에 기록된 여행 기사의 불변의 특징으로 해석되어 왔다.

여기서 저자는 본서의 두 번째 중요한 단락 – 즉 그 여행의 좌절과 성공에 대한 특별한 강조와 더불어 시내산으로부터 그 땅의 변경까지의 여행 기사 – 을 결론짓는다. 그것은 실패가 진실되게 실질적으로 인정되는 이야기이며, 실패가 그 목표를 빗나간 사람들에게는 비참한 결과를 가져다 주었던 이야기지만, 또한 인간의 실패가 궁극적으로 하나님의 선하신 목적을 좌절시키지 못한다는 이야기다. 그 선하신 목적이 인간의 부적격성이라는 습지대를 잘 통과하여 나가게 할 수 있는 길은 언제나 있다는 것이며, 이것은 하나님에 관한 구약의 이해에 대한 저자의 중요한 신학적 기여들 가운데 하나로 판단되어야 한다.

42. 두 번째 인구 조사(25:19-26:56)

참고문헌

Auld, A. G. *Joshua, Moses, and the Land.* Edinburgh: T. and T. Clark, 1980. **Harrelson, W.** "Guidance in the Wilderness. The Theology of Numbers." *Int* 13(1959) 24-36. **Lindblom, J.** "Lot casting in the Old Testament." *VT* 12(1962) 164-78. See also Num 1:1-47(*Bibliography*).

본 문

1 염병 후에 여호와께서 모세와 제사장 아론의 아들 엘르아살에게 일러 가라사대

2 이스라엘 자손의 온 회중의 총수를 그 조상의 집을 따라 조사하되 이스라엘 중에 무릇 이십 세 이상으로 능히 싸움에 나갈 만한 자를 계수하라 하시니

3 모세와 제사장 엘르아살이 여리고 맞은편 요단가 모압 평지에서 그들에게 고하여 가로되

4 여호와께서 애굽 땅에서 나온 모세와 이스라엘 자손에게 명하신 대로 너희는 이십 세 이상 된 자를 계수하라 하니라

5 이스라엘의 장자는 르우벤이라 르우벤 자손은 하녹에게서 난 하녹 가족과 발루에게서 난 발루 가족과

6 헤스론에게서 난 헤스론 가족과 갈미에게서 난 갈미 가족이니

7 이는 르우벤 가족들이라 계수함을 입은 자가 사만 삼천칠백삼십 명이요

8 발루의 아들은 엘리압이요

9 엘리압의 아들은 느무엘과 다단과 아비람이라 이 다단과 아비람은 회중 가운데서 부름을 받은 자러니 고라의 무리에 들어가서 모세와 아론을 거스려 여호와께 패역할 때에

19 [a]And it happened after the plague,[a]

26:1 That Yahweh spoke[a] to Moses and to Eleazar son of Aaron[b] the priest, saying,

2 "Take a census of all the congregation of the people of Israel, from the age of twenty and upwards, by fathers' houses, all eligible for military service in Israel."

3 And Moses and Eleazar the priest spoke[a] with them in the plains of Moab by the Jordan at Jericho, saying,

4 [a]"Take a census of the people[a] from twenty years old and upwards, as Yahweh commanded Moses." And the people of Israel who came out of Egypt were:

5 Reuben, the firstborn of Israel: the sons of Reuben:[a] of Hanoch, the clan of the Hanochites; of Pallu, the clan of the Palluites;

6 of Hezron, the clan of the Hezronites; of Carmi, the clan of the Carmites.

7 These are the clans of the Reubenites. And their number was 43,730.[a]

8 And the sons of Pallu: Eliab.

9 And the sons of Eliab: Nemuel,[a] Dathan, and Abiram. These are[b] the Dathan and Abiram, chosen from the congregation,[c] who defied Moses and Aaron in the company of Korah, when they

10 땅이 그 입을 열어서 그 무리와 고라를 삼키
매 그들이 죽었고 당시에 불이 이백오십 명을 삼
켜 징계가 되게 하였으나

11 그러나 고라의 아들들은 죽지 아니하였더라
12 시므온 자손은 그 종족대로 이러하니 느무엘
에게서 난 느무엘 가족과 야민에게서 난 야민 가
족과 야긴에게서 난 야긴 가족과
13 세라에게서 난 세라 가족과 사울에게서 난 사
울 가족이라
14 이는 시므온 종족들이니 계수함을 입은 자가
이만 이천이백 명이었더라
15 갓 자손은 그 종족대로 이러하니 스본에게서
난 스본 가족과 학기에게서 난 학기 가족과 수니
에게서 난 수니 가족과
16 오스니에게서 난 오스니 가족과 에리에게서
난 에리 가족과
17 아롯에게서 난 아롯 가족과 아렐리에게서 난
아렐리 가족이라
18 이는 갓 자손의 종족들이니 계수함을 입은 자
가 사만 오백 명이었더라
19 유다의 아들은 에르와 오난이라 이 에르와 오
난은 가나안 땅에서 죽었고
20 유다의 자손은 그 종족대로 이러하니 셀라에
게서 난 셀라 가족과 베레스에게서 난 베레스 가
족과 세라에게서 난 세라 가족이며

21 또 베레스 자손은 이러하니 헤스론에게서 난
헤스론 가족과 하물에게서 난 하물 가족이라

22 이는 유다 종족들이니 계수함을 입은 자가 칠
만 육천오백 명이었더라
23 잇사갈 자손은 그 종족대로 이러하니 돌라에
게서 난 돌라 가족과 부와에게서 난 부니 가족과
24 야숩에게서 난 야숩 가족과 시므론에게서 난
시므론 가족이라
25 이는 잇사갈 종족들이니 계수함을 입은 자가
육만 사천삼백 명이었더라
26 스불론 자손은 그 종족대로 이러하니 세렛에

defied Yahweh.
10 And the earth opened its mouth and
swallowed them, along wiih Korah, when that
company died, when the fire consumed 250 men.
And they became a warning sign.
11 But the sons of Korah did not die.
12 The sons of Simeon by clans: of Jemuel,[a] the
clan of the Jemuelites; of Jamin,[b] the clan of the
Jaminites; of Jachin, the clan of Jachinites;
13 of Zohar,[a] the clan of the Zoharites; of Shaul,
the clan of the Shaulites.
14 These are the clans of the Simeonites –
22,200.
15 The sons of Gad[a] by clans: of Zephon,[b] the
clan of the Zephonites; of Haggi, the clan of the
Haggites; of Shuni, the clan of the Shunites;
16 of Ozni,[a] the clan of the Oznites; of Eri,[b] the
clan of the Erites;
17 of Arodi,[a] the clan of the Arodites; of Areli,
the clan of the Arelites.
18 These are the clans of the sons of Gad,
according to their number – 40,500.[a]
19 The sons of Judah were Er and Onan. And
Er and Onan died in the land of Canaan.
20 And the sons of Judah by clans were: of
Shelah, the clan of the Shelanites; of Perez, the
clan of the Perezites; of Zerah, the clan of the
Zerahites.
21 And the sons of Perez were: of Hezron, the
clan of the Hezronites; of Hamul,[a] the clan of
the Hamulites.
22 These are the clans of Judah, according to
their number – 76,500.
23 The sons of Issachar by clans: of Tola, the clan
of the Tolaites; of Puah,[a] the clan of the Puaites;[b]
24 of Jashub, the clan of the Jashubites; of
Shimron, the clan of the Shimronites.
25 These are the clans of Issachar, according to
their number – 64,300.
26 The sons of Zebulun by clans: of Sered, the

게서 난 세렛 가족과 엘론에게서 난 엘론 가족과
얄르엘에게서 난 얄르엘 가족이라
27 이는 스불론 종족들이니 계수함을 입은 자가
육만 오백 명이었더라
28 요셉의 아들들은 그 종족대로 므낫세와 에브
라임이요
29 므낫세의 자손 중 마길에게서 난 것은 마길
가족이라 마길이 길르앗을 낳았고 길르앗에게서
난 것은 길르앗 가족이라
30 길르앗 자손은 이러하니 이에셀에게서 난 이
에셀 가족과 헬렉에게서 난 헬렉 가족과

31 아스리엘에게서 난 아스리엘 가족과 세겜에게
서 난 세겜 가족과
32 스미다에게서 난 스미다 가족과 헤벨에게서
난 헤벨 가족이며
33 헤벨의 아들 슬로브핫은 아들이 없고 딸 뿐
이라 그 딸의 이름은 말라와 노아와 호글라와 밀
가와 디르사니

34 이는 므낫세의 종족들이라 계수함을 입은 자
가 오만 이천칠백 명이었더라
35 에브라임 자손은 그 종족대로 이러하니 수델
라에게서 난 수델라 가족과 베겔에게서 난 베겔
가족과 다한에게서 난 다한 가족이며

36 수델라 자손은 이러하니 에란에게서 난 에란
가족이라
37 이는 에브라임 자손의 종족들이니 계수함을
입은 자가 삼만 이천오백 명이라 이상은 그 종족
을 따른 요셉 자손이었더라
38 베냐민 자손은 그 종족대로 이러하니 벨라에
게서 난 벨라 가족과 아스벨에게서 난 아스벨 가
족과 아히람에게서 난 아히람 가족과

39 스부밤에게서 난 스부밤 가족과 후밤에게서
난 후밤 가족이며
40 벨라의 아들은 아릇과 나아만이라 아릇에게서
아릇 가족과 나아만에게서 나아만 가족이 났으니

clan of the Seredites; of Elon, the clan of the
Elonites; of Jahleel, the clan of the Jahleelites.
27 These are the clans of the Zebulunites,
according to their number – 60,500.[a]
28 The sons of Joseph by clans: Manasseh and
Ephraim.
29 The sons of Manasseh: of Machir, the clan of
the Machirites. And Machir was the father of
Gilead; of Gilead, the clan of the Gileadites.
30 These are the sons of Gilead: of Iezer, the
clan of the Iezerites; of Helek, the clan of the
Helekites;
31 and of Asriel, the clan of the Asrielites; and
of Shechem, the clan of the Shechemites;
32 and of Shemida, the clan of the Shemidaites;
and of Hepher, the clan of the Hepherites.
33 Now Zelophehad son of Hepher had no sons,
only daughters; and the names of the daughters
of Zelophehad were Mahlah, Noah, Hoglah,
Milcah, and Tirzah.
34 These are the clans of Manasseh. And their
number was 52,700.[a]
35 These are the sons of Ephraim by clans: of
Shuthelah, the clan of the Shuthelites; of Becher,
the clan of the Becherites; of Tahan,[a] the clan of
the Tahanites.
36 And these are the sons of Shuthelah: of
Edan,[a] the clan of the Edanites.
37 These are the clans of the sons of Ephraim,
according to their number – 32,500. These are the
sons of Joseph by clans.
38 The sons of Benjamin by clans: of Bela, the
clan of the Belaites; of Ashbel,[a] the clan of the
Ashbelites; of Ahiram, the clan of the Ahira-
mites;
39 of Shephupham, the clan of the Shuphamites;
of Hupham, the clan of the Huphamites.
40 And the sons of Bela were Ard and Naaman:
of Ard, the clan of the Ardites; of Naaman, the
clan of the Naamites.[a]

41 이는 그들의 종족을 따른 베냐민 자손이라 계수함을 입은 자가 사만 오천육백 명이었더라
42 단 자손은 그 종족대로 이러하니라 수함에게서 수함 가족이 났으니 이는 그들의 종족을 따른 단 가족들이라
43 수함 모든 가족의 계수함을 입은 자가 육만 사천사백 명이었더라
44 아셀 자손은 그 종족대로 이러하니 임나에게서 난 임나 가족과 이스위에게서 난 이스위 가족과 브리아에게서 난 브리아 가족이며
45 브리아의 자손 중 헤벨에게서 난 헤벨 가족과 말기엘에게서 난 말기엘 가족이며
46 아셀의 딸의 이름은 세라라
47 이는 아셀 자손의 종족들이니 계수함을 입은 자가 오만 삼천사백 명이었더라
48 납달리 자손은 그 종족대로 이러하니 야셀에게서 난 야셀 가족과 구니에게서 난 구니 가족과
49 예셀에게서 난 예셀 가족과 실렘에게서 난 실렘 가족이라
50 이는 그 종족을 따른 납달리 가족들이니 계수함을 입은 자가 사만 오천사백 명이었더라
51 이스라엘 자손의 계수함을 입은 자가 육십만 일천칠백삼십 명이었더라
52 여호와께서 모세에게 일러 가라사대
53 이 계수대로 땅을 나눠 주어 기업을 삼게 하라
54 수가 많은 자에게는 기업을 많이 줄 것이요 수가 적은 자에게는 기업을 적게 줄 것이니 그들의 계수함을 입은 수대로 각기 기업을 주되
55 오직 그 땅을 제비뽑아 나누어 그들의 조상 지파의 이름을 따라 얻게 할지니라
56 그 다소를 물론하고 그 기업을 제비뽑아 나눌지니라

41 These are the sons of Benjamin by clans. And their number was 45,600.[a]
42 [a]These are the sons of Dan by clans: of Shuham, the clan of the Shuhamites. These are the clans of Dan by clans.
43 All the clans of the Shuhamites, according to their number – 64,400.[a]
44 [a]The sons of Asher by clans: of Imnah, the clan of the Imnaites; of Ishvi,[b] the clan of the Ishvites; of Beriah, the clan of the Beriaites.
45 Of the sons of Beriah:[a] of Heber, the clan of the Heberites; of Malchiel, the clan of the Malchielites.
46 And the name of the daughter of Asher was Serah.
47 These are the clans of the sons of Asher, according to their number – 53,400.
48 The sons of Naphtali by clans: of Jahzeel, the clan of the Jahzeelites; of Guni, the clan of the Gunites;
49 of Jezer, the clan of the Jezerites; of Shillem, the clan of the Shillemites.
50 These are the clans of Naphtali by clans. And their number was 45,400.[a]
51 This was the number of the people of Israel – 601,730.
52 And Yahweh spoke to Moses, saying,
53 "To these shall the land be divided for an inheritance, according to the number of names.
54 To the larger you shall give a large inheritance, and to the smaller you shall give a small inheritance. Each shall be given his inheritance according to his numbers.
55 But the land shall be divided by lot. According to the names of their fathers' tribes they shall inherit.
56 Their inheritance shall be divided by lot between the larger and the smaller."

원문주해

19.a. 어떤 사람은 민 31:1에서 이 구절의 연속을 본다(J. A. Paterson, 60를 보라). 그것을 25:18과 26:1 사이의 전환으로 본다.

1.a. Sam은 어근 따바르(דבר, "말하다")를 사용하고 있다.

1.b. G에는 아론에 대한 언급이 빠져 있다.

3.a. 동사가 MT에서는 단수다(참조. 민 1:2).

4.a. 이와 같은 몇몇 구절은, MT에는 거기서 하나의 분명한 틈이 있는 것으로 가정되어야 한다. 3절의 끝에 있는 "가로되"를 빼는 것이 가능할 것이며, 모세와 엘르아살이 인구조사를 시행했다는 진술을 가정하는 것도 가능할 것이다(참조. Syr). J. A. Paterson, 60를 더 읽어 보라.

5.a. *BHS*는 12, 15절 등에서처럼 "가족을 따라"의 첨가를 제안한다. 또한 J. A. Paterson, 60; J. de Vaulx, 304를 보라.

7.a. G^{A}에는 43,750으로 되어 있다.

9.a. *BHS*는 느무엘이 12절에 속하지 않는가 하고 생각한다.

9.b. 동사가 MT에서는 단수다.

9.c. NEB는 이것을 "회중의 소집자들"로 읽는다.

12.a. Syr에는 여므엘로 되어 있다(참조. 창 46:10; 출 6:15). MT는 느무엘이다.

12.b. 창 46:10과 출 6:15은 오핫으로 읽는다. MT에는 야민으로 되어 있다. 이러한 변화는 설명하기가 어렵다.

13.a. 창 46:10과 출 6:15은 소할로 읽는다. MT에는 세라로 되어 있다.

15.a. G는 갓 족속 자료(15-18절)를 스불론(27절) 다음에 둔다(또한 참조. 창 46:16).

15.b. 창 46:16에는 시뵨으로 되어 있다.

16.a. 창 46:16에는 에스본으로 되어 있다.

16.b. Sam, G, S에서는 아디(Adi)를 강력하게 지지하지만, 창 46:16에는 에리로 되어 있다.

17.a. MT에는 아롯으로 되어 있지만, 창 46:16, Sam, G, S는 아로디를 선호한다.

17.b. Sam에는 아롤리로 되어 있고, S에는 아딜로 되어 있으며, G, Vg에는 아리엘로 되어 있다.

18.a. 몇몇 G 증거 본문에는 44,500으로 되어 있다.

21.a. 이 형태가 Sam과 G에서는 하무엘이다.

23.a. MT에는 푸바로 되어 있으나, 푸아가 Sam, G, S, Vg 그리고 대상 7:1의 지지를 받는다.

23.b. MT에는 푸니 족속으로 되어 있다.

27.a. G는 여기서 갓에 대한 정보를 주고 있으며(15-18절에 있음), 아셀 자료(44-47절에 있음)가 갓을 뒤따라 나온다.

34.a. 몇몇 G 증거 본문들에는 62,500으로 되어 있다.

35.a. 이 독법은 Sam에서는 다함이고, G에서는 다낙이다.

36.a. MT에는 에란으로 되어 있으나, Sam, G, S는 에단을 지지한다.

38.a. Sam에는 아스빌(Ashbeel)로 되어 있고, G에는 아슈베르(Ashuber)로 되어 있다.

40.a. Sam에는 나아만에 대한 언급이 없다.

41.a. 몇몇 G 증거 본문에는 35,500으로 되어 있다.

42.a. J. A. Paterson(60)은 단(Dan) 본문이 개악일 수도 있다고 생각한다. 단 하나의 가족만 인용되어 있고, 43절에서만 "모든 족속"(כל־מִשְׁפַּחַת – 콜 미슈프호트)이 나타난다. 모든 단 가족이 숫자상의 크기에 있어서 두 번째라는 사실에 비추어 볼 때, 단 한 개뿐인 가족(single family)은 주목할 만하다.

43.a. 몇몇 G 증거 본문들에는 64,600이란 숫자가 있다.

44.a. 아셀 자료는 G의 27절에서 스불론과 갓의 자료 다음에 나타난다.

44.b. Sam과 G는 이스와(Ishvah)를 지지한다. 이스위와 이스와는 모두 창 46:17에 나타난다.

45.a. 이것이 Sam과 G에는 빠져 있으나, 창 46:17의 지지를 받는다.

50.a. 몇몇 G 증거 본문에는 30,300이 들어 있다.

양식/구조/배경

민수기 1:1-47과 함께 이 단락을 제사장 자료로 돌리는 것은 어렵지 않다. 이 단락은 본서의 시작 부분에서 시행했던 것과 유사한 인구 조사이며, 염병이라는 재앙 후에 이스라엘을 재편성하기 위하여 의도된 것이다. 몇몇 분석가들은 이 단락 가운데 초창기 P요소를 표시해 왔으나, 그들이 표시한 한계가 일반적으로 일치를 보이지 못했다(참조. J. Wellhausen, 184-86; H. Holzinger, 132-33; B. Baentsch, 627-35). 이전의 인구 조사에 대한 명확한 언급이 없다는 사실과, 마치 여행 도중에 죽음이 실제로 일어나지 않은 것처럼 4절에서 "애굽 땅에서 나온 모세와 이스라엘 자손"에 대해서 명확하게 말하고 있다는 사실이 비평을 받아 왔다. 쿠에넨(100)은 3-4절 본문이 불확실하다고 생각하면서, 그리고 모세와 엘르아살의 관계를 분명히 늦은 시기로 보면서 그렇게 확신하지 않았다.

본 장과 창세기 46장의 관계도 역시 논란의 초점이었다. 다른 사람들 중에서도 그래이(387-89)는 종족의 이름에 있어서 민수기 26장이 창세기 46장을 의존하고 있다는 것을 발견해 냈다. 그는 MT에 있는 지파들의 나열을 민수기 1:20-43(에브라임과 므낫세의 뒤바뀐 순서를 제외하고)을 따른 것으로 생각했고, 반면에 70인경은 창세기 46장의 순서를 유지하고 있다고 보았다("원문주해"를 보라). 본 단락의 문서 역사의 문제에 대해서 그래이는 두 가지 가능성을 생각해 냈는데, PG에 있는 두 번째 인구 조사가 후대의 제사장 저자가 주석을 달고 개작을 했거나(8-11, 30-33절을 덧붙이면서), 아니면 이 단락 전체가 PS에게 돌려져야 할 것이라고 했다. 첫 번째 인구 조사에 대해서 그래이는 숫자의 기원에 관해서 제안할 아무것도 가지고 있지 않았고, 다만 이 두 경우에 정확하게 여섯 지파가 50,000을 넘었으며, 여섯 지파가 그것보다 못 미친다고 관찰했다.

가족 목록의 고대성에 관한 자신의 입장(민 1:1-47의 "양식/구조/배경"을 보라)에 따라 노트(202-4)는 이것을 본 단락 가운데서 가장 오래된 요소로 보았다. 그가 볼 때, 가족 목록은 지파와 가족 혹은 종족으로의 분리가 이스라엘에서 여전히 어느 정도의 중요성을 가졌을 때, 즉 다른 구분 방식을 가진 근본적인 조직이 출현하기 이전의 시기에 속하는 것임에 틀림없다. 이러한 후자의 조직 방식은 그에게는 왕국 시대를 의미하는 것으로 보였다. 민수기 26장에 삽입된 고대의 목록이 얼마나 존재하고 있는가에 대해서는 지금 설명할 수 없다. 노트는 이러한 입장을 취하면서 창세기 46:8-27이 이 곳에 있는 목록을 의존했다고 주장한다. 민수기 26장에 있는 자료가 순수한 족보 체계로 전환된 것으로 보인다는 것이다. 노트는 인구 조사 숫자를 전승 내에서 원래 독립된 요소로 판단한다. 그는 비록 첫 번째 인구 조사에서 주어진 것들과는 다를지라도 그것들이 일반적으로 아주 유사한 것이라고 주장한다. 시므온 지파의 두드러진 감소는 므낫세와 베냐민의 숫자의 커다란 증가로 보상된다. 그 숫자가 "천"(אלף – 엘레프)의 원래 의미에 대한 오해로 인하여 생긴 것이라는 입장은 여기서도 분명히 적용될 수 있는데, 이것은 멘덴홀(G. E. Mendenhall, *JBL* 77[1958] 52-66; 그리고 민 1:1-47의 "양식/구조/배경"을 보라)이 상세하게 논하고 고트왈드(N. K. Gottwald, *The Tribes of Yahweh*, 27-76)가 강력하게 지지한 입장이다. 이러한 입장에서 보면 그 숫자가 원래 이스라엘이 군복무에 적합한 모두 5,730명의 남자로 구성되는 569개조(組) 혹은 집단으로 이루어졌을 것이라고 주장했다. 노트 자신은 이러한 가설을 찬성하고 있으며, 그렇게 이해된 숫자가 이스라엘의 왕국 시대 이전 시대에 기원되었을 가능성을 주장한다. 그는 두 개의 숫자(민 1장과 26장)의 차이를 동원력에서 증감의 표시로, 그럼으로써 지파의 중요성의 증가와 감소로 보았다. 52-56절에 있는 땅 분배에 관한 구체적인 난점들은 오랫동안 인정되어 왔다(B. Baentsch, 627-35를 보라). 그 땅이 제비뽑아 나누어지는가? 아니면 여러 지파의 크기에 따라 나누어지는가? 노트는 본 단락의 이 부분 가운데서 오경 설화가 "신명기적 역사서"에 연결되는 시기까지 거슬러 올라갈 수 있는 매우 후기 편집자의 작품의 증거를 본다. 그는 55-56절에 있는 난점을 제거하려는 매우 희미한 시도가 있다고 주장하는데, 그는 그 제비가 기업이 그 지파의 크기에 따르는 방식으로 떨어지는 것을 의미하는 것으로 판단한다. 이러한 입장은 스나이드(307)의 그것과 비교될 수도 있을 텐데, 그는 P에게 일반적 장소는 제비에 의하여 결정되지만 정확한 경계는 필요에 따라 결정된다고 생각한다.

스터디(189)는 가족과 숫자의 목록이 본래 독립되어 있었다는 노트의 입장을 받아들이지만, 단순히 창세기 46장이 민수기 26장에서 취해 온 것이 아니라, 그 반대로 민수기 26장이 창세기 46장으로부터 취해 왔거나 혹은 공통적인 자료에서 그것들이 취해 왔을 것이라는 의견을 가지고 있다. 그는 그 목록이 비교적 후대의 것이지만, 인구 조사 숫자의 기원에 관해서는 결정하지 못하는 입장으로 기울어진다.

폴크(305-11) 역시 이름과 숫자를 본래 구별된 것으로 보고, 창세기 46장보다는 민수기 26장이 원본이라는 노트의 입장 쪽으로 기울어진다. 그가 보기에 가족의 목록은 사람들의 목록(창 46장)보다 더 오래된 것처럼 보인다. 노트와 폴크는 상당수의 이름(예를 들어, 세겜[31절], 헤벨[32절], 디르사[33절], 시므론[24절])들 가운데서 지파들과 동맹관계에 들어간 가나안의 도시 이름을 발견하고, 그래서 그 이름의 고대성에 대한 또 다른 암시임을 발견한다. 숫자에 대해서 폴크는 다양한 증가와 감소 가운데서 역사의 영향을 파악하는 것이 가능하다고 생각한다. 몇몇 증감은 창세기 49:1-27과 신명기 33:6-25의 축복과 비교하여 식별될 수 있다. 숫자의 기원에 대하여 폴크는 멘덴홀이 주장한 접근 방식을 얼마간 유의하지만 완전히 수용하지는 않는다.

올드(A. G. Auld, Joshua, *Moses, and the Land*, 73)는 52-56절에 대한 세밀한 조사를 했다. 그는 일반적으로 뷔스트(M. Wüst)의 분석을 따르면서 크기에 따른 분배의 원리를 수립하고 있는 52-54절에 나오는 구절의 핵심을 파악하고 있다. 여기에 제비를 통한 분배의 원리가 55절에서 부자연스러운 방식으로 덧붙여져 있고, 반면에 56절은 두 원리의 뜻을 이해하려고 시도한다.

이 단락의 문학적 특성과 그것에 관한 다양한 주석들을 평가함에 있어서 우리는 현재 그대로의 이 단락이 민수기 제사장 저자의 작품이라고 합리적으로 말할 수 있다. 여러 가문과 각 지파의 규모에 관한 본래 독립되어 있던 정보를 그가 함께 묶었다고 주장하는 것이 합리적인 것으로 보인다. 여기에다가 그는 자기 책의 다른 곳으로부터 나온 자료, 즉 9-11절(참조. 16:1-35)과 33절(참조. 민 27:1)을 짜 맞추었다. 가족 목록, 인구 숫자 그리고 땅의 분배를 순서대로 살펴보도록 하자.

가족 목록

목록이 고대적인 것이냐 아니면 그 반대의 것이냐, 그리고 창세기 46장이 앞서냐 아니면 민수기 26장이 앞서냐는 별개의 문제임을 인정하는 것이 중요하다. 이름들이 오래되었고, 가족이 개인(창 46장에서처럼)으로 전환되었을 것이고, 그럼에도 불구하고 민수기 26장이 창세기 46장을 의존하고 있을 가능성이 크다. 두 목록은 조심스럽게 나란히 검토되어야 하고, 주목해 보아야 하며, 타당한 추론을 이끌어 내야 한다. 비교해 보면, 어떤 종류의 문학적 관계가 있는 것으로 믿을 만한 각각의 이유가 있음을 알게 될 것이다. 거기에 중요한 불일치는 거의 없고, 이것들 대부분을 필사의 오류로 이해할 수 있다. 시므온의 아들 오핫은 창세기 46장에 나타나고, 출애굽기 6:15에도 나타나지만, 민수기 26장에는 빠져 있다. 아엘의 아들 이스와는 역시 민수기 26장에는 빠져 있다. 베냐민의 아들들인 베겔, 에히, 로스 역시 민수기 26장에 빠져 있지만, 베냐민 본문은 특히 다양한 형태로 나타나는 다른 여러 이름들을 개악한 것으로 나타난다. 이러한 형태의 변화는 필사의 오류와 다른 형태의 개악의 산물인 것으로 보인다. 의존의 방향에 대해서는 민수기 26장이 창세기 46장에 기초하여 수립하고 있는 것으로 생각하는 것이 가장 좋을 듯하다. 전반적으로 그것은 보다 많은 정보(특히 므낫세에 대한)를 담고 있으며, 우발적인 누락으로 돌릴 수 없는 것은 전혀 빠지지 않았다. 창세기 46장이 베냐민의 아들들인 아릇과 나아만을 기록하고 있고, 반면에 민수기 26장은 그들을 벨라의 아들들로 말하고 있는 데서 오는 불일치는 민수기 26장 편에서의 해명으로 이해할 수 있다.

지파별 목록의 순서와 내용도 역시 흥미가 있다. 창세기 46장에 있는 순서는 창세기 전체가 통상적으로 그러하듯이 여러 지파의 모친들(레아-실바-라헬-빌하)을 통하여 분류가 되어 있다(참조. 창 29:32-30:24; 35:21-26). 민수기 26장의 순서는 대체적으로 민수기 1장에 있는 그것과 일치한다. 예외적인 내용, 즉 에브라임과 므낫세의 반전은 므낫세에 관하여 이용할 수 있는 가문 정보의 합계와, 규모의 상당한 증가로 인한 것일 수도 있다. 70인경에서는 민수기 26장이 창세기 46장에 기록된 순서를 인정하고 있는 것으로 보인다. 그렇다면 민수기 1장과 26상은 순서상 하나의 패턴을 따르고 있고, 일반적으로 창세기의 전형적인 것이면서도 창세기 야위스트의 작품인 것이 분명한 창세기 46장을 따르고 있다. 이끌어 낼 타당한 결론은 이 특별한 부분에서 창세기 46장이 민수기 26장을 의존하고 있다는 표시가 나타나지 않는다는 것이다.

두 개의 지파 목록 가운데 있는 분명한 불일치는 레위가 창세기 46장에서 열두 지파 가운데 하나라는 사실이지만, 민수기 1:48-54에서 민수기 제사장 저자가 받아들인 원리와 일치하여 민수기 1장과 26장에서 배제되었다는 점이다. 요셉이 에브라임과 므낫세로 갈라짐으로써 민수기 내에서 열둘이라는 숫자가 유지된다. 여기서도 역시 창세기 46장이 민수기 26장을 모방하고 있다는 암시는 없다. 그 반대로 창세기의 제사장 저자는 제사 문서 이전의 야위스트 전승 가운데 수립된 지파의 목록을 따라 자기 지파 목록을 만들었고, 이 목록에서 요셉은 자기 자신의 위치를 갖게 된다. 우리가 다른 지파로부터 레위 지파가 분리된 사실을 찾아야 하는 것은 민수기의 제사장 저자에게서이다. 창세기 46장을 민수기 26장의 가족 목록에 작업해 넣고 나서, 자기 가족 목록이 그렇게 의존했음을 나타내도록 기대하는 것이 합리적이었을 것이다.

민수기가 먼저라는 노트의 주장은 부분적으로 이스라엘 가운데서 가족이나 혹은 그룹 전승 – 민수기 26장에서보다는 창세기 46장에서 더 분명히 드러난 과정 – 을 개인화하려는 경향에 의존한다. 그러한 경향이 있었다는 것은 충분히 그럴듯하지만, 그것이 한결같이 단순했고, 또한 일단 수립된 거기에는 다른 방향에서 작용하는 경향이 없었을 것이라고 상상할 만한 이유가 없다. 우리는 개인화가 이미 제사 문서 이전의 야위스트 전승(창 29:32-30:24) 가운데서 수립되었다는 사실을 기억해야 한다. 창세기 46장의 제사장 저자는 자신이 이용할 수 있는 가족 이름들을 개인화했을 수도 있다. 민수기 26장 자체가 보다 충분한 길이로 세부 사항을 신술하고 있는 창세기 46장의 확장이라고 상상하는 것은 아주 합리적이다. 창세기가 초창기 제사장의 산물인 것으로 보인다는 사실 면에서 볼 때, 민수기 목록이 그것을 의존한 것이라고 가정하는 것이 더 좋을 듯하다. 받아들일 수 없는 노트의 주장이 함축하고 있는 점은 지파와 가족 혹은 종족이 다른 분배 방법들을 가진 구조상의 조직이 출현한 다음에는 그 중요성이 상실되었다는 개념이다. P 자체의 증거는 그것이 그렇지 않다는 것이다.

또 하나 주시해야 할 것은 여호수아서에 몇몇 정보가 나타난다는 것이다(참조. 수 17:1-6에 있는 므낫세 자료). 민수기 저자가 자기 책 후반부에서 민수기의 부분들을 모방했고 그것을 다듬었다는 사실을 믿을 만한 충분한 이유가 있다. 그러나 이 경우에 여호수아서 본문은 므낫세(그리고 특별히 슬로브핫과 그의 딸들)에 관한 정보 – 민수기에서 유래된 정보 – 로 작업하려는 시도인 것으로 보인다. 그 정보와 므낫세의 기업에 관한 초창기 자료(수 17:7-13)와의 어느 정도의 조율은 분명히 바람직하다.

가족 이름들은 비록 그것이 얼마나 오래되었는지 말하기는 어려울지라도 실제로 오래된 것일 수 있다. 그것들이 이미 왕국 시대 이전의 목록 가운데 이미 들어 있었다는 입장은, 어떻게 그리고 어찌하여 그 목록이 그렇게 오랜 기간 동안 그리고 포로기라는 혼란을 통과하여 보존되어 왔는지에 대해서 믿을 만한 설명이 제시될 수 없다면 가망이 없는 입장이다. 그러한 목록의 편집은 포로기와 포로 후기에 분명한 정체성이 필요했기 때문이었을 수도 있다(민 1:1-47에 있는 이름들에 대한 논의를 보라). 이름 그 자체가 대체적으로 정확한 회상을 나타낸다는 사실은 그럴듯해 보인다. 그것들이 어떤 의미에서 완성된 것이라는 사실은 있을 법하지 않고, 단(Dan)의 한 가족이 이것의 암시일 것 같다.

인구 조사 숫자

최종적 숫자가 출애굽기에 있는 성막 건립을 위하여 드려진 제물들에 대한 제사장의 생각의 산물이었을 수도 있다는 사실이 민수기 1장에 있는 대규모 인구 조사 통계표와 관련하여 제시된 바 있다("양식/구조/배경"을 보라). 지파들 사이의 분석이 이 최종 숫자로부터 유래되었고, 그것이 서로간의 관계에 있어서 개개 지파의 규모에 대한 직감에 근거했거나, 아니면 창세기 49장과 신명기 33장에 있는 축복에 묘사된 바와 같이 그들의 운명에 대한 지혜로운 평가에 근거했다는 사실을 주장한 바 있다. 여기에 그 숫자를 해석할 그러한 근거들은 없다. 이것이 당연히 민수기 1장에 관한 주장의 타당성을 의심할 만한 이유는 아니다. 두 계산의 배후에 놓여 있는 내용은 출애굽기 12:37과 민수기 11:21과 같은 야위스트 전승 가운데 들어 있는 본문들이다. 이것들은 전체를 거의 600,000으로 잡고 있다. 이것이 두 본문 가운데서 민수기 저자에게 지침 원리가 되었음에 틀림없다.

바루인(M. Barouin, *VT* 27[1977] 280-303)의 제안들은 민수기 1장에서와 같은 문제들에 직면하고(민 1:1-47의 "양식/구조/배경"을 보라), 반면에 그 최종적 숫자가 어떤 글자들의 수치를 나타낸다는 주장(gematriya)은 이 곳 민수기 26장에 있는 문제들을 해결해 주지 못한다. 편집자가 이스라엘이 그 죄의 결과로 손실을 당했다는 사실을 보여 주기 위하여 전체의 숫자를 축소시켰다고 말하는 것은 어찌하여 601,730명인가 하는 문제에 답변을 해주지 못한다. 멘덴홀(G. E. Mendenhall, *JBL* 77 [1958] 52-66)의 접근 방식에 딸린 난점들이 여기서 날카롭게 적용된다. 어찌하여 그 군대 혹은 집단의 규모가 지금 달라져야 하는가, 혹은 어찌하여 그 숫자들이 그렇게 광범위하게 달라져야 하는가에 대한 실질적인 설명이 없다. 민수기 1장에서 시므온은 매 조마다 약 5명의 남자들을 가졌을 것이나, 민수기 26장에서는 매 조마다 약 9명을 가졌을 것이다. 갓은 민수기 1장에서 약 15명의 남자를 가졌을 것이고, 민수기 26장에서는 12명 반을 가졌을 것이다. 르우벤은 민수기 1장에서 약 11명을 가졌을 것이고, 민수기 26장에서는 약 17명을 가졌을 것이다. 잇사갈은 민수기 1장에서 약 11명을 가졌을 것이고, 민수기 26장에서는 약 5명을 가졌을 것이다. 가장 큰 차이 가운데 하나는 므낫세에게 있는데, 민수기 1장에서 매 조당 평균 6¼명이지만, 민수기 26장에서는 약 13½명이다. 만일 이 두 목록이 초창기의 것이라고 가정된다면, 어찌하여 군대의 규모가 비교적 짧은 기간 동안에 그렇게도 크게 달라져야 했는가를 설명하기가 어렵다.

그 문제에 대한 한 가지 가능한 접근 방법을 해럴슨(W. Harrelson, Int 13[1959] 24-36)이 제시했다. 그는 민수기 26장에 있는 숫자의 변동이 제1차적으로 신학적 목적에 공헌하는 역할을 한다고 주장한다. 가장 큰 수적 손실은 시므온이 당했으며, 이 손실이 그들로 하여금 부득이하게 레위인의 숫자를 감하게 한다. 이것이 형제들을 동등한 기반에서 평가하고 있으며, 창세기 49:5-7의 효과적인 성취임을 나타내고 있다. 해럴슨은 잇사갈, 스불론, 단, 아셀에게 주어진 탁월함이 역사적 사건들과 관련된 사실로 알려져 있지 않고, 에브라임보다 므낫세를 앞세우는 것은 창세기 48:13-22을 위반하는 것이라는 사실을 인정하고 있다. 해럴슨은 이러한 사건들 가운데서 단순하게 하나님의 순전하신 뜻이 어떤 지파는 번성하게 하고 다른 지파는 기울어지게 하시는 그분의 주권을 옹호하기 위한 관심사를 본다.

이러한 접근 방식 가운데 특별히 시므온과 관련하여 어떤 것이 있을 수도 있으나, 만일 그렇다면 창세기 48:13-22에 대한 저자의 취급이 모순된 것으로 보인다. 또 다른 가능성은 저자가 각 지파의 기업의 규모에 대한 자신의 개념의 영향을 받았다는 것이다. 52-56절이 밝히고 있는 바와 같이, 각 기업은 부분적으로는 제비를 통하여 그리고 부분적으로는 각 지파의 수적 규모를 통하여 결정된다. 1-51절에 있는 숫자들이 여러 지파가 차지한 영토에 대한 평가의 산물일 가능성이 있다는 것은 신실이다. 민수기 상당량의 세 번째 부분(민 26-36)이 신명기와 여호수아서에 이미 들어 있는 전승의 수정과 발전이라고 생각할 이유가 있다. 이 경우, 저자의 지침은 아마도 여호수아 13-19장에 서술된 지파의 경계들이었을 것이다. 어떻게 제사장 저자가 이 경계들을 이해할 수 있었는지를 알아내기가 어려웠던 것처럼 그것들이 원래 어떻게 그려졌었는지도 알아내기가 어렵지만, 이 자료가 각 지파의 세력을 결정하기 위한 모종의 지침을 제공했을 가능성은 남아 있다. 물론 우리는 여기서 경계들에 대한 저자의 인식에 관하여 말하는 것이지, 여호수아 13-19장에 의도된 경계들에 관한 것이나 솔로몬이나 그 후 시대에 실제로 존재했던 경계들에 관한 것이 아니라는 사실을 기억해야 한다. 크기의 할당이라는 전승은 이미 여호수아 13-19장, 정확히 말하자면 17:14-18에 삽입되어 있으며, 우리가 미완성인 여호수아 13-19장에 있는 경계의 분배의 의미를 정확하게 결정하기 불가능했던 것처럼, 민수기의 제사장 저자에게도 그것이 불가능했을 것이다. 그러므로 지파의 인구 숫자 계산은 각 지파가 소유한 것으로 생각된 영토의 합계에 대한 평가에 기초가 되었을 수도 있다.

이 곳과 민수기 1장에 미리 제시된 바와 같이 600,000이라는 총 합계 수는 이미 제사장 이전의 야위스트 전승에 고정되었고, 그래서 이러한 매우 거대한 숫자의 기원에 관해서 어떤 말을 할 수 있을지 물어야 할 일이 남아 있다. 한 가지 가능성은, 여러 번 이스라엘이나 혹은 개개의 지파들이 천만 인으로 묘사되어 있는 고대 시(창 24:60; 민 10:35-36; 신 33:17)에 대한 반영의 결과로 생긴 것이라는 것이다. 하나님의 병거가 그러한 숫자로 규정되어 있는 고대 본문들도 있다(신 33:2; 시 68:18[**히.**]). 그러므로 야위스트가 그렇게 거대한 숫자를 생각해 낸 것은 놀랄 일이 아니며, 그 제사장 저자가 두 번의 군대 인구 조사의 문맥 가운데서 그 숫자를 정확하게 맞추는 일에 대해서도 놀랄 일이 아니다.

땅의 분배

여기서 저자는 두 개의 중요한 목적을 가진 것으로 보인다. 그는 어떤 할당이 어떻게 그 지파의 크기에 따라 주어지는지를 여호수아 17:14-18에서 알아챘을 것이며, 그는 그것을 일반적인 원리 – 52-54절에 그 규정이 나타나 있음 – 로 수립하기를 원했을 것이다. 그러나 그는 요단 서편의 땅이 55절에 있는 바와 같은 제비를 통하여 분배되었다는 신명기 역사가의 입장을 무시할 수 없었다(수 15:1; 16:1; 18:6, 10). 56절은 지파의 크기에 따라 제비가 주어지거나 혹은 일반적인 장소들이 제비를 통하여 정해지고 필요에 따라 정확하게 한계가 정해지는, 두 개의 개념을 통합하기 위한 시도일 수도 있다.

저자의 두 번째 목적은 본서의 세 번째 부분의 다른 곳에서처럼, 여호수아가 아닌 모세가 원래 그 땅을 나누도록 명령을 받은 사람이었다는 사실을 아주 명백하게 밝히기 위한 것이다. 이러한 경향은 모든 성전의 세부 사항들이 솔로몬이 아닌 다윗의 작품이었다는 사실을 분명하게 밝히고자 한 역대기 작가의 바람과 비교될 수 있다. 초창기 전승에 따르면, 요단 동편 지파들은 자기들의 땅을 모세에게서 받았는데 이것이 신명기 역사 가운데서 입증된다(수 13:15-32). 초창기 전승은 요단 서편의 땅을 여호수아 아래서 제비를 통하여 분배된 것으로 보았다(수 14:13; 15:13; 17:14; 18:10). 이 곳 민수기 26:52-56에 있는 제사장 저자의 목적은 여호수아가 이전에 모세에게 주어진 땅 분배에 관한 계시의 수행자에 지나지 않았다는 사실을 밝히고자 한 것이다. 중대한 하나님의 계시를 받은 것은 모세뿐이다.

주석

[2] 계수되어야 할 사람은 민수기 1장에서처럼 이것이 군대의 인구 조사라는 사실을 가리킨다. 이것은 미디안 전쟁(민 31장)과 땅 점령을 위한 중요한 준비다.

[4] "애굽 땅에서 나온…이스라엘 자손"은 이것이 두 번째 인구 조사라는 입장에서 볼 때 생소해 보이며, 첫 번째 세대가 죽은 것으로 생각된다. 그러나 본문은 불확실하고("원문주해"를 보라), 그래서 이것이 인구 조사라기보다는 지파와 가족에 대한 암시일 수도 있다. 그렇게 되면, 4b절은 원래 가족 목록에 속한다("양식/구조/배경"을 보라).

[5] 이름들은 창세기 46:9; 역대상 5:3에도 나타난다.

[9] 여기서 민수기 16장의 제사장과 야위스트 전승이 보다 긴밀하게 합쳐져 있다.

[10] 제사장 저자는 다른 곳에서 "징계"(경고 표시)(לנס – 레네쓰) 대신에 "표징"(אות – 오트; 참조. 민 17:25[히.])이란 단어를 사용하고 있으며, 9-11절에 있는 이러한 일탈은 후대의 첨가일 수도 있다. 민수기 17:3[히.]에서 범죄자들이 아니라 향로가 "표"라는 사실은 주목할 만하다.

[11] 여기서 저자는 포로 후기에 고라 자손들이 있었음을 인정하고 있다(대상 26:1-19). 시편 42-49, 84, 85, 87-88편의 표제들은 고라 자손이 성전의 노래하는 자들이었음을 시사해 준다.

13 사울(Shaul)은 창세기 46:20에서 한 가나안 여인의 아들로 묘사되어 있다.

19 그 죽음이 창세기 38, 10에 기록되어 있다.

20 창세기 38:5에 따르면, 셀라는 수아의 딸에게서 유다가 낳은 아들이다. 베레스와 세라는 유다가 다말에게서 낳은 쌍둥이 아들들이었다(창 38:29-30).

26 사사들 가운데는 엘론이라는 이름을 가진 스불론 지파 사람이 있다(삿 12:11).

29-34 이 자료는 아주 복잡하다("양식/구조/배경"을 보라). 민수기 32:39에서 모세는 길르앗을 마길에게 주었다. 이것은 그러한 사실에 관한 가계에 대한 설명일 수도 있다. 여호수아 17:1-2에서 마길은 므낫세의 장남이고, 므낫세의 다른 아들들은 아비에셀, 헬렉, 아스리엘, 세겜, 헤벨, 스미다이다. 그러나 여호수아 17:3에서 헤벨은 길르앗의 아들이다(다른 차이점들에 대해서는 대상 2:21-23; 7:14-19을 참조하라).

31 노트(M. Noth, 207)는 종족 목록 가운데 있는 세겜에 대한 언급은 그 이름을 가진 유명한 성읍의 명칭 – 그것이 하나의 종족으로서 므낫세 지파로 가입되었다는 암시 – 임에 틀림없다고 본다.

33 슬로브핫과 그의 딸들에 대한 언급은 민수기 27:1-11에 비추어 삽입된 하나의 첨가물일 수도 있다. 노트(207)는 그 "딸들" 모두가 지형적 의미를 가지고 있다고 주장한다. 여성형 어미는 그들이 딸들이었다는 사실을 가리킨다. 디르사는 분명히 이름난 성읍이었다. 노아와 호글라는 사마리아 사금파리 파편에 구역들로 나타난다(이에셀[아비에셀과 같음]과 헬렉[30절], 스미다[32절]도 역시 그러하다). 노트는 세겜처럼 이 이름들도 본래 므낫세에게 가입된 장소들과 구역들이라고 결론짓는다.

35 창세기 46:21과 사무엘하 20:1에서 베겔은 베냐민 지파에 속하며, 그래서 어떤 사람은 이 사람이 38절에 속한다고 생각했다. 역대상 7:20에서 에브라임에게 속해 있는 베레드가 있다.

36 노트는 이 구절을 수델라 가족의 일부가 독립되어 있는 하나의 첨가물로 취급한다. 그럼에도 불구하고 그는 내포된 정보를 오래된 것으로 판단한다.

38-41 베냐민 족보는 여러 문제를 일으킨다. 노트(208)는 원 가족 목록이 38-39절에 나타나며, 40절은 두 개의 가족을 거론하고 있는 첨가물이라고 생각한다. 40a절에 있는 형태는 불규칙한 것이며, 40b절은 원래 38-39절로 이어진 것이었을 것이다.

42 노트(208)는 단 하나의 단 족속만이 언급되어 있다는 사실 가운데서 그 지파가 작다는 사실을 본다. 거대한 인구 숫자는 다른 역사적 상황을 반영하는 것으로 생각된다. 가족 목록과 인구 조사 숫자 사이의 관계에 관한 논의에 대해서는 "양식/구조/배경"을 보라.

46 아셀의 딸 이름의 기원은 설명할 수도 없고, 그것이 여기에 포함된 이유도 설명할 수 없다. 그것은 아마도 제사장 저자가 사용할 수 있었던 목록 가운데 들어 있는 요소였을 것이며, 그는 그것을 빼야 할 이유를 발견하지 못했을 것이다.

55 제비는 고대 근동에서 땅을 분배하는 수단으로서 널리 사용되었음이 입증되고 있다. 그것은 하나의 공정한 방법, 곧 하나님의 뜻으로 쉽게 해석될 수 있었던 신비한 방법이었다(삼상 10:20-21; 행 1:24-26).

해설

이 단락은 민수기의 세 번째 주요 분석의 출발점을 표시하고 있다(서론을 보라). 저자는 요단 서편 정착에 대한 기사를 제공하려 하지 않고 있다. 신명기는 아무튼 먼저 나와야 하고, 여호수아서 가운데 있는 신명기적 역사가의 작품이 그러한 사건들의 정확한 기사를 제공했다. 여호수아서 가운데는 분명히 제사장의 편집물이 들어 있지만, 출애굽기, 레위기, 민수기 가운데 제공된 계통을 따라 중요한 제사장의 개정과는 차이가 있다. 그럼에도 불구하고 민수기의 제사장 저자는 신명기 율법의 수여와 가나안 정착을 말하기에 앞서서 해명해야 할 다양한 예비적 문제들을 가지고 있다. 본서의 이 세 번째 부분에 들어 있는 이러한 문제들 중 많은 것이 사실은 신명기 전승과 가나안 정착 전승에 대한 재해석이다.

어쨌든 그 제1차적 관심은 공동체를 재편성하는 것이다. 본서는 인구 조사를 하면서 시작했는데, 그 소사로 말미암아 싸움에 나갈 만한 이스라엘의 무리들이 적절하게 계산되어 있다(민 1:1-47). 본서의 두 번째 주요 부분이라는 재앙 다음에 공동체는 하나님의 섭리 아래서 다가올 전쟁과 정착을 할 준비가 되어 있는 큰 군대로서 한 번 더 계산이 되어야 했다. 여기서 우리는 또다시 민수기 두 번째 부분에서 자주 그러했듯이, 죄가 궁극적으로 하나님으로 하여금 이스라엘을 향한 자신의 선하신 목적을 빗나가게 하지 못한다는 사실을 강조하고자 하는 저자의 관심을 보게 된다. 백성들은 주어진 땅을 향하여 여행해 나갈 하나님의 공동체가 될 준비를 해야 한다. 전체적으로 숫자가 약간 줄어든 것은 큰 의미가 없는 것 같다. 600,000이라는 전승은 하나님의 싸움을 싸우고 그분의 목적을 성취하기에 유용하다.

저자는 이 단락을 여러 지파와 연결된 가족 목록과 인구 숫자로 조립시켰다. 가족 목록은 우선 첫째로 창세기 46장에 주어진 정보에서 이끌어 온 것으로 보이지만("양식/구조/배경"을 보라), 그 궁극적 기원은 모호하다. 포로기와 포로 후기 유대인들 사이에 있었던 정체성 의식에 대한 필요성이 이러한 목록을 편집하도록 자극했을 수도 있다.

인구 조사의 숫자는 아마도 저자 자신이 작성한 것 같다. 그는 이미 존재한 600,000명이라는 전승을 따른 것 같은데, 그것은 바꾸어 말하면 고대 시 문서에 대한 해석에서 유래했을 수도 있다("양식/구조/배경"을 보라). 그는 이미 민수기 1:1-47에서 이 전승을 사용한 바 있고, 성막에 대한 자신의 생각이 그로 하여금 그것에다가 더욱 정밀한 내용을 덧붙이도록 했다. 여기에 있는 그의 계산은 지파들의 다양한 운명을 암시해 주고 있는 창세기 49장과 신명기 33장에 있는 본문의 영향과, 또한 각 지파가 점령한 영토에 대한 저자 자신의 평가를 통하여 영향을 받았을 수도 있다. 전승 가운데 지파의 크기가 점령한 땅을 결정할 요인이었다는 사실을 암시하는 요소가 있었던 것 같으며(수 17:14-18), 또한 각자의 세력에 대한 모종의 암시를 해주는 것이 여기서 매우 적절했던 것으로 보인다. 그러므로 그는 52-54절에서 지파의 크기에 따른 분배가 일반적인 원리였던 사실을 주장하는 데로 나아가고 있다. 이것이 제비를 통한 땅 분배라는 신명기 사가의 전승과 조율되어야 했으며(수 15:1; 16:1; 18:6, 10), 그런 까닭에 55-56절을 기록한 것이다. 저자는 지파의 크기와 아주 부합한 제비뽑기를 생각했을 수도 있거나 혹은 일반적인 장소들이 제비를 통하여 그리고 필요에 따라 정확한 한계가 정해졌다고 생각했을 수도 있다.

본서의 이 세 번째 부분 가운데서 저자가 신명기 전승을 취급하는 중요한 특징은 모세가 모든 하나님의 계시의 수납자였다는 사실을 분명히 하려는 그의 결심이다. 이러한 경향은 다윗이 솔로몬 성전의 건축에 대한 모든 세부 사항들이 들어 있는 역대기 사가의 작품 가운데 나타난 그것과 비교될 만하다. 신명기 전승에서 요단 서편의 땅은 여호수아가 분배한다(수 14:13; 15:13; 17:14; 18:10). 민수기의 제사장 저자는 요단 동편에서 모세를 통한 분배 전승을 취급하고 있으며(수 13:15-32), 전체의 분배가 요단 서편과 마찬가지로 요단 동편도 모세에게 주어진 계시였다는 사실을 밝히고 있다. 여호수아는 단순히 모세에게 이미 계시된 땅 분배를 추진하기만 한다. 바벨론 유대주의에게는 포로기와 포로 후기에 그 땅 밖에서 주어지는 그러한 계시의 가능성을 수립하는 것이 중요했다. 회복된 공동체의 미래에 대한 그들 자신의 비전의 신빙성은 그것에 의존했었다.

43. 두 번째 레위인 인구 조사(26:57-65)

참고문헌

민수기 3:1-51(참고서적)을 보라.

본 문

57 레위인의 계수함을 입은 자는 그 종족대로 이러하니 게르손에게서 난 게르손 가족과 고핫에게서 난 고핫 가족과 므라리에게서 난 므라리 가족이며

57 And these are those numbered of Levi[a] by clans: of Gershon, the clan of the Gershonites; of Kohath, the clan of the Kohathites; of Merari, the clan of the Merarites.

58 레위 종족들은 이러하니 립니 가족과 헤브론 가족과 말리 가족과 무시 가족과 고라 가족이라 고핫은 아므람을 낳았으며

58 These are the clans of Levi:[a] the clan of the Libnites, the clan of the Hebronites, the clan of the Mahlites, the clan of the Mushites,[b] the clan of the Korahites. And Kohath was the father of Amram.

59 아므람의 처의 이름은 요게벳이니 레위의 딸이요 애굽에서 레위에게서 난 자라 그가 아므람에게서 아론과 모세와 그 누이 미리암을 낳았고

59 And the name of Amram's wife was Jochebed the daughter of Levi, who was born[a] to Levi in Egypt. And she bore to Amram Aaron and Moses and Miriam their sister.

60 아론에게서는 나답과 아비후와 엘르아살과 이다말이 났더니

60 And to Aaron were born Nadab, Abihu, Eleazar, and Ithamar.

61 나답과 아비후는 다른 불을 여호와 앞에 드리다가 죽었더라

61 But Nadab and Abihu died when they offered strange fire before Yahweh.[a]

62 레위인의 일 개월 이상으로 계수함을 입은 모든 남자가 이만 삼천 명이었더라 그들은 이스라엘 자손 중 계수에 들지 아니하였으니 이는 이스라엘 자손 중에서 그들에게 준 기업이 없음이었더라

62 And those numbered of them were 23,000, every male from a month old and upwards. For they were not numbered among the people of Israel because there was no inheritance given to them among the people of Israel.

63 이는 모세와 제사장 엘르아살의 계수한 자라 그들이 여리고 맞은편 요단 가 모압 평지에서 이스라엘 자손을 계수한 중에는

63 These were those numbered by Moses and Eleazar the priest, who numbered the people of Israel in the plains of Moab by the Jordan at Jericho.

64 모세와 제사장 아론이 시내 광야에서 계수한 이스라엘 자손은 한 사람도 들지 못하였으니

64 And among these there was not a man of those numbered by Moses and Aaron the priest, who had numbered the people of Israel in the wilderness of Sinai.

65 이는 여호와께서 그들에게 대하여 말씀하시기를 그들이 반드시 광야에서 죽으리라 하셨음이라 이러므로 여분네의 아들 갈렙과 눈의 아들 여호수아 외에는 한 사람도 남지 아니하였더라

65 For Yahweh had said of them, "They shall die in the wilderness." There was not a man of them remaining, except Caleb the son of Jephunneh, and Joshua the son of Nun.

원문주해

57.a. 이 독법은 Sam, Syr, Tg에서는 "레위의 아들들"이다.
58.a. 이 독법은 Sam과 G에서는 "레위의 아들들"이다.
58.b. G는 말리 족속 대신에 고라 족속을 보유하고 있다.
59.a. MT는 애매하지만, 수동형이 의도된 의미를 제공하는 것 같다.
61.a. G는 "시내 광야에서"를 덧붙이고 있다(참조. 민 3:4).

양식/구조/배경

분석가들은 이 자료가 제사 문서이며, 이것은 분명히 두 번째 인구 조사에 대한 제사장 저자의 기사라는 데 동의하고 있는데, 곧 그가 민수기 26:1-56에 보충했던 정보의 계속이라는 것이다. 레위인의 인구 조사 숫자의 기원과 관련하여 난점들이 일어나며, 레위인의 족보의 배경이 이 구절들 가운데 제공되어 있다.

두 번째 인구 조사에서 레위인들의 수는 실질적으로 변하지 않았다. 민수기 3:39에 있는 유사한 숫자는 22,000명이고, 이것이 새로운 인구 조사에서 23,000명으로 증가했다. 민수기 3:22, 28, 34에 제공된 것에 비하여 여기에 숫자상의 붕괴는 없다. 이전에는 비교적 레위인들의 극소수의 숫자가, 거기서 계산된 일반 백성들에 비하여 공인된 포로 후기 레위인들의 균형을 반영하고 있다고 주장되었다(민 3:1-51의 "양식/구조/배경"을 보라). 이 소량의 증가 이유는 레위 계층에 대한 하나님의 위임(민 17장에 있는 중요한 주제임)이 강조되지 않고서는 말하기가 쉽지 않다.

제사장의 계보에 특별히 어려운 문제가 들어 있다. 민수기 3:17과 전반적으로 민수기 3-4장에 따르면, 세 개의 주요 레위인 가문이 있는데 게르손, 고핫, 므라리다. 이 입장이 민수기 26:57인 여기서 유지되고 있다. 민수기 3:18-20에 따르면, 게르손은 두 아들, 립니와 시므이를 두었고, 고핫은 네 아들을 두었는데 아므람, 이스할, 헤브론, 웃시엘이며, 반면에 므라리는 두 아들 말리와 무시를 두었다. 이러한 사실은 출애굽기 6:16-19의 지지를 받으며, 최종 결정적인 제사장의 입장이 되었을 것이다. 그러나 58절의 초두에 있는 새로운 도입구는 하나의 다른 목록이 제사장의

작품 속으로 삽입되었다는 강력한 암시를 제공하고 있다. 전통적, 분석적 설명으로 제사장 편집자들과 증보자들의 영향이 있었음을 깨닫게 되었다(예를 들어, J. Wellhausen, 184-86; H. Holzinger, 132-33; B. Baentsch, 627-35). 보다 최근에는 오히려 더욱 오래된 레위 전승이 58절에 삽입되었다는 사실을 발견하게 되었다(예를 들어, M. Noth, 209; J. Sturdy, 192; J. de Vaulx, 315). 다섯 레위 족속의 가문들이 언급되어 있는데, 곧 립니, 헤브론, 말리, 무시 그리고 고라다. 여기에 나오지 않는 믿을 수 있는 족보상의 이름들은 시므이(게르손 족속), 아므람, 이스할, 웃시엘(고핫 족속)이고, 반면에 믿을 수 있는 역본의 고라는 이스할의 아들로 되어 있다(출 6:21). 믿을 만한 목록은 또한 역대기자의 기사 가운데 반영되어 있다(대상 5:27-6:34).

몇몇 현대 주석가들은 58절의 내용을 매우 오래된 것으로 본다. 즉 폴크는 그것을 사사 시대와 연결시킨다. 최소한 이 이름들 가운데 몇몇은 본래 지리적 의미를 가지고 있었다고 생각할 몇 가지 이유가 있다. 립나(수 15:42)와 헤브론은 유다의 남쪽에 있는 두 성읍이었고, 고라는 역대상 2:43에서 그렇게 이름한 성읍과 연결되었을 수도 있다. 아랏(Arad)에서 발견된 한 항아리에 있는 "고라의 아들들"에 대한 언급은, 모든 다섯 이름들이 레위인들이 원래 자기의 옛 동맹자였던 시므온(창 34:30)과 함께 살았던 남방의 성읍들이었을 것이라고 생각한 스터디의 입장을 확고히 해준다. 노트는 말리 족속이란 이름을 33절에 있는 말라와 비교하고 있으며, 반면에 무시란 이름은 자주 "모세"와 연결되어 왔는데, 출애굽기 2:1에 있는 제사장 이전의 전승은 모세가 레위인의 기원을 가졌었다는 의미가 된다.

58절은 포로기 동안 팔레스틴의 레위인들 사이에 보존되었던 레위인 가족들의 목록을 담은 것일 수도 있다. 그러므로 그 목록의 뿌리가 남방에 있었을 가능성은 매우 실제적이다. 오직 그래야만 그 레위인들이 바벨론 유대교에 받아들여질 것이었다. 레위 지파의 주장에 대한 조정의 과정과 레위 전승의 요소들을 받아들이는 과정은 우리가 민수기 가운데 있는 많은 다른 관점들에서 더듬어 보아 온 것이다. 보다 많은 레위인 가족들을 공인된 것으로 받아들이는 일은 레위인들 상호간의 관계를 더듬어 보면서, 그리고 특히 이러한 가족들과 아론의 아들들과의 관계를 더듬어 보면서 공식적인 족보 작성으로 이끌고 갔다. 이것이 우리가 믿을 만한 족보라고 불렀던 그 족보의 기여다. 저자는 원래의 자료를 하나님의 목적 내에서 레위인의 전승의 위치에 대한 그분의 위탁의 표시로 보존하고 있다.

주석

57 레위인의 이름들에 대해서는 민수기 3:1-51의 "주석"을 보라.

58 이 레위인의 이름들의 기원에 관한 논의에 대해서는 "양식/구조/배경"을 보라.

59 고핫 족속의 계승은 모세와 아론이 그 족속에 속해 있기 때문에 특별히 관심이 집중되어 있다. 모세와 아론의 가족관계는 보다 오랜 전승 가운데 수립되어 있다(참조. 출 4:14; 15:20).

60-61 아론의 차자들을 통한 제사장직의 계승의 이유가 다시 한 번 제시되어 있다(참조. 레 10:1-7; 민 3:1-4).

62 레위에 대해서는 군대 인구 조사(즉 20세 이상인 사람들)는 없으며, 그래서 같은 원리가 이전처럼 적용된다(참조. 민 3:39).

64 여기서 저자는 4절에서 애굽을 떠난 사람들에 대한 언급이 지파 및 가족과 관련되어 이해되어야 하고 숫자와 관련되어 이해되어서는 안 된다는 사실을 분명히 밝히고 있다. 두 번째 인구 조사는 새 세대를 망라하고 있다.

65 민수기 14:29-30을 참조하라.

해설

여행 중에 당했던 재난 이후에 공동체를 재편성하고 나서(민 26:1-56), 저자는 이제 두 번째 인구 조사를 통하여 레위인 계층을 재편성하고 있다. 1-56절이 민수기 1:1-47을 반영하고 있는 것처럼, 이 구절들도 민수기 3-4장에 기록된 것과 같은 레위 공동체의 수립을 반영하고 또한 그것과 균형을 유지하고 있다. 저자는 이 일을 레위인 족보의 믿을 만한 기본적 구조를 거듭 주장함으로써(57절), 모세와 아론을 그 족보와 관련지음으로써(59절), 엘르아살과 이다말의 제사장직을 다시 한 번 옹호함으로써(60-61절) 그리고 레위 지파의 두 번째 인구 조사를 시행함으로써(62절) 행하고 있다. 그는 또한 레위인의 인구 조사를 공동체 전체와 분리시키는 명확한 이유를 제공하고 있다. 레위 지파는 백성 전체 가운데서 자신의 기업을 가지지 못한다(62절). 이것은 민수기의 다른 곳에 있는 그러한 전승처럼 새로운 레위인 계급의 수립을 촉진하기 위하여 삽입된 더 오래된 레위 전승이다(참조. 신 10:9). 민수기 35:1-8이 밝혀 주겠지만, 이것은 민수기 저자에게 레위인들이 살아갈 터전이 없다는 사실을 의미하지는 않는다. 요점은 오히려 그들이 부동산을 소유하지 못한다는 점이다.

저자는 또한 58절에서 고대 레위인 전승을 포함했다("양식/구조/배경"을 보라). 이것은 처음에 바벨론의 유대주의 제사장들에게 이용될 수 없었을 수도 있다. 포로 후기 초창기에 그것은 이 레위 가족들을 인정하기에 가능하게 되었고, 그것들은 결국에는 구성이 되는 충분하고도 믿을 만한 레위인 족보 가운데서 중요한 일부가 되었다.

저자의 결론적 기록(63-65절)은 여호수아와 갈렙을 제외한 이 사람들이 새로운 공동체라는 사실을 밝히고 있다. 여행 도중에 반역에 연루된 모든 사람들은 죽고, 새로운 출발이 이루어지려 한다. 정착하게 될 공동체는 정화되고 새로워진 공동체다. 이것은 또한 바벨론 유대교를 변호하고자 하는 관심에서 기록된 것이기도 하다.

44. 슬로브핫의 딸들(27:1-11)

참고문헌

Bamberger, B. J. "Revelations of Torah after Sinai." *HUCA* 16(1941) 97-113. **Davies, E. W.** "Inheritance Rights and the Hebrew Levirate Marriage." *VT* 31(1981) 138-44. **Lemaire, A.** "Le 'Pays de Hépher' et les 'Filles de Zelophehad' á la lumière des ostraca de Samarie." *Sem.* 22(1972) 13-20. **Snaith, N. H.** "The Daughters of Zelophehad." *VT* 16(1966) 124-27. **Valk, Z.** "The Right of Inheritance of a Daughter and Widow in Bible and Talmud." *Tarbiz* 23(1951/52) 9-15. **Weingreen, J.** "The Case of the Daughters of Zelophehad." *VT* 16(1966) 518-22.

본 문

1 요셉의 아들 므낫세 가족에 므낫세의 현손 마길의 증손 길르앗의 손자 헤벨의 아들 슬로브핫의 딸들이 나아 왔으니 그 딸들의 이름은 말라와 노아와 호글라와 밀가와 디르사라

1 And the daughters of Zelophehad son of Hepher son of Gilead son of Machir [a]son of Manasseh[a] drew near [b](from the clans of Manasseh[b] son of Joseph). And these were the names of his daughters: Mahlah, Noah, Hoglah, Milcah, and Tirzah.

2 그들이 회막 문에서 모세와 제사장 엘르아살과 족장들과 온 회중 앞에 서서 가로되

2 And they stood before Moses and before Eleazar the priest and before the leaders and all the congregation at the door of the Tent of Meeting, saying,

3 우리 아버지가 광야에서 죽었으나 여호와를 거스려 모인 고라의 무리에 들지 아니하고 자기 죄에 죽었고 아들이 없나이다

3 "Our father died in the wilderness. But he was not among the congregation of those who gathered together against Yahweh, in the congregation of Korah. He died for his own sin. And he had no sons.

4 어찌하여 아들이 없다고 우리 아버지의 이름이 그 가족 중에서 삭제되리이까 우리 아버지의 형제 중에서 우리에게 기업을 주소서 하매

4 Why should the name of our father be taken away from his clan because he had no son? Give us a possession[a] among our father's brothers."

5 모세가 그 사연을 여호와께 품하니라

5 And Moses brought their case before Yahweh.

6 여호와께서 모세에게 일러 가라사대

6 And Yahweh spoke to Moses, saying,

7 슬로브핫 딸들의 말이 옳으니 너는 반드시 그들의 아비의 형제 중에서 그들에게 기업을 주어

7 "The daughters of Zelophehad are in the right. You shall give them [a]possession of an inheritance

얻게 하되 그 아비의 기업으로 그들에게 돌릴지니라
8 너는 이스라엘 자손에게 고하여 이르기를 사람이 죽고 아들이 없거든 그 기업을 그 딸에게 돌릴 것이요
9 딸도 없거든 그 기업을 그 형제에게 줄 것이요
10 형제도 없거든 그 기업을 그 아비의 형제에게 줄 것이요
11 그 아비의 형제도 없거든 그 기업을 가장 가까운 친족에게 주어 얻게 할지니라 하고 나 여호와가 너 모세에게 명한 대로 이스라엘 자손에게 판결의 율례가 되게 할지니라

among their[a] father's brothers, and cause the inheritance of their father to pass to them.
8 And you shall say to the people of Israel, 'If a man dies, and has no son, then you shall cause his inheritance to pass to his daughter.
9 And if he has no daughter, then you shall give his inheritance to his brothers.
10 And if he has no brothers, then you shall give his inheritance to his father's brothers.
11 And if his father has no brothers, then you shall give his inheritance to his next nearest kinsman, and he shall possess it. And it shall be to the people of Israel a statute and judgment, as Yahweh commanded Moses.'"

원문주해

1.a-a. G에는 빠져 있음.
1.b-b. Vg에는 빠져 있음.
4.a. Sam은 "기업의 소유"를 보유하고 있다(참조. 7절).
7.a. 여기서는 여성형이 요구된다(몇몇 MT 필사본과 Sam에서처럼). J. A. Paterson 61를 보라.

양식/구조/배경

분석가들은 이 단락을 제사 문서와 동일시하는 데 있어서 어려움을 갖지 않았다(참조. J. Wellhausen, 114-15; A. Kuenen, 98' H. Holzinger, 136-37; B. Baentsch, 635-36; G. B. Gray, 397). 이 구절들은 "족장들"(2절), "회중"(2절), "회막 문"(2절)에 대해 말하고 있다. 딸들의 이름은 이 단락을 인구 조사 목록과 연결시켜 주고(민 26:33), 3절에서 민수기 16장에 있는 고라 사건을 분명하게 언급하고 있다. 어떤 초창기 분석가들(예를 들어, 벨하우젠과 밴취)은 기본적 P설화가 있다고 생각하고, 반면에 다른 사람들(쿠에넨과 홀징거)은 그것을 부록이라고 생각했다. 예를 들어, 쿠에넨은 이 구절이 같은 희년이라는 동기에 의존하고 있다고 생각했으며 – 원 소유자의 땅 소유권 보유 – 또한 그 법(레 25장)이 일반적으로 후대의 것이라고 생각했다.

노트(M. Noth, 211-12)는 틀림없이 그 구절이 제사장의 어투를 의존하고 있기는 하지만, P설화에 대한 후대의 가필이라고 생각했다. 그 이야기의 형식은 제사 문서 가운데 심겨진 다른 난해한 내용의 형식과 아주 유사하다는 것이다(참조. 레 24:10-23; 민 9:6-14; 15:32-36). 다른 한편 노트는 입법 그 자체(8b-11절)가 당연히 소송의 용어보다 앞서 있고, 그러므로 더 오래된 전통적인 법 자료로 구성되었을 수 있다고 주장한다. 노트는 딸들의 원리를 보장하는 일에 관심을 두고 있는 이 단락의 나머지 부분이 비교적 후대의 것이라고 판단한다. 이러한 일반적인 입장을 스터디(193-94)와 폴크(318-20)가 지지한다. 이 단락은 또한 최종 제사장의 편집 연대를 결정하려고 시도하면서 그렐로(P. Grelot, "Les dernières étapes de la rédaction sacerdotale," *VT* 6[1956] 174-89)에 의하여 사용된다.

이 단락과 민수기 9:6-14; 15:32-36의 형식상의 유사성은 우리의 입장에서 볼 때 당연히 민수기 저자로부터 어떤 중요한 기여가 있었음을 깨닫게 만들어 준다. 형태는 비교적 단순하다. 하나의 문제가 모세에게 제출되고, 그러고 나서 모세는 하나님에게 문의하고, 그는 다시 일반적인 원리로 판결한다. 이것은 오경의 아주 늦은 단계에 이루어진 부분의 통상적인 패턴인 것으로 보이는데, 곧 시내 율법의 법전이 완성되고 또한 신명기 법이 그 땅의 변경에서 주어졌을 때이다. 그 이야기는 미드라쉬와 같은 성격을 가진 것이고, 이전에 주어진 율법의 원리에 비추어서 후대의 문제를 해결하려는 목적을 가지고 있다. 이것은 다시 미래의 어려운 소송에 적용하기 위하여 광야의 선례를 창출해 낸다(J. Weingreen, *VT* 16[1965] 518-22).

남아 있는 유일한 문제는 저자가 전승 자료를 사용했던 범위다. 딸들의 이름이 요단 서쪽에 있는 도시들과 같다는 사실이 자주 지적된다. 즉 스불론에 있는 노아(수 19:13), 유다에 있는 호글라(수 15:6), 므낫세에 있는 디르사(수 12:24; 왕상 15:21)이다. 이 같은 사실이 말리(참조. 대상 7:18)와 밀가에게도 적용된다고 생각하는 것은 불합리한 것이 아니다. 그 설화 배후에 고대의 전승이 있는지의 여부는 결정하기가 어렵다. 그 도시의 이름을 슬로브핫의 딸들에게 붙여져 있는 여성형 어미로 변형시킨 것은 민수기 저자의 손질에 의한 것이었을 수 있다. 그가 말하고자 하는 요점은 단순히 여인들이 기업을 받을 권리를 가진다는 것이다. 민수기 27:1-11이 어떻게 실시되었느냐에 대해서 말하고 있는 여호수아 17:1-6에 있는 자료는 대부분이 요구의 기원이 모세 시대에까지 거슬러 올라간다는 사실을 4절처럼 규정하고 있는 하나의 주석으로 보였을 것이다.

8-11절에 전승 자료가 있는지의 여부도 역시 결정하기가 어렵다. 하나의 순차-

아들, 딸, 형제, 아비의 형제, 다른 가까운 친족 - 가 수립되어 있다. 민수기 저자가 신명기 법에 예견된 것과 같은 상황에 적용시킬 자료를 제공하고 있는 것으로 보인다. 아들만이 상속자로 인정되고 있으며, 특히 장자의 권리를 강조하고 있다(신 21:15-17). 만일 어떤 사람이 아들이 없이 죽었을 경우 그의 형제가 그 형수를 아내로 취해야 하고, 그 첫 번째 아들이 죽은 자의 상속인이 된다(신 25:5-10). 이러한 원리들이 창세기 38장의 이야기와 룻기에도 명시되어 있다.

스나이드(N. H. Snaith, *VT* 16[1966] 124-27)는 어떤 의미로는 슬로브핫의 딸들의 이야기가 다른 곳에서 이스라엘의 상속법으로 알려져 있는 모든 사실에 어긋나는 것으로 보인다는 사실에 어려움을 표하고 있다. 그는 그 이야기가 실질적으로 법적인 의미에서 상속에 관한 것이 아니고, 므낫세 지파가 어떻게 요단 서편의 영토를 소유하게 되었는지를 설명하기 위한 시도라고 결론짓는다(참조. 수 17:1-6). 상속자는 통상적으로 두 몫을 받고(신 21:17), 그래서 다섯 딸들은 열 몫을 받는다(수 17:5). 어찌하여 그 몫이 아들이 아닌 딸들에게 떨어져야 했는지에 관해서는 충분히 설명되지 않았다. 므낫세 지파가 요단 서편의 땅을 소유하게 된 이야기가 아들의 입장에서 작성될 수 없었는가? 민수기 27:1-11이 딸들의 권리에 관한 것이라는 사실을 직시하는 것이 가장 좋을 듯하며, 또한 그것이 신명기에 진술된 결혼과 상속 원리와 관련되었다고 이해하는 방식으로 바라보는 것이 좋을 듯하다. 저자가 수혼(嫂婚)의 원리를 폐지하기를 원했을 것 같지는 않다(신 25:5-10). 그것은 신명기 법에 확고하게 확립되어 있으며, 저자의 목적은 폐지하려는 것이 아니라 신명기 법과의 틈을 메우려는 것이다. 요점이 명백하게 진술되지는 않았을지라도 슬로브핫의 아내가 죽었을 것이고, 그래서 희년법이 보장하고 있는 원리 - 한 남자와 그의 가족이 영원히 그 땅을 소유하는 것 - 가 위협을 받고 있었을 것이라고 확실하게 가정되어야 할 것이다. 여기에 주어진 하나님의 판결은 이러한 위협이 방지되도록 만들어 주고 있다. 그러므로 8-11절에서 전승 자료를 발견할 만한 특별한 이유가 없다. 이러한 규례들은 단순히 딸들이 없을지라도 그 유산이 가능한 한 그 가족 내에 단단히 지켜지도록 보장해 주고 있다. 이러한 입장에서 바라볼 때 이 규례들은 신명기의 수혼의 원리와 상충되지 않고 오히려 그것을 확고히 해주고 있는데, 왜냐하면 과부와 혼인한 살아 있는 형제가 사실상 자기의 죽은 형제를 위하여 자녀를 낳기 때문이다. 그렇게 해서 낳은 아들은 살아 있는 형제 즉 자기의 친부의 재산이 아니라, 죽은 사람의 재산을 상속받을 것이다. 1-11절에 있는 규례들은 또한 미망인이 결혼할 형제가 없는 상황을 취급했을 것으로 생각된다.

주석

[3] 슬로브핫의 죄에 대한 언급은 그가 모든 출애굽 세대가 죽었을 때 그들의 죄에 동참하여 함께 죽은 것으로 보인다. 랍비 아키바는 그가 민수기 15:32-36의 안식일 법을 어겼다고 주장했지만, 랍비들 전체의 의견은 아니다(B. J. Bamberger, *HUGA* 16[1941] 97-113를 보라). 저자는 고라의 죄가 매우 심각한 중죄인 것으로 바라보고 있으며, 그 딸들은 그가 전혀 연루되지 않았다는 사실을 입증하려고 힘쓰고 있다.

[4] 한 사람의 이름이 계속하여 존재한다는 것은 이스라엘 족속에게는 중요했으며, 그 이름이 보존될 수 있는 한 가지 방법은 그의 자손들이 그의 땅을 상속받는 일과 연관되어 있다.

[5] 모세가 그 요청에 즉시 대답하지 않았다는 사실은 랍비들에게 약간의 혼란과 당혹감을 주는 원인이 되었다(B. J. Bamberger, *HUGA* 16[1941] 97-113를 보라). 어떤 사람은 모세가 몰라서 그러했다고 하고, 다른 사람들은 여기서 그의 죄에 대한 징벌을 보며, 또 다른 사람들은 모세의 겸손의 표시이거나 혹은 알지 못하는 문제에 대해서 미래의 사사들에게 하나의 좋은 귀감으로 본다.

[11] "판결의 율례"(לחקת משפט – 레후콰트 미슈파트)는 분명히 전문 용어이며, 그런 까닭에 NEB는 "율법의 선례"로 번역한다(참조. 민 35:29).

해설

이 단락은 슬로브핫의 딸들이 어떻게 자기들의 부친의 재산에 대한 권리를 확보하기 위하여 힘쓰고 있는지에 대해서 말하고 있다. 그는 상속자가 없이 죽었고, 그들의 입장을 설명하거나 재산의 소유에 대한 분명한 규례는 없다. 신명기 25:5-10의 규례에 따라 남편의 형제를 통하여 자녀를 낳아 줄 미망인도 없었던 것으로 가정하는 것이 합리적이다. 모세는 하나님께 그 문제를 아뢰었고, 아들이 없을 경우 딸들이 재산을 상속할 권리를 실제로 가지도록 하고, 다른 가까운 근족 사이에 서열을 평가해 주고 있는 구체적인 지침이 주어진다.

이 단락은 본질적으로 민수기 제사장 저자의 작품인 것으로 보인다. 이 이야기는 민수기 16장에 있는 고라 사건과, 민수기 26장에 있는 인구 조사 목록과 연루되어 있다("양식/구조/배경"을 보라). 그것은 그의 설명인 것으로 보인다. 딸들의 이름은 고대 성읍의 이름으로부터 유래되었을 수도 있는데, 그것들 가운데 세 개는 신명기적 역사서 가운데 나타난다.

이 이야기는 저자 시대에 긴급한 것이었던 특별한 현안 문제를 해결하기 위하여 의도되었다. 포로와 포로 귀환이라는 상황은 그 땅으로의 접근, 그와 관련된 권리, 실질적이고도 매우 생동감 있는 문제를 만들어 냈다. 신명기 법에서 답변되지 않은 채 남아 있는 딸들의 권리에 관한 특별한 문제에 대해 여기서 분명하고도 구체적인 답변이 주어져 있다. 여기서 다시 민수기 26:1-56과 민수기 26:57-65에서처럼, 우리는 신명기적 그리고 역사적 전승 가운데 있는 어떤 요소들을 가지고 작업하고 확장하고 또 해석하고 있는 민수기 저자의 모습을 발견하게 된다. 이 단락은 이 지점에서 자연스럽게 나타나 있는데, 왜냐하면 인구 조사 목록에 인용된 인물들(민 26:33)은 여기서 요구의 주체자가 되기 때문이다.

또한 저자는 레위기 25장에서 가장 충분한 설명을 하고 있는 포로기/포로 후기 희년 원리를 통하여 동기를 부여받고 있는 것 같다. 이 원리는 모든 부동산이 원 소유자의 가족 내에 머물러 있어야 한다는 점을 확실히 하기 위하여 의도되었다. 이 원리는 궁극적으로 모든 땅이 야웨의 것이라는 신학적 전제에 기초를 두었다(레 25:23). 그러므로 하나님의 분배 체계가 인간의 경제 활동을 통하여 흐트러지지 않아야 한다는 것이었다. 아들이 없을 경우에 딸들이 상속을 받을 권리가 있다는 사실을 주장하는 것과, 딸들을 넘어가서 근족의 서열을 상세히 설명하는 것은 아들과 아내가 없이 죽은 한 남자라고 할지라도 자기 가족 내에서 그 땅을 보존했고, 그럼으로써 그의 이름을 보존했을 것이라는 사실을 의미했다. 그들이 혼인을 했을 때 딸들이 소유했던 재산에 대해서 어떻게 해야 하는가에 대한 또 하나의 문제는 여기서 언급하지 않았다. 그 문제는 민수기 36장에 있는 부록 가운데서 설명된다.

신학적으로 이 단락은 재산법이라는 분야 내에서 분명하고도 인정된 법적 지위에 대한 여인의 권리를 강조하고 있다. 그 여인들은 소유와 상속의 줄기를 정확하게 더듬어 갈 수 있는 고유의 통로로 나타나 있다. 이 단락은 또한 부동산에 대한 규정을 무시한 도용은 공동체의 복리를 해친다는 근본적인 희년 원리를 확증하고 있다. 모든 사람이 하나님의 공동체의 일원들로서 그 신분에 있어서 동등할지라도, 이스라엘 중 몇몇 사람들은 경제적으로 다른 사람에게 의존하려고 하는 경향이 있다. 그 공동체의 또 다른 결점은 땅은 결국 하나님의 것이라는 사실과 그분의 율법에 따라 분배되어야 한다는 사실을 근본적으로 깨닫지 못하는 것이다. 인간은 하나의 청지기로서 그 땅을 소유하고 있는 것이지, 그 소유자로서 혹은 궁극적 주인으로서 소유하는 것이 아니다.

45. 여호수아 위임(27:12-23)

참고문헌

Coats, G. W. "Legendary Motifs in the Moses Death Reports." *CBQ* 39(1977) 34-44. **Lindblom, J.** "Lot Casting in the Old Testament." *VT* 12(1962) 164-78. **Lipiński, E.** "Urim and Tummim." *VT* 20(1970) 495-96. **Loewenstamm, S. E.** "The Death of Moses." *Tarbiz* 27(1957/58) 142-57. **Long, B. O.** "The Effect of Divination upon Israelite Literature." *JBL* 92(1973) 489-97. **Péter, R.** "L'imposition des mains dans l'Ancien Testament." *VT* 27(1977) 48-55. **Robertson, E.** "Urim and Thummim: what are they?" *VT* 14(1964) 67-14.

본 문

12 여호와께서 모세에게 이르시되 너는 이 아바림산에 올라가서 내가 이스라엘 자손에게 준 땅을 바라보라

13 본 후에는 네 형 아론의 돌아간 것같이 너도 조상에게로 돌아가리니

14 이는 신 광야에서 회중이 분쟁할제 너희가 내 명을 거역하고 그 물가에서 나의 거룩함을 그들의 목전에 나타내지 아니하였음이니라 이 물은 신 광야 가데스의 므리바 물이니라

15 모세가 여호와께 여짜와 가로되

16 여호와 모든 육체의 생명의 하나님이시여 원컨대 한 사람을 이 회중 위에 세워서

17 그로 그들 앞에 출입하며 그들을 인도하여 출입하게 하사 여호와의 회중으로 목자 없는 양과 같이 되지 않게 하옵소서

18 여호와께서 모세에게 이르시되 눈의 아들 여호수아는 신에 감동된 자니 너는 데려다가 그에게 안수하고

12 And Yahweh said to Moses, "Go up this mountain Abarim,[a] and view the land[b] which I have given to the people of Israel.[c]

13 And when you have seen it, you also shall be gathered to your people, as your brother Aaron was,[a]

14 because you rebelled against my word in the wilderness of Zin, when the congregation contended, and did not[a] sanctify me at the waters before their eyes." [b]These were the waters of Meribah Kadesh in the wilderness of Zin.[b]

15 And Moses spoke to Yahweh, saying,

16 "Let Yahweh, the God of the spirits of all flesh, appoint a man over the congregation,

17 Who shall go out before them[a] and come in before them, who shall lead them out and bring them in, so that the congregation of Yahweh may not be as sheep which have no shepherd."

18 And Yahweh said to Moses, "Take Joshua son of Nun, a man in whom is the spirit, and lay your hand upon him.

19 그를 제사장 엘르아살과 온 회중 앞에 세우고 그들의 목전에서 그에게 위탁하여	**19** Make him stand before Eleazar the priest and all the congregation, and you shall commission him in their sight.
20 네 존귀를 그에게 돌려 이스라엘 자손의 온 회중으로 그에게 복종하게 하라	**20** You shall invest him with some of your authority,[a] so that all the congregation of the people of Israel may obey.
21 그는 제사장 엘르아살 앞에 설 것이요 엘르아살은 그를 위하여 우림의 판결법으로 여호와 앞에 물을 것이며 그와 온 이스라엘 자손 곧 온 회중은 엘르아살의 말을 좇아 나가며 들어올 것이니라	**21** And he shall stand before Eleazar the priest, who shall make consultation for him by the judgment of the Urim before Yahweh. At his word they shall go out, and at his word they shall come in, both he and all the people of Israel with him, the whole congregation."
22 모세가 여호와께서 자기에게 명하신 대로 하여 여호수아를 데려다가 제사장 엘르아살과 온 회중 앞에 세우고	**22** And Moses did as Yahweh commanded him. He took Joshua and made him stand before Eleazar the priest and the whole congregation.
23 그에게 안수하여 위탁하되 여호와께서 자기에게 명하신 대로 하였더라	**23** And he laid his hands[a] upon him, and commissioned him, as Yahweh had spoken [b]by the hand of Moses.[b]

원문주해

12.a. "느보"로 읽음에 있어서 G는 본문을 신 32:48과 일치시키고 있는 것으로 보인다.
12.b. G와 S에는 "가나안의"가 덧붙여져 있다(참조. 신 32:49).
12.c. G는 "기업으로"를 보유하고 있다(신 32:49의 영향을 받음).
13.a. G는 "호르 산에서"을 덧붙이고 있다(신 32:50의 영향을 받음).
14.a. 부정어가 가정되어야 한다(참조. G, Syr, 그리고 신 32:51).
14.b. 신 32:51로부터 이끌어 온 설명적 주석일 것이다.
17.a. Tg[J]는 이 부분에서 선생에 관한 인급을 하고 있는 길다란 주석을 보유하고 있다.
20.a. G, Vg, Syr에는 "영광"으로 되어 있다.
23.a. Sam과 Syr에는 단수가 나타나 있다.
23.b. Vg에는 이 문구가 나타나 있지 않다.

양식/구조/배경

이 단락을 제사 문서로 인정하는 데 있어서는 문제가 없다. 이스라엘이 "회중"으로 묘사되어 있고(14, 16, 17, 19, 20, 21, 22), 이 이야기는 아론의 죽음에 대한 제사장의 기사를 매우 명백하게 언급하고 있다(13절; 참조. 민 20:22-29). 반석으로부터 나온 물이라는 제사장 전승에 대한 회상이 들어 있다(14절; 참조. 민 20:1-13). 민수기 16:22(P)의 말투가 "모든 육체의 생명의 하나님이시여"(16절)라는 기도문 가운데 반복되어 있다. 엘르아살이 아론의 후계자로서 직분을 감당하고 있고(19, 20절), 출애굽기의 제사 문서 부분 가운데 처음으로 언급된(출 28:30) 제사장의 우림에 대한 책임을 담당하고 있다.

어쨌든 많은 문제들이 남아 있으며, 그것들 가운데는 신명기 32장에 있는 모세의 사망 기사와 관련된 것도 있다. 분석가들은 모세의 죽음이 13절을 통하여 판단하기를 그 직후에 일어났다고 언급했다. 신명기 법이라는 큰 법전이 앞으로 주어질 것 이외에, 제사 문서가 분명한 민수기 31:2과 13절의 관계 문제가 있는데, 그 곳(민 31:2)에서는 모세가 자신이 죽기 이전에 미디안 전쟁을 지휘해야 한다는 사실이 확실해진다. 구 분석가들 사이에서 통속적 해결 방법은 12-14절(혹은 12-13절)을 후대의 편집으로 돌리고, 이 단락의 나머지 부분을 기본적 PG 설화로 보는 것이다(예를 들어, H. Holzinger, 136-37; B. Baentsch, 637-40; G. B. Gray, 399-400). 만일 신명기와 민수기 28-36장의 많은 부분의 삽입이 육경(六經)의 편집자의 산물이라면, PG에는 15-23절에 있는 여호수아의 위임에 대한 기사와 지금 신명기 32장에 보존되어 있는 사망 기사를 분리하고 있는 많은 것이 있을 필요가 없다. 이것은 있음직하지만, 12-14절의 포함에 대한 설명을 제공하지 못한다.

노트(213)는 12-23절과 신명기 32:48-52의 관계에 특별한 주의를 기울인다. 그는 후자가 모세의 죽음만을 암시하고 있고, 15-23절처럼 자기의 후계자 문제를 암시하고 있지 않다는 근거에서 좀더 원본인 것 같다고 결론짓는다. 이 점이 그로 하여금 12-14절만이 원래 P설화에 속했고, 신명기 32:48-52이 그것을 반복과 확대를 하고 있으며, 또한 15-23절은 오경이 신명기적 역사서와 연결될 때인 후대에 덧붙여지게 되었다고 생각하도록 만든다. 결국 그것은 신명기 전승에서 모세의 죽음과 여호수아의 위임 사이에 가장 가까운 연결이 수립된다는 것이다(신 3:23-29; 31:1-8; 수 1:1-2). 스터디(196)는 이 분석을 받아들이고, 다른 많은 사람들처럼 민수기 28-36장을 본질적으로 P에 대한 첨가로 보며, 그것 때문에 이 단락과 모세의 죽음 사이의 시간적 격차의 난점이 해소된다. 폴크(321-25)는 구 신명기 전승(E?)(신 31:14, 23)이 민수기 20장에 있는 아론의 죽음 기사를 모방한 제사장 전승을 창출하곤 했다고 주장하면서 이 구절의 단일성 쪽으로 기울어진다.

이 전승의 단일성과 기원에 관한 폴크의 주장은 유익하며, 그것을 민수기 제사장 저자의 것으로 돌리는 데 어려움은 없다. 그가 여호수아의 임명에 대한 자신의 기사를 제공하기를 원했을 것이라는 사실은 아주 자연스러운 일이다. 그 원리들이 신명기 31:14, 23에 진술되어 있고, 여호수아가 머지않아 있을 정착에 결정적인 역할을 감당해야 했으므로, 제사장적 입장에서 아론이 죽었을 때 엘르아살을 예비했던 것과 비슷한 방식으로 그가 위임을 받아야 했다는 사실은 아주 적절하다. 모세의 죽음을 말하고 있는 신명기 34장을 어느 정도 사용하고 있는 것 같으며, 반드시 제사장적 특징을 나타낼 필요는 없었을 것이다. 신명기 34:9에는 안수가 언급되어 있고, 이러한 주제에 기초하여 민수기 27:12-23이 기록된 것으로 보인다.

물론 제사장 편집자에게는 신명기 내에서 적절한 후기의 단계에 이 전승 가운데 삽입하는 것이 가능했을 수 있다. 신명기 32:48-52에는 제사장이 편집했다는 분명한 표시가 있으며, 여호수아 위임의 기사는 그 시점에서 도입되었다고 상상할 수 있다. 다른 한편, 여기서 그 이야기를 말할 이유가 있다. 소유와 상속이라는 주제는 1-11절에서 일어났고, 이 시점에서 땅 소유를 실현시켜 줄 인물에게로 시선을 돌리는 것이 적절했다. 더 중요한 것은 이 단락이 민수기 20:22-29 – 아론의 죽음과 엘르아살의 위임 – 에 제공해 주는 유사성이다. 여행 중에 재앙이 일어난 후에, 그 여행 계획에 대한 하나님의 위탁, 특별히 모세의 죄를 염두에 두면서 지도자에 대한 하나님의 위탁을 재확인하는 것이 중요했다. 우리는 이미 본서의 두 번째 부분에서 많은 점에서 이러한 종류의 관심을 살펴본 바 있으며, 그것이 여기서 또다시 나타난다. 그러므로 13절과 신명기 34장과의 긴 격차 때문에 민수기 28-36장이 반드시 본서의 나머지 부분과 동종(同種)의 것이 아니라는 가정을 필요로 한다고 느낄 이유는 없다. 신명기 34장은 어떻든 간에 본질적으로 신명기적인 내용이다. 민수기 27:13의 제사장 저자는 그것에 대해서 알고 있었음에 틀림없고, 또한 모세가 해야 할 많은 업무(신명기에서)가 있었음에 틀림없다. 13절에 있는 저자의 실질적인 관심은 모세의 죽음에 관한 정확한 연내기적 요점을 말하는 것이 아니고, 아론처럼 모세도 광야에서 범죄했고, 그럼으로써 그 땅에 들어가지 못할 것이라는 사실을 지적하는 것이다. 그는 독자로 하여금 모세와 아론이 민수기 20:1-13에서 함께 범죄했다는 사실을 잊어버리는 것을 원치 않고 있으며, 그래서 여기 13절에서도 민수기 20:22-29(특히 24절)에서 그 사건들을 마음속에 생생하게 간직하고 있다. 민수기 31:2에서 더욱 강조되어 있는 것이 이것이다.

주석

[12] 아바림은 하나의 산맥에 대한 일반적인 명칭이다. 신명기는 좀더 정확한 이름인 “느보 산”이라고 하고 있다(신 32:49).

[13] 후기의 유대인 해석은 모세의 죽음을 통하여 많은 영향을 받았다. 어찌하여 그가 그 땅에 들어갈 자격이 없었는가, 그리고 어떻게 일반인들과 똑같이 죽을 수 있었단 말인가? 어떤 사람은 모세가 또 다른 죄들을 지었을 것이라고 정죄했다. 다른 사람들은 그가 아담의 죄 때문에 죽었다고 주장했다(보다 자세한 논의에 대해서는 S. E. Loewenstamm, *Tarbiz* 27[1957/58] 142-57를 보라).

[14] 여기서 말하고 있는 것은 민수기 20:1-13에 있는 이야기다. “분쟁”과 “거룩함”이란 말 가운데는 므리바 가데스란 장소 이름에 대한 하나의 어희(語戲)가 들어 있다.

[16] “모든 육체의 생명의 하나님이시여”(**אלהי הרוחת לכל־בשׂר** – 엘로헤이 하루호트 레콜-바사르). 민수기 16:22의 “주석”을 보라.

[17] “그들 앞에 출입하며…출입하게 하사”(**אשׁר־ישׂא…ואשׁר יבא** – 아쉐르-예체…웨아쉐르 야보). 이것은 아마도 군대 분야로부터 나온 전문 용어일 것이다(참조. 수 14:11; 삼상 18:13-16; 왕상 3:7; 왕하 11:9). 목양 이미지는 군사적 이미지가 될 수도 있다(참조. 왕상 22:17).

[18] “신에 감동된 자니”(**אשׁר־רוח בו** – 아쉐르-루아흐 로; 참조. 신 34:9). 이것은 구체적인 활동을 위하여 일시적으로 능력을 부여받는 것이 아니라, 여호수아를 위한 영속적인 부여인 것으로 보인다(민 11:18의 “주석”을 보라).

여기서 안수는 모세로부터 여호수아에게로의 지도권의 이양을 상징한다(민 8:10의 “주석”을 보라).

[20] “네 존귀를”(**מהודך** – 메호드카). 이 단어는 오경에서 여기에만 나온다. 위엄과 영화는 자주 존귀로 표현된다(참조. 시 96:6). 노트(215)는 어떤 눈에 보이는 것같이 포함된 영향력의 이양으로 생각한다. “활력”(vitality)은 가능한 번역이다.

[21] 저자는 여기서 여호수아가 어떤 의미에서 모세의 후계자이기는 할지라도, 그는 결코 그와 동등하지 않다는 사실을 주장하려고 힘쓰고 있다. 모세와는 달리, 그는 제사장의 신탁을 통하여 제시된 지침에 의존하면서 하나님과의 직접적인 접촉은 하지 않는다.

우림은 제사장의 체계 내에서 대제사장의 흉패에 두어졌던 성스러운 제비(우림과 둠밈)의 일부였다(출 28:30; 레 8:8). 통상적인 결론은, 이것들이 던져졌을 때 떨어지는 방식에 근거하여 그 문제에 대한 긍정적 혹은 부정적 응답을 제공하는 두 개의 돌판이었다는 것이다. 혼합된 반응(하나는 긍정, 하나는 부정)은 사무엘상 28:6에 암시되어 있는 바와 같이 무응답으로 생각되었을 것이다. 70인경은 사무엘상 14:40-41을 우림과 둠밈 편에서 이해한다. 이 특별한 신탁을 얻어내는 방책이 고대 레위인의 특권이었다는 사실은 신명기 33:8에 있는 오래된 본문에 암시되어 있다. 포로 후기에는 이러한 물건들이 순전히 대제사장의 의복의 일부였고, 에스라 2:63=느헤미야 7:65의 의미가 불분명하기는 하지만 정기적인 사용을 하기 위한 것이 아니었다. 포로 전에는 우림과 둠밈과 같은 기계적인 방책에 문의하던 종류의 문제가 점차로 선지자에게 문의하게 되었다는 약간의 암시가 있다(참조. 왕상 22:7; 왕하 3:11).

해설

이 단락은 모세에게 아바림 산에서 그 땅을 바라보라는 하나님의 명령에 대해 말하고 있다. 므리바 가데스에서 저질렀던 죄로 말미암아 그는 그 땅으로 들어가지 못하게 되고, 그래서 아론처럼 그는 곧 죽게 될 것이다. 이러한 사실이 비추어 모세는 자기 대신에 누군가를 공동체의 지도자로, 특히 머지 않아 있을 전쟁을 위하여 지도자로 세우기를 요구한다. 여호수아가 하나님에 의해 발탁되었고, 임무를 수행하고 있는 엘르아살 앞에서 정식으로 임명을 받는다. 여호수아는 자기의 모든 군사상의 업무를 시행하는 가운데 제사장의 신탁의 지시를 받아야 할 것이다.

이 단락은 본질적으로 민수기 제사장 저자의 작품인 것으로 보인다. 모세는 신명기에 있는 바와 같은 자기의 고별 설교와 율법 수여라는 중요한 일을 행사할 임무를 아직도 가지고 있다. 저자는 이 초창기 단계에서 모세의 죽음에 대해 우리를 대비시켜 줌에 있어서 두 개의 구체적인 목적을 가지고 있다.

첫째로, 그는 모세의 죽음을 가능한 한 아론의 죽음과 긴밀하게 연결시키기를 원하고 있다(민 20:22-29). 그 땅으로부터의 모세의 축출은 제1차적으로 므리바 가데스에서 있었던 모세 자신과 아론의 범죄의 결과로 이해되어야 할 것이다. 신명기에 기록된 자료라는 약간 다른 입장이 나타나기 이전에 이 지점에서 다루는 것은 대단히 중요하다(참조. 신 3:26).

두 번째로, 여호수아를 초창기 단계에서, 특히 군사 지도자 문제에 있어서 모세의 후계자로 소개하는 것이다. 신명기 31:23에는 이미 모세가 여호수아에게 준 부탁이 있지만, 민수기 27:12-23에 있는 이 단락은 특히 제사장 분위기의 임무를 주고 있다. 이 시점에서 특별히 여호수아를 선택한 이유는, 이러한 선택이 광야 여행 중에서 있었던 재앙에도 불구하고 하나님의 지도력에 대한 위임을 알리고 있다는 것이다. 우리는 이것이 민수기의 후반부에서 지속적인 관심이었음을 보아 오고 있다. 공동체의 죄와 그 죄의 당연한 결과에 따른 지도자의 죄에도 불구하고, 거기에는 언제나 새로운 출발이 있다. 모세와 아론은 백성들과 함께 들어가지 못하고, 엘르아살과 여호수아가 필요로 하는 지도자의 자리를 채워 줄 것이다. 모세 자신의 죄까지도 공동체의 미래에 어두운 그림자를 드리우지 못할 것이다.

그러므로 여호수아는 정착을 위한 평민 지도권을 나타내고 있으며, 점령 전쟁을 지휘하는 데 있어서 그의 책임에 특별한 강조가 나타나 있다. 다른 한편, 그는 분명히 제2의 모세는 아니다. 모세에게 임한 하나님의 계시의 유일성은 변함이 없다. 엘르아살의 제사장 신탁에 대한 여호수아의 복종은 야웨의 전쟁을 치르는 여호수아의 직접적인 중대사가 되는 문제들에 있어서까지도 아주 주목할 만하다. 21절에 있는 이러한 규례는 제사장 나라로서 그 공동체에 대한 제사장 저자의 입장을 강조하고 있으며, 포로 후기 유대교에 대한 흥미와 관심을 갖도록 하는 역할을 하고 있다.

본서의 세 번째 부분은 지금까지는 그 땅에 관한 예비적인 문제와 관련된 것으로 계시되어 왔다. 이것이 민수기 26-36장에 있는 수많은 가지각색의 그리고 차이가 있는 요소들을 결합하는 주제다. 민수기 26장에서 공동체는 인구 조사를 통하여 재편되고, 그로 말미암아 정착을 위한 준비가 이루어졌다. 민수기 27:1-11에서 그 땅에서의 재산권 문제가 일어나게 되고, 명령의 형태로 해결된다. 여기서는 그 땅의 정착을 위한 평민 지도력 문제가 눈의 아들 여호수아를 통하여 해결된다. 여기에도 역시 민수기 26-36장의 다른 곳에서처럼 신명기 전승과 신명기 작가 전승의 수정과 확장이 들어 있다("양식/구조/배경"을 보라). 그것은 마치 어떤 제사장의 논지가 신명기 전승이라는 아주 복잡한 내용이 시작되기 이전에 완료되어야 한 것과 같다.

46. 제사 목록(28:1-30:1[개역. 29:40])

참고문헌

Auerbach, E. "Die Feste im alten Israel." *VT* 8(1958) 1-18. **Goudoever, J. van** *Biblical Calendars.* Leiden: Brill, 1959. **Gray, G. B.** *Sacrifice in the Old Testament.* Oxford: Clarendon Press, 1925. **Levine, B. A.** "The Descriptive Tabernacle Tests of the Pentateuch." *JAOS* 85(1965) 312-13. **MacRae, G. W.** "The Meaning and Evolution of the Feast of Tabernacles." *CBQ* 22(1960) 251-76. **Martin-Achard, R.** *Essai biblique sur les fêtes d'Israël.* Geneva: Labor et Fides, 1974. **Morgan, D. F.** *The So-Called Cultic Calendars in the Pentateuch(Ex 23:10-19, 34:18-26, Lev 23, Nu 28-29, Deut 16:1-17). A Morphological and Typological Study.* Dissertation, Claremont, 1974. **Morgenstern, J.** "The Three Calendars of Ancient Israel." *HUCA* 1 (1924) 13-78; *HUCA* 3(1926) 77-107; *HUCA* 10(1935) 1-148. **Orlinsky, H. M.** "Numbers XXVIII 9, 12, 13." *VT* 20(1970) 500. **Rainey, A. F.** "The Order of Sacrifices in Old Testament Ritual Texts." *Bib* 51(1970) 485-98. **Rost, L.** "Zu den Festopfervorschriften von Numeri 28 u. 29." *TLZ* 83(1958) 329-34. **Segal, J. B.** "Intercalation and the Hebrew Calendar." *VT* 7(1957) 250-307. ______. "The Hebrew Festivals and the Calender." *JSS* 6(1961) 74-94. **Snaith, N. H.** *The Jewish New Year Festival.* London: SPCK, 1947. ______. "Numbers XXVIII 9, 11, 13." *VT* 19(1969) 374. **Thompson, R. J.** *Penitence and Sacrifice in Early Israel.* Leiden: Brill, 1960.

본 문

1 여호와께서 모세에게 일러 가라사대
2 이스라엘 자손에게 명하여 그들에게 이르라 나의 예물, 나의 식물 되는 화제, 나의 향기로운 것은 너희가 그 정한 시기에 삼가 내게 드릴지니라

3 또 그들에게 이르라 너희가 여호와께 드릴 화제는 이러하니 일년 되고 흠없는 숫양을 매일 둘씩 상번제로 드리되

28:1 And Yahweh spoke to Moses, saying,
2 "Command the people of Israel, and say to them, 'My offering, my food[a] for my fire offerings, my soothing odor, you shall take care to offer to me at its appointed time.'
3 And you shall say to them, 'This is the fire offering which you shall offer to Yahweh: two unblemished male lambs a year old, every day, as a regular offering.

4 한 어린 양은 아침에 드리고 한 어린 양은 해질 때에 드릴 것이요

5 또 고운 가루 에바 십분지 일에 빻아낸 기름 힌 사분지 일을 섞어서 소제로 드릴 것이니

6 이는 시내산에서 정한 상번제로서 여호와께 드리는 향기로운 화제며

7 또 그 전제는 어린 양 하나에 힌 사분지 일을 드리되 거룩한 곳에서 여호와께 독주의 전제를 부어 드릴 것이며
8 해질 때에는 그 한 어린 양을 드리되 그 소제와 전제를 아침 것같이 여호와께 향기로운 화제로 드릴 것이니라

9 안식일에는 일년 되고 흠 없는 숫양 둘과 고운 가루 에바 십분지 이에 기름 섞은 소제와 그 전제를 드릴 것이니

10 이는 매 안식일의 번제라 상번제와 그 전제 외에니라

11 월삭에는 수송아지 둘과 숫양 하나와 일년 되고 흠없는 숫양 일곱으로 여호와께 번제를 드리되

12 매 수송아지에는 고운 가루 에바 십분지 삼에 기름 섞은 소제와 숫양 하나에는 고운 가루 에바 십분지 이에 기름 섞은 소제와

13 매 어린 양에는 고운 가루 에바 십분지 일에 기름 섞은 소제를 향기로운 번제로 여호와께 화제를 드릴 것이며

14 그 전제는 수송아지 하나에 포도주 반 힌이요 숫양 하나에 삼분지 일 힌이요 어린 양 하나에 사분지 일 힌이니 이는 일년 중 매 월삭의 번제며

4 The one lamb you shall offer in the morning, and the other lamb you shall offer in the evening.

5 Also a tenth of an ephah of fine flour for a cereal offering, mixed with a quarter of a hin of beaten[a] oil.

6 It is a regular whole offering, ordained at Mount Sinai for a soothing odor, a fire offering to Yahweh.

7 Its drink offering shall be a quarter of a hin for each lamb. In the holy place you shall pour out a drink offering of strong drink to Yahweh.
8 The other lamb you shall offer in the evening. Like the cereal offering of the morning, and like its drink offering, you shall offer it as a fire offering, a soothing odor to Yahweh.

9 On the sabbath day[a] two unblemished male lambs a year old, and two tenths of an ephah of fine flour for a cereal offering, mixed with oil, and its drink offering.

10 This is the whole offering of every sabbath, in addition to the regular whole offering and its drink offering.

11 On the first day of every month you shall offer a whole offering to Yahweh: two young bulls, one ram, seven unblemished male lambs a year old.

12 Also three tenths of an ephah of fine flour for a cereal offering, mixed with oil, for each bull; and two tenths of fine flour for a cereal offering, mixed with oil, for the one ram.

13 And a tenth of fine flour mixed with oil as a cereal offering for every lamb, for a whole offering of soothing odor, a fire offering to Yahweh.

14 Their drink offerings shall be half a hin of wine[a] for each[b] bull, a third of a hin for a ram, and a quarter of a hin for a lamb. This is the whole offering for each month throughout the months of the year.

15 또 상번제와 그 전제 외에 숫염소 하나를 속
죄제로 여호와께 드릴 것이니라

15 Also one male goat for a purification offering
to Yahweh. It shall be offered in addition to the
regular whole offering and its drink offering.

16 정월 십사 일은 여호와의 유월절이며

16 On the fourteenth day of the first month is
Yahweh's passover.

17 또 그 달 십오 일부터는 절일이니 칠 일 동안
무교병을 먹을 것이며

17 And on the fifteenth day of this month is a
feast.[a] For seven days shall unleavened bread be
eaten,[b]

18 그 첫날에는 성회로 모일 것이요 아무 노동도
하지 말 것이며

18 On the first day there shall be[a] a sacred
assembly. You shall do no laborious work.

19 수송아지 둘과 숫양 하나와 일년 된 숫양 일
곱을 다 흠없는 것으로 여호와께 화제를 드려 번
제가 되게 할 것이며

19 And you shall offer a fire offering, a whole
offering to Yahweh: two young bulls, one ram,
and seven male lambs a year old. Ensure that
they are unblemished.

20 그 소제로는 고운 가루에 기름을 섞어서 쓰되
수송아지 하나에는 에바 십분지 삼이요 숫양 하
나에는 에바 십분지 이를 드리고

20 Also their cereal offering of fine flour mixed
with oil; three tenths of an ephah you shall offer
for a bull, and two tenths for a ram.

21 어린 양 일곱에는 매 어린 양에 에바 십분지
일을 드릴 것이며

21 A tenth you shall offer for each of the seven
lambs.

22 또 너희를 속하기 위하여 숫염소 하나로 속죄
제를 드리되

22 Also one male goat for a purification offering,
to make atonement for you.

23 아침의 번제 곧 상번제 외에 그것들을 드릴
것이니라

23 You shall offer these in addition to the whole
offering of the morning, which is a regular whole
offering.

24 너희는 이 순서대로 칠 일 동안 매일 여호와
께 향기로운 화제의 식물을 드리되 상번제와 그
전제 외에 드릴 것이며

24 In the same way you shall offer daily, for
seven days, the food of a fire offering, a soothing
odor to Yahweh. It shall be offered in addition
to the regular whole offering and its drink
offering.

25 제칠일에는 성회로 모일 것이요 아무 노동도
하지 말 것이니라

25 And on the seventh day you shall have a
sacred assembly. You shall do no laborious work.

26 칠칠절 처음 익은 열매 드리는 날에 너희가
여호와께 새 소제를 드릴 때에도 성회로 모일 것
이요 아무 노동도 하지 말 것이며

26 On the day of firstfruits, when you offer a
cereal offering of new grain to Yahweh at your
feast of weeks, you shall have a sacred assembly.
You shall do no laborious work.

27 수송아지 둘과 숫양 하나와 일년 된 숫양 일
곱으로 여호와께 향기로운 번제를 드릴 것이며

27 And you shall offer a whole offering,[a] a
soothing odor to Yahweh: two young bulls, one
ram, seven male lambs a year old.[b]

28 그 소제로는 고운 가루에 기름을 섞어서 쓰되
매 수송아지에는 에바 십분지 삼이요 숫양 하나

28 Also their cereal offering of fine flour, mixed
with oil, three tenths of an ephah for each bull,

에는 에바 십분지 이요
29 어린 양 일곱에는 매 어린 양에 에바 십분지 일을 드릴 것이며
30 또 너희를 속하기 위하여 숫염소 하나를 드리되
31 너희는 다 흠없는 것으로 상번제와 그 소제와 전제 외에 그것들을 드릴 것이니라

1 칠월에 이르러는 그 달 초일일에 성회로 모이고 아무 노동도 하지 말라 이는 너희가 나팔을 불 날이니라

2 너희는 수송아지 하나와 숫양 하나와 일년 되고 흠없는 숫양 일곱을 여호와께 향기로운 번제로 드릴 것이며
3 그 소제로는 고운 가루에 기름을 섞어서 쓰되 수송아지에는 에바 십분지 삼이요 숫양에는 에바 십분지 이요
4 어린 양 일곱에는 매 어린 양에 에바 십분지 일을 드릴 것이며
5 또 너희를 속하기 위하여 숫염소 하나로 속죄제를 드리되
6 월삭의 번제와 그 소제와 상번제와 그 소제와 그 전제 외에 그 규례를 따라 향기로운 화제로 여호와께 드릴 것이니라

7 칠 월 십 일에는 너희가 성회로 모일 것이요 마음을 괴롭게 하고 아무 노동도 하지 말 것이며

8 너희는 수송아지 하나와 숫양 하나와 일년 된 숫양 일곱을 다 흠없는 것으로 여호와께 향기로운 번제를 드릴 것이며

9 그 소제로는 고운 가루에 기름을 섞어서 쓰되 수송아지 하나에는 에바 십분지 삼이요 숫양 하나에는 에바 십분지 이요
10 어린 양 일곱에는 매 어린 양에 에바 십분지 일을 드릴 것이며
11 또 숫염소 하나를 속죄제로 드릴 것이니 이는 속죄제와 상번제와 그 소제와 그 전제 외에니라

two tenths for one ram,
29 a tenth for each of the seven lambs,
30 with one male goat, to make atonement for you.
31 You shall offer them and their drink offering in addition to the regular whole offering and its cereal offering. Ensure that they are unblemished.
29:1 On the first day of the seventh month you shall have a sacred assembly. You shall do no laborious work. It is a day for you to blow trumpets.
2 And you shall offer a whole offering, a soothing odor to Yahweh: one young bull, one ram, seven unblemished male lambs a year old.
3 Also their cereal offering of fine flour, mixed with oil, three tenths of an ephah for the bull, two tenths for the ram,
4 and one tenth for each of the seven lambs,
5 with one male goat for a purification offering, to make atonement for you,
6 in addition to the whole offering of the new moon, and its cereal offering, and their drink offering, as prescribed, a soothing odor, a fire offering[a] to Yahweh.
7 On the tenth day of the seventh month you shall have a sacred assembly, and you shall mortify yourselves. You shall do no work.[a]
8 You shall offer a whole offering to Yahweh, a soothing odor: one young bull, one ram, seven male lambs a year old. They shall be to you without blemish.[a]
9 And their cereal offering of fine flour, mixed with oil, three tenths of an ephah for the[a] bull, two tenths for the one[b] ram,
10 a tenth for each of the seven lambs,
11 and one male goat for a purification offering, in addition to the purification offering of

atonement, and the regular whole offering and its cereal offering, and their drink offerings.

12 칠 월 십오 일에는 너희가 성회로 모일 것이요 아무 노동도 하지 말 것이며 칠 일 동안 여호와 앞에 절기를 지킬 것이라

12 On the fifteenth day of the[a] seventh month you shall have a sacred assembly. You shall do no laborious work, and you shall keep a seven day feast to Yahweh.

13 너희 번제로 여호와께 향기로운 화제를 드리되 수송아지 열셋과 숫양 둘과 일년된 숫양 열 넷을 다 흠없는 것으로 드릴 것이며

13 And you shall offer a whole offering, a fire offering, a soothing odor to Yahweh. On the first day[a] thirteen young bulls, two rams, fourteen male lambs a year old. They shall be unblemished,[b]

14 그 소제로는 고운 가루에 기름을 섞어서 수송아지 열셋에는 각기 에바 십분지 삼이요 숫양 둘에는 각기 에바 십분지 이요

14 and their cereal offering of fine flour, mixed with oil, three tenths of an ephah for each of the thirteen bulls, two tenths for each of the two rams,

15 어린 양 열넷에는 각기 에바 십분지 일을 드릴 것이며

15 and a tenth for each of the fourteen lambs,

16 또 숫염소 하나를 속죄제로 드릴지니 상번제와 그 소제와 그 전제 외에니라

16 and one male goat for a purification offering, in addition to the regular whole offering, its[a] cereal offering and its[a] drink offering.

17 둘째 날에는 수송아지 열둘과 숫양 둘과 일년되고 흠없는 숫양 열넷을 드릴 것이며

17 On the second day twelve young bulls, two rams, fourteen unblemished male lambs a year old,

18 그 소제와 전제는 수송아지와 숫양과 어린 양의 수효를 따라서 규례대로 할 것이며

18 with the cereal offering and the drink offerings for the bulls, for the rams, and for the lambs, by number, as prescribed,

19 또 숫염소 하나를 속죄제로 드릴지니 상번제와 그 소제와 그 전제 외에니라

19 and one male goat for a purification offering, in addition to the regular whole offering and its cereal offering, and their drink offerings.

20 세째 날에는 수송아지 열하나와 숫양 둘과 일년 되고 흠없는 숫양 열넷을 드릴 것이며

20 On the third day eleven young bulls, two rams, fourteen unblemished male lambs a year old,

21 그 소제와 전제는 수송아지와 숫양과 어린 양의 수효를 따라서 규례대로 할 것이며

21 with the cereal offering and the drink offerings for the bulls, for the rams, and for the lambs, by number, as prescribed,

22 또 숫염소 하나를 속죄제로 드릴지니 상번제와 그 소제와 그 전제 외에니라

22 and one male goat for a purification offering, in addition to the regular whole offering and its cereal offering, and its drink offering.

23 네째 날에는 수송아지 열과 숫양 둘과 일년되고 흠없는 숫양 열넷을 드릴 것이며

23 On the fourth day ten young bulls, two rams, fourteen unblemished male lambs a year old,

24 그 소제와 전제는 수송아지와 숫양과 어린 양의 수효를 따라서 규례대로 할 것이며

24 with the cereal offering and the drink offerings for the bulls, for the rams, and for the lambs, by number, as prescribed,

25 또 숫염소 하나를 속죄제로 드릴지니 상번제와 그 소제와 그 전제 외에니라

25 and one male goat for a purification offering, in addition to the regular whole offering and its cereal offering, and its drink offering.

26 다섯째 날에는 수송아지 아홉과 숫양 둘과 일년 되고 흠없는 숫양 열넷을 드릴 것이며

26 On the fifth day nine young bulls, two rams, fourteen unblemished male lambs a year old,

27 그 소제와 전제는 수송아지와 숫양과 어린 양의 수효를 따라서 규례대로 할 것이며

27 with the cereal offering and the drink offerings for the bulls, for the rams, and for the lambs, by number, as prescribed,

28 또 숫염소 하나를 속죄제로 드릴지니 상번제와 그 소제와 그 전제 외에니라

28 and one male goat for a purification offering, in addition to the regular whole offering and its cereal offering, and its drink offering.

29 여섯째 날에는 수송아지 여덟과 숫양 둘과 일년 되고 흠없는 숫양 열넷을 드릴 것이며

29 On the sixth day eight young bulls, two rams, fourteen unblemished male lambs a year old,

30 그 소제와 전제는 수송아지와 숫양과 어린 양의 수효를 따라서 규례대로 할 것이며

30 with the cereal offering and the drink offerings for the bulls, for the rams, and for the lambs, by number, as prescribed,

31 또 숫염소 하나를 속죄제로 드릴지니 상번제와 그 소제와 그 전제 외에니라

31 and one male goat for a purification offering, in addition to the regular whole offering and its cereal offering, and its drink offering.

32 일곱째 날에는 수송아지 일곱과 숫양 둘과 일년 되고 흠없는 숫양 열넷을 드릴 것이며

32 On the seventh day seven young bulls, two rams, fourteen unblemished male lambs a year old,

33 그 소제와 전제는 수송아지와 숫양과 어린 양의 수효를 따라서 규례대로 할 것이며

33 with the cereal offering and the drink offerings for the bulls, for the rams, and for the lambs, by number, as prescribed,

34 또 숫염소 하나를 속죄제로 드릴지니 상번제와 그 소제와 그 전제 외에니라

34 and one male goat for a purification offering, in addition to the regular whole offering and its cereal offering, and its drink offering.

35 여덟째 날에는 거룩한 대회로 모일 것이요 아무 노동도 하지 말 것이며

35 On the eighth day you shall have a closing assembly. You shall do no laborious work.

36 번제로 여호와께 향기로운 화제를 드리되 수송아지 하나와 숫양 하나와 일년 되고 흠없는 숫양 일곱을 드릴 것이며

36 And you shall offer a whole offering, a fire offering, a soothing odor to Yahweh:[a] one bull, one ram, seven unblemished male lambs a year old,

37 그 소제와 전제는 수송아지와 숫양과 어린 양의 수효를 따라서 규례대로 할 것이며

37 and the cereal offering and the drink offerings for the bull, for the ram, and for the

lambs, by number, as prescribed,

38 또 숫염소 하나를 속죄제로 드릴지니 상번제와 그 소제와 그 전제 외에니라

38 and one male goat for a purification offering, in addition to the regular whole offering and its cereal offering, and its drink offering.

39 너희가 이 절기를 당하거든 여호와께 이같이 드릴지니 이는 너희 서원제나 낙헌제 외에 번제, 소제, 전제, 화목제를 드릴 것이니라

39 These you shall offer to Yahweh at your appointed feasts, in addition to your votive offerings and your freewill offerings, for your whole offerings, and for your cereal offerings, and for your drink offerings, and for your shared offerings.'"

40 모세가 여호와께서 자기로 명하신 모든 일을 이스라엘 자손에게 고하니라

30:1 (Eng.40) And Moses told the people of Israel everything, just as Yahweh had commanded Moses.

원문주해

28:2.a. *BHS*는 레흐메(לַחְמֵי, "…의 양식")를 시사하고 있다(참조. 28:24).

5.a. Sam과 G에는 "빻아낸"이 빠져 있다.

9.a. G, Vg, Tg^{N}은 "너희가 드려야 할 것이다"를 덧붙인다.

14.a. "포도주"에 대한 언급이 Sam, Syr, Vg, Tg^{O}에 나타나고, 이것이 분명히 의도된 것으로 보인다. MT에 그것이 없는 것은 아마도 우연인 것 같다. 그것이 후에 MT에 나타나고, 그래서 거기서 삭제되어야 할 것이다.

14.b. Sam과 G를 따르고 있다.

17.a. "무교병의"를 의미한다(참조. 레 23:6).

17.b. Sam과 G에 "너희가 먹을 것이요"로 되어 있으나, 겔 45:21을 참조하라. Sam과 G는 본문을 18절과 조화시키고 있을 수도 있다.

18.a. G는 25절에서처럼 "너희가 소유할 것이다"로 되어 있다.

27.a. Sam은 "화제"를 덧붙이고 있다(참조. 24절).

27.b. Sam은 "그것들이 너희에게 흠이 없이 될 것이다"를 보유하고 있다(참조. 28:19; 29:8).

29:6.a. G에는 빠져 있다.

7.a. G, Syr, Vg에는 "힘드는"으로 되어 있다(참조. 29:12, 35).

8.a. Syr은 "그것들이 너희에게 있어야 할 것이니라"를 빠뜨리고 있다.

9.a. G와 Syr에는 부정관사가 나타난다.

9.b. Syr에는 빠져 있다.

12.a. Sam, G, Syr에는 "이것"으로 되어 있다.

13.a. 분명히 첫째 날이 의도되어 있고, G에 나타나 있다.
13.b. Sam은 "너희에게"를 덧붙인다.
16.a. G에는 복수형이 나타나 있다.
36.a. G는 여기서 29:6b의 상투어를 가지고 있다.

양식/구조/배경

분석가들은 주요 절기에 드리는 희생제사에 대한 이 길고도 세부적인 묘사가 제사장 계층에 속한다는 것을 의심하지 않는다. 이것이 후대의 제사 자료라고 꽤 많이 동의하고 있기도 하다(A. Dillmann, 180-85; J. Wellhausen, 184; A. Kuenen, 99; H. Holzinger, 140-41; B. Baentsch, 640-41; G. B. Gray, 402-7를 보라). 쿠에넨은 본 장들이 여기에 자리를 잘못 잡고 있으며 실질적으로 레위기 23장 뒤에 따라와야 한다고 주장했다. 본 단락이 후대의 것이라는 증거는 레위기 23장에 있는 백성들의 자유의지에 맡겨진 다수가 여기서 규정되어 있다는 사실이었다. 쿠에넨은 또한 28:3-8이 출애굽기 29:38-42로부터 취해 온 것이며, 이 단락 전체가 당면한 주제를 총망라하여 다루기 위한 시도 – 후대에 작성한 분명한 표시 – 라고 생각했다. 딜만은 레위기 23장에는 없는(그러나 민 10:10을 보라) 월삭이라는 절기가 여기서 다른 절기들과 동등한 수준을 차지하고 있다는 사실을 지적했다. 더 나아가서 민수기 29:12-34에는 장막절이 유월절보다 더 중요한 것으로 보이지만 – 그 절기가 더 많은 희생제사를 가지고 있다 – 레위기 23:34에는 그러한 우위성의 기미가 나타나지 않는다. 이러한 현상은 모두가 민수기 28-29장이 후대의 것이라는 입장에서 볼 때 가장 잘 이해되는 것으로 생각되었다. 다음과 같은 문구들은 일반적으로 보다 이른 시기의 P전승과는 다른 것으로 생각되었다: 즉 "나의 식물 되는 화제"(28:2), "시내산에서 정한"(28:6), "거룩한 곳에서"(28:7), "전제를…여호와께"(28:8).

그래이는 이 단락이 "어쩌면 에스라 후기의 것"이라고 생각했다. 그는 다른 것들 가운데서도 이 곳이 정규적인 공적 제사에 사용되는 방대한 체계적 일람표(table)가 발견되는 오경 중 유일한 장소라고 지적한다. 그는 또한 에스겔 45:18-46:15에서 왕에게 요구한 내용을 검토하고, 민수기 15:1-16; 출애굽기 29:38-42; 레위기 23:13, 18-20에 있는 다량의 산재된 언급들을 검토했다. 그는 민수기 28-29장이 축어적으로 레위기 23장을 의존하지 않았다는 사실을 발견하고, 그 두 단락이 지금은 잃어버린 절기 달력에 근거했을 것이라고 결론짓는다. 그래이가 보기에 이 내용이 후대의 것이라는 분명한 증거는 일곱 번째 달 제10일에 속죄일이 고정되어 있다는 점이었는데, 그것은 에스라 시대와 같은 늦은 시기의 것으로도 결정될 수 없다고 했으며(참조. 느 9:1), 또한 요구된 다량의 제사들은 모든 면에서 에스겔 45-46장과 레위기 23장에 있는 것보다도 더 후대의 것이고 더 조직화된 것으로 보인다는 것이다. 그래이는 또한 느헤미야 10:34이 단 하나의 번제만을 암시하고 있으며, 따라서 민수기 28-29장은 에스라와 역대기자(이 역대기자는 사건에 대한 오경의 구성을 인정하고 있다) 시대 사이의 어느 시대로 연대가 결정되어야 한다고 생각했다.

이러한 이유로, 비평주의에서는 이 두 장 가운데서 희생제사와 관련된 가장 늦은 시기의 구약성경의 발전상이 발견된다고 하는 것이 통례가 되어 왔다. 보다 초창기 관습들은 농경 행사와 관련하여 절기들을 규정했는데, 그것은 자연히 해마다 일기에 따라 달라졌다(출 23:16; 34:22; 신 16:9). 드려졌던 수량들은 드림이 야웨의 축복의 분량과 일치되어야 할 것이라는 생각과 함께 개인의 판단의 자유에 맡겨졌다(신 16:10, 17). 일년 내내 여기서 요구된 희생제사들이 배타적으로 번제와 속죄제들뿐이라는 점을 유념해야 할 것이다. 서원제와 낙헌제의 여지는 남아 있지만(29:39), 이 단락이 관심을 두고 있는 것들은 평민들이 함께 먹을 수 없었던 오직 하나님께만 드려진 희생제사다. 초창기 법 가운데서 화목제가 가지고 있던 두드러진 위치가 여기에는 없다.

노트(219-20)와 스터디(200-1)도 역시 이 단락을 부록으로 본다. 노트가 보기에 그것은 P의 부록이라기보다는 오경 전승의 완성된 형태에 대한 부록이다. 그것이 모세의 죽음에 대한 발표(민 27:12-14) 다음에, 당면한 주제에 대한 결정적이고도 가장 조직적인 취급으로서 여기에 자리를 잡고 있다. 그것은 레위기 17-26장(H), 레위기 1-7장을 전제로 하고, 노트의 입장에서 볼 때 민수기 15:1-16보다도 더 늦은 시기인데, 왜냐하면 그 곳에서 어떤 새로운 것으로 요구되는 것이 – 소제와 전제의 추가 – 여기에 가정되어 있기 때문이다. 노트는 대부분 속죄를 위하여 드리는 속죄제물로서 염소에 대한 여러 언급을 후기의 첨가로 생각하고 있기는 하지만, 이 단락은 하나의 문학적 단위로 생각한다. 또한 그의 의견에는, 모든 희생제물들이 상번제 이외에 덧붙여 드려져야 한다는 사실에 대한 판에 박힌 현학적 언급들은 부차적인 것이다. 다른 수량의 첨가물은 29:6a[a]과 29:11b[a]에서 판별되는데, 둘 다 본래 함께 속해 있었던 자료를 분열시키는 경향이 있다. 노트는 또한 이 구절 가운데 어떤 고전적 표현 형태가 들어 있음을 인정하다: 즉 희생제물을 하나님의 "식물"로 표현한 것이나(28:24; 참조. 레 21:6, 8, 17), "나의 향기로운 것"(28:2, 등), "성회"(28:18, 25, 26; 29:1, 7, 12)란 용어들이다.

폴크(J. de Vaulx, 326-45)는 오경과 에스겔서의 다른 곳에 있는 민수기 저자가 이용할 수 있었던 어느 정도 다양한 자료를 수집하고 조직을 세우면서 이 단락 가운데서 그가 하고 있는 역할을 상당히 강조하고 있다. 폴크는 초창기의 절기에서는 그 절기를 농경사회의 행사에 조종해 맞추면서 가나안의 강한 영향을 받았으나, 요시야가 죽은 다음에는 바벨론 달력으로부터 영향을 받았다고 주장한다(왕하 24:1). 이것은 포로기와 포로 후기를 거쳐 내려온 유대주의 가운데 남아 있는 영향이며, 그것이 이 곳 민수기 28-29장에 나타나 있다. 폴크의 의견 가운데서 그 일람표는 페르시아 시대로 거슬러 올라간다. 후대의 중요한 절기가 언급되어 있지 않으므로 그것이 후대의 것인 것 같지는 않다(참조. 에스드라 9:21; 마카비1서 4:59; 7:49).

이 논의들 가운데, 이 단락이 민수기 제사장 저자가 편집했을 가능성을 배제하고 있는 점은 전혀 없다. 저자가 당시에 있었던 제사장 자료, 즉 출애굽기 29장과 레위기 23장에 있는 자료에 의존했다는 표시는 이러한 입장과 조화된다. 민수기 28-29장이 위치가 잘못되어 있다는 주장은 P가 PG/PS 부류의 관계 면에서 이해되어야 한다는 가정에서만 효력이 있다. P 가운데는 당연히 보충적 요소가 있을 수도 있지만, 위치가 바뀐 것처럼 보이는 내용의 대다수가 만일 그것이 사경(四經; 출, 레, 민, 신 - 역자주)의 각 권이 하나의 전체로 편집되었다고 가정할 때 의미가 통하고, 그 자체에 대한 제사 문서 정체성과 순정성이 납득된다. 민수기 28-29장에 있는 이 단락은 달력 문제, 그리고 각 절기 때 드려져야 할 규정된 수량에 대한 민수기 저자의 결정적인 입장을 이루고 있다. 월삭 절기 - 민수기 10:10에도 언급되어 있음 - 를 삽입한 것은 이 저자가 행한 한층 더 결정적인 기여다. P에서 전형적인 것으로 생각되지 않는 소량의 단어들과 문구들은 우리가 했던 가정에 비추어 볼 때 의미가 통할 수 있다. P 전체에 어울리지 않는 내용은 민수기 가운데 보다 폭이 좁은 범위 내에서 그렇게 필요하지 않다. 이 자료를 에스라 시대보다 더 늦은 시기에 두고 있는 그래이의 의견이 옳으냐 틀리느냐는 것은 느헤미야 10:34에 대한 불확실한 해석에 달려 있다. 에스라와 민수기 저자의 작품이 긴밀하게 연결되어 있다는 우리의 입장은 매우 그럴듯한 것으로 남아 있다.

이미 존재하고 있는 법과 관련하여 민수기 저자가 이룩한 업적은 개조가 아닌 첨가다. 레위기 23장에 관한 문학적 의존에 대해 필요로 하는 표시는 없으나, 그럼에도 불구하고 이 H자료가 저자에게 친숙했으며, 그래서 그가 그 골격을 자기의 달력을 작성하는 데 하나의 기초로 사용했다는 사실이 남아 있다는 것은 사실일 수도 있다. 저자는 에스겔서의 본문도 익숙히 알고 있었던 것으로 보인다. 그 수량이 거기에 제공되어 있었고, 모세의 기원을 가진 것은 없었으며, 어떻든 왕의 책임이 있었으므로 그가 그것을 조정하는 데는 어려움이 없었다. 이러한 조정의 결과는 몇몇 제물들을 보다 값있게 만드는 것이다. 상번제는 하나가 아닌 두 마리의 양이 아침과 저녁으로 각각 한 마리씩 드려져야 한다. 월삭 축하 잔치에서는 어린 양 일곱(여섯이 아님)과 수송아지 둘(하나가 아님)이 추가로 염소와 함께 드려져야 한다. 장막절 잔치 제물은 보다 많다 – 어린 숫양 열 넷, 숫양 둘, 수송아지 열 셋인데, 이 수송아지는 칠 일 절기에 점차적으로 일곱으로 줄어든다(에스겔서에서는 일곱 숫양과 일곱 수송아지). 다른 관점에서 제물들은 더 적은데 안식일에는 단 두 마리의 어린 숫양(숫양 여섯과 하나가 아님)이고, 무교절에는 수송아지 둘(일곱이 아님)이다.

이러한 차이점에 대해서는, 민수기 저자가 자기의 목록을 조정이 아닌 첨가로 생각하고 있는 것으로 보인다. 에스겔서에 있는 본문들은 일관되게 희생제사에 대한 왕의 책임을 말하고 있는데, 민수기 저자에게는 그 왕이 통치자였을 것이다. 이 곳 민수기 28-29장에서 그의 관심은 백성들의 책임을 개괄해 보는 것이다. 재료들을 준비할 책임은 에스겔 45:22이 시사하고 있는 바와 같이 평민 지도자에게 있을 수도 있지만, 민수기 28-29장의 법은 분명히 공동체에게 주어지고 또 공동체를 위한 것이다.

저자의 다른 관심은 번제와 속죄제의 분량을 규정하는 것인데, 그 제물들은 전적으로 야웨의 것이다. 초창기 법에 언급된 화목제를 나타내는 것이 그의 관심은 아니지만, 그는 이 특별한 제물들 가운데 함축된 공동체의 전적인 헌신과 정화의 중요성을 첨부하고 있다. 속죄제물의 염소가 후대의 첨가라는 노트의 입장을 받아들일 만한 특별한 이유는 없다. 그것이 무교절기에 대한 에스겔서의 제사에서 필수적인 위치를 차지하고 있으며, 그것의 사용이 여기서 민수기 저자에 의하여 확장되어 있다.

신명기 전승과 관련하여 저자는 신명기 16:1-20에 포함된 내용보다 더 풍부한 달력과 더 세부적인 희생제사에 대한 정보를 제공하기를 원했던 것 같다. 그에게는 오경에 대한 다른 제사장 기고자들이 그러했던 것처럼, 이 분야에서 신명기 법 그 자체의 수여 이전에 삽입될 필요가 있었던 상당량의 모세의 전승이 있었던 것 같다.

주석

28 [2] "나의 예물"(את־קרבני – 에트-코르바니). 전적으로 야웨의 것인 희생제사가 있다는 사실을 강조하는 단어다.

"나의 식물"(לחמי – 라흐미). 특히 L. Rost(*TLZ* 83[1958] 329-34)를 보라. "향기로운 냄새"(민 15:3의 "주석"을 보라)라는 문구에 따라, 이것은 이 문맥 가운데서 비유적으로 이해되어야 할 것 같다. 그럼에도 불구하고 이 어투는 보다 문자적으로 이해되어야 할 희생제사의 성격과 목적에 관한 고대인의 신앙을 반영하고 있을 수도 있다.

3 NEB역에는 "불"에 대한 언급이 빠져 있으나, 히브리어에는 필요한 것으로 보인다. 상번제는 매일 드려졌으며, 스나이드(312)에 따르면 그것은 모든 희생제사 제도의 기초였다. 그것은 분명히 포로 전기 성전의 특성을 지니고 있는데(왕하 16:15), 그 곳에서는 아침에 하나의 짐승이 드려졌고, 저녁에는 곡식이 드려졌다. 에스겔 46:13-15에는 어린양 하나로 드리는 아침 제사가 있다. 출애굽기 29:38-42에서처럼 여기서도 양 두 마리가 드려지는데, 아침에 하나, 저녁에 하나를 드린다. 저자는 에스겔 본문에 근거하여 사용될 고운 가루의 분량(에바 십분의 일)을 구체적으로 진술하고, 기름의 양(힌의 사분의 일), 그리고 전제를 덧붙이면서 제도를 말하고 있다. 레위기 6:13-16에 따르면 고운 가루는 둘로 나누어지는데, 하나는 아침에 드리고 하나는 저녁에 드린다.

4 "해질 때에"(בין הערבים – 베엔 하아르바임)는 직역하면 "두 저녁 사이에"(참조. 출 16:6; 레 23:53; 출 12:6; 29:39, 41; 민 9:3, 5, 11)이다. 짧은 기간은 출애굽기 16:6에서 필요로 하는 것으로 보이는데, "황혼과 어두움 사이"가 가장 올바른 의미인 것으로 보인다. 다른 제안들은 "정오와 황혼 사이" 그리고 "해질 때와 어두움 사이" 등이다.

5 민수기 15장의 소제의 규례는 여기에 전제되어 있다. "에바"와 "힌"에 대해서는 민수기 15:4의 "주석"을 보라.

6 저자는 이러한 법들은 시내법의 충분한 의미를 가지고 있음을 주장하려고 애쓰고 있는 것처럼 보인다. 그는 또한 출애굽기 29:38-42에 대한 직접적인 언급을 하고 있는 것으로 보인다.

7 "거룩한 곳에서"(בקדש – 바코데쉬). 시락서 50:15에 따르면 전제는 제단 밑에 쏟는다. 만일 그것이 그러하다면, 그리고 만일 그러한 관습이 실질적으로 계속되고 있었다면, 여기서 "거룩한 곳"은 제단이 서 있는 안뜰, 그리고 제사장들이 속죄제물을 먹는 곳임에 틀림없다. 민수기 18:10에서는 이 직역이 "지극히 거룩한 곳"으로 불리고 있는데, 이러한 호칭은 대제사장만이 들어갈 수 있는 지성소에 대해서 사용된다. 이러한 혼란스러운 표현은 아마도 스나이드(313-14)가 주장하는 바와 같

이 솔로몬 성전과 포로 후기 성전 사이에 평면도에서의 차이로 인한 것이라고 설명될 수 있다.

포로 전 본문에서 전제는 창세기 35:14(E?)에서만 발견되고, 이것은 하나의 제단을 세움과 관계가 있다. 그러한 관습의 기원은 알려져 있지 않고, 어떻게 하여 포로 전기에 그것이 공통적인 특색이 되었는지는 분명하지 않다. 그것이 아주 잘 수립되었기 때문에 언급할 필요가 거의 없었을 수도 있거나, 혹은 그것이 모든 의도와 목적에 있어서 이스라엘 제사 의식 가운데 포로 후기의 혁신이 되었을 수도 있다.

"독주의 전제"(שֵׁכָר – 쉐카르)는 전제에 사용된 포도주에 대한 특이한 묘사다. 관련된 아카드어 단어가 바벨론 희생제사 용어 가운데 나타나며, 포로기에 그 곳으로부터 이끌어 왔을 수도 있다(J. Sturdy, 201를 보라).

[8] "소제처럼"(כמנחת – 케민하트)은 제사 전체(곡식과 짐승)를 언급하는 표현이다. 이 둘 다 저자의 "화제"를 이룬다. 곡식 부분만 제단으로 가져왔다. 제사장들은 그 나머지를 받았다(레 7:9-10).

[9] 안식일 제사는 평일 분량의 두 배다. 에스겔 46:4-5에서 왕이 드리는 제사에 필요한 분량은 더 많다 – 어린양 여섯과 숫양 하나에 가루와 기름이 덧붙여진다. 가루는 소제가 아닌 기름에 섞여진다. N. H. Snaith(*VT* 19[1969] 374) 그리고 H. M. Orlinsky(*VT* 20[1970] 500)를 더 읽어 보라.

[11] 그 달의 첫날에 축하한 증거가 사무엘상 20:5; 열왕기하 4::23; 이사야 1:13; 아모스 8:5; 호세아 13장에 나타나 있다. 이 곳 민수기에서 요구된 제물은 상당한 분량이고 이 점은 의미심장한 절기임을 알게 해준다. 스나이드(315)에 따르면, 속죄제 숫염소가 이 축하 의식과 연결된 사실은 월삭의 어두운 날에 활동하는 것으로 생각되었던 악마들로부터 방어를 해야 했던 시기로 거슬러 올라간다. 그래이(410)는 그것이 제사법 입법자들을 통하여 발전되어 왔을 수도 있다고 생각하는데, 그 이유는 달력을 고정시키는 일에 있어서 새 달의 중요성으로 인하여, 그리고 그들이 자주 대개 백성들 편에서 크게 생각했던 관습을 보존하면서도 그것을 변환시키려고 했기 때문이다. 이 경우에 왕을 위한 규례(겔 46:6, 7)는 어린양 여섯과 수송아지 하나만을 예상하고 있으며, 숫염소는 없다.

[16] 유월절은 달력의 완전한 그림을 제시하기 위하여 언급되어 있으나, 그것이 제사법의 입법자들에 의하여 가정 절기로 간주되었으므로(신 16:2과 대조적으로) 아무런 희생제사를 필요로 하지 않았다(참조. 민 9:1-14의 "주석"을 보라). 에스겔 45:21-22에서 유월절은 무교절기의 첫째 날로 생각된 것으로 보이지만, 민수기 본문

에서는 확연히 구별되었다.

17 에스겔 45:23-24에 있는 제안은 보다 많은 수송아지와 숫양을 예상하고 있지만, 어린양은 빠져 있다.

18 "노동"(מלאכת עבדה – 멜레케트 아보다; 참조. 레 23:8)은 노동을 필요로 하는 모든 종류의 일과 사업 형태를 의미한다.

26 "처음 익은 열매 드리는 날에"(וביום הבכורים – 우베욤 하비쿠림)는 칠칠절에 대한 특이한 명칭이다. 초창기 본문에서는(출 23:16; 34:22; 신 16:10) 이것이 농경상의 필요에 따라 이동하는 절기였던 것으로 보인다. 레위기 18장에는 약간의 차이가 나타나는데, 그 곳에서는 수송아지 하나(여기서는 두 마리)와 숫양 둘(여기서는 하나)을 요구한다. 레위기 23:19에서는 화목제에 대해서 언급하고 있다. 이것들이 여기서는 의도적으로 빠져 있다("양식/구조/배경"을 보라). 이 절기를 위한 가장 초창기 요구 사항들은 알려져 있지 않으나, 어떤 사람은 어린 양 둘과 새 떡 두 덩이라고 생각했다.

29 1 일곱째 달 초일일에 있는 이 절기 축하는 에스겔서에서는 언급되지 않았고, 그래서 아마도 후대에 상당한 혁신이 있었던 것 같다. 그것이 H(레 23:23-25)에는 언급되어 있다. 그 날이 칠 월 초에 들어 있어서 특별한 날로 선발된 것 같은데, 그것이 대속죄일의 영향으로 다른 모든 날들 가운데 가장 거룩한 날이 되었다. 만일 어떤 사람이 주장하는 바와 같이 이스라엘이 실질적으로 신년 대축제를 가지고 있었다면, 이 날은 바로 그 축제의 반영일 수 있다. 포로 전기에는 일반적으로 가을에 시작했던 것으로 믿어진다. 이 곳 민수기 28-29장에서는 그 절기가 칠 월이 가을이었던 바벨론 달력에 비추어 고정되었다.

"나팔을 불 날"(יום תרועה – 욤 테루아; "환호의 날"[NEB]). 민수기 10:10에서는 나팔을 부는 일이 매 달의 시작과 연관되어 있다. 그것들이 여기서 특별히 언급된 것은 레위기 23:24의 영향인 것 같다.

2-5 장막절에는 수송아지 둘이 드려졌지만, 칠 월 초일일에 드려진 전체 양은 매우 상당했다. 즉, 예를 들자면 무교절의 분량보다 더 많았다.

7 이 날은 욤 키푸르, 즉 레위기 23:27에서 지칭하는 이름대로라면 대속죄일이며, 회개와 금식의 날이었다. 이 날은 구 포로 전기 신년일이었을 수 있다(29:1을 보라; 참조. 겔 40:1). 그러나 포로 전에 있었던 대속죄일의 흔적은 없다.

"너희가 마음을 괴롭게 하고"(ועניתם את־נפשתיכם – 웨이니템 에트-나프쇼템)는 직역하면 "너희는 자신을 겸손케 할지니라"이다. 회개와 금식은 그 날을 준수하는 핵심이다(참조. 민 30:13; 사 58:3, 5; 시 35:13; 히 9:7-12, 23-28).

[8]-[11] 속죄일에 드리는 제사는 칠 월 초일일에 요구되었던 내용과 같다.

[11] 속죄일의 속죄제는 아사셀 양에 대한 언급이 있는데, 대속죄일에 사용하는 세부 사항은 레위기 16장에 기록되어 있다.

[12] 이것은 고대 이스라엘에서 중요한 축하 행사였다. 애굽에서의 구출과 광야 여행 그리고 장막에서의 생활에 대한 회상과 관련되었던 것으로 추수 축하가 그 절기의 일부였던 것으로 보인다. 이 모든 요소들이 H본문(레 23:39-43) 가운데 나타나 있다. 장막에 거주하는 것은 이 곳 민수기에는 언급되지 않았고, 용어 그 자체는 과거의 사건이 되었을 수도 있다. 그 절기는 출애굽기 23:16; 34:22; 신명기 16:13-15에 기록되어 있다.

[13]-[38] 에스겔 45:25에 있는 장막절 제사는 무교절기에 드려졌던 것과 같다. 희생제사 전체는 수송아지 49, 숫양 49, 숫염소 일곱에 달한다. 이 곳 민수기에서 요구된 전체는 수송아지 70, 숫양 14, 어린양 98, 숫염소 일곱인데, 이것들 모두가 에스겔서에서 왕에게 요구한 것보다 더 거대한 희생제물이다.

[17] 사용되는 수송아지 숫자가 절기가 지남에 따라 열셋으로부터 여덟으로 매일 줄어드는 이유는 알려져 있지 않다. 스터디(207)는 그것이 절기가 지나감에 따라 기쁨의 강도가 줄어드는 것을 암시할 수도 있다고 생각하지만, 어찌하여 그렇게 되어야 하는지는 분명치 않다. 빈스(L. E. Binns, 198-99)는 그것이 하현달을 상징할 수도 있다고 주장했지만, 동시에 그는 통상적인 낮의 길이가 점차적으로 짧아지는 것을 의미할 수도 있다고 생각했다.

[35] "대회"(עצרת – 아체레트; a closing assembly-NEB). 포로 전기에는 "대회"(עצרת – 아체레트)가 무교절기 일곱째 날에 열렸다(신 16:8; 참조. 사 1:13; 암 5:21). 장막절 다음날이 레위기 23:36과 느헤미야 8:18에서 그렇게 묘사되어 있다. 이 단어는 특별 금식일에 대해서 사용될 수 있다(욜 1:14; 2:15). 역대기 사가의 글에 따르면 솔로몬 성전의 봉헌식 여덟 번째 날에 즐거움의 절정이 "대회"(עצרת – 아체레트)였다(대하 7:9, 참조. 왕상 8:66).

해설

이 단락은 여덟 개의 특색을 가진 절기에 요구된 제물들에 대해서 말하고 있다.

1. 상번제 – 아침과 저녁

2. 안식일 제사
3. 월삭의 제사
4. 무교절기의 제사
5. 초실절의 제사(칠칠절)
6. 칠월 초일일의 제사(나팔절)
7. 칠월 제10일의 제사(대속죄일)
8. 장막절 여덟 번째 날의 제사

유월절에 대한 일시적 언급은 달력을 완성하고 있으나, 그 어떤 희생제사도 이 시기에 요구되지 않고 있는데 이는 가정의 특성으로 인한 것이다.

네 종류의 제사가 이러한 절기들의 경우에 예상된다 – 번제(짐승의 고기를 태움), 소제(곡식과 기름), 전제 혹은 헌주(포도주), 속죄제(숫염소 하나). 이 단락은 완전하고도 조직적인 기사를 제공하고 있으며, 출애굽기 29장, 레위기 23장, 에스겔 45-46장에 있는 유사한 자료에 근거한 것으로 보인다("양식/구조/배경"을 보라). 소제와 전제의 분량은 민수기 15:1-16에 이미 진술되어 있다. 여기서는 특별히 번제와 속죄제의 구체적인 분량을 제시하는 데 관심을 두고 있다. 이것과 여러 축제일의 날짜를 정하는 일은 본 단락이 제공한 중요한 기여다.

본 단락이 민수기 저자의 전체 작품의 의도와 목적을 드러내고 있다고 생각할 만한 충분한 이유가 있다. 중요 절기들과 관련된 초창기의 법들은 화목제에 상당한 강조를 두었다. 저자의 목적은 이것들을 보여 주려는 것이 아니다. 그것들은 절기들 가운데서 전통적인 요소들이었고, 그것들을 제거하는 것이 그의 관심이 아니다. 그의 관심은 오히려 전적으로 야웨의 것이었던 – 번제 – 제사와 공동체가 받아들여질 수 있고 또한 예배하기에 적합한 제사 – 속죄제 – 를 규정하고 체계화하는 것이다. 상이한 관습이 이제까지 행해져 왔고, 그래서 저자는 여기서 제2성전 예배를 위한 최종적인 판단에 집중하고 있다.

어찌하여 이 자료가 본서 가운데서 이 특별한 지점에 와야 했는지를 살펴보는 일은 그리 어렵지 않다. 이 단락을 부록으로 보는 사람들은 민수기 27장과 관련하여 그리고 그 다음에 이어지는 자료과 관련하여 "부적당한" 위치에 있다는 근거에서, 어찌하여 편집자들이 이 자료를 이 지점에 삽입해야 했는지에 대한 문제를 회피한다. 삽입에 제시된 이유들은 원문이라는 이유만큼 효력이 있다. 이러한 자료들의 규정은 귀환과 회복과 관련되어 있는 긴급한 문제였던 같다. 그들은 에스라의 사명 자체에 절대 필요한 것이 되었을 수 있다. 그러므로 백성들이 그 땅에 들어가려는 이 시점에 포함되어 있는 것은 적절한 것으로 보인다. 아무튼 신명기에는 그 땅의 변방에서 율법이 주어진 탁월한 선례가 있다. 그렇다면 이러한 공적 희생제사에 대한 저자의 결정적인 기사가 여기서 주어져야 할 것이라는 사실은 당연한 것으로 보인다. 절기들의 주제에 대한 다른 오경 법을 통하여 생겨난 어느 정도의 단편적 인상은 여기서 사라지는데, 특히 그 연대 설정과 분량의 문제에 있어서 그러하다. 우리가 이미 살펴본 바와 같이("양식/구조/배경"을 보라), 특별한 강조가 공동체의 헌신을 나타내고 있는 번제와 속죄제에 놓여 있다. 헌신과 속죄는 재편된 공동체, 즉 민수기 26장에서 시작된 주제에 대해 저자가 바라보는 전체 시각에서 볼 때 중요한 요소다. 본서의 세 번째 부분에 들어 있는 자료 가운데서 또 다른 통일된 요인은 땅이라는 주제다. 27:1-11이 땅의 소유 문제를 다루었고 27:12-23이 그 땅에서의 지도력을 취급했던 것처럼, 28-29절은 그 땅에서의 예배에 대한 양식을 제공하고 있다. 신명기 전승을 해석하려는 관심은 민수기 26-36장의 수많은 부분에서처럼 여기서도 다시 적용된다. 신명기 16:1-17의 금식법은 그 주제에 대한 모세의 마지막 말이 아니다. 제사장 저자는 민수기 28-29장에서 그 법이 이해되어야 하는 본질적인 구조를 바라본다.

이 달력의 분명한 효과는 월삭의 절기, 특히 일곱째 달의 첫 날의 절기와 대속죄일에 대한 새로운 법규와 그 중요성을 제공하는 것이다. 대속죄일의 중요성은 이미 레위기 16장에서 수립된 바 있다. 민수기 28-29장에서 다른 절기들과 준수와 관련된 그 중요성은 보다 잘 판단될 수 있다.

전체의 신학적 강조는 제사의 가치에 초점이 맞추어져 있지만, 그럼에도 불구하고 번제, 속죄제를 통한 공동체의 받아들임에 초점이 맞추어져 있다. 헌신과 받아들임의 원리는 제사 활동의 근본으로 남아 있다. 참된 제사가 드려지기 이에 개인뿐만 아니라 공동체 전체는 죄사함을 받고 회복되어야 한다, 즉 성결케 되고 받아들여질 만하게 되어야 한다. 바꾸어 말해서 공동체는 예배와 제사 의식을 값비싼 제물로 대신할 수 없다는 사실을 인식해야 한다. 그들 자체 안에 재료의 값비싼 헌신이 들어 있다.

47. 여인의 서원(30:2-17[개역. 30:1-16])

참고문헌

Davies, G. H. "Vows." *IDB* r-z 792-3. **Pedersen, J.** *Israel: Its Life and Culture III-IV.* London: Oxford University Press, 1940, 324-30. **Vaux, R. de** *Ancient Israel: Its Life and Institutions.* London: Darton, Longman, and Todd, 1961, 39-40, 465-66.

본 문

1 모세가 이스라엘 자손 지파의 두령들에게 일러 가로되 여호와의 명령이 이러하니라

2 사람이 여호와께 서원하였거나 마음을 제어하기로 서약하였거든 파약하지 말고 그 입에서 나온 대로 다 행할 것이니라

3 또 여자가 만일 어려서 그 아비 집에 있을 때에 여호와께 서원한 일이나 스스로 제어하려 한 일이 있다 하자

4 그 아비가 그의 서원이나 그 마음을 제어하려는 서약을 듣고도 그에게 아무 말이 없으면 그 모든 서원을 행할 것이요 그 마음을 제어하려는 서약을 지킬 것이니라

5 그러나 그 아비가 그것을 듣는 날에 허락지 아니하면 그 서원과 마음을 제어하려던 서약이 이루지 못할 것이니 그 아비가 허락지 아니하였은즉 여호와께서 사하시리라

6 또 혹시 남편을 맞을 때에 서원이나 마음을 제어하려는 서약을 경솔히 그 입에서 발하였다 하자

7 그 남편이 그것을 듣고 그 듣는 날에 그에게 아무 말이 없으면 그 서원을 행할 것이요 그 마음을 제어하려는 서약을 지킬 것이니라

8 그러나 그 남편이 그것을 듣는 날에 허락지 아

2(1) And Moses spoke to the heads of the tribes of the people of Israel, saying, "This is what Yahweh has commanded.

3(2) When a man vows a vow to Yahweh, or swears an oath, putting himself under a binding obligation, he must not break his word.[a] He shall do everything that he has said.

4(3) And if a woman vows a vow to Yahweh, putting herself under a binding obligation, while young and still living in her father's house,

5(4) and if her father hears of her vow,[a] and the binding obligation[a] under which she has put herself and if he says nothing to her, then all her vows shall stand, and every binding obligation[b] under which she has put herself shall stand.

6(5) But if her father disallows her on the day that he hears of it, no vow of hers, no binding obligation of hers, shall stand. And Yahweh will absolve her, because her father disallowed it.

7(6) And if she is married to a husband, while under her vows or a binding obligation rashly uttered,

8(7) and if her husband hears of it, and says nothing to her on the day that he hears, then her vows shall stand, and her binding obligations under which she has put herself shall stand.

9(8) But if on the day that her husband comes

니하면 그 서원과 마음을 제어하려고 경솔히 입술에서 발한 서약이 무효될 것이니 여호와께서 그 여자를 사하시리라

to hear of it he disallows it, then he shall render her vow[a] which was upon her invalid, and the rash utterance by which she put herself under a binding obligation.[b] And Yahweh will absolve her.

9 과부나 이혼당한 여자의 서원이나 무릇 그 마음을 제어하려는 서약은 지킬 것이니라

10(9) But any vow of a widow, or of a divorced woman, any binding obligation under which she has put herself shall stand against her.

10 부녀가 혹시 그 남편의 집에 있어 서원을 하였다든지 마음을 제어하려고 서약을 하였다 하자

11(10) And if she vowed in her husband s house, or put herself under a binding obligation with an oath,

11 그 남편이 그것을 듣고도 아무 말이 없고 금함이 없으면 그 서원은 무릇 행할 것이요 그 마음을 제어하려는 서약은 무릇 지킬 것이니라

12(11) and if her husband heard of it, and said nothing to her, and did not disallow it, then all her vows shall stand, and every binding obligation[a] under which she has put herself shall stand.

12 그러나 그 남편이 그것을 듣는 날에 무효케 하면 그 서원과 마음을 제어하려던 일에 대하여 입술에서 낸 것을 무엇이든지 이루지 못하나니 그 남편이 그것을 무효케 하였은즉 여호와께서 그 부녀를 사하시느니라

13(12) But if her husband makes them null and void on the day that he hears them, then whatever she says, by way of vows or of binding obligations, shall not stand. Her husband has made them void. And Yahweh will absolve her.

13 무릇 서원과 무릇 마음을 괴롭게 하려는 서약은 그 남편이 그것을 지키게도 할 수 있고 무효케도 할 수 있나니

14(13) Any vow and any binding obligation to moritfy herself her husband may confirm or make void.

14 그 남편이 일향 말이 없으면 아내의 서원과 스스로 제어하려는 일을 지키게 하는 것이니 이는 그가 그것을 들을 때에 그 아내에게 아무 말도 아니하였으므로 지키게 됨이니라

15(14) But if her husband says nothing to her from day to day, then he confirms all her vows, and all her obligations, that are upon her. He has confirmed them, because he said nothing to her on the day that he heard them.

15 그러나 그 남편이 들은 지 얼마 후에 그것을 무효케 하면 그가 아내의 죄를 담당할 것이니라

16(15) But if he makes them null and void some time after he has heard of them, then he shall bear her[a] iniquity."

16 이는 여호와께서 모세에게 명하신 율례니 남편이 아내에게, 아비가 자기 집에 있는 유년 여자에게 대한 것이니라

17(16) These are the statutes which Yahweh commanded Moses, concerning a man and his wife, and concerning a father and daughter who is young, and still living in her father's house.

원문주해

3.a. Sam은 "말씀"을 보유하고 있다.

5.a. Sam, G, Syr에는 복수형으로 되어 있다.

5.b. Sam, Syr에는 복수형으로 되어 있다.

9.a. Sam, G, Syr은 9절을 8절과 맞추면서 복수형으로 표기하고 있다.

9.b. G는 이것이 그녀의 남편이 그들을 무효로 만든 것 때문이라는 사실을 설명하고 있다.

12.a. Sam, G, Syr, Tg은 복수형을 보유하고 있다.

16.a. 어미는 MT에는 여성형으로 되어 있으나, Sam, G, Syr에는 남성형으로 되어 있다.

양식/구조/배경

분석가들은 이 단락을 제사 문서로 어렵지 않게 인정하고 있다. 2, 17절의 구조는 분명히 제사장의 용어를 담고 있고, 반면에 "죄를 담당한다"는 사상도 제사장의 특색이다(16절). 이 단락은 부록이라고 널리 주장되어 오기도 했다(예를 들어, J. Wellhausen, 114-15; A. Kuenen, 99; H. Holzinger, 146; B. Baentsch, 648; A. Dillmann, 185-87; G. B. Gray, 413). 28-29장과 함께 이 단락은 여호수아가 민수기 31장에 있는 미디안과의 전쟁에 대비하여 군사 지도자로 세움을 받고 있는 민수기 27장으로부터 흐름을 차단시키고 있다. 쿠에넨은 여기서 경험으로서만 발견되고, 그래서 본문의 후대성을 지적해 주는 생략과 같은 것으로서 서원에 관한 법들 가운데 있는 틈을 메우기 위한 입법상의 시도(레 27; 민 6:1-21)가 있음을 발견해 냈다. 분석가들은 일반적으로 더 큰 문맥과의 어떤 의미심장한 연결을 발견하기가 어렵다는 사실을 발견했고, 그래서 이것 자체가 보충 자료일 것이라고 판단했다. 그래이는 본문의 세부 사항을 검토하고 몇몇 제사장적 요소들을 발견해 냈는데, 그것들은 이쉬 키(איש כי, "한 사람이…했을 때", 2절; 참조. 민 5:6), 마토트(מטות, "지파", 1절; 참조. 민 1:4), 레아노트 라페쉬(לענת נפש, "괴롭게 하려는", 13절; 참조. 민 29:7)이다. 다른 한편 그는 아싸르(אסר, "제어하려는 서약")라는 어근(2, 3, 4, 5, 6, 7, 8, 9, 10, 11, 12, 13, 14절)과 데바로(דברו, "그의 말", 2절)의 사용, 그리고 미브타(מבטא, "경솔히 입술에서 발한", 6, 8절) 가운데서 어떤 특징을 발견해 냈다. 그래이는 이러한 특징들과 스타일의 유사점, 그리고 후기의 랍비들의 논의 방식에서 이것을 후대성의 증거라고 생각하고 또한 이 단락을 PS로 돌릴 수 있는 증거로 생각했다.

노트(224-25)도 역시 현재의 문맥 가운데 이 단락의 산만함을 주장한다. 그는 이 단락 가운데 두 개의 헌신의 범주가 들어 있다는 사실을 주시한다: "서원"(נדר, 나다르)과 "마음을 제어하려는 서약"(אסר, 아싸르). 그는 후자가 구약성경 가운데서 오직 여기에만 나타난다고 말하고, 어떤 점에서나 초창기의 것일 것 같지는 않다고 결론짓는다. 스터디(209)는 이 단락의 시대에 대한 이러한 평가를 지지하지만, 그것과 민수기 28-29장 사이에 가느다란 연결점, 즉 서원이 자주 희생제사와 관련되어 있다는 사실을 간파한다(레 7:16; 민 15:3; 29:39). 스터디는 본 장에 내포되어 있는 원리가 오래된 것이라고 생각하지만, 이것을 증명할 방법이 없다고 인정한다. 폴크(326-30)도 역시 직접적인 문맥 가운데 명백히 드러난(민 29:39) 희생제사와 서원 사이의 연결고리를 파악하고, 따라서 민수기 28-30장을 함께 취급하기를 즐겨한다.

스터디와 폴크가 수립한 관계를 받아들여서, 여기에 민수기 제사장 저자가 기고한 작품이 있다고 보는 것이 가장 좋은 것 같다. 그러한 가정을 정당화할 P와의 충분한 언어적 연결점들이 있고, 반면에 그래이가 진술한 특징들은 본 장이 본래 본서에 들어 있던 것이 아니라는 입장을 정당화하기에는 실질적으로 강력하지 못하다. 서원과 낙헌제 문제는 민수기 29:39에서 방금 언급되었고, 이러한 언급이 이 시점에서 서원에 대해 보다 많은 자료를 포함시키게끔 유도하고 있다. 서원은 반드시 이행해야 한다는 일반적인 원리는 3절에서 강하게 주장되고 있다. 여인들이 한 서원으로 말미암아 생겨난 예외적인 상황들이 뒤이어 나오는 구절들 가운데 길게 취급되어 있다. 서원한 것은 반드시 이행해야 한다는 원리는 신명기 법에 절대 필요한 것이었다(신 23:22-24). 여기서 또다시 그러한 법을 세우고자 한 제사장 저자의 관심의 증거를 보게 된다. 그가 신명기 법이 공포되었던 그 땅의 변경인 이 곳에서 그렇게 해야 했던 것은 아주 적절하다. 이 법이 공포되기에 앞서서 자신의 주장을 밝히기를 원했던 것도 역시 이해할 만하다. 그 주제에 대한 당시 현존하던 제사장 전승을 분류하고 기입할 필요도 있었다. 어떤 점에서 고의가 아니기는 하지만 무분별하게 행한 헌신이 레위기 5:4-5에 취급되어 있고, 반면에 레위기 27장은 야웨에게 서원된 사람과 재산의 구속의 문제를 취급하고 있다. 저자는 여기서 보호자가 되는 아버지나 남편에 의하여 취소될 수도 있는, 여인이 어떤 상황에서 행한 서원 방식을 검토하고 있다. 민수기 27:1-11에도 분명히 나타난 여인의 권리에 대한 관심은 본서의 이 세 번째 부분에서 한층 더한 등급을 제공하고 있다.

주석

1 이러한 "지파의 두령들"이라는 소개는 비정상적이다(참조. 왕상 8:1-2; 대하

5:2). 오경의 다른 곳에서 "지파의 두령들"이란 문구가 나타난다(민 32:28; 수 14:1; 21:1).

2 "서원(נדר – 네데르). 이것은 아마도 낙헌제와 같은 무엇인가를 드리려는 적극적인 헌신일 것이다. 그것이 다른 곳에서는 위험 상황에서 혹은 특별한 필요 가운데서 나타난다(창 28:20-22; 삿 11:30-31).

"마음을 제어"(אסר – 아싸르). 서원과는 대조적으로 이것은 아마도 일종의 절제를 하려는 소극적인 헌신일 것이다(M. Noth, 224-25; 참조. 삼상 14:24; 시 132:3-4; 행 23:21). 그러므로 입다의 서원은 네데르(נדר) 서원이고, 나실인의 헌신은 아싸르(אסר)의 한 예로서 절제의 헌신이다(삿 11:30; 민 6:1-21; N. H. Snaith, 321). 스나이드는 아싸르(אסר)가 후대에 생긴 단어이고, 본래 네데르(נדר)가 이 두 형태의 헌신을 모두 의미했었다고 인정한다.

"파약하지 말고"(לא יחל דברו – 로 야헤르 데보로). 그렇게 하는 것은 신성모독이었을 것이다(참조. 전 5:4-5; 신 23:21-23).

3 "어려서"(בנעריה – 빈우레하)는 젊은 여성에 대해 아주 광범위하게 적용되는 용어이지만(참조. 삿 19:3; 암 2:7; 욥 31:18), 이 문맥 가운데서는 분명히 아직 혼인하지는 않았지만 혼인 가능한 소녀를 의미한다.

보다 나이 많은 혼인하지 않은 여인들은 이 단락 가운데 들어 있는 기사에서 취급되지 않은 유일한 그룹이다. 이스라엘 사회에는 아마도 그러한 소수의 사람들이 있었을 것이다.

4 부친이 그 서원 자체를 듣지 않았고, 단지 서원을 했다는 말만을 들었을 것임에 분명하다. 그가 그러한 말을 들었다면, 그는 즉시 어떤 반대를 제기해야 한다. "정당성"을 나타내는 쿰(קום)이란 어근의 용례에 대해서는 창세기 23:17, 20; 신명기 19:5을 보라.

5 "허락지 아니하면"(הניא – 헤니)의 어근은 "좌절시키다" 혹은 "금지하다"를 의미한다. 여기서 이 단어는 전문적, 법적 의미를 가지고 있는 것으로 보인다. 민수기 32:7, 9에서는 갓과 르우벤이 정착하려는 것을 금지시키기 위하여 임무를 지울 때 사용되었다(참조. 시 33:10).

"사하시리라"(יסלח – 이쓸라흐)는 자주 "사죄"의 의미를 가지는 어근이다. 비록 헌신으로부터 풀려나는 데 있어서 보다 엄격한 율법적 의미와 그 결과들이 중심적인 위치에 있을 수 있지만, 이 곳에 이러한 사상이 있을 수도 있다.

6-8 이러한 규례가 11-13절에 반복되는 것처럼 보인다는 사실에 비추어서, 이

단락의 이 부분이 한 여인이 약혼을 하고 아직 남편의 집에서 동거하지 않은 상황을 취급하고 있을 수도 있다. 이러한 입장은 스나이드(322)와 스터디(210)가 지지하고 있으며, 받아들이기에 가장 좋다. 다른 입장은 과부들과 이혼한 여성들의 서원(10절)이 실제로 존속한다는 사실에 비추어 11-13절을 강조를 하기 위한 하나의 반복이라고 생각하는 것이다.

6 무분별한 발설이라는 주제에 대해서는 레위기 5:4; 시편 15:4; 106:33; 잠언 20:25; 전도서 5:2; 시락서 18:23을 참조하라.

9 이것은 여인들이 실제로 수정하지 못한다는 사실을 조건으로 서원을 할 수 있다는 점을 분명히 하고 있다.

그녀에게 권위를 행사할 수 있는 남자가 있을 경우 고려중인 이 경우와 다른 경우 사이에 차별을 두고 있다.

10 이 구절은 11-13절이 7-9절에 묘사된 것과 다른 상황을 취급하고 있다는 사실을 암시하고 있다. 그 곳에서 상황은 한 여인이 약혼은 했으나 아직은 자기 남편의 집에서 살고 있지 않은 상태다. 여기서는 그 여인이 자기의 남편의 집에서 남편과 함께 살고 있는 상황이다.

13 "마음을 괴롭게 하려는"(לענת בפש – 레안노트 나페쉬; 참조. 민 29:7). 일종의 자기 부정의 행위를 염두에 두고 있는 것으로 보인다. 이 문구는 자주 금식에 대해 사용된다(레 16:29; 23:27-29, 32; 민 29:7; 시 35:13; 사 58:3, 5).

14 "일향"(מיום אל־יום – 미욤 엘-욤)은 분명히 남편이 그 서원을 들었을 경우 남편 편에서 즉각적인 행동을 취해야 할 필요성을 강조하는 하나의 다른 방식이다. 스터디(210)는 남자가 어떤 서원을 중재할 수 없고, 그렇기 때문에 부부 싸움에서 금지 권한을 하나의 무기로 사용하는 일은 배제된다고 지적한다.

해설

이 단락은 서원의 결합적 성격을 다루고 있다. 한 남자가 한 서원은 글자 그대로 준수해야한다. 과부나 이혼한 여인도 마찬가지다. 결혼하지 않은 젊은 여인이 자기 부친의 집에 사는 가운데 한 서원은 아버지에 의하여 거절될 수도 있다. 약혼한 여인에 대해서도 그의 남편이 그 서원의 말을 들은 즉시 그가 행동함으로써 그 서원이 취소될 수 있고, 남편과 함께 살고 있는 결혼한 여인이 한 서원도 그와 같은 방식으로 취소될 수 있다. 이러한 모든 예외적인 경우에 그 서원이 금지되어야 한다면, 그 부친이나 남편이 즉시 행동해야 한다. 마음속으로 하는 서원은 낙헌제와 절제의 약속들을 모두 포함하고 있는 것으로 보인다.

이것이 본질적으로 민수기의 제사장 저자의 작품이라고 생각할 만한 충분한 이유가 있다. 본서의 세 번째 주요 부분 중 많은 다른 부분들처럼 이 단락도 역시 신명기 법, 즉 신명기 23:22-24에 있는 원리들의 확장이다. 서원의 결합적 성격에 관하여 명확히 진술된 원리가 여기에 강요되어 있으나, 의미심장한 조건이 부친이나 혹은 남편의 권위 아래 있는 여인들이 한 서원 문제 가운데 들어 있다. 저자는 신명기 법 그 자체의 발표에 앞서서 이러한 요건들을 언급하기를 원하고 있지만, 그와 동시에 그 땅의 국경에 있는 기본적 위치를 말하고 있다. 민수기 28-29장에 있는, 그리고 특별히 서원제와 낙헌제 문제가 나오는 민수기 29:39의 제사 의식 자료에 뒤이어 적절하게 나타나 있다. 이 문제는 저자 당시에 시사적인 중요성을 가지고 있었을 수도 있다. 이 단락과 민수기 27:1-11으로 판단해 볼 때, 다른 지역에 있는 여인들의 신분과 그 신분의 영향이 특별한 관심의 대상이었다.

여기에 진술되어 있는 원리가 얼마나 오래되었는지 알아내기는 어렵다. 야웨께 대한 특별한 서원을 하는 일은 오래된 관습이었고 잘 확립된 관습이었음에 분명하다(참조. 창 28:20-22; 삿 11:30-31; 삼상 1:11; 14:24). 한나의 서원(삼상 1:11)은 특별히 흥미가 있는데, 왜냐하면 엘가나가 그 서원을 금지할 수 있는 권세를 가졌을 수도 있다는 암시가 들어 있기 때문이다. 그는 그녀로 하여금 그녀가 원한 대로 하도록 허락하고 있고(삼상 1:23), 그때 그는 한나의 서원에 대해서 처음으로 들었을 것이다. 이스라엘 사회는 족장의 성격을 물려받고 여인들이 남성들로부터 경제적 독립을 획득하고 나서, 역사 초창기부터 여인들의 종교적 자유를 제지해야 할 필요성을 느꼈던 것으로 보인다. 초창기에 이에 대한 법규가 있었는지의 여부는 결정하기가 어렵다. 또한 부친이나 남편이 취한 즉각적인 행동의 원리가 얼마나 오랫동안 존속해 왔는지를 상상해 내기도 어렵다. 민수기 저자는 분명히 자기가 지나치게 해이하다고 판단했던 상황에서 하나의 분명하고도 명료한 지침을 기록하려고 힘쓰고 있다. 여인들과 남자들이 서로간에 관계되어 있는 철저하게 새로운 사회 구조를 창출해 내려는 분명한 어떤 관심의 표시는 없다. 다른 한편, 그는 남자들과 여인들 모두를 안전하게 보호하려고 힘쓰고 있다. 남편과 부친은 그 서원이 영광을 받을 수 있는 재원을 확보할 궁극적 책임을 가지고 있지 않은 여인들이 한 지나친 서원으로부터 보호되어야 했다. 그러나 동시에 그 여인도 보호를 받아야 할 가치가 있으며, 그 시원이 금지되어야 한다면 분명하고도 즉각적인 반응이 있어야 한다. 상황을 모호한 채로 남겨 놓거나 또는 여인이 하기를 원하는 소원에 일관적이지 않는 태도를 가지도록 만들어 주는 지연이나 애매한 말이 있어서는 안 될 것이다. 그녀는 자기의 허락 받은 서원이 이행되지 않거나, 그리하여 하나님의 심판을 받게 될까 두려워할 이유가 없다.

48. 미디안 전쟁(31:1-54)

참고문헌

Binns, L. E. "Midianite Elements in Hebrew Religion." *JTS* 31(1930) 337-54. **Coats, G. W.** "Moses in Midian." *JBL* 92(1973) 3-10. **Dumbrell, W. J.** "Midian - a land or a league?" *VT* 25(1975) 323-37. **Eissfeldt, O.** "Protektorat der Midianiter über ihre Nachbarm im letzten Viertel des 2 Jahrtausends v. Chr." *JBL* 87(1968) 383-93. **Gunneweg, A. H. J.** "Mose in Midian." *ZTK* 61(1964) 1-9.

본 문

1 여호와께서 모세에게 일러 가라사대
2 이스라엘 자손의 원수를 미디안에게 갚으라 그 후에 네가 네 조상에게로 돌아가리라

3 모세가 백성에게 일러 가로되 너희 중에서 사람을 택하여 싸움에 나갈 준비를 시키고 미디안을 치러 보내어서 여호와의 원수를 미디안에게 갚되
4 이스라엘 모든 지파에 대하여 각 지파에서 일천 인씩을 싸움에 보낼지니라 하매
5 매 지파에서 일천 인씩 이스라엘 천만 인 중에서 일만 이천 인을 택하여 무장을 시킨지라

6 모세가 매 지파에 일천 인씩 싸움에 보내되 제사장 엘르아살의 아들 비느하스에게 성소의 기구와 신호 나팔을 들려서 그들과 함께 싸움에 보내매

7 그들이 여호와께서 모세에게 명하신 대로 미디안을 쳐서 그 남자를 다 죽였고

8 그 죽인 자 외에 미디안의 다섯 왕을 죽였으니 미디안의 왕들은 에위와 레겜과 수르와 후르와 레바이며 또 브올의 아들 발람을 칼로 죽였더라

1 And Yahweh spoke to Moses, saying,
2 "Exact vengeance for the people of Israel on the Midianites. Afterwards you shall be gathered to your people."
3 And Moses spoke to the people, saying, "Arm[a] men from among you for the war, that they may[b] go against Midian, to carry out Yahweh's vengeance on Midian.
4 You shall send 1000 from each of the tribes of Israel to the war."
5 So there were provided, from the thousands of Israel, a thousand from each tribe, 12,000 armed for war.
6 And Moses sent them, a thousand from each tribe,[a] to the war, along with Phinehas son of Eleazar[b] the priest to the war,[c] with the vessels of the sanctuary,[d] and the trumpets for the alarm in his hand.
7 And they made war on Midian, as Yahweh had commanded Moses. And they killed every male.
8 And they killed the kings of Midian, along with the rest of their dead—Evi, Rekem, Zur, Hur, and Reba, the five kings of Midian. And they also killed Balaam son of Beor with the

9 이스라엘 자손이 미디안의 부녀들과 그 아이들을 사로잡고 그 가축과 양떼와 재물을 다 탈취하고

10 그 거처하는 성읍들과 촌락을 다 불사르고

11 탈취한 것, 노략한 것, 사람과 짐승을 다 취하니라

12 그들이 사로잡은 자와 노략한 것과 탈취한 것을 가지고 여리고 맞은편 요단 가 모압 평지의 진에 이르러 모세와 제사장 엘르아살과 이스라엘 자손의 회중에게로 나아오니라

13 모세와 제사장 엘르아살과 회중의 족장들이 다 진 밖에 나가서 영접하다가

14 모세가 군대의 장관 곧 싸움에서 돌아온 천부장들과 백부장들에게 노하니라

15 모세가 그들에게 이르되 너희가 여자들을 다 살려 두었느냐

16 보라 이들이 발람의 꾀를 좇아 이스라엘 자손으로 브올의 사건에 여호와 앞에 범죄케 하여 여호와의 회중에 염병이 일어나게 하였느니라

17 그러므로 아이들 중에 남자는 다 죽이고 남자와 동침하여 사내를 안 여자는 다 죽이고

18 남자와 동침하지 아니하여 사내를 알지 못하는 여자들은 다 너희를 위하여 살려 둘 것이니라

19 너희는 칠 일 동안 진 밖에 주둔하라 무릇 살인자나 죽임을 당한 시체를 만진 자나 제 삼 일과 제 칠 일에 몸을 깨끗케 하고 너희의 포로도 깨끗케 할 것이며

20 무릇 의복과 무릇 가죽으로 만든 것과 무릇

sword.

9 And the people of Israel took captive the women of Midian, and their children – along with all their cattle, their flocks, and their property, as the spoils of war.

10 All their cities in the places where they lived, and all their encampments[a] they burned with fire.

11 And they took all the spoil and all the booty, both of man and of beast.

12 And they brought the captives, and the booty, and spoil to Moses and to Eleazar the priest, and to the congregation of the people of Israel, to the camp in the plains of Moab by the Jordan at Jericho.

13 And Moses and Eleazar the priest and all the leaders of the congregation went[a] to meet them outside the camp.

14 And Moses was angry with the officers of the army, the commanders of the thousands and the commanders of hundreds, who had come from service in the war.

15 And Moses said to them, [a]"Have you let all the women live?[a]

16 Behold, these caused the people of Israel, [a]through the counsel of Balaam,[a] to act treacherously against Yahweh in the affair at Peor, and so there was the plague among the congregation of Yahweh.

17 Now therefore kill every male among the children, and kill every woman who has had intercourse with a man.

18 But all the young women who have not had intercourse with a man keep alive for yourselves.

19 And encamp outside the camp for seven days. [a]Whoever of you has killed any person, and whoever has touched any corpse,[a] purify yourselves and your captives on the third day and on the seventh day.

20 You shall purify every garment, every article

염소털로 만든 것과 무릇 나무로 만든 것을 다 깨끗케 할지니라

made of skin, everything made of goat's hair, and every article of wood."

21 제사장 엘르아살이 싸움에 나갔던 군인들에게 이르되 이는 여호와께서 모세에게 명하신 법률이니라

21 And Eleazar[a] the priest said to the men of war who had gone to the battle, "This is the statute of the law which Yahweh has commanded Moses,

22 금, 은, 동, 철과 상납과 납의

22 only the gold, the silver, the bronze, the iron, the tin, and the lead,

23 무릇 불에 견딜 만한 물건은 불을 지나게 하라 그리하면 깨끗하려니와 오히려 정결케 하는 물로 그것을 깨끗케 할 것이며 무릇 불에 견디지 못할 모든 것은 물을 지나게 할 것이니라

23 everything that can stand the fire, [a]shall you pass through the fire,[a] and it shall be clean But it shall also be purified with the water for purification. And whatever cannot stand the fire you shall pass through the water.

24 너희는 제칠일에 옷을 빨아서 깨끗케 한 후에 진에 들어올지니라

24 And you shall wash your clothes on the seventh day, and you shall be clean. And afterwards you shall come into the camp."[a]

25 여호와께서 모세에게 일러 가라사대

25 And Yahweh spoke to Moses, saying,

26 너는 제사장 엘르아살과 회중의 족장들로 더불어 이 탈취한 사람과 짐승을 계수하고

26 "Count all the booty that was taken, both of man and beast, you and Eleazar the priest, and the heads of the fathers' houses of the congregation.

27 그 얻은 물건을 반분하여 그 절반은 싸움에 나갔던 군인들에게 주고 절반은 회중에게 주고

27 And divide the booty into two parts – between the warriors who went out to battle, and all the congregation.

28 싸움에 나갔던 군인들로는 사람이나 소나 나귀나 양떼의 오백분지 일을 여호와께 드리게 하되

28 And levy tax for Yahweh from the men of war who went out to battle. It shall be one out of every 500, of persons,[a] oxen, asses, and flocks.[b]

29 곧 이를 그들의 절반에서 취하여 여호와의 거제로 제사장 엘르아살에게 주고

29 Take[a] it from their half and give it to Eleazar the priest, as a contribution to Yahweh.

30 또 이스라엘 자손의 얻은 절반에서는 사람이나 소나 나귀나 양떼나 각종 짐승을 오십분지 일을 취하여 여호와의 성막을 맡은 레위인에게 주라

30 And from the people of Israel's half you shall take one drawn out of every fifty, of persons, oxen, asses, flocks, and all the cattle, and give them to the Levites who are in charge of the Tabernacle of Yahweh."

31 모세와 제사장 엘르아살이 여호와께서 모세에게 명하신 대로 하니라

31 And Moses and Eleazar did as Yahweh had commanded Moses.

32 그 탈취물 곧 군인들의 다른 탈취물 외에 양이 육십칠만 오천이요

32 Now the booty remaining of the spoils which the men of war took was 675,000 sheep,

33 소가 칠만 이천이요

33 72,000 cattle,

34 나귀가 육만 일천이요
35 사람은 남자와 동침하지 아니하여서 사내를
알지 못하는 여자가 도합 삼만 이천이니
36 그 절반 곧 싸움에 나갔던 자들의 소유가 양
이 삼십삼만 칠천 오백이라
37 여호와께 세로 드린 양이 육백칠십오요
38 소가 삼만 육천이라 그 중에서 여호와께 세로
드린 것이 칠십이 두요
39 나귀가 삼만 오백이라 그 중에서 여호와께 세
로 드린 것이 육십일이요
40 사람이 일만 육천이라 그 중에서 여호와께 세
로 드리운 자가 삼십이 명이니
41 여호와께 거제의 세로 드린 것을 모세가 제사
장 엘르아살에게 주었으니 여호와께서 모세에게
명하심과 같았더라
42 모세가 싸움에 나갔던 자에게서 나누어 취하
여 이스라엘 자손에게 준 절반

43 곧 회중의 얻은 절반은 양이 삼십삼만 칠천
오백이요
44 소가 삼만 육천이요
45 나귀가 삼만 오백이요
46 사람이 일만 육천이라
47 이스라엘 자손의 그 절반에서 모세가 사람이
나 짐승의 오십분지 일을 취하여 여호와의 장막
을 맡은 레위인에게 주었으니 여호와 께서 모세
에게 명하심과 같았더라

48 군대의 장관들 곧 천부장과 백부장들이 모세
에게 나아와서

49 그에게 고하되 당신의 종들의 영솔한 군인을
계수한즉 우리 중 한 사람도 축나지 아니하였기
로

50 우리 각 사람의 얻은바 금 패물 곧 발목고리
손목고리 인장반지 귀고리, 팔고리들을 여호와의
예물로 우리의 생명을 위하여 여호와 앞에 속죄
하려고 가져왔나이다

34 61,000 asses,
35 and 32,000 persons – all women who had not
had intercourse with a man.
36 And so one half the share of those who had
gone out to war, was in number 337,500 sheep.
37 And the tax for Yahweh of sheep was 675.[a]
38 The cattle were 36,000, of which the tax for
Yahweh was seventy-two.
39 The asses were 30,500, of which the tax for
Yahweh was sixty-one.
40 The persons were 16,000, of which the tax
for Yahweh was thirty-two persons.
41 And Moses gave the tax, which was the
contribution, to Yahweh, to Eleazar the priest, as
Yahweh had commanded Moses.
42 And from the people of Israel's half which
Moses had separated from that of the men who
had gone to war,
43 (now the congregation's half was 337,500
sheep,
44 36,000 cattle,
45 and 30,500 asses,
46 and 16,000 persons)
47 from the people of Israel's half Moses took
one of every fifty, both of persons and of beasts,
and gave them to the Levites who were in charge
of the Tabernacle of Yahweh, as Yahweh had
commanded Moses.
48 And the officers in charge of the thousands
of the army, the commanders of thousands and
the commanders of hundreds, came near to
Moses,
49 and they said to Moses, "Your servants have
counted the men of war who are under our
command, and there is not a man missing from
us.
50 And we have brought Yahweh's offering,
what each man found, articles of gold, armlets
and bracelets, signet rings, earrings, and beads,
to make atonement for ourselves before Yahweh."

51 모세와 제사장 엘르아살이 그들에게서 그 금으로 만든 모든 패물을 취한즉
52 천부장과 백부장들이 여호와께 드린 거제의 금의 도합이 일만 육천칠백오십 세겔이니
53 군인들이 각기 자기를 위하여 탈취한 것이라
54 모세와 제사장 엘르아살이 천부장과 백부장들에게서 금을 취하여 회막에 드려서 여호와 앞에 이스라엘 자손의 기념을 삼았더라

51 And Moses and Eleazar the priest received from them the gold, all wrought articles,
52 and all the gold of the contribution that they offered to Yahweh, by the commanders of thousands and the commanders of hundreds, was 16,750 shekels.
53 (For the men of war had taken spoils, every man for himself.)
54 And Moses and Eleazar the priest received the gold from the commanders of thousands and of hundreds, and brought it into the Tent of Meeting, as a memorial for the people of Israel before Yahweh.

원문주해

3.a. MT는 니팔형(단순수동)이다. Sam, G, Syr, Vg에서처럼 히필형(사역형)이 더 나아 보이는데, 그 이유는 수동형이나 재귀형이 이해하기가 어렵기 때문이다.

3.b. *BHS*는 웨이흐우(ויהיו, "그리고 그들이 될/갈 수 있다") 대신에 "야웨"(יהוה)로 읽혀져야 할 것인지를 의아해 하고 있다(참조. G).

6.a. G는 "그들의 능력을 가지고"를 덧붙였다.

6.b. G는 "아론의 아들"을 덧붙였다.

6.c. 이 전쟁에 대한 두 번째 언급은 불필요하며, 그래서 G에는 빠져 있다.

6.d. Tg^{J}는 우림과 둠빔에 대한 언급을 덧붙이고 있다(참조. 민 27:21).

10.a. Vg는 성읍(towns)과 마을(villages)을 덧붙이고, 반면에 Tg는 종교 중심지에 대한 공격을 강조하고 있다.

13.a. Sam, G, 한 MT 필사본에는 단수형이 나타나 있다.

15.a-a. Sam, G, Syr, Vg에는 모두 "어찌하여 너희가 여인들을 살려 두었느냐?"로 되어 있다.

16.a-a. 폴크(J. de Vaulx, 354)는 이것을 발람에 대한 정통적인 적대감으로부터 유래된 것으로 MT에 있는 주석으로 이해한다(참조. Vg). 이것은 분명치 않다. Syr은 그 사건을 야웨께 대한 반역으로 규정하고 있는 실질적인 설명적 주석을 보유하고 있다. G는 발람의 계책을 야웨의 계략과 대조시킨다. 본문은 난해하지만, MT를 받아들이는 것이 가장 좋을 듯하다.

19.a-a. 폴크(J. de Vaulx, 356)는 이것을 본 절의 운율을 방해하는 하나의 주석으로 취급한다.

21.a. Sam에 의하면, 모세가 엘르아살에게 연설을 하라고 말한다. 후에 본 구절 가운데 모세에 대한 언급이 Sam에서 빠지게 된다.

23.a-a. G에는 이 문장이 없는데, 아마도 호모텔류톤(homoteleuton, 단어들의 끝이 유사하여 한 단어에서 다른 단어로 넘어가 버림으로써 생겨난 필사상의 오류 – 역자주)으로 인한 것으로 보인다.

24.a. Sam에는 엘르아살이 21-24절에 나오는 내용의 말을 전하고 있다.

28.a. G는 "가축"을 덧붙이고 있다(참조. 30절).

28.b. Sam은 "가축"을 덧붙이고 있다(참조. 30절).

29.a. Sam에는 단수형이 나타나 있다.

37.a. Syr은 여기서 6,750으로 기록하고 있고, 36-40절에 있는 다른 숫자를 10배로 곱하고 있다.

53. 패터슨(J. A. Paterson, 64)은 이 구절을 하나의 주석으로 이해하고 있는데, 그는 그것이 비록 장관들이 제사를 드렸을지라도 일반 군사들이 자기들이 붙잡을 수 있었던 모든 것으로 지켰다는 사실을 암시하고 있다고 생각한다.

양식/구조/배경

이 단락은 오경 가운데 들어 있는 제사 문서보다 더 이른 시기의 것일 수 없다는 데 일반적으로 동의한다. 이 단락은 제사장의 관심에 대한 몇 가지 매우 분명한 점들을 가지고 있는데, 곧 전쟁의 결과로 얻어진 제물들이라는 전반적인 주제다. 엘르아살이 P에서 아론이 그랬던 것처럼 모세와 나란히 있고, 이스라엘은 "회중"으로 묘사되어 있다(12-13, 27절). 2절에 있는 암시는 민수기 25:16; 27:12에 있는 P요소와 연결되고, 6절의 암시는 민수기 10:9과, 16절의 것은 민수기 25:6과, 그리고 19절의 것은 민수기 19:16절과 연결된다.

본 장은 매우 후대에 제사 문서에 첨가되었다고 일반적으로 동의하고 있다(예를 들어, A. Dillman, 187-92; J. Wellhausen, 115; A. Kuenen, 99; H. Holzinger, 148-50; B. Baentsch, 650-51; G. B. Gray, 418-19를 보라). 수많은 특별하고도 소위 비제사장적 특성이 있는 것으로 파악되어 왔는데, 곧 3절에서 백성들을 하암(העם)으로 묘사한 점, 타프(טף, "아이"; 9절)의 사용, 암 하차바(עם הצבא, "군인들", 직역하면 "전쟁의 사람들"; 32절), "충원하다"는 의미로 마싸르(מסר, "택하다", to deliver; 5절)가 사용된 점을 볼 수 있다. 36, 43절에서는 함메헤차(המחצה, "그 절반"), 28절에서는 메케쓰(מכס, "세금") 그리고 49절에서는 "우리" 대신에 공손한 "당신의 종들"이라는 표현을 쓰고 있다. 숫자들이 조작일 가능성(이스라엘 족속은 잃은 것이 없고, 또 노획물이 엄청나다는 사실)과 엘르아살이 모세 법의 단독적 해설자로 나타난 사실이 어떤 사람들에게는 매우 늦은 시기의 자료의 표시로 보였다. 그래이는 그 설화의 미드라쉬적 성격이 PG에는 어느 정도 생소한 것이라고 강조했고, 민수기 27:12-23(그가 보기에는 PG임)의 내용은 모세가 죽기 전에는 미디안과의 전쟁을 예상하지 않고 있으며, 게다가 여호수아가 할 일이 전혀 없는 전쟁은 더더욱 예상하지 않고 있다고 지적했다. 맥닐(A. H. McNeile, 163-64)과 빈스(L. E. Binns, xxxvi)는 이러한 입장에 한층 더 지지를 보냈다.

노트(228-33)는 본 단락의 실질적인 주제와 그 문학적 역사에 관하여 약간의 당혹감을 보이고 있다. 48-54절(군대장관들이 단독적으로 드린 제사)이 앞의 자료에 의존하고 있다는 사실이 그에게는 분명해 보인 것 같고, 그는 또한 13-47절이 일반적으로 빈약한 내용이며, 하나의 문학적 단위가 아니라는 표시를 드러내고 있다는 사실을 파악한다. 예를 들어 그는 13, 19-20절이 원래의 사상의 흐름을 가로막는 후대의 가필이라고 생각하고, 21-24절이 또 다른 추가 부분을 이루고 있다고 생각한다. 그는 이 단락 전체(13-47절) 가운데서 현재의 본문의 핵심이 될 수 있었던 내용을 거의 발견할 수 없다. 노트가 볼 때 1-12절에 있는 미디안 전쟁의 보고가 이러한 역할을 하는 것으로 생각되었지만, 이것은 그러한 역할을 하기에는 너무나 색깔이 없고 도식화된 것으로 보인다. 이것이 노트로 하여금 본 단락의 나머지 부분이 후기 단계에서 덧붙여지게 되었던, 본래의 어떤 독립된 전승의 요소를 파악하기 어렵게 만들고 있다. 그러나 그는 이 단락이 매우 후대의 것이요, 또한 P뿐 아니라 오경의 완성된 형태에 덧붙여진 보충물로 간주되어야 한다는 확신을 갖고 있다. 그것이 그 완성된 형태(후대의 요소들을 보유하고 있음)에서 민수기 25장을 전제로 하고 있다는 사실은 이것의 표지(indicator)로 취급된다. 노트는 바알브올 이야기의 고대의 이문(異文)은 모압 여인들이 아닌 미디안 여인들에 대해 말했을 것이라고 생각하지 않는데, 그 이유는 민수기 31장의 어디에도 오래된 요소가 있다는 암시가 없기 때문이다. 민수기 25장에 대한 의존이 민수기 31장이 제공해야 하는 모든 특징들에 대한 적절한 설명이다.

이 이야기의 미드라쉬적 성격과, 그것이 P전승에 속한다는 사실은 스나이드(324)가 강조하는 바다. 스터디(214-26)도 미드라쉬적 성격을 지적하고 있지만, 이 단락을 P로 묘사하는 것으로 만족하고 있다. 그는 또한 제사장들과 레위인들이 여기서 전리품을 나누어 갖고, 또 이 점이 제사장들과 레위인들에게 적절한 생계비를 제공해 주라는 P문서의 다른 곳에 드러난 커다란 관심을 반영하고 있다고 실질적인 지적을 하고 있다. 우리가 앞에서 살펴본 바와 같이, 이 점이 곧 민수기의 하나의 특징이며, 또한 본 장이 전체 문맥과 연결되어 있지 않고 매우 후기의 첨가물이라는 입장을 논박하는 점이다.

폴크(353-61)는 본 장 가운데 있는 보다 오래된 문학적 특징을 연구하려고 힘쓴다. 그는 "이스라엘 백성"보다는 "이스라엘"(4절)의 사용을 주목하고 있는데, 이것은 우리가 야위스트의 요단 동편 여행기의 특징으로 생각했던 것이다. 그는 다섯 명의 미디안 왕들의 이름과(그래이는 그들이 미디안 왕들이었다는 사실을 확신하지 않았다), 고대의 헤렘(חרם)과 전리품의 분배에 대한 언급에 시선을 집중한다. 다른 한편, 엘르아살이 출현한 것은 분명한 가필로 보인다(27-28, 51, 54절에서[그리고 Sam에서는 13절] 동사가 단수형이다). 폴크는 계속하여 커젤스(Cazelles)의 글을 인용하고 있는데, 커젤스는 1-20, 22-23a, 26-30절에서 핵심적인 설화를 발견하고 21, 23b-25, 31-54절에서는 후대의 첨가물을 발견했다.

폴크 자신은 광범위한 본문의 사용에 있어서 본 장 가운데 있는 통일성과 일관성을 발견하고 있다. 발람의 이야기는 바알브올의 죄 편에서 해석된다(8, 16절). 모세의 죽음에 대한 선언(2절)은 민수기 27:12-23에 이미 예고된 내용을 상기시켜 준다. 모든 남자들과 결혼한 여인들을 죽이기 위하여 나가고 있는 12,000명의 군사들은 사사기 21:10-12에 있는 야베스 전투를 상기시켜 준다. 폴크 역시 사사기 6-8장에 있는 미디안인들에 대한 기드온의 공적을 회상하는 것이라고 생각한다. 민수기 31:7에 대한 Tg[J]가 군대를 3개 집단으로 나누고 있는 사실을 주시할 가치가 있다(삿 7:16에서처럼). MT와 사사기 6-8장 사이의 접촉점은 나팔(민 31:6/삿 7:16)과 대적의 전멸이다(민 31:10, 17/삿 8:12). 민수기 31:50-54에 있는 전쟁의 전리품의 드림은 사사기 8:24-27에 대한 회상이다. 군사들과 노획물의 정결에 관한 기사는 레위기 11:32과 민수기 19:18-19에 있는 법규에 의하여 영감을 받은 것이다. 노획물의 분배와 관련된 절차는 약간 다르기는 하지만 다윗이 세운 원리에 대한 회상이다(삼상 30:24-25). 48-50절에 있는 장관들의 제사는 앞의 민수기 7:2의 제사를 상기시켜 준다. 성경 본문에 대한 이러한 광범위한 취급을 할 때 이 단락의 묘사가 미드라쉬임이 입증된다. 역사는 여기서 발견되지 않는다. 그보다 이 단락은 "미디안의 날"(사 9:3; 시 83:10)에 대한 신학적 반영이다.

여기서 우리는 또다시 민수기 제사장 저자의 작품을 보고 있다고 결론짓는 것이 가장 좋을 듯하다. 본 장에 있는 비제사장적 요소를 위한 논증은 많지 않다. 이스라엘을 "백성"(3절)으로 묘사한 사실은 분명히 이례적인 것이지만, 제사장 본문에서 유일한 경우는 아니며(참조. 출 36:5-6; 민 17:6), 열거된 다른 특징들이 제사 문서가 될 수가 없다고 가정할 충분한 근거는 못된다. 숫자가 믿을 수 없을 만큼 조작적이라는 주장은 흥미 있는데, 그 이유는 이것이 제사장의 전집으로부터 민수기 1:26을 제거하는 것처럼 그러한 장들을 제거하는 것으로 보이기 때문이었을 것이다. 이 단락과 민수기 27:12-23의 관계는 보다 많은 난점을 가지고 있지만, 본서의 더 광범위한 문맥이 그 기사로 취급된다면 극복하기 어려운 문제는 아니다. 민수기 27:12-23은 그 자체가 미디안 전쟁을 예상하고 있지 않다는 것이 사실일 수도 있지만, 민수기 25:16-18 단락은 그것을 예상하고 있음에 분명하다. 어찌하여 미디안이라는 주제가 민수기 27:12-23에서 또다시 취급되어야 했는지에 대한 특별한 이유는 없다. 거기서 여호수아는 모세가 죽은 다음에 모세의 역할을 대신 떠맡도록 위임을 받는다. 그는 민수기 31장에서는 아직 죽지 않았고, 그러므로 여호수아가 직접 연루되어야 할 이유가 없다. 그러므로 전쟁은 모두가 모세의 관할 아래서 제사장적 스타일로 치러질 수 있으며, 또한 비느하스가 성소의 성물들을 관할할 수 있는 것이다(6절). 이러한 물품들은 구 전승 가운데서는 법궤 옆에 두어졌던 것으로 보인다.

사실상 본 장은 민수기 전체 가운데서 단결시키는 방법으로서의 기능을 하고 있다. 본서는 이스라엘을 하나의 군대로 묘사하면서 군대 인구 조사로 시작하고 있다. 이 곳 1-12절에서 제사장 저자는 전쟁을 치르는 방법에 대한 자기의 예증을 제시하고 있다. 민수기 10:1-10에서 그는 전쟁에서 나팔을 사용하는 일에 대해 묘사한 바 있다. 이 곳 1-12절에서는 그러한 원리들이 시행된다. 민수기 19장에서 그는 시체와 접촉한 다음에 밟아야 할 정결케 되는 절차를 묘사한 바 있다. 이 곳 13-24절에서는 그러한 원리를 적용할 기회를 제공하고, 어떻게 그들이 실행하는지를 민수기 18장에서와 다른 곳에서 그는 성직자의 생계 유지에 대해서 특별한 관심을 나타내 보였다. 이 곳 25-47절에는 앞에서 설명한 십일조 원리 적용에 대한 설화적 예증이 있다. 민수기 7장과 28-29장에서 그는 값 나가는 제물을 통하여 상징되는 헌신의 중요성을 강조했고, 이 곳 48-54절에는 그러한 종류의 헌신에 대한 또 다른 예증이 있다. 제사장 저자에게 이 전쟁은 일차적으로 제의적 의미를 지닌 전쟁이라는 사실을 인식한다면, 어찌하여 민수기 28-30장에서 제사 문제를 광범위하게 취급한 다음에 이 지점에서 그 일이 나타나고 있는지를 이해하게 된다. 그는 분명히 신명기에 옹호될 야웨 전쟁과 여호수아서에 있는 전쟁의 제사장 기원을 수립하기를 원하고 있다. 땅 분배가 일어나기 전에(31장) 이러한 시야를 조정해 주는 것이 좋은 것으로 보였던 것이다.

대부분의 주석가들이 인정하는 바와 같이, 이 단락 가운데 있는 고대 전승에 많은 목적이 들어 있을 것으로 보이지는 않는다. 이 설화의 유일한 목적은 결례, 전리품의 분배 그리고 전쟁을 치른 다음에 드리는 제사의 배경을 제공하려는 것으로 보인다. 커젤스가 핵심 본문을 첨가물로 취급함에 있어서 옳다고 할지라도 원문이 매우 오래된 것 같지는 않다. 8절의 다섯 왕들이 전승 가운데서 가장 오래된 요소일 수도 있지만, 그들은 그 반대로 그 장에서처럼 다른 성경의 본문, 즉 여호수아 13:21에서 이끌어 온 것일 수도 있다. 사실상 특히 여호수아 13:21이 전체 전승의 기초일 가능성이 있다. 그것은 그 어떤 제사장의 개정의 표시도 보여 주지 않으며, 신명기적 역사의 일부분이었음에 틀림없다. 이 구절은 이 미디안 왕들을 시혼에 대한 전쟁과 연결시켜 주고 있으며, 그것이 이 곳 민수기 31:1-12에 묘사된 독립된 미디안 전쟁 사상을 고무시켰을 가능성이 있다.

만일 어떤 종류의 역사적 요점이 있다면(W. F. Albright를 따르는 W. J. Dumbrell, *VT* 25, 1975, 323-27이 주장한 바와 같이), 폴크가 주장하는 바와 같이 세련된 신학적 사고의 산물인 미드라쉬("해설")가 여호수아 13:21; 민수기 31장을 통하여 조사되어야 할 것이다.

주석

[2] "너는 네 백성에게로 모을 것이니라"(תאסף אל־עמיך – 테아쎄프 엘-아메카); 참조. 민 20:24; 27:13.

[3] "준비를 시키고"(החלצו – 헤할르추). 스나이드(N. H. Snaith, 324-25)는 이 단어의 어근이 "철수시키다"를 의미한다고 주장한다. 이와 같은 출정의 상황에서는 군대를 위하여 사람들을 차출해야 하며, 그래서 출정을 위하여 내보내야 한다는 사상이 들어 있다.

[4] "각 지파에서 일천 인씩"(אלף למטה אלף למטה – 엘레프 람마테 엘레프 람마테). 참조. 삿 20:8-11. 스터디(216)는 지파들이 매우 다른 규모를 가지고 있으므로(민 26장) 이 대략적 숫자는 그 기사가 비실제적인 성격을 가지고 있는 표시라고 지적한다.

[6] 이 야웨의 전쟁은 성전이고, 그런 까닭에 성물과 나팔이 출현하고 있다(참조. 민 10:1-10). 모세도 그리고 여호수아도(참조. 민 27:12-23) 출정을 지휘하라는 말씀을 듣지 못한다. 아마도 엘르아살이 출정을 했다면 그가 사체와의 접촉을 통하여

부정케 되었을 것이다. 그가 오히려 다음에 뒤따라오는 정결 의식들을 지휘하라는 명령을 받는다. 그런 까닭에 비느하스가 성물을 담당하라는 명령을 받는데, 아마도 전쟁 전체를 지휘하는 일일 것이다. 민수기 17:2(히.)에 있는 부정한 향로들에 대해 자기 부친 아론에 앞서서 엘르아살이 취급한 사실을 참조하라. 대제사장에게 요구된 특별한 성별은 레위기 21:10-15에 암시되어 있고, 이러한 임무를 위한 자신의 선택을 정당화하는 비느하스의 특별한 열심은 민수기 25:6-15에 암시되어 있다.

"성소의 기구"(וכלי הקדש – 우클레 하카도쉬; 참조. 민 3:31; 4:15; 18:3; 왕상 8:4; 대상 9:29; 대하 5:5). 이러한 성물들은 법궤 옆에 두어야 했던 것으로 보인다(참조. 민 10:35-36; 14:44; 삼상 4:4). 여기에 드러난 전쟁의 시행 광경은 역대기서의 그것과 다르지 않다(참조. 대하 20:20-23).

"그리고 나팔"(וחצצרות – 와하초츠로트). 참조. 민 10:3-10; 대하 13:12.

7 설화의 비현실성이 또다시 나타나는데, 즉 사사기 6:1-6과 대조적으로 모든 남자의 죽음이 미디안인들에게만 일어났다는 것이다.

8 이 이름들은 여호수아 13:21에도 나타나며, 수르는 미디안 족장으로서 민수기 25:15에 언급되어 있다. 요세푸스와 나바티안 비문에는 레겜이 페트라라는 성읍의 초창기 이름이다.

민수기 22-24장에 있는 발람 이야기와 민수기 25:1-5에 있는 바알브올 이야기의 긴밀한 관계는 발람이 이스라엘로 그릇 가게 했다는 사상을 시사하고 있으며, 그런 까닭에 여기에 그의 죽음이 나타나 있는 것이다(참조. 수 13:22; 초대교회에서 발람의 평가에 대한 유 11절의 언급을 참조하라).

10 첫 번째 문장은 어색하다. 그것은 그들이 이전에 점령했던 곳과는 반대로 **지금** 살아 있는 위치를 구체적으로 밝히기 원하고 있을 수도 있다.

"그 거처하는"(טירתם – 티로탐). 참조. 창 25:16; 겔 25:4; 시 69:26; 대상 6:29.

11 "노략한 것과 탈취한 것"(המלקוח···השלל – 함말코아흐···하샬랄). 스나이드(326)에 따르면, 첫 번째 단어는 엄밀하게 양떼와 관계가 있고, 두 번째 것은 "사로잡힌 것"과 관계가 있다. 저자는 이 두 단어를 어떤 분명한 의미의 차이가 없이 사용하고 있는 것으로 보인다.

14 모세의 진노는 사무엘상 15:17-19에 있는 사무엘의 진노와 비교될 수도 있다. 성전에서 헤렘의 원리는 사람이든 짐승이든 혹은 물건이든 모두 전멸시킴으로써 전리품을 야웨께 드리도록 요구했다. 이런 식으로 행동하는 것은 헤렘에 대한 심각한 침해였다(참조. 수 7:1; 또한 민 21:2의 "주석"을 참조하라).

"장관"(פקודי – 페쿠데; 참조. 왕하 11:15). 이 단어의 어근이 인구 조사 가운데서 일어난 "계수"에 대해 다른 곳에서 저자에 의하여 사용된다(참조. 민 1:45). 인구 조사가 군사 문제였으므로, 그것은 그래이(422)가 지적하는 바와 같이 그렇게 일치하지 않는 단어의 사용은 아니다.

16 "발람의 꾀" 또는 아마도 "발람의 이탈에서"(NEB – "on Balaam's departure"). 이 문구는 "발람 사건"으로 번역될 수 있을 것이다. 8절에서 발람을 죽인 일은 NEB에 반하는 일인데, 곧 철저히 그를 연루시키는 번역인 것처럼 보인다.

19 여기에 등장하는 원리들은 민수기 19:12, 16-19에 진술된 것들이다. 뒤따라 나오는 의식들은 거기에 규정된 내용을 넘어가는 것이지만, 그들의 전리품에 대한 적용은 민수기 19장의 정결케 하는 원리와 철저하게 일치한다.

21 Sam에는 여기서 모세가 엘르아살에게 명령했다는 본문상의 증거가 있으며("원문주해"를 보라), 이것이 분명히 P에 있는 통상적인 패턴과 보다 일관성이 있다. 다른 한편 민수기는 모세 법 아래서 제사장 나라를 예상하고 있고, 그래서 제사장 엘르아살이 여기서 주도권을 가지고 행동하는 것을 발견하는 것은 전혀 놀랄 일이 아니다(참조. 민 27:21). 물론 법규의 모세 기원은 인정된다.

23 스나이드(327)가 지적한 바와 같이, 불을 통과하여 지나가는 정결 의식 절차는 이스라엘 족속의 전승 가운데서 그 어디에서도 발견되지 않는다. 그것은 고대 근동의 문화 가운데서 발견되며, 저자가 바벨론 관습에서 차용해 온 것일 수 있다.

25-27 둘로 분배 – 군인들의 것과 백성들의 것으로 – 하는 것은 사무엘상 30:24-25과 일치한다.

28 여기에 부과된 세금은 초창기 전승에서는 입증된 바가 없다. 스나이드(327)는 그것이 고대의 관례이기는 하지만 이러한 생각을 할 만한 확고한 입증 자료가 없다고 생각한다. 제사장과 레위인들의 생계 수단을 확보하려는 바람(그들은 조직적으로 지불을 받아야 한다는 반복적인 확언하려는 바람)은 저자의 목적의 핵심이다. 세금은 그에게서 기원되었을 수도 있다.

29 군사들에게 속하는 500분지 1이 엘르아살과 제사장들에게 주어진다. 백성들에게 속하는 것들 가운데 50분지 1이 레위인들에게 주어진다.

32 "외에"(יתר – 예테르). 여기서 의미하는 바가 무엇인지는 확인하기가 어렵다. NEB에는 "over and above"(그 외에)로 되어 있지만, 실제적으로 이것이 무엇을 의미하는지는 모호하다. RSV의 remaining of("…의 나머지")가 더 나은 것 같다. 저자의 의도는 아마도 전쟁이 끝난 다음에 남은 노획물의 분량을 의미하는 것으로 보인

다. 스나이드(329)는 군대가 집으로 돌아오는 노중에서 먹을 필요가 있었을 것이라고 상상하지만, 35절의 여인까지 그렇게 할 수 있다는 것인가?(또한 참조. A. H. McNeile, 168) 이 이야기는 군대가 필요로 하는 물품까지 저자의 염두에 들어 있었다고 상상할 수 있을 만큼 실제적이지 못하다. 스나이드는 또한 살육당한 자에게서 벗긴 것이 반반의 배당을 하기에는 충분하지 않은 노획물이었다고 생각하지만(참조. 53절), 요점은 여기서 분명하게 밝혀져 있지 않고, 그 타당성도 확실하지 않다.

49 모든 사람의 안전한 귀환은 그 이야기가 실제적이지 않다는 분명한 표시다.

50 이 전승은 사사기 8:24-26에서 미디안으로부터 취한 장신구에 대한 이야기에 근거했을 수도 있다.

"예물"(קרבן – 코르반)은 성전을 위한 헌물이었을 것이며, 특별히 제사장 개인이 사용하도록 한 것은 아니었을 것이다.

"각 사람"(אִישׁ – 이쉬). 이 단어는 "장관들"(48절)을 의미하거나, 아니면 군대 전체의 각 사람을 의미할 수 있다(53절편에서 후자일 것이다).

"우리의 생명을 위하여…속죄하려고"(לכפר על־נפשתינו – 레카페르 알-나프쇼테누; 민 17:11의 "주석"을 보라). 또한 각 사람이 자기 생명을 위하여 속전을 드려야 한다고 말하고 있는 출애굽기 30:12을 보라. 스터디(217)는 이것을 감사의 의도로 지불하는 것으로 이해한다. 생명이 보존되어 돌아왔다는 생각은 절대적으로 필요한 것이다. 이것은 민수기 다른 곳에서 속죄가 하나님의 진노를 막기 위하여 제공하는 것이라는 개념을 배제하지 않는다. 결국 노략물을 취급함에 있어서 오류가 있었다는 것이다(14-16절).

이 구절 가운데 기록되어 있는 다양한 물품들에 대해서는 G. B. Gray, 424를 보라.

53 이 기록의 주안점은 아주 모호하다. 장관들만이 그 헌물을 드렸다는 사실을 의미하는 것으로 생각되기도 했고, 군사들이 자기들의 노획물을 간직하고 있었다는 사실을 의미하는 것으로 생각되기도 했다. 만일 사실이 그러하다면 그 의도는 보다 분명해질 것인데, 곧 52절이 전혀 불필요하게 장관들만 그 헌물을 드렸다고 선언하고 있는 것이다. 그보다는 예물이 드려진 것이 그들(장관)을 통해서였다는 것이다. 53절을 그 예물이 군대의 각 사람이 취한 노획물 가운데서 취한 것임을 암시하는 기록으로 취급하는 것이 가장 좋을 듯하다.

54 "기념"(זכרון – 지카론; 참조. 민 17:5[히.]). 스나이드(329-30)에 따르면, 그 목적은 이스라엘로 하여금 그 사건을 기억하도록 하기 위한 것이었다. 스터디(217)는 많은 학자들이 그것을 이스라엘을 기억하도록 하기 위하여 하나님께 드리

는 유품으로 이해하기를 더 좋아한다고 지적한다(NEB에서처럼). 전문적인 의미에서 그 예물은 야웨에게 하나의 유품이겠지만, 저자는 전체의 사건을 이스라엘의 지속적인 풍부한 드림(generosity)에 대한 격려가 되도록 의도하고 있는 것 같다.

해설

이 단락은 이상적인 방식으로 미디안과의 전쟁과 그 결과에 대해 말하고 있다. 이스라엘 족속은 각 지파에서 일천 명씩 보내서 다섯 미디안 왕들과 그 군대를 초토화시키는 출정을 하게 한다. 모세는 발람과 함께 이스라엘을 바알브올에게로 그릇 가게 만들었다는 근거에서 여인들을 생포해 온 데 대해 진노를 한다. 모든 남자아이들을 죽여야 하고, 처녀들만 살려야 한다. 전쟁에 참가한 모든 사람과 물건들은 엄격한 정결케 하는 절차를 거쳐야 한다. 포로이든 짐승이든 모든 전리품은 하나는 군사들 몫으로, 다른 하나는 백성들의 몫으로 둘로 균등하게 나누어져야 하고, 각 편에서는 제사장과 레위인의 수익금으로 세금을 내야 한다. 취해 온 탈취물의 분량은 조심스럽게 그 수를 세어서 포획된 금과 보석을 포함하는 예물들이 야웨 앞에 기념물로 드려져야 한다. 탈취물의 분량은 거대하고, 이 위험한 전쟁의 성과는 절대적인 것이었다.

이 이야기는 현실성이 거의 없고, 그래서 이 이야기는 대적들을 물리치는 야웨의 능력을 축하하고 제사장들과 레위인들의 생계를 지원하기 위한 모든 필요 상황을 강조하며 또한 성소의 유지를 위하여 물질을 풍성하게 드리는 일을 강조하는, 하나의 미드라쉬적 문장으로 이해하는 것이 가장 좋을 듯하다. 이것이 민수기 제사장 저자의 작품이 아니라고 생각할 만한 강력한 이유는 없다. 여기에는 어떤 활동들, 즉 민수기 10장의 나팔이 사용되고, 민수기 19장의 정결케 되는 원리가 적용되고, 제사장과 레위인들의 생계 유지 활동(민 18장)이 이루어지는 일 등에 대한 저자의 법규의 특징들이 나타난다. 처음부터(민 1장) 이스라엘은 행진해 나갈 준비를 하고 있었고 – 인구 조사는 군사적 목적을 가지고 있음 – 여기서는 그 군대가 성공적으로 야웨의 성전을 치르고 있는 사실을 보여 주고 있다.

제사장 저자가 미디안 전쟁을 기록하고 있는 데는 여러 가지 이유가 있다. 무엇보다도 신명기적 역사(수 13:21) 가운데 시혼의 궤멸을 이 곳 8절에 언급된 미디안의 다섯 왕의 궤멸과 연관시킨 전승이 있었다는 것이다. 저자가 독립된 미디안 출정을 이 곳에 기록하도록 자신의 전승의 근거를 제공한 것은 바로 이것이었다. 발람 전승이 있었고, 야웨스트가 보존했던(우리가 생각한 바로는) 그것들 몇 개는 발람 사건 가운데 미디안이 연루되어 있었다(민 22:7). 그렇다면 이 지점에서 미디안을 이스라엘의 난관의 원인으로 바라보고, 미디안 족속의 배교와 비느하스에 관한 전승을 관련시키고(민 25:6-15), 미디안과의 대대적인 전투를 위한 근거를 준비할 만한(민 25:16-18) 근거가 있었던 것이다. 저자가 여기서 상술하고 있는 것이 이 전쟁이다.

미디안 전쟁을 여기에 기록하고 있는 또 다른 이유는 보다 오래된 야위스트 전승이 미디안 족속을 이스라엘과 긴밀하게 연결시켜 주는 사건이 있었을 수도 있다는 점이다. 모세와 미디안 족속 사이에는 가족 관계로 얽혀져 있었다(참조. 민 10: 29). 신명기 23:3-8에 있는 신명기 법은 그러한 관계에 관해서 침묵하고 있다. 에스라처럼 민수기 저자는 이방 결혼에 동정을 가지고 있지 않으며(참조. 민 25:6-15), 모세의 실례가 인용되어 있는 어떤 틈을 닫으려고 힘쓰고 있다. 저자가 관련되어 있는 사건(문제)의 진리는 미디안 족속이 제외된다는 것이다. 그가 사사기 6-8장의 미디안 전쟁을 이해한 방식은 명확하지 않지만, 미래의 관행의 모델들이 모세의 모델이며, 이 곳 31장에 있는 이것들이 미디안 족속과의 미래의 관계의 가능성을 배제하고 있다는 것이다. 이것이 곧 미디안 전쟁이 모세가 살아 있을 때 치러져야 했던 이유다. 이스라엘은 적대적이고도 무자비한 태도를 가져야 했다. 여기 본서의 마지막 부분에서 또다시 곧 뒤따라오는 신명기 법을 확대하고 정교화하고 혹은 강조하려는 저자의 관심의 증거들이 나타나 있다. 신명기 23:3-8은 다른 백성들을 향한 태도를 규정하는 데 도움을 준다. 민수기 31장은 미디안 족속들에 대한 입장을 분명하게 밝혀 주고 있다.

1-12절에서 전형적인 스타일로 꽤 간략하게 묘사되어 있는 전쟁 그 자체는 그 다음에 따라오는 제사장의 교훈의 기초가 된다. 민수기 19장에 있는 정결법이 실제로 시행되는 방식과, 제사장과 레위인들을 계속 부양하는 방법을 보여 주는 것이 가능하게 되었다. 여기서 저자가 신명기와 신명기 사가의 전승과 관련된 또 다른 입장을 취급하고 있는 것을 파악하는 것도 중요하다. 신명기에서 곧 공포가 되고 여호수아서에서 치러질 야웨의 전쟁이 이 곳에서는 제사장의 관점에서 묘사되고 있다. 일상적인 말로 그러한 관점은 모든 이방인의 영향을 근절하려는 신명기의 열정을 강조해 준다. 특히 신명기 전쟁법에 대한 해석이 여기에 분명하게 드러나 있는 것으로 보인다. 신명기 20:14에서는 분명히 어떤 출정을 하는 마당에서 모든 여인들, 아이들, 가축을 전리품으로 취하라는 허락이 주어져 있고, 이스라엘은 이것들을 자유롭

게 사용할 수 있다. 이 법은 2인칭 단수형으로 되어 있고, 그래서 당연히 본서 가운데 있는 초창기 법 가운데 하나다. 그 조건은 신명기 20:15에 주어져 있는데, 곧 이것이 다만 "멀리 떨어져 있는" 성읍들에만, 다시 말해서 야웨께서 주시지 않은 땅의 것들에 대해서만 시행된다고 되어 있다. 가나안 땅의 성읍들 가운데 살고 있는 모든 이방인들은 멸해야 한다. 비슷한 시대의 본문인 것으로 보이는 신명기 21:10-14에는 "멀리 떨어져 있는" 성읍으로부터 취해 온 여인이 아름다워서 아내로 삼고 싶은 경우에 그녀를 어떻게 취급해야 할지에 대한 지침이 주어져 있다. 민수기 저자가 이러한 규례들을 염두에 두고 그것들을 확장하고 해석하기를 원했던 것으로 보인다. 그는 아내를 삼는 경우에는 그녀가 처녀여야 하고, 더욱이 일반적인 탈취물은 이스라엘이 자유롭게 사용해서는 안 된다고 말한다. 세금은 제사장과 레위인의 생계를 위하여 부과되어야 하고, 또한 성소 자체의 유지를 위해서도 풍성한 헌물이 – 야웨께서 이스라엘을 계속하여 기억하시도록 – 드려져야 옳다(48-54절).

여기서 전리품은 흩어진 유대인의 재산을 상징할 수도 있다. 포로민들이 그 땅 밖에서 나그네로 사는 동안 얻었던 돈은 사실상 제사장과 레위인의 생계와 성소의 유지를 위하여 드려져야 한다. 몇몇 유대인들은 이에 대해서 의심할 수도 있으나, 민수기 저자는 이 이야기를 통하여 그러한 자원이 반드시 그리고 필수적으로 회복된 예루살렘 성소의 유지에 적절하게 사용된다는 사실을 분명히 밝혀 주고 있다. 그러므로 그것들은 야웨 앞에서 하나의 기념물로서의 기능을 할 것이다. 포로 후기 유대인들은 여기에 예상된 종류의 전쟁을 치를 기회가 전혀 없었을 것이고, 그런 까닭에 본 장은 비현실적이고 제사 의식적 성격을 가지고 있는 것이다. 그러므로 이 이야기의 기능은 포로 후기 상황에서 제의적 경향을 따라 이해하는 것이 적절하다. 귀환한 포로민들은 그 땅에서 확고한 발판을 구축하고 정체성을 수립하는 데 있어서 첫 번째 정착민들과 같은 기본적인 문제들을 가졌을 것이다. 모든 유대인들의 풍성한 헌물은 그러한 계획의 성공에 필수적이었다. 이 단락이 이룩한 중요한 신학적 기여는 하나님의 백성의 정체를 모든 사람의 전심을 다하고 풍성한 헌신을 통해서만 얻어질 수 있다는 원리다.

49. 르우벤과 갓 지파의 정착(32:1-42)

참고문헌

Auld, A. G. *Joshua, Moses, and the Land.* Edinburgh: T. and T. Clark, 1980. **Bergmann, A.** "The Israelite Tribe of Half Manasseh." *JPOS* 16(1936) 224-54. **Loewenstamm, S. E.** "The Relation of the Settlement of Gad and Reuben in Nu. 32:1-38. Its Background and Its Composition." *Tarbiz* 42(1972) 12-26. **Mauchline, J.** "Gilead and Gilgal; some Reflections on the Israelite Occupation of Palestine." *VT* 6(1956) 19-33. **Mittmann, S.** *Deuteronomium 1:1-6:3 literarkritisch und traditionsgeschichtlich untersucht.* BZAW 139. Berlin: De Gruyter, 1975. **Mowinckel, S.** *Tetrateuch-Pentateuch-Hexateuch. Die Berichte über die Landnahme in den drei altisraelitischen Geschichts-werken.* BZAW 90. Berlin: A. Töpelmann, 1964. **Olávarri, E.** "Sondages à ʿ Arôʿer sur l'Arnon." *RB* 72(1965) 77-94; *RB* 76(1969) 230-59. **Segal, M. H.** "The Settlement of Manasseh East of the Jordan." *PEFQS* 50(1918) 124-31. **Weippert, H.** "Das geographische System der Stämme Israels." *VT* 23(1973) 76-89. **Wüst, M.** *Untersuchungen zu den siedlungsgeographischen Texten des Allen Testaments. I. Ostjordanland.* Wiesbaden: Reichert Verlag, 1975. See also Num 34:1-15(*Bibliography*).

본 문

1 르우벤 자손과 갓 자손은 심히 많은 가축의 떼가 있었더라 그들이 야셀 땅과 길르앗 땅을 본즉 그 곳은 가축에 적당한 곳인지라	1 Now the sons of Reuben and the sons of Gad[a] had very large herds of cattle. And they saw the land of Jazer and the land of Gilead, and behold, the place was a place for cattle.
2 갓 자손과 르우벤 자손이 와서 모세와 제사장 엘르아살과 회중 족장들에게 말하여 가로되	2 And the sons of Gad and the sons of Reuben[a] came and spoke to Moses and to Eleazar the priest, and to the leaders of the congregation, saying,
3 아다롯과 디본과 야셀과 니므라와 헤스본과 엘르알레와 스밤과 느보와 브온	3 "Ataroth, Dibon, Jazer, Nimrah, Heshbon, Elealeh, Sibmah,[a] Nebo, and Baal-Meon,[b]
4 곧 여호와께서 이스라엘 회중 앞에서 쳐서 멸하신 땅은 가축에 적당한 곳이요 당신의 종들에게는 가축이 있나이다	4 the land which Yahweh smote[a] before the congregation of Israel,[b] is a land for cattle, and your servants have cattle."

5 또 가로되 우리가 만일 당신에게 은혜를 입었으면 이 땅을 당신의 종들에게 산업으로 주시고 우리로 요단을 건너지 않게 하소서

6 모세가 갓 자손과 르우벤 자손에게 이르되 너희 형제들은 싸우러 가거늘 너희는 여기 앉았고자 하느냐

7 너희가 어찌하여 이스라엘 자손으로 낙심케 하여서 여호와께서 그들에게 주신 땅으로 건너갈 수 없게 하려느냐

8 너희 열조도 내가 가데스바네아에서 그 땅을 보라고 보내었을 때에 그리하였었나니

9 그들이 에스골 골짜기에 올라가서 그 땅을 보고 이스라엘 자손으로 낙심케 하여서 여호와께서 그들에게 주신 땅으로 갈 수 없게 하였었느니라

10 그때에 여호와께서 진노하사 맹세하여 가라사대

11 애굽에서 나온 자들의 이십 세 이상으로는 한 사람도 내가 아브라함과 이삭과 야곱에게 맹세한 땅을 정녕히 보지 못하리니 이는 그들이 나를 온전히 순종치 아니하였음이니라

12 다만 그나스 사람 여분네의 아들 갈렙과 눈의 아들 여호수아는 볼 것은 여호와를 온전히 순종하였음이니라 하시고

13 여호와께서 이스라엘에게 진노하사 그들로 사십 년 동안 광야에 유리하게 하시므로 여호와의 목전에 악을 행한 그 세대가 필경은 다 소멸하였느니라

14 보라 너희는 너희의 열조를 계대하여 일어난 죄인의 종류로서 이스라엘을 향하신 여호와의 노를 더욱 심하게 하는도다

15 너희가 만일 돌이켜 여호와를 떠나면 여호와께서 또 이 백성을 광야에 버리시리니 그리하면 너희가 이 모든 백성을 멸망시키리라

16 그들이 모세에게 가까이 나아와 가로되 우리가 이 곳에 우리 가축을 위하여 우리를 짓고 우리 유아들을 위하여 성읍을 건축하고

5 And they said, "If we have found favor in your sight, let this land be given to your servants for a possession. Do not take us across the Jordan."

6 But Moses said to the sons of Gad and to the sons of Reuben, "Shall your brothers go to war while you sit here?

7 Why do you discourage the heart of the people of Israel from going over into the land which Yahweh has given them?

8 This is what your fathers did when I sent them from Kadesh-barnea to see the land.

9 For when they went up to the valley of Eshcol, and saw the land, they discouraged the heart of the people of Israel from going into the land which Yahweh had given them.

10 And Yahweh's anger blazed hotly on that day, and he swore, saying,

11 'Surely none of the men who came up out of Egypt, from the age of twenty and upwards,[a] shall see the land which I swore to give to Abraham, to Isaac, and to Jacob, because they have not followed me wholeheartedly.

12 None but Caleb, son of Jephunneh the Kenizzite,[a] and Joshua son of Nun, because they have followed Yahweh wholeheartedly.'

13 And Yahweh's anger blazed hotly against Israel, and he made them wander in the wilderness for forty years, until all the generation that had done evil in Yahweh's sight was consumed.

14 And behold, you have risen up in your father's place, a brood of sinful men, to provoke again the fierce anger of Yahweh against[a] Israel.

15 For if you turn away from following him, he will again abandon them[a] in the wilderness. And you will destroy all this people."

16 And they came near to him, and said, "We will build folds here for our cattle, and cities for our dependents,

17 이 땅 거민의 연고로 우리 유아들로 그 견고
한 성읍에 거하게 한 후에 우리는 무장하고 이스
라엘 자손을 그 곳으로 인도하기까지 그들의 앞
에 행하고
18 이스라엘 자손이 각기 기업을 얻기까지 우리
집으로 돌아오지 아니하겠사오며
19 우리는 요단 이편 곧 동편에서 산업을 얻었사
오니 그들과 함께 요단 저편에서는 기업을 얻지
아니하겠나이다
20 모세가 그들에게 이르되 너희가 만일 이 일을
행하여 무장하고 여호와 앞에서 가서 싸우되
21 너희가 다 무장하고 여호와 앞에서 요단을 건
너가서 여호와께서 그 원수를 자기 앞에서 쫓아
내시고
22 그 땅으로 여호와 앞에 복종케 하시기까지 싸
우면 여호와의 앞에서나 이스라엘의 앞에서나 무
죄히 돌아오겠고 이 땅은 여호와 앞에서 너희의
산업이 되리라마는
23 너희가 만일 그같이 아니하면 여호와께 범죄
함이니 너희 죄가 정녕 너희를 찾아낼 줄 알라
24 너희는 유아들을 위하여 성읍을 건축하고 양
을 위하여 우리를 지으라 그리하고 너희 입에서
낸 대로 행하라
25 갓 자손과 르우벤 자손이 모세에게 대답하여
가로되 우리 주의 명대로 종들이 행할 것이라
26 우리의 어린 자와 아내와 양떼와 모든 가축은
이곳 길르앗 성읍들에 두고
27 우리 주의 말씀대로 종들은 무장하고 여호와
앞에서 다 건너가서 싸우리이다
28 이에 모세가 그들에게 대하여 제사장 엘르아
살과 눈의 아들 여호수아와 이스라엘 자손 지파
의 두령들에게 명하니라

17 but we ourselves will take up arms, ready to
go[a] before the people of Israel, until we have
brought them to their place. And our dependents
shall live in the fortified cities because of the
inhabitants of the land.
18 We will not return to our homes until the
people of Israel have inherited, each man his
inheritance.
19 For we will not inherit with them on the
other side of the Jordan and beyond, because our
inheritance has come to us on this side of the
Jordan, to the east."
20 And Moses said to them, "If you will do this,
if you will indeed take up arms to go before
Yahweh for the war,
21 and every armed man of you will indeed pass
over the Jordan before Yahweh, until he has
driven out his enemies from before him,
22 and the land is subdued before Yahweh,
then, after that, you shall indeed return, and be
free of obligation to Yahweh and to Israel. And
this land shall be your possession before Yahweh.
23 But if you will not do so, then behold,[a] you
have sinned against Yahweh. And be sure your
sin[b] will find you out.
24 Build cities for your dependents, and folds for
your sheep, and do what you have promised."
25 And the sons of Gad and the sons of Reuben
said[a] to Moses, "Your servants will do as my lord
commands.
26 Our dependents, our wives, our flocks, and
all our cattle, shall remain there in the cities of
Gilead.
27 But your servants will pass over, every man
who is armed for war, before Yahweh to battle,
as my lord says."
28 So Moses gave command concerning them to
Eleazar the priest, and to Joshua the son of Nun,
and to the heads of the fathers' houses of the

29 모세가 그들에게 이르되 갓 자손과 르우벤 자
손이 만일 각기 무장하고 너희와 함께 요단을 건
너가서 여호와 앞에서 싸워서 그 땅이 너희 앞에
항복하기에 이르거든 길르앗 땅을 그들에게 산업
으로 줄 것이니라

30 그러나 그들이 만일 너희와 함께 무장하고 건
너지 아니하거든 가나안 땅에서 너희 중에 산업
을 줄 것이니라
31 갓 자손과 르우벤 자손이 대답하여 가로되 여
호와께서 당신의 종들에게 명하신 대로 우리가
행할 것이라
32 우리가 무장하고 여호와 앞에서 가나안 땅에
건너가서 요단 이편으로 우리의 산업이 되게 하
리이다

33 모세가 갓 자손과 르우벤 자손과 요셉의 아들
므낫세 반 지파에게 아모리인의 왕 시혼의 국토
와 바산 왕 옥의 국토를 주되 곧 그 나라와 그 경
내 성읍들과 그 성읍들의 사면 땅을 그들에게 주
매

34 갓 자손은 디본과 아다롯과 아로엘과

35 아다롯소반과 야셀과 욕브하와
36 벧니므라와 벧하란들의 견고한 성읍을 건축하
였고 또 양을 위하여 우리를 지었으며
37 르우벤 자손은 헤스본과 엘르알레와 기랴다임
과
38 느보와 바알므온들을 건축하고 그 이름을 고
쳤고 또 십마를 건축하고 건축한 성읍들에 새 이
름을 주었고
39 므낫세의 아들 마길의 자손은 가서 길르앗을
쳐서 취하고 거기 있는 아모리인을 쫓아내매

40 모세가 길르앗을 므낫세의 아들 마길에게 주
매 그가 거기 거하였고
41 므낫세의 아들 야일은 가서 그 촌락들을 취하

tribes of the people of Israel.
29 And Moses said to them, "If the sons of Gad
and the sons of Reuben, every man who is
armed for battle before Yahweh, will indeed pass
with you over the Jordan, and the land is
subdued before you, then you shall give them
the land of Gilead for a possession.
30 But if they will not pass over with you
armed,[a] they shall have possessions among you in
the land of Canaan."
31 And the sons of Gad and the sons of Reuben
answered, saying, "As Yahweh has said to your
servants, so will we do.
32 We will pass over armed before Yahweh into
the land of Canaan, and the possession of our
inheritance shall remain with us[a] beyond the
Jordan."
33 And Moses gave to them, to the sons of Gad
and to the sons of Reuben, and to the half tribe
of Manasseh, the son[a] of Joseph, the kingdom of
Sihon, king of the Amorites, and the kingdom of
Og, king of Bashan, the land and its cities with
their surrounding territories, the cities of the land
throughout the country.
34 And the sons of Gad built Dibon, Ataroth,
Aroer,
35 Atroth-shophan,[a] Jazer, Jogbehah,[b]
36 Bethnimrah[a] and Bethharan, fortified cities,
and folds for sheep.
37 And the sons of Reuben built Heshbon,
Elealeh, Kiriathaim,
38 Nebo,[a] and Baalmeon[b] (their names being
changed),[c] and Sibmah. And they gave other
names to the cities which they built.
39 And the sons of Machir, the son of
Manasseh, went to Gilead, and took it, and
dispossessed[a] the Amorites who were in it.
40 And Moses gave Gilead to Machir the son of
Manasseh, and he settled in it.
41 And Jair the son of Manasseh went and took

고 하봇야일이라 칭하였으며
42 노바는 가서 그낫과 그 향촌을 취하고 자기 이름을 따라서 노바라 칭하였더라

their tent villages, and called them Havvothjair.[a]
42 And Nobah[a] went and took Kenath and its villages, and he called it Nobah,[a] after his own name.

원문주해

1.a. Sam은 여기서 "그리고 므낫세 반 지파"를 보유하고 있다(아마도 33절에 비추어 하나의 첨가인 것으로 보인다). Sam은 2, 6, 25, 29, 31장에서 똑같은 내용을 첨가하고 있다.

2.a. G와 Syr은 1절에서처럼 갓 앞에 르우벤을 보유하고 있다. G의 25, 29, 31절에도 같은 내용이 들어 있고 Sam과 Syr의 6, 25, 29, 31, 33절에도 그렇게 되어 있다.

3.a. Sam과 G를 따르고 있다(참조. 38절). MT는 세밤(Sebam)을 보유하고 있고, Syr은 세바(Sebah)를 보유하고 있으며, T^0는 시마(Simah)를 보유하고 있다.

3.b. MT는 브온(Beon)을 보유하고 있다.

4.a. G에는 "양도하다"로 되어 있다.

4.b. G, Syr, Vg에는 "이스라엘 백성"으로 되어 있다.

11.a. G는 "선악을 분별할 수 있는 자들"을 덧붙였다.

12.a. G는 "분리된" 혹은 "성별된"(*ὁ διακεχωρισμένος* – 호 디아케리스메노스)을 덧붙였다. G는 일반적으로 이 단락에서 해석적이고도 확대적인 것으로 보인다.

14.a. 알(על)로 되어 있는 Sam을 따르고 있다. MT는 엘(אל, "…에게" 혹은 "…를 향하여")을 보유하고 있다.

15.a. Syr에는 "너"로 되어 있다.

17.a. *BHS*는 후므쉼(חמשים, "50명의 그룹으로" 혹은 "다섯 분대로")을 암시하고 있다(참조. 수 1:14; 4:12; 삿 7:11). 또한 R. de Vaux, *Ancient of Israel*, 216-17; J. Paterson, 64를 보라.

23.a. G와 Syr에는 빠져 있다.

23.b. Sam과 Syr에는 "죄들"로 되어 있다.

25.a. Sam, G, Syr, Vg, 그리고 몇몇 MT 필사본은 여기서 복수형이 요구된다.

30.a. G는 의미상의 차이는 없지만 여기서 또다시 첨가물을 보유하고 있다. 일반적인 효과는 의미를 보다 명료하게 만드는 것이다.

32.a. G에는 "그리고 너는 줄 것이다"로 되어 있다.

33.a. G에는 "요셉의 자손들"로 되어 있다.

35.a. G에는 아트롯(Atroth)이 빠져 있고, "소발"로 되어 있다. Sam은 "사빔"을 보유하고 있다. S는 "소밤"을 보유하고 있고, Vg은 "에트롯과 소반"을 보유하고 있다.

35.b. Sam에는 "약보하"(Jagbohah)로 되어 있다.

36.a. G는 "니므라"를 보유하고 있다.

38.a. G에는 느보가 빠져 있다.

38.b. Sam과 Syr은 바알몬을 보유하고 있다.

38.c. 하나의 주석임에 틀림없다. Tg^J는 모세의 죽음의 장소처럼 느보에 관해서도 긴 주석을 제공하고, 또한 다른 정보들도 제공하고 있다.

39.a. 복수형이 요구된다(Sam, Syr, Tg^J에서). MT는 단수형을 보유하고 있다.

41.a. Syr은 "이 날까지"를 덧붙인다.

42.a. G에는 이 구절에서 "나바우…나봇"으로 되어 있다.

양식/구조/배경

분석가들 사이에서는 통상적으로 이 단락이 P와 JE 그리고 아마도 신명기 저자의 자료로부터 나온 요소들로 구성된 복잡한 문서 편집물이라고 생각되어 왔다. 이 문제를 벨하우젠(115-117, 351-52)이 자세하게 논증했는데, 그는 1-15, 20-27, 39, 41-42절이 JE로부터 나온 기본 설화를 제공하고 있으며, 그 나머지는 제사 문서 자료와 다른 자료들로부터 나온 편집 자료라고 결론지었다(참조. A. Dillmann, 1992-202). 쿠에넨(101-2)은 1-5, 16-32절에서 제사장의 자료 P2와 강력하게 연결되어 있는 것을 바라보면서 아주 강력한 제사장의 영향이 있음을 파악해 냈다. 의심할 여지없이 이 구절들 가운데는 강력한 제사장의 특징이 있다 – 엘르아살과 족장에 대한 언급(2, 28절), 어근 나할(נחל, "기업을 얻다"; 18, 19절, 참조. 레 25:46; 민 34:13)의 사용, "무장"한다는 사상(27절, 참조. 민 31:5; 수 4:13), 산업을 소유한다는 의미의 어근 아하즈(אחז)의 사용(30절; 참조. 수 11:9, 19; 창 34:10; 47:27). 쿠에넨은 자료 P2라고 부르기를 꺼려하는데, 그 이유는 민수기 26:29-34(그의 P2)에서 마길이 므낫세의 유일한 아들이고, 그래서 33, 39, 40절에서 필요로 하는 것처럼 유일한 동쪽의 반 지파를 가리킬 수 없기 때문이다. 그의 해결책은 원 P2설화가 한편으로는 갓과 르우벤을 분리하여 취급했고 다른 한편으로는 므낫세 반 지파를 취급했는데, 후대의 편집자는 후자를 뺐다는 것이다.

홀징거(152-55)의 분석은 아주 복잡하다 – 즉 5, 20-21, 22a, 23a, 25-26, 27절에는 J자료를 보유하고 있고, 39, 41, 42절에는 J1자료를 가지고 있고, 16-17, 24, 34-38절에는 E자료를, 그리고 1, 2a, 3, 4, 5, 16, 17, 20-27, 33a, 40절에는 JE 편집자의 증거 자료를 보유하고 있다고 한다. 신명기 저자의 추가는 17절에서 파악된다.

PG의 단편들은 2b, 4a, 18, 19 그리고 어쩌면 28a절에서 발견되었다. 제사장 자료의 첨가물은 5, 22a, 22b, 23b, 27, 33b절에서 발견되고, 보다 실제적으로 6-15, 28-32절에서 발견된다. 이러한 분석은 분명히 1-32절과 33-42절에서 하나의 확고한 초창기 설화 전승을 추적함에 있어서 쿠에넨보다는 벨하우젠에 가깝다. 밴취(B. Baentsch, 659-62)에게 있어서도 마찬가지인데, 그는 주로 1b, 4b, 5-6, 20-23, 25- 27, 33, 39, 41-42절을 J에게로 돌렸고, 3, 16-17, 24, 34-38절에서 E를 발견했다. 밴취는 1a, 2b, 4a, 18-19절에서 P요소를 발견했고, 7-15절과 28-32절에서는 제사장의 편집 본문을 발견해 냈다. 신명기 저자의 편집은 33a, 40절에서 찾아볼 수 있다. 다량의 J와 E가 출현한다는 언질이 그래쓰만의 분석(310 n.2.) 가운데서도 분명하게 드러나지만, 반면에 루돌프(W. Rudolph, *Der 'Elohist'*, 131-38)는 E를 피하면서도 본 장 전체에 확고한 J 기초가 있음을 발견한다. 아이쓰펠트(O. Eissfeldt, *Hexateuch*, 192-95)는 39-42절의 전승을 L에게로 돌리면서 J(2-15, 20b-23, 25-32절)와 E(1, 16-20a, 24, 33-38절) 사이의 구별에 기초한 본문의 분석을 시도했다. 아이쓰펠트는 모두 세 부분 가운데서 편집 활동의 강력한 증거를 보았다. 세부적인 분석에서 의견의 차이는 있을지라도 수많은 구 분석가들은 상당한 JE요소가 있다는 데 동의를 하고 있는 것으로 보인다. 분명히 제사장의 손길의 표시가 전혀 없는 33-42절에 있는 자료 이외에 1-32절에는 긴장에 대한 분명한 표시가 있었다. 28절에 있는 새로운 출발은 분명히 제사장의 것으로 보이며, 많은 사람들에게 이것은 앞의 자료를 J와 E로 분석하도록 하는 충분한 근거였다. 도달한 결론의 한 좋은 실례는 밴취가 제공한 것이다. 그가 보기에 P는 요단 동편 땅을 요구하고 서편에 도움을 주고 있는 "르우벤과 갓"을 보유하고 있다. E에서는 "갓과 르우벤"이 같은 제안을 하고 있고, 도시 건설에 강조를 더 두고 있다. J에서는 "갓과 르우벤"이 요단으로 인도해 들이지 말 것을 요구하고, 모세의 책망을 받는다.

이러한 형태의 분석으로부터의 초창기 입장 변경은 그래이의 접근 방식(425-27)에서 나타났다. 그는 1-38절과 39-42절 사이를 선명하게 구분하는 것이 지혜롭다고 생각했고, 후자(39-42절)를 중요 요소로 배정할 필요가 없다고 보았다. 그는 그것들을 고대 자료로부터 취해 온 단편으로 취급했고, 반면에 1-38절은 후대의 작가가 JE와 P 양쪽으로부터 유래된 자료에 근거하여 작업하면서 자기 앞에 민수기 13-14장에 있는 정탐꾼 이야기라는 현재의 혼합 형태를 가지고서 자유롭게 배합한 것으로 보았다. 그는 현 상태로 되어 있는 본 장이 민수기 27:15-23(P)를 전제로 하고 있지만, 그 자체는 민수기 34:14-25을 전세로 하고 있나고 결론지었다. 그래이는 분명히 제사장적 요소를 인정했고, 7-13절에는 약간의 신명기 저자의 문구들이 있음을 인정했다. 그는 또한 자신이 보다 JE의 특징을 가진 것으로 생각했던 단어들과 문구들을 지적했다: "부양자들" 혹은 "어린 것들"에 대한 타프(טַף)란 단어의 사용, 야웨의 진노에 대한 언급, "가축"에 대한 단어 미크네(מקנה). 다른 한편 그는 본 장에 대한 엄격한 분석이 만족할 만하게 철저하지 못했다고 결론지었다. 그는 전체 설화가 개작되었을 것이라고 생각했고, 그것이 다른 곳에서 그러하듯 JE와 P로부터의 단순한 편집은 아니라고 생각했다.

보다 최근의 분석가들은 모든 것을 강제로 네 개의 주요 요소 가운데 하나로 돌려야 된다고 느끼지는 않았고, 그래이의 접근 방식을 한층 더 추진하는 방향으로 기울어졌다. 노트(234-36)는 본 장이 하나의 문서 단위가 아니라는 사실을 밝혀 주고 있는 여러 특징들을 지적한다. 바람직한 영토는 1절에서 "야셀 땅과 길르앗 땅"으로 되어 있고, 26, 29에서는 다만 "길르앗"만이 언급되어 있다. 그 곳을 요구하는 지파들은 1절에서 르우벤과 갓 지파이지만, 다른 곳에서는 갓과 르우벤 지파다. 33절에 있는 므낫세 반 지파의 출현은 예상되지도 않았고, 설명되지도 않았다. 예를 들어 33절에는 신명기적 문구가 나타나는데, 다른 곳(2b, 28절)에서는 제사장 스타일이 명백하다. 초기 분석가들은 물론 이러한 현상들에 대해 알고 있었다. 그러나 차이점은 노트가 그것들을 하나의 자료 분석의 틀로 밀어 넣기를 원치 않는다는 것이다. 그는 본 장의 기본적인 형태가 신명기 저자의 것도 아니고 제사장의 것도 아니라고 믿는다. 그는 그것이 신명기 2:26-3:22에서 발견되는 바와 같이 요단 동편 정복에 대한 신명기 입장과는 다르다고 주장하며, 한층 더 나아가 그는 제사장 저자가 정복의 세부적인 진행에 대해 전혀 관심을 가지고 있지 않다고 주장한다. 그의 주장 가운데서 P집단도 D집단도 소유의 배당에 있어서 각 지파의 요망 사항에 어떤 무게를 실어 주지 않았다고 말한다. 그러므로 노트가 보기에 기본적 전승은 이 곳 민수기에 최종적인 출현을 하고 있는 것으로서 보다 오래된 오경 자료에 속한 것임에 틀림없지만, 이 단락을 지금의 형태가 되도록 해주는 각색과 첨가라는 그 연속물이 전승적 자료 비평 확인 구실을 하지는 않는다. 예를 들어, 제사장 자료는 서로 밀착되어 있는 설화가 아니고, 이것이 민수기 전체 가운데서 우세한 스타일이라는 사실에서 나온 줄기도 아니다.

그 이후의 논의는 이 단락에 대한 어떤 종류의 일치된 의견을 확고히 하기보다는 흩어지게 했다는 사실이 인정되어야 한다. 스터디(221-22)는 본 장이 "근본적으로 J에 의하여 기록된 것"이라고 주장하고, 그것이 자기가 르우벤, 갓, 므낫세 반 지파가 요단 동편에 있어야 했던 사실을 설명하기 위하여 스스로 전개시킨 하나의 이야기를 담고 있다고 주장한다. 이것은 특별한 설명을 필요로 했는데, 왜냐하면 그가 그것을 예상했던 것과 같은 중요한 운동이 동쪽으로부터 서쪽으로의 침입이었기 때문이다. 스터디의 입장에서 J이야기는 2, 4-6, 16a, 17, 20-23, 25-27, 32a, 34-38절에서 발견된다. 스터디에 따르면, 그 설화의 확대는 주로 제사장 학파로부터 나온 것이다. 가장 현실적인 부분은 당연히 민수기 13-14장이 그 최종 형태가 되는 7-15절과, 편집자가 덧붙인 18-19, 28-31, 32b절인데, 편집자는 르우벤과 갓 지파에 대한 약속을 그들이 요구한 땅을 그들에게 줄 만한 근거에 대한 충분한 보증으로 볼 수가 없다. 그래서 그(편집자)는 엘르아살과 여호수아에게 그들이 자기들의 말을 확실히 지키도록 제공을 해주고 있다. 39-42절에서 스터디는 므낫세 지파가 길르앗을 점령한 사실에 대해 말하고 있는 오래되고 독립된 전승이라는 또 다른 전승 그룹을 발견하게 되는데, 곧 본질적으로 분리된 이야기이지만 P에 의하여 끼워 넣어진 것이라고 생각한다.

폴크(362-71)는 여호수아 13:8-32에 제공된 것과 34-42절에 제공된 요단 동편 정착의 입장을 비교함으로써 시작한다. 모빙켈을 따르면서(S. Mowinckel, *Tetrateuch, Pentateuch, Hexateuch*, 16, 77-78), 그는 보다 오래된 전승의 도식적인 시작 자료를 제공하면서 여호수아서 본문이 분명히 후대의 것이라고 결론짓는다. 온 이스라엘이 요단 동편을 점령한 사실에 대해 말하고 있는 민수기 21:21-35을 고려하면서, 그는 다음과 같은 항목을 따라 이 단락의 문서 역사를 제안하고 있다.

1. 르우벤과 갓 지파의 고대 전승(34-38절). 이것은 두 지파가 건설한 성읍들의 목록이며, 각 지파가 가나안 땅의 어떤 영토를 점령하고 있는 사사기 1장의 전승과 비교될 수 있다. 차이점은 이 전승이 정복에 대해서 말하고 있지 않고, 다만 건설과 이름 붙이는 것만을 말하고 있다는 점이다. 37절에 암시된 성읍들은 헤스본 왕 시혼의 영향권에 있음에 틀림없다(참조. 민 21:25). 폴크에 따르면 이것들은 왕국 시대 이전의 것이고, 갓과 르우벤의 비전투적인 성격과 숫자의 쇠퇴가 사사기 5:15-16; 창세기 49:4; 신명기 33:6과 같은 고대 본문에 잘 입증되어 있다.

2. "엘로히스트의 이야기"(1-32절의 필수적인 내용들과 E이거나 아니면 JE문서). 모세의 축복은 이미 갓 지파의 우월성을 확인한 바 있고(신 33:20-21), 이 점이 갓이 먼저 인용되는 이유를 설명해 주고 있다(2, 6, 25, 29, 31, 33절). 폴크는 특히 25-27절의 연설의 형태를 언급하고 있는데, 그 곳에서 사실상 모세를 왕의 특성을 가진 것으로 말하고 있으며 – 지파들의 단일성을 책임지고 있는 자 – 이 점이 이 이

야기가 왕국 시대의 배경을 가지고 있음을 암시하고 있다.

3. 결정적인 편집(1-42절), 이것은 민수기 13-14장의 융합을 반영하고 있는 6-15절, 민수기 27:12-23(P)을 반영하고 길르앗을 요단 동편에 대한 일반적인 호칭으로 사용하고 있는 28-32절, 그리고 마지막으로 요단 동편 분배에 대한 편집자의 완전한 묘사를 하고 있으면서 갓과 르우벤과 함께 므낫세 반 지파를 함께 취급하고 있는 - 요단 동편 땅의 분배에 대한 도식적 성직 특권주의의 환상을 반영하고 있는 입장 - 33절과 39-42절을 포함하고 있다.

로웬스탐(S. E. Loewenstamm, *Tarbiz* 42[1972] 12-26)은 신명기 3:16-20; 여호수아 13:8-28; 21:43-22:6을 포함하여, 모세가 경제적 이유로 인하여 그리고 성읍을 건축하도록 하기 위하여 요단 동편에 갓과 르우벤을 정착하도록 허락했던 방식에 대해 구 지파 전승을 말했다는 사실을 암시하면서 광범위한 분석을 하고 있다. 이 설화는 여호수아를 모든 지파를 포함하는 군대의 지도자로 생각하고, 가나안 전체를 정복했다고 생각한 후대의 이론을 통하여 변형되었다. 이 이론은 이 단합된 전쟁에 참여한 자들만이 합법적인 이스라엘의 구성원으로 인정될 수 있다는 사실을 필요로 했다. 전승의 이러한 각색은 정탐꾼 이야기에 근거한, 그리고 원 갈렙 전승의 가장 후대의 역본을 반영하고 있는 모세의 설교적 연설을 통하여 후기에 확대되었다. 제사장 엘르아살과 회중의 족장들에 대한 언급은 전승 역사 중 이 단계에서 기록되었고, 반면에 르우벤-갓 순서(1절)는 그 다음 단계일 수도 있다.

미트만(S. Mittmann, *Deteronomium 1:1-6:3*, 95-107) 역시 민수기 32장을 분석하고 나서, 가장 오래된 문서의 핵심 부분(J이든 아니면 E이든)은 1, 16-17b, 34-39, 41-42절에 있다고 결론지었다. 이것은 동편에 정착하려는 갓과 르우벤의 결의에 대해서 말하고 있지만, 서방으로 기꺼이 출정하겠다는 의지에 대해서도 말하고 있다. 이 단위는 또한 그들의 성읍 건설, 요단 동편에서의 므낫세 속속의 군사적 행동에 대해서도 말하고 있다.

뷔스트(M. Wüst, *Untersuchungen zu den siedlungsgeographischen Texten*, 59-118)는 요단 동편 전승의 문학적 성격에 관한 자신의 이론에 비추어 이 단락을 연구했다. 그의 연구의 근본적인 논점은 요단 동편 이야기 가운데 중요한 부분은 본질적으로 P에 첨가 형식으로 되어 있는 편집 활동의 산물이라는 것이다. 그래서 마길에 대한 언급(39절)은 고대 전승으로부터 나온 것이 아니라 요단 동편에 있는 길르앗을 언급하고 있는 민수기 26:29의 길르앗에 대한 잘못된 동일시로부터 나온 것이라는 것이다. 야일과 노바(41-42절; 각각 삿 10:3과 삿 8:11로부터 흡수된 것)는 므낫세와 연결되었고, 그래서 "므낫세 반 지파"라는 개념이 발전했다. 본 단락의 나머지 부분에서 전승으로부터 나온 유일한 기본적 요소는 르우벤이 야셀과 헤스본과 연관되어 있고(1, 16, 37-38절) 갓과 디본이 연결되어 있는 것으로 보인다(34절). 올드(A. G. Auld, Joshua, *Moses, and the Land*, 15, 32, 83)는 본 장의 복잡성에 대한 몇몇 정보를 제공해 주고, "므낫세 반 지파"가 민수기와 여호수아서에서 후대의 요소라는 데 동의한다.

이러한 다양한 접근 방식에 비추어 본문의 문서 역사에 대한 어떤 재구성이 임시적으로 되어지만, 민수기에 있는 다른 것과는 전혀 다른 방식으로 이 본문을 취급할 극도로 설득력 있는 이유는 없다고 말하는 것이 정당할 것 같다. 우리는 야위스트의 요단 동편 전승이 있었다는 사실을 논증해 왔고(민 21:1-25:5), 그것이 이 곳에서도 계속되고 있다고 생각할 만한 충분한 이유가 있다. 제사장적 요소는 산재해 있고, 구 분석가들이 주장한 바와 같이 비제사장적 자료의 상당 부분을 분리해내기는 어렵지 않다. 야위스트의 작품과 목적에 대한 우리의 재구성은 몇몇 요단 동편의 정착 기사에 대한 필요성을 시사한다. 전승에 대한 야위스트의 각색은 통일된 이스라엘을 동편으로부터 요단을 건너 그 땅으로 이끌어 가려는 것을 목표로 했고, 그러나 아직도 강 건너편에 이스라엘이 정착했다는 충분한 증거가 남아 있었던 것이다. **서방으로부터** 요단 동편 정착에 대해 사사기 12:1-16과 여호수아 17:14-18에 보존된 전승이 있었을 수도 있다. 여하튼 설명과 어느 정도의 표준화는 필요하다.

난점은 야위스트 작품의 한계를 고정시키는 것이다. 미트만(Mithmann)이 주장한 바와 같이 그것이 소량인가, 아니면 스터디(Sturdy)와 많은 구 분석가들이 주장한 바와 같이 많은 분량인가? 그가 이용할 수 있었던 두 개의 중요한 전승 자료가 있었던 것으로 보인다. 통설로는, 34-38절에 있는 성읍 목록은 갓과 르우벤이 건설한 성읍이었다. 그러한 목록이 공문서로부터 유래되었을 가능성이 있고, 궁극적으로는 갓 족속과 르우벤 족속의 자료로부터 유래되었을 것이다. 그러나 그 지역에 대한 므낫세 지파의 전승도 있었고 야위스트를 통하여 39, 41-42절에 보존되었다. 노바가 므낫세 지파로 불리지는 않지만(42절), 그의 업적은 39, 41절과 같은 형태로 구성되었으며, 그 정보는 아마도 같은 자료로부터 유래되었을 것이다. 이 전승들은 사사기 1장의 전승이 하는 것과 같은 방식으로 분리된 그룹을 통한 축출에 대해서 말하고 있고, 그것들이 유사한 포도 수확기를 가지고 있다고 상상하는 것은 부당하지 않다. 기드온이 므낫세 지파에 속해 있었다는 사실과(삿 6:15), 그의 출정이 요단 동편으로 향했었다는 사실(삿 8:4) 그리고 노바와 욕브하 근처로 나아갔다는 사실(삿 8:11)은 유념할 가치가 있다. 그 지역에서 고대 므낫세 지파의 활동과 정착의 가능성은 확실하며, 이 모든 자료를 후대의 편집으로 설명하려는 뷔스트의 시도는 당연히 설득력이 없다. 그는 그 전승의 창작에 영향을 주었을 본문을 확실하게 지적했으나(예를 들어, 삿 8:11), 이것이 매우 후대의 것임에 틀림없고 야위스트의 작품이 아니라는 사실을 제시하지 못했다. 야위스트가 요단 동편에 관한 갓 족속, 르우벤 족속, 므낫세 족속의 전승에 대해서 잘 알고 있었고, 그가 그것들을 어느 정도 정당하게 취급해야 할 것이라는 강박감을 느꼈을 것이라고 생각하는 것이 타당해 보인다. 그러나 그는 므낫세의 주요 정착에 대한 책임감은 없었다. 그 당시 상황은 요단 동편에 므낫세 지파가 있다는 사실을 설명하도록 요구하지 않았다. 그래서 주요 설화 가운데 갓과 르우벤만이 묘사되어 있는 것이다.

야위스트가 갓과 르우벤이 요단 동편에 정착하게 해 달라고 했던 요구를 자기 자신의 이야기로 작성한 것은 갓 지파와 르우벤 지파의 활동에 기초한 것이다. 그 이야기의 명확한 한계는 확실하게 정할 수 없지만, 일관성 있고 균형잡힌 야위스트 이야기가 1, 16-27절에서 발견된다. 1절에 있는 "르우벤-갓"이라는 순서에 지나치게 의존해서는 안 된다. 르우벤이 당연히 목록의 선두에 나타나는 것은 민수기 저자가 그렇게 한 것일 수도 있으나, 민수기 32장 전체 본문의 증거는 언제나 그것이 보증되어 있는 것이 아니다("원문주해"를 보라). 야위스트의 이야기는 야셀과 길르앗 땅을 점유하고자 하는 갓과 르우벤의 제안을 포함했을 테지만, 다른 지파에 대한 그들의 책임도 포함했을 것이다(1, 16-19절). 모세는 그 제안에 동의하고(20-24절), 갓과 르우벤 족속의 백성들은 모세의 공식적 선언에 응답한다(25-27절). 이 구절들 가운데서 모세가 받아들인 왕으로서의 기능은 야위스트가 다른 문맥 가운데서 그에 대해서 제공한 것과 평행을 이룬다. 그리고 나서 야위스트는 갓과 르우벤 족속의 군인들이 자기들의 가속들을 위하여 건설한 성읍으로 제공할 수 있는, 전승으로부터 나온 성읍의 목록을 포함시킨다(34-38절). 이것은 이번에는 그 지역에서 므낫세의 활동에 대한 언급을 포함시키도록 그를 고무시킨다(39, 41-42절).

이 단락의 나머지 부분은 야위스트의 핵심 부분으로서, 두 개의 주요 단계로 된 부분을 둘러싸고 있는 전승의 축적으로 간주될 수 있다. 첫 번째 것은 신명기 저자의 스타일 및 관심과 어느 정도 유사성을 가지고 있다. 그것은 그 땅이 사실상 모세를 통하여 할당되어야 하고 갓과 르우벤을 통해서는 공손한 요구가 있어야 한다(5절). 그리고 나서 그 땅의 첫 번째 탐지 당시에 이스라엘이 실패했던 사실을 상기하면서 모세가 꾸짖는 내용으로 나아간다(6-15절). 이것은 광야 시대에 대한 신명기 저자의 해석 가운데 중요한 주제였다(참조. 민 14:11-23; 신 1:19-46). 이 구절들 가운데는 제사장이 편집했다는 약간의 흔적이 있으나, 민수기 13-14장이라는 완성된 형태를 가지고 작업하고 있는 편집자가 온 땅을 탐지한 사실을 언급하지 못했을 것 같지는 않다(9절). 6-15절에 있는 자료의 부피는 야위스트의 정탐 전승만 가지고 작업한 것으로 보인다. 그 땅을 차지하라는 모세의 허락의 중요성을 인정하고 있는 40절 역시 그 전승 가운데서 이 단계에 속한 것으로 보인다.

전승의 두 번째 주요 전승 축적물은 제사 문서이며, 이것은 민수기 제사장 저자에게로 돌릴 수 있다. 그는 엘르아살과 회중의 족장들을 말하고 있는 2절을 소개하고 있으며, 4절에서 그렇게 하고 있다. 3절에서 그는 34-38절에 있는 목록으로부터 인용한 선발된 성읍들을 덧붙이고 있는데, 아마도 자기에게 친숙하지 못한 성 이름은 삭제한 것으로 보인다. 6-15절에 있는 소량의 편집 부분은 "이십 세 이상으로는"(11절)이란 문구이며, 신실한 정탐꾼으로서의 역할을 한 갈렙과 여호수아를 포함시키고 있는 점이다. 역시 제사 문서인 28-33절의 목적은 야위스트의 이야기로부터 나온 모세의 선언을 강조하고, 엘르아살과 여호수아가 그 배열을 지휘하는 책임을 맡고 있다는 사실을 보장하며, 또한 모세가 므낫세 반 지파에게(33절) 허락했다는 견지에서 39, 41-42절의 구 므낫세 전승을 해석하는 것이다.

요약하자면, 전체적인 상황은 다음과 같다.

전(前) 야위스트 전승	34-38; 39, 41-42절
야위스트 이야기	1, 16-27절
신명기 저자의 각색	5-15, 40절
제사장의 각색	2-4, 28-33절(11, 12절에 있는 소량의 편집)

주석

[1] 르우벤-갓 순서는 제사 문서의 선임자 순이다(참조. 민 1장에 있는 인구 조사 목록). 이 단락 가운데서 주로 발견되는 갓-르우벤 순서는 야웨스트의 것으로 보인다. 야위스트 당시에는 갓 지파가 훨씬 더 중요한 위치였다(참조. 창 49:3과 메사 비문에 있는 갓에 대한 언급). 이 단락에 있는 몇몇 본문상의 차이에 대해서는 "원문주해"를 보라.

야셀은 주로 성읍이지만(민 21:24의 "주석"을 보라), 여기서는 분명히 하나의 지역을 가리킨다. 야위스트가 그것을 얍복 강과 아르논 강 사이에 있는 땅의 북쪽 지역에 대해서 사용하고 있는 것으로 보인다(그 지역 전 지방에 사용하고 있는 29절의 P와는 대조적으로). 야셀을 제외한 3, 34-37절에 인용된 모든 장소들은 그 지역의 남방에 있다. 39-42절에서는(전 야웨 전승) 길르앗은 또다시 다른 곳으로 나타난다. 즉 얍복의 북쪽 땅이거나, 아니면 보다 좁게 말해서 그 곳의 성읍이나 산일 것이다(M. Noth, 237를 보라).

3 아다롯은 디본의 북서쪽 약 8마일 지점과 사해 동쪽 8마일 지점에 위치한 현대의 키르벳 아타루스(Khirbet ʿAṭṭarûs)인 것으로 생각된다. 메사 비문은 "갓 사람들이 옛날부터 아다롯에 거했다"고 말하고 있다. 달리 모압인의 석비(Moabite Stone)로 알려져 있는 이 비문은 모압 왕 메사에 의하여 주전 830년경에 기록되었으며, 이스라엘에 대한 승리를 축하하는 것이다. 메사는 또한 아다롯이 한 이스라엘 왕에 의하여 건설되었지만 자신이 점령했고, 뒤이어 대량학살이 계속되었다고 주장하고 있다.

디본은 아르논의 북쪽 4마일, 사해 동쪽 12마일 지점에 있는 디반(Dibân)이다. 이 곳은 메사의 수도였던 것으로 보인다.

니므라는 현대의 텔 니므린(Tell Nimrin) 근처에 있으며, 야셀을 제외하고는 대부분이 여기에 언급된 지역의 북쪽에 있다.

야셀에 대해서는 민수기 21:24의 "주석"을 보라.

헤스본은 현대의 헤스반(Ḥesbān)이며, 시혼의 수도였다(민 21:26의 "주석"을 보라).

엘르알레는 헤스본 근처의 한 마을인 엘-알(el-ʿÂl)이며 북동쪽에 있다. 그 곳은 자주 헤스본과 함께 언급된다(참조. 사 15:4; 16:9; 렘 48:34).

세밤의 위치는 알려져 있지 않다.

느보는 메사 비문에 언급되어 있지만, 그 위치는 알려져 있지 않다. 메사는 그 곳을 이스라엘 백성으로부터 빼앗았다고 선언하고 있으며, 약 7,000명의 인구를 가지고 있다고 말한다. 그는 또한 "야웨의 기명들을 탈취하여 그것들을 [모압인의 신] 그모스 앞으로 끌고 갔다"고 선언하고 있다.

바알므온(Baalmeon)은 헤스본의 남남서쪽 10마일, 사해 동쪽 약 10마일 지점의 마인(Ma'în)이다. 메사가 그 곳을 건설했다고 선언하고 있으나, 이는 재건을 의미함에 틀림없다.

6 사사기 5:17에 있는 갓과 르우벤에 대한 비난을 참조하라.

[7] "낙담케 하여"(תנואון את־לב – 테누운 에트-레브)는 광야에서 이스라엘의 불평을 언급하는 독특한 방식이다. 같은 어근이 민수기 30:6[히.]에서 여인들의 서원을 허락하지 않는 데 사용되었다.

[8] 가데스바네아에 대해서는 민수기 13:26; 20:13의 "주석"을 참고하고, 또한 신명기 1:19; 2:14; 9:23; 여호수아 10:41; 14:6-7을 참조하라.

[12] 갈렙은 여호수아 14:6; 사사기 1:13에서는 겐 족속으로 되어 있다(참조. 창 36:11, 15, 42; 대상 1:36, 52).

[14] "…의 종류"(a brood of)(תרבות – 타르부트)는 오직 여기에만 나타나는 단어다.

[15] 이스라엘 전체에 해를 끼치는 것으로 판단될 수도 있는 요단 동편 지파들의 행동의 또 다른 예에 대해서는 여호수아 22:18을 참조하라.

[16] "우리"(גדרת – 기드로트)는 직역하면 돌로 만들어진 "양 담"(sheep walls)이다. 이 문맥 가운데서 "가축"에 대한 언급은 이상하고 오류인 것 같다.

[17] "무장하고 나아갈 준비를 할 것이다"(נחלץ חשים – 네할레츠 후쉼). MT에는 "우리 스스로 무장하고 앞으로 급히 나갈 것이다…"로 되어 있는 것처럼 보인다. 후쉼(חשים)에서 후므쉼(חמשים)으로의 수정은 계산된 군인들의 그룹을 암시했을 것이다("원문주해"를 보라). NEB에는 "…싸우는 병력으로서"로 되어 있다.

[22] "너희는 무죄히 돌아오겠고"(והייתם נקיים – 위흐이템 네퀴임). 스터디(J. Sturdy, 223)는 이것이 남은 이스라엘 백성과 함께 군복무를 위하여 소집되는 의무를 의미한다고 주장한다. 신명기 24:5에는 이에 대한 약간의 입증이 드러나 있는데, 그 곳에서 그러한 사상이 군대와 다른 공무와 관련되어 나타난다.

[23] 이 곳에 암시된 인격화된 죄에 대한 입장은 창세기 4:7에 있는 그것과 비교될 수 있다.

[25]-[27] 이 구절들 가운데 채용된 공적, 법정적 스타일이 자주 주시되어 왔다: "주의 종들", "나의 주", "명". 모세는 왕으로서의 권위를 행사하고 있다.

[29] 길르앗에 관한 제사장의 관점에 대해서는 1절의 "주석"을 보라.

[30] 요단 서편의 땅에서 갓과 르우벤에게 소유가 어떻게 할당될 수 있는지에 대해서는 아무런 암시도 없다. 어떻든 이것은 저자에게 아무런 중요성이 없다. 스터디(223)는 28-32절이 P에 의하여 그 이야기에 긴장감과 정밀도를 주기 위하여 도입되었다고 주장한다. 일어나지 않을 만일의 경우에는 더 주시할 필요가 없다.

[33] 스터디(223)는 옥에 대한 언급을 후대의 가필이라고 생각한다. 이 곳의 진술

과 민수기 21:21-31에 있는 정복 전승 사이에 반드시 상충되는 점은 없다. 이것은 이스라엘 전체가 이전에 정복했던 땅에 대해 모세가 어떤 구체적인 지파에게 공식적으로 허락한 것이다.

제사장 저자는 아마도 르우벤이 가장 남쪽에 위치해 있고, 갓이 얍복 강에 이르는 북쪽 지역에 있으며, 므낫세 반 지파는 바산 북쪽으로 점유하고 있다고 한 여호수아 13:15-33에 비추어 요단 동편의 분배를 이해했을 것이다.

34 아로엘은 아르논 골짜기의 남단에 위치해 있고, 디본의 남서쪽 약 3마일 지점에 있는 현대의 아라일('Arâ'ir)이다, 여호수아 13:9에서 그 곳은 요단 동편 땅에 있는 남방의 경계 도시로서의 기능을 한다. 메사는 그 성읍을 재건했다고 선언하고 있다. 초기 청동기 시대에는 한 작은 요새가 있었던 것으로 보이는데, 철기 시대에 회복된 것으로 보인다.

35 아다롯소반의 위치는 알려져 있지 않다.

야셀에 대해서는 민수기 21:24의 "주석"을 보라.

욕브하는 현대의 암만('Ammân)인 라밧-암몬의 북서쪽 5마일 지점에 있는 현대의 유비핫(Jubeihât)일 것이다.

36 벧니므라에 대해서는 3절의 "주석"을 보라.

벧하란은 벧니므라의 남쪽에 있는데, 이 두 도성은 요단 계곡의 동쪽 끝에 위치해 있다.

37 헤스본과 엘르알레에 대해서는 3절의 "주석"을 보라. 헤스본은 여호수아 21:39에서는 갓 지파에 속해 있다(모압인 점령의 암시에 대해서는 사 15:4; 16:9; 렘 48:2을 참조하라).

기랴다임은 디본의 북서쪽 약 3마일 지점에 있는 키르벳 엘-쿠리야트(Khirbet el-Qureiyât)이다. 메사는 자신이 바알므온을 재건할 때 이 곳을 재건했다고 주장한다.

38 느보, 바알므온, 십마에 대해서는 3절에 있는 "주석"을 보라.

주석가들은 자주 삽입구적 기록인 "바뀌어진 그들의 이름"이 느보와 바알므온이라는 이름들이 이스라엘이 거부한 신들의 이름을 담고 있다는 사실을 암시하는 것인지를 의심한다(바알, 그리고 느보에 대해서는 사 46:1을 참조하라). 그 의미는 그 이름들이 다른 형태로 읽혀져야 한다는 사실일 수도 있고, 그래서 혐오스러운 이름들이 인용된 것은 아니다. "브온"(3절)이란 형태는 아마도 엄밀하게 말해서 개조된 것일 것이다.

39 마길의 중요성에 관한 초창기의 증거에 대해서는 사사기 5:14을 보라.

40 참조. 신 3:15. 본 절은 문맥을 차단시킨다("양식/구조/배경"을 보라).

41 야일은 사사기 10:3에서는 "길르앗 사람 야일"로 언급되어 있다. 그 곳에서 그는 이스라엘 사사 가운데 한 사람이다.

"그 촌락"(their tent villages)(חותיהם – 하오테헴). NEB에는 "함의 촌락"이라고 되어 있고, 스나이드(N. H. Snaith, 334)도 그렇게 본다. "그들의"(their)의 분명한 선행사가 없고, 그래서 이것이 옳을 수도 있다. 함은 창세기 14:5에 언급되어 있는데, 그 위치는 요단 동쪽 25마일 지점이고, 라못 길르앗의 북서쪽이다. 그러한 종류의 60개의 촌락들이 여호수아 13:30; 열왕기상 4:13에 언급되어 있고, 사사기 10:3-4에는 30개의 촌락이 언급되어 있으며, 역대상 2:22에는 23개의 촌락들(23절에는 60개)이 언급되어 있다.

42 만일 사사기 8:11이 정확하다면 노바는 35절의 욕브하 근처에 위치해 있었다. 그 곳은 현대의 콰나와트(Qanawât)일 수도 있지만, 이 곳은 너무나 멀리 있으므로 욕브하와 긴밀하게 연결되기가 어렵다. 노바는 개인 이름으로든 혹은 지파 이름으로든 다른 곳에서 언급된 바가 없다. 스터디(224-25)는 그 사람이 장소의 이름을 설명하기 위하여 고안된, 창작된 사람이라고 주장한다.

해설

이 단락은 요단 동편에 있는 야셀과 길르앗 땅을 차지하게 해 달라는 갓과 르우벤 사람들의 요구에 대해 말하고 있다. 그는 그 땅이 자기들의 양떼와 가축에 적절한 곳이라고 그 요구의 타당성을 말한다. 모세는 처음에는 그들의 요구를 민수기 13-14장에 나타난 바와 같이 그 땅에 들어가기를 원치 않은 것이라고 해석하고, 공동체 안에서 다시 한 번 야웨께서 주신 땅을 취하는 일에 다른 백성을 낙담시키는 요소가 된다고 주장한다. 갓 족속과 르우벤 족속은 요단 동편에 자기들의 가속들을 정착시키고, 반면에 그 군사들은 요단 서편의 땅을 점령하는 일을 돕기 위하여 다른 이스라엘 백성들과 함께 요단강을 건너갈 것이라고 대안을 제시한다. 모세는 이에 동의하고, 엘르아살과 여호수아로 하여금 이 일이 준수되는지를 눈여겨볼 책임을 부여한다. 그리고 갓, 르우벤, 므낫세 반 지파에게 그 땅을 허락한 사실을 기록하고, 그와 함께 갓과 르우벤이 건설한 성읍들을 기록하고, 므낫세 지파의 몇몇 사람들의 성공적인 군사 활동도 기록하고 있다.

이 곳, 특히 1, 16-27절에 야위스트가 기고한 의미심장한 글이 있음에 거의 틀림없다. 야위스트는 공문서들로부터 끌어온 갓과 르우벤이 건설한(34-38절) 성읍의 목록을 이용할 수 있었다. 여기에다 그는 므낫세 지파로부터 나온 그 지역에 관련된 정착 전승을 덧붙이고 있다. 이것들은 그러한 정착 이야기로 그치고 있으며, 아모리 족속의 영토를 일소했던 성공적인 군사 활동에 대한 기사가 되었다. 갓과 르우벤이 실제로 요단 동편에 정착했었다는 사실은 설명을 필요로 했으며, 야위스트가 16-27절에서 제공하고 있는 것이 바로 이것이다. 설명은 반드시 필요한데, 그 이유는 야위스트가 온 이스라엘이 동편으로부터 침입해 들어갔다고 언급하기 때문이다. 그렇다면 요단 동편에 상당한 이스라엘 백성들이 정착하게 되었다는 것은 어떻게 이루어진 것인가? 이 이야기는 그 대답을 제공해 주고 있다. 이와 함께 민수기에 있는 야위스트의 기사는 끝이 난다. 그의 이야기가 여호수아서 일부에서 계속되고, 여호수아 24장에 있는 기본적 설화 가운데서 세겜에서 있었던 언약 체결에서 절정에 이른다고 주장하는 것은 가능하다. 이 곳 민수기 32장에 있는 이야기는 요시야 시대의 상황에 적합하다. 요시야가 자기 백성을 연루시켰던 언약 체결(왕하 23:2)은 요단 동편에 정착한 사람들을 포함시켰음에 틀림없다. 그들은 하나님 백성의 없어서는 안 될 부분으로서 기본적인 특권과 책임을 보유하고 있다. 이 이야기 가운데서 모세의 "왕적 신분"("양식/구조/배경"을 보라)은 다윗 계열의 왕 요시야의 통치를 예시한다.

포로기의 신명기 저자의 편집은 전체적으로 이스라엘에 대한 보다 비관적인 입장을 취했으며, 특히 민수기 13-14장에 있는 가나안 땅 거절에 관심을 가졌다(참조. 민 14:11-24; 신 1:19-46; 9:23-29). 이 곳 민수기 32:5-15에서 이 편집자들은 갓과 르우벤의 요구 사항 가운데서 하나님이 주신 땅을 소유로 삼고 싶어하지 않는 옛 의지의 근원을 보았다. 그 땅을 상실하도록 만들었던 요인들에 대한 조사가 언제나 신명기 편집자들의 마음속에 가장 중요한 것이었고, 야웨와 그분의 선물에 대한 진지한 헌신의 결핍은 자주 그들의 분석의 주요 특징이었다. 모세가 그 땅을 소유하도록 허락할 수 있는 책임을 가지고 있었다는 사실은 여호수아 13-19장에 있는 신명기 사가의 입장과 상응하는 5, 40절에 나타나도록 만들어져 있다.

민수기 제사장 저자는 이 전승을 전반적인 제사장의 관점과 일치시킬 필요가 있었다. 2-4, 12, 28-33절에 있는 엘르아살, 여호수아, 회중의 족장이 연루되어 있는 것은 이러한 관심을 반영하고 있다. 11절에 있는 죽은 사람들의 연령에 대한 언급은 제사장 관점에 대한 또 다른 반영이다(참조. 민 14:29). 그러므로 그 전승에 대해 저자가 기여한 것은 주로 28-33절에 있다. 협정이 세심하게 관찰되어야 한다는 점이 역설되어 있다. 제사장적 정착 지도자들인 엘르아살과 여호수아에게는 그것이 그렇게 준수되었다는 사실을 확실히 할 무거운 책임이 주어져 있다. 그의 최종적 기여는 39, 41-42절에 있는 므낫세 전승이 실제로 그 곳에 정착한다는 것을 암시하고, 이것이 "므낫세 반 지파"가 서방에 정착하는 것과 조화될 수 있다는 것을 분명하게 밝혀주는 것이다(33절). 제사장 저자에게도 역시 모든 유대인들이 비록 그들의 거처가 그 땅으로부터 멀리 옮겨져 있을지라도 그 땅에 대한 실질적인 헌신을 드러내 주어야 한다는 주장을 밝힐 필요가 있었다. 에스라와 느헤미야 시대에는 그러한 헌신이 재정적, 도덕적 지원을 받아 시행될 수 있었고, 예루살렘과 그 성전이 여전히 하나님의 성읍이었으며, 따라서 유대주의 세계의 중심부라는 사실을 중시할 필요가 있었다. 그러한 지원은 단순히 자발적인 것으로 간주되지 않았다. 그것은 하나님 백성에게 속하는 필수적인 부분, 하나님께서 주신 특권임과 동시에 책임으로 간주되어야 했다. 엘르아살과 여호수아라는 인물을 통하여, 책임은 실제로 승인되고 행실로 옮겨진다는 사실을 확고히 하는 방향으로 나아간다.

하나님 백성의 신학은 언제나 통일된 목적과 공통된 헌신 의식을 포함한다. 널리 흩어진 기독교인 공동체 가운데 상호 책임감과 상호 의존감에 대한 격려는 바울의 편지에서 정해진 특징이었다. 공동체 의식에 대한 인식과 단 하나의 목적에 대한 인식이 없이는, 하나님의 통치의 대리자들의 활동은 분산되고 쓸모 없이 되기가 쉽다.

50. 광야 여행기(33:1-49)

참고문헌

Coats, G. W. "The Wilderness Itinerary." *CBQ* 34(1972) 135-52. **Davies, G. I.** "The Wilderness Itineraries." *TB* 25(1974) 46-81. ______. *The Way of the Wilderness.* Cambridge: Cambridge University Press, 1979. **Lagrange, M. J.** "L'Itinéraire des Israélites." *RB* 9(1900) 63-86. **Simons, J.** *Geographical and Topographical Texts of the Old Testament.* Leiden: Brill, 1959. **Walsh, J. T.** "From Egypt to Moab: A Source Critical Analysis of the Wilderness Itinerary." *CBQ* 39(1977) 20-33.

본 문

1 이스라엘 자손이 모세와 아론의 관할하에 그 항오대로 애굽 땅에서 나오던 때의 노정이 이러하니라	**1** These are the stages in the journey of the people of Israel, when they went forth out of the land of Egypt, company by company, by the hand of Moses and Aaron.
2 모세가 여호와의 명대로 그 노정을 따라 그 진행한 것을 기록하였으니 그 진행한 대로 그 노정은 이러하니라	**2** And Moses wrote down their starting points, stage by stage, by command of Yahweh. And these are their stages according to their starting points.
3 그들이 정월 십오 일에 라암셋에서 발행하였으니 곧 유월절 다음날이라 이스라엘 자손이 애굽 모든 사람의 목전에서 큰 권능으로 나왔으니	**3** They set out from Rameses in the first month, on the fifteenth day of the first month. On the day after the passover the people of Israel went out defiantly in the sight of all the Egyptians,
4 애굽인은 여호와께서 그들 중에 치신 그 모든 장자를 장사하는 때라 여호와께서 그들의 신들에게도 벌을 주셨더라	**4** while the Egyptians were burying all their firstborn, whom Yahweh had struck down among them. On their gods also Yahweh executed judgments.
5 이스라엘 자손이 라암셋에서 발행하여 숙곳에 진쳤고	**5** And the people of Israel set out from Rameses, and encamped at Succoth.
6 숙곳에서 발행하여 광야 끝 에담에 진쳤고	**6** And they set out from Succoth, and encamped at Etham, which is on the edge of the wilderness.
7 에담에서 발행하여 바알스본 앞 비하히롯으로 돌아가서 믹돌 앞에 진쳤고	**7** And they set out from Etham, and turned back[a] to Pi-hahiroth, which is east of Baal-Zephon, and they encamped before Migdol.

8 하히롯 앞에서 발행하여 바다 가운데로 지나 광야에 이르고 에담 광야로 삼 일 길쯤 들어가서 마라에 진쳤고

8 And they set out from Pi-hahiroth,[a] and passed through the middle of the sea into the wilderness, and they went a three days' journey in the wilderness of Etham, and encamped at Marah.

9 마라에서 발행하여 엘림에 이르니 엘림에는 샘물 열둘과 종려 칠십 주가 있으므로 거기 진쳤고

9 And they set out from Marah, and came to Elim. At Elim there were twelve springs of water and seventy palm trees, and they encamped there.[a]

10 엘림에서 발행하여 홍해 가에 진쳤고

10 And they set out from Elim, and encamped by the Sea of Reeds.

11 홍해 가에서 발행하여 신 광야에 진쳤고

11 And they set out from the Sea of Reeds, and encamped in the wilderness of Sin.

12 신 광야에서 발행하여

12 And they set out from the wilderness of Sin, and encamped at Dophkah.[a]

13 돕가에 진 쳤고 돕가에서 발행하여 알루스에 진쳤고

13 And they set out from Dophkah, and encamped at Alush.[a]

14 알루스에서 발행하여 르비딤에 진 쳤는데 거기는 백성의 마실 물이 없었더라

14 And they set out from Alush, and encamped at Rephidim, where there was no water for the people to drink.

15 르비딤에서 발행하여 시내 광야에 진쳤고

15 And they set out from Rephidim, and encamped in the wilderness of Sinai.

16 시내 광야에서 발행하여 기브롯핫다아와에 진쳤고

16 And they set out from the wilderness of Sinai, and encamped at Kibroth-hattaavah.[a]

17 기브롯핫다아와에서 발행하여 하세롯에 진쳤고

17 And they set out from Kibroth-hattaavah, and encamped at Hazeroth.

18 하세롯에서 발행하여 릿마에 진쳤고

18 And they set out from Hazeroth, and encamped at Rithmah.

19 릿마에서 발행하여 림몬베레스에 진쳤고

19 And they set out from Rithmah, and encamped at Rimmon-perez.

20 림몬베레스에서 발행하여 립나에 진쳤고

20 And they set out from Rimmon-perez, and encamped at Libnah.[a]

21 립나에서 발행하여 릿사에 진쳤고

21 And they set out from Libnah, and encamped at Rissah.[a]

22 릿사에서 발행하여 그헬라다에 진쳤고

22 And they set out from Rissah, and encamped at Kehelathah.[a]

23 그헬라다에서 발행하여 세벨산에 진쳤고

23 And they set out from Kehelathah, and encamped at Mount[a] Shepher.

24 세벨산에서 발행하여 하라다에 진쳤고

24 And they set out from Mount Shepher, and encamped at Haradah.[a]

25 하라다에서 발행하여 막헬롯에 진쳤고

26 막헬롯에서 발행하여 다핫에 진쳤고

27 다핫에서 발행하여 데라에 진쳤고

28 데라에서 발행하여 밋가에 진쳤고

29 밋가에서 발행하여 하스모나에 진쳤고

30 하스모나에서 발행하여 모세롯에 진쳤고

31 모세롯에서 발행하여 브네야아간에 진쳤고

32 브네야아간에서 발행하여 홀하깃갓에 진쳤고

33 홀하깃갓에서 발행하여 욧바다에 진쳤고

34 욧바다에서 발행하여 아브로나에 진쳤고

35 아브로나에서 발행하여 에시온게벨에 진쳤고

36 에시온게벨에서 발행하여 신 광야 곧 가데스에 진쳤고

37 가데스에서 발행하여 에돔 국경 호르산에 진쳤더라

38 이스라엘 자손이 애굽 땅에서 나온 지 사십 년 오월 일 일에 제사장 아론이 여호와의 명으로 호르산에 올라가 거기서 죽었으니

39 아론이 호르산에서 죽던 때에 나이 일백이십삼 세이었더라

40 가나안 땅 남방에 거한 가나안 사람 아랏 왕이 이스라엘의 옴을 들었더라

41 그들이 호르산에서 발행하여 살모나에 진쳤고

42 살모나에서 발행하여 부논에 진쳤고

25 And they set out from Haradah, and encamped at Makheloth.

26 And they set out from Makheloth, and encamped at Tahath.[a]

27 And they set out from Tahath, and encamped at Terah.[a]

28 And they set out from Terah, and encamped at Mithkah.[a]

29 And they set out from Mithkah, and encamped at Hashmonah.[a]

30 And they set out from Hashmonah,[a] and encamped at Moseroth.

31 And they set out from Moseroth, and encamped at Bene-jaakan.[a]

32 And they set out from Bene-jaakan, and encamped at Hor-haggidgad.[a]

33 And they set out from Hor-haggidgad, and encamped at Jotbathah.[a]

34 And they set out from Jotbathah, and encamped at Abronah.

35 And they set out from Abronah, and encamped at Ezion-geber.

36 And they set out from Ezion-geber, and encamped in the wilderness of Zin[a] (that is Kadesh).

37 And they set out from Kadesh, and encamped at Mount Hor, on the edge of the land of Edom.

38 And Aaron the priest went up Mount Hor[a] at the command of Yahweh, and died there, in the fortieth year after the people of Israel had come out of the land of Egypt, on the first day of the fifth month.

39 And Aaron was one hundred and twenty-three years old when he died on Mount Hor.

40 And the Canaanite, the king of Arad, who lived in the Negeb in the land of Canaan, heard of the coming of the people of Israel.

41 And they set out from mount Hor, and encamped at Zalmonah.

42 And they set out from Zalmonah, and encam-

ped at Punon.[a]

43 부논에서 발행하여 오봇에 진쳤고

43 And they set out from Punon, and encampedat Oboth.

44 오봇에서 발행하여 모압 변경 이예아바림에 진쳤고

44 And they set out from Oboth, and encamped at Iye-abarim,[a] in the territory of Moab.

45 이임에서 발행하여 디본갓에 진쳤고

45 And they set out from Iyim, and encamped at Dibon-gad.

46 디본갓에서 발행하여 알몬디블라다임에 진쳤고

46 And they set out from Dibon-gad, and encamped at Almon-diblathaim.[a]

47 알몬디블라다임에서 발행하여 느보 앞 아바림 산에 진쳤고

47 And they set out from Almon-diblathaim, and encamped in the mountains of Abarim, before Nebo.

48 아바림산에서 발행하여 여리고 맞은편 요단 가 모압 평지에 진쳤으니

48 And they set out from the mountains of Abarim, and encamped in the plains of Moab by the Jordan at Jericho.

49 요단 가 모압 평지의 진이 벧여시못에서부터 아벨싯딤에 미쳤었더라

49 They encamped by the Jordan from Beth-jeshimoth[a] as far as Abel-shittim[b] in the plains of Moab.

원문주해

7.a. Sam과 Tg^{J}는 여기서 필요로 하는 복수형으로 되어 있다. G와 Syr에는 이 시점에서 비하히롯에 진친 것으로 언급되어 있다(참조. 출 14:2). 패터슨(J. Paterson, 64-65)은 출 14:2과 일치시키기 위하여 본문을 수정하고 있다.

8.a. Sam, Syr, Vg를 따르고 있음. MT는 "하히롯 앞에"를 보유하고 있는데, 이는 오류인 것 같다.

9.a. G는 출 15:27의 영향을 받아 "물가에"를 덧붙이고 있다.

12.a. G는 이 곳과 13절에서 "라파카"(Raphaka)를 보유하고 있다.

13.a. Sam에는 이 곳과 14절에서 알리쉬(Alish)로 되어 있다.

16.a. G는 해석적인 번역인 "갈망의 무덤들"을 제공하고 있다.

20.a. Sam에는 이 곳과 21절에서 "레보나"로 되어 있다.

21.a. G에는 이 곳과 22절에서 "데싸"로 되어 있다. Tg^{J}는 "베트-리싸"를 보유하고 있다.

22.a. G에는 이 곳과 23절에서 "마켈랏"으로 되어 있다(참조. 25-26절 MT의 "마켈롯").

23.a. G에는 이 곳과 24절에서 "산"이 빠져 있다.

24.a. G에는 이 곳과 25절에서 "카라닷"(Charadath)으로 되어 있다.

26.a. G에는 이 곳과 27절에서 "카타트"(Kataath)로 되어 있다.

27.a. G에는 이 곳과 28절에서 "다밧"으로 되어 있다.

28.a. Sam에는 이 곳과 29절에서 미티카로 되어 있다. G에는 마텍카로 되어 있다.

29.a. G에는 이 곳과 30절에서 셀모나로 되어 있다(참조. 41-42절 MT의 살모나).

30.a. 어떤 사람은 36b-41a절이 이 지점에 삽입되어야 한다고 생각한다("양식/구조/배경"과 "주석"을 보라).

31.a. G에는 이 곳과 32절에서 바나야로 되어 있다.

32.a. 몇몇 MT 필사본, G, Vg에는 "깃갓 산"(Mount Gidgad)으로 되어 있다.

33.a. G에는 "에테바타" 혹은 "제테바타"로 되어 있다.

36.a. G는 "그들이 신 광야에서 출발하여 바란 광야에 진쳤다"고 덧붙이고 있는데, 이는 아마도 민 10:12의 영향으로 인한 것 같다.

38.a. G는 호르 산에 대한 언급을 하지 않고 있다.

42.a. Sam과 Syr은 이 곳과 43절에서 "비논"(G는 비노)을 보유하고 있다.

44.a. G는 이 곳과 45절에서 "가이"를 보유하고 있다.

46.a. G는 이 곳과 47절에서 "겔몬 데블라타임"을 보유하고 있다.

49.a. G는 "아시못 중간에"를 보유하고 있다.

49.b. G에는 "벨사" 혹은 "벨삿팀"으로 되어 있다.

양식/구조/배경

구 분석가들 사이에서는 이 단락이 비교적 후대의 것이라는 사실에 일반적으로 동의하고 있다(A. Dillmann, 202-8; J. Wellhausen, 184; A. Kuenen, 102; H. Holzinger, 160-61; B. Baentsch, 672; G. B. Gray, 443-44를 보라). 어떤 사람은 이것을 PS로 돌리고, 다른 사람들은 이 단락 가운데서 오경 전승의 다양성을 묘사하고 있는 후대의 편집의 흔적을 보았다. P와의 유사성들 가운데는, 모든 P의 진친 곳과(바란 광야를 제외한) 지리상의 언급들이 이 곳에 포함되어 있다는 사실이다. 39절에 기록된 아론의 나이는 P에만 있는 독특한 본문과 일치한다(참조. 출 7:7). 애굽의 신들에 대한 심판의 언급(4b절; 참조. 출 12:12), 갈대바다 근처의 장소(7b절; 참조. 출 14:2), 아론의 죽음에 대한 기사(38절; 참조. 민 20:22-29) 등이 모두 P전승과는 친숙하지 못하다. 이 자료가 P와 연결짓고 있는 스타일상의 특징은 와야흐누(ויחנו, "그리고 그들이 진쳤고")와 와이쓰우민(ויסעו מן, "그리고 그들이 발행하여"; 민 21:4을 보라)이다. 이와 동일한 P의 특성은 표제(1절), 날짜(3, 38절), 동반자에 대한 언급(1절)이다.

이 곳에 열거된 수많은 장소들은 P에는 나타나지 않는다. 이들 가운데 마라(참조.

출 15:22), 기브롯핫다와(참조. 민 11:34), 하세롯(참조. 민 12:16), 싯딤(참조. 민 25:1)은 일반적으로 J에게로 돌려지는 본문들 가운데 나타난다. 다른 네 도시(모세롯, 브네야간, 홀하깃갓, 욧바다)는 신명기 10:6-7에만 나타난다. JE에서 발견되어야 할 수많은 장소들 – 수르, 맛사/므리바, 다베라, 호르마, 그리고 민수기 21:12-13, 16-19에 있는 여섯 성읍(세렛 골짜기, 아르논, 브엘, 맛다나, 나할리엘, 바못) – 이 이 곳에서 빠져 있다. 더 나아가서 JE에서는 하세롯과 가데스가 서로 나란히 나타나고, 반면에 이 곳 여행기는 그 두 장소 사이에 열여덟 개의 진친 장소가 들어 있다. JE전승과 친밀한 관계에 있다는 표시는 마라에 이르기까지의 삼 일 길(8b절; 참조. 출 15:22), 엘림에 있는 샘물과 종려(9절; 참조. 출 15:27) 그리고 아랏 왕에 대한 암시(40절; 참조. 민 21:1-3)다.

이 여행기에서 특이한 점은 수많은 장소들이 들어 있다는 점이다 – 돕가, 알루스, 릿마, 림몬 베레스, 립나, 릿사, 그헬라다, 세벨산, 하라다, 막헬롯, 다핫, 데라, 밋가, 하스모나, 아브로나, 에시온게벨, 살모나. 이 단락에 그 자체의 독특한 특징을 주고 있는 다른 특징들은 모세가 이 여행기를 썼다는 것(2절), 장자의 장사에 대한 언급(4a절), 아론이 죽은 날짜(38b절)다. 여러 사람들 가운데서도 그래이는 이러한 현상이 그 여행기가 P와 JE와 지금은 현존하지 않는 구전이나 혹은 기록된 다른 자료(들)을 사용한 후대의 편집이라는 입장에서 가장 잘 설명된다고 결론지었다(또한 참조. A. H. McNeile, 176).

노트(242-46)는 실질적으로 거의 같은 입장을 취했다. 그는 여기서 자료들(JEP)의 조사가 이미 일어난 오경 설화의 형태를 사용하고 있는 포괄적인 경로를 나타내려는 시도를 파악한다. 그는 오경의 다른 곳에서 발견되지 않는 여러 명칭들은 저자가 본래 독립된 여행기를 포함시킨 것이라고 추론한다. 우리는 여기서 유례 없는 첨가물을 보고 있는 것이 아니다. 여행기의 두 번째 부분에서 그는 아카바 만의 북단으로부터(36절에 있는 에시온게벨) 아르논의 북쪽 고원 지대에 있는 요단 동편 산악 지대에 이르는 경로라고 이해한다. 노트에 따르면 이러한 충분히 진친 곳들은 그러한 가정이 정당하다고 확인할 수 있는 곳들이다. 더 나아가서 이것은 민수기 20:14-21의 경로가 아니고, 그 명칭 목록이 아라비아 북서쪽에 위치한 시내(Sinai)로부터 통행하는 이스라엘의 "순례 경로"라는 것이 노트의 불확실한 제안이다. 스터디(227-28)는 제사장 학파 내에 후대의 기록자로서의 편집자가 있음을 파악하고, 진친 곳의 목록 가운데 다른 곳에 언급되지 않은 보다 오래된 여행기가 있다고 인정한다.

폴크(J. de Vaulx, 372-79)는 그 목록 가운데 연속해서 들어 있는 각각의 중요한 요소들을 검토하는 것을 선호한다. 5-8절에서 그는 출애굽기에 있는 제사 본문(출 12:37; 13:20; 14:2)과의 긴밀한 연결점이 있음을 지적한다. 그는 이 경로가 출애굽기 13:17-18의 엘로히스트 자료 가운데 들어 있었던 이스라엘이 지나가지 않은 경로였던 "블레셋 사람의 땅의 길"일 수 있다고 생각한다. 그는 또한 9-16절에서 야위스트의 여행기에 강력한 영향을 받았음을 지적하고, 라그랑게(M. J. Largrange, *RB* 9[1900] 63-86)를 따라 그 여행기의 또 다른 부분이 애굽인의 세르발(Serbal) 광산에 이르는 경로였다고 생각한다. 그는 노트처럼 달리 언급되지 않은 여러 장소들이 그렇게 쉽게 파악된다고는 확신하지 않으며, 그래서 판단을 시내 산으로의 순례길이라는 노트의 이론에다 유보해 놓는다. 이 지명들의 목록이 문제의 지역에서 다른 지파들의 여행지들을 반영하고 있다는 가능성도 어느 정도 열어 두어야 한다. 대체로 폴크는 제사장 저자가 여기서 여러 여행기 단편들을 담고 있는 여러 고대의 전승들을 사용했고, 그에 따라 그것들을 편집했다고 생각한다. 조절은 이미 일어났을 것이며, 그래서 그에게는 이 단락 가운데 현존해 있는 여행에 대한 단순화된 일람표를 제공하기가 어렵지 않았다. 대략적으로 이와 유사한 접근 방식이 코츠에 의하여 제안되었다(G. W. Coats, *CBQ* 34[1972] 135-52).

왈쉬(J. T. Walsh, *CBQ* 39[1977] 21-33)는 오경의 여행기들을 세부적으로 분석하고 스타일을 근거로 하여 여행에 대한 독립되고도 동시 발생적인 것임에 틀림없는 두 개의 구별된 목록이 있다고 결론지었다. 첫 번째 것은 출애굽기 12:37; 13:20; 17:1; 19:2a; 민수기 10:12; 21:10-11; 22:1에서 발견되고, 두 번째 것은 출애굽기 13:17-18a; 15:22, 27; 16:1; 19:1, 2b; 민수기 10:33에서 발견되는데, 어쩌면 민수기 10:1, 22; 21:4, 33도 여기에 포함될 것이다. 나머지 자료는 스타일이 다르지만, 요단 동편과 관련되는 세 번째 목록으로부터 나온 목록과 단편들을 구성할 수도 있다. 진을 친 장소와 관련된 두 개의 주된 목록 가운데서 유일하게 일치되는 장소는 시내 광야다.

데이비스(G. I. Davies, *TB* 25[1974] 46-81)는 고대 세계에서 앞을 내다보는 여행기와 뒤를 돌아보는 여행기 사이를 구별짓고 있다. 전자는 계획을 세우려는 것이고, 후자는 자주 왕의 출정과 관련된 것으로서 과거의 여행기를 기록하려는 것이었을 것이다. 민수기에 있는 자료는 뒤를 돌아보는 여행기일 것이며, 그 삶의 정황(Sitz-im-Leben)은 법정에서 행정상의 범위였을 것이다. "광야 길"에 대해서 데이비스는 여러 다른 중요한 정보 기록들을 작성한다. 그는 중추적인 설화 가운데 들어 있는 여행 기록들이 민수기 33:1-49에 있는 목록으로부터 유래되었다고 주장하고, 이러한 여행 기록들의 중추적인 설화들 가운데로의 삽입은 신명기 편집자에게까지 거슬러 올라갈 수 있다고 주장한다. 이것은 그 거론된 장소들이, 그 곳들이 관련된 이야기들 가운데 들어 있는 자료들과는 상관이 없다는 것을 의미한다. 즉 이름과 이야기가 결탁된 것은 이차적이라는 것이다. 데이비스는 문서 형태에 근거하여 민수기 33장에 있는 여행기가 경로를 기록하고 있다고 생각한다. 즉 그것들은 제멋대로 기록된 장소들의 목록이 아니라는 것이다. 그의 의견에 따르면, 그것들은 "여행자들이 이미 사용하고 있었던 구전이나 혹은 기록으로 전달된 여행 경로에 대한 기록"(p. 76)으로부터 유래한 것이다. 데이비스는 1-49절 가운데 네 개의 여행 경로가 들어 있다고 말한다: 라암셋에서 얌숩(갈대바다, 그러나 데이비스는 현대의 호칭인 "홍해"를 선호한다)까지, 얌숩에서 시내 광야까지, 시내 광야에서 가데스까지, 가데스에서 아벨 싯딤에 이르는 벧여시못까지.

우리의 접근 방식 편에서 볼 때, 현재의 형태로 여기에 주어진 장소 이름들의 목록은 민수기 제사장 저자의 작품이라고 결론짓는 것이 타당해 보인다. 전통적인 분석이 보여 준 바와 같이 이 여행기의 내용과 스타일에는 제사장의 영향이 들어 있다고 볼 만한 충분한 이유가 있다. 아론의 죽음에 대한 언급과 같은 몇몇 제사장 자료는 하나의 주석으로 간주될 수 있지만, 진을 치고 출발했다는 언급 가운데 드러난 바와 같이 드러난 제사장 스타일은 논란의 여지가 없이 완전한 것이다. 그렇다면 이것이 (자주 생각해 온 대로) 완성된 이야기 가운데 언급된 장소들을 일람표로 만들고 있는 아주 후대의 편집인가, 아니면 데이비스가 생각한 대로 그 목록이 그 이야기들이 고착될 수 있었던 장소들을 제공하고 있는 바 독립된 이야기들의 장소에 대한 목록인가라는 문제가 일어난다. 후자의 의견에 대해서는 논의되어야 할 몇 가지 사항이 있다. 바란 광야의 목록으로부터 빠진 것은 설명하기가 더 쉽다. 그것이 목록의 원래 부분이 아니지만, 제사장 저자가 그 곳을 알고 있었으므로 그는 적절한 지점에서 그 곳을 인용하고 있는 것이다(민 10:12; 12:16; 13:3, 26).

이야기들 가운데서 사용되지 않았던 장소가 많은 지명 목록에 포함된 점은, 자신의 스타일로 되어 있고, 또한 구체적인 점에서 제사장의 역작일지라도 그 목록이 이미 존재했고 제사장 저자가 대량으로 삽입했다면 쉽게 이해가 된다. 모든 장소들과 관련되었던 이야기들을 모두 말하기가 불가능했을 테지만, 그들의 이름들은 전승 가운데 존재하게 되었고, 남겨 두도록 보관되었을 것이다. 이 목록이 후대의 편집이라는 입장에 있어서 가장 심각한 난점은 야위스트의 여러 장소 이름들이 실제로 이 목록 가운데 편집되지 않았다는 사실인데, 그 장소들 가운데는 다베라(민 11:1-3), 호르마(민 14:39-45; 21:1-3)와 함께 민수기 21:16-21에 나타나는 브엘, 맛다네, 나할리엘, 바못이 있다. 그러므로 이 곳 민수기 33장에 있는 장소 이름들의 목록은 광야 이야기라는 살이 뒤덮인 골격이다.

이 목록이나 혹은 그와 같은 것이 여행에 대한 야위스트의 기사와 같은 골격을 취했는지의 여부에 대한 또 다른 문제가 일어난다. 최소한 지금의 형태에 있어서는 그렇지 않았던 것으로 보인다. 야위스트는 이 목록에 나타나지 않은 자기 이야기 가운데서 10개 정도의 장소 목록을 가지고 있다. 그럼에도 불구하고 야위스트는 유사한 방식으로 자기의 여행 기사를 작성했던 것으로 보인다. 장소 이름들의 목록은 그가 이용할 수 있었고, 그는 이것들 가운데서 자기의 광야 이야기를 덧붙였을 것이다.

전체적인 주장은 다음과 같이 요약될 수 있다.

1. 야위스트는 수르 광야, 마라, 맛사/므리바와 같은 장소들을 포함하여 애굽으로부터 시내에 이르는 경로를 알고 있었다(출 15:22-25; 17:1-7). 마라와 맛사/므리바에는 강력한 인과론적 요소가 들어 있고, 그 이야기가 장소 이름으로 인하여 유발되었는지, 아니면 그 장소 이름들이 그 이야기의 허구적 산물이었는지에 대해서는 결정하기가 어렵다.

2. 야위스트는 또한 순례 여행기가 아닌 상업 공문서나 혹은 상업 자료로부터 유래했을 요단 동편의 도로에 대해서 잘 알고 있었다(민 21:16-20을 보라).

3. 야위스트는 이 도로들과 인과 관계적 요소가 강했던(다베라, 기브롯핫다와, 호르마) 일반 지역인 하로셋과 가데스, 그리고 다른 장소에서 있었던 이야기들을 연결시켰다.

4. 야위스트는 자기 이야기 가운데서도 특히 이 지점에서 전반적인 여행기를 포함시키지 않았을 것 같다. 만약 그가 그렇게 했다면 그것이 민수기 33장에 어떤 형태로든 남아 있었을 것이며, 야위스트의 여러 유진 장소들이 빠져 있는 것은 이 점을 불가능하게 만든다.

5. 전체적인 목록이 그 결과로 편집되었으며, 이것이 민수기 33장에 남아 있다. 그것은 야위스트의 기사에 덧붙여졌으나, 제사상의 오경 수정 작업보다는 이르며, 어쩌면 신명기 저자의 자료로부터 유래했을 것이다. 이러한 편집은 상업 자료들로부터 나온 공문서로부터 만들어졌을 것이며, 야위스트 기사와는 독립적으로 만들어졌을 것이다. 몇몇 이름들이 양쪽에 나타나는 것이 놀랄 일은 아니고, 다만 몇몇 야

위스트의 이름들이 없는 것과 요단 동편의 다른 도로들이 나타나는 점은 본질적인 독립을 시사한다.

6. 출애굽기와 민수기의 제사장 저자들은 이 목록을 취하여 그것을 광야 시기에 대한 그들 자신의 제사장 문서 이야기에 짜 맞추기 위한 골격으로 사용했다. 민수기 저자는 자신의 스타일로 그 목록을 자기 자신의 전승으로부터 나온 어떤 정교한 세부 사항과 함께 소개하고 있다.

민수기 33장에 있는 목록의 다양한 구성 요소를 지금 더듬어 볼 수 있을지의 여부에 대한 문제가 남아 있다. 왈쉬의 문서 비평의 결론은 매우 제한된 표준이라는 기초 위에서 도달된 것이고, 그래서 그 목록이 상업적인 자료로부터 편집되었다는 입장을 견지하는 것이 가장 좋을 것 같다. 그렇게 되면 네 개의 경로가 나타날 것이다 – 애굽에서 시내까지(5-15절), 시내에서 에시온게벨까지(16-35절), 에시온게벨에서 가데스까지(36절), 가데스로부터 요단 동편을 통과하기까지(37-49절). 시내와 에시온게벨의 거리와 비교해서 에시온게벨과 가데스 사이에 유진할 곳들이 없는 점은 특이하다. 편집자는 분명히 그러한 경로에 관한 정보를 가지고 있지 않았을 것이고, 이스라엘이 그 곳을 통과했을 것이라고 상상만 할 수 있었을 것이다. 가데스로부터 요단 동편 남쪽까지의 여행에 대해서도 같은 식이었을 것이다.

또 다른 두드러진 특징은 홍해를 엘림 다음에 위치시켜 두는 점이다(10절). 이것은 노트가 지적한 바와 같이 오류일 수도 있고, 그렇지 않으면 아마도 엘림에 물이 있었다는 사실은 잘못된 추론일 것이다. 또 다른 가능성은 그 목록이 갈대바다에 대한 다른 위치를 예상하고 있다는 것이다. 야위스트에게는 그 곳이 애굽에 가까이 있고, 반면에 목록 가운데서는 그 곳이 한층 더 동쪽에 있는 것으로 보인다는 것이다. 만약 이것이 옳다면, 편집자는 단순히 그 유진한 곳의 목록을 야위스트 전승에 비추어 비평적으로 평가하지 않은 채 자기 자료에서 그것을 발견하는 그대로 삽입했을 것이다(20절의 "주석"을 보라).

30b-34a절에 있는 장소는 비록 약간 다른 순서이기는 하지만 신명기 10:6-7에도 나타난다. 이것은 신명기 저자들이 실질적으로 이 여행기를 가지고 작업했다는 입장을 입증하는 것이며, 이 두 본문은 이러한 장소들을 시내 다음에 둠에 있어서 일치하고 있다.

주석

[2] 이것은 모세 편에서 기록 활동을 했다는 소수의 언급들 가운데 하나다(참조. 출 24:4).

[3] 라암셋은 창세기 47:11과 출애굽기 12:37에 언급되어 있다. 출애굽기 1:11에서 그 곳은 히브리 노예들이 애굽인들을 위하여 건설했던 두 성읍 가운데 하나로 인용되어 있다. 그 곳은 아마도 콴티르(Qantir)에 위치해 있거나, 아니면 고대 타니스(Tanis) 근처였을 수도 있다.

"큰 권능으로"(ביד רמה – 베야드 라마)는 직역하면 "높은 손을 가지고"이다(참조. 출 14:8; 민 15:30).

[4] 장자의 장사에 대해서는 출애굽기 12:28-30을 참조하라.

[5] 숙곳은 출애굽기 12:3에 인용되어 있다. 이 곳은 와디 투밀랏(Wadi Tumilat)에 있는 한 지역일 수도 있지만, 구체적인 위치는 확인된 바가 없다.

[6] 에담(참조. 출 13:20)은 "벽" 혹은 "요새"를 의미하는 애굽인의 명칭이다. 수르(출 15:22)는 히브리어에서 같은 의미를 가지고 있다. 현대의 수에즈 운하를 따라 방어 요새들이 있었던 것으로 보인다. 에담이라는 이름을 가진 구체적인 장소는 밝혀진 바가 없다.

[7] 비하히롯(참조. 출 14:2)은 비터(Bitter) 호수의 서편에 있었던 것 같다. 그래서 이스라엘 백성들이 물에 갇힐 수 있었다. 바알스본은 지중해 해안에 있는 카시오스(Casios) 산일 수 있다. 믹돌(참조. 출 14:2)은 예레미야 44:1; 46:14; 에스겔 29:10; 30:6에 언급된 장소일 수도 있으며, 애굽의 북단에 위치해 있다. 데이비스(G. I. Davies, *The Way of the Wilderness*, 81)는 와디 투밀랏의 남쪽에 "세티-메르넵타의 믹돌"(Migdol of Seti-Meneptah)이 있었다고 생각한다.

[8] "바다 가운데로 지나"(בתוך־הים – 베토크-하얌). 이 여행기 가운데서 이스라엘 백성들은 엘림을 지나서야 갈대바다에 도착한다(10절). 옛 노래(출 15:4)는 갈대바다에서 애굽인들로부터의 구출을 노래하고 있지만, 야위스트나 제사장 저자는 특별히 그 곳에서 일어난 구출을 말하고 있지 않다. 야위스트는 분명히 갈대바다를 애굽에 가까이 있는 것으로 이해했다. 민수기 33:8에 비추어 볼 때, 제사장 저자들은 그것을 수에즈 만인 것으로 취급하고 있다(10절을 보라). 이 여행기의 관점에서 이 곳 "바다"는 애굽의 동쪽에 있는 호수들 가운데 하나일 수도 있다.

"삼 일 길"(דרך שׁלשׁת ימים, 데렉 쉘로샤트 야밈). 야위스트 기사에 친숙한 표현이다(출 3:18; 15:22; 민 10:33).

9 마라는 "쓴"을 의미하며, 주로 수에즈 만의 동해 연안으로 약 25마일 지점에 위치한 현대의 아인 하와라('Ain Ḥawâra)와 동일시된다.

엘림(참조. 출 15:27)은 그 나무와 샘으로 유명함에도 불구하고 장소를 확실하게 정할 수가 없다. 그 곳은 비터(Bitter) 호수로부터 약 75마일 지점에 위치한 와디 가란델(Wadi Garandel)의 오아시스일 수도 있다.

10 이 여행기 가운데 들어 있는 갈대바다는 수에즈 만 자체인 것으로 보인다. 출애굽기 15:4에 있는 옛 노래 가운데 본래 무엇이 예상되어 있었는지는 지금 결정할 수가 없다(8절의 "주석"을 보라).

11 신 광야(참조. 출 16:1)는 정확하게 그 위치를 지적할 수가 없다.

12 돕가는 출애굽 기사에는 나타나지 않는다. 그 곳을 세라빗 엘-카딤(Werābît el-Khâdim)과 연결시키려는 시도는 매우 불확실한 것으로 생각된다(G. I. Davies, *The Way of the Wilderness*, 84).

13 알루스(역시 출애굽기에는 없음)는 알려져 있지 않다. 그 곳은 가끔 와디 엘-에쉬(Wady el-'Esh)와 연결되어 왔지만, 이것은 언어학적으로 의심스럽다. 돕가(12절)와 함께 이 곳의 위치는 시내 근처 어딘가에 있을 것이다.

14 르비딤(참조. 출 17:1)은 반도 남쪽 끝의 북북 서쪽 약 30마일 지점에 있는 와디 레파이드(Wady Refâyid)일 것이다. 만일 이 위치가 정확하다면, 그 곳은 이 여행기에서 최소한 시내가 반도의 남단에 위치해 있다는 입장을 지지해 준다. 출애굽기 17:1에서 제사장 저자는 야위스트의 맛사/므리바(출 17:2-7)와 르비딤을 연결짓고 있다.

15 시내 광야(참조. 출 19:1-2)는 정확하게 그 위치를 밝힐 수 없다. 그 곳은 아마도 일반적으로 전통적인 시내 그 자체인 예벨 무사(Jebel Musa) 근처였을 것이다.

16 기브롯핫다와는 알려져 있지 않다(민 11:34의 "주석"을 보라).

17 하세롯의 위치는 확실하게 알려져 있지 않다(민 11:35의 "주석"을 보라). 그 곳은 가끔 예벨 무사 북동쪽 약 40마일 지점의 와디 후디랏(Wady Ḥuḍeirat)과 연결되어 왔다.

18b-30a 이 열두 개의 장소들은 알려져 있지 않다. 이 여행기에서 시내가 반도 남단 근처에 있는 전통적인 위치(예벨 무사)라고 가정한다면, 이 장소들은 에시온 세벨로 가는 길목에 있는 유진 장소임에 틀림없다. 34-35절에 있는 아브로나도 마찬

가지다.

30 모세롯(참조. 신 10:6)은 신명기 저자들에 따르면 아론이 죽은 장소였지만, 38절과 민수기 20:22-29에 있는 제사장의 전승과 대조가 된다.

31-33 이 곳에 언급된 네 개의 장소들은 약간 다른 순서이기는 하지만 신명기 10:6-7에도 나타난다. 이것의 배열이 옳을 것이다. 그 위치들은 알려져 있지 않지만, 시내와 에시온게벨 사이에 위치해 있음에 틀림없다.

36 에시온게벨(참조. 신 2:8; 왕상 9:26; 22:49; 대하 8:17; 20:36)은 엘랏 근처 현대의 텔 엘 켈리파(Tell el Kheleifah)일 것이며 아카바 만의 끝에 위치해 있다.

에시온게벨과 가데스 사이는 약 50마일이지만, 유진한 장소가 나타나 있지 않다. 신 광야에 대해서는 민수기 13:1; 20:1; 27:14; 신명기 32:51; 여호수아 15:1을 참조하라.

퀘니히(J. Koenig)는 시내 광야로부터 가데스에 이르는 여행기에 관한 하나의 이론을 제기했는데, 그는 그 여행기 가운데서 노트가 보는 시내의 위치보다 더 북쪽 위치를 포함하는 순례 여행 통로로 본다. 이러한 이론에 관한 공정한 제안과 비평에 대해서는 G. I. Davies, *The Way of the Wilderness,* 87-89를 보라.

37 호르 산에 대해서는 민수기 20:22의 "주석"을 보라.

38-39 아론의 죽음의 연대와 그의 나이에 관한 세부 사항들은 이 곳에만 나타나는데, 제사장 저자가 덧붙인 내용인 것 같다.

40 이 곳의 자료는 민수기 21:1로부터 제사장 저자가 인용한 것이다.

41 살모나는 알려져 있지 않고, 이 곳에만 나타난다. 사사기 9:48; 시편 68:15에 있는 언급은 다른 장소를 가리키는 것으로 보인다.

42 부논/비논(참조. 창 36:41; 대상 1:52)의 위치는 확실하게 알려져 있지 않지만, 키르벳 페이난(Khirbet Feinan)으로 밝혀져 있다.

43 오봇에 대해서는 민수기 21:10의 "주석"을 보라. 데이비스(G. I. Davies, *The Way of the Wilderness,* 90)는 그 곳이 서쪽으로 설명 불가능한 우회를 낳게 된다는 근거에서 노트가 오봇을 아인 엘-위베(Ain el-Weibeh)와 동일시하는 것을 반대한다. 그는 키르벳 아이(Khirbet Ay)로 가는 길목에 있는 키르벳 페이난(Khirbet Feinan)의 북쪽의 위치를 선호한다.

44 이예아바림에 대해서는 민수기 21:11의 "주석"을 보라. 이 이름은 "아바림의 폐허들"을 의미하는 것으로 보이며, 이 곳은 세렛 골짜기에 위치해 있었음에 틀림없다. 데이비스(G. I. Davies, *The Way of the Wilderness,* 90)는 그 명칭이 키르벳 아

이에 남아 있다고 생각한다.

45 디본갓은 모압의 수도인 디반(Dhiban)이다. 갓이란 이름이 여기서 그 곳과 연결되어 있는데, 어느 시대에 갓 족속이 그 곳을 점령했기 때문이다(민 32:34-38의 "주석"을 보라).

46 알몬디블라다임은 예레미야 48:22과 메사 비문의 벧디블라다임인 것 같다(민 32:38의 "주석"을 보라; 또한 알몬에 대해서는 수 21:18을 참조하라).

47 아바림 산은 민수기 27:12에 언급되어 있는데, 그 곳은 이스라엘 전체가 아닌 모세만이 연루된 곳이다.

49 벧여시못(참조. 수 12:3; 13:20; 겔 25:9)은 여리고 남동쪽 약 12마일 지점과 강의 동편, 현대의 텔 엘-아지메(Tell el-'Azeimeh)인 요단 계곡에 있다.

아벨싯딤(참조. 민 25:1)은 요단 동편 고지, 강으로부터 약 5마일 지점에 있는 현대의 텔 케프라인(Tell Kefrain)이다.

해설

이 단락은 애굽으로부터 그 땅 변경에 이르기까지의 경로에 관한 유진 장소들에 대해 모세가 편집한 목록으로 알려져 있다. 이 목록은 시내 산의 위치를 전통적인 위치인 시내 반도의 남단 근처 예벨 무사로 묘사하고 있다. 그러므로 묘사된 여행은 네 개의 주된 방향 전환을 포함하고 있었을 것이며, 그 때문에 전체의 여행기가 네 개의 완전한 목록 단위들을 제공하고 있다 – 애굽에서 시내까지, 시내에서 에시온게벨까지, 에시온게벨에서 신 광야에 있는 가데스까지, 가데스로부터 요단을 건너 그 땅의 변경까지. 그 거리에도 불구하고 에시온게벨에서 가데스까지의 세 번째 목록 단위는 유진한 장소를 가지고 있지 않은데, 그 목록의 편집자가 그러한 여행에 관한 정보를 가지고 있지 않았던 것으로 보인다. 그 장소들 가운데 여럿이 이전의 오경 설화들 가운데 나타나며, 어떤 곳은 그 곳들과 관련되는 구체적인 이야기들도 가지고 있다 – 그 전승에 대한 야위스트 계층과 제사장 계층 모두 가운데서. 그 장소들 가운데 여러 곳이 확실하게 밝혀질 수 없는 곳이고("주석"을 보라) 열여섯 곳이 이 목록 가운데만 나타난다.

이 목록의 편집의 기원과 배경에 관해서는 확실하게 말하기가 어렵다. 야위스트 자신이 애굽으로부터 그 땅으로 가는 경로에 대한 어떤 개념을 가졌음에 틀림없으며, 그래서 우리는 이스라엘의 요단 동편 여행에 대한 설명이 특별히 그의 것임을 주장하려고 노력해 왔다. 노정의 부분들이 성스러운 자료(순례를 위한 노정)나 혹은 일반 여행자들을 위하여, 특별히 무역과 상업을 위하여 그 노정을 기록한 궁중의 공문서로부터 이끌어 올 수 있었다는 점은 가능해 보인다. 이러한 종류의 자료가 광야 시기의 이야기가 작성될 수 있도록 원 골격을 제공한 것으로 보인다.

그러나 이 곳 1-49절에 있는 목록은, 비록 많은 장소들이 자연적으로 자기의 여행에 대한 생각과 이 목록 가운데 나타나기는 했지만, 실질적인 의미에서 야위스트의 것이라고 주장하기는 어려울 것으로 보인다. 이러한 결론은 주로 수르 광야, 맛사/므리바, 다베라, 호르마와 같은 야위스트의 이야기 가운데서 그러한 중요한 장소들이 빠져 있다는 사실에 암시되어 있다. 그가 시내를 가데스에 더 가까운 곳에 두었다는 것도 가능하다. 더 나아가서 요단 동편의 노정은 지리적으로 그 두 노정이 동떨어질 수 없기는 하지만 서로 다르다(여기에 나타나 있지 않은, 민수기 21장에 있는 야위스트의 장소들을 보라).

다른 한편, 그 목록이 본질적으로 제사장의 편집이거나 매우 늦은 시기의 편집이 아니라고 생각할 만한 근거들이 있다. 어떤 점에서 아론의 죽음에 대한 기록의 예에서 보듯이 거기에는 제사장의 손질이 들어 있기는 하지만, 이 자료가 여행기 자체에 필수적인 부분으로 생각될 수 있는 길은 없다. (제사장 이야기에는 중요한) 바란 광야가 포함되어 있지 않고, 야위스트의 몇몇 장소들이 빠져 있다는 것은 그러한 여행기가 제사장의 것이 아니고 매우 후대에 편집된 것도 아니라는 사실을 시사한다. (출애굽기와 민수기의) 제사장 저자들이 곁에 여행기를 두고 있었고, 자기들에게 중요했던 전승을 수립하고, 그로 말미암아 우리에게 친숙한 광야 시기의 이야기를 작성하려고 그것을 골격과 뼈대로 사용했다는 것이 보다 그럴듯해 보인다. 우리는 저자들이 처음부터 자기들의 이야기들을 위하여 하나의 여행기를 작성하는 데 있어서 이 지역의 지리를 충분히 잘 알고 있었다고 상상할 이유가 없다. 그들은 아마도 공문서들이 필요했을 텐데, 이것은 아마도 이미 언급한 바 있는 상업상의 공문서였을 것이다.

이 곳 1-49절에 내포된 노정은 결국 야위스트의 이야기에 덧붙여졌지만, 제사장 저자들이 그 전승에 작업을 가하기 이전이었을 것이고, 그러므로 그것은 그들이 작성할 수 있었던 골격을 제공했을 것이라고 결론짓는 것이 가장 좋을 것 같다. 신명기 저자들(deuteronomists)이 이스라엘의 노정에 대한 세부 사항들을 연구하고 있었다는 신명기 10:6-7로부터 나온 몇몇 증거가 있는데, 거기서 언급된 장소들이 이 곳 1-49절에는 나타나지만 야위스트의 작품에는 나타나지 않는다. 이러한 장소들의 순서가 약간 다르지만, 그들이 그 여행기에 있는 시내/에시온게벨에서 작업하고 있었던 분명한 암시인 것처럼 보인다. 아마도 1-49절에 있는 목록의 필수 요소들은 신명기 저자의 자료에까지 거슬러 올라가야 할 것이다. 제사장 저자가 1-4절에서 서론을 덧붙이고, 9, 38-40절에서 초창기 이야기로부터 나온 다른 어떤 기록들을 덧붙인 뒤 그 목록을 자신의 스타일로 개작했다는 것이 아주 자연스럽다. 그 여행기는 당연히 여행이 마쳐지고 점령이 시작되려는 이 지점에서 나타난다.

목록 그 자체는 하나님께서 이스라엘을 애굽으로부터 그 땅의 변경까지의 과정에서 정해진 스타일로 인도하셨다는 믿음의 증거다. 시간의 한계 내에서 그것은 소유한 믿음과 관련하여 학적인 역량과 자원의 사용을 드러낸다. 후에 이스라엘을 이루었던 그룹들이 취했던 정확한 여행이 지금은 복잡하고도 모호하게 나타날 수 있다. 1-49절에 있는 이러한 계획의 중요성은 지식을 적용하는 것이며, 그 다음 애굽의 노예 상태에서 독립하게 하시고 풍요로운 땅에서 번영하도록 이스라엘을 안전하게 인도하신 분이 야웨이셨다는 근본적인 믿음을 이용하는 것이다.

51. 정복에 관한 총괄적 지침(33:50-56)

참고문헌

Auld, A. G. *Joshua, Moses, and the Land.* Edinburgh: T. & T. Clark, 1980.

본 문

50 여리고 맞은편 요단 가 모압 평지에서 여호와께서 모세에게 일러 가라사대

50 And Yahweh spoke to Moses in the plains of Moab by the Jordan at Jericho, saying,

51 이스라엘 자손에게 말하여 그들에게 이르라 너희가 요단을 건너 가나안 땅에 들어가거든

51 "Speak to the people of Israel, When you pass over the Jordan into the land of Canaan,

52 그 땅 거민을 너희 앞에서 다 몰아내고 그 새긴 석상과 부어 만든 우상을 다 파멸하며 산당을 다 훼파하고

52 then you shall drive out all the inhabitants of the land before you, and destroy all their carved figures, and destroy all their molten images, and demolish all their high places.

53 그 땅을 취하여 거기 거하라 내가 그 땅을 너희 산업으로 너희에게 주었음이라

53 And you shall take possession of the land[a] and settle in it, for I have given the land to you to possess it.

54 너희의 가족을 따라서 그 땅을 제비뽑아 나눌 것이니 수가 많으면 많은 기업을 주고 적으면 적은 기업을 주되 각기 제비뽑힌 대로 그 소유가 될 것인즉 너희 열조의 지파를 따라 기업을 얻을 것이니라

54 You shall inherit the land by lot according to your families. To a large tribe you shall give a large inheritance, and to a small tribe you shall give a small inheritance. Wherever the lot falls to any man, that shall be his.[a] According to the tribes of your fathers you shall inherit.

55 너희가 만일 그 땅 거민을 너희 앞에서 몰아내지 아니하면 너희의 남겨 둔 자가 너희의 눈에 가시와 너희의 옆구리에 찌르는 것이 되어 너희 거하는 땅에서 너희를 괴롭게 할 것이요

55 But if you do not drive out the inhabitants of the land before you, then those of them whom you allow to remain will become like hooks in your eyes and thorns in your sides, and they shall cause you trouble in the land where you live.

56 나는 그들에게 행하기로 생각한 것을 너희에게 행하리라

56 And I will do to you as I thought to do to them."

원문주해

53.a. G는 그 땅의 거민들의 축출에 대한 언급을 덧붙이고 있다. Vg은 그 땅의 "정화"에

대한 언급을 포함시키고 있다.

54.a. G는 거기에 있는 그의 이름에 대한 언급을 덧붙이고 있다.

양식/구조/배경

이 구절들은 분석가들에게 약간의 어려움을 제공해 왔다. 분명히 제사 문서인 요소들(50-51, 54절)이 P에는 생소해 보이는 자료와 뒤섞여 있는데, 그 가운데 몇몇은 레위기 26장에 있는 성결법전의 결론과 유사성을 가지고 있다(참조. 52-53, 55-56, 레 26:1, 30)(J. Wellhausen, 117-18; A. Kuenen, 98를 보라). 특히 주어진 동기가 레위기 26장에 주어진 것과 상당히 일치한다. 다른 한편 H가 좋아하는 문구들 가운데 몇몇 – "나는 야웨니라" 그리고 성결의 필요성에 대한 언급 – 이 빠져 있는 것도 사실이고, 그래서 초창기 분석가들 사이에서는 이 구절들이 진짜 H의 단편들인지, 아니면 제사장 저자의 손으로 쓴 H의 회상인지에 대해 전반적으로 일치하지 못하고 있다. 홀징거(H. Holzinger, 165-66)는 50-51, 54절을 PG와 연결시키고 그 나머지를 PS와 연결시켰는데, 이는 밴취(B. Baentsch, 683-84)가 취한 견해이기도 하다. 그래이(449-50)는 레위기 26:1, 30을 제외하고는 오경의 다른 어디에도 나타나지 않는 "새긴 석상"(מַשְׂכִּית – 마스키트), "산당"(בָּמָה – 바모트)의 특이성에 주의를 집중하면서 그 반대 입장을 취했다. 그는 여기에 두 개의 법이 섞여 있다고 주장하는데, 하나는 H 자체로부터 온 것이고 하나는 PS로부터 온 것이라는 것이다.

성결법전과 신명기 사이의 유사성은 오랫동안 관찰되어 왔고, 맥닐(A. H. McNeile, 179)은 50-56절 전체를 D에게로 돌리고 54절을 예외(P)로 돌렸다. 이 곳에서 요구된 바와 같은 가나안 족속의 경배의 대상물들의 파괴는 특히 자주 신명기 저자의 자료에 돌려진 본문의 특색이다(예를 들어, 출 23:24, 31-33; 34:11-16; 신 7:1-6; 12:2-3). "축출"을 묘사하기 위하여 호리쉬(הוֹרִישׁ)란 단어를 사용한 것은 D에 자주 있는 일이며, 반면에 "산당"(52절)은 신명기 저자의 문서에서 통상적인 것이다(예를 들어, 렘 7:31; 왕하 23:8). 55절에 있는 바와 같은 생존한 자가 "옆구리에 찌르는 것"과 같이 된다는 것은 여호수아 23:13과 사사기 2:3에 있는 신명기 저자의 본문과 어느 정도 유사하다. 빈스(xxxvii)는 D(혹은 H)와 P로부터 나온 요소들의 결합을 말했다.

보다 최근의 분석가들 가운데 노트(248)는 이 단락을 그 내용과 형식에 있어서 강력한 신명기 저자의 색채를 가지고 있고, 반면에 54절에는 민수기 26장의 영향이 전혀 들어 있지 않다고 설명한다. 그가 보기에 이것은 민수기 33:50-34:29의 전체 단락은 비교적 후기 단계에 편집된 오경 설화를 전제로 하고 있고, 또한 신명기적 역사의 형성을 전제로 하고 있다는 표시다. 그러므로 그는 이 단락을 매우 늦은 시기의 것임에 틀림없다고 생각하고, 이러한 두 개의 주요 설화 복합물들 – 오경과 신명기 저자의 기록 – 을 편집자가 단일화시킨 그 일부임에 틀림없다고 생각한다.

스터디(231)는 여기서 옛 전승들을 함께 모으고 있는 제사장 저자의 작품이라고 생각하면서 보다 전통적인 입장을 취한다. 이것 가운데 한 부분(52-53절)은 신명기적 스타일을 유지하고 있고, 스터디에 따르면 55절도 그 저술가 학파가 사용한 공통적인 종류의 문구로부터 나온 줄기일 수도 있다.

폴크(382-83)는 이 단락을 민수기 36:13 끝까지 이어지는 본서의 마지막 중요 부분의 시작 부분으로 보고, 지파들 사이에 있었던 가나안의 분배에 대한 법전으로 본다. 그는 이 단락을 출애굽기 34:10-16(J); 출애굽기 23:20-32(E); 신명기 7:2-6(D)과 같은 본문들 가운데서 발견된 입법상의 요건을 재확인하면서, 제1차적으로 제사장 편집자의 작품으로 취급한다.

올드(A. G. Auld, Joshua, *Moses, and the Land*, 74-75)는 그 구절에 대해 세부적인 언어적 분석을 하고, 그것이 비록 단일한 것은 아닐지라도 신명기적 용어와 제사장적 용어와 친숙한 누군가가 스케치했음에 틀림없다고 결론지었다. 그는 이 단락이 후대의 것이라고 생각하고, 그 첫 번째 판에서는 그것이 34:1-29과 한 부분이며, 전체가 여호수아서 다음의 것이라고 생각한다.

우리의 관점에서 본다면, 본 단락이 본질적으로 민수기 제사장 저자의 작품이라고 결론짓는 것이 아주 타당하다. 우리는 그것이 본서의 끝 부분의 시작을 표시하고 있다는 폴크의 견해에 동의한다. 우리는 본서의 세 번째 단락이 정착과 관련되는 문제에 관심을 두고 있다고 주장해 왔고, 이 마감하는 난세에서 이 문제가 예리한 초점이 되어 있다. 그러므로 저자는 우리가 요단 서편 땅을 분배하고 궁극적으로 차지하는 데 대한 필수적인 선결 조건을 생각하고 있는 내용을 해명하려고 힘쓰고 있다. 이방인들의 모든 종교적인 영향을 주는 물건들과 함께 그 이방인들을 완전히 제거해야 한다. 그러므로 저자의 방법은 D와 H로부터 나온 사상과 언어의 의도적 사용을 통하여, 그 땅에서 이스라엘과 다른 백성들 사이의 관계에 관한 이러한 자료들로부터 나온 전통적 교훈의 주된 영향을 요약하는 것이다. 만일 출애굽기 34:10-16이 신명기 저자의 것이 아니고 야위스트의 것이라고 간주될 수도 있다면, 거기에는 야위스트의 영향도 들어 있다. 대체로 우리는 주된 영향이 신명기 저자의 것이라는 데 동의할 수도 있다. 그 자체가 D 위에 세워져 있는 H로부터 나온 사상은 특별히 레위기 26:1, 30로부터 이끌어 온 것이다. 저자는 그 땅이 제비를 통하여 분배되어야 한다는 민수기 26:52-56로부터 나온 자기 자신의 개념을 덧붙이면서 이러한 전통적인 신념을 재확인하고 있다. 이 단락에 대한 이러한 전반적인 입장은 본서의 세 번째 주요 부분(민 26-36장)의 대다수를 묶어 주는 내용이 그 땅의 변방에서 곧 다가올 율법 공포에 앞서서 신명기를 역설하고, 확장하고, 어느 정도 수정하려는 관심사라는 우리의 입장과 조화된다.

주석

52 "새긴 석상"(משׂכית – 마스키트; 참조. 레 26:1). Tg은 이것을 "예배 장소"로 해석한다. 이러한 석상들은 아마도 본 절에서도 언급되어 있는 "부어 만든 우상"과는 대조적으로 돌로 만들어졌을 것이다.

"부어 만든 우상"(צלמי מסכה – 찰메 마쎄코탐). 참조. 출 34:17; 레 19:4; 삼상 6:5, 11; 겔 16:17; 23:14).

"산당"(במה – 바모트; 참조. 레 26:30). 이것들은 가나안 족속의 언덕 위에 있는 사찰들이다. 이 장소들은 신명기 사가들에 의하여 확실하게 거절되었고, 이것들에 대한 유다 왕들의 태도는 그 왕과 그의 통치에 대한 역사가의 평가를 결정한다(참조. 왕상 14:23).

"파멸하다"(אבד – 아바드)의 피엘형은 이 구절 가운데 두 번 나타난다. 오경의 다른 곳에서는 신명기 11:4; 12:2에만 나타난다.

54 이 구절은 민수기 26:52-56의 본질적인 내용을 반복하고 있다.

55 한층 더 정교한 형태로 되어 있는 이러한 종류의 경고는 신명기 28:15-68에서 발견된다(참조. 출 23:33; 34:11-13; 신 7:16). 이 곳에서 발견되는 표상에 대해서는 여호수아 23:12-13; 에스겔 28:24을 참조하라.

해설

이 간략한 단락은 본서의 세 번째 단락의 마지막 주요 부분을 소개하고 있다. 특히 이것은 그 땅의 스케치에 대한 하나의 중요한 예비이며, 그것이 어떻게 민수기 34:1-29에서 분배되어야 하는가에 대한 묘사다. 이스라엘이 그 땅으로 들어가려는 마당에 모세는 민수기로서는 충성하라는 마지막 권고 내용을 제시하고 있다. 인간이든 종교적 물건이든 모든 이방의 영향을 주는 것들을 제거하라는 명령은 자연적으로 이 지점에 나타나는데, 경계에 대한 묘사와 즉시 따라야 할 분배의 과정을 동반하고 있다. 그 땅의 분배는 이전에 민수기 26:52-56에서처럼 54절에 분명하게 언급되어 있다. 모든 거민들은 쫓아내야 할 것이고, 종교적 중심지는 모든 신상과 함께 파멸시켜야 할 것이다. 만약 이 일이 시행되지 않는다면 그 땅의 거민들은 이스라엘에 그 번영을 심각하게 위협하는 지속적인 올무와 장애물이 될 것이다.

이 단락은 본질적으로 민수기 제사장 저자의 작품일 가능성이 있다. 그의 영향이 제비를 통하여 그 땅을 분배하라는 언급과 함께 54절에 가장 분명하게 나타나 있지만, 그 나머지 부분을 다른 자료에서 나온 단편(들)으로 볼 충분한 이유는 없다. 메시지와 표상은 레위기 26:1, 30에서 가져온 꾸밈과 더불어 본질적으로 신명기 저자의 것이며, 제사장 저자는 자신의 방식으로 이 메시지를 강요하기를 원하고 있다. 그것은 신명기 저자의 문서가 그 본질적 기원을 가진 것으로 보이는 요시야 시대와 포로기의 상황에서처럼 저자 당대에도 적용이 가능한 것이다. 오래된 계통들(old lines)을 따라 성전(聖戰)을 치를 가능성은 없었지만, 제사장 저자는 새로운 국가 정체성과 자아 의식을 발견하려는 관심에서 모든 이방 세력들을 대적하고 그로 말미암아 백성들을 하나님의 목적을 이루기 위한 적절한 도구로 만들어 줄 오래되고 단호한 정신을 상기시켜 주려고 힘썼다. 이방 결혼 분야에서 에스라의 활동(스 9:1-20:44)은 그러한 행동이 가능했다는 것을 암시하며, 제사장 저자가 보기에 오래되고 단호한 정신을 구체화했을 행동을 암시한다.

신약성경의 관점은 모든 편협한 국수주의를 멀리하고 그 공동체들이 보다 넓은 세계 가운데서 자기 자신들과 자기들의 역할을 발견해야 할지라도, 신약의 관점은 정체감과 자아 의식의 필요성에 대해 전혀 모르고 있지는 않다. 그 공동체가 교회인 신약 성경에서, 세상에서 그 공동체를 위한 하나님의 목적을 발견하고 충실해야 한다면, 그 공동체는 자아 이해와 자기 인식에 도달해야 한다.

52. 가나안 땅의 경계(34:1-29)

참고문헌

Aharoni, Y. "The Province List of Judah." *VT* 9(1959) 225-46. **Alt, A.** "Das System der Stammesgrenzen im Buche Josua." *Kleine Schriften zur Geschichte des Volkes Israel Vol 1.* Munich: C. H. Beck, 1953. **Auld, A. G.** *Joshua, Moses, and the Land.* Edinburgh: T. & T. Clark, 1980. **Cross, F. M. & Wright, G. E.** "The Boundary and Province Lists of the Kingdom of Judah." *JBL* 75(1956) 202-26. **Gorg, M.** "Zum 'Skorpionenpass'(Num 34:4: Josh 15:3)." *VT* 24(1974) 508-9. **Kallai-Kleinmann, Z.** "The Town Lists of Judah, Simeon, Benjamin, and Dan." *VT* 8(1958) 134-60. **Kallai, Z.** "The Boundaries of Canaan(Nu. 34 cf. Ez. 47:13-20) and the Land of Israel(Jos. 13-19) in the Bible." *Eretz-Israel* 12(1975) 27-34. **Mackay, C.** "The North Boundary of Palestine." *JTS* 35(1934) 22-40. **Noth, M.** *Die israelitischen Personennamen im Rahmen der gemein-semitischen Namengebung.* BWANT 3/10. Stuttgart: W. Kohlhammer, 1928. ______. *Das System der Zwölf Stämme Israels.* BWANT 4/1. Stuttgart: W. Kohlhammer, 1930. **Schunk, K. D.** *Benjamin.* BZAW 86. Berlin: A Töpelmann, 1963. **Weippert, H.** "Das geographische System der Stämme Israels." *VT* 23(1973) 76-89.

본 문

1 여호와께서 모세에게 일러 가라사대

1 And Yahweh spoke to Moses, saying,

2 너는 이스라엘 자손에게 명하여 그들에게 이르라 너희가 가나안 땅에 들어가는 때에 그 땅은 너희의 기업이 되리니 곧 가나안 사방 지경이라

2 "Command the people of Israel, and say to them, When you enter the land of Canaan [a] – this is the land that shall fall to you for an inheritance, the land of Canaan according to its borders –

3 너희 남방은 에돔 곁에 접근한 신 광야니 너희 남편 경계는 동편으로 염해 끝에서 시작하여

3 then your south side shall be from the wilderness of Zin along the side of Edom, and your southern boundary shall be from the end of the Dead Sea on the east,

4 돌아서 아그랍빔 언덕 남편에 이르고 신을 지나 가데스 바네아 남방에 이르고 또 하살아달을 지나 아스몬에 이르고

4 and your boundary shall turn south up the ascent of Akrabbim, and pass by Zin, and its southern limit shall be Kadesh-barnea. It shall go

on to Hazar-addar,[a] and pass along to Azmon,

5 아스몬에서 돌아서 애굽 시내를 지나 바다까지 이르느니라

5 and the boundary shall turn from Azmon to the Brook of Egypt, and its termination shall be at the sea.

6 서편 경계는 대해가 경계가 되나니 이는 너희의 서편 경계니라

6 "And for the western boundary, you shall have the Great Sea and its coast. This shall be your western boundary.

7 북편 경계는 이러하니 대해에서부터 호르 산까지 긋고

7 "This shall be your northern boundary. From the Great Sea you shall mark out a line to Mount Hor.

8 호르 산에서 그어 하맛 어귀에 이르러 스닷에 미치고

8 From Mount Hor you shall mark it out to Lebo-Hamath, and the termination of the boundary shall be at Zedad.

9 그 경계가 또 시브론을 지나 하살에난에 미치나니 이는 너희 북편 경계니라

9 Then the boundary shall extend to Ziphron,[a] and its termination shall be at Hazar-enan.[b] This shall be your northern boundary.

10 너희의 동편 경계는 하살에난에서 그어 스밤에 이르고

10 "And you shall mark out your eastern boundary from Hazar-enan to Shepham.[a]

11 그 경계가 또 스밤에서 리블라로 내려가서 아인 동편에 이르고 또 내려가서 긴네렛 동편 해변에 미치고

11 And the boundary shall go down from Shepham to Hariblah,[a] on the east side of Ain. And the boundary shall go down, and reach to the ridge east of the sea of Chinnereth.

12 그 경계가 또 요단으로 내려가서 염해에 미치나니 너희 땅의 사방 경계가 이러하니라

12 And the boundary shall go down to the Jordan, and its termination shall be at the Dead Sea. This shall be your land with its boundaries all round."

13 모세가 이스라엘 자손에게 명하여 가로되 이는 너희가 제비뽑아 얻을 땅이라 여호와께서 이것을 아홉 지파와 반 지파에게 주라고 명하셨나니

13 And Moses commanded the people of Israel, saying, "This is the land which you shall inherit by lot, which Yahweh has commanded to give to the nine tribes and to the half tribe.

14 이는 르우벤 자손의 지파와 갓 자손의 지파가 함께 그들의 종족대로 그 기업을 받았고 므낫세의 반 지파도 기업을 받았음이라

14 For the tribe of the sons of Reuben by fathers' houses, and the tribe of the sons of Gad by their fathers' houses, have received their inheritance, and also the half tribe of Manasseh.

15 이 두 지파와 반 지파가 여리고 맞은편 요단 건너편 곧 해 돋는 편에서 그 기업을 받았느니라

15 The two tribes and the half tribe have received their inheritance beyond the Jordan at Jericho to the east, toward the sunrise."

16 여호와께서 또 모세에게 일러 가라사대

16 And Yahweh spoke to Moses, saying,

17 너희에게 땅을 기업으로 나눌 자의 이름이 이러하니 제사장 엘르아살과 눈의 아들 여호수아니라

17 "These are the names of the men who shall divide the land to you for inheritance – Eleazar

	the priest, and Joshua son of Nun.
18 너희는 또 기업의 땅을 나누기 위하여 매 지파에 한 족장씩 택하라	18 You shall take one leader from every tribe, to divide the land for inheritance.
19 그 사람들의 이름은 이러하니 유다 지파에서는 여분네의 아들 갈렙이요	19 These are the names of the men — from the tribe of Judah, Caleb son of Jephunneh.
20 시므온 지파에서는 암미훗의 아들 스므엘이요	20 From the tribe of the sons[a] of Simeon, Shemuel[b] son of Ammihud.
21 베냐민 지파에서는 기슬론의 아들 엘리닷이요	21 From the tribe of Benjamin, Elidad[a] son of Chislon.
22 단 자손 지파의 족장 요글리의 아들 북기요	22 From the tribe of the sons of Dan a leader,[a] Bukki[b] son of Jogli.
23 요셉 자손 중 므낫세 자손 지파의 족장 에봇의 아들 한니엘이요	23 From the sons of Joseph: from the tribe of the sons of Manasseh a leader,[a] Hanniel son of Ephod.[b]
24 에브라임 자손 지파의 족장 십단의 아들 그므엘이요	24 From the tribe of the sons of Ephraim a leader,[a] Kemuel son of Shiphtan.
25 스블론 자손 지파의 족장 바르낙의 아들 엘리사반이요	25 From the tribe of the sons of Zebulun a leader,[a] Elizaphan son of Parnach.
26 잇사갈 자손 지파의 족장 앗산의 아들 발디엘이요	26 From the tribe of the sons of Issachar a leader,[a] Paltiel son of Azzan.[b]
27 아셀 자손 지파의 족장 슬로미의 아들 아히훗이요	27 From the tribe of the sons of Asher a leader,[a] Ahihud[b] son of Shelomi.
28 납달리 자손 지파의 족장 암미훗의 아들 브다헬이니라 하셨으니	28 From the tribe of the sons of Naphtali a leader,[a] Pedahel son of Ammihud."[b]
29 여호와께서 명하사 가나안 땅에서 이스라엘 자손에게 기업을 나누게 하신 자들이 이러하였더라	29 These are the men whom Yahweh commanded to divide the inheritance for the people of Israel in the land of Canaan.

원문주해

2.a. *BHS*는 2절 전체를 보다 이해하기 쉽게 만들면서 "가나안" 삭제를 제안하고 있다(참조. J. Paterson, 65).

4.a. 수 15:3에는 "헤스론과 아달"로 되어 있다. G에는 "아랏"으로 되어 있다.

9.a. G에는 다른 이문(異文)들과 함께 "데프로나"(Dephrona)로 되어 있다.

9.b. G에는 다른 이문(異文)들과 함께 "아세르나인"(Asernain)으로 되어 있다.

10.a. G에는 다른 이문(異文)들과 함께 "습팜"(Sheppham)으로 되어 있다.

11.a. MT를 따르고 있음. Sam과 G에는 아르벨라(ארבלה)로 되어 있다.

20.a. G, Syr, Vg에는 빠져 있음.

20.b. G에는 "살라미엘"로 되어 있다(참조. 민 1:6).

21.a. Sam, G, Syr에는 "엘닷"으로 되어 있다(참조. 민 11:26).
22.a. "족장"에 대한 언급이 한 MT 필사본, Syr, Vg에는 빠져 있다.
22.b. G에는 "박킬"(Bakchir)로 되어 있다.
23.a. "족장"에 대한 언급이 두 개의 MT 필사본, S, Vg에는 빠져 있다.
23.b. G에는 "우피"(Ouphi)로 되어 있다.
24.a. "족장"에 대한 언급이 Syr, Vg에는 빠져 있다.
25.a. "족장"에 대한 언급이 Syr, Vg에는 빠져 있다.
26.a. "족장"에 대한 언급이 Syr에는 빠져 있다.
26.b. G에는 "오사"로, S에는 "아솔"(עזור)로 되어 있다.
27.a. "족장"에 대한 언급이 Syr, Vg에는 빠져 있다.
27.b. G에는 다른 이문들과 함께 "악히올"(Achior)로 되어 있다.
28.a. "족장"에 대한 언급이 두 개의 MT 필사본, Syr, Vg에는 빠져 있다.
28.b. G에는 "베나미우드"로 되어 있는데, 아마도 "…의 아들"을 두 번 읽은 것처럼 보인다.

양식/구조/배경

초창기 분석가들은 이 자료를 P에게로 돌리기를 주저하지 않는다(A. Dillmann, 208-14; J. Wellhausen, 117; A. Kuenen, 98; H. Holzinger, 165-66[PG/PS]; B. Baentsch, 684-89[P/PS/RP]; G. B. Gray, 449를 보라). 17절에는 엘르아살과 여호수아가 나타나 있고(참조. 민 20:22-29; 27:12-23의 P), 반면에 19절에서는 갈렙이 유다의 족장으로 되어 있다(참조. 민 13:6의 P). 거기에는 통상적인 제사장의 서론 형식이 있고, 그들의 이름 목록을 가지고 있는 16-29절은 민수기 1:5-15; 13:4-15에 있는 제사장 자료와 유사하다. 그래이는 이 자료를 PG보다는 PS와 연결시키는 방향으로 기울어지고 있지만, 이에 대해 고집하지 않았다.

이 단락의 제사장적 성격은 분명하다. 보다 난해한 문제들은 이 단락과 여호수아서에 있는 비교 가능한 자료와의 관계에 관한 것이며, 이것은 보다 최근의 분석가들에 의하여 좀더 세밀하게 취급되어 왔다. 노트(248-51)는 1-12절에 있는 묘사가 가나안에서 기업의 분배와 관련된 여호수아서에 주어진 구체적인 세부 사항들에게 적용되고 있다는 사실을 간파한다. 그는 또한 13-15절에서 요단 동편 성복에 대한 신명기 저자의 설명을 사용하고 있다는 사실을 지적한다. 다른 한편 17-28절에 있는 이름들의 목록은 민수기 1:5-15; 13:4-15에 있는 같은 종류의 목록을 따르고 있으며, 이 점이 노트로 하여금 민수기의 이 부분이 편집된 그리고 후기 단계의 것인 신명기적 역사와 오경 설화를 전제로 하고 있다고 가정하도록 더욱더 근거를 제공해 준다. 노트가 보기에 이 단락은 민수기 33:50-56처럼 두 개의 거대한 문서 복합물들에 대한 편집자의 단일화의 일부다. 경계들에 대해서 노트는 여기에 나타나 있는 세부 사항들이 여호수아 15:1-4로부터 직접 이끌어 온 것이라는 사실을 의심하지 않는다. 다만 하나의 경계 지점(남쪽에 있는)은 민수기 34장에는 빠져 있고, 노트는 이것을 오류로 취급한다. 다른 경우 여호수아 15장에 있는 두 경계 지점은 민수기 34장에서 하나로 통합된다.

북쪽과 북동쪽 경계는 노트와 전체 학자들에게 보다 많은 문제를 야기시킨다. 그것들은 결정하기가 지극히 어렵다("주석"을 보라). 노트는 사실상 그 어떤 비교할 만한 경계도 그 곳에 묘사되어 있지 않을지라도, 설명의 스타일이 여호수아서에 있는 그것과 전반적으로 일치한다고 지적한다. 경계의 초소에 대한 같은 기본적인 목록이 약간 차이가 있고 첨가적인 내용이 있기는 하지만 에스겔 47:15-18에서 발견된다. 에스겔 48:1-2에 단의 경계(더 차이가 있기는 하지만)로 그것이 다시 출현하는 것은 노트가 보기에 이 곳 민수기 34:7-11이 단 족속의 경계 목록으로부터 이끌어 온 것임을 시사한다. 단은 지파들 가운데 가장 북쪽에 위치해 있다.

노트의 의견에는 19-28절에 주어진 이름들의 목록은 그 명칭들 몇몇이 고대적인 인상을 주고 있기는 하지만 옛 전승에 거의 의존될 수 없는 것이다. 그러므로 그것들은 보다 오래된 이름 목록으로부터 차용해 온 것임에 틀림없다. 그 목록 가운데 오직 열 개의 이름들만이 있다는 사실은, 노트가 볼 때 요단 동편 정착이 전제로 되어 있다는 사실을 암시한다. 이름들 가운데 몇몇은 고대 형태를 가지고 있고(예를 들어, 아히훗, 27절), 다른 것들은 보다 오래된 본문들 가운데 입증된다(예를 들어, 스므엘, 20절[참조. 삼상 1:20]; 엘리닷, 21절[참조. G와 민 11:26에 있는 엘닷]; 그므엘, 24절 참조. 창 22:21]; 발디엘, 26절[참조. 삼하 3:15]). 지파의 순서는 일반적으로 미래에 차지할 각 지파 영토의 지리적 위치를 따르고 있는데, 남쪽으로부터 북쪽으로 옮겨가고 있다(수 18-19에서도 그러하다). 예외적인 사항들은 유다가 시므온보다 앞선 것인데, 아마도 포로 후기 유다의 중요도를 계산한 것으로 보이며, 또한 므낫세가 에브라임보다 앞섰다는 점이다(민 26:28-37에서처럼).

폴크(385-87)는 북쪽 경계들에 대한 노트의 설명이 실질적으로 7-8절의 스타일과 내용을 공정하게 다루고 있지 않다고 주장하는데, 폴트의 입장에서 볼 때 이 구절은 여호수아 15-19장의 그것과는 다르다. 폴크는 두 개의 다른 경계선의 흔적들을 발견하고 있는데, 이것은 아직 모호한 상태로 남아 있는 위치의 확인에 의존하고 있는 이론이다("주석"을 보라).

올드(A. G. Auld, Joshua, *Moses, and the Land*, 74-79)는 1-2절에서 신명기 저자와 제사장의 언어상의 혼합을 발견하고(33:50-51절에서처럼), 반면에 경계 목록의 구조와 세부 사항들 가운데서 본문의 현재 형태가 시사할 수 있는 것보다는 여호수아와 에스겔서에 있는 경계 정보와 보다 밀접한 관계가 있음을 발견한다. 그는 또한 13-15절과 17b-19a절의 2차적 성격을 자세하게 논증하고 있다. 그의 전반적인 경향은 어쩌면 첫 번째 초안이었을 민수기에 있는 자료를 포함하면서, 민수기에 있는 그것보다 여호수아서에 있는 정보의 우선성을 논증하는 것이다.

우리의 관점에서 볼 때, 전체 단락이 본질적으로 민수기 제사장 저자의 작품이라고 결론짓는 것이 타당해 보인다. 고전적 분석가들의 작품 가운데 기록된 지침들은 이러한 가정을 정당화하기에 충분하다. 자기의 작품을 작성함에 있어서 그는 여호수아서에 있는 신명기적 역사와 에스겔서에서 나온 요소들을 사용했다고 가정하는 것이 타당해 보인다. 남방 경계에 대한 그의 자료는 여호수아 15:1-14에 주어진 유다의 남방 경계일 것이다. 카르카르(Karkar)는 빠져 있는데, 이는 노트가 주장하는 바와 같이 오류이거나, 아니면 그 곳이 더 이상 저자 당시 사람들에게 알려져 있지 않았기 때문일 수 있다. 헤스론과 아달을 하살아달로 한데 묶은 것은 기록 당시의 실제 상황 면에서 설명될 수도 있다. 에스겔서에 호소하는 것은 필요한 일이었는데, 그 이유는 여호수아서가 결국에는 북쪽 끝에 위치를 정한 단 지파의 경계들을 빠뜨리고 있기 때문이다(참조. 수 19:47). 에스겔 47:15-17에 주어진 북쪽 경계는 다음과 같다.

대해 – 헤들론 – 스닷 – 하맛 – 브로다 – 시브라임 – 하셀 – 핫디콘 – 하살에논

민수기 34장의 이 곳에 주어진 것은 다음과 같다.

대해 – 호르 산 – 하맛 – 스닷 – 시브론 – 하살에난

여기에 한 자료를 의존했거나 혹은 공통 자료를 시사해 주는 유사성이 있다. 차이점들은 민수기 저자가 자기 당시에 추적해 볼 수 있었던 내용 면에서 설명될 수도 있다. 이 곳이 사실상 단 지파 영토였다는 사실은 저자가 에스겔 48:1을 통하여 명확하게 안 것이다. 동쪽 경계에 대해서(10-12절) 저자는 다른 전승을 가지고 작업을 하고 있거나 혹은 자신이 친필로 작성하는 것처럼 보이는데, 11절과 에스겔 47:18 사이의 명백한 조화는 거의 없다. 여기서도 역시 저자는 자신과 자기 당대인들이 잘 알고 있는 장소에 근거하여 경계들을 정했을 수 있다.

이러한 경계들을 반영하고 있는 보다 초창기 전승이 무엇인지는 말하기가 어렵다. 다윗과 솔로몬이 차지했던 지역은 일반적인 표현에서 유사했던 것으로 보인다 – 즉 사무엘하 8:8-9에 나타나는 베로대와 하맛이다. 다른 한편, 다윗 제국도 에돔과 다메섹을 포함시키고 있었지만 블레셋 땅은 아니다. 이 곳에 나타나 있는 경계들은 어느 정도 이상적으로 되어 있다. "단에서 브엘세바까지"(참조. 삿 20:1)라는 문장은 그 땅의 통상적인 남과 북의 한계를 표시하는 것 같다. 보다 광범위한 표현인 "하맛 어귀에서부터 애굽 하수까지"(참조. 왕상 8:65)는 여호수아서와 에스겔서에 나타나 있는 관점과 보다 근접하며, 민수기 34장 이 곳에 반영되어 있다. 전체적으로 가장 광범위하고도 이상적인 모습(vision)은 창세기 15:18에 있는 야위스트의 약속 가운데서 발견되는데, 그 곳에서 그 땅은 애굽 하수부터 유브라데까지 펼쳐져 있다.

16-29절에 있는 족장들의 목록은 본질적으로 민수기 제사장 저자의 작품이다. 그 이름들 가운데 몇몇은 실제로 고대적인 이름일 수도 있으나, 대다수가 후기 본문들 가운데서 잘 입증되는 것들이다(예를 들어, 스므엘, 20절[참조. 대상 7:2]; 암미훗, 20절[참조. 민 1:10]; 북기, 22절[참조. 대상 5:31; 스 7:4, 대상 25:4, 13에 있는 북기야]; 한니엘, 23절[참조. 대하 7:39]; 그므엘, 24절[참조. 대상 27:17]; 엘리사반, 25절[참조. 민 3:30]; 발디엘, 26절[참조. 발디, 민13:9, 빌대, 느 12:17, 발디엘; 제4에스드라 5:16]; 브다헬, 28절[참조. 브다술, 민 1:10]). 민수기에 있는 초창기 목록으로부터 나온 같은 이름들이 사용될 수 없었다는 것은 분명했다. 이 목록은 새 세대 사람들의 목록이고, 유다를 제외하고 각 지파는 새로운 족장을 필요로 했다. 다른 명단 목록이 그러하듯이 이것은 지파별 기록과 회상에 근거하여 작성되었고, 바벨론 포로민들을 통하여 하나로 묶여졌을 수도 있다. 그 목록을 준비하면서 제사장 저자는 다시 한 번 여호수아서에 기록된 바와 같은 곧 다가올 땅 점령을 준비하기 위하여 본서의 이 부분에서 자신의 주 목적 가운데 하나를 다시 밝히고 있다.

또한 이 자료를 요단 동편의 갓, 르우벤, 므낫세 반 지파의 정착과 조정할 필요가 있었고, 그래서 13-15절에 그것이 기록되어 있는 것이다.

주석

4 "아그라빔 언덕" 혹은 "전갈들"(**למעלה עקרבים** – 레마알레 아크라빔) – M.

Gorg, *VT* 24[1974] 508-9를 보라. 그리고 여호수아 15:3; 사사기 1:36을 참조하라. 이 곳은 현대의 나크브 에쓰-싸파(Naqḅ eṣ-Ṣafā)일 것이다. 에스겔 47:19에 따르면 하사손다말(현대의 'Ain el-'Arûs)은 이 지역에 있는 경계의 일부분이었다.

신(Zin)의 위치는 알려져 있지 않은데, 그 곳이 신 광야라는 이름을 부여한 것 같다(3절, 참조. 민 13:21; 33:36).

가데스바네아는 현대의 아인 콰데이스('Ain Qadeis)인 가데스다(민 13:26를 보라. 참조. 민 33:36). 이 곳은 그 경계의 가장 남쪽 지점이다.

하살아달의 위치는 알려져 있지 않다.

아스몬은 가자 남쪽 약 60마일 지점인 현대의 쿠씨메(Quṣeimeh)일 수 있다.

5 "애굽 시내"는 현대의 와디 엘-아리쉬(Wady el-'Arish)다(참조. 수 15:4, 47; 왕상 8:65; 왕하 24:7; 대하 7:8; 사 27:12, 그리고 아마도 암 6:14).

이 곳에 언급된 바다는 지중해다.

6 이스라엘은 사실상 이 곳에 고안된 전 지역, 즉 지중해에 이르는 해안 평야를 결코 점령해 본 적이 없었던 것으로 보인다. 블레셋 사람들이 왕국 시대 이전과 초기 왕국 시대에 위협을 가하는 일을 그치기는 했지만, 남서쪽에서 그들의 위치를 계속 고수하고 있었다. 스나이드(340)는 히스기야가 폭동을 일으켜서 예루살렘 안에 에그론의 파디(Padi)를 감금했던 짧은 기간을 예외로 인용한다. 이 곳이 실제로 점령지였는지는 의심스럽다. 그 지역에서 후대에 있었던 많은 하스모니안 영향력에 대해서는 마카비1서 10:76; 12:33-34; 14:5을 보라.

7 호르 산은 분명히 아론이 죽은 곳은 아니며(민 20:22; 33:38), 확실하게 밝혀질 수도 없다. 그 경계는 두로와 시돈 사이에서 시작하여 동쪽으로 레바논 산맥의 산기슭까지 이른다(N. H. Snaith, 340를 보라).

8 르보-하맛에 대해서는 민수기 13:21의 "주석"을 보라. 그 곳은 오른테스 강의 수원지에 위치해 있었다.

스닷의 위치는 알려져 있지 않지만, 이 곳의 세부적인 지형학적 논의와 북방 변경에 있는 다른 장소들에 대해서는 J. Simons, *The Geographical and Topographical Texts of the Old Testament*(Leiden: E. J. Brill, 1959)를 보라.

9 시브론과 하살에난은 모두 알려져 있지 않다.

10 "너희는 표시할 것이니라"(개역. "그어")(והתאויתם – 웨히트아위템). 이 단어는 7-8절에 있는 동사의 히필형으로 취급된다. 현재 그대로의 MT는 "너희는 너희 자신들을 바랄지니라"를 의미한다.

스밤의 장소는 알려져 있지 않다. 에스겔 47:18에서 동쪽 경계는 요단과 사해 바다를 통해서만 한정된다.

11 이 곳은 오른테스에 있는 리블라(Riblah)가 될 수 없다(왕하 25:6에 인용됨). Sam과 G는 그 장소를 아벨라(Arbela)라고 부르지만("원문주해"를 보라), 스터디(235)가 지적한 바와 같이 이 곳은 마카비1서 9:2의 아벨라일 수 없다.

아인의 장소는 알려져 있지 않다. 이 단어는 "봄"(spring)을 의미하며, 다른 단어가 빠져 있을 수도 있다. 그래이(461-62)는 그 곳이 잘못 발음된 이욘('Iyyon)일 수도 있다(왕상 15:20; 왕하 15:29)고 본다.

NEB를 따라 "산등성이"(כתף – 케테프; 개역에는 "해변"으로 되어 있음 – 역자주). RSV는 "긴네렛 바다의 어깨"로 번역한다(참조. 수 15:10).

긴네렛은 "하프 모양을 한"을 의미하고, 이 바다의 또 다른 이름은 갈릴리 바다 혹은 게네사렛 호수다(참조. 수 19:35; 신 3:17).

12 동쪽 변방의 저지대는 요단 아래의 선을 따라 사해로 내려간다.

13-15 참조. 민 32:33.

19 갈렙은 본서의 다른 곳에 나타나 있는 유일한 족장이다(민 13:6, 30; 14:6, 24, 38; 26:65). 두 명의 신실한 정탐꾼 중 한 사람으로서 그가 유다의 대표자라는 사실은 놀랄 일이 아니다.

22 지파들의 순서는 일반적으로 여호수아 18-19장에서 발견되는 것과 일치한다. 단은 보다 남쪽의 위치를 차지하고 있었던 것으로 생각된다.

해설

이 단락은 야웨께서 모세에게 그 땅의 경계가 어떤 곳이 될 것인지에 대해서 이스라엘 백성들에게 설명하라는 명령에 대해서 말하고 있다. 이 설명은 이스라엘이 한 번도 완전히 점령해 본 적이 없는 광범위한 영토를 암시하는 어느 정도 이상화된 것이다. 이 장소들 가운데 몇 곳, 특히 북쪽과 북동쪽의 변경에 있는 곳은 확인하기 어려운 장소들이다. 그럼에도 불구하고 그 땅은 남쪽으로는 가데스, 서쪽으로는 지중해와 같은 먼 곳까지 뻗어 있고, 동쪽의 변경으로서 요단까지 포함하고 있다. 르우벤, 갓, 므낫세 반 지파가 요단 동편까지 점령하고 있다는 사실이 적절하게 기록되었다. 이 단락은 계속하여 제비를 뽑아 그 땅을 분배하는 일을 돕기 위하여 나머지 열 지파로부터 족장들을 임명한 일에 대하여 말하고 있다. 이들은 분명히 여호수아와 엘르아살의 관할에 속한 자들임에 틀림없다.

주요 부분인 이 단락은 모두가 본질적으로 민수기 제사장 저자의 작품이라고 생각할 충분한 이유가 있다. 그는 그 땅의 범위에 관한 지침이 사실상 모세 자신을 통하여 주어진 것이라는 점과, 여호수아서에서 거행된 배치가 모두 참된 모세의 계시였다는 점을 밝히려고 애쓰고 있다. 신명기적 역사관을 나타내고 있는 여호수아서는 두로에서 레셈(Leshem은 후대의 단 지파 성읍이다)에까지 펼쳐진 땅을 기술하고 있으며, 그런 까닭에 보다 친숙하고도 쉽게 표현하여 그 땅을 "단에서 브엘세바까지"라고 표현하고 있다. 그러나 신명기 편집자들은 이미 북쪽의 극단이 르보-하맛(Lebo-hamath), 남방이 애굽 하수(왕상 8:65)였다는 보다 광범위한 관점을 제공했다. 에스겔서 47:15-17에 있는 그와 유사한 광범위한 북쪽 경계에 관한 정보의 도움을 받아 민수기 저자가 발전시키고 있는 것이 이 전승이다.

북쪽 경계의 이러한 확장은 또한 동쪽에도 적용할 필요성을 가졌고, 여기서 저자는 그 경계가 긴네렛 바다(갈릴리 바다)까지 취급하고 있는 10-11절의 장소 목록을 제공하고 있다. 그러한 목록은 에스겔 47:18에는 빠져 있다. 저자가 당면하고 있는 또 다른 난점은 신명기 전승이 갓과 르우벤이 요단 동편에 정착한 점을 인정했다는 점이고, 반면에 에스겔 47:18은 요단을 그 땅의 고유의 동쪽 경계로 규정했다는 사실이었다. 저자는 다만 12절에서 에스겔서에서 취해 온 전승을 재확인하고, 또 갓과 르우벤이 요단 동편에서 기업을 받았다는 13-15절에 있는 전통적 관점을 재확인할 수 있을 뿐이다. 저자는 여기에다가 므낫세 반 지파가 역시 요단 동편에 정착했다는 자신의 확신(민 32:33을 보라)을 덧붙여야 했다.

남쪽과 동쪽 경계는 문제를 드러내지 않는다. 저자는 여호수아 15:1-4에 서술된 바와 같이 유다의 남쪽 경계를 취급하고 있고, 그 땅 전체의 남쪽 경계에 약간의 수정을 가했다. 저자에게 있어서 지중해가 서쪽 경계였다는 것은 여호수아 15:12; 16:3, 8; 17:10; 19:29을 통하여 밝혀진 것이다. 이 단락 중 이 부분에서 또다시 민수기가 여호수아서를 의존하고 있다는 사실을 쉽게 깨닫게 되며, 여호수아서에 있는 것과 같이 점령의 과정을 준비하고 밝히는 데 대한 저자의 관심을 깨닫게 된다.

땅의 분배에 대한 사상은 민수기 26:52-56에서 저자가 이미 수립한 바 있다. 이것의 배열에 관한 보다 세부적인 사항들이 모세에게 주어진 계시의 일부로 보여져야 했다는 것은 그의 관점과는 어울리는 것이었다. 따라서 그는 요단 서편에 정착할 각 지파의 대표자들인 열 명의 족장들과 함께, 그 땅을 분배할 책임을 지고 있는 두 명의 정착을 위한 지도자를 임명하고 있다. 이 일을 어떻게 수행할 것인가 하는 세부 사항들은 여호수아 13-19장에 뒤따라 와야 할 것이다. 저자에게 중요한 점은 첫 번째 배치가 모세에게 계시되었다는 점이다. 민수기 저자가 이 전승을 역대기와 유사한 방식으로 취급하고 있는 방식이 여기에 한층 예증되어 있다. 역대기자가 솔로몬이 성전을 건축했을지라도 그 구조의 세부 사항들과 준비는 모두가 다윗에게 계시되었다는 사실을 수립하려고 힘썼던 것처럼, 민수기 저자는 여호수아와 엘르아살이 그 땅의 분배에 있어서 지도자로서 역할을 했을지라도 그 본래 계시는 그 땅 밖에 머물러 있고 그 곳으로 들어가지 못했던 모세에게 주어진 것이었다는 사실을 제시하는 데 힘썼다. 민수기의 다른 부분에서처럼 여기서도 역시 바벨론 유대주의는 모세 안에서 발견되는데, 그는 가나안 땅 밖에 머물러 있으나 팔레스틴으로 돌아온 포로민들의 사건들 가운데서 지도자의 역할을 합법화하는 데 그 권위를 인정받기 위해 호소해야 할 인물이었다.

저자가 이름들의 목록과 지파의 순서에서 매우 초창기 전승을 가지고 작업하고 있다는 분명한 암시는 없다. 그 목록은 상당한 요단 동편 정착이 있었다는 신명기의 입장 – 열 명의 족장들의 이름만 거론됨 – 을 전제로 하고 있다. 그 이름들 가운데 몇몇은 고대의 형태일 수도 있으나, 많은 이름들은 후기 문서 가운데서 쉽게 입증되는 이름들이며, 본서 가운데 기록된 초창기 이름의 목록처럼 저자 자신이 포로민들의 회상에 근거한 포로기의 기록들로부터 그것들을 편집했던 것으로 보인다. 지파들의 순서는 이 경우 본질적으로 지리적 순서다 – 즉 가장 남쪽에 있는 네 개의 지파가 맨 앞에 나오고(19-22절; 유다, 시므온, 베냐민, 단), 그 다음으로 중앙에 있는 두 지파가 나오며(23-24절; 므낫세, 에브라임), 마지막으로 가장 북쪽에 있는 네 개의 지파가 나온다(25-28절; 스불론, 잇사갈, 아셀, 납달리). 신명기 사가는 여호수아 18장 초두에서 다른 일곱 지파에게로 눈을 돌리기에 앞서서 여호수아 13-19장에서 가장 먼저 유다, 에브라임, 므낫세에게 초점을 맞추어 기록했다. 이 지파들은 남쪽으로부터 베냐민과 시므온으로부터 시작하고 있으며, 그 다음으로 이 곳 민수기 34장에 주어진 순서대로 가장 북쪽에 있는 네 지파가 뒤따라온다. 이 단락 가운데서 그 땅의 지리에 대한 종합적이고도 결정적인 관점을 제공하기를 바라고 있는 제사장 저자가 신명기 사가의 순서를 버리고, 또한 여러 가지 이유로 인하여 다른 곳, 예를 들어 민수기 1-4장에서 채택한 순서까지고 버려야 했다는 것은 자연스러운 일이다. 그의 목표는 남방에서 시작하여, 단 지파가 본래 남쪽에 위치해 있었다는 사실을 제시하면서 점점 북쪽으로 옮겨 가는 것이다.

이 단락은 이 시점에서는 분명히 적절하다. 저자는 자기가 신명기의 율법 공포에 앞서서 포함시키기를 원하는 자료의 끝 지점에 이미 도달했다. 그 땅에서 모든 이방적 영향이 제거되어야 한다는 지침(민 33:50-56)을 주고 나서, 이제 계속하여 최소한 그 땅의 윤곽과 그 경계들을 명시해야 했다는 것은 자연스러운 것이다. 이와 함께 그가 여러 지파들에게 그 땅을 분배하게 될 대리자들을 지시하는 방향으로 나아가야 했다는 점도 역시 적절하다.

그러므로 이 단락은 그 땅이 야웨의 선물이라는 저자의 전반적인 신학적 확신을 확증하고 있다. 더 나아가서 그 선물은 하나님의 마음 가운데 들어 있는 모호한 개념이 아니라 조심스럽게 그려진 영역이다. 하나님께서 이스라엘에게 주시는 기업은 동떨어지거나 혹은 별다른 세계가 아니라 실질적이고도 현실적인 것이다. 그 외에도 그 곳은 광활한 지역이다. 하나님께서는 주는 데 인색하신 분이 아니다. 하나님께서 시내로부터 그 땅의 변두리까지의 여행을 계획하셨던 것처럼 점령과 정착의 과정도 그분이 계획하신다. 이스라엘의 즉각적인 반응은 이러한 진리를 받아들이고 순종하는 것이다.

53. 레위인의 성읍(35:1-8)

참고문헌

Albright, W. F. "The List of Levitic Cities." *L. Ginzberg Jubilee Volume.* New York: American Academy for Jewish Research, 1945. **Alt, A.** "Festungen und Levitenorte im Lande Juda." *Kleine Schriften zur Geschichte des Volkes Israel Vol 2.* Munich: C. H. Beck, 1953. **Auld, A. G.** *Joshua, Moses, and the Land.* Edinburgh: T. & T. Clark, 1980. **Buit, M. du** "*Quelques contacts bibliques dans les archives royales de Mari.*" *RB* 66(1959) 576-81. **Cazelles, H.** "David's Monarchy and the Gibeonite Claim." *PEQ* 87(1955) 165-75. **Frick, F. S.** *The City in Ancient Israel.* Missoula MT: Scholars Press, 1977. **Gunneweg, A. H. J.** *Leviten und Priester.* Göttingen: Vandenhoeck & Ruprecht, 1965. **Haran, M.** "The Levitical Cities: Utopia and Historical Reality." *Tarbiz* 27(1957/58) 421-38. ______. "Studies in the Account of the Levitical Cities." *JBL* 80(1961) 45-54, 156-65. **Mazar, B.** "The Cities of the Priests and Levites." *Congress Volume SVT 7.* Leiden: E. J. Brill, 193-205.

본 문

1 여호와께서 여리고 맞은편 요단 가 모압 평지에서 모세에게 일러 가라사대

2 이스라엘 자손에게 명하여 그들의 얻은 기업에서 레위인에게 거할 성읍들을 주게 하고 너희는 또 그 성읍 사면의 들을 레위인에게 주어서

3 성읍으로는 그들의 거처가 되게 하고 들로는 그들의 가축과 물산과 짐승들을 둘 곳이 되게 할 것이라

4 너희가 레위인에게 줄 성읍들의 들은 성벽에서부터 밖으로 사면 이천 규빗이라

5 성을 중앙에 두고 성 밖 동편으로 이천 규빗,남편으로 이천 규빗, 서편으로 이천 규빗, 북편으로 이선 규빗을 측량할지니 이는 그들의 성읍의 들이

1 And Yahweh spoke to Moses in the plains of Moab by the Jordan at Jericho, saying,

2 "Command the people of Israel that they give to the Levites, from the inheritance of their possession, cities to live in. And you[a] shall give to the Levites pasture lands round about the cities.

3 And the cities shall be theirs to live in, and their[a] pasture lands shall be for their cattle, and for their livestock, and for all their beasts.

4 The pasture lands of the cities, which you give to the Levites, shall extend from the wall of the city outwards for 1000[a] cubits all round.

5 And you shall measure, outside the city, 2000 cubits for the east side, and 2000 cubits for the south side, and 2000 cubits for the west side,

며

and 2000 cubits for the north side, the city being in the middle. This shall belong to them[a] as pastureland for their cities.

6 너희가 레위인에게 줄 성읍은 살인자로 피케 할 도피성으로 여섯 성읍이요 그 외에 사십이 성읍이라

6 The cities which you give[a] to the Levites shall be the six cities of refuge, to which you shall allow the homicide to flee.[b] And in addition to these you shall give them forty-two other cities.

7 너희가 레위인에게 모두 사십팔 성읍을 주고 그들도 함께 주되

7 All the cities which you give to the Levites shall be forty-eight, with their pasture lands,

8 이스라엘 자손의 산업에서 레위인에게 너희가 성읍을 줄 때에 많이 얻은 자에게서는 많이 취하여 주고 적게 얻은 자에게서는 적게 취하여 줄 것이라 각기 얻은 산업을 따라서 그 성읍들을 레위인에게 줄지니라

8 And for the cities which you shall give from the possession of the people of Israel, from the larger tribes you shall take many, and from the smaller tribes you shall take few—each in proportion to the inheritance which it inherits[a] shall give of its cities to the Levites."

원문주해

2.a. G와 Syr에는 3인칭 복수로 되어 있다.

3.a. MT는 남성형 어미, 즉 "레위인의 목초지"를 가지고 있다. Sam은 여성형 어미, 즉 "성읍의 목초지"를 가지고 있다.

4.a. G에는 5절과 조화시키면서 "이천"(2,000)으로 되어 있다.

5.a. Sam, G, Syr, Tg[J]에는 "너에게", MT에는 "그들에게"로 되어 있음.

6.a. G에는 "너는 레위인들에게 성읍들을 줄 것이요…"로 되어 있다(참조. 7절).

6.b. Syr은 그 성읍들이 오살한 자를 위한 것이라고 설명하고 있다. 6절의 구조는 난해하다. 패터슨(66)은 마지막 문장이 그 다음 절에 있는 "사십팔"을 설명하는 주석이라고 주장한다.

8.a. Sam, Syr, 한 MT 필사본에는 단수형이 나타난다.

양식/구조/배경

분석가들은 이 단락이 민수기 가운데서 제사 자료에 속한다는 사실에 일반적으로 동의해 왔다(A. Dillmann, 214-27; J. Wellhausen, 183-84; A. Kuenen, 97-98; H. Holzinger, 169; B. Baentsch, 691-92; G. B. Gray, 464-67; A. H. McNeile, 183를 보라). 이 단락은 레위인들에 대한 제사장적 입장에 관한 분명한 증거를 담고 있으며, 그들의 생계 유지를 위한 다른 조항들을 제공하고 있다. 이것과 신명기 전승 간

의 분명한 차이는 신명기 18:1과의 대조를 통하여 감지될 수 있다. D에서 레위인들은 이스라엘 가운데서 땅 기업을 가지지 못하고, 신명기 18:6은 그들이 이스라엘 각 지파들 사이에 흩어졌다고 명시하고 있다. 에스겔은 이 곳 민수기 35장에 기록된 것과 같은 레위인의 성읍들을 전혀 알지 못했음에 틀림없다. 에스겔 48:13-22에서 레위인들은 그들에게 할당된 땅의 일부분을 소유하고 있으며, 여기서처럼 온 땅에 흩어져서 사는 것이 아니라 함께 살아야 한다. 레위인의 성읍들에 대한 이러한 사상은 후기의 본문 가운데만 나타난다(예를 들어, 레 25:32-34; 수 14:4; 21:1-42; 대상 13:2; 대하 11:14; 31:15-19; 스 2:70=느 7:73; 느 11:3, 20, 36). 많은 초창기 본문들(예를 들어, 창 49:7; 삿 17:7; 19:1)은 레위인들이 그 땅 전국에 흩어졌던 상황을 암시하는 것으로 보인다. 그러므로 학자들은 일반적으로 이 곳에 묘사된 레위인의 성읍의 모습이 고도로 관념론적이었다는 의견을 가졌다. 이 후기의 본문들 가운데서 레위인의 것으로 인용된 여러 성읍들이 여러 세기 후까지도 이스라엘의 손에 들어오지 않았다고 생각되었고(Dillamnn), 반면에 어떤 장소들(예를 들어, 헤브론과 홀론, 아나돗과 알몬; 이 이름들에 대해서는 수 21장을 보라)은 서로간에 너무나 가까워서 그 주변의 목초지가 겹쳐졌을 것이다. 함못-돌의 경우 그 곳들은 갈릴리 바다의 일부를 차지했을 것이다.

이 정도의 관념화는 많은 사람으로 하여금 이 단락을 PS로 지칭하도록 만들었다. 그래이 역시 어떤 특징들을 P 전체의 변칙적인 것이라고 지적했는데, 즉 3절에서 생축과 짐승을 표현하고 있는 베헤마(בהמה)와 레케쉬(רכש)의 결합, 그리고 4절에서 "성벽"을 의미하는 퀴르(קיר)의 사용이 그것이다. 민수기 18:20, 24; 26:62에 대한 해석은 제사장과 레위인들이 땅을 소유한 자들을 대신하여 십일조와 세금을 받는다는 사실을 주장하고 있으며, 이러한 분석가들의 자연적 결론은 본서에 있는 앞의 구절들이 PG의 입장을 나타내고, 반면에 민수기 35:1-8과 레위기 25:32-34이 PS에 속한다는 것이었다. 그래이 자신은 그 관념적인 성격에도 불구하고 이 단락은 에스겔서보다는 더 실질적이라는 의견과, 선지자의 이상들은 P로부터 수정되어 채용되었다는 의견을 가졌다. 에스겔서가 제사장과 레위인들을 위하여 할당한 땅의 총계는 약 40평방마일인데, 이 곳에 제안된 15.5평방마일을 상당히 초과한다. 에스겔의 설계는 전적으로 그 땅의 중앙에 위치한 성전 주변의 거룩한 경내를 유지하기 위한 필요에 의하여 형성되었다. 이 곳 민수기 35:1-8에 있는 모습은 최소한 어느 정도 상황의 현실성의 지배를 받는다.

요약하자면 이 구절 가운데 들어 있는 "관념성"에 대해서 말하는 방향으로 기울어졌던 초창기 분석가들은 "레위인의 성읍"에 대한 전체 개념을 역사적 실재라는 포로 후기로부터 나온 표시와 조화시키는 데 난점이 있었을 것이라고 말하는 것이 공정할 것이다. 여호수아 21장에 있는 성읍들에 대한 거론은 그 난점을 전혀 완화시키지 못했다. 거기서 아론의 자손은 유다, 시므온, 베냐민으로부터 13성읍을 받으며, 반면에 고핫 족속들은 에브라임, 단, 서쪽 므낫세 반 지파로부터 10성읍을 받고, 게르손 족속들은 잇사갈, 아셀, 납달리 그리고 동쪽 므낫세 반 지파로부터 13성읍을 받으며, 므라리 족속들은 르우벤, 갓, 스불론으로부터 12성읍을 받는다. 이것은 레위 가문의 후기의 구성을 전제로 하는 것으로 보이며, 제사장들이 다양한 장소에 살았다는 – 그 곳 가운데 몇 곳이 여호수아 21장에 나타나지만 다른 곳에는 나타나지 않음(참조. 예를 들어 삼상 1:3; 21:1; 22:19; 암 7:10; 렘 1:1) – 포로 전기의 암시와 조화되기는 어려울 것이다. 이 제사장들이 그 성읍 가운데서와 주변에서 땅을 소유했는지의 여부에 관해서는 알려진 바가 없다. 제사장들이 땅을 소유할 수 있었던 것으로 보이지만(왕상 2:26; 렘 32:6-15), 어느 경우도 그 땅이 그들이 제사장이 된 덕분에 레위 지파나 혹은 개인들에게 속한 것으로 보이지는 않는다. 신명기에서 레위인들은 분명히 그 땅의 성읍들 전체에 흩어져 있고, 많은 사람들이 재산이 없이 살았다(신 12:18; 18:6). 신명기 18:8은 레위인 개인이 땅을 소유했다는 사실을 암시하고 있지만, 그 위치는 아주 모호하다. 전체적으로 말해서 D에서 레위인들은 그들이 아무런 재산도 가지지 못했다는 구체적인 근거에서 다른 이스라엘 족속들의 보살핌을 받아야 한다고 되어 있다(신 12:12, 18-19; 14:19, 27; 16:11, 14; 26:11-13). 이러한 이유로 인하여 초창기 분석가들은 레위인의 성읍이 실제 역사상의 근거를 거의 혹은 전혀 가지지 않은, 그리고 대수롭지 않은 하나의 이상화된 것이라고 일반적으로 동의한다.

알트(A. Alt, "Festungen und Levitenorte")는 이러한 일치된 의견에 일종의 도전을 하는 데 일인자였다. 그는 여호수아 21장에 열거된 모든 성읍들이 예루살렘과 벧엘로부터 동떨어진 두 왕국의 주변에 있었다고 주장했고, 계속해서 그 목록이 요시야 시대에 기원된 것이라고 주장하는 데로 나아갔다. 왕은 모든 제사장들을 유다에서는 예루살렘으로 끌어모았고(왕하 23:8), 사마리아 성읍에 있었던 산당의 제사장들을 죽였던 것 같다(왕하 23:19-20). 이것은 레위인의 성읍이라는 개념이 생계가 없는 레위인의 필요에 대한 응답이며, 그리고/혹은 사람들로 하여금 그 왕국의 외곽 부분에 예배의 중앙화에 찬성하는 사람들을 두려는 시도라는 가능성을 일으킨다. 노트(252-53) 역시 레위인이 거주할 성읍이라는 개념이 신명기의 이데올로기로 거슬러 올라가며, 여호수아 21장의 원 형태가 사실은 신명기의 것이라고 주장했다. 그는 그들의 규모에 따라 성읍들을 부여해 주는 이스라엘 족속 지파들이라는 개념은 여호수아 21장에 있는 전승의 발전임에 틀림없는데, 그 이유는 그 곳에서 지파의 영토의 크기와 넘겨주어야 할 성읍의 숫자 사이에 어떤 조화의 문제가 있을 수 없기 때문이라고 지적했다. 또한 그는 이 단락(1-8절)이 그 다음 단락인 9-34절과 함께 여호수아 20:1-21:42의 최종 형태를 의존하고 있는데, 1-8절과 9-34절이 레위인의 성읍들 가운데 여섯 개가 도피성이 되어야 한다는 본문 6절의 기록을 제외하고는 서로간에 거의 관계가 없다고 주장했다. 노트의 입장에서 볼 때, 이것은 이 단락이 오경 설화와 신명기적 역사가 편집되어 단일화된 내용에 속한다는 것을 의미한다.

최근의 연구는 목록의 시대와 배경의 문제에 집중해 왔고, 레위 성읍이 후기의 이상화라는 개념에 대해 의문점을 제기해 왔다. 올브라이트(W. F. Albright, "The List of Levitic Cities")는 알트의 제안을 따라 그 목록이 유토피아적인 것이 아니고 구체적 사실에 기초하고 있다고 했다. 그는 여호수아 21:1-40과 역대상 6:54-81을 사용하여 자신이 가장 완벽한 것으로 생각된 목록을 만들었고, 알트의 의견에 반대하여 그것이 통일왕조 시대의 것이라고 주장했다. 몇몇 성읍들(예를 들어, 게셀, 아얄론, 다아낙)이 이 시기에 이르러서야 점령되었다는 사실은 그 목록이 초창기의 것이 될 수 없다는 사실을 의미한다. 다른 한편 북쪽의 성읍들에 관한 그러한 정보는 왕국의 분리 이후 남쪽에서 사용되거나 적용되지 않았을 것이며, 그래서 그 목록은 남북 왕조의 분리 사건 이후에 편집되지 않았을 것이다.

두 뷔(M. du Buit, *RB* 66[1959] 576-81)는 마리의 공문서에서 입증된 "레위인의 성읍들"과 "베냐민 족속의 성읍들"을 비교한다. 마리의 왕들은 자기들의 난폭한 유목민들을 그들을 통솔하기가 덜 어려웠던 특별한 성읍들에 배정했다. 레위인들의 독립적이고 공격적인 정신은 초창기 본문들 가운데 입증되어 있으며(창 49:5-7; 출 32:25-29; 신 33:8-9), 마리와의 비교는 레위인의 배경을 위한 가능성들을 시사해 준다.

한 영향력 있는 최근의 연구는 마잘의 것이다(B. Mazar, "The Cities of the Priests and Levites"). 그는 레위인의 성읍 건설의 연대를 솔로몬이 섭정을 하고 있었던 다윗 통치 말기로 정한다. 그는 헤브론의 레위인들을 일종의 관리직을 가지고 있는 것으로 언급하고 있는 역대상 26:30-32에 크게 의존한다. 그는 이러한 왕 섬김에 대한 언급은 포로 후기에 작성한 것 같지 않다고 생각한다. 헤브론은 다윗이 첫 번째로 왕으로 등극한 곳이었고, 이 레위인들은 다윗의 가장 충성스러운 신하들이었다고 마잘은 생각한다. 여호수아 21장의 본문은 세펠라의 서쪽과 해안과 중앙 평야와 요단 동편에서 땅을 차지하는 레위인의 정착을 말하고 있다. 마잘은 그들의 기능이 방어와 국고 수입, 즉 왕의 세금을 거두어들이고 수익을 관장하는 일이었다고 생각한다. 수많은 정착지들(예를 들어, 엘드게, 깁브돈, 가드림몬 그리고 모압과 요단 동편의 북쪽)은 통일왕국 시대에 가서야 건설될 수 있었다고 그는 생각한다. 후에 이스라엘은 그 곳들을 잃었고, 그 후 결코 회복하지 못했다. 그러한 정착 정책의 이유는 부분적으로 충성심이 문제가 된 지역을 통제하려는 것이었을 텐데, 그런 까닭에 이스라엘 족속의 단결이라는 보다 강력한 의미가 있었던 예루살렘 주변과 에브라임과 므낫세에 레위인 정착지들이 없는 것이다. 마잘을 충실하게 따르고 있는 그래이(J. Gray, Joshua, *Judges, and Ruth*[London: Nelson, 1967] 27-28)는 이 옛 야위스트 사찰에서 다윗의 이익을 보호할 필요성으로 인하여 세겜이 배제되었다고 주장한다. 베냐민 지파에 있는 정착지들은 기브온에 있는 성소의 영향과, 사울의 집을 위한 어떤 지속적인 후원을 대항할 필요성이 있어 왔을 수도 있다. 문제에 대한 이러한 접근 방식은 많은 지지를 얻어냈는데, 곧 그 나라의 방어상 취약지에 배치된 레위 족속의 거류지들에 대해서 말하고 있는 스터디(237-38)와, 마잘의 주제를 "가장 만족할 만한 것이지만 설명이 되어야 하는 것"으로 생각하고 있는 프릭스(F. S. Fricks, *The City in Ancient Israel*, 140-42)가 지지한다.

하란(M. Haran, *JBL* 80[1961] 45-54)은 유토피아적이라는 것과 사실적이라는 것 양 극단을0 양방의 요소들이 그 전승 가운데 나타나 있다고 논증하면서 모두 논박한다. 그의 주 목표는 이 요소들을 확인하고 구별하는 것이다. 유토피아적인 것은 면적(각 성읍이 정방형으로 되어 있음), 레위기 25장에 있는 희년 법규, 그 성읍들이 오직 레위인의 성읍이라는 선언 그리고 제사장의 성읍과 레위인들의 성읍 사이의 구별 가운데 나타나 있다. 사실적인 것은 성읍들의 위치(에스겔서의 그노도 유토피아적인 모습과 대조됨), 48성읍이 중요한 사찰들이 아니고 민수기 34:1-12에 예상되어 있는 바와 같이 땅의 이상적인 경계에 적용될 수 없다는 사실 그리고 P의 수적 계산은 13성읍이 아닌 단지 2, 3개 성읍만이 레위인에게 배당되었을 것이라는 사실 가운데 나타난다. 하란의 결론은 마잘을 포함한 가장 현대의 사실적 해석에 심각하게 영향을 미치지 않는다는 사실도 덧붙여 말할 수 있을 것이다.

다른 의견들 가운데 드 보(R. de Vaux, *Ancient Israel*, 366-67)의 의견이 있는데, 그는 성읍의 목록이 성전의 기초를 따른 그리고 북쪽에 있는 벧엘에서의 공식적인 제사 의식의 조직에 따른 레위인의 분산을 나타내고 있다고 생각한다. 드보의 입장에서 볼 때, 이것이 곧 예루살렘 근방 혹은 이스라엘의 중심부에 어찌하여 레위인의 성읍이 없는지를 설명해 준다. 알트의 입장을 따르는 지지자들이 아직도 있다. 예를 들어 A. H. J. Gunneweg, *Leviten und Priester*[Göttingen: Vandehoeck & Ruprecht, 1965] 64-65를 보라. 반면에 속긴(J. A. Soggin, *Joshua*[London: SCM, 1972] 204)은 솔로몬과 요시야의 영향을 주장한다. 그는 요시야가 고대의 구조를 회복시키기를 원했으며, 생계 수단이 제사 의식의 중앙화를 통하여 제거되었던 레위인의 수입을 공급하기를 원했다고 주장한다.

드 폴크(391-96)도 역시 성읍 목록에 대한 사실적 입장을 주장한다. 실질적인 이상화는 에스겔서에 있고, 반면에 여호수아 21장에 있는 목록은 레위 성읍들의 실제적인 분배를 제공하고 있으며 후대의 제사장/레위 구별에 대한 의식은 나타내고 있지 않다. 두 부잇(du Buit)의 주장을 따라, 드 폴크는 유목민의 이상과 원시 야웨 종교의 청결에 신실한 레위 지파가 서서히 정착했다고 생각한다. 그러는 동안에 레위인 각 사람들은 다른 지파들의 영토 안에 있는 어떤 성읍들 가운데 정착하도록 허가를 받았다. 그들은 단순한 거주민도 아니었고, 또한 구류되지도 않았다. 그 허가는 1차적으로 다윗과 솔로몬으로부터 유래하는데, 그들은 충성심과 열심을 유의하여 그 땅의 변경에 있는 성읍들을 선택한다. 몇 사람은 제사 의식의 전문가가 되고 각 성소에서 거주하기 시작하지만, 그 나머지는 옛 레위의 성읍들 가운데서 점진적인 난관에 봉착한다. 신명기는 이스라엘 족속들에게 그들을 돌보도록 추천함으로써 그들의 재산의 결핍을 해결해 주도록 촉구하고 있는 것이다. 민수기 35:1-8의 제사장 저자는 그렇게 레위인에 관한 전승의 변화에 직면한다. 드 폴크에 따르면 그는 지파들 가운데 레위 지파의 분산의 개념을 보존하고 있으며(2절), 또한 레위 족속을 위한 공급을 해주어야 할 의무를 보존하고 있다(8절). 동시에 그는 예루살렘에 있는 하나의 성소의 유일성 개념을 잠식시킬 어떤 점을 피하고 있다. 그는 또한 스스로 "주다"와 "거주"와 같은 보다 모호한 용어에 만족하면서 "유업" 혹은 "소유"와 같은 단어들을 피하고 있다. 폴크는 그가 이런 식으로 야웨만이 레위인의 유일한 유업이라는 원리에 대한 어떤 반박을 회피하고 있다고 주장한다. 그 땅의 변경에 정착한 그들은 야웨의 원수들로부터 백성들을 보호한다. 백성들 가운데 흩어진 그들은 토라를 백성들에게 알게 하는 자기들의 사명을 감당한다(참조. 신 33:9-10; 호 4:4-6).

그러한 의견에 대한 개괄은 최종적이고 구체적인 결론이 아직 달성될 수 없다는 사실을 밝혀 준다. 다음의 사항은 본서 전체에 대한 우리의 견해와 잘 어울리는 전승의 역사에 관한 확고한(tenable) 입장이다.

1. 민수기 35:1-8이 최소한 여호수아 21장의 일부분을 의존하고 있다고 상상할 만한 이유들이 있다(A. G. Auld, *Joshua, Moses, and the Land*, 79-80를 보라). 그러나 지금의 형태로서의 여호수아 21장은 의심할 여지없이 제사 문서다. 그것은 여호수아와 엘르아살을 지도자로 묘사하고 있으며(1절), 또한 아론 자손과 세 개의 아론 가문을 민수기가 선호했던 방식대로 성직 계급으로 분류하고 있다. 이 규정이 모세에게 주신 계시였다는 사상은 2절에 나타난다. 여호수아 21장과 민수기 35:1-8의 최종 형태가 제사장 전승의 같은 수준에 속한다고 가정하는 것이 가장 좋다. 민수기 저자는 민수기 26-35장에서 그 서론을 준비하면서 신명기적 역사 자체를 다듬었을 수도 있다.

2. 초창기 분석가들이 강조하고 하란(M. Haran)이 명백하게 밝혀낸 이상화 혹은 이상주의는 그처럼 이해되어야 하며, 비교적 후기의 제사 자료로 돌려야 할 텐데, 이럴 경우 저자는 민수기 제사장 저자일 것이다.

3. 그럼에도 불구하고 다른 곳에 있는 레위인 성읍의 목록은 신명기적 역사(수 21장) 가운데서 생겨났을 것으로 보인다. 그 역사가는 그러한 목록 가운데서 그러한 레위인을 위한 공급의 방법을 파악했을 수도 있다. "사실주의"로 제시된 논증들은 최소한 그것들이 초창기 전승 자료가 있었다는 것을 암시하는 한계까지는 어느 정도 힘을 가지고 있다. 8절에서 요구한 배당의 원칙(더 큰 지파에서는 더 많은 성읍, 그리고 더 작은 지파에서는 더 적은 성읍)이 여호수아 21장에서 정확하게 준수되지 않았다는 사실을 덧붙일 필요가 있다. 그 곳에서 납달리는 두 번째 인구 조사(민 26장)에서 그 지파가 각기 네 성읍을 내어준 에브라임이나 갓 지파보다 더 커졌음에도 불구하고 세 성읍만을 내어주고 있다. 더 나아가서 잇사갈과 단이 모두 에브라임보다 두 배나 클지라도 이 모든 세 지파가 같은 수의 성읍들을 내어주고 있다. 이것은 레위인의 성읍 목록에서 민수기 제사장 저자는 사실상 자기의 수정 내용과 쉽게 부합하지 않는 오래된 전승을 취급하고 있다.

4. 성읍의 목록은 레위 전승으로부터 나온 것으로 보인다. 우리가 다른 곳에서 주장한 바와 같이, 민수기 저자는 신명기적 역사에 나타나 있는 것과는 별도로 그러한 전승과 그것의 사용에 관심을 두고 있다. 그 전승은 요시야 시대나 혹은 솔로몬 시대까지 거슬러 올라갈 수 있다. 아마도 전자(요시야 시대)가 더 나을 것 같다. 중앙화 정책은 당연히 지방의 레위인들에게 심각한 어려움을 일으켰으며, 이 규정이 중앙 성소에서 어느 정도 떨어진 어떤 도시 가운데서 살 권리를 포함한다는 것은

그럴듯하다. 이는 방목을 위한 얼마간의 땅 사용권을 가리킬 것이다. 솔로몬의 해결책은 역대기에서 나온 후기의 본문에 크게 의존하는 경향(예를 들어, Mazar)이 있거나, 혹은 그렇지 않으면 레위의 초창기 역사에 대한 빈약한 재구성에 의존하는 경향(드 폴크)이 있다. 그 목록이 통일왕국 시대에 작성되었다는 논증은 결정적이지 않다. 전승의 "사실주의"에도 불구하고 거기에는 유토피아적 혹은 이상화적 요소들이 나타나 있고, 비록 그 땅이 실질적으로는 통솔되지 않을지라도 하나의 이상이 예상되어 있다. 그럼에도 불구하고 솔로몬의 뿌리는 배제될 수 없으며, 예루살렘과 벧엘에 있는 성소들의 설립과 관련된 드 보의 제안은 그 어떤 것보다도 설득력이 있다.

5. 민수기 저자는 분명히 이 제도가 모세의 규정 조항이라는 사실을 지적하려고 힘쓰고 있다. 이 점이 신명기적 역사 가운데서는 분명하게 나타나지 않았을 수도 있고, 그것은 민수기의 세 번째 주요 부분에 들어 있는 관심들 가운데 하나 – 곧 주어질 신명기 법과 정착에 관한 기사에 대해 서론을 제공하는 것 – 와 완전히 조화되었을 것이다. 그가 공평하게 다루기를 원했던 레위 전승에는 두 개의 특별한 요소가 있었다. 첫 번째 것은 제사장들로 직분을 행사하는 레위인들이 공동체를 통하여 생계 유지비를 받아야 할 권리를 가졌다는 것이다. 그는 이러한 원리를 민수기 18:20-24에 있는 자기의 새로운 성직 계급 제도 가운데 삽입할 수 있었다. 두 번째 것은 제사장으로서의 직분을 행사하지 않는 레위인들은 자기들의 가축을 방목할 권리를 가진 특별한 성읍들 가운데서 살 권리를 가졌다는 것이다. 그러므로 민수기 18:20-24과 민수기 35:1-8 사이에는 반드시 상충되는 점이 있는 것은 아니다. 드 폴크가 주장하는 바와 같이, 저자는 그 성읍들이 레위인의 "소유" 혹은 "유업"이라는 개념을 배제하는 모호한 용어를 사용하고 있다. 실질적인 긴장은 민수기에 주어진 규정과 레위기 25:32-34(후기 단계의 것)에서 레위인의 성읍에 속량과 희년 개념을 적용하려는 시도 사이에 일어난다.

주석

[2] "들"(ומגרש – 우미그라쉬)은 공유지(NEB)보다는 나은 번역인데, 직역하면 "가축 모는 장소"다.

[4] 스터디(238)에 따르면 이러한 명령은 특별한 성읍을 예상하고 있으며, 반면에 5절은 그 성읍 주변에 사각형의 목축지를 묘사하고 있다. 이 일치되지 않는 묘사

가 함께 기록되었는데(개역은 4절에서 일천 규빗을 이천 규빗으로 번역하고 있다 – 역자주), 스터디는 저자가 부조화 가운데서 거주하는 것이 현학적이라고 생각했을 것이라고 주장한다. 그래이(467-68)는 두 개의 본문을 조화시킬 여러 가지 시도를 검토하고 있다. 만일 제사장 저자가 그러한 긴장이 미해결된 채로 남아 있도록 했을 것이라고 판단되지 않는다면, 한 가지 해결책은 G가 실질적으로 초창기 본문을 보존하고 있다고 가정하는 것이다("원문주해"를 보라). NEB는 일천 규빗이 그 도시의 중심부로부터 측량되어야 하는 것으로 생각한다(4절). 레위인의 목초지의 규빗들은 땅의 규빗 폭이라고 가정하는 것이 가장 나을 수도 있다. 다시 말해서 그 성읍의 각 방향에는 이천 규빗의 인접지(5절)와, 일천 규빗의 안 길이(4절)를 가진 한 블록의 땅이 있었다는 것이다.

6 "도피성"(עָרֵי הַמִּקְלָט – 아리 하미클라트). 본 절은 다음 단락(민 35:9-34)과의 연결고리를 제공하고 있는데, 그 곳에 성읍의 기능이 세부적으로 논의되어 있다.

8 이 분배의 원칙(많이 얻은 자에게서는 많이 취하여 주고 적게 얻은 자에게서는 적게 취하여 줄 것)은 민수기 26:54과 33:54에도 나타난다. 그것은 제비를 통한 분배라는 신명기 저자의 원칙에 대한 제사장 저자의 수정 가운데 일부다.

해설

이 단락은 레위인들을 위한 성읍의 규정과 목축지 주변에서 그들이 방목을 할 권리 부여에 대해서 말하고 있다. 이 단락은 레위인의 소유권, 유산 혹은 재산권에 대해서 말하고 있지 않고, 그 성읍 가운데서 살면서 가축을 방목할 권리를 말하고 있다(레 25:32-34과 대조됨). 그러한 목적을 위하여 이용할 수 있는 땅의 규모를 밝히는 면적들이 나타나 있다. 모두 합하여 48개 성읍이며, 이 곳들은 여호수아 21장에 그 이름이 밝혀져 있다. 그 곳들 가운데 여섯 개의 도피성이 들어 있고(9-34절에서 더 자세히 논의될 것임), 더 큰 지파들은 작은 지파들보다 많은 성읍들을 제공하는 이른바 여러 지파들의 능력에 기초하여 레위인들에게 주어져야 한다.

제사장 저자가 이 시점에서 이 문제에 눈을 돌려야 했다는 사실은 아주 적절하다. 그는 민수기 34장에서 여러 지파들 사이에 그 땅의 분배를 위한 제도를 취급했다. 이제 레위인들을 위한 자신의 제도를 소개할 순간이다. 이러한 자료를 포함시킴에 있어서 그가 레위인의 전승을 삽입하고 있다는 것은 매우 그럴듯하다("양식/구조/배경"을 보라). 물론 거기에는 민수기 3-4, 18장에 보존되고 채택되어 있는 또 다른 레위 전승도 있었는데, 그 전승은 레위인이 지파들 가운데서 기업이 없다고 강조했다. 그러나 35장에 있는 이 전승은 신명기에 강하게 입증되어 있고, 그래서 민수기 저자는 그것을 성직자 계급이라는 자신의 개념 속으로 작업해 넣을 수 있었다. 우리가 여기서 살펴보고 있는 내용은 후대의 제사장 전승의 일부분인 그 다음의 조항이다. 신명기는 레위인들에게 공동체를 돌보도록 명령했고, 살아갈 성읍과 가축을 방목할 땅을 공급하는 일은 자연스런 해결책이다. 이 후자의 레위 전승은 제사 의식이 요시야를 통하여 중앙화되었을 때 소유를 박탈당한 레위인들을 통하여 제기된 문제에 대한 반응이었을 수도 있다. 솔로몬이 처음으로 레위인의 정착 정책을 시작했을 가능성이 배제될 수 없지만("양식/구조/배경"을 보라), 신명기 자체는 그 문제에 대해서 침묵하고 있고, 그 성읍 목록이 실질적으로 나타나 있는 것은 다만 포로기 신명기 사가의 작품(수 21장) 가운데뿐이다.

민수기 제사장 저자가 볼 때, 여호수아 21장에 그 원 형태가 나타나 있는 바와 같은 이 신명기 사가의 목록은 이 곳 민수기 35:1-8에 있는 그의 기록 내용의 기초였다. 그것이 그에게 자신의 두 개의 관심 – 레위 전승의 삽입 및 수정과, 신명기 자료에 대한 재해석 – 을 실현할 기회를 제공해 주었다. 여호수아의 생애 가운데서 그 성읍들을 부여한 것은 모세에게 주어졌던 구체적 계시의 산물로 보인다. 더 나아가서 레위인의 성읍에 대한 이 전승 목록은 자신의 성직 계급 – 몇몇 성읍들은 아론 자손에게 주어지고 다른 성읍들은 그가 레위 족보에 들어 있는 것으로 확인한 세 레위 족속에게 주어짐 – 으로 작성되어야 했다. 이러한 재해석의 내용은 여호수아 21장 자체 가운데 나타난다. 이 곳 민수기 35:1-8에서 저자는 이상화된 방법으로 목축지의 규모를 밝히고, 무엇보다도 본질적인 배치가 모세의 생애 기간 내에 이미 규정되었다는 사실을 밝히는 것으로 만족하고 있다.

자신의 시대적 상황 가운데서 지방에 상당한 레위인들이 존재하게 되었던 원칙을 수립하는 것이 저자에게는 유익했었다. 이것이 포로 후기에 그들이 교사로서의 역할을 발전시키는 일을 도와주었을 것이다(참조. 대하 17:9). 일반적으로 말해서 이 단락은 또한 앞에서 말했던 점을 입증해 주도록 도와주고 있다, 즉 일반적인 의미에서 성직 계급과 특별한 의미에서 레위인들이 공동체의 지원을 받고 자원을 공급받을 권리가 있다는 것이다.

54. 도피성(35:9-34)

참고문헌

Auld, A. G. "Cities of Refuge in Israelite Tradition." *JSOT* 10(1978) 26-39. ______. *Joshua, Moses, and the Land.* Edinburgh: T. & T. Clark, 1980. **David, M.** "Die Bestimmungen über die Asylstädte in Jos. 20." *OTS* 9(1951) 30-48. **Dinur, B.** "The Religious Character of the Cities of Refuge and the Ceremony of Admission into them." *EretzIsrael* 3(1954) 135-46. **Driver, W.** "The Release of Homicides from the Cities of Refuge. A Critical Monography on Nu. 35:25. Abridged by the Author." *Grace Journal*(Grace Theological Seminary, Indiana) 1, 2(1960) 7-22. **Frick, F. S.** *The City in Ancient Israel.* Missoula: Scholars Press, 1977. **Greenberg, M.** "The Biblical Conception of Asylum." *JBL* 78(1959) 125-32. **Horst, F.** "Recht und Religion im Bereich des A.T." *EvT* 16(1956) 49-75. **McKeating, H.** "The development of the law on homicide in Ancient Israel." *VT* 25(1975) 46-68. **Nicolsky, N. M.** "Das Asylrecht in Israel." *ZAW* 48(1930) 146-75. **Ramsey, G. W.** "Speech Forms in Hebrew Law and Prophetic Oracles." *JBL* 96(1977) 45-58. **Schulz, H.** *Das Todesrecht im Allen Testament.* BZAW 114. Berlin: A. Töpelmann, 1969. **Schunk, K. D.** "Ophra, Ephron und Ephraim." *VT* 11(1961) 188-200.

본 문

9 여호와께서 또 모세에게 일러 가라사대	**9** And Yahweh spoke to Moses, saying,
10 이스라엘 자손에게 말하여 그들에게 이르라 너희가 요단을 건너 가나안 땅에 들어가거든	**10** "Speak to the people of Israel, and say to them, When[a] you cross the Jordan into the land of Canaan,
11 너희를 위하여 성읍을 도피성으로 정하여 그릇 살인한 자로 그리로 피하게 하라	**11** then you shall select cities to be cities of refuge for you, that the homicide who kills any person by accident may flee there.
12 이는 너희가 보수할 자에게서 도피하는 성을 삼아 살인자가 회중 앞에 서서 판결을 받기까지 죽지 않게 하기 위함이니라	**12** And the cities shall be for you a refuge from the avenger,[a] so that the homicide shall not be put to death before standing trial before the congregation.
13 너희가 줄 성읍 중에 여섯으로 도피성이 되게 하되	**13** And the cities which you give for cities of refuge shall be six.

14 세 성읍은 요단 이편에서 주고 세 성읍은 가나안 땅에서 주어 도피성이 되게 하라

14 You shall give three cities beyond the Jordan, and three cities in the land of Canaan to be cities of refuge.

15 이 여섯 성읍은 이스라엘 자손과 타국인과 이스라엘 중에 우거하는 자의 도피성이 되리니 무릇 그릇 살인한 자가 그리로 도피할 수 있으리라

15 These six cities shall be for refuge for the people of Israel, and for the resident alien, and for the temporary settler, so that any one who kills any person by accident may flee there.

16 만일 철 연장으로 사람을 쳐죽이면 이는 고살한 자니 그 고살자를 반드시 죽일 것이요

16 "But if he struck him down with an iron instrument, so that he died, he is a murderer. The murderer shall be put to death.

17 만일 사람을 죽일 만한 돌을 손에 들고 사람을 쳐죽이면 이는 고살한 자니 그 고살자를 반드시 죽일 것이요

17 And if he struck him down with a stone in the hand, capable of killing a man, and he died, he is a murderer. The murderer shall be put to death.[a]

18 만일 사람을 죽일 만한 나무 연장을 손에 들고 사람을 쳐죽이면 이는 고살한 자니 그 고살자를 반드시 죽일 것이니라

18 Or if[a] he struck him down with a wooden weapon in the hand, capable of killing a man, and he died, he is a murderer. The murderer shall be put to death.

19 피를 보수하는 자가 그 고살자를 친히 죽일 것이니 그를 만나거든 죽일 것이요

19 The avenger of blood shall himself put the murderer to death. When he meets him he shall put him to death.

20 만일 미워하는 까닭에 밀쳐 죽이거나 기회를 엿보아 무엇을 던져죽이거나

20 And if (the homicide) stabbed[a] him out of malice, or threw a missile[b] while lying in wait, so that he died,

21 원한으로 인하여 손으로 쳐죽이면 그 친 자를 반드시 죽일 것이니 이는 고살하였음이라 피를 보수하는 자가 그 고살자를 만나거든 죽일 것이니라

21 or if in enmity he struck him down with his hand, so that he died, then he who struck the blow shall be put to death. He is a murderer. The avenger of blood shall put the murderer to death when he meets him.

22 원한 없이 우연히 사람을 밀치거나 기회를 엿봄이 없이 무엇을 던지거나

22 "But if he stabbed him on the spur of the moment without enmity, or threw a missile at him without lying in wait,

23 보지 못하고 사람을 죽일 만한 돌을 던져서 죽였다 하자 이는 원한도 없고 해하려 한 것도 아닌즉

23 or used a stone, capable of killing a man, but without seeing him, so that he died, and if he was not his enemy, and did not seek his harm,

24 회중이 친 자와 피를 보수하는 자 간에 이 규례대로 판결하여

24 then the congregation shall judge between the homicide and the avenger of blood, in accordance with these ordinances.

25 피를 보수하는 자의 손에서 살인자를 건져 내어 그가 피하였던 도피성으로 돌려보낼 것이요

25 And the congregation shall protect the homicide[a] from the hand of the avenger of blood,

그는 거룩한 기름부음을 받은 대제사장의 죽기까
지 거기 거할 것이니라

and the congregation shall restore him to his
city of refuge, to which he had fled, and he shall
live in it until the death of the high priest who
was anointed with the holy oil.

26 그러나 살인자가 어느 때든지 그 피하였던 도
피성 지경 밖에 나갔다 하자

26 But if the homicide shall at any time go
beyond the bounds of his city of refuge to which
he had fled,

27 피를 보수하는 자가 도피성 지경 밖에서 그
살인자를 만나 죽일지라도 위하여 피 흘린 죄가
없나니

27 and the avenger of blood finds him outside
the bounds of his city of refuge, and if the
avenger of blood kills the homicide, he shall not
be guilty of blood,

28 이는 살인자가 대제사장의 죽기까지 그 도피
성에 유하였을 것임이라 대제사장의 죽은 후에는
그 살인자가 자기의 산업의 땅으로 돌아갈 수 있
느니라

28 because the man must remain in his city of
refuge until the death of the high priest. But after
the death of the high priest the homicide may
return to the land of his possession.

29 이는 너희 대대로 거하는 곳에서 판단하는 율
례라

29 "And these things shall be for a statute and
judgment to you throughout your generations in
all your dwellings.

30 무릇 사람을 죽인 자 곧 고살자를 증인들의
말을 따라서 죽일 것이나 한 증인의 증거만 따라
서 죽이지 말 것이요

30 If any one kills a person, the murderer shall
be put to death only on the evidence of
witnesses, and no person shall be put to death on
the testimony of one witness.

31 살인죄를 범한 고살자의 생명의 속전을 받지
말고 반드시 죽일 것이며

31 Moreover you shall not accept payment for
the life of a murderer who is guilty of death. He
shall indeed be put to death.

32 또 도피성에 피한 자를 대제사장의 죽기 전에
는 속전을 받고 그의 땅으로 돌아가 거하게 하지
말 것이니라

32 And you shall not accept payment from him
who has fled to his city of refuge, that he may
return to live in the land before the death of the
priest.[a]

33 너희는 거하는 땅을 더럽히지 말라 피는 땅을
더럽히나니 피 흘림을 받은 땅은 이를 흘리게 한
자의 피가 아니면 속할 수 없느니라

33 You shall not thus defile the land in which
you live,[a] for blood defiles the land, and no
expiation can be made for the blood shed in it,
except by the blood of him who shed it.

34 너희는 너희 거하는 땅 곧 나의 거하는 땅을
더럽히지 말라 나 여호와가 이스라엘 자손 중에
거함이니라

34 You[a] shall not make the land in which you live
unclean, the land in which I dwell, for I Yahweh
dwell in the midst of the people of Israel."

원문주해

10.a. G에는 "너희가 건너갈 것이다…"로 되어 있다.

12.a. G, S, Tg는 이 단락에서 늘 하던 대로 "…의 피"를 보유하고 있다.

17.a. Sam은 칼 미래형으로 "살인자는 죽일지니라"이다.

18.a. 아마도 "그리고 말일…"일 것이다(Sam, G, Syr, Vg).

20.a. Syr에는 "쳤다"로 되어 있다.

20.b. "돌"로 이해해야 할 것이다(G과 그것이 명시되어 있는 22절을 참조하라).

25.a. Sam에는 המכה("치는 자")로 되어 있다.

32.a. Sam, G, Syr은 "대제사장"을 보유하고 있다(참조. 25, 28절).

33.a. Sam, G, Syr, Vg, Tg[N]은 "너는 산다"를 보유하고 있다. MT는 "너는 있다"(You are)를 보유하고 있다.

34.a. 이것은 MT에서는 단수이지만, Sam, G, Syr, Tg 그리고 소수의 MT 필사본에서는 복수형이다.

양식/구조/배경

분석가들은 이 단락 가운데 오경의 제사장 계층의 문서가 들어 있음을 인정하는데 어려움을 느끼지 않았다(A. Dillmann, 217-21; J. Wellhausen, 183-84; A. Kuenen, 97-98; H. Holzinger, 169; B. Baentsch, 692-96; G. B. Gray, 469를 보라). 신명기 19장이 성소 법에서 실질적인 진보를 제공하는 것처럼(언약서에 있는 그것과 비교해 볼 때 – 출 21:12-24), 이 법은 신명기 19장에 보존된 법의 발전을 제공한다. 그 곳에서는(또한 참조. 신 4:41-43) 세 성읍이 배정되고, 이스라엘의 영토가 실질적으로 약속된 충분한 한계에까지 도달하면 여기에 세 개가 더 덧붙여질 것이다. 이 곳 민수기 35:9-34에서는 보다 세분화되어 있고, 처음으로 "도피성"이라는 전문용어가 나타난다. 후대의 것이라는 분명한 표시는 대제사장의 죽음에 대한 언급이다(25, 28절). 이스라엘을 "회중"으로 묘사하는 점과 9-10절에 있는 본 단락의 서론은 그 특징으로 볼 때 제사 문서다. "더럽힘"과 "부정"에 대한 개념(33, 34절)은 같은 경향을 가리킨다. 그 최종 형태가 제사장의 것인 여호수아 20장과의 밀접한 관계도 나타나 있다. 율법을 모세를 통하여 말한 것으로 언급하고 있는 점(수 20:2)과 여호수아 20:6에 있는 대제사장과 회중에 대한 언급을 유의하라.

그래이는 이 법을 고대의 풍습에 대한 비교적 후대의 수정으로 간주할 수 있는 세 개의 특징을 지적했다. 첫째로, 고대법은 오살과 고살 사이에 구분을 하지 않았다고 그는 주장한다. 둘째로, 고대법은 살인범의 가족의 일원의 죽음으로 말미암아 보응을 허용했고, 반면에 여기서는 살인자만 목숨을 잃을 수 있다는 사실을 은근히 강조하고 있다. 세 번째로, 이 곳의 법은 얼마만큼의 돈을 지불함으로써 살인자의 생명을 속량하는 일을 금지하고 있다. 다른 한편, 공동체의 대표가 아닌 살해당한 가족의 대표가 해야 할 피의 보수에 대한 책임이 주어져 있다.

홀징거와 벤취는 이 단락 가운데서 PG의 상당한 요소들을 발견했다. 벤취가 볼 때 9-29절 전체가 그렇게 배당될 수도 있고, 그 나머지는 PS에게 돌려질 수 있는 것이다. 그래이는 그 자료를 P로 분류하는 것으로 만족했다.

노트(254-56)는 이러한 교훈들이 궁극적으로 요시야의 제의 중앙화로부터 유래한 것이고, 여호수아 20장(원 형태로 되어 있는 신명기적 역사서의 일부)은 저자의 기초 본문이었다고 강력하게 주장했다. 그는 또한 최종적인 문서 형태로서의 여호수아 20장이 이 단락을 작성하는 데 사용되었다는 입장으로 기울어졌다. 노트는 4-5절에서 도피법의 원본을 간파해 낸다. 여기서 도피성의 장로들은 분명히 살인범이 은신처에서 살 수 있도록 하는 권리를 결정해야 한다. 노트 역시 16절과 그 다음 구절들 가운데서 일어난 것과 같은 "의도"의 문제가 언제나 9-15절과 조화되었는지의 여부를 묻고 있다. 그것이 가필이라는 입장을 지지하는 점은 "살인"이라는 단어가 11-12절에 있는 악한 의도가 없는 살인자를 지칭한다는 사실이며, 반면에 16-21절에서는 그것이 의식적 혹은 고의적 살인자에 대한 전문 용어가 되었다는 것이다. 그럼에도 불구하고 노트는 얼마나 많이 이와 같은 관찰에 근거될 수 있는지에 관해서는 확신하지 못하고 있다. 그는 16-21절 내에 있는 불규칙성에 대해서도 잘 알고 있다. 노트의 다른 생각 가운데는, 여기서 대제사장의 역할이 이전에는 왕으로서의 역할이었을 것이라는 주장이 있다. 이 단락이 초창기 전승일 가능성에 대해서는 스터디(241)가 인정했지만, 보다 자세한 언급은 없다.

1-8절에 관해서는 우리가 어떻게 구 비평적 정통파의 학설들 몇몇이 보다 최근에 논박을 당했는지를 살펴보았는데, 여기 9-34절에서도 같다. 도피성이 제의 중앙화의 논리적, 필연적 결과였다는 입장은 벨하우젠에 의하여 그 고전적 형태가 제시된 바 있고, 호스트(F. Horst, *EvT* 16[1956] 49-75)와 니콜스키(N. M. Nicolsky, *ZAW* 48[1930] 146-75)의 지지를 받았다. 이러한 입장에 대한 도전들 가운데는 그 성읍들이 포로 후기에 제조된 것이라는 데이빗의 주장이 있다(M. David, *OTS* 9[1951] 330-48). 프릭(F. S. Frick, *The City in Ancient Israel*, 137-40)의 지지를 받은 그린버그(M. Greenberg, *JBL* 78[1959] 125-32)는 다른 입장에서, 도피성이 제단에서 도피처를 찾는 옛 관습을 대신하기 위하여 의도된 것이 아니고 그것을 보충하기 위한 것이라고 주장했다. 그린버그의 입장에서 볼 때, 도피성은 요시야가 지방 사찰을 제

거하기 이전에 필요했을 것이다. 사찰 자체들은 결코 영구적인 도피처는 될 수 없었다. 그린버그는 다른 근동의 문화에서 피흘린 죄와 보호처가 있었던 증거를 통해서 도피성에서 장기간 형벌 기능도 가졌다는 사실을 밝혀냈다. 그가 볼 때 도피성의 제도는 그 연대가 통일왕국 시대까지 거슬러 올라가는 것으로 보였다.

맥킷팅(H. McKeating, *VT* 25[1975] 46-68)도 역시 요시야의 개혁이 고대의 도피성 제도를 제거하려고 의도하지 않았다는 의견을 가지고 있다. 그가 볼 때, 권력자들은 그 성읍의 역할을 더 강조하고 지파의 역할은 덜 강조함으로써 그것을 규정하려 했다(신 19:1-13을 보라).

드 폴크(J. de Vaulx, 396-403)는 도피처에 대한 법의 발전에 있어서 다섯 개의 일반적인 단계를 밝히고 있다.

(1) 도망자는 성소에서 도피처를 찾아야 하고, 제단 뿔을 붙잡아야 한다(왕상 1:50-53; 2:28-31; 참조. 시 27:2-5; 31:2-4). 이것은 정착 이전 가나안에서 통상적인 절차였을 수도 있다.

(2) 언약서는 우발적인 살인의 경우에 도피처의 중요성을 인정하고 있으나(출 21:13), 살인의 경우 그 도피처가 영구적인 보호처가 되는 것을 허용하지 않고 있다(출 21:14).

(3) 예배의 중앙화(신 4:41-43; 19:1-13에 반영됨)와 이방 성소에 대한 억압은 지방에 있는 성읍들이 그 성스러운 특성을 잃어버렸다는 사실을 의미했지만, 몇몇은 오살의 경우를 위하여 보호처로 보존되었다. 그 살인자를 피의 보수자의 손에 넘겨주는 하나의 특별한 역할은 이 성읍들의 장로들에게 주어진다(신 19:12).

(4) 신명기적 역사(수 20:4-5)에서 이러한 양상은 약간 달라진다. 여기서 장로들은 처음부터 그 살인자가 그 성읍에 들어오도록 허락하기 이전에 그 죽음이 실제로 우발적이었는지 자신들이 확인하려는 입장을 가지고 그에게 묻는 역할을 한다(5절).

(5) 여호수아 20:1-3, 6, 9과 이 곳 민수기 35:9-34에 발견된 포로 후기 법규는 한층 더 중대한 발전이 있었음을 드러낸다. "도피성"이란 전문적 용어가 나타나고(11, 13-14, 25-28, 32절; 수 20:2; 대상 6:42, 52), 그 법이 외국인과 일시적인 거주자에게도 적용될 수 있다고 말하고 있다(수 20:9). 최고의 권위는 장로들로부터 회중에게로 넘겨졌다(12, 24-25; 참조. 수 20:6; 또한 레 24:14-16; 민 15:32-36에서 회중의 역할을 참조하라). 살인자는 대제사장이 죽기까지 그 성읍에 머물러 있어야 하고(25, 28절; 수 20:6), 이것을 준수하지 못하면 그를 피의 보수자에게 넘겨주어

죽게 만든다(26-28절). 고살이든 오살이든 살인의 경우에는 그 어떤 돈도 보상금으로 받을 수 없다(31-32절).

올드(A. G. Auld, *JSOT* 10[1978] 26-39; Joshua, *Moses, and the Land*, 79-85)의 조사는 9-34절에 있는 본문의 후대성을 지적하고 있다. 다른 사항들 가운데서 그는 9-15절이 1-5, 7-8절에 있는 레위인의 성읍의 전승에 의존하고 있다고 주장하고, 민수기의 이 후반부의 장들 가운데 포함된 내용들보다도 민수기에 있는 전승이 더 이르다고 주장한다.

이러한 논의들이 일으키는 문제들과 모호성들에 대한 해결책은 불확실한 것으로 남아 있지만, 본서의 이 세 번째 주요 부분에 대한 우리의 전반적인 입장에 들어맞는 접근 방식을 제안하는 것은 어렵지 않다(민 26:1-35:34). 일반적으로 말해서 드 폴크의 관찰이 받아들일 만하다. 출애굽기 21:13-14에 있는 본문은 도피성이 고대의 기구였고, 또한 실수는 법적인 보호를 받도록 인정되었다고 밝히고 있다. 처음부터 성읍이 아니라 성소가 보호처의 중심 초점이었는데, 제단의 뿔을 붙잡는 것이 필수였다. 그러므로 통일왕국 시대부터 성소를 가지고 있는 각 성읍은 비록 "도피성"이라는 전문적 용어가 생겨나지는 않았을지라도, 어떤 의미에서 도피성이었던 것이 사실이다.

요시야의 중앙화 계획은 보호처 진행에서 조정을 반드시 필요로 했으며, 어떤 성읍들은 도망자가 갈 수 있도록 구체화되었다. 처음 법규(신 19:1-13의 2인칭 단수 명령)는 단지 세 개의 성읍만은 인용했고, 모두가 요단 서쪽에 위치해 있지만(2절), 세 개의 다른 것들이 있을 것에 대해서도 문을 열어 놓고 있다(8-9절). 살인자를 취급하는 장로들의 역할이 기록되어 있다(12절). 신명기적 역사 가운데 있는 설명에 이 법규가 여호수아서에 삽입되어 있다(수 20:4-5, 7-8). 성읍들의 선발은 여호수아 자신과 관련되어 있으며, 여섯 성읍 모두가 명시되어 있나. 즉 요단 서쪽에 있는 것은 가데스, 세겜, 기럇아르바이고, 요단 동편에 있는 것은 베셀, 라못, 골란이다. 장로들이 해야 할 보다 자세한 역할도 제시되어 있는데, 도망자가 허락을 받기 이전에 그 사람에 대한 심문을 하는 것이다(수 20:4). 신명기 4:41-43에 있는 신명기 저자의 편집은 약간 후대의 것이며, 요단 동편에 있는 성읍들의 선발이 실제로 모세의 작업이었다는 사실을 명시하고 있다.

민수기 제사장 저자는 이 여섯 성읍들이 모세에게 계시된 배열이었음을 인정하고 있으며, "도피성"이란 용어를 만들어 냈을 수도 있다. 우리가 여호수아 20:1-3, 6, 9에서 발견하는 것은 신명기적 역사에 대한 그의 수정일 수도 있다. 이것이 포로 후기 공동체라는 비교적 협소한 경계들을 잘 알고 있는 자를 위하여 땅에 대해 매우 광범위한 시각을 필요로 하고 있다는 것은 사실이다. 제사 문서의 설명은 원래 신명기적 전승이라는 광범위한 시각을 통하여 형성되며, 광활한 땅은 제사 문서의 다른 곳에서 발견된다(민 13장에서 착수했던 땅의 정탐을 보라). 여기서 저자는 왕의 죽음이 도망자를 위한 사면을 표시한다는 포로 전 관습을 수정하고 있다.

속전을 받지 말라는 명령(31-34절)은 제사장의 혁신적 법규이거나 혹은 최소한 바람직하지 못한 경향으로 생각되었던 일을 제지하려는 시도일 수 있다. 생명은 생명으로 갚아야 한다는 기본적 원칙이 재확인되고 있으며, 부정, 더럽힘 그리고 속죄에 대한 제사 문서 개념과 연결되어 있다. 기록 내용이 여기서 피 흘림을 우발적인 것으로 취급하고 있지 않다는 사실과, 어떻게 적절하게 보상이 될 수 있는지에 대해서도 취급하고 있지 않다는 점은 놀랄 일이 아니다. 대제사장의 죽음이 속죄가 이루어지는 수단으로 이해되고 있다는 사실은 가능하다.

30절에서 제사장 저자는 증인들에 관한 기본적인 신명기적 원리를 피흘림에 대한 보복 법이나 도피성에 대한 법과 직접적으로 관련시키고 있다(신 17:6; 19:15). 이 곳에서는 더욱 발전한 내용이 나타나는데, 민수기 35:9-34의 법이 구약성경에서 사용할 수 있는 가장 진취된 것으로 드러나 있다. 장로들의 역할이 없는 것은 신명기 본문에서 그들의 중요성에 대한 입장을 배제하려고 의도된 것이 아니다. 제사장 저자는 단순히 실제로 심판을 행사하는 자가 거룩한 공동체임을 강조하는 데 관심을 가지고 있다. 이것은 본질적으로 절차에 대한 규정이라기보다는 신학적 언급이며, 전체 회중이 어떻게 그러한 행동을 할 수 있는가에 대해서는 아무런 언급이 주어지지 않았다. 요점은, 그러한 상황에서 그 직무를 수행하는 개개인이 하나님의 거룩한 회중의 대표로 행사한다는 점이다.

주석

11 도피성의 원리는 수많은 그리고 다양한 문화권 가운데서 발견되는 고대적인 것이다. 스나이드(N. H. Snaith, 343)는 그것이 아직도 메소보다미아의 마쉬 아랍인들(Marsh Arabs) 사이에서 시행되고 있다는 증거를 인용하고 있다. 피의 보수의 관습은 살해를 당한 사람의 근족이 그 피흘림에 대해서 피 흘리는 보복의 의무를 가졌다. 이것은 원칙에 깊이 뿌리박고 있었으며, 오살과 고살의 구별이 확실하게 판별되기까지 유예의 시간이 필요했다.

부지중 그릇 범한 죄에 대해서는 민수기 15:24을 보라.

12 "보수할 자에게서"(מגאל – 미고엘), 즉 근족(NEB에서 이렇게 번역함). 빚진 돈의 배상은 근족이 져야 할 또 다른 의무였다(민 5:8의 "주석"을 보라). 다른 책임들은 수혼 제도(룻 3:13), 노예로부터 근족의 속량(레 25:47-49) 그리고 재산과 관련된 의무들(레 25:25; 룻 4:1-6; 렘 32:8-12)이다. "보수자"의 역할은 분노나 혹은 피를 흘리고자 하는 욕망의 분출이 아니고 정의와 관련된 의무로 생각된다.

"앞에 서서"(עמדו לפני...למשפט – 아므도 리프네... 라미슈파트). 직역하면 "재판을 위하여...앞에 서서"이다. 사법적 의미에서 "...앞에 섬"에 대해서는 민수기 27:2; 신명기 19:17; 여호수아 20:6; 스가랴 3:1을 참조하라.

13 여섯 성읍은 여호수아 20:7-8에 열거되어 있다. 세 성읍은 요단 동편에 널리 공간을 차지하고 있었는데, 베셀(요단강 입구의 동쪽 15마일, 지금의 움멜 엘-아마드일 것이다), 길르앗 라못(요단과 갈릴리 바다의 동편으로 약 20마일 지점), 골란(갈릴리 바다 동편으로 15마일 지점, 지금의 사헴 엘-졸란).

요단 서쪽으로는 갈릴리 지방에 가데스(텔 콰데스), 중앙 지점을 차지하고 있는 세겜(텔-발라타), 남쪽에 헤브론(엘-칼릴)이다.

15 여기 언급된 비이스라엘 족속에 대해서는 민수기 9:14의 "주석"을 보라.

16 일어날 수 있는 우발 사건들에 관한 보다 간략한 기사에 대해서는 출애굽기 21:12-14을 보라. 철연장은 17-18절에 인용된 나무나 돌연장에 적용되는(참조. 출 21:18-19) 것으로 "사람을 죽일 만한" 조건을 갖춘 것으로 보이지 않는데, 아마도 철이 당연히 그렇게 생각되기 때문인 것 같다. 신명기 19:5은 도끼의 금속으로 된 머리 부분이 우발적 사망 사고를 일으킬 수 있다는 사실을 밝혀 주고 있다.

19 이 구절은 "보수자"의 전통적 의무를 강조하고 있다.

20 벼랑 위로 혹은 난간에서 "그를 밀었나"(יהדפנו – 예흐디펜누) 혹은 "그가 그를 찔렀다"(RSV). NEB는 "한 사람을 공공연히 습격하다"(sets upon a man openly)로 번역한다.

22-23 참조. 신 19:4-5.

24 "이 규례대로"(על המשפטים האלה – 알 하미슈파팀 하엘레), 즉 방금 인용한 내용들.

25 이것은 사건을 검토하는 일이 어느 곳에서나 일어난다는 사실을 의미한다. 스터디(242)는 그 곳이 사람 자신의 성읍 혹은 예루살렘일 것이라고 상상한다. 그 곳은 사망 사건이 일어난 곳에서 가장 가까운 장소일 수도 있다. 아무도 알지 못한

살인 사건의 경우에 가장 가까운 성읍에 있는 장로들과 재판장들이 책임을 져야 한다는 사실을 암시하고 있는 신명기 21:1-9의 규례를 참조하라.

대제사장의 죽음에 대한 언급은 그 죽음을 피 흘린 죄에 대한 속죄로 이해하고 있었음을 뜻한 것 같다. 대제사장은 성스러운 인물의 대표다. "대제사장"이란 문구는 후대의 어법이다(레 21:10; 왕하 12:10; 22:4, 8; 학 1:1; 슥 3:1; 느 3:1).

27 "피 흘린 죄가 없나니"(אין לו דם – 에인 로 땀). 참조. 레 20:9; 겔 18:13.

29 "판단하는 율례라"(לחקת משפט – 레후카드 미슈파트). "법률의 선례"(NEB)(참조. 민 27:11). 이 단어들은 법률의 요구 사항들에 대한 통상적인 단어들이지만, 이 문구는 이 두 곳에만 나타난다.

30 증인에 관한 이 규정은 우상 숭배 죄와 관련하여 신명기 17:6(2인칭 단수 본문)에 나타나고, 다른 어떤 범죄와 관련하여 신명기 19:15(2인칭 복수 본문)에도 나타난다.

31 "생명의 속전을 받지 말고"(ולא תקחו כפר – 웰로 티크후 코페르). 다른 문화권에서는 그러한 행위를 허용했다(또한 삼하 21:4을 보라). 코란(2:173-74)은 고의적 살인이라도 그것을 허용하고 있다. 제사장 저자는 고대 동등처벌법 원칙에 근거하여 그것을 거절하고 있다.

32 이것은 31절의 원리가 고살과 마찬가지로 오살에도 적용된다는 사실을 밝히고 있다. 대제사장의 죽음만이 만족할 만한 속죄가 된다. 인간의 피를 흘리는 것은 땅을 더럽히는 것이며(33절), 그래서 인간의 죽음을 통해서만 보상이 될 수 있다(참조. 창 4:10-11).

"대제사장"이 아닌 "제사장"에 대한 언급은 민수기 저자가 공동체의 성스러운 대표자에 대한 언급 가운데서 오래된 이스라엘 민족의 전승을 사용하고 있다는 사실을 암시할 수도 있다.

34 공동체 생활의 중심부에 하나님이 임재하신다는 사상은 민수기 제사장 저자에게는 중요한 것이다(민 5:3; 23:21, 그리고 민 1-4장에 있는 회막의 위치를 참조하라; 또한 참조. 출 29:45-46; 슥 2:10). 그가 자기의 작품을 이러한 언급을 하면서 결론지어야 했다는 것은 적절하다.

해설

이 단락은 민수기 35:6에 인용된 여섯 개의 도피성에 관한 보다 많은 정보를 제공하고 있다. 그것은 그것들이 우발적으로 살인한 사람들을 위하여 성소의 장소가 있어야 한다는 사실을 밝혀 주고 있다. 죽은 사람의 근족은 살인자의 의도나 동기가 확인되기 전이라도 "생명은 생명으로"의 원칙에 근거해서 행동할 수도 있다. 이 여섯 개의 도피성 가운데 세 개는 요단 동편에 위치해 있어야 한다. 이 법은 계속하여 어떤 것이 고의적 살인이고 어떤 것이 우발적인 살인으로 해석되어야 할 것인지에 대한 여러 실례들을 인용하고 있다. 회중의 역할은 그러한 문제를 해결하는 것이며, 후자의 경우 그 살인자를 피의 보복으로부터 보호하는 것이다. 성소에 머물도록 허락 받은 사람은 대제사장이 죽기까지 도피성에 머물러야 한다. 만일 그가 이러한 법규를 어긴다면 그의 생명은 근족의 손에 잃을 수도 있다. 대제사장은 일반적으로 공동체의 대표자이며, 그의 죽음은 우발적인 피흘림의 죄를 속죄한다. 이 법은 또한 고의적 살인 소송이 성립되기 위해서는 한 사람 이상의 증인이 요구된다고 하고 있으며, 이에 대한 형벌은 언제나 죽음이다. 살인에 대한 배상은 고살이든 오살이든 돈을 지불하는 관습을 완전히 배제한다.

이 단락은 본질적으로 민수기 제사장 저자의 작품이다. 다른 곳에서와 마찬가지로 그의 방식은 받은 전승을 수립하고 발전시키는 것이다. 성소의 원리와 고살과 오살 사이를 구별할 필요성은 언약서에 오래 전에 수립된 바 있다("양식/구조/배경"을 보라). 원래 도피처는 지방 성소에 있었던 것 같다. 지방 성소의 제거와 예배의 중앙화와 함께 신명기의 개혁은 초창기 관습의 수정을 필요로 한다. 초창기 신명기 법에서 요단 서쪽의 세 개의 성읍들은 우발적 살인의 경우를 위하여 도피처로 암시되어 있다(신 19:1-13). 후기의 법규는 요단 동편에 있는 다른 세 개의 성읍의 가능성에 관한 초창기의 실험적인 법을 취급하고 그 곳들을 열거하고 있다(신 4:41-43) 여섯 개 모두가 신명기적 역사 가운데 거론되어 있다(수 20:7-8).

민수기 제사장 저자는 주어진 배치가 모세가 죽기 전에 하나님께서 모세에게 주신 계시였다는 사실을 명백하게 밝히면서 여호수아 20:1-3, 6, 9에 있는 자신의 편집자적 관찰을 제공했다. 제사장이 기여한 또 다른 것은 그 전승 가운데 대제사장의 간접적 역할을 작업해 넣은 것이다. 왕의 죽음은 포로 전의 전승 가운데서 이와 유사한 기능을 했을 수도 있는데, 그 경우 저자는 비교적 약간의 수정을 가하고 있다. 그의 관심은 살인을 속죄하기 위해서는 그에 어울리는 죽음이 있어야 한다는 제사장의 원칙을 세우는 것이다. 인간의 죽음만이 인간의 죽음을 속할 수 있으므로 대제사장의 죽음이 이러한 요구에 부합한다. 저자는 또한 그 자신이 다른 관련된 일들 가운데서 수립하고 확고히 하려고 했던 속전 지불의 원리가 살인과 관련해서는 적용되어서는 안 된다는 사실을 확고히 하려고 힘쓰고 있다. 그가 한 또 다른 주요 기여는 한 사람 이상의 증인이 있어야 한다는 신명기의 원칙을 살인에 관한 법과 직접적으로 연관지어 준 점이다.

그러므로 이 법은 중요한 율법의 원리 발전에 증거를 담고 있다. 동기와 의도의 중요성이 분명하게 인정되고 있으며, 정의가 그러한 용어들로 이해되고 적절하게 보호할 단계들이 취해진다는 사실을 보증할 단계들이 취급되고 있다. 이 모든 것은 물론 신명기 법의 기초였다. 제사장 저자가 수립하고 있는 내용은 이러한 본질적으로 윤리적인 통찰력과 공동체와 그 땅에서의 죽음과 그 결과에 관한 전통적인 성례(sacral) 원리들과의 통합이다. 성례적 그리고 윤리적 원리들이 보호되고 효과적이 될 수 있는 방법이 제시되어 있다.

저자가 이 특별한 시점에서 이 문제를 논의하기를 원했다는 것은 놀랄 일이 아니다. 거기에는 물론 이러한 율법 원리들을 모세에게 주어진 근본적인 계시로 수립하고자 하는 그의 소원이 들어 있으며, 이것이 신명기 법을 주기에 앞서서 명시되어야 했다는 사실은 적절하고도 필요한 것이다. 민수기 가운데 이 세 번째 주요 부분에 있는 많은 요소들을 결합하는 중대사가 여기서 다시 나타난다. 더 나아가서 이 후자의 장들 내에서 문제에 대한 논의는 이 시점에서 자연스럽고도 일관성이 있다. 땅의 분배에 대한 규정(민 34:16-29)은 자연적으로 레위 지파의 성읍들에 대한 논의로 이끌어 갔고(민 35:1-8), 이것들 가운데 여섯이 도피성이 되어야 할 것이었으므로 그 성읍들의 기능에 대한 논의가 이 곳 민수기 35:9-34에 뒤따라와야 한다는 것은 자연스러운 일이다. 더구나 33-34절이 밝히고 있는 것처럼, 살인자와 도피처에 관한 이 법들은 땅과 그 보호와 직접적으로 관계가 있다. 이 곳 민수기 26:1-35:34에서도 역시 두드러진 주제가 나타난다. 제사장 저자가 보기에 그 땅은 얻어지고 적절하게 배정되어야 했을 뿐만 아니라, 또한 모든 더럽힘으로부터 적절하게 방지되어야 했다. 인간의 생명을 취하는 것은 그 땅을 가장 크게 더럽힐 우려가 있고, 그래서 이 사실이 특별한 주의와 관심을 받을 가치가 있는 것이다. 그러므로 땅의 거룩이 확실하게 유지되도록 적절한 조치가 취해져야 한다. 이것은 결국 제사장 저자의 전체적인 신학적 관점과 전적으로 통한다. 거룩하신 하나님께서는 그 땅 가운데 있는 공동체 중심부에 거하시며, 이스라엘은 그러한 사실에 대해 합당하게 인정하는 반응이 있어야 한다.

55. 슬로브핫의 딸들의 송사(36:1-13)

참고문헌

민수기 27:1-11(참고서적)을 보라.

본 문

1 요셉 자손의 가족 중 므낫세의 손자 마길의 아들 길르앗 자손 가족의 두령들이 나아와 모세와 이스라엘 자손의 두령 된 족장들 앞에 말하여

1 And the heads of the fathers' (houses) of the family of the sons of Gilead, the son of Machir, son of Manasseh, of the families[a] of the sons of Joseph, came near and spoke before Moses[b] and before the leaders, the heads of the fathers' houses of the people of Israel,

2 가로되 여호와께서 우리 주에게 명하사 이스라엘 자손에게 그 기업의 땅을 제비뽑아 주게 하셧고 여호와께서 또 우리 주에게 명하사 우리 형제 슬로브핫의 기업으로 그 딸들에게 주게 하셨은즉

2 and they said, "Yahweh commanded my lord to give the land for inheritance by lot to the people of Israel. [a]And my lord was commanded by Yahweh[a] to give the inheritance of Zelophehad our brother to his daughters.

3 그들이 만일 이스라엘 자손의 다른 지파 남자들에게 시집가면 그들의 기업은 우리 조상의 기업에서 감삭되고 그들의 속할 그 지파의 기업에 첨가되리니 그러면 우리 제비뽑은 기업에서 감삭될 것이요

3 But if they become married to any of the sons[a] of the other tribes of the people of Israel then their inheritance will be taken from the inheritance of our[b] fathers, and added to the inheritance of the tribe to which they belong. So it will be taken away from the lot of our inheritance.[c]

4 이스라엘 자손의 희년을 당하여 그 기업이 그가 속한 지파에 첨가될 것이라 그런즉 그들의 기업은 우리 조상 지파의 기업에서 아주 감삭되리이다

4 And when the jubilee of the people of Israel comes, then their inheritance will be added to the inheritance of the tribe to which they belong. And their inheritance will be taken from the inheritance of the tribe of our fathers."

5 모세가 여호와의 말씀으로 이스라엘에게 명하여 가로되 요셉 자손 지파의 말이 옳도다

5 And Moses commanded the people of Israel according to the word of Yahweh, saying, "The tribe of the sons of Joseph is right.

6 슬로브핫의 딸들에게 대한 여호와의 명이 이러하니라 이르시되 슬로브핫의 딸들은 마음대로 시집가려니와 오직 그 조상 지파의 가족에게로만

6 This is what Yahweh commands concerning the daughters of Zelophehad, 'Let them marry whom they think best, except that they shall

시집갈지니

marry with the family of the tribe of their father.[a]

7 그리하면 이스라엘 자손의 기업이 이 지파에서 저 지파로 옮기지 않고 이스라엘 자손이 다 각기 조상 지파의 기업을 지킬 것이니라 하셨나니

7 The inheritance of the people of Israel shall not be transferred from one tribe to another. For every one of the people of Israel shall cleave to the inheritance of the tribe of his fathers.[a]

8 이스라엘 자손의 지파 중 무릇 그 기업을 이은 딸들은 자기 조상 지파 가족 되는 사람에게로 시집갈 것이라 그리하면 이스라엘 자손이 각기 조상의 기업을 보존하게 되어서

8 And every daughter who possesses an inheritance in any tribe of the people of Israel[a] shall be wife to one of the family of the tribe of her father, so that every one of the people of Israel may possess the inheritance of his fathers.

9 그 기업으로 이 지파에서 저 지파로 옮기게 하지 아니하고 이스라엘 자손 지파가 각각 자기 기업을 지키리라

9 So no inheritance shall be transferred from one tribe to another, for each of the tribes of the people of Israel shall retain its own inheritance.'"

10 슬로브핫의 딸들이 여호와께서 모세에게 명하신 대로 행하니라

10 Just as Yahweh commanded Moses so the daughters of Zelophehad did.

11 슬로브핫의 딸 말라와 디르사와 호글라와 밀가와 노아가 다 그 아비 형제의 아들들에게로 시집가되

11 For Mahlah, Tirzah, Hoglab, Milcah, and Noah,[a] the daughters of Zelophehad were married to sons of their father s brothers.

12 그들이 요셉의 아들 므낫세 자손의 가족에게로 시집 간 고로 그 기업이 그 아비 가족의 지파에 여전히 있었더라

12 They were married into the families[a] of the sons of Manasseh, the son of Joseph, and their inheritance remained in the tribe of the family of their father.

13 이는 여리고 맞은편 요단 가 모압 평지에서 여호와께서 모세로 이스라엘 자손에게 명하신 명령과 규례니라

13 These are the commandments and the ordinances which Yahweh commanded by Moses to the people of Israel in the plains of Moab by the Jordan at Jericho.

원문주해

1.a. G, Vg, Syr은 단수형 "가족"을 보유하고 있다.

1.b. G는 여기서 "그리고 제사장 엘르아살 앞에"를 보유하고 있다. 패터슨(J. A. Paterson, 66)은 그것을 MT에서 우연히 빠진 것으로 생각하지만, G에 있는 첨가물이 더 나을 수도 있다.

2.a-a. 문장이 어색하다. 푸알형은 보기 드문 일이고, 특히 앞의 문장에서는 피엘형으로 되어 있다. 패터슨(J. A. Paterson, 66)은 에트(את)가 아도나이(אדני) 앞에서 우연히 빠진 것으로 생각하고, 야웨(יהוה) 앞에서 베(ב)가 빠진 것으로 본다. 그러므로 "그리고 야웨께서 내 주에게 명하셨나이다…"이다. 그는 또한 "야웨"가 하나의 침입일 수도 있다고 생

각한다. *BHS*는 "그리고 야웨께서 우리에게 명하셨나이다…"(웨아도나이[ואדני]를 웨아트누[ואתנו]로 읽고, 피엘형 치와[צִוָּה]로 읽음)나, 아니면 "그리고 내 주께서 야웨의 이름으로 명하셨나이다…"(베쉠[בשם]을 삽입하고 또한 피엘형으로 읽음)를 제안한다. 그래이(G. B. Gray, 477-78)는 수동형을 받아들일 이유를 제공한다.

3.a. G와 Syr에는 빠져 있다.

3.b. Syr에는 여기서 "그들의 부친의"로 되어 있고, 4절에서도 그러하다.

3.c. 많은 필사본들에는 복수형으로 되어 있다.

6.a. 많은 필사본들과 Sam에서처럼 여성형 어미가 옳다.

7.a. 1Q3:9은 모든 남자들이 자기들 지파 내에서 혼인을 해야 한다는 사실을 덧붙이고 있는데, 이것은 MT에 암시되어 있지 않다(또한 Vg를 참조하라).

8.a. Vg은 보다 엄격한데, 모든 딸들은 자기 지파 내에서만 혼인해야 한다고 주장하고 있다.

11.a. 순서가 정상적이 아니다. Sam과 G(몇몇 필사본들)는 민 26:33; 27:1; 수 17:3의 순서를 보유하고 있다.

12.a. 단수형은 한 MT 필사본, G, Syr, Vg에 나타난다.

양식/구조/배경

이 구절과 민수기 27:1-11 사이의 관계가 분명히 드러나 있고, 그래서 분석가들은 그것을 P에게 배정하는 데 어려움을 가지지 않았다(예를 들어, A. Dillmann, 221-23; J. Wellhausen, 114-15; A. Kuenen, 97-98; H. Holzinger, 172-73; B. Baentsch, 696-99; G. B. Gray, 476-78를 보라). 홀징거, 밴취, 그래이는 그것을 PS에 배정하고, 13절만을 PG로부터 나온 결론적 형식으로 생각한다. 이 단락은 민수기 27:1-11에 대한 보록(supplement)으로 보인다. 이전의 단락(민 27:1-11을 가리킴 - 역자주)의 목표는 재산이 한 남자의 후손들로부터 사라지는 것을 방지하기 위한 것이었다. 이 단락의 목표는 기업을 상속받는 여인들이 다른 지파에게로 결혼하는 것을 방지함으로써 기본적인 유인(誘因)을 시행하고 유지하는 것이다. 그래이는 스타일과 표현에 있어서 약간의 변형된 내용도 지적했는데, 그는 그것을 다른 사람의 손질의 흔적으로 판단했다. 예를 들어 "요셉 자손의 가족"(1절)이다(민 27:1에 있는 "요셉의 아들 므낫세 가족"과 대조하라). 이러한 스타일의 관찰은 매우 소수에 달하는 것으로 보인다. 그래이는 또한 접근 방식의 차이를 파악했다. 여기서 그것은 모세와 두령들 그리고 족장들에게 접근하고 있지만, 그 곳에서는 모세, 엘르아살, 두령들 그리고 모든 회중에게 접근한다. 본문상의 변형("원문주해"를 보라)들은 이러한 대조점들을 제거하지 않는다. 다른 차이들은 5절에 있는 율법의 도입부에 나타났다(민 27:6-8과 대조하라). 이 보록의 기록자는 분명히 PG의 영향을 받았지만, 전적으로 그렇지만은 않다. 그것은 아도나이(אדני, "나의 주": 2절)와 "지파"에 대해 마타(מטה)를 사용한 점이며, 이것은 초기 설화 전승의 특징이다.

노트(257-58)는 이 단락을 민수기 27:1-11의 부록(appendix)으로 묘사한다. 그는 또한 4절에 있는 희년에 대한 언급이 문학적 그리고 사실적 관점에서 볼 때 위치가 잘못되었다고 생각한다. 희년에는 모든 것이 본래 있던 상태를 유지했다는 사실을 시사하는 것으로 보이지만, 반면에 우리는 레위기 25장에 비추어 소유의 원래 상태로 되돌아가는 것을 예상한다. 노트는 4절을 부적절한 첨가로 취급하는 경향이 있다. 그는 또한 결론적 형식(13절)을 특별히 본 장에 속해 있는 것이 아니라 일반적으로 본서의 마지막 단락에 속한 것으로 본다.

스나이드(N. H. Snaith, 345-46; *VT* 16[1966] 124-27)는 본 장 때문에 난처해한다. 그는 고대 이스라엘 백성의 관습은 남성 계통을 통하여 기업이 이어지고, 그래서 수혼 제도가 생긴 것이라고 지적한다(신 25:8-10). 이 단락이 민수기 27:1-11에 있는 고대 원리를 저버림으로써 생겨난 상황을 바로잡기 위한 시도일지라도 여전히 난점은 남아 있는데, 그 이유는 스나이드의 입장에서 4절이 희년에 재산의 복귀가 상속받은 땅과 관련되어 있음을 가정하고 있기 때문이다. 그는 이것이 틀렸고, 재산의 복귀는 팔려진 재산에만 적용된다고 주장한다. 스터디(244)는 이 단락을 본서 전체의 결말로 보고 있으며, 노트와 스나이드가 간파했던 문제들에 대해 가볍게 생각하는 것으로 보인다. 4절에 대한 그의 설명은 단순하다. 즉 거기에는 레위기 25:8-34에는 인용되지 않은 희년 관습이 있는데, 그로써 혼인을 통한 소유권이 희년에 확실하게 되는 것이다. 이 단락 가운데서 폐지된 것이 이 규정이다(또한 J. de Vaulx, 405를 참조하라). 고트왈드(N. Gottwald, *The Tribes of Yahweh*, 265-67)는 스스로 이 난점들을 검토하고 5, 8절에 있는 초창기 전승이라는 몇 가지 표시들이 있다고 결론을 내린다. 여기서 상속을 받는 딸들은 자기들의 부친에게 속한 같은 가족(משפחה – 미슈파) 내에서 혼인해야 한다. 고트왈드는 저자가 딸들이 상속받은 그 땅이 남편 지파의 관리로 넘어가는 희년에 있을 분열을 예상하고 있으므로 부족 상호간의 사건으로 판결을 확장하는 것은 P전승가의 작품이라고 주장한다.

이 단락이 사실상 완성된 민수기의 보록 혹은 부록이라고 가정하는 것이 가장 좋을 것 같다(제사장 저자 자신의 결론일 수도 있는 13절을 제외하고). 제사장 저자 자신이 1-12절에 대한 책임이 있으므로, 어찌하여 그가 그것을 자기 책의 끝에 첨가해야 했는지를 파악하는 것은 어렵다. 이 단락으로 말미암아 야기된 문제가 자신의 의중에 있었다면, 그는 단순히 1-12절의 내용을 민수기 27:1-11로 작업해 넣었을 것이다. 그래이가 발견한 보다 의미심장한 스타일상의 몇 가지 특징들은 – 보다 야위스트의 스타일과 같은 것들 – 이러한 결론을 입증한다. 4절이 문제를 일으키는 것은 사실이지만, 그것들이 극복하기 어려운 것은 아니다. 희년이라는 사고가 혼인을 통한 재산을 보호하지 못하고, 레위기 25:8-34에 있는 규정은 돈으로 산 땅만을 보호했을 것은 매우 당연해 보인다. 부록의 편집자는 민수기 27:1-11에 수립된 원리가 지속되어야 한다는 것을 염려했다. 형제가 없는 딸들은 상속을 받을 권리를 가졌다. 그럼에도 불구하고 편집자는 딸들이 혼인을 하는 경우에 지파의 경계들이 점차적으로 잠식되는 방향으로 나아가지 않아야 한다고 걱정했다. 이것들은 신성불가침이었다. 이 법이 가지고 있는 난점들에 대한 스나이드의 논의에 대해서는 27:1- 11의 "주석"을 보라. 이 단락 가운데 어떤 초창기 전승이 있다는 것은 명확하지 않다. 그것은 모든 점에서 민수기 27:1-11에 대한 확대된 주석으로 이해될 수 있다.

주석

[1] 이 곳에 언급된 지파 구분에 대해서는 민수기 1:2의 "주석"을 보라(참조. 민 17:18; 31:26).

[4] "희년"(היבל – 하요벨; 레 25:8-34을 보라). 이 단어는 "숫양의 뿔"을 의미한다. 50년째 되는 해는 숫양의 뿔을 붊으로써 그 해가 도래했음이 알려졌다. 희년 원리들이 적용되었던 범위는 분명치 않다. 많은 사람들은 그것들을 순전히 이상적인 것으로 믿는다.

[11] 역대상 23:22에서 기스의 아들들은 아들이 없이 죽은 삼촌의 딸들과 결혼한다.

[13] 이 요약은 민수기 1:1-35:34에서 나온 자료를 망라한 것이다. 레위기 27:34을 참조하라. 레위기 저자는 자기 책에서 이와 유사한 진술로 결론짓고 있다.

해설

이 단락은 민수기 27:1-11에 주어진 재산에 관한 규정의 보록 혹은 부록이며, 이것은 본서 전체의 부록으로서의 기능을 하고 있다. 민수기 27:1-11에 있는 초창기 법은 아들이 없을 경우 딸이 상속을 받도록 허용하고 있으나, 딸들이 결혼했을 경우에 일어날 문제는 생각하지 않았다. 만일 그들이 자기들의 조상 지파 이외의 사람과 혼인한다면 그 지파의 경계선이 다시 그려져야 하고, 또한 어떤 지파에서는 땅을 상당히 상실하게 되는 위험이 있지 않을까? 이 단락은 그러한 결점을 보충하고 있으며, 민수기 27:1-11의 조건에서 재산을 상속하는 딸들은 자기 지파 내에서 혼인해야 한다고 요구하고 있다. 민수기 27:1-11에서처럼 이 문제는 므낫세 지파의 일원인 슬로브핫의 다섯 딸들 사이에서 일어난다. 이 단락은 그들이 모세가 지시한 대로 행했다는 기록과 함께 끝난다.

민수기 가운데서 이 자료의 위치와 어떤 형식적 그리고 스타일상의 특징들("양식/구조/배경"을 보라)은 이것이 전승 가운데서 제사 문서와 야위스트 문서를 모두 사용하기를 원하는 저자에 의하여 편집되었다는 사실을 강력하게 시사한다. 민수기 27:1-11에 있는 새로운 규정들이 불완전한 것으로 보였고, 출구는 막혀 있다. 하나님의 백성들 가운데 별개의 실체로서 지파들의 통일성은 보존되어야 한다. 이러한 관심은 자연적으로 그 땅이 지파들 사이에 나누어져야 하고 각자에게 받아들여져야 한다는 민수기 26:52-56에 진술된 원리로부터 일어난다. 이 단락은 받은 전승에 대해 지속적인 해석학적 고려를 해야 할 필요성에 대한 증거물이며, 그 전승의 기본적인 동기와 의도가 효과적으로 깨달아지고 해석될 중대사를 위한 증거물이다.